근대
일선관계의
연구 上

근대
일선관계의
연구 上

김종학 옮김

다보하시 기요시(田保橋潔) 지음

일조각

옮긴이 서문

이 책은 경성제국대학(京城帝國大學) 법문학부 교수이자 조선사편수회(朝鮮史編修會)
의 편찬주임을 역임한 다보하시 기요시(田保橋潔, 1897~1945)의『근대 일선관계의 연구
(近代日鮮關係の研究)(上)』을 완역한 역주본이다. 다보하시는 조선 근대사 및 근대 동아시
아 외교사 분야의 정초(定礎)를 확립한 것으로 평가되는 학자로서,『근대 일선관계의 연
구』는 1940년에 조선총독부(朝鮮總督府) 중추원(中樞院)에서 간행한 그의 주저이다. 원
래 이 책은 조선총독부에서 조선 통치에 유익하다고 판단해서 인쇄비를 지급했는데, 당
시에는 오직 집무에만 참고할 뿐 일반에게 비공개하는 것을 전제로 출간되었다. 그것은
다보하시가 엄밀한 실증주의에 입각해서 역사가의 가치 판단을 최소화한 채 오로지 조
선·일본·청의 문서기록에만 의거하여 조선을 중심으로 한 근대 동아시아 외교사를 서
술했기 때문이다. 1940년 당시 극도로 우경화한 일본제국주의하에서는 이 정도조차도
불온한 것으로 간주되었던 것이다. 이와 관련해서 다보하시가『근대 일선관계의 연구』
를 탈고한 후 이 원고를 도쿄제국대학에 박사학위논문으로 제출했는데, 당시 심사위원
장을 맡은 우익교수가 청일전쟁이 일본 해군의 음모로 발발한 것으로 암시한 부분을 문
제 삼아서 결국 통과시키지 않았다는 일화가 전해진다(旗田巍 編,『シンポジウム-日本と朝
鮮』東京: 勁草書房, 1969. pp.85~86.).

『근대 일선관계의 연구』는 조선 근대사를 근대 동아시아 외교사의 관점에서 서술한
최초의 본격적 연구이자 그 유례를 찾아볼 수 없는 최대의 학문적 업적이다. 상권 1,133
쪽, 하권 969쪽에 달하는 방대한 분량의 이 책은 초판이 간행된 지 이미 70여 년이 지났
지만, 조선 근대사 내지 근대 동아시아 외교사에 관한 한 일본에서는 물론이고 해방 이후
식민사학의 극복을 지상 과제로 삼았던 우리 학계에서도 반드시 참조해야 하는 고전으로
인정받아 왔다. 국내외 학계에서 다보하시와『근대 일선관계의 연구』가 가지는 위상과
평가는 다음에 소개하는 몇 가지 견해를 통해서도 충분히 짐작할 수 있다.

• 다보하시는 조선의 개항 전야부터 일청전쟁(日淸戰爭)에 이르는 시기의 조선을 둘러싼 국제관계를 조선 내부의 정치기구와 관련해서 연구하는 데 노력을 집중했으며, 국내외 무수한 사료를 수집해서 전인미답의 연구를 완성했다. 그의 방법은 사료에 근거한 실증주의와 '연대기적 서술(chronology)'인데, 그가 제공한 방대한 사료와 사실은 향후 조선 근대사 연구의 일대 초석이 된다. 특히 조선 측의 사료를 충분히 구사해서 조선의 정세를 규명한 공적은 크다. 그의 객관적인 실증적 연구는 전시 중에는 위험시되어 공간이 금지됐다.(平凡社 編集部,『東洋史料集成』東京: 平凡社, 1955. p.88.)

• 다보하시 기요시『근대 일선관계의 연구』(조선총독부 중추원, 1940, 전 2책, 총2, 102쪽) — '조선을 중심으로 한 극동국제정치사를 일·청·한 3국 정부기록에 근거해서 논술하는 것, 그리고 이상의 3국 정부기록 문서를 교정·편찬해서 인쇄하는 것'을 목적으로, 강직한 실증사가(實證史家)의 직필(直筆)로 1860년대부터 1894년 일청전쟁까지의 일선관계사(日鮮關係史)를 상술한 불후의 거편(巨篇). 이 책은 총독부의 비밀 출판으로 인쇄되었으며, 나중에 학위논문으로 제출했을 때는 당시 우익교수가 고쿠타이(國體)에 반한다는 이유로 통과시키기를 거부했다. 최근에 복각본이 공간되기까지 고서적 시장에서 대단히 높은 가격에 판매되었다. 조선 근대사의 연구서 또는 자료집으로서 초일급(超一級)의 기초 문헌이다.(坂野正高,『近代中國政治外交史』東京: 東京大學出版部, 1973. p.597.)

• 이러한 시기에 1933년경부터 1945년 종전(終戰) 직전까지 서울의 관립 경성제국대학에서 교편을 잡으면서 조선총독부의『조선사(朝鮮史)』편수관을 겸임하고,『근대 일선관계의 연구』라는 상·하 2권의 대저(大著)를 비롯하여 다수의 연구문헌을 제출한 고(故) 다보하시 기요시 교수의 학문적 업적은 제국주의가 위세를 떨친 시대의 학자로서는 찾아보기 어려운 정직한 면과 양심적인 면을 보여주었고, 우리 한국인 학자들에게도 상당히 좋은 참고가 된 것이 사실이다. 필자의 기억에 따르면, 일청전쟁(日淸戰爭)이 일본 해군의 선제 공격에 의해 발발한 것을 정직하게 기록했기 때문에 일찍이 와세다 대학 교수 다츠미 고지로(巽來次(治의 잘못임—역자 주)郞)의『일청전역 외교사(日淸戰役外交史)』가 출판되자마자 발매 금지되었는데, 그 후 같은 내용을 썼다는 이유만으로 앞의 다보하시 교수의『근대 일선관계의 연구』가 도쿄제국대학에서 박사논문으로서 손색이 없다는 평가를 받으면서도 학위 수여만은 거부당했다는 일화가 있다.(李瑄根,「復刊の辯」『朝鮮統治史論稿』서울: 成進文化社, 1972.)

다보하시가 서언(緖言)에서 밝히고 있듯이, 『근대 일선관계의 연구』의 집필 의도는 크게 두 가지였다. 첫 번째는 근대 이행기에 해당하는 19세기 동아시아 외교사를, 조선을 중심으로 한 동아시아 국제관계의 내적 동학(動學)의 관점에서 규명하는 것이다. 엄격한 실증주의를 표방한 다보하시가 자신의 견해를 드러내는 것을 의도적으로 피하고 있기 때문에 그의 주장을 명시적으로 지적하기는 어렵지만, 이 책의 전반적 흐름은 다음과 같이 정리할 수 있다. 1873년, 연소한 국왕을 대신해서 집정(執政)의 자리에 올라 10년간 완고한 쇄국정책(鎖國政策)을 펼쳤던 흥선대원군(興宣大院君)을 하야시킨 고종(高宗)과 여흥 민씨 척족세력은 친정(親政)과 동시에 개국(開國)으로 정책을 선회하였다. 그러나 이른바 자강(自强)을 달성하고자 했던 고종의 개국 정책은 극도로 누적된 조선 후기의 국가적·사회적 취약성과 결부되어 조선의 대외의존성을 증가시킴으로써 역설적으로 '자약(自弱)'이 되는 결과를 초래했다. 즉, 개국의 필연성은 일찍부터 인식했지만, 그것에 반대하는 여론을 무마하고 부국강병을 달성할 수 있는 정치적 자원을 국내에서 확보하기 어려웠던 고종의 개국 정책은 불가피하게 외국에 의존하는 방향으로 나아갔던 것이다. 이 때문에 조선을 차지하기 위해 경쟁하고 있던 청과 일본의 조선정책 내지 동아시아 외교정책은 조선 내부의 정치적 동향에 큰 영향을 받았고, 조선의 국내 정치 또한 외부의 환경 변화의 추이에 극히 민감하게 반응했다. 이는 청과 일본의 관계가 조선을 매개로 새로운 국면에 접어들었음을 의미하였다. 고종의 개국 정책에 대한 반동으로 격발한 1882년의 임오군란(壬午軍亂)이 조선 내의 정치적 격변을 계기로 청과 일본의 대결 구도가 표면화된 사건이었다면, 1884년의 갑신정변으로 정점에 달한 이른바 사대당(事大黨)과 개화당(開化黨)의 분열은 조선을 사이에 둔 청과 일본의 경쟁이 조선 정계 내부에 반영된 현상이었다. 조선을 사이에 둔 청과 일본의 점증하는 긴장이 조선의 국내 정치에 직접적으로 반영되고, 조선 정계의 분열상이 다시 청·일 관계를 자극하는 이러한 상승효과(escalation)는 결국 양국의 전면적인 무력충돌, 즉 청일전쟁이라는 파국을 통해서만 해소될 수 있었다.

　이 책의 두 번째 목적은 1940년 출간 당시 아직 발굴되지 않고 문서고에 비장(秘藏)되어 있던 동아시아 3국의 정부기록 및 외교문서를 원문 그대로 수록함으로써 일종의 외교문서집을 편찬하는 데 있었다. 일본 외무성에서 발간하는 공식 외교문서집인 『대일본외교문서(大日本外交文書)』(제10권부터 『일본외교문서(日本外交文書)』로 개칭)도 1936년에 제1권(1867, 1868년 문서 수록)이 출간되기 시작해서 1940년 말까지 제9권(1876년 문서 수록)이 간행된 데 불과했다. 다시 말해서 다보하시가 『근대 일선관계의 연구』를 집필할 때는 일본의 공식 외교문서집조차 이제 막 간행되고 있던 시기였으니, 조선의 문서는 문자 그대로 전인미답의 영역에 있었다. 이 책이 학계에서 가지는 위상을 역설적으로 반영이라도 하듯이 그 내용에 관해서는 여러 가지로 비판이 있었지만, 적어도 이 책에 수록된 정부기록 및 외교문서의 가치와 중요성에 대해 의문이 제기된 일은 없었다.

그렇다면 이 같은 중요성에도 불구하고 아직까지 이 책의 번역 작업이 이뤄지지 않았던 이유는 무엇일까. 무엇보다도 섣불리 번역 작업에 착수하기 어려운 원서의 방대한 분량과 함께 그 초판이 조선총독부에서 출간된 정황에 대한 일말의 위구심이 없지 않았기 때문이겠지만, 19세기 동아시아 3국의 정부기록 문서 및 외교문서를 원문 그대로 수록한 이 책의 특징에도 그 이유가 있다고 생각된다. 앞에서 설명한 것과 마찬가지로 다보하시는 조선·일본·청의 문서를 요소요소에 게재하고 그것에 대한 해설을 부기하는 방식의 서술을 통해 엄밀한 실증주의적 태도를 견지하는 한편, 당시에는 알려지지 않은 귀중한 미간 문서를 소개하는 것을 목적으로 했다. 따라서 이 책에는 조선의 문서는 물론, 중국의 공공기록물의 양식인 당안(檔案) 문서와 서간체인 소로분(候文)을 포함한 일본 에도시대 고문(古文) 문서가 포함되어 있다. 이 때문에 중국이나 일본을 연구하는 역사가라고 할지라도 이 책 전체를 독해하거나 번역하기는 쉽지 않았다. 이에 대해 이 역서에서는 원서에 원문으로 게재된 근대 동아시아 3국의 중요한 정부기록과 외교문서를 평이한 우리말로 옮기고, 외교문서 특유의 생경한 단어나 문장은 독자의 이해를 돕기 위해 역주(譯註)를 부기했다. 다시 말해서 『근대 일선관계의 연구』 집필 당시에 다보하시의 의도가 근대 동아시아 3국의 정부기록과 외교문서를 망라한 일종의 문서집을 편찬하는 데 있었다면, 이 역서는 다보하시가 선별한 문서들의 번역집이라고 할 수 있다. 이 역서가 『근대 일선관계의 연구』의 단순한 번역 이상의 의미를 가지는 이유이다.

『근대 일선관계의 연구』의 저자 다보하시 기요시는 1897년 홋카이도(北海道) 하코다테 시(函館市)에서 출생했다. 그는 1921년에 도쿄제국대학 문학부 국사과를 졸업한 후, 유신사료 편찬관보(維新史料編纂官補)로 임용되었고 1922년에 도쿄제국대학의 사료편찬관보로 전임되었다. 1924년 5월에 경성제국대학 관제(官制)가 공포, 시행되자 다보하시는 신설 경성제국대학 법문학부에서 국사학(일본사) 강좌를 담임할 예정으로 예과(豫科) 강사에 임명되었다. 그러나 설립 직후 경성제국대학에서는 아직 예과 수업만 있을 뿐 법문학부와 의학부의 수업은 1926년부터 시작될 예정이었기 때문에, 다보하시는 곧장 부임하지 않고 1924년 12월부터 1년여 동안 유럽 각국을 순방하면서 근대 일본의 외국관계 사료 수집과 외교사 연구에 몰두한 후 1926년 1월에 귀국했다. 이후 다보하시는 1927년에 경성제국대학의 조교수로 임용되어 조선에 부임하였고 1928년에 정교수로 승진했다. 1930년에는 처녀작『근대 일지선관계의 연구(近代日支鮮關係の硏究)』를 출간했는데, 이 책은 1894년 청일전쟁부터 1895년 삼국간섭까지 조선을 둘러싼 청일관계를 분석한 것으로, 출간과 동시에 일본 학계뿐만 아니라 중국·미국의 정치외교사학자들에게 큰 반향을 일으켰다. 이후 다보하시는 1945년에 세상을 떠나기까지 줄곧 경성제국대학에서 국사학(일본사) 강좌를 담당했다. 특기할 만한 외부 활동으로는 1933년에 조선사편수회(朝鮮史編修會)의 촉탁으로 조선 근대사 편수주임이 되어『조선사(朝鮮史)』전 35권 중 제6편의 4권(순조~고종 31년)의 편수 사업을 주도한 일을 들 수 있다. 1938년부터는 조선사편수회 편찬주임이 되어 고종 갑오년 이후의 사료 수집을 지휘했으나 태평양전쟁의 광적인 사회분위기 속에서 소기의 성과는 거두지 못했다. 또 조선의 사대교린(事大交隣) 관계 문서집인『동문휘고(同文彙考)』전 129권의 교정·출판 작업에 착수해서 1937년에 일단 교정 작업을 마무리했으나, 앞과 같은 이유로 인해 전 12책으로 출판하려던 당초 계획과는 달리 제2권, 제3권의 두 책만 간행한 채 중단하기도 했다. 이 밖에 다보하시의 자세한 이력에 관해서는 이 책의 말미에 다보하시의 경성제국대학교 후배 교수였던 스에마츠 야스카즈(末松保和)가 쓴 '다보하시 기요시 약전(田保橋潔君略傳)'(『日淸戰役外交史の硏究』, pp.557~564.)을 번역해서 실었으니 관심이 있는 독자는 참고하기 바란다.

다보하시의 필생의 연구 주제는 조선 근대사와 그것을 중심으로 한 근대 동아시아 외교사 연구였다. 첫 저작인『근대 일지선관계의 연구(近代日支鮮關係の硏究)』이후 그는 길지 않은 여생을 조선 근대사 연구에 바쳤는데, 그것은 조선 근대사를 알지 못하면 일본 근대사·근대 외교사를 이해할 수 없으며, 동아시아 국제관계 또한 파악할 수 없다는 자각에 따른 것이었다. 또 당시만 해도 조선 후기·개항기의 사료는 체계적으로 정리되어 있지 않은 상태였다. 일본인 학자로서 조선 사료가 가지는 풍부함과 신선함에 매혹된 다보하시는 그 전인미답의 영역을 개척하는 일에 깊은 흥미를 갖고 있었다.

다보하시의 연구는 실증적인 고증학·문헌학적 방법론에 기초한 것으로 평가받고 있다. 역사가로서 일체의 가치 판단이나 이념 개입을 최소화한 채 조선을 비롯한 일본과 청의 광범위한 기록문서에 의거해서 근대 동아시아 외교사를 세밀하게 서술한 그의 연구는 당시 극도로 우경화한 일본 학계의 분위기 속에서 종종 터부시되기도 했다. 조선 근대사와 근대 동아시아 외교사에 관한 다보하시의 주요 연구 업적을 열거하면 다음과 같다.

(1) 저서

· 『근대 일지선관계의 연구(近代日支鮮關係の硏究)』(서울: 京城帝國大學, 1930)

· 『메이지 외교사(明治外交史)』(東京: 岩波書店, 1931)

· 『조선사(朝鮮史)』 제6책 전4권(朝鮮史編修會 編, 朝鮮總督府, 1933~1938)

· 『근대 일선관계의 연구(近代日鮮關係の硏究)』(朝鮮總督府 中樞院, 1940)

· 『일청전역 외교사의 연구(日淸戰役外交史の硏究)』(東京: 東洋文庫, 1951. * 다보하시 사후 유고 발간)

· 『조선 통치사 논고(朝鮮統治史論稿)』(서울: 成進文化社, 1972. * 이 원고는 미간행 상태에서 일본이 패전함에 따라 출간되지 못하고 해방 이후 한국의 폐지 처리장에서 발견됨. 고(故) 이선근 박사가 보관하던 것을 우리나라의 성진문화사에서 발간)

(2) 논문

· 「메이지 5년의 Maria Luz호 사건(明治五年のマリア·ルス事件)」(『史學雜誌』 제40편 제2·3·4호, 1929)

· 「국제관계사상 조선철도이권(國際關係史上の朝鮮鐵道利權)」(『歷史地理』 제57편 제4호, 1931)

· 「청 동치조 외국공사의 근현(淸同治朝外國公使の覲見)」(『靑丘學叢』 제6호, 1931)

· 「이태왕 병인양요와 일본국의 조정(李太王丙寅洋擾と日本國の調停)」(『靑丘學叢』 제11호, 1933)

· 「류큐번민 번해사건에 관한 일고찰(琉球藩民蕃害事件に關する一考察)」(『市村博士古稀紀念 東洋史論叢』, 1933)

· 「일지선 관계의 성립(日支鮮關係の成立)」(『史學雜誌』 제44편 제2·3호, 1933)

· 「병자수신사와 그 의의(丙子修信使とその意義)」(『靑丘學叢』 제13호, 1933)

· 「근대 일선관계사의 한 단락: 공사주경 및 국서 봉정에 관하여(近代日鮮關係史の一節: 公使駐京及び國書捧呈について)」(『靑丘學叢』 제15호, 1934)

· 「메이지유신기의 타이슈번 재정 및 번 채무에 관하여(明治維新期における對州藩財政及び藩債について)」(『靑丘學叢』 제16호, 1934)

· 「근대 조선 개항의 연구(近代朝鮮における開港の研究)」(『小田先生頌壽紀念, 朝鮮論叢』, 1934)

· 「임오정변의 연구(壬午政變の研究)」(『靑丘學叢』 제21호, 1935)

· 「일청강화의 서곡(日淸講和の序曲)」(『京城帝國大學創立紀念論文集: 史學編』, 1936)

· 「조선국 통신사 역지행빙고(朝鮮國通信使易地行聘考)」(『東洋學報』 제23권 제3·4호, 제24권 제2·3호, 1937/1938)

· 「일청·일러전쟁으로 본 정치·외교 사정(日淸·日露戰役にみる政治·外交事情)」(『歷史教育』 제12권 제7호, 1937)

· 「근대조선의 정치적 개혁(近代朝鮮においての政治的改革)」(朝鮮史編修會 編, 『朝鮮近代史研究』, 1944)

오늘날 우리의 관점에서 볼 때 『근대 일선관계의 연구』가 가지는 한계는 무엇일까. 첫 번째는 당연한 지적이지만 사료의 보완 문제를 들 수 있다. 『근대 일선관계의 연구』가 처음 발간된 이후 지난 70여 년간 이 책에 수록되지 않은 많은 사료가 발굴되었으며, 따라서 사실 관계에서 새로운 해석을 요하는 부분이 적지 않다. 지면 관계상 두 가지 예만 들고자 한다. 조선 최초의 근대적 조약이었던 1876년 강화도조약(조일수호조규) 체결 당시 조선 측 접견대관 위당(威堂) 신헌(申櫶)이 기록한 협상 일지인 『심행일기(沁行日記)』라는 사료가 있다. 이 일지는 당연히 강화도조약에 관한 일급 사료로 취급되어야 한다. 다보하시는 이 일지의 하권(1876년 2월 19일부터 3월 1일의 기록)이 산일(散逸)된 것으로 알고 있었다. 조·일 양국 전권의 협상 및 조약 체결 과정에 관해 오직 상권(1월 30일부터 2월 18일의 기록)과 일본 측 사료에만 의거한 다보하시의 서술은 결국 불완전한 것이 될 수밖에 없었다. 그런데 최근 하권이 발굴되어 당시 일본 전권 구로다 기요타카(黑田淸隆)의 공갈의 구체적 실태와 조선 측의 상황 인식, 교섭 방식의 전모가 구체적으로 밝혀졌다.(졸역, 『심행일기: 조선이 기록한 강화도조약』 서울: 푸른역사, 2010.) 또 강화도조약 체결의 결정적 빌미가 되는 운요호(雲揚號) 사건에 관해 다보하시는 현재 일본 국립공문서관(國立公文書館) 소장의 태정관(太政官) 「공문록(公文錄)」 및 일본 외무성에서 편찬한 『대일본외교문서(大日本外交文書)』 제8권에 수록되어 있는 1876년 10월 8일자 운요함장 이노우에 요시카(井上良馨)의 보고서에 전적으로 의거해서 서술하였는데, 2002년에 일본 방위청 방위연구소 전사부(戰史部) 도서관에서 「메이지 8년 운요 조선 회항 기사(明八雲揚朝鮮回航記事)」라는 문서가 발견되었다. 이것은 운요함장 이노우에 요시카가 1876년 9월 29

일에 나가사키(長崎)에 회항하자마자 해군성에 보고한 문서이다. 이 문서의 발견으로 인해 운요호가 일본국기를 게양하고 평화적으로 강화도에 접근했음에도 불구하고 조선 수병(戍兵)이 선제공격했다는 일본 정부의 말은 날조에 불과하며, 운요호 사건의 진실은 정한론자(征韓論者)였던 이노우에 함장이 조선 침략을 주저하는 정부 요인들을 설득하기 위해 조선의 취약함을 입증하고자 의도적으로 일으킨 사건임이 밝혀졌다(鈴木淳, 「雲揚艦長井上良馨の明治八年九月二十九日付け江華島事件報告書」, 『史學雜誌』 2002. 12.). 이 9월 29일자 보고서가 공식 채택될 경우, 조선에 이해관계가 있는 열강들로부터 항의가 있을 것을 우려한 일본 외무성은 조선의 국제법 위반 사실을 강조한 10월 8일자 보고서를 사후에 위조했으며, 이것이 일본 정부의 공식 문서로 채택되어 앞에서 언급한 「공문록(公文錄)」과 『대일본외교문서(大日本外交文書)』에 수록된 것이다. 이러한 사료의 보완 문제와 더불어 『근대 일선관계의 연구』에서는 음양력 변환 과정에서 의외로 잦은 오류가 발견된다. 주요 사건들의 날짜 표기는 대부분 번역 과정에서 교정했으나, 미처 발견하지 못한 오류가 있을 수 있으므로 독자의 주의가 요망된다.

두 번째는 『근대 일선관계의 연구』 제2편 '일한 신관계의 성립(日韓新關係の成立)' 부분에서 두드러지는 사료의 편향성이다. 이에 관해서 다보하시 스스로가 서언(緒言)에서 다음과 같이 언급했다.

본서는 상, 하 2권으로 나뉜다. 상권 제1편은 총설로서 근대 조선의 정세를 논하고 조선 특유의 세도정치의 기원과 외국 관계의 대요를 설명했다. 제2편에서는 메이지유신에 수반된 일한국교의 쇄신부터 메이지 9년 일한수호조규(日韓修好條規) 체결에 이르기까지, 그리고 제3편에서는 개국에 수반된 반동과 외국에서 가해진 강력한 압박이 마침내 메이지 15년의 임오, 메이지 17년의 갑신 두 번의 변란(變亂)을 격발한 사실을 논술했다. 제2편에서는 일본 정부기록 및 구 타이슈(對州) 번청(藩廳)의 기록을 위주로 하고 조선 정부기록을 부수적으로 참조했으며, 제3편에서는 조선 정부기록을 위주로 하고 일청 양국 정부기록을 부수적으로 참조했다. 하권 제4편에서는 임오, 갑신 두 번의 변란의 결과로 일청 양국 세력이 대립해서 마침내 개전에까지 이르는 과정을 일본·청·한 세 나라의 정부기록에 의거하되, 제3국 정부기록을 참조하면서 상술했다. 별론(別論) 제1·2는 타이슈 번을 중심으로 한 막말(幕末) 메이지 초기의 일한관계를 타이슈 번청 기록 및 한국 정부기록에 의거해서 상론했다.

다시 말해서 별론을 제외하고 총 4편으로 구성된 『근대 일선관계의 연구』 가운데, 제

1·3·4편은 조선 정부기록을 주(主) 사료(史料)로 한 반면, 메이지유신 후의 조일교섭, 운요호 사건, 강화도조약 체결 등을 다룬 제2편은 일본 정부기록 및 옛 쓰시마 번(對馬藩) 기록을 기본 사료로 인용하면서 조선 정부기록을 부수적으로 참조했다는 것이다. 이는 김의환(金義煥) 교수가 지적했듯이, 조선과 일본 사이에 발생한 모든 대립 사건을 일본 측의 사료에 기초해서 결론을 내리기 때문에 결과적으로는 조선의 개국 과정에서 자행된 일본의 횡포와 강압, 불법을 은폐하고, 모든 책임을 조선 측에 전가하는 결과를 낳는다(金義煥,「『近代日鮮關係の硏究』(田保橋潔著)の著述刊行の動機とその內容について」,『朝鮮學報』88호, 1978, pp.66~67.). 다만 다보하시가 서문에서 제2편의 사료 편향성에 관해 솔직히 고백하고 있는 것을 보면, 이것이 단순히 일본 군국주의에 봉사하기 위한 의도에서 나온 것은 아니라고 생각된다. 앞에서 언급한 사료 접근상의 제한과 함께 태평양전쟁으로 치닫던 당시 일본제국주의의 광풍(狂風) 또한 감안할 필요가 있을 것이다.

이 대목에서 이 책의 역사용어 사용에 관해 설명해 두고 싶다. 이 책은 번역 과정에서 다보하시가 사용한 역사용어를 그대로 옮기는 것을 원칙으로 했다. 이를테면, 고종(高宗)이라는 묘호(廟號)를 사시(私諡)로 봐서 이태왕(李太王)으로 지칭한다거나 청(淸)이라는 국호 대신 그것을 비하하는 지나(支那)라는 표현을 쓰는 것 등이다. 임오변란(壬午變亂), 청한종속관계(淸韓宗屬關係), 일한관계(日韓關係) 등의 용어들 또한 현재 우리가 사용하는 용어와는 거리가 있으며, 메이지 연호 위주로 된 연대 표기는 독자들에게 적지 않은 불편함을 줄 것으로 생각한다. 이러한 이질감에도 불구하고 굳이 원서의 표현을 고집한 이유는,『근대 일선관계의 연구』가 실증주의적인 외양을 갖고 있는 까닭에 역사용어마저 친숙한 것으로 바꿀 경우 독자들이 이 책의 서술을 가장 객관적인 사실에 부합하는 것으로 오인할 가능성을 우려했기 때문이다. 나는 일제 강점기에나 사용됐을 법한 이러한 이질적인 용어들을 마주칠 때마다 독자들이 실증주의적 역사 서술의 이면에 잠복되어 있는 이데올로기적 성격에 대해 간혹 주의를 환기해 줄 것을 기대했다. 이를 두고 일종의 '낯설게 하기(defamiliarization)'의 시도라고 할 수 있을까. 아무튼 이를 통해 독자들이『근대 일선관계의 연구』뿐만 아니라 더 나아가 지금 우리가 상식으로 알고 있는 한국 근대사 내러티브(narrative) 또한 낯설게 보는 체험을 할 수 있다면 더 바랄 나위가 없을 것이다. 번역 과정에서『근대 일선관계의 연구』라는 책명을『근대 조일관계의 연구』로 고치거나 부제를 달지 않은 이유도 이러한 의도와 무관치 않다. 이에 관해서는 독자들의 혜량을 바랄 뿐이다.

세 번째는 조선 근대사 또는 근대 동아시아 외교사 연구에서 역사적 실증주의가 가지는 의미에 관해 성찰할 필요가 있다. 랑케(L. Ranke)에 그 연원을 두는 근대 역사학에서는 일반적으로 이념이나 선입견을 배제하고 엄밀한 사료 비판 과정을 거쳐 확립된 증거에 기초해서 과거의 사실을 구성하는 것이 역사가의 미덕으로 칭양(稱揚)되었고, 다보하시의 연구 또한 같은 맥락에서 높이 평가되어 왔으나, 근대 이행기였던 19세기 동아시아 역사 연구에서 이러한 접근 방식이 어느 정도까지 유효한지에 관해서는 다시 생각해봐야 한다. 이 문제는 다시 두 가지 측면에서 검토할 여지가 있다. 하나는, 이 시기 조선과 일본의 사료가 같은 사건을 두고서도 종종 판이한 진실을 주장한다는 점이다. 이는 단순히 침략하는 나라와 침략당하는 나라의 입장 차이를 반영하는 것이 아니라, 19세기 조선과 일본의 정치적 언어(political languages) 사이에 심원한 간극이 있음을 뜻하는 것으로 이해해야 한다. 이처럼 정치적 언어를 달리하는 두 개의 세계가 충돌하는 상황에서는 그 관계사(關係史)를 재구성하는 데 실증주의적 접근 방식만으로는 한계가 있다. 이러한 맥락에서 볼 때, 『근대 일선관계의 연구』에서 특히 사료의 편향성이 두드러지는 부분이 메이지유신 이후 구화주의(歐化主義)를 채택한 일본과 전통적인 소중화주의(小中華主義)를 묵수(墨守)한 조선이 최초로 조우하는 과정을 다룬 제2편이라는 사실은 단순한 우연만은 아니었던 것 같다. 즉, 일본이 본격적인 서구화에 나서는 1860년대 후반부터 조선이 자각적으로 개국(開國)을 추진하는 1880년대까지의 약 10여 년간은 조선과 일본의 사료를 서로 보완해서 통합적인 관계사(關係史)를 구성하기란 예나 지금이나 거의 불가능에 가까운 작업이라고 생각된다. 다보하시가 사료 증거에 입각한 엄밀한 실증주의적 역사 서술을 표방했으면서도, 결국 이 10여 년간을 다룬 제2편에서 일본 측 사료에 편향된 불완전한 서술에 그치고 만 것은 실증주의만으로는 조선과 일본의 사료를 포괄할 길이 없다는 본질적 한계에 봉착했기 때문은 아니었을까. 또 다른 하나는, 이른바 근대성에 대한 철학적 성찰이 전제되지 않으면 실증주의는 조선의 전근대성 내지는 상대적 낙후성만을 재확인하는 결과를 초래할 수 있다는 점이다. 이미 1860년대 후반에 구화주의를 국시로 정한 일본의 관리들은 근대적 언어로 국가 목표를 수립하고, 정책을 입안하고, 대외교섭에 임했다. 이들은 대단히 이른 시기부터 근대 국제질서의 권력정치적 속성에 순응했으며, 한때는 피해자의 입장에서 서양 열강에게 당한 이른바 포함외교(砲艦外交)의 방식을, 다시 가해자로 변신해서 이웃나라에 응용할 수 있을 정도로 근대 권력정치의 몰(沒)윤리적 성격을 체득하고 있었다. 한편 조선에서도 고종과 집권 척족

세력을 중심으로 유림의 반발과 인민의 배외 감정을 무릅쓰고 개국과 혁신이 점진적으로나마 이뤄지고 있었다. 하지만 이 시기 개국과 혁신이 근대 권력정치의 속성에 대한 인식이나 전통에 대한 첨예한 비판의식에서 비롯됐는가 하면, 반드시 그런 것은 아니었다. 이는 우리가 조선 근대사를 연구하는 과정에서 '근대적인 것'의 증거, 또는 '근대성의 자생적 맹아'를 선별적으로 발굴하려는 시도에 대해 재고할 필요가 있음을 의미한다. 지금의 우리가 근대성의 주술적 속박에서 벗어나려는 노력을 경주하지 않는 한, 앞으로 아무리 많은 미간 문서가 새로 발견되고 그것을 편견 없이 읽으려고 노력하더라도 때로는 간헐적이고, 때로는 퇴행적이고, 때로는 그 방향을 종잡을 수 없는 것처럼 보이는 조선의 개국 과정의 전체적 맥락을 이해하기란 결코 쉽지 않을 것이다.

내가 『근대 일선관계의 연구』 번역 작업에 착수하게 된 계기와 관련해서 『근대한국외교문서』 편찬 사업에 대해 간략히 언급하고자 한다. 한림대학교 한림과학원 김용구 원장을 편찬위원장으로 하는 이 사업은 1864년 고종 원년부터 1910년 국권 피탈까지 구한국(조선 말~대한제국기)의 중요한 외교적 사건에 관한 우리나라와 각국의 외교문서를 발굴해서 편찬하는 것을 목적으로 한다. 이 사업은 2007년에 당시 동북아역사재단 김용덕 이사장의 후원으로 시작되어 2010년과 2012년에 각각 제1차분(병인·신미양요 편, 전 2책)과 제2차분(수호조약 편, 전 3책)의 출간으로 결실을 맺었고, 지난 2010년부터는 한국연구재단 토대기초연구사업에 선정되어 금년에 제3차분(임오군란 편, 전 3책)과 제4차분(갑신정변 편, 전 2책)의 출간을 앞두고 있다. 나는 이 사업을 통해 구한국 문서를 비롯하여 청·일본·미국·영국·프랑스·독일·러시아 등 열강의 19세기 정부기록물과 외교문서를 동시에 교차 검토할 수 있는 흔치 않은 기회를 가질 수 있었다. 뿐만 아니라 김형종(서울대)·김흥수(공군사관학교)·신욱희(서울대)·우철구(영남대)·이근욱(서강대)·이상찬(서울대)·장인성(서울대)·최덕규(동북아역사재단)·최덕수(고려대)·최희재(단국대) 교수 등 국내에서 손꼽히는 사학자, 정치외교학자를 모시고 지난 7년간 격주로 빠짐없이 서울대학교 규장각한국학연구원에서 진행한 연구회의는 더없이 귀한 배움의 장이 되었다. 이번 『근대일선관계의 연구(상)』의 번역 출간은 개인적으로는 지난 7년간 『근대한국외교문서』 편찬 사업에서 온축한 경험과 지식을 보고한다는 의미를 갖는다. 다만 7년이라는 시간이 결코 짧은 것은 아니었지만, 충분한 실력을 쌓기에는 노력이 부족했던 탓에 막상 상재(上梓)가 임박하니 기쁨보다는 두려움이 앞선다. 독자들의 간단없는 질정을 바란다.

　이 책이 출간되기까지 적지 않은 우여곡절이 있었다. 원고의 방대한 분량과 조선총독부에서 간행한 원죄로 인해 많은 출판사에서 이 역서의 출판에 난색을 보였다. 그런 어려움 속에서 일조각(一潮閣) 김시연 대표의 혜안(慧眼)을 만난 것은 그야말로 천행이었다고 하지 않을 수 없다. 편집자 강영혜 씨는 번역문을 원문과 일일이 대조하고 적절한 의견을 제시해주었을 뿐 아니라, 다보하시의 원문 자체의 오류까지도 지적해줄 정도로 헌신적으로 이 책의 교정을 맡아주었다. 이 책의 번역 작업에 착수한 지도 어느덧 2년 반의 세월이 흘렀다. 그동안 어머니와 아내의 변치 않는 믿음과 배려가 없었더라면 이 작업은 불가능했을 것이다. 무뚝뚝한 성격과 아직 학위논문을 마치지 못한 것을 핑계로 가장 소중한 사람들에게 감사하는 마음을 전하는 것을 미루고 살아왔다. 이 지면을 빌려 감사의 뜻을 전하는 것으로 아들로서 남편으로서 도리를 다하지 못한 마음의 짐을 조금이나마 내려놓고자 한다.

2013. 4.

역자 김종학

일러두기

1. 본서는 서울대학교 고문헌자료실 소장 田保橋潔 著,『近代日鮮關係の硏究(上)』(朝鮮總督府 中樞院 編, 1940. 청구기호: 4280 79)를 대본(臺本)으로 하여 완역한 것이다. 서울대학교 고문헌자료실 소장본의 원문은 2013년 3월 현재 웹사이트를 통해서 자유롭게 열람할 수 있다.(http://lib.snu.kr/search/DetailView.ax?sid=6&cid=575607)

2. 『近代日鮮關係の硏究(上)』에는 총 11건의 도판(圖版)이 수록되어 있는데, 이미 널리 알려진 도판들이라 본서에서는 옮기지 않았다. 참고로 원서에 수록된 도판 목록은 다음과 같다.
   (1) 민영소(閔泳韶)에게 보낸 명성왕후 자필 언서(諺書)(경성 민병증(閔丙曾) 씨 소장)
   (2) 신미양이침범비(辛未洋夷侵犯碑)(조선총독부 박물관 소장)
   (3)「메이지 5년 재조선일기(在朝鮮日記)」임신년 2월 29일, 외무성 십등출사 사가라 마사키(相良正樹)(조선총독부 조선사편수회 소장)
   (4)『일성록(日省錄)』이태왕 갑술년 6월 29일(경성제국대학 부속도서관 소장)
   (5)『왜사문답(倭使問答)』제1권 이태왕 병자년 정월 13일(경성제국대학 부속도서관 소장)
   (6) 신헌(申櫶) 화상(畫像)(경성 신현익(申鉉翼) 씨 소장)
   (7) 수신사 김기수(金綺秀) 사진(경성제국대학 부속도서관 소장)
   (8) 김윤식(金允植)에게 보낸 청 제독 오장경(吳長慶) 신함(信函)(경성제국대학 부속도서관 소장)
   (9) 민영익(閔泳翊) 사진(경성 민병증(閔丙曾) 씨 소장)
   (10) 민태호(閔台鎬) 사진(경성 민병증(閔丙曾) 씨 소장)
   (11)『통리교섭통상사무아문 일기』제4권 이태왕 갑신년 11월 16일(경성제국대학 부속도서관 소장)
   아울러 원서 103쪽에는 참고지도(參考地圖)로 조선총독부에서 제작한 50만분의 1 지도를 언급하고 있는데, 현재로서는 그 소재를 파악하기 어려워서 옮기지 않았다.

3. 원주에서 인용한 책명 또는 사료명이 명백하게 잘못된 경우, 별도의 역주를 부기하지 않고 교정하였다. 또 원주에서는 인용한 자료에 별도의 문장기호를 표기하지 않았으나, 본서에서는 공간문서집은『 』로 표기했다.
   예)『張委子九錄』→『張季子九錄』, 朝鮮史六編卷四 六六三·六八四項 →『朝鮮史』六編 卷四 663·684쪽.

4. 본서의 역사용어 및 연호 표기는 현재 통용되는 한국사 용어로 순화하지 않고, 원문 표현을 그대로 옮기는 것을 원칙으로 했다. 날짜 표기도 원서의 표기 방법에 따라 특정 국가의 사건이나 문서의 날짜를 언급할 경우 해당 국가의 연호와 음력 날짜를 기준으로 하고 양력을 괄호 안에 넣어서 부기하였다. 일본은 메이지 5년(1872) 12월부터 태음력을 폐기하고 태양력을 채용하였으므로 이 시점 이후의 날짜 표기는 조선과 청의 연호가 병기되어 있지 않은 한 양력을 뜻한다.

5. 원서에서 외교문서 전문을 인용하는 과정에서 간혹 양 당사국의 외교문서를 병행 수록한 경우가 있다. 이를 번역하면 그 의미가 대동소이하기 때문에 본서에서는 번역문을 한 건만 수록하되, 양국 외교문서 간에 의미 차이가 두드러지는 구절이 있을 경우 그 특이사항만 역주(譯註)에 기록했다.

6. 중국 인명 표기는 1911년 신해혁명(辛亥革命)을 기준으로 그 이전에 주로 활동한 인물은 한자음대로, 이후 인물은 현지음대로 표기했다. 일본 인명은 국립국어원 표기 원칙을 우선으로 하되, 대체로 관용적으로 쓰이는 대로 표기했다. 인명의 원문은 처음에만 병기하는 것을 원칙으로 했다. 중국과 일본 지명은 현지음대로 표기했다.
   예) 李鴻章 → 이홍장, 伊藤博文 → 이토 히로부미, 北京 → 베이징, 東京 → 도쿄

7. 관직명은 중국의 경우 한자음대로 표기했으며, 일본의 경우 에도막부의 정부기구 및 관직명은 현지음으로, 메이지유신 이후의 정부기구 및 관직명은 한자음으로 표기했다.
   예) 總理衙門 → 총리아문, 外国惣奉行 → 가이코쿠소부교, 外務省 → 외무성

8. 본서의 역주(譯註)는 본문 하단의 각주(脚註)로, 원주(原註)는 원서의 체재에 따라 각 절 말미의 미주(尾註)로 처리했다.

9. 원서에서 인용한 자료의 출전이나 인용문을 제외한 간략한 해설 등을 미주로 처리하지 않고 동그라미 기호(○)나 괄호에 넣어서 본문에 부기한 것이 있다. 본문에서 직접 인용한 문서 중에는 일부 위첨자가 부기된 구절이 있는데, 동그라미 기호가 있는 것은 저자 다보하시의 설명이고, 그것이 없는 것은 원문 자체에 있는 소주(疏註)를 뜻한다.

10. 각 절 말미에 수록된 원주(原註)에서 독자의 이해를 돕기 위해 별도의 해설이 필요한 대목에서는 별도의 역주 표기를 하지 않고 괄호 안에 부기했다. 단, 일부 다보하시가 해설을 붙인 구절은 '〔 〕'로 표기했다.

차례

옮긴이 서문 5

일러두기 17

서(序) 31

서언(緖言) 33

제1편 근대 조선사 총설

제1장 근대 조선의 정정(政情)

 척족세도정치의 발달 ——————————————————— 42

장헌세자(莊獻世子) 무옥(誣獄) 43 　　　안동 김씨(安東金氏) 세도 47

시벽론(時僻論) 44 　　　　　　　　　풍양 조씨(豊壤趙氏) 세도 49

홍국영(洪國榮)의 전권(專權) 45 　　　철종의 왕위 계승 51

은언군(恩彦君) 인(裀)의 사사(賜死) 47 　세도정치의 실체 52

 이태왕(李太王)의 즉위, 대원군의 집정 ——————————————— 55

은언군계의 부활 55 　　　　　　　　　명성왕후(明成王后) 민씨(閔氏) 62

이명섭(李命燮) 옥(獄), 이하전(李夏銓) 옥(獄) 56 　이유원(李裕元) 62

흥선군(興宣君) 하응(昰應) 58 　　　　여흥 민씨(驪興閔氏) 세도 63

이태왕의 왕위 계승 59 　　　　　　　민승호(閔升鎬), 민규호(閔奎鎬), 민겸호(閔謙鎬) 64

흥선대원군의 집정 60

제3절 계유정변(癸酉政變), 대원군 정권의 종말 ——————————— 67

대원군의 서원 철폐 67 　　　　　　　왕비 민씨와 최익현 79

화서(華西) 이항로(李恒老)의 상소 68 　국왕의 친정 80

면암(勉庵) 최익현(崔益鉉) 69 　　　　대원군의 은퇴 80

최익현이 대원군의 실정을 통론(痛論)함 71

제2장 대원군의 배외정책과 열국(列國)

 병인양요, 프랑스 함대의 강화 점령 ————————— 90

천주교와 당론 90
프랑스인 선교사의 잠입 91
조선인 신부 안드레아 김대건 92
대원군과 베르뇌 주교 93
병인사옥(丙寅邪獄) 93
주청(駐淸) 프랑스 공사의 간섭 94
프랑스 함대의 한강 위력 정찰 96

사령관 로즈 해군소장의 작전 계획 97
프랑스 해군 육전대(陸戰隊)의 강화 점령 98
경강(京江)의 방비 99
로즈 사령관의 평화 조건 102
정족산성(鼎足山城)의 전투 104
프랑스 함대의 철퇴(撤退) 105
대원군의 결의 105

 병인양요(續), 제너럴셔먼호 격침 사건, 미국 함대의 강화 공격 ————— 109

에른스트 오페르트의 조선 항행 109
오페르트가 덕산(德山) 남연군(南延君) 묘를
　발굴함 110
제너럴셔먼호의 조선 항행 112
제너럴셔먼호의 격침 114
미국 해군의 수색 115
견한(遣韓) 공사 로우와 사령관 로저스 해군소장 116
로우 공사의 신함(信函) 117

미국 아시아함대의 조선 원정 120
광성보(廣城堡)에서 미국 측량정에 발포함 121
로저스 사령관의 보복 122
광성보의 전투, 중군(中軍) 어재연(魚在淵)의 전사 123
로우 공사의 요망 124
미국 함대의 퇴거 128
신미양요 침범비(侵犯碑) 128

 일본의 조정(調停), 야도 마사요시의 정한설(征韓說) ————— 131

예조(禮曹)에서 병인양요를 통고함 131
쇼군(將軍) 요시노부(慶喜)의 외교 135
프랑스, 미국 양국에 대한 조정 제안 136
견한특사(遣韓特使) 히라야마(平山) 즈쇼노카미
　(圖書頭), 고가(古賀) 지쿠고노카미(筑後守) 137
타이슈 번에서 특사 파견을 조선에 통고함 140
조선의 특사 거절 141

국서 및 특사서계안 143
견한특사의 자연 중지 145
야도 마사요시의 정한설 146
청 총리아문(總理衙門)에서 조선에 통고함 149
예조의 항의 150
막부의 해명 152

제2편 일한 신관계의 성립

제3장 메이지 신정부의 성립과 일한국교의 조정(調整)

타이슈 번의 일한외교 관장 ————————— 160

타이슈 번사(藩士) 오시마 도모노조(大島友之允) 161
타이슈 번의 일한외교 관장 162
타이슈 번에서 일한외교 쇄신을 상신함 163

타이슈 번의 경제적 자립은 불가능 166
일한국교 쇄신과 타이슈 번 구제 170
타이슈 번에 3만 5,000석(石)의 관할을 명함 172

제8절 대수대차사(大修大差使)의 파견 _____ 174

타이슈 번의 왕정복고(王政復古) 고지,
　　대수대차사 히구치 데츠시로(樋口鐵四郎) 175
간사재판(幹事裁判)서계의 구례(舊例) 타파 176
대수대차사서계 178
왜학훈도 안동준(安東晙)[안준경(安俊卿)] 180

오시마 도모노조의 도한(渡韓) 181
간사재판서계의 수리를 거부함 183
서계 위식(違式)에 대한 해명 186
안동준의 왕정복고에 대한 견해 189

 제9절 대수대차사(大修大差使)의 거부 _____ 191

타이슈 번의 곤경 191
대수대차사서계의 개찬(改撰)을 제의함 192
서계 개찬 수리를 거부함 195
훈도 각서 195

황칙(皇勅)에 대한 비난 197
왜관 관수(館守) 구진(口陳) 198
조선 정부가 서계의 신례(新例)를 인정하지 않음 203
대원군과 안동준 204

제4장 외무성의 일한외교 접수

 제10절 판적봉환(版籍奉還)과 일한외교 _____ 208

일한교섭 정돈(停頓)에 관한 오시마 도모노조의
　　상신 208
소씨(宗氏) 가역(家役)의 파면 211
조선과 직접 교섭의 곤란 213

타이슈 번에서 일한외교의 접수에 반대함 214
외무성의 소극론 216
일한외교는 외무성과 타이슈 번이 공동 관장함 217

 제11절 폐번치현(廢藩置縣)과 일한외교의 접수 _____ 221

타이슈 번에서 외무성의 간섭에 반대함 222
외무성 내의 일한외교 강제접수론 224

이즈하라(嚴原) 번지사(藩知事)의 면관(免官)과
　　가역파면(家役罷免) 225
외무대승 소 시게마사(宗重正) 227

 제12절 초량 왜관의 접수 _____ 229

요시오카(吉岡) 외무권소승의 왜관 정리안 230
왜관의 외무성 이관 233
소 외무대승의 반대 의견 233
하나부사 외무대승의 부산 파견 235

왜관의 새 직원 236
공무역(公貿易)의 청산 238
훈도 안동준의 반대 240
왜관을 대일본공관으로 개칭함 241

제5장 일한교섭의 정돈(停頓)

제13절 외무성 시찰원의 파견, 통사(通詞) 우라세 히로시의 시안(試案) _____ 246

외무성 출사 사다 하쿠보(佐田白茅)의 부산 시찰 246
동래부사가 대수대차사의 거부를 정식으로
　　통고함 247

타이슈 번의 의견 상신 249
우라세 히로시와 안동준 회담 250
우라세 히로시의 타협 시안 251

독일 공사의 부산 입항, 통사 나카노 교타로   일한교섭의 역전 254
(中野許太郎)의 동행 253   왜관 직원의 경질 255

 제14절   외무성 파견원의 직접 교섭 ————— 257

요시오카 외무권소승의 부산 파견 258   동래부사의 거절 회답 265
외무경승(外務卿丞) 서계 259   신미양요와 조정(調停) 266
외무성 파견원과 타이슈 번 260   타이슈 번의 불개입 방침 268
소 이즈하라 번지사의 동래부 통고 263   미국 함대의 조선 원정을 통고함 270

 제15절   일한교섭의 정돈(停頓) ————— 273

소 외무대승의 도한(渡韓) 수속 273   기선(汽船) 승선 문제 281
소씨 차사(差使)의 파견 274   훈도 안동준의 왜관 방문 거부 282
모리야마 시게루의 의견 상신 276   차사(差使) 구진서(口陳書)와 해의서(解疑書) 284
차사(差使) 사가라 마사키(相良正樹) 278   안동준의 방문을 기다림 286
소 외무대승의 서계 279

 제16절   일한교섭의 정돈(續), 차사(差使) 사가라 마사키의 동래부 난입(闌入) ————— 288

요시오카 외무소기(外務少記)의 부산 철수 상신 288   왜관 관수 전갈서(傳喝書) 295
사가라 마사키가 동래부사와의 회견을 요구함 289   요시오카 외무소기와 사가라 마사키의 부산 철수 299
훈도 안동준의 무성의 291   외무성 파견원의 부산 주재 301
사가라 마사키와 후카미 마사카게(深見正景)의   동래부사의 일본을 모멸하는 고시(告示) 301
   동래 입성 292   외무성 파견원의 무위(無爲) 302
사가라 마사키 일행의 동래 구류 293

제6장 정한론(征韓論)

 제17절   정한론의 발생 ————— 308

야마다 호코쿠(山田方谷)의 대륙론(大陸論) 309   야나기하라 사키미츠(柳原前光)의 조선론 314
오시마 도모노조와 기도 다카요시(木戶孝允) 309   요코야마 쇼타로(橫山正太郎)의 유서 316
사다 하쿠보의 30개 대대론(大隊論) 310   마루야마 사쿠라(丸山作樂)의 반란 계획 317
기도 다카요시의 조선론 311

 제18절   정한론의 결렬 ————— 320

미국, 프랑스 공사와 청 총리아문의 교섭 321   이와쿠라(岩倉) 대사의 귀조(歸朝)를 기다림 329
조선의 정교자주(政敎自主) 323   이와쿠라 우대신, 오쿠보(大久保), 기도(木戶) 양 참의의
소에지마(副島) 대사와 청한종속관계 325   반대 331
야나기하라 서기관과 총리아문의 회견 325   이와쿠라 태정대신 임시대리의 상주 332
조선 토벌에 관한 각의(閣議) 327   사이고, 이타가키(板垣) 등 다섯 참의의 사직 334
사이고(西鄕) 참의의 견한대사론 328

제7장 일한교섭의 재개

 조선의 배외정책의 갱신, 외무성 출사 모리야마 시게루의 조선국 파견 ———— 338

국왕 친정과 배외정책의 갱신 339
영의정 이유원의 계언(啓言) 340
안동준의 효수(梟首) 342
모리야마 시게루의 파견 343
모리야마 시게루가 조선 정세의 변화를 보고함 345
훈도 현석운(玄昔運) 348

모리야마 시게루와 현석운의 협정 349
조영하(趙寧夏)의 밀함(密函) 350
모리야마 시게루와 현석운 협정의 승인 353
모리야마 시게루의 일한국교 갱신 조건 354
외무성 파견원과 동래부사의 직접 교섭 개시 354

 모리야마 이사관의 조선 재파견, 일한교섭의 재정돈(再停頓) ———— 358

모리야마 이사관과 히로츠(廣津) 부관의 임무 358
이사관이 동래부사와의 회견을 요구함 360
외무경승의 서계 361
모리야마와 현석운 협정의 불비(不備) 363

외무경승 서계의 위격(違格) 363
이사관 복색(服色)의 개정에 관한 이론(異論) 365
일본의 새로운 복색을 인정하지 않음 368

 일한교섭의 재정돈(續) ———— 371

외무경의 추가훈령 371
조선 정부의 협조 방침 372
동래부사의 간담(懇談) 372
모리야마 이사관이 조선 정부의 진의를 이해하지
　못함 374

모리야마 이사관과 동래부사의 대립 377
조선의 묘의(廟議) 378
국왕과 척족의 협조론 382
별견당상역관(別遣堂上譯官) 김계운(金繼運) 382
동래부사의 경질 386

제8장 강화도 군함 운요(雲揚) 포격 사건

 강화도 군함 운요(雲揚) 포격 사건 ———— 390

모리야마 이사관이 시위운동의 필요성을 논함 390
이타가키 참의의 반대 392
부산에서의 군함 운요와 다이니테보(第二丁卯) 393
군함 운요의 행동, 강화부 초지진(草芝鎭)의 발포 393
영종진(永宗鎭)의 점령 395
영종 패전과 그 손해 396

모리야마 이사관의 부산 파견 397
나카무타(中牟田) 해군소장의 부산 파견 398
조선 정부의 위기 회피책 399
훈도 현석운의 타협안 제시 400
이노우에 운요 함장의 전투 상보(詳報) 402

제9장 일한 신관계의 성립

전권변리대신(全權辨理大臣)의 파견 ———— 406

강화 사건에 관한 어전회의 406
기도(木戸) 참의의 상주 406

모리야마, 히로츠 두 이사관의 조선교섭론 409
견한대사 문의지취안(問議旨趣案) 410

22

대사 파견 선보안(先報案) 411
전권변리대신 구로다 기요타카(黑田清隆), 부대신
　이노우에 가오루(井上馨) 412
전권에 대한 훈령 413

일한통상조약의 대강 415
일본 정부의 협조 방침 416
선보사(先報使) 히로츠 이사관의 부산 파견 417

 제24장　강화부에서의 예비 교섭 ─────────────────────── 421

전권 호위함대 421
전권의 부산 입항 422
호위 육군의 요구 423
전권의 남양만(南陽灣) 도착, 남양부사의
　문정(問情) 425

당상역관 오경석(吳慶錫)과 현석운의 문정 427
모리야마 외무권대승과 인천부사의 회담 429
접견대관 신헌(申櫶), 부관 윤자승(尹滋承) 430
모리야마 외무권대승과 접견부관의 회담 432
전권호위육군 문제 433

 제25장　강화부에서의 일한회담 ───────────────────────── 436

구로다, 이노우에 두 전권의 강화 입성 436
제1차 회담 437
군함 운요 포격의 책임 438
전권위임의 문제 439

야도 마사요시 사건의 책임 440
제2차 회담 442
일한조약안의 제시 443
접견대관의 조약 무용론 444

 제26장　일한수호조규의 체결 ───────────────────────── 447

제3차 회담 447
조선의 협조 방침 448
접견대관에게 전권을 부여함 450

일한수호조규안과 수정대안(修正對案) 451
비준서안 456
추가 조건 육칙(六則) 457

 제27장　일한수호조규의 체결(續) ─────────────────────── 459

일한수호조규의 조관별 심의 459
조선 자주 문제 460
공사주차의 해석 460
국서 왕복의 잠정적 방법 461
개항에 대한 무정견(無定見) 462

영사 주재 463
영사재판권 464
최혜국 조관을 승인하지 않음 465
추가 조건의 심의 465
아편 및 기독교의 금지 466

 제28장　일한수호조규의 조인과 비준 ──────────────────── 470

제4차 회담 471
조선국왕 친서(親署)의 거부 471
의정부 조회안 472
구로다 전권의 퇴거 475
접견대관의 타협 조건 476

일한수호조규의 조인 476
일한수호조규 477
조선국왕 비준서, 조선 의정부 조회 479
대원군이 화평 방침을 배격함 480
최익현의 복합상소(伏閤上疏) 483

제10장 일한수호조규(日韓修好條規) 체결과 청국

제29절 모리 공사의 청국 파견, 청 총리아문과의 교섭 ── 490

모리 주청 공사의 의견 상신 490
모리 공사에 대한 훈령 493
모리 공사가 영국, 러시아 두 나라 공사의
　원조를 간청함 495

모리 공사와 총리아문의 회담 496
청한종속문제에 관한 토론 498
모리 공사가 청의 간섭을 요망함 499

제30절 청한종속관계론, 모리 공사와 이홍장의 회담 ── 501

일청수호조규 제1조의 해석 501
모리 공사와 총리아문의 대립 502
모리 공사가 청한종속관계론을 단념함 507

모리 공사와 이홍장 회담 508
'소속방토(所屬邦土)'의 해석 509
이홍장의 충고 510

제31절 청한관계의 새 단계, 이홍장과 이유원 ── 515

일청 신관계(新關係)와 조선 516
조선 정부의 태도의 모순 518

이유원과 이홍장 519
총리아문의 경고 521

제3편 일한국교의 갱신과 그 반동

제11장 병자(丙子) 수신사의 파견

제32절 병자 수신사의 파견 ── 528

수신사 파견 권고 528
신헌의 의견 상주(上奏) 529
수신사 김기수(金綺秀) 530
수신사행 절목(節目) 532
수신사의 도쿄 도착 534
수신사 원역(員役) 534

예조 서계 535
수신사의 알현 538
외무경승 회답 서계 540
수신사의 귀국 541
수신사의 시찰 542

제12장 일한수호조규부록(日韓修好條規附錄)의 협정

제33절 미야모토 이사관의 파견, 일한수호조규부록안 ── 548

수호조규 해석의 차이 549
미야모토 이사관의 조선 파견 551
태정대신 훈령 552

미야모토 이사관의 경성 도착 554
미야모토 이사관의 알현 555
일한수호조규부록안 555

일한수호조규부록의 체결 ————————————————— 559

미야모토 이사관과 강수관(講修官) 회담 559 미야모토 이사관과 신헌 회견 565

강수관의 수정대안 559 공사주경의 철회 567

공사주경 문제 562 유보지역의 타협 569

유보지역(遊步地域) 설정 문제 563 일한수호조규부록 체결 570

공사주경의 거부 564 미야모토 이사관의 곤경 572

 공사주차(公使駐箚)와 국서 봉정 ————————————————— 575

미야모토 이사관 각서 575 국서식(國書式)의 협정 586

이사관 각서의 불승인 576 하나부사 변리공사의 조선 파견 587

부산 재류 일본인의 가족 동반 578 국왕 근현(覲見) 의주(儀註) 589

하나부사(花房) 대리공사의 조선 파견 579 하나부사 공사의 근현(覲見) 591

하나부사 공사와 강수관 회담 580 일본 국서 592

공사주경의 의의 581 공사주경의 해결 594

제13장 일한통상장정(日韓通商章程)의 체결

 일한무역 잠정 약정 ————————————————— 598

일한통상에 관한 조선 전권의 의견 598 일한무역 개선에 관한 미야모토 이사관 각서 603

일본 정부의 잠정 방침 599 부산 주재 관리관(管理官)[영사(領事)] 606

일한무역규칙안(日韓貿易規則案) 601 부산 관찰관(辦察官) 607

수출입 무관세 603

 일한통상장정의 성립, 수출입세의 협정 ————————————————— 609

조선 정부의 불법과세 610 수출입 세율 616

하나부사 대리공사의 부산 파견 611 일본 정부의 상호 양보 방침 617

수출입 과세 중지 612 다케조에(竹添) 변리공사와 묄렌도르프[목인덕(穆麟德)]

손해배상 요구 613   회담 619

손해배상 요구와 교환 조건 614 일한통상장정의 조인 620

수신사 조병호(趙秉鎬), 일한무역규칙의 개정 요구 615

제14장 원산 및 인천의 개항

 개항 연기론, 개항장 선정의 곤란 ————————————————— 624

개항장 설정의 기원 624 조선 개항장 예정지 629

영흥(永興) 개항 요구 625 하나부사 공사의 개항 교섭 631

내지행상 요구 627 조선 서해안의 측량 633

목포, 남양, 강화, 인천 633　　　　　　　　덕원(德源) 개항의 가능성 636
문천(文川) 개항 요구 635

 원산의 개항 _____ 640

군함 아마기(天城)의 조선 연안 측량 640　　　원산 개항 요구 649
원산, 인천, 군산 642　　　　　　　　　　　원산 개항 예약의안(豫約擬案) 651
원산 개항 반대 642　　　　　　　　　　　　원산 개항 세목(細目) 653
하나부사 변리공사의 임무 644　　　　　　　원산 개항 의정서 654
남양만(南陽灣)의 조사 646　　　　　　　　　원산 주재 관리관 655
해군의 인천 개항 의견 647

 인천 개항 _____ 658

인천 개항 요구 658　　　　　　　　　　　　하나부사 변리공사의 재교섭 667
강수관 홍우창(洪祐昌)의 반대 659　　　　　하나부사 공사와 강수관 김홍집(金弘集) 회담 667
하나부사 대리공사의 타협안 660　　　　　　인천 개항의 동의 668
타협안의 불성립 662　　　　　　　　　　　인천 개항 기한의 확정 669
조선 정부가 교동(喬桐)과 남양(南陽)을 제의함 664　유보지역의 확장 670
인천 개항 교섭의 중지 665　　　　　　　　　인천 개항 세목(細目) 672

제15장 신사(辛巳) 위정척사론, 국왕과 척족의 혁신 정책과 그 반동

 신사(辛巳) 위정척사론, 국왕과 척족의 혁신 정책과 그 반동 ____ 676

국왕과 척족의 혁신사상 676　　　　　　　위정척사론의 재연(再燃) 685
수신사 김홍집 678　　　　　　　　　　　영남만인소(嶺南萬人疏) 686
이노우에 외무경의 혁신 권고 679　　　　　신섭(申㰌)과 홍재학(洪在鶴)의 복합상소 687
황준헌(黃遵憲)의 조선정략 680　　　　　　이유원의 유배 689
일본 시찰단의 파견 681　　　　　　　　　대원군의 활약 690
별기군(別技軍)의 창설, 교관 호리모토(堀本)　　이재선(李載先), 안기영(安驥永) 등의 옥사(獄事) 690
　육군소위 682　　　　　　　　　　　　　일본 공사관 습격 계획 692
이홍장의 외교 지도 683　　　　　　　　　조중호(趙中鎬)의 수공(囚供) 693
통리기무아문(統理機務衙門)의 설치 684

제16장 임오변란(壬午變亂), 제물포조약(濟物浦條約)의 체결

 임오병란(壬午兵亂) _____ 700

군졸의 급미(給米) 미불(未拂) 701　　　　　하나부사 공사의 철수 706
대원군의 선동 702　　　　　　　　　　　인천에서의 요란, 하나부사 공사의 귀국 707
병변(兵變) 발발, 척신의 살해 702　　　　　왕비 홍서(薨逝) 전교 반포 708
창덕궁 습격, 왕비의 위난 704　　　　　　　대원군의 제2차 집정, 종신(宗臣)의 중용 708
일본 공사관의 습격 704　　　　　　　　　대원군 정권의 불안정 710

일본 정부의 대한방침(對韓方針) ———————————— 712

일본 정부의 사변 처리 방침, 이노우에 외무경의
    시모노세키 출장 712
히사미즈(久水) 외무성 어용괘와 곤도(近藤) 영사의
    선발(先發) 713
하나부사 공사에 대한 훈령 714

일본 정부의 보상 요구 716
일본 정부의 최후 요구 716
육해군의 파견 718
인천의 보장(保障) 점령 계획 718
육군의 동원 719

 하나부사 공사의 교섭 ———————————————— 721

히사미즈 어용괘의 인천 도착,
    인천부사 정지용(鄭志鎔)의 자살 721
곤도 영사의 인천 도착 723
하나부사 공사의 인천 도착 723
조영하와 하나부사 공사 회담 724

하나부사 공사의 알현, 대원군과의 회담 725
보상 요구 제출 726
조선 정부의 회답 기한 무시 728
하나부사 공사의 경성 철수 729

 제물포조약의 성립 ————————————————— 731

하나부사 공사의 인천 체재 731
전권대신 이유원, 부관 김홍집 732
인천에서의 회담 733
손해배상 요구 734
공사관 호위병의 주둔 734

제물포조약 조인 736
일한수호조규속약(日韓修好條規續約) 조인 739
양이침범비 철거 740
호리모토 소위 등의 살해범 처형 741
전권대신 박영효(朴泳孝) 등의 내조(來朝) 742

청의 간섭, 대원군의 구치(拘致) ————————————— 745

여(黎) 주일 청국 공사의 보고, 김윤식과 어윤중의
    의견 746
북양해군(北洋海軍)의 출동 준비, 도원(道員)
    마건충(馬建忠)의 파견 747
북양대신 이홍장의 복임(復任) 748
청국의 조정을 거부함 750
마건충이 무력 탄압을 건의함 753

다케조에 외무대서기관과 마건충 회담 754
마건충의 조정 757
대원군의 구류, 톈진(天津) 호송 758
일본의 보상 요구에 대한 마건충의 의견 759
난병(亂兵)의 토벌 761
오장경(吳長慶) 부대의 경성 주류(駐留) 762
대원군의 심문, 바오딩(保定) 구류 762

제17장 청한종속관계의 진전

 청의 종주권 강화 ————————————————— 768

대원군 구치의 의견 768
장건(張謇)의 「조선선후육책(朝鮮善後六策)」 769
장패륜(張佩綸)의
    「조선선후사의육책(朝鮮善後事宜六策)」 770
이홍장의 반대 의견 773
조선 정부의 외교고문, 마건상과 묄렌도르프 776

통리군국사무아문(統理軍國事務衙門)과
    통리교섭통상사무아문(統理交涉通商事務衙門) 777
청국식 연군(練軍)의 창설 778
경군 영무처(慶軍營務處) 원세개(袁世凱) 781
오장경의 귀국 781

제48절 **조선 조정의 동요** _____ 783

청류당(淸流黨)과 외교, 공친왕(恭親王) 및 이홍장의
　탄핵 784
대원군의 석방 운동 786
국왕이 일본의 원조를 요청함, 시마무라(島村)
　대리공사와 한규직(韓圭稷) 회담 788

국왕이 일본의 증병(增兵)을 요청함 790
대원군의 석방 청원 791
재한(在韓) 청국 군헌(軍憲)의 불법 794
대청감정의 악화 795

제18장 갑신변란(甲申變亂), 한성조약(漢城條約)의 체결

 제49절 **일본세력의 진출과 독립당(獨立黨)** _____ 800

독립당의 기원 801
독립당과 척족의 대립 802
이와쿠라 우대신의 소극정책 803
이토(伊藤) 참의와 이노우에 외무경의 적극정책 805
이노우에 외교, 주한 변리공사
　다케조에 신이치로(竹添進一郎) 806

후쿠자와 유키치(福澤諭吉)의 독립당 지도 807
다케조에 공사와 청국 주재 관헌 809
김옥균(金玉均)의 외채 계획 810
김옥균과 민영익(閔泳翊)의 대립 811

 제50절 **다케조에 공사의 적극정책** _____ 813

다케조에 공사의 독립당 배척 813
조선의 일본 유학생 814
주일 조선 공사와 국왕 친서 816
독립당과 일본 정부 817
다케조에 공사의 귀임, 임오(壬午) 배상금의 반환 818
국왕이 독립당과 척족의 의견을 구함 820
천장절(天長節) 봉축만찬회(奉祝晩餐會) 821
시마무라 공사관 서기관의 독립당 지지 821

다케조에 공사가 독립당의 적극적 원조에 관해
　청훈(請訓)함 822
국왕이 독립당의 주장을 이해하지 못함 824
독립당의 직접행동 계획 826
김옥균『갑신일록(甲申日錄)』826
독립당의 직접행동과 다케조에 공사 829
다케조에 공사의 독단 831
외무당국의 불승인 831

 제51절 **갑신변란** _____ 837

독립당의 암살 계획 837
일본인 장사(壯士)의 가담 838
우정국(郵征局) 개국 축하만찬회 839
직접행동 개시, 민영익 습격 841
국왕이 일본 공사의 보호를 요청함 841
국왕의 경우궁(景祐宮) 이어(移御) 844
다케조에 공사 및 공사관 경비대의 입위(入衛) 844

경우궁의 참극 846
대신경재(大臣卿宰)의 입시(入侍)를 불허함 848
이재원(李載元)의 사저로 이어(移御)함, 정부의 개조,
　종신(宗臣)의 중용 849
창덕궁(昌德宮) 환궁 850
독립당의 혁신요강 851
김옥균의 기채(起債) 계획 854

 제52절 **일청 양국군의 충돌, 다케조에 공사의 경성 철수** ___ 859

주한 청국군장령(淸國軍將領)의 자중(自重) 859
조선 대신경재(大臣卿宰)의 청원 859
청 통령(統領) 오조유(吳兆有) 등의 입시(入侍) 요청 861

일청 양국군의 충돌, 창덕궁의 전투 863
국왕의 몽진(蒙塵) 863
다케조에 공사 및 경비대의 공사관 귀환 864

조선 군민(軍民)의 분격, 일본 거류민의 조난 865
다케조에 공사의 경성 철수 867
이소바야시(磯林) 공사관 무관의 조난 867

독립당 수괴의 망명 868
정부의 재개조(再改造) 870

 일한교섭의 정돈(停頓) 875

통리아문의 항의, 변란의 책임 소재 875
조선 조정의 우려 877
통리아문의 변란 책임론 878
다케조에 공사의 반박 882
통리아문의 강경론 886

다케조에 공사의 소환 요구 886
외교단의 조정 요망 888
푸트 주한 미국 공사의 조정 제안 889
통리아문의 최후통첩 891
다케조에 공사와 통리아문의 교섭 중단 893

 이노우에 외무경의 조선 파견 895

이토(伊東) 태정관 대서기관의 사변 선후(善後)
    의견 895
다케조에 공사의 조처를 추인(追認)함 896
이토(伊藤), 이노우에, 야마가타(山縣)의
    삼상회의(三相會議) 897
이노우에 참사원 의관의 조선 파견 897
이노우에 외무경의 사변 대책,
    특파전권대사(特派全權大使)의 임명 898

이홍장의 사변 대책, 흠차(欽差) 오대징(吳大澂) 901
조선 출병 문제 902
특파대사 호위 육해군 903
다케조에 공사와 조병호 회담 905
국왕 친서의 진위 906
통리아문의 성명 909

 한성조약의 체결, 김옥균 등의 인도 요구 912

이노우에 대사의 경성 도착 912
이노우에 대사의
    「사변사명시말서(事變査明始末書)」 913
다케조에 공사에게 반란 참여의 책임이 없음 914
국왕 알현 915
이노우에 대사의 내주(內奏) 917
전권 김홍집 918

전권위임장의 수정, 이노우에 대사의 상호 양보 정신 919
사변선후조약안(事變善後條約案) 920
청국 흠차 오대징의 간섭 922
한성조약 조인 924
독립당 수괴의 인도 요구 926
이소바야시 무관 살해범의 처형 927
사죄사(謝罪使)의 차송(差送) 927

제19장 톈진협약(天津協約)의 성립

 이토 대사의 청국 파견 932

배청(排淸) 감정의 격화 932
이홍장의 사변 불확대 방침 933
청국 전권 파견 요구 934
에노모토(榎本) 공사와 총리아문 회담 936
이토(伊藤) 참의의 각서 939
일청 양군 충돌의 책임 940
에노모토 공사의 적극론 941
이토 특파대사의 청국 파견 941

일본 정부의 대청 요구 943
주한 일청 군대의 공동철수와 청국 장령의 징계 943
에노모토 공사의 전권 보좌 944
사이고(西鄕) 참의[쓰구미치(從道)]의 임무 945
이홍장이 공동철병에 동의함 946
이토 대사의 베이징 도착 948
이토 대사와 총리아문 회담 950

제57장 톈진협약의 체결, 일청 양국군의 철수 _____ 955

톈진회담, 전권 이홍장 955
전권위임장의 형식 956
일본 정부의 요구 조건 956
다케조에 공사의 책임론 958
조선국왕 자회(咨會)의 효력 959
청국군 장령의 책임과 징계 960
조난 일본인에 대한 손해배상 962
톈진회담이 결렬에 임박함 963
이홍장의 청훈(請訓) 964
총리아문의 타협 조건 965

일청 공동철병안의 성립 966
오대징의 철병협정안 967
이토 대사의 수정안 968
종주국의 출병우선권(出兵優先權) 969
톈진회담의 재정돈(再停頓) 971
공동철병의 타협안, 출병우선권의 보류 973
청국군 장령의 견책(譴責) 974
톈진협약의 조인 975
일본의 철병과 제물포조약 977
피해 일본인의 진술 979

부록

다보하시 기요시(田保橋潔) 약전(略傳) 987
근대 조선외교사 연표(1864~1885) 995
주요 인명 색인 1029
『근대 일선관계의 연구(하)』차례 1037

서(序)

근대 조선에서 외국 관계, 특히 이른바 사대교린(事大交隣)의 본질을 천명하는 것은 조선의 정치사회의 특이성을 이해하는 데 긴요할 뿐만 아니라, 근대 극동의 정치외교를 연구하는 데 빠뜨릴 수 없는 중요한 일이다. 특히 우리나라의 관점에서 볼 때, 조선은 상대(上代) 이래 문화적으로도 특수한 관계에 있으므로 일선관계(日鮮關係)를 연구하고 그 본질을 검토하는 것은 우리나라 연구자들에게 주어진 중대 임무라고 할 수 있으며, 조선 통치에 있어서도 무관심할 수 없는 것이다. 그런 까닭에 우리나라 사람들이 근대일선관계를 논한 연구가 매우 많아서 넉넉히 문고 하나를 만들 수 있을 정도지만, 예로부터 조선의 정치사회는 엄격하게 폐쇄되어 외부인이 엿보는 것을 불허했고 더욱이 관계 문헌이 관부(官府)에 깊이 소장되어 일찍이 공개된 적이 없었다. 이러한 사실은 일반 연구자들의 근대 조선 연구에 커다란 장애가 되었으며, 이로 인해 이와 같은 사편(史編)들 가운데 신빙할 만한 것이 참으로 적다는 사실은 유감으로 여기는 바다.

나는 항상 근대 일선관계사 분야에서 학술적으로 완벽한 업적이 발표되기를 기대해 왔는데, 마침 경성제국대학 교수인 다보하시 기요시 씨가 조선사편수회(朝鮮史編修會) 편찬주임으로서 예전에 『조선사(朝鮮史)』 제6편, 즉 조선 순조(純祖) 이후의 부분을 담당했고, 지금은 또 근대 조선사(병합사)의 편찬에 종사 중인 것을 다행으로 여겨서 이 사업을 부탁했다. 다보하시 교수는 작년부터 공무의 여가를 이용해서 경성제국대학 부속도서관에 소장된 구한국 정부기록을 비롯한 내외 사료를 수집, 연구해 이번에 『근대 일선관계의 연구(近代日鮮關係の硏究)』 상하 2권을 완성해서 제출하였다.

본서의 내용은 조선 영조(英祖) 중기부터 이태왕(李太王) 31년 갑오 일청개전(日淸開戰)까지로 내외의 사료를 널리 참조하고 고증이 해박해서 학술적으로 볼 때 참으로 귀중한 노작이며, 아울러 조선 통치에 있어서도 구하기 어려운 좋은 사료라고 믿는다. 그러므로 특별히 인쇄해서 집무의 참고 자료로 배부하는 것이다.

본서의 상재(上梓)에 즈음하여 짧은 말로 서(序)를 갈음하다.

쇼와(昭和) 15년 3월 25일
조선총독부 중추원 서기관장 오타케 주로(大竹十郎)

서언(緖言)

　조선을 중심으로 하는 근대 극동 국제정치사에 흥미를 갖게 된 것은 십수 년 전으로 거슬러 올라간다. 당시 도쿄제국대학 문학부 사료편찬소에서 근무하고 있던 필자는, 메이지 27년의 일청개전으로부터 메이지 28년 5월의 삼국간섭에 이르기까지 조선을 중심으로 하는 일청관계사를 기고하고, 후지산 기슭의 가와구치(河口) 호반에서 개최된 도쿄 아사히(朝日)신문사 주최 하기대학(夏期大學)에서 강의했다. 그 후 필자의 처지도 일변했던 까닭에 저절로 이 문제에 전념할 수 없게 됐지만, 관심을 잃었던 것은 아니다. 쇼와 (昭和) 5년 봄, 옛 원고의 전반부를 수정, 증보한 후에『근대 일지선관계의 연구(近代日支鮮關係の研究)』라는 제목을 붙여서 경성제국대학 법문학부에서 출판했다. 이 책은 청년시절의 습작으로 미비한 점이 많지만, 그럼에도 불구하고 국내에서 적지 않은 반향을 일으켰을 뿐만 아니라 이웃나라인 지나(支那)와 미국에 이르기까지 극동의 정치외교에 관심을 가진 전문 연구자들에게 주목을 받았다. 이는 필자가 망외의 영광으로 생각하는 바다.

　메이지 10년 9월에 외무속(外務屬) 오쿠 요시타다(奧義制)가 외무성 조선사무서(朝鮮事務書)에 기초해서『조선교제시말(朝鮮交際始末)』 3권을 편찬한 이후로 메이지 말기에 이르기까지 일한관계 및 조선을 중심으로 하는 일청관계를 논한 노작은, 관공서의 이름으로 출판되었건 혹은 개인 저서이건 간에 방대한 수량에 이른다. 그 중에서 학술적 가치가 있다고 인정되는 문헌들은 본서 하권 부록의 '인용 사료 서목'에 수록해 놓았다. 이러한 종류의 편찬자 가운데는 오랜 기간 조선에 체류하거나 직무상 저절로 일한관계 문서기록을 자유롭게 이용한 사람들이 적지 않다. 그럼에도 불구하고 여전히 근대 일한관계의 실체를 규명하기에 불충분한 것은, 그들이 근대 조선의 정치사회에 대한 올바른 인식을 결여하고 있으며, 또 그들 자신이 직접 간여한 자국의 분서기록에는 정통하더라도 상대국, 즉 청한 양국 정부의 그것을 이용할 기회를 갖기 어려웠기 때문이다.

이제 메이지 말기와는 크게 사태가 달라졌다. 우선 한국병합 이후 조선총독부를 중심으로 광범위하게 조선 문화의 연구 조사 사업이 이뤄졌다. 그 성과는 총독부 관방문서과(官房文書課), 중추원, 박물관, 그리고 그 밖의 기관들을 통해서, 혹은 개인의 이름으로 계속 발표되어 왔으며, 조선 고유의 정치·경제·사회·문화에 대해 새로운 시각에서의 비판과 검토가 더해졌다. 최근 경성제국대학의 개설은 이러한 종류의 연구 조사를 다시 촉진하고, 또 새로운 분야를 개척하는 데 자극을 주었다. 다음으로 한국병합에 의해 구한국의 정부기록이 역대 국왕들이 수집한 귀중한 장서들과 함께 조선총독부로 인계됐다. 당사자의 몰이해로 인해 일부는 애석하게도 산일(散佚)됐지만, 대부분의 중요한 것들은 불완전하게나마 정리되어 이후 경성제국대학으로 이관됐다. 실로 근대 조선 문화의 보고라고 할 수 있는 것들이다. 또 일본과 조선 사이에서 양국의 국교를 관장했던 구 타이슈(對州) 번청(藩廳)의 기록문서들이 최근 조선총독부 조선사편수회의 소장물로 귀속됐다. 이 수많은 기록은 겐나(元和)[1], 간에이(寬永)[2]에서 겐지(元治)[3], 게이오(慶應)[4]까지의 극히 복잡기괴한 일한관계의 실체를 밝힐 수 있는 일체의 사료를 포함하고 있다.

여기서 주의를 요하는 것은 제1차 세계대전 이후의 국제정치사학의 진보이다. 대전 중에 소비에트 연방이 제정 러시아가 체결한 비밀 조약, 외교문서를 공표한 것은 각국 정부에 큰 충격을 주었고, 특히 전후 이른바 전쟁 책임 문제와 관련해서 독일 정부의 대전(大戰) 외교문서가 공간되자 오스트리아, 터키와 같은 중부 유럽의 동맹국은 물론이고, 영국, 프랑스, 벨기에 등의 국가에 이르기까지 이를 모방해서 대전 외교문서가 체계적으로 편찬, 인쇄됐다. 이 현상은 다시 대전과 관계가 있는 제왕, 대통령, 정치가, 외교관, 육해군 고급사령관, 막료의 일기, 기록의 발표로까지 진전됐다. 종전에는 해당 관청의 비밀 문서고에 비장되어 관계 당국 이외에는 열람이 허락되지 않던 귀중한 사료가 풍부하게 제공된 것이, 국제정치사학의 발달에 얼마나 큰 공헌을 했는지는 이루 다 헤아릴 수 없을 정도다.

이처럼 경하할 만한 현상의 영향은 어김없이 극동에도 미쳤다. 이웃나라 중화민국 국민정부는 솔선해서 베이징 고궁박물원(古宮博物院)을 중심으로 구(舊) 청조의 군기처(軍

---

1) 겐나(元和): 일본의 연호로, 대략 1615~1623년에 해당한다.
2) 간에이(寬永): 일본의 연호로, 대략 1624~1644년에 해당한다.
3) 겐지(元治): 일본의 연호로, 대략 1864년에 해당한다.
4) 게이오(慶應): 일본의 연호로, 대략 1865~1867년에 해당한다.

機處)·총리각국사무아문(總理各國事務衙門)·외무부의 기록을 편찬, 공간했다. 이 사업은 주로 장제스(蔣介石) 정권하에서 시행되었는데 다분히 정치적 제스처의 의미를 내포하고 있었다. 이 사업은 특히 만주사변 이래로 중단되기는 했지만, 메이지 시기의 일청관계 연구에 큰 공헌을 하고 있음은 말할 필요도 없다. 이와 관련해서 장팅푸(蔣廷黻) 씨의 『근대 중국외교사 자료집요(近代中國外交史資料輯要)』, 왕윈성(王芸生) 씨의 『60년래 중국과 일본(六十年來中國與日本)』이 공간된 것은, 애석하게도 미완성이기는 하지만, 우리나라 역사가들에게 시사하는 바가 많다. 또 최근 국립 청화대학(清華大學)을 중심으로 샤오쑨쩡(邵循正) 씨와 왕신쭝(王臣忠) 씨 등 청년 연구자들이 청불사변, 일청전역(日清戰役)에 관한 좋은 저서를 발표한 것은 종래 구미 역사가들의 편협한 견지에서 논의된 구 청나라의 국제정치사를 시정하는 것으로 주목할 만한 가치가 있다.

최근에 이르러 예전부터 회의적 태도를 보였던 일본 외무성도 드디어 세계적 정세를 좇아 메이지 원년 이래의 조약, 외교문서를 공간하기로 결정하고, 쇼와(昭和) 5년부터 이를 『구조약휘찬(舊條約彙纂)』과 『대일본외교문서(大日本外交文書)』라는 이름으로 연속 간행하고 있다. 특히 후자의 공간은 다년간의 현안을 해결한 것이라고 할 수 있는데, 쇼와 15년 1월까지 9책 분량으로 메이지 6년까지의 부분을 완료하는 데 불과했지만 사업의 진행에 따라 학계에 큰 공헌을 하고 있는 사실은 재론할 필요가 없다.

조선의 정치·외교·경제의 연구 또한 이러한 정세에 대응한 것은 당연하다. 필자가 쇼와 5년에 『근대 일지선관계의 연구(近代日支鮮關係の研究)』를 발표한 이후로 오늘날에 이르기까지 10년간 수많은 우수한 노작들이 학계에 발표됐다. 쇼와 9년에 보성전문학교 교수 와타나베 가츠미(渡邊勝美) 씨가 『조선개국외교사(朝鮮開國外交史)』, 쇼와 10년에 동료 오쿠다이라(奧平) 씨가 『조선개국교섭시말(朝鮮開國交涉始末)』, 쇼와 12년에 교토제국대학 명예교수 야노 진이치(矢野仁一) 씨가 『일청전쟁 이후 지나외교사(日清役後支那外交史)』를 발표했다. 모두 다년간의 연구를 통해 빚어진 역작으로 필자는 이들로부터 배운 것이 매우 많았다. 또 동료 시카타(四方) 경성제국대학 교수의 이조(李朝) 말기의 경제·사회에 관한 여러 문헌들은 근대 조선의 정치사회를 이해하기 위해 필독해야 할 노작들이다.

필자가 일단 중지한 사업을 재개해서 새로운 견지에서 일한관계의 재검토에 착수한 것은 쇼와 5년에 구판을 출판하고 얼마 지나지 않았을 때였다. 쇼와 8년에는 제국학사원에서 연구비를 보조받는 영광을 얻었다. 처음 몇 년간은 주로 사료의 수집과 조사에 힘을 쏟았기 때문에 진행이 더뎠지만, 쇼와 11년에는 안에이(安永)[5], 덴메(天明)[6]에서 메이지 15년 임오변란(壬午變亂)까지 대부분을 탈고하고, 부분적으로 이를 『청구학총(青丘學叢)』과 『동양학보(東洋學報)』 등에 발표했다.

그런데 그 즈음 필자의 일신에 인생에서 피할 수 없는 많은 불행한 일들이 이어져서 당분간 이 사업을 그만둘 수밖에 없었다. 게다가 사회 정세의 변화는 필자가 예상했던 형식으로 연구 성과를 공간하는 것을 어렵게 만들었다. 심신에 모두 피로를 느낀 필자는 3년 동안 중단했던 연구를 재개할 것인지 주저하고 있었다. 그런데 마침 쇼와 13년 11월에 오다케(大竹) 조선총독부 내무국장이 저자의 연구가 조선을 통치하는 데 참고자료로서 중요성이 있음을 인정해서, 특별히 국비로 인쇄를 지원해줄 것을 약속했다. 본서 간행의 장애는 그렇게 해서 제거됐다. 필자는 바로 미완성한 부분, 즉 총설 및 메이지 17년 갑신변란부터 메이지 27년 8월의 일청개전까지의 작업에 착수했다. 후자는 쇼와 5년에 간행한 『근대일지선관계의 연구(近代日支鮮關係の研究)』를 증보 수정한 것이지만, 아무튼 오래전의 습작으로서 전반적으로 근본적인 개수(改修)가 필요했기 때문에 새로 원고를 쓰는 것과 같은 노고를 쏟았다. 메이지 초기 부분도, 그 후 연구의 진척에 따라 보정을 요하는 부분이 적지 않았다. 이 때문에 분량이 당초 예정보다 30퍼센트 정도 늘어나고, 쇼와 15년 3월에 완성하기로 했던 예정이 다시 몇 개월 지연되었다.

본서는 상, 하 2권으로 나뉜다. 상권 제1편은 총설로서 근대 조선의 정세를 논하고 조선 특유의 세도정치의 기원과 외국 관계의 대요를 설명했다. 제2편에서는 메이지유신에 수반된 일한국교의 쇄신부터 메이지 9년 일한수호조규(日韓修好條規) 체결에 이르기까지, 그리고 제3편에서는 개국에 수반된 반동과 외국에서 가해진 강력한 압박이 마침내 메이지 15년의 임오, 메이지 17년의 갑신 두 번의 변란(變亂)을 격발한 사실을 논술했다. 제2편에서는 일본 정부기록 및 구 타이슈(對州) 번청(藩廳)의 기록을 위주로 하고 조선 정부기록을 부수적으로 참조했으며, 제3편에서는 조선 정부기록을 위주로 하고 일청 양국 정부기록을 부수적으로 참조했다. 하권 제4편에서는 임오, 갑신 두 번의 변란의 결과로 일청 양국 세력이 대립해서 마침내 개전에까지 이르는 과정을 일본·청·한국 세 나라의 정부기록에 의거하되, 제3국 정부기록을 참조하면서 상술했다. 별론(別論) 제

---

5) 안에이(安永): 대략 1772~1781년에 해당한다.
6) 덴메(天明): 대략 1781~1789년에 해당한다.

1·2는 타이슈 번을 중심으로 한 막말(幕末) 메이지 초기의 일한관계를 타이슈 번청 기록 및 한국 정부기록에 의거해서 상론했다. 별편(別編)은 오히려 총설의 뒤에 들어가야 할 부분이지만, 타이슈 번을 중심으로 봉건사회의 해체를 언급한 내용이 적지 않아서 나머지 각 편과 조금 체제를 달리하기 때문에 편의상 하권에 수록한 것이지 결코 부록의 의미는 아니다. 또한 권말에는 본문에서 인용한 주요 사료들을 열거하고, 특별한 것에는 간단한 해제를 붙였다. 또 본서에는 참고 지도를 수록할 계획이었으나, 이런저런 사정으로 인해 어쩔 수 없이 중지하게 되었으므로 필요한 장절의 마지막에는 본서에서 사용한 조선총독부 20만분의 1 지도, 5만분의 1 지도, 그리고 수로부(水路部)의 해도(海圖)의 명칭을 적어 두었다. 본서에서 다루는 시대가 최근 100년 이내에 속하는 까닭에 그 지명과 지형의 변화는 상기 지도 및 해도에 표기된 것과 비교해서 극히 근소하다.

본서 상권의 제1편 제1장·제2장(제6절을 제외하고), 제2편 제6장·제8장·제9장·제10장, 제3편 제12장·제13장·제17장·제18장·제19장, 하권의 제4편 제20장·제21장·제29장·제30장은 이번에 새로 집필했으며, 상권의 제2편 제6장·제7장·제8장, 하권의 제4편 제22장·제23장·제24장·제25장·제26장·제27장·제28장·제31장은 옛 원고를 근본적으로 개정해서 거의 새로 집필한 것과 다름없다.[7] 그 밖의 장들은 대체로 기존에 간행된 논문에 다소 수정을 가한 것들이고, 별편 제1장과 제2장은 오식(誤植)을 정정하는 정도로 그쳤다.

필자는 두 가지 목적을 가지고 본서를 간행하였다. 그 하나는 이미 언급한 바와 같이 조선을 중심으로 하는 극동 국제정치사를 일본·청·한국 세 나라의 정부기록에 근거해서 논술하는 것이며, 다른 하나는 이 세 나라의 정부기록문서를 교정, 편찬해서 인쇄하는 것이다. 즉, 본서는 연구서임과 동시에 사료로서의 용도를 겸하는 것이다. 생각건대 근대사 연구에서 가장 중요하면서도 어려운 작업은 정확한 기본 사료를 수집, 정리, 교정하는 데 있다. 본서에서 인용한 일한 양국 정부기록문서의 태반은 미공개된 것으로 일반 연구자들이 이용하기 어려울 뿐만 아니라, 구한국 정부기록은 거의 정리되지 않은 상태에 가까워서 필요한 사료를 검출하는 것이 원래 용이하지 않다. 더욱이 이러한 종류의 기록의 근간을 이루는 일기등록(日記謄錄)은 이문(吏文)이라고 부르는 특수한 공문체(公文體)를 쓰기 때문에 쉽게 이해할 수 없는 것들이 많다. 이러한 점을 고려해서 필자

---

7) 제2편의 제6장, 제8장이 중복 언급되어 오류가 있다고 생각되나, 계고(稽古)할 수 없어 일단 원문 그대로 옮겼다.

는 메이지 원년부터 메이지 27년까지 일한 양국 기록문서로서 중요한 것들은 가능한 한 전문을 수록한다는 방침을 세웠다. 필자의 논지가 경우에 따라 타당하지 않을 수도 있다. 하지만 사료로서의 본서의 가치는 이 때문에 조금도 손상되지 않을 것으로 기대한다. 이러한 두 가지 목적을 동시에 달성하고자 했던 까닭에 전자를 추구하는 과정에서는 전체적 구상이 걸핏하면 쓸데없이 길어졌으며, 후자를 추구하는 과정에서는 첫 번째 목적의 영향을 받아서 불완전한 형식과 내용을 취할 수밖에 없었던 점은 유감이다.

본서의 편술(編述)에 착수한 지 어언 10년, 그동안 필자가 재직하는 경성제국대학과 조선총독부 조선사편수회를 비롯하여 각 관청 혹은 개인으로부터 각종 편의를 제공받아서 소장 사료의 열람, 등사, 촬영을 허락받은 것은 감명하지 않을 수 없다. 단, 본서에서 인용된 일본 정부기록은 전부 필자 개인이 수집한 것으로, 해당 관청의 문서를 이용한 것이 아니라는 점을 특별히 기록해두고 싶다. 또 필자의 동료로서 직간접적으로 조력을 베풀어준 이들이 적지 않은데, 그 중에서도 조선총독부 수사관(修史官) 다가와 고조(田川孝三) 씨, 조선사편수회 촉탁(囑託) 소노다 요지로(園田庸次郎) 씨에게 빚진 것이 매우 많다. 본서의 간행이 조선총독부 내무국장 겸 중추원서기관 오다케 주로(大竹十郎) 씨의 호의에 의한 것임은 앞에서 언급한 대로지만 중추원 통역관 겸 서기관 나가타 다네히데(永田種秀)[구명(舊名) 김병욱(金秉旭)] 씨를 번거롭게 한 것도 적지 않다. 여기에 특기함으로써 불망(不忘)의 뜻을 표하는 이유다.

쇼와 15년 10월 6일
조선총독부 조선사편수회 편찬주임 다보하시 기요시(田保橋潔)

근대
조선사
총설 제1편

근대 조선의 정정(政情)

제 1 장

척족세도정치의 발달

이씨 조선의 3대 재앙으로 외구(外寇), 붕당(朋黨), 척족(戚族)의 세 가지를 꼽는 것에 누구도 이의가 없을 것이다. 외구와 붕당이 조선의 정치, 사회, 문화에 얼마나 많은 참해(慘害)를 끼쳤는가에 관해서는 이미 역사가들이 상세하게 논했으므로 거의 반복할 필요를 느끼지 못한다. 반면 세 번째 척족의 전권(專權)은 최근의 현상이기도 하고 자칫 간과하기도 쉽지만, 그 통폐(通弊)는 전자들에 비해 크면 컸지 조금도 작지 않았다. 원래 근대 조선의 척족 정치는 고유한 사회제도에 기초를 두고 일면 당론과도 밀접한 관련성을 가지는 것으로, 그 심혹(深酷)[1]하면서도 복잡다기한 성격은 일본과 지나(支那)의 고래의 외척정치와는 유형을 달리한다. 실로 척족정치―조선인들의 이른바 세도정치(世道政治)―연구야말로 근대 조선의 정치사회를 이해하는 데 특히 중요한 의의를 가진다고 할 수 있다. 이에 이 장에서는 척족세도정치의 기원과 발달을 서술하고, 이태왕조(李太王朝)에서 국왕의 생부 흥선대원군(興宣大院君) 이하응(李昰應)과 명성왕후(明成王后) 민씨를 중심으로 하는 척족 여흥 민씨(驪興閔氏)의 대립까지 논급하고자 한다.

원래 외척은 어떤 나라, 어느 시대에도 반드시 존재한다. 결국 외척은 국군(國君)의 종속적 존재에 불과하다. 외척이라는 혈족 단체가 정권을 장악하는 것은 주권의 강력한 독재적 색채가 농후한 근대 국가에서는 볼 수 없는 현상으로, 척족정치의 발달에는 주권의 박약, 국군(國君)의 유병암약(幼病闇弱), 종실의 고립과 무능 등이 필수 조건으로 전제된다.

근대 조선에서의 척족세도정치는 이씨 조선 제21대 영조(英祖)의 오랜 치세부터 싹트기 시작해서 제22대 정조(正祖)를 거쳐 제23대 순조(純祖)에 이르러 그 형태를 완전하게 갖추었다.

---

1) 심혹(深酷): 각박하고 엄혹함

척족세도정치의 기원을 논하는 데 특별히 중요한 의의를 갖는 것은 영조조(英祖朝) 후기 장헌세자(莊獻世子)의 무옥(誣獄)이다. 즉, 영조는 영조 38년 임오(壬午)[2] 윤5월 13일에 왕세자 선(愃)[장헌세자, 추존 장조(莊祖)]을 폐서인(廢庶人)한 후 자결을 명했다. 하지만 왕세자가 어명을 따르지 않았기 때문에 어쩔 수 없이 뒤주에 가두어서 절명에 이르게 했다.[1]

임오년 장헌세자의 무옥은 근대 조선의 최대의 의옥(疑獄)[3]이었지만, 지금은 그 진상을 논할 계제가 아니다. 다만, 이 사건을 계기로 왕실은 날로 고립되고 쇠약해져 척족이 정권을 장악하는 단서를 열게 됐다는 것에 주의할 필요가 있다.

영조에게는 내총(內寵)[4]이 많았지만, 정성왕후(貞聖王后) 서씨와 계비 정순왕후(貞純王后) 김씨에게는 모두 소생이 없고, 서출인 효장세자(孝章世子) 행(緈)[추존 진종(眞宗)]과 장헌세자 선 두 아들만 있었다. 그런데 효장세자는 요절하고 또 장헌세자가 비참한 최후를 맞이했으므로 왕통이 단절될 위기에 직면했다.[2]

영조도 계통 문제에는 당황하지 않을 수 없었다. 그는 지체 없이 장헌세자의 둘째 아들 산(祘)으로 하여금 효장세자의 뒤를 잇게 하고 왕세손에 책봉했다.[5] 그리고 영조 51년 12월에 대리청정(代理聽政)을 명했다.[3]

장헌세자빈 홍씨[혜빈(惠嬪), 추존 경의왕후(敬懿王后)]의 생부 영의정 홍봉한(洪鳳漢), 좌의정 홍인한(洪麟漢) 형제의 임오옥(壬午獄)에 대한 태도는 대단히 애매해서, 외척으로서 왕세자를 옹호한다기보다는 대신으로서 영조의 왕세자 주살을 지지하는 경향이 있었다. 혜빈조차 왕세자의 비참한 운명에 대해 냉담한 태도로 눈을 감고 있었다. 홍인한의 경우는 장헌의 아들인 정조의 큰 정적으로 간주되어 사사(賜死)될 정도였다.[4]

혜빈과 외척 풍산 홍씨(豐山洪氏)의 무력함에 비해 젊은 정순왕후 김씨[경주 김씨(慶州金氏)]와 그의 친오빠 우의정 김관주(金觀柱)는 임오옥에서 대단히 중요한 역할을 연기했다.[5] 장헌세자는 계획대로 제거됐지만, 그의 자손이 왕위를 계승할 경우에는 훗날의 보복을 예상하지 않을 수 없었다. 시(時)·벽(僻) 두 파벌의 형성은 오히려 여기서 그 원인을 구해야 하는 것이 아닐까.

---

2) 원문에는 임신(壬申)년으로 되어 있으나, 임오년의 오기이므로 바로잡았다.
3) 의옥(疑獄): 사정이 복잡해서 진상이 뚜렷하지 않은 재판 사건
4) 내총(內寵): 임금의 총애를 받는 궁녀
5) 원래 장헌세자에게는 혜빈 홍씨와의 사이에 장자 의소세손 정(懿昭世孫 琔)이 있었다. 의소는 1750년(영조 26)에 출생해서 그 해에 왕세손에 책봉되었으나 불과 3세의 나이로 훙서했다.

영조 말년에 이르러 국왕, 정순왕후, 김관주 등과 왕세손(정조), 혜빈, 홍봉한 등의 대립이 표면화됐는데, 그 중에서도 정순왕후의 존재가 가장 두드러졌다.

영조 47년 2월, 영조는 장헌세자의 둘째아들 은언군(恩彦君) 인(䄄)과 은신군(恩信君) 진(禛)을 삭직해서 제주목(濟州牧)에 찬배하고, 봉조하(奉朝賀) 홍봉한을 삭출했다.[6] 왕세손의 지위도 극히 위태로워졌다. 묘당 일부에서는 왕세손의 즉위를 방해하려는 자들마저 생겨났다. 그 중심은 장헌을 모함한 주모자 중 한 사람인 영조의 딸 화완옹주(和緩翁主)[일성위(日城尉) 정치달(鄭致達)의 처로 이른바 정처(鄭妻)]의 양자인 참판 정후겸(鄭厚謙)이었는데, 좌의정 홍인한이 그와 결탁했다. 다행히 정후겸과 홍인한의 음모가 구체화되기 전에 영조가 훙서(薨逝)해서 왕세자는 그 뒤를 이어 왕위에 오를 수 있었다. 그가 곧 정조다.[7]

정조는 아버지 장헌세자의 유사(幽死)를 매우 한스럽게 여겨서 왕세자 시절에 이미 보복을 공언했는데, 즉위와 동시에 정후겸과 홍인한을 주살한 것을 시작으로 임오무옥(壬午誣獄) 당시 영조의 뜻을 받들어 장헌의 실각을 도모했던 대신과 재상들을 묘당에서 일소하고 영조의 후궁들까지 처벌했다. 정조에 편당한 것이 이른바 시론(時論)이다. 영조와 정순왕후에게 편당(偏黨)해서 장헌의 죽음을 시인한 일파가 이른바 벽론(僻論)으로, 영조가 훙서한 후 정순왕대비를 중심으로 정조 일파인 시론에 강경한 반대를 표명했다. 순조 5년 정월, 정순대왕대비가 61세를 일기로 훙서할 때까지 전후 40년간 시·벽의 당론은 치열하기 이를 데 없었다.

시벽론(時僻論)이 치열하게 일어난 데는 정조에게 중대한 책임이 있었다. 정조는 경학(經學)에 조예가 깊어서 제왕의 수준을 크게 뛰어넘고 있었지만, 국군(國君)으로서는 문약함으로 흘러서 영조 이래 극도로 이완된 기강을 진작하고 궁금(宮禁)[6]을 확청(廓淸)[7]할 능력이 없었다. 정순왕대비의 전횡을 억제하고 붕당을 탄압하는 등의 일은 생각조차 할 수 없었다.

정조의 두 아우 은언군과 은신군은 영조 말기에 이미 찬배되었는데, 그는 즉위 초기에 막내 동생 은전군(恩全君) 찬(禶)마저도 주살하지 않을 수 없었다. 장헌의 아들 중에서 남은 사람은 국왕 자신밖에 없었다. 영조 대에 이미 우려되었던 왕실의 고립과 쇠약이 점점 두드러지게 나타났다. 이제 영조로부터 이태왕에 이르는 계보를 그려보면 다음과 같다(요절한 왕자는 제외함).[8]

---

6) 궁금(宮禁): 궁궐(宮闕)
7) 확청(廓淸): 깨끗이 쓸어 없애서 맑게 하는 것

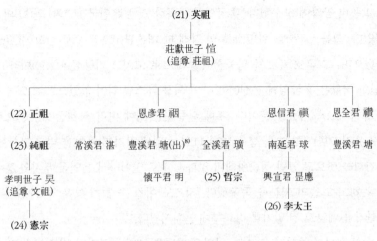

〈이씨(李氏) 세계표(世系表) 1〉

은언군과 은신군이 영조 47년에 찬배됐다는 것은 이미 서술했다. 은신군은 같은 해 4월에 귀양지인 제주에서 졸(卒)해서 그 후사가 끊어졌다. 은전군 또한 정조 원년 8월 11일에 전홍문(田興文)의 작변 사건에 연루되어 불궤(不軌)[9]를 도모했다는 죄로 사사되어 후사가 단절됐다. 따라서 이제는 죄를 면해서 경성으로 돌아온 은언군과 그의 아들들만이 장헌세자의 후사로서 주목을 받게 됐다.[9]

정조는 효의왕후(孝懿王后) 김씨[청풍(淸風) 김씨]와의 사이에서 자녀를 갖지 못했다. 왕실의 전도가 우려되는 상황이었으므로, 정조 2년 5월에 정순왕대비의 교서로 양가의 규수를 간택해서 빈어(嬪御)[10]를 둘 것을 명했다. 그 첫 번째 후보자로 꼽힌 것은 호조참의 홍낙춘(洪樂春)의 딸 원빈(元嬪)이었다. 원빈의 오빠 금위대장 홍국영(洪國榮)은 정조가 동궁에 있을 때 궁료(宮僚)로서 그를 보호한 공이 있었고, 왕이 즉위한 후에는 정권을 전횡해서 세도(世道)라고 불린 최초의 인물이었다고 전해진다.[10]

홍국영은 원빈에게 큰 기대를 갖고 있었겠지만, 불행히도 소생이 없이 정조 3년 5월에 졸서(卒逝)했다. 이제 외척으로서 오래 정권을 장악할 수 있다는 희망이 사라진 홍국영은 다른 가문에서 빈어(嬪御)를 두는 것을 강경하게 반대하고, 왕통이 단절될 것을 예

---

8) 풍계군(豊溪君) 당(塘)은 은언군의 차남으로 출생했으나, 숙부 은전군(恩全君)이 1778년(정조 2) 후사가 없이 죽자 1851년(철종 2)에 그의 양자로 들어갔다. 원문의 〈이씨 세계표 1〉에서는 풍계군 당이 전계군 광의 아들로 잘못 표시되어 있어 바로잡았다.

9) 불궤(不軌): 지켜야 할 법이나 도리에서 어긋났다는 뜻으로 모반(謀叛)을 가리킨다.

10) 빈어(嬪御): 임금의 첩, 빈첩(嬪妾)

상해서 그 준비 공작에 착수했다. 홍국영이 주목한 것은 은언군(恩彦君) 인(裀)의 장남[11] 담(湛)이었다. 그는 담(湛)을 원빈(元嬪)의 장례 때 대존관(代尊官)으로 삼고 내 조카[吾甥] 라고 불렀으며, 그 군호(君號)를 완풍군(完豊君)으로 고치고 가동궁(假東宮)이라고 했다. 우유부단한 국왕은 홍국영의 불신(不臣)[12]의 죄를 다스릴 힘이 없었으므로 오직 내유(內諭)해서 휴치(休致)[13]시켰을 뿐이다. 후에 완풍군은 명에 따라 상계군(常溪君)으로 다시 봉해지고 유거(幽居)[14]했는데, 정조 10년 11월 20일에 갑자기 독약을 먹고 자살했다. 진작부터 기회를 엿보고 있던 정순왕대비 일파는 바로 일어나서 은언군 부자와 홍국영 등의 죄를 논하고 그들의 처분을 독촉했다. 정조도 어쩔 수 없이 같은 해 12월에 은언군 부자의 관작을 빼앗고 전 일가를 강화부에 안치시켰다.[11]

원빈(元嬪) 홍씨의 졸서(卒逝) 이후 국왕은 자녀를 보지 못하다가 정조 6년 9월에 궁인 성씨(成氏)를 통해 득남했다. 왕은 크게 기뻐하면서 바로 원자로 정하고 성씨를 의빈(宜嬪)으로 삼았다. 그리고 곧이어 원자를 왕세자로 정했으나 정조 10년 5월 11일에 조서(早逝)하고 말았다.[12] 당시 국왕의 실망은 충분히 짐작할 만하다. 그는 다시 11년 2월에 주부(主簿) 박준원(朴準源)의 딸을 채납(採納)해서 수빈(綏嬪)이라는 칭호를 내렸다. 정조 14년 6월에 수빈 박씨는 아들을 낳았다. 정조는 바로 원자로 정했지만, 문효세자(文孝世子)의 전례에서 쓴 교훈을 얻었던 듯 쉽게 왕세자로 책립(冊立)하지 않았다. 정조 24년 정월, 원자가 11세가 돼서야 세사(世嗣)로 정한 후 강(玜)이라고 명명하고 청 인종(仁宗)의 칙령을 받아 왕세자에 책봉했다.[13]

국왕은 왕세자를 책립한 해, 즉 정조 24년 6월 28일에 49세를 일기로 훙서(薨逝)하고, 왕세자가 바로 왕위를 계승했으니 그가 곧 순조이다. 새 왕이 아직 성년이 아닌 까닭에 정순왕후가 대왕대비의 자격으로 수렴섭정을 시작했다.[14]

순조 초년은 벽론(僻論)의 전성기였다. 정조 비 효의왕후는 성격이 온순한 데다가 출산한 왕자도 없었으므로 오직 왕대비의 자리만을 지킬 뿐, 권모에 능한 정순대왕대비가 정조 시대의 시론(時論)을 일소하는 것을 보면서도 아무 일도 하지 못했다.[15] 정순의 손

---

11) 원문에는 '第二子'로 되어 있는데, 은언군(恩彦君) 인(裀)에게는 상계군(常溪君) 담(湛), 풍계군(豊溪君) 당(塘) [후에 은전군(恩全君)의 양자로 입양], 전계군(全溪君) 찬(瓚)의 세 아들이 있었다. 상계군을 차남이라고 한 것은 오류인 것으로 보여 수정했다.
12) 불신(不臣): 신하로서의 도리를 다하지 않음, 또는 그런 신하
13) 휴치(休致): 사직(辭職). 원래 관리가 연로해서 관직에서 물러남을 뜻함
14) 유거(幽居): 은거(隱居). 출사하지 않음

은 먼저 장헌세자의 자손에게 뻗쳤다. 순조 원년 3월, 정순왕대비는 대비의 명으로 강화부 도극죄인(島棘罪人)(은언군) 인(裀)의 처 송씨(宋氏)와 고(故)(상계군) 담(湛)의 처 신씨(申氏)를 사사했다. 이 두 부인은 당시 조선에 잠입해서 전교하던 청국인 천주교 신부 주문모(周文謨)에게 세례를 받은 사실이 발각됐기 때문이다. 같은 해 5월 29일에는[15] 인(裀)도 사사했다. 이렇게 해서 장헌세자의 아들들 가운데 은언군과 은전군은 불궤(不軌)를 이유로 죽음을 당하고 은신군은 유배지에서 졸(卒)했으니, 이제 은언군의 셋째 아들만이 강화부에 구치돼 있을 뿐이었다.[16]

정조는 정순대왕대비가 불인(不仁)하다는 사실을 잘 알고 있었기 때문에 어린 왕 순조의 앞날에 대해 많은 위구심을 품고 있었을 것이다. 그가 훙서(薨逝)하기 전에 특별히 승지 김조순(金祖淳)의 어린 딸을 왕비로 내정하고 어린 왕을 돌봐줄 것을 부탁한 일이 있었다. 김조순은 안동(安東) 김씨로 노론의 영수 김창집(金昌集)의 현손(玄孫)이었다. 그는 시론에 속해 있었지만 벽론에서도 배척당하지 않았고 정순대비도 그를 우대했다.[17]

순조 2년 9월, 국왕은 가례를 거행하고 김조순의 딸을 왕비로 맞이했다. 그가 바로 순원왕후(純元王后)이다. (순조) 4년 정월, 국왕이 15세가 되자 정순대왕대비는 수렴청정을 거두고, 이듬해 정월 61세를 일기로 훙서(薨逝)했다.[18]

정조는 49세에 임종했는데, 그의 유일한 아들 순조는 태어날 때부터 병이 많아서 항상 약을 가까이 했다. 특히 순조 14년 9월부터 12월 사이에는 각질을 앓다가 한때 위독한 지경에 빠져서 신하들이 후사를 은밀히 의논했다고 하는데 다행히 회복했다. 국왕은 병약한 탓이었는지, 날마다 신료들을 접하면서 정무를 직접 다스리는 것을 좋아하지 않았으며 서무를 척신에게 맡긴 채 돌보지 않았다.[19]

순조 즉위 초, 정순대왕대비는 국구(國舅) 김조순의 권력을 분할하려는 의도가 있었던 듯, 국왕의 생모 수빈 박씨의 두 오빠 박종보(朴宗輔)와 박종경(朴宗慶)을 중용했다. 박종보는 일찍 졸(卒)했지만, 박종경은 이조, 병조, 호조의 각 참판, 어영대장 등의 요직을 역임하면서 군국(軍國)의 기무에서 공부(貢賦)의 관할에 이르기까지 손이 닿지 않는 곳이 없었으므로 그 위세가 대단히 혁혁했다. 순조 12년 11월, 사헌부 대사헌 조득영(趙得永)은 글을 올려서 박종경이 척리(戚里)[16]에 기대어 위복(威福)[17]을 농단하고 뇌물을 탐하고

---

15) 원문에는 6월 29일로 되어 있으나, 『純祖實錄』 등에 따르면 은언군 인을 사사한 것은 5월 29일의 일이었다.
16) 척리(戚里): 임금의 외척
17) 위복(威福): 상과 벌을 내릴 수 있는 왕의 권위를 가리키는 말로, 정권을 장악한 신하가 권세를 농단함을 비유하는 말로 흔히 쓰인다.

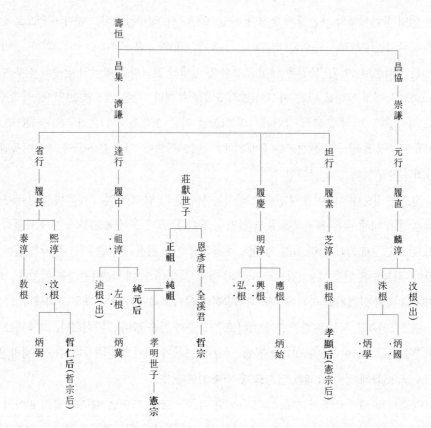

※ ・: 원문의 '・'표시를 그대로 옮긴 것으로, 원문에는
　특별한 설명이 없으나 본서에 등장하는 인물의 출신을
　강조하기 위한 것으로 보인다.

〈안동 김씨(安東金氏) 세도표(世道表)〉

있다며 논척했다. 국왕은 이 상소를 사실이 아닌 말로 중신을 모욕한 것이라고 하면서 조득영을 견삭(譴削)하고 전라도 진도군 금갑도(金甲島)에 찬배했지만, 실제로는 박종경의 방자함에 염증을 느끼고 있었으므로 내지(內旨)를 내려서 그를 엄중히 문책했다. 박종경은 두려워하면서 도문(都門)[18]을 떠나 양주목사(楊州牧使)에 외보(外補)[19]됐다. 후에 그는 옛 관직에 복직되었지만, 과거와 같이 위권(威權)을 농단할 수는 없었다.[20] 박종경이 실각한 후 정권은 국구(國舅) 김조순의 손에 돌아갔고, 순조 32년 4월 그가 졸서(卒逝)하기까지 20년간, 안동 김씨 척족정치의 기초가 놓였다.

　순조는 순원왕후(純元王后)와의 사이에서 2남 3녀를 두었다. 장자 영(旲)은 순조 9년 8

---

18) 도문(都門): 서울의 성문
19) 외보(外補): 지방관에 보임(補任)하는 것

월에 탄생해서 12년 7월에 왕세자가 됐다(차남은 요절). 효명세자(孝明世子)가 명민하다고 널리 알려졌으므로 병약함으로 인해 정무에 싫증을 내고 있던 국왕은 순조 27년 2월에 영조의 전례를 좇아 대리청정을 명했다. 왕세자는 순조 19년 8월에 부사직(副司直) 조만영(趙萬永)의 딸을 빈(嬪)으로 맞이하고, 순조 27년 7월에 원손을 출산했다.[21] 그런데 왕세자 또한 허약해서 순조 30년 5월 6일에 겨우 22세의 나이로 부왕보다 먼저 졸(卒)하고 말았다. 국왕은 원손을 왕세손으로 세우고, 순조 34년 11월 13일에 45세의 장령(壯齡)으로 훙서(薨逝)했다.[22]

순조가 훙서(薨逝)한 후 왕세손 환(奐)이 6세의 나이로 즉위했다. 그리고 곧바로 생부 효명세자를 추존해서 익종(翼宗)[후에 문조(文祖)로 추존함]으로 칭하고, 순원왕후를 대왕대비, 효명세자 빈을 왕대비[신정왕후(神貞王后)]라고 존칭했다. 바로 순원대왕대비의 수렴청정이 정해졌다.[23]

순조 만년(晩年)에 척족에 다소 변동이 있었다. 안동 김씨의 대표자였던 영안부원군(永安府院君) 김조순이 순조 32년 4월에 졸(卒)하고, 그를 대신해서 그의 아들인 판서 김유근(金逌根)이 세도의 지위를 차지했다. 대왕대비는 다시 안동 김씨의 지위를 다지기 위해 헌종(憲宗) 3년 2월에 김조순의 조카 전 승지 김조근(金祖根)의 딸을 왕비로 정했다.[24]

안동 김씨의 세도 김유근은 오랫동안 와병하다가 헌종 6년 12월에 졸(卒)했다. 유근은 부친 조순의 뒤를 이어 문아(文雅)의 재능이 있었고 세인들에게서 많은 존경을 받았다. 김유근의 아우 김좌근(金左根), 종제(從弟) 김홍근(金弘根) 등이 그를 대신해서 안동 김씨를 대표했지만, 아직 중요한 위상을 차지하지는 못하고 있었다. 이 기회를 틈타 효명세자의 외척 풍양 조씨(豊壤趙氏)가 일시에 대두했다.[25]

헌종 즉위 초, 순원대왕대비는 풍은부원군(豊恩府院君) 조만영의 아우 조인영(趙寅永)을 이조판서에 임용한 것을 시작으로 조만영의 아들 병귀(秉龜), 일족 조병현(趙秉鉉)을 중용해서 안동 김씨와 나란히 정권에 참여할 수 있는 기회를 주었다. 헌종 7년 정월에 국왕이 정무를 친재(親裁)함에 이르러 조인영을 영의정, 김조순의 조카 김홍근을 좌의정으로 임명하고, 김홍근의 아우 김흥근(金興根), 김조순의 아들 김좌근, 그리고 조병귀, 조병현 등을 이조, 병조, 호조의 각 판서, 훈련대장, 금위대장 등의 요직에 임용함으로써 안동 김씨와 풍양 조씨의 연립 세도가 등장했다.

하지만 안동 김씨와 풍양 조씨 두 척족이 양립할 가능성은 전혀 없었다. 김홍근은 헌

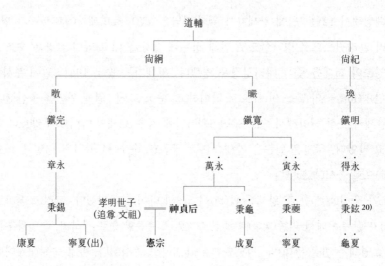

※ ・ : 원문의 ' ・ ' 표시를 그대로 옮긴 것으로, 원문에는
특별한 설명이 없으나 본서에 등장하는 인물의 출신을
강조하기 위한 것으로 보인다.

〈풍양 조씨(豊壤趙氏) 세도표(世道表)〉

종 8년 11월에 졸(卒)했지만, 김좌근이 그를 대신해서 김흥근과 함께 조씨를 묘당에서 추
방할 기회를 엿보고 있었다. 마침 국왕은 외백부(外伯父) 조병귀가 위복(威福)을 크게 농
단해서 사리를 취하는 것을 엄책했다. 조병귀는 헌종 11년 11월에 갑자기 졸(卒)하고,
풍은부원군 조만영도 이듬해인 12년 10월에 졸(卒)했다. 마지막으로 남은 조병현, 귀하
(龜夏) 부자도 헌종 13년 10월에 대간에게 논핵(論劾)을 당해서 전라도 영광군 임자도(荏
子島)로 위리안치(圍籬安置)되는 형벌을 받았다가, 헌종이 홍서한 후 철종 즉위년 8월에
순원대왕대비의 명으로 사사됐다. 이것으로 조씨는 묘당에서 일소되어 이태왕이 즉위
하기까지 정권에 접근할 수 없었다.[26]

헌종 비 효현왕후(孝顯王后) 김씨는 소생 없이 헌종 9년 8월에 홍서했다. 이듬해인 10
년 9월에 대호군(大護軍) 홍재룡(洪在龍)[남양 홍씨(南陽洪氏)]의 딸을 왕비[효정왕후(孝定王
后)]로 맞이했다. 그런데 판서 조병현이 만약 효정왕후가 아들을 낳아서 왕위를 계승할
경우에 남양 홍씨가 조씨 대신 정권에 참여할 것을 우려해서, 궁인을 은밀히 매수하여
왕과 홍비(洪妃) 사이를 멀어지게 했다. 결국 왕은 왕후에게 접근하지 않게 됐다.[27]

순조와 효명세자가 잇달아 젊은 나이로 홍서한 까닭에 어린 군주 헌종이 왕위를 계승
하고 척족이 권력을 농단했다. 게다가 영조, 정조 이래의 숙폐(宿弊)가 순조 대에 이르러

20) 원문에는 '玹'으로 되어 있으나 '鉉'의 잘못이므로 바로잡았다.

더욱 조장되는 경향이 있었고, 더욱이 흉작과 전염병이 빈발해서 인민의 유리(流離)가 극심했으니, 이러한 상황은 필연적으로 불령(不逞)한 무리들이 활동할 여지를 주었다. 특히 정조 이래 왕실의 고립과 미약함은 다시 음모를 꾀할 수 있는 좋은 기회를 제공했다.

이보다 앞서 강화부에서 사사된 은언군 인(䄄)의 차남 전계군(全溪君) 광(㼅)[21]은 순조 말년에 경성으로 돌아와서 살아도 좋다는 허락을 받았는데 광과 그의 부인 최씨, 염씨가 잇달아 졸(卒)하는 바람에 원경(元慶)[회평군(懷平君) 명(明)]과 원범(元範)[철종(哲宗)], 두 아들만이 남아 있었다. 이 두 아들은 장헌세자의 혈통으로 정조의 혈통이 단절될 경우 유일한 왕위 계승자였으므로 일찍부터 세인들의 관심을 불러일으키고 있었다.

헌종 9년[22] 8월에 효현왕후가 홍서하고 왕실의 앞날에 대해 불안감이 팽배해질 무렵, 경성에 거주하는 양반 이원덕(李遠德), 민진용(閔晋鏞), 박순수(朴醇壽)가 원경(元慶)을 추대해서 모반을 시도했다. 하지만 일이 사전에 발각돼서 이원덕 등은 체포되어 극형에 처해지고, 원경은 강화부로 이송되어 같은 해 9월에 사사됐다. 당시 안동 김씨는 김유근, 김홍근이 차례로 졸(卒)한 데다가 이제 또 효현왕후의 홍서로 인해 큰 타격을 받아서 심하게 동요하고 있었기 때문에 첫 번째 왕위 계승자인 원경을 나직(羅織)[23]해서 그를 제거한 형적이 없는 것도 아니었다.[28]

헌종 15년 기유년 6월 6일에 국왕이 23세의 나이로 홍서했다. 왕에게는 자녀가 없었으므로 정조의 계통은 완전히 단절됐다. 후사 문제에 관해 끊임없이 유언비어가 퍼지고 있었다.[29]

헌종이 홍서한 당일, 순원대왕대비는 영중추부사 조인영, 영의정 권돈인(權敦仁), 판중추부사 정원용(鄭元容), 좌의정 김도희(金道喜) 등을 소견해서 후사를 논의하게 했다. 대왕대비는 현재 강화부에 찬배되어 있는 죄인 인(䄄)의 손자이자 광(㼅)의 아들인 원범을 지명하였다. 여러 신하들이 의구심을 채 떨치기도 전에 정원용은 솔선해서 직접 강화로 가서 봉영(奉迎)하는 임무를 맡겠다고 청했다. 생각건대 대왕대비와 정원용 사이에 원범을 옹립하는 문제에 관해 사전 양해가 있었던 것으로 보인다.[30]

원범은 당시 19세였고, 유배 중이었기 때문에 매우 궁핍해서 직접 밭을 갈아 간신히 호구할 정도였다. 따라서 아직 관례도 행하지 않았고 문자도 알지 못했다. 당연히 자신

---

21) 원래 전계군(全溪君) 광(㼅)은 은언군의 셋째 아들인데, 철종 2년에 차남 풍계군이 숙부 은전군에게 입후(立後)한 관계로 차남이라고 한 것으로 보인다.
22) 원문에는 헌종 10년으로 되어 있으나, 9년의 잘못이므로 바로잡았다.
23) 나직(羅織): 사실이 아닌 죄로 무고해서 법망에 얽어매는 것

이 국왕으로 봉영(奉迎)되리라고는 꿈에도 상상하지 못했으니, 봉영대신 정원용과의 회견은 샤를 달레(Claude Charles Dallet) 신부가 『조선교회사(朝鮮敎會史)』에서 세평을 전한 바 그대로였을 것이다.[31]

그 사이 6월 8일에는 대왕대비의 명에 따라 원범을 덕완군(德完君)에 봉하고 은언군 인(裀)에게 관작을 돌려주었다. 덕완군은 6월 8일에 강화에서 출발하여 9일에 입경했다. 그리고 당일로 왕위에 오르고 이름을 변(昪)으로 고쳤으니, 그가 곧 철종(哲宗)이다. 철종 2년 윤8월에는 전 승지 김문근(金汶根)의 딸을 왕비[철인왕후(哲仁王后)]로 맞이해서 안동 김씨의 지위가 다시 굳건해졌다.[32]

새 왕은 즉위하는 해에 이미 성년에 도달해 있었지만, 국군(國君)으로서의 교양이 완전히 결여되어 있었으므로 순원대왕대비가 다시 수렴청정을 폈다.[33]

순원대비가 철종 2년 12월에 철렴환정(撤簾還政)을 선언함에 따라 국왕의 친정이 시작됐다. 하지만 왕은 그 성품이 암약(闇弱)해서 정무를 직접 다스릴 능력이 없었다. 왕은 일체의 정무를 척신에게 맡기고 자신은 주색에 빠져들었다. 안동 김씨의 세도는 영안부원군 김조순, 김유근 부자가 졸(卒)한 후, 김좌근, 김병기(金炳冀), 김홍근이 그들을 대신했는데 철종조에 이르러 영은부원군 김문근이 국구(國舅)로서 정권에 참여했다. 김문근이 졸(卒)한 이후에는, 그의 아들 병필(炳弼)이 아직 어렸으므로 조카 김병학(金炳學)과 김병국(金炳國)이 세도로서 정권을 전횡했다. 전자의 집이 한성부 북부의 교동(校洞), 후자의 집이 북부 전동(典洞)에 있었기 때문에 전동과 교동이라는 이름은 일세를 진동했고, 종실과 중신으로서 그들의 비식(鼻息)[24]을 살피지 않는 자가 없었다.[34]

안동 김씨는 순조, 헌종, 철종의 삼조(三朝)에서 국척(國戚)의 반열에 올라 정권을 좌지우지했다. 김조순과 김유근은 그래도 관후하고 문아(文雅)해서 추앙을 받았지만, 그 자손에 이르러서는 한갓 정권을 농단하면서 교만과 사치만을 일삼아서 국운의 기울어짐만을 초래했을 뿐이다. 마지막으로 주의를 요하는 것은, 근대 조선의 이른바 세도정치는 일신, 일가가 정권을 농단한 것이 아니라 척리(戚里)의 반열에 든 약간의 중신들이 연립해서 정무를 섭행(攝行)[25]했다는 점이다. 따라서 척신 집정의 통폐(通弊)는 처음부터 벗어나기 어려웠지만, 1명의 권력자가 정무를 독재해서 마침내 왕위 찬탈에까지 이를 위험성은 오히려 적었다고 한다.

---

24) 비식(鼻息): 코에서 나오는 숨을 가리키며, 흔히 권세, 세력을 비유하는 말로 사용된다.
25) 섭행(攝行): 통치를 대신함

【원주】

1　『英祖實錄』卷九九 英祖三十八年五月乙卯・閏五月乙亥・癸未;『玄皐記』卷二 原編下;『玄駒記事』原
　編下;『韓史綮』卷四 英祖紀.

2　『璿源系譜紀略』卷一八・一九・二O;『增補文獻備考』卷四O 帝系考一 璿譜紀年, 卷四三 帝系考四 王
　子.

3　『英祖實錄』卷一OO 英祖三十八年七月甲申・八月辛卯, 卷一O二 英祖三十九年九月戊午, 卷一O三
　英祖四十年二月壬寅, 卷一二五 英祖五十一年十一月癸巳, 卷一二六 英祖五十一年十二月丙午・庚戌・
　辛亥;『璿源系譜紀略』卷一九・二O;『玄皐記』卷二 上篇下,『韓史綮』卷四 英祖紀.

4　『英祖實錄』卷一二五 英祖五十一年十一月癸巳, 卷一二六 英祖五十一年十二月丙午;『純祖實錄』卷
　一九 純祖十五年 十二月乙亥;『玄皐記』卷二 原編下;『玄駒記事』原編下.

5　『英祖實錄』卷九九 英祖三十八年五月乙卯;『玄皐記』卷一 原編上.

6　『英祖實錄』卷一一六 英祖四十七年二月甲戌・丙子・四月壬午, 卷一一七 英祖四十七年八月乙亥・庚
　辰;『玄皐記』卷二 原編下;『玄駒記事』原編下.

7　『英祖實錄』卷一二五 英祖五十一年十一月癸巳, 卷一二六 英祖五十一年十二月丙午;『正祖實錄』卷一
　正祖卽位年三月丙申・四月戊申・五月乙亥・七月甲戌;『玄皐記』卷三 續編上;『韓史綮』卷四 英祖紀.

8　『璿源系譜記略』卷一九 莊獻世子子孫錄, 卷一七 肅宗子孫錄;『增補文獻備考』卷四O一 璿譜紀年, 卷
　四三 帝系考四 王子.

9　『英祖實錄』卷一一六 英祖四十七年四月壬午;『正祖實錄』卷四 正祖元年八月甲辰, 卷三六 正祖十六年
　十二月壬申・癸酉;『玄皐記』卷二 原編下, 卷三 續編上.

10　『正祖實錄』卷五 正祖二年五月辛酉・六月癸酉・己酉;『玄皐記』卷三 續編上.

11　『正祖實錄』卷八 正祖三年九月丁未・戊申, 卷一一 正祖五年四月戊申, 卷一O 正祖四年八月辛酉, 卷
　二二 正祖十年十一月庚寅・十二月庚子・辛丑・丁卯;『玄皐記』卷三 續編上.

12　『正祖實錄』卷一四 正祖六年九月辛丑, 卷一八 正祖八年七月乙卯, 卷二一 正祖十年五月壬子・癸丑.

13　『正祖實錄』卷二三 正祖十一年二月丙午・己酉, 卷三O 正祖十四年六月丁卯, 卷五三 正祖二十四年正
　月甲寅・戊寅.

14　『純祖實錄』卷一 純祖卽位年七月甲申.

15　『純祖實錄』卷二三 純祖二十一年三月己未.

16　『純祖實錄』卷二 純祖元年三月壬辰・甲午・四月癸酉; 卷三 純祖元年六月乙卯;『闢衛編』卷五 辛酉邪
　治.

17　『純祖實錄』卷三三 純祖三十二年四月己卯;『韓史綮』卷五 純祖紀.

18　『純祖實錄』卷四 純祖二年九月甲戌, 卷六 純祖四年正月庚子, 卷七 純祖五年正月丁酉.

19　『純祖實錄』卷一八 純祖十五年四月甲申, 卷二O 純祖十七年十一月乙丑, 卷二九 純祖二十七年八月甲
　申・乙酉.

20　『純祖實錄』卷一六 純祖十二年十一月丙子・己卯・庚辰・壬午, 卷二O 純祖十七年十二月庚午;『韓史
　綮』卷五 純祖紀.

21　『純祖實錄』卷一二 純祖九年八月丁酉, 卷一六 純祖十二年七月丙子, 卷二二 純祖十九年八月庚子・九
　月己卯, 卷二八 純祖二十七年二月乙卯, 卷二九 純祖二十七年七月辛酉.

22 『純祖實錄』卷三一 純祖三十年五月壬戌, 卷三四 純祖三十四年十一月甲戌.

23 『憲宗實錄』卷一 憲宗卽位年十一月己卯·庚辰.

24 『純祖實錄』卷三二 純祖三十二年四月己卯;『憲宗實錄』卷四 憲宗三年二月甲戌.

25 『憲宗實錄』卷七 憲宗六年十二月癸酉.

26 『憲宗實錄』卷九 憲宗八年十一月庚戌, 卷一二 憲宗十一年十一月戊辰, 卷一三 憲宗十二年十月丙寅, 卷一四 憲宗十三年十月庚申·癸亥·十一月丁丑;『哲宗實錄』卷一 哲宗卽位年七月癸亥·八月乙酉·戊子;『韓史綮』卷五 憲宗紀.

27 『憲宗實錄』卷一〇憲宗九年八月乙丑, 卷一一 憲宗十年九月甲戌;『韓史綮』卷五 憲宗紀.

28 『憲宗實錄』卷一一 憲宗十年八月甲辰; 憲宗甲辰逆賊晉鏞元德等鞫案;『左捕廳謄錄』憲宗甲辰年八月;『右捕廳謄錄』憲宗甲辰年八月.

29 『憲宗實錄』卷一六 憲宗十五年六月壬申.

30 『憲宗實錄』卷一六 憲宗十五年六月壬申.

31 Ch. Dallet, *Histoire de l'Eglise De Corée*, précédé d'une introduction, *l'histoire*, les institutions, etc, Paris, 1874. vol Ⅱ, pp. 496~497.

32 『憲宗實錄』卷一六 憲宗十五年六月壬申·甲戌·乙亥;『哲宗實錄』卷一 哲宗卽位年六月癸未·乙丑.

33 『哲宗實錄』卷三 哲宗二年十二月己酉.

34 『梅泉野錄』卷一上;『韓史綮』卷五 哲宗紀.

이태왕(李太王)의 즉위, 대원군의 집정

철종의 즉위는 과거 거의 한 세기 동안 박해 속에서 나날을 보냈던 장헌세자 후손들의 전도에 광명을 비췄다. 즉, 새 왕의 조부 은언군 인(裀)이 복작(復爵)했을 뿐만 아니라, 생부 전계군 광(㼓)이 선규(先規)에 따라 대원군에 추봉(追封)됐다. 상계군 담(湛) 또한 복작하고, 새 왕의 친형으로서 모반을 꾀했다는 이유로 사사됐던 원경(元慶)도 회평군(懷平君)으로 추봉되고 이름을 명(明)으로 고쳤다. 여경(餘慶)[1]은 은언군의 형제들에게도 미쳤다. 은전군 찬(禶)은 그 후사가 오랫동안 끊어져 있었는데, 철종 원년 12월에 복작하면서 전계대원군 광(㼓)의 아들 풍계군(豐溪君) 당(塘)으로 후사를 삼았다.[1] 장헌의 세 아들 가운데 가장 먼저 졸(卒)했던 까닭에 부당한 혐의를 비교적 적게 입었던 은신군 진(禛)의 후사 문제는, 이미 순조 15년 12월에 인조의 셋째 아들 인평대군(麟平大君) 요(㴞)의 5세손 생원 병원(秉源)의 아들 채중(案重)을 양자로 받아들여서 남연군(南延君)에 봉하고 이름을 구(球)로 고쳤다.[2] 그가 곧 이태왕의 조부이다.

이상의 결과만 본다면, 정조 이래로 끊임없이 단절될 위험에 놓여있던 장헌세자의 계통도 결국에는 왕위를 회복했으며, 특히 정조의 부탁에 따라 그 후손을 옹호했던 안동 김씨가 세도로서 정권을 장악하고 있었기 때문에 정국은 대략 안정적이었을 것으로 생각된다.

순원대왕대비를 중심으로 하는 척신과 중신들 또한 헌종 말년 이래로 극히 불안했던 정국을 안정시키는 데 협력했던 것 같다. 철종 원년 10월에 영중추부사 조인영을 영의정, 영의정 정원용을 좌의정, 전 좌의정 김도희를 우의정에 임용해서 전조(前朝) 이래의 원로를 묘당에 망라한 것도 이 때문이었을 것이다. 그렇지만 시국의 불안은 의외로 심각해서, 도저히 이러한 종류의 분식(粉飾)으로 호도할 수 있는 성질의 것이 아니었다.[3]

---

1) 여경(餘慶): 선조의 덕택으로 후손이 받는 복을 말한다.

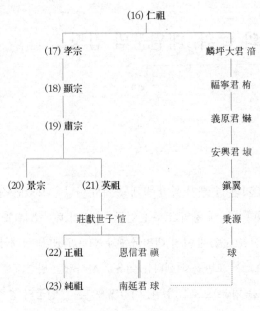

〈이씨(李氏) 세계표(世系表) 2〉

　　정조 이래 정국 불안의 최대 원인은 장헌세자 이후 자손이 태어나지 않거나, 혹은 장년의 나이로 흥졸(薨卒)했다는 사실에 있다. 철인왕후(哲仁王后)는 아들 하나를 낳고 일찍 졸(卒)했다. 원래 철종은 내총(內寵)이 많아서 궁인들로부터 4남 6녀의 소생을 두었지만, 영혜옹주(永惠翁主)를 제외하고 모두 요절했다.[4] 이러한 사실은 장헌세자의 혈통이 최후의 남계(男系)로서 단절될 수도 있다는 우려를 낳았다. 이에 종실 중에서 왕위 계승의 순위에 든 자들은 다음 기회를 노렸으며, 안동 김씨의 세도정치에 불만을 품은 자들이 그들에게 부화하는 현상이 점차 나타났다.

　　종실의 공자를 옹립해서 정권을 장악하려는 음모는 이미 헌종이 훙서(薨逝)할 무렵부터 나타났다. 당시 황해도 풍천부(豊川府) 초도(椒島)에 찬배됐던 소현세자(昭顯世子) 파 종실에 이명섭(李命燮), 이영섭(李永燮)이라는 두 명의 공자가 있었다. 소현세자 왕(浬)은 인조의 세자로서 병자년 남한산성에서의 항복 이후 청의 인질이 되어 선양(瀋陽)에 오랫동안 구치됐다. 그 후 인조 23년 6월에 경성으로 돌아왔지만 며칠 지나지 않아 갑자기 졸(卒)하고 말았다.[2] 시신의 상태로 볼 때 독을 먹인 혐의가 있었는데, 왕세자빈 강씨를

---

2) 원문에는 인조 23년 6월에 소현세자가 귀경한 것으로 되어 있는데, 이는 23년 2월의 잘못이다. 『仁祖實錄』 등에 따르면 소현세자가 귀경한 것은 인조 23년 2월 18일이고, 훙서(薨逝)한 것은 4월 26일이었다.

의심한 국왕은 대신들의 만류를 물리치고 인조 24년 3월에 그녀를 사사했다.[5] 소현세자의 증손 밀풍군(密豐君) 탄(坦)은 영조 4년 3월 청주 사람 이인좌(李麟佐)의 반란에서 추대되었는데, 자신은 관여하지 않았음에도 불구하고 결국 구금되어 이듬해인 영조 5년 3월에 사사되었고 그 일가는 모두 황해도 풍천부(豐川府)로 찬배됐다.[6] 장헌세자와 그 후손들과 유사하게 종실로서 비참한 운명을 맞았던 것이다. 이명섭 등은 헌종이 후사 없이 훙서(薨逝)하고 장헌세자의 후손이 그들과 마찬가지로 유배지에서 나와서 왕위에 올랐다는 사실을 알고는 은밀히 모반할 뜻을 품었다. 마침 황해도 연안부(延安府)에 술사로 알려진 김응도(金應道)라는 인물이 있었는데, 그는 두 공자를 기화(奇貨)[3]로 여기고는 황해도 문화현(文化縣) 채희재(蔡喜載) 등과 결탁해서 문화, 재령(載寧) 지방에서 거병하고자 했다. 하지만 철종 2년 10월에 일이 사전에 발각되어 명섭 이하는 모두 체포되었고, 그 중 일부는 병사하고 일부는 처형됐다.[7]

철종에게 후사가 없을 경우, 왕위 계승 후보자로 주목받은 사람은 은신군의 후손인 남연군 구(球)의 자손과 은전군의 양자로 들어간 풍계군 광(瓛)의 계사(繼嗣)[4] 경평군(慶平君) 호(晧)였다. 그런데 철종 11년 11월에 경평군은 세도 김좌근, 국구(國舅) 김문근 등을 무고했다는 죄명으로 경평군의 작호를 환수당하고 전라도 강진현(康津縣) 신지도(薪智島)로 절도천위(絶島栫圍)되는 중형을 받았다.[8]

곧이어 철종 13년 7월에 발생한 이하전(李夏銓) 사건은 그 정치적 의미가 보다 중대했다. 돈녕부도정(敦寧府都正) 하전은 완창군(完昌君) 시인(時仁)의 아들로, 선조(宣祖)의 생부 덕흥대원군(德興大院君) 초(岹)의 후손이었기 때문에 왕실과의 혈연은 극히 멀기는 하지만 그 문지(門地)와 항렬에 따라 왕위 계승 후보자로 꼽히고 있었다.[9] 완창군의 오랜 친구 전 오위장(五衛將) 김순성(金順性)은 이하전을 기화(奇貨)로 여겨서 그를 옹립하고 무사들을 널리 모아서 모반을 시도했지만, 사전에 발각되는 바람에 순성 이하 당여(黨與)는 모두 체포되어 처형당하고, 하전은 제주목으로 찬배된 다음에 사사됐다.[10]

안동 김씨는 이미 풍양 조씨를 몰아내고 세도정치를 확립했다. 영중추부사 조인영은 구색을 맞추고 있을 따름이었고, 신정왕후 조씨도 숨죽인 채 지낼 수밖에 없었다. 따라

---

3) 기화(奇貨): 기이한 재화라는 뜻이다. 전국시대 말기 양적현(陽翟縣)의 대상인이었던 여불위(呂不韋)의 고사에서 유래한 말이다. 여불위는 조(趙)나라에 볼모로 끌려와서 천대받고 있던 진(秦)나라 공자 자초(子楚)를 만난 후 그를 '사둘 만한 기화(奇貨可居)'라고 판단했다. 그리고 계책을 써서 그를 진나라의 왕이 되게 함으로써 그의 아들 진시황 대에 이르기까지 진나라의 승상을 지낼 수 있었다.

4) 계사(繼嗣): 후사(後嗣)

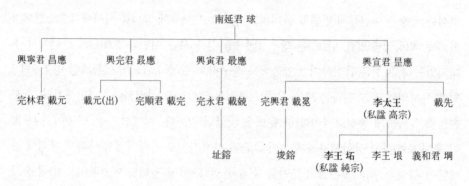

〈이씨(李氏) 세계표(世系表) 3〉

서 철종 8년 8월에 순원대왕대비가 훙서했음에도 안동 김씨의 세력은 조금도 흔들리지 않았다.[11] 다만 안동 김씨 세도정치의 최대 고민은 철종에게 아들이 없는 것이었다. 이렇게 되면 정권은 언젠가 다른 성씨에게로 넘어가지 않을 수 없었다. 김좌근, 김문근, 김홍근 등은 종실 중에서 왕위 계승 순위에 있는 공자들에 대한 경계를 항상 게을리하지 않았고 걸핏하면 '불궤(不軌)'의 죄명을 붙여서 그들을 제거했다. 이하전 사건은 종실 나직(羅織)의 으뜸가는 사건이었다.

마지막으로 남은 것은 은신군의 양자 남연군 구(球)의 자손이었다. 남연군은 경조(輕佻)[5]하고 무뢰(無賴)[6]한 종실로 세상의 지탄을 받았지만, 그 자손들은 번성해서 장헌세자의 후손들과는 분위기가 크게 달랐다.[12]

남연군의 아들들 중에서 특히 주목받은 사람은 넷째 훙선군 하응(昰應)이었다. 훙선군은 군수 민치구(閔致久)의 딸을 부인으로 맞아서 재면(載冕), 재황(載晃)[명복(命福)]의 두 아들을 낳았다. 훙선군은 남연군의 핏줄을 받아서 소년 때부터 시정의 호협(豪俠)한 무리들과 어울렸던 까닭에 무뢰하다는 비방이 매우 많았다. 당시 빈궁한 종실이 의례히 그러했듯이 누구도 그를 존중하지 않았다. 일찍이 세도 김좌근에게 만나줄 것을 요청한 일이 있었는데, 당시 형조판서 심의면(沈宜冕)이 "궁도령[종실로 봉군(封君)된 자를 속칭 궁도령(宮道令)이라고 했다]은 마땅히 궁을 지켜야 할 뿐인데, 어찌 비쩍 곯은 모습으로 재상 집에서 빈둥대는가?"라며 조소했다고 한다. 이 무뢰한 공자 또한 종실의 의친(懿親)[7]으

---

5) 경조(輕佻): 언행이 신중치 못하고 가벼움
6) 무뢰(無賴): 예의와 염치를 모르고 함부로 행동하는 모양
7) 의친(懿親): 지친(至親)

로서 왕위 계승 순위에 들어있었던 것이다.

철종은 병약해서 항상 약을 가까이 했고 그 자식들은 차례로 요절했다. 왕위 계승자는 필연적으로 종실에서 선정할 수밖에 없었다. 철종의 뜻은 흥선군의 둘째 아들 명복에게 있었다고 전해진다. 무뢰한 종실의 나이 어린 공자가 왕위를 계승하는 것은 세도 정치를 유지하는 데 절호의 조건이었다. 김병학은 잽싸게 명복의 왕위 계승을 지지하기로 약속하고, 그 보상으로 자신의 딸을 나중에 왕비로 책립(冊立)할 것을 요청했다고 한다.[13]

철종 14년 12월 8일, 왕은 33세의 젊은 나이로 흥서했다. 철인왕후 소생의 원자는 이미 요절해서 사왕(嗣王)[8]이 없었으니, 장헌세자의 혈통은 여기서 단절됐다.

철종이 흥서하자 전국대보(傳國大寶)는 신정대왕대비 조씨에게 맡겨졌다. 대왕대비는 당일로 영중추부사 정원용, 판중추부사 김흥근, 영의정 김좌근, 좌의정 조두순을 소견해서 사왕(嗣王)을 논의하게 했다. 철종의 유지가 흥선군의 둘째 아들 명복에게 있었다는 사실은 척신도 잘 알고 있었기 때문에 이제 대왕대비가 발의하는 것에 대해서 정면으로 반대할 만한 이유는 없었다. 그러나 김흥근과 김좌근은 흥선군의 심사(心事)에 불량한 점이 있고, 또 옛 제도에 국왕에게 생부가 있었던 전례가 없다는 이유로 동의를 꺼렸다. 하지만 좌의정 조두순은 대왕대비를 익찬(翼贊)해서 마침내 명복을 사왕(嗣王)으로 명하여, 익성군(翼成君)에 봉하고 어휘(御諱)를 경(熙)이라고 했다. 이에 따라 영의정 김좌근을 봉영대신(奉迎大臣)으로 임명하여 흥선군의 사저인 운현궁으로 가서 익성군을 모시고 입궐하게 했다. 며칠 후인 12월 13일에 즉위 의전이 거행되었으니, 그가 곧 이태왕(李太王)[사시(私諡)[9] 고종(高宗)]이다.[14]

이태왕은 즉위 시 나이가 12세에 불과해서 신정대왕대비가 수렴청정을 펼쳤다. 흥선군을 대원군(大院君), 모친 부인 민씨(夫人閔氏)를 여흥부대부인(驪興府大夫人)에 봉한 것은 선례에 따른 것이었다.[15]

신정대비는 마침내 정권을 회복했지만, 풍양 조씨가 철종 치세 당시에 안동 김씨에 의해 일소됐기 때문에 대비를 보좌하는 중임을 맡을 이가 없었다. 대비의 조카 조성하(趙成夏), 조영하(趙寧夏), 조강하(趙康夏)는 소장유위(少壯有爲)의 선비들로 주목받고 있었지만, 모두 나이가 적고 경험이 부족해서 척신으로 세도의 지위에 서는 것은 불가능했

8) 사왕(嗣王): 선왕의 대를 이은 임금
9) 사시(私諡): 사후에 국가가 아닌 친족 혹은 문인이 부여하는 시호

다. 대왕대비는 안동 김씨에 대항해서 풍양 조씨를 지지할 강력한 정치가의 존재를 필요로 했던 것이다. 대원군이 바로 그러한 인물이었다.

이씨의 가법에서는 원래 종실이 조정에 간여하는 것이 허용되지 않았다. 후세에 이 법은 자연적으로 소멸된 모양이 되었지만, 흥선대원군처럼 국왕의 생부라는 존귀한 지위로 조정에 임해서 서정(庶政)을 친재(親裁)할 경우, 국왕은 허위(虛位)[10]만을 안게 되어 그 폐단의 자심함이 결코 척족세도정치보다 덜하지는 않을 것이었다. 이러한 사실을 알고 있었는지 모르고 있었는지 확실치 않지만, 신정대왕대비는 만기(萬機)[11]를 대원군에게 위임했고, 또 대원군은 아무 관직도 없이 정무를 친재했다. 풍양 조씨의 세도정치가 일변해서 대원군의 세도정치가 된 것이다.

영의정 김좌근은 이태왕 원년 4월에 사직했고, 영중추부사 김흥근은 이듬해인 2년 정월에 치사(致仕)했다. 판서 김병기도 오래지 않아 그들의 뒤를 따랐다. 김병학, 김병국 등은 아직 묘당에 남아 있었지만 다시 지난날의 권세를 찾지는 못하였으니 안동 김씨의 세도정치는 이것으로 완전한 종언을 고했다. 대원군은 바로 김좌근, 김병기, 김병국을 대신해서 정권을 일신에 집중시키고, 독재자의 권위와 정력으로 일체의 정무를 섭행(攝行)했다.[16]

이태왕 3년 2월 13일, 신정대왕대비는 철렴환정(撤簾還政)을 선언했다. 따라서 이날부터 국왕의 친정이 시작되어야 했지만 대원군의 세도정치에는 어떤 변화도 보이지 않았다.[17] 대원군은 조두순을 영의정, 김병학을 좌의정, 유후조(柳厚祚)를 우의정으로 삼았다. 심암(心庵) 조두순(趙斗淳)은 양주 조씨(楊州趙氏)였으며 전조(前朝) 이래의 노신으로서 신정대비를 도와 이태왕의 즉위를 정한 공로가 있었다. 그의 인품은 순충(純忠)하고 공정했지만 정치가는 아니었다. 김병학은 안동 김씨 출신이지만 이태왕의 즉위를 은밀히 지지한 관계도 있었으므로 대원군이 김씨 일문 중에서 유일하게 중용했고, 유후조는 서애(西厓) 유성룡(柳成龍)의 후손으로 남인에서 발탁된 인물이었다. 모두 대원군에게 무해한 인물들이었다.[18]

대원군이 가장 고심한 문제는 왕비의 간택이었다. 당시 대원군은 이미 장래의 왕비에 관해 좌의정 김병학과 밀약한 바가 있었다고 전해지지만, 그것을 이행하면 다시금 안동 김씨의 세도정치로 역전될 위험이 있었다. 대원군은 운현의 존영(尊榮)을 영원히 유

---

10) 허위(虛位): 여기서는 왕이 실권 없이 빈자리를 지킴을 의미한다. 흔히 '허기(虛器)를 안고 있다'는 표현으로 쓴다.

11) 만기(萬機): 만기(萬幾)로도 쓰는데 제왕이 일상적으로 처리하는 모든 정무를 말한다.

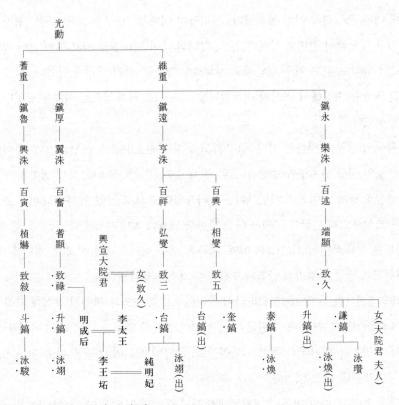

<여흥 민씨(驪興閔氏) 세도표(世道表)>

※ · : 원문의 '·' 표시를 그대로 옮긴 것으로, 원문에는
   특별한 설명이 없으나 본서에 등장하는 인물의 출신을
   강조하기 위한 것으로 보인다.

지해서 결코 다른 성씨에게 뺏기지 않을 방법을 궁리했다. 그 결과 김병학과의 밀약을
무시하고 새 왕비는 국구(國舅)가 없는 사람 중에서 간택하기로 했다. 당시 부대부인 민
씨는 자신의 의매(義妹)[12]에 해당하는 고(故) 민치록(閔致祿)의 딸을 열심히 추천했다. 그
녀의 말에 따르면, 민씨는 왕실의 지친이기 때문에 척리(戚里)에 든다고 해도 정권을 국
왕에게서 빼앗을 우려가 없고, 설령 정권이 민씨에게 돌아가더라도 다른 성씨에게 뺏기
는 것보다는 낫다는 것이었다. 대원군은 부자가 처형(妻兄)을 같이 하는 것은 체면상 좋
지 않고, 예전(禮典)에도 결함이 있다는 이유로 크게 주저하는 기색을 보였다. 하지만 부
대부인은 굴하지 않았고, 특히 신정대왕대비에게도 설명해서 대원군을 설득하게 했기

---

12) 의매(義妹): 혈연관계 없이 의리로 맺은 여동생

때문에 대원군도 결국 이에 동의했다. 이리하여 이태왕 3년 3월 20일 고(故) 첨정 민치록의 딸을 책립해서 왕비로 삼았다. 당시 그녀의 나이는 16살로 왕보다 한 살이 많았고, 처녀로서 학식도 있고 매우 영민하고 지혜로운 것으로 널리 알려져 있었다. 바로 이후 30년간 국왕을 대신해서 조선의 내치외교를 지도하고, 세계적으로 이름을 떨쳤던 명성왕후 민씨였다.[19]

새 왕비의 생부 민치록은 이미 졸(卒)하고 양자 민승호(閔升鎬)만 남아 있을 뿐이었다. 또 민승호의 생부 민치구와 동생 민겸호, 종제(從弟) 민규호(閔奎鎬) 등이 있었지만, 대원군은 민승호 형제를 여전히 어린아이들과 다름없다고 보고 있었다. 대왕대비의 조카 조영하와 조성하도 대원군의 눈에는 아낄 만한 청년들에 지나지 않았다. 국왕은 친자식이고, 왕비는 부대부인의 의매(義妹)이며, 척족은 모두 어리고 경험이 없는 청년들이었으니, 대원군의 정권은 영원히 안정되고 태평할 것으로 생각됐다.

이태왕 3년 3월, 국왕이 15세의 나이가 되었으므로 순조와 헌종의 전례에 따라 대왕대비의 수렴이 거두어졌다. 대원군은 이 사실에 관심이 없었다. 그리하여 이태왕 10년, 22세까지 정무는 대원군의 독재로 돌아갔고, 국왕이 허위(虛位)만을 안고 있는 모습은 철종 시대와 다를 바가 없었다.

국왕과 왕비, 그리고 척족이 대원군에게 불만을 느낀 것은 말할 필요도 없다. 국왕의 친형 재면도 생부에게 불평이 있었다. 재면은 국왕의 친형이기 때문에 당연히 봉작을 받아야 했지만 대원군은 허락하지 않았다. 그리고 재면은 과거에 급제해서 관직이 참판에까지 이르렀는데, 다시 대장(大將)이 되기를 바랐지만 또 허락을 받지 못했다. 온후한 재면도 생부에게 감정이 생기지 않을 수 없었다. 대원군의 친형 흥인군(興寅君) 최응(最應)도 대원군의 강력한 정적이었다.[20]

이상 종신과 척신의 대부분은 정치적 경험이 부족한 소장(少壯) 공자(公子)들이었지만, 그들의 배후에는 유력한 정치가가 있었다. 바로 영중추부사(領中樞府事) 이유원(李裕元)이었다. 귤산(橘山) 이유원은 경주 이씨(慶州李氏)로서 오성부원군(鰲城府院君) 이항복(李恒福)의 후손이었다. 그 부친은 이조판서 이계조(李啓朝)였고, 모친은 순조의 생모 수빈(綏嬪)의 친오빠 박종신의 딸이었다. 헌종과 철종 두 조정에서 관직을 역임했으며 이태왕조 초에 좌의정에 등용됐다. 이유원은 성품이 탐비(貪鄙)[13]하고 교활했으나, 용모와

---

13) 탐비(貪鄙): 탐욕스럽고 비열함

행동거지가 우아하고 담소를 잘해서 군주의 마음을 조종하는 데 능했으니, 국왕의 면전에 있으면 마치 한집의 부자처럼 화목한 모습이었다고 전해진다. 이유원은 이 기술로 대원군과 결탁해서 그 지위를 공고히 하려고 했지만, 대원군은 그 사람됨을 비루하게 보고 돌아보지 않았다. 이유원이 일찍이 경성 목멱산(木覓山) 기슭에 있는 이항복의 집터에 별장을 짓고 그 낙성(落成)하는 날 성대한 연회를 열어서, 대원군 이하 대신경재(大臣卿宰)를 초청하고는 특별히 대원군에게 정자 이름을 지어줄 것을 청한 일이 있었다. 대원군은 정자 앞에 전나무[檜] 두 그루가 있는 것을 보고 '쌍회정(雙檜亭)'이라는 이름을 지어주었다. 그런데 후에 지나가던 사람이 이를 보고는 "송나라의 회(檜)와 조선의 회(檜)가 '쌍회(雙檜)'가 되지 않겠는가? 모두 나라를 망쳐먹기에 족하도다[宋之檜 朝鮮之檜 不爲雙檜乎 俱足以亡人之國]."라고 했다.[14] 이유원은 나중에 이 말을 듣고는 부끄럽고 화가 나서 어쩔 줄을 몰랐다. 그리고 척족과 결탁해서 평생 대원군의 정적이 됐다고 한다.[21]

대원군도 척신과 종신(宗臣)의 연합에 의한 대원군 정권 타도 운동에 무관심할 수 없었다. 그는 먼저 척족을 달래는 것이 급선무라고 봐서 이태왕 9년에 민승호를 수원부유수(水原府留守), 조영하를 금위영대장(禁衛營大將)에 임명했지만, 큰 효과가 없었다. 척족은 민승호가 중심이 되어 대원군의 시정에 강한 반감을 가진 유생들의 집단 세력을 이용하여 대원군을 실각시킬 것을 계획했다. 이윽고 이태왕 5년 10월, 사헌부장령(司憲府掌令) 최익현(崔益鉉)이 상소해서 시정을 논하자, 국왕·척족과 대원군 사이에 불화가 생겨났다. 이태왕 10년 10월 25일[15], 승지(承旨) 최익현이 다시 상소해서 대원군의 실정(失政)을 통렬히 논하자, 국왕, 왕비, 척족, 그리고 영중추부사 이유원 등은 모두 일어나서 대원군 및 그 무리와 항쟁했다. 그 결과 같은 해 11월에는 대원군이 경성을 떠나 경성 근교를 떠돌게 됐으며, 그의 당에 속한 좌의정 강로(姜㳣), 우위정 한계원(韓啓源) 등이 정부에서 추방됐다.

정권을 박탈당한 대원군은 흉중에 가득한 통분을 억누르고 경기도 양주(楊州) 산장에

---

14) 송나라의 회(檜): 남송(南宋)의 유명한 간신 진회(秦檜)를 가리킨다. 진회는 명장 악비(岳飛)를 죽이고 금(金)나라와의 화친을 주장해서 남송을 망하게 했다고 한다. 흥선대원군은 쌍회정(雙檜亭)이라는 정자 이름을 통해 이유원이 간신 진회와 쌍벽을 이룬다고 비꼬았던 것이다.

15) 원문에는 10월 10일로 되어 있으나, 이는 10월 25일의 잘못이다. 최익현은 고종 10년 10월 25일에 「辭同副承旨疏」를, 11월 3일에 「辭戶曹參判兼陳所懷疏」를 올렸다. (단, 최익현의 문집인 『勉菴集』에는 10월 16일에 작성된 것으로 되어 있다.)

서 은둔생활을 보내고 있었지만, 척족 민씨에게 보복하는 것을 잊지 않았다. (제3절 참조)

대원군의 실각과 함께 정권은 척족 민씨에게 돌아갔다. 즉, 정무는 판서 민승호가 섭행하고 왕비 민씨는 안에서 민승호를 조종했으니, 국왕이 공수(拱手)하며 앙성(仰成)하는[16] 것은 대원군 집정 당시와 별 차이가 없었다. 그런데 민승호는 암약해서 도저히 세도의 임무를 감당할 수 없었다. 대원군 배척과 같은 것도, 그의 사촌동생 민규호가 대부분 획책한 것이라고 한다.

이태왕 11년 11월 28일, 병조판서 민승호는 그의 어린 자식, 모친 한창부부인(韓昌府夫人) 이씨[고(故) 여성부원군(驪城府院君) 민치록의 미망인]와 함께 폭졸(爆卒)했다. 그 진상에 관해서는 각종 소문이 전해지고 있으나, 온돌의 폭파 때문인 것은 사실인 것 같다. 그 주범으로 전 병사(兵使) 신철균(申哲均)[초명(初名) 효철(孝哲)]이 체포되어 참형을 당했지만, 이는 강요에 의한 거짓 자백으로 의심되며, 차라리 대원군의 사주에 의한 것으로 믿어지고 있다.

민승호 부자가 폭졸(暴卒)해서 양아들을 들이는 것이 문제가 됐다. 왕비는 민규호의 형 경기관찰사 민태호(閔台鎬)의 아들 영익(泳翊)을 눈여겨보았는데, 민태호는 아들이 하나밖에 없었으므로 그를 보내기를 꺼려했다. 민규호는 마땅히 천의(天意)를 따라 일가의 부귀를 도모하는 편이 낫다는 말로 설득했고, 결국 민태호도 동의했다. 왕비는 이 일을 민규호의 덕택이라고 보고 그를 이조판서에 발탁했으며, 또 민영익이 클 때까지는 민규호에게 향화(香火)[17]를 섭사(攝祀)[18]하게 했다.

민승호가 졸(卒)한 후, 정권은 당연히 민태호에게로 넘어가야 했다. 그런데 민태호는 근후(謹厚)한 사람이었고, 또 재간과 학식 모두 동생에게 미치지 못했으므로 민규호가 대신 정무를 섭행(攝行)했다.[22]

이태왕 15년 10월, 우의정 민규호가 졸(卒)했다. 국왕은 그의 형 민태호를 불러서 민규호와 똑같이 의지하려고 했는데, 민태호는 일을 신중하게 행해서 굳이 스스로 전제(專制)하려고 하지 않았다. 고(故) 민승호의 친형 민겸호가 이를 틈타서 세도를 자임했으며, 민영익 또한 나이가 듦에 따라서 정권에 간여하기 시작했으니, 민씨 세도가 계속 연립한 모양은 안동 김씨와 다를 바 없었다.

---

16) 공수(拱手)하며 앙성(仰成)하는: 공수(拱手)는 원래 경의를 표하기 위해 두 손을 모으는 인사를 말하나 비유적으로 어떤 일에 손을 대지 않는다는 뜻이고, 앙성(仰成)은 타인이 이룩한 성공에 기댄다는 뜻이다.

17) 향화(香火): 제사(祭祀)

18) 섭사(攝祀): 다른 사람을 대신해서 제사를 지냄

이태왕 19년 정월, 왕세자 척(坧)[사시(私諡) 순종(純宗)]의 관례를 행하고, 의정부 좌찬성(左贊成) 민태호의 딸을 간택해서 왕세자빈으로 삼았다. 순명비(純明妃)이다. 처음에 국왕은 왕세자빈을 민씨 이외의 명족(名族)에서 얻을 것을 고려했지만, 왕비는 여흥 민씨가 정권을 잃을 것을 두려워해서 국왕에게 강요하여 자신이 신뢰하는 민태호의 딸을 간택하게 하고, 이로써 그 권세를 공고히 했다고 전해진다.[23]

【원주】

1 『哲宗實錄』卷二 哲宗元年十二月己卯, 卷三 哲宗二年七月丙申; 『璿源系譜記略』卷一九.

2 『純祖實錄』卷一八 純祖十五年十二月乙丑・己巳; 『璿源系譜記略』卷一七.

3 『哲宗實錄』卷二 哲宗元年十月.

4 『哲宗實錄』卷一五 哲宗十四年十二月庚辰; 『璿源系譜記略』卷二五.

5 『仁祖實錄』卷四六 仁祖二十三年四月・五月・六月, 卷四七 仁祖二十四年二月・三月.

6 『英祖實錄』卷一六 英祖四年三月, 卷二一 英祖五年三月; 『璿源系譜記略』卷一四.

7 『哲宗實錄』卷三 哲宗二年十月甲寅; 『右捕廳謄錄』辛亥西獄事; 『左捕廳謄錄』辛亥高成旭發告.

8 『哲宗實錄』卷一二 哲宗十一年十一月辛卯・壬辰・癸巳・乙未.

9 『璿源系譜記略』卷一〇.

10 『哲宗實錄』卷一四 哲宗十三年七月戊戌・己亥・癸卯・甲辰・八月辛酉; 哲宗壬戌年逆賊順性兢善等鞫案; 哲宗壬戌逆賊馹熺鞫案; 『右捕廳謄錄』壬戌年七月.

11 『哲宗實錄』卷九 哲宗八年八月壬子.

12 『純祖實錄』卷一九 純祖十六年七月庚申・壬戌; 『璿源系譜記略』卷一七.

13 『梅泉野錄』卷一上; 『韓史綮』卷五 太上皇紀; 『近世朝鮮政鑑』卷上.

14 『哲宗實錄』卷一五 哲宗十四年十月庚辰; 『日省錄』李太王癸亥年十二月十三日; 『梅泉野錄』卷一上.

15 『日省錄』哲宗癸亥年十二月八日・九日, 李太王癸亥年十二月十三日.

16 『日省錄』李太王甲子年四月十八日・乙丑年正月九日.

17 『日省錄』李太王丙寅年二月十三日.

18 『韓史綮』卷五 太上皇紀; 『興宣大院君傳』(『會餘錄』第一集所收)

19 『日省錄』李太王丙寅年三月六日・二十日; 『梅泉野錄』卷一上; 『韓史綮』卷五 太上皇紀; 『興宣大院君傳』.

20 『興宣大院君傳』.

21 『嘉梧藁略』年譜; 『梅泉野錄』卷一上; 『興宣大院君傳』甲戌乙亥史.

22 『李太王』甲戌年十一月二十八日; 『梅泉野錄』卷一上; 『興宣大院君傳』.

23 『李太王』甲戌年十一月二十八日・三十日・李太王壬午年正月二十六日; 『梅泉野錄』卷一上; 『韓史綮』卷五 太上皇紀.

계유정변(癸酉政變), 대원군 정권의 종말

이태왕 즉위 이래 10년간, 국왕의 아버지 흥선대원군 하응은 국왕과 섭정 대왕대비를 대신하여 서정(庶政)을 독재하면서 내외를 전율케 했지만, 이태왕 10년 계유년 가을에 갑자기 몰락해서 왕비 민씨를 중심으로 하는 척족세도정치가 다시 일어났다. 이제 그 경과를 설명하고자 한다.

대원군의 시정 중에서 주목할 만한 것은 서원의 탄압이다. 서원은 당론(黨論)과 함께 발달한 것으로, 한편으로는 당론의 연총(淵叢)[1]이자, 다른 한편으로는 지방 민정(民政)의 암적 존재가 되고 있었다. 이태왕 원년 8월에 섭정 대왕대비의 전교를 통해 서원의 첩설(疊設)과 사설(私設)을 엄금하는 한편, 사액서원(賜額書院)이라 할지라도 전결(田結), 원복(院僕)[2], 고직(庫直)[3]의 정액을 규정하고 정액 외의 사전(祠田)은 국고로 몰수하고 원역(員役)[4]은 도태시켰다. 이로써 유생들이 서원에 기대서 지방관을 압박하고 상민을 침학(侵虐)하던 악폐를 근절했는데, 이태왕 2년 3월에 이르러 서원에 최후의 통렬한 일격이 가해졌다. 즉, 노론의 본거지인 충청도 청주목 화양서원(華陽書院)을 폐지하고, 만동묘(萬東廟)의 제향을 철폐하고, 사당에 봉안돼 있던 정조의 사액을 창덕궁 대보단(大報壇)으로 이봉(移奉)한 것이다. 그 후로 노론이 만동묘를 근거로 삼아 조정에 횡의(橫議)[5]를 일삼고 지방관에게 간섭하는 것이 불가능해졌다. 이태왕 8년 3월에는 사액서원도 1인당 1개의 서원 외에 첩설(疊設)한 것은 원칙적으로 철거시키고, 대원군의 결재를 거쳐 사액서원의 숫자를 47개로 제한했다.[1]

---

1) 연총(淵叢): 못에 물고기가 모이고 수풀에 날짐승이 모이듯 사람이 많이 모여드는 장소, 또는 어떤 일의 중심으로 번영하고 있는 장소를 말한다.
2) 원복(院僕): 서원 노비
3) 고직(庫直): 창고, 묘, 정자 등을 지키는 하속(下屬)
4) 원역(員役): 관원(官員), 관아에 딸린 이서(吏胥)의 일종
5) 횡의(橫議): 조정의 일을 선비들이 멋대로 논하거나 비난하는 것을 말한다. 『孟子』 滕文公(下)에 "성왕이 일어나지 않음에 제후들이 방자하고 처사들이 횡의를 일삼게 됐다[聖王不作 諸侯放恣 處士橫議]."는 구절이 있다.

대원군의 서원 탄압은 당론의 탕평을 부르짖었던 영조와 정조도 하지 못했던 일로 참으로 일대 용단이라고 할 만한 것이었지만, 다른 한편으로 서원의 존재를 통해 그 지위를 보존하고 생활 수단을 획득했던 유생들의 가공할 집단 세력이 적으로 돌아선 것 또한 부득이했다.

대원군의 입장을 더욱 곤란하게 만든 것은 그의 배외정책(排外政策)이었다. 배외정책의 강행은 존주론(尊周論)의 발양을 수반해서 서울 안팎의 유생들이 만동묘 철향(撤享)에 대해 맹렬한 반항의 기세를 드높이고 대원군을 비난해 마지않았으니, 대원군의 용단으로도 이러한 유생들의 반항을 탄압할 수는 없었다.

유생들의 집단 세력이 얼마나 강대했는지는, 대원군의 위세가 극성했던 대원군 집정 초기에도 이미 그 실례를 볼 수 있다. 이태왕 3년 9월에 프랑스 함대가 강화부를 점령해서 경강(京江)의 물정이 흉흉하던 때, 좌의정 김병학은 전 조정 이래의 산림으로서 은연중에 묘당을 제주(制肘)[6]하던 화서(華西) 이항로(李恒老)를 등용할 것을 권고했다. 대원군도 이에 동의해서 9월 8일에 이항로를 승정원 동부승지에 임명했다.[2] 대원군과 김병학의 뜻은 어린 왕의 즉위 초기에 은일유림(隱逸儒林)을 예로 대해서 그들의 치세를 분식(粉飾)하고, 다른 한편으로 배외정책의 정신적 원조를 구하려는 데 있었을 것이다. 그런데 이항로는 9월 12일에 장문의 상소를 올려서 대원군의 실정을 논했다.

이항로의 상소를 요약하면, '옛 수양제(隋煬帝)는 백만의 군대로 고구려를 정벌했음에도 뜻을 이루지 못했고, 영무(英武)한 당 태종(唐太宗)도 고구려의 안시성을 공격해서 패배를 거듭했다. 왕씨 고려의 말, 홍건적 20만이 국도(國都) 개성을 함락했지만, 조선 이태조는 정세운(鄭世雲)과 함께 한번 일어나 이를 격파하고 국도를 회복했다. 이제 이씨 조선은 지방이 천 리요, 산과 바다가 험고(險固)하며, 재속(財粟)의 산출과 어염(魚鹽)의 이익이 전국시대의 조(趙)·위(魏)·연(燕)·한(韓)에 비견할 만하니, 처음부터 고구려의 편소(褊小)함과 동일하게 논할 수 있는 바가 아니다. 이 국란을 당해서 군신이 함께 숙흥야매(夙興夜寐)하면서 오직 연유(宴遊)를 금계(禁戒)하고 근검에 힘쓰며, 널리 언로(言路)를 열고 인재를 등용한다면 또한 외적을 두려워하지 않아도 될 것이다. 다만 인심이 돌아가는 바를 살피는 것이 가장 중대하니, 인심을 잃으면 산천의 험난함이 있어도 믿기에 부족함은 말할 것도 없다. 인심을 수습하는 데는 모름지기 국왕이 친히 모범

---

6) 제주(制肘): 일반적으로 제주(製肘)라고 쓰는데, 글을 쓸 때 옆에서 팔꿈치를 잡아당긴다는 말로 곁에서 견제함을 의미한다.

을 보여서 먼저 언로를 열고, 무용한 토목 공사를 중단하고, 염민(斂民)하는 정사(政事)를 금하고, 사치하는 습관을 버리고, 궁실을 낮게 짓고, 음식을 비박(菲薄)하게 하고, 조악한 의복을 입음으로써 민사(民事)에 힘을 다하는 것 만한 것이 없다. 그렇게 하면 민력이 크게 펴지고 물정이 흡연(翕然)[7]해져서 국왕을 우러르기를 마치 부모와 같이 할 것이다. 그래야만 비로소 양적(洋賊)을 물리치고, 국가를 보존할 수 있을 것이다. 만약 그렇게 하지 않아서 위에서는 군자의 마음을 잃고 아래에서는 소민(小民)의 원한을 맺으며, 세월이 지나도 자성(自省)할 줄 모른다면, 맹장(猛將)이 구름같이 모이고 모신(謀臣)이 비처럼 내린다고 해도 끝내 국가의 토붕와해(土崩瓦解)를 구제할 방법이 없게 될 것'이라는 내용이었다.[3]

대원군의 성세(盛世)에 무용한 토목 공사를 중단하고 수렴하는 정치를 버리지 않으면 국가가 멸망할 것이라고 단언한 사람은 이항로 말고는 없었다. 그런데도 대원군은 그를 어떻게 하지 못하고 한 달 사이에 동부승지에서 공조참판으로 승배(陞拜)[8]했다가, 그가 사직할 때는 도총부부총관(都總府副總管)에 제수하고 동의금부사(同義禁府事)를 겸하게 했다. 하지만 이항로는 이를 모두 사양하고 받지 않았다. 프랑스 함대가 강화에서 패하고 경사(京師)[9]의 민정(民情)도 다시 평온해지자 이항로는 관직을 버리고 고향으로 돌아갔다. 10월 7일, 귀향하기 전에 그는 상소를 남겨서 존주사상(尊周思想)의 연원을 논하고, 금일 양이(洋夷)를 구축하고 국가를 안태(安泰)한 반석에 두기 위해서는 만동묘를 복향(復享)하며 국왕, 신하, 백성을 막론하고 거국일치해서 효종(孝宗)과 문정공(文正公) 송시열(宋時烈)의 유지를 계승해야 한다고 통론(痛論)했다.[4]

이보다 앞서 이항로가 공조참판에 제수됐을 때, 대원군은 이항로에게 은밀히 사람을 보내서 다시는 토목, 수렴, 그리고 만동묘 복설을 언급하지 말라고 계칙(戒飭)했다. 하지만 이항로는 굴하지 않고 다시 상소를 올려서 토목과 수렴의 폐단을 통렬히 아뢰고 마지막에는 만동묘의 일까지 논했다. 대원군은 분격했지만 결국 그를 어떻게 할 수 없었다. 이 일을 통해 당시 산림의 잠재력을 충분히 알 수 있다.[5]

이항로는 이태왕 5년 3월 18일에 77세의 나이로 졸(卒)했다. 그의 빈자리를 메운다는 의미도 있었을 것이다. 같은 해 9월, 이항로의 문하 면암(勉庵) 최익현(崔益鉉)이 사헌부

---

7) 흡연(翕然): 일치된 모양
8) 승배(陞拜): 벼슬을 올려줌
9) 경사(京師): 서울

장령(司憲府掌令)에 등용됐다.[6] 최익현은 선사(先師)의 뜻을 계승해서 같은 해 10월 10일
에 상소를 올려서 시무 가운데 시급한 것들을 논하되, (1) 무용한 토목 공사의 중지, (2)
수렴하는 정치의 파기, (3) 당백전(當百錢)의 폐지, (4) 경성 사대문의 통행세 폐지를 열
거했다. 이에 대해 국왕은 우비(優批)[10]를 내렸으나, 다만 토목의 역(役)이라고 해도 경복
궁의 건축에는 부득이한 사정이 있다는 말로 전교했다.[7]

　이항로 사후에 최익현이 있음이 이 한 장의 상소로 널리 알려지게 됐다. 하지만 대원
군은 그를 매우 미워해서 사간원사간(司諫院司諫) 권종록(權鍾祿)에게 은밀한 뜻을 전하
여, 그로 하여금 최익현의 장소(章疏)는 한갓 이항로가 그 이름을 팔려고 했던 계획을 답
습한 것에 불과하며 그 어구가 패악해서 사람의 도리와 신하의 분수를 판별할 수 없는
것이라고 탄핵하게 했다. 이 때문에 최익현은 견삭(譴削)의 처벌을 받게 되었지만, 며칠
후인 10월 18일에 국왕의 특지(特旨)로 돈녕부도정(敦寧府都正)으로 승배(陞拜)됐다.[8]

　국왕이 이미 성년에 도달했으므로 대왕대비의 수렴청정은 거둬졌지만, 친정은 이름
만 있을 뿐 정무의 만단(萬端)은 여전히 대원군의 독재에 달려 있었고 그는 절대 국왕이
정무에 간여하는 것을 허락하지 않았다. 나이를 먹은 국왕은 불만을 품었고, 또 척족 민
씨의 불평도 더해져서 대원군과 국왕 부자 사이의 암투는 의외로 심각한 양상을 띠었
다. 대원군에게 정권을 반상(返上)할 의사가 없는 이상, 그를 타도하는 것 외에는 방법
이 없었다. 대원군 집정 당시 끊이지 않는 수렴과 토목 노역, 그리고 외난(外難)으로 인
해 민중은 전례 없는 피폐와 곤궁을 겪고 있었다. 게다가 신하들은 대원군의 맹위를 두
려워해서 직언하는 사람이 없었다. 정면에서 대원군의 폭정을 논척(論斥)할 용기를 가진
것은 이항로와 그의 문하, 그리고 그들의 배후에 있는 유생들의 집단 세력이었다. 척족
민씨는 일찍부터 유생들의 집단 세력을 이용할 것을 고려했던 것 같다. 이미 이항로에
게도 손을 썼던 것으로 보이지만, 완명(頑冥)한 노유(老儒)에게는 성공 가능성이 없었다.
이제 이항로의 문하 최익현이 선사(先師)의 위세를 계승하게 되자, 왕비 민씨와 그 오빠
참판 민승호는 적극적으로 그를 이용하려고 했다. 이태왕 5년 10월,[11] 최익현이 네 가지
일로 상소를 올리자 국왕은 대원군의 격앙을 불고하고 우비(優批)를 내리고 그의 관직을
올려주었다.[9]

　이태왕 10년 계유년, 22세가 된 국왕은 한갓되이 공수(拱手)하면서 다른 사람에게 앙

---

10)　우비(優批): 신하가 올린 상소에 대해 임금이 좋은 말로 비답(批答)을 내리는 일
11)　원문에는 고종 5년 3월로 되어 있는데, 10월의 잘못이라 바로잡았다.

성(仰成)하는 것을 견딜 수 없었다. 척족은 왕비와 민승호를 중심으로 대원군 정권의 타도 실행에 착수했다. 그들이 우선적으로 고려한 것은 최익현을 이용하는 것이었다.

이태왕 10년 10월 10일, 국왕은 경성 사대문의 통행세 폐지를 명하고, 신응조(申應朝)를 이조판서, 최익현을 승정원 동부승지에 임명했다. 반(反)대원군 색채가 농후한 인사였다. 특히 최익현을 승선(承宣)의 직[12]에 등용한 것은 그에게 상소로 시무를 논할 것을 권유한 것이라고 할 수 있다.[10] 최익현은 그의 고향 경기 포천현(抱川縣)에서 사직상소를 올려서 시정(時政)의 궐실(闕失)을 논했다. 상소 중에 "근년 이래로 정치가 옛 법도를 변화시키고 사람이 연숙(軟熟)[13]해서, 대신과 육경(六卿)은 건백(建白)의 논의가 없고, 대간(臺諫)과 시종은 일 만들기를 좋아한다는 비방을 피하려고 합니다. 조정에서는 속된 논의가 자행돼서 정의(正誼)가 소멸되고 아첨하는 무리들이 뜻을 펴서 곧은 선비가 숨어버렸습니다. 부렴(賦斂)을 그치지 않아서 생민이 어육(魚肉)이 되고, 이륜(彝倫)이 무너져서 사기(士氣)가 막혀버렸습니다. 일을 공정하게 하는 자를 괴격(乖激)하다고 하고, 일을 사사롭게 하는 자를 득계(得計)[14]했다고 합니다." 등의 어구가 있는데, 이는 바로 대원군 정권을 정면에서 공격한 것이었다. 이 상소는 포천현에서 경기감영으로 올라왔는데, 경기관찰사 김재현(金在顯)은 이를 대원군에게 먼저 보내서 보게 했다. 대원군은 이를 일견하고는 분격해서 즉시 봉장(封章)을 환송할 것을 명했다. 그리고 병인양요 당시 용맹함으로 이름을 떨쳤던 금위대장 양헌수(梁憲洙)가 최익현과 함께 이항로의 문하였으므로, 그로 하여금 최익현에게 '봉장(封章)은 불온해서 올릴 수 없다. 사직할 의향이 있으면 사친의 병, 신병 등의 사유를 아뢰는 것이 좋겠다. 그렇지 않으면 조정에서도 단호한 처분을 내리지 않을 수 없을 것이다.'라는 충고를 하게 했다. 하지만 이와 반대로 국왕과 척족은 최익현의 상소 소식을 듣고는 크게 기뻐하면서 오직 그 봉장(封章)을 보기만을 바랐다. 또 최익현을 호조판서로 승배(陞拜)하고 승정원 원예(院隸)[15]를 거듭 포천의 향제(鄕第)로 보내서 상경을 재촉했다. 최익현은 원예에게 부탁해서 원 봉장(封章)을 정납(呈納)했다. 국왕은 이를 보고 "너의 이 상소는 실로 충성스러운 마음에서 나온 것이다. 또 나를 경계시키는 말이 극히 가상하니, 감히 열성조(列聖朝)의 성사(盛事)에 따라 호조참판에 제수하노라. 이처럼 정직한 말에 만약 다른 논의를 하는 자가 있다면 소인

---

12) 승선(承宣)의 직: 승선(承宣)은 왕의 뜻을 받들어 발양한다는 뜻으로, 승정원 승지를 가리킨다.
13) 연숙(軟熟): 성품이 유하고 원숙(圓熟)함
14) 득계(得計): 타당한 계책을 써서 성공함
15) 원예(院隸): 원(院)에 딸린 노비

(小人)임을 면치 못할 것이다."라는 비답을 내렸다.[11]

국왕의 행동은 대원군에 대한 시위의 의미나 다름없었다. 당시 묘당은 좌의정 강로(姜㳍), 우의정 한계원(韓啓源)을 비롯해서 사헌부와 사간원 양사(兩司) 장관 이하가 모두 대원군 일파로 구성돼 있었으므로 이를 묵시할 수 없었다. 이들은 바로 들고일어나서, 최익현의 상소는 인신의 분수를 문란케 하고 이름을 팔려는 계획이라고 하면서 그의 처분을 논했다. 그러나 국왕은 이러한 말을 모두 물리치고 대간으로서 최익현의 상소를 논핵한 자들을 찬배(竄配)에 처했다.[12]

척족의 계획은 이미 첫걸음에 성공을 거뒀다. 호조참판 최익현은 대간 신료들이 '이륜이 무너져서 사라졌다[彝倫斁喪].'라는 네 글자를 거론하면서 논척한 사실을 고려하여, 11월 3일에 다시 상소를 올려서 '정치가 옛 법도를 변화시키고 이륜이 무너져 사라졌다[政變舊章 彝倫斁喪].'라는 8자의 뜻을 부연하여 통렬히 논했다. 그의 논의는 당시 이른바 산림유현들의 사상을 대표하는 면이 있으므로 다소 장황하기는 하지만 다음에 그 대요를 게재한다.[13]

신이 전의 상소에서 말을 꺼냈으나 그 의미를 다 드러내지 못한 것이 있습니다. 또 오늘날 비평하는 자들을 보건대 '정치가 옛 법도를 변화시키고 윤리가 무너져서 사라졌다[政變舊章 彝倫斁喪]'는 8자를 가지고 신을 논하는 칼자루로 삼고 있으니, 신은 다시 그 뜻을 아뢰고자 합니다.

아아! 우리 동방은 은사(殷師)[16] 이래로 이미 오랜 오랑캐 풍속을 고쳤고, 본조(本朝)에 이르러서는 열성(列聖)이 연달아 일어나시고 여러 현인들이 번갈아 일어났으니, 그들이 일세의 법을 만들고 후손들에게 드리운 것은 모두 천리(天理)를 밝히고 인심을 바르게 하며, 정학을 숭상하고 이단을 물리치는 일이었습니다. 이로써 일치(一治)의 운수를 맡은 것이 천지에 어긋나지 않고 백세를 기다려도 의혹되지 않으니, 그분들께서 돌아가신 뒤에도 잊지 못하는 것입니다.

지금 국사가 폐단이 없는 곳이 없습니다. 명(名)의 부정함과 언(言)의 불순함을 신이 다 기록할 수는 없으나, 다만 그 더욱 두드러지고 큰 것만을 거론한다면, 황묘(皇廟)를 철폐해서 군신(君臣)의 윤리가 무너지고, 서원을 혁파해서 사생(師生)의 의리가 끊어지고, 귀신으로서 양자로 들어가 부자의 친함이 문란해지고, 국적(國賊)을 신설(伸雪)[17]해서 충역(忠逆)의 구분이

---

16) 은사(殷師): 은나라 태사(太師), 즉 기자(箕子)를 가리킨다.
17) 신설(伸雪): 신원설치(伸寃雪恥). 가슴에 맺힌 원한을 풀고 수치를 씻는다는 뜻

혼란해지고, 호전(胡錢)을 사용해서 화이(華夷)의 구별이 어지러워진 것입니다. 이 두세 조건이 한 덩어리가 되어 천리(天理)와 민이(民彝)가 이미 썻은 듯 사라져서 다시 남은 것이 없습니다. 게다가 토목 공사와 원납전 등의 부류가 서로 표리를 이루어 백성에게 재앙을, 나라에 화를 끼치는 자부(資斧)[18]가 된 것이 이제 몇 년이 됩니다. 이것이 선왕의 옛 법도를 변화시키고, 천하의 이륜(彝倫)를 무너뜨린 것이 아니고 무엇이겠습니까? 그러므로 신은 전하를 위해 금일의 급무를 논하건대, 만동묘를 복설하지 않을 수 없고, 중외의 서원을 다시 일으키지 않을 수 없고, 귀신으로서 남의 양자로 가는 것을 금하지 않을 수 없고, 국적(國賊)의 신설(伸雪)을 추율(追律)하지 않을 수 없고, 호전(胡錢)의 사용을 혁파하지 않을 수 없다고 하는 것입니다. 토목 공사와 원납전 등도 일각이라도 계속해서는 안 됩니다.

　이른바 '황묘를 복설하지 않을 수 없다'는 것은, 신은 생각건대 우리 조정은 황조에 대해서 이미 300년 동안 신하로서 섬겼고 임진년에 재조(再造)해서 또 만세토록 잊을 수 없는 은혜가 있습니다. 그러므로 만세토록 반드시 보답해야 하는 의리가 있는 것입니다. 옛날 우리 효종대왕께서는 하늘과 땅이 뒤집히고 갓과 신발이 도치된 것을 통분하셔서, 활과 철장(鐵杖)을 잡고 호걸과 영웅을 갈망하셨습니다. 그때 문정공(文正公) 신(臣) 송시열(宋時烈)이 물고기가 물을 만난 듯 계합(契合)해서, 부지런히 모유(謀猷)[19]를 세우고 수양(修攘)[20]할 것을 도모했습니다. 그러나 불행히도 기수(氣數)[21]의 제한을 받아 효종께서 상빈(上賓)[22]하셔서 공을 미처 이루지 못했으니, 온 나라 신민들의 원통한 심정을 드러낼 곳이 없었습니다. 그러므로 이 한 칸 띠풀집에서 연향을 하게 된 것이니, 그것은 천리와 민이(民彝)의 멈추게 할 수 없는 바였습니다. 그 제단을 만들고 연향을 하는 의식을 위에서 준비해서 거행했으니, 이 황묘의 설치가 마치 있으나 없으나 차이가 없고 도리어 외설(猥屑)되고 중첩되는 듯한 혐의가 있지만, 신이 열성조(列聖朝)의 가르침을 고찰해보건대 비단 외설, 중첩된다는 말씀을 하지 않았을 뿐만 아니라 반대로 성의를 다해 추중(推重)하셨습니다. 이미 관전(官田)을 지급해서 자성(粢盛)[23]을 삼게 하시고, 또 친히 편액을 쓰셔서 표장(表章)하는 뜻을 나타내셨으니, 이는 후세 성왕들이 마땅히 준수해서 고치지 말아야 할 것입니다. 아아! 열성(列聖)의 의리를 바르게 하고 전통을 드리우신 뜻이 저처럼 심원하고, 창솔(倡率)[24]하고 부수(扶樹)[25]하신 근면함

---

18) 자부(資斧): 어떤 일에 사용하기 위한 재화와 기물
19) 모유(謀猷): 계책, 모략
20) 수양(修攘): 안으로 정교(政敎)를 닦아서 밖으로 외적을 물리친다는 뜻
21) 기수(氣數): 기운, 운명
22) 상빈(上賓): 왕의 죽음을 달리 이르는 말. 승하(昇遐)
23) 자성(粢盛): 제사 때 제기에 담는 곡식
24) 창솔(倡率): 솔선해서 사업을 행함. 인도(引導)
25) 부수(扶樹): 곁에서 붙들어주고 배양함

이[26] 저처럼 밝게 빛납니다. 그러므로 역내의 생명을 머금은 것들이 충의의 가르침에 전염된 것입니다. 연전에 철향(撤饗)을 거행할 때, 많은 신하들이 성의(聖意)가 전심치경(專心致敬)에서 나온 것임을 모르는 바 아니로되, 그래도 창황해서 슬픈 눈물을 쏟으면서 중외의 여정(興情)[27]이 사전에 모의하지 않고도 동일했으며, 심지어 세 유신(儒臣)이[○]○이항로, 송래희(宋來熙), 임헌회(任憲晦) 상소를 올려서 의리를 진달할 때 모든 길에서 장보(章甫)[28]들이 꼬리를 물면서 복합(伏閤)했으니, 여기서 병이(秉彝)[29]가 같음을 볼 수 있고 또 열성(列聖)들께서 배양하신 힘을 속일 수 없음을 알 수 있습니다. 전하께서 새로이 대정(大政)를 총재하셔서 그 흩어지는 민심을 모으고 그 막힌 운수를 태평하게 하고자 하신다면, 공론의 소재를 더욱 어겨서는 안 될 것입니다. 엎드려 바라옵건대 번연(幡然)히 개도(改圖)하셔서 속히 복향(復饗)의 청을 허락하시옵소서. 만약 혹시라도 이를 비난하는 자가, "막중한 예를 이미 정지, 철폐하고서 또 갑자기 복향(復饗)하는 것은 성경(誠敬)에 흠결이 있다."고 한다면, 이는 그렇지 않습니다. 옛날 주자가 태묘(太廟)의 예를 개정하는 것을 논하면서 말하길, "종묘의 예는 지엄하고 또 중하다. 그러므로 하나라도 착오가 있으면 고치지 않을 수 없는 것이다."라고 했습니다. 이를 보면 오늘날 황묘의 복향(復饗)은 성덕(聖德)을 더욱 환히 빛나게 할 뿐, 누를 끼칠 수 없을 것입니다.[30] 엎드려 바라옵건대 부디 정신을 가다듬어 맑게 살피시옵소서.

이른바 '서원을 세우지 않으면 안 된다'는 것은, 신은 생각건대 옛날에 교육한 것은 가(家)에는 숙(塾)이 있고, 당(黨)에는 상(庠)이 있고, 주(州)에는 서(序)가 있고, 국(國)에는 학(學)이 있었습니다. 오늘날 우리 조정의 성균(成均)은 옛날의 국학(國學)이요, 향교(鄕校)는 옛날의 주서(州序)요, 서원은 옛날의 당상(黨庠)입니다. 또 서원을 설치한 본의는 강학명도(講學明道)가 실로 주가 되고, 향선생(鄕先生)의 덕을 높이고 공에 보답하는 것은 그 나머지 일에 불과합니다. 이를 널리 설치할 것을 생각하지 않고, 오직 첩향(疊享)만을 싫어해서 이미 세운 것까지 모두 폐지하여 천, 백에서 십, 일만을 남겨두었으니, 이는 학교의 고제(古制)에서 크게 벗어난 것이요, 창건한 본정(本情)을 크게 잃은 것이니, 교화가 이완되고 풍속이 무너졌음을 이웃나라가 알게 해서는 안 될 것입니다. 『명사(明史)』를 살펴보건대, 천하의 서원을 철폐했다는 말이 두 번 보이는데 제실(帝室)이 그 뒤를 따라서 망했으니, 이것이 또 어찌 길하고

---

26) 원문에는 '扶樹之勤'이 '扶樹之勒'으로 잘못 표기되어 있다.
27) 여정(興情): 여론, 민정(民情)
28) 장보(章甫): 공자(孔子)가 송나라에 있을 때 썼다는 관(冠)의 이름으로 유자(儒者)를 비유한다.
29) 병이(秉彝): 『詩經』 大雅 蒸民에 나오는 말로 '상도(常道)를 굳게 지킨다'는 뜻이다.
30) 원문에 "在聖德尤見光鮮 而不足爲累彼賤俗之說"로 되어 있는데, 이는 다보하시가 잘못 발췌한 것이다. 최익현의 상소 원문은 이 구절 뒤에 "(彼賤俗之說) 豈足以仰撓宸斷也"라고 해서, "저 비천한 속세의 말이 어찌 임금님의 결단을 흔들 만하겠습니까"라고 되어 있다.

상서로움을 바라는 일이 되겠습니까? 엎드려 바라건대 속히 반한(反汗)³¹⁾을 도모하셔서 이미 철폐된 원향(院享)의 경우, 그 시대를 상론(尙論)³²⁾해서 덕과 공이 없어 음사(淫祀)³³⁾에 가까운 것들은 모두 폐출을 허락하시되, 도덕과 절의가 한 향촌의 사표가 될 만한 자들은 즉시 본향(本鄕)에서 조두(俎豆)³⁴⁾하도록 명하십시오. 충분히 일국과 천하에 사표가 될 만한 자들은 설령 주(州)마다 제향하고 곳곳마다 숭보(崇報)하더라도 안 될 것이 없습니다. 금패(衿佩)³⁵⁾가 모여들고 현송(絃誦)³⁶⁾하는 소리가 흘러넘쳐서 옛 성시(盛時)에 부끄러움이 없게 된다면 또한 다행스럽지 않겠습니까? 혹자는 매양 오늘날의 서원은 실효는 없고 폐단만 있다고 해서 철거해야 한다는 논의를 하지만, 이는 또 크게 옳지 않은 말입니다. 자공(子貢)이 희양(餼羊)³⁷⁾을 없애려고 할 때, 부자(夫子)³⁸⁾께서 말씀하시길 "너는 그 양을 아끼느냐? 나는 그 예를 아낀다."고 하셨습니다. 무릇 양이 남아 있으면 그래도 예가 다시 복구될 가망이 있으니, 서원이 혁파됨에 배움이 영원히 폐지됐다는 탄식을 어찌 하지 않을 수 있겠습니까? 엎드려 바라옵건대 부디 정신을 가다듬어 맑게 살피시옵소서.

이른바 '귀신으로서 양자로 들어가는 것을 금하지 않을 수 없다'는 것은, 신은 생각건대 부자는 대륜(大倫)이니 그 낳아준 어버이를 버리고 남의 후사로 가는 것은 인사(人事)의 변(變)입니다. 옛날에는 오직 종자(宗子)에 후손이 없을 때만 이러한 예가 있었는데, 후세에는 종손과 지손(支孫), 가까운 친척과 먼 친척을 불문하고 끊어진 대를 이어서 그 길이 매우 넓으니, 이는 주공(周公)의 뜻에서 크게 벗어납니다. 심지어 그것이 널리 만연되어 신주(神主)로 입후(入後)하는 풍속까지 생겼으니, 이는 고례에 근거가 없는 것입니다. 이제 전하께서 친한 이를 친히 하시고 어진 이를 숭상하셔서 끊어진 대를 잇게 한 거조(擧措)는 오직 천지가 만물을 낳는 마음과 화육(化育)을 참찬(參贊)하려는 뜻에서 나온 것이지만, 다만 일을 맡은 관리들이 근거를 찾지도 자문을 구하지도 않은 채 그 사사로운 지혜에 기대어 추차(醜差)³⁹⁾함을 답습해서 거행한 것입니다. 이에 제 부모를 잊고 이익만을 탐해서, 확상(矍相)에서 활 쏘는 사람⁴⁰⁾에

---

31) 반한(反汗): 땀은 한번 나오면 다시 들어가지 않는다. 이로부터 명령은 한번 내리면 다시 거둬들일 수 없음을 흘러내린 땀에 비유하게 되었는데, 반한(反汗)은 예전의 말이나 명령을 후회해서 거둬들인다는 의미이다.
32) 상론(尙論): 옛 시대로 거슬러 올라가서 고인의 행적 등을 논함
33) 음사(淫祀): 제사를 지낼 대상이 아닌 것에 지내는 제사
34) 조두(俎豆): 제사를 지냄
35) 금패(衿佩): 푸른 옷깃과 패옥으로, 젊은 학자를 비유한다.
36) 현송(絃誦): 거문고를 타면서 시를 읊는다는 뜻으로 부지런히 학문을 닦고 교양을 쌓는 것을 비유하는 말이다.
37) 희양(餼羊): 고대 중국에서 제사 때 제물로 쓰던 양
38) 부자(夫子): 선생이라는 뜻으로 여기서는 공자(孔子)를 가리킨다.
39) 추차(醜差): 저열함
40) 확상(矍相)에서 활 쏘는 사람: 확상(矍相)은 중국 산둥 성(山東省) 취푸 현(曲阜縣) 성내 궐리(闕里) 서쪽의 지명으로 『禮記』에 공자(孔子)가 이곳에서 활을 쏠 때 구경하는 사람들이 모여들어서 담장처럼 둘러쌌다고 했다. 확장에서 활 쏘는 사람은 곧 공자와 그 문인을 가리킨다.

게 절교 당한 자들이 시기를 타고 부합해서 그 부친, 조부, 증조, 고조로부터 9세, 10세 조상까지 끌어들여 기꺼이 남의 양자가 됩니다. 그 사이에 대수(代數)가 혹시 비면 각 파의 귀신들을 부회(附會)해서 구차하게 그 수를 채워서 제 조상으로 삼습니다. 이것이 천리에 가까운 것이겠습니까, 아니겠습니까? 인정에 편안한 바겠습니까, 아니겠습니까? 전하께서 끊어진 대를 잇게 하신 본의는 이처럼 인자하고도 윤택한 것이었는데, 봉행(奉行)하는 신하들이 잘 받들지 못해서 결국 금지옥엽 같은 후손으로 하여금 이(利)만 보고 의(義)를 잊음이 이를 데 없게 해서 천재(千載)의 한청(汗靑)[41]을 더럽히고 말았으니 어찌 통탄스럽지 않겠습니까? 엎드려 바라옵건대 정신을 가다듬어 맑게 살피시옵소서.

이른바 '국적(國賊)을 추율(追律)하지 않을 수 없다'는 것은, 신은 생각건대 군신과 부자는 천하의 대륜(大倫)이라서 천지 사이에 달아날 수 없는 것이요, 천명(天命)과 천토(天討)는 만세(萬世)의 공의(公義)라서 일개인의 사사로운 뜻으로 쉽게 바꿀 수 있는 것이 아닙니다. 전하께서 등극하신 초기에 속류(俗流)가 그 뜻을 제멋대로 펼치고 사설(邪說)이 횡행해서 사정(邪正)과 충역(忠逆)을 따지지 않고 죄명(罪名)에 걸린 자들을 모두 신설(伸雪)해 주었습니다. 그러면서 이를 화기(和氣)를 불러오는 일이라고 했습니다. 그러나 마땅히 신원해야 할 자를 신원하는 것이 본디 화기(和氣)를 맞이하는 일이니, 신원하지 말아야 할 자를 신원하지 않는 것 또한 화기를 맞이하는 일입니다. 신원해야 할 자를 신원하지 않는 것이 본디 화기를 상하게 하는 일이니, 신원하지 말아야 할 자를 신원하는 것 또한 화기를 상하게 하는 일인 것입니다. 지금 신설(伸雪)된 자들 가운데 더욱 신설하지 말았어야 할 자들이 바로 국적(國賊)들인데, 그 국적(國賊) 가운데 더욱 심한 자들이 바로 혼조(昏朝)[42]의 효순(孝純)과 ○광해군 때의 좌의정 한효순(韓孝純) 기사(己巳)년의 현일(玄逸), ○인조 때의 이조판서 이현일(李玄逸) 래선(來善) ○효종 때의 좌의정 목래선(睦來善) 들입니다. 이들은 곧 군신, 부자의 대륜(大倫)을 무너뜨린 자들인데 천명(天命), 천토(天討)의 공의(公義)를 잊는다면 상리(常理)에서 어긋남이 그보다 심한 것이 없으니, 어찌 능히 화기(和氣)를 맞이해서 성궁(聖躬)에 복을 가져올 수 있겠습니까? 이는 결코 성조(聖朝)의 독단이 아니라, 속류(俗流)의 사설(邪說)이 해를 끼친 것입니다. 엎드려 바라옵건대, 깊이 사변하시되, 법의(法義)로 재단하셔서 용서해야 할 자들은 마치 온화한 바람과 단비처럼 용서하시고, 죄를 주어야 할 자들은 마치 거센 우레와 서릿발처럼 죄를 내리십시오. 이로써 국망(國網)을 바르게 하고 인기(人紀)를 세워서, 화(和)를 이루어 만물을 화육하고 천명에 배합해서 다복을 구한다면 천하에 큰 다행일 것입니다. 엎드려 바라옵건대 정신을 가다듬어 맑게 살피시옵소서.

---

41) 한청(汗靑): 역사책
42) 혼조(昏朝): 광해군(光海君)조(재위: 1608~1623)를 가리킨다.

이른바 '호전(胡錢)을 혁파하지 않을 수 없다'는 것은, 신은 생각건대 화이(華夷)의 분변을 엄격히 하면서 고통을 인내하는 뜻을 간직한 것은 효종과 송선정(宋先正)[43]의 전수한 심법(心法)이니 공자, 주자와 그 공이 같습니다. 선정(先正)이 오랑캐 물화의 무역을 금한 일을 돌이켜 보건대, 지금 이 호전(胡錢)을 사용하는 것은 또한 회계(會稽)의 신첩(臣妾)[44] 노릇의 수치를 망각한 것이요, 음양이 서로 등지는 갈림에 어두운 것이니 정치에서 나와 일에 해악을 끼침이 매우 심합니다. 또 신이 전일에 당백전을 혁파할 것을 주청한 일이 있습니다. 그런데 호전(胡錢)의 폐해가 당백전보다 심하니, 당백전의 폐해는 만물이 유통되지 않게 하지만 호전(胡錢)의 폐해는 만물을 모두 말라버리게 합니다. 비유하자면 당백전의 폐해는 체하는 것과 같고, 호전(胡錢)의 폐해는 설사와 같습니다. 체증은 장을 뚫는 약을 써서 소화시키면 전과 같이 되지만, 설사증은 원기가 날마다 말라서 다 마르면 죽게 되니 어찌 두려워하지 않겠습니까? 의리로 말하더라도 이미 저와 같은데, 이해로 말하더라도 또 이와 같으니 상평전의 복구는 하루라도 늦춰서는 안 되는 것입니다. 엎드려 바라옵건대 정신을 가다듬어 맑게 살피시옵소서.

이 몇 가지 일이 성헌(成憲)을 어지럽힌 것이 실로 전하께서 어린 나이에 아직 전정(專政)하시기 전에 있었으니, 반드시 모두 전하께서 자초한 실착은 아닐 것입니다. 다만 일을 맡은 신하가 전하의 총명을 가리고 위복(威福)[45]을 조종해서 강(綱)과 목(目)이 모두 느슨해져 금일의 고폐(痼弊)[46]를 부른 것입니다. 부디 전하께서는 이제부터 건단(乾斷)[47]을 분발해서 이른 새벽부터 밤늦게까지 생각하고 삼가서 속론(俗論)과 사설(邪說)에 이끌리지 마시고 권귀(權貴)와 근행(近幸)[48]에게 흔들리지 마옵소서. 날마다 경연에 나가시고 자주 유현(儒賢)을 접하시며, 성학(聖學)을 더욱 밝히고 의(義)와 덕(德)을 정밀하게 하고 신중히 해서, 기기(氣機)[49]는 물러나 명을 받들고 본심은 맑게 하며, 인욕은 고요해지고 천리가 유행하게 하옵소서. 정령을 시행하는 사이에 있어서는, 응당 해야 하는 일이면 즉시 행하되 마치 사나운 우레와 맹렬한 바람의 기세로 하시고, 제거해야 하는 일이면 즉시 제거하되 풀이 못과 쇠를 자르듯 과단성 있게 하십시오. 큰 호령을 환발(渙發)[50]해서 조정이 놀라서 분발하게 하십시오. 도

---

43) 송선정(宋先正): 선정(先正)은 선대의 현인을 뜻하는 말로 우암 송시열을 가리킨다.
44) 회계(會稽)의 신첩(臣妾): 중국 월(越)나라 왕 구천(句踐)이 오나라 왕 부차(夫差)에게 회계(會稽)에서 패한 후 신첩 노릇을 하겠다고 하면서 화의를 구걸한 고사를 가리킨다.
45) 위복(威福): 상과 벌을 내릴 수 있는 왕의 권위를 가리키는 말로, 정권을 장악한 신하가 권세를 농단함을 비유하는 말로 흔히 쓰인다.
46) 고폐(痼弊): 뿌리가 깊어서 고치기 어려운 폐단
47) 건단(乾斷): 왕의 결단
48) 근행(近幸): 측근에서 총애를 받는 자
49) 기기(氣機): 천리(天理)의 상대되는 말로 본성을 가리는 기질지성(氣質之性)을 뜻한다.
50) 환발(渙發): 왕이 명령을 발포하는 것

(道)를 세워서 의혹이 없게 하고 덕성을 훈도(薰陶)하는 일은 어진 스승에게 맡기시고, 백관을 진퇴시키고 음양을 섭리(攝理)하는 일은 대신에게 맡기시고, 타인의 과실을 바로잡고 착오를 교정하는 일은 양사(兩司)에 맡기시고, 보양(輔養)[51]을 논사(論思)하고 성심(聖心)을 계옥(啓沃)[52]하는 일은 유신(儒臣)에게 맡기시고, 군대를 조련하고 무예를 닦으며 절충어모(折衝禦侮)[53]하는 일은 수신(帥臣)에게 맡기시고, 전곡(錢穀)을 출납하고 군국(軍國)에 수용(需用)하는 일은 유사(有司)에게 맡기시고, 효자와 청렴한 자를 골라 천거해서 사류(士流)를 수습하는 일은 도신(道臣)[54]에게 맡기십시오. 만약 이러한 위치에 있지 않고 오직 친친(親親)의 반열에 있는 자는 단지 그 지위를 높이고 그 녹을 중하게 해서 그 호오(好惡)만을 함께 할 뿐, 국정에 간여치 못하게 하십시오. 『중용(中庸)』의 구경(九經)[55]의 가르침과 『노론(魯論)』[56]의 "그 자리에 있지 않으면 그 정사를 꾀하지 않는다"[57]는 경계를 어기지 않고 잊지 않아서, 날마다 새로워져서 이미 무너진 이륜(彝倫)을 다시 펼치고 장차 위태로워지는 국세(國勢)를 편안하게 한다면, 생민은 태평의 즐거움을 만나고 종사는 만세토록 제사를 흠향 받을 것이며 전하께서는 요순(堯舜)과 같은 군주가 되실 것이니, 대소원근(大小遠近)에 이보다 다행이 없을 것입니다.

미천한 신은 비록 시휘(時諱)[58]에 저촉되고 중노(衆怒)를 범해서 만 번 죽어도 마땅하나, 구구한 광영(光榮)이 문족(門族)에 넘칠 것입니다.[14]

최익현의 상소는 만동묘 철향(撤享)을 시작으로 대원군의 실정을 통렬히 공격하고, 즉시 정권을 국왕에게 반상(返上)한 다음에 은퇴할 것을 요구했다. 최익현이 직언을 해서 시폐(時弊)를 제거할 것을 기대했던 국왕과 척족조차도 이처럼 준열한 대원군 비판을 예상치는 못했을 것이다. 특히 상소 중에 "황묘(皇廟)[만동묘(萬東廟)]를 철폐해서 군신(君臣)의 윤리가 무너지고, 서원을 혁파해서 사생(師生)의 의리가 끊어지고, 귀신으로서 양

---

51) 보양(輔養): 가르치고 인도하는 일을 보좌함
52) 계옥(啓沃): 신하의 마음을 열어서 군주에게 붓는다는 뜻으로, 성심을 다해 왕을 보좌함을 의미한다.
53) 절충어모(折衝禦侮): 절충(折衝)은 적의 충거(沖車)를 후퇴시키는 것이고, 어모(禦侮)는 남의 업신여김을 막는다는 뜻이다.
54) 도신(道臣): 관찰사(觀察使)의 별칭
55) 구경(九經): 천하를 다스리는 아홉 가지 강령으로 수신(修身), 존현(尊賢), 친친(親親), 경대신(敬大臣), 체군신(體君臣), 자서민(子庶民), 내백공(來百工), 유원인(柔遠人), 회제후(懷諸侯)를 말한다.
56) 노론(魯論): 『論語』를 가리킨다. 『論語』에는 원래 제(齊)나라 논어, 고문 논어, 노(魯)나라 논어의 세 종류가 있었는데 현재 전하는 것은 노론(魯論)이다.
57) 출위모정(出位謀政): 『論語』 泰伯에 "그 자리에 있지 않으면 그 정사를 꾀하지 않는다[不在其位 不謀其政]."라는 구절이 있다.
58) 시휘(時諱): 당대에 용납되지 않는 언행

자로 들어가 부자의 친함이 문란해지고, 국적(國賊)을 신설(伸雪)해서 충역(忠逆)의 구분이 혼란해지고, 호전(胡錢)(청나라 돈)을 사용해서 화이(華夷)의 구별이 어지러워진 것"이라든지, "만약 이러한 위치에 있지 않고 오직 친친(親親)의 반열에 있는 자는 단지 그 지위를 높이고 그 녹을 중하게 해서 그 호오(好惡)만을 함께 할 뿐, 국정에 간여치 못하게 하십시오."와 같은 구절은 가장 흉패(凶悖)해서 군주와 신하의 분수를 문란하게 하는 것으로 간주되어 대간의 통론(痛論)을 받았고, 영돈녕부사 홍순목, 좌의정 강로, 우의정 한계원 등 시원임대신들은 철야로 청대(請對)하면서 최익현을 엄한 형벌에 처할 것을 극력 주청했다. 최익현의 용어가 분수를 잃은 것은 사실이었으므로 국왕은 어쩔 수 없이 그를 의금부에 가두고 국문(鞫問)한 후에 제주목에 위리안치(圍籬安置)할 것을 명했다.[15]

처음에 최익현은 경성에서 포천으로 돌아가려고 했는데, 가는 도중에 11월 6일 누원점(樓院店)에서 의금부도사 이원의(李元儀)에게 체포됐다. 당시 대원군이 분격한 나머지 은밀히 최익현을 해칠 계략을 꾸미고 있다는 소문이 있었으므로 국왕은 특별히 양헌수를 좌포도대장, 백낙정(白樂貞)을 우포도대장에 임명해서 최익현의 일신의 안전을 도모했다. 최익현은 경성으로 호송되어 11월 8일에 의금부 남간(南間)[59]에 차꼬를 채워서 구금됐다. 그런데 이날 심야에 서리 복장을 한 사람이 몰래 1봉의 서한을 전해주면서 왕비전(王妃殿)의 장무(掌務) 윤 모의 서장(書狀)이라고 하고 답서를 요구했다. 그리고 궁중에서 최익현을 위해 알선하려고 한다는 말을 전했다. 최익현은 윤 모와는 면식도 없을 뿐 더러, 특히 의금부는 금엄(禁嚴)의 지역으로 외간과의 교통이 허락되지 않는다고 답했다. 그 사람이 밀서를 뜯어서 전달했다. 최익현이 한번 훑어보니 언문으로 몇 줄 적혀 있었다. 그 대요는, '다음 날 국문(鞫問)이 열리면 만동묘의 건은 신정대왕대비의 교지로 결정된 것이므로 다시 논의해서는 안 되며, 한효순과 목래선의 건은 종사의 죄인이기 때문이라고 상세히 진술하라. 또 민병국우(民病國憂)가 지금보다 더 심한 적이 없었으니 반드시 극론(極論)을 해 달라.'는 것이었다. 최익현은 편지를 돌려주면서 다른 말은 하지 말고, 오직 보내신 뜻은 삼가 잘 알았다는 말만 전해 달라고 부탁했다고 한다.[16]

일반적으로 양반 남자가 언문으로 된 서찰을 보내는 일은 없었으므로 이 밀서가 왕비에게서 나왔다는 것은 분명하다. 최익현이 척족의 괴뢰라는 의심을 산 것은 이 같은 사실에 기인하지만, 그 자신은 명백하게 이를 부정했으며, 또 일청전역(日淸戰役) 이후 국

---

59) 남간(南間): 조선시대 의금부에는 남간과 서간(西間)의 두 감옥이 있었는데, 남간에는 특히 기결수 및 중죄인을 가뒀다고 한다.

왕이 최익현의 세망(勢望)을 내정 문제에 이용하려고 했을 때도 그가 일언지하에 거절한 점으로 볼 때, 최익현이 대원군의 실각을 도모한 것은 유생들의 집단 세력을 통해 만동묘 철향(撤享)과 서원 폐지에 보복하기 위한 것으로 척족과는 직접 연관이 없었다고 보는 편이 온당할 것이다.

최익현의 장소(章疏)를 기회로 국왕과 척족은 즉시 정권 접수에 착수했다. 바로 이태왕 10년 11월 3일 밤에 시원임대신을 소견해서 서무친재(庶務親裁)의 교지를 내렸으나, 이태왕 3년 2월에 대왕대비가 철렴(撤簾)할 적에 이미 서무친재를 선언했다는 이유로 이 교지는 철회됐다. 그렇지만 사실상 만기(萬機)의 친재(親裁)는 이날부터 시작됐다. 친정을 시작하자마자 대원군이 중용한 좌의정 강로와 우의정 한계원을 체직하고, 이유원을 영의정에, 박규수(朴珪壽)를 우의정에 임명했다.[17]

그 사이 대원군은 모든 수단을 강구해서 최익현의 상소와 국왕의 친정을 저지하려고 시도했지만 효과는 없었다. 10년 동안의 폭정으로 인해 관민이 모두 대원군을 원망하고 있었다. 대원군이 일찍이 중용했던 신료들조차, 그 군소(群小)들은 논외로 하더라도, 그의 조아(爪牙)[60]가 되어 최익현을 죄에 빠뜨리는 것을 꺼리고 있었다. 대원군은 가슴 가득한 통분을 억누른 채, 병을 핑계로 이태왕 10년 11월에 경성 북문 밖 삼계동(三溪洞)의 산장으로 물러났다.[18]

대원군의 은둔은 물론 충심에서 나온 것은 아니었다. 이태왕 10년 12월, 경복궁 자경전(慈慶殿)의 실화(失火)를 기회로 대원군 당에 속한 전 사간원 정언(正言) 박우현(朴遇賢)이 상소를 올려서 화재의 원인은 국왕이 사친(私親)에게 불효한 것에 있으며, 또 최익현이 두 번째 상소를 올린 이후로 국내의 물정이 정온(靜穩)을 잃게 됐다고 논했다. 국왕은 크게 노해서 의금부에 명하여 박우현을 구치하고, 전라도 나주목 흑산도(黑山島)에 위리안치하였다.[19]

대원군은 이제 체면상 경성으로 되돌아갈 수도 없게 됐다. 그는 이듬해인 이태왕 11년 8월에 삼계동 산장을 나와서 충청도 덕산군(德山郡) 가동(伽洞)에 있는 생부 남연군 구(球)의 묘소를 찾은 후, 경기 양주목(楊州牧) 직곡(直谷) 산장으로 들어가서 각건(角巾)[61]과 나막신으로 홀로 강호를 방랑하면서 일생을 마칠 것처럼 가장했다.[20] 크게 놀란 대원군의 무리는 같은 해 10월 이후로 여러 차례 상소를 올려서 국왕이 친히 동가(動駕)해서

---

60) 조아(爪牙): 맹수의 발톱과 어금니로 흔히 호위하는 무사를 비유하는 말로 사용된다.
61) 각건(角巾): 베로 만든 건(巾)으로 흔히 궁정 잔치에서 무동이 쓰거나 은자가 썼다.

대원군의 경성 복귀를 청해야 한다고 아뢰었지만 국왕은 허락하지 않고, 앞으로 대원군의 회가(回駕)를 청하는 자들에게는 범상부도(犯上不道)의 율(律)을 시행할 것을 명했다. 이태왕 12년 6월에는 이 때문에 어떤 자에게는 참수형 적용이 논의되기도 하였다. 결국 대원군은 대왕대비의 교지로 경성에 돌아오게 됐다. 그는 이태왕 12년 6월 22일에 양주에서 경성으로 복귀하여 운현궁으로 들어갔다.[21] 이보다 앞서 이태왕 11년 2월 13일에 만동묘 복설의 명이 내렸고, 이듬해인 12년 2월에는 제주목에 위리안치되어 있던 죄인 최익현도 풀려났다.[22]

[원주]

1 『日省錄』李太王甲子年八月十七日・乙丑年三月二十九日・辛未年三月九日・十六日・二十日;『韓史綮』卷五 太上皇紀.

2 『日省錄』李太王丙寅年九月八日;『華西集』附錄 卷九 年譜 李太王丙寅年.

3 『日省錄』李太王丙寅年九月十二日;『華西集』卷三 疏箚. 이항로 주소(奏疏)의 전문은 다음과 같다.

　　초망(草莽)의 신 이항로는 병을 안고 궐하(闕下)에 달려와 머리를 조아리며 백배를 올리고 주상전하게 말씀을 올리나이다.

　　신이 금월 9일에 승정원에서 8일 성첩(成貼)한 글을 보았는데, 신을 동부승지로 삼았으니 속히 올라오게 하라는 내용이었습니다. 신은 명을 듣고 놀랍고 황송해서 몸 둘 바를 몰랐습니다. 신은 실로 비루한 일개 야인으로서 공령(功令)을 조금 닦았으나 재주가 졸렬해서 과거에 급제하지 못했습니다. 성리(性理)를 대략 섭렵했으나 병폐(病廢)가 여전하고, 늙었는데도 지식이 없어서 기꺼이 세상에서 버려진 물건이 되었는데, 갑자기 헌묘(憲廟) 경자(庚子, 1840)년에 허명이 위에 알려져 은혜가 잘못 내려졌으니 구루계공(傴僂悸恐)해서 감히 관직에 나가지 못했습니다. 그러다 철묘(哲廟) 임술(壬戌, 1862)년에 적초(賊招)에 잘못 걸려서 비록 예촉(睿燭)을 입어 목숨은 부지했으나 부앙(俯仰)간에 참해(慙駭)해서 감히 스스로 평인(平人)과 같다고 여기지 못했습니다. 그런데 뜻하지 않게 전하께서 사복(嗣服)하신 초기에 대료(大僚)가 연천(筵薦)해서 갑자기 청현(淸顯)을 내리시고 1년 사이에 등급을 뛰어넘어 장헌(掌憲)에 이르렀으니, 이는 오랜 덕망이 있는 명유(名儒)도 감히 쉽게 받들 수 없는 것이거늘, 하물며 신에게 있어서는 목각 인형에 화곤(華袞)을 입히고 질그릇에 황류(黃流)를 담는 것과 무엇이 다르겠습니까? 그러나 외지에서의 경체(徑遞)로 인해 소(疏)를 올려 진정하지 못하고 혹시 올 것처럼 했으니 신의 죄는 만 번 죽어 마땅합니다.

　　더구나 지금은 양적(洋賊)이 창궐해서 바로 위급존망지추(危急存亡之秋)에 해당되니 모든 관직과 관계된 일을 더욱 가려서 선택해야 하는데, 신과 같이 만만 불사(不似)한 물건에게 납언(納言)의 중임을 내리시니 어리석은 신이 삼가 지나치다고 여기옵니다. 또 신은 견마(犬馬)의 나이가 75세요, 온갖 병이 침릉(侵凌)해서 모든 행동거지에 사람이 필요하고 심상한 응접에도 칠전팔도(七顚八倒)하니, 후설(喉舌)의 직무는 결코 억지로 맡을 수 있는 바가 아닙니다. 이는 비단 부승(負乘: 소인이 군자의 자리에 있으면 재앙이 온다는 뜻)을 우려해서만이 아니요, 다만 지금 적정(賊情)이 헤아리기 어려워 간난과 우환이 눈에 가득한데 소명(召命)을 내리심이 평상에서 크게 벗어났으니 신이 목석이 아닐진대 어찌 마음을 다스릴 수 있겠습니까? 이에 감히 집에서 사면(辭免)하지 못하고 쇠약한 몸을 이끌고 감히 유지(有旨)를 품고 와서 황송하고 민망한 마음을 울부짖는 것이오니, 부디 성명(聖明)께서는 불쌍히 여기고 살펴서서 신이 받은 직명을 속히 내어놓고 물러가라 명하사 공기(公器: 관직)를 중히 하시고 사분(私分)을 편안히 하시옵소서.

　　신이 소회가 있어서 차마 죽음을 무릅쓰고 한번 아뢰지 않을 수 없습니다. 우리 전하께서는 어린 나이에 조종(祖宗)의 큰 터전을 물려받으셔서 상빙(霜氷: 화란의 조짐)이 점점 보이다가 화란이 갑자기 발생함에 소의간식(宵衣旰食)하시니 장백(將伯: 다른 사람에게 도움을 요청함)할 것이 없으시나, 초래(草萊)의 어리석은 사람도 혹 천려일득(千慮一得)이 있으리라 생각하셔서 만에 하나 경비부전(傾否扶顚: 국가의 위란을 구제함)할 수 있기를 바라는 마음에 이처럼 일소(馹召: 역마를 보내서 지방 관리를 불러올림)하셨을 것입니다. 신은 길에 오른 이래로 밤에도 잠을 이루지 못하고 먹어도 그 맛을 몰랐으니 이는 실로 무엇으로써 성심(聖心)에 일일이 보답할지 알 수 없었기 때문입니다. 신은 본래 장구(章句)나 외는 부유(腐儒)로서 경제지술(經濟之術)이 없고, 게다가 노병으로 인해 죽음이 가까워져 정신이 혼모해서 일용의 쇄세(瑣細)한 물건도 전망후실(前亡後失)하기 때문에, 적정(賊情)을 미리 탐지하고 시사(時事)를 조론(條論)해서 확실하게 부합시킬 수 없습니다. 그러나 우선 그 대개(大槪)를 말씀드린다면, 지금 국론은 두 설이 다투고 있으니, 양적(洋賊)을 공격해야 한다고 하는 것은 나라 편 사람들의 설이고, 양적과 화친해야 한다고 하는 것은 적 편 사람들의 설입니다. 이것을 따르면 방내(邦內)에서 오랜 의상을 보존할 수 있고, 저것을 따르면 인류가 금수의 영역에 떨어지게 되니, 이것이 그 대분(大分)입니다. 조금만 병이지성(秉彝之性: 상도(常道)를 간직하는 인간의 본성)을 갖춘 자라면 모두 이를 알 수 있거늘, 하물며 전하의 명성(明聖)으로 어찌 좌복(左腹: 소인이 임금의 곁에서 아첨함)으로 들어가는 것을 용납하시겠습니까? 다만 종사의 위급한 화가 경각에 있기 때문에 이익을 따지고 요행을 바라는 논의가 틈을 타고 들어간 것이니, 성명(聖明)이 과연 한결같이 뜻을 견지하셔서 강결진압(剛決鎭壓)하시기를 마치 손 토로(孫討虜:『삼국지』의 오나라의 손권)가 용기 있게 책상을 가르던 것처럼 하시겠나이까? 이것이 어리석은 신이 크게 두려워하는 바입니다.

나라 편의 논의를 주장하는 것에도 두 설이 있으니, 하나는 전수(戰守)의 설이며, 다른 하나는 거빈(去豳: 임금의 몽진)의 설입니다. 어리석은 신은 전수(戰守)는 상경(常經)이요, 거빈은 달권(達權)이라고 생각합니다. 상경(常經)은 사람마다 지킬 수 있지만 달권(達權)은 성인이 아니면 할 수 없으니, 어째서입니까? 이는 태왕(太王)의 덕이 있으면 가능하지만 태왕의 덕이 없으면 귀시(歸市: 백성들이 귀의함)하는 호응이 없을 것이기 때문입니다. 백성은 한번 흩어지면 다시 모을 수 없고, 대세는 한 번 떠나면 다시 오게 할 수 없으니, 이 때문에 어리석은 신이 일에 앞서서 깊이 우려하는 것입니다. 부디 전하께서는 혹 사변이 생기더라도 차라리 상경(常經)을 지킬지언정 대번에 성인의 일을 스스로에게 견주지 마시옵소서. 전하께서 만약 전수(戰守)하는 설에 성지(聖志)를 굳게 정하셔서 설령 만부(萬夫)가 가로막고 혼들더라도 추호도 동요하지 않으신다면, 벙어리와 귀머거리, 절름발이와 앉은뱅이도 백배의 기상을 더할 것이니, 하물며 잠영(簪纓: 고관대작) 세신(世臣: 몇 대에 걸친 신하)의 족속과 초야의 충의한 자들 중에 누군들 소민(小民)을 격권(激勸)해서 전하를 위해 죽음을 바치려고 하지 않겠습니까?

신은 원컨대 전하께서 속히 애통지교(哀痛之敎)를 내리셔서 도적을 초래한 원인을 자책하시고 선후(善後)의 뜻을 명시하시며, 귀신을 울리고 목성을 동요시킬 정도로 십행윤음(十行綸音)을 정녕간측(丁寧懇惻)하게 내리신다면 민정(民情)을 고취하는 단서가 여기서 얻어질 것입니다. 대신을 경신(敬信)하셔서 체통을 높이시고, 삼사(三司) 이외에 언로를 넓게 여시며, 장수를 선발하고 무기를 수선하시며, 속히 인망 있는 인물을 등용하소서. 팔도 내에 또 각각 그 도민들의 인망이 쏠리는 자 한 사람을 택해서 호소사(號召使)로 삼으신 다음 위권(威權)을 주시고 존중과 총애를 보여주시며, 그 부이(副貳: 보좌역)에게까지 작록의 영예를 주셔서 그로 하여금 충의기절(忠義氣節)의 인물을 모아 의려(義旅: 의로운 군대)를 만들게 하십시오. 그리하여 관군과 서로 응원하다가 도적이 오면 절충어모(折衝禦侮: 외적을 막아냄)하여 왕실을 호위케 하고 도적이 떠나면 이륜(彝倫)을 밝게 닦아서 사교(邪敎)를 종식시킨다면 그 전화위복의 기틀을 또 여기서 얻게 될 것입니다.

옛날에 수 양제(隋煬帝)가 백만의 군대로 고구려를 공격했을 때 그 대소강약의 형세가 다만 만근의 무게로 계란을 누르는 것 정도가 아니었습니다. 그러나 을지문덕이 능히 적은 군대로 그 대군을 패배시키니 수나라의 위세가 꺾이게 되었습니다. 당 태종(唐太宗)의 영무(英武)는 천하에 대적할 자가 없었는데, 스스로 장수가 되어 안시성을 공격하다가 성의 수비를 깨지 못하고 천사(天師: 중국 천자의 군대)가 패배해서 천하의 웃음거리가 되었습니다. 여씨지말(麗氏之末: 고려 말엽)에 홍건적이 비휴웅비(貔貅熊羆: 비휴와 웅비 모두 맹수임)같은 군대 20여만 명을 거느리고 송도(松都)를 함락시켰는데, 우리 태조께서 정세운(鄭世雲)과 함께 일거에 그 10만 명을 격파하시고, 그 괴수 관선생(關先生)을 베어버리고 두목 반성(潘誠)을 쫓아내셨습니다. 이에 건청곤이(乾淸坤夷)해져서 고려 왕실이 다시 안정을 찾게 되었습니다.

지금 우리 조정이 비록 문염무희(文恬武嬉: 문관과 무관이 안일에 빠져 향락을 탐닉함)하고 병혁(兵革: 전쟁)을 알지 못해 온 나머지 두렵게도 하루도 보존하지 못할 것처럼 보이지만, 지방(地方)이 천 리요, 산해(山海)가 험고(險固)하며, 재속(財粟)이 산출되고 어염(魚鹽)의 이로움이 있습니다. 설령 전국 시대에 있었더라도 조(趙), 위(魏), 연(燕), 한(韓)과 백중하였을 것이니 결코 고구려의 한줌 흙과 비교할 바가 아닙니다. 전하께서 지금부터 숙흥야매(夙興夜寐)하시고 군신(君臣)이 맹세해서 연안(宴安: 안일과 환락)의 짐독(鴆毒)을 경계하시고 근검의 실덕(實德)을 부지런히 하시며, 사의(私意)가 은미한 심술(心術)에 싹트지 않게 하시고 문구(文具: 문식)가 겉으로 보이는 정사에 베풀어지지 않게 하신다면, 여러 신하들과 백성이 모두 그 마음을 정백(精白)히 하여 비응혜지(丕應徯志: 천하가 천자의 뜻에 크게 응함)할 것이니, 무슨 일을 이루지 못하겠나이까?

비록 그렇지만 신이 들으니, 물은 배를 띄우는 것이지만 또한 배를 전복시킬 수도 있으며, 백성은 나라를 지키는 것이지만 또한 나라를 망하게 할 수도 있다고 했습니다. 그러므로 "인심이 산천보다 험하다."라고 하는 것입니다. 전하께서는 고사(古史)를 살펴보소서. 나라를 흥하게 하는 경사가 인심의 귀향(歸嚮)에 근본하지 않은 경우가 있으며, 나라를 잃는 재앙이 인심의 이반에 근본하지 않은 경우가 있사옵니까? 부디 전하께서는 성심(聖心)에 물어보고 경사(卿士)에게 물어보소서. 그리하여 안으로는 연곡(輦轂: 서울)에서 밖으로는 하황(遐荒: 멀고 황폐한 지역)에 이르기까지 경술도덕(經術道德)이 전하의 사우(師友)가 될 만하며, 면절정쟁(面折廷爭: 임금의 허물을 기탄없이 간쟁함)이 전하의 궐실(闕失)을 바로잡을 만하며, 효렴기절(孝廉氣節)이 전하의 풍속을 면려할 만하며, 청백정사(淸白政事)가 전하의 적자(赤子: 백성)를 살릴 만하며, 무학재지(武學才智)가 전하께서 노여워하시는 상대와 대적할 만한 자들과 모든 소선일예(小善一藝)가 전하께서 유용하게 사용하실 만하지만 버려져서 영락한 자들을 즉시 관리에게 명하셔서 마음을 다해 추방(推訪)하여 발모연여(拔茅連茹: 현자들이 서로 추천해서 조정에 나오는 모양)하신 후에 그들로 하여금 흡족하고 의기양양하게 와서 서위(庶位: 여러 관직)의 반열에 들게 하소서. 그리고 이익을 생각해서 의를 잊고, 어버이를 버리고 군주를 뒤로 하는 모든 무리들을 점차 소원히 대하신다면 조저(朝著: 조정)가 청명하고 사림이 경하해서 모두 전하를 위해 몸을 바치려고 할 것입니다.

토목 공사를 정지하고, 백성에게 가혹히 거두는 정사를 금하고, 치대(侈大)한 습관을 버려서 궁실을 낮추고 음식을 소박하게 하고 옷을 검소하게 하십시오. 민사(民事)에 진력하시되 대우(大禹)가 한 것처럼 하시고, 호생지덕(好生之德)을 기르고 불인인지심(不忍人之心)을 채우시되 고요(皐陶)의 계책과 맹자의 가르침처럼 하셔서 표리가 일치하여 미더움이 사방에 미친다면 민력이 크게 여유로 지고 물정이 만족하여 전하를 부모처럼 우러러 볼 것입니다. 몸을 바치는 신하를 이끌고서 그 군주를 버리게 하고, 효순(孝順)한 자식을 이끌고서 그 부모를 공격하게 하는 것은 고금 천하에 반드시 이루지 못할 일입니다. 이렇게 하신 연후에야 양적(洋賊)을 쫓아내고 국가를 보전할 수 있습니다.

만약 그렇게 하지 않으신다면 위로는 군자의 마음을 잃고 아래로는 소민(小民)의 원한을 맺어서 세월이 흘러가는 사이에 어떻게 되돌려야 할지 알 수 없게 될 것이니, 비록 맹장이 구름처럼 모이고 모신(謀臣)이 비처럼 모이고 미리 알고 계책을 마련하는 선비들이 날마다 그 재주를 바치더라도 토붕와해(土崩瓦解)에서 구제할 수 없을 것입니다.

노신이 나라의 큰 은혜를 입었으니 조금이라도 숨이 남아 있는 한 결코 무리한 망언을 해서 우리 성명(聖明)을 저버리지 않을 것입니다. 불안한 이 마음을 신명께서는 알아주실 것입니다. 부디 전하께서는 그 광망(狂妄)한 죄를 용서하시고 깊이 유념하소서. 신은 애군충국(愛君忠國)의 간절하고 절박한 마음을 이기지 못하여 죽음을 무릅쓰고 아뢰나이다.

4 『日省錄』李太王丙寅年十月七日; 『華西集』卷三 疏箚. 이항로 상소의 대요는 다음과 같다.

대명(大明) 태조(太祖)고황제(高皇帝)께서 신무(神武)의 자질로 오랑캐 원(元)을 소청(掃淸)하시고 크게 사방을 소유하시니, 성자신손(聖子神孫)이 계계면면(繼繼繩繩: 전후가 끊어지지 않고 길게 이어지는 모양)해서 화하(華夏)의 의주(義主)가 되었습니다. 우리나라는 태조(太祖)대왕께서 명을 받아 나라를 세우셨을 때부터 대대로 동번(東藩)의 신하가 되었으니 자소(字小)의 은혜와 충정(忠貞)의 절개가 300년 동안 변치 않았는데, 용사지역(龍蛇之役: 임진왜란)에 이르러서 신종(神宗)황제께서 천하의 군대를 움직여서 토우(土宇)를 재조(再造)하셨으니, 의리는 비록 군신(君臣)이나 은혜는 실로 부자(父子)와 같습니다. 동한(東韓) 천 리가 초목, 곤충과 같은 미물이라도 무엇인들 황제의 덕에 무젖은 바가 아니겠습니까? 불행히도 정축(丁丑)의 변고(인조가 삼전도에서 청 태종에게 항복한 일)는 사세(事勢)에 절박해서 권의(權宜)의 도(道)를 행한 것이지만, 원통함을 인내하고 간직한 뜻은 하루라도 잊을 수 없었습니다. 더구나 갑신(甲申: 명나라를 망하게 한 李自成의 난) 이후로 하늘과 땅이 번복(翻覆)하고 관(冠)과 신발이 도치(倒置)되었으니 참으로 사해가 모두 공분했던 바로되, 성현이 발란(撥亂: 난을 평정함)하시니 한 번 다스려진 때였습니다. 그러므로 효종(孝宗)대왕께서 하늘이 내리신 상성(上聖)으로 뜻을 가다듬으시고 수양(修攘: 안으로 정사를 닦고 밖으로 외적을 물리침)하시며, 선정(先正) 문정공(文正公) 신(臣) 송시열(宋時烈)이 한 시대에 덕을 같이 하는 신하들과 함께 성모(聖謨)를 협찬(協贊)해서 두서(頭緖)가 대략 정해졌으나, 하늘이 회하(悔禍: 이미 내린 재앙을 거둬들임)하지 않으셔서 선어(仙馭: 임금이 죽은 후에 신선이 돼서 타는 수레, 즉 崩御를 뜻함)로 상빈(上賓: 신선)이 되심에 일이 모두 와해되었으니, 서쪽으로 돌아가려는 생각을 누설할 곳이 없었습니다. 그러므로 선정(先正)께서 임종하실 때 그 고제(高弟) 문순공(文純公) 신(臣) 권상하(權尙夏)에게 간곡히 지시하셔서 당시의 어진 사대부들과 함께 만동묘(萬東廟)를 창립하게 하셨던 것입니다. 대체로 천지가 성전(腥羶: 오랑캐의 누란내)으로 가득할 때 왕춘(王春)의 일맥이 오직 여기에 깃들었으니 그 마음은 참으로 괴로웠지만 그 의리는 그만둘 수 없는 것이었습니다.

하지만 이것이 어찌 계고(稽考) 없이 설치한 것이겠습니까? 초인(楚人)이 한 칸 모옥(茅屋)으로 소왕(昭王)을 향사(享祀)하니 한유(韓愈)처럼 높은 식견을 가진 사람이 잘못이 아니라고 하여 시를 지어서 칭송했으며, 정강(靜江)의 우제(虞帝)의 묘(廟)를 송유(宋儒) 장식(張栻)이 세우니 주자(朱子)와 같은 아성(亞聖)이 잘못이 아니라고 하여 성석(牲石: 공덕을 기리는 글을 새긴 비석)의 문장과 귀신을 영송(迎送)하는 사(詞)를 지었습니다. 이에 근거한다면, 황묘(皇廟)의 건립은 그 의리가 참으로 백세(百世)를 지나도 변치 않을 것입니다.

또 더구나 맹자께서 일찍이 "능히 양묵(楊墨: 唯我說을 주장한 楊朱와 兼愛說을 주장한 墨翟)을 물리칠 것을 말할 수 있는 자는 성인의 문도(門徒)"라고 하셨으니, 이 말이 무슨 뜻이겠습니까? 대체로 천하만세(天下萬世)로 하여금 집집마다, 사람마다 양묵을 물리치게 한다면 양묵은 발을 붙일 데가 없어져서 공자의 도가 드러날 것입니다. 이것으로 예를 든다면, 만약 우리나라 사민(士民)들로 하여금 집집마다, 사람마다 존양(尊攘: 중화를 높이고 이적을 물리침)의 의리를 익히게 한다면 이적(夷賊)이 그 몸을 용납 받을 곳이 없어서 효묘(孝廟)의 뜻이 이뤄질 것이요, 효묘의 뜻이 이뤄지면 화하(華夏)의 운이 열릴 것입니다. 그렇다면 괴연(巋然: 크고 우뚝 솟은 모양)한 일궁(一宮)이 어찌 천하 후세에 말을 하기에 부족하겠습니까? 그러므로 황단(皇壇)을 설치한 후에 조종(祖宗)에서 중첩(重疊)을 꺼리지 않으시고, 정성을 다해 인중(引重: 推重, 높이 받들어 귀하게 여김)해서 궁전(宮田)을 공급해서 자성(粢盛: 제사에 쓰는 정결한 음식)을 대주고, 친히 편액을 써서 표장(表章)을 드러냈던 것입니다. 그리고 말씀하시길 집집마다 제사를 받든다고 해도 안 될 것이 없다고 하셨으니, 오롯합니다, 왕의 마음이여! 위대합니다, 왕의 말씀이여! 그 말씀이 참으로 만세의 정론(定論)이요, 후왕(後王)의 법정(法程)입니다.

아아! 지금 천하가 치발(薙髮: 머리카락을 자름)하고 좌임(左袵: 옷깃을 왼쪽으로 여미는 것으로 오랑캐의 풍습을 비유함)했는데, 서양이란 것은 이적(夷狄) 중에서도 심한 자들입니다. 만약 이쪽의 쇠약함을 강하게 하고 저들의 진출을 어렵게 하고자 한다면, 모든 존양(尊攘)에 관계되는 바를 강명(講明)하고 시설(施設)해서 마땅히 할 수 있는 방책을 다해야 합니다. 비록 일찍이 겨를이 없어서 못했던 것 또한 늦게라도 거행해야 하는데, 어찌 이미 거행한 의례를 철거해야 하겠습니까? 『예기(禮記)』에서 '이미 거행한 것은 폐지해서는 안 된다'고 하지 않았습니까?

군신의 의례와 화이(華夷)의 분변은 천경지의(天經地義)요, 만세의 공리(公理)이니 귀천(貴賤)에 간격이 없고 내외에 차이를 둘 수 없습니다. 그렇다면 어찌 금원(禁苑)에서만 받들고 민간에서는 철폐함이 옳겠습니까? 이것이 국인(國人)들이 크게 의혹하는 바입니다. 그러므로 연전에 철묘(撤廟)한 이후로 양호(兩湖)의 유신(儒臣)의 봉장(封章: 상소)를 올려서 간(諫)하고, 열읍(列邑)의 장보(章甫: 유생)가 궁궐에서 울부짖으며 간쟁하는 것이니 이로써 족히 그 공의(公議)의 소재를 알 수 있습니다. 전하께서는 조종의 중한 기탁(寄託)을 등에 짊어지시고 겸하여 오랑캐의 창궐을 만나셨으니 국가의 어려움과 위태로움이 어떠한데, 공론의 소재에 관계된 모든 것을 따르지 않아서 군신(群臣)과 백성의 희망을 저버리시는 것은 어째서입니까?

아아! 지나간 것은 간(諫)할 수 없으나 앞으로 올 것은 그래도 바로잡을 수 있습니다. 부디 전하께서는 깊이 생각하사 다시 덕음(德音)을 발하셔서 속히 복향(復享)을 명하시옵소서. 그리하시면 국인(國人)은 양이(攘夷)의 의리를 알고 양구(洋寇)는 외탄(畏憚)하는 마음을 품을 것이니, 그 풍성(風聲)과 기세가 도리어 삼군(三軍)의 위세보다 더할 것입니다. 만약 막중한 의례를 아침에 정철(停轍)하고 저녁에 복향(復享)하면 성경(誠敬)에 결함이 있을 것으로 여기신다면, 그것은 그렇지 않습니다. 옛날 주자께서 태묘(太廟)의 예를 개정하는 것을 두고 논하시길, "종묘의 예는 지극히 엄하고 또 중하다. 그러므로 하나라도 잘못이 있으면 고치지 않을 수 없는 것이다."라고 하셨습니다. 여기서 본다면 오늘날 황묘(皇廟)의 복향(復享)은 성덕(聖德)에 있어서 더욱 더 환한 빛을 드러낼 것이요, 누가 되지 않을 것입니다. 저 천박한 속세의 말이 어찌 신단(宸斷: 임금의 결단)을 흔들 수 있겠나이까. 정신을 가다듬어 맑게 살피시기를 엎드려 바라옵나이다. (상략, 하략)

5 『華西集』附錄 卷九 年譜 李太王丙寅年.

6 『華西集』附錄 卷九 年譜 李太王戊辰年;『勉庵集』附錄 卷一 年譜 李太王戊辰年十月.

7 『勉庵集』卷三 疏 戊辰年十月十日掌令時言事疏;『日省錄』李太王戊辰年十月十日·十八日. 최익현 상

소의 대요는 다음과 같다.

어리석고 용렬한 신이 감히 절실한 급무를 대략 들어서 전하를 위해 아뢰겠나이다.

그 첫 번째는 토목 공사를 중단하는 것입니다. 국군의 급무는 덕업(德業)에 있으며 사업을 일으키는 데 있지 않습니다. 그러므로 띠풀집과 흙섬돌은 요(堯) 임금이 위대하게 되신 바요, 궁실을 낮추고 음식을 박하게 함은 우(禹) 임금이 꺼리지 않았던 것입니다. 이는 그 찬연한 흔적이 서책에 자세히 있습니다. 만약 고금 사변을 모두 믿을 수 없다고 하면 그만이거니와 진실로 본받고자 한다면 어찌 그 연고를 깊이 생각하지 않을 수 있겠습니까? 엎드려 바라옵건대 성명께서는 신의 말을 깊이 심역(尋繹: 사리를 연구함)하시어 아직 시작하지 않은 모든 공역(工役)을 모두 중단해서 백성의 수고를 멈추시옵소서.

그 두 번째는 취렴(聚斂)하는 정사를 혁파하는 것입니다. 어리석은 신은 백성은 나라의 근본이요, 재물은 백성들이 하늘로 여기는 바라고 생각합니다. 그러므로 전(傳)에 이르길, "재물이 모이면 백성이 흩어지고 재물이 흩어지면 백성이 모인다."고 한 것입니다. 전하께서는 국용(國用)이 고갈된 때를 당해 큰 공사를 시작하여 형편상 부득이 백성에게서 힘을 빌릴 수밖에 없어서 이러한 일시적인 권의(權宜)의 정사를 행하신 것이나, 지금 대궐이 완공되고 이어(移御)가 뒤따를 것입니다. 그런데도 원납전(願納錢)의 징수를 아직 중단하지 않으니 장차 언제 그만둘 수 있겠습니까?

그 세 번째는 당백전(當百錢)을 혁파하는 것입니다. 전하께서는 경비의 부족을 근심해서 이러한 임시 조처를 거행하셨으니 매우 성대한 일이지만, 시행한 지 2년 만에 사농공상(士農工商)이 모두 그 병폐를 입고 그것이 전전(轉輾)하며 계속 이어져 모든 재물이 손모(損耗)되었으니, 이것이 어찌 토지의 생산이 예전과 달라서 그런 것이겠습니까? 시세와 인심이 그렇게 하려고 하지 않아도 그렇게 만든 것입니다. 지금 옛 돈이 통용되어 물건 수량이 풍부하고 넘치니, 사람들이 모두 "이 돈(당백전)은 곧 혁파될 것이다."라고 합니다. 그런데도 한갓 원납전의 방게(榜揭: 방문(榜文)을 게시함)만 보이고 이를 영원히 혁파한다는 명명(明命: 임금의 명령)을 아직 듣지 못했으니, 백성들의 의혹이 자심합니다. 부디 바라옵건대 성명께서는 덕음(德音)을 다시 내리셔서 백성들로 하여금 미혹되지 않게 하소서.

그 네 번째는 문세(門稅)의 봉납(捧納)을 금하는 것입니다. 당당한 천승(千乘) 나라의 부(富)를 갖고 백성들과 이익을 다퉈서 이미 백관과 각 군문(軍門)에 지급하는 녹봉을 감하고, 또 그 밖에 각 항목에서 견탕(蠲蕩: 제거)한 물화를 이루 다 꼽을 수가 없는데, 그래도 부족하다고 여겨서 나무꾼과 콩 장수에게 한 푼 두 푼 구걸하면서 춥고 굶주린 잔맹(殘氓)을 돌보지 않으니, 이는 참으로 이웃나라가 듣게 해서는 안 되는 일입니다. 엎드려 바라옵건대 성명께서는 즉시 금단(禁斷)하셔서 백성들에게 원망이 없게 하신다면 참으로 다행이겠사옵니다.

8 『勉庵集』卷三 疏 癸酉年十月十六日辭同副承旨;『日省錄』李太王戊辰年十月十四日‧十八日;『勉庵集』附錄 卷一 年譜 李太王戊辰年十月.

9 『韓史綮』卷五 太上皇紀;『興宣大院君傳』.

10 『日省錄』李太王癸酉年十月十日‧十二日.

11 『日省錄』李太王癸酉年十月二十五日;『勉庵集』附錄 卷一 年譜 李太王癸酉年十月.

12 『日省錄』李太王癸酉年十月二十六日‧二十七日‧二十八日‧二十九日;『勉庵集』附錄 卷一 年譜 李太王癸酉年十月.

13 『勉庵集』附錄 卷一 年譜 李太王癸酉年十月.

14 『勉庵集』卷三 疏 癸酉年十一月三日辭戶曹參判兼陳所懷疏;『日省錄』李太王癸酉年十一月三日.

15 『日省錄』李太王癸酉年十一月三日・四日・五日・八日・九日・十二; 李太王癸酉罪人崔益鉉鞠案;『勉庵集』附錄 卷一 年譜 李太王癸酉年十一月.

16 『勉庵集』卷一六 雜著 癸酉耽謫顚末.

17 『日省錄』李太王癸酉年十一月五日.

18 『韓史綮』卷五 太上皇紀;『興宣大院君傳』.

19 『日省錄』李太王癸酉年十二月十日・十二日・十八日・十九日.

20 『勉庵集』附錄 卷一 年譜 李太王乙亥年;『興宣大院君傳』.

21 『日省錄』李太王甲戌年十月二十日・二十三日・乙亥年六月十七日・二十日・二十三日;『政治日記』李太王乙亥年六月二十二日.

22 『日省錄』李太王甲戌年二月十三日・乙亥年二月九日;『勉庵集』附錄 卷一 年譜 李太王乙亥年三月.

대원군의 배외정책과 열국(列國)

제 2 장

병인양요, 프랑스 함대의 강화 점령

홍선대원군 하응의 집정은 조선의 대외관계에 중대한 영향을 미쳤다. 다시 말해서 대원군은 당시 국내에 광범위하게 전파되고 있던 사학(邪學), 즉 천주교[1]의 탄압을 기회로 극히 대담한 배외정책을 취해서 프랑스, 미국 두 나라와 전단(戰端)을 열고 결국에는 일본과 충돌하기에 이르렀다. 이제 차례대로 조선에서의 천주교 전파 및 박해의 유래를 설명하고, 이어서 프랑스 함대의 강화부 점령과 한강 입구 봉쇄, 마지막으로 미국 함대의 강화 해문(海門) 공격을 서술하고자 한다.

조선 천주교사의 기원은 종주국인 명, 청에서 찾지 않을 수 없다. 명말청초(明末淸初)에 예수회 교단 소속 선교사가 근대 과학에 정통하다는 이유로 흠천감(欽天監)에 임용된 것은 유명한 사실이다. 비록 그들의 본업인 전도는 금지되었지만, 그들은 한문으로 각종 전도복음서를 편찬, 저술하는 것으로 지식 계급에 호소했다. 이러한 종류의 전도서는 일찍부터 조선에 유입되어 젊은 양반들에 의해 연구됐다. 그러는 동안 순치(順治), 강희(康熙) 이후[2] 사절 왕래가 빈번해짐에 따라 신기한 것을 추구하던 양반과 역관들 사이에서 연행사를 따라 베이징으로 가서 이러한 종류의 서적을 사들이고 먼저 문헌을 통해 천주교를 연구하다가 마침내 이에 만족하지 못하고 은밀히 선교사를 베이징에서 맞이하여 정식으로 영세(세례)를 받는 사람들이 생겼다. 즉, 조선 천주교는 다른 나라들처럼 선교사가 민중에게 직접 신앙의 씨앗을 뿌린 것이 아니라, 귀족 계급의 이론 연구에서 시작되었다. 따라서 조선에서의 천주교는 처음부터 당론과 밀접한 관계가 있었으며, 신앙으로 성숙되기 전에 이미 당론에 따라 탄압이 가해졌다는 것은 특히 주의를 요하는 부분이다.[1]

---

1) 원문에는 로마 공교회(公教會)로 되어 있다. 여기서는 관례화된 표현 방식에 따라 천주교로 통일하도록 한다.
2) 순치(順治)는 청 세조(世祖)의 연호로 1644년부터 1661년까지를 말하며, 강희(康熙)는 성조(聖祖)의 연호로 1662년부터 1722년까지다.

조선에서 이른바 사학옥(邪學獄)의 발단은 이미 정조(正祖) 15년 신해년 11월에 있었는데, 당시 조선 국내에는 1명의 선교사도 거주하지 않았고 세례를 받은 신도도 없었다는 사실을 감안하면 이를 천주교 박해로 볼 수 있을지 의심스럽다. 차라리 남인의 영수 영의정 채제공(蔡濟恭)을 중심으로 한 일종의 당쟁에 불과한 것으로 간주하는 편이 온당할 것이다.[2]

　　정조 18년 갑인년 겨울, 청국인 신부 주문모(周文謨)가 육로로 의주를 거쳐 경성에 잠입했다. 천주교 조선 전교사의 첫 장은 바로 여기서 시작된다. 6년이 지난 후, 순조 원년 신유년 10월에 정순대왕대비의 명으로 사학의 대옥(大獄)이 일어나서 주문모를 비롯하여 남인 계통의 교인들이 대거 유배되거나 사형 되었다.[3]

　　순조 신유년의 사학옥(邪學獄)은 천주교 박해의 서곡이라고도 할 만했지만 이에 대한 공식 보고는 로마 교황청에조차 도달하지 않았다. 그 후 사옥을 피한 일부 교인들은 열심히 재건을 시도했다. 그 중에서도 사역원 당상역관 조진길(趙進吉)은 신부를 모셔오기 위해 고심해서, 사절을 수행할 때마다 기회를 엿보다가 헌종 원년 11월부터 3년 11월까지 주교 로랑 마리우스 조제프 앵베르[Laurent Marius Joseph Imbert, 한국명 범세형(范世亨)], 신부 피에르 필리베르 모방(Pierre Philibert Maubant), 쟈크 오노레 샤스탕(Jacques Honoré Chastan)을 잠입시키는 데 성공했다. 앵베르 주교 등은 특별히 조선 전도의 명을 받고 프랑스 외방전교회(外邦傳敎會)[3]에서 특파된 선교사들이었다. 프랑스인 선교사는 조선 의복을 입고 경성의 교인들의 집에 잠복하면서 전교했다. 천주교의 조선 전도가 본격적으로 궤도에 올랐다고 할 수 있었다.

　　하지만 앵베르 주교 등의 전도는 길지 않았다. 헌종 5년 7월, 양놈[洋漢]이 잠입했다는 풍설에 따라 포도청이 손을 쓰기 시작해서 결국 프랑스인 선교사는 물론, 조진길 등 선교인 간부들이 일망타진돼서 같은 해 8월에 형륙(刑戮)되었다. 제2차 박해였다.[4]

　　헌종 때의 기해사옥(己亥邪獄)은 일시적으로 천주교를 숨죽이게 했다. 그러나 살아남은 교인들은 다시 재건을 시도하는 정도로 그치지 않았으며, 앵베르 주교를 비롯한 교인들의 순교 소식을 접한 교황청과 프랑스 외방전교회는 그 후임을 임명해서 조선에 파견했다. 당시 난징조약(南京條約)으로 상하이가 개방되어 유럽인들이 자유롭게 거주할 수 있게 된 것은 프랑스인 선교사가 잠입하는 데 매우 큰 편의를 제공했다. 그들은 위험

---

3) 원문은 해외전교협회(海外傳敎協會)로 되어 있다.

하고 어려움이 많은 베이징으로부터의 육로를 피하고, 조선 교인들과 연락을 취해 청과 조선의 상선(商船)에 편승해서 잠입했다. 특히 신부 안드레아 김대건(金大建)과 마리 니콜라 앙투안 다블뤼[Marie Nicolas Antoine Daveluy, 한국명 안돈이(安敦伊)]는 조선 천주교 사상 특필할 가치가 있는 인물들이다. 김대건은 기해년의 사학죄인 김약제(金若濟)의 아들로, 어린 나이에 청국에 가서 마카오의 학림(學林)에서 선교사 교육을 받고, 마침내 조선인 최초의 신부가 되어 헌종 10년 11월에 귀국했다. 그 후로 그는 천주교 부활을 위해 노력하였고, 이듬해인 헌종 11년 6월에는 조선 선박을 빌려서 상하이에 밀항한 후, 앵베르 주교의 후임 장 조제프 장 바티스트 페레올(Jean Joseph Jean Baptiste Ferréol) 주교와 다블뤼 신부를 맞이했다. 김대건은 용모와 언어가 모두 조선인답지 않았던 탓에 포리(捕吏)의 주의를 끌어서 헌종 12년 7월에 체포되어 처형당했으나, 페레올 주교와 다블뤼 신부 등은 계속해서 열심히 전교에 종사했다. 특히 헌종이 훙서(薨逝)하고 철종의 치세로 넘어오면서 기강이 문란해지고 정부의 단속이 느슨해진 틈을 타 교세를 확장했다.[5] 페레올 주교가 시적(示寂)[4]한 후, 주교 시메옹 프랑수아 베르뇌[Siméon François Berneux, 한국명 장경일(張敬一)]가 철종 6년에 잠입해서 다블뤼 신부를 보좌주교에 임명하고 경성을 중심으로 경기, 충청, 강원도 등에까지 교세의 확장을 꾀했다. 철종 말기에는 베르뇌, 다블뤼 두 주교 이하 프랑스인 신부가 12명, 교인이 적어도 2만 명에 이르고 있었다.[6] 이태왕의 유모 박 씨는 마르타(Martha)라는 세례명을 가진 열렬한 교인이었다. 부대부인 민씨도 그 감화를 받아 천주교를 알고 있었고 일찍이 베르뇌 주교에게 자신의 아들이 등극하도록 기도해 줄 것을 의뢰한 일도 있었다. 베르뇌는 박 씨를 이용해서 부대부인과 새 왕을 개종시키려는 희망을 갖고 있었지만, 우매한 박 씨는 그러한 임무에 적합하지 않았다.[7]

대원군이 집정 초기에 천주교 탄압을 결심한 동기에 관해서는 여러 가지 설들이 전해지고 있지만, 『포도청등록(捕盜廳謄錄)』과 천주교 측의 사료를 종합해보면 다음과 같았던 것 같다. 대원군은 철종 말기 이래로 러시아인들이 함경도 경흥부(慶興府)와 회녕부(會寧府) 지방에 진출하는 것을 대단히 우려하고 있었다. 그때 마침 교인 중에 전 승지 남종삼(南鍾三)과 생원 홍봉주(洪鳳周)가 있었다. 이들은 남인에 속하면서 정조 때부터 박해를 받아온 교인의 자손들이었는데, 이 기회에 공을 세워서 천주교 금령을 풀고 또 일

---

4) 시적(示寂): 원래 불교 용어로 높은 승려의 서거를 뜻하는 입적(入寂)과 같은 말이다.

신의 영달을 꾀할 것을 기도했다. 그들은 베르뇌, 다블뤼 두 주교에게 의뢰해서 베이징 주차공사(駐箚公使)를 통해 영국, 프랑스 두 나라와 동맹을 맺고, 이를 통해 러시아의 남침을 방어할 것을 계획하고는 이태왕 2년 말에 대원군에게 이러한 계획을 아뢰었다. 그런데 베르뇌 주교는 원래 정치외교 문제에 간여하는 것을 좋아하지 않았고, 남종삼의 품의를 접한 대원군도 호의적이지 않아서 결국 이듬해인 이태왕 3년 정월의 대박해(大迫害)에까지 이르게 됐다고 한다.[8]

이러한 기사는 대체로 사실에 가깝다고 생각되지만 아마도 모두 사실은 아닐 것이다. 철종의 치세에는 기강이 완전히 무너져서 천주교 금령이 엄존하고 있음에도 불구하고, 서양인 주교와 신부들은 수도의 양반집에 거주하고 지방에 왕래하면서 거의 공공연하게 전교에 종사하고 있었다. 대원군이 아니더라도 능력 있고 과감한 군주였다면 금령을 독려하고, 반항하는 교인들에게는 탄압을 가했을 것이다.

이태왕 3년 병인년 정월 5일, 한성부에서 베르뇌 주교의 심부름꾼 이선이(李先伊)를 체포한 것이 병인대옥(丙寅大獄)의 발단이 됐다. 정월 9일에 이선이의 발고(發告)로 베르뇌 주교, 생원 홍봉주가 체포된 것을 시작으로, 정월 말까지 다블뤼 주교, 남종삼, 그리고 프랑스인 신부 9명이 체포돼서 많은 교인들과 함께 처형됐다. 그 수는 확실하지 않지만 지방의 교민들을 합쳐서 아마 1만 명 이상이었을 것으로 생각된다.[9]

그런데 이 대박해를 피해서 아직도 프랑스인 신부 3명이 생존해 있었다. 즉, 스타니슬라스 페롱(Stanislas Féron), 펠릭스 클레르 리델[Félix Clair Ridel, 후에 주교로 임명됨. 한국명 이복명(李福明)]이 충청도, 아돌프 니콜라스 칼레(Adolphe Nicolas Calais)가 경상도 지방에서 충실한 교인들의 보호로 숨어 있었다. 2명의 주교가 순교한 이후, 고참 순으로 페롱 신부가 교구장 대리(provicaire)가 되었고, 각자 교인들을 통해 연락을 취하면서 협의한 결과, 신참자인 리델 신부를 청에 파견해서 프랑스 관헌의 보호를 요청하기로 결정했다. 페롱 신부는 교민들 가운데 장로인 생원 장치선(張致善), 수원에 거주하는 박덕녀(朴德女) 등에게 약간의 자금을 주고 필요한 선박과 선원을 고용해 줄 것을 의뢰했다. 그리고 이것만으로는 부족했으므로 경상도 단양현(丹陽縣)에 거주하는 전 사간원정언(司諫院正言) 조철증(趙喆增) 등의 도움을 받아 충청도 신창현(新昌縣) 용당포(龍塘浦)의 선주 송운오(宋雲五), 사공 이성의(李聖宜), 이성집(李聖集)의 배를 준비했다. 페롱 신부로부터 통고를 받은 리델 신부는 충청도 청피(靑陂)의 은신처에서 나와 신창현으로 가서, 장치선, 박덕녀 등과 함께 이태왕 3년 5월 8일 용당포에서 출범해서 5월 24일(1866년 7월 7

일)에 즈푸(芝罘)에 안착했다.

리델 신부는 조선 선박을 즈푸에 남겨두고, 자신은 톈진으로 급히 항행해서 그곳에 체재 중이던 프랑스 극동함대사령관 해군소장 피에르 구스타브 로즈(Pierre Gustave Roze)에게 생존 신부 2명의 보호를 위해 조선 연안으로 출동해줄 것을 간청했다. 로즈 제독은 흔쾌히 수락했으나, 함대의 주력이 인도차이나에서의 반란 진압을 위해 남쪽으로 향하고 있었으므로 그 귀항을 기다렸다가 출발하겠다고 약속했다. 리델 신부는 곧장 즈푸로 돌아와서 그곳에서 머무르고 있던 박덕녀, 장치선 등에게 이 소식을 전하고 바로 내포(內浦)로 귀항하게 했다.[10]

로즈 제독은 리델 신부의 간청을 받아들여서 조선 원정을 결심했지만, 그가 출발하기 전에 페롱과 칼레 두 신부가 희생될 위험이 있었으므로 외교적 수단을 통해 그들의 구출을 시도했던 것 같다. 이에 주청(駐淸) 프랑스 임시대리공사 앙리 드 벨로네[Henri de Bellonet, 백락내(伯洛內)]와 협의한 후 6월 3일에 청 총리각국사무아문에 조회를 보내서, '조선국왕이 프랑스인 주교 2명, 신부 9명, 조선 교인 다수를 망살(妄殺)한 죄를 성토하여, 가까운 시일 내 함대를 파견해서 그 나라를 망하게 하고 현 국왕을 폐위한 후 본국 황제의 칙명을 받들어 따로 새 국왕을 옹립할 것이다. 그 나라는 중국의 속방이지만 정교(政敎)가 자주(自主)이므로 중국에서 이의를 제기하는 것을 불허한다.'고 통고했다. 이 통고는 예상한 것과 같은 효과를 거뒀다. 총리각국사무아문의 사무를 관리하는 공친왕(恭親王) 혁소(奕訴) 등은 벨로네의 조회를 심의한 후, '조선은 청의 속번(屬藩)이기 때문에 외난(外難)을 받는 것을 차마 볼 수 없다. 마땅히 거중조정(居中調整)해야 할 것'이라고 결정하고, 우선 프랑스 대리공사에게 조회를 보내서 '조선이 만약 프랑스인 주교 등을 망살(妄殺)했다면 먼저 그 사실을 조사해야 한다. 갑자기 병단(兵端)을 열어서는 안 된다.'라고 경고하고, 또 6월 7일에는 상주해서 재가를 받은 다음에 예부(禮部)에 이자(移咨)해서 조선국왕에게 자문을 보내어 프랑스 대리공사가 조회한 사실을 전달하고 그 선후책을 강구하라는 말을 통고하게 했다.[11]

예부의 자회(咨會)는 프랑스 함대가 내도하기 전인 이태왕 3년 7월 7일에 경성에 도착했다. 사학을 제거하는 일에 의기가 드높았던 대원군은, 용의주도한 청 총리아문의 계칙(戒飭)에 개의치 않고 7월 8일에 청 예부에 자문을 보내서 사학옥(邪學獄)의 연유를 설명하고, 프랑스인 선교사들의 불법행위를 논한 후 그들을 초멸(剿滅)하겠다는 결심을 밝혔다.[12]

조선국왕이 정형(情形)을 낱낱이 진술해서 자복(咨覆)[5]함.

동치(同治) 5년 7월 초이렛날에 귀 예부의 자문을 받았는데, 그 내용에 "총리각국사무아문의 이자(移咨)를 받으니 프랑스와 조선의 구병(搆兵)[6]에 관한 말이 있었다"고 했습니다. 또 예부에서 청지(請旨)[7]한 주접(奏摺)을 받았는데, 그 내용에 "동치 5년 6월 21일에 군기처(軍機處)에서 전달한 편(片)[8]을 받으니, '군기대신이 직접 유지(諭旨)를 받았는데 논의한 바대로 시행하라고 하셨다. 삼가 이를 받들어 귀 예부에 알리니, 원주(原奏)는 초록하고 조선국왕에게 알려서 살펴보게 하라'고 했다."고 했습니다.

이를 받고서 삼가 생각건대, 소방(小邦)은 특별히 성조(聖朝)의 천지(天地)가 덮어주는 것과 같은 은혜를 입었는데, 보답할 계제가 없으니 북쪽을 바라보며 두 손 모아 송축할 뿐입니다. 그런데 또 여러 대인들이 황상(皇上)의 자소지덕(字小之德)을 체행하여 폐방(敝邦)의 사대지성(事大之誠)을 굽어 살펴서, 이미 총리아문에서 배해(排解)[9]해 주셨는데 또 귀 예부에서 문서를 보내서 알려주시기까지 했으니 지극한 감격에 눈물만 흘릴 뿐 사례할 바를 알지 못하겠습니다. 이에 사실의 본말을 갖춰서 감히 사사로운 마음을 알리는 바입니다.

폐방(敝邦)은 작년 겨울 이래로 흉도(兇徒)와 비류(匪類)가 당을 이루고 결탁해서 몰래 불궤(不軌)를 꾀했기 때문에 마침내 엄포(掩捕)[10]했습니다. 그런데 이국인(異國人) 8명이 언제 넘어왔는지 모르겠으나 의관과 언어가 동국(東國)과 차이가 없고, 심지어 간사한 부녀자들이 겉모습을 꾸미고 족적을 은닉해서 오랫동안 폐경(敝境)에 있었습니다. 그러면서 핑계를 대며 말하길 그 교(教)를 전습한다고 하지만, 또 어찌 이처럼 비궤(秘詭)를 쓴단 말입니까? 폐방(敝邦)에 표류해 온 이국인은 모두 호송해주지만, 공빙(公憑)이 없이 몰래 월경(越境)한 자들에 대해서는 일체 사형에 처하는 것이 원래 성헌(成憲)입니다. 가령 폐방(敝邦) 사람이 타국에 잠입해서 금령을 어겨가며 선동을 일삼고 헛소문을 퍼뜨려서 백성과 나라가 모두 그 해를 입는다면, 타국도 필시 그를 주벌해서 살려두지 않을 것이니, 그렇게 하더라도 폐방 또한 당연히 추호도 유감을 품지 않을 것입니다. 봉강(封疆)을 편안히 하고 방금(邦禁)을 엄히 하는 것은 처지를 바꿔보면 모두 똑같은 것입니다. 폐방(敝邦)과 프랑스[法國]는 깊은 바다로 떨어져 있어서 서계(書契)를 통한 적이 없는데 무슨 구원(舊怨)과 숙혐(宿嫌)이 있다고 차마 이러한

---

5) 자복(咨覆): 자문(咨文)으로 회보(回報)한다는 뜻이다. 자문은 청대 상호 대등한 관청 혹은 관직 사이에서 왕래한 공문 양식이다.
6) 구병(搆兵): 교전(交戰)
7) 청지(請旨): 천자의 칙령을 청함
8) 편(片): 청대(清代) 주장(奏章)의 부건(附件)
9) 배해(排解): 분규를 조정해서 해결함
10) 엄포(掩捕): 상대가 채 대비하기 전에 체포함

주극(誅殛)¹¹⁾을 행했겠습니까?

대체로 번신(藩臣)에게 외교(外交)가 없음과 관시(關市)¹²⁾에서 이언(異言)을 기찰(譏察)함은 나라를 지키는 떳떳한 법입니다. 소방(小邦)은 거칠게나마 의리와 분수를 알고 제후의 법도를 삼가 지켜왔는데, 이제 이처럼 프랑스가 트집을 잡고 흔단(釁端)을 찾는 것은 참으로 생각지도 못한 바입니다. 폐국(敝國)은 치우치고 멀리 떨어져 있는 탓에 기회(機會)¹³⁾에 완전히 어두우나, 다행히도 여러 대인들이 어려움을 없애고 분쟁을 풀어주시며, 게다가 만전지계(萬全之計)를 깊이 생각하라고 가르침을 주셨으니, 이는 참으로 격외(格外)의 권우(眷佑)¹⁴⁾의 성덕(盛德)이자 지의(至意)입니다. 바라건대 크신 비호에 힘입어 영원히 평안함을 얻기를 동국(東國)의 모든 신서(臣庶)가 머리를 맞대고 기뻐하며 축원합니다. 아마도 장래 사행(使行) 시에 칭사(稱謝)해서 정성된 마음을 알릴 것입니다. 이에 먼저 사유를 모두 갖춰서 알리니, 부디 귀 예부에서는 소상히 살핀 후에 전주(轉奏)해서 시행하시길 바랍니다.

동치(同治) 5년 7월 11일¹³

그 사이 인도차이나 문제도 일단 해결됐으므로 함대사령관 로즈 해군소장은 조선 원정에 앞서 위력정찰(威力偵察)¹⁵⁾을 하기로 결정하고, 이태왕 3년 8월 10일(1866년 9월 18일)에 코르베트함(Corvette)¹⁶⁾ 프리모게(Primauguet)에 대장기를 게양하고, 아비조함(aviso)¹⁷⁾ 데룰레드(Déroulède)와 포함 타르디프(Tardif)의 두 함선을 거느리고 즈푸에서 출항했다. 리델 신부는 통역 자격으로 기함에 승선했다. 8월 12일, 이 소함대는 충청도 신창현(新昌縣) 내포(內浦) 앞바다에 도착했다. 그리고 그곳에서 길잡이 사공 김학이(金學伊) 등을 태워서 물길의 안내역으로 삼았다. 이튿날인 13일, 로즈 제독은 군함 데룰레드에 리델 신부와 길잡이 사공을 승선시키고 내포에서 한강 하류까지의 수로를 측량하였다. 그리고 15일에 전 함대가 부평부 물치도(勿淄島)[작약도(芍藥島), 프랑스 해도에 'l'île Boisée'로 기재되어 있다.] 앞바다에 닻을 내렸다. 그 사이 부평부사 조병로(趙秉老)와 영

---

11) 주극(誅殛): 주살(誅殺), 사형
12) 관시(關市): 교통의 요지에 해당하는 저잣거리
13) 기회(機會): 시기(時機), 관건(關鍵)
14) 권우(眷佑): 돌봐주고 도와줌
15) 위력정찰(威力偵察): 일부러 위협해서 적으로 하여금 출동 혹은 사격하게 함으로써 그 전력을 탐지하는 일을 말한다. 영어로는 'reconnaissance in force'라고 한다.
16) 코르베트함(corvette): 배수량 800~1,300톤의 소형 전함으로, 프리깃함보다 작다.
17) 아비조함(aviso): 공문서의 송달이나 호위를 위한 소형 쾌속 전투함

종첨사 심영규(沈永奎)가 문정(問情)[18]을 위해 기함 프리모게를 방문했지만 뜻을 이루지 못했다.[14]

로즈 제독은 8월 15일에 데룰레드와 타르디프를 분견해서 한강을 거슬러 올라가면서 경성 방면을 정찰하게 했다. 두 함선은 리델 신부와 길잡이 사공을 태우고 물치도 앞바다에서 출발, 염하(鹽河)로 들어가 손돌목[孫石項]의 거센 조류를 돌파해서 한강 본류로 진입한 후, 황해도 구 풍덕(豊德) 유천리(柳川里) 앞바다에 임시 정박했다. 이튿날인 16일에는 다시 한강을 거슬러 올라가 경기 양천현(陽川縣) 염창항(鹽倉項)에 임시 정박했다. 이때 양천현령 윤수연(尹守淵)이 프랑스 군함을 문정했는데, 리델 신부가 단순히 관광을 위해 내항했을 뿐 다른 뜻이 없다고 설명하고, 식료품을 공급해줄 것을 요청하자 기꺼이 제공해 주었다.

8월 18일(1866년 9월 26일), 데룰레드와 타르디프는 염창항에서 출발해서 다시 강을 거슬러 올라갔다. 그리고 경기 시흥군(始興郡) 양화진(楊花津)을 넘어 고양군(高陽郡) 서강(西江) 하중리(下中里) 앞 강에 임시 정박했다. 현재 경성 비행장을 짓고 있는 여의도 하류에까지 도달한 것으로, 이 지점에서는 경성 시가의 일부, 특히 북한산 일대에 굽이치는 큰 성벽을 멀리 바라볼 수 있다.

이미 경성 정찰의 목적을 달성했으므로, 두 함선은 8월 19일에 복귀하기 시작해서 이튿날인 20일에는 김포군 신동(薪洞) 하류, 그리고 21일에는 구 풍덕 유천포(柳川浦)에 각각 임시 정박했다. 그리고 22일에 염하를 지나 물치도 앞바다에서 기함 프리모게와 합류했다.

데룰레드와 타르디프 두 함선의 한강 소항(遡航)을 통해 위력정찰의 목적이 달성됐으므로, 8월 23일에 로즈 제독은 세 선박을 이끌고 물치도 앞바다에서 출범하여 즈푸로의 귀항 길에 올랐다.[15]

프랑스 함대의 출현에 관해서는 이미 청 예부의 경보가 있었음에도 불구하고, 대원군이 그것을 사실로 생각해서 연해 경비를 엄중히 한 형적은 보이지 않는다. 수로상으로 볼 때 경성의 제1관문인 손돌목이 돌파되자, 8월 16일에 강화부중군 이일제(李逸濟)를 익직(溺職)[19]을 이유로 파출하고, 유수 이인기(李寅夔)를 중추(重推)[20]한 것 말고는 어

---

18) 문정(問情): 이양선이 경내에 진입하거나 외국인이 표착했을 때 관리를 파견해서 그 사정을 청취하는 일
19) 익직(溺職): 맡은 직무를 감당하지 못함
20) 중추(重推): 종중추고(從重推考)의 준말로 범죄인의 죄과를 엄중하게 심문해서 밝힌다는 뜻이다.

찌할 바를 몰랐다. 17, 18, 19일에 이양선이 검은 연기를 뿜어대고 기선의 굉음을 울리면서 경성 외곽에 접근하자, 도성에 가득한 사람들의 공황은 이루 형언할 수 없을 정도가 됐다. 급히 어영중군 이용희(李容熙)에게 명해서 표하군(標下軍)[21]과 훈련도감군 2초(哨)[22], 보군(步軍) 7초(哨)를 거느리고 한강을 경계하게 했지만, 처음부터 이양선을 격퇴할 힘이 없었기 때문에 오직 경성 각 성문의 경계를 엄중히 하면서 적병의 침입을 막는 것 외에는 아무런 대책도 없었다. 다행히 이양선은 상륙하지 않고 내려갔지만, 인심은 계속 흉흉해서 쉽게 진정되지 않았다.[16]

로즈 해군소장은 이태왕 3년 8월 25일(1866년 10월 3일)에 즈푸로 귀환했다. 경성에 이르는 한강의 수로도 판명됐지만, 계속 항행하기는 곤란했고 또 연안의 방비도 없지 않았으므로 수부(首府)[23]에 접근하는 것을 피하고, 강화부를 점령해서 한강 하류를 봉쇄한다는 작전 계획을 세웠다. 수부(首府) 경성에 이르는 항로를 차단한다면, 삼남(三南)과 양서(兩西)로부터 수도에 수송되는 공미(貢米)가 자연히 중단돼서 조선 정부가 굴복하지 않을 수 없으리라고 예측했던 것이다. 이 봉쇄에는 상당한 병력이 필요했으므로 극동에 있는 프랑스의 전 해군력을 즈푸에 집중시켰다. 프리깃함(frigate) 라 게리에르(la Guerrière)에 대장기를 게양하고 코르베트함 라플라스(Laplace)와 프리모게, 아비조함 데룰레드와 키앙샹(Kien-Chan), 포함 타르디프와 르 브레통(Le Brethon)의 7척으로 선단을 구성했다. 그리고 요코하마 주둔 해병대 1지대(支隊)[24]를 태우고 이태왕 3년 9월 3일(10월 11일)에 즈푸에서 출항해서 5일에 경기 부평부 앞바다의 물치도와 호도(虎島) 사이에 닻을 내렸다.[17]

9월 6일, 로즈 사령관은 흘수(吃水)[25]가 깊은 기함과 2척의 코르베트 전함을 멈추고 대장기를 데룰레드로 옮겼다. 그와 동시에 키앙샹, 타르디프, 르 브레통의 3척과 세 주력함의 단정(單艇)에 육전대와 해병대를 나누어 태우고는, 예항(曳航)[26]하면서 염하(鹽河)를 거슬러 올라가 강화부 갑곶진(甲串津)을 점령하였다. 분견대는 아무런 저항도 받지

---

21) 표하군(標下軍): 대장이나 각 장관(將官)에 딸린 수하 친위 부대
22) 초(哨): 옛 군대 편제의 하나로 1초(哨)는 약 100명의 군사로 구성됐다.
23) 수부(首府): 수도(首都)
24) 지대(支隊): 분견대(分遣隊), 파견대(派遣隊)와 같은 말로, 특별한 임무를 수행하기 위해 일시적으로 본래 지휘 계통에서 벗어나 독립적으로 행동하는 부대를 말한다. 그 규모는 임무에 따라 대대급에서 여단급까지 다양하다.
25) 흘수(吃水): 배가 물에 떠 있을 때 선체의 가장 아래 부분부터 수면까지의 수직 거리
26) 예항(曳航): 다른 선박이나 물건을 끌고 가면서 하는 항해

않고 손돌목을 통과했고, 갑곶진에 상륙한 후 갑곶 제물진(濟物津)을 점령했다. 이튿날, 해군중령 도즈리(d'Osery) 백작은 1개 지대(支隊)를 거느리고 강화부를 정찰했다. 파수병은 소구경포(小口徑砲)와 소총을 쏘면서 저항했지만 도즈리 해군중령은 이를 격파했다. 그리고 강화부 동성(東城)에 돌입해서 성내를 한번 둘러본 후 무사히 갑곶진으로 귀환했다. 이태왕 3년 9월 7일(1866년 10월 15일)의 일이었다. 또한 이날 데룰레드에 탑승하고 있던 로즈 제독은 한강 입구의 봉쇄를 선언하고 일청 양국에 주재한 프랑스 공사 및 관계 관헌들에게 이 사실을 통고했다.

9월 7일의 도즈리 부대의 정찰 보고에 따라 다음 날인 8일에 로즈 제독은 육전대와 해병대 전군을 거느리고 강화부를 공격했다. 파수병들이 싸우지도 않고 궤주했으므로 프랑스군은 남문으로 침입해서 각 관아 및 장녕전(長寧殿)을 점령하고 막대한 양의 군기(軍器), 저장된 세곡(稅穀), 천은(天銀)[27], 서책을 노획했다.[18]

이보다 앞서 프랑스 함대가 부평부 앞바다에 출현하자 강화부유수 이인기는 경계를 엄중히 하고, 9월 6일 프랑스 병사들이 갑곶진이 상륙했을 때 경력(經歷) 김재헌(金在獻)을 보내서 문정하게 했다. 김재헌은 리델 신부 및 조선인 사공을 만나서 물러갈 것을 요구했으나, 그들은 이를 불고하고 도리어 생필품의 공급을 강요했다. 이튿날인 7일, 도즈리 부대가 강화부에 돌입하자 유수는 장녕전에 봉안된 숙종과 영조의 어진(御眞)을 모시고 성 밖에 있는 백련사(白蓮社)로 피난했다. 그리고 9월 8일에 성이 프랑스군에 의해 완전히 점령되자 그는 다시 이를 인화보(寅火堡) 진사(鎭舍)로 옮겨 모시고 교동부(喬桐府)와 개성부(開城府)에 위급함을 알렸다.[19]

프랑스 함대의 재출현은 대원군이 예상치 못했을 것이다. 그렇지만 이번에는 강화부 일대만을 공략하고 굳이 경성에 접근하려고 하지 않았다. 이 시간을 이용해서 대원군은 급히 방어 대책을 강구했다. 즉, 9월 8일에 훈련대장 이경하(李景夏)를 기보연해순무사(畿輔沿海巡撫使)에, 어영중군 이용희를 기보연해순무사중군에, 김성근(金聲根)과 안기영(安驥泳)을 종사관에 차하하고, 그 날로 순무중군 이용희에게 명하여 훈련도감 마병(馬兵) 1초(哨), 보군(步軍) 5초, 표하군(標下軍) 등 합계 장관 9명, 장교 52명, 병사 2,021명을 거느리고 출정하게 했다. 또 총융사 신관호(申觀浩)[신헌(申櫶)]에게 군사를 거느리고 양천현 염창항(鹽倉項)을 수비할 것을 명하고, 경성 각 문과 창덕궁 각 문의 경비를 엄중히

---

27) 천은(天銀): 순은(純銀). 은은 품질에 따라 천(天), 지(地), 현(玄), 황(黃)의 4등급으로 나누는데 천은(天銀)은 이 중에서 가장 좋은 은이다.

했다.[20]

그 사이 프랑스군은 강화부를 점령했을 뿐, 대규모 작전행동을 취하지 않고 9월 9일에 정찰대를 파견하여 통진부를 습격해서 부사 이공렴(李公濂)을 쫓아내고 관금(官金)을 노획하는 정도에 그쳤다. 이 시간을 이용해서 대원군은 경성, 강화 사이의 병력을 증가시키기 위해 가능한 모든 방법을 강구했다. 그 중에서 가장 효과가 있었던 것은 각 도의 도신(道臣), 장신(將臣), 수령에게 명해서 총을 잘 쏘는 포수를 모집하게 한 일이었다.[21]

기보연해순무사중군 이용희는 9월 11일에 통진부로 들어가 교졸(校卒)을 파견해서 정찰하게 했다. 하지만 프랑스군은 이미 문수산성(文殊山城)에서 철수했고 그 뒤로 강화부에서 출발한 형적도 보이지 않았으므로 통진부에서 염하(鹽河) 우안(右岸) 일대를 점령한 다음 수비에 들어갔다. 그리고 별무사(別武士) 지홍관(池弘寬)을 보내서 프랑스 함대 사령관에게 전유(傳諭)하게 했다.[22]

양박(洋舶) 도주(都主)에게 격문을 전함.

무릇 천리를 거스르는 자는 반드시 망하고 국법을 어기는 자는 반드시 주살(誅殺)하는 법이다. 하늘이 민인(民人)을 내리심에 이(理)로써 이에 순응하게 하시고, 나라가 봉강(封疆)을 나눔에 치(治)로써 이를 지키게 했다. 순응하는 이유는 무엇인가? 백성에게 어질게 해서 해치지 않기 때문이다. 지키는 이유는 무엇인가? 이를 범하는 자는 용서치 않기 때문이다. 이것이 천리를 거스르면 반드시 망하고, 국법을 어기면 반드시 주살을 당하는 이유다.

그러나 교린(交隣)과 유원(柔遠)[28]에는 자고로 따로 도리가 있다. 그러나 우리나라는 더욱 관대하고 인자해서, 국명(國名)과 도리(道里)를 알지 못하는 자들이 우리 경내에 표류해 올 때마다 지방을 지키는 신하들에게 명해서 영접하고 문정하기를, 마치 구호(舊好)를 닦는 것과 같이 했다. 굶주렸으면 음식을 내리고, 추워하면 의복을 주며, 병이 있다고 하면 약을 조제해서 구해주고, 돌아가겠다고 하면 식량을 들려서 호송해주었으니, 이는 우리나라가 대대로 지켜온 법규로서 지금까지 시행하는 것이다. 그러므로 천하에서 우리를 부르는 자들이 모두 예의지국(禮儀之國)이라고 하는 것이다.

하지만 혹 우리나라 사람을 인연(夤緣)[29]해서 우리 경내에 잠입한 다음에 우리 의복으로 갈아입고 우리 언어를 배워서 우리 민국(民國)을 혼란스럽게 만들고 예속(禮俗)을 어지럽힌

---

28) 유원(柔遠): 멀리서 온 사람, 혹은 먼 나라 사람을 편안히 위무한다는 뜻이다. 『書經』 舜傳에 "멀리서 온 자를 편안히 하고 가까운 자를 길들인다[柔遠能邇]."는 구절에서 유래했다.
29) 인연(夤緣): 넝쿨 등이 나무뿌리나 바위 등을 의지해서 이리저리 뻗어나가는 모양

다면, 나라에는 상법(常法)이 있어서 나타나는 대로 반드시 죽여야 하니, 이는 만국에 통용되는 획일적인 법규다. 우리가 상법을 행하는 데 너희가 어찌 노할 것이 있겠는가? 입장을 바꿔서 너희가 그렇게 하더라도 우리는 마땅히 따지지 않을 것이다. 그런데 지금 너희는 이를 구실로 삼고 있으니 지극히 이치에서 벗어난 것이다.

일전에 너희 선박이 우리 경강(京江)에 들어왔을 때, 그 수가 2척에 지나지 않고 사람이 1,000명이 되지 않았으니, 진실로 도륙하고자 했다면 어찌 방법이 없었겠는가? 하지만 잠입한 것과는 차이가 있었으므로 유원(柔遠)의 의리에 따라 차마 공격해서 해치지 않은 것이다. 그러므로 우리 경내를 지날 적에 소와 닭 등을 청할 때마다 번번이 주고 작은 배로 왕래하면서 질문한 것이니, 그 주는 것만을 받아먹고 질문은 받지 않은 것은 너희가 스스로 우리를 저버린 것이다. 어찌 우리가 너희를 저버렸겠는가? 그러고도 부족해서 도리어 행패를 부린단 말인가? 지금 우리 성부(城府)를 침범해서 우리 민인(民人)을 살해하고 재화를 노략질하고 가축을 훔쳐서 그 끝이 보이질 않으니, 천명을 거스르고 국법을 어긴 것이 이보다 더 심한 경우가 없었다. 하늘이 미워하면 사람이 그를 죽일 수 있는 것이다.

또 듣건대 너의 무리가 그 교(敎)를 우리나라에 행하려고 한다고 하니, 이는 더욱 더 불가한 일이다. 수레바퀴 자국과 글의 문자[30]가 같지 않아서 각자 숭상하는 바가 따로 있다. 정사(正邪)와 곡직(曲直)은 우선 차치하더라도, 우리가 우리 학문을 숭상하고 너희가 너희 학문을 숭상하는 것은 마치 사람마다 각각 제 조상을 조상으로 섬기는 것과 같은데, 어찌 감히 다른 사람에게 제 조상을 버리고 남의 조상을 섬길 것을 가르친단 말인가? 만약 이를 주살하지 않는다면 하늘을 무시하는 것이라고 할 만하다. 우리가 너희를 대하는 것은 은(殷)나라 탕왕(湯王)이 갈백(葛伯)에게 한 것과 같은데,[31] 너희가 우리에게 포악하게 하는 것은 험윤(玁狁)이 주(周)나라 선왕(宣王)에게 한 것처럼 하고 있으니,[32] 비록 우리가 지인지덕(至仁至德)하더라도 그대로 놓아두고 묵묵히 있을 수는 없다. 그러므로 천만 대병(大兵)이 이제 해안가에 임하여 하늘의 뜻을 대신해서 토벌하는 의리를 펴려는 것이다.

먼저 아침에 서로 만날 약속을 고한다. 군대의 명분이 바르고 어그러짐에 따라 승패가 판

---

30) 수레바퀴 자국과 글의 문자[車書]: 『禮記』, 『中庸』의 "지금 천하가 수레는 바퀴의 폭이 같고 글은 문자가 같다[今天下 車同軌 書同文]."라고 한 구절에서 유래한 말로 문물제도의 통일을 비유할 때 사용한다.

31) 은(殷)나라 탕왕(湯王)이 갈백(葛伯)에게 한 것과 같은데: 갈백은 은나라의 포악한 제후로 제사를 지내지 않았다. 탕왕이 그 이유를 물으니 제물로 쓸 쌀이 없다고 했다. 탕왕이 농사를 지을 농부를 보내자 갈백은 그들에게 점심을 가져다주는 동자를 죽이고 그 밥을 빼앗아 먹었다. 이에 탕왕이 갈백을 정벌했다고 한다(『孟子』 滕文公(下)).

32) 험윤(玁狁)이 주(周)나라 선왕(宣王)에게 한 것처럼 하고 있으니: 험윤(玁狁)은 주나라 때 북방 오랑캐 민족의 이름으로 주나라 선왕(宣王) 때 험윤이 쳐들어오자 윤길보(尹吉甫)에게 정벌을 명하여 격파하게 했다고 한다(『詩經』 小雅).

가름 날 것이다. 너는 물러가 피하지 말고 머리를 숙여 명령을 받들라.

동치(同治) 5년 9월 11일^{술시(戌時)}

조선국 순무영(巡撫營)^{수결하고 관인을 찍음23}

로즈 제독은 강화부를 점령한 이후로 조선의 대등한 관헌의 도착을 기다렸다가 교섭을 개시할 것을 기대하고 있었다. 그런데 강화부유수 이인기와 중군 이용회(李龍會)는 모두 삭직되었고, 그들을 대신할 책임 있는 관헌도 오지 않아서 노심초사하고 있었으므로, 지홍관의 출현은 오히려 환영할 만한 것이었다. 그가 가져온 전유(傳諭)는 추상적이고 고전적인 문체로 작성되어 이해하기 쉽지 않았지만, 일단 전날의 조회를 첨부해서 프랑스 선교사의 살해를 교사한 당국자를 엄중히 처벌할 것, 그리고 조선 정부가 전권위원을 임명한 후 강화부에 내려 보내서 자신과 만나 조약을 체결할 것의 2개 조건을 요구했다.[24]

대프랑스[大法] 흠명전권대신(欽命全權大臣) 통대각초용군(統帶各哨勇軍) 로즈[羅]가 개절(凱切)[33]하게 효유(曉諭)함.

너 화양(華陽)[34]의 토사(土司)[35]는 잘 들어라.

나는 본조(本朝)의 대황제의 명으로 이 나라에 머물러 살고 있는 본국의 군민(軍民) 등을 비호하기 위해 이 나라에 잠시 오게 된 자이니, 그 이유는 금년에 이 나라에서 무고하게 주살을 당한 이들이 우리나라의 전교사들로 존경을 받는 인물들이기 때문이다. 너 토사(土司)가 불인(不仁)해서 불의(不義)하게 그들을 죽였으니 마땅히 공벌(攻罰)해야 할 듯하다. 전교사는 인의(仁義)가 광명해서 추호도 과실이 없었는데도 그들을 살해한 것은 천리를 거스른 것이다.[36] 이와 같은 모든 악행은 세법(世法)에 전혀 용납될 수 없다. 듣지 못했는가? 몇 년 전에 중국에서 그처럼 불인(不仁)한 짓을 하고 흉악한 소행을 저질렀다가 우리 본 대국이 정벌하

---

33) 개절(凱切): 사리에 있어 타당하고 절실함
34) 화양(華陽): 그 의미를 상고할 수 없다. 다만 양(陽)이 중국 춘추시대에 현재 허베이 성(河北省) 탕현(唐縣)을 가리키는 지명이었고, 이 지역이 바로 선우족이 세운 중산국(中山國)의 도읍이었다는 사실과 관련이 있는 것으로 보인다. 후한 시대에 이르러 중산국이 기자(箕子)의 후예가 창건한 나라라는 설이 만들어졌는데, 로즈 제독은 이른바 기자조선설(箕子朝鮮說)에 입각해서 조선을 화양(華陽)이라고 지칭한 것이 아닐까 생각된다.
35) 토사(土司): 원(元) 이후 명(明), 청(淸)에 이르기까지 중국의 서북, 서남 지역의 소수 민족을 유화하기 위한 목적으로 그 토착민의 추장을 지방관으로 임명하고 그 지위의 세습을 허용해 주었는데, 그러한 관직을 가리키는 말이다.
36) 원문에는 이 구절이 '傳教士仁義光明無毫理過犯殺之違天悖理'로 되어 있는데 문맥상 어색해서 『巡撫營謄錄』丙寅年九月十二日條에 따라 '傳教士仁義光明毫無過犯殺之之違天悖理'로 고쳐서 옮겼다.

고 명에를 지움으로써 그들로 하여금 머리를 숙이고 우리 명령을 받들어 행하게 했다.

이제 대프랑스 전권대신이 불인하고 불의한 나라 고려를 정벌하기로 결정했으니, 만약 귀를 기울여서 지시를 받지 않으면 나중에는 굴복하고 싶어도 전혀 굴복할 곳이 없을 것이다.

하나, 3명의 관원이 토사(土司)를 조종하고 희롱한 것이 근본 원인이 됐으니, 우리 왕조의
　　전교사를 살해한 자를 엄히 조사한 후 처벌하라.
하나, 너 토사(土司)는 속히 전권 1명을 보내되 피성대월(披星戴月)[37]해서, 이곳에 와서 직
　　접 상의한 후 영구히 장정(章程)을 정하라.

재해와 흉환(凶患)이 이미 임박했다. 네가 그것을 피하고 싶으면 빨리 회답하고 실제로 지시에 따르라. 만약 명을 받지 않으면 본 대신은 먼저 기필코 대가를 치르게 할 것이다.[38] 너는 이 환난이 네 백성이 받는 피해의 근원임을 알 것이니, 사전에 미리 말하지 않았다고 하지 말라.

구세(救世) 1866 양(洋) 10월 18일○병인년 9월 10일

효유(曉諭)[25]

그 사이 기보연해순무사중군 이용희는 전군을 이끌고 통진부에 진을 쳤다. 그리고 염하(鹽河)를 사이에 두고 멀리서 강화부의 프랑스군과 대치했지만, 염하에 선박이 부족하다는 것을 이유로 굳이 전진하려고 하지 않았다. 한편, 강화부에서 오랜 시일 진을 치고 주둔하던 로즈 제독도 하릴없이 조선 전권이 오기만을 기다릴 뿐, 육전대를 멀리 내지에까지 들여보내서 성시(城市)를 점거한 조선군을 공격할 여유는 없었다. 단지 4척의 포함을 갑곶진, 월곶진(月串鎭) 등 각 지점에 보내서 봉쇄선을 유지하거나, 약간의 정찰부대를 적병의 점거 지점에 파견하는 정도였다.

9월 18일, 로즈 제독은 염하(鹽河)를 사이에 두고 대안(對岸)의 갑곶진에 우뚝 솟은 문수산성을 정찰하기 위해 120명으로 구성된 1개 부대를 파견했다. 그런데 마침 같은 날에 순무영겸차초관(巡撫營兼差哨官)[39] 한성근(韓聖根)과 집사(執事) 지홍관이 광주별파진

---

37) 피성대월(披星戴月): 별빛을 걸치고 달을 머리에 인다는 뜻으로, 흔히 새벽부터 밤늦게까지 분주한 모양을 비
　　유한다. 여기서는 밤을 새워 달려오라는 뜻이다.
38) 『巡撫營謄錄』 丙寅年九月十二日條에 '本大臣先期與爾 儞是諸患難'으로 되어 있는데, 문맥상 어색해서 '爾'
　　를 '直'의 오기인 것으로 보고 옮겼다.
39) 원문에는 '천총(千總) 한성근(韓聖根)'로 되어 있는데 당시 한성근의 관직은 겸차초관(兼差哨官)이었다. 천총
　　(千總)은 양헌수(梁憲洙)였다.

(廣州別破陣) 50명을 거느리고 먼저 도착해 있었으므로 이들은 바로 남문을 거점으로 삼아 방어를 시작했다. 하지만 한성근 등은 중과부적으로 패퇴하고 말았고, 프랑스군은 성내에 들어와 관아와 민가를 모두 불태우고 물러갔다. 곧이어 22일에는 포함 2척을 파견해서 교동부 경기수영(京畿水營)을 포격했다. 10월 1일에는 정족산성(鼎足山城)을 돌파해서 전등사(傳燈寺)를 약탈했다.[26]

예전에 기보연해순무영(畿輔沿海巡撫營)에서 각 도에 관문을 보내서 모집한 사격에 능한 포수들이 통진의 중군영(中軍營)에 속속 도착하고 있었다. 그들은 주로 사냥꾼이었고, 저격에 능숙해서 일반 모집병과 달리 신뢰할 만한 자들이었다.[27] 순무중군 이용희는 프랑스군의 정족산성 정찰 소식을 듣자마자 순무영천총(巡撫營千總) 양헌수에게 명하여 초관(哨官) 17명, 경초군(京哨軍) 121명, 표하군(標下軍) 38명, 외읍(外邑)의 포군(砲軍) 367명을 거느리고 10월 1일 밤에 손돌목에서 염하를 건너 야간에 은밀히 정족산성을 점령하게 했다. 이 소식은 즉시 조선의 교인들로부터 리델 신부에게 전해졌고, 그는 다시 적어도 800명의 엽호군(獵虎軍)과 기타 저격수가 염하를 건너 전등사에 잠입했다고 보고했다.

리델 신부의 보고를 받은 로즈 제독은 전등사를 공격하기로 결정했다. 그리고 10월 2일(1866년 11월 7일)에 해군대령 올리비에(Olivier)를 지휘관으로 삼아 수병과 해병 160명으로 구성된 부대를 파견했다. 이 부대는 2일 새벽 리델 신부의 인도에 따라 강화읍을 출발해서 오전에 정족산성 동문으로 진입하려고 했으나 바로 조선군의 맹사격을 받았다. 이는 정찰을 태만히 한 프랑스군에게는 전혀 뜻밖의 사태였다. 순식간에 32명의 중경상자가 발생했고 전 부대가 완전히 무너졌다. 올리비에 해군대령은 패주하는 병사들을 수습해서 조선군의 추격에 대비하고, 부상자를 엄호하면서 갑곶진으로 퇴각했다. 조선군의 피해는 전사자 1명, 부상자 3명에 불과했다.[28]

정족산성에서의 패전은 로즈 제독에게 극히 중요한 사실을 깨닫게 했다. 즉, 그가 당초 계획했던 한강 입구의 봉쇄는 예상했던 효과를 거두지 못했으며, 그에 따라 당분간 조선 정부의 굴복은 기대할 수 없다는 것이었다. 그에 반해 시일이 경과할수록 조선 정부는 시시각각 병력을 증가했고, 이제는 염하를 건너 강화부에 고립된 프랑스군을 공격할 여력이 있음을 보여주었다. 게다가 이른바 엽호군(獵虎軍)의 정예로움은 종전에 강화부와 통진부를 수비하던 조선군과 비교할 수 없음이 판명됐다.

로즈 제독이 우려한 것은 비단 적의 병력 증가뿐만이 아니었다. 강화부에서 하릴없이 시일을 소비할 경우 동절기가 닥쳐서 염하와 한강 본류가 모두 동결되고, 그에 따라 외부와의 교통이 차단될 것도 고려하지 않을 수 없었다. 그나마 다행스러운 것은 교인 장치선과 박덕녀 등이 신창현에서 갑곶진으로 와서 리델 신부와 면회를 갖고, 페롱과 칼레 두 신부가 지난번 로즈 제독의 제1차 원정 소식을 듣고 충청도 목천(木川)의 은둔처에서 신창까지 왔다가, 이미 함대가 물러난 후라 예전에 리델 신부가 승선했던 조선 선박에 탑승해서 즈푸로 탈출했다는 사실을 보고한 것이다. 이는 제독을 안도케 했다.

이제 조선에는 1명의 프랑스인도 남아 있지 않았다. 로즈 제독의 임무가 반은 달성됐다고 할 수 있었다. 10월 3일, 로즈 제독은 강화부에서 철수할 것을 결심하고 이튿날인 4일부터 성내에서 노획한 물품을 본 함에 옮겨 실었다. 그리고 5일에 장녕전과 기타 관아에 불을 지르고, 갑곶진에서 병력을 4척의 포함에 나눠 태우고 물러갔다. 순무중군(巡撫中軍) 이용희는 별군관(別軍官) 이기조(李基祖)에게 명하여 덕포진(德浦津)에서 사격을 가하게 했으나, 프랑스 군함의 반격을 받아서 아무런 피해도 입힐 수 없었다. 로즈 제독은 물치도 앞바다에 이르러 기함 라 게리에르(la Guerrière)로 옮겨 탔다. 며칠 후인 10월 12일(1866년 11월 18일), 로즈 제독은 한강 입구의 봉쇄 해제를 선언했다. 그리고 자신은 기함 및 키앙샹(Kien-Chan)을 이끌고 요코하마로 향하고, 나머지 함선들은 상하이와 즈푸로 나누어 보냈다.[29]

프랑스 함대가 강화부를 점령하고 한강 입구를 봉쇄한 약 40일 동안, 삼남(三南)과 양서(兩西) 지방에서 경성으로 향하는 세곡선(稅穀船)의 운항은 사실상 중단되고 경성 관민(官民)의 고통도 극심해서 인심이 매우 흉흉했다. 그럼에도 대원군은 단호하게 자신의 방침을 바꾸지 않고 모든 가능한 수단을 동원해서 의병을 모집해서 전장으로 보내는 한편, 군민을 격려해서 적개심을 고무했다. 그 와중에 9월 14일에는 조정에 회장(廻章)[40]을 보내서 자신의 결심을 나타냈다.

인(人)자 다음에 사(死)자가 있고, 국(國)자 다음에 망(亡)자가 있음은 예로부터 천지의 상법(常法)이요, 양이(洋夷)가 열국을 침범한 일 또한 예전부터 있었다. 지금까지 몇 백 년 동안 이 도적이 감히 뜻을 이루지 못했는데, 몇 해 전에 중국이 화친을 허락한 후로는 그 날뛰는 마음이 한층 더 헤아리기 어렵게 되어 도처에서 악행을 저지르니 모두 그 독을 받고 있다. 유독 우리나라에서만 횡행하지 못하는 것은 실로 기자(箕子) 성인이 하늘에서 음덕을 내리시기 때

---

40) 회장(廻章): 여러 사람이 차례로 돌려보도록 쓴 글. 회람장(回覽章)

문이다.[41] 이러한 지경에 처해서 믿는 것은 예의요, 믿는 것은 백성들의 마음이 성(城)을 이루는 것뿐이다. 오늘날 상하가 만약 의구심을 품거나 겁을 낸다면 만사가 와해될 것이요, 국사가 무너질 것이다. 내가 획정해서 결심한 네 가지 조건이 있으니, 이를 잘 이해하고 피로써 맹서해서 나의 뒤를 따르라.

하나, 그 고통을 견디지 못해서 만약 화친을 허락한다면 이는 나라를 팔아먹는 것이다.

하나, 그 독을 견디지 못해서 만약 교역을 허락한다면 이는 나라를 망치는 것이다.

하나, 도적이 경성에 임박했을 때 만약 거빈(去邠)[42]한다면 이는 나라를 위태롭게 하는 것이다.

하나, 만약 괴술(怪術) 육정육갑(六丁六甲)[43]으로 귀신을 소환하고 기이한 방법으로 도적을 쫓아낸다면, 일후의 폐해가 사학(邪學)보다 더 심할 것이다.

이 종이는 여러 공들이 돌려서 본 후, 온 힘을 다하여 마음을 정하고 대책을 세우길 바란다.[30]

이러한 역경에 처하여 대원군은 훈련대장 이경하와 어영중군 이용희를 격려해서 문수산성과 정족산성 전투에서 프랑스군을 격파하고 마침내 강화부에서 물러가게 했다. 강화부 함락과 한강 입구 봉쇄로 인해 입은 손해는 막대한 것이었지만, 이는 대원군의 배외정책 중에서 영광스러운 승전으로 끝난 유일한 사례였다.

---

41) 하늘에서 음덕을 내리시기 때문이다: 원문 표현은 음즐(陰騭)이다. 『書經』 洪範에 "하늘이 묵묵히 백성들의 운명을 정했다[惟天陰騭下民]."는 구절에서 유래했다.

42) 거빈(去邠): 임금이 난을 피해 파천(播遷)하는 것을 가리킨다. 주(周)나라 태왕(太王)이 빈(邠) 땅에 있을 때 적인(狄人)이 쳐들어오자 백성을 해치지 않기 위해서 빈을 떠나 기산(岐山) 아래로 옮겨가 주나라를 창건했다는 고사에서 유래한 말이다.

43) 육정육갑(六丁六甲): 육정신과 육갑신으로 천제가 다스리는 신병(神兵)이라고 한다.

〔원주〕

1 『關衛編』卷一, 卷二.

2 『正祖實錄』卷三三 正祖十五年十月·十一月;『正祖實錄』卷三四 正祖十六年二月·三月;『關衛編』卷二, 卷三.

3 『純祖實錄』卷二 純祖元年正月·二月·三月; 黃嗣永帛書影本;『關衛編』卷五 辛酉治邪.

4 『憲宗實錄』卷六 憲宗五年八月丁丑·壬午; 憲宗己亥邪學謀反罪人洋漢進吉等罪案;『關衛編』卷七 己亥治邪; 山口正之,「朝鮮基督敎史料己亥日記」,『靑丘學叢』第一號; Ch. Dallet, *Histoire de l'Église de Corée*, vol. II, pp.1~22, 54~130, 131~241; Adrien Launay, *Mémorial de la Société des Missions-Etrangères*, 2e partie 1658~1913, Paris, 1916. pp.100~101, 318~320, 125~126, 441~442.

5 『憲宗實錄』卷一三 憲宗十二年五月甲戌·七月戊戌·戊申;『右捕盜廳謄錄』憲宗丙午年五月·七月;『海西文牒錄』;『關衛編』卷七 三道治邪·丙午洋船事; Dallet, *Église de Corée*, vol. II, pp.242~234(Sic.); Launay, *Mémorial, 2e partie*, pp. 214, 173~175.

6 Dallet, *Église de Corée*, vol. II, pp.380~450, Launay, *Mémorial, 2e partie*, pp.39~41, 173~175.

7 Dallet, *Église de Corée*, vol. II, pp.501~503, 522.

8 『日省錄』李太王丙寅年正月二十日; 李太王丙寅年罪人南鍾三洪鳳周等鞠案;『近世朝鮮政鑑』卷上; Dallet, *Église de Corée*, vol. II, pp.501~505, 521~524.

9 『日省錄』李太王丙寅年正月十一日·十八日·二十日·二十五日·二月七日;『左捕廳謄錄』李太王丙寅年正月·二月;『右捕廳謄錄』李太王丙寅年正月·二月; 李太王丙寅年罪人鍾三鳳周等鞠案;『近世朝鮮政鑑』卷上; Dallet, *l'Église de Corée*, vol. II, pp.524~557, Launay, *Mémorial, 2e partie*, pp.39~41, 90~91, 205, 529~530, 507~508, 173~175, 316~317, 14.

10 『右捕廳謄錄』李太王戊辰年四月六日罪人金季釗供招·戊辰年四月二十九日罪人崔仁瑞供招·戊辰年四月十八日罪人張致善供招; Dallet, *Église de Corée*, vol. II, pp.558~570; Abbé A. Piacentini, *Mgr. Ridel Evêque de Philippolis, Vicaire apostolique de Corée, d'après sa Correspondence*. Lyon, 1890. pp.81~109; Launay, *Mémorial, 2e partie*, pp.243~244, 106~108, 167, 555~557.

11 『同治朝籌辦夷務始末』卷四二 同治五年六月七日;『同文彙考』卷六一 洋舶情形.

12 『日省錄』李太王丙寅年七月八日;『巡撫營謄錄』卷一 李太王丙寅年七月八日.

13 『同文彙考』卷六一 原編 洋舶情形;『同治朝籌辦夷務始末』卷四四 同治五年八月二十一日.

14 『日省錄』李太王丙寅年八月十六日·十七日;『京畿水營謄錄』同治五年八月; Dallet, *Église de Corée*, vol. II, pp.572~573; Piacentini, *Mgr. Ridel*, pp.110~112.

15 『日省錄』李太王丙寅年八月十八日·十九日·二十日·二十一日·二十四日;『京畿水營謄錄』同治五年八月; Dallet, *Église de Corée*, vol. II, pp.523~524. Piacentini, *Mgr. Ridel*, pp.112~114. Henri Zuber, "Une Expédition en Corée"(*Tour du monde*, vol. XXV, 1873, pp.401~416). Vicomte de Rostaing, "Note sur une récente exploration du Hang-Kiang"(*Bulletin de la Sociéte de Géographie*. Février, 1867. pp.210~225.)

16 『日省錄』李太王丙寅年八月十六日·十八日·二十日·二十一日;『巡撫營謄錄』李太王丙寅年八月十六

日・十八日・二十日;『右捕盗廳謄錄』李太王丙寅年八月.

17 Dallet, *Église de Corée*, vol. II, pp.572~573; Piacentini, *Mgr. Ridel*, 114~115.

18 『日省錄』李太王丙寅年 九月六日・七日・八日・十日;『巡撫營謄錄』李太王丙寅年九月六日・七日・八日・九日・十日・十一日・十三日;『京畿水營謄錄』同治五年九月; Dallet, *Église de Corée*, vol. II, pp.576~577; Piacentini, *Mgr. Ridel*, pp.116~117.

또한 로즈 사령관의 강화 봉쇄 선언의 영역문은 다음과 같다. 1866년 10월 5일자로 즈푸 정박지에서 포고된 형식을 취하고 있다.

The undersigned, rear-admiral and commander-in-chief of the naval forces of his Majesty the Emperor of the French, in the China and Japan seas, in furtherance of the measures which have been deemed necessary in consequences of the murder of many French missionaries by the government of Corea, and by virtue of the powers belonging to me as commander-in-chief, hereby declares, that after the 15th day of this month the river Seoul, by all its entrances, will be held in a state of effective blockade by the naval forces under my command.

All vessels which shall attempt to violate this blockade will be treated according to international laws, and the treaties in force with neutral powers.

G. ROZE.

Given on board the Guerrière, Chefoo roads,

October 5, 1866.

(*Papers relating to Foreign Affairs of the United States*, 1868, Part I, p.417.)

19 『巡撫營謄錄』李太王丙寅年九月七日・八日・九日・十一日・十三日;『京畿水營謄錄』同治五年九月.

20 『日省錄』李太王丙寅年九月八日・九日;『巡撫營謄錄』李太王丙寅年九月八日・十二日.

21 『日省錄』李太王丙寅年九月八日・十日・十一日;『巡撫營謄錄』李太王丙寅年九月九日・十日・十一日・十二日・十三日・十四日.

22 『日省錄』李太王丙寅年九月十一日・十二日;『巡撫營謄錄』李太王丙寅年九月十一日・十二日.

23 『巡撫營謄錄』李太王丙寅年九月十二日.

24 Dallet, *Église de Corée*, vol. II, pp.577, 581.

25 『巡撫營謄錄』卷一 李太王丙寅年九月十二日;『同文彙考』原編 卷六一 洋舶情形.

26 『日省錄』李太王丙寅年九月十九日・二十一日;『巡撫營謄錄』卷二 李太王丙寅年九月十九日・二十一日・二十二日.

27 『日省錄』李太王丙寅年九月二十七日・二十八日・十月三日・四日;『巡撫營謄錄』卷二 李太王丙寅年九月二十四日・二十五日・二十六日・二十七日・二十八日・十月四日.

28 『日省錄』李太王丙寅年十月四日・五日;『巡撫營謄錄』卷三 李太王丙寅年十月二日・四日・五日・六日; Dallet, *Église de Corée*, vol. II, pp.577, 582~584.

29 『日省錄』李太王丙寅年十月五日・六日・七日;『巡撫營謄錄』卷三 李太王丙寅年十月五日・六日・七日; Dallet, *Église de Corée*, vol. II, pp.577~578, 585~586.

30 『議政府草記』李太王丙寅年九月十四日;『禦洋隨錄』李太王丙寅年九月十四日.

병인양요(續), 제너럴셔먼호 격침 사건,
미국 함대의 강화 공격

프랑스 함대의 원정과 때를 같이 해서 평안도의 대동강과 경기 남양부, 인천부 외해 (外海)에서 각각 양요(洋擾) 사건이 돌발했다. 그 사건들은 각각 독립된 성격을 갖고 있었고, 당시에는 전혀 그 원인을 알 수 없었다.

그 중에서 가장 먼저 출현한 것은 독일 함부르크 시의 상인 에른스트 오페르트(Ernst Oppert)였다. 오페르트의 말에 따르면, 그는 당시 극동 최후의 미개방국인 조선과 무역을 시도해서 큰 이익을 거두려는 의도를 갖고 있었으며 조선에 관해 사전에 주도면밀한 연구를 해 놓고 있었다고 한다. 마침 이태왕 3년 초에 영국 상인 제임스 위톨 (James Whittall)의 호의로 그가 소유한 기선 로나(Rona)[선장 제임스 모리슨(Captain James Morrison)]를 이용할 수 있는 허가를 받았다. 그는 상하이에서 잉커우(營口)로 항행하던 도중, 2월 11일에 조선의 충청도 연안에 나타났고 이튿날인 12일에 충청도 해미현(海美縣) 서면(西面) 조금진(調琴津) 부근에 정박했다. 평신첨사(平薪僉使) 김영준(金泳駿)과 해미현감 김응집(金膺集) 등은 문정을 위해 로나를 임검(臨檢)했다. 오페르트는 로나가 영국 상선으로 통상을 위해 내항했다고 하면서 국왕께 예물을 진헌하고 싶다는 뜻을 알렸지만, 그것은 지방관의 권한으로 결정할 수 없는 사안이었으므로 속히 물러가달라는 요구를 받고 15일에 출항했다.[1]

오페르트는 제1차 항해의 실패에 굴하지 않았다. 로나가 상하이로 귀항한 후, 오페르트는 자력으로 약 250톤의 외륜기선 엠페러(Emperor)를 구입하고 9파운드 포 1문과 소선회포(小旋回砲) 몇 문을 갖추었다. 그리고 선장 제임스(오페르트는 성을 명기하지 않았는데, 아마 앞서 말한 로나 선장 제임스 모리슨이었을 것이다.)와 함께 상하이에서 출항해서 이태왕 3년 6월 26일에 다시 충청도 해미현 조금진 앞바다에 나타나 지방관에게 서신을 바치고 통상 허가를 청원했다. 그러나 해미현감 김응집은 국금(國禁)을 이유로 즉시 이를 거절했다. 그런데 그곳에 정박하고 있을 때 한 조선인이 와서는, 자신은 필리푸스

(Philippus)라는 세례명을 가진 천주교인이라고 하면서 펠릭스 리델 신부의 서한을 들고 구조와 보호를 간청했다. 오페르트는 한강을 거슬러 올라가 경성까지 가려는 마음이 있었으므로 리델 신부와 조선인 사공의 안내를 받아들이기로 약속했다. 그런데 약속한 때가 다 되도록 그들이 도착하지 않자, 오페르트는 지방관의 혐의를 입을 것을 우려해서 7월 2일에 해미현에서 닻을 올렸다.[2]

해미현 앞바다에서 출발한 오페르트 일행은 해도(海圖)도, 물길 안내자도 없이 덕적군도(德積群島)를 지나 한강 어귀에 산재한 무수한 섬과 암초, 모래톱 사이를 측량하면서 서서히 항해하여 7월 10일에 경기 교동부 앞바다에 도착하고 이튿날인 11일에 강화부 월곶진에 닻을 내렸다. 월곶첨사 김필신(金弼信)과 강화부경력(江華府經歷) 김재헌 등은 문정을 통해 그것이 지난번에 충청도 해미현에 출현한 이양선과 동일한 선박임을 확인했다. 정부는 강화부유수 이인기의 치보(馳報)에 따라 역관 이인응(李寅應)과 방우서(方禹敍)를 내려보내서 문정하게 했다. 오페르트 일행은 역관에게 무역을 허가해 줄 것을 간청하고, 또한 경성에 입경하게 해줄 것을 요구했지만 역관은 외국과의 무역은 국금(國禁)일 뿐만 아니라, 게다가 청국의 승인을 받지 않고 독단적으로 결정할 수 없다고 설명했다. 오페르트도 결국 어쩔 수 없이 무역을 단념하고 7월 20일에 월곶진에서 출항해서 상하이로 귀환했다.[3]

오페르트의 제2차 항해가 있은 지 2년이 흘렀다. 그는 그 사이에 로즈 해군소장의 강화부 점령이 구체적인 성공을 거두지 못한 데 크게 실망했다. 또 그는 상하이에 체재하던 중에 스타니슬라스 페롱 신부와 알게 됐다. 그는 페롱 신부의 권유에 따라 제3차 조선 항해를 계획하고, 이태왕 5년 봄부터 그 준비에 착수했다. 그는 먼저 약 1,000톤의 기선(汽船) 차이나[China, 선장 묄러(Moeller)]를 고선(雇船)하고, 페롱 신부 및 그와 함께 도망쳐온 교인 최선일(崔善一)을 안내자로 삼아 상하이에서 출발했다. 그는 목적지를 철저하게 비밀에 부치고 있었다. 오페르트 일행은 이태왕 5년 4월 18일에 충청도 홍주군(洪州郡) 행담도(行擔島)에 도착한 후, 다시 기정(汽艇) 그레타(Greta)로 옮겨 타고 덕산군(德山郡) 구만포(九萬浦)에 상륙했다. 최선일의 아우 최성일(崔性一)과 교인 김여강(金汝江) 등이 일행을 맞이하러 나왔으므로 그들을 길잡이로 삼아 덕산군 관아를 습격해서 군기(軍器)를 탈취했다. 그리고 이날 심야에 덕산군 가동(伽洞)에 남연대원군(南延大院君) 구(球)의 묘소로 가서 바로 발굴(發掘)[1]에 착수했다. 그런데 묘광(墓壙)이 의외로 견고해서

---

1) 원문 그대로 옮겼다.

쉽게 파괴할 수가 없었다. 그 사이에 덕산군수 이종신(李鍾信) 등이 서리와 백성들을 이끌고 왔으므로 발굴을 단념하고 4월 19일 새벽에 구만포로 돌아갔다. 그리고 기정 그레타를 타고 도망쳐서, 20일에 행담도 앞바다에서 본선으로 옮겨 탄 후 출발했다.[4]

기선 차이나는 4월 21일에 영종진 앞바다에 정박했다. 이양선의 출현에 대비해서 경계를 엄중히 하고 있던 영종첨사 신효철(申孝哲)[신철균(申哲均)]은 바로 문정을 지시했다. 오페르트는 다음 문서를 제출해서 덕산의 작변은 전적으로 양인(洋人)을 살해한 것에 대한 보복이라고 성명하고, 속히 대관 1명을 보내서 상의할 것을 요구했다.

> 번거롭게 서봉(書封)을 조선국 대원위 좌하(座下)께 올립니다.
>
> 삼가 여쭙니다. 남의 장지(葬地)를 파는 것이 비례(非禮)에 가까우나 간과(干戈)를 움직여서 백성을 도탄에 빠지게 하는 것보다는 낫습니다. 그러므로 부득이 행한 것입니다. 본래는 관(棺)을 모시려고 했지만 생각에 필시 과도하다고 여겼습니다. 그러므로 우선 정지한 것이니, 이 어찌 경례(敬禮)의 도가 아니겠습니까? 결코 멀리서 온 사람들의 힘이 미치지 못했을 것이라고 의심하지 마십시오. 우리 군중(軍中)에 어찌 석회를 파괴할 기계가 없겠습니까? 그러나 귀국의 안위가 장차 존가(尊駕)[2]의 처분에 달려 있으니, 만약 국가를 위하는 마음이 있다면 대관 1명을 보내서 양책을 도모하게 하십시오. 만약 집미(執迷)[3]해서 결단하지 못한 채 4일이 지나면 저희들은 돌아갈 것입니다. 오래 지체하지 마십시오. 며칠이 되지 않아 필시 국가가 위태롭게 되는 환난을 당할 것입니다. 그러한 때를 당해서 후회하는 상황을 면하신다면 매우 다행이겠습니다.
>
> 무진년 4월 21일 독일[조리방(朝里荼)] 수군독(水軍督) 오페르트[吳] 배(拜)[5]

사태가 극히 중대했으므로 첨사 신효철은 이 서한을 조정에 올려 보냈으나, 대원군은 영종첨사의 이름으로 이를 환송(還送)하고, 덕산에서의 굴묘(掘墓)가 사람의 도리에 어긋난 것임을 엄중히 힐책하게 했다.

영종첨사의 회답서가 도착하지 않은 사이에 오페르트는 영종진에 입성하려고 했다. 첨사 신효철은 군교(軍校)를 크게 소집해서 이를 막았고, 양자 사이에 충돌이 빚어졌다. 오페르트는 중과부적으로 필리핀인 선원 2명의 사체를 남긴 채 배를 타고 물러갔다. 영

---

2) 존가(尊駕): 상대에 대한 경칭(敬稱)
3) 집미(執迷): 고집을 부려서 깨닫지 못함

종첨사는 이양인(異樣人)의 수급(首級)을 경성에 올려 보냈는데, 대원군은 그것을 경성을 시작으로 팔도에 회시(回示)[4]하라고 명했다.[6]

오페르트의 제3차 항해에 관해서는, 그의 기록에서도 주도면밀하게 목적을 감추고 있고 행동 등도 가능한 한 애매하게 기술되어 있다. 아마도 페롱 신부 등이 최선일 등에 게서 덕산의 남연군 묘소에 많은 보물이 매장되어 있다는 말을 듣고는 그것을 오페르트에게 전했던 것 같다. 오페르트의 목적은 첫 번째로 보물의 탈취, 두 번째로 프랑스인 선교사 학살에 대한 보복으로 남연군의 유체를 꺼내서 대원군을 위협하는 데 있었던 것 같다. 아무튼 묘지를 파헤쳐서 매장된 보물을 도둑질하는 것은 가톨릭교에서도 중대한 죄악으로 간주된다. 오페르트의 주장대로 페롱 신부가 이러한 의견을 냈으리라고는 믿기 어렵다.[7]

덕산의 작변은 대원군을 격분하게 했을 뿐만 아니라 분묘를 신성시하는 조선 국민 전부를 경악하게 만들어서 배외사상을 더욱 자극하는 결과를 초래했다.

오페르트 사건과 거의 동시에 발생했으며, 보다 중대한 성격을 가지는 것이 미국 상선 제너럴셔먼호(General Sherman) 격침 사건이다. 처음에 미국 상인 프레스턴(W. B. Preston)이 조선과의 직접 통상을 계획하고, 톈진에 있는 영국의 메도우즈 상회 (Meadows & Co.)와 협력해서 스쿠너형 범선 제너럴셔먼을 의장(艤裝)했다. 선장은 미국인 페이지(Page), 일등항해사는 미국인 윌킨슨(Wilkinson)이었고, 역부로 메도즈 상회 사원 영국인 조지 호가스(George Hogarth), 하급 선원으로 지나인 13명과 흑인 2명이 승선했다. 또 통역원으로 영국 성공회파 선교사 로버트 토머스[Robert Thomas, 최난헌(崔蘭 軒)]가 탑승했다. 토머스 신부는 일찍이 조선 전교의 희망을 품고, 리델 신부를 따라 온 조선 교인들에게 즈푸에서 조선어를 배웠다고 한다.[8]

범선 제너럴셔먼호는 이태왕 3년 6월 18일(1866년 7월 29일)에 톈진에서 출항해서 즈푸에 기항했다가 7월 7일에 대동강 어귀에 도착했다. 그리고 서서히 거슬러 올라가서 황해도 황주목(黃州牧) 삼전면(三田面) 송산리(松山里) 앞바다 급수문(急水門)에 임시 정박했다. 황주목사 정대식(丁大植)과 역관 이용숙(李容肅) 등의 문정에 대해, 선장과 역부는 토머스 신부와 청국인 이팔행(李八行)의 통역필담으로 이 배는 영국, 미국, 청의 3개국 상인이 탄 상선으로서 조선의 특산물과 서양 화물을 교역하기 위해 내항했으며 어떤

---

4) 회시(回示): 원래 죄인을 끌고 다니면서 여러 사람들에게 돌려 보이는 것을 말한다.

다른 뜻도 없다고 설명했다. 목사는 외국 선박이 내해에 진입해서 무역을 하는 것은 국금(國禁)에 해당한다고 효유(曉諭)했지만, 선장 등은 명에 따르지 않았다. 7월 13일에는 벌써 평양부(平壤府) 하류에까지 도달했다. 평안도관찰사 박규수는 평안도중군(平安道中軍) 이현익(李玄益)과 평양부서윤(平壤府庶尹) 신태정(申泰鼎) 등을 보내서 문정하게 했다. 토머스 신부와 이팔행 등은 무역을 위해서 왔다고 하고, 또 프랑스인 선교사 살해의 이유를 질문했다. 중군 등은 천주교와 예수교(耶蘇敎) 모두 국금에 해당하며, 교역 또한 엄금한다고 답하고는 즉시 물러갈 것을 명했다.[9]

당시 상류 지방의 폭우와 고조(高潮)로 인해 대동강의 물이 크게 불어났으나, 평양 지방에는 비가 내리지 않았기 때문에 제너럴셔먼호 선장 페이지는 그것이 평수위(平水位)라고 생각했다. 그리고는 물살을 타고 계속 상류로 거슬러 올라갔다. 중군과 평양부서윤 모두 중지할 것을 명했지만 전혀 따르지 않았다. 7월 16일에는 이미 만경대(萬景臺)를 지나 한사정(閑似亭) 상류로 이동해서 정박했다. 그리고 계속해서 보트를 풀어서 상류로 향하게 했으므로 중군 이현익은 작은 배를 타고 그것을 추격했다. 제너럴셔먼호의 선원들은 중군이 탄 배를 역습해서 이현익을 사로잡은 다음에 본선에 구치했다. 만일의 경우를 대비해서 인질로 삼았던 것 같다. 평양에서는 크게 당황해서 서윤 신태정을 본선에 보내 중군의 석방을 교섭하게 했지만 거절당했다. 중군이 구류됐다는 소식은 평양의 군민(軍民)을 크게 격분시켰으며, 7월 19일에는 이들이 대동강변에 모여서 활과 총을 난사하고 돌덩이를 집어 던지는 상황에 이르렀다. 제너럴셔먼호도 형세가 불온함을 보고는 돌아갈 채비를 했다. 그런데 평양부 양각도(羊角島) 아래쪽에 이르렀을 때, 이미 대동강의 물이 빠져서 흘수(吃水)가 깊은 대형 선박은 항행할 수 없게 됐다. 이날 양각도에서 군교(軍校)와 선원 사이에 충돌이 발생했고, 중군 이현익은 무사히 구조됐다.[10]

7월 20일부터 22일까지 제너럴셔먼호는 양각도 서쪽 강변에서 반(半) 좌초된 상태로 있었다. 22일에 철산부사(鐵山府使) 백낙연(白樂淵)이 평양에 도착했으므로 평안도관찰사 박규수는 백낙연을 평안도중군(平安道中軍)에 차하하고 평양부서윤 신태정과 함께 제너럴셔먼호를 공격하게 했다. 그리고 관찰사 자신도 강변에 나가 전투를 독려했다. 제너럴셔먼호는 거의 움직일 수 없는 상황이었음에도 총포를 쏘면서 용감하게 방전(防戰)했기 때문에 쉽게 격파할 수 없었다. 박규수는 화공을 명했지만, 그들은 교묘하게 선박을 조종하면서 화선(火船)의 접근을 허락하지 않았다. 결사 항전은 나흘간 지속됐다. 7월 24일(1866년 9월 2일)이 되자, 이미 탈진한 제너럴셔먼호의 선원들은 화선(火船)이 불을 붙이는 대로 방치할 수밖에 없는 상황에 이르렀다. 토머스 신부와 청국인 1명은 백기를 내걸고 목숨을 살려줄 것을 애원했지만 끝내 분격한 군중에게 참살되었고, 선주 프레스턴, 선장 페이지 이하 탑승원들도 본선과 운명을 같이 했다.[11] 육상에서도 조선인 사상자 13명이 발생했다.

평양의 첩보가 도착하자 대원군은 이를 크게 가상(嘉賞)하고, 박규수, 백낙연, 신태정에게 가자(加資)하는 한편, 청 예부에 자회(咨會)해서 양이초멸(洋夷剿滅)을 보고했다.[12]

제너럴셔먼호 탑승원들이 전멸했으므로 그들의 비참한 운명을 본국에 전해줄 사람이 없었다. 우연히 프랑스 함대의 제1차 원정에 종군하고 있던 펠릭스 리델 신부가 9월 22일에 군함 프리모게에 승선해서 물치도 앞바다에 정박하고 있을 때, 앞에서 언급한 선주 송운오 등이 이 함선을 내방했는데, 그를 통해 음력 7월 중에 평양에서 서양 선박 1척이 격침됐다는 소식을 들을 수 있었을 뿐이다. 이 함대가 즈푸에 귀항한 후 이 소문이 널리 퍼졌다.[13]

제너럴셔먼호의 소식이 없는 것을 진작부터 우려하고 있던 톈진 메도우스 상회에서는 그 서양 선박이 제너럴셔먼호일 것으로 추정하고, 1866년 10월 27일(이태왕 3년 9월 19일)에 주청 미국 특명전권공사 앤슨 벌링게임(Anson Burlingame)에게 진상 조사와 조선 정부에 손해배상을 요구해 줄 것을 진정했다.[14]

이보다 앞서 10월 15일에 미국공사관 일등서기관 새뮤얼 웰스 윌리엄스(Samuel Wells Williams)는 청 총리아문을 방문해서, '범선 제너럴셔먼호가 조선에서 항행하던 중 행방불명되었는데, 최근 소식에 따르면 서양 선박이 조선 근해에서 소훼(燒毁)되고 탑승원 24명이 체포됐다고 한다. 그 선박이 제너럴셔먼호는 아닌가? 총리아문에서 조선에 조회해서 생존 선원을 봉천장군(奉天將軍)에게 보내게 한 다음에 잉커우(營口) 주재 미국 영사에게 인도해주길 바란다.'라고 요청했다.[15] 총리아문에서는 '올해 7월의 양이 초제(洋夷剿除)에 관한 조선국왕의 자문을 살펴보니, 조선 평양부에서 불법을 자행하다가 인원과 선박 모두 불에 타고 물에 빠진 것은, 스스로 영국인 최난헌(崔蘭軒)이라고 했으니 미국 선박은 아니다.'라고 답했다. 이 때문에 총리아문은 10월 27일에 조선국왕에게 이자(移咨)해서 사실 조사를 요구하고, 또 함부로 외국과 흔극(釁隙)[5]을 열지 말라고 계칙(戒飭)했던 것이다.[16]

---

5) 흔극(釁隙): 남에게 트집을 잡을 수 있는 허물이나 분쟁의 단서(端緖). 또는 분규(紛糾)나 재앙을 뜻하기도 한다.

총리아문의 조회는 11월 중에 도착했다. 대원군은 바로 회자(回咨)해서, 미국 상선 격침 운운하는 것은 영국 선박의 와전일 것이라고 설명하고, 또 거친 용어를 써서 양이초멸(洋夷剿滅)을 주장하고 총리아문의 계칙을 반박했다.

폐방(敝邦)은 영국, 프랑스 두 나라와 본래 교섭하지 않으니 어찌 실화(失和)한 일이 있겠습니까? 통상과 전교(傳敎)는 방금(邦禁)에 따라 거절한 것이요, 교사(敎士)는 이국(異國)의 유민(莠民)[6]들이 변복하고 백성을 광혹(誑惑)케 해서 척제(斥除)했을 뿐입니다.

대체로 천하 각국이 서로 정전(征戰)할 때는, 반드시 먼저 소상히 실정을 연구하고 분명히 흔단(釁端)을 잡은 후에야 비로소 군대를 일으킬 수 있는 법입니다. 그런데 지금 프랑스 인들은 우리가 아직 대비가 되어 있지 않은 것을 보고 강화부에 틈입(闖入)[7]해서 온 성을 불태우고 재화를 약탈했으니, 이는 일개 강제로 빼앗는 잔포(殘暴)한 도적일 뿐입니다. 통상이란 것이 과연 이와 같습니까? 전교라는 것이 과연 이와 같습니까?

오래지 않아 두령이 섬멸당해서 돛을 올리고 달아났지만 그 후의 종적은 헤아리기 어렵습니다. 오직 의(義)를 지키고 준비를 갖추어 성신(誠信)을 다하도록 힘쓸 뿐이로되, 병비(兵備) 배상에 관한 한 가지 일에 있어서는 예부와 총리아문의 사려가 이해(利害)에까지 미친 것에 힘입었으니, 참으로 크게 감명했습니다. 그러나 프랑스인들이 폐방에서 약탈한 탕축(帑蓄)과 융기(戎器)의 수가 적지 않으니, 폐방이 프랑스에 배상을 요구하는 것은 그래도 괜찮지만 프랑스가 폐방에 배상을 요구하는 것은 어찌 이런 일이 있습니까? 양인(洋人)의 통상과 전교, 배상에 관련된 모든 일은 소방(小邦)의 민정(民情)과 국세(國勢)가, 설령 몇 년간 양이로부터 곤란을 겪게 되더라도 결단코 행할 수 없습니다. ○상략, 하략17

벌링게임 공사는 외교적 수단과 함께 미국 아시아함대 사령관 해군소장 헨리 벨(Henry Haywood Bell)에게 통첩해서 휘하 군대를 조선의 서해안에 파견하여 제너럴셔먼호 사건을 조사해줄 것을 의뢰했다. 벨 사령관은 와츄세트(Wachusett) 함장 해군중령 로버트 슈펠트(Robert W. Shufeldt)에게 명령을 내렸다. 이에 와츄세트 호는 1867년 1월 21일(12월 26일)에 즈푸에서 출항해서 일단 대동강 어귀로 향했다가, 다시 결빙을 피해서 같은 달 23일(12월 28일)에 황해도 장연현(長淵縣) 오차포(吾叉浦)로 갔다. 그리고 거주민에게 서한을 맡기면서 제너럴셔먼호의 소식을 묻고, 만약 탑승원 가운데 생존자가 있

---

6) 유민(莠民): 흉악해서 파괴를 일삼는 자
7) 틈입(闖入): 기회를 엿보다가 느닷없이 쳐들어가는 것

으면 인도해줄 것을 요구했다. 장연현감 한치용(韓致容)은 회답서를 보내겠다고 약속했지만 함장의 질문에 대해서는 아무 것도 모른다고 답변했다. 그런데 마을 주민이 서양 선박이 평양 앞바다에서 불에 타서 침몰하고 탑승원 전원이 오살(鏖殺)된 사실을 알려주었다고 한다. 슈펠트 함장은 이를 제너럴셔먼호의 조난을 확인한 것으로 간주해서, 현감의 회답을 기다리지 않고 귀항해서 사령관에게 복명했다.[18]

군함 와츄세트에 편승한 청국인 뱃사공 우문태(于文泰)는 와츄세트가 장연현에 정박해 있을 때 조선인 김자평(金子平)으로부터 제너럴셔먼호의 탑승원 가운데 서양인 2명과 청국인 2명이 평양에 구류되어 있다는 풍설을 들었다고 한다. 그것은 아무 근거가 없는 풍설에 지나지 않았지만, 진위를 확인할 방법도 없었으므로 미국 임시대리공사 웰즈 윌리엄스는 이태왕 5년 2월에 포로가 된 선원이 있으면 석방 및 보호 수단을 취해줄 것을 총리아문에 요청하고, 아시아함대 사령관 해군대장 골즈보로(J. R. Goldsborough)에게 조선에 군함을 파견해서 진상을 조사해 줄 것을 의뢰했다. 골즈보로 해군대장의 명에 따라 군함 셰넌도어(Shenandoah) 함장 해군중령 존 페비거(John C. Febiger)는 이태왕 5년 3월에 즈푸에서 출항하여 대동강을 거슬러 올라가 같은 달 18일에 황해도 삼화부(三和府) 앞바다에 임시 정박했다. 삼화부사 이기조, 장연현감 박정화(朴鼎和) 등은 문정을 위해 함선에 왔으나, 함장은 경계를 엄중히 하면서 함선에 오르는 것을 허락하지 않고, 오로지 조회를 전달하면서 책임 관헌의 회답만을 요구했다. 지방관은 전년에 와츄세트호 함장 슈펠트 해군중령 앞으로 보낸 황해도관찰사 박장휘(朴長輝)의 회답 서계 등본을 전하면서 제너럴셔먼호 격침 사건의 상세한 내막을 알리고, 또 김자평을 체포해서 효수하는 것으로 그의 말이 사실이 아님을 입증하려고 했지만 페비거 함장은 쉽게 믿지 않았다. 함장은 한 달 남짓 대동강 부근에 머무르면서 수로를 상세하게 측량한 다음에 귀항했다.[19]

제너럴셔먼호 사건은 마지막까지 확인되지 않았지만, 평양 군민(軍民)에 의해 침몰된 것만큼은 의심할 여지가 없었으므로 이 사건을 계기로 조선 연안에서 조난당한 미국 국민의 생명과 재산의 보호가 미국 아시아함대 수뇌부 사이에서 고려되기 시작했다. 당시 아시아함대 사령관 해군소장 스테판 로언(Stephen C. Rowan)과 그의 후임 해군소장 존 로저스(John Rodgers)는 고(故) 해군대장 매슈 페리의 일본 원정의 전례에 따라, 강력한 해군력을 이끌고 조선으로 가서 조약을 체결하는 것을 계획하고 해군장관에게 상신했다. 로저스 해군소장은 자신이 조선에 파견되는 특파사절로 임명될 것을 기대했지만,

미국 국무당국에서는 해군사관보다는 외교관이 적임이라고 생각하고 주청(駐淸) 특명전권공사 프레더릭 로우(Frederick F. Low)를 선임했다. 이 인선은 청 총리아문과의 협조를 고려한 것이었다. 단, 로우 공사는 이번 임무에 관해 일일이 아시아함대 사령관과 협의하라는 명령을 받았다.

로우 공사는 국무장관의 훈령에 기초해서 1871년 2월 11일(이태왕 7년 12월 22일)에 총리아문을 방문했다. 이 자리에서 그는 미국 정부가 곧 조선에 함대를 파견해서 조약을 체결할 의향이 있으니 이러한 뜻을 조선 동지사에게 전해 달라고 요청했다. 하지만 총리아문에서는 조선은 예부의 소관이라서 총리아문에서 직접 교섭하기 어렵다는 이유로 이 요청을 거절했다. 로우 공사는 두세 차례 더 총리아문을 찾아갔는데, 특히 3월 7일에는 자신이 조선 겸근(兼勤)의 명을 받아서 아시아함대 사령관과 함께 함대를 이끌고 조선으로 출발할 예정임을 알리고, 조선국왕 앞으로 보내는 신함(信函)을 대신 전달해 줄 것을 요청했다.[20]

대아메리카 합중국(大亞美理駕合衆國) 흠명출사조선지공사(欽命出使朝鮮之公使) 로우[鏤]가 본국 군주를 대신해서 조선국 군주의 안부를 여쭙니다.

종래로 본국 상선이 일본, 중국, 미국의 해양을 올 때는 반드시 귀국을 경과해야 합니다. 그런데 혹 짙은 안개를 만나서 선박이 위험에 빠지거나 주서(洲嶼)[8] 사이에서 길을 잃어서 경로를 찾기 어려우면 다른 사람이 물로 끌어내야 하며, 혹 선박이 누수돼서 보수가 필요하거나 침몰한다면 다른 사람이 구원해주어야 하며, 혹 음식물을 찾거나 구매할 때는 모두 상륙해서 각각의 일을 인도(人道)로써 서로 대해야 하니, 그렇다면 미국과 귀국은 막연하게 서로 상관하지 않는 형세가 아닌 것입니다. 본국의 상례(常例)는, 다른 나라에 간 상민이나 선원이 간고(艱苦)를 받고 있음을 알게 되면 차마 좌시하지 않고, 설법(說法)하여 보호할 방법을 생각합니다. 그러므로 본 대신을 파견해서, 잠깐 중화(中華)에 주재(住在)하는 임무에서 벗어나 귀국으로 가서 이 일을 상의하게 한 것입니다.

20여 년 전에 일본국에서 미국 선원을 수폐(瘦斃)[9]한 일이 있었습니다. 그 후 계축년[10]에 미국에서 수사제독(水師提督)에게 공사 임무를 맡겨서 일본에 파견해 화약(和約)을 수립했습

---

8) 주서(洲嶼): 강어귀에 삼각주처럼 흙과 모래가 퇴적되어 이루어진 섬
9) 수폐(瘦斃): 죄수가 옥중에서 야위어 죽는 일
10) 1853년을 가리킨다.

니다. 그런데 지금까지 양국 사이에 추호의 흔단(釁端)도 생기지 않았으니, 그 판법(辦法)[11]이 매우 좋았음을 알 수 있을 것입니다. 귀국의 경우는, 병인 연간에 미국 상선 2척이 있었습니다. 1척은 경내에서 태풍을 만났을 때 구호를 받아서 사람은 살고 배는 침몰했습니다. 그런데 다른 1척은 경내에서 해를 당해서 사람은 죽고 재화는 사라졌습니다. 본국은 알지 못하겠습니다. 귀국은 미국 기호(旗號)[12]를 알지 못하는 것입니까? 하나는 구조하고 하나는 해친 것이, 어쩌면 그리도 차이가 현격한지 알 수 없습니다.

이에 그 근본 원인을 신문(訊問)하여 일본국의 일과 동일하게 처리하고자 합니다. 그러므로 본 대신과 수사제독은 병선 한 부대에 올라타고서 체통을 엄숙하게 할 것이니, 이는 위무(威武)를 과시하기 위함이 아니요, 귀국에 가서 교섭을 상의하기 위한 것입니다. 이후로 미국 선박이 경내에서 일체의 고난을 만날 경우 어떻게 설법(說法)해서 구원할 것인지 하루 빨리 도모해서, 미국 상인의 피해로 인한 흔단(釁端)을 피하는 것이 후환을 예방하는 일입니다. 본국은 상민과 선원을 체휼(體恤)[13]해서, 다른 나라가 임의로 기모능학(欺侮陵虐)[14]하는 것을 매우 원치 않습니다. 장래 병선이 경내에 들어가더라도 귀국이 의려(疑慮)를 품어서 평민을 놀라게 하는 일이 없게 하십시오. 본국은 화목으로써 왔으니, 화목으로써 대해주길 바랍니다. 만약 여러 가지 방법으로 거절한다면 실로 불목(不睦)을 초래할 것이니, 이는 또 누구를 탓해야겠습니까? 본국과 중국의 관계로 말하자면 일찍부터 양우(良友)가 되었으니, 먼저 이 신함(信函)을 대신 전달해줄 것을 부탁해서 나라의 뜻을 알리는 것입니다. 대략 2, 3개월 내로 본 대신 등이 연해에 들어갈 것이니, 귀국 대관과 연해에서 일체 사무를 상판(商辦)하길 바랍니다.

오직 이로써 조선국 군주에게 통지하니, 생각건대 필시 이러한 행동을 매우 좋다고 여기실 것입니다. 만복을 축원합니다.

신미 정월 17일, 즉 성세(聖世) 1871년 3월 7일

이 서함의 정문(正文)은 양자(洋字)이나, 한자로 번역해서 읽기 편하게 합니다.[21]

총리아문의 기정방침은 조선의 정교금령(政敎禁令) 일체는 그 자주(自主)에서 연유한다는 것이었으므로 이번의 조미교섭도 간여하기를 원치 않았지만, 이번에 미국 공사의 요청을 거절한다면 조선은 미국 함대의 내항 이유를 알지 못해서 중대한 위기를 초래할 우려가 있었다. 이에 미국 공사의 신함(信函)을 대신 전달해주기로 결정하고, 칙재(勅裁)

---

11) 판법(辦法): 문제의 처리, 해결 방법
12) 기호(旗號): 국기(國旗)
13) 체휼(體恤): 상대방의 처지가 돼서 동정하거나 돌보는 일
14) 기모능학(欺侮陵虐): 기모(欺侮)는 남을 속이고 모욕한다는 뜻, 능학(陵虐)은 업신여기고 학대한다는 뜻이다.

를 거친 후에 예부로 넘겨서 조선에 전달하게 했다.

미국 공사의 신함은 이태왕 8년 2월 21일(1871년 4월 10일)에 도착했다. 대원군은 원래 미국과의 교섭에 응할 뜻이 없었으므로 당일로 자복(咨覆)해서 배외정책을 분명히 했다.

이제 이 미국 공사의 봉함(封函)에서 "하나는 구조하고 하나는 해친 이유를 알 수 없다."고 한 것은 어째서입니까? "상민과 선원을 체휼(體恤)해서 다른 나라가 임의로 기모능학(欺侮陵虐)하는 것을 원치 않는다."고 한 것은, 실로 사해만국(四海萬國)이 똑같이 그렇게 하는 바입니다. 그 나라가 다른 사람의 능학(陵虐)을 받기를 원치 않음과 본국이 다른 사람의 능학을 받기를 원치 않음은, 입장을 바꿔놓고 생각해보면 실로 차이가 없으니, 그렇다면 여기서 평양하(平壤河)에서 선박이 멸몰(滅沒)을 자초한 것은 변설하지 않더라도 그 이유를 알 수 있을 것입니다. 천하 사람들에게는 본디 공론(公論)이 있으며, 상제와 귀신의 감림(監臨)하심을 두려워할 만합니다. 미국 상선이 만약 우리나라 사람을 능학하지 않았더라면, 조선 관민(官民)이 어찌 먼저 다른 사람에게 능학을 가하려고 했겠습니까?

지금 온 신함(信函)에 화목으로써 대해주길 바란다고 했습니다. 절해수역(絶海殊域)에 만약 호의로 관계하길 원한다면, 대조(大朝)[15]의 유원(柔遠)의 덕의(德義)를 체행해서 접응(接應)하여 돌려보냄에 그 도(道)가 없는 것이 아니거늘, '상판교섭(商辦交涉)'이라고 하고 있으니, 알지 못하겠습니다. 그 상판하기를 원하는 것은 무슨 일이며, 교섭하고자 하는 바는 무엇입니까?

대체로 인신(人臣)에게는 의리상 외교(外交)가 없습니다. 만약 조난당한 객선(客船)이 있으면 위휼(慰恤)하고 호송함에 비단 나라에 항규(恒規)가 있을 뿐만이 아니요, 또한 성조(聖朝)의 심인(深仁)을 체행하고 있으니, 상판(商辦)을 하지 않더라도 의려(疑慮)가 없을 것임을 보장할 수 있습니다. 그러나 혹시 호의를 갖지 않고 와서 제멋대로 능학한다면, 이를 막고 초제(剿除)하는 것은 또한 천조(天朝)[16] 번병(藩屛)[17]의 직분입니다. 미국 관변(官弁)은 다만 제 백성을 단속해서 비리(非理)로 서로 간여치 못하게 하면 될 뿐이니, 교섭 여부를 어찌 다시 논할 것이 있겠습니까?

종전에 다른 나라들이 조선의 풍토와 물산을 알지 못해서 매번 통상이라는 말로 와서 얽은 것이 여러 차례였습니다. 그러나 본국은 결코 시행할 수 없고 객상(客商) 또한 이익 될 바가

---

15) 대조(大朝): 중국 조정을 가리킨다.
16) 천조(天朝): 성조(聖朝). 중국 조정을 가리킨다.
17) 번병(藩屛): 울타리

없음은 일찍이 동치(同治) 5년에 자문을 통해 진술했습니다. 폐방(敝邦)이 바다 모퉁이에 치우쳐 있고 나라가 작음은 천하가 모두 아는 바입니다. 백성은 빈곤하고 재화는 적으며, 금은 주옥(金銀珠玉)은 원래 토산물이 아니요, 미율포백(米栗布帛)은 그 풍족함을 보지 못했습니다. 온 나라의 산물이 한 나라의 쓰임을 지탱하기에도 부족하니, 만약 다시 해외로 유통해서 역내의 재화를 다 닳게 해서 없앤다면, 한 줌밖에 되지 않는 강토는 반드시 위태로워져 보존하기 어렵게 될 것입니다. 더구나 나라의 풍속이 검루(儉陋)하고 공수(工手)가 거칠고 졸렬해서 어느 하나의 화물도 다른 나라와의 교역을 감당할 수 있는 것이 없습니다. 본국이 결코 시행할 수 없음이 이와 같고, 객상 또한 이익 될 바가 없음이 저와 같은데, 매번 통상하려는 뜻을 갖는 것은 아마도 다른 나라 원인(遠人)들이 소상하게 알지 못해서 그러할 것입니다.

이제 이 미국 공사의 봉함이 비록 아직 발단(發端)하지는 않았으나, 이미 '상관교섭'을 요구했으니 혹시 이러한 일들을 위한 것이 아니겠습니까? 조난당한 객선(客船)을 전례에 비추어 구호하는 것은 다시 번거롭게 강확(講確)할 필요가 없고, 이외의 사건은 별도로 상관(商辦)할 것이 없으니 한갓 왕래하는 노력을 허비할 필요가 없습니다.○상략, 하략 22

로우 공사와 로저스 사령관은 청 총리아문을 통해 조선에 발송한 신함(信函)이 반드시 상당한 효과가 있을 것으로 믿었다. 따라서 그 회답을 기다리지 않고 출발하기로 결정하고, 우선 1871년 5월에 나가사키에 휘하 함선을 집중시켰다. 당시 아시아함대는 기함(旗艦) 콜로라도(Colorado), 코르베트함 알래스카(Alaska)와 베니시아(Benicia), 그리고 포함 팔로스(Palos)와 모노카시(Monocacy)의 5척으로 구성됐다. 구비된 함포는 총 85문, 승무원은 1,230명에 달했다. 그런데 3척의 대형 코르베트함은 구식이고 둔중해서 어려운 상륙 작전에는 적합하지 않았다고 한다.23

로우 공사와 그 수행원들은 기함 콜로라도에 탑승하고, 로저스 해군소장의 지휘하에 1871년 5월 16일(이태왕 8년 3월 27일)에 나가사키에서 출항했다. 그리고 이태왕 8년 4월 1일(1871년 5월 19일)에 충청도 해미현 앞바다에 도달하고, 4월 3일에 짙은 안개를 헤치고 경기 남양부 풍도(楓島) 앞바다에 닻을 내렸다. 남양부사 신철구(申轍求)가 문정을 위해 기함을 방문했는데, 로우 공사는 부사에게 한 봉의 서한을 전달하면서, '미국 공사가 조선 대관과 교섭하기 위해 도착했다. 지금은 수로가 분명치 않기 때문에 측량 중에 있다.'는 말을 전달하게 했다. 4월 8일, 전 함대는 부평부 물치도(勿淄島) 앞바다로 정박지를 변경했다.

정부에서는 남양부사의 급보를 받고 4월 10일에 한학역관(漢學譯官)을 인천에 급파했다. 로우 공사는 문정역관이 미관(微官)[18]이라는 이유로 자신과의 회견을 허락하지 않고, 서기관 대리[전 주장해관(九江海關) 세무사] 에드워드 드류[Edward B. Drew, 덕수(德綏)]에게 명하여 문정관과 회견하게 했다. 드류 서기관은 공사의 명에 따라 조선 대관과의 회견을 요구하고, 또 함정을 분파해서 근해를 측량하는 일이 있더라도 연해 주민에게 위해를 가하는 것이 아니라고 설명했다.[24]

4월 14일, 로저스 사령관은 무장한 기정(汽艇) 4척을 분파해서 염하(鹽河)를 측량하고, 흘수(吃水)가 깊은 포함 팔로스와 모노카시로 이들을 엄호하게 했다. 그리고 군함 알래스카 함장 해군중령 호머 블레이크(Homer C. Blake)를 소함대 지휘관에 임명했다. 측량정대(艇隊)는 항산도(項山島)를 우회해서 염하를 측량하고, 손돌목의 거센 조류를 통과해서 북상했다. 당시 손돌목은 강화부의 관문이었으므로 경계가 엄중해서 노인(路引)[19]을 소지하지 않은 선박은 공사를 불문하고 일체 통과를 불허하는 것이 규정이었다. 그런데 미국 소함대가 손돌목을 돌파하는 것을 보고 먼저 광성보(廣城堡)에서 포격을 개시했으며, 덕포진(德浦鎭)과 초지진(草芝鎭)에서도 발포했다. 블레이크 해군중령은 곧바로 응전하는 한편, 측량정(測量艇)을 수습해서 퇴각했다. 이 소규모 전투에서 덕포진 포군(砲軍) 1명이 전사했다.[25]

병인년 프랑스 함대의 공격 경험을 통해 대원군은 강화부 일대의 방비를 개선하고 병력을 증가시켰다. 따라서 5년 전과는 전혀 상황이 달라져 있었다. 미국 함대의 도착과 동시에 대원군은 강화부유수 겸 진무사 정기원(鄭岐源)에게 경계를 엄중히 할 것을 명하고, 4월 14일에는 전 병사(兵使)[20] 어재연(魚在淵)을 진무사중군, 이창회(李昌會)를 강화부판관에 차하했다. 그리고 훈련도감 보군(步軍) 2초(哨), 금위영과 어영청 등 각영(各營)의 보군 3초, 별파진(別破陣) 50명과 함께 대량의 병기와 탄약, 새로 주조한 대포 등을 강화부로 보냈다. 또 이렴(李濂)을 초지첨사, 최경선(崔敬善)을 덕포첨사에 임명해서 개전에 대비했다.[26]

이윽고 4월 14일에 포화가 작렬하기 시작했다. 다음 날인 15일에 대원군은 강화부유수 겸 진무사 정기원의 이름으로 미국 공사에게 조회를 보내서, 제멋대로 국금(國禁)을

---

18) 미관(微官): 보잘것없는 낮은 벼슬자리
19) 노인(路引): 관청에서 병졸이나 행상 등에게 발급하던 여행 허가증
20) 병사(兵使): 병마절도사(兵馬節度使)의 준말

범하면서 내하(內河)에 침입하여 발포한 것을 힐책하는 한편, 청 예부로 보낸 회자(回咨)의 등본을 첨부해서 교섭을 거절한다는 뜻을 분명히 했다.[27]

4월 14일의 소전투는 로우 공사와 그 함대에는 의외의 사건이었다. 로우 공사의 임무는 조선 정부와 평화적 교섭을 하는 데 있었지 전투가 목적이 아니었다. 이 때문에 이미 청 총리아문을 경유해서 그 임무를 미리 통지했을 뿐만 아니라 조선 근해에 들어온 후에도 문정 지방관과 역관에게 거듭 성명하고, 또 기정(汽艇)의 소항(溯航)은 수로 측량을 목적으로 하는 것이지 어떠한 적의도 없음을 설명했던 것이다. 미국 정부의 평화 의지가 충분했음에도 불구하고 조선 포대의 갑작스런 발포는 대단히 중대한 사건으로 간주됐다. 로우 공사와 로저스 사령관은 미국 국기에 발포한 것에 대해 어떠한 보복도 없이 물러가는 것은 미국의 위신을 실추시키는 일이라고 생각했다. 하지만 미국 정부의 대조선방침은 평화를 기조로 하고 있었고, 더욱이 본국에서 멀리 떨어진 지역에서 전투를 개시하는 일은 신중하게 결정해야 했다. 로우 공사는 조선 정부가 해당 책임 관헌을 징계하고 자신과 교섭을 개시한다면 문제가 자연스럽게 해결된 것으로 간주할 수 있다고 보고, 그 여유를 주기 위해서 며칠 행동을 연기하기로 했다. 또한 그 사이에 조류가 변하면 군사 행동에 유리해질 것이라는 계산도 있었다. 그런데 그동안 함대는 계속해서 물치도 앞바다에 정박해 있었으므로 필연적으로 조선 지방관과의 교섭이 시작됐다. 4월 15일에 강화부유수 정기원의 조회를 수리하자마자, 공사는 이튿날인 16일에 드루 서기관의 이름으로 그것을 반박하게 했다. "무단 공격한 일에 대해서는 전혀 책임지지 않고, 도리어 단호(袒護)[21]하면서 변강(邊疆)[22] 신하의 직분상 응당 해야 하는 바라고 했습니다. 우리 제헌(提憲)[23]은 원래 포격이 군민(軍民)의 무분별한 행동에서 나온 것이라고 의심했습니다. 귀 조정에서 이 사실을 듣는다면 필시 사견(卸肩)[24]하고자 대원(大員)을 파견해서 회의하려고 할 것입니다. 그러므로 기일을 늦춰서 3, 4일을 더 기다릴 것입니다. 만약 귀 조정에 연접(延接)해서 상판(商辦)할 의사가 없다면 우리 제헌(提憲)은 임의로 행동할 것입니다."[28]

4월 14일로부터 9일이 지나자, 조선 정부에 사죄 의사가 없음이 분명해졌다. 그 사이에 함대의 전투 준비도 완료되고 조류도 유리하게 변했다. 로저스 사령관은 마침내 4월

---

21) 단호(袒護): 원칙이 없이 사사로이 편들거나 비호하는 일
22) 변강(邊疆): 변경(邊境)
23) 제헌(提憲): 로저스 아시아함대 사령관을 가리킨다.
24) 사견(卸肩): 사직, 사퇴. 또는 책임을 회피함. 여기서는 후자의 의미로 쓰였다.

23일(1871년 6월 10일)을 기해서 행동을 개시하기로 결정했다. 소함대 지휘관은 전과 마찬가지로 블레이크 해군중령으로 하고, 함대는 팔로스, 모노카시 그리고 4척의 무장 기정(汽艇)(정포(艇砲) 각 1문을 장착했다.)으로 구성했다. 육상 부대는 3척의 코르베트함에 탑승한 수병과 해병(marine) 450명으로 편성되었고 해군중령 킴벌리(L. A. Kimberley)가 지휘관이 됐다.[29]

4월 23일(1871년 6월 10일) 오전, 블레이크 해군중령은 해군과 육군 두 부대의 최고 지휘관으로서 포함 팔로스에 사령기(司令旗)를 게양하고, 모노카시호와 무장 기정(汽艇)을 이끌고 육전대를 태운 보트를 예항(曳航)하면서 물치도의 정박지에서 출발했다. 정오가 조금 지났을 무렵, 초지진 앞바다에 도달해서 모노카시의 엄호 포격하에 육전대를 상륙시켰다. 조선군은 거의 무저항 상태로 도주했으므로 미국 육전대는 포대를 점령한 후 대포를 물속에 던지고 화약을 불태워 없앴다. 이날 밤은 초지진에서 노영(露營)했다.

4월 24일(1871년 6월 11일) 새벽, 육전대가 전진하기 시작해서 덕진진(德津鎭)을 공격했다. 수비병이 싸우지 않고 궤주했으므로 육전대는 즉시 포대를 무장해제했다. 킴벌리 해군중령은 다시 조선군의 최후 근거지라고 생각된 광성보를 공격했다.

광성보는 진무중군(鎭撫中軍) 어재연이 경군(京軍)을 이끌고 엄중하게 수비하고 있었다. 킴벌리 해군중령은 광성보 뒤에 있는 봉화곡(烽火谷) 일대의 언덕에 포격 대형을 펼치고, 모노카시호도 강화해협을 거슬러 올라가 남성두(南星頭) 부근에 닻을 내리고는 수륙에서 동시에 맹렬한 포격을 퍼부었다. 수비병이 수륙의 집중 포격을 받고 동요하는 기색을 보였으므로, 킴벌리 해군중령은 강습(强襲) 명령을 내렸다. 성내의 조선군은 엽호군(獵虎軍)으로 구성되어 있었는데, 미군을 맞이해서 맹렬한 사격으로 응수했다. 해군대위 휴 맥키(Hugh W. Mckee)가 선두에서 성내로 돌입하다가 중상을 입고 쓰러졌다. 하지만 육전대는 계속 진입해서 조선군과 격투를 벌인 끝에 마침내 이들을 전부 궤주하게 했다. 이 전투는 매우 격렬해서, 진무중군 어재연과 그의 아우 어재순(魚在淳), 진무영천총(鎭撫營千總) 김현경(金鉉暻), 광성별장 박치성(朴致誠) 이하 별무사(別武士) 44명, 어영군(御營軍) 9명이 전사하고, 강화부별무사 24명이 중상을 입었다. 또 별무사 십수 명이 부상을 입고 포로가 됐다. 미국 육전대는 맥키 해군대위(부상으로 사망) 외에 수병과 해병 각 1명의 전사자와 중상자 5명, 경상자 5명을 냈다.

킴벌리 해군중령은 광성보를 점령하고, 막대한 군수품을 노획한 뒤에 그 태반을 파괴하거나 태워버렸다. 그리고 이날 밤 광성보에서 숙영했다.

당초 로저스 사령관의 계획은 4월 14일에 미국 측량정에 포격한 각 포대를 점령, 파괴하고, 24시간 동안 이 상태를 유지하면서 충분히 위력을 과시한 다음에 철수한다는 것이었다. 블레이크 해군중령은 48시간 내에 초지진에서 광성보까지의 전 포대를 점령, 파괴했으므로 당초의 계획을 완전하게 이행한 것으로 판단하고, 4월 25일 아침에 광성진에서 함선에 올라 물치도 정박지에 있는 함대로 개선했다.[30]

광성보 공략과 진무중군의 전사는 조선에게는 큰 타격이었다. 병인년에 가혹한 경험을 했던 경성에서는, 미곡의 운송 두절로 인해 곡가가 날마다 폭등해서 인심의 동요가 쉽게 진정되지 않았다. 그럼에도 불구하고 대원군은 미국 해군이 경성을 공격할 자신은 없을 것으로 짐작하고, 지구책(持久策)을 쓴다면 일시적인 타격은 크더라도 결국에는 병인년의 프랑스 함대와 마찬가지로 퇴각하지 않을 수 없으리라고 확신하고 있었던 것 같다.

로우 공사와 로저스 사령관은 패전에 당황한 조선 정부에서 무엇인가 의사 표시가 있을 것으로 예상하고 있었다. 4월 25일에 부평부사 이기조에게서 조회가 왔다. 그런데 이 조회는 미국 함대가 화호(和好)를 칭하면서도 관애(關隘)[25] 지역을 침범하고 제멋대로 침략을 일삼는 것을 비난했으므로, 4월 27일에 로우 공사는 드류 서기관의 이름으로 조복(照覆)을 보내서 부평부사의 주장을 반박하고, 또 미국 공사가 조선국왕에게 보내는 신함(信函)을 보내면서 대신 진상할 것을 의뢰했다. 이기조는 지방관으로서 조정의 명에 따라 직분상 오직 전수(戰守)만을 위주로 할 뿐, 문서 교섭을 맡을 수는 없다고 하면서 그 수리를 거부했다. 그 뒤로도 양자 사이에 문서 왕복이 계속됐지만, 앞의 말을 반복하는 데 지나지 않았다.[31]

조선 정부가 외교 교섭에 응하지 않으리라는 것이 명료해졌다. 더 이상 대규모 군사 행동을 하는 것은 로우 공사와 로저스 해군소장에게 부여된 훈령에서 벗어나는 일이었고, 실제로 병력도 부족하였다. 처음부터 조선과의 국교 성립에 미온적이었던 로우 공사는 일단 행동을 중지하고 본국 정부에 청훈하기로 결심하고는, 로저스 해군소장의 동의를 얻어 철수를 결정했다. 이에 5월 15일에 드류 서기관의 이름으로 부평부사 이기조에게 공문을 보내서, 조선 정부가 외교 교섭의 임무를 띤 외국 대원(大員)과의 접견을 거절한 것의 불법성을 논하는 한편, 장래 미국 시민이 조선 내에서 조난당하는 일이 생기면 반드시 구조하고 보호해 줄 것을 요구했다.

---

25) 관애(關隘): 요충이 되는 관문

전에 5월 초사흗날 조복(照覆)을 받아보니, 또 귀부(貴府)는 $^{○부평부}$ 공문을 귀 정부에 대신 전달하는 일을 맡지 않겠다고 하고, 다시 폐처(敝處)에서 귀 조정에 전달하려는 말이 있음을 아뢰지도 않겠다고 했습니다. 삼가 생각건대, 양국이 접하는 사이에 왕복 문자(往復文字)의 체제(體制)와 이러한 예의(禮儀)를 변론하는 것은 저 총판(總辦)의 분외(分外)의 일입니다. 그런데 이전 왕복 문자로 보건대, 귀부(貴府) 또한 반드시 특별히 이처럼 진중(鎭重)한 권(權)을 부여받지는 않았을 것입니다.

국가를 대신해서 입언(立言)하여 정규(定規)와 성언(成言)을$^{26)}$ 운운한 것은 귀부(貴府)가 억단(臆斷)해서 스스로 말한 것입니다. 과연 이와 같은 중권(重權)을 받았는지 여부를 알 수 없으니, 저희 흠헌(欽憲)$^{27)}$이 의거할 바로 삼을 수 없습니다. 우리 흠헌(欽憲)이 왔을 때 소회가 있어서 토로하고자 했는데, 귀 조정에서 진소(陳訴)할 문을 열어주지 않았기 때문에 말할 곳이 없었고, 귀부(貴府)의 분수를 넘는 공담(空談) 때문에 대번에 마음처럼 답복(答覆)할 수도 없었습니다. 귀국이 접납(接納)$^{28)}$하지를 않으니, 어떻게 멀리서 온 저희가 말하고자 하는 바를 전달할 수 있겠습니까? 그러니 귀관 등은 다른 말을 만들어서 현시(懸猜)$^{29)}$할 필요가 없습니다.$^{30)}$ 그 마음속에 숨겨진 진심을 헤아려보건대, 귀 조정은 타국의 중임을 맡은 공사와 문자를 통할 생각이 없으니, 귀관 등도 다른 말에 의탁해서 대신 그 이유를 밝히려고 할 필요가 없습니다.

우리 흠헌(欽憲)은 본국의 칙명을 특별히 받아서 크게 공정하고 이익이 되는 일[大公利益之擧]을 하고자 병위(兵威)를 과시하지도 않고, 악의를 품지도 않았습니다. 또 사전에 문자를 보내서 이러한 진정을 전달했습니다. 이처럼 멀리서 왔으니 귀국의 입장에서는 응당 신속하게 예(禮)에 따라 관접(款接)해서, 귀 군주 혹은 특파대원(特派大員)$^{31)}$과 마주해서 저희가 봉칙(奉勅)한 사유를 다 전달하게 하고, 장래 양국 교섭사의(交涉事宜)의 규범을 의정했어야 합니다.

---

26) 성언(成言): 원래 성언(成言)은 논의를 마무리 짓거나 조약을 의정한다는 뜻이다. 여기서 정규(定規)와 성언(成言)의 의미가 불명확한데, FRUS의 영어 원문과 비교해보면 각각 positive statements와 voluntary assurances의 번역임을 확인할 수 있다. 『近代日鮮關係の硏究』에서는 한문 번역문만을 발췌해서 수록했다.

27) 이 조회문에서 흠헌(欽憲)은 로우 특명전권공사, 제헌(提憲)은 로저스 아시아함대 사령관, 총판(總辦)은 드류 서기관을 각각 가리킨다. 헌(憲)은 원래 중국 조정에서 각 행성(行省)에 파견하는 고급관리를 뜻했는데, 상사의 존칭어로 흔히 사용됐다.

28) 접납(接納): 접대(接待), 접수(接受)

29) 현시(懸猜): 추측(推測)

30) 원문에는 "容遠人達所欲言 卽須貴官等 設詞懸猜"로 되어 있는데, 『同文彙考』 원문에 따르면 "卽不貴官等"는 "卽不須貴官等"의 잘못이다. 이하 모두 『同文彙考』의 원문과 대조해서 『近代日鮮關係の硏究』의 오자를 적기했다.

31) 원문의 "或特派大員"은 "或對特派大員"의 잘못이다.

우리 배가 처음 이곳에 왔을 때, 지방의 의혹을 풀고 우리의 화목의 정(情)을 보이고자 했습니다. 그래서 본 총관(總辦)은 흠헌(欽憲)의 위임을 받아서, 귀 관원에게 통지하여 저희 상사(上司)가 그 마음에 유화(柔和)를 생각해서, 민거(民居)³²⁾를 동요시키지 않고 국속(國俗)을 변화시키지 않으며 한 치의 땅도 침범하지 않는다는 등의 뜻을 알리고자 했습니다.³³⁾ 따라서 귀국은 응당 폐국(敝國)의 노고를 살피고 사신의 중한 직무를 이해해서, 우대하고 함용(涵容)³⁴⁾하여 처리하려는 안건을 알리게 했어야 합니다. 그런데 귀국은 이처럼 마땅히 행해야 하는 예의(禮宜)에 있어 모두 인색하게 굴면서 허락하지 않고, 도리어 우리 흠헌이 문자를 극력 전달하려고 하는 데도 한갓 수고롭게만 할 뿐, 전혀 공문을 대신 올려주려고 하지 않았으니, 종전에 우리를 거부한 정형과 비교해보면 마치 하나의 바퀴자국처럼 똑같습니다.

보내신 글에서 밝힌 감히 위에 전해 올릴 수 없는 이유는, 모두 허부(虛浮)³⁵⁾를 지오(支吾)³⁶⁾하는 말이었습니다. 저희 배가 해구(海口)에 정박해 있을 때, 귀 조정의 신음(信音)³⁷⁾을 살피면서 혹 대신이 파견되지 않을까 생각했습니다. 그때 저희 제헌(提憲)이 작은 배를 보내서 수세(水勢)를 탐측할 것을 명령했습니다. 그것은 귀국 경내의 물길에 위험한 곳이 매우 많기 때문이니, 무역을 보호하고 사람을 아끼기 위한 조처였습니다. 사전에 지방관에게 고지해서 연해의 관민(官民)들에게 전달(轉達)하게 함으로써 장애가 없게 했습니다. 비록 그러하나, 이처럼 미리 부탁해서 호의를 보였음에도 뜻밖에 배가 지날 때 갑자기 복병이 온 힘을 다해서 총포를 난사했으니, 그 의도는 우리 주사(舟師)³⁸⁾를 죽이려는 데 있었습니다. 하지만 다행히도 병력이 넉넉하지 않아서 간계가 미수에 그쳤습니다. 아마도 이 잔독(殘毒)한 행동을, 귀 조정에서는 그 허물을 쓰려 하지 않고 함묵(緘黙)한 채 자안(自安)할 것입니다. 귀 수토(守土)³⁹⁾에게도 각각 한 말이 있었지만, 담담하게 탄석(歎惜)하면서 직분상 응당 해야 할 일이라고 대답하는 데 불과했습니다.

우리 제헌(提憲)이 며칠간 기다렸으니 배해(排解)하기에 충분한데도, 귀처(貴處)에서는 미봉하려는 뜻이 없었습니다. 이 때문에 각 예의방(禮義邦)의 상례에 따라 스스로 신리(伸理)⁴⁰⁾를 행한 것입니다. 비록 형을 가한 것이 무거운 듯하나, 우리 제헌(提憲)은 단지 우리를 공격

---

32) 민거(民居): 백성이 거주하는 장소
33) 본문의 "不侵守土等意"은 "不侵寸土等意"의 잘못이다.
34) 함용(涵容): 관용(寬容)
35) 허부(虛浮): 헛되어 진실되지 않음
36) 지오(支吾): 쓰러지지 않도록 지탱함
37) 신음(信音): 소식
38) 주사(舟師): 수군(水軍)
39) 수토(守土): 지방관
40) 신리(伸理): 시비를 분변해서 이치에 맞게 처리함

한 곳에만 형(刑)을 내렸으니 실로 실정에 지나친 것이 아니요, 몸소 절제를 행했음을 충분히 볼 수 있습니다. 비단 귀국뿐만이 아니라, 만약 사해각국에서 이 사실을 듣는다면 반드시 공론(公論)이 있을 것입니다.

우리 흠헌(欽憲)은 본국이 원하는 바를 이루기 위해, 모든 선책(善策)을 온 힘을 다해 경영하지 않은 것이 없습니다. 억울함을 당한 것을 신리(伸理)한 것 말고는 병력을 가하지도, 병위(兵威)를 과시하지도 않았습니다. 유화(柔和)의 뜻으로 와서 지금까지 아무 것도 얻은 게 없으니, 오랫동안 머무르면서 한갓 문자를 허비할 필요가 없음은 이상의 정형을 낱낱이 상고해 보면 환히 알 수 있습니다.

귀 조정은 이 일의 처음부터 뜻을 확정해서 화목하게 상판(商辦)하는 것을 거절했습니다. 우리 흠헌(欽憲)은 원래 온유하고 화유(和誘)하는 뜻으로 와서, 일찍이 이를 포달(布達)하고 화유(和柔)의 도량을 드러냈지만, 오직 날마다 귀 군신의 오만과 괴리를 더할 뿐이었습니다. 이번에 복명해서 우리 조정에서 이 사실을 듣는다면 필시 크게 실망할 것입니다. 이후에 어떻게 관리(辦理)할 지는 우리가 실로 미리 짐작할 수 없습니다. 장래 우려되는 바는, 폐국(敝國)과 서양의 대국들은 귀 군왕이 뜻을 정해 놓고 바꾸지 않아서, 타국의 중임을 맡은 대신을 빈척(擯斥)해서 거절하고 받아들이지 않은 것에 대해 반드시 편치는 않을 것이니, 이로부터 마침내 적연(寂然)해질 것입니다.[41] 설혹 장래에 각국이 용강(用强)[42]해서 귀 군왕이 그 요청을 거절할 수 없는 지경에 이르더라도 억울함을 호소하기 어려울 것입니다. 이 일은 관계가 긴중하기 때문에 우리 흠헌(欽憲)이 다시 말씀드리는 것입니다.

본국 조정의 의론이 정탈(定奪)[43]하는 것을 기다리면서 잠시 다른 곳으로 이주(移駐)할 것입니다. 귀국 경내에 있을 수도, 중국 지방에 있을 수도 있습니다. 혹은 2, 3척의 배를 귀 경내 해구(海口) 일대에 계속 정박시키면서 수시로 수세(水勢)를 탐측하게 할 수도 있으니, 부디 귀국은 지나치게 따지지 말길 바랍니다. 또 앞으로 만약 폐국(敝國) 인민이 귀 경내에서 조난을 당할 경우, 귀 군왕께서는 반드시 예부의 자문에 복답(復答)했을 때 응허(應許)[44]한 것에 따라, 그 말을 식언(食言)하지 않고 체휼(體恤)해서 증구(拯救)[45]하고 호송해주길 바랍니다.

---

41) 적연(寂然)은 고요해서 움직임이 없다는 뜻으로 문맥상 이상하다. 이 구절의 영어 원문은 "It can scarcely be expected that the United States, or the governments of Europe, will continue to submit tamely to the haughty dictum of His Majesty, or rest content with his persistent refusal to hold direct communication with the ministers that may be sent on public business."이고, 한문 번역문은 "將來所慮者 敝國暨西洋諸大國 未必帖然於貴君王之定而不移 以及擯斥他國重任使臣 拒而不納 從此遂寂然也"이다.

42) 용강(用强): 강권을 사용함

43) 정탈(定奪): 어떤 일의 가부나 거취를 결정함

44) 응허(應許): 윤허(允許)

45) 증구(拯救): 구조(救助)

그 와중에 비용이 생길 것이니, 본국이 그 액수에 따라 보상할 것입니다. 이 때문에 조회합니다. 5월 15일[32]

로저스 해군소장은 이태왕 8년 5월 16일(1871년 7월 3일)에 전 함대를 이끌고 물치도 정박지에서 출발해서 5월 18일에 즈푸에 입항했다.[33]

이태왕 8년 4월과 5월, 두 달에 걸친 미국 함대의 원정은 조선 정부의 배외정책의 앞날에 관해 주는 교훈이 적지 않았다. 첫 번째는 강화 관문에 접근하는 외국 선박은 이유 여하를 막론하고 포격을 당한다는 것이었다. 두 번째는, 강화 관문의 방비는 대원군이 최근 5년간 재력과 지력을 기울여서 경영한 것으로, 그 준비된 병기는 가장 우수하다고 자부했고, 탄약은 완전히 충분했으며, 수비병은 가장 정예로웠다. 그렇지만 구미의 일류 국가의 군대에 대해서는 이야기가 달라졌다. 그 소부대의 공격을 받는 것만으로도 즉시 패퇴하고 수비병은 전멸하고 말았다. 따라서 대원군이 이러한 종류의 위험한 배외정책을 계속한다면 조만간 조선 민중이 무서운 참화를 입으리라는 것은 자명했다.

대원군은 정치적 · 군사적 식견이 결여되어 있었고, 따라서 배외정책의 앞날을 통찰하는 것이 불가능했다. 그는 오직 미국 함대가 철수한 사실만 보고 크게 기뻐했다. 이 전투가 진행되는 도중에 직접 글을 짓고 돌에 새겨 전국의 대로에 세운 신미척사비(辛未斥邪碑)는, 오래지 않아 배외정책의 묘비로 변하였다.

양이가 침범할 때 싸우지 않으면 화친하는 것이니, 화친을 주장함은 나라를 팔아먹는 것이다. 우리의 만 년 동안의 자손들에게 경계하노라. 병인년에 짓고 신미년에 세운다[洋夷侵犯 非戰則和 主和賣國 戒我萬年子孫 丙寅作 辛未立].[34]

【원주】

1 『日省錄』 李太王丙寅年二月十八日·二十一日·二十二日; E. Oppert, *Forbidden Land: Voyage to the Corea*, London, 1880, pp.177~207.

2 『日省錄』 李太王丙寅年七月五日·六日; E. Oppert, *Forbidden Land*, pp.208~233.

3 『日省錄』 李太王丙寅年七月十二日·十三日·十六日; 『禦洋隨錄』 李太王丙寅年七月; Oppert, *Forbidden Land*, pp.233~289.

4 『日省錄』 李太王戊辰年四月二十一日·二十三日; Oppert, *Forbidden Land*, pp.290~310.

5 『龍湖閒錄』 卷二O; 『政治日記』 李太王戊辰年四月.

6 『日省錄』 李太王戊辰年四月二十二日·二十三日·二十六日·二十八日; 『龍湖閒錄』 卷二O.

7 W. E. Griffis, *Corea the Hermit Nation*, 7th edition, revised&enlarged, London, 1905, pp.396~402.

8 Mr. Anson Burlingame, U. S. Minister to China, to Mr. W. H. Seward. Secretary of State, Dec. 15, 1866, No.124. (Enclosure A.) Mr. E. Sandford, U. S. Consul at Cheefoo, to Mr. Burlingame, Oct, 30. 1866. (Enclosure B.) Messrs. Meadows&Co., Tientsin, to Mr. A. Burlingame, Oct. 27, 1866, (*Papers relating to Foreign Affairs of the United States*, 1867, Part I, pp.426~427, 428). Griffis, Corea. p.391.

9 『日省錄』 李太王丙寅年七月十五日·十八日; 『黃海監營啓錄』 李太王丙寅年七月九日·十二日; 『平安監營啓錄』 李太王丙寅年七月九日·十日·十一日·十三日·十五日.

10 『日省錄』 李太王丙寅年七月二十二日·二十五日; 『平安監營啓錄』 李太王丙寅年七月十五日·十七日·十八日·十九日; James S. Gale, "The Fate of the General Sherman"(*Korean Repository*, vol. II, No. 7), pp.252~254.

11 『日省錄』 李太王丙寅年七月二十五日·二十七日; 『平安監營啓錄』 李太王丙寅年七月二十日·二十一日·二十二日·二十三日·二十四日.

12 『日省錄』 李太王丙寅年七月二十七日·二十九日; 『同治朝籌辦夷務始末』 卷四五 同治五年十月丁亥.

13 Dallet, *Église de Corée*, vol.II, pp.574.

14 Messrs. Meadows&Co., to Mr. A. Burlingame, Oct. 27, 1866.

15 Mr. Wells Williams, U. S. Secretary of Legation, Peking, to Mr. W.H.Seward, No.44, Oct. 24, 1866. (Enclosure B.) Mr. Williams to Chinese Foreign Office, Oct. 23, 1866. (*U. S. Foreign Relations*, 1867. partI.) pp.415, 416~417.

16 『日省錄』 李太王丙寅年十一月六日; 『同文彙考』 原編 卷六一 洋舶情形; 『同治朝籌辦夷務始末』 卷四五 同治五年十月丁卯.

17 『同文彙考』 原編 卷一 洋舶情形; 『同治朝籌辦夷務始末』 卷四七 同治六年正月丁卯.

18 『日省錄』 李太王丙寅年十二月二十五日·二十八日; 『黃海監營啓錄』 李太王丙寅年十二月二十二日·二十五日·二十八日; 『同文彙考』 原編 卷六一 洋舶情形; Mr. A. Burlingame to Rear-Admiral H. H. Bell, Nov.27, 1866, (*Ibid.*) P.428. Ch. O. Paullin, *Diplomatic Negotiations of American Naval Officers*, 1778~1883. Baltimore 1912. pp.284~286.

19 『日省錄』 李太王戊辰年三月二十二日·二十三日·二十四日·二十五日·二十六日·二十八日·二十九

日·三十日·四月三日·八日·二十八日;『平安監營啓錄』李太王戊辰年三月二十一日·二十四日·二十五日·二十六日·二十七日·二十九日·三十日, 四月一日·二日·四日·六日·九日·二十五日·二十七日;『同文彙考』原編 卷六一 洋舶情形;『同治朝籌辦夷務始末』卷六O 同治七年六月乙卯·己未; Paullin, *American Naval Officers*, p.286.

20 『同文彙考』原編 卷六一 洋舶情形;『同治朝籌辦夷務始末』卷八O 同治十年正月壬子; Mr. F. F. Low, U. S. Minister to China to Mr. Hamilton Fish, Secretary of State, April 3, 1871. (No.1) Chinese Foreign Office to Mr. F. F. Low, March 28, 1871.(*Papers relating to Foreign Relations of the United States*, 1871, pp.111~112.)

21 『同文彙考』原編 卷六一 洋舶情形;『龍湖閒錄』卷二一; Despatch of Mr. F. F. Low to the King of Korea, June 14, 1871.(*U. S Foreign Relations*, 1871. pp.139~140.)

22 『日省錄』李太王辛未年二月二十一日;『同文彙考』原編 卷六一 洋舶情形.

23 Mr. Low to Mr. Fish, May 13, 1871, No. 31.(*Ibid.*) p.115; Paullin, *American Naval Officers*, p.288; Griffis, *Corea*, p.406.

24 『日省錄』李太王辛未年四月十日;『爛抄』卷六 辛未年四月; Mr. Low to Mr. Fish, May 31, 1871.(*U. S. Foreign Relations*, 1871) No. 32, pp.116~117.

25 『爛抄』卷六 辛未年四月; First letter of instructions of Mr. Low to Commander H. C. Blake, May 23, 1871; Second letter of instructions of Mr. Low, the same date. Report of Mr. John P. Cowles, Jr., Interpreter, to Mr. Low, May 29, 1871, (*Ibid.*) pp.118, 119~120.

26 『日省錄』李太王辛未年四月十四日·十八日·十九日;『爛抄』卷六 辛未年四月.

27 『同文彙考』原編 卷六一 洋舶情形.

28 『同文彙考』原編 卷六一 洋舶情形.

29 Instructions of Rear-Admiral J. Rodgers to Commander H. C. Blake, June 9, 1871, (*Ibid.*) p.135; Paullin, *American Naval Officers*. pp.290~291.

30 『龍湖閒錄』卷二一; Mr. Low to Mr. Fish, June 20, 1871. (*U. S. Foreign Relations*, 1871). No, 35. pp.126~129; Paullin, *American Naval Officers*, pp.290~291. Griffis, Corea, pp.406~419.

31 『同文彙考』原編 卷六一 洋舶情形; Prefect of Fuping to Mr. E. Drew, June 12, 1871. Mr. E. Drew to Prefect of Fuping, in reply to the above, inclosing the despatch from Mr. Low to the King of Korea, June 14, 1871. (*U. S. Foreign Relations*, 1871), pp.137~138, 138~140.

32 『同文彙考』原編 卷六一 洋舶情形; Mr. Drew to Prefect of Fuping, July 2, 1871, (*Ibid.*) pp.148~149.

33 Paullin, *American Naval Officers*, pp.271~272.

34 『政治日記』辛未年五月十五日;『龍湖閒錄』卷二一.

일본의 조정(調停), 야도 마사요시의 정한설(征韓說)

이태왕 3년[게이오(慶應) 2년[1])] 병인년 10월에 프랑스 함대가 강화부에서 철수, 귀항하자 조선 정부는 같은 해 겨울에 동지사행(冬至使行)을 보내서 그 전말을 청 예부에 자보(咨報)[2])하는 한편, 10월 15일에 예조에 명해서 타이슈 번(對州藩)을 통해 막부에 알렸다. 대체로 일한 양국은 경조사가 있으면 서로 경하하고 조위(弔慰)하는 것은 물론, 국내에 중대 변혁이 생기면 서로 고지하는 것이 통례였다. 이미 안세이(安政)[3]) 5년에 미국, 영국, 프랑스, 러시아, 네덜란드 등 5개국과 수호통상조약을 체결했을 때, 타이슈 번은 만엔(萬延)[4]) 원년(철종 경신년)에 관백(關白)[5])의 승습(承襲)[6])을 고지하기 위한 대차사(大差使)를 보내는 건으로 별도로 예조에 보내는 서계를 작성한 전례가 있었다.[1] 또 이번의 양이(洋夷)는 거대한 함선을 타고 대양을 항행해서 왔기 때문에 다시 일본에 출몰할 위험이 없으리라고 보장하기 어려웠다. 이웃나라의 우의로 보더라도 최근에 경험한 상세한 사정을 일본에 통고해서 경계할 것을 촉구해야 한다는 견해에 따른 것이었다.[2]

조선국 예조참의 임면호(任冕鎬)가 일본국 쓰시마 주 태수습유(對馬州太守拾遺) 다이라 공(平公) 합하께 글을 드립니다.

---

1) 게이오(慶應) 2년: 대략 1866년에 해당한다.
2) 자보(咨報): 자문(咨文)으로 알림. 자문은 동등한 부서 사이에서 왕래하는 공문(公文) 형식을 말한다.
3) 안세이(安政): 일본 고메이(孝明) 천황의 연호로 안세이 5년은 1858년에 해당한다.
4) 만엔(萬延): 고메이 천황의 또 다른 연호로 만엔 원년은 1860년에 해당한다.
5) 관백(關白): 헤이안 시대 이후 일본 천황의 최고 보좌관으로 '백관의 상주에 관해서[關] 의견을 아뢴다[白].'는 뜻에서 그 관직명이 유래했다. 『漢書』 霍光傳에 "모든 일은 먼저 곽광(霍光)에게 관백(關白)한다."는 구절이 있다. 도요토미 히데요시(豊臣秀吉)가 관백(關白)이 된 이후로 조선에서는 일본의 최고 통치자라는 의미로 사용했으며, 에도막부의 실질적 통치자로서 흔히 '쇼군'이라고 한 정이대장군(征夷大將軍)을 '일본국왕' 또는 '관백'이라고 불렀다.
6) 승습(承襲): 계승(繼承)

현영(玄英)[7] 이 미절(弭節)[8]하는 이 때, 멀리서 계거진비(啓居珍毖)[9]하실 것을 생각하니 위로되고 그리운 마음이 모두 도탑습니다. 생각건대, 폐방(弊邦)과 귀국은 신의를 강구하고 우호를 닦은 지 300년이 되었습니다. 그동안 모든 변어(邊圉)[10]의 정사 및 강장(疆場)[11]의 일과 관계되는 것들을, 그 원인을 진술하고 방략을 개시(開示)[12]하지 않은 적이 없었습니다. 이를테면 경신년의 귀국 서계(書契)와 같은 것은 구약(舊約)을 펴고 인의(隣誼)를 돈독히 한 것이었습니다. 서양의 영국, 프랑스 등의 나라가 멀리서 깊은 바다를 건너와서 폐방에 교역을 청한 것이 비단 한두 번이 아니었는데, 마침내 칼날을 가하는 지경에 이르렀으니 그 독이 더욱더 잔혹합니다.

금년 봄에 남종삼, 홍봉주라는 자들이 혹은 이열(邇列)[13]에 있는 잠신(簪紳)[14]으로서, 혹은 성인의 의관을 물려받은 유예(遺裔)[15]로서, 사교를 전습(傳習)해서 비류(匪流)를 규합하고 양인(洋人)을 몰래 끌어들여서 교주로 받들었습니다. 그 훈염(薰染)[16]이 이미 오래되었으니, 선혹(煽惑)[17]된 자들이 매우 광범위합니다. 집포(緝捕)[18]를 통해 간악한 자들의 흔적을 흔발(掀發)[19]함에 패당(悖黨)이 머리를 나란히 하고 형벽(刑辟)[20]에 처해졌습니다.

지난 여름과 가을 사이에 양박(洋舶) 1척이 처음에는 호서 해미현 앞바다에 정박했다가 그 다음에는 기내(畿內)의 강화부 근처에 정박했습니다. 그리고 이리저리 오가면서 통화(通貨)를 간청했습니다. 그러나 폐방이 엄한 말로 굳게 거절하면서 끝까지 허락하지 않자, 저들이 비로소 결망(缺望)[21]하고 물러갔습니다. 또 그 사이에 양박(洋舶) 1척이 서해에서 평양부 양각도(羊角島)로 방향을 바꿔서 들어와서는 상인들의 재화를 약탈하고 사람과 가축을 살해했습니다. 이에 도신(道臣)이 화공 계책을 써서 그들을 모두 초멸(剿滅)했습니다. 8월 16일에는

---

7) 현영(玄英): 겨울철을 뜻한다. 혹은 현명(玄冥)의 오자라고도 생각되는데, 현명은 숙살(肅殺)을 맡은 태음신으로 겨울과 북방을 맡은 신의 이름이다.

8) 미절(弭節): 수레를 멈춤

9) 계거진비(啓居珍毖): 계거(啓居)는 무릎 꿇고 편히 앉는다는 뜻으로 상대의 안부를 물을 때 쓰는 말이고, 진비(珍毖)는 보중(保重)과 같은 말이다.

10) 변어(邊圉): 변경(邊境)

11) 강장(疆場): 전장(戰場)

12) 개시(開示): 가르쳐 타이름

13) 이열(邇列): 임금에게 가까운 반열에 있는 신하를 뜻하는 말로, 흔히 집현전, 규장각, 승정원 등의 관리를 가리킨다.

14) 잠신(簪紳): 비녀와 갓끈을 말하며, 양반이나 높은 벼슬자리에 있는 자를 비유적으로 가리킨다.

15) 유예(遺裔): 후손

16) 훈염(薰染): 전염, 감염, 물들임

17) 선혹(煽惑): 선동하고 유혹함

18) 집포(緝捕): 죄인을 체포함

19) 흔발(掀發): 높이 치켜듦

20) 형벽(刑辟): 형륙(刑戮), 사형에 처함

21) 결망(缺望): 실망

양박(洋舶) 2척이 남양(南洋)에서 곧장 경강(京江)으로 진입해서 사흘 있다가 돌아갔는데, 언어가 통하지 않고 정관(情款)[22]이 서로 막혀서, 행동거지를 타이를 수 없어 제멋대로 왕래했습니다. 이어서 9월 초엿샛날에 크고 작은 양박(洋舶) 30여 척이 또 경기에 왔습니다. 부평부 앞바다에 머문 것도 있었고, 어떤 것들은 곧장 강화부 갑곶진으로 향해서 누로(樓櫓)[23]를 파괴하고 해우(廨宇)[24]를 불태웠습니다. 또 인민을 살해하고 가축을 훔쳐갔으며, 장서실의 서적을 들어내 배에 실어서, 모든 것을 약탈하고 겁주었습니다.

이에 순무사 이경하가 진영(陣營)을 열고 연하(輦下)[25]에 계엄을 내렸습니다. 선봉중군 이용희가 통진부에 진을 치고, 좌선봉장 정지현(鄭志鉉)이 제물진에 진을 치고, 우선봉장 김선필이 부평부에 진을 치고, 유격장(遊擊將) 한성근이 문수산성에 진을 치고, 유격장 양헌수가 정족산성에 진을 치고, 유격장 이기조가 광성진에 진을 치고, 총융사 신관호와 소모사(召募使) 이원희(李元熙)가 양화진에 진을 치고, 소모사 정규응(鄭圭應)이 서강(西江) 애구(隘口)[26]에 진을 치고, 어영중군 권용(權瑢)과 경기중군 백낙현(白樂賢)이 행주(幸州) 애구에 진을 치고, 양주목사 임한수(林翰洙)가 여현(礪峴) 애구에 진을 치고, 초토사(招討使) 한응필이 연안부(延安府)에 진을 치고, 방어사(防禦使) 류완(柳浣)이 파주목에 진을 치고, 도호사(都護使) 신숙(申橚)이 장단부(長湍府)에 진을 쳤습니다. 그리고 격문을 보내서 전쟁을 청하고, 날짜를 정해서 서로 만나기로 했습니다. 그런데 적(賊)은 그 군대를 모두 항차(港汊)[27]에 집결시킬 뿐 전투할 의사가 없었습니다. 연해의 선박은 전부 불태워졌고, 간혹 문수산성과 정족산성 등을 습격하기도 했지만 그때마다 그곳을 지키는 장수들이 격퇴했습니다. 폐방은 기장(器仗)[28]을 동여매고 전함을 수선한 후, 삼로(三路)의 수군에 명해서 합세해서 진공하게 했습니다. 그러자 10월 12일에 대소 양박(洋舶)이 군대를 수습해서 다시 외해로 떠나갔습니다. 이것이 폐방이 병란을 입은 대략입니다.

폐방은 승평(昇平)한 날이 오래돼서 융정(戎政)이 해이하고 무비(武備)가 소홀합니다. 멀리 앞날을 내다보고 제승(制勝)[29]할 계책을 세워서 편범(片帆)[30]을 다시 오지 않게 할 수 없으니, 설령 두세 번 싸워 이겨서 다소 적을 죽이더라도 무위를 빛내서 원인(遠人)을 두렵게 하기

---

22) 정관(情款): 돈독한 정의(情誼)
23) 누로(樓櫓): 성의 망루
24) 해우(廨宇): 관아 건물
25) 연하(輦下): 연(輦)은 임금이 타는 수레를 말하며, 연하(輦下)는 곧 임금이 있는 서울을 가리킨다.
26) 애구(隘口): 험하고 협소한 목
27) 항차(港汊): 분지가 되는 작은 물길
28) 기장(器仗): 전쟁에 쓰는 병기와 의장
29) 제승(制勝): 상대를 제압해서 승리를 취함
30) 편범(片帆): 한 조각 돛이라는 뜻으로 작은 범선을 뜻한다.

에는 참으로 부족합니다. 또 양이(洋夷)의 정상(情狀)은 헤아리기 어려워서 진퇴가 무상하니, 목하(目下)의 서급(紓急)으로 조만간 닥칠 우려를 영원히 제거할 수는 없습니다.

또 사실대로 고하지 않을 수 없는 일이 한 가지 있습니다. 폐방의 동남 해안은 귀국의 여러 주(州)의 해변과 가까워서 소와 말을 판별할 수 있고, 경계에서는 거의 닭과 개 울음소리가 들릴 정도입니다. 그런데 지난 여름과 가을부터 근일에 이르기까지 서쪽에서 남쪽으로 향하는 무수히 많은 배들이 연운(煙雲)[31] 도서(島嶼) 사이에 출몰했습니다. 봉강(封疆)의 신하들이 보내는 비보(飛報)가 날마다 도착하고 있습니다. 혹시 모르겠습니다. 저 오랑캐 장수가 장차 흔단(釁端)을 일으키려고 하는데, 귀국은 준비를 갖추고 변란에 대비하고 있습니까? 귀국이 이미 저들과 전쟁을 해서, 저 오랑캐들이 좌차(左次)[32]하고 패전한 것인지도 모르겠습니다. 아니면 또 모르겠습니다. 저들이 바야흐로 눈을 부릅뜨고 몰래 노려보면서 어금니를 갈고 아가리를 벌리고 있는데, 귀국이 혹시 아직 그 기만스러운 정상을 깨닫지 못해서 미리 그 표발(猋發)[33]하는 기세를 꺾지 않는 것입니까?

폐방은 이 때문에 우려해서 자신만을 돌볼 겨를이 없습니다. 이에 그 전말을 알리고 서독(書牘)을 써서 마음을 전합니다. 부디 이상의 사항을 도부(東武)[34]에 전달하기를 깊이 바랍니다. 살펴보시길 바랍니다. 갖추지 못하고 줄입니다.

병인년 10월   일
예조참의 임면호[3]

이 서계가 초량 왜관을 거쳐서 타이슈 번에 송부되고, 다시 타이슈 번에서 교토에 있는 로주(老中)[35] 이타쿠라 이가노카미(板倉伊賀守)^{가츠키요(勝靜)}에게 진달된 것은 게이오 3년(이태왕 정묘년) 3월 13일이었다. 당시 쇼군 요시노부(慶喜)는 교토 니죠 성(二条城)에 머물고 있었고, 이타쿠라 가쿠로(閣老)[36]가 주로 보좌 임무를 맡았으므로 막부가 일시 이전한 듯한 모습이었다.[4]

조선 정부에서 통고하기에 앞서, 프랑스 함대 사령관 로즈 해군소장의 기함(旗艦) 라게리에르가 요코하마에 입항해서 원정의 상세한 전말이 요코하마 외국어 신문에 게재됐다.[5] 또 조선 측의 정보도 점차 전해졌다. 처음에 경성과 강화 사이의 소란 소식이 동

---

31) 연운(煙雲): 연기와 구름 같은 아지랑이와 안개라는 뜻이지만, 여기서는 멀리 있어서 아스라이 보인다는 뜻이다.
32) 좌차(左次): 군대의 후퇴
33) 표발(猋發): 질풍 같은 모양, 맹렬한 기세
34) 도부(東武): 도쿄에 있던 에도막부를 지칭한다.
35) 로주(老中): 에도막부 및 번에 설치된 관직의 이름으로 쇼군의 직속으로 국정을 총괄하는 일을 했다.
36) 가쿠로(閣老): 로주의 별칭

래 부산 지방에 전해지자, 왜관에서도 이 사건을 중대시해서 정보 수집에 노력했다. 다행히 왜학훈도 안동준(安東晙)준경(俊卿)이 게이오 2년 9월 12일까지 경성에 체재하면서 소란의 실상을 목격하고 귀임했기 때문에 사태의 진상이 점차 판명됐다. 왜관에서는 이를 타이슈 번에 보고하고, 번청(藩廳)은 교토에 있는 로주(老中) 이타쿠라 이가노카미 및 에도 루스(留守)와 바쿠가쿠(幕閣)[37]에 상신했다.[6]

쇼군 요시노부는 진작부터 프랑스 함대의 원정 결과에 주목하고 있었는데, 이제 프랑스 공사 및 타이슈 번으로부터 상세한 보고를 받게 되자 바로 조선 정부의 의뢰를 기다리지 않고 자발적으로 조선과 관계 열국(列國) 사이를 조정(調停)할 것을 고려했다.

종래 세계적으로 양이운동(洋夷運動)으로 유명했던 일본 정부가 갑자기 입장을 바꿔서 조선과 열국 간의 조정을 고려하게 된 것은 과연 어떤 동기에 의한 것일까. 이에 대한 연구가 우선 필요하다.

일본 국내에서의 배외운동은 일찍이 가에이(嘉永) 6년[38] 계축년에 미국 함대의 내항이 있기 전부터 싹텄는데, 그것이 최고조에 달한 것은 분큐(文久) 3년[39](철종 계해년)과 겐지(元治) 원년(이태왕 갑자년)[40]의 2년 동안이었다. 그 사이에 시모노세키(下關)와 가고시마(鹿兒島)에서 두 차례 전투가 벌어졌는데, 그 결과 가장 고루한 배외론자마저도 구미 열강과 포화로 항쟁하는 것은 어리석다는 사실을 깨닫게 되었다. 이 뼈아픈 체험은 바로 이웃나라 조선이 근대식 함정과 병기의 절대적인 위력을 알지 못하고 무익한 저항을 계속하다가 끝내 비참한 운명에 빠지는 것을 피하게 해야 한다는 생각을 불러일으켰고, 순수한 호의에서 관계 열국과 조선 사이의 조정에 나설 결심을 한 것으로 보인다.

다음으로 게이오(慶應) 2년(이태왕 병인년) 8월에 훙거(薨去)한 이에모치(家茂)의 뒤를 계승한 새 쇼군 요시노부는 총명한 신인(新人)이었다. 그는 쇼군이 된 초기부터 막부의 운명이 거의 위태롭게 되었음을 인식하면서 대외관계를 쇄신할 결의를 갖고 있었고, 더 나아가 외국 외교단에 접근하기 위해 노력하였다. 그리고 이 기회에 먼저 조선과 프랑스, 조선과 미국 양국 간의 조정을 성사시킴으로써 일본의 대외적 지위를 상승시키려는 의향을 갖고 있었던 것 같다.

새 쇼군과 바쿠가쿠(幕閣)가 조정을 위해 조선에 특사를 파견하기로 결정한 것은 게이

---

37) 바쿠가쿠(幕閣): 막부의 최고 수뇌부
38) 가에이(嘉永) 6년: 고메이(孝明) 천황의 연호로 대략 1853년에 해당한다.
39) 분큐(文久) 3년: 대략 1863년에 해당한다.
40) 겐지(元治) 원년: 대략 1864년에 해당한다.

오 3년 초였던 것 같다. 조정을 맡기 위해서는 먼저 상대국의 의향을 확인할 필요가 있었으므로, 같은 해 2월 7일 쇼군은 주일 프랑스 전권공사 레옹 로슈(Léon Roches)를 오사카성(大阪城)에서 인견(引見)했을 때, "조선을 그 나라(프랑스)가 토벌한 일이 있음을 알고 있고, 그 시말도 알고 있습니다. (조선은) 구교(舊交)가 있는 나라이기 때문에 화의(和議)를 맡아야 한다고 생각합니다. 적임자를 골라서 보낼 것이니, 사정을 상세히 알려주십시오."라는 뜻을 전하고 로슈 공사의 응낙을 받았다. 그리고 다시 이튿날인 2월 8일에 로주(老中) 이타쿠라 이가노카미와 로주카쿠(老中格) 마쓰다이라 누이도노카미(縫殿頭)^누리카타(乘謨)에게 명하여 프랑스 공사를 방문해서 절차를 협의하게 했다. 이 자리에서 프랑스 공사는 청한종속관계를 설명하고, 현재 주청 프랑스 공사와 청국 정부의 교섭이 진행 중이라는 사실을 알렸다. 또 만약 청국 정부가 그 번속(藩屬)인 조선에 관여하기로 결정한다면 문제는 베이징 정부와 그곳에 주차(駐箚)한 프랑스 공사 간의 교섭이 될 것이며, 그 사이에서 일본 정부가 조정에 나서더라도 사안이 청, 한국, 프랑스 3국에 관계되는 한 큰 효과를 기대하지는 않는다고 말했다.[7]

프랑스 공사의 태도는 이처럼 냉담해서 일본 정부의 조정을 기대하지 않는 것처럼 보였지만, 바쿠가쿠(幕閣)는 실망하지 않고 다시 미국에 조정을 제의했다. 곧바로 게이오 3년 4월 7일에 교토에 있는 가쿠로(閣老) 이타쿠라 이가노카미(伊賀守), 이나바(稻葉) 미노노카미(美濃守)^{마사쿠니(正邦)}, 그리고 오가사와라 이키노카미(小笠原壹岐守)^{나가미치(長行)}의 연서(連署)로 미국 변리공사 로버트 반 발켄버그(Robert B. Van Valkenburgh)에게 공문을 보내서, "조선국은 원래 우리의 접양구교(接壤舊交)의 나라로, 이처럼 무의(無義)한 행동을 해서 우리의 동맹친교(同盟親交)의 국민을 참해(慘害)했다는 소식을 듣고 우리 다이쿤(大君)께서 크게 통탄을 금치 못하셨습니다. 또 인의(隣義)상 충고하여 선도하지 않을 수 없는 이치가 있으니, 저들이 지난 허물을 회오(悔悟)해서 우리에게 와서 화(和)를 강구(講求)한다면, 귀국은 정기(旌旗)[41]를 돌리고, 구원(舊怨)을 버려서 서로 우선(友善)[42]하는 길을 열기를 바랍니다. 다만 저들의 완고한 악습이 견고해서 설득하지 못할지도 모르지만, 인의(隣義)에 있어 우리가 해야 할 바를 다해서 사해의 평화를 바라는 것이 우리 다이쿤의 평소 뜻입니다. (생략)"라고 전했다. 미국 공사는 프랑스 공사와 달리 본국 정부에 청훈해서, 같은 해 11월 국무장관 윌리엄 슈어드(William H. Seward)의 명으로 일본

41) 정기(旌旗): 원래 깃발이라는 뜻인데 군사를 상징하는 말로 쓰인다.
42) 우선(友善): 친밀하고 우호적인 모양

정부의 조정 제안을 수락하고, 또 그 호의에 대해 사의를 표명했다.[8]

이보다 앞서 프랑스 공사와의 협의를 마친 후, 바쿠가쿠(幕閣)는 조선에 사절을 파견하기로 결정했다. 게이오 3년 2월 10일에 가이코쿠부교(外國奉行) 히라야마(平山) 즈쇼노카미(圖書頭)^{요시타다(敬忠)}에게[게이오 3년 4월 와카도시요리(若年寄)[43] 겸 가이코쿠소부교(外國總奉行)로 진급됐다.] 타이슈(對州) 어용출장(御用出張)의 명목으로 사절 임무를 명하고, 얼마 후 3월 1일에 메츠케(目付)[44] 고가 긴이치로(古賀謹一郎)^{마사루(增)}[5월에 서작(敍爵)되어 지쿠고노카미(筑後守)라고 불렀다.]에게 입회를 명했다. 수행원은 가이코쿠부교(外國奉行) 시하이시라(支配調役) 도미타 다쿠조(富田達三), 시라메야쿠나미(調役並) 나가시마 쇼조(永島省三), 시라메야쿠나미슈츠야쿠(調役並出役) 요시다 겐스케(吉田賢輔), 데에키(定役) 나카무라 긴노스케(中村謹之助), 데에키가쿠도신(定役格同心) 요시카와 기사쿠(吉川喜作)와 오쿠즈메쥬타이(奥詰銃隊) 오바나와 시게타로(小花和重太郎)의 동생 즈텐고요슈츠야쿠(通辯御用出役) 요네다 게지로(米田桂次郎)로[이상 가이코쿠가타(外國方)], 경비 절감을 위해 시하이쿠미가시라(支配組頭)를 생략해서 총 5명이었다.[45] 간사츠가타(監察方) 수행원은 가치메츠케(徒目付) 사사키 겐지(佐佐木源次), 고비토메츠케(小人目付) 하시모토 즈루타로(橋本鶴太郎)의 2명이었으며, 나중에 쥬샤츠토메카타(儒者勤方) 다카스 기다유(高須義太夫)와 로쥬(老中) 이타쿠라 이가노카미(伊賀守)의 가신 가와다 쓰요시(川田剛)[비츄노쿠니(備中國) 마츠야마 번(松山藩)의 유자(儒者)]도 수행원으로서 고가(古賀) 지쿠고노카미(筑後守) 배종(陪從)을 명받았다. (이상의 수행원은 후에 이동이 있었고, 가와다 쓰요시는 질병으로 수행을 사임했다.)[9]

히라야마 즈쇼노카미는 특사로 임명된 2월에 장문의 사서(伺書)[46]를 로쥬(老中) 앞으로 제출해서 임무에 관해 설명하고 그 지휘를 요청했다. 그 요점은 다음과 같다.

첫째, "타이슈(對州)로 향하라는 어용(御用)[47]의 분부를 받은 것에 대해, 그곳에 간 다음에 사체(事體)에 따라 조선의 왕성(王城)까지 가서 각각 협상을 함에 있어 신의(信義)와

---

43) 와카도시요리(若年寄): 에도막부의 직명(職名)으로서 로쥬(老中)가 국가 행정을 처리했다면 와카도시요리는 주로 쇼군 가의 가정(家政)을 담당했다. 아이즈(会津)나 센다이(仙台) 등 일부 번에도 이러한 관직이 있었다.

44) 메츠케(目付): 하타모토(旗本), 고케닌(御家人)의 감시 및 야쿠닌(役人)의 근무 감독을 비롯해서 정무 전반을 담당하던 막부와 번(藩)의 직명

45) 원문에는 5명으로 되어 있는데, 6명의 잘못인 것으로 보인다.

46) 사서(伺書): 관청 등에서 지시를 구하기 위해 상사나 상급 기관에 올리는 문서

47) 어용(御用): 궁중, 정부로부터의 하명(下命). 공적인 용무

무위(武威) 모두 겸비하도록 하는 처사가 없다면 지의(旨意)대로 하기 어려울 수도 있을 것이다."라는 구절과 관련하여, 군함을 탈 수 있게 하고 또 병대(兵隊) 2개 대대를 붙여 달라는 것.

둘째, 일이 기밀에 속하는 것이 많으므로 공문서는 로주(老中) 앞으로 직접 제출하겠다는 것.

셋째, 조선 통사(通詞)[48]는 타이슈 번에서 징발할 수 있지만, 외국 군함과의 교섭이 필요할지 모르므로 특별히 통사(通詞) 1명의 수행을 명해 달라는 것.

넷째, 조선국 정부와의 교섭이 성립된 후, 일단 귀조해서 복명한 다음에 프랑스와 미국 두 나라 공사의 동의를 얻어 다시 도한(渡韓)해서 그 나라 정부에 통고할 필요가 있으므로 대략 6개월의 시일이 필요하다는 것.

다섯째, "만일 담판이 성립돼서 조선 관인(官人)이 일본에 올 경우에는, 급편으로 위에 알리고 효고(兵庫)로 귀항한 다음에 그곳에 잠시 상륙하라. 나와 오메츠케(御目付)[고가(古賀) 지쿠고노카미(筑後守)]는 상경해서 보고한 후, 바로 출범해서 요코하마로 가서 각각 조처할 것이다." 이와 관련해서 효고와 에도에 명령을 내려서 조선인의 여관과 선물 등을 미리 준비시켜달라는 것.

이상 5건의 청훈에서 호위병 2개 대대의 건만 제외하고는 모두 "아뢴 대로 명령할 것"이라는 명이 내렸다. 2월 23일, 타이슈 번의 교토 루스이(留守居)[49] 아오키 세지로(靑木晟次郎)는, 조선은 예로부터 예의의 나라로 자임하였고, 특히 예복의 체재를 숭상하고 선물의 증답 등을 중시하는 관례가 있기 때문에 사절 파견에 관해서는 조선 사정에 정통한 타이슈 번리(藩吏)와 협의하게 해야 한다고 상신했다.[10]

게이오 3년 3월 1일, 막부는 히라야마(平山) 즈쇼노카미(圖書頭), 고가(古賀) 지쿠고노카미(筑後守)의 쓰시마노쿠니(對馬國) 출장을 타이슈(對州) 번에 통고했다. 며칠 후인 3월 13일, 지난 병인년 10월의 예조 서계가 타이슈 번 교토 루스이(留守居)로부터 바쿠가쿠(幕閣)에 진달됐다. 이 서계의 내용은 앞에서 인용한 것처럼 조선 정부가 자국의 외난(外難)을 알리고 인방(隣邦)의 경계를 촉구하는 데 그쳤으며, 조정을 의뢰하는 뜻은 포함

---

48) 통사(通詞): 통역관
49) 루스이(留守居): 에도막부 및 번에 설치된 직명의 하나로, 막부의 루스이는 로주(老中)에게 부속되어 오오쿠(大奧: 쇼군가의 거처)의 단속, 여행 허가증의 관리, 쇼군 부재 시에 에도 성의 루스(留守)를 지키는 역할 등을 했다.

하고 있지 않았다. 그런데 이태안(以酊庵)[50]의 린반(輪番)[51] 도시 사이토(俊西堂)가 막부의 방침을 듣자마자, "예로부터 저 나라는 인교(隣交)를 맺은 나라였으며 우리는 프랑스에 대해서 현재 통교(通交)의 상태에 있으니, 양국이 군대를 풀게 조처하실 수 있도록 쓰시마노카미(對馬守)[소 요시아키라(宗義達)[52]]에게서 자세히 청취하셔야 한다고 생각됩니다."라고 한 것은 주목할 만하다.[11]

게이오 3년 4월 7일, 로주(老中) 이나바 미노노카미(美濃守)는 가이코쿠소부교(外國總奉行) 히라야마(平山) 즈쇼노카미(圖書頭), 메츠케(目付) 고가(古賀) 지쿠고노카미(筑後守)의 조선 파견을 통보하면서, "필경 저 나라와의 예로부터의 교의(交誼)를 깊이 생각하셔서, 저 나라의 임박한 화란(禍亂)을 전환해서 안녕(安寧)으로 돌아가게 하고, 인민은 생업이 안정돼서 순치상보(脣齒相保)하게 하기 위해, 저 나라에 보내는 서한을 먼저 두 분께 전달해 드리고 상세한 담판 내용을 위임하게 되었습니다. 따라서 먼저 저 나라에 말씀하시고 사태에 응할 수 있도록 각각 짐작(酎酌)[53]을 더하시되, 모두 신의가 통해서 사절을 너그럽게 대하도록 조처해야 합니다"라는 취지로 명령했다.[12]

타이슈 번은 바쿠가쿠(幕閣)의 명령을 받기에 앞서, 이미 게이오 3년 3월 29일에 강신대차사정관(講信大差使正官) 니이 마고이치로(仁位孫一郎)[평화복(平和復)], 도선주(都船主) 데라다 이치로베(寺田市郎兵衛)[타치바나 히사시(橘尙志)]를 조선에 파견했을 때 서계를 통해 "또 일전에 보내주신 서한을 받고 귀방(貴邦)의 전투를 알게 되었습니다. 멀리서 생각하건대, 변무(邊務)가 다사(多事)하니 불녕(不佞)한 제가 재직하면서 어찌 감히 범홀히 들을 수 있겠습니까? 즉시 도부(東武)에 아뢰고 아울러 한두 가지 소견을 진백(陳白)할 것입니다. 일후 왕복하면서 상의할 것입니다."라고 언급해서[13] 사절 파견을 시사한 일이 있었다. 이제 바쿠가쿠(幕閣)에서 정식 통보를 받게 되자 6월 29일에 왜관에 체재 중이던 강신대차사(講信大差使)에게 소차서계(小差書契)[54]를 보내서 동래부사에게 전달하게 했다.[14]

---

50) 이태안(以酊庵): 대마도에 있던 선사(禪寺)로서, 에도막부는 이곳에 고명한 석학들을 교대로 파견해서 조선과의 서계 왕복, 사신 접대 등의 일을 담당하게 했다.
51) 린반(輪番): 절의 일을 순번에 따라 교대하면서 담당하는 것. 또는 그 일을 맡은 역승(役僧)
52) 소 요시아키라(宗義達): 쓰시마 번(對馬藩)의 제16대이자 마지막 번주로 메이지유신 후에 시게마사(重正)으로 개명했다.
53) 짐작(酎酌): 고려(考慮), 상의(商議)
54) 소차(小差): 낮은 등급의 사절을 파견하는 것

일본국 쓰시마 주 태수습유(對馬州太守拾遺) 다이라노 요시아키라(平義達)가 조선국 예조 참의 대인 합하께 아룁니다.

예전에 화한(華翰)[55]을 보내주셔서 계거진비(啓居珍毖)하심을 알게 해 주셨으니 합하께 마음이 향함과 위로됨이 참으로 큽니다. 전투에 관해 알려주신 말씀에서 그 전말을 나열해 주셨으니 제 소견을 첨부해서 이미 도부(東武)에 아뢰었습니다. 지난 가을에 프랑스가 흔단(釁端)을 연 것은 실로 예기치 못한 데서 나왔습니다. 이는 비단 입술과 이가 서로 환난을 구제해야 할 정도만이 아니니, 조정에서 인목(隣睦)이 대대로 돈독한 우의(友誼)에 어찌 우휼(憂恤)하지 않을 수 있겠습니까? 귀국으로 하여금 영원히 평안함을 꾀할 수 있게 하는 것이 도부(東武)의 성의(誠意)의 소재니, 불녕(不佞)한 제가 직책에 있으면서 어찌 감집(感戢)[56]하지 않겠습니까?

이번에 귀국에 사절을 보내라는 명이 있어서 도부(東武)의 관원이 몸소 시무(時務)를 개진할 것입니다. 귀국에서 어찌 타당한 조처가 없겠습니까? 사실을 상세히 아뢰는 것은 사절의 진술에 달려 있을 뿐이니, 어찌 많이 언급할 필요가 있겠습니까? 부디 살펴보시고 양촉하시기 바랍니다. 갖추지 못하고 올립니다.

게이오 3년 정묘 6월   일

쓰시마 주 태수습유 다이라노 요시아키라[15]

히라야마 즈쇼노카미, 고가 지쿠고노카미의 조선 파견이 확정 발령된 것은 게이오 3년 3월의 일이었다. 그 후 순서에 따라 준비에 착수했는데, 6월 중순부터 나가사키 우라카미 촌(浦上村)의 기독교인[切支丹] 체포 사건을 시작으로 외교 문제가 폭주했다. 특히 같은 해 7월 상순에 나가사키에 정박 중이던 영국 군함 이카루스호 선원 살해 사건은, 범인의 혐의가 도사 번[土州] 가이엔타이(海援隊)로 몰렸기 때문에─나중에 치쿠젠 번사(筑前藩士)임이 판명됐다.─히라야마 즈쇼노카미는 외무당국자로서 나가사키와 고치(高知) 사이를 왕복하면서 어려운 교섭을 반복해야만 했다. 이 때문에 조선 출발은 자연스럽게 지연돼서 같은 해 9월까지 미뤄졌다. 그 사이 조선 정부의 의향도 대략 판명돼서 특사의 앞길에 어두운 그림자가 드리워졌다.[16]

강신대차사 정관(講信大差使正官) 니이 마고이치로, 도선주(都船主) 데라다 이치로베는 왜관에 도착해서 관수번(館守番) 누이노스케(縫殿介)와 상의한 후, 훈도 안동준과 별

---

55) 화한(華翰): 상대의 편지를 높여서 부르는 말. 귀함(貴函)
56) 감집(感戢): 감격(感激)

차 현성운(玄星運)을 불러서 조선과 타이슈 간 무역규정의 개정을 요구할 것이라는 말을 전했지만, 동래부사 서영순(徐璟淳)이 조약 위반을 이유로 대차서계(大差書契)의 접수를 거부했으므로 그들의 사명(使命)은 완전히 실패로 끝나고 말았다. 두 번째 사명인 일본 사절의 조선 파견을 통고하는 소차서계(小差書契)도, 훈도와 별차는 동래부사의 명에 따라 전례가 없음을 이유로 연향설행(宴享設行)과 서계(書契) 봉납(捧納)을 거절했다. 왜관 관수는 "이 나라(조선)에 화란이 조석지간(朝夕之間)에 박두해서 방관하기 어려우므로 우리 다이쿤(大君)께서 심려하셔서 사절을 파견하기로 뜻을 정하셨습니다. 그런데 오늘날까지도 바다를 건널 수 있을지 알 수 없으니, 더욱 신중히 숙고해서 반드시 두터운 신의를 모두 끝까지 관철해서, 사절을 관대(款待)하는 쪽으로 신속히 회답하십시오."라는 뜻으로 반박했다. 이 때문에 교섭은 일시 중단 상태에 빠졌는데, 게이오 3년 7월에 동래부사는 결국 관수(館守)의 주장에 굴복해서 강신대차사(講信大差使)를 엄척(嚴斥)했지만 돌아가지 않는다고 아뢰고, 지휘를 요청했다. 정부에서는 비록 선례는 없지만, "교린의 우의(友誼)에 있어서 오직 엄척(嚴斥)할 수만은 없다."고 하고, 특별히 회한(回翰)을 작성하고 경접위관(京接慰官)과 차비역관을 내려보내서 접대하기로 결정했다.[16-1]

이상의 순서를 거쳐서 강신대차사(講信大差使)는 접견을 받고, 연향설행·서계 봉납·예물 증급(贈給) 등이 선례에 따라 게이오 3년 8월 중에 행해졌을 것으로 생각되지만, 그 상세한 내용은 알 수 없다. 예조의 회답 서계도 찾아볼 수 없지만 오직 강신대차사의 구진서(口陳書)에 대한 훈도, 별차의 회답만 다음과 같이 전해지고 있다.

예전에 구진(口陳)으로 도부(東武)에서 단사(崑使)[57]한 이유를 별도로 동래부에 알려주셨기에 이를 다시 조정에 전달했습니다. 이제 회하(回下)를 받으니, "도부(東武)의 후의가 실로 감패(感佩)[58]하다. 그러나 전에 연사(年事)[59]가 거듭 흉작이어서 빙례(聘禮) 시기를 늦출 것을 간청한 적이 있다. 또 양요(洋擾)가 절경(絕經)[60]해서 사무가 번잡하며, 역기(疫氣)가 유행하고 훈염(薰染)[61]이 크게 두루 퍼졌으니, 이러한 때 빈객을 접대하는 것은 실로 신중히 생각

57) 단사(崑使): 단(崑)은 전일(專一)의 뜻이니, 단사(崑使)는 특정한 목적을 위해 사신을 파견함을 뜻한다.
58) 감패(感佩): 깊이 감사해서 잊지 않음
59) 연사(年事): 농사(農事)
60) 원문에 '절경(絕經)'으로 되어 있으나 문맥상 어색하다. 문맥상 '이제 막 지났다' 정도의 뜻이 되어야 할 것으로 생각된다.
61) 역기(疫氣)는 역병(疫病)을 말하고, 훈염(薰染)은 사학에 물든다는 뜻이다.

해야 할 문제이다. 그러므로 회답 서계에서 또한 진심으로 간청했던 것이다."고 했습니다. 부디 이러한 뜻을 양찰해서 귀주(貴州)에 상세히 보고하고 도부(東武)에도 고하여 단사(端使)가 바다를 건너지 않게 하길 바랍니다. 그리하여 일이 순편(順便)하게 귀결되기를 깊이 바랍니다.[17]

조선 정부가 흉작, 역병의 유행, 외난 등을 이유로 일본의 사절 파견을 거절했다는 소식은 9월 상순에 타이슈 번으로부터 교토에 있는 이타쿠라 가쿠로(閣老)에게 전해졌다. 이로 인해 바쿠가쿠(幕閣)는 중대한 딜레마에 빠지게 됐다. 바쿠가쿠의 견해는, 이미 공문으로 미국 정부의 동의를 얻은 이상 조선 정부의 통고만을 고려해서 사절 파견을 중지하기는 어렵다는 것이었다. 따라서 계속 그 준비를 추진하기로 하고, 게이오 3년 11월 중에 출발하기로 예정하고 타이슈 번에도 통고했다.

조선 정부의 태도가 분명해진 이상 견한사절(遣韓使節)도 기존 방침을 변경할 필요를 느꼈다. 그는 게이오 3년 9월 28일에 다음과 같은 청훈서를 제출하고, 청훈서대로 하라는 취지의 지령을 받았다.

타이슈(對州)에 어용(御用)으로 파견된 후, 사태에 따라 조선국에도 가서 저 나라가 위난(危難)에 빠지는 경우에 인의(隣義)로써 후하게 타일러 저들로 하여금 깊이 의뢰한다는 말씀을 올리게 하도록 진력해야 한다는 것은 물론 잘 알고 있습니다만, 저들 국정(國情)의 완고함과 누습(陋習)을 용이하게 승복시킬 수 있겠습니까? 알 수 없는 일이니, 만에 하나 승복시킬 수 없을 경우에는 이후 회오(悔悟)할 때를 기다리겠다는 말을 남기고 철수한 후, 타이슈 한 섬만이라도 저 나라의 요란(擾亂)의 여염(餘炎)에 걸려들지 않도록 조약 각국의 선계장(船繫場)으로 열어서, 세법(稅法)과 그 밖의 규칙을 수립하고 나가사키 부교(奉行)가 다스리는 장소로 정한다면, 자연히 저 나라를 돕는 것도 되어 영원히 의뢰한다는 말씀을 올릴 것입니다. 또 조선이 회오(悔悟)할 때, 이상의 조처대로 수운(手運)이 시행될 수 있도록 조치한 뒤 철수해야 할 것입니다.○하략[18]

견한사절이 조선의 수도로 가서 국왕을 알현하고, 프랑스와 미국 등 양국과 조선 사이의 조정을 맡는다는 기본 방침이 완전히 폐기됐다는 사실은 이 청훈서로 명료해졌다.

견한사절의 출발 기일도 확정됐으므로, 게이오 3년 10월 상순에 타이슈 번의 가로(家老) 니이 마고이치로는 왜관(倭館) 관수번(館守番) 누이노스케에게 사절을 대우하는 방법에 관한 지령을 내렸다. 또 사절이 전할 국서 안과 특사서한 안, 그리고 한역문을 작성해서 쇼군의 직재(直裁)를 신청했다.

일본국 미야모토(源)[요시노부(慶喜)]

조선국왕 전하께 글을 보냅니다. 근래 귀국 예조참의가 소(宗) 쓰시마노카미(對馬守)에게 보낸 서한을 보고, 작년에 외국 선박이 귀국 해구(海口)에서 소요를 일으켜서 그 때문에 경비가 더욱 심해졌다는 것을 알게 되었습니다. 그 후 귀국이 외국 선박 1척을 불태웠다는 소식을 들었습니다. 지난번에 귀국 해구에서 소요를 일으킨 것은 프랑스 선박인데, 그 후에 불태운 것은 미국 선박이었습니다. 귀국이 프랑스에 원한이 있는데 미국의 선박을 불태웠으니, 두 나라는 합종(合從)해서 형세상 필시 힘을 합쳐 귀국에 복수하려고 할 것입니다. 구호(舊好)의 의리로 차마 좌시할 수 없어서, 이에 와카도시요리(若年寄) 겸 가이코쿠소부교(外國總奉行) 히라야마(平山) 즈쇼노카미(圖書頭)와 메츠케(目付) 고가(古賀) 지쿠고노카미(筑後守)를 귀국 경성에 보내서 면알(面謁)하고 사의(事宜)를 전의(顚議)[62]해서 원한과 분규를 풀고, 또 세호(世好)를 더욱 돈독히 해서 함께 천휴(天休)를 누리고자 합니다. 이러한 마음을 살펴서 양찰하시길 바랍니다. 이만 줄입니다.

게이오 3년 정묘　월　　일

일본국 미야모토(源)[요시노부(慶喜)]

일본국 특파사신 와카도시요리(若年寄) 겸 가이코쿠소부교(外國總奉行) 히라야마(平山) 즈쇼노카미(圖書頭)와 메츠케(目付) 고가(古賀) 지쿠고노카미(筑後守) 류(劉)[마사루(增)] 등이 삼가 조선국 집정 합하(閤下)께 글을 보냅니다.

귀국이 미국, 프랑스 두 나라와 원한을 맺었으니, 우리 다이쿤(大君)께서는 이웃나라를 후대하는 정의(情誼)에 차마 좌시할 수 없었습니다. 그래서 속히 두 나라에 고해서 저들이 다시 군대를 일으키는 시기를 늦게 하시고, 또 저희들에게 명을 내려서 귀국 왕성(王城)에 국서를 가져가서 다이쿤(大君)의 깊은 뜻을 알리게 했습니다. 이번 봄에 소(宗) 쓰시마노카미(對馬守)로 하여금 먼저 이러한 뜻을 알려서 양국의 사정을 더욱 상세히 밝히게 하시고, 이제 저희들로 하여금 쓰시마에 건너오게 해서, 지난번 회신을 기다린 것이 오래되었는데 아직도 회음(回音)을 받지 못했습니다. 다시 도신(島臣)에게 날짜를 정해놓고 독촉하게 했지만 묘연하게 소식이 없으니, 다이쿤(大君)께서 이웃나라를 후대하시는 깊은 뜻이 끝내 통하지 않아서,

---

62) 전의(顚議): 성실하고 신중하게 논의함

저희들이 참으로 사명(使命)을 욕되게 했습니다. 따라서 이제 군이 국서 등본을 드리고 떠나는 것 또한 부득이한 일입니다.

원래 우리 다이쿤(大君)께서 저희들로 하여금 멀리 해파(海波)를 건너서 이웃나라의 우의를 다하게 한 것은 모두 역년(歷年)의 구호(舊好)에서 나온 것입니다. 그런데 이렇게까지 정의(情誼)가 전달되지 않으니 실로 유감스럽기 짝이 없습니다. 그러나 참으로 귀국이 훗날 회오(悔悟)해서 진심을 와서 알린다면 천지와 같이 넓은 도량을 가진 우리 다이쿤(大君)께서 어찌 구맹(舊盟)과 수신(修信)을 생각하시지 않겠습니까? 이제 닻줄을 풀고 동쪽으로 돌아가면서 1통의 서한을 남겨두어 국론이 하나로 정해지는 날을 기약합니다. 부디 살피시길 바랍니다.[63)19]

이어서 선례에 따라 히라야마와 고가, 두 사절에게 전권위임장이 부여되고 출발 준비도 진행됐다. 그런데 게이오 3년 10월 14일에 교토에 있던 쇼군 요시노부가 돌연 정권봉환(政權奉還)을 상주했다. 이튿날인 15일, 조정은 이를 수리했지만, 창졸간에 일이 발생한 나머지 정무 인계 준비도 되어 있지 않았고, 특히 외교는 전혀 경험이 없었으므로 당분간 전 쇼군에게 위임하라는 분부가 내려졌다. 정변 결과 일본국 다이쿤(大君)의 명으로 국서를 부여한 견한사절의 출발은 당연히 무기한 연기하는 것으로 내정됐지만, 바쿠가쿠(幕閣) 내부에서는 사절 파견을 조선 정부에 공식적으로 통고한 이상 국내의 정치 사정을 이유로 그것을 중지하는 것은 불리하다고 주장하는 이들이 있었고, 타이슈 번사 오시마 도모노조(大島友之允)^{마사토모(正朝)}도 이와 유사한 의견을 상신했다. 이에 따라 전 쇼군 요시노부는 10월 25일에 조정에 상주해서 다시 사절 파견의 칙허를 받았다.

게이오 3년 11월 6일, 에도에 재근 중이던 히라야마 즈쇼노카미는 전 쇼군에게서 출발 명령을 받았다. 25일에 군함 반료(蟠龍)에 탑승해서 출발한 사절 일행은 12월 1일에 오사카에 도착하고, 2일에 입경했다. 그리고 전 쇼군 이하와 회견을 갖고 절차를 상의하려 했으나, 12월 3일에 죠슈 번의 군대가 해로(海路)로 세츠노쿠니(攝津國)의 니시노미야(西宮)에 상륙했다는 보고가 올라오고, 구 막부와 사쓰마, 죠슈 두 번 사이의 충돌이 목전에 닥치자 견한사절 파견 계획 또한 자연히 소멸되고 말았다.[20]

이보다 앞서 게이오 3년 9월에 바쿠가쿠(幕閣)에서 견한사절의 출발 날짜를 타이슈

---

63) 원문에는 일문과 한역문이 함께 게재되어 있는데, 일부 문장의 차이는 있으나 요지는 대동소이하다. 이러한 경우 번역문은 한역문을 기준으로 1편만 수록했는데, 이는 일본 측의 의도보다는 조선 측의 이해가 보다 중요하다고 판단했기 때문이다. 이하 동일하다.

번에 시달(示達)하자, 타이슈 번은 이를 부산 왜관을 경유해서 조선 정부에 통고했다. 조선 정부는 이미 공식적으로 사절 파견을 물리쳤음에도 불구하고, 다시 이를 강제하는 것을 이해할 수 없는 일로 여겼다. 같은 해 12월에 동래부사 정현덕(鄭顯德)은 훈도와 별차에게 명하여 각서 형식으로 명확한 언사로 타이슈 번에 항의를 제출하게 했다.

금년 여름에 도부(東武)의 사절을 정침(停寢)[64]하는 일로 공간(公幹)[65]을 치른 것이 한두 번이 아니었고, 심지어 예조의 서계에도 그것에 관한 구절을 첨가했습니다. 더구나 존공(尊公)[66]이 간사직에 있는 동안에는, 귀국하시면 알선할 방법을 찾는 일을 아마도 늦추지 않으시리라 생각해서 저희들은 회음(回音)이 오기만을 손꼽아 기다렸습니다. 요사이 4, 5개월 동안에 사절 파견은 이미 중단된 것으로 생각했는데, 이제 보내신 글의 내용을 보니 지면 가득히 나열해서 적은 말들이, 다만 처음에는 알겠다가도 끝까지 다 이해할 수 없는 바요, 또한 설명을 찾아도 찾을 수 없는 말들이 많았습니다. 이는 혹시 폐방(弊邦)의 충간(衷懇)[67]이 아직 미덥지 않아서 그런 것입니까? 아니면 귀주(貴州)의 주선이 유범(悠泛)[68]해서 그런 것입니까?

다만 생각건대, 도부(東武)에서 사절을 파견하는 일이 이웃을 돌보는 성의(盛意)에서 나온 것이니, 붓으로도 이루 다 사례할 수 없고 말로도 이루 다 감사할 수 없습니다. 그러나 예전 서계에서 사절의 중단을 청한 것은 비단 영송(迎送)의 번폐(煩弊)를 염려했기 때문만이 아니요, 교린의 장정(章程)은 양국 선세(先世)의 술작(述作)[69]으로서, 300년 동안의 성신(誠信)으로 더욱 돈독해져 후인(後人)들이 의뢰하여 전수(典守)로 삼는 것이기 때문입니다. 이제 이 도부(東武)의 사절은 구약(舊約)에 일찍이 없던 것입니다. 장정이 한번 훼손되면 약조를 지키기 어려우니, 어찌 신중히 하지 않을 수 있겠습니까?

근래 양선(洋船)이 원근에 출몰한 것으로 인해 귀국의 나가사키의 교역과 폐방의 강도(江都)[70]에서의 초각(剿却)[71] 등 각각 조처한 바가 있었으니, 이 또한 서로 통보한 것들입니다. 이제 우리 연해의 방비에 그 설비가 더욱 엄중해져서 참으로 인국(隣國)에 심려를 끼칠 것이 없으니, 도부(東武) 또한 어찌 원세(遠勢)를 생각해서 바다 건너 사절을 보낼 필요가 있겠습니까? 또 교린 서무(庶務)를 귀주(貴州)에서 전관(專管)하는 것은 본래 불변의 구약(舊約)입

---

64) 정침(停寢): 일을 하다가 중도에 그만 둠
65) 공간(公幹): 공무(公務)
66) 존공(尊公): 상대에 대한 높임말. 귀공(貴公)
67) 충간(衷懇): 마음속에서 우러나오는 정성
68) 유범(悠泛): 유유범범(悠悠泛泛)의 준말로 일을 꼼꼼히 하지 않으면서 느긋하게 처리한다는 뜻이다.
69) 술작(述作): 술(述)은 전승이고 작(作)은 새로 만든다는 뜻이니, 술작은 곧 저술, 창작이라는 의미를 갖는다.
70) 강도(江都): 강화부(江華府)를 가리킨다.
71) 초각(剿却): 초멸(剿滅)해서 물리침

니다. 이제 만약 기밀의 일이 혹시나 누설될까 염려해서 귀주(貴州)에 간섭(間攝)하지 못하게 한다면, 어찌 이러한 도리가 있겠습니까? 이 때문에 크게 아혹(訝惑)하는 것입니다. 더구나 금년에는 전례에 따른 사절 외에 표차(漂差)[72]와 대차사행(大差使行)이 연달아 왔고, 또 앞으로도 대차(大差) 양사(兩使)와 재판(裁判) 두 차례가 있을 것이니, 폐방에서 지금처럼 자주 관접(館接)한 적이 없었습니다. 인국(隣國)을 생각하여 폐단을 줄이는 우의(友誼)에 있어 알선에 더욱 유의해주길 바랍니다. 만약 상의할 일이 있으면 내년 봄 해관(海官)이 들어갈 때 정당(停當)하게 처리하는 데 힘쓰더라도 안 될 것이 없을 것입니다.○하략21

병인양요에 관한 막부의 조정은, 상당한 결의를 갖고 추진되었음에도 불구하고 거의 아무런 반향도 일으키지 못한 채 끝나고 말았다. 그에 반해 야도 마사요시(八戸順叔)의 정한설(征韓說)은 완전한 유언비어였음에도 불구하고 이후 일한관계에 중대한 영향을 미쳤다. 따라서 여기에서 조금 상세하게 설명하고자 한다.

청 목종(穆宗) 동치(同治) 5년(이태왕 병인년) 12월, 영국령 홍콩[香港]에 체재 중이던 일본의 명유(名儒) 야도 마사요시가 이 지방의 한자 신문에 일본 국정(國情)에 관해 기고했다. 그러고 나서 며칠 뒤인 12월 12일에 광둥에서 발행되는 「중외신문(中外新聞)」에 다음과 같은 기사가 게재됐다.

일본 명유(名儒) 야도 마사요시 선생의 말을 들으니, 근래 그 나라의 정치와 풍속이 혁고갱신(革故更新)해서 증증호(蒸蒸乎)[73] 날마다 상리(上理)에 도달하고 있다고 한다. 육예(六藝)[74] 가운데 궁전(弓箭)을 버리고 검무(劍舞)만을 오로지 익히며, 말을 타는 것은 앉아서 진퇴하는 법을 가르친다. 화기(火器)는 시방(施放)과 종격(縱擊)을[75] 가르치고, 수사(水師)는 윤선(輪船)을 타고 달리는 법을 가르쳐서 물과 불 두 가지 힘의 오묘함을 환히 깨닫게 한다. 또 타공(柁工)[76]에게는 항해술을 가르친다. 이제 그 나라에 이미 화륜선 80여 척이 있으니 성대하다고 할 만하다. 전일에 에도 정부가 자제 14명을 선발해서, 영국 런던[倫敦] 학교에 파견하여 문자를 익히게 했다. 모두가 영준지사(英俊之士)로 나이가 12세에서 22세까지며, 의관의 제

---

72) 표차(漂差): 표차왜(漂差倭)의 준말로 표류민을 데리고 조선에 오는 일본 사신을 말한다.
73) 증증호(蒸蒸乎): 증증(蒸蒸)은 사업 등이 날마다 향상되고 발전하는 모양을 형용하는 말이다.
74) 육예(六藝): 『周禮』 大司徒에 나오는 여섯 가지 기예로, 예(禮)·악(樂)·사(射)·어(御)·서(書)·수(數)를 가리킨다.
75) 시방(施放)과 종격(縱擊): 시방(施放)은 발사의 뜻이고, 종격(縱擊)은 원래 맹렬하게 공격한다는 뜻인데 여기서는 난사(亂射) 정도의 의미로 생각된다.
76) 타공(柁工): 선상에서 키를 잡은 사람. 조타수(操舵手)

도는 대부분 유럽[歐羅巴]을 모방해서, 두발을 자르고 지팡이를 들어서 그 차림새를 따랐다. 장관(長官)의 좌우 소매에는 금실을 5줄로 둘러서 등차(等差)를 구별했다. 모두 영국의 언어 문자에 능통하니, 다른 점은 오직 허리에 찬 2자루 칼뿐이다. 또 에도 정부 독리선무장군(督理船務將軍) 나카하마 만지로(中濱萬次郎)는 한 달 전에 특별히 상하이에 와서 화륜선을 제조했다. 그 지혜와 영민함이 능히 기괄(機括)과 관건(關鍵)의[77] 정미(精微)함을 모두 터득할 수 있었는데, 근일에 이미 길을 떠나 본국으로 돌아갔다. 그 나라에 모두 260명의 제후가 있는데 전에 다이쿤(大君)이 에도 경사(京師)로 소집했으므로 모두 회동해서 정사를 의논했다. 그리고 무비(武備)를 정비하는 데 힘쓰고 국위(國威)를 크게 떨쳐서 부정(不庭)[78]한 자들을 정벌하고자 했다. 현재 군대를 일으켜서 조선으로 가서 토벌할 뜻을 갖고 있으니, 조선이 5년에 한 번 조공하는 의례를 지금까지 부고(負固)[79]하면서 불복해서 오랫동안 폐기했기 때문이다.

이 기사는 원고를 다소 생략하고 수식했던 듯, 다른 신문에 게재된 기사에는 일한관계의 사실(史實)을 보다 상술해서 신라왕자 천일창(天日槍)의 내조(來朝)로부터 삼한(三韓)의 종속과 도요토미 다이코(太閤)의 조선 원정, 그리고 더 나아가 "조선왕은 5년마다 반드시 에도에 와서 다이쿤(大君)을 배알(拜謁)해야 한다."와 같은 구절이 포함되어 있었다고 한다.[22]

야도 마사요시에 관해 구 막부의 유로(遺老)[80]가 전하는 바에 따르면, 그는 대관수대(代官手代) 야도 아츠주로(八戶厚十郎)의 3남으로, 나중에 성을 타이요지(太陽寺)(?)로 고치고 메이지유신 당시 고즈케노쿠니(上野國) 다카사키 번(高崎藩)의 고사(雇士)가 돼서 번제개혁(藩制改革)에 참여했으며, 그 후 도쿄 부 및 지방 속관(屬官)에 임명됐다. 그리고 막부 말기에 몇 차례 유럽에 도항한 경험이 있다고 한다. 앞에서 인용한 원고는 유럽으로 가던 도중 상하이, 홍콩 등지에 체재할 때 기고했던 것으로 보인다. 그리고 기사 중에 전반부, 즉 당시 막부가 군제개혁, 특히 신식 병기 및 군함의 구입과 제조에 열중하고 있으며, 군복 같은 것도 유럽식을 모방하고, 또 하타모토(旗本)[81], 고케닌(御家人)의[82] 자제 가

---

77) 기괄(機括)과 관건(關鍵): 기괄은 노(弩)의 시위를 거는 부분과 화살의 오늬를 가리키는 말로, 사물의 중요한 부분을 비유한다. 관건 또한 빗장과 자물쇠로 사물의 중요한 부분을 의미한다.
78) 부정(不庭): 원래 조정에 조회하러 오지 않는 자를 뜻하는 말로서, 흔히 무도(無道)나 반역과 유사한 의미로 사용된다.
79) 부고(負固): 험난한 지형을 믿고서 복종하지 않음
80) 유로(遺老): 전 왕조에서 살아남은 노인 또는 옛 신하
81) 하타모토(旗本): 일본 중세에서 근세까지 존재했던 무사 신분의 하나로, 주로 도쿠가 쇼군 가 직속 가신단 가운데 봉록 1만 석(石) 미만으로 쇼군이 출석하는 의석에 참열(參列)할 수 있는 자격을 갖춘 자를 가리킨다.

운데 준수한 자들을 발탁해서 네덜란드, 영국 등의 유학을 명한 것은 모두 사건의 진상을 전달한 것이지만, 후반부의 조선에 관한 부분은 전혀 근거가 없는 것으로 그가 왜 이러한 유언비어를 퍼뜨렸는지에 관해서는 이해하기 어려운 면이 있다.[23]

야도 마사요시의 기고가 실린 신문지는 판리오구통상사무대신(辦理五口通商事務大臣) 및 해관세무사에 의해 모아져서 총리각국사무아문에 진달됐다. 총리아문은 예전에 조선에서의 프랑스인 선교사의 학살로 인해 프랑스 공사로부터 종주국으로서의 책임에 관해 질의를 받았고, 또 최근에는 제너럴셔먼호 사건 때문에 미국 공사의 항의를 받았다. 조선 군신(君臣)의 무모한 행동의 선후책을 마련하는 데 곤혹스럽던 와중에 일본마저 조선 문제에 등장했다는 보고를 받게 되자 적지 않게 긴장한 관리총리아문사무(管理總理衙門事務) 공친왕 혁소 등은 신중하게 협의했다. 총리아문에서는 '일본은 원래 민정(民情)이 흉한(兇悍)[83]하며, 최근의 군비 혁신이 괄목할 만하다는 것은 외국 신문을 통해 전해진 바다. 조선 같은 나라는 오직 탄환흑자(彈丸黑子)[84]의 땅으로 도저히 일본에 대적할 수 없으니, 만약 일본이 반도의 땅을 점거한다면 중국의 뱃속의 근심이 되리라'는 점을 우려하였다. 그 상세한 내용은 동치 6년 2월 15일자 공친왕 등의 밀주(密奏)[85]에 보인다.

아룁니다. 일본은 전명(前明)[86]에 왜구(倭寇)가 되어 장쑤(江蘇), 저장 성(浙江省) 등의 빈해(濱海) 지방 거의 전부를 유린했고, 조선에까지 미쳤습니다. 또 언제나 야랑자대(夜郎自大)[87]의 마음을 품고서 오랫동안 중국에 조공하지 않았습니다. 몇 년 전에 영국, 프랑스 등 각국과 구병(構兵)[88]했는데, 신 등은 생각하기를, "저 나라의 해변이 우리 동해에 위치해서 장쑤, 저장의 해구(海口)와의 거리가 멀지 않으니, 일본이 패하면 영국, 프랑스 등의 나라가 더욱 강해질 것이요, 일본이 승리하면 근심이 주액(肘腋)[89]에 있어서 더욱 절근(切近)해질 것이다. 이것이 일본의 승패가 모두 중국에게 크게 관계되는 이유다."라고 했습니다. 그러므로 항상 은

---

82) 고케닌(御家人): 쇼군의 가신인 무사 신분의 일종
83) 흉한(兇悍): 흉포하고 사나움
84) 탄환흑자(彈丸黑子): 매우 작은 것을 비유하는 말이다. 흑자(黑子)는 사마귀
85) 밀주(密奏): 비밀 상주문
86) 전명(前明): 청대(淸代) 사람이 명대(明代)를 가리켜서 하는 말
87) 야랑자대(夜郎自大): 야랑(夜郎)은 한나라 때 중국 서남쪽에 있던 소국으로, 야랑자대(夜郎自大)는 야랑국이 한나라의 거대함을 알지 못하고 분별없이 스스로 큰 척 한다는 뜻이다.
88) 구병(構兵): 교전(交戰)
89) 주액(肘腋): 팔꿈치와 겨드랑이라는 뜻으로 매우 가까운 곳을 비유한다.

미한 근심을 품고 수시로 탐청(探聽)했더니, 근년에 일본 군대가 패한 뒤에 영국, 프랑스 각국과 강해(講解)[90]하고는, 바로 웅비하고자 발분해서 병선의 제조법을 학습하고 각국에 왕래한다고 하니, 그 뜻이 작지 않습니다. 이제 외국 신문에서 그 무비(武備)의 성대함과 군함의 많음을 칭송하고 아울러 조선과 흔단(釁端)을 구한다는 설이 있었습니다. 신 등은 거듭 생각해보건대 그것이 과연 사실이라면, 조선이 비록 탄환과 같이 작은 나라이지만 영국과 프랑스 같은 나라와 분쟁이 생기는 것은 그 뜻이 전교와 통상에 불과하고, 두 나라가 상호 견제하여 반드시 그 토지를 대번에 빼앗아서 자기 소유로 삼지는 않을 것이로되, 일본의 경우는 견제하는 바가 없어서 그 토지를 탐하지 않으리라고 보장하기 어렵습니다. 만약 일본이 조선을 차지한다면 중국과 서로 접해서 근심이 더욱 살에 사무칠 것이니, 전교와 통상 같은 일은 오히려 여사(餘事)[91]일 뿐입니다. 현재 일본이 이러한 행동을 하는 데는 혹 다른 나라의 종용(慫慂)이 없으리라고 단정할 수 없습니다. 만약 조선이 일본 군대의 침입을 받는다면 그 환난은 프랑스 군대를 받을 때와 비교해서 더욱 심할 것입니다.○중략

총리아문은 별도로, '일본은 원래 중국에 조공을 하지 않기 때문에 일본과 조선 양국이 평상시에 왕래하면서 일찍이 혐극(嫌隙)을 맺은 일이 있었는지 여부를 알 방법이 없고, 따라서 이 신문 기사의 신빙성이 상세하지 않다. 그러므로 예부에 조칙을 내려 조선국왕에게 밀자(密咨)[92]해서 사실 여부를 확인하게 하고 환난을 미연에 방지하는 것이 순편(順便)할 것'이라는 뜻을 상주했다. 곧이어 예부는 칙지에 따라 같은 해 2월 19일부로 조선국왕에게 밀자(密咨)해서, 총리아문에서 이자(移咨)한 원주(原奏)[앞에서 인용한 밀주(密奏)가 아니라 예부와 관련된 별주(別奏)]와 신문의 요점을 발췌한 초록을 첨부해서 전달했다.[24]

청 예부의 자문은 게이오 2년의 동지사 귀국 편에 맡겨져서 게이오 3년 3월에 경성에 도달했다. 그것을 받아 본 조선 조정은 크게 경악했다. 조선 조정은 바로 예부에 회자(回咨)해서, 신문 기사 가운데 신라 왕자의 일본 귀화와 삼한(三韓)의 종속과 같은 것은 『동국통감(東國通鑑)』 등에 기록되어 있지 않고, 또 임진년의 기사는 사실이 전도됐을 뿐만 아니라 조선국왕이 일본국에 조공, 배알한 사실도 없음을 강조했다. 그리고 "겉으로만 순종하면서 흠모, 존경하는 척하는 습성이 이미 미워할 만한데, 무멸(誣衊)하고 오욕(汚

---

90) 강해(講解): 강화(講和)
91) 여사(餘事): 중요하지 않은 일
92) 밀자(密咨): 비밀 자문(咨文). 자문은 동등한 관서 사이에 왕복하는 공문 양식을 말한다.

辱)하는 설이 망극하기 짝이 없습니다. 폐방(弊邦)과 일본은 통호(通好)한 지 이미 오래되어서 모든 사단이 생길 때마다 자보(咨報)했습니다. 그 설에 전혀 착락(着落)[93]이 없음은 응당 남김없이 통촉하셨을 것이니 참으로 많이 변설할 것도 없지만, 아마도 이 해괴한 문자를 이미 목도하셨을 것이니 또한 어찌 차마 심상하게 간주해서 묵묵히 말하지 않을 수 있겠습니까?"라고 덧붙였다.[25]

이번 사건은 단순히 청한 간의 문제가 아니었으며, 그 주체는 오히려 일본이었다. 이에 의정부는 청 예부에 회자(回咨)하는 것과 동시에 예조참판 이연응(李沇應)의 명의로 서계를 작성해서 타이슈 번을 경유하여 일본 정부에 힐문했다. 예전에 양요를 고지하는 서계가 예조참의 명의의 소차서계(小差書契)였던 반면에, 이번 서계가 예조참판 명의의 대차서계(大差書契)가 된 것은, 전자는 단순히 통고에 그쳤지만 후자는 타이슈 번에서 막부로 상신한 후 정식 회답을 요구하는 것이었기 때문이다.

조선국 예조참판 이연응이 일본국 쓰시마 주 태수습유(對馬州太守拾遺) 다이라 공(平公) 합하께 글을 보냅니다.

눈에 비치는 꽃빛이 느리고 긴 이때, 멀리서 계처(啓處) 충유(沖裕)하실[94] 것을 생각하니 아무리 그리며 송축해도 싫어지지 않습니다. 폐방(弊邦)과 귀국은 이웃한 항구가 의대(衣帶)[95]만큼 밖에 떨어져 있지 않고 신역(訊譯)[96]의 관개(冠蓋)[97]가 계속 이어져 왔으니, 근래 200여 년 동안 강신수호(講信修好)해서 시종 변하지 않았습니다. 그런데 이제 춘절사(春節使)가 베이징에서 돌아와서 말하길, "전하는 말을 들으니 일본국 객인(客人) 야도 마사요시가 말하길, 일본 에도 정부의 독리선무장군(督理船務將軍) 나카하마 만지로가 한 달 전에 특별히 상하이로 와서 화륜선 80여 척을 제조하고 최근에 귀국길에 올랐다고 하며, 그 나라에 모두 260명의 제후가 있는데 에도에 모여서 회동하고 의정(議政)했으니, 현재 군대를 일으켜서 조선을 토벌할 뜻을 갖고 있다고 했습니다."라고 했습니다.

야도 마사요시가 어떤 인물인지는 알 수 없으나, 속적(屬籍)[98]이 바로 귀국에 있어서 이미 상세히 파악할 수 없거늘, 지금 무슨 일로 그곳에 흘러들어가 머물러 있는지 알리지도 않았

---

93) 착락(着落): 행방, 귀결
94) 계처(啓處)는 편안히 거처한다는 뜻으로 상대의 안부를 물을 때 쓰는 말이다. 충유(沖裕)는 덕이 깊고 온화한 모양이다.
95) 의대(衣帶): 일의대수(一衣帶水)의 준말로, 바다나 강이 옷의 띠만큼 좁다는 뜻이다.
96) 신역(訊譯): 신(訊)은 안부를 묻거나 소식을 전한다는 뜻이다. 역(譯)은 역관이다.
97) 관개(冠蓋): 관원이 입는 의복과 탈 것. 특별히 사신(使臣)을 가리키기도 한다.
98) 속적(屬籍): 국적(國籍)

으니, 그가 왜 위무(蘹誣)[99]를 날조해서 자의로 주환(譸幻)[100]하는지 괴이할 뿐입니다. 공공연히 제멋대로 유언비어를 전파해서 거리끼는 바가 없으니 사리로 헤아려보건대 실로 아무리 따져봐도 이해할 수 없습니다.

아아! 양국의 성신(誠信)이 일월(日月)에 비춰볼 만하고 선세(先世)의 조약이 금석(金石)도 뚫을 만합니다. 백신(百神)이 공중한 변치 않는 맹약이요, 만성(萬姓)이 바야흐로 맞이한 무한한 복이니, 결코 한때 갑자기 들리는 황설(謊說)을 대번에 실제인 것처럼 인정해서는 안 될 것입니다. 의(義)는 영호(永好)에 달려있고 정(情)은 숨기지 않는 데서 나오는 것입니다. 이에 들은 바를 진술해서 진실한 마음을 펼쳐놓습니다. 부디 이상의 사실을 도부(東武)에 전달해서 밝게 복음(覆音)[101]을 내리게 하시길 깊이 바랍니다. 갖추지 못하고 보냅니다.

정묘년 3월   일
예조참판 이연응[26]

예조 서계는 게이오 3년 4월 상순에 왜관에 전달됐다. 그 사이 훈도 안동준에게서도 진상에 관한 질의가 있었는데, 왜관(倭館) 관수번(館守番) 누이노스케(縫殿介)는, 우선 막부에서 전국의 제후들을 소집해서 조선 원정을 심의한 사실은 듣지 못했다고 하면서도, "그러나 지금 우내(宇內)의 형세로 판단해보건대, 양인(洋人)이 우리 변경의 부랑배들을 현혹해서 자연히 양국을 이간하는 사모(詐謀)를 꾸미는 일이 없으리라고 하기 어렵습니다."라고 하고, 속히 예조 서계를 도부(東武)에 진달해서 회답을 내리게 하겠다고 전했다.[27]

예조 서계는 게이오 3년 5월 15일에 교토에 재류 중이던 타이슈 번 가로(家老) 후루카와 지자에몬(古川治左衛門)에게서 로주(老中) 이타쿠라 이가노카미(伊賀守)에게 진달됐다. 이 가쿠로(閣老)는 쇼군 요시노부의 유지(諭旨)를 여쭙고 또 에도 루스이 바쿠가쿠(江戸留守幕閣)와 협의한 후, 6월 5일에 타이슈 번주 소(宗) 쓰시마노카미(對馬守)요시아키라(義達), 시게마사(重正)에게 신문에 실린 야도 마사요시의 발언을 근거 없는 풍설로 결론내리고 정식으로 부인하라는 명을 내렸다. 그리고 메츠케(目付) 하라 이치노신(原市之進)다다노리(忠誠)(한때 요시노부의 심복으로 알려졌다.)의 명의로 예조에 보낼 회답 서계안에 관한 지령을 내렸다.

---

99) 위무(蘹誣): 거짓된 무함
100) 주환(譸幻): 사람을 속여서 미혹함
101) 복음(覆音): 회음(回音), 회신(回信)

보내신 서한의 취지를 에도 정부에 아뢰었는데, 말씀하신 설(說)과 같은 것은 근거 없는 망언(妄言)으로서 언급하기에도 부족하니, 이러한 부설(浮說)과 유언(流言) 때문에 이처럼 근심하는 것은 실로 크게 편치 않은 일이라고 생각됩니다. 더구나 다이쿤(大君)께서 ○요시노부(慶喜) 계승하신 이래로 백사(百事)를 일신해서 문무 관리에게 명하여 구폐를 제거하고 충실에 힘써서, 밤낮으로 오직 국위(國威)를 펼 것을 도모하셨습니다. 포함과 기계 등 모든 부강에 도움되는 것들을 멀리 해외에서 구매한 것도 틀림없으니, 전건(前件)의 광설(狂說)도 이러한 사정에서 일어난 것일 수 있습니다. 일찍이 인호(隣好)를 두텁게 한 쌍방의 안전을 바라는 것은 원래 정부의 오랜 뜻이므로, 지난 가을 프랑스가 흔단(釁端)을 열어서 생각지 못한 병전(兵戰)에까지 이르게 된 사정을 들으시고는 순치(脣齒)의 국가 형세를 깊이 통심(痛心)하셨습니다. 그래서 어떻게든 장래 귀국의 행복을 구하시고자, 이렇게 특별히 사절에게 명해서, 멀리그 왕기(王畿)[102]로 가서 지금의 형세와 우내(宇內)의 정태(情態)를 고하고 적당한 조치가 있어야 함을 알려드리려는 것입니다. 이미 행리(行李)[103]를 준비했으니 불일간 해람(解纜)[104]해서 바다를 건너갈 것입니다. 이는 정부의 호의가 심실(深實)한 바입니다. 자세한 내용은 앞에서 언급한 사절이 진술할 것입니다. 그런 뒤에는 전건(前件)의 위망(僞妄)도 모두 얼음이 녹듯이 풀려서 양국 체교(締交)의 후의(厚誼)가 영구히 변치 않는 기본을 세울 수 있을 것이니, 이를 손꼽아 간망(懇望)하고 있습니다. 이러한 사정을 우선 말씀드리라는 명을 받았기에 이것으로 회답하는 것입니다.

정묘 6월[28]

타이슈 번에서는 바쿠가쿠(幕閣)의 원안에 기초해서 예조에 보낼 서계를 작성한 후, 병인양요에 관한 회답 서계와 함께 왜관에 체재 중인 강신대차사(講信大差使)에게 송달했다.

일본국 쓰시마 주 태수습유(太守拾遺) 다이라노 요시아키라가 조선국 예조참판 대인 합하께 회신을 드립니다.

멀리서 방함(芳緘)[105]을 받고서 그에 기대어 홍거(興居)[106] 청적(淸迪)하심을 살필 수 있었

---

102) 왕기(王畿): 수도(首都)
103) 행리(行李): 행장(行裝)
104) 해람(解纜): 출범(出帆)
105) 방함(芳緘): 향기로운 서한이라는 뜻으로 상대방의 서신을 높여서 부르는 말이다.
106) 홍거(興居): 일상생활을 가리키는 말로 기거(起居)와 같다.

으니 기쁘고 위로됨이 참으로 큽니다. 보내주신 말씀의 뜻을 신속하게 도부(東武)에 아뢰니, 그 설은 과연 황탄하고 허망해서 추호도 형적(形迹)이 없는 것이었습니다. 이러한 유언비어가 시끄럽게 들려서 자못 귀 조정에 번거로움을 끼치게 되었으니 우리가 어찌 괄연(恝然)[107]하겠습니까?

그러나 우리 다이쿤(大君) 전하께서 크게 전 국토를 어루만지시어 구폐(舊弊)를 제거하고 백도(百度)를 일신하셨고, 문무의 모든 관원은 이를 찬성(贊成)[108]하고 모의해서, 밤낮으로 오직 국위를 장황(張皇)[109]하게 하는 것만을 당장의 급무로 여기고 있습니다. 해외에서 포함과 기계를 구매해서 우리 부국강병의 밑거름으로 삼는 것은 모두가 사실이니, 어찌 유언비어가 여기서 유래한 것이 아님을 알겠습니까? 본방(本邦)은 귀국에 대해 대대로 인호(隣好)를 돈독히 했으니, 함께 수녕(綏寧)[110]을 도모하는 것이 오늘날 합하께서 권권(睠睠)[111]하게 생각하시는 것입니다. 포호(暴虎)[112] 불법의 와언(訛言)과 같은 것은 믿기에 부족함이 명백합니다.

그런데 프랑스와 전투한 일을 들음에 이르러서는, 인의(隣誼)가 상부(相孚)하고 순혈(脣血)[113]이 상의(相依)하니 어찌 그 중간에서 범연히 볼 수 있겠습니까? 이 때문에 근심하는 마음을 어찌할 수 없어서 귀국에 사신을 보내어 종래의 우려를 영원히 제거하려는 것입니다. 그러므로 이번에 사절에게 특명을 내려서 멀리 경기로 가서 우내(宇內)의 형세를 개진(開陳)할 것이니, 귀국 또한 마땅히 시무(時務)를 짐작해서 적당하게 조치하는 것이 도부(東武)의 성의(誠意)의 소재(所在)입니다. 사절이 이미 행리(行李)를 준비했으니 머지않아 바다를 건너갈 것입니다. 도부(東武)의 돈독한 뜻은 실로 모두 여기에 진술한 바에 있습니다. 저 그릇되고 근거 없는 설과 같은 것은 얼음이 녹듯 깨끗이 풀고, 양국 교제가 영원히 변치 않는 데로 돌아가야 할 것입니다.

엄명(嚴命)이 이와 같이 내렸습니다. 불녕(不佞)한 제가 재직 중이니 실로 감격스러울 뿐입니다. 나머지는 부디 양찰하시기 바랍니다. 갖추지 못하고 보냅니다.

게이오 3년 정묘 8월　일

쓰시마 주 태수습유 소 요시아키라[29]

---

107) 괄연(恝然): 관심 없이 냉담한 모양
108) 찬성(贊成): 사업을 도와서 이룸
109) 장황(張皇): 장대(壯大), 현양(顯揚)
110) 수녕(綏寧): 안녕(安寧), 안정(安定)
111) 권권(睠睠): 잊지 못하고 애타게 그리워하는 모양
112) 포호(暴虎): 원래 빈손으로 범과 싸운다는 뜻이다.
113) 순혈(脣血): 문맥상 다소 어색하다. 순치(脣齒)의 오기인 것으로 보인다.

이 서계는 병인양요에 관한 회답 서계와 함께 강신대차사(講信大差使) 정관(正官) 니이마고이치로가 동래부사 정현덕에게 전달했다.[30]

이 사건은 막부에서 정식으로 부인함으로써 일단 해결된 것처럼 보였지만, 반드시 그런 것도 아니었다. 당초 묘당(廟堂)은 신문 기사를 처음 보고는 임진전란(壬辰戰亂)의 재발을 두려워할 정도였다. 막부에서 정식으로 부인함과 동시에 사절 파견을 통고한 것은 오히려 역효과를 일으켜서 일본에 다른 의도가 있을 것이라고 의심하는 자들이 생겼다. 그렇지 않은 자들도, 상국(上國)의 예부에서 조선이 일본에 조공을 바치고 국왕이 에도로 가서 다이쿤(大君)을 배알한다는 풍설의 진위 여부를 질의한 것을 동국(東國) 군신(君臣)의 치욕으로 여겨서, 이후 오랫동안 일한국교의 정신적 장애를 만들었다.

[원주]

1 『日省錄』哲宗 庚申年八月八日.

2 『日省錄』李太王丙寅年十月十五日.

　우리나라가 겪은 양박(洋舶) 전말에 관해 서계(書契)를 써서 내관(萊館)에 보내 도부(東武)에 전달할 것을 명함.

　의정부에서 아뢰길, "지난번 양박(洋舶) 정형(情形)은 이미 베이징에 자보(咨報)했습니다. 다만 생각건대, 일본은 강화(講和)한 이후로 변정(邊情)에 관계되는 모든 일을 서로 통보했으니, 지난 경신(庚申)년에 양교(洋敎)를 굳게 막는 일로 도주(島主)가 도부(東武)의 뜻에 따라 우리나라에 서계를 보냈습니다. 이 양이(洋夷)가 질풍처럼 오가는 정상(情狀)이 예측하기 어렵고, 또 통영(統營) 외양(外洋)에 출몰하는 선박들이 반드시 일본에서 일을 벌이지 않으리라고 보장하기 어렵습니다. 아마도 교호지도(交好之道)에 있어 사전에 통지하고, 또한 우리나라가 근일 경험한 바의 전말을 상술해서, 서계를 작성하여 내관(萊館)에 보내 도부(東武)에 전달하게 함으로써 변방(邊防)을 경계하고 인호(隣好)를 돈독히 하는 뜻을 보이는 것이 마땅할 듯합니다." 라고 하자 윤허하셨다.

3 『同文彙考』附編續 邊禁一;『本邦朝鮮往復書』卷一二六 慶應二年丙寅朝鮮國規外書;『宗重正家記』卷二 慶應三年丁卯朝鮮事件.

4 『宗重正履歷集』卷三 慶應三年三月;『平山圖書頭古賀筑後守渡韓奉命一件』卷一.

5 『朝鮮關係考證彙輯』;在橫濱當時의 佛公使え同國海軍少將より 報告文의 譯.

6 『平山圖書頭古賀筑後守渡韓奉命一件』卷一.

7 澁澤榮一,『德川慶喜公傳(大正六年刊)』卷七 32~33쪽; 尾佐竹猛,『國際法より觀たる幕末外交物語』(大正十五年刊) 325~328쪽.

8 『平山圖書頭古賀筑後守渡韓奉命一件』卷三; *Papers relating to Foreign Relations of the United States*, 1867. partII, pp.36~37; P. J. Treat, *Diplomatic Relations between the United States and Japan* 1853~1859. Stanford University Press. Vol. I. pp.291~292.

9 『平山圖書頭古賀筑後守渡韓奉命一件』卷一, 卷二, 卷三.

10 『平山圖書頭古賀筑後守渡韓奉命一件』卷一, 卷二, 卷三.

11 『宗重正家記』卷二 慶應三年丁卯 朝鮮事件;『平山圖書頭古賀筑後守渡韓奉命一件』卷二, 卷三.

12 『宗重正家記』卷二 慶應三年朝鮮事件.

13 『宗重正履歷集』卷三 慶應三年三月.

14 『宗重正履歷集』卷三 慶應三年六月.

15 『宗重正家記 卷二 慶應三年朝鮮事件』;『日省錄』, 李太王丁卯年十月一日.

16 『平山圖書頭古賀筑後守渡韓奉命一件』卷四;『日省錄』, 李太王丁卯年七月二十三日.

16-1 『平山圖書頭古賀筑後守渡韓奉命一件』卷四;『日省錄』李太王丁卯年七月二十三日.(※ 원문에 주석 16번이 중복되어 편의상 원주16과 16-1로 구분했다 - 역자 주)

17 『平山圖書頭古賀筑後守渡韓奉命一件』卷四 朝鮮交際錄.

18 『平山圖書頭古賀筑後守渡韓奉命一件』卷四.

19 『平山圖書頭古賀筑後守渡韓奉命一件』卷五.

20 『平山圖書頭古賀筑後守渡韓奉命一件』卷五·附錄.

21 『平山圖書頭古賀筑後守渡韓奉命一件』卷五;『朝鮮交際錄』.

22 『同文彙考』原編續 卷六一 洋舶情形;『同治朝籌辦夷務始末』卷四七 同治六年二月乙亥.

23 『朝鮮交際始末』卷一. 본문에서 말한 영국 파견 유학생은 게이오 2년에 막부에서 나카무라 게스케(中村敬輔)[마사나오(正直)], 하야시 도사부로(林統三郎)[백작 하야시 다다쓰(林董)], 도야마 스테하치(外山捨八)[마사카즈(正一)], 미츠쿠리 다이하치(箕作大八)[남작 기쿠치 다이로쿠(菊池大麓)] 등 14명을 말한다.

24 『同文彙考』原編續 卷六一 洋舶情形;『同治朝籌辦夷務始末』卷四七 同治六年二月乙亥.

25 『日省錄』李太王丁卯年三月七日;『同文彙考』原編續 卷六一 洋舶情形;『同治朝籌辦夷務始末』卷四八 同治六年四月丁未.

26 『日省錄』李太王丁卯年三月七日;『宗重正履歷集』卷三 慶應三年五月十五日;『宗重正家記』卷二 慶應三年朝鮮事件記事.

27 『平山圖書頭古賀筑後守渡韓奉命一件』卷三.

28 『宗重正家記』卷二 慶應三年朝鮮事件記事.

29 『宗重正家記』卷二 慶應三年朝鮮事件記事.

30 『宗重正履歷集』卷三 慶應三年六月二十九日.

일한 신관계의 성립

제2편

메이지 신정부의 성립과
일한국교의 조정(調整)

제3장

타이슈 번의 일한외교 관장

게이오 3년 10월 14일, 쇼군 요시노부는 상표(上表)[1]해서 정권을 봉환(奉還)하고, 며칠 후인 10월 24일에는 요리토모(賴朝)[2] 이래 전통을 가진 정이대장군(征夷大將軍)에서도 사퇴했다. 조정은 10월 15일부로 요시노부의 상표(上表)를 청허(聽許)했으니, 가마쿠라 (鎌倉)막부가 열린 이래로 700년간 계속된 무가정권(武家政權)도 이때 이르러 소멸됐다.

존양파(尊攘派)가 기다려 온 대정봉환(大政奉還)은 의외로 일찍 실현됐지만, 동시에 조정에서 정권을 접수할 준비가 되어 있지 않다는 사실이 드러났다. 특히 당면한 급무인 외교 문제는 그 국면을 담당할 자신이 전혀 없었다. 10월 15일, 정권봉환의 청허(聽許)와 동시에 가장 먼저 "대사건(大事件)과 외이(外夷) 일조(一條)는 중의(衆議)를 다하라[大事件 外夷一條は盡衆議]."는 지령이 내렸다. '외교에 중의(衆議)를 다하라.'는 말의 의미가 애매했으므로, 전 쇼군 요시노부는 10월 18일에 그 구체적 방법에 관해 의견을 상신했다. "외국을 다루는 일은 지중(至重)한 일이므로, 불시에 각국에서 고지하는 일도 없지 않을 것입니다. 그럴 때 타당한 조처 방법이 세워져 있지 않다면, 자연히 불편한 일도 있을 것입니다. (중략) 우선은 서로 논란하는 제후와 번사(藩士)들을 소집해서 중의(衆議)를 다 해야 한다고 생각합니다." 조정은 10월 22일부로, "소집한 제후들이 상경한 후에 결정해야겠지만, 그때까지 대면할 일이 생긴다면 제후들이 상경할 때까지 연기하는 것을, 외국 실정에 정통한 2, 3개 번과 상의해서 조처하라."고 지령을 내렸다. 하지만 그 의미에 여전히 명확하지 않은 점이 있었으므로 요시노부는 11월 5일에 상신해서 외국 사정에 정통한 2, 3개 번을 명시해줄 것을 청했다. 그런데 조정에서는 11월 7일에 다시 "2, 3개 번에 관해서는 조정에서 미리 정하지 않았으므로 대면할 일이 생기면 여러 번의 중의(衆議)를 거쳐서 결정할 것"이라고 지령했다.[1]

---

1) 상표(上表): 상주(上奏)

2) 요리토모(賴朝): 가마쿠라막부의 초대 쇼군이었던 미야모토노 요리토모(源賴朝, 1147~1199)를 가리킨다.

이처럼 신정부는 구(舊) 막부로부터 외교를 접수했음에도 불구하고 자못 주저하는 기색을 보여서, 전 쇼군 요시노부가 정권봉환 이후에도 3개월 동안 애매한 형식으로 외교적으로 일본을 대표하는 사태가 지속됐다는 사실을 우선 기억해둘 필요가 있다.

메이지 신정부의 외교 접수는 메이지 원년 정월 1일에 도바(鳥羽)·후시미(伏見) 전투의 패전으로 전 쇼군 요시노부가 에도로 퇴거(退去)함에 따라 교토에서 외교적으로 일본을 대표하는 기관이 사라진 결과 어쩔 수 없이 이뤄진 일이었다. 정월 15일, 참여(參與) 겸 외국사무취조괘(外國事務取調掛) 히가시쿠제 미치토미(東久世通禧) 등을 효고(兵庫)에 급파해서 영국, 프랑스, 이탈리아, 미국, 프러시아, 네덜란드의 6개국 공사와 접견하고 왕정복고를 선언하는 한편, 외교는 다이쿤(大君)을 대신하여 천황이 친재(親裁)할 것이라는 뜻을 통고한 것이 그 시발이었다.[2]

구 막부가 관장했던 외교는 이러한 과정을 거쳐 명실상부하게 신정부에 의해 접수됐다. 조선외교만이 그 예외가 됐다.

이보다 앞서 막부는 영국, 프랑스 두 나라와 조선 간의 분쟁을 조정하기 위해 와카도시요리(若年寄) 겸 가이코쿠소부교(外國總奉行) 히라야마(平山) 즈쇼노카미(圖書頭), 메츠케(目付) 고가(古賀) 지쿠고노카미(筑後守)의 조선 파견을 결정했지만, 안팎의 정치적 분규로 인해 출발이 지연되어 결국 게이오 3년 10월 14일의 대정봉환에까지 이르게 됐다. 전 쇼군 요시노부는 정변 때문에 외교적으로 중대한 의의를 갖는 이 건을 중지할 생각이 없었다. 특히 두 사절의 파견은 이미 타이슈 번을 통해 조선에 통고하는 절차까지 마쳤으므로, 10월 25일에 "이 이상 지연된다면 인교(隣交)의 신의를 세우기 어려우니" 예정대로 그해 11월 중에 출발시켜야 한다고 상신했다. 또 같은 날 타이슈 번의 교토 루스이(留守居) 오시마 도모노조^{마사토모}는 기소(議奏)[3] 오기마치산조(正親町三條)^{사가(嵯峨)} 사네나루(實愛)에게 상신해서, 전 쇼군의 의견을 부연하여 이 건의 경과를 상세히 설명하고, 조선의 예조와 타이슈 번 사이의 왕복 문서 및 구 막부의 지령 등을 첨부해서 진달했다.[3]

조정에서는 전 쇼군의 의견에 동의해서, 게이오 3년 11월 4일부로 히라야마 즈쇼노카미, 고가 지쿠고노카미의 조선 파견 건에 대해 "지금까지의 절차에 따라 사절을 파견해서 화의(和議)의 일을 타당하게 조처하라고 분부하셨다."는 지령을 내리고, 동시에 타이슈 번에도 같은 취지로 통보했다.[4]

---

3) 기소(議奏): 에도시대에 설치된 관직의 일종으로, 천황의 측근으로서 구칙(口勅)을 전하고 상주를 대신 전해 올리는 역할을 했다.

히라야마 즈쇼노카미와 고가 지쿠고노카미의 파견은 보신전란(戊辰戰亂)의 돌발로 인해 자연스럽게 중지됐지만, 타이슈 번은 정변을 기회로 신정부로 하여금 타이슈 번의 특수 권익을 승인하게 하고 아울러 구 막부가 보장했던 각종 특권을 재확인하면서 더 나아가 그것을 확장할 기회를 잡기 위해 부심했다. 다행히 타이슈 번은 유신의 원훈(元勳)인 죠슈(長州) 번과 인척 관계에 있었고, 타이슈 번을 대표하는 오시마 도모노조는 각 번의 존양지사(尊攘志士)들과 광범위하게 교류하고 있었다. 특히 죠슈 번사 기도 다카요시 등의 추중(推重)을 받고 있었기 때문에, 신정부 당국자의 입장에서도 그의 주장을 주의 깊게 존중하여 들었을 것으로 생각된다.

타이슈 번이 신정부에 일한국교 조정에 관한 건의를 제출한 사실은 타이슈 번의 기록에서는 보이지 않지만, 아마도 전 쇼군 요시노부와 그 군대가 오사카에서 철퇴해서 교토, 오사카 지방이 평온을 되찾은 메이지 원년 정월 하순 이후의 일이었을 것이다. 신정부는 일한외교에 대한 타이슈 번의 세습 특권을 인정하고 외국관(外國官)[외무성(外務省)] 소관 업무에서 일한외교 관계 사항을 분리해서 타이슈 번에 이양했다. 또 번주 쓰시마노카미(對馬守) 소 요시아키라에게 외국사무국보(外國事務局輔)의 권한을 부여하기로 결정하고, 메이지 원년 3월 23일에 태정관의 이름으로 타이슈 번에 명령했다.

이번에 왕정을 일신하여 모든 외국 교제(交際)를 조정에서 취급하게 하신 일과 관련하여 조선국은 예로부터 내왕한 나라이니 더욱 위신을 세우게 하신 뜻에 따라, 지금까지와 마찬가지로 양국의 교통을 관장하도록 가역(家役)에 임명하셨다. 대(對)조선국 사무를 처리할 때는 외국사무보(外國事務補[輔])의 자격으로 근무하라고 하셨으니, 더욱 국위(國威)를 세울 수 있도록 진력할 것을 분부함.

다만 왕정을 일신한 때이므로 해외의 일은 특별히 깊이 유념해서, 구폐(舊弊) 등을 일소하여 반드시 봉공(奉公)[4] 할 것.

3월[5]

이와 동시에 왕정복고에 따라 조선 관계 사무는 막부를 대신하여 조정의 친재(親裁)에 귀속된다는 것을 조선에 통고하라고 명령했다.

---

4) 봉공(奉公): 국가나 조정을 위해 일신을 바쳐 행동함

소(宗) 쓰시마노카미(對馬守)

　이번에 막부를 폐하고 왕정을 일신하셔서 만기(萬機)를 신단(宸斷)[5]에 따라 명령하시게 된 것과 관련해서, 금후로 조선을 다루는 일 등은 모두 조정에서 명령하실 것이니, 이러한 뜻을 조선국에 전달할 것을 분부함.

3월[6]

　이윽고 4월 22일에 외국관은 재차 타이슈 번에 (1) 왕정복고를 조선 정부에 공식적으로 통고할 것, (2) 타이슈 번이 종전에 막부의 보조로 "국민의 무육(撫育)과 무비(武備)까지도 해결해 온 것에 관해서는" 상의를 거쳐 적당한 분부가 있으리라는 것, (3) 일한국교의 형식 및 기타 국체에 관계되는 사항은 국내가 평정된 후에 지령을 내리겠다는 것 등 3개 조를 명령했다.[7]

　메이지 원년 3월 23일과 4월 22일, 두 차례에 걸친 명령을 통해 신정부가 구 막부 이래의 관례에 따라 일한외교를 타이슈 번에 위임한다는 방침을 명시했으므로 타이슈 번은 윤4월 6일에 번주 소 요시아키라의 이름으로 타이슈 번이 일한외교를 관장하게 되기까지의 기원과 연혁, 그리고 그 절차를 상세히 설명하고, 또 별록(別錄)으로 이번에 문제가 된 일한국교의 조정(調整)을 논하는 한편, 외교 쇄신과 타이슈 번의 구제(救濟)가 불가분의 관계에 있음을 역설했다. 그리고 별도로 오시마 도모노조에게 명하여 보상(輔相) 이와쿠라 도모미(岩倉具視)에게 회견을 요청해서 이러한 뜻을 설명하게 했다. 당시 타이슈 번주의 상신서(上申書)의 부속서 형식으로 제출된 별록(別錄)은, 전편(全編)을 5개 조로 나누어 타이슈 번과 조선의 관계를 구체적으로 설명하면서 외교 쇄신이 불가피한 이유를 서술하고 그 방법을 명시한 것으로 특별히 상세한 검토를 요하는 문건이다.

　하나, 한국에 대한 모든 조처는 외국사무국(外國事務局)에서 잘 상의해서 시행할 일이라고 생각합니다. 그런데 저 나라의 일은 서양 각국의 교접(交接)과는 그 양상을 달리하며, 게다가 저 나라 관리가 황국(皇國)에 온 것이 드물어서 양국의 접응(接應)은 모두 타이슈(對州)의 손으로 처리했으니 (타이슈를 제외한—역자 주) 일개 번(藩)의 미력(微力)으로는 매우 부족하다고 생각합니다. 또한 저희 타이슈(對州)는 수백 년 동안의 인목(隣睦)을 통해 교제의 정태(情態)에 암숙(諳熟)합니다. 양국 간 유사한 때를 당하여 그

---

5) 신단(宸斷): 임금의 결단, 재결(裁決)

접응과 주선의 개략을 일에 편하도록 생각해도, 이러한 이유 때문에 이(利)와 해(害)가 서로 반반이니, 오히려 종래의 교정(交情)이 그 사이에서 고식(姑息)의 폐단을 낳지나 않을까 심히 우려됩니다. 따라서 조선국의 일을 저희 타이슈(對州) 한 손에 맡겨두지 않고, 근국열번(近國列藩) 내에서 인선(人選)을 거쳐 역무(役務)[6]를 명하실 것이라면, 만반(萬般)으로 말씀하셔서 (타이슈가 – 역자 주) 어용(御用)이 되도록 조처해주시길 바랍니다.

하나, 예로부터 타이슈(對州)에서는 교역입시(交易立市) 조약을 정해서 유무상통(有無相通)[7]하고 남은 이익으로 국계(國計)를 세웠습니다. 이전에는 무역의 소득을 거만(鉅萬)으로 헤아린 적도 있었지만 점차 쇠미해지고 말았습니다. 원래 시태(時態)의 변천에 따른 것이라고는 하나, 근본 원인은 나라의 크기와 빈부 차이로 인해 국력이 대적할 수 없어서 저절로 저희 타이슈(對州)의 손모(損耗)와 피폐를 초래한 것입니다. 양국 간 물화(物貨)의 소출이 감소함에 따라 무역이 더욱 쇠퇴해서 끝내 국력을 지탱하지 못하는 지경에 이르렀으니, 이것이 자연의 이세(理勢)임은 많은 말이 필요 없습니다. 따라서 이번에 신정(新政)한 때를 맞이해서 조선국에 대해 더욱 위신을 세워야 한다는 주의(主意)이므로, 신중히 고려해보면 앞으로 양국의 통신(通信)은 오로지 길흉빙문(吉凶聘問)의 교례(交禮)만으로는 참된 화친을 함께 세울 수 없다고 생각합니다. 대체로 유무상통(有無相通)하고 환난상조(患難相助)하는 것은 인호(隣好)의 통의(通義)요, 만국 일반의 일이니, 이번에 교린을 일신할 때 통상교역의 일도 조정에서 잘 처리하는 것이 외람되나 지당하다고 생각됩니다. 제일 먼저 황국(皇國)의 전력을 기울여 무역을 행해서 재원이 부우(富優)해진 다음에 국력을 그 위에 세운다면, 타이슈(對州)와 같은 손모(損耗)와 피폐의 근심은 없고, 물화(物貨)의 유통과 상로(商路)의 성영(盛榮)에 도달할 것이 분명하니 크게 나라에 보탬이 될 것이라고 생각합니다. 또한 근래 에조치(蝦夷地)[8]의 개척에 예려(叡慮)[9]를 다 쏟으시니, 묘당(廟堂)에서 오로지 중의(衆議)를 모으는 것은 실로 지금의 적절한 급무라고 깊이 감명(感銘)하고 있습니다. 그것과 한국의 일을 함께 논할 수는 없지만, 한국에는 옛날에 일본부(日本府)를 둔 성대한 공적도 있습니다. 그것은 우리의 판도와 마찬가지로 순치(脣齒)의 나라이므로 다른 곳에 눈을 돌려서는 안 됩니다. 이미 근년에 외국과 흔극(釁隙)을 빚어서 병전(兵戰)에까

---

6) 역무(役務): 공적인 일
7) 유무상통(有無相通): 서로 있는 것과 없는 것을 맞바꿔서 결핍을 구제한다는 뜻으로 교역과 같은 말이다.
8) 에조치(蝦夷地): 일본인이 아이누인의 거주지를 가리켜서 사용하던 말로, 현재 홋카이도를 중심으로 가라후토(樺太, 사할린)와 지시마(千島, 쿠릴) 열도를 포함하는 지역이다.
9) 예려(叡慮): 군주의 심려

지 이른 이력도 있으니 장래의 거동을 어떻게 해야겠습니까? 남보다 앞서야 남을 제압할 수 있는 법입니다. 이때를 놓치지 마시고, 은(恩)과 위(威)를 병행해서 오늘부터 그 규모를 정하십시오. 통어지술(通御之術)[10]의 방법을 옳게 취할 수만 있다면 몇 년 뒤 (조선은- 역자 주) 외부(外府)와 마찬가지로 될 것입니다. 외람되나 지금 에조치를 넓게 개척하는 성사(盛事)와 똑같이 하시되, 조선국 건은 널리 공의(公議)를 수렴해서 동서로 미치는 원략(遠略)의 홍업(洪業)의 기초를 속히 정하시길 바랍니다.

하나, 저희 타이슈(對州)와 조선국의 사교(私交)에 관해 말씀드리겠습니다. 송사(送使)와 세견(歲遣)의 명칭으로 처음 조약을 체결한 것은 가키츠(嘉吉)[11] 연간의 일로,[12] 양국 병란이 일어났을 때 선조들이 규슈(九州)의 본령(本領)을 잃고 어쩔 수 없이 타이슈 한 섬에 칩거했습니다. 곤액(困厄)과 간난(艱難)이 극심한 때였으니, 당시 양국 병란의 와중에 여러 주(州)에서 망명한 무리들이 조선의 변읍(邊邑)을 노략하자, 저들은 그 환난을 건디지 못하고 타이슈에 의탁해서 사빙(使聘)을 정부에 보내고 해구(海寇)를 금정(禁正)해 줄 것을 청했습니다. 그리고 중서 제번(中西諸藩)의 사목(司牧), 군주와도 각각 인호(隣好)를 통하고 세선(歲船)을 약속했는데, 타이슈는 그 요충에 있는 까닭에 특히 후하게 향대(饗待)했습니다. 그러나 세견(歲遣)의 약조는 사실 차래식(嗟來食)[13]을 먹는 것과 마찬가지로 한때의 위급을 모면하려는 계책에서 나온 것이었습니다. 다년간 영지의 회복을 도모해서 일단 그 뜻을 달성하려고 했지만, 불행히도 성공을 거두지 못하고, 결국 조선에 기대지 않고는 국력을 지탱하기 어렵게 됐습니다. 그 그릇된 의례가 외국에 대해서 번신(藩臣)의 예를 취하는 것에 가까웠으니, 수백 년간 저들에게 굴욕을 자청한 시말은 지극히 분개하며 절치(切齒)할 일이라고 생각합니다. 그러나 원래 저희 타이슈(對州)는 토성(土性)이 척박해서 거의 불모지에 다름없으니, 온 주(州)의 생곡(生穀)이 주(州) 안의 인구의 3분의 2를 먹이기 어렵습니다. 그래서 어쩔 수 없이 한토(韓土) 무역의 부리(浮利)[14]로 식량을 구해 온 것이니, 한 주(州)의 명맥과 병비

---

10) 통어지술(通御之術): 통어(通御)는 통솔(統率), 또는 통제(統制)와 같은 말이다.
11) 가키츠(嘉吉): 일본의 연호로 1441년부터 1443년에 해당한다.
12) 1443년(세종 25년)에 세견선의 숫자를 50척으로 제한하고 삼포(三浦)에 체류하는 왜인들의 체류 기간을 20일로 한정할 것 등을 규정한 이른바 계해조약(癸亥條約)을 가리킨다.
13) 차래식(嗟來食): 무례한 태도로 주는 음식이라는 뜻이다. 『禮記』 檀弓에 제(齊)나라에 큰 흉년이 들자 검오(黔敖)가 길거리에다 밥을 지어 놓고 굶주린 자들에게 밥을 먹였다. 이때 주린 자가 소매로 얼굴을 가리고 다가오자, 양손에 밥과 마실 것을 들고 "어서 와서 먹어라[嗟來食]."고 했다. 그러자 그 사람이 눈을 치켜뜨면서 "내가 어서 와서 먹으라는 그 따위 밥을 먹지 않아서 이 지경에 이르렀다."고 했다. 검오가 그를 쫓아가서 사과했지만 끝내 먹지 않았다. 증자(曾子)가 듣고서 말하기를 "그렇게 하지 말았어야 한다. 차래(嗟來)라고 할 때는 가버릴 만도 하지만, 사과하는 경우에는 먹어도 된다."고 한 고사에서 유래한 말이다.
14) 부리(浮利): 부말(浮末)의 이익이란 뜻으로, 상공업을 통해 얻어지는 이익을 말한다.

(兵備)의 이장(弛張)이 전적으로 교역의 성쇠에 달려 있습니다. 따라서 명목은 번국(藩國)의 반열에 있다고는 하지만, 기실은 상고(商賈)의 영고(榮枯)가 조불모석(朝不謀夕)에 다를 바 없어서 변요적충(邊要敵衝)[15]의 지역에서 항상 식량과 군대가 결핍되어 번병수변(藩屛守邊)의 임무를 다할 수 없었으니, 천세(千歲)의 유감이 바로 여기에 있었습니다. 그런데 지난 임술년^{분규(文久) 3년} 겨울, 저희 타이슈(對州)의 위급한 정실(情實)을 선제(先帝)께서 들으시고는 식량을 이방(異邦)에서 구한 유래를 더욱 불안하게 생각하셨습니다. 죠슈(長州)는 친척이자 또 인국(隣國) 관계가 있고, 사쓰마(薩摩)와 도사(土佐) 두 번(藩)에도 서로 상의해서 안도할 방도를 주선하라는 뜻으로 조정의 명이 있었습니다. 계해년에 이르러 다시 한 번 국정(國情)의 크고 작은 내용을 막부에 건의하라는 명령이 있었고, 또 어렵게 연조(年租) 3만 석의 가급(加給)을 하사하셨으니, 실로 생사육골(生死肉骨)[16]의 해악(海岳)과 같은 천은(天恩)에 감읍(感泣)하지 않을 수 없었습니다. 그리하여 종래 한토(韓土)에 식량을 우러러 청하면서 비례(非禮)와 외모(外侮)를 받아 온 숙폐(宿弊)를 모두 씻고, 황위경장(皇威更張)과 척지원략(拓地遠略)의 개업(開業)의 규모를 정하시길 바랐더니, 뜻밖에 연조(年租)의 지급이 을축년^{게이오 원년} 이래로 중단되고, 게다가 연래로 지급되어 오던 1만 2,000금(金)이 계해년 가급(加給)의 명이 내린 후로 폐지되었습니다. 그와 동시에 주(州)에 사는 자들이 생활 밑천을 잃어서 국맥(國脈)을 잇기에도 곤란한 상황에 직면했습니다. 우선 조선국과의 구폐(舊弊)를 교정하는 일은 고사하고, 지금의 시체(時體)는 번국(藩國)의 분수에 따른 봉공(奉公) 또한 심력(心力)에만 맡겨 둘 수 없으니, 진퇴실도(進退失途)라 송구스럽기 짝이 없습니다. 무엇보다 선제(先帝)께서 칙범(勅誌)하신 취지조차 이루지 못했으니, 이대로 임염(荏苒)[17]한다면 크게 면목 없는 일입니다. 그러므로 국정(國情)의 곡절을 스스로 한탄하며 호소하는 것입니다. 외람되오나 가부의 예재(叡裁)[18]를 우러러 청할 각오이온데, 이번에 조선국 구폐(舊弊)를 일소하라는 엄령(嚴令)을 받는다면 삼가 명령을 받들어 사력을 다해서 속히 실효를 거두어, 근년 이래의 소망을 달성하도록 온 번이 모두 분발할 것입니다. 그런데 지난날 타이슈(對州)와 조선국의 교제에서, 일이 자기들의 사정에 편치 않으면 말을 좌우로 돌리면서 곡화(穀貨)의 수출을 중단하여 저희 타이슈(對州)의 부고(府庫)가 공핍(空乏)되고, 계략과 술책이 궁해지면 저희가 자기들의 뜻에 따

---

15) 변요적충(邊要敵衝): 변요(邊要)는 변방의 요지, 적충(敵衝)은 적을 맞닥뜨려 싸우기에 유리한 지형을 뜻한다.
16) 생사육골(生死肉骨): 죽은 자를 살려주고 뼈에 살을 붙인다는 뜻으로 큰 은혜를 비유하는 말이다.
17) 임염(荏苒): 하는 일 없이 지지부진하게 시간을 보냄
18) 예재(叡裁): 군주의 재가(裁可)

166 제3장 메이지 신정부의 성립과 일한국교의 조정(調整)

를 수밖에 없다는 것을 훤히 알고는 걸핏하면 그 간계를 우리에게 쓰고 교활한 본성을 제멋대로 부립니다. 그렇다면 한인(韓人)이, 타이슈가 그 힘을 빌리지 않으면 국력을 지탱하기 어렵다고 보아 만약 양국 사이에 곤란한 일이 생기면 저희 타이슈(對州)가 그 사이에서 주선하여 다방면으로 회호(回護)해서 결국 일이 파탄나지 않도록 할 것이라고 추측하여 이번에 이 교제일신(交際一新)의 뜻을 받들지 않고, 만에 하나 끈질기게 복종하지 않아 양국 간에 이의(異議)와 장애의 단서가 생긴다면, 인교(隣交)의 대체(大體)에도 관계가 있고 국위(國威)를 세울 수도 없으니 타이슈의 사교(私交)의 폐례(弊例)를 속히 갱신하라는 분부를 내리시는 것이 한국에 손을 쓰는 첫 번째 순서라고 생각합니다.

하나, 이번에 조선국과 통교의 단서를 여는 일은, 먼저 교제 사례의 체재(體裁)를 세울 수 있도록 신중히 강명(講明)하시는 데 오로지 힘써야 한다고 생각합니다. 중고(中古) 이래로 양국의 교례(交禮)는 모두 막부를 적례(敵禮)[19]로 했습니다. 이번에 다시 조정에서 직접 교제하라는 분부를 내리셨으니, 만서(萬緒)를 창창(剏創)한 초기에, 가장 먼저 명분과 조리를 바르게 해서 사빙(使聘)의 내왕과 문서의 증수(贈酬), 그리고 기타 모든 절목은 종전의 폐례(弊禮)를 따르지 마시고, 널리 고금의 전고(典故)를 참고해서 일정불역(一定不易)의 조전(朝典)을 세우시길 바랍니다. 또한 구래(舊來)로 양국 간에 일이 있으면 통신사(通信使)라고 칭한 저 나라 조관(朝官)이 국사(國使)로서 내빙했습니다. 그리고 근대(近代)에 막부에 경사가 있으면 통신사를 보내서 축하하는 것이 정례였습니다. 그런데 이번에 왕정복고(王政復古)를 해서 만기(萬機)를 신단(宸斷)에 따라 분부하시는 특별한 성시(盛時)를 맞이했고, 특히 조정은 조선과 직접 교제한다는 주의(主意)기 때문에 용이하지 않은 사정이 있으니, 전일(前日)에 일령(一令)을 포고한 이상, 먼저 사절을 보내서 일신(一新)하신 홍업(鴻業)을 경하해야 한다는 뜻을 저 나라에 엄중히 전하고 속히 이를 받게 하십시오. 예전에는 신사(信使)가 올 때 그 교례(交禮)와 접우(接遇)가 과중해서 거만(鉅萬)의 경비가 소요되어 천하의 전력(全力)을 거의 손모(損耗)한 것은, 승평(昇平)한 시대의 여습(餘習)으로서 나라의 번영[國華]을 과장해서 한인의 이목을 놀라게 하는 것에 지나지 않았으니, 국가의 폐사(弊事)가 여기 있었다고 생각합니다. 외람되오나 금일의 시체(時體)는, 서로 상의해서 쓸데없는 비용을 생략하고, 양국의 사절은 경장간이(輕裝簡易)[20]를 위주로 왕래해서 더욱 신의를 두텁게

---

19) 적례(敵禮): 서로 대등하게 행하는 예. 항례(抗禮)
20) 경장간이(輕裝簡易): 경장(輕裝)은 사행(使行)의 여장(旅裝)을 가볍게 하는 것이고, 간이(簡易)는 번거로운 의례를 간편하게 축소한다는 뜻이다.

하는 것이 수목(修睦)[21]의 강요(綱要)라고 생각합니다. 따라서 신사(信使)의 내조(內朝) 의례가 조의(朝議)에서 한번 정해진 다음에는 신속하게 저 나라에 알려서 그 기한을 정하고, 접우(接遇)의 사례는 만단(萬端)을 아뢴 다음에 또한 저 나라와 협의해야 한다고 생각합니다.

하나, 조선국은 원래 편고(偏固)한 풍습으로, 좋건 나쁘건 구규(舊規)를 구수(拘守)하여 일시(一時)의 권의(權宜)의 조처에 응하기 어려운 나라입니다. 물론 이번에 조정을 일신해서 양국의 교제를 모두 직재(直裁)하게 된 것은, 저 나라에 있어서도 가장 감대(感戴)[22]할 일입니다. 따라서 황국(皇國)의 인은(仁恩)의 주의를 정성껏 반복해서 타일러 지중(至重)한 예지(叡旨)를 관철하도록 노력해야 할 것입니다. 따라서 이번에 종전의 구폐를 일소하고 무궁한 기본을 정하는 데 저 나라에서 불려(拂戾)[23]하고 부정(不庭)하는 상황은 대략 없으리라고 생각하지만, 그 고유한 누습에 구애되어 황국에서 후하게 돌보는 뜻을 분변하지 못하고, 만에 하나라도 비례거오(非禮倨傲)한 모습을 보일 때는 혁연(赫然)[24]히 응징하는 용단을 내릴 수 있도록 영무(英武)한 황유(皇猷)를 확정해 두어야 합니다. 황국의 의용(義勇)과 상무(尙武)의 기상을 놓아두고 관철하려고 하지 않는다면, 외람되오나 국위(國威)를 세우기 어려울 뿐만 아니라 장래의 공업(工業)을 해칠 것으로 생각됩니다. 이러한 사정을 깊이 들으시어, 확고하여 흔들리지 않는 신단(宸斷)으로 비상한 성적(盛積)을 이루시기를 오직 우러러 바라옵니다.

이는 조선국과의 교제의 대요(大要)로서 어리석은 저의 조건(條件)을 황공함을 불고하고 진술한 것입니다. 그 나머지 다단(多端)한 절목들은 조사한 후에 아뢰겠습니다. 이상.

윤4월○메이지 원년

쓰시마 시종(對馬侍從)○소 요시아키라(宗義達)[8]

이 장황하고 상세한 문서를 수리한 외국관(外國官)은 어떻게 처리해야 할지 알 수 없었다. 메이지 원년 5월 8일에 이르러 조선 관계 사무는 당분간 재(在)오사카 외국관에서 취급할 예정이니, 그곳에서 근무 중인 외국관 부지사(副知事) 다테 무네나리(伊達宗城)전 이요노쿠니(伊豫國) 우와지마(宇和島) 번주(藩主), 판사(判事) 고마츠 다테와키(小松帶刀)기요카도(淸廉), 사쓰마 번사(藩士)

---

21) 수목(修睦): 관계를 조정해서 친밀하고 화목하게 만듦
22) 감대(感戴): 입은 은혜에 대해 감사하게 여겨서 떠받드는 일
23) 불려(拂戾): 조정의 명령을 위배함
24) 혁연(赫然): 크게 성내는 모양

등에게 설명하고 그들의 지휘에 따르라고 타이슈 번에 지령했다.

타이슈 번 교토 루스이(留守居) 오시마 도모노조는 5월 12일에 오사카 외국관에 출두해서 당일과 14일, 17일 3회에 걸쳐 판사 고마츠 다테와키, 권판사(權判事) 나카이 고조(中井弘藏)^{히로시(弘), 사쓰마 번사}와 만나서 일한국교 조정과 타이슈 번의 구제에 관해 진정하고 의견을 개진했다. 오시마의 취지는 타이슈 번의 곤궁한 상황을 호소하고 구제해줄 것을 진정하는 데 있었을 테지만, 고마츠 판사가 외교 쇄신에 중점을 두었기 때문에 양자의 의견 교환은 후자를 중심으로 이뤄졌다.

첫째, 국휘(國諱)의 문제가 있었다. 이에 관해 오시마 도모노조는 금상(今上)[메이지 천황 어명(御名) 무츠히토(睦仁)] 위로 5세, 즉 고메이(孝明)[오사히토(統仁)], 닌코(仁孝)[아야히토(惠仁)], 고카쿠(光格)[모로히토(師仁)], 고모모죠노(後桃園)[히데히토(英仁)]의 어휘(御諱)를 기휘(忌諱)하는 것을 정식(正式)으로 삼는 방법을 제안했다. 아울러 조선에서는 태조 이래 역대 왕휘(王諱)를 모두 기휘하는 것이 법도라고 알려주었다. 이에 대해 고마츠 판사는 일한 양국 모두 5세를 기휘하는 것을 정식으로 삼되, 만약 조선이 응하지 않을 경우에는 다시 외국관과 협의하라고 지시했다.

둘째, 신정부의 성립을 조선국 정부에 통고하는 건에 관해서는, 고마츠 판사도 오시마가 제시한 문안에 이의가 없었지만 태정관의 결재가 필요했기 때문에 결정하지는 않았다.

셋째, 종전에 조선국에서 타이슈 번에 교부한 도서(圖書)²⁵⁾는 국가 체면상 의심스러운 점이 있기 때문에 오시마 도모노조는 외교 쇄신을 계기로 그 사용을 중단하고, 그것을 대신할 인장을 내려줄 것을 요청했다. 양자는 협의한 끝에 조정에서 새로 '외국사무국(外國事務局)'[사방 1촌(寸) 2, 3푼(分)]의 새 인장을 새겨서 내려주기로 내정했다. 그 후 다시 협의를 거쳐서 인장에 새겨질 문양을 '평조신의달장(平朝臣義達章)'²⁶⁾으로 수정하고, 은인(銀印)을 새로 주조해서 내려보내는 것으로 변경했다.

넷째, 이들은 국서식(國書式)에서 앞으로 천황의 어명(御名)을 사용하기로 한 이상 당연히 옛 제도를 개정하지 않을 수 없는데, 청조(淸朝)와의 균형을 고려할 때 조선국왕을 다소 격하하는 것은 불가피한 일이라고 생각했다. 하지만 이것은 중대한 문제였으므로 신중히 고려하기로 결정했다.

---

25) 도서(圖書): 도장(圖章)
26) 평조신의달장(平朝臣義達章): '조신(朝臣) 다이라노 요시아키라(平義達) 인장'이라는 뜻이다. 조선 측에서는 이 인장에 대해 '조신(朝臣)'이라는 문양이 성명 사이에 들어간 전례가 없으므로 '격외(格外)'에 해당한다고 하여 접수를 거부했다. 제8절 참조

다섯째, 외교 쇄신의 한 가지 방법으로 타이슈 번의 지위를 높일 필요가 있다고 보았다. 오시마는 번주 소 요시아키라의 관위(官位)를 승진시켜 줄 것을 요청했다.

이상은 외국관 당국의 질문에 응해서 일한국교의 조정과 관련된 주요 사항을 설명한 것이었다. 다음으로 오시마 도모노조는 자신의 본론인 타이슈 번의 구제에 관해 진정하기 시작했다. 먼저 외교 쇄신으로 인해 타이슈 번이 치를 희생을 설명하고 그 보상을 요청했다. 오시마는 외교 쇄신이 단적으로 타이슈 번 상하(上下)의 생활을 위협할 것이며, 다른 것은 차치하고 도서(圖書) 변경 한 가지 일만 해도 송사(送使) 중단 등의 결과를 초래할 것이라고 설명하고, 적어도 타이슈 번이 식량 공급을 조선에 의존하지 않아도 생활할 수 있을 정도의 보조를 받는 것이 선결 문제임을 거듭 역설했다. 고마츠 다테와키는 오시마의 진정을 듣고는 "이 일은 정실(情實)이 분명한 사안이므로 어떻게든 평의해야 할 것입니다. 그러나 조정에서도 만사가 아직 안정되지 않았기 때문에 당장 안도하시라고 하기는 어려우나, 신중히 평의한 다음에 다시 상담할 수 있을 것입니다."라는 정도의 보증을 해주었다. 또한 앞에서 인용한 건의서에서 보이는 것처럼, 조선 무역을 정부 직영으로 이관할 경우 타이슈 번은 당연히 그 손실에 대한 보상을 받을 권리가 있다는 것, 그리고 무역을 정부 직영으로 이관할 때까지 계속 타이슈 번에 위임해야 한다는 것에 관해서도 오시마의 의견을 청취했다. 그러나 대번(大藩)의 가로(家老)였던 고마츠 다테와키는 무역의 실제에 관해 모르는 것이 많았기 때문에 조만간 오사카에 내려올 회계관판사(會計官判事) 미츠오카 하치로(三岡八郎)[유리 기미마사(由利公正)]와 상의하기를 바랐던 것 같다. 오시마는 다시 타이슈 번을 구제하기 위해, 무역자금으로 동(銅) 및 새 제도에 따른 태정관찰(太政官札)[27]의 융통을 간청했지만 고마츠는 모두 회계관(會計官)에 청원하라고 대답했다.[9]

타이슈 번의 입장에서는 메이지 원년 4월부터 5월까지의 오시마 도모노조의 활동에 상당한 기대를 걸고 있었겠지만, 신정부는 초창기에 안팎의 정무가 폭주해서 당장의 급무로 보기 어려운 일한국교 조정에 큰 관심을 가질 수 없었다. 특히 이 문제는 적지 않은 재정적 부담을 수반할 수밖에 없었기 때문에 재정의 앞날을 예측할 수 없는 신정부로서

---

27) 태정관찰(太政官札): 일본 최초의 지폐로 미츠오카 하치로의 건의에 따라 1868년 7월 4일(게이오 4년 5월 15일)자로 발행 및 유통이 포고됐다. 1871년(메이지 4년)에 '신화조례(新貨條例)'를 통해 금본위제가 정식 포고되기까지 유통됐다. 1872년 이후 메이지통보(明治通寶)로 대체됐다.

는 열심히 관여할 이유가 없었다.

오시마 도모노조는 고마츠 다테와키 등과의 회견에서 일단 각하된 수출(輸出) 동(銅)의 불하 및 태정관찰의 융통에 관해 다시 문서로 외국관에 청원했다. 그의 말에 따르면, '타이슈 번에서 공사무역(公私貿易)으로 매년 정례적으로 수출하는 동(銅)은 11만 1,000근으로, 제한된 양 외에 조선의 요구에 따라 다음 해의 분량을 조상수출(操上輸出)[28]해야 하는 분량과 조은(粗銀),[29] 사금(砂金)의 대상(代償)으로 수출해야 하는 분량이 합계 10만근에 달한다. 정례적으로 수출하는 분량은 현재 조선에서 독촉을 받고 있으니 급히 불하해주길 바라며, 제한 외의 분량도 타이슈 번의 경제적 사정을 고려해서 특별히 허가해 달라'는 것이었다.

두 번째 청원은 새 제도에 따른 태정관찰의 융통에 관한 것이었다. 신정부는 성립 당시 국고에 현금이 전혀 없는 비참한 상황이었으므로 회계관 판사 미츠오카 하치로[에치젠 번]사(越前藩士)의 건의에 따라 지폐 발행을 결정했다. 다만 정부의 위신이 높지 않아서 유통될지 여부가 크게 우려되었으므로, 메이지 원년 윤4월 19일에 명령을 내려서 번(藩)에서 산업 개발을 위해 신청하면 타카(高)[30] 1만 석(石) 당 지폐 1만 냥의 비율로 대부를 허가하고, 매년 원금의 10분의 1을 상환해서 13년 부로 완납하도록 규정했다. 그 조건으로 "제번(諸藩)에 대부하는 저폐(楮幣)[31]는 부서(富庶)[32]의 기초를 세우는 데 이바지하려는 것이다. 그러므로 부디 관(官)의 취지를 받들어 힘껏 물산을 번식(繁殖)하고 국익을 개흥(開興)해야 할 것이다. 낭비 및 도소(徒消)는 엄중히 금한다."는 규정이 있었다. 이것에 착안한 오시마 도모노조는 "근년 물화가 융통(融通)되지 않음에 따라 무역을 위해 이쪽에서 보내야 할 물품을 조약대로 보낼 수가 없고, 저 나라에서도 정례(定例)에 따른 물산을 수입할 수 없으니, 종래 곤란했던 형편이 갈수록 더욱 좋지 않게 되었습니다. 금일에 이르러 무역의 자용(資用)이 그 수단을 마련하기 어려울 뿐만 아니라, 저 나라의 역인(役人)들이 모두 저희 타이슈(對州)의 피폐한 실정을 훤히 알기 때문에 담판을 할 때마

---

28) 조상(操上): 금년도에 배당된 할당량을 모두 소진했으나 수출 주문이 늘어서 내년도 할당량을 미리 앞당겨 사용하는 일

29) 조은(粗銀): 불순물이 포함된 순도가 낮은 은을 가리키는 말로 보통 은의 함량은 78~99퍼센트 정도이다.

30) 타카(高): 고쿠다카(石高)를 뜻한다. 고쿠다카는 근세 일본에서 토지의 생산성을 고쿠(石) 단위로 표시한 것을 말한다. 다이묘(大名)나 하타모토(旗本)의 수입을 표시하거나 군역 등을 부담할 때의 기준이 되었으며, 영지의 규모 또한 면적이 아니라 고쿠다카를 기준으로 표시했다.

31) 저폐(楮幣): 지폐(紙幣)

32) 부서(富庶): 물자가 풍부하고 인구가 많음

다 입장이 불리한 경우가 많습니다. 이제 일신하신 경과를 보지(報知)하는 때이니 저들도 이런저런 잔회(殘懷)와 당혹(當惑)이 있을 것으로 생각됩니다."라는 이유를 들어 조선무역의 자금으로 5월에 지폐 3만 냥, 7월에 2만 냥을 대부해 줄 것을 요청했다. 그렇게한다면 "지금까지 중단된 물품을 차송(差送)해서 양국의 물화 유통과 무역이 순편(順便)해지는 것은 물론, 무엇보다 저 나라와의 교제 만단(萬端)을 다시 혁신하는 이 때, 교역또한 금일부터 구폐(舊弊)를 개혁해서 종래 활발했던 상로(商路)를 열 수" 있으리라는 것이었다.[10]

이상 두 건의 청원 중에 전자는 신정부가 임시 조치로 옛 관례에 따른 공무역을 승인한 이상 부득이한 청원이었음에도 불구하고 허가되지 않았다. 후자에 관해서는 태정관지폐를 유통한다는 의미도 있었으므로 얼마 지난 뒤에 인가를 받았다. 그 총액은 분명하지 않지만, 메이지 4년 7월 14일 타이슈 폐번(廢藩) 당시의 채무 중에서 관금채(官金債) 6만 2,874.577엔의 대부분은 이때 정부에서 받은 대부금이었을 것이다.[11]

타이슈 번의 구제는 이미 구 막부 이래의 현안으로서, 분큐 3년 11월에 일단 소씨(宗氏) 영국(領國)의 타카(高) 10만 석의 연조(年租)에 상당하는 겐고쿠(現石)[33] 3만 석 가급(加給)의 내명(內命)을 얻었는데, 마침 죠슈(長州) 정벌과 겹쳐서 취소된 적이 있었다. 타이슈 번은 신정부의 성립과 함께 가증안(加增案)[34]을 부활시키고자 이면공작을 했으며, 또 가능한 모든 기회를 활용해서 국고 보조를 획득하는 데 광분해 있었다. 일한국교의조정 또한 표면상의 이유였을 뿐, 진짜 목적은 경제 문제에 있었다.

신정부의 수뇌부 또한 타이슈 번이 특수한 지위에 있다는 것을 충분히 이해하고 있었다. 분큐 3년의 구제안은 메이지 2년 9월 18일에 부활되어, 분고노쿠니(豊後國)의 구스(玖珠), 나오이리(直入), 구니사키(國東)의 3개 군(郡)과 부젠노쿠니(豊前國)의 우사군(宇佐郡)의 타카(高) 3만 5,190석의 관할을 명했다. 이는 분큐 3년의 원안과 비교해서 약 3분의 1로 감액된 것이었다.[12]

일한국교의 조정이 타이슈 번의 구제와 불가분의 관계에 있다고 생각되는 동안에는신정부가 기대한 것과 같은 외교 쇄신은 사실상 불가능했다. 메이지 초년에 일한교섭이중단된 배후에 이러한 암류(暗流)가 잠복되어 있었음을 반드시 기억할 필요가 있다.

---

33) 겐고쿠(現石): 전지(田地)의 실수입인 쿠사다카(草高) 중에서 영주가 연공(年功)으로 징수하는 분량을 말한다.
34) 가증(加增): 영지나 녹봉을 증가시키는 일

【원주】

1 『復古記』第一册 卷一 慶應三年十月·卷二 慶應三年十月·卷四 慶應三年十一月.

2 同 第一册 卷二〇 明治元年正月十五日.

3 『宗重正家記』卷二 韓國之部 慶應四年;『復古記』第一册 卷二 慶應三年十月.

4 『宗重正家記』卷二 韓國之部 慶應四年;『復古記』第一册 卷三 慶應三年十一月.

5 『宗重正履歷集』卷三 明治元年三月二十三日;『宗重正家記』卷二 韓國之部 慶應四年.

6 『宗重正履歷集』卷三 明治元年三月二十三日.

7 『宗重正家記』卷二 韓國之部 慶應四年;『朝鮮交際始末』卷一.

8 『宗重正家記』卷二 韓國之部 慶應四年;『朝鮮交際始末』卷一.

9 川本達,『日鮮通交史』附釜山史古代編(大正四年刊) 649~653쪽.

10 『朝鮮交際始末』卷一;『大藏省沿革志』(『明治前期財政經濟史料集成』第二卷 所收) 16, 18쪽.

11 下卷 別編 第二 明治維新期に於ける對州藩財政及び藩債に就いて.

12 『宗重正家記』卷一 藩之部 追加.

대수대차사(大修大差使)의 파견

신정부는 그 성립 초기에 타이슈 번에 대해 특수 권익을 인정하고 가역(家役)으로서 일한외교를 관장할 것을 명했다. 메이지 원년 3월 23일에는 첫 번째 임무로 이번의 막부 폐지와 왕정복고에 관해 "앞으로 조선을 다루는 일은 모두 조정에서 분부할 예정"이라는 뜻을 조선 정부에 통고하라는 명령을 내렸다. 이것은 당연한 직책이었으며, 타이슈 번에서도 사전에 정부에 아뢴 바 있었으므로 명령이 내려지기 전에 이미 그 준비에 착수하고 있었다. 특히 이번 통고는 일한국교 조정의 첫걸음을 내딛는 것이기 때문에 타이슈 번에서도 신중한 태도로, 조선 관계 사무에 정통한 죠센카타아라타메야쿠(朝鮮方改役) 가와모토 구사에몬(川本九左衛門)에게 상락(上洛)[1]을 명하는 한편, 교토 루스이(留守居) 겸 고요닌(公用人) 오시마 도모노조를 중심으로 외국관과 연락을 취하면서 그 준비를 진행했다. 그 중에서도 조선에 왕정복고를 통고할 대차사서계(大差使書契)는 특히 중요했기 때문에 외국관과 협의를 거쳐 원안을 작성했다.

아방(我邦)의 황조(皇祚)[2]는 연면(聯緜)히 일계(一係)로 이어져서 대정(大政)을 총람(總攬)한 것이 2000여 년이었는데, 중세 이래로 병마지권(兵馬之權)을 모두 장군가에 위임하시고 외국 교제도 모두 관장하게 하셨습니다. 쇼군 미나모토노 이에야스(源家康)[3]가 에도에 막부를 연 뒤로 또한 10여 세(世)가 지났는데, 승평(昇平)한 세월이 오래됨에 유폐(流弊)[4]가 없을 수 없어 일[事]과 시세[時]가 어긋났습니다. 이에 우리 황상께서 등극하셔서 강기(綱紀)를 경장(更張)하시고 만기(萬機)를 친재(親裁)하시며 인호(隣好)를 크게 닦고자 하셨습니다. 그런

---

1) 상락(上洛): 상경(上京)
2) 황조(皇祚): 황통(皇統), 황위(皇位)
3) 미나모토노 이에야스(源家康): 도쿠카와 이에야스(德川家康)를 가리킨다. 미나모토(源)는 천황이 하사한 성(姓)이고 도쿠카와는 사칭(私稱)의 의미를 갖는 묘지[苗字]인데, 도쿠카와막부 이래로 흔히 쇼군이라고 부르는 정이대장군(征夷大將軍)은 일반적으로 대외교섭에서 미나모토(源)의 성을 사용했다.
4) 유폐(流弊): 말류(末流)의 폐단

데 귀국은 우리에 대해서 교의(交誼)가 이미 오래되었으니, 응당 간관(懇款)[5]하게 대해서 만세토록 변치 않는 신의로 돌아가야 한다는 것이 우리 황상(皇上)의 참된 뜻입니다. 이에 사개(使价)[6]를 파견해서 구곤(舊悃)[7]을 잇고자 하니 부디 살피시고 양찰하시길 바랍니다.[1]

메이지 원년 6월 28일, 예전 타이슈 번의 요청에 따라 번주 소 요시아키라의 관위(官位)를 종사위하(從四位下) 지주(侍從) 겸 쓰시마노카미(對馬守)에서 진급시켜서 종사위상(從四位上) 좌근위권소장(左近衛權少將) 겸 쓰시마노카미(對馬守)에 서임했다. 7월 3일, 교토에 체재 중이던 소 요시아키라는 조선외교의 처리를 위해 귀국하라는 명령을 받고 같은 달 18일에 교토에서 출발해서 8월 20일에 쓰시마노쿠니(對馬國) 후추(府中)[8] 이즈하라(嚴原)에 복귀했다.[2]

이보다 앞서 타이슈 번에서는 쇼군 요시노부의 습직(襲職)[9]을 조선에 통고하기 위해 가로(家老) 히구치 데츠시로(樋口鐵四郎)[평화절(平和節)]를 관백사위고지대차사(關白嗣位告知大差使)[사위참판사(嗣位參判使)] 정관(正官)에, 죠센카타아라타메야쿠(朝鮮方改役) 가와모토 구사에몬을 동(同) 도선주(都船主)에 임명했다. 그런데 그때 국내 정세가 일변해서 대차사의 출발을 중단시키고, 이들을 다시 왕정복고를 통고할 대수대차사(大修大差使)[대수참판사(大修參判使)] 정관과 도선주에 임명했다.[3]

왕정복고의 통고는 일한국교 조정의 시금석이었다. 새 임무를 부여받은 타이슈 번은 신중하지 않을 수 없었다. 특히 도서(圖書)의 변경은 조선─타이슈 번 관계가 성립한 이래로 중대한 사건이기 때문에 조선이 이를 무조건 승인하는 것은 기대하기 어려웠다. 이에 도서(圖書) 변경 문제에 대해 조선 당국의 양해를 구하기 위해서, 대차사(大差使)를 들여보내기 전에 먼저 간사재판(幹事裁判)을 특파하기로 결정했다. 재판(裁判)의 임무는 매우 중대해서 그 성패 여부에 따라 대차사(大差使)의 전도가 결정될 것이었다. 따라서 그 인선에 신중을 기해서 메이지 원년 9월 7일에 '조선에 대한 공로자'로 널리 알려져 있던 가와모토 구사에몬을 간사관(幹事官)[간사재판(幹事裁判)]으로 옮기고, 고모다 간스케(蘑田貫介)[등상식(藤尙式)]를 대수대차사 도선주에 임명했다.[4] 재판서계(裁判書契)는 지

---

5) 간관(懇款): 간절하고 진실됨
6) 사개(使价): 사절
7) 구곤(舊悃): 곤(悃)은 진실한 마음, 즉 지성(至誠)의 의미다.
8) 후추(府中): 일본 율령제하에서 고쿠후(國府: 각 쿠니(國)마다 둔 일종의 행정 관청]의 소재지
9) 습직(襲職): 직무를 이어서 맡음

난번에 외국관의 결재를 받은 원안의 취지에 따라, 조만간 대차사를 보내서 왕정복고를 통고하겠다는 것, 그리고 그 서계에는 조정에서 하사받은 신인(新印)을 사용하겠다는 것을 미리 고지하는 내용이었다.

일본국 좌근위소장(左近衞少將) 쓰시마노카미(對馬守) 조신(朝臣) 다이라노 요시아키라(平義達)가 조선국 예조 대인 합하(大人閣下)께 글을 바칩니다.

늦가을 멀리서 문후(文候)가 크게 안녕하실 것을 생각하니 우러러 의지하는 마음 참으로 깊습니다. 아뢸 것은, 본방(本邦)이 근래 시세가 일변해서 정권이 황실로 귀일(歸一)했습니다. 귀국에 있어서는 인의(隣誼)가 본디 두터우니 어찌 기쁘지 않겠습니까? 조만간 별사(別使)를 파견해서 전말을 상세히 진술할 것이니 여기서 장황하게 쓸 필요가 없을 것입니다. 불녕(不佞)한 제가 칙명을 받고 경사(京師)에 조현(朝見)했는데, 조정에서 특별히 옛 훈공을 기려서 좌근위소장(左近衞少將)으로 가작진관(加爵進官)하시고, 다시 교린직(交隣職)을 명해서 그것을 대대로 영원히 전하면서 변치 않게 하시고, 또 증명인기(證明印記)[10]를 하사하셨습니다. 요컨대 양국의 교제를 더욱 두텁게 해서 성신(誠信)을 영원토록 변치 않게 하는 것이 예려(叡慮)의 소재니, 어찌 감패(感佩)함을 다하겠습니까?

이번 별사(別使) 서한에서는 신인(新印)을 찍어서 조정의 성의(誠意)를 표할 것이니, 귀국 또한 마땅히 영가(領可)[11]해야 할 것입니다. 예로부터 도서(圖書)를 받은 일이, 그 원유(原由)[12]가 전적으로 후의(厚誼)의 소존(所存)에서 나왔으니 쉽게 변경해서는 안 됩니다. 비록 그러하나 이것은[13] 곧 조정의 특명에 따른 것이니 어찌 사(私)로써 공(公)을 해칠 수 있겠습니까? 불녕(不佞)한 저의 정실(情實)을 이와 같이 알리오니, 귀국에서 부디 체량(體諒)하시길 깊이 바랍니다. 그 외에는 순서대로 보색(保嗇)[14]하시기만을 바랄 뿐입니다. 미처 갖추지 못하고 보냅니다.

게이오 4년 무진 9월 일
좌근위소장(左近衞少將) 쓰시마노카미(對馬守) 조신(朝臣) 다이라노 요시아키라

일본국 좌근위소장(左近衞少將) 쓰시마노카미(對馬守) 조신(朝臣) 다이라노 요시아키라가

---

10) 인기(印記): 관아에서 사용하는 도장
11) 영가(領可): 승인(承認), 허가(許可)
12) 원유(原由): 유래(由來), 연유(緣由)
13) 일본 정부에서 주조한 신인(新印)을 서계에 찍는 일
14) 보색(保嗇): 몸을 보호하고 아낌

조선국 동래, 부산 두 영공(令公) 합하께 글을 보냅니다.

요사이 멀리서 두 분의 안부가 가승(佳勝)하실 것을 생각하니 기쁘고 위로되는 마음 가눌 길 없습니다. 본방(本邦)의 시세(時勢)가 변해서 곧 별사(別使)를 파견하여 그 사유를 낱낱이 진술할 것이니 어찌 많은 말이 필요하겠습니까? 불녕(不佞)한 제가 지난번에 경사(京師)에 조현(朝見)했는데, 조정에서 특별히 좌근위소장(左近衛少將)으로 가작진관(加爵進官)하시고 대대로 교린을 관장하게 하셨습니다. 그리고 다시 증명인기(證明印記)를 하사하셨으니, 그 요체는 인호(隣好)를 더욱 돈독히 하려는 성의(誠意)에 있습니다. 이번 별사(別使) 서한에 새 인기(印記)를 쓸 것이니, 귀국에서는 부디 이를 체량(體諒)하시길 바랍니다. 남궁(南宮)[15]에 상세히 고할 것이니 다시 자세히 적지 않습니다. 미처 갖추지 못하고 보냅니다.

게이오 4년 무진 9월　일

좌근위소장(左近衛少將) 쓰시마노카미(對馬守) 조신(朝臣) 다이라노 요시아키라

간사관 가와모토 구사에몬은 메이지 원년 9월 29일에 도한(渡韓) 길에 올랐으나, 당시 타이슈 번 내의 물정이 평온하지 않았기 때문에 이번 대한교섭으로 인해 인심의 동요를 초래할 우려가 있었다. 이에 번주는 10월 8일에 지키타츠(直達)[16]로 번 내에 개유(開諭)를 내렸다.

이번에 조정 일신의 전말을 대수사(大修使)를 통해 조선에 보지(報知)하는 것에 관해서는, 일찍이 조명(朝命)의 취지를 받들어 이번 서계부터 저 나라에서 주조한 도서(圖書)를 고쳐서 조의(朝議)를 거쳐 제조한 신인(新印)을 사용하여 저들이 괴멸모만(怪蔑侮慢)하게 우리를 번신(藩臣)으로 대해 온 그릇된 관례를 바로잡고 구래의 국욕(國辱)을 씻어서 오직 국체(國體)와 국위(國威)를 세우려는 것이다. 그런데 양국 간 종전의 습폐(習弊)로서, 저들은 이번 일거(一擧)에 따라 갑자기 철공철시(撤供撤市)해서 우리를 곤란하게 만드는 계책으로 나올지 모른다. 비록 그렇더라도 자기의 할 바를 다하지 않고 그 안위만을 구하는 것은 직무상 책임에 크게 황송하니, 사정(私情)을 버리고 공의(公議)에 근거해서 단연코 금일의 조처에 이르러야만 한다. 장래 설령 국맥(國脈)에 장애가 되는 어려움을 빚는 한이 있어도, 최근 분부의 취지도 있으니 의도적으로 왕토(王土)와 왕민(王民)을 도외시할 수 없다. 그러나 만일 천조(天朝)에서 조처하지 않을 경우에는, 우리의 작은 정성이 미치지 않는 바 되어 국가[17]의 불행을 초

---

15) 남궁(南宮): 조선시대 예조(禮曹)의 별칭

16) 지키타츠(直達): 에도시대 막부나 번에서 야쿠쇼(役所)·야쿠닌(役人)이 직접 명령이나 지시를 하달하는 것

17) 쓰시마노쿠니(對馬國), 즉 타이슈 번을 가리킨다.

래해도 어쩔 수 없음을 각오하여 성패를 염두에 두지 않고 국체를 세우며, 근왕(勤王)의 도를 다해서 사직과 존망을 함께하는 것은 신하된 자의 분수이다. 이러한 때 각자는 나의 심사(心事)를 체인(體認)해서, 앞으로 국세(國勢)가 위급해져서 유리전패(流離顚沛)[18]의 상황에 처하더라도 뜻을 확고히 하여 동요하지 말고, 더욱 충절에 기대야 할 것이다.

10월(메이지 원년)5

대수대차사 정관 히구치 데츠시로, 도선주 고모다 간스케[다키(多記)], 봉진압물(封進押物)[19] 오우라 도모노스케(大浦友之介) 일행은 메이지 원년 10월 8일에 쓰시마노쿠니 후추(府中)에서 승선, 12월 11일에 출범하여 12월 19일에 부산 초량 왜관에 도착했다.6 대수대차사서계는 앞에서 기술한 것처럼 외국관에서 결재한 원안에 따른 것으로, 시령(時令)[20]을 제외하면 재판서계(裁判書契)와 동일한 내용이었다.

일본국 좌근위소장(左近衛少將) 쓰시마노카미(對馬守) 조신(朝臣) 다이라노 요시아키라(平義達)가 조선국 예조참관공 합하께 글을 바칩니다.

때는 늦은 가을이라, 삼가 귀국이 협녕(協寧)[21]할 것을 생각하니 우러러 송축하는 마음 금할 수 없습니다. 아방(我邦)의 황조(皇祚)가 연면(聯緜)히 일계(一係)로 이어져서 대정(大政)을 총람(總攬)한 것이 2000여 년이었는데, 중세 이래로 병마지권(兵馬之權)을 모두 장군가에 위임하시고 외국 교제도 모두 관장하게 하셨습니다. 쇼군 미나모토노 이에야스(源家康)가 에도에 막부를 연 뒤로 또한 10여 세(世)가 지났는데, 승평(昇平)한 세월이 오래됨에 유폐(流弊)가 없을 수 없어서 일[事]과 시세[時]가 어긋났습니다. 이에 우리 황상께서 등극하셔서 강기(綱紀)를 경장(更張)하시고 만기(萬機)를 친재(親裁)하시며 인호(隣好)를 크게 닦고자 하셨습니다. 그런데 귀국은 우리에 대해서 교의(交誼)가 이미 오래되었으니, 응당 간관(懇款)하게 대해서 만세토록 변치 않는 신의로 돌아가야 한다는 것이 우리 황상의 참된 뜻입니다. 이에 정관(正官) 평화절(平和節), 도선주(都船主) 등상식(藤尙式)을 파견해서 구곤(舊悃)을 잇고자 합니다. 비박(菲薄)한 토의(土宜)[22]로 멀리서 존경하는 마음을 대략 바칩니다. 부디 살피고

---

18) 유리전패(流離顚沛): 유리(流離)는 재난이나 전란으로 인해 삶의 터전을 잃고 사방으로 흩어지는 것이며, 전패(顚沛)는 엎어지고 자빠진다는 뜻으로 매우 급박한 상황을 비유하는 말이다.
19) 봉진압물(封進押物): 봉진(封進)은 진상품을 봉해서 올리는 것이고, 압물(押物)은 외국에 사신이 나갈 때 조공 및 교역하는 물건을 관리하는 수행원을 말한다.
20) 시령(時令): 절기(節氣), 기후(氣候)
21) 협녕(協寧): 백성들을 화합하고 평안하게 함
22) 토의(土宜): 토산물

양찰하시길 바랍니다. 미처 갖추지 못하고 보냅니다.

게이오 4년 무진 9월　일

좌근위소장(左近衛少將) 쓰시마노카미(對馬守) 조신(朝臣) 다이라노 요시아키라

별폭(別幅)

첩금중병풍(貼金中屛風)	2쌍(雙)
혁과대부갑(革裏大簿匣)	1비(備)
청금화로(靑金火爐)	2위(圍)
대화주(大和朱)	2근(斤)
채화일척염경(彩畫一尺匲鏡)	1면(面)
채화침자괘연(彩畫枕子挂硯)	2비(備)
적동누관반(赤銅累盥盤)	2비(備)

제(際)

게이오 4년 무진 9월　일

좌근위소장(左近衛少將) 쓰시마노카미(對馬守) 조신(朝臣) 다이라노 요시아키라

일본국 좌근위소장(左近衛少將) 쓰시마노카미(對馬守) 조신(朝臣) 다이라노 요시아키라(平義達)가 조선국 예조참판공 합하께 글을 바칩니다.

늦가을 멀리서 귀국이 청녕(淸寧)할 것을 생각하니 저도 모르게 손뼉을 치며 기뻐하게 됩니다. 아방(我邦)의 황조(皇祚)가 연면(連緜)히 일계(一係)로 이어져서 대정(大政)을 총람(總攬)한 것이 2000여 년이었는데, 중세 이래로 병마지권(兵馬之權)을 모두 장군가에 위임하시고 외국 교제도 모두 관장하게 하셨습니다. 승평(昇平)한 세월이 오래됨에 유폐(流弊)가 없을 수 없어서 일[事]과 시세[時]가 괴려(乖戾)되었습니다. 이에 우리 황상께서 등극하셔서 강기(綱紀)를 경장(更張)하시고 만기(萬機)를 친재(親裁)하시며 인호(隣好)를 크게 닦고자 하셨습니다. 그런데 귀국은 우리에 대해서 교의(交誼)가 이미 오래되었으니, 응당 간관(懇款)하게 대해서 만세토록 변치 않는 신의로 돌아가야 한다는 것이 우리 황상의 참된 뜻입니다. 이에 정관(正官) 평화절(平和節), 도선주(都船主) 등상식(藤尙式)을 파견해서 구곤(舊悃)을 잇고자 합니다. 후하지 못한 토물(土物)로 애오라지 작은 정성을 표합니다. 부디 살피고 양찰하시길 바랍니다. 미처 갖추지 못하고 보냅니다.

게이오 4년 무진 9월　일

좌근위소장(左近衛少將) 쓰시마노카미(對馬守) 조신(朝臣) 다이라노 요시아키라

별폭(別幅)

첩금소병풍(貼金小屛風)	2쌍(雙)
채화대층갑(彩畫大層匣)	1비(備)
채화괘연(彩畫挂硯)	1비(備)
적동풍로(赤銅風爐)	1위(圍)
수랍중탕기(粹鑞中湯器)	20개(個)
채화무질대원분(彩畫無跌大圓盆)	10매(枚)
계(計)	

게이오 4년 무진 9월　　일

좌근위소장(左近衛少將) 쓰시마노카미(對馬守) 조신(朝臣) 다이라노 요시아키라[7]

　예전에 외국관에서 내려온 신인(新印) '평조신의달장(平朝臣義達章)'은 대수대차사 서계에서 처음으로 사용됐다.

　간사관 가와모토 구사에몬은 초량 왜관에 도착한 후, 왜관 관수번 고마 이타루(高麗造)[평화시(平和時)]와 협의를 거쳐 메이지 원년 12월 18일에 문정(問情)을 위해 입관(入館)한 왜학훈도(倭學訓導) 안동준^{준경}과 별차(別差) 이주현(李周鉉)^{경문(景文)}에게 재판서계(裁判書契)의 등본을 제시했다. 그리고 왕정복고의 대요를 설명한 후, 이를 통고하기 위해 대차사가 따로 올 것이라는 말을 전하고, 또 신인(新印)을 날인하는 이유를 설명했다. 훈도는 서계에 '황실(皇室)', '봉칙(奉勅)' 등의 자구를 보고 지극히 패만(悖慢)하다고 여겼다. 또 조선에서 주조해서 보낸 도주도서(島主圖書)를 버리고 임의로 주조해서 날인한 것을 해괴하다고 보고, 격식에서 벗어났다는 이유로 즉시 물리칠 것을 주장했다. 관수(館守)와 간사관은 거듭 본국의 정치적 사정을 설명하면서 서계의 봉납(捧納)을 요망했지만, 훈도는 "서계는 결코 봉납(捧納)할 생각이 없다. 설령 별사(別使)가 나오더라도 격외(格外)의 사개(使价)는 접대를 허락할 수 없으니 다시 번괄(煩聒)[23]하지 말라."는 뜻으로 엄한 말로 책유(責諭)했다.[8]

　메이지 원년 12월 19일에 대수대차사가 도착했으므로 훈도 안동준은 21일에 바로 왜관에 내려와서 정관(正官) 히구치 데츠시로를 면접했다. 정관(正官)은 간사관과 동일한

---

23) 번괄(煩聒): 시끄럽게 떠들면서 소란을 부림

내용으로 설명하고, 선례에 따라 접위관(接慰官)과 차비역관(差備譯官)이 내려와서 연향(宴享)을 설행(設行)해줄 것을 요구했지만, 훈도는 대수대차사가 규정 밖일 뿐만 아니라 서계에 격식에서 벗어난 문자가 많음을 지적하면서 즉시 귀환할 것을 엄한 말로 책유했다.[9]

훈도와 별차는 규정 외의 대차(大差)가 온 사실을 곧장 동래부사 정현덕에게 보고했고, 부사는 재판서계와 대수대차사서계의 등본을 첨부해서 예조로 올려 보냈다. 그리고 훈도는 한 해가 이미 다 지나간 것을 이유로 이 안건에 관한 교섭을 이듬해인 메이지 2년 정월로 연기할 것을 요청해서 관수와 간사관의 동의를 얻었다.[10]

이보다 앞서 교토 루스이(留守居) 겸 고요닌(公用人) 오시마 도모노조는 타이슈의 직제(職制) 개혁에 따라 산세이(參政)로 자리를 옮기고, 조선 사정을 시찰하기 위해 메이지 2년 2월 상순에 왜관에 도착했다. 오시마는 대수대차사 정관(正官) 이하 각 원역(員役)과 상의를 거듭했을 것이다. 그리고 2월 16일에 마침 전날 동래부에서 내려온 훈도 안동준과 관수, 간사관이 입회한 자리에서 회견을 갖고 재판서계의 봉납과 연향설행 문제에 관해 간담했다. 그 요지는 다음과 같다. "지난해 섣달 이래로 응대에 관한 용건들이 모두 정체되었습니다. 이는 시체(時體)[24]에 관계되는 것이므로 서계는 오늘 내로 반드시 전달되어야 합니다. 무릇 양국 간 통교에서, 이쪽에서 드리는 서계를 이례(異例)로 주고 받는 과정에서, 귀전(貴殿)[25]만 이난(異難)하다고 주장하는 의도를 이해하기 어렵습니다. 예전에 출송(出送)에 착수했으니 이미 전달할 방도를 주선했을 것입니다. 그런데 상도(上都)[26]에서 몇 번이고 상의해서, 답신은 사품(事品)에 따라 주의(主意)를 세우겠다고 하신다면 우리가 다시 힘이라도 쓰겠지만, 이처럼 중간에서 무익하게 거절하는 것은 극히 뜻밖입니다. 간사관(幹事官) 자격으로 봉명(奉命)한 몸으로서 이처럼 오랜 시간을 하릴없이 보내고 있으니 어찌 편안히 있겠습니까? 신자(臣子)의 정의(情誼)는 화한(和韓)[27]과 고금(古今)에 차이가 없으니 이 몸이 담당할 수 있도록 깊이 숙고하시길 바랍니다. 이번에 신인(新印)을 고지하는 서계는 저희 타이슈(對州)의 입장에서 깊이 마음을 쓴 것으로, 구인(舊印)으로 압진(押鎭)한 것과 다를 바 없습니다. 참의(參議)의 호칭도 구례(舊例) 그대로 쓴 것은, 만에 하나 귀방(貴方)의 이목을 놀라게 해서 일신(一新)을 고지하는 데 차질

---

24) 시체(時體): 시세(時勢). 시대를 풍미하는 유행이나 관습
25) 귀전(貴殿): 상대방에 대한 경칭
26) 상도(上都): 경도(京都)의 통칭
27) 화한(和韓): 일본과 조선

이 생기지 않을까 하는 간도(懇到)[28]의 원려(遠慮)에서 나온 결과입니다. 그것을 이례(異例)라고 하여 이난(異難)을 제기하는 뜻을 이해하기 어렵습니다. 이례(異例)라고 하는 것은 서식에서 글자의 올리고 낮추는 격법(格法)과 쌍방 칭호의 존비(尊卑)에 있습니다. 문구(文句)의 내용에 이르러서는 교린(交隣) 간에 정실(情實)을 글로 서술하는 것이니, 용건이 되는 문구는 고식(古式)과 선규(先規)에 없는 것입니다. 따라서 최근 귀국에서 괴이한 소문과 전투의 두 서계를 보내신 것도 동론(同論)[29]으로서 각기 국정(國情)을 서술한 것입니다. 일의 주의(主意)로 말하자면 이 일은 고해서는 안 되고 저 사정은 답해서는 안되고 하는 것 등을 언급한 조약은 일찍이 없었으니, 그렇다면 신인(新印)을 찍은 서계는 털끝만치도 서식이 이례(異例)라고 할 만한 근거가 없는 것입니다. 관위(官位)의 부분은 승진과 관련된 것으로, 있는 그대로 쓰는 것은 세간에 당연한 일입니다. 추호도 간연(間然)[30]할 이유가 있다고 생각되지 않으니 모쪼록 받아들이시기 바랍니다. 답신에 관한 이치가 드러나지 않는다면, 언제까지고 대석(對席)해서 추힐(推詰)[31]이 결론을 얻을 때까지 논의하고자 합니다. (상략, 하략)"[11]

훈도 안동준은 우선 오시마의 주장에 대해, 재판서계 등본의 내용은 메이지 2년 정월 29일에 이미 정부에 내보(內報)했으며, 자신이 중간에서 그것을 막은 사실이 없다는 것을 분명히 했다. 그리고 서계의 격외(格外)에 관해 하나하나 비난을 가했다. 첫 번째는 좌근위소장(左近衛少將), 평조신(平朝臣)이라는 호칭에 관한 것으로, 오시마는 도주(島主)의 가자(加資)에 따른 것이라고 해명했지만, 훈도는 그것을 인정하지 않고 도주가 가자(加資)되었더라도 일단 관함(官銜)은 옛것을 쓰고 서계에서 그 사실을 명기한 후, 다음번부터 가자(加資)에 따른 관함을 사용해야 한다고 주장했다. 옛 도서(圖書)의 폐지와 신인(新印)의 사용은 물론 절대로 승인할 수 없다고 했다. 이렇게 해서 오시마와 안동준 사이에 양해가 이뤄질 가망이 없었기 때문에, 오시마는 회견을 중단하고 간전관(幹傳官)[한어통사(韓語通詞)] 우라세 사이스케(浦瀬最助)[히로시(裕)]에게 명하여 별차 이주현을 불러 재판서계 등본의 내용을 설명하고 그것을 동래부사에게 전달하게 했다. 훈도 안동준은 그것이 선례에서 벗어난 것일 뿐만 아니라 자기의 직권을 침해하는 것으로 간주해서 절대 반대했다. 오시마 등은 다시 서계의 즉시 봉납을 강경하게 요구했지만, 훈도는 불응하

---

28) 간도(懇到): 간절하고 빈틈없이 마음을 씀
29) 동론(同論): 동등, 동렬(同列). 論은 倫과 통한다.
30) 간연(間然): 허물에 대해서 트집을 잡음
31) 추힐(推詰): 심문(審問)

고 3월 3일까지 정부 당국의 의향을 확인한 다음에 확답을 주겠다고 약속했다. 오시마 등은 이 회견을 통해 재판서계의 봉납과 신인(新印) 사용 문제가 해결되지 않는 이상 대수대차사의 응접이 허락될 가능성은 전혀 없음을 깨달았다고 한다.[12]

그런데 기한이 되기 전인 메이지 2년 2월 29일에 훈도 안동준은 간전관(幹傳官) 우라세 사이스케를 방문해서 지난 28일에 정부의 내의(內意)가 도착했음을 알리고, 한문으로 된 문서를 갖고 그 대요를 설명했다.

귀국과 폐국(弊國) 두 나라가 교호(交好)한 이래로 의리가 형제의 공회(孔懷)[32]와 같고 신의가 하산(河山)의 대려(帶礪)[33]와 같았습니다. 화관(和館)[34]을 설치해서 오직 상련(相憐)에 ^{원문 그대로} 힘쓴 것은 본디 대경(大經)이요 대법(大法)이니, 이후 300년 동안 언제 경법(經法)에 소홀한 적이 있었습니까? 이는 비단 위에서 행함에 아래서 본받은 것일 뿐만이 아니요,[35] 또한 양국의 알선하는 자들이 경법(經法)을 복응(服膺)[36]해서 예전의 수목(修睦)을 변치 않게 한 데서 말미암은 것이니, 그렇다면 오늘날 그 직책을 맡아서 그 일을 관장하는 자들이 이것을 버리고[37] 어디서 구하겠습니까? 그런데 이제 순부(順付)[38]한 서계가 왜관에 도착한 이후로 여러 달 동안 공간(公幹)[39]을 다룬 것이 비단 몇 차례뿐만이 아닙니다. 하지만 폐일언(蔽一言)해서 서계의 왕복은 그 소중함이 본디 구별되니, 오직 격식에서 크게 벗어나지 않았더라면 어찌 지체하면서 봉납하지 않을 리가 있겠습니까?

귀선(貴船)이 내왕하면 관례상 조정에 보고하며, 가져온 서계 또한 마땅히 남궁(南宮)에 올려 보내야 합니다. 그래서 저희가 먼저 그것을 살펴보았는데, 외면상 직함에 전과 다른 것이 있었습니다. 설령 그것이 가급(加給)한 호칭임을 인정하더라도, 성자(姓字) 아래 '조신(朝臣)'이라는 두 글자에 이르러서는 이것이 어찌 격례(格例)[40]이겠습니까? 이에 따라 우리가 회답할 때 마찬가지로 이러한 예에 따른다면 비록 차이가 없을 것 같지만, 아마도 각국의 이목(耳目)으로부터 비웃음을 살 것입니다. 그럼에도 이것은 오히려 부차적인 일입니다. 서계 문자 또한 격외(格外)의 말들이 많고, 심지어는 '사(私)로써 공(公)을 해친다.'는 구절까지 있습

---

32) 공회(孔懷): 형제간에 서로 몹시 걱정함을 비유하는 말
33) 대려(帶礪): 황하가 옷 띠처럼 가늘어지고 태산이 숫돌처럼 작아진다는 뜻으로 오랫동안 변치 않음을 의미한다.
34) 화관(和館): 왜관(倭館)
35) 원문에는 '此但上行而不效也'로 되어 있으나, 문맥상 '此非但上行而下效也'의 잘못인 것으로 보고 옮겼다.
36) 복응(服膺): 마음속에 새겨서 잊지 않음
37) 이것을 버리고: '이것'은 앞 문장의 '경법(經法)'을 가리킨다.
38) 순부(順付): 인편에 편지 등을 부침
39) 공간(公幹): 공무(公務)
40) 격례(格例): 규칙과 관례

니다. 뿐만 아니라 우리나라에서 주조해서 보낸 도서(圖書)를 반납한다는 설에 이르러서는 자신도 모르게 벌어진 입이 다물어지지 않고 올라간 혀가 내려가질 않습니다. 애초에 주조를 청한 것은 비단 귀방(貴邦)의 소원이었을 뿐만 아니라, 또한 우리나라의 총사(寵賜)[41]와 관계되는 일이었습니다. 그런데 갑자기 그것을 변개(變改)해서 새로 주조한 인장을 쓰겠다고 요구하는 것이, 과연 구장(舊章)을 따르고 인호(隣好)를 더욱 돈독히 하는 뜻입니까?

이것이 모두 봉출(捧出)할 수 없는 대지(大旨)입니다. 그러므로 즉시 동래부와 부산 두 사또께 아뢰어, 선박이 왔다는 계문(啓聞)[42]과 함께 거론했던 것입니다. 그런데 회하(回下)[43]를 받아보니, 비단 물리치라는 교시가 있었을 뿐만 아니라 어지럽고 번거롭게 아뢰지 말라는 질책이 있었습니다. 저희들이 딱한 처지에 놓여서 황송해하면서 대죄(待罪)하는 것은 가련히 여길 것이 없지만, 화관(和館)의 여러 공들로 말하더라도 마땅히 사정에 근거해서 귀주(貴州)에 통보해야 할 것입니다. 그래서 갑자기 신인(新印)을 씀으로써 도리어 한없는 공간(公幹)을 만들고 한갓 사면(事面)[44]을 손상하는 지경에 이르지 않게 하기를 깊이 바랄 뿐입니다.

기사(己巳) 2월   일
훈도(訓導)[13]

이 문서는 기존에 훈도가 주장한 바를 구체적으로 명기했을 뿐만 아니라, 그 마지막 문장에서 "어지럽고 번거롭게 아뢰지 말라."고 한 데 이르러서는 극히 비우호적인 성격을 면치 못했다. 또 도서(圖書)를 주조해서 보낸 유래를 설명하면서 타이슈 번의 번복을 힐난하고 향후 신인(新印)을 찍은 서계의 수리를 일체 거부하겠다고 한 것은, 타이슈 번이 주장하는 일한국교 조정에 치명적 타격을 주었다. 간전관(幹傳官) 우라세 사이스케는 문서를 숙독한 후 이처럼 비우호적인 문서는 관수(館守)에게 진달하기 어렵다고 생각해서 수리를 거부하려고 했으나, 훈도는 이 문서가 개인의 의견이 아니라 조정 교명(敎命)의 대요를 기록한 것이기 때문에 용어가 온당치 않은 점은 유감이지만 일단 상사(上司)에 올릴 것을 요청했고, 결국 간전관도 그 말에 따랐다.

메이지 2년 2월 30일, 관수(館守)와 간전관(幹傳官)은 훈도를 불러서 전날 훈도가 제출한 문서에 관해 질의한 후, 재판서계(裁判書契)를 3월 3일에 봉납해줄 것을 요청했다. 하

---

41) 총사(寵賜): 임금이 총애해서 물건을 하사하는 일
42) 계문(啓聞): 지방관이 중앙에 상주하는 일. 계품(啓稟), 계주(啓奏)라고도 한다.
43) 회하(回下): 상주에 대해 답변을 내림
44) 사면(事面): 사체(事體)

지만 훈도는 이미 조정의 방침이 서계를 물리치기로 결정된 이상, 동래부사는 예조에 올려 보낼 수 있는 권한을 갖고 있지 않다고 하면서 따르지 않았다. 그리고 3월 3일에 다시 회견을 갖기로 약속하고 이날의 회견을 마쳤다.

3월 3일에 훈도는 간전관(幹傳官)을 방문해서, 전부터 재판서계를 제시한 이유에 관해서는 자신이 들은 바를 동래부사에게 보고했으며, 동래부사는 그것을 의정부와 삼군부(三軍府)에 상신했지만, 다소 부정확한 감이 있으므로 메이지 2년 2월 29일자 진문(眞文)[45] 등본에 대한 반박서(反駁書)를 진문으로 제출하면 좋겠다는 말을 전했다. 간전관(幹傳官)의 보고에 따라 관수번(館守番) 고마 이타루는 당일로 훈도를 불러서, 재판서계의 위식(違式)에 관해서는 충분히 해명할 것이고, 조선 정부의 주장이 옳다면 본국에 서계 개찬(改撰)을 신청하는 데 인색하게 굴지는 않겠다고 했다. 그러면서도 "통신(通信)하는 나라이기 때문에 일이 있어서 고지하는 서계를 귀국에서 한번 열어보지도 않고, 비단 서식과 자구 등 지엽적인 것을 갖고 한갓 논담(論談)하는 데 공허하게 일력(日力)[46]을 소비할 뿐만 아니라, 사명(使命)을 국경에서 거절하는 것을 인의상부(隣誼相孚)의 도(道)라고 할 수 있겠습니까?"라는 말로 힐난했다. 그리고 훈도로 하여금 일단 재판서계(裁判書契)를 수리하게 한 뒤에 만약 자구에 온당치 않은 것이 있으면 나중에 다시 수정하는 방안을 설득하고자 이튿날 새벽까지 밤을 세워가며 회담에 임했으나, 훈도는 끝내 뜻을 굽히지 않고, 정부의 방침이 확정된 이상 서계 수리는 절대 불가하지만 자신이 요청한 각서를 준다면 "그것을 자료로 해서 한번 주선할 수 있을 것입니다."라는 말을 반복했다. 관수(館守)도 결국 훈도의 주장에 굴복해서, 간전관의 명의로 2월 29일자 훈도의 각서에 대한 진문(眞文) 반박서를 작성한 후 그것을 동래부사에게 전달해 줄 것을 의뢰했다.[14]

교린의 도는 성신(誠信)을 주장함에 있는데, 언(言)이 진실과 어긋나고 명(名)이 실제와 상반된다면 어떻게 성신(誠信)을 입에 올리겠습니까? 조정에서 예전에 우리 군상(君上)의 관계(官階)를 올렸으니, 즉시 그 실제를 조선에 고하는 것은 인의(隣誼)의 당연한 바입니다. 그런데 이제 훈도의 요청에 따라 주군이 이미 버린 구관(舊官)을 칭해서, 구차하게 한때의 온당함만을 달갑게 여겨 안으로는 조명(朝命)을 속이고, 밖으로는 인방(隣邦)을 기만하여 양쪽 사이에서 신의를 잃을 수 있겠습니까? 대체로 훈도가 권의(權宜)라고 보는 것은, 우리에게는 이치

---

45) 진문(眞文): 한문(漢文)
46) 일력(日力): 시간, 세월

상 할 수 없는 것들입니다. 더구나 무술년의 전례가 환히 남아 있습니다. 만약 그 진술이 완전치 않다면 공이 승관(昇官)한 사정을 적어서 여기에 첨부하면 충분할 것이니, 어찌 다른 것을 논할 것이 있겠습니까?

또 '조신(朝臣)' 두 글자와 같은 것은, 우리 조정의 고제(古制)로 씨족의 존비를 구분하기 위한 것입니다. 그러므로 같은 성(姓) 안에 '조신(朝臣)'이 있고, '진인(眞人)'이 있고, 기타 몇 가지 이름의 차등이 있어서 성자(姓字)와 연용(連用)하여 갈팔녈(葛八涅)이라고 불렸으니, 선성(先聖)이 씨족을 중시하신 뜻이 두텁다고 할 만합니다. 이번에 조정이 복고(復古)해서 고제(古制)를 연구해서 사용했는데, 훈도는 '조신(朝臣)'이라는 문자를 오해해서 '조정의 신하'라고 생각했습니다. 비록 그러한 의심에 다소 근거가 있는 것처럼 보이지만, 보천솔토(普天率土)[47]에서 누군들 왕의 신하가 아니겠습니까? 이미 앞에서 국호와 관아(官衙)를 적었는데 어찌 다시 조정의 신하라는 문자를 언급할 리가 있겠습니까? 뿐만 아니라 과거 신빙(信聘)[48]의 서식에서 막부 집정(執政)이 '조신(朝臣)'으로 칭한 전례가 있고, 우리 선군(先君)도 그것을 사용했습니다. 훈도가 고사에 밝지 못해서 그런 말을 하는 것입니다. 만일 그래도 의심된다면 그 구적(舊籍)을 검사하는 것으로 이 일이 그릇되지 않음을 입증할 수 있을 것입니다. 더구나 이 일은 원래 우리 국제(國制)에 관계되는데, 조선에 무슨 관계가 있겠습니까?

훈도가 말하기를, "서체(書體)가 크게 격식에서 어긋난다."고 하고, 또 "격외(格外)의 말이 많다."고 하기에 그 이유를 물어보니, "서계 중에 '황(皇)' 자는 써서는 안 되고, 자행(字行)의 위치가 원래 있어야 할 행에서 벗어났다."고 했습니다. 이것이 무슨 특론(特論)입니까? 사리를 이해하지 못함이 이처럼 심하니, 실로 경탄을 금치 못하겠습니다. 대체로 서계의 체재와 자행의 위치는 본디 정규(定規)가 있거니와, 문서에서 진술한 바와 같은 교린의 우의(友誼)는 그 실제에 따라 그 실제를 고하고, 국휘(國諱)를 제외하고는 써서는 안 되는 글자도, 말해서는 안 되는 일도 없는 것이니, 무슨 다른 말이 필요하겠습니까?

우리 천황의 한 가지 성(姓)이 예로부터 변치 않아서 억조창생에 군림하시고 대정(大政)을 총람(總攬)하신 것이 이제 2000여 년이 됩니다. 이 일은 실로 조선에서 본디 알고 있는 바이니, 서적(書籍)에 그 개략을 기재한다면 몹시 장황할 것입니다. 방금 본방(本邦)의 정체(政體)를 다시 혁신해서 천황께서 만기(萬機)를 친재(親裁)하시게 되었으니, 그 사실을 상세히 조선에 고하는 것은 도리상 응당 해야 하는 일인데, 그 '황(皇)'자를 칭함에 있어 무슨 거리낄 바

---

47) 보천솔토(普天率土): 천하의 모든 사람을 가리키는 말이다. 『詩經』小雅 北山에서 "하늘 아래에 왕의 땅 아닌 곳이 없으며, 물가에 이르기까지 왕의 신하 아닌 자가 없다[普天之下 莫非王土 率土之濱 莫非王臣]."고 한 데 서 연유했다.
48) 신빙(信聘): 통신사의 빙문(聘問). 빙문은 국가 사이에서 사절을 파견하여 방문하는 것을 뜻한다.

가 있겠습니까? 더구나 옛날에 조선에서 우리 주(州)에 보낸 글에 서토(西土)[49]를 '천조(天朝)', '황조(皇朝)'라고 칭했습니다. 만약 그렇다면 과연 이것은 무슨 의미입니까? 자행(字行)의 위치 같은 것은, 예전에 막부에서조차 정규(定規)가 있었으니 그 체재(體裁)는 말하지 않아도 알 수 있습니다.

또 "사(私)로써 공(公)을 해친다."는 구절에 이르러서는 훈도의 말이 더욱 부당합니다. 이제 그것을 대략 진술해서 의혹을 풀어보건대, 중고(中古)에 아방(我邦)이 병란의 때를 당해서 정부의 명령이 사방에 행해지지 않았고, 게다가 저희 타이슈(對州)의 경우는 공명(公命)을 기다리지 않고 사사롭게 조선과 통신(通信)했습니다. 도서(圖書)의 주급(鑄給) 같은 것은 원래 교제의 곤관(悃款)[50]이 미친 바니, 오늘날 갑자기 고치면 안 될 듯하나, 이번에 황조(皇朝)에서 강기(綱紀)를 일신해서 더욱 인교(隣交)를 돈독히 하고자 인기(印記)의 하사를 특별히 명하여 그 성의(盛儀)를 표시했습니다. 요컨대 조정에서 다시 인호(隣好)를 닦고자 인신(印信)을 하사할 것을 특별히 명하셨으니, 이는 양국의 공의(公義)이자 공교(公交)요, 예로부터 도서(圖書)를 받아온 것을 지금 개혁할 수 없는 것은 저희 타이슈(對州)의 사교(私交)이자 사정(私情)입니다. 공의(公義)에 근거해서 사정(私情)을 결단하는 것은 실로 군신대의(君臣大義)가 달린 바이니, 이것이 사(私)로써 공(公)을 해칠 수 없는 이치입니다. 하지만 저희 타이슈(對州)는 예로부터 인의(隣誼)를 중시해 왔으므로 사리상 부득이하다는 뜻을 표하게 된 것입니다. 이제 그 사유를 살피지 않고 다시 한갓 입만 아프게 해서 인의상부(隣誼相孚)의 도에 반하는 것은, 그쪽에서 사체(事體)를 잃었다고 할 수 있을 것입니다.

기사년 3월[15]

훈도는 이 각서를 수령하고, 동래부사에게 아뢴 뒤에 3월 7일까지 재판서계(裁判書契)의 봉납 유무를 확답해 주겠다고 약속했으나, 병을 이유로 지연하다가 3월 9일에야 다시 왜관에 찾아왔다. 관수(館守)와 간전관(幹傳官)은 회답을 독촉했지만, 훈도는 동래부사 정현덕이 단호하게 간전관의 각서를 인정하지 않고 오히려 자신을 견책했다고 말했다. 또 조선의 정세가, 병인양요 이래로 무신들이 요로를 대부분 차지해서 대외 강경론을 주창하고 있기 때문에 만약 격식에서 벗어난 서계를 봉납한다면 담당관인 동래부사는 엄중한 처벌을 받을 것이요, 도저히 실행될 가망도 없으므로 "어쨌든 일을 급히 처리하려고 생각하지 말고 천천히 성사하는 것 외에는 방도가 없다."라고 하고, 각서의 내용

---

49) 서토(西土): 중국을 가리킨다.
50) 곤관(悃款): 정성되고 진실한 마음

에 대해서는 전혀 언급하지 않았다.[16] 관수(館守)는 훈도 안동준이 한갓 난처한 상황을 모면하려는 말만 꾸며댈 뿐 동래부사에게 서계 봉납을 상신하려는 성의가 없다고 생각해서, 그를 왜관에 구치하고는 시말서를 받아냈다.

일전에 써서 주신 언문(諺文) 문서는 자세히 배견(拜見)한 후 그 연유를 부사께 아뢰니 부사께서 말씀이 있으셨습니다. 그래서 제가 말씀드리길, "지금 이 공간(公幹)은 실로 내외양난(內外兩難)의 일입니다. 비록 아래서 좌우할 수는 없지만 왜관에서 말한 사정이라도 서울에 왕복하면 어떻겠습니까?"라고 했습니다. 그러자 사또께서 꾸짖으시길, "조정에서 분부하시길, 양국 교린의 도는 구장(舊章)을 따르고 조약을 준수해서 오직 성신(誠信)을 위주로 해야 할 뿐으로, 서계 서식에 만약 전규(前規)와 다른 것이 있다면 봉상(捧上)하지 말라는 처분을 내리셨으니, 서계의 봉납 여부를 나와 훈도가 여기서 임의대로 할 수 있겠는가? 훈도는 왜관의 주장과 사정은 내게 와서 자세히 말하지만, 나의 주장과 조정의 처분은 왜관에 가서 자세히 말하지 않은 듯하니 이것은 어찌된 영문인가?"라고 하시면서 엄하게 책망하셨습니다. 그래서 송연(悚然)해서 온 것입니다.

기사년 3월   일
훈도[17]

훈도 안동준이 구치되어 있는 동안 왜관 관수(館守)는 간전관(幹傳官) 우라세 사이스케 등 통사(通詞)에게 명해서 재판서계를 물리친 진상을 탐지하게 했다. 며칠 있으면서 다소 권태감을 느낀 훈도는 자신의 임소(任所) 성신당(誠信堂)으로 돌아가게 해달라고 몇 차례 간청했다. 그리고 3월 13일에 우라세에게 정부에서 재판서계를 수리할 수 없는 이유를 3개 조목으로 설명했다.

첫째, 일한국교는 원래 쓰시마의 책임으로 그 중임을 담당해 왔다. 그러므로 조선은 다년간 쓰시마에 허다한 은혜를 베풀어 온 것이다. 따라서 이제 일본에서 "신기(新奇)한 잡사(雜事)를 일으키더라도 마도(馬島)[51]의 입장에서는 마땅히 막아야 하거늘, 어찌 인순(因循)해서 우리나라로 가져와 우리의 이목을 번거롭게 하는가?" 특히 이번 사건은 오히려 쓰시마가 주동이 되어 신정부를 선동하고 국교의 변혁을 계획한 형적(形跡)이 있

---

51) 마도(馬島): 쓰시마(對馬)의 별칭

다. 이는 매우 온당치 않다고 할 만하니, 조선으로서는 쓰시마가 아무리 강요해도 응할 수 없다. 그 사이에 조선이 취할 방침으로, 말을 좌우로 돌리면서 백방으로 서계 수리를 지연하고, 한편으로 공무역을 통한 미곡, 목면(木棉)의 공급을 중단해서 쓰시마가 굴복하기를 기다리는 것은 오히려 당연한 행동이다.

둘째, 쓰시마의 주장에 따르면 이번에 일본에서 간바쿠(關白)를 폐지하고 천황이 교린을 친재(親裁)할 것이라고 하지만, 과연 그것이 사실인지 의심스럽다. 원래 교린을 간바쿠에게 위임했을 때에도 외국에 관계된 사항은 간바쿠가 천황에게 상주해서 그 지휘를 받지 않았을 리가 없다. 만약 간바쿠를 폐지할 필요가 있다면, 그에 상당하는 대신을 임명해서 그에게 교린을 관장하게 하는 것이 당연하다고 하지 않을 수 없다.

셋째, 이번에 '황(皇)', '칙(勅)' 등의 문자를 일본이 조선에 강요하는 것은, 결국 조선을 점차 일본의 신예(臣隸)로 삼으려는 야망을 품고 있음을 보여주는 것이다. 쓰시마가 일단 왕정복고를 고지하는 재판서계를 수리해줄 것을 요청했지만 승인 여부는 조선의 뜻에 달렸고, 또 경우에 따라서는 서계 개찬(改撰)에 노력하겠다고 하지만 신뢰할 수 있는 말이 아니다. 이 때문에 일본과 실화(失和)하는 등의 상황은 조선이 원하는 바는 아니지만, "우리가 먼저 친교를 좋아하지 않는다는 말은 결코 할 수 없으니, 오직 말을 좌우로 돌리면서 인순모릉(因循模稜)[52]할 뿐이다. 인호(隣好)를 좋아하지 않는 것은 아니로되, 구장(舊章)을 따라야 한다는 말로 진방(陳防)의 요령을 삼고, 나머지는 애매하고 몽롱하게 온갖 술책으로 대처한다. 그러다가 일단 일본이 짧은 생각으로 일을 파탄낼 때는 그 죄가 일본에 있는 것이니, 그때는 국력을 다해서 싸울 뿐이다."[18]

---

52) 인순모릉(因循模稜): 인순(因循)은 결단을 내리지 않고 머뭇거린다는 뜻이고, 모릉(模稜)은 어떤 일에 가부를 결정하지 않으면서 태도를 모호하게 취하는 것을 말한다.

1 『宗重正家記』卷三, 卷四;『朝鮮交際始末』卷一.

2 『宗重正履歷集』卷三 明治元年七月十八日·八月二十日.

3 『宗重正履歷集』卷三 慶應三年八月十三日·明治元年閏四月二十六日·九月七日.

4 『宗重正履歷集』卷三 明治元年九月七日·十日.

5 『宗重正履歷集』明治元年十月八日.

6 同 明治元年十月八日;『龍湖閒錄』卷二O.

7 『宗重正履歷集』卷三 明治元年十月八日;『大日本外交文書』第一卷 第二册(七O六) "明治元年十一月 宗義達到禮曹書契". 메이지 원년의 대정일신(大政一新)의 고지에 관한 간사재판서계(幹事裁判書契) 와 대수대차사서계(大修大差使書契)에 관해서는 『朝鮮交際始末』을 비롯해서 외무성 편찬 기록에 오류가 있기 때문에 그 전문을 인용했다. 단, 간사재판 별폭(別幅)은 전해지지 않고 있지만 선례에 따라 유추하는 것은 어렵지 않다.

8 『東萊府啓錄』同治八年十二月三日;『龍湖閒錄』卷二O 東萊府使謄草.

9 『龍湖閒錄』卷二O 對馬島主新印事順付書契及大修大差倭平和節賫來書契別幅謄本.

10 『宗重正家記』卷三 自明治二年至五年朝鮮御用件書取.

11 『日鮮通交史』前編 658~659쪽.

12 『宗重正家記』卷三 朝鮮御用件書取;『日鮮通交史』前編 659~661쪽.

13 『大修參判御用手續覺』;『宗重正家記』卷三 朝鮮御用件書取.

14 『宗重正家記』卷三 朝鮮御用件書取.

15 『大修參判御用手續覺』;『宗重正家記』卷三 朝鮮御用件書取.

16 同.

17 同.

18 『大修參判御用手續覺』.

제9절

대수대차사(大修大差使)의 거부

조선의 사정을 시찰하기 위해 도한(渡韓)한 타이슈 번 산세이(參政) 오시마 마사토모[도모노조]는 메이지 2년 3월 11일에 부산을 떠나 이즈하라[후추(府中)]에 귀환했다. 원래 타이슈 번에서 주창했던 일한국교의 조정은 주로 오시마의 주장에 따른 것으로, 그의 도한(渡韓)은 정치적으로 중요한 의의를 갖고 있었다. 그 오시마의 재간으로도 일한교섭이 호전될 가능성이 없다면 이른바 일한외교 쇄신의 앞날은 결코 낙관할 수 없었다.

에도시대에 막부의 명에 따라 타이슈 번에서 파견한 대수사(大修使)가 규정에서 벗어났다는 이유로 응접을 받지 못하고 왜관에 오랫동안 체류한 예는 적지 않았다. 나중에 별편(別編)에서 서술하겠지만, 간세이(寬政)[1] 3년에 역지행빙(易地行聘)[2]의 임무를 띠고 파견된 통신사의정대차사(通信使議定大差使)가 무려 3년이나 왜관에 체류했음에도 불구하고 사명(使命)을 완수하지 못한 채 귀국한 전례도 있었다. 대수대차사는 도한(渡韓)한 지 이제 겨우 4개월도 지나지 않았으므로 그다지 오래 정체됐다고는 할 수 없었다. 그럼에도 불구하고 타이슈 번의 상하가 모두 초조한 기색을 보인 것은 다음과 같은 이유 때문이었을 것으로 추측된다.

첫째, 대수대차사는 그 사명(使命)의 중대성으로 보자면 에도시대 게이쵸(慶長) 연간의 국교 회복에 견줄 정도였다.[3] 그 서계가 단순히 옛 격식에 위배된다는 이유만으로 수리되지

---

1) 간세이(寬政): 고카쿠 천황(光格天皇)의 연호로 양력으로는 대략 1781년부터 1800년에 해당한다. 간세이 3년은 1783년이다.

2) 역지행빙(易地行聘): 간세이 3년 조선 통신사의 접대 장소를 에도에서 쓰시마로 옮긴 에도막부의 정책을 뜻한다. 당시 조선과 에도막부, 그리고 쓰시마 간의 교섭에 관해서는 본서의 저자 다보하시 기요시(田保橋潔)의 실증적 연구가 유명하다.

3) 게이쵸(慶長)는 일본의 연호로 양력으로 1597년부터 1615년까지 해당한다. 정유재란 이후 쇼군 도쿠가와 이에야스(德川家康)는 쓰시마 소씨(宗氏)에게 조선과의 교섭 임무를 맡겼다. 일본 측에서 조선 측에 통신사 파견을 타진한 것을 시작으로, 이를 받아들인 조선 정부는 우선 일본의 내정을 탐색하기 위해 1604년(게이쵸 9)에 탐적사(探賊使)로 유정(惟政)대사를 쓰시마에 파견했는데, 도쿠가와 이에야스는 당시 대마도주 소 요시토시(宗義

않는다면, 그것은 일본의 위신을 실추시키는 것이자 타이슈 번의 중대한 실착이 되는 것이다.

둘째, 타이슈 번은 구 막부 이래의 관례에 따라 대한외교를 가역(家役) 형태로 담당할 것을 명받았다. 그리고 그와 동시에 외교 쇄신을 상신해서 이번 대수대차사부터 그것을 실행하겠다고 공약한 바 있었다. 타이슈 번의 재정 구제 또한 표면적으로는 일한국교 조정을 이유로 내세우고 있었다. 따라서 이제 만약 대수대차사가 거부되어 외교 쇄신의 공약을 실행할 수 없게 된다면, 가역(家役)인 일한외교는 외무성에 접수될 것이고, 나아가서는 재정 구제 또한 실현될 수 있을지 우려하지 않을 수 없었다.

당시 타이슈 번에서 가장 두려워했던 상황은, 전에 훈도 안동준이 비밀리에 우라세 사이스케(히로시)에게 누설했던 것처럼 조선 정부의 상용 수단으로서 규정에서 벗어난 대차(大差)의 파견을 이유로 재판서계(裁判書契)를 물리치는 한편 공작미(公作米)와 공목(公木)을 중단하는 작전으로 버티는 경우, 조선으로부터는 쌀과 목재의 수급이 끊어지고, 일본 정부로부터는 대한외교의 쇄신을 실행하지 못했다는 이유로 재정 구제가 거부당해서 경제적으로 먼저 파멸에 이르는 것이었다.

사태를 크게 우려한 왜관 관수번 고마 이타루, 간사관 가와모토 구사에몬, 간전관 우라세 사이스케 등은 대수대차사 정관 히구치 데츠시로, 도선주 고모다 간스케[고모다 다키(菰田多記)] 등과 협의한 끝에, 재판서계의 접수 여부를 두고 훈도·별차와 서로 버티면서 한갓 시간만 보내는 것은 불리하다는 결론을 내렸다. 그래서 현재 논의의 초점이 되고 있는 재판서계는 일단 철회하고, 바로 대수대차사서계의 봉납을 촉구해서 교섭을 촉진해 보기로 했다.

이러한 방침에 따라 도선주 고모다 다키는 메이지 2년 3월 9일 이후로 유치되어 있던 훈도 안동준을 불러서, '재판서계는 훈도의 반대를 고려해서 일단 철회하기로 했다. 그리고 이번에 가져온 대수대차사서계는 막부 폐지와 왕정복고를 공식 통고하는 중요한 문건이므로, 규정에서 벗어나기는 하지만 임기격외(臨機格外)의 조처로 봉납해주기 바란다. 교린의 예격(例格)을 변경하는 것은 중대하므로 만약 조선에서 부당하다고 생각한다면 거부하는 것도 부득이하다. 어쨌든 먼저 대수대차사서계를 수리하고 회답 서계를

智)에게 명하여 유정대사를 교토 후시미성(伏見城)으로 초청해서 회견을 가졌다. 그 후 1607년(게이쵸 12)에 조선에서 정식 사절인 회답 겸 쇄환사(回答兼刷還使)를 파견해서 2대 쇼군 도쿠가와 히데타다(德川秀忠)에게 알현하는 것으로 임진왜란 이후 평화 교섭이 일단락됐다.

부여해서 신정부에 대한 타이슈 번의 체면을 세워주길 바란다.'라고 간곡하게 이야기했다. 대수대차사로서는 최대한의 양보였지만, 훈도는 오히려 난색을 표하면서 재관서계를 봉납하기 전에 대차사서계를 봉납한 전례가 없고, 또 동래부사에게 먼저 아뢰지 않는 이상 어떤 회답도 할 수 없다고 말했다.[1]

이보다 앞서 관수번(館守番) 고마 이타루, 간사관(幹事官) 겸 일대관(一代官) 가와모토 구사에몬 등 왜관 원역(員役)의 부임에 따른 하선연(下船宴)이 선례에 따라 당연히 거행돼야 했지만, 규정에서 벗어난 대차사가 온 까닭에 자연히 연기되고 있었다. 관수는 연향설행을 위해 동래부사가 입청(入廳)하는 것을 기회로 부사를 직접 만나 대수대차사 척퇴(斥退)의 진상을 진정(陳情)하고, 이 문제를 재고해줄 것을 요구하고자 했다. 이에 왜관에서 구류 중인 훈도에게 하선연의 설행을 독촉하는 뜻을 전한 다음에 메이지 2년 3월 14일에 구치를 풀고 동래부 복귀를 허락했다.

관수의 하선연 설행은 선례에 따른 것으로 조선 측에서도 이의가 있을 리 없었다. 그런데 3월 18일에 훈도가 동래부에서 내려와서는 동래부사 정현덕과 부산첨사 윤석오(尹錫五)가 모두 질병으로 인해 입청(入廳)할 수 없게 됐다고 하면서 당분간 이를 연기해줄 것을 요청했다. 관수도 승낙하지 않을 수 없었으므로 하선연을 이용하려던 계획도 좌절되고 말았다. 그리고 훈도 자신도 3월 21일에 경상도 관찰사의 명이라고 하면서 길을 떠났고 그 후에 상경해 버렸다.

메이지 2년 4월 12일에 훈도 안동준은 대구에서 내려와서 왜관을 방문했다. 그리고 간전관 우라세 사이스케와 회담을 가졌으나 어떠한 새로운 제의도 없었다.

진작부터 연기되고 있었던 관수의 하선연은 메이지 2년 6월 15일에 설행하는 것으로 결정됐다. 동래부사 정현덕과 부산첨사 윤석오가 입청(入廳)해서 선례에 따른 연향을 베풀고 서계도 수리했으므로, 관수번 고마 이타루는 상세한 구진서(口陳書)를 제시하면서 왕정복고의 결과 외교가 조정 소관으로 귀속된 사정을 자세히 설명하고, 부사가 노력한다면 대수대차사서계를 봉납할 수 있을 것이니, 이로써 일한 양국의 생경(生梗)[4]하는 사단을 막아달라고 간청했다. 하지만 원래 이러한 종류의 연향은 형식적인 것으로 공무에 관해서는 일체 언급하지 않는 것이 관례였고, 또 동래부사는 왜학훈도를 경유하지 않고 직접 왜관의 원역(員役)과 교섭하는 것을 거부하고 있었으므로 이 진정은 구체적으로 아

---

4) 생경(生梗): 경(梗)은 초목의 가시를 가리키는 말로, 생경(生梗)은 관계가 원만치 않아서 갈등을 빚는 것을 뜻한다.

무런 결과도 낳지 못했을 것으로 생각된다.[2]

6월 15일의 관수 하선연 설행으로부터 헛되이 넉 달이 지난 10월 24일에 훈도 안동준이 내려왔다. 그리고는 전날인 23일에 동래부사의 장보(狀報)에 대한 의정부 관문(關文)이 내려왔는데, 정부의 태도가 매우 강경해서 '대수대차사서계의 봉납은 물론이고, 서계를 개찬(改撰)해서 봉납하는 것마저도 쓰시마의 신의 없음이 빙거(憑據)[5]하기에 충분치 않다. 설령 10년 동안 왜관에 체류하더라도 시행할 이유가 없으니 규정에서 벗어난 대차(大差)를 엄한 말로 책유(責諭)해서 속히 쓰시마로 돌려보내라.'는 지령을 받았다고 하면서 훈도와 별차에게 내려온 동래부사의 전령을 은밀히 보여주었다.

어제 정부의 엄한 관문(關文)이 특별히 내려온 것을 보니, "일전 관수(館守)의 다례일(茶禮日)에 이른바 '글로 진술한 천편(擅便)[6]'의 등보(謄報)를 보았는데, 부백(府伯)의 *동래부사 대처가 손연(巽軟)[7]해서 다시 여지가 없음을 알 수 있었다. 임관(任官)[8]이 전례(前例)에 몽매한 상태로 거행하는 것 또한 심히 놀라웠다. 응당 따로 엄히 심문하고 이미 저지른 실착을 징계해야 할 것이로되, 저 사람들로 말하더라도, 교린 이래로 모든 간청하는 바를 들어주지 않은 말이 없다고 할 만하고, 그들이 원하는 대로 이루어준 것은 원인(遠人)은 위로해야 하고 구호(舊好)는 오래 지속해야 하기 때문이었다. 하지만 이번 서계 중에 한두 자구와 인장(印章)을 바꾼다는 설에 이르러서는, 아마도 제 스스로 그것을 반드시 시행해주지 않으리라는 것을 알고 있을 터인데, 이 300년 동안 전례 없던 일을 갖고 이제껏 수경창신(守經彰信)해온 끝에 무분별하게 떠보는 것은 무슨 도리인가? 가령 10년을 체류하면서 온갖 설을 다하더라도 이는 시행될 날이 없을 것이다. 이러한 뜻을 저들에게 자세히 책유(責諭)하고, 불일내 퇴거시킨 다음에 그 형지(形止)를 속히 보고하라."고 했다. 조정의 처분이 이처럼 절엄(截嚴)해서 임관(任官)들이 이제 황공해하며 떨고 있으니, 감히 잠시라도 이 일을 갖고 분별없이 소란을 부려서는 안 된다. 이후로는 저들이 체류하면서 요행을 바라는 마음이 저절로 멈출 것이요, 아마도 또한 번연(幡然)히 생각을 고쳐먹을 것이다. 이 영사(令辭)를 갖고 왜관에 돌려 보이면서 무익한 행동을 못하게 하고 타당하게 귀결되는 데 힘쓰라. 만약 저들로 하여금 따르게 하지 못한다면 영(令)을 따르지 못한 임관을 단연코 법에 따라 논감(論勘)[9]할 것이니, 이를 잘 알아서

---

5) 빙거(憑據): 의거(依據), 증빙(證憑)
6) 천편(擅便): 제멋대로 주장함. 독단적으로 결정함. 천단(擅斷)
7) 손연(巽軟): 겸양하고 연약함
8) 임관(任官): 『增訂交隣志』에 따르면, 동래 왜관의 임관은 훈도(訓導) 1명, 별차(別差) 1명, 감동관(監董官), 별견당상관(別遣堂上官), 문정관(問情官) 등으로 구성됐다(『增訂交隣志』 卷之三 任官).
9) 논감(論勘): 죄의 경중을 논하여 다스림

척념(惕念)하라.

기사년 10월 22일[3]

동래부사 전령의 취지는 대수대차사의 허접(許接)을 절대 거절한다는 뜻과 다를 바 없었다. 특히 글 속에 대차(大差)를 물리치라는 의미가 포함되어 있었으므로, 대수대차사는 이를 중대시해서 정관 히구치 데츠시로, 도선주 고모다 다키, 봉진(封進) 오우라 도모노스케, 관수번 고마 이타루, 간사관 가와모토 구사에몬 등과 회동해서 대차사의 진퇴에 관해 협의했다. 그러나 당시 확고한 의견이 있는 것도 아니었기 때문에 오로지 도선주와 간사관 등에게 명하여 다시 한 번 훈도를 만나 재고를 촉구하는 것 말고는 방법이 없다는 데 의견이 일치했다. 11월 6일, 훈도에게 왜관 방문을 요청했다. 그리고 이날 관수, 도선주, 간사관이 열석한 자리에서 대수대차사 도착 이래의 교섭 경과를 일단 설명하고는 '지난번에 보여준 동래부사 전령에 따르면, 대차사의 접대가 완전히 거절되었으니 조정에 복명할 길이 없다. 요사이 타이슈의 번정(藩情)이 황급함을 양해해서 도주(島主)의 면목을 세워주길 바란다.'는 뜻으로 동래부사에게 상신한 후, 그 회답 서계를 보내줄 것을 간청하고 기한을 11월 8일로 했다.

그런데 의정부 회하(回下)가 실제로 10월 22일의 동래부사 전령대로라면, 동래부사가 고려할 수 있는 여지는 거의 없었다. 과연 훈도는 11월 9일에 두 통의 각서를 전달하면서 관수 등의 간청을 모두 거절했다. 첫 번째는 대수대차사 척퇴(斥退)의 이유를 밝힌 것이고, 두 번째는 대수대사차서계 및 재판서계에서 온당치 않다고 인정되는 점들을 열거한 것이었다.[4]

각(覺)

하나, 귀국은 폐방(弊邦)에 대해 우의가 형제와 같아서 빈주(賓主)의 예로 대해 왔습니다. 교린한 이래로 모든 간청하는 바를, 격례(格例)를 크게 위배하고 의리에서 벗어난 것을 제외하고는 들어주지 않은 말이 없고 이뤄주지 않은 소원이 없었다고 할 만합니다. 그런데 이번 서계 중에 한두 자구와 인장을 바꾼다는 설에 이르러서는, 이는 참으로 300년 이래로 전례가 없는 행동입니다. 아방(我邦)이 구장(舊章)을 준수해서 영원히 우호하려는 것은, 그 성신(誠信)은 변치 말아야 하고 조약은 위반해서는 안 되기 때문입니다. 그렇다면 금일의 일을 성신이라고, 조약이라고 할 수 있겠습니까? 아마 존공(尊公)

께서도 우리가 결코 시행해주지 않으리라는 것을 짐작하고 있을 터인데, 그럼에도 이처럼 오래 체류하면서 한결같이 집요하게 굴고 있으니 귀방(貴邦)을 위해서 개탄하는 바입니다. 근일 조정의 처분이 지엄지중(至嚴至重)해서 본부(本府) 사또께서도 황송해하며 심문을 기다리고 계시니, 일을 주간하지 못한 임관(任官)은 그 죄가 어디에 해당되겠습니까? 가령 10년을 체류하면서 온갖 설을 다하더라도 이는 시행될 날이 없을 것입니다. 부디 요행을 바라지 말고 번연(幡然)히 생각을 고쳐서 타당한 귀결이 되도록 힘쓰기를 깊이 바랍니다. 만약 한 푼이라도 도모할 가망이 있다면 임관의 처지가 돼서 어찌 극력 알선하여 먼 데서 온 사람의 마음에 부응하지 않겠습니까? 말이 여기에 이르렀으니 부디 양해하시길 바랍니다.

기사년 11월

훈도^{준경(俊卿)} 안 첨지(安僉知) (印)

관사 존공(館司尊公)

각(覺)

하나, 좌근위소장(左近衛少將)

공(功)으로 인해 관직을 더하는 일은 혹 있을 수 있지만 본국에서 시행하는 것이 옳고, 교린문자(交隣文字)에 이르러서는 본래 강정(講定)[10]해서 바꿀 수 없는 규칙이 있는데, 어찌 갑자기 여기에 몇 자를 더할 수 있겠습니까? 우리나라 예조참의로 말하자면 원래 우시랑(右侍郎)이요, 동래부사는 관례상 예조참의를 겸직하는데 전부터 삭제하고 쓰지 않았습니다. 그런데 귀국은 어찌 유독 관직명을 증감해서 전례(前例)를 준수하지 않는 것입니까?

하나, 평조신(平朝臣)

지난 문첩(文牒)을 낱낱이 상고해보건대, 설령 고관대직의 인물이라도 성명 중간에 관직을 이어 붙인 경우가 없었으니 이 또한 격외(格外)입니다.

하나, 서계에 신인(新印)을 찍은 것

귀국의 봉강지신(封疆之臣)[11]은 응당 원래 본국에서 통용되는 인장을 갖고 있겠지만, 귀주(貴州)가 서계에 반드시 우리나라 인장을 사용해야 함은 빙신(憑信)의 뜻을 드러내기 위한 것이니, 이는 바로 바꿀 수 없는 규칙입니다. 이제 다른 인장으로 바꾸려 한

---

10) 강정(講定): 상의해서 결정함

11) 봉강지신(封疆之臣): 봉강(封疆)은 강역(疆域), 변경(邊境)과 같은 뜻이니, 봉강지신은 변경을 지키는 신하를 뜻한다.

다면 결코 받을 수 없습니다.

하나, 예조참의공(禮曹參議公)

공(公)은 군공(君公)[12]의 칭호로 오등후백(五等侯伯)의 으뜸이니 대인(大人)과 비교하면 사실 폄강(貶降)한 것이 아닙니다. 그러나 이 서계의 칭호는 대인으로 300년간 이미 시행한 전례가 있으니, 이제 갑자기 공으로 칭하는 것은 격외(格外)입니다. 이 또한 마땅히 전례를 따라야 합니다.

하나, 황실(皇室)

황(皇)은 천하를 통일해서 솔토(率土)[13]가 함께 높이는 칭호입니다. 설령 귀국에서 시행하더라도 귀국과 우리나라 사이에 왕래하는 서계에서는 교린한 이래로 전례가 없는 일입니다. 이러한 자구는 결코 받을 수 없습니다.

하나, 봉칙(奉勅)

칙(勅)은 천자의 조령(詔令)이니, 이것이 설령 귀국에서 준행(遵行)하는 설이라도 교린한 이래로 처음 있는 글자입니다. 다시 논할 필요가 없습니다.

하나, "후의의 소존(所存)[14]이니 용이하게 바꿀 수 없다."는 것

귀주(貴州)에서 대대로 우리 인장을 받은 것은 사(私)가 아니라 바로 공(公)이지만, 교의(交誼)의 소존(所存)을 밝히는 데로 귀결된 것입니다. 그런데 이를 사의(私誼)의 뜻으로 간주하고, 심지어 "사(私)로써 공(公)을 해친다."는 구절까지 있으니 크게 놀랍고 괴이할 뿐입니다. 당초 인장을 언제 사적으로 주고받은 일이 있었기에 '사(私)'라는 한 글자를 그 사이에 눌러 넣는 것입니까? 귀국의 주(州)를 관장하는 관리가 만약 인국(隣國)에서 사적으로 인장을 받았다면 귀국의 일이 어찌 한탄스럽지 않겠습니까?

하나, 대체로 양국의 조약은 금석과 같아 고칠 수 없는 글입니다. 서계의 왕복이 한만(汗漫)[15]한 문자가 아니니, 만약 그 말 하나라도 격식에 위배되고 글자 하나라도 눈에 거슬린다면 반드시 수용해서 빈접(儐接)할 도리가 없는 것입니다. 설령 100년을 버티더라도 한갓 인호(隣好)만 상하게 할 뿐이니, 어찌 성사될 기약이 있겠습니까? 생각건대 귀국에서도 사체(事體)와 도리를 깊이 아는 인물이 있을 터인데, 종시 깨닫지 못하고 있으니 이 때문에 심히 개탄스럽습니다.

기사년 11월

---

12) 군공(君公): 제후(諸侯)
13) 솔토(率土): '率土之濱'의 준말로 온 천하라는 뜻이다.
14) 소존(所存): 뜻의 소재(所在)
15) 한만(汗漫): 아득하고 망연해서 알 수가 없음

훈도 준경 안 첨지(安僉知) (印)
별차 경문 이 주부(李主簿) (印)
관사 존공(館司尊公)[5]

메이지 2년 11월 9일의 훈도와 별차 각서는 이미 예상한 바였을 테지만, 대수대차사가 척퇴(斥退) 당한다면 타이슈 번의 책임 문제를 야기할 우려가 있었기 때문에 다시 훈도와 별차를 불러서 도선주, 간사관, 관수가 잇달아 자신들의 난처한 처지를 간곡히 말했다. 훈도는 관수 등의 주장을 문서로 제출할 것을 요청했다. 이에 관수와 관사관 명의로 구진서(口陳書)를 작성해서 동래부사에게 전달해 줄 것을 의뢰했다.

구진(口陳)

하나, 우리 군주가 옛 훈공으로 인해 관계(官階)가 진급된 것을 진실로 본국에서 시행할 수 있을진대, 어찌 타방(他邦)에서 시행하지 못할 이유가 있겠습니까? 교린지도(交隣之道)는 성신(誠信)보다 위대한 것이 없으니, 그 사실에 따라 사실을 고하는 데 어찌 추호라도 그 사이에 속임을 용납하겠습니까? 서계 문자의 예격(例格)을 강정(講定)한 것은 자행(字行)의 포치(布置)[16]와 서체(書體)의 봉재(封裁)에 있습니다. 사건과 명물(名物)[17] 같은 것은 쓰지 못할 글자도 없고 말하지 못할 일도 없으니, 그렇다면 금일에 거론해서는 안 되는 것입니다. 무릇 일에는 경(經)과 권(權)이 있습니다. 구니(拘泥)[18]되고 고체(固滯)[19]한 것을 혹 경법(經法)을 지킨다고 말하지만, 임기응변 또한 권도(權道)에 통달했다고 말하니, 이 때문에 각위(各位)께서 두 가지 사이에서 채택하기 어려운 것입니다. 이제 시세(時勢)로 논하건대, 상도(常道)를 지킨다는 설은 한 나라 안에서는 통할 수 있지만, 어찌 타국에도 통하겠습니까? 귀국에는 귀국의 제도가 따로 있고, 본방(本邦)에는 본방의 제도가 따로 있는데, 이제 귀국 관제(官制)와 맞지 않는 것을 가지고 걸핏하면 맹랑하게 가부를 논하니, 이 때문에 저희가 이해하지 못하는 것입니다. 무릇 성인(聖人)께서는 반드시 정명(正名)[20]하고자 하셨으니, 하물며 양국 간 신의를 지

---

16) 포치(布置): 배치(排置), 진열
17) 명물(名物): 사물의 명칭
18) 구니(拘泥): 구애(拘礙). 특정한 사안에 얽매이는 것
19) 고체(固滯): 성질이 편벽되고 고집스러워서 너그럽지 못함
20) 정명(正名): 명칭과 명분을 바르게 분변해서 실제와 상부(相符)하게 만든다는 뜻으로, 여기서는 쓰시마 도주 소 요시아키라의 관직(實)이 달라졌으니 비록 구례(舊例)와 다르더라도 새로운 관직명(名)을 사용하는 것은 부득이하다는 뜻을 주장하기 위해 쓴 말이다.

키는 문서에 있어서겠습니까? 우리 군주께서 지금 옛 관직을 칭할 수 없는 이유를 귀국에서 마땅히 잘 알고 있을 터인데, 그럼에도 몇 글자를 더한 것을 갖고 서계를 봉납하지 않고 있습니다. 관직명에 본래 정해진 글자 수가 없음은 각국이 모두 동일합니다. 그런데도 새 관직의 많은 글자 수를 단지 전례에서 벗어났다고 지목하니, 일을 심히 분변하지 못함이 어찌 이 지경에까지 이르렀습니까? 귀국이 우관현직(右官顯職)에 있어서 이러한 실조(失措)[21]가 없기를 기필(期必)한다면 아마도 각위(各位)께서 품고(稟告)하실 때 어의(語義)에 어긋남이 있을 것입니다. 지난 봄 이래로 누차 토론을 했지만 허투(虛套)[22]에 불과했으니, 말씀하신 "극력 알선한다."는 것이 무엇인지 모르겠습니다.

하나, '조신(朝臣)'이 관직이 아니라는 것은 책유하시기 전에 이미 우라세 간전관(幹傳官)의 글에서 자세히 말씀드렸으니, 아마 이해하셨을 것입니다. 그런데 또 관직 때문에 논란하고 있으니, 일이 괴아(怪訝)하기가 이보다 심한 것이 없습니다. 그 글의 뜻을 혹시라도 잊으셨다면 다시 써서 첨부하면 될 뿐이니, 어찌 다시 그 나머지를 논할 것이 있겠습니까? 또 말씀하시길, "지난 문첩(文牒)을 낱낱이 상고해보건대, 이와 같은 전례가 없다."고 했으나, 이는 근거 없는 설에 지나지 않습니다. 영문(令文)과 같은 것은 저희가 알 바 아니요, 또한 인국(隣國)에 알려서도 안 되는 것입니다. 양국 사이에서 일을 처리하는 관리는 정상(精詳)과 주밀(周密)을 요체로 하는 법인데, 이제 범홀(泛忽)하고 소방(疏放)[23]하다는 말을 우리에게 하는 것은 과연 무슨 의도입니까? 종전에 신사(信使)가 왔을 때 매번 도부(東武)와 가쿠로(閣老)의 서계가 있었는데, 그 서식을 보면 성명 중간에 반드시 '조신(朝臣)'이라는 글자가 있었으니, 그것은 구례(舊例)에서 많이 확인할 수 있습니다. 이번에 우리 군주께서 가급(加給)하여 가쿠로(閣老)와 동등하게 되셨으니, 그렇다면 '조신(朝臣)'이라는 글자를 어떻게 기재하지 않을 수 있겠습니까? 인신(人臣)이 국제(國制)를 받듦은 대의(大義)에 관계되는 바이므로 많은 말이 필요없습니다. 또 무진년(戊辰年)에 승관(昇官)한 일이 있어서 그 사실에 따라 사실을 썼는데, 귀국에서 한 마디 이의를 제기하는 것을 듣지 못했습니다. 교호(交好)가 오래됨에 우리 주(州) 누세(累世)의 선군(先君)들의 관칭(官稱) 또한 허다한 연혁이 있으니, 현재 관직을 적은 것은 의심할 일이 아닙니다. 이에 다시 그 개략을 적어서 이것이 근거 없는 일이 아님을 입증할 것입니다. 그것을 잘 살펴보시면 아마도 오해가 영원히 풀릴

---

21) 실조(失措): 실착(失錯), 실수(失手)
22) 허투(虛套): 남을 속이기 위해 거짓으로 꾸미는 겉치레
23) 소방(疏放): 방종(放縱). 거리낌이 없고 구속되지 않음

것입니다.

하나, 무릇 관직이 있는 사(士)는 본래 인장이 있는 법이니, 비단 봉강지신(封疆之臣)만 그런 것이 아닙니다. 그럼에도 귀국에서 주조해서 증급한 도서(圖書)를 서계에 사용한 것은 양측에서 감합(勘合)[24]하려는 뜻이었으니, 이는 곧 간절한 교의(交誼)였습니다. 그러므로 300년이나 되는 오랜 기간 동안에 일찍이 고친 일이 없었던 것입니다. 그런데 이번에 아방(我邦)이 정체(政體)를 복고(復古)해서 황상(皇上)께서 새로 인기(印記)를 총석(寵錫)[25]하셨으니, 인신지도(人臣之道)에 이를 받들지 않을 수 없음은 대의(大義)요, 대절(大節)입니다. 이제 만약 하사하신 것을 다른 인장이 왔다고 논핵한다면, 명교(名教)상에 있어서는 상관이 없을 듯 보이나, 문물이 융성한 귀국으로서 어찌 이처럼 범홀하게 듣는 것입니까? 품고(稟告)한 것이 절지(切至)[26]하지만, 요점은 뒷날의 순성(順成)에 있을 뿐입니다.

하나, 공(公)과 대인(大人) 사이에 높고 낮음이 있다는 것은 차치하더라도, 저희 타이슈(對州)는 예조 왕복 서식에서 종전부터 서로 대등한 예를 취했는데, 하나는 공으로 칭하고, 하나는 대인으로 칭해서 체단(體段)[27]에 의심스러운 것이 있었습니다. 하지만 인습한 지 오래되었는데도 개칭하지 않았던 것은, 교호(交好)가 두터워서 미처 그럴 경황이 없었기 때문입니다. 이제 관함(官銜)이 진급해서 가쿠로(閣老)와 같아졌으니, 그렇다면 서식에서도 당연히 동등해야 하는 것입니다. 이는 우리가 사사로이 얻은 것이 아니라 바로 조정의 특지(特旨)입니다. 사세(事勢)가 이르는 것이 규각(圭角)[28]이 있는 듯하지만, 조리를 따져보면 간연(間然)[29]할 것이 없으니, 귀국은 우리의 실정을 양찰해야 할 것입니다.

하나, 우리나라가 황국(皇國)이 됨은 고금 각국이 알고 있는 바이니 변명(辨明)할 필요가 없습니다. 우리가 타방(他邦)에 자칭할 때 다시 무슨 글자를 써야겠습니까? 왕국이 왕을 칭하고, 황국이 황을 칭함은 내외, 고금을 불문하고 일정해서 바뀌지 않는 통의(通義)입니다. 황을 칭하고, 왕을 칭하는 것이 모두 그 고유한 바이니 어찌 사의(私議)를 용

---

24) 감합(勘合): 옛날에 군대를 파견할 때 대나무로 만든 부계(符契)에 인신(印信)을 찍어서 둘로 나눈 후에 나중에 이를 맞춰봄으로써 증빙을 삼은 데서 유래한 말이다. 조선시대에는 일본과의 교린사무, 관리의 지방 출장 시에 공문서의 진위 여부를 판별하기 위해 사용한 계인(契印)을 가리키는데, 보통 연월일과 자호(字號) 등을 새겼다.
25) 총석(寵錫): 군주가 특별히 총애해서 물건을 하사하는 것
26) 절지(切至): 간절하고 주도면밀함
27) 체단(體段): 사물의 형상. 체통
28) 규각(圭角): 모가 나서 날카로운 모양을 비유하는 말
29) 간연(間然): 타인의 결점에 대해 트집을 잡음

납할 수 있겠습니까? 이제삼왕(二帝三王)[30]이 도(道)는 같지만 칭호는 같지 않았습니다. 그러나 이는 모두 더할 나위없는 칭호였으니, 본디 칭호가 한번 바뀔 때마다 승강(昇降)이 없음이 오래되었습니다. 이를테면 청국에서 황제를 칭하는 것은 진한(秦漢) 이래의 인습으로서 이른바 '고유'하다는 것입니다. 그것에 대해 각국에서 이의를 제기했다는 말을 들어본 적이 없습니다. 그렇더라도 우내(宇內)에 허다한 독립국들이 청국을 받들지 않는 경우는 일일이 다 헤아릴 수도 없으니, 이제 우리가 다른 황국(皇國)을 지칭해서 '황'이라고 부르는 것이 우리에게 무슨 거리낄 바가 있겠습니까? '황'이라고 부르는 것을 신하로서 복종한다고 여기는 것은 통달하지 못한 논의라고 할 만합니다. 금일의 막중한 관절(關節)[31]은, 황상친교(皇上親交) 한 가지 일에 있어서, 귀국의 승낙 여부 한마디를 묻는 데 달려 있을 뿐입니다. 대체로 강령(綱領)이 있은 후에 조목(條目)을 말할 수 있으니, 만약 강령이 존재하지 않으면 조목을 강구하더라도 무슨 소용이 있겠습니까? 지난 겨울 이래로 양측의 언어에 호도된 것이 많아서 마침내 오늘날의 어긋남에 이르렀습니다. 우리 조정의 엄명(嚴命)이 어떻게 나올지 예측하기 어려우니, 실로 귀국을 위해 개탄을 금치 못하겠습니다. 작년에 병마(兵馬)가 매우 분주할 때 사명(使命)을 내렸던 것은 양국의 통교에 그 적주(敵主)[32]가 없다고 생각했기 때문입니다. 사체(事體)의 엄금(嚴禁)함은 많이 언급할 것도 없지만, 이른바 전령(傳令)이라는 것은 귀국 안의 일일 뿐이니 복명(復命)의 자료로 삼을 수 없음이 분명합니다. 이제 우선 변론은 놓아두고 일단 대차서계(大差書契)를 드릴 테니 도하(都下)에 전달하시기 바랍니다. 회한(回翰)이 오면 한 구절로 판가름 날 것이니, 그때 저의 구구한 언설을 말씀드릴 수 있을 것입니다.

하나, 황상(皇上)께서 '칙(勅)'을 사용하시는 것은 의심을 용납하지 않는 자연한 이수(理數)[33]니, 비단 나라 안에서 존봉(尊奉)하는 말이 될 뿐만이 아닙니다. 각국에 칭할 수 있고, 사해(四海)에 외칠 수 있는 것이니, 다시 무슨 기탄할 바가 있겠습니까? 인맹(隣盟)을 재수(再修)한 이후로 거의 300년 동안 황상(皇上)의 친교(親交)가 없었기 때문에 처음 보는 말이 있는 것입니다. 비록 그렇더라도 '황(皇)'이라 하고, '칙(勅)'이라 하는 것이 모두 국체에 관계된 바니, 우리에게 어찌 변통할 이치가 있겠습니까?

---

30) 이제삼왕(二帝三王): 중국 고대의 성왕(聖王)들로, 이제는 요(堯)와 순(舜), 삼왕은 하(夏)나라 우왕(禹王), 상(商)나라 탕왕(湯王), 주(周)나라 문왕(文王)과 무왕(武王)을 말한다.
31) 관절(關節): 관건(關鍵), 중요한 부분
32) 적주(敵主): '敵'과 '適'의 의미는 통하니, '적주(適主)'는 곧 '주인(主人)'이라는 뜻이다. 본문에서는 '적절한 주체' 정도의 의미로 쓰였다. 본서 제20절에 수록된 산조 사네토미(三條實美)가 모리야마 시게루(森山茂)에게 내린 훈령에는 '適主'로 표기되어 있다.
33) 이수(理數): 도리, 사리

하나, 공(公), 사(私)의 자구는 우라세 간전관(幹傳官)에게 효유(曉諭)한 글에서 자세히 설명 했으니, 그 글이 아마도 각위(各位)의 처소에 남아 있을 것입니다. 우라세가 전에 질병 으로 귀주(歸州)했는데, 각위(各位)께서는 지금까지 마치 듣지도 못한 척 하시고 갑자 기 이러한 설을 꺼내시니, 이는 또한 무슨 의도입니까? 당초에 인장을 받는 일은 양국 에서 누차 변론하기를 좋아하지 않는 것입니다. 만약 의심되는 바가 있으시거든 옛 문 적(文籍)을 검사해보시고, 그래도 그 설을 따지고 싶으시다면 간전관(幹傳官)과 논의 해야 할 뿐입니다.

이상의 사건을 속히 동래부에 품고(稟告)해서 근일 내로 반드시 사또의 재결을 받기를 기 약할 것.

관사(館司)

간사관(幹事官)⁶

메이지 원년 12월에 간사관이 왜관에 도착한 것으로부터 이제 1년이 지났지만, 왜관 관수번 고마 이타루, 간사관 가와모토 구사에몬, 대수대차사 도선주 고모다 다키, 간전 관 우라세 사이스케 등의 노력으로도 대수대차사의 허접(許接)은 완전히 교착 상태에 빠 졌고, 국면을 타개할 전망도 보이지 않았다.

메이지 원년 12월에 대수대차사가 도착한 이래, 동래부사 정현덕이 훈도·별차의 수 본(手本)³⁴⁾에 기초해서 대차사의 주장과 훈도가 척퇴(斥退)한 이유를 정부에 등보(謄報) 하고 그 지휘를 요청한 것은 사실이었겠지만, 『동래부사록(東萊府使錄)』과 『일성록(日省 錄)』에는 모두 기록된 바가 없다. 그 후 1년이 경과한 메이지 2년 12월 13일에 정부는 동 래부사의 장계를 계언(啓言)해서 윤재(允裁)를 청한 후 회훈(回訓)을 보냈다.

의정부에서 아뢰었다. "방금 동래부사 정현덕의 장계를 보았습니다. 그 내용에, 훈별(訓 別)³⁵⁾의 수본(手本)에서 말하길, '쓰시마 도주(島主) 다이라노 요시아키라의 서계에서 좌근위 소장(左近衛少將)이라고 쓴 것은 비록 혹 원용할 만한 전례가 있을 수도 있지만, 평(平)자 아 래의 조신(朝臣) 두 글자에 이르러서는 미증유의 일로 격례(格例)를 크게 위반했으니 임역(任 譯) 등에게 엄중히 책유(策諭)할 것을 명하여 저들로 하여금 서계를 다시 수정해서 정납(모

---

34) 수본(手本): 공무에 관한 사실을 상급 기관에 보고하는 문서
35) 훈별(訓別): 훈도와 별차

納)하게 하소서.'라고 했다고 하옵니다. 직명이 전과 달라서 이미 항식항례(恒式恒例)가 아니니, 300년 약조의 본래 뜻이 어찌 일찍이 이와 같았겠습니까? 별도의 말씀으로 개유(開諭)하셔서 저들로 하여금 서계를 개수(改修)하게 하옵소서."라는 뜻으로 분부를 청하자, 윤허하셨다.[7]

동래부사의 견해에 따르면, 쓰시마 도주 다이라노 요시아키라의 서계에서 '조신(朝臣)' 두 글자가 격례에 반하기 때문에 서계를 수정해서 정납하게 해야 한다는 것이지만, 정부에서는 '좌근위소장(左近衛少將)'의 직명 또한 항례(恒例)에 반하기 때문에 함께 수정해야 한다고 보고 그러한 뜻을 동래부사에게 회하(回下)했던 것이다. 그리고 '봉칙(奉勅)', '황실(皇室)' 등의 문자, 새 인기(印記) 등에 관해서는 전혀 언급이 없었다.

여기서 서계라고 한 것은 간사재판서계와 대수대차사서계를 병칭한 것으로 보인다. 만약 타이슈 번이 서계를 개찬(改撰)해서 '일본국 좌근위소장 쓰시마노카미 조신 다이라노 요시아키라[日本國左近衛少將對馬守平朝臣義達]'라는 관함(官銜)과 성명을 옛 관례에 따라 '일본국 쓰시마 주 태수습유 다이라노 요시아키라[日本國對馬州太守拾遺平義達]'로 수정한다면, 일단 수리한 뒤에 예조의 회답 서계를 통해 옛 도서(圖書)의 폐지와 신인(新印)의 사용, 그리고 기타 타이슈 번의 주장에서 부당한 점을 들어서 일한외교 쇄신에 대한 반대를 성명하려는 의향이었던 것으로 이해된다.

의정부 회하(回下)의 취지는 지난 메이지 2년 3월 중순에 대수대차사 도선주 고모다 다키가 훈도 안동준에게 제시한 양보안을 승인한다는 것이었다. 그런데 훈도는 간사재판, 대수대차사 두 서계를 모두 거부하고, 그것들을 개찬(改撰)해서 정납하는 것조차 절대로 허락하지 않았던 것이다. 이를 표면적으로 관찰한다면, 훈도 안동준은 정부와 동래부사의 명령을 어겨가면서 대수대차사를 척퇴하고, 일한국교의 중대 위기를 초래했다고 하지 않을 수 없다.

메이지 원년부터 4년까지 일한교섭에 관한 조선 측 기록은 거의 존재하지 않기 때문에 이러한 사실은 경솔하게 단정하기 어렵다. 다만 당시 대원군은 이중적 의미에서 동래부를 중요시하고 있었다. 그 하나는 대일외교였고, 다른 하나는 타이슈 무역을 통한 이익이었다. 이에 왜학훈도 안동준을 거의 자신의 사인(私人)으로 삼아서, 대일관계 사항은 직접 안동준과 왕복하면서 명령을 내렸던 것이 사실이다. 부산 훈도를 직접 지휘하는 동래부사 정현덕은 대원군의 유명한 심복으로 대원군과 운명을 함께하는 인물이었다. 동래부사의 감독관인 경상도 관찰사 김세호(金世鎬) 또한 대원군의 당여(黨與)에 속했다.

이상의 사실을 염두에 두면서 사후 경과에 따라 판단해보면, 훈도 안동준은 왜관과의 교섭을 동래부사에게 수본(手本)으로 보고함과 동시에 사신(私信)으로 대원군에게도 은밀히 보고했다. 동래부사는 훈도의 수본을 받을 때마다 다시 정부에 등보(謄報)했다. 정부에서는 예조에 명하여 선례를 조사하고, 서계를 개찬해서 정납하는 것을 인정하기로 결정했지만, 대원군은 미리 안동준에게 비밀 지령을 내려서 개찬 여부와 무관하게 교린의 근본 방침을 문란케 하는 일체의 서계 수리를 거절하게 했다. 안동준은 동래부사에게 이 비밀 지령을 은밀히 알리고는 묘당의 회하(回下)를 무시하고 대수대차사를 척퇴한다는 의지를 표명했던 것이다. 이렇게 보더라도 큰 오류는 없을 것이다.

【원주】

1 『大修參判御用手續覺』;『宗重正家記』卷三 明治二年朝鮮御用件書取.

2 『大修參判御用手續覺』;『宗重正家記』卷三 朝鮮御用件書取;『東萊府啓錄』明治十年六月十六日.

3 『大修參判御用手續覺』;『宗重正家記』卷三 明治五年朝鮮御用件書取.

4 『大修參判御用手續覺』.

5 『大修參判御用手續覺』;『宗重正家記』卷三 明治三年朝鮮御用件書取.

6 『朝鮮交際始末』卷一.

7 『日省錄』李太王己巳年十二月十三日.

외무성의
일한외교 접수

제 4 장

판적봉환(版籍奉還)과 일한외교

메이지 원년 3월에 신정부는 타이슈 번의 주장을 인정해서 가역(家役)의 형태로 일한 외교를 위임했지만, 국내 통일을 완료하고 제반 제도가 점차 정비됨에 따라 외무 당국 에서부터 외교는 동서양을 불문하고 외국관 소관으로 일원화해야 한다는 목소리가 높 아졌다. 사실상 타이슈 번의 외교는 그 첫걸음인 왕정복고와 신정부 성립의 공식 통고 과정에서 중대한 차질을 빚어서 일한외교의 조정 등은 과연 언제나 실현될 수 있을지 전망이 불투명했다.

메이지 2년 5월 13일, 외국관은 돌연 타이슈 번에 대해 "조선국의 일은, 구(舊) 막부 때는 제반 접대 방법을 그 번(藩)에 위탁했는데, 이번에 조만간 제반 제전(制典)을 거행하 는 것과 관련해서 다시 조약을 체결할 예정이므로 점차 신달(申達)[1]하는 일도 있을 것이 다. 이에 유념할 것"이라고 지령했다.[1] 이 명령은 신정부에서 종래 변태적으로 왜곡되어 있던 일한외교를 국제 상규(常規)로 되돌려놓기 위해, 일단 타이슈 번에 위임했던 일한 외교를 외국관에서 접수할 것임을 시사하는 것이었다.

외국관으로부터 이러한 통첩을 받은 타이슈 번은 메이지 2년 6월에 오시마 마사토모 (도모노조)에게 명하여 메이지 원년 12월에 간사재판을 파견한 이래로 금년 3월까지의 교섭 경과를 상세히 설명하고, 타이슈 번은 명령 받은 사항에 관해서는 최대한의 노력 을 다했으며 이 교착은 전적으로 조선 군신(君臣)의 책임임을 강조하게 했다. 또 조선의 복잡한 정치적 사정은 외무 당국이 도저히 상상할 수 없는 정도이기 때문에 타이슈 번 을 경유하지 않는다면 어떤 종류의 조약도 체결될 가망이 없음을 설명하게 했다.

조선국 공무 건에 관해서, 응접의 개략은 별지에○별지는 생략함 진술한 내용이 있습니다. 저 나

---

1) 신달(申達): 원래 한문에서는 현달(顯達)과 유사한 의미로 사용되나, 일본어에서는 통지(通知), 특히 상급 관청 이 하급 관청에 문서로 명령을 하달한다는 의미로 사용된다.

라의 일은 종래 완만(緩慢)한 풍습으로 인해, 특히 이번에 비상한 대사건(大事件)과 관련해서 저들이 일시(一時)의 결의를 할 수 없음은 원래 당연한 이치이지만, 대체로 이번 담판에서 처음부터 끝까지 애매몽롱(曖昧朦朧)하게 각종 술계(術計)로 말을 좌우로 돌리면서 한갓 시일의 천연(遷延)을 도모한 정태(情態)는 탐색을 마쳤습니다. 그런데 저들 조정의 의론도 실은 황조(皇朝)에 대해 실화(失和)하는 것이 장계(長計)가 아님을 알고 있지만, 조정 간의 친교(親交)는 어떻게 해서라도 피하고, 구(舊) 막부와 마찬가지로 한국(韓國)과의 교통(交通)을 명족대신(名族大臣)에게 위임한다면, 지금까지처럼 적례(敵禮)로 교통할 수 있다는 생각인 것으로 보입니다.

그 친교를 좋아하지 않는 이유는, 이제 본조(本朝)에 대해 황(皇)을 칭할 경우 무엇보다 만청(滿淸)이 꺼려할 뿐만 아니라, 이상(履霜)[2]의 우려로 훗날 마침내 신하의 예를 취하게 될 것을 조심하기 때문인 것으로 생각됩니다. 그러나 이번에 황상(皇上)께서 만기(萬機)를 친재(親裁)하셔서 더욱 인교(隣交)를 돈독히 하려는 성의(誠意)에 대해, 저들이 속으로는 실제로 친교를 좋아하지 않는다고 해도 조리상(條理上) 그것을 막을 수 있는 말이 없습니다. 그래서 시태(時態)의 변천과 사리의 당부(當否)는 불문하고, 단지 구장(舊章)을 따르고 조약을 준수해야 한다는 말을 구실로 같은 질문과 답변만 반복하면서 공허하게 일력(日力)을 허비하고, 신정(新政)을 통보하는 사절로 하여금 공간(公幹)의 요령을 얻지 못하게 했습니다. 혹은 교역에서 곡화(穀貨)의 수입을 금해서 주(州)의 생계를 방해하여 오직 타이슈를 곤란하게 만드는 것만을 주무(主務)로 했습니다. 타이슈의 모략(謀略)이 다하고 술책이 궁해지면 스스로 우리 조정에 주선을 시도해서 결국 그들의 뜻에 따를 것임을 알고는 이러한 간책(奸策)으로 나온 것이니 실로 몹시 가증스럽습니다. 그렇지만 지금 일을 급히 처리하려고 한다면 더욱 지중(持重)해서 오히려 그 술책에 빠질 가능성도 없지 않고, 그렇다고 언제까지나 온당무사(穩當無事)를 위주로 계속 그 경토(境土)에 체류하면서 의론(議論)으로 다툰다면 성과 없는 장론(長論)이 돼서 끝내 수고롭기만 할 뿐 공(功)이 없을 것이니, 현재 내외의 시기(時機)에도 적절치 않다고 생각합니다.

이제 저들의 정태(情態)로써 장래 형세를 생각해보건대, 이번 담판은 결국 저들의 국도(國都)로 가서 국왕과 직접 논의하여 조정친교(朝廷親交)의 수락 여부 및 공간(公幹)의 성패를 결판내는 것 말고는 다른 방법이 없습니다. 그런데 임진난(壬辰亂) 이후로 입경(入京)을 굳게 불허하고 있으니, 지금 우리가 억지로 입경해서 침정(沈靜)을 위주로 하더라도, 만일 저들

---

2) 이상(履霜): 서리를 밟는다는 뜻으로, 『周易』 坤卦 初六 爻辭에 "서리를 밟으면 굳은 얼음이 이른다[履霜 堅氷至]."는 구절에서 연유한 말이다. 미세한 조짐을 보고 앞으로 닥칠 좋지 않은 일을 미리 깨닫는다는 뜻으로 사용된다.

이 병력으로 대항할 경우에는 부득이 대응하지 않을 수 없습니다. 그렇다면 한국을 제어하는 방법은 은(恩)·위(威)를 병행하고 관(寬)·맹(猛)을 응기(應機)[3]하도록 결의하는 데 달려 있으니, 가령 하루아침에 파국을 빚더라도 명의(名義)와 조리(條理)에 따라 과감히 결단하지 않는다면, 국위(國威)를 세우기 어려울 뿐만 아니라, 요령 있게 완급을 조절할 수 있을지도 매우 불분명합니다.

따라서 이제 한국을 처리하는 대요(大要)는, 관(寬)·맹(猛) 두 길의 근저(根底)를 먼저 확정하지 않으면 이제 저 나라에 착수하는 순서와 목적도 세우기 어려우니 이와 같은 전말을 상의하신 후에 지휘해 주시기를 바랍니다. 그렇게 하신다면 종래 진행되던 상황도 있으니 쓰시마노카미(對馬守)도 한층 더 분발하고 노력할 것입니다. 성패가 분명해진 연후에 조관(朝官)을 도한(渡韓)시킨다면 만반(萬般)을 친재(親裁)하실 수 있을 것이로되, 만약 그렇게 하지 않고 갑자기 국사(國使) 등을 보내신다면 편벽하고 고루한 조선의 국습(國習)이 오히려 위광(威光)을 더럽히지 않을까 불안하고 두렵습니다. 이상은 소신(小臣)이 도한(渡韓)해서 저곳의 체세(體勢)를 직접 보고들은 현실을 어리석은 생각대로 아뢰는 것입니다. 머리를 조아리며 삼가 올립니다.

6월^{메이지 2년}

오시마 도모노조[2]

그런데 오시마 마사토모가 상신서를 제출한 지 얼마 지나지 않아서 메이지 2년 6월 17일에 판적봉환(版籍奉還)이 단행됐다. 이에 따라 옛 번주들은 각각 지번사(知藩事)에 임명되어 가록(家祿)을 하사받았다. 이날부터 각 번주는 봉건제후로서의 신분을 상실하고 정부에서 임명되는 지방관이 되었다. 타이슈 번도 예외가 아니었다. 종전에 소 요시아키라는 수백 년 동안의 구례(舊例)를 내세워서 일한외교를 가역(家役)의 형태로 담당할 것을 명받았지만, 봉건제후의 신분을 상실하게 되면서 동시에 가역(家役)의 의미에도 의문이 생긴 것이다. 타이슈 번은 이를 광의로 해석해서, 가역(家役)은 소 요시아키라 개인에게 부여된 권한으로 신분 변동에도 불구하고 계승될 수 있는 것이라고 보았던 것 같지만, 외무성[외국관은 메이지 2년 7월의 관제개혁(官制改革)을 통해 외무성으로 개칭되고, 지사(知事), 부지사(副知事), 판사(判事), 권판사(權判事)는 각각 외무경(外務卿), 보(輔), 승(丞)으로 개칭됐다.]에서는 소 요시아키라가 봉건제후의 신분을 상실함과 동시에 자연히 소멸된

---

3) 응기(應機): 시기에 따라 변화에 대처함. 임기응변(臨機應變)

것으로 해석했다. 그런데 이러한 해석들의 결론이 나기도 전에 타이슈 번이 6월에 오시마 도모노조의 명의로 상신한 것에 대한 지휘를 독촉했으므로, 메이지 2년 9월 23일자로 태정관은 외무성의 해석을 채택해서 다음과 같은 부전지령(符箋指令)[4]을 내렸다.

조선 교접(交接)은 외무성에 위임하라는 분부가 있었으므로 소가(宗家)에서 보내는 사절은 중지할 것.[3]

이것으로 소씨가(宗氏家)의 가역파면(家役罷免)이 확정됐다. 이어서 일한외교의 접수 방법을 강구하지 않을 수 없었다. 그런데 외무성은 그것을 즉시 인계할 자신이 없었으므로 예비 작업으로 위원을 현지에 파견해서 일한국교의 현재 상황을 시찰하게 하고, 그 보고에 따라 왕정복고를 통고할 사절을 파견하는 계획을 세우고는 메이지 2년 9월 25일에 다음과 같이 태정관에 상신했다.

조선국과의 교제는 막부 시절에는 소가(宗家)에 위임했는데 임염(荏苒) 200년을 지나면서 끝내 소가(宗家) 사교(私交)의 형태로 변하여 교제의 도(道)가 분명하지 않게 되었고, 서로 존대지중(尊大持重)[5]을 가장해서 양국의 정태(情態)가 교통(交通)되지 않았습니다. 무역에 이르러서는, 저 나라는 원래 물산이 적음에도 불구하고 소가(宗家)가 농단독점(壟斷獨占)[6]의 형태로 사리(私利)를 취해서 체재(體裁)에 옳지 않은 것이 적지 않았습니다.

그러나 일신(一新)을 한 금일에 이르러, 인국(隣國)으로서 특별히 명의(名義)를 바르게 하고 실제에 따라 교제를 계술(繼述)하기 위해 각종 조처를 취했는데, 저 나라의 정론(定論)은 결국 옛 관례에 따라 소가(宗家)와 사교(私交)를 맺고 천조(天朝)의 정체(政體)에는 관섭하지 않는 편이 좋다는 것으로 보입니다. 소가(宗家)의 입장도, 일가(一家)의 경제가 조선에서 공급을 받는 것이 적지 않기 때문에 구격(舊格)을 지켜서 번신(藩臣)에 임명되어 인교(隣交)를 위임받기를 원하는 것으로 보입니다.

지금까지 여러 차례 건의한 내용도 있습니다만, 이는 황정(皇政)을 일신하고 백도(百度)를 경장(更張)하신 후 특별히 외국 교제는 지극히 중대하다고 생각하신 예려(叡慮)를 깨닫지 못하고, 고례(古例)를 묵수(墨守)하는 인순(因循)의 사론(私論)을 주창하는 것이니 쌍방 모두 채

---

4) 부전(符箋): 간단한 지령 등을 작은 종이에 메모해서 원 문서에 붙이는 것을 말한다.
5) 지중(持重): 신중하게 처신해서 일을 경솔하게 하지 않음
6) 농단독점(壟斷獨占): 농단(壟斷)은 『孟子』公孫丑(下)에 나오는 말로, 옛날에 한 천장부(賤丈夫)가 높은 언덕에 올라서 좌우를 둘러보고는 물건을 싸게 산 후 비싸게 팔아 이익을 독점했다는 고사에서 유래한 단어이다.

용할 이치가 없습니다. 이처럼 전 세계 문명개화(文明開化)의 시세에 이르러, 조약을 맺지 않고 애매한 사교(私交)로 일개 번(藩)의 소리(小吏)들에게 처리하게 놓아두신다면, 황국의 성문(聲聞)[7]에 관계됨은 물론, 만국공법(萬國公法)에 따라 서양 각국으로부터 힐문을 받을 때 변해(辨解)할 말이 없을 것입니다. 게다가 조선국은, 과거에 친정(親征)도 있었고 열성(列聖)께서 생각을 드리우신 나라이므로, 가령 황조(皇朝)의 번속이 되지 않더라도 영원히 그 국맥(國脈)을 보존해야 할 것입니다. 그런데 지금 러시아를 필두로 여타 강국들이 빈번하게 침을 흘리며 도마 위에 올린 고깃덩이로 삼으려고 합니다. 이러한 때를 맞이해서 공법(公法)으로 유지하고, 광구무수(匡救撫綏)[8]의 임무를 담당할 수 있는 것은 황조(皇朝) 외에는 없으니, 하루아침에 이를 도외시해서 조선국이 미국, 러시아, 프랑스 등 강국에 의해 탄교(呑噉)[9] 당한다면, 실로 황국 영세(永世)의 대해(大害)가 눈썹에 불이 붙은 것처럼 위급할 것입니다. 그러므로 신속히 이상의 대의(大義)를 서술해서 황사(皇使)를 파견해야 할 것입니다.

그런데 저 나라의 인정(人情)이 우물 안 개구리의 관견(管見)[10]과 같아서, 암체옹삽(暗滯壅澁)[11]한 데다가 사술소수(詐術小數)[12]에 의지하면서 거오(倨傲)[13]하게 자존(自尊)하는 모습이니, 갑자기 1봉의 서한을 보내더라도 우리 정실(情實)에 조응하지 않고, 쉽게 우리의 교의(交誼)를 받지 않을 것입니다. 우리의 깊은 정과 반대로 치욕을 받는 것은 생각할 수도 없으니, 처음부터 병위(兵威)를 보여서 그 모만(侮慢)한 마음을 깨뜨려 약력(藥力)[14]으로 명현(瞑眩)[15]한 후가 아니라면, 구습의 오염을 쉽게 일소할 수 없을 것입니다. 따라서 속히 군함 한두 척에 사절과 기타 역원(役員)들을 태워서 저 나라에 도항(渡航)시키고, 일신(一新)의 정체(政體)와 교린의 대의를 설명해서 돈독하게 맹약을 거듭 맺으라는 내용을 급히 분부하시길 바랍니다. 다만 결의하신 후에 문서 왕복과 기타 체재는 조목을 세워서 차차 여쭙겠습니다.

단, 본문과 같이 아뢰었지만, 소가(宗家)의 일은 사교(私交)이기는 하지만 오랜 세월 동안 교통(交通)했기 때문에 자연히 친교의 정실(情實)이 있을 것입니다. 이제 일괄적으로 그 조규를 폐지한다면 물정이 효연(囂然)[16]해서 오히려 저항력(抵抗力)을 일으켜 실효를 빨리 거두

---

7) 성문(聲聞): 명성(名聲)
8) 광구무수(匡救撫綏): 광구(匡救)는 바로잡아 구제한다는 뜻이고, 무수(撫綏)는 안무(按撫), 안정(安定)과 같은 말이다.
9) 탄교(呑噉): 탄서(呑噬). 물어뜯고 집어삼킨다는 뜻으로 다른 나라를 강제로 병합하는 것을 비유한다.
10) 관견(管見): 대롱 끝으로 물건을 본다는 뜻으로 매우 좁은 견식을 비유한다.
11) 암체옹삽(暗滯壅澁): 시세에 어두워서 생각이 막힘
12) 사술소수(詐術小數): 사술(詐術)은 속임수이고, 소수(小數)는 하찮은 수단이라는 뜻이다.
13) 거오(倨傲): 거만(倨慢)
14) 약력(藥力): 약효(藥效)
15) 명현(瞑眩): 약물을 복용한 뒤에 어지러움 증세가 나타나는 것
16) 효연(囂然): 소란이 생겨서 평안하지 않은 모양

지 못하고 불편한 일도 적지 않으리라고 생각됩니다. 따라서 근일 내로 지번사(知藩事)에게 여가(餘暇)를 주어서, 이즈하라에 귀번(歸藩)할 때 당성(當省)에서 인선한 관원 한두 명을 쓰시마노쿠니(對馬國)에 보내고, 시의(時宜)에 따라 조선에도 건너가게 하십시오. 종전대로 타이슈와 조선이 교의왕복(交誼往復)하는 동안에 실지(實地)에서 신중히 관찰하게 한 후, 사교(私交)의 체재(體裁)를 자세히 품평하게 하고, 군함을 위시하여 각종 채비를 갖춘 다음에 저 나라로 도항할 때를 기다렸다가 그 용무를 달성하게 하십시오. 이 일을 1, 2일 사이에 분부하시길 바랍니다. 이에 따라 소가(宗家)에서 제출한 근래 조선 교통의 개략 서취(書取)[17]를 상신합니다.

이상의 각 조목을 급히 여쭙니다. 이상.

기사년 9월 25일 외무성
변관(辨官) 어중(御中)[4]

외무성의 주장에는 여전히 검토를 필요로 하는 부분이 적지 않았다. 그렇지만 일한외교의 접수 방침에 관해서는 신정부 수뇌부 사이에서 원래 이의가 없었으므로, 메이지 2년 10월 7일에 특사 파견은 추후의 문제로 차치하고 우선 외무성에서 시찰을 위해 위원 한두 명을 타이슈와 조선에 파견하라는 지령이 떨어졌다. 그리고 얼마 후인 10월 14일에 이즈하라 번에 대해 "이번에 외무성에서 취급하는 조선국의 일은, 종전의 절차도 있으니 외무성은 계속해서 그 번(藩)과 협의하라는 뜻으로 다시 분부가 있었으므로 이를 전달함"이라는 명령을 내리고, 이튿날인 10월 15일에 외무성에 이즈하라 번과 협의하라는 명령을 내렸다.[5]

외무성의 일한외교 강제 접수는 타이슈 번에 일대 동요를 불러일으켰다. 메이지 2년 10월 27일, 고요닌(公用人) 사이토 가헤(齋藤佳兵衛)의 이름으로 태정관에 항의성 상신서를 제출해서, 외무성이 일방적으로 일한외교를 접수하더라도 타이슈 번을 경유하지 않으면 원만한 교섭이 어려운 사정이 있다는 것을 설명했다. "조선의 일은 종전부터 교통해 온 서양 각국과 그 내용을 달리해서, 중엽 고려의 계세(季世)[18]에 소씨(宗氏)와 처음으로 인교(隣交)를 통하고, 그 후 본방(本邦)의 무로마치가(室町家)시대, 조선 이씨(李氏)의 대에 이르러 타이슈에 의뢰해서 정부 및 중서(中西) 제주(諸州)와 교통했습니다. 저 나라

---

17) 서취(書取): 옮겨 적음. 등본(謄本)
18) 계세(季世): 말대(末代). 쇠퇴하는 시기

에 왕래하는 제주(諸州)의 사선(使船)은 타이슈에서 감합(勘合)의 인장을 받아서, 소씨(宗氏)의 문인(文印)[문인(文引)[19]]이 없는 것은 저 나라에서 접대하지 않는 등, 옛날부터 타이슈가 동도(東道)의 주인이 되었습니다. 요시모토(慶元)[20] 이래 구(舊) 막부에서 화호(和好)를 맺은 뒤에도 정부의 교통은 대체로 그 이름만 있을 뿐, 관례상 세사선(歲使船)의 왕래나 교역 호시(互市)는 전적으로 타이슈의 직무가 되었고, 한인(韓人)의 경우에도 본방(本邦)과의 교통은 오직 타이슈가 있음만을 알고 정부가 있음을 알지 못하는 등, 양국(兩國) 교제(交際)의 체식(體式)이 세워지지 않은 것입니다."라며 주의를 환기했다. 그 다음에 메이지 원년 10월에 조정의 명에 따라 대수대차사를 파견한 사실을 서술하여, "무엇보다 조명(朝命)을 받든 사절을 중도에 철수시키기도 어려웠으니 실로 당혹스럽고 고심하는 상황이었다고 생각됩니다. 다만 외무성을 설립한 이상 소가(宗家)에서 통교를 관장하면 체재를 세우기 어렵다는 전의(詮議)가 있을지도 모르겠으나, 옛날에 겐바료(玄蕃寮)[21]를 설치했을 때도 반카쿠(蕃客)[22]를 관장하는 일은 쓰시마노카미(對馬守)의 직무로 봐서 다이토츠지(大唐通事)[23]나 신라야쿠고(新羅譯語) 등을 타이슈에 둔 것이었으니, 굳이 체재를 잃은 것으로 간주해서는 안 될 것입니다. 우선 이는 차치하고, 이제 갑자기 소가(宗家)에서 보내는 사절을 중지시킨다면, 조선에서 응접하는 길이 끊어져서 인의(隣誼)를 더욱 돈독히 하려는 취지가 도리어 절교하는 양상이 될 것이요, 저 나라도 소씨(宗氏)와의 수백 년 동안의 구교(舊交)를 쉽게 저버리기 어려울 뿐 아니라 오히려 황국의 깊은 뜻에 대한 시의(猜疑)를 일으켜서 더욱 국해(國害)를 빚을 것입니다."라고 논하여 정부가 직접 대한교섭을 담당하는 것의 위험성을 지적했다. 또 외무성의 일한외교 접수 결과 당연히 발생할 사태들을 열거하고 지휘를 청했다.

첫째, 대수대차사의 진퇴

---

19) 문인(文引): 통행을 허가하는 문서. '문인(文印)'은 '문인(文引)'의 잘못이다.

20) 요시모토(慶元): 미상이다. 원래 경원(慶元)은 남송(南宋) 영종(寧宗) 대에 시행된 연호로 1195~1200년에 해당하는데, 이렇게 보면 문맥상 어색하다. 그런데 이와 관련해서 순암(順菴) 안정복(安鼎福, 1712~1791)의 「倭館始末」이라는 글에 따르면 '고려 말에 대마도주가 종경(宗慶)이었는데 종씨(宗氏)가 대대로 도주가 됐다.'는 구절이 있다. 혹시 이와 관련이 있지 않을까도 생각되지만, 아직 확인할 수 없다.

21) 겐바료(玄蕃寮): 일본 율령제하에서 지부쇼(治部省)에 부속된 기관으로서 '겐(玄)'은 승려, '바(蕃)'는 외국인, 빈객(賓客)을 의미한다. 승려 명부의 관리, 궁중에서의 불사나 법회의 관리, 외국 사절의 영접 등을 담당했다.

22) 반카쿠(蕃客): 내조(來朝)하기 위해 온 외국인

23) 다이토츠지(大唐通事): 다이토(大唐)는 중국 당나라의 존칭이다. 츠지(通事)는 통역을 뜻한다.

둘째, 일한 양국 표류 해원(海員)[24]의 송환 절차 개정

셋째, 세견선(歲遣船)의 개폐(改廢)[25]

넷째, 초량 왜관의 존폐 및 그곳에서 근무하는 타이슈 번리(藩吏)의 진퇴

다섯째, 공사무역(公私貿易)의 개폐(改廢)

여섯째, 세견선 및 공사무역 개폐로 인해 타이슈 번청(藩廳)과 상민이 입을 손실에 대한 보상

일곱째, 소씨(宗氏)의 경조가 있을 때마다 조선국 예조에서 파견되는 도해역관(渡海譯官)의 처리

여덟째, 소씨(宗氏)의 이름으로 발급된 문인(文引)의 개폐(改廢)[6]

태정관은 타이슈 번의 상신서를 외무성에 내려보내고 심의를 명했다. 외무성은 10월 23일에 반대 의견을 상신했다. 타이슈 번의 주장은 대체로 "역시 지금까지와 마찬가지로 조선과의 교통은 소가(宗家)의 세직(世職)으로 두겠다는 속뜻으로" 보이며, 타이슈 번이 열거한 외무성의 직접 교섭에 따라 발생할 장애 또한 "일단 근거가 없다고는 할 수 없지만, 그것은 작년 봄에 병마(兵馬)가 매우 분주해서 정체(政體)가 채 정돈되지 않았을 때의 일입니다. 그런데 외국 사무는 잠시도 방치하기 어려운 사단이 있으니 잠시 소가(宗家)에 조선 사무를 다루도록 명령할 수도 있을 것입니다. 하지만 조선 또한 외국과 차이가 없으니 만국교제의 대법(大法)에 따르지 않고 일개 번(藩)의 애매한 사교(私交)로 두는 것은 조리가 서지 않습니다. 이는 곧 구 막부를 인순(因循)해서 정사를 펴는 것입니다. 따라서 이것은 반드시 개혁하지 않으면 안 되는" 사정이었다. 하지만 조선은 현재 일본과 영국, 일본과 러시아 사이의 분쟁거리가 된 가라후토(樺太),[26] 오가사와라 제도(小笠原諸島)와 사정이 다른 부분도 있기 때문에 외무성은 대강을 총괄하는 데 그치고, 지방적 사무는 당분간 이즈하라 번리(藩吏)에게 위임하는 것이 좋겠다는 견해를 개진했다.

조선도 교제의 대요(大要)·무역의 규칙 등은 외무성 관원이 다루게 하되, 이즈하라 번신(藩臣)도 그곳에 보내서 인선·등용할 예정입니다. 가능한 한 작은 일은 지금까지의 관례에 따라 피아(彼我) 인민이 생업의 길을 잃지 않도록 할 생각입니다. 그러므로 그 사실을 해석하

24) 해원(海員): 선원(船員)
25) 개폐(改廢): 제도나 기구 등을 개혁하거나 폐지하는 일
26) 가라후토(樺太): 사할린

면 소가(宗家)에서 신청한 취지와 이미 제가 진달한 취지가 서로 통할 것으로 생각됩니다. 그런데 이러한 일의 단서는 하루아침에 분변해서 결단하기 어렵습니다. 갑자기 황사(皇使)를 파견한다면 도리어 좋지 않을 것이니, 우선 정실(情實)을 탐색하기 위해 외무성 관원의 조선 파견을 이미 분부하신 대로 시행할 생각입니다. 따라서 그때까지는 우선 지금까지와 마찬가지로 소가(宗家)의 사교(私交)에 위임하는 것이 좋겠습니다.○상략, 하략7

태정관에서는 외무성의 상신에 따라 11월 12일에 타이슈 번 고요닌(公用人)에게 출두 명령을 내려서 다음과 같이 구두로 지시를 하달했다.

조선국에 파견한 대수사(大修使)의 일은, 저 나라가 응접에 관해 속히 승복하지 않는다고 들었다. 이는 나라의 풍조와도 관계된 일이기 때문에 격렬하게 응수하면 도리어 훗날의 해를 빚을지 모른다. 우선은 어느 나라와도 신의를 깨뜨리지 않고 보존한다는 마음가짐으로 사기(事機)에 적당하게 임기응변하는 것을 간요(肝要)[27]로 삼되, 우리가 먼저 퇴거하는 조치가 있어서는 안 된다.[8]

이보다 이틀 전인 11월 10일에 태정관은 외무성의 상신에 따라, 10월 27일자 타이슈 번 고요닌(公用人)의 청훈 8조에 부지(附紙)로 지령을 내렸다.

첫째, 대수대차사에 관해서는, 단순히 "진퇴는 지금까지의 신의를 잃지 않는 것을 목적으로 해서 조처할 것"이라고 하는 데 불과했다.

둘째, 표류민 송환 절차에 관해서는, 조선국 표류민은 해당 부번현(府藩縣)[28]에서 나가사키 현으로 호송한 후 다시 타이슈 번으로 인도하며, 타이슈 번은 표차(漂差)로 왜관까지 호송해서 동래부사에게 인도한다. 또 일본국 표류민은 동래부사가 왜관을 경유해서 타이슈 번에 인도하고, 타이슈 번은 표류민의 본적에 따라 오사카 부나 나가사키 현 가운데 한 곳으로 보낸 선례에 따른다.

셋째, "세견선(歲遣船) 등은 우선 지금까지와 마찬가지로 그대로 둘 것."

---

27) 간요(肝要): 요체(要諦), 요점(要點)

28) 부번현(府藩縣): 메이지유신 직후 막부 직할지에 설치했던 재판소를 폐지하고, 죠다이(城代), 교토쇼시다이(所司代), 부교(奉行)가 통치하던 지역을 부(府), 그 외 지역을 현(縣)으로 하고 각각 부지사(府知事)와 현지사(縣知事)를 두었다. 번(藩)은 종전과 마찬가지로 다이묘(大名)가 지배했으나, 1869년의 판적봉환(版籍奉還)에 따라 이른바 부번현 삼치제(府藩縣三治制)가 확립되면서 번도 하나의 행정구역이 되고, 옛 번주들도 중앙정부에서 임명하는 지번사(知藩事)가 됐다.

넷째, 초량 왜관 및 재근 중인 타이슈 번리(藩吏)는 구례(舊例)를 따르되, 단 "이상 화관(和館)의 일은 추후 교제가 열릴 때[29] 더욱 공무에 사용될 것이므로, 손질 등 여러 가지 일들을 추가로 해둘 것."

다섯째, 조선 무역은 장래 더욱 장려할 방침이다. 단, 공무역은 "이즈하라 번(藩)에서 잘못된 관례를 받은 것이므로 그대로 계속하는 것은 좋지 않지만, 옛날 불문(不文)[30]의 시대에 정한 일이니, 그러한 것들은 순서대로 바로잡되, 세견선의 기원이 소가(宗家)의 사은(謝恩)과 관계된다면 선례를 잃지 않도록 존속시킬 것."

여섯째, 조선 관계의 경비는 종래 공무역의 이익으로 지변(支辨)[31]되어왔기 때문에, 만약 공무역이 개폐(改廢)되면 그 출처를 잃게 된다. 따라서 그 비용을 정부에서 보상할지의 여부를 문의한 것인데, 이미 정부에서 공무역을 존속시킨다는 의사를 표명했으므로 이것은 문제가 되지 않았다. 다만 정부는 타이슈 번에서 문의한 의미를 잘 이해하지 못했던 듯, "조선 교제 비용은 차차 처분이 있을 것"이라고 지령했다.

일곱째, 도해역관(渡海譯官)에 관해서는, 소씨(宗氏)의 경조사에 한해서 받아들이더라도 무방하다.

여덟째, 문인(文引)에 관해서는, "종래의 단속과도 관계되므로" 옛 관례대로 소씨(宗氏)가 발급하는 것을 승인했다.[9]

메이지 2년 9월에 태정관은 외무성의 신청을 승인해서 소씨(宗氏)의 가역파면(家役罷免)을 명령했으나, 10월 14일에 이를 완화해서 일한외교는 외무성과 타이슈 번에서 공동 관리하라는 지령을 내렸다. 그리고 10월 27일에 타이슈 번의 항의성 품의를 받고, 다시 11월 10일에 사실상 메이지 2년 9월의 명령을 부정하는 지령을 내렸던 것이다. 바꿔 말해서 타이슈 번이 외무성의 감독하에서 일한외교를 관장하도록 승인한 것이다.

타이슈 번은 자신들의 항의가 인정되어서, 비록 실질적으로 다소 제한이 추가되기는 했지만 가역이 존속된 것에 만족했다. 그러나 외무성에서 파견한 관원이 도착하기 전에 대수대차사서계의 봉납을 완료하지 못한다면 타이슈 번에 대한 문책과 함께 가역파면(家役罷免)이 다시 문제화될 것이 틀림없었다. 타이슈 번에서는 지번사(知藩事) 자신이 도한(渡韓)해서 동래부사와 직접 교섭할 것을 고려하고, 메이지 2년 11월 16일에 고요닌

---

29) 조선과 일본의 정부 간 직접 외교를 뜻한다.
30) 불문(不文): 일본식 한문으로 '문명이 열리지 않았다.'는 뜻이다.
31) 지변(支辨): 채무를 변제함. 금전을 지불함

(公用人) 오다 주자부로(小田忠三郎)의 이름으로 외무성의 지휘를 청했다.

조선국에 대해서, 신정(新政)을 통보하는 사절의 당시 담판의 결말을 외무성에 보고했고, 또 진퇴는 지금까지의 신의를 잃지 않는 것을 목적으로 해서 조치하라는 뜻으로 이번에 분부를 받았습니다. 따라서 저 나라의 응접 절차는 저번에 오시마 도모노조가 주장했으며, 그 후 이제까지의 수순대로 힘껏 담판하고 있다고 들었습니다. 근래 승낙 여부, 그리고 현재의 체정(體情) 등은 저희 번(藩)에서 알려오는 대로 아뢰겠습니다. 또 앞으로 저들이 더욱 더 천조(天朝)의 성의(誠意)에 불응해서 집요하게 뜻을 거스를 때는 지사(知事)가 직접 도한(渡韓)해서 친히 담판하고 개유(開諭)할 것입니다. 이러한 내용을 적절히 아뢰시고 분부를 내려주시길 바랍니다. 이상의 내용은 일찍이 지사(知事)가 명령한 것이므로 삼가 아룁니다. 이상.

11월

이즈하라번 고요닌(公用人) 오다 주자부로

외무성

고야쿠쇼(御役所)[10]

외무성에서는 이즈하라 번지사(藩知事)의 도한(渡韓)을 불필요하다고 보고 다음 날인 11월 17일에 "청원한 내용은 명령을 내리기 어렵다."라고 지령했다.[11]

덧붙여 말하자면, 이 일을 전후해서 타이슈 번은 고요닌(公用人)의 이름으로 일한외교 체제에서 수정을 요하는 3개 조에 관해 외무성에 지휘를 청했다. 첫 번째는 천황의 어휘(御諱), 시호(諡號), 어기(御忌)에 관한 것으로, 1년 전인 메이지 원년부터 현안이 되어 온 것들이었다. 두 번째는 판적봉환의 결과로 인한 소씨(宗氏)의 신분 변화와 관련해서 서계에 기재할 관함(官銜)에 관한 것이었다. 즉, "일본국 좌근위소장 쓰시마노카미 조신 다이라노 요시아키라(日本國左近衛少將對馬守平朝臣義達)" 대신에 "이즈하라 번지사 소 시게마사(嚴原藩知事 宗重正)"라고 해야 할지 여부에 관한 질문이었다. 세 번째는 타이슈 번에서 조선에 파견할 대소차사(大小差使)가 착용할 예복에 관한 것이었다. 그런데 외무성에서는 일한외교의 접수가 완료되면 이러한 문제들은 자연히 소멸될 것으로 보았던 것 같다. 외무성은 단순히 일반 외교문서의 정식(定式)으로서 닌코(仁孝), 고메이(孝明), 메이지(明治) 세 천황의 어휘 가운데 혜(惠), 통(統), 목(睦)의 세 글자를 피하던지,[32] 혹은

---

32) 닌코(仁孝), 고메이(孝明), 메이지(明治) 천황의 휘(諱)는 각각 아야히토(惠仁), 오사히토(統仁), 무츠히토(睦

궐획(闕劃)[33]하는 정도로만 해서 조선이나 명, 청과 같은 번거로운 체제를 따르지 않겠다는 뜻을 표명하고, 태정관에 상신한 후 11월 17일에 이러한 내용으로 타이슈 번에 지령을 내렸다.[12]

仁)였다.

33) 궐획(闕劃): 천황의 이름이 온전히 쓰이는 것을 기휘(忌諱)하기 위해 그 이름의 마지막 획이나 점을 생략하는 서법(書法)을 가리킨다.

【원주】

1 『朝鮮交際始末』卷一.

2 『宗重正家記』卷三 朝鮮事件.

3 『宗重正家記』卷四 韓國事件.

4 『朝鮮交際始末』卷一.

5 『朝鮮交際始末』卷一.

6 『宗重正家記』卷四 韓國事件.

7 『朝鮮交際始末』卷一.

8 『宗重正履歷集』卷四 明治二年十二月十二日;『宗重正家記』卷四 韓國事件.

9 『宗重正履歷集』卷四 明治二年十月二十七日;『宗重正家記』卷四 韓國事件.

10 『宗重正家記』卷四 韓國事件.

11 『宗重正履歷集』卷四 明治二年十一月十六日.

12 『宗重正家記』卷四 韓國事件;『朝鮮交際始末』卷一.

폐번치현(廢藩置縣)과 일한외교의 접수

판적봉환(版籍奉還)의 결과로 정부는 소씨(宗氏) 가역(家役)도 소멸된 것으로 해석해서 그에 관한 명령을 내렸으나, 소씨의 항의를 접한 후 몇 차례의 명령과 지령을 통해 그 내용을 완화해서 외무성과 공동 관리하는 형식으로 가역의 존속을 승인했다는 것은 앞 절에서 서술했다. 이는 실질적으로 정부가 일한외교를 접수한다는 기정방침과 반드시 모순된 것은 아니었다. 그리하여 외무성에서 직접 현지에 위원을 파견해서 타이슈 번과 협의 또는 지휘를 시작하자 일한관계는 하나의 전기를 맞이하였다.

외무성은 메이지 2년 12월에 외무성 출사(外務省出仕) 사다 하쿠보(佐田白茅) 등을 타이슈 및 부산에 파견해서 일한외교의 실제에 관한 조사시찰을 명했다. 그리고 메이지 3년 10월에는 외무권소승(外務權少丞) 요시오카 고키(吉岡弘毅) 등에게 부산 출장을 명했다. 사다 하쿠보 등의 임무는 단순히 조사시찰에 있었고 또 그는 타이슈 번 관리로 가장해서 도한(渡韓)했지만, 요시오카 외무권소승은 일본 정부를 대표해서 조선 관헌과 직접 교섭하라는 명을 받았고, 외무경이 조선국 예조판서 앞으로, 외무대승이 동래부사와 부산 첨사 앞으로 왕정복고를 고지하는 서계도 부여됐다.

타이슈 번은 요시오카 외무권소승의 조선 출장 명령을 자신들의 존재를 무시하고 일한외교의 전도를 곤란하게 만드는 것으로 보고 메이지 3년 10월에 항의성 질문을 제기했다. 곧이어 같은 해 윤10월 18일에는 이즈하라 번지사(藩知事) 소 시게마사의 이름으로 일한외교를 관장하는 가역(家役)을 중단하고, 외교 일체를 외무성의 소관으로 통일할 것을 상신했다.

신(臣) 시게마사(重正)는 참으로 황공해서 머리를 조아립니다. 엎드려 생각건대, 대정유신 (大政維新)으로 각국과의 교제를 친재(親裁)하시고, 조선국은 옛날부터 왕래한 나라이므로 더욱 위신을 세우라는 취지로 신(臣) 시게마사에게 양국 통교를 관장하도록 가역(家役)에 명하시고, 저 나라에 대해 어용(御用)으로 조처할 때는 외국사무보(外國事務輔)의 자격으로 근무하라는 내용으로 우악(優渥)[1]한 조명(朝命)을 받았습니다.

지난 무진년 겨울 신정(新政)의 전말을 대수사(大修使)를 통해 고지하는 서계에서 한두 자구가 자신들의 기휘(忌諱)에 저촉된다는 이유로, 다방면으로 이난(異難)을 주장하면서 몇 달을 천연(遷延)[2]하며 성의에 응하지 않고 사절을 체류하게 한 정상은 외무성 관원이 직접 보고들은 바입니다. 한인(韓人)이 완우(頑愚)하여 만국의 교통에 어두워서 교주(膠柱)[3]의 벽론(僻論)으로 나온 것이라고 해도, 이는 국위(國威)에도 관계되니 신의 직장(職掌)으로 볼 때 몹시 황송하옵니다. 그러나 이번에 다시 관원의 도한(渡韓)을 명하신 이상, 신으로서도 조정의 취의(趣意)를 관철하도록 한층 더 분려(奮勵)하는 것은 물론 그 분수에 속하나, 이미 신청(宸聽)[4]에 아뢴 바와 같이 예전부터 번(藩)의 생계가 궁군(窮窘)해서, 대체로 한토(韓土)에 의지해서 생양(生養)을 해결한 이후로는 교제상 그릇된 관례가 이루 다 헤아릴 수 없을 정도이니, 조종(操縱)의 권(權)이 항상 저들에게 있어서, 걸핏하면 우롱과 경모(輕侮)를 받고 왕왕 그 술책에 빠져서 국위(國威)를 손상시킨 자취가 없지 않습니다.

이제 과거의 복철(覆轍)[5]로 장래의 형세를 숙고해 보건대, 관원이 다시 도한(渡韓)할 때 여전히 대수사 응접 순서를 따라 반복변론(反復辨論)한다면, 그 효과가 없을 것은 많은 말을 필요로 하지 않습니다. 그 경우 관원은 반드시 그 단서를 고쳐서 담판해야 합니다. 그런데 이번에 만약 전례(前例)대로 본 번(藩)이 그 사이를 주선했을 때, 한인(韓人)이 구습(舊習)을 답습하여 과거에 본 번(藩)에 가했던 간책(奸策)을 관원에게 사용해서, 다시 금일의 공간(公幹)을 방해해서 황조(皇朝)의 실의(實意)가 관철되지 않는다면 신의 입장에서는 지극히 황공할 뿐만이 아닐 것입니다. 방금 강기(綱紀)를 한번 진작해서 각국의 교제를 외무성에서 통괄하는데, 특별히 한국만 본 번(藩)에서 상관한다면 외교의 권(權)이 두 길로 나뉘는 것이니 그 체재(體裁)가 어떻겠습니까?

일부러 신정(新政) 이래로 세습의 직임을 버려두지 않으시고 본 번(藩)만 가역(家役)으로 봉직하게 하신 것은 오늘날의 취지에 스스로 편치 않은 것이 있으니, 부디 전후의 정실(情實)을 살피셔서 이번에 신의 가역(家役)을 면허(免許)하는 분부를 내려주시길 바라옵니다. 그리하여 관원이 다시 도한(渡韓)할 때, 담판하는 기회를 이용해서 저들에게 신이 그 임무를 감당

---

1) 우악(優渥): 은혜가 넓고 두터움
2) 천연(遷延): 시일을 일부러 미룸. 지체함
3) 교주(膠柱): 교주고슬(膠柱鼓瑟)의 준말로, 비파나 거문고의 줄을 기러기발[柱]에다 아교로 붙여놓아서 한 가지 음밖에 내지 못한다는 뜻이다. 고집스러워서 변통할 줄 모르는 사람을 비유하는 말이다.
4) 신청(宸聽): 제왕의 청문(聽聞)
5) 복철(覆轍): 앞선 수레가 뒤집힌 바퀴자국이라는 뜻으로 잘못된 선례에서 교훈을 얻는다는 뜻이다.

하지 못해 면직된 사실을 전한다면, 조정의 위엄이 한인의 의표를 찔러서, 저들이 크게 두려운 마음을 품어 피아(彼我)가 응접할 때 주객강약(主客强弱)의 형세가 바뀔 것입니다. 게다가 저들 또한 외교의 전권(全權)이 오로지 외무성 한 길로 귀착된 사실을 깨달아서 저절로 황국의 성의(誠意)를 철저하게 이해할 것이니, 내외양전(內外兩全)의 장책(長策)[6]이라고 생각됩니다.

그러나 신이 면직되더라도 한어(韓語)를 통변(通辨)하는 자는 물론, 번사(藩士) 중에서 저들의 국정(國情)을 잘 아는 자 등의 인선·사령(使令)의 일이라면, 분부대로 성명(姓名)을 골라서 올리겠습니다. 설령 신이 그 직책에 있지 않다고 해도, 종래의 연고로 앞으로 양국 교제상 저의 우고(愚考)가 필요한 일이 있을 때는 관견(管見)대로 기탄없이 헌언(獻言)하도록 명심할 것이니, 면직은 속히 이뤄주시길 간절히 바랍니다. 이상은 지금 한국의 사건이 철저히 황위(皇位)의 융체(隆替)에도 관계됨을 염려한 나머지 흉억(胸臆)을 열고 말씀을 아뢴 것입니다. 신 시게마사는 참으로 황공해서 머리를 조아리옵니다.

경오년 윤10월 18일

이즈하라 번지사(嚴原藩知士)

변관(辨官) 어중(御中)[1]

일한외교의 접수는 기정방침이기는 했지만, 그래도 다년간의 경험이 있고 조선 사정에 정통한 타이슈 번의 조력은 절대 필요하다고 판단됐다. 당장 타이슈 번의 사표를 수리해서 조선과의 관계를 단절시키는 것은 사태를 보다 악화시키기만 할 뿐 아무 도움될 것이 없었다. 태정관은 당분간 현상을 유지하기로 결정하고, 메이지 3년 윤10월 23일에 "추후에 분부가 있을 것이니 우선 종전대로 하는 것으로 알 것"이라고 지령했다.[2]

그렇지만 타이슈 번의 사표 제출을 계기로 외무성 내에서 타이슈 번이 일한외교에 간여하는 것을 금하고, 외무성이 직접 조선 정부와 교섭하지 않는다면 일한 신관계의 성립과 같이 어려운 사업은 성공할 가망이 없다는 의견이 대두한 것은 주목할 만하다. 당시 현지에 있던 외무권소승(外務權少丞) 요시오카 고키, 외무권대록(外務權大錄) 모리야마 시게루(森山茂), 외무성 출사(外務省出仕) 히로츠 히로노부(廣津弘信)가 그 대표적인 인물들로서, 이들은 메이지 4년 4월 3일에 초량 왜관에서 소씨(宗氏)의 가역파면(家役罷免)을 단행하고 일한외교에 수반되어 온 폐습을 일소해야 한다고 상신했다.

---

6) 장책(長策): 좋은 계책

또한 소관(小官) 등이 그를 ○훈도 안동준 면접했을 때 그 심정(深情)을 살펴서 숙고해 보니, 지금까지와 마찬가지로 세견선(歲遣船) 등 매년 저들이 주는 것을 받고, 그 밖에 저들의 번속(藩屬)과 다를 바 없는 그릇된 관례를 하나도 개혁하지 않으면서 한갓 말로 성신(誠信)을 표하고 공명정대를 주창하더라도 저들의 의단(疑團)은 영원히 풀기 어려울 것입니다. 그럴 경우 원대한 규모의 황화(皇化)를 삼한(三韓)에 선포하기도 어려울 것입니다. 따라서 지난번에 진달(進達)한 것처럼 이즈하라 가역면직(家役免職)부터 착수하지 않는다면 도저히 성공을 기약하기 어렵습니다. 히로츠 히로노부의 사안도 속히 출경(出京)해서 건백(建白)한 것처럼 가역면직 등과 각각 추진하실 일이라고 생각됩니다. 이상 이즈하라 가역을 면직한 다음에는 지금까지의 사교(私交)의 누습을 일소하고, 한 번 은혜를 베풀고 한 번 위엄을 보이는 것을 그 시기에 맞게 적절히 행한다면, 저들은 옛 예격(例格)을 묵수(墨守)[7]할 수 없어서 승복하리라고 생각합니다. ○상략, 하략 3

요시오카 외무권소승 등의 상신은 현지 관리의 솔직한 의견으로서, 외무성 소장 관리들 중에서 여기에 공명하는 자들이 생겨났다. 하지만 외무경 사와 노부요시(澤宜嘉), 외무대보 데라지마 무네노리(寺島宗則) 등 수뇌부는 타이슈 번과 조선의 관계를 즉시 단절시키는 것을 불리하다고 보고, 이즈하라 번지사(藩知事)의 가역파면(家役罷免)과 동시에 그에게 조선 출장을 명해서 외무성 주재원과 조선 당국 사이를 알선하게 할 것을 고려했다.[4] 또한 타이슈 번의 가역파면은 "세견선과 기타 그릇된 관례의 일체 폐지"를 조건으로 했으므로, 공무역의 폐지에 따른 손해액을 타이슈 번에 보상하는 일도 동시에 고려하지 않을 수 없었다.

조선국에 출장 나간 관원들이 의견서를 보내왔으므로 데라지마 대보(大輔)와 숙의했는데, 현재 미국 사건도 있으니 공허하게 천연(遷延)하는 것은 절대 안 될 일입니다. 무엇인가 조처하지 않으면 안 되는 때인데, 그 의견의 내용은 적의(適宜)한 양책(良策)이라고 생각합니다. 이와 관련해서 지난번에 이즈하라 번에서 희망한 가역사퇴(家役辭退)를 지금 허락해 주시길 바랍니다. 무릇 타이슈는 조선 통교(通交) 사무를 취급한 지 수백 년이 돼서 자연히 교정(交情)도 두터우니, 그 번지사(藩知事)가 직접 도한(渡韓)해서 사정을 신중하게 진술한다면, 구격(舊格)을 묵수(墨守)하는 한인(韓人)의 의아(疑訝)도 하루아침에 풀릴 것이며, 그에 따라 취의(趣意)도 신속하고 철저하게 이룰 수 있을 것입니다. 그러므로 타이슈 번지사를 급히 도쿄

---

7) 묵수(墨守): 진취를 생각하지 않고 과거의 것만 고집하며 지킴

에 불러들이셔서 다음과 같은 분부 문서를 ○생략함 전달하신 후 취의(趣意)를 철저히 이룰 수 있도록 깊이 설유(說諭)하시길 바랍니다.

타이슈 번은 세견선과 공사무역(公私貿易)의 이윤으로 국계(國計)를 삼고 있지만, 이러한 일은 무엇보다 명실(名實)에 좋지 않은 데다가 그 폐해도 적지 않으니 단연코 개정하시길 바랍니다. 그렇지만 타이슈 번은 오래 전부터 이 이윤을 가지고 국계(國計)에 연결시켜 왔기 때문에 하루아침에 폐지한다면 갑자기 인민들이 기아에 빠질 수 있다고 생각되므로 타이슈에 상당한 수당(手當)을 내려주시길 바랍니다.

신미년 5월 25일

사와(澤) 외무경[5]

사와 외무경의 신청은 태정관에서 심의를 거쳐 승인하기로 결정했지만, 그 전에 타이슈 번의 의견을 들어볼 필요가 있었으므로 메이지 4년 5월 27일에 이즈하라 번지사(藩知事) 소 시게마사에게 급히 상경할 것을 명했다. 그는 명에 따라 급히 상경했는데, 마침 메이지 4년 7월 14일에 폐번치현(廢藩置縣)의 대조(大詔)가 내려서 전국의 300여 명의 지번사(知藩事)와 함께 본래 관직에서 면직되고 도쿄 주재의 명을 받게 됐다. 다만 소 시게마사는 가역(家役)으로 일한외교를 관장하고 있었다. 이 직권(職權)은 지번사(知藩事)의 면관(免官)과 함께 해소되어야 할 것이었지만, 타이슈 번에서는 그것이 소씨(宗氏) 개인에게 귀속되는 직권이라고 해석하고 있었던 것 같다. 그러나 실질적인 문제로서 소 시게마사는 이즈하라 번지사라는 본관(本官)을 상실해서 더 이상 직무를 집행할 수 없게 되었으므로 7월 27일에 가역파면(家役罷免)을 신청했다.

대정유신(大政維新)에 즈음하여 신(臣) 시게마사는 한국과의 교통(交通)을 관장하도록 가역(家役)에 임명되었습니다. 지난 무진년 겨울에 신정(新政)의 전말을 고지한 후 그 응수(應酬)와 제 관견(管見)의 취지를 지난 윤10월에 남김없이 토로하고 아울러 가역을 면허(免許)해 주실 것을 청원했는데, 곧이어 다시 분부가 있을 때까지 종전과 마찬가지로 사무를 취급하라는 부지(付紙)의 지령을 받았습니다. 그런데 이번에 본관(本官)을 면직시킨다는 명령을 받았으나, 가역(家役)의 일은 아직 어떤 분부도 없습니다. 일찍이 아뢴 바와 같이, 외국의 교제는 외무성에서 관장하면서 특별히 한국의 사무만 소씨(宗氏)가 상관한다면 체재(體裁)에도 관계가 있습니다. 게다가 신의 선조 이래로 저들과 호의(好誼)를 나눈 이유는 지위(地位)와 접양

(接壤)[8] 때문인데, 방금 제도가 일변해서 도하(都下)로 이주(移住)하라는 명을 받은 이상, 구격(舊格)을 인습해서 계속 봉직하는 것은 하루도 편치 않습니다. 이미 부지(附紙)의 지령도 있어서 다시 청원하기가 몹시 황공하오나, 지난번에 건언(建言)한 취지를 숙고하셔서 속히 가역 면허(免許)의 분부를 내려주시길 바랍니다. 그리하시면 저들 또한 외교의 권(權)이 오로지 외무성 한 길에만 있는 체재를 이해할 것입니다. 유신 이래 심후한 예지(叡旨)가 끝까지 관철되어 공간(公幹)이 순편(順便)하기를 간절히 원하는 마음을 가눌 수 없습니다. 신 시게마사는 참으로 황송해서 머리를 조아립니다. 경백(敬白).

신미년 7월 27일
종사위(從四位) 소 시게마사
태정관 어중(御中)[6]

타이슈 번의 가역에 관해서는 이미 정부 방침이 확정되어 있었으므로 당일로 "서면(書面)의 가역의 일은 원하는 대로 면직할 것"이라고 지령했다. 무로마치 시대 중기 이래로 적어도 400년 동안 일본과 조선 양국 간에 공공연히 인정되어 온 소씨(宗氏)의 일한 외교 관장의 세습 직권이 자연히 소멸된 것이다.[7]

이보다 앞서 전 이즈하라 번 권대참사(權大參事) 오시마 마사토모가 옛 번주 소 시게마사에 대한 조처에 불만을 품고, 7월 23일에 외무성출사 히로츠 히로노부를 방문해서 간담한 일이 있었다. 히로츠는 외무성 수뇌부의 의견을 파악해서 소 시게마사를 외무대승(外務大丞)에 임명한 후 도한(渡韓)시킬 것을 제안했으며, 오시마도 이에 동의했다. 히로츠는 다음 날인 24일에 이러한 내용을 데라지마 외무대보에게 상신했다.[8] 소씨(宗氏) 도한(渡韓)의 건은 이미 내정되어 있었으므로, 7월 27일에 외무경보(外務卿輔)의 이름으로 그를 가역에서 파면함과 동시에 그의 임관을 태정관에 상신했다.

지난 5월 27일에 이즈하라 현 전(前) 지사(知事) 소 시게마사를 급히 어용(御用)[9]으로 소환한 것에 관해, 조선 어용(御用)의 일임을 알고 상하 분발하여 급히 상경하라는 취지였는데, 번현개제(藩縣改制)의 분부가 내려서 시게마사가 지사에서 면직되었습니다. 물론 온 현(縣)이 명을 받들 것이오나, 벽원(僻遠)한 고도(孤島)는 왠지 모르게 인기(人氣)가 위미(萎靡)해서 조

---

8) 접양(接壤): 경계를 접함
9) 어용(御用): 궁중, 정부 등의 용무, 하명(下命)

선 어용(御用)의 일을 심상(尋常)한 공역(公役)과 같은 자격으로 다룬다면 용의주도하기 어려울 수 있습니다. 따라서 시게마사를 외무관원에 임명해서 도한(渡韓)하게 한다면, 일동(一同)의 기력(氣力)을 일으켜서 충분히 진력하도록 면려할 수 있을 것입니다. 이 일에 관해 분부를 내려주시길 바랍니다. 이상.

신미년 7월 28일

외무경 외무대보(外務大輔)[9]

외무경보(外務卿輔)의 상신은 당일로 승인되어 메이지 4년 7월 29일에 화족(華族) 종사위(從四位) 소 시게마사를 외무대승에 임명하고, 같은 해 8월 5일에 조선 출장을 명했다. 이와 동시에 구(舊) 이즈하라 번 대참사(大參事) 오시마 마사토모는 8월 4일에 외무성 준주임출사(准奏任出仕)에 임명되고, 이튿날인 5일에 소 외무대승과 동행을 명받았다.[10]

【원주】

1 『宗重正家記』卷四 韓國事件.

2 同.

3 『大日本外交文書』卷四(一七九) 明治四年四月三日外務少丞宛吉岡權少丞書狀.

4 同 (一八六) 明治四年五月七日吉岡外務權少丞宛柳原大丞・(一九十) 五月二十四日 同宛外務省出仕小林匡書狀・(一九一) 五月二十五日澤外務卿上申.

5 『朝鮮交際始末』卷二.

6 『宗重正家記』卷三 明治四年 韓國事件ニ付御伺被仰出.

7 『宗重正家記』卷三 明治四年辛未.

8 『大日本外交文書』卷四(一九九) 明治四年七月二十四日 外務省出仕廣津弘信上申.

9 『朝鮮交際始末』卷二.

10 『宗重正家記』卷四 韓國事件;『朝鮮交際始末』卷二.

초량 왜관의 접수

외무성은 이즈하라 번지사(藩知事) 소 시게마사의 가역을 파면하고 일한외교를 접수했다. 다음으로 발생한 문제는 왜관의 접수였다. 원래 부산 초량항(草梁項)에 있던 왜관은 임진역(壬辰役) 이전 삼포 왜관(三浦倭館)[1]에 기원을 둔 것으로 조선이 원인(遠人)을 회유하기 위해 설치한 객관(客館)이었으며, 관수(館守) 이하 원역(員役)들에게는 일공주미(日供酒米)[2]와 시탄(柴炭) 지급 명목으로 체재비를 지급했다. 즉, 초량 왜관은 건설비와 유지비가 모두 조선의 국가 예산으로 충당되었고, 타이슈 번은 관례적으로 그 사용권을 인정받고 있는 데 지나지 않았다. 그렇지만 당시 일한 양국은 왜관의 법적 성격을 연구한 적도 없었기 때문에 왜관이라고 하면 막연하게 타이슈의 부산 출장소라고 생각하고 있었던 것이다.

왜관의 접수는 동시에 재관(在館) 원역(員役)의 진퇴, 세견선과 공무역의 폐지, 구 타이슈 번의 부채 정리 문제 등을 수반했으므로 내정 문제로서도 신중하게 고려할 필요가 있었다. 타이슈는 메이지 4년 7월에 폐번(廢藩)되어, 바로 이즈하라 현이 설치되고 같은 해 9월 4일에 이마리(伊萬里) 현으로 합병됐지만, 그해 말까지 선례에 따른 세견선과 공무역은 구(舊) 타이슈 번리(藩吏)에 의해 계속 유지되고 왜관 유지비도 그 이익에서 지출됐다. 그런데 메이지 5년 정월부터 그것이 중단됨에 따라 유지비가 나올 데가 없어져 왜관의 유지가 불가능하게 되었다.

왜관에 출장 나온 외무소기(外務少記) 요시오카 고키, 외무권대록 모리야마 시게루, 히로츠 히로노부는 소씨(宗氏)의 가역파면(家役罷免)과 함께 왜관 정리의 필요성을 인식하고, 메이지 5년 정월 이후로 그 방법을 연구해서 외무성에 상신했다. 당시 왜관에는 대수대차사 정관(正官) 히구치 데츠시로, 관수(館守) 후카미 마사카게(深見正景) 이하 구

---

1) 삼포(三浦): 동래의 부산포(釜山浦, 또는 富山浦), 웅천의 제포(薺浦, 또는 乃而浦), 울산의 염포(鹽浦)를 가리킨다.
2) 일공주미(日供酒米): 일공(日供)은 날마다 공물을 하는 것이고 주미(酒米)는 술 빚는 쌀을 말한다.

타이슈의 번리(藩吏) 및 고용인으로서 재류하는 자들이 200여 명에 달했는데, 대차사에게는 귀국을 명하고, 또 세견선의 폐지와 사무의 축소로 인해 태반이 쓸모없게 된 기타 관리와 고용인 등도 필수 인원을 제외하고는 귀국시킨다는 방침을 세웠다. 세견선과 공무역의 중단에 따라 왜관이 수입을 잃고, 근근이 전년도의 잉여금과 소 시게마사의 옛 가인(家人)이라는 이유로 구(舊) 번주가 보내는 보조로 생활비를 지급하는 상황에서는 인원의 정리가 급선무였다.[1]

메이지 5년 4월 3일, 요시오카 외무소기 등은 훈도 안동준이 성의가 없어서 일한교섭이 급속히 진척되기 어려운 사정을 서술하면서, 귀조(歸朝)를 상신하는 것과 함께 왜관 정리의 구체적 방안을 건의했다. 그 의견에 따르면, 외무성 파견 인원의 철수와 동시에 구 타이슈 번 시절부터 계속 재근해 온 인원 전부에게 왜관 퇴거 및 귀국을 명령해야 하지만, 옛 번(藩) 시대부터 계속 거류한 상인들도 있고, "게다가 관내가 넓고 또 다수의 옥우(屋宇)도 있습니다. 그 밖에 표민(漂民)을 영송(迎送)하는 데 임시로 소옥(小屋)을 설치할 경우에는 반드시 관원 1명과 기타 통변(通辯), 소자(小者)까지 대략 10여 명을 왜관에 남겨두지 않으면 안팎으로 단속을 할 수 없을 것이며", 그 봉급 수당 및 잡비의 합계는 월 500엔으로 예상했다. 새 왜관 관원 및 부속선(附屬船)의 상세한 내용은 다음과 같다.['관사(館司) 1원(員)'의 주(注)에 보이는 히로세(廣瀨), 우라세(浦瀨)는 간전관(幹傳官) 히로세 나오유키(廣瀨直行)[도요키치(農吉)]와 우라세 히로시(浦瀨裕)[사이스케(最助)]를 가리키며, 두 사람에게 근무를 명할 경우에는 관사(館司) 겸 통사(通詞)가 되어 통사를 1명 감원한다는 의미이다.]

관사(館司)	1원(員) 단, 히로세, 우라세 두 사람 가운데 1명을 잔류시킬 때는 겸무(兼務)가 당연함.
서무(庶務)	1원 구래(舊來) 교린 방법에 관해 숙지하는 자
통사(通詞)	4원 회계와 서변(書辨) 겸무
졸(卒)	3명 관내 순찰 및 2개 문의 수위
소자(小者)	5명 내선대공(內船大工) 1명, 대공(大工) 1명, 소사(小使) 3명
용선(用船)	3척 대선(大船) 1척 16인승, 소주(小舟) 2척 7인승, 단 파도를 헤치고 나아갈 수 있는 선박 이는 임기(臨機)에 응하여 혹은 3척, 혹은 2척으로 한다.[2]

외무성은 메이지 5년 5월 7일부로 요시오카 소기(少記) 등의 의견서를 태정관에 진달했는데, 외무대승 소 시게마사도 구(舊) 번주의 자격으로 같은 달 19일에 왜관 정리와 공

무역 청산을 서두를 것을 독촉했다.

　지난번에 폐번치현(廢藩置縣)의 변혁, 시게마사가 한국 장명(將命)[3]의 가역(家役)에서 파면되고 다시 본관(本官)에 전임(傳任)한 시말은 제가 사명(使命)으로 보지(報知)했으며, 또한 조정의 성의(誠意)의 소재와 양국 교제의 체재와 관련해서는 외무성 출사(出仕)가 전임(專任)해서 도해(渡海)했습니다. 따라서 종전에 제가 파견한 역원(役員)은 우선 퇴거시키고, 세견선의 왕래를 폐지하고, 감합(勘合)의 인장 등은 속히 반납함에 이르러, 다시 외무성에서 그 뜻을 담판하는 것은 지당한 이치지만, 조선의 완고한 국풍(國風)과 공간(公幹)의 위곡(委曲)[4]을 철저히 하지 않고, 그 전에 종래의 조약을 변경해서 지금까지 있던 역원(役員) 등을 갑자기 퇴거시킨다면 공무에 해가 될 것이 분명합니다. 이 때문에 내외명실(內外名實)이 어긋나서 체재에 맞지 않기는 하나, 잠시 옛 관례에 따라 재관역원(在館役員)의 진퇴 등을 모두 외무성에서 출사(出使)한 관원에게 맡겨 두고 있는 것입니다.

　최근 한지(韓地)에서 온 소식에 따르면, 며칠 전에 임역(任譯)이 입관(入館)해서 서계안(書契案)을 봉출(捧出)하게 했다고 합니다. 그렇다면 우리나라 안의 경혁(更革)의 세태(世態), 시게마사가 전관(轉官)한 사실을 저 나라에 공식적으로 통보한 다음에는 물론 종전 방식으로 진행하기 어려울 것입니다. 시게마사의 가신이 실제로는 이마리(伊萬里) 현의 관속(貫屬)[5]인데, 지금 취급하는 사무는 외무성에서 관장하고 있으니 저들에 대해서 체재가 서지를 않는 것입니다. 뿐만 아니라 작년까지는 공사무역(公私貿易)의 이윤으로 역원(役員)의 월급과 왕래선(往來船), 비선(飛船) 등의 비용을 비롯한 관내 일체의 비용을 보상해 왔습니다. 그런데 세견선 무역이 작년을 끝으로 중단되어 금년 봄 이래로 약간의 남은 돈으로 근근이 보상했으니, 담판의 용무가 정리된 후에는 내외명실(內外名實)에 어긋남이 없도록 일체 외무성에 인도하고, 역원(役員)도 속히 퇴거하도록 조처하시길 바랍니다. 무엇보다 지금의 잠정적인 상황임을 알고 있으나, 재관역원(在館役員)들에게도 반드시 정밀하게 배분해서 모든 비용을 문제없이 보상했는데, 금일에 이르러서는 다시 보상할 전망도 없습니다. 지난 봄 이후로 오늘날까지 관내(館內) 비용을 위시하여 조선 문제에 속하는 비용을 전부 시게마사의 자비로 메우고 있습니다. 예전부터 곤란한 내정(內情)의 절박함을 앞으로 어떻게도 해결하기 어려우니, 관내 비용은 힘에 부칩니다. 비선(飛船), 왕래선(往來船), 표민(漂民)의 용비(冗費)[6] 등은

---

3) 장명(將命): 봉명(奉命), 전명(傳命). 명령이나 훈령 고시 따위를 전해 보냄
4) 위곡(委曲): 자세한 곡절
5) 관속(貫屬): 원래 '연관(連貫)'이라는 뜻이 있지만, 메이지시대에는 어떤 사람이 그 지방자치체의 관할에 속한다는 의미로 사용됐다.
6) 용비(冗費): 쓸데없이 소모되는 비용

각각 신속히 처분을 내려주시고, 종전 나가사키와 이즈하라에서 저의 가종(家從)의 명칭으로 표류민을 취급하던 역원(役員)은, 한지(韓地)와 마찬가지로 속히 파면해서 나가사키에서도 철수시키시고, 통변(通辨) 및 기타 업무를 취급하던 자들 가운데 이후에라도 소환하실 자들은 외무성 혹은 나가사키 현 어느 곳이든 속하(屬下)[7]에라도 임명해 주시길 바랍니다.

하나, 작년 신미년에 세견선 무역을 폐지했습니다. 그런데 연래 통무(通貿)하던 물품 가운데 양쪽 사이에 미수(未收)된 잔액이 수십 년 동안 뒤섞여 있는 바, 이제 그 상태로 방치할 수 없습니다. 쌍방의 수지 등을 분명히 하려고 노력했지만, 다년간에 걸친 일이라서 아직 조사가 완료되지 않았으니, 조사를 맡을 자들을 조금 파견하셔서 쌍방의 종래 지출과 수입을 청산해 주시길 바랍니다.

위 건들은 시급한 일로 잠시라도 유예할 수 없으니, 부디 급히 지휘를 내려주시길 바랍니다. 이상.

임신년 5월 19일
소(宗) 대승(大丞)
본성(本省) 어중(御中)[3]

외무성은 소 외무대승의 독촉에 따라 왜관 정리를 선결 문제로 연구하여, 대체로 요시오카 외무소기 등이 정리한 안을 채택하기로 했다. 그런데 경상비 월 500엔의 예산에 관해서는 "이것은 대략적인 것입니다. 앞으로 당성(當省) 관원을 재류(在留)시키라는 분부시니, 국체(國體)에 관계되지 않는 것들은 크게 생략하고, 추후에 경비의 전망에 관해 여쭐 것입니다. 경비는 원래 공사무역(公私貿易)의 이익으로 충당해 왔지만 지난 미년(未年)[8](메이지 4년)에 세견선(歲遣船)을 폐지하고, 오늘날에 이르러서는 소 시게마사의 자비로 보상하고 있으니 난삽(難澁)한 일임에 틀림없습니다. 이번에 당성(當省)에서 관할하게 된 이상 속히 조처를 취하지 않는다면 단적인 장애가 있을 것이므로," 당분간 왜관의 경비로 금 5,000엔의 지출을 명령할 것을 상신했다.[4]

태정관에서는 외무성의 상신을 심의한 후 5월 28일에 승인했다. 이와 동시에 소(宗) 외무대승, 요시오카 외무소기의 상신에 따른 왜관 처분안을 결재해서 왜관은 외무성으

---

7) 속하(屬下): 부하(部下)
8) 미년(未年): 지지(地支)가 미(未)로 된 해, 즉 기미년, 을미년, 신미년 등을 말한다. 여기서는 신미년(辛未年, 1871)을 가리킨다.

로 이관시키고 그 재근 인원 가운데 외무성 직원이 아닌 구 타이슈 번사(藩士)의 퇴거 및 귀국을 명했다. 또 일한 표류민에 관한 사무는 이마리(伊萬里) 현에서 나가사키 현으로 이관할 것을 명하고, 5월 28일에 외무성 및 이마리·나가사키 두 현에 명령을 내렸다.

외무성
조선국 초량 왜관에서의 그 나라와의 교제 사무 및 표민(漂民) 취급은 이제부터 그 성(省)에서 관할한다. 따라서 종전에 왜관 및 나가사키에서 근무한 이마리 현(伊萬里縣) 관속(貫屬)들은 이번에 퇴거시키고, 내지에서 표민(漂民)을 송환하는 일은 이마리 현 및 나가사키 현에 별지(別紙)와 같이○별지는 생략함 하달했으니, 왜관은 소 시게마사에게서 수취(受取)한 후 취체(取締) 등의 조처를 행할 것.

임신년 5월
태정관

외무대승 소 시게마사
조선국 표민(漂民) 취급 방법은 이번에 이마리·나가사키 두 현에 별지와 같이 하달했으니 동국(同國) 왜관의 일은 외무성 출장 관원에게 인도하라.

임신년 5월
태정관[5]

왜관 인도 명령을 받은 소(宗) 외무대승은, 왜관에서 구 타이슈 번사(藩士)를 모두 퇴거시키고 타국인인 외무성 직원으로 대체할 경우 일한관계가 극도로 악화될 것을 우려했다. 그는 왜관의 성격을 설명하면서, 왜관 접수를 실제로 시행하더라도 비밀에 부치고 외양은 타이슈 번이 관장하던 옛 모습을 유지할 것, 문인(文引)에 옛 도서(圖書)를 사용할 것, 그리고 구 타이슈 번의 부채를 청산할 것의 3개 조목에 관해 의견을 상신했다.[6]

하나,[9] 한국 사건에 관해 전일에 여쭌 바 있는데, 표민(漂民) 취급 방법은 이마리·나가사키 두 현에 이번에 다시 하달하시고, 초량 관소(館所)의 일은 출사(出使) 관원에게 인도하라는 뜻으로 정원(正院)[10]에서 분부를 받았습니다. 관소(館所)는 잘 아시는 바와 같이, 원

---

9) 원문에 빠져 있어 보완하였다.
10) 정원(正院): 1871년의 폐번치현 이후 공포된 태정관직제(太政官職制)에서의 최고 기관. 당시까지의 태정관을

래 사유지가 아니라 세견선 정약(定約)에 따라 저희가 예로부터 차용한 땅으로서 지금까지 저 나라와 한 차례 교섭도 없었습니다. 안으로 관소(館所) 인도 절차를 진행하면서 겉으로는 종전 모습을 그대로 유지한다면, 장차 저들이 그 사실을 알게 될 경우 신의에 있어서 어떻게 보겠습니까? 그렇다면 이상의 사태는 저 나라에 응대(應對)한 후에 인도가 이뤄지지 않으면 적절치 않을 터이나, 지금 심맹(尋盟)을 담판하는 와중에 저들의 교활함과 지난 몇 년간의 풍습 때문에 지엽말단에 구애되어 간사(幹事) 수락 여부의 완급(緩急)에 관계되는 일이 생기지 않을까 우려됩니다. 따라서 용건을 순순히 받아들인다는 회답이 오기 전까지 비록 명실상부(名實相符)하지는 않지만 겉으로 드러내는 것을 잠깐 유예하고, 실지(實地)의 시기에 따라 편의한 방도로 협상하도록 지시하는 것이 어떨까 합니다.

하나, 저 나라에 왕래하는 대소선(大小船) 중에서 조약의 문인(文引)이 없는 것은 모두 접대하지 않는 것이 구맹(舊盟)이었습니다. 왕래하는 선박에 대해서는 매우 긴요한 일이므로, 담판을 매듭짓기 전까지 옛 인장을 그대로 사용해서 우선 종전대로 처리해야 할 것입니다. 일찍이 외무성의 논의 또한 알고 있습니다만, 이러한 때에 이 사정을 그것을 취급하는 자들에게 별도로 알리지 않는다면 적절치 않을 것이니, 이 일을 하달하는 데 유념하시길 바랍니다.

하나, 저 나라와의 공무역과 관련해서, 출송(出送) 전에 점차 삽체(澁滯)[11]에 이른 부분을, 교제를 경혁(更革)한 금일에 이르러 청산하지 않는다면 적절치 못합니다. 따라서 사실의 조사를 덧붙여 바라오니 적절히 간평(懇評)해 주시길 바랍니다.

이상은 이번에 하달하신 바에 따라 생각이 미친 것들을 아뢴 것이오니 부디 분부를 내려주시길 바랍니다. 이상.

임신년 6월
소(宗) 대승(大丞)
본성(本省) 어중(御中)[6-1]

소(宗) 외무대승의 상신에 대해 외무성에서는 제1조와 제2조를 허가하고, 제3조는 대장성과 협의하라는 지령을 내렸다.[7]

정원(正院), 좌원(左院), 우원(右院)으로 구분했는데, 정원은 좌우원의 상위 기관으로서 종래 태정관에 상당했다. 태정대신(太政大臣), 납언(納言), 참의(參議)로 구성되었고, 1875년에 좌우 양원이 폐지된 후에도 존속하여 1877년에 폐지됐다.
11) 삽체(澁滯): 막혀서 흐름이 원활하지 못함. 여기서는 청산하지 못한 채무를 가리킨다.

이미 왜관에서 퇴거한 요시오카 외무소기, 모리야마 외무권대록 일행은 메이지 5년 7월에 상경해서 일한국교의 현재 상황과 구 타이슈 번의 내정(內情)을 상세하게 보고했다.[8] 이에 따라 외무당국은 초량 왜관의 접수 및 구 타이슈 번의 부채를 청산할 시기가 됐다고 판단하고, 외무대승 하나부사 요시모토(花房義質)를 특파하기로 결정했다.[9]

메이지 5년 8월 10일, 외무경 소에지마 다네오미(副島種臣)는 왜관 접수를 위한 외무성 직원의 파견과 관련해서 그 권한의 범위를 태정관에 상신했다. 그리고 같은 달 18일의 칙지를 통해 하나부사 외무대승에게 위임될 권한이 외무경의 상신에 기초해서 다음과 같이 시달(示達)됐다.

칙서(勅書)

외무경 정사위(正四位) 소에지마 다네오미

하나, 초량 관사(館司) 및 대관소(代官所)는 종전대로 세워둘 것.

하나, 쓸모없는 사관(士官)·잡인 등은 모두 철수하여 귀국시킬 것.

하나, 상인의 거류는 편의하게 조처할 것.

하나, 감합인(勘合印)은 옛 인장대로 할 것.

하나, 세견선(歲遣船)은 넘겨주지 말 것.

하나, 세견(歲遣)의 체품(滯品)과 소씨(宗氏)의 부채는 감정해서 지불할 것.

하나, 타이슈에 체재하는 표민(漂民)들은 모두 돌려보낼 것.

하나, 이상과 같이 조선국에 출장하는 외무대승 하나부사 요시모토에게 전달할 것.

메이지 5년 임신년 8월 18일

봉칙(奉勅)

태정대신 종일위(從一位) 산조 사네토미[화압(花押)][12][10]

메이지 5년 8월 18일 당일로 외무대승 하나부사 요시모토에게 조선 파견의 명이 내렸다. 외무소기 모리야마 시게루, 히로츠 히로노부, 외무권대록 사이토 사카에(齋藤榮) 등에게는 수행 임무가 부여됐다. 또 해군성 칠등출사 도타케 히데유키(遠武修行)에게는 이들이 탑승할 선박의 지휘를 위해, 그리고 육군중좌 기타무라 시게요리(北村重賴), 육군

---

12) 화압(花押): 문서 말미에 자기의 성명이나 직함 아래에 서명의 용도로 초서로 성명을 꽃처럼 그리거나 특정한 부호를 표시하는 것

소좌 가와무라 히로오키(河村洋興), 육군대위 벳푸 가게나가(別府景長)[신스케(晉介)]에게는 시찰을 위해 동행하라는 명령이 내려졌다.[11]

하나부사 외무대승 일행은 군함 가스가(春日)에 승선해서, 기선 유코마루(有功丸)를 거느리고 메이지 5년 8월 28일에 시나카와에서 출항했다. 그리고 같은 달 30일에 오사카에 입항하고, 9월 5일에 오사카에서 출항했다. 군함 가스가는 9월 10일 이즈하라에 입항했으며, 유코마루는 나가사키로 회항하여 진세이(鎭西)[구마모토(熊本)] 진대(鎭臺)의 보병 2개 소대를 승선시킨 후 9월 11일에 이즈하라에 도착했다.

하나부사 외무대승은 칙서 제6조의 조선과의 공무역 과정에서 발생한 타이슈 번의 부채 상환 임무를 부여받았다. 부채 총액은 메이지 5년 6월의 소 시게마사의 상신에 따르면 '금 2만 4,181냥 740영문(永文)'[13]이었는데 하나부사 외무대승은 전임 일대관(一代官)으로서 조선 무역에 정통한 구 타이슈 번사 아오야마 한지로(青山繁次郎)에게 문의한 다음, 당시 오사카에 체재하고 있던 스미토모 기치자에몬(住友吉左衛門)에게 동(銅)과 기타 선례에 따른 상품으로 납입할 것을 명했다.[12]

이즈하라에 도착한 후 하나부사 외무대승, 모리야마 소기(少記), 히로츠 소기(少記)는 연일 구 타이슈 번리(藩吏)와 어용상인을 소환해서 공무역 미납에 따른 타이슈 번의 부채를 심사했는데, 번리 등의 신고에 부정확한 것이 많아서 적지 않은 수고와 시일이 필요했다.

9월 13일에 이르러 대략적인 조사가 완료되어 조선 무역 관계 기록, 미납 상품, 그리고 조선에서 소씨(宗氏)에게 주조해서 발급한 도서(圖書)를 인계할 수 있었다.[13]

메이지 5년 9월 15일, 군함 가스가(春日), 기선(汽船) 유코마루(有功丸)가 이즈하라에서 출항해서 저녁에 부산에 입항했다. 하나부사 외무대승 일행은 왜관에 상륙했다.

하나부사 외무대승은 왜관에 도착한 후 바로 위임장에서 지시한 사항들을 실행하였다. 9월 16일에 왜관 관수(館守) 후카미 마사카게를 외무성 구등출사(九等出仕)에 명하여 공석이었던 관사(館司)에 임명했다. 그리고 십일등출사 히로세 나오유키[도요기치(豊吉)]를 일대관(一代官) 대리, 외무소록 오쿠 요시타다(奧義制)를 학사(學士) 겸 감찰(監察), 십사등출사 스미나가 유스케(住永友輔)[다츠야스(辰安)]를 이대관(二代官) 겸 대통사(大通詞)에 임명하고, 전임 일대관 가이즈 시게타로(海津茂太郎)를 비롯한 구 타이슈 번리들에게는 모두 귀국을 명했다. 이는 초량 왜관이 소씨(宗氏)의 손에서 벗어나 외무성에 귀속된

<hr>

13) 근세 일본의 금화 단위에 따르면 1냥은 1관문(貫文)에 해당하고, 이는 다시 1,000영문(永文)과 같았다.

효시이다. 그러나 사실은 소(宗) 외무대승의 상신에 따라 되도록 옛 모습을 유지한다는 방침을 취했던 까닭에 관사(館司) 이하 대부분의 옛 왜관 원역(員役)을 임용했으며, 외무성에서 특파된 것은 오쿠 외무소록 1명에 불과하였다.[14]

이보다 앞서 메이지 5년 6월에 외무성 십등출사 사가라 마사키(相良正樹)가 왜관 원역(員役)을 이끌고 '관왜난출(館倭欄出)[14]'을 결행함에 따라(제16절 참조) 동래부사 정현덕은 훈도와 별차에게 명해서 관수 후카미 마사카게의 직무 집행을 인정하지 않았다. 같은 이유로 그해 8월 28일에 부임한 별차 현풍서(玄豐瑞)도 왜관을 방문하지 않았다. 그는 또 전임 일대관(一代官) 가이즈 시게타로를 가관수(暇館守)로 간주하겠다고 주장하고, 9월에 이를 문서로 정식 통고했다.

각(覺)

하나, 교린(交隣)해서 화관(和館)을 설치한 이래로 각자 직책이 있었고, 지금부터 새로 일을 처리하더라도 조약이 따로 있는데, 전에 뜻밖에 공간(公幹)을 주관하는 차사(差使)가 난출(欄出)했습니다. 그것도 사리에 어긋나기는 하지만, 그래도 임무를 맡아서 부득이한 일이었으니 번거롭게 따질 수 없습니다. 그러나 관사(館司)의 직임에 이르러서는, 그 분수를 지켜서 왜관 밖으로 나서지 않는 것은 사체(事體)[15]에 당연한 바인데 분수 밖의 일을 야기하고 부화뇌동하여 난출했으니, 그 직분으로 따지자면 참으로 격례(格例)를 위반한 것입니다. 이처럼 분수를 벗어나서 시행하는 직책은 만부당하다는 뜻으로 경사(京司)[16]에서 절엄(截嚴)한 처분이 있었고, 사또의 교의(敎意) 또한 신엄(申嚴)[17]이 있었으니 임관(任官)의 직책을 맡은 자가 어찌 받들지 않을 수 있겠습니까? 사상(事狀)이 이와 같으니 이제 알려드립니다. 부디 양찰하시기 바랍니다.

임신년 9월　일
별차 대유(大有) 현(玄) 첨지(僉知)
일대관 존공(一代官尊公)[15]

---

14) 난출(欄出): 울타리 밖을 벗어난다는 뜻으로 왜관의 왜인이 허가 없이 관문 밖으로 나오는 것을 가리키는 말이다.
15) 사체(事體): 사리(事理), 도리(道理)
16) 경사(京司): 서울에 있는 관아
17) 신엄(申嚴): 거듭 엄중하게 타이름. 신칙(申飭)

왜관과 동래부 사이의 관계가 이처럼 험악했던 바로 그때, 화륜선 2척이 갑작스럽게 출현했기 때문에 사태는 더욱 악화되었다. 하나부사 외무대승은 왜관 관사(館司) 후카미 마사카게가 직무를 집행할 수 없기 때문에 일대관(一代官) 히로세 나오유키의 명의로 별차 현풍서에게 왜관에 올 것을 요구하고, 또 자신의 일행이 타이슈 역관과 함께 도착한 것을 통고하게 했다. 하지만 별차는 "화륜선이 일 없이 우리 경내 앞에 정박할 수 없다는 것은 이미 칙유(飭諭)했는데, 에도(江戸) 사람들이 또 배를 타고 왔으니 이것이 어찌 성신(誠信)의 도리인가? 또 간전관(幹傳官)이 마주(馬州) 사람이라고 하는데, 무슨 사단(事端)으로 에도 사람과 같은 배를 타고 왔는가?"라고 힐난했다. 일대관(一代官)은 "상관(上官)이 에도 사람이요, 화륜선 또한 에도 선박이니, 폐주(弊州)의 힘으로 어찌 감히 막을 수 있겠습니까? 간전관이 같은 배로 온 한 가지 일은, 에도 관원이 평소 사무에 어둡습니다. 그러므로 이번에 공간(公幹)을 다룰 때 양쪽을 왕복하기 위해 같은 배로 온 것입니다."라고 설명했다. 그러나 훈도는 이 대답에 만족하지 못하고 에도 관원과 화륜선 모두 속히 돌려보낼 것을 요구하는 한편, 동래부사에게 상신해서 메이지 5년 9월 16일부터 철공철시(撤供撤市)를 단행했다.[16]

별차 현풍서는 또 일대관(一代官) 가이즈 시게타로와 이대관(二代官) 하루타 조주로(春田長十郎)가 각각 면직되어 귀국 명령을 받았다는 소식을 듣고 9월 18일에 대관(代官) 전원 앞으로 짧은 서한을 보내서, '일대관과 이대관이 모두 귀국하는 것은 결국 대관소(代官所)를 폐쇄하는 것과 다를 바 없으니, 현재와 같이 공무역의 미봉(未捧)[18]이 막대한 때 필봉(畢捧)[19]을 마치지 않고 주관하는 이원(吏員)을 귀국시키는 것은 인국(隣國)의 이해를 돌보지 않는 것'이라고 비난하고, 또 메이지 2년부터 5년까지의 진상미수품(進上未收品) 목록을 송치했다.[17]

기사년부터 신미년까지 진상물 미수기[自己巳年至辛未進上物未收記]

하나, 생동(生銅)   54,561근

하나, 숙동(熟銅)   9,000근

하나, 단목(丹木)   7,590근

하나, 후추[胡椒]   4,707근

---

18) 미봉(未捧): 미수(未收), 돈이나 물건 따위를 아직 다 거둬들이지 못함
19) 필봉(畢捧): 세금, 빚, 외상 따위를 모두 거둬들임

하나, 백반(白礬)   2,600근

하나, 마키에 대연갑(蒔繪大硯匣)   22개

하나, 마키에 화전갑(蒔繪華箋匣)   13개

하나, 마키에 무질중원반(蒔繪無跌中圓盤)   2축(軸)

하나, 마키에 문갑(蒔繪文匣)   1개

하나, 마키에 칠촌경(蒔繪七寸鏡)   5면(面)

하나, 마키에 대층갑(蒔繪大層匣)   3차(次)

하나, 마키에 중층갑(蒔繪中層匣)   3차(次)

하나, 흑칠화전갑(黑漆華箋匣)   1개

하나, 흑칠중연갑(黑漆中硯匣)   1개

하나, 전자(剪子)   45개

하나, 문지(紋紙)   900근

하나, 수축(手燭)   3개

하나, 주간연기(朱竿烟器)   150개

임신년 9월   일

임소(任所)

대관(代官) 첨공전(僉公前) 입납(入納)[18]

신임 일대관(一代官) 겸 도간전관(都幹傳官) 히로세 나오유키는 하나부사 외무대승의 명에 따라 공무역 미봉품(未捧品)을 인도할 차비를 했다. 이미 9월 17일부로 그것에 관한 구진서(口陳書)를 작성해 두었으므로 즉시 그것을 별차에게 보내고, 미봉(未捧) 물건을 조사한 다음에 수령할 것을 요구했다. 아울러 가이즈 시게타로가 파면된 후로 도간전관(都幹傳官)인 자신이 일대관(一代官)도 겸임할 것임을 통고했다.

구진(口陳)

소씨(宗氏)가 주수(州守)에서 해임되어 이미 타이슈에 없으니, 세견(歲遣) 무역 또한 종전 격례(格例)에 따를 수 없습니다. 그러므로 근년에 삽체(澁滯)된 물품 전액을 이에 송치하는 것입니다. 이제 곧 그 숫자를 대조하고 출입(出入)을 청산하여 공간(公幹)이 순성(順成)할 날을 기다림은 다만 수백 년 교의(交誼)를 중시하는 뜻입니다.[20] 속히 왜관에 오셔서 조사한 후 수령하시기 바랍니다.

이와 동시에 일대관(一代官)이 표민영래차사(漂民領來差使)의 자격으로 호송해 온 전라도 제주목(濟州牧) 표류민 4명, 해남현(海南縣) 표류민 9명의 인도를 요구했다.[20]

별차 현풍서는 도간전관(都幹傳官)이 일대관(一代官)을 겸직하는 것은 전례가 없다고 하면서 구진(口陳)의 수리를 거부하려고 했지만, 일대관 히로세 유키나가의 반발로 결국 뜻을 이루지 못하고, 다시 동래부사의 명으로 화륜선이 정박한 동안에는 왜관과의 교섭을 일체 거부했다. 그렇게 되면 소씨(宗氏)의 부채 상환도 불가능할 뿐만 아니라, 철공철시(撤供撤市)가 장기화되어 왜관 원역(員役)과 재류 상민의 일용품 구매에도 지장이 초래될 것이었으므로 하나부사 외무대승은 미봉품(未捧品)의 인도를 관사(館司) 후카미 구등출사에게 일임하고 자신은 9월 24일에 부산에서 출항하여 이즈하라로 귀환했다. 당시 왜관 재류 인원은 관사(館司) 이하 원역에다가 상인을 더해서 105명이었는데, 그 중 23명은 외무성 파견원의 명령에 따라, 혹은 자발적으로 철수했기 때문에 잔류한 관원과 상인은 모두 합해 82명으로 줄었다.[21]

하나부사 외무대승은 이즈하라에 약 한 달간 머무르면서 폐번(廢藩) 이후 구 타이슈번 관계 외교사무의 잔무를 정리하고, 마지막으로 모리야마 외무서기를 남겨서 일한관계 사무를 관장하게 했다. 그리고 10월 22일에 이즈하라에서 출발해서 동쪽으로 올라왔다.[22]

당시 예전에 체차(遞差)[21]되었던 훈도 안동준이 잉임(仍任)[22]되었으나, 그는 병을 핑계로 왜관에 오지 않고 다만 소통사(小通事) 최진한(崔震翰)에게 명하여 히로세 유키나가의 영전을 축하하였다. 히로세는 짧은 서한을 보내서 미상품(未償品)의 검사와 수령을 두 차례나 독촉했지만, 훈도는 왜관 재근 관원이 일본 정부에서 임명되고, 그 무역품도 정부에서 내려왔다는 것을 이유로 거부했다.[23]

메이지 5년 10월 이후 훈도 안동준과 별차 현풍서는 관사(館司) 후카미 마사카게 이하 왜관 원역을 인정하지 않고 계속 대립만 거듭할 뿐이었다. 이듬해인 메이지 6년 1월 상

---

20) 원문은 "今將照數檢淸其出入 以待公幹順成日 又只重累百年之交誼之意也"로 되어 있는데, 문맥상 '只'는 '示'의 오기인 것으로 보고 옮겼다.
21) 체차(遞差): 관원의 임기가 만료되거나 불미스러운 사건으로 인해 교체하는 일
22) 잉임(仍任): 임기가 다 된 관리를 그대로 관직에 남겨두는 일

순에는 경상도 창원군(昌原郡)의 표류민 3명과 고성현(固城縣) 표류민 7명의 인도를 위해 일대관(一代官)의 명의로 훈도와 별차의 왜관 방문을 요구했으나 훈도와 별차는 동래부사의 명에 따라 불응했으며, 같은 해 2월 13일에 표류민 13명이 왜관에서 도망치는 사건이 발생하자 오히려 동래부에서 군관을 파견해서 관사(館司) 이하의 불찰을 엄히 책망했다. 왜관에서는 표류민의 도망이 조선 관헌의 사주에 따른 것으로 보았기 때문에 이를 불고하고, 그 유류물품을 통사(通事)에게 전달하는 정도로 그쳤다. 이것은 작은 사건에 불과했지만, 조선 관헌의 비우호적인 행위로 일본 정부의 감정을 크게 해친 것은 사실이다.[24]

메이지 6년 2월 12일(양력), 외무성 칠등출사 히로츠 히로노부는 조선 재근의 명을 받고, 칠등출사 모리야마 시게루는 본성(本省) 근무로 옮겼다. 히로츠 히로노부는 같은 해 4월 1일에 부산에 부임해서 초량 공관(草梁公館)을 관할하는 임무를 맡았다. 이는 왜관의 완전한 접수를 의미하였다. 전 왜관 관사(館司) 후카미 마사카게는 외무성 십삼등출사에 새로 임명되어 이즈하라로 귀환해서 어학소(語學所)를 감독하라는 명을 받았다.[25]

엔보(延寶)[23] 6년에 새로 세워진 이래로 200년의 역사를 가졌던 초량 왜관은 이렇게 해서 타이슈 번의 손을 떠나 외무성 소관이 됐다. 이관(移管)과 함께 '왜관'이라는 옛 명칭을 버리고 '대일본 공관(大日本公館)'이라는 이름을 갖게 되었으며, 관수(館守)는 관사(館司)로 바뀌었다가 이어서 관장(館長)으로 개칭됐다. 그리고 일한수호조규(日韓修好條規)가 체결된 이후에는 공관에 영사관을 개설하고, 공관 관장을 대신해서 영사의 주재 명령이 내려졌다.

---

23) 엔보(延寶): 일본의 연호로 1673년부터 1681년에 해당한다. 엔보 6년은 대략 1678년 2월부터 1679년 1월까지이다.

1 『大日本外交文書』卷五(一三五) 明治五年正月十六日外務省朝鮮事務課宛吉岡少記等報告.

2 『朝鮮交際始末』卷二.

3 『宗重正家記』卷三 明治四年辛未韓國事件ニ付御伺被仰出.

4 『大日本外交文書』卷五(一四七) 附屬書 一 明治五年五月二十二日正院宛外務省上申.

5 『宗重正家記』卷三 明治四年辛未.

6 『宗重正家記』卷三 明治四年辛未.

6-1『宗重正家記』卷三 明治四年辛未.

7 同.

8 『大日本外交文書』卷五(一五一) 明治五年六月二十四日吉岡外務少記等朝鮮事務復命及伺書·(一五三)明治五年七月十九日外務省事務往復課宛廣津弘信上申.

9 同 (一五六) 明治五年八月十日正院宛副島外務卿伺.

10 『朝鮮交際始末』卷二.

11 『太政官日誌』明治五年壬申八月十八日;『花房外務大丞朝鮮行日涉』.

12 『花房外務大丞朝鮮行日涉』.

13 同 壬申年九月十一日 · 十二日 · 十三日 · 十四日.

14 同 九月十五日 · 十六日.

15 『再撰朝鮮尋交摘要』.

16 『花房外務大丞朝鮮行日涉』壬申年九月十五日 · 十六日;『東萊府啓錄』同治十一年九月二十日.

17 『花房外務大丞朝鮮行日涉』壬申年九月十七日;『再撰朝鮮尋交摘要』.

18 『朝鮮交際始末』卷二. 메이지 5년 6월 소 외무대승의 상신에 따르면 타이슈 번의 미봉(未捧) 무역은 다음과 같으며, 훈도의 통고보다 견적된 액수가 적다.[大日本外交文書 卷五(一五〇) 附屬書 二].

　　覺

　一 金貳萬四千百八拾壹兩永七百四拾文

　　　內壹萬百七拾五兩 丁銅五萬五千斤

　　　內壹萬四千六兩永七百四拾文 公貿易ニ付出送物品代價積

　　　此譯

　　　　金壹萬三百五拾三兩　荒銅六萬九百斤

　　　　金千八百兩　延銅九千斤

　　　　同六百五拾兩永貳百四拾文　丹木八千百貳拾八斤

　　　　同七百貳拾兩　胡椒四千八百斤

　　　　同百參拾貳兩貳步　明礬貳千六百五〇斤

　　　　同參百五拾壹兩　蒔繪臺附大硯箱二十一內中硯箱七　同中丸盆五束　金小屛風二雙　蒔繪大丸盆一束　同料紙箱十四　同大重箱卅六　同中重箱十三　家入七寸鏡廿面　家入八寸鏡四面　蒔繪扺掛硯箱二ッ　紋紙三千二百枚　唐鋏五十三挺　黑塗手燭十四本　朱竿煙器五百六十本　蒔繪文庫二ッ　墨塗文庫壹ッ　日本朱八斤　銅野風呂壹ッ　銅三ッ入子手洗一組　錫天目一束　蒔繪衣桁一脚

　　　　이상은 지난 겨울 삽체물품(澁滯物品) 대가(代價)의 총 견적을 올린 것으로, 격외동물(格外銅物) 이하 고가(高價)에 속하기는 하지만, 이제 와서 그때의 가격을 하나로 정하기 어려운 까닭에 우선 올린 대가(代價) 대로 조사했으니, 당시의 가격으로 교량(較量)해 주시길 바랍니다. (본서에서는 편의상 다소 생략했다.)

19 『再撰朝鮮交際尋交摘要』.

20 『朝鮮交際始末』卷三 ; 『朝鮮行日渉』壬申年九月十七日.

21 『朝鮮交際始末』卷三 ; 『朝鮮行日渉』壬申年九月.

22 『朝鮮行日渉』壬申年九月・十月.

23 『朝鮮交際始末』卷三 ; 『再撰朝鮮尋交摘要』.

24 『朝鮮交際始末』卷三.

25 同.

일한교섭의 정돈(停頓)

제5장

제13절

외무성 시찰원의 파견,
통사(通詞) 우라세 히로시의 시안(試案)

외무성은 판적봉환(版籍奉還) 이후 일한외교 접수 방침으로 나아갔다. 그 준비로 초량 왜관에서의 국교의 실정을 시찰하고, 타이슈 번이 일한외교를 관장하게 된 유래를 조사할 필요가 있었다. 외무성은 메이지 2년 9월 25일에 조만간 귀국할 예정이었던 이즈하라 번지사(藩知事) 소 시게마사에게 외무성 직원 한두 명을 붙여 현지를 조사시찰시킬 것을 태정관에 신청해서 10월 7일에 승인을 받았다.

메이지 2년 11월, 외무성은 전 군무관권판사(軍務官權判事)로서 당시 지쿠고노쿠니(筑後國) 구루메(久留未)에서 귀와(歸臥)[1] 중이던 사다 하쿠보^{모토이치로(素一郎)·나오히로(直寬)}를 외무성 출사(外務省出仕)[준(准)외무권대록]에 임용하고, 외무소록 모리야마 시게루^{히데아키(秀晃)}, 외무성 출사[준(准) 외무소록] 사이토 사카에^{시이치(志一)}와 함께 조선 출장을 명했다.

외무성 출사 사다 하쿠보 등의 조선 출장에 즈음해서 외무경 사와 노부요시와 외무대보 데라지마 무네노리는 (1) 타이슈와 조선 간 통교의 내력 및 그 형식을 조사할 것, (2) 조선의 국정(國情)이 과연 타이슈 번의 보고대로인지 조사할 것, (3) 공사무역(公私貿易) 현황을 조사할 것, (4) 장래 일한무역 개시를 준비할 것 등 4개 조목의 지령을 구두로 하달했다. 또한 사다 하쿠보의 말에 따르면, 이번 외무성 직원의 파견에 관해서는 모든 일을 타이슈 번과 협의하고, 조선에 도항할 때 저들의 시의(猜疑)를 피할 필요가 있을 경우 타이슈 번리(藩吏)로 가칭(假稱)해도 무방하다는 지시를 받았다. 또 이 4개 항목 중에서 (3), (4)의 무역 관계 사항은 사이토 사카에가 담당했다고 한다.[1]

사다 하쿠보, 모리야마 외무소록, 사이토 사카에 일행은 메이지 2년 12월 6일에 도쿄에서 출발해서, 도중에 나가사키에서 구루메(久留米)의 마치이샤(町醫者)[2] 히로츠 히로노부^{슌조(俊藏)}를 종자(從者)에 추가하고 메이지 3년 정월 28일에 쓰시마노쿠니 이즈하라에

---

1) 귀와(歸臥): 벼슬을 내놓고 귀향해서 한거(閑居)함
2) 마치이샤(町醫者): 에도시대에 번의(藩醫)나 어전의(御殿醫)와 달리 민간에서 개업한 의원을 가리킨다.

도착했다. 그곳에서 지번사(知藩事) 소 시게마사와 쓰시마 번의 중역들을 만나서 타이슈와 조선 간의 통교 내력과 절차를 조사했다.

사다 하쿠보 등은 타이슈에서의 조사를 마치고 2월 9일에 이즈하라를 출발하여 같은 달 22일에 초량 왜관에 도착했다. 그리고 20여 일간 왜관에 머물면서 대수대차사 정관(正官) 히구치 데츠시로, 왜관 관수번(館守番) 고마 이타루 등과 회담을 갖고 그들의 보고를 청취했지만, 어떤 새로운 사실도 듣지 못했던 것 같다.[2]

사다 하쿠보 등은 타이슈 번리(藩吏)로 가칭(假稱)하고 있었으므로 관수(館守)는 이들을 간사재판(幹事裁判)이라고 설명하고, 조정에서 대수대차사의 접대를 독촉하기 위해 보낸 것이라고 하면서 이를 기회로 대차사(大差使)의 하선연 설행(下船宴設行)과 서계 봉납(書契捧納)을 독책(督責)했던 것 같다. 훈도 안동준은 대수대차사를 엄한 말로 꾸짖어서 돌려보내기로 결정하고 있었는데, 이번에 도부(東武)의 특명으로 독촉을 위한 재판(裁判)이 온 것을 뜻밖으로 여기고, 지난 메이지 2년 11월에 왜관 관수(館守)에게 전달한 훈도·별차의 각서가 과연 도부(東武)에 진달되었는지 의심을 품었다. 이에 동래부사 정현덕에게 상신한 후, 동래부사의 단간(單簡)[3]을 통해 대수대차사 정관 및 왜관 관수에게 명백한 언사로 대수대차사를 책퇴(責退)한다는 것을 성명하고, 지난 메이지 2년 11월의 훈도·별차의 각서 등본을 함께 전달했다.

귀국이 '황(皇)'과 '칙(勅)'을 칭함에 천하에서 다른 말이 없다면, 자기 나라에서 시행하는 것은 본디 이연(犁然)[4]하게 타당하지만, 만약 그렇지 않다면 그것은 중보(重寶)로도 유혹할 수 없는 바요, 중력(衆力)으로도 위협할 수 없는 바입니다. 귀국 또한 폐방(弊邦)이 반드시 받지 않으리라는 것을 알고 있을 텐데, 경솔하게 시험하고 있으니 신실(信實)하지 못함이 심합니다. 저 300년 금석지맹(金石之盟)이 아직까지 서로 변함이 없는데, 한갓 무익한 말을 허비하면서 강요할 수 없는 일을 굳이 시행하려고 하니, 이는 영원히 우호하려는 것이 아닙니다. 이제라도 생각을 고쳐서 상구(常舊)[5]를 따르는 데 힘써 실화(失和)하는 지경에 이르지 않도록 하는 것만 못할 것입니다. '좌근위(左近衛)', '조신(朝臣)' 등의 글자, 도서(圖書)를 바꿔 쓴다는 설, '대인(大人)'을 '공(公)'으로 개서(改書)하는 것 또한 이해할 수 없습니다. 교린지도(交隣之道)는 한결같이 옛 규범을 준수하는 것이 귀하니, 폐방이 수락하려고 하지 않는 것이

---

3) 단간(單簡): 짧은 서한
4) 이연(犁然): 석연(釋然)함. 의혹이나 꺼림칙한 마음이 없이 확실함
5) 상구(常舊): 늘 변하지 않는 규칙과 오랜 관례

또한 마땅하지 않습니까? 진실로 옛 우호를 강구해서 천백 년을 하루같이 만들려는 마음이 있을진대, 어찌 여러 서계에서 적절히 참작해서 견사(遣辭)[6]하는 것을 어렵게 여겨서 구차하게 오래 버티겠습니까? 멀리서 생각건대 귀국 내에도 통련(通鍊)[7]해서 찬획(贊畫)[8]하는 인물이 있을 것인데, 아직도 계획이 이것으로 나오지 못하고 있으니 참으로 개탄스럽습니다. 잘 살피시길 바랍니다. 미처 갖추지 못하고 보냅니다.

경오년 3월   일 동래부백(東萊府伯) (印)

대차사공(大差使公)

관사공(館司公)[3]

메이지 2년 11월의 훈도·별차의 각서는 관수(館守) 및 관사관(幹事官)에게 보낸 것으로서 훈도의 개인적인 견해로 간주됐지만, 이번 동래부사의 단간(單簡)은 대수대차사 정관(正官)과 왜관 관수(館守)에게 보낸 것이기 때문에 비록 그 형식은 불충분하지만 대수대차사서계에 대한 조선 정부의 비공식적 회답이라고도 볼 수 있었다. 정관 히구치 데츠시로는 도선주(都船主) 고모다 다키에게 명하여 동래부사의 단간(單簡)을 갖고 일단 귀번(歸藩)해서 복명하게 했다. 사다 하쿠보 등도 3월 상순에 타이슈로 연달아 돌아갔다. 사다는 질병을 이유로 나가사키에 잔류하고, 모리야마 외무소록 등으로 하여금 상경하여 복명하게 했다.

사다 하쿠보는 후에 상경해서 외무성에 의견서를 제출하고 조선이 무분별하게 무신(武臣)의 격론(激論)을 써서 황국(皇國)을 멸시했으니 30개 대대 병력을 보내서 정토(征討)해야 한다고 주창하였는데, 모리야마 소록과 사이토 사카에도 그를 추종했다. 그러나 정부 부처 내에서는 출병을 시기상조라고 여겼기 때문에 사다 등의 의견은 서생론(書生論)으로 묻혔다고 한다.[4]

사다 하쿠보 등의 도한(渡韓) 시찰(視察)은 어떤 구체적인 효과도 거두지 못했지만, 타이슈 번에는 막대한 충격을 주었다. 즉, 구 막부에서 일한외교를 조사하기 위해 위원을 타이슈에 파견한 전례는 있었지만, 조선에 직접 도항시킨 경우는 없었다. 그런데 사다 등의 도한은 사실상 예전에 통보한 일한외교 접수에 실제로 착수한 것을 의미했으므로 타이슈 번 상하의 사활과 관계되어 인심에 큰 동요를 일으켰다. 사다 하쿠보 등의 도한

---

6) 견사(遣辭): 단어를 운용하는 것
7) 통련(通鍊): 일에 통달하고 숙련됨
8) 찬획(贊畫): 계획을 보좌함

에 즈음해서는 그 일행이 승선한 선박에 발포하는 자까지 나타났을 정도였다.[5]

타이슈 번 민심의 동요가 이처럼 심각했기 때문에 타이슈 번에서는 동래부사의 단간(單簡)을 쉽게 외무성에 진달할 수 없었다. 결국 외무성에서 엄중한 독촉을 받고나서야 메이지 3년 6월 2일에 앞의 단한(單翰)에 지번사(知藩事)의 의견서를 첨부해서 진달했다.

대정(大政)을 유신(維新)해서 조선국과의 교제를 친재(親裁)하실 것이라는 뜻으로 조의(朝議)를 거쳐 초안한 서계를 보내고, 재작년 무진년 겨울에 대수사(大修使)라는 이름으로 쥬야쿠(重役)[9]인 자를 보내서 선규(先規)에 따라 서한 사본을 저 나라 임역(任譯) 등에게 전달했습니다. 본 서한의 봉출(捧出)이 엄중해서 교섭을 했지만, 저들은 몇 달을 천연(遷延)하면서 말을 좌우로 돌리며 사절을 접대하지 않았을 뿐만이 아니었으니, 황조(皇朝)로서는 인의(隣誼)를 돈독히 하려는 성의(誠意)가 도리어 시의(猜疑)를 낳았습니다.

저들이 한결같이 친교를 좋아하지 않는 사정은 일찍이 아뢴 바 있으니 다시 췌언(贅言)하지 않겠습니다. 이에 대해서는 묘당에서 관(寬)·맹(猛) 두 가지 길의 근저(根底)를 우선 확정해서 지휘해주지 않으신다면 담판의 결말을 예측하기 어렵기 때문에 일찍이 건의한 내용도 있었습니다. 이에 대해 지난 겨울 판관어역소(判官御役所)에서 '대수사 교섭의 일을 격렬하게 응수한다면 도리어 훗날의 해를 낳을지도 모르니 어떤 나라라도 보전(保全)의 마음가짐으로 교섭하는 것이 간요(肝要)하기는 하나, 우리가 먼저 퇴거하는 조치를 취해서는 안 된다.'는 내유(內諭)의 지령을 받았습니다. 그러므로 본 번(藩)의 직무로는 어떤 나라라도 온당함을 위주로 담판할 각오였는데, 저들은 더욱 집요한 태도로 서계를 봉출(捧出)하지 않는 이유를 글로 써서 보내고, 또한 사절 퇴거 문제를 임역(任譯)이 제기했습니다. 그렇다면 종전의 방식으로는 어떻게 응접하고 변론을 다하더라도 한갓 시일을 허비할 뿐 효과가 없을 것입니다. 자못 고심하고 있던 중에 외무성 관원이 바다를 건너와서 한토(韓土)의 정태(情態)와 대수사 담판의 절차 등을 직접 청취하고, 또한 원역에게 간유(懇諭)[10]한 말도 있었습니다.

마침내 저들이 서계를 받지 않는 이유에 관해 별지와 같이 동래부사가 단간(單簡)을 보내왔습니다. 그 말이 대단히 불손하기는 하나, 구구한 절목(節目)을 갖고 힐론한다면 일에 무익할 뿐만 아니라, 세월을 지체해서 더욱 적절치 못하다고 생각되어 서면으로 전달받았습니다. 우선 대람(臺覽)[11]을 위해 보내드리오니 숙고해서 모쪼록 지휘를 내려주시길 바랍니다. 물론 가까운 시일 내에 관원이 귀조(歸朝)해서 모든 일을 알게 되실 것이고, 지금쯤이면 묘의(廟

---

9) 쥬야쿠(重役): 막부나 다이묘 가문의 중요한 야쿠닌(役人). 로주(老中), 와카도시요리(若年寄), 가로(家老) 등
10) 간유(懇諭): 간곡히 타이름. 정성스럽게 효유(曉諭)함
11) 대람(臺覽): 상대가 보는 것의 높임말

議)가 하나로 정해졌을 것으로 생각되나, 지금까지의 과정을 생각하면 은(恩)·위(威)를 병행하고, 관(寬)·맹(猛)을 때에 맞게 적절히 써서 결국 외방(外邦)에서 수모를 받지 않기를 바라는 마음을 이길 수 없습니다. 또한 외국에 대해 중대한 용건을 신속하게 복명하지 못했으니, 이는 원래 한인들의 완고한 국습(國習)에 기인한 것이라고는 하나, 제 직장(職掌)으로 볼 때 매우 황공합니다. 모쪼록 전후의 정실(情實)을 적절히 들으시고 향후 사절의 응수 방법에 관해 적의(適宜)한 처분을 내려주시길 바랍니다. 이상.

4월 11일

이즈하라 번지사(藩知事)

외무성[6] 어중(御中)

대수대차사가 거부되어 타이슈 번이 표방한 일한국교의 조정이 완전히 실패로 돌아갔으므로 이즈하라 번지사(藩知事) 소 시게마사와 권대참사(權大參事) 오시마 마사토모 등은 그 책임을 면할 수 없었다. 그 중에서도 오시마는 일한외교 쇄신의 주장자였으므로 국면 타개를 위해 고심하다가, 그의 오랜 친구 참의(參議) 기도 다카요시를 통해 정부의 양해를 구하는 한편, 지난날 대수대차사 간전관(幹傳官)으로서 공적을 세우고 중도에 병을 이유로 귀국한 통사(通詞) 우라세 히로시사이스케(最助)·요시히로(好裕)에게 상경할 것을 명하여 선후책을 협의했다. 오시마의 계획은, 우라세가 조선인들 사이에서 신망이 높은 것을 이용해서 그로 하여금 조선에 건너가 훈도·별차와 협의해서 타협안에 도달하게 한다는 것이었다. 그는 조선인들이 거부한 이유가 주로 대수대차사서계에 있다고 생각했다. 그래서 '일단 저들의 주장을 인정해서 저들이 이의를 제기한 자구를 삭제하고, 신인(新印)도 철회해서 대수대차사서계는 옛 도서(圖書)로 날인하여 국교 조정의 목적을 달성한 후, 기회를 보아 신인(新印)으로 날인하기로 협정하면 무방할 것'이라고 우라세에게 은밀히 지시했다.[7]

우라세 히로시는 오시마 마사토모의 지시를 받고 메이지 3년 5월 상순에 왜관에 도착한 후 같은 달 13일에 임소(任所) 성신당(誠信堂)으로 훈도 안동준을 방문해서 일한국교 조정에 관해 간담을 나눴다. 즉, '대수대차사서계 봉납을 허락하지 않고 환송(還送)을 요구했기 때문에 타이슈 번은 매우 큰 곤경에 처했으며, 지번사(知藩事)는 그 책임을 지고 조만간 면관(免官)될 것이다. 일본 정부에서는 조선의 불법적 행위에 분개해서 출병 응징을 주창하는 자도 있지만, 타이슈 번 권대참사(權大參事) 오시마 마사토모 등이 중심이 되어 강경론을 진정시키는 데 노력하고 있다.'고 설명하고 조선 측의 재고를 요구했다. 훈도 또한 우라세의 말을 양해하고, '타이슈 번이 조선 문제로 일본 정부에서 문책당하는 사태에 이른 것은 매우 유감스러운 바이며, 국면을 타개할 방법만 있다면 굳이 협의하는 데 인색한 것은 아니다.'라고 말했다. 이에 우라세는 본론으로 들어가서 대수대차사서계 문제를 제기하고, 오시마 권대참사의 지시에 따른 타협시안(妥協試案)을 내보였다.

"대수사의 서계를 접수하고 '황(皇)'이라는 글자를 회답 서한에 쓰기가 불편하시다면, '조정(朝廷)'이라는 글자로 바꾸더라도 그 문의(文意)의 대략을 볼 수 있으니, 가령 귀국이 대정연혁(大政沿革)의 마땅함을 통찰해서, '정체(政體)를 옛 것으로 복구하고, 조정에서 만기친재(萬機親裁)를 하셨다는 소식을 들었습니다. 무릇 국가의 법칙은 시대에 따라 변혁하는 것이 고금의 통상(通商)이니, 방내(邦內)를 능히 다스릴 대경(大慶)이라고 생각합니다. 이와 관련해서 구정(舊情)을 버리지 않고 더욱 인교(隣交)를 두텁게 하시니, 인의(隣誼)에 있어 감사하게 생각합니다.' 정도의 답서를 보내는 데 무슨 어려움이 있겠습니까? 또 '황(皇)'이라는 글자를 영원히 칭하기 불편하다면, 별한(別翰)을 통해서, 이번에는 오직 양국이 결교(結交)하는 주의(主意)를 취해서 대수사의 서계를 접수하더라도, 이후에는 하나하나 그 자세한 내용을 문의하신다면 저희 타이슈의 입장에서도 조명(朝命)을 받드는 것이 되어 사직(辭職) 분부도 나오지 않을 것이니, 그보다 더한 양국의 대경(大慶)이 없으리라고 생각합니다. 덧붙여 말씀드리자면 귀국에서 별한(別翰)으로 사정을 문의하는 부분은, 중개를 두신다면 조금도 어렵지 않을 것입니다."

훈도는 이 같은 우라세의 설명을 듣고 크게 난색을 표시했다. 특히 '황(皇)', '칙(勅)' 등의 자구에 관해서는 청국 조정의 생각을 살피지 않을 수 없고 도저히 청국에서 승인받을 가능성도 없지만, 일단 급서(急書)를 보내서 우라세의 설명을 의정부에 진달할 것이니, 한편으로 타이슈에서도 조선의 곤란한 입장을 일본 정부가 충분히 이해하도록 진력해 달라고 요청했다.

그 다음에 우라세는 화두를 돌려서, 간바쿠(關白) 폐지 이후에 그를 대신하는 대신을 두어 일한국교를 관장하게 하는 안건을 언급했다. 이것은 예전 훈도의 주장에 따른 것이었다. 우라세는 최근의 왕정복고의 의미를 상세히 설명하고, 간바쿠(關白)를 대신해서 세습 대신을 두는 것은 왕정복고의 본의를 무시하는 것으로 실행할 수 없다고 역설했다. 훈도도 점차 그 사실을 인정했으므로 우라세는 다시 한 걸음 더 나아가서, 사견(私

見)을 전제로 일한 두 나라의 국체(國體)의 차이에 관해, "천황, 국왕을 언급하지 않고 쌍방 모두 놓아둔 채 양국 정부가 동사(同士)[12]의 통교를 한다면, 경조(慶弔)와 빙문(聘問)의 예에서도 쌍방이 대등한 교제를 할 수 있으니 양국 모두 지장이 없을 것입니다. 신사(信使)를 대신해서 귀국 영의정이 직접 바다를 건너온다면 본방(本邦)에서도 정부의 장(長)이 바다를 건너갈 것입니다. 또는 쌍방의 사개(使价)로 빙문(聘問)을 통할 수도 있으니 어떻게 해도 가능할 것입니다."라고 했다. 훈도도 이 타협안에 동의하고, 그 정도면 정부에서도 동의할 것이라고 말했다. 우라세는 만약을 위해서, 이 타협시안의 진의는 대수대차사서계의 개찬(改撰)을 조선에서 허락한 후, 앞에서 말한 것처럼 양국 정부의 이름으로 하는 대등한 국교를 여는 데 있다고 설명했다. "대수사 서체(書體)의 취지에 따라 구인(舊印)은 변통하고 서계는 개찬할 것입니다. '황(皇)'이라는 글자가 있던 곳을 '조정(朝廷)'으로 수정하시고, 그 교제의 체식(體式) 같은 것은 양측의 편의 등을 참작해서 강정(講定)한다는 문구를 추가하면 될 것입니다. 귀국에서도 이러한 뜻을 받아들여서 본방(本邦)의 승평(昇平)을 축하하고, 인의(隣誼)의 두터움에 감사한다는 문의(文意)로 회답 서한을 작성하신다면 대수사의 직분도 일단락될 것입니다. 추후에 앞에서 말한 정부 등대(等對)[13]의 일을 강정사(講定使) 등을 통해 강정한다면 아무 장애가 없으리라고 생각합니다." 훈도는 대체로 우라세의 협의 시안에 이의가 없었으므로 바로 정부에 신청해서 메이지 3년 6월 10일까지 회답하기로 약속했다.[8]

우라세의 타협시안은 대수대차사서계의 개찬과 도서(圖書) 변경의 중지를 조건으로 일단 서계를 정납(呈納)한 후, 서계와 도서(圖書) 개정 문제는 추후에 별도로 강정대차사(講定大差使)를 보내서 동래부사 및 접위관(接慰官)과 상의하게 한다는 것이었다. 이 방법은 에도시대에 조약을 강정할 때 행해졌던 관례였으니, 훈도가 동의한 것도 당연했다.

훈도 안동준은 우라세 히로시의 타협시안을 동래부사 정현덕에게 보고하고, 동래부사가 묘당에 등보(謄報)[14]해서 그 회하(回下)가 내려오는 것을 기다렸다가 대수대차사서계의 개찬을 왜관 관수(館守)에게 요구할 예정이었다. 그런데 그때 우라세 히로시와 안동준이 예상하지 못한 사건이 발생해서 타협시안은 수포로 돌아갔다.

이보다 앞서 일본 주차 북독일연방 대리공사 막스 폰 브란트(Max August Scipio von

---

12) 동사(同士): 일본식 한자어로 신분이나 환경, 성질 등이 서로 공통된 사람 사이, 즉 한 패, 동아리 등을 뜻하는 말이다.
13) 등대(等對): 대등(對等)
14) 등보(謄報): 등서(謄書)해서 보고함

Brandt)는 외무성에 주고쿠(中國)·시코쿠(西國)·규슈(九州) 지방 연안의 시찰 허가를 청구했다. 외무성은 메이지 3년 4월 14일에 이를 허가하고 외무소승 마와타리 도시유키(馬渡俊邁)하치로(八郎)에게 동선(同船)할 것을 명했다. 브란트 공사는 군함 헤르타(Hertha)를 타고 예정된 계획을 실행한 후, 나가사키에서 부산 시찰을 계획하고 나가사키 현에 조선어 통역의 인선을 의뢰했다. 나가사키 현에서는 타이슈 번 기키야쿠(聞役)[15] 사가라 마사키단조(丹藏)에게 의뢰해서 나가사키에 체재 중인 통사(通詞) 나카노 교타로(中野許太郎)를 추천했으므로 공사는 그를 고용해서 5월 3일에 부산에 입항했다.[9]

이양선이 부산에 입항한 것은 공전의 대사건이었다. 동래부사 정현덕과 부산첨사 조의현(趙儀顯)은 크게 당황해서 우선 동래부 중군(中軍) 정한봉(鄭漢鳳)과 별포수별장(別砲手別將) 문헌주(文憲周)에게 명하여 정예 군병을 이끌고 부산으로 급히 달려가게 했다. 그리고 부사 자신도 당일로 부산에 출장해서 지휘를 맡았다. 더욱이 이양선 내에 일본인 몇 명이 편승해 있을 뿐만 아니라 그 중 한 사람이 왜관 재근 통사로서 조선인 사이에서 널리 알려진 나카노 교타로라는 사실이 판명되자 문제가 심각해졌다. 부사는 훈도 안동준과 별차 이주현에게 명하여 왜관 관수(館守)에게 엄중한 항의를 제출하게 했다. 관수번(館守番) 고마 이타루도 일이 뜻밖으로 흐르는 데 경악해서, 나카노의 말이라고 하면서 이양선은 독일국 선박이며, 그 내항한 취지는 "독일국 사람의 말에, '우리 대양(大洋)에 속한 나라들이 각각 다른데, 만약 태풍을 만나서 조선에 표류해 오는 사람이 있으면 그 소속을 묻지 않고 바로 모두 도륙한다고 하니, 이것이 해국(海國)의 행상인들이 지극히 원망하는 부분이 아니겠는가? 일본인은 이미 조선과 인호(隣好)가 있다고 하니, 이러한 사정을 문서로 작성해서 통고하라. 우리 선박을 함께 타고 조선으로 가도 좋을 것이다.'라고 했다. 그러므로 부득이 동선(同船)해서 온 것"에 지나지 않는다고 해명했다. 훈도는 동래부사의 명에 따라 '이번에 이 양추(洋醜)를 초멸(剿滅)하지 않는 것은 전적으로 일본인이 동선(同船)해서 옥석구분(玉石俱焚)[16]을 두려워하기 때문이다. 그러므로 속히 일본인을 하선시키고 이양선은 즉시 퇴거시킬 것'을 요청했다.[10]

브란트 대리공사는 마와타리 외무소승을 통해 동래부사의 요구를 전해 듣고는 독일 군함에 일본인을 태웠다는 이유로 부산 주재 일본 관헌이 곤란한 처지에 놓이게 된 것

---

15) 기키야쿠(聞役): 에도시대에 주고쿠 지방이나 규슈 지방의 번(藩)에서 나가사키에 두었던 관직의 이름으로 나가사키 부교(奉行)와 본 번(藩)의 연락을 담당했다.

16) 옥석구분(玉石俱焚): 좋은 것과 나쁜 것이 함께 사라져버림을 비유하는 말로『書經』胤征에 나오는 "곤산에 불이 나면 옥이나 돌이나 구분 없이 타버린다[火炎崑岡 玉石俱焚]."는 구절에서 유래했다.

을 크게 유감으로 여겼다. 그리고 조선 관헌의 요구에 따라 정박하는 시간을 최소한도로 줄이고 가능한 한 신속하게 출항하겠다고 약속했다.

군함 헤르타가 정박했을 때, 공사는 통사 나카노 교타로를 거느리고 왜관에 상륙한 뒤 수문(守門)을 벗어나 동래부 방면으로 산책을 시도했다. 일행에 대한 주민들의 태도는 비교적 은근(慇懃)[17]해서 조금도 적의를 나타내지 않았다. 그런데 설문(設門)에 다다르자 많은 수의 군민(軍民)이 통로를 막고 이 문밖은 일본인도 통행을 허락하지 않는다고 하면서 물러갈 것을 강요했다. 브란트 공사는 이 괴이한 광경에 경악했지만, 그 요구를 받아들여서 물러났으며 그 뒤로는 조금도 불쾌감을 줄만한 행동을 하지 않았다.

그 사이 정박 중이던 군함 헤르타는 시위 목적으로 공포 연습을 실시하고, 다음 날인 5월 4일에 브란트 공사 이하를 태우고 부산에서 출항했다.[11]

독일연방 군함의 부산 입항과 이 함선에 일본인, 특히 전에 왜관에서 근무한 타이슈 번 통사가 동승해서 각종 편의를 돌봐준 사실은 왜양(倭洋)이 통모(通謀)한 혐의가 있었으므로 조선 정부에 일대 동요를 일으켰다. 조선 정부는 동래부사의 장계를 접하자마자 5월 12일에 바로 예조참의 이름으로 타이슈 번에 엄중한 항의를 제출했다. "본방(本邦)이 귀국과 강신수호(講信修好)함은 부녀자들도 모두 아는 바입니다. 그런데 나카노의 무리가 귀국인으로서 번박(番舶)[18]을 이끌고 와서 제멋대로 국경을 침범했습니다. 그 정상(情狀)이 괴비(怪秘)하고 종적이 섬망(閃妄)[19]하니, 엄히 사판(査辦)[20]하고 근유(根由)를 통렬히 제거해서 비류간란(匪類奸闌)[21]의 싹을 끊지 않을 수 없습니다." 또 청 예부에도 자문을 보내서 왜양 통모의 혐의가 있음을 상신했다.[12]

이 사건은 우라세 히로시의 노력으로 호전되기 시작한 일한관계의 조정을 다시 돌려놓았다. 동래부사의 장계를 받은 의정부는 "왜관이 양추(洋醜)와 화응(和應)[22]한다."는 것을 이유로 대수대차사서계의 개찬 정납을 중단한 후 향후 경과를 잠시 관망하기로 하고, 이러한 뜻을 동래부사에게 회하(回下)했다.[13]

---

17) 은근(慇懃): 공손함, 정중함
18) 번박(番舶): 무역을 위해 들어온 외국 상선
19) 섬망(閃妄): 원문은 섬망(閃妄)으로 되어 있는데, 섬홀(閃忽)의 잘못인 것으로 보인다. 섬홀은 변화무쌍하여 일정치 않은 모양을 뜻하는 말이다.
20) 사판(査辦): 내막을 조사하여 처리함
21) 비류간란(匪類奸闌): 비류(匪類)는 강도(强盜), 또는 행실이 부정한 사람이라는 뜻이고, 간란(奸闌)은 간악하고 망령된 행동을 뜻한다.
22) 화응(和應): 호응(呼應)

훈도 안동준은 동래부사의 명을 받고 6월 13일에 우라세 히로시를 방문해서, 정부 방침은 이양선 사건으로 일변했으며, 훈도 또한 왜양통모(倭洋通謀)를 미리 탐지해서 보고하지 못했다는 이유로 견책당했다는 말을 전했다. 우라세는 통사 나카노 교타로는 완전히 개인 자격으로 외국 군함에 편승한 것이라고 설명했지만 훈도는 그런 변명이 조정에서 받아들여질 여지는 없다고 했다. 양쪽 모두 지금과 같은 형세에서는 우라세가 제시한 타협시안은 도저히 실행될 가망이 없다는 것을 인정하고 이날의 회담을 마쳤다.[14]

끝으로 대수대차사 및 왜관 원역(員役)의 이동을 여기에 부기한다. 대수대차사 도선주(都船主) 고모다 다키는 메이지 3년 3월에 타이슈에 중도 귀향한 뒤에 그 상태로 귀임(歸任)하지 않고 같은 해 12월 29일에 파면되었으며, 메이지 4년 정월 18일에 타이슈 번 대속(大屬) 란바 아사카(難波安積)가 대수대차사와 도선주를 겸임했다. 그리고 왜관 관수번(館守番) 고마 이타루, 간사관(幹事官) 겸 일대관(一代官) 가와모토 구사에몬은 비위를 저질러서 메이지 3년 윤10월 16일(가와모토는 윤10월 20일)에 파면되고, 11월 13일에 타이슈 번 권대참사(權大參事) 후카미 마사카게^{로쿠로(六郞)·다이라 마사카게(平正景)}가 그 후임 관수(館守)에, 메이지 4년 정월 18일에 아오야마 한지로[후에 우메츠 시게타로(梅津茂太郞)로 교대됨]가 일대관(一代官)에 임명됐다.[15]

【원주】

1 『宗重正家記』卷四 韓國之部 明治二年;『大日本外交文書』第二卷 第三册(五七四) 明治二年十一月朝鮮へ被差遣候もの心得方御達之案; 佐田白茅,『征韓論の舊夢談』(明治文化全集 卷二二 雜史編) 38~39쪽.

2 『大日本外交文書』卷三(八六) 明治三年四月四日嚴原藩知事屆書·(八七) 四月佐田白茅等朝鮮國交際始末內探書;『征韓論の舊談夢』43쪽.

3 『朝鮮交際始末』卷一.

4 『朝鮮交際始末』卷一;『征韓論の舊夢談』44쪽, 46~52쪽.

5 『征韓論の舊夢談』41~42쪽.

6 『宗重正家記』卷三 明治三年朝鮮御用件書取.

7 『大日本外交文書』卷三(九五) 附記明治三年四月浦瀨最助別密會草案.

8 『浦瀨最助訓導え應對書取』.

9 『太政官日誌』明治三年四月十三日·十四日; *Papers relating to the Foreign Relations of the United States*, 1871. p.75.

10 『東萊府啓錄』同治十一年五月四日·五日;『日省錄』李太王庚午年五月十一日·十二日.

11 *Papers relating to the Foreign Relations of the United States*, 1871. pp.74~75.

12 『日省錄』李太王庚午年五月十二日;『同文彙考』附編續 邊禁一.

13 『日省錄』李太王庚午年八月二十五日.

14 『朝鮮交際始末』卷一;『大日本外交文書』卷三(九五) 附屬書一 明治三年五月十三日浦瀨最助訓導接應槪略·附屬書二 明治三年六月十三日 同上·(一〇〇)明治三年九月朝鮮新;『報=付浦瀨最助返答書』.

15 『大修參判使往復書狀控』明治三年.

외무성 파견원의 직접 교섭

메이지 3년 5월 왜관에서의 간전관 우라세 히로시와 훈도 안동준의 회담은 결국 실패로 끝나고 말았지만, 외무당국에 중요한 시사점을 주었다.

이보다 앞서 조선과 타이슈 번 간 교섭이 대단히 착종(錯綜)[1]되어 진상 파악에 어려움을 겪고 있던 정부 부처 내에서는 이 문제에 관해 당분간 그대로 방치하자는 의견도 있었지만, 메이지 3년 8월에 우라세 히로시와 안동준 회담의 상보(詳報)가 도착하자 외무경 사와 노부요시와 외무대보 데라지마 무네노리는 그것에 크게 주목했다. 이 회담에 따르면, 현재 일한교섭의 암적 요소라고 할 만한 '황(皇)', '칙(勅)' 문제는 일체 건드리지 않고 양국 대신의 공문을 통해 대등한 형식으로 국교를 개시한다는 의미가 내포되어 있었고, 또 조선이 타이슈 번의 중개를 배제하고 직접 외무성 파견원을 받아들일 용의가 있음을 시사하고 있었던 것이다. 유일한 문제는 이 타협시안이 메이지 3년 5월, 독일 군함의 부산 입항으로 인해 자연 소멸된 데 있었지만, 조선의 정치적 사정에 어두운 외무당국은 여전히 이 사건을 그리 중요하게 보지 않았다. 외무당국은 타협시안의 취지에 따라 외무성에서 타이슈 번을 경유하지 않고 직접 조선에 교섭위원을 파견하며, 또 위원에게 부여할 서계는 소 시게마사의 이름이 아니라 외무경과 대승이 직접 조선국 예조판서, 동래부사, 부산첨사 앞으로 보내는 형식을 취할 것을 입안해서 태정관에 품신(稟申)했다.

예전에 타이슈 사람 우라세 사이스케와 ○히로시 훈도의 응접 대의(大意)를 숙고했는데, 결국 정부와 정부 사이의 교제가 되는 것은 저들이 희망하는 바라고 생각되므로, 이번 기회를 이용해서 전부터 내의(內意)를 품고 있었던 두 사람 모리야마·히로츠(외무권대록 모리야마 시게루, 외무성 십이등출

---

1) 착종(錯綜): 복잡하게 뒤엉켜 얽힘

^{사 히로츠 히로노부)} 외에 이제 1명을 정부에서 인선하고, 타이슈에서도 소개해야 합니다. 덧붙여 말씀드리자면, '대차(大差)' 등의 명의를 사용하지 않고 외무성의 명(命)으로 도한(渡韓)시킨후, 두 통역과 그 밖의 자들에게 친후(親厚)한 교정(交情)을 간절히 유시(諭示)해서 의단(疑團)을 영원히 해소한 다음에 기회를 봐서 동래부사 또는 부산첨사와 면회를 약속한다면, 저들이 평소부터 마음이 있는 바니 필시 숙의할 것입니다. 우선 정부 상호의 교제를 한다면, 그다지 훗날의 해가 되지는 않으리라고 생각되므로 정부에서 급히 인선하시길 바랍니다. 이 상태로 오는 봄까지 방치해야 한다는 의론도 있으나, 그것은 필경 훗날의 목적을 달성하기 어려운 논의입니다. 그것이 비록 타당하기는 하지만, 정부만의 교제를 강구한다면 온당할 뿐만 아니라 또 저들의 마음에 이미 함축된 기회를 이용하는 것이기 때문에 대략 목적을 달성하여 교화(交和)를 깨뜨리는 폭담(暴談)에 결코 이르지 않을 것입니다. 그렇다면 염려하시지 않아도 될 것이니 부디 속히 평결(評決)해주시길 바랍니다.

경오년 8월 25일
데라지마 외무대보
사와 외무경¹

외무당국의 신청은 태정관의 승인을 받았다. 그리하여 메이지 3년 9월 18일부로 외무권소승 요시오카 고키에게 조선 파견의 명령이, 그리고 외무권대록 모리야마 시게루와 외무성 십이등출사 히로츠 히로노부에게 그 수행 명령이 각각 내려졌다. 이 위원의 주체가 오히려 수행원인 모리야마와 히로츠였다는 것은 외무경보(外務卿輔)의 상신에서도 알 수 있다.

메이지 3년 9월 20일, 요시오카 외무권소승 등은 외무경보의 지시에 기초해서 그 대요가 다음과 같은 수속서(手續書)를 제출해서 허가를 받았다.

하나, 외무경이 저 나라 예조판서에게 보내는 서계 및 외무대승이 동래·부산 두 사또에게 보내는 서계를 보내주실 것.

하나, 도한(渡韓) 후 가장 먼저 취할 수순은, 그곳에서 체관(滯館)하는 구 타이슈 번 제사(諸士)와 시의(時宜)를 신중하게 상의한 후, 훈도와 면담을 갖고 순순(諄諄)²⁾하게 양국 순치(脣齒)의 후정(厚情)과 성의(盛意)를 설유(說諭)해서 저들의 의단(疑團)을 영원히 해소하는 것이다. 그런데 이번에 목적으로 하는 정부 대등교섭의 대의(大意)는, 저 훈도

---
2) 순순(諄諄): 다정하고 간곡하게 타이르는 모양

가 타이슈 번에 내의(內意)를 탄원하도록 조처한 다음에 가져간 서계를 제출하는 것이 양책(良策)이다.

하나, 조선 측에서 위 서계를 수용한 이후, 더욱 간절한 뜻을 전하고 서서히 지금의 형세를 정성껏 설명하라. 그리하여 가장 먼저 판서(判書)에게 교정(交情)을 상세히 알린 다음에는 통신(通信)의 흠차대사(欽差大使)는 저들이 먼저 보내든지 아니면 우리가 먼저 보내든지 간에 선후로 반드시 내왕하지 않을 수 없는 상황을 만들고, 혹은 종전에 공사무역(公私貿易)이라고 한 것을 깨우쳐서 다시 관민(官民)의 실정에 서로 어그러지지 않는 양법(良法)을 상작(商酌)[3], 담판해야 한다.

하나, 이번 도항(渡航)에 관해, 구례(舊例)에 따라 모든 일을 협동하고 알선하라는 뜻을 태정관에서 이즈하라 번지사(藩知事)에게 다시 분부해 주실 것. ○절략(節略)**2**

그리고 외무경과 외무대승이 예조 및 동래·부산에 보낼 서계 문안은 다음과 같이 정해졌는데, 메이지 3년 5월 13일의 우라세 히로시와 안동준 회담의 취지에 기초해서 '황(皇)', '칙(勅)', '조신(朝臣)' 등 종전에 마찰을 빚었던 자구의 사용을 일체 피하고 있다.

일본국 외무경 사와 노부요시가 조선국 예조판서 모(某) 공(公) 합하께 글을 올립니다.

전에 우리 조정에서 소 요시아키라에게 귀국과 구교(舊交)를 거듭 펼 것을 모의(謀議)하라고 명한 지 이제 3년이 되는데 아직까지 다시 상주한 바가 없습니다. 돌아보건대 귀국의 제현(諸賢)이 혹 본방(本邦)에서 옛 교분을 거듭 펴는 뜻을 미처 양해하지 못한 것이 있는 듯합니다. 그러므로 특별히 거듭 진술해서 알리는 것입니다.

우리나라는 중세 이래로 병마지권(兵馬之權)을 장군가에 위임하고 강역(疆域)의 정치 또한 관장하게 했습니다. 그런데 이제 세운(世運)이 일변해서 우리 조정이 강기(綱紀)를 경장하여, 폐해를 혁제(革除)하고 정령(政令)을 유신(維新)했습니다. 원래 귀국과 깊은 인의(隣誼)를 맺은 지 이미 300여 년이 되었으니, 마땅히 다시 구의(舊誼)를 펴서 양국의 맹약을 더욱 돈독히 다져서 영원히 변치 않게 해야 할 것입니다. 게다가 밤하늘의 별과 바둑판의 돌처럼 무수히 많은 해외 여러 나라들이 문(文)을 닦고 무(武)를 강구하며, 선박의 편리함과 대포의 예리함으로 원근을 불문하고 이르지 않는 데가 없습니다. 이러한 때를 당하여 국토와 인민을 책임진 자가 어찌 심모원려(深謀遠慮)하지 않을 수 있겠습니까? 귀국의 동쪽은 곧 우리의 서쪽입니다. 그 거리가 겨우 한 조각 거룻배로 지날 정도에 지나지 않아서, 입술과 이가 서로 의지하

---

3) 상작(商酌): 헤아려서 짐작함

는 듯 존망이 서로 관계되니, 이것이 그 인의(隣誼)가 더욱 돈독하고 굳건해지기를 바라는 가장 큰 이유입니다. 고명한 합하께서는 필시 소견이 있을 것입니다. 성신(誠信)의 소재를 마음에 있는 대로 말씀드렸으니, 부디 합하께서는 옛 교분을 거듭 펴는 성의를 살펴서 양국을 위해 잘 생각하시고, 밝게 회답을 보내시길 바랍니다. 미처 다 적지 못하고 보냅니다.

메이지 3년 월 일

외무경 사와 노부요시

일본국 외무대승 마루야마 사쿠라(丸山作樂)가 조선국 동래, 부산 양(兩) 영공(領公) 합하께 글을 올립니다.

전에 우리 조정에서 소 요시아키라에게 명하여 귀국과 구호(舊好)를 중수하려는 뜻을 전달하게 했는데, 요시아키라가 아직까지도 복명하지 않았습니다. 그러므로 우리 외무경께서 특별히 귀국 예조판서 공께 글을 보내고, 본방(本邦)의 정권이 복고(復古)된 정상을 상세히 알리고 양국 심맹(尋盟)[4]을 상의하는 일을 요시오카 고키, 모리야마 시게루, 히로츠 히로노부에게 맡겨서 글과 함께 귀국에 파견하는 것입니다. 겸하여 양(兩) 공(公) 합하를 뵙고 직접 본방(本邦)의 성의의 소재를 진술하게 했으니, 부디 이 사원(使員)들을 관대하게 대접하시고 그들이 진술하는 바를 청납(聽納)하시며 그들이 가져가는 외무경의 서한을 예조판서 공께 전달하시길 바랍니다. 그리고 양(兩) 공(公) 합하께서도 그 사이에서 주선해서 양국의 심맹(尋盟)이 만세토록 변치 않게 하신다면 매우 큰 다행이겠습니다.

메이지 3년 월 일

외무대승 마루야마 사쿠라[3]

9월 20일의 요시오카 외무권소승 등의 상신에 따라 태정관은 타이슈 번에 외무성 직원의 조선 파견을 통보하고 "모든 일에 불편함이 없도록" 조치할 것을 명했다. 타이슈 번에서는 이를 지번사(知藩事)의 권한을 침해하는 것으로 의심해서 10월 2일에 우카가이쇼(伺書)[5]를 제출했는데, 이에 대해 태정관에서는 외무성과 협의하라는 지령을 내렸다. 그래서 타이슈 번은 직접 요시오카 외무권소승에게 공문을 보내서 그 사명(使命)의 내용과 권한 등을 질의했다.

---

4) 심맹(尋盟): 옛 맹약을 다시 돈독히 함
5) 우카가이쇼(伺書): 관청 등에서 지시를 구하기 위해 상사나 상급 기관에 올리는 문서

하나, 이번에 조선국에 도해(渡海)하는 일과 관련해서, 지난번에 관원이 도해(渡海)했을 때는 이즈하라 번의 자격으로 도해(渡海)했는데, 이번 분부에 따르면 외무성 역원(役員)의 자격으로 공식적으로 도해(渡海)하는 것으로 알고 있습니다. 그런데 저 나라와의 교제에서 예외적인 일은 사전에 협의하는 것이 선규(先規)이니, 별도로 신례(新例)를 만든다면 저들이 당장 승복하지 않으리라는 것은 지금까지 여러 차례 진술해서 잘 아실 겁니다. 그러나 지금의 일은 격별(格別)한 사정이 있기 때문에 시의(時宜)에 따른 조치일 수도 있는 바, 도해(渡海)의 일은 이제까지와 마찬가지로 선례에 따라 사전에 교섭해서 저 나라의 승낙을 얻은 다음에 도해(渡海)할 생각이신지, 아니면 바로 도한(渡韓)한 다음에 관원의 칭호를 제시하실 것인지 미리 알고 싶습니다.

하나, 재작년 겨울에 조명(朝命)을 받들어 도한(渡韓)한 대수사(大修使)의 서계에 저 나라에서 기휘(忌諱)하는 자구(字句)로 인해 지장이 있다고 하면서 신속하게 황국의 성의(誠意)에 복종하지 않은 시말은 잘 아시는 바와 같습니다. 이제까지의 경과로 볼 때, 앞으로 어떻게 응접하더라도 부질없을 뿐 아니라, 도리어 국위(國威)를 손상하는 때가 올지도 모릅니다. 그러나 이제 외무성에서 도해(渡海)하는 이상, 그 단서를 고쳐서 담판하는 것은 매우 지당한 도리라고 생각합니다. 그렇다면 대수사가 지금처럼 부질없이 체재할 경우, 겉으로 보기에 좋지 않음은 말할 것도 없고, 자연히 관원의 담판도 대수사와 같은 전철을 밟아서 원래 취지가 마멸(磨滅)될 것이니, 공무에 해를 끼칠까 불안하고 두렵습니다. 그러므로 관원의 도해(渡海) 이전에 대수사를 퇴거시키고, 그 다음에 그 단서를 고치는 것이 순서라고 생각합니다. 이에 대수사의 진퇴에 관해 일단 상의하고자 합니다.

하나, 이번 도한(渡韓)과 관련해서 부속될 직무에 관해 명을 받고자 합니다.[4]

타이슈 번의 질문에 대해 요시오카 외무권소승은 외무경보에게 문의한 후, 부전(附箋)으로 다음과 같이 회답했다.

제1조에 관해서는 다음과 같이 회답했다.

한국을 대하는 양국의 구례(舊例)에, 임시 사개(使价)가 왕래할 때는 선문사(先問使)를 파견해 왔다고 들었으나, 이번의 일은 정사(正使)가 아니라 교제 이전에 교섭하는 것이니, 도한(渡韓)한 다음에 순순(諄諄)하게 인교(隣交)의 성의(誠意)를 고지하게 해서 교제의 수순을 세울 예정이다. 따라서 선문사(先問使)는 보내지 않고 타이슈에 가서 협의할 것이다.

이 건은 대단히 중요하다. 타이슈 번의 질문은 외무성 파견원이 메이지 2년의 사다 하쿠보 일행처럼 타이슈 번리(藩吏)의 자격으로 도항하는 것인지, 아니면 정식으로 외무성 직원의 자격으로 도항하는 것인지 여부를 확인하고, 그에 따라 타이슈 번 자신의 태도를 결정하려는 것이었지만, 그 의미를 이해하지 못한 요시오카 권소승의 회답은 완전히 논점에서 벗어나 있었다. 다만 이즈하라에 도착한 후에 타이슈 번의 지참사(知參事)[6]와 협의하겠다고 한 점에서 이 문제를 중시하고 있음을 알 수 있다.

제2조에 대한 부전(附箋) 회답은 다음과 같다.

이번에 보내는 외무성 서계에 타이슈의 대차사(大差使)가 아직 복명하지 않아서 해당 관원을 파견한다는 내용이 있으니, 대차사는 지금 대번에 철수하지 않고, 관원이 도한(渡韓)한 다음에 시의(時宜)에 따라 진퇴의 조치가 있을 것이다. 이를 비롯하여 모든 일은 타이슈에 가서 지참사(知參事)와 이야기를 마친 후가 아니라면 지금 미리 규정하기 어렵다.[5]

이 건은 제1조와 관계가 있다. 이미 외무성에서 직접 위원을 파견하기로 한 이상, 대수대차사가 왜관에 체류하는 것이 무의미해졌으므로 타이슈 번이 그 처분을 급히 결정해 달라고 요구한 것은 당연했다. 이에 대한 요시오카 외무권소승의 회답은 부산으로 건너간 다음에 시의(時宜)에 따라 대차사의 진퇴를 지휘하겠다고 하는 것에 불과했다. 요컨대 요시오카 권소승, 모리야마 권대록, 히로츠 히로노부는 일한외교 접수의 중임을 띠고 파견되지만 사명(使命)을 달성할 자신이 없었기 때문에, 그 구체적 방법에 관해서는 다년간의 경험을 가진 이즈하라 번지사(藩知事)와 참사(參事)의 지도와 원조를 구할 작정이었던 것이다.

요시오카 외무권소승, 모리야마 외무권대록, 히로츠 히로노부 일행은 메이지 3년 10월에 도쿄에서 출발해서 10월 12일에 이즈하라에 도착했다. 그리고 지번사(知藩事) 소 시게마사 이하와 협의를 거듭한 결과 일행은 외무성 파견원의 자격으로 공식적으로 도항한다는 것, 따라서 대차(大差)와 소차(小差) 어느 쪽의 형식도 따르지 않는다는 것, 그리고 대수대차사는 당분간 현상을 유지한다는 것 등을 협정했던 것 같다. 또 대차사를 보내기에 앞서 재판(裁判)을 먼저 보내는 것이 오랜 관례였지만, 이번에는 그것을 생략하고 별도로 타이슈 번청(藩廳)에서 왜관 관수(館守) 후카미 마사카게에게 유서(諭書)를

---

6) 지참사(知參事): 지사(知事)와 참사(參事)

보내서 외무성 파견원의 도한(渡韓)과 그 사명(使命)을 훈도·별차에게 통고하는 방식을 취했다.

전에 조명(朝命)을 받들어 사개(使价)를 파견한 것은 본방(本邦)의 정권복고(政權復古)의 전말을 보지(報知)하기 위한 것이었다. 그런데 저들이 한갓 구구한 언설을 고집하면서 서계를 봉출(捧出)하지 않다가 결국 동래부에서 응낙하지 않는다는 서의(書意)가 있었다. 그러므로 이상의 정실(情實)을 조정에 자세히 아뢰고 관재(官裁)[7]를 청한 것은 직사(職事)[8]의 당연한 직분을 다한 것이다. 그런데 조정의 의론은 사실이 아직 관철되지 않았다고 여겼다. 이 때문에 관원 요시오카 고키, 모리야마 시게루, 히로츠 히로노부를 파견해서 동래부에 가서 면회하고 직접 본방(本邦)의 정중한 성의를 알림으로써 구맹(舊盟)을 다시 펴려는 것이니, 이는 인의(隣誼)를 더욱 돈독히 하여 영원히 변치 않게 하려는 것이다. 이 유서(諭書)가 도착하는 대로 바로 이러한 사유를 훈도와 별차 등에게 간곡히 고해서 양국 교제가 순후(淳厚)한 데로 돌아가게 힘쓰라.

경오년 10월　 일

정소(政所)

이상과 같이 관사(館司)에게 효유함.[6]

요시오카 외무권소승 등은 메이지 3년 10월 29일에 이즈하라에서 출발해서 11월 3일에 오랜만에 왜관에 도착했다. 그리고 대수대차사 정관(正官) 히구치 데츠시로, 관수대리(館守代理) 란바 아사카 등과 협의를 갖고 수행원 중 간전관(幹傳官) 히로세 나오유키, 우라세 히로시에게 명해서 훈도 안동준과의 회견을 요구하였으나, 훈도는 타이슈 번리(藩吏) 이외의 모든 사람과의 회견을 거부했다.[7]

메이지 4년 2월에 이르러 이즈하라 번지사(藩知事) 소 시게마사는 옛 관함(官銜)으로 동래부사에게 서계를 보내서 신정부 외무성의 성격과 그 파견원의 사명(使命)을 설명하고, 부사에게 외무성 파견원을 만나서 그의 진술을 청취해 줄 것을 간청했다.

일본국 좌근위소장(左近衛少將) 쓰시마노카미(對馬守) 다이라노 요시아키라(平義達)가 조선국 동래, 부산 두 영공(令公) 합하께 글을 올립니다.

---

7) 관재(官裁): 관의 결재
8) 직사(職事): 직무와 관계된 일

중춘(仲春)에 멀리서 첨공(僉公)의 근황이 청적(清迪)하실 것을 생각하니 어찌 기쁘고 위로되는 마음을 이기겠습니까? 아뢸 것은, 우리나라는 중세 이래로 군국(軍國)의 정사가 모두 무문(武門)에 귀속되어 외교의 일 또한 관장했습니다. 그런데 이제 세운(世運)이 일변해서 조정에서 만기(萬機)를 친재(親裁)하여 서정(庶政)을 유신(維新)했으니, 사방만국에서 예로써 오는 자는 또한 예로써 대하며, 그 예전(禮典)과 조약(條約) 같은 것은 모두 외무성의 소관이 되었습니다. 그런데 귀국과는 인의(隣誼)를 두텁게 한 지 이미 수백 년이 되었습니다. 그러므로 외무대승이 특별히 두 공께 글을 보내시고, 양국의 심맹(尋盟)을 도모하는 일을 요시오카 고키, 모리야마 시게루, 히로츠 히로노부에게 맡겨서, 두 공을 직접 뵙고 조정의 성의(誠意)를 진술하라고 명하신 것입니다.

그런데 전에 들으니, 귀국은 종전에 외무사원(外務使員)을 만난 예(例)가 없다고 하면서 준엄하게 거절하여 지금껏 한 번도 접대하지 않았다고 했습니다. 무릇 예(例)는 일[事]로 인해서 만들어지는 것이니, 자고로 일이 없는데 그것에 관한 예가 먼저 생긴 적은 없습니다. 예전에는 우리나라가 외무성을 설치해서 외교를 관장한 적이 없으니, 귀방(貴邦)에서 외무사원을 만난 예가 없는 것도 당연하지 않습니까? 이제 정체(政體)가 변혁되어 외교의 일을 모두 외무성에서 관장하게 되었습니다. 그렇다면 귀국에 출사(出使)해서 본방(本邦)의 성신(誠信)을 전하는 것은 이세(理勢)의 당연한 바니, 어찌 크게 괴이하게 생각할 것이 있겠습니까? 따라서 두 공께서도 마땅히 그 사원(使員)을 관접(款接)해서 그가 진술하는 바를 청납(聽納)해야 할 뿐, 사례(事例)의 유무를 갖고 거절해서는 안 될 것입니다. 대체로 인의(隣誼)를 다지고 친호(親好)를 돈독히 하는 것이 양국의 복입니다. 만약 여기에 구애되어 지엽적인 사례(事例)를 논하다가 그 복을 잃는다면 어찌 좋은 계책이 되겠습니까? 간절히 우려하는 구구한 마음을 이기지 못하여 감히 흉금을 알리오니 부디 살피시길 바랍니다. 미처 다 적지 못하고 보냅니다.

메이지 4년 신미 2월　일

좌근위소장 쓰시마노카미 다이라노 요시아키라[8]

왜관 관수(館守) 후카미 마사카게는 지번사(知藩事)의 명에 따라 이 서계를 동래부사에게 전달하려고 했지만, 훈도 안동준은 말을 이리저리 회피하면서 응하지 않았다. 메이지 4년 3월 28일에야 훈도 안동준은 왜관에 들어와서 요시오카 권소승 등과 회견을 가졌다. 간전관(幹傳官) 우라세 히로시가 열심히 권유해서 비공식적으로 만들어진 자리였다. 요시오카 권소승 등은 왕정복고의 기원과 일한국교를 혁신하려는 이유를 반복 설명하면서 재고를 촉구했지만, 훈도는 이미 관수(館守)와 일대관(一代官) 등에게서 상세히 들었다고 하면서 귀를 기울이려고 하지 않았다. 특히 일한국교는 타이슈 번을 경유하지 않으면 일체 응하지 않겠다고 하면서, 일본 정부가 새로 외무성을 설치했더라도 일한외교에 한해서는 에도막부 때와 마찬가지로 소씨(宗氏)에게 위임하길 바란다는 말만을 거듭했다. 이어서 4월 15일에는 동래부사와 부산첨사의 명에 따라 문서로 같은 말을 반복했다. 그 뒤로 훈도는 타이슈 번리(藩吏) 외에 모든 사람과의 회견을 거부했고, 요시오카 권소승이 4월 23일에 외무성의 내유(內諭)를 받고 훈도에게 왜관을 방문할 것을 요구했지만 끝내 응하지 않았다.[9]

메이지 4년 7월 29일, 훈도 안동준이 갑자기 왜관에 내려와서는 지난번에 수리를 거부했던 이즈하라 번지사(藩知事)가 동래부사와 부산첨사에게 보내는 서계를 받아갔다. 그리고 9월에 두 사또의 회답 서계를 관수(館守)에게 전달했다. 그 내용은 외무성 파견원을 규정 외로 간주해서 접견을 거부한다는 것이었는데, 다만 소씨(宗氏)가 좌근위소장(左近衛少將)으로 가질(加秩)[9']된 것을 인정한 사실만큼은 주의를 요하는 대목이다. 이와 동시에 훈도 안동준과 신임 별차 이필기(李泌基)산여(山如)는 관수(館守) 후카미 마사카게에게 각서를 보내서 동래·부산 서계의 내용을 보충했다.

조선국 동래부사 정현덕이 일본국 좌근위소장(左近衛少將) 쓰시마노카미(對馬守) 다이라 공(平公) 합하게 답신합니다.

반가운 소식이 속히 이르러 계거(啓居) 장호(莊護)하심을 살폈으니 깊이 기뻐하며 송축합니다. 예전에 들으니, 귀방(貴邦)의 서무(庶務)가 갱신되어 다시 외무성을 설치하여 교린의 일을 관장한다고 하고, 이것은 경장(更張)이므로 인존(認存)[10]하고 상량(商量)[11]해야 한다고 했습니다. 그러나 외무성 사원(使員)이 이로 인해 왜관에 온 것에 이르러서는, 실로 전례가 없는 일이니 하물며 면접할 이치가 있겠습니까? 교린한 지 수백 년 이래로 전장(典章)이 성일(星日)처럼 밝게 빛나고, 성신(誠信)이 금석(金石)보다 무겁습니다. 만약 혹시라도 경황이 없는 사이에 관례를 새로 만들어서 옛 전장을 준수할 것을 생각하지 않는다면, 일에 정규(定規)가 없어서 장차 그 폐해가 뒤따를 것이니 이것이 어찌 귀국의 좋은 계책이 되겠습니까? 참으로 대대로 인호(隣好)를 닦아서 날이 갈수록 더욱 돈독해지길 원한다면, 영원히 구규(舊規)

---

9) 가질(加秩): 봉록(俸祿)의 증가 혹은 직급의 상승을 뜻하는 말
10) 인존(認存): 깊이 깨달아 마음에 담아둠
11) 상량(商量): 원래 상의하여 결정한다는 뜻도 있으나, 여기서는 짐작하여 헤아린다는 뜻이다.

를 준수해서 어기지도 않고 잊지도 않는 것만[不愆不忘][12] 같지 못합니다. 나머지는 상관(象官)[13]에게 맡겼으니 부디 살펴서 양찰하시길 바랍니다. 갖추지 못한 채 보냅니다.

신미년 9월　일

동래부사 정현덕

　조선국 부산첨사 김철균(金徹均)이 일본국 좌근위소장(左近衛少將) 쓰시마노카미(對馬守) 다이라 공(平公) 합하께 답신합니다.

　화함(華緘)[14]이 멀리서 와서 기거(起居) 충유(沖裕)하심을 살폈으니, 위로되고 근심이 풀리는 것이 참으로 큽니다. 귀방(貴邦) 외무성 사원(使員)이 와서 면접을 간청함은 실로 항규(恒規)에서 벗어난 것이니 어찌 들어줄 이치가 있겠습니까? 구규(舊規)를 준수해서 영원히 인호(隣好)를 돈독히 하는 것만 같지 못할 것입니다. 나머지는 상관(象官)에게 맡겨두었으니 부디 살펴서 양찰하시길 바랍니다. 갖추지 못한 채 보냅니다.

신미년 9월　일

부산첨사 김철균[10]

요시오카 권소승 등 외무성 파견원들은 부산 왜관에서의 체재 기간이 거의 10개월에 달하자 조선 정부와의 직접 교섭 가능성을 절망적이라고 보았다. 그런데 그때 의외의 사건이 갑자기 발생해서 어쩌면 국면의 전환도 기대할 수 있게 됐다. 그 사건은 메이지 4년 4월 해군소장 존 로저스가 직접 인솔한 미국 아시아함대의 강화도 공격이었다.

일본 정부는 미국 함대의 조선 원정에 대해 어떠한 통고도 받지 못했지만, 함대의 행동 여하에 따라서는 일본의 이해관계에 중대한 영향을 미칠 가능성이 있으므로 특별히 부산에 있는 요시오카 외무권소승 등에게 훈령을 내려서 미국과 조선 사이의 갈등에 있어서 신중한 태도를 취하고 경솔하게 그 와중에 휩쓸려서 조선의 시의(猜疑)를 초래하는 일이 없도록 주의를 주었다. 또 타이슈 번에도 명령을 내려서, 부산 왜관에 재근 중인 번리(藩吏)들은 이 건에 관해서는 모든 일을 요시오카 외무권소승의 지휘에 따르도록 했다.

---

12) 불건불망(不愆不忘): 『詩經』 大雅 假樂에 "어기지도 않고 잊지도 않아서 모두 옛 법을 따랐다[不愆不忘 率由舊章]."고 한 구절에서 인용했다.
13) 상관(象官): 역관(譯官)
14) 화함(華緘): 다른 사람의 서신에 대한 경칭

사령장(辭令書)

요시오카 고키

하나, 이번에 아메리카 합중국이 조선에 대해 응접(應接)하고 병함(兵艦)을 파견한 것과 관련해서 그대들이 유념해야 할 각 조목을 별지와 같이 내유(內諭)한다. 따라서 이 취지를 부산에 출장 온 이즈하라 번의 관리들은 물론 동청(同廳)에도 전달하고, 완급(緩急)을 임기응변하여 적절치 못한 것이 없도록 유념하라.

신미년 3월

외무성

내유(內諭)

하나, 조선은 접양(接壤)하고 구교(舊交)가 있는 나라이다. 특히 이제 관원을 파견해서 친교를 구하려는데, 이 나라에 일이 생길 것으로 보이니 반드시 그 법책(法策)을 다해서 그 나라의 위급을 근심한다는 뜻을 표시하고 그 해를 피할 것을 권유해서 황조(皇朝)의 인접(隣接)의 친정(親情)을 드러내야 한다.

하나, 아메리카는 구교(舊交)가 없지만 이미 정부와 공식적으로 우의(友誼)를 맺었고, 조선은 아직 정부와 교우(交友)의 의(誼)를 표시하지 않았다. 이러한 때 공식적인 황조의 처분은, 아메리카를 원조할 의리는 있지만 조선을 구할 이유는 없다. 그러므로 황조가 조선과 우의를 맺기 전에 일단 일이 생기면, 우리 황조는 그것을 방관하면서 아메리카가 하는 대로 맡겨두고, 굳이 그것을 방해해서 아메리카와 우친(友親)의 의(誼)를 잃어서는 안 된다.

하나, 조선은 접양(接壤)하고 구교(舊交)가 있는 나라다. 게다가 앞서 교제를 촉구했으니, 아직 저들이 공의(公義)를 알지 못하지만 그래도 사정(私情)이 있다. 아메리카는 공식적인 우국(友國)인 데다가 그 문책하는 바에 이유가 있고, 그들이 하려는 바는 바로 우리와 정곡(正鵠)이 같다. 황조의 입장에서 양국의 관계가 이와 같다. 그런데 만약 한 쪽이 우리에게 의탁해서 그 정원(情願)[15]을 통하게 할 것을 요청한다면, 아직 공식적인 교제가 없는 조선은 바로 공식적인 우의(友誼)를 표하게 하고, 양국 사이에서 그 요청을 들어주기 위해 노력해야 한다. 이 경우 신중하게 현재 우내(宇內)의 형세를 통찰하고 보통(普通)의 공리(公理)를 조성(助成)해서 조처를 그르쳐서는 안 된다. 그렇지만 우리

---

15) 정원(情願): 마음속에서 바라는 것

황조의 지금 형세를 숙려(熟廬)하고 고념(顧念)해서, 군이 스스로 그 사이에 들어가 이 일을 나서서 담당하여 남의 책임을 나에게 불러와서는 안 된다.

하나, 조선의 금일의 뜻은 아메리카가 바라는 바와 상반된다. 우리 또한 아메리카와 원하는 것이 같으니, 그렇다면 조선이 하루아침에 양외쇄국(攘外鎖國)을 결의한다면 우리 또한 시의(猜疑)를 면치 못할 것이다. 그 결과 끝내 위기를 초래해서 해(害)만 있고 이(利)가 없을 것이니, 신중히 우국(友國)에는 신의를 지키고, 다른 쪽에는 시의(猜疑)를 피해서 그 위태함을 우리에게 초래하지 말라.

하나, 지금의 형세는 일단 조선이 이를 거부하더라도 영원히 지킬 수 없으니, 반드시 개국(開國)하지 않을 수 없을 것이다. 이러한 상황에 처하여 반드시 장래를 숙려(熟廬)해서 절대 장애가 될 바를 남겨두지 말라.

이상은 지금 아메리카와 조선 사이에서 우리 황조가 취할 처분의 대강(大綱)이다. 너희들은 반드시 이를 잘 이해해서 감히 조처를 그르쳐 후환을 초래하지 않게 하라.

메이지 4년 신미 3월[11]

외무성에서는 이 훈령을 내리는 것과 동시에 어쩌면 조선과 미국의 양국 관헌 사이에서 조정하는 일이 생길지 모른다고 보고, 요시오카 외무권소승에게 영어 통역을 붙여주기로 결정했다. 이에 대장성 십등출사 안도 다로(安藤太郎)에게 명하여 귀경 중이던 외무성 십이등출사 히로츠 히로노부와 동행해서 조선에 건너가게 했다.[12]

미국 함대의 조선 원정으로 인해 타이슈 번은 곤란한 입장에 처했다. 병인년의 선례에 따르더라도, 타이슈 번은 대차사를 특파해서 조선 정부에 공식적으로 이 일을 통고해야 했지만, 이미 조선 정부의 신용을 잃은 타이슈 번으로서는 경솔하게 행동했다가는 메이지 3년 5월에 독일 군함이 부산에 입항했을 때와 마찬가지로 양이(洋夷)와 도왜(島倭)가 통모(通謀)한다는 혐의를 받을 우려가 있었다. 그렇다고 사태를 방치한다면 타이슈 번의 무력함을 더욱 드러내는 결과가 될 것이었다. 따라서 신중하게 고려한 끝에 조선과 미국 사이의 분쟁에 관해서는 비공식적 통고를 제외하고는 일체의 간여를 피하고, 오히려 이 기회를 이용해서 메이지 원년 12월 이래의 현안인 대수대차사서계의 개찬 봉납을 독촉하기로 결정했다.

조선은 접양(接壤)·구호(舊好)의 나라이므로, 차마 그 위급함을 방관할 수 없어서 근심을 함께 하는 친정(親情)으로 충고한 결과, 저 나라의 입장에서는 이치상 깊이 감대(感戴)해야 하지만, 한인(韓人)의 완고한 국습(國習)과 종전의 정태(情態)로 볼 때 반드시 갖가지 시의(猜疑)로 이어져서, 국가 보전의 책략으로 처음부터 황조(皇朝)에 의뢰하지 않을 것입니다. 그러나 장래 형세가 드디어 일전(一戰)하는 데 이르러 한국의 힘이 다하고 술책이 궁해지면, 종국에는 황조에 납관(納款)[16]하고 강화(講和)할 것이니, 이것이 자연지세(自然之勢)임은 많은 논변이 필요하지 않습니다. 그러나 한인이 회오(悔悟)해서 우리에게 의탁하는 시일이 늦어질 경우에는 그 화(禍)가 더욱 심해질 것이요, 화가 심해지면 한국에서 아메리카의 근거(根據)가 더욱 굳건해져서 황조에 불리하리라는 것은 말할 것도 없습니다. 그렇다면 한인이 회오(悔悟)해서 우리에게 의탁하는 것의 빠르고 늦음은 목금(目今)의 대관절(大關節)[17]이자 이해(利害)와 손익(損益)이 판가름 나는 바로서, 한국이 우리에게 빨리 의탁하게 하는 것은 그들로 하여금 속히 그 의혹을 영원히 풀게 하는 데 달려 있습니다.

예전에 대정유신(大政維新)의 전말을 대수사(大修使)를 보내서 보지(報知)했을 때, 한국은 황조의 성의(誠意)를 받들지 않을 이유가 없었음에도 불구하고, 세계의 한두 자구(字句)가 그들의 기휘(忌諱)에 저촉된다는 이유로 허다한 변론을 소비하면서 세월을 천연(遷延)해서 사절이 복명할 때를 얻을 수 없었습니다. 이제 관원이 바다를 건너가서 직접 황조의 성의(盛意)를 진술하고, 정호친밀(情好親密)한 교제에 이르게 하고자 여러 차례 한인과의 면접을 의논했지만, 저들은 구전(舊典)을 고수하면서 그 요청에 불응하였으니 관원들이 그 실정을 진술할 길이 없었습니다.

이러한 상황에서 이번 아메리카의 일거(一擧)를 이용해서, 우리의 친교를 구하는 공간(公幹)은 잠시 차치하고, 추후 아메리카의 거동에 따라 한국이 우리에게 의탁하는 날을 기다렸다가 우리의 평소의 뜻을 달성하는 것 말고는 다른 방책이 없는 것처럼 보입니다. 그러나 표면상 한국을 대하는 것은, 아메리카 사신이 바다를 건너오게 하라는[米使超海] 충고를 한번 전하는 것으로 족하니, 우리의 친교를 구하는 것 말고는 관원을 한지(韓地)에 남겨둘 일도 없고, 대수사(大修使) 같은 것은 더욱 엄체(淹滯)할 이유가 없습니다. 예전에 미국 사건이 발생하기 전에 그 진퇴에 관해 누차 공평(公評)을 여쭀지만, 조의(朝議)에서 어떤 지휘도 없이 금일에 이르렀습니다. 관원과 대수사들이 헛되이 한지(韓地)에 체류하면서 기다리는 것이 있는 것처럼 보이면, 한인은 지난번 독일 함선이 부산포에 정박한 선례도 있으므로 과연 미국과 통모해서 그 동정을 보고하고 있다는 의심을 거듭할 것입니다. 그래서 모처럼 충고를 지시하신 취지도 부질없게 될 것이니 장래의 공업(功業)에 있어 그 해(害)가 어떠할지 고심하는 바

---

16) 납관(納款): 귀순(歸順), 항복(降伏)
17) 대관절(大關節): 가장 중요한 부분. 관건(關鍵)

입니다.

그렇다면 대수사(大修使)는 표면적으로 소씨(宗氏)가 파견한 것이니, 서계를 개찬해서 기휘(忌諱)하는 자구를 삭제하고, 이의 없이 승낙할 만한 문체로 신정(新政)을 통보하는 응수(應酬)를 한다면, 구호(舊好)가 연면(連綿)히 이어지는 모습이 되어 외양각국(外洋各國)을 대할 때도 명의(名義)가 바르고, 금후 미한강화(米韓講和)를 다룰 때도 충분한 강점이 될 것입니다. 또 한인에게도 대수사서계의 개찬은 바라는 바입니다. 이 공간(公幹)이 순편(順便)하게 귀결된다면, 사절의 엄체(淹滯)와 미국 관계의 염려 없이 종전의 의심들이 하루아침에 풀려서 이제부터 저절로 황조(皇朝)에 의뢰하려는 마음이 생길 것이니 이야말로 일거양득의 조처라고 생각됩니다. 3년이 지난 후 금일에 이르러 서계를 개찬(改撰)하는 것은 황조의 체통을 잃는 것이라는 말을 들으실지도 모르겠으나, 그것은 표면적으로는 소씨(宗氏)의 사절과 한국 사이의 간원(懇願)의 정실(情實)을 이번에 황조(皇朝)에서 굽어 살펴주시는 것입니다. 자구(字句)와 같은 지엽적인 말론(末論)으로 본래 통신(通信)의 근본을 해치는 것은 조정의 본의에서 어긋나니, 소씨(宗氏)에게 내린 엄령(嚴令)의 취지에 따라 시의에 맞게 응접할 때, 공간(公幹)이 다년간 막힌 것은 양국의 친정(親情)이 관철(貫徹)되지 않았기 때문이라고 하고 그 책임을 특히 타이슈에 지운다면, 이 일거(一擧)로 국체의 손상을 피할 수 있으리라고 생각됩니다. 이와 같은 사실을 부디 들어주시고 신속히 조처를 내려주시길 바랍니다. 이상.[13]

외무성에서는 이 방침에 기초하여 타이슈 번청(藩廳)에서 왜관 관수(館守) 후카미 마사카게에게 보내는 유고(諭告)의 형식으로 미국 함대의 조선 원정을 훈도·별차에게 내보(內報)하게 하고, 그것을 다시 동래부사를 경유해서 조선 정부에 상신하게 하는 방법을 취했다.

저 나라가 예전에 아메리카국 상선을 상해(傷害)한 까닭에 지금 몽함(艨艦)[18]을 보내서 이 일을 신리(申理)[19] 하고자 장차 조선에서 일을 일으킬 것이다. 그 기틀이 이와 같기 때문에 조정에서는 그 사실을 조사하고, 인의(隣誼)가 있는 사이에 안위(安危)에 관계됨을 보고 깊이 진려(軫慮)[20]해서 곧 외무성 관원을 파견할 것이다. 저 나라는 우리 타이슈에 대해 교호(交好)의 두터움이 비단 금석(金石)에 비할 뿐만이 아니니 어찌 범홀하게 들을 리가 있겠는가? 장차 사세(事勢)를 통찰하고 장래를 숙려(熟慮)해서 위태로움을 돌려 평안함으로 나아가야 할 것

---

18) 몽함(艨艦): 전함(戰艦)
19) 신리(申理): 다스림. 또는 법에 따라 처리함
20) 진려(軫慮): 우려(憂慮)

이다. 이상의 사유를 훈도와 별차에게 고해서 속히 동래부에 치보(馳報)하게 하라.

신미년　월　일

정소(政所)

이상과 같이 관사(館司)에게 효유함.[14]

왜관에 있던 요시오카 외무권소승과 모리야마 외무권대록의 의견도 타이슈 번 당국의 그것과 대체로 동일해서, 경솔하게 조선과 미국 간의 분쟁에 간여했다가는 오히려 조선 관민의 의심만을 자극하고 그 효과가 없을 것으로 보았다. 그래서 부산에 특파된 대장성 십등출사 안도 다로를 그대로 귀경하게 했다.[15]

타이슈 번과 재부산 외무성 파견원의 의향이 이처럼 소극적이었기 때문에 조선에서도 미국 함대 원정에 관한 타이슈 번의 내보(內報)를 중시하지 않았다. 메이지 4년 5월 12일에 훈도·별차의 각서를 왜관 관수(館守)에게 보내서 타이슈 번의 호의에 사례하고, 내보(內報)한 것은 동래부에 보고해서 묘당에 전달하는 절차를 취하겠다고 통고하는 정도에 그쳤다.

각(覺)

하나, 이번에 양인(洋人)의 사기(事機)가 이와 같음을 통보해 준 것은 교린의 후의(厚誼)에서 나온 것이니 매우 감사하는 바입니다. 즉시 본부(本府)에 품고(稟告)한 후 조정에 전달할 것입니다. 굽어 양찰하시길 바랍니다.

신미년 5월　일

훈도준경(俊卿) 안(安) 첨지(僉知) (印)

별차경오(景五) 이(李) 주부(主簿) (印)

관사 존공(館司尊公)[16]

【원주】

1 『朝鮮交際始末』卷一.

2 『大日本外交文書』卷三 (九八) 附屬書 明治三年九月二十日朝鮮行手續書.

3 『朝鮮交際始末』卷一.

4 『宗重正家記』卷三 明治三年朝鮮御用件書取.

5 同.

6 『朝鮮交際始末』卷一 朝鮮交際錄.

7 『大日本外交文書』卷三(一〇三) 明治三年十一月六日吉岡外務權少丞報告.

8 『朝鮮交際始末』卷一;『朝鮮交際錄』.

9 『朝鮮交際始末』卷二.

10 同.

11 同.

12 同.

13 同.

14 『朝鮮交際始末』卷二;『朝鮮交際錄』.

15 『朝鮮交際始末』卷二.

16 同.

일한교섭의 정돈(停頓)

메이지 4년 7월의 폐번치현(廢藩置縣)을 계기로 정부는 전 이즈하라 번지사(藩知事) 소 시게마사의 가역(家役)을 면직하고 일한외교를 접수했다. 그러나 일한외교는 수백 년의 전통을 가진 것이었으며, 외무성은 즉시 이를 구(舊) 타이슈 번에서 인계받을 준비가 되어 있지 않았다. 전 지사 소 시게마사를 외무대승, 전 권대참사(權大參事) 오시마 마사토모를 외무성 준주임출사(准奏任出仕)에 임명한 것도 구(舊) 타이슈 번리(藩吏)의 특수한 지식과 경험을 이용하기 위한 것이었다.

구 타이슈 번은 지번사(知藩事)가 일한외교를 관장하던 가역에서 면직됐지만 동시에 외무대승에 임명되어 계속 조선 관계 사무에 간여하게 되었으므로, 옛 번(藩) 시대의 국교 형식은 다소 바꾸더라도 그 실질은 존치시켜서 왜관 관수(館守) 이하 원역(員役)은 물론, 조선 관계 사무에 구 타이슈 번리(藩吏)를 임용해서 이를 담당하게 해주기를 바랐다. 곧이어 메이지 4년 8월 5일에 조선 파견의 명을 받자, 9월 29일자로 일한외교의 인계 과정에서 시급히 처분할 필요가 있는 건들을 열거하고 지휘를 청했다. 이때 소 외무대승이 도한(渡韓)에 앞서 선규(先規)에 따라 대차사(大差使)를 파견할 필요가 있다고 논한 것은, 일한외교의 선격(先格)을 변경할 의지가 없음을 보여주는 것으로 주목할 만하다.

이번에 폐번입현(廢藩立縣)의 변혁에 따라 시게마사를 지사(知事)에서 면직하시고, 조선국 가역(家役) 또한 소원(素願)대로 면직 받은 이상, 그 전말을 졸가(拙家)에서 조선국에 보지(報知)하지 않는다면 적절치 않을 것입니다. 그러나 지난 7월에 시게마사가 외무대승에 임명되고 이어서 도한(渡韓)의 명을 받았으므로, 면직된 사유는 조선에 건너간 다음에 직접 진술한다는 생각으로 보지(報知)는 유예하고 있었는데, 이제 도한(渡韓)이 잠시 연기됐는지, 히로츠 히로노부 한 사람만 일단 도한(渡韓)의 내명(內命)을 받았다고 하셨습니다.

예로부터 한국과의 교제는 성신(誠信)으로 서로 기만하지 않는 것을 요체로 했습니다. 전부터 신정(新政)을 통보하는 담판에서 인의(隣誼)의 도(道)로서 사실에 따라 사실을 고한다고 하는 성의(誠意)를 내세워 서서히 협상을 하고 있었는데, 금일의 변혁과 시게마사가 면직된 사실을 비밀로 했다가 저절로 그 소문이 저 나라에 전파되어 저들이 먼저 나서서 신문(訊問)하거나, 훗날 그 증거가 드러나서 힐문을 받는다면 종래의 신의가 무너질 것입니다. 잘못이 우리에게 있어서 저들에 대해 할 말이 없고, 저들은 그 구실을 얻을 것이니, 피아(彼我)의 곡직득실(曲直得失)의 경계를 구분할 수 없을 뿐만 아니라, 원래 교녕(狡獰)[1]한 국풍(國風)이 점차 의심에 의심을 더해서 장래 공무에 무한한 해가 될 것입니다. 특히 이제부터 각국이 대치(對峙)해서 만서(萬緒)를 공명히 하는 시절을 맞이하여, 내외명실(內外名實)이 어긋나서 체재가 서지 않는다면 황위(皇威)에도 관계될 것이니, 시게마사 일신의 문제가 아닙니다. 그러므로 이번에 변혁의 대요(大要)와 시게마사 면직의 시말을 속히 통보하시기를 바랍니다. 이하 그 조목을 진술합니다. 이상.

9월○메이지 4년 9월 29일 소(宗) 대승
본성(本省) 어중(御中)

하나, 전(前) 건(件)의 취지를 통보하기 위해 이번에 사절을 파견하는 일은, 종전의 사정도 있으니 구 이즈하라 현사(縣士) 중에서 고임(雇賃)해서 도한(渡韓)한 이즈하라 현(同縣) 참사(參事) 등의 명칭을 줄 수도 있고, 또는 졸가(拙家) 사절의 일이므로 시게마사의 사가(私家)에서 파견해서 이미 중신(重臣)인 자를 사절로 도한(渡韓)시킨 형식에 준하게 할 수도 있을 것입니다. 그러나 오시마 마사토모는 외무성의 출사(出仕)로서 도한(渡韓)의 명을 받았으니, 무방하다면 그를 졸가(拙家) 사절의 형식으로 파견하여 요시오카, 모리야마, 히로츠 들과 협의하는 건들마다 보고하고, 또 시게마사가 도한(渡韓)할 때의 상황을 성숙하게 해주시길 바랍니다.

하나, 일신(一新)을 고지하기 위해 파견한 대수사(大修使)는 원래 졸가(拙家)의 가신을 임명한 것이니, 이제 면직을 통보한 이상 대수사 일행을 속히 철수시키지 않는다면 저 나라에 대해서 더욱 부적절한 일이 될 것입니다. 따라서 철수 방법을 계획할 생각입니다.

하나, 양국의 감합(勘合)을 위해 저 나라에서 주조해서 준 도서(圖書)는, 시게마사의 실명(實名)을 써서, 도해선(渡海船)의 징표로부터 서계 왕복에 이르기까지 모두 이 인기(印記)를 사용해 왔습니다. 그런데 이제 면직을 통고한 이상 도서(圖書)를 반환하려고 생각합니다.

하나, 초량관(草梁館)에서 양국 교제 사무와 교역을 다루기 위해 파견한 원역(員役)들을 저

---

1) 교녕(狡獰): 교활하고 흉악함

나라에서는 아직 졸가(拙家)의 가신이라고 알고 있으니, 이번에 면직을 통고한 이상 일단 단서를 고치지 않으면 적절치 않을 것입니다.

하나, 세견선(歲遣船) 공무역은 종래 전적으로 졸가(拙家)만 관계한 일이었으니 개혁 담판까지 하고자 합니다.

하나, 한국 표류민 취급과 관련해서는, 모두 졸가(拙家)에서 인수했다가 그 나라로 돌려보낼 때는 사자(使者)를 붙여서 호송해 왔으니, 앞으로의 규정을 세워주시길 바랍니다.

이상 각 조건 가운데 양국 감합인(勘合印) 이하의 각 건들은 반드시 이제부터 외무성에서 관장하는 규칙을 강명(講明)해서 저들로 하여금 승낙하게 하지 못한다면 좋지 않을 것이니, 따라서 이것들은 사소한 사건이 아닙니다. 멀리 떨어진 땅에서 충분히 용의주도하게 도모하지 않는다면 정실(情實)을 관철하기 어렵습니다. 따라서 시게마사의 도한(渡韓)은 연기하더라도, 일단 타이슈에 내려가서 각 건별로 보고해오는 협상들에 대해 직접 계책을 더해서, 도해(渡海)하기 전에 조정의 취지를 먼저 알리는 방도를 마음속으로 강구하고자 하오니 부디 속히 결평(決評)을 내려주시길 바랍니다.[1]

폐번치현과 구(舊) 번주의 가역파면(家役罷免) 이후 타이슈 번과 조선에 재근하는 구(舊) 타이슈 번리(藩吏)들은 '오직 소씨(宗氏)와 각각의 장래 여하만을 생각하는 데 노심초사해서 망연(茫然)히 방향을 잃는 것도 벽지(僻地)의 상정(常情)이므로' 급히 선후책을 결정해야 하는 상태였다. 타이슈에서 상경한 외무권대록 히로츠 히로노부는 소(宗) 외무대승과 연락을 취해서, 적어도 소 시게마사를 이즈하라에 파견해서 구(舊) 번민(藩民)들에게 앞으로의 방향을 제시하는 것이 급무임을 논했다. 메이지 4년 11월에 외무권대록 모리야마 시게루와 부산 재근 구(舊) 타이슈 번리(藩吏)들도 상경해서 히로츠 권대록과 공동으로 9월 29일자 소(宗) 외무대승의 상신을 결재해 줄 것을 요망했다.[2]

소 외무대승 및 모리야마, 히로츠 두 외무대록의 강한 요청, 그리고 외무대소승의 지지에도 불구하고 외무성의 근본 방침이 결정되지 않았던 것은 조선 문제에 대한 전망이 불투명하기도 했지만 외무성 수뇌부의 빈번한 경질 때문이기도 했다. 즉, 외무경 사와 노부요시는 메이지 4년 7월 20일에 파면되어 대납언(大納言) 이와쿠라 도모미가 그를 대신했으나, 이와쿠라는 같은 해 10월 8일에 다시 우대신(右大臣)으로 전임(轉任)되고 11월 4일에 참의(參議) 소에지마 다네오미가 외무경에 칙임됐다. 그리고 같은 해 10월 8일에 이와쿠라 우대신은 특명전권대사, 외무소보(外務少輔) 야마구치 나오요시(山口尙芳)는 특명전권부사의 자격으로 구미 각국 출장을 명받았다. 외무성은 데라지마 외무대보(外務大輔)를 중심으로 대사(大使) 관계 사무에 분주했기 때문에 비교적 급하지 않다고 본 조선 문제를 돌볼 겨를이 없었던 것으로 생각된다.[3]

소에지마 외무경의 취임 이후 모리야마와 히로츠 두 외무권대록의 정열적인 주장이 외무성 수뇌부에서 인정되어 조선 문제도 궤도에 오르게 됐다. 그런데 이와 동시에 모리야마, 히로츠 등을 중심으로 소 외무대승이 직접 도한(渡韓)하더라도 일한국교의 조정은 극히 어려우며, 오히려 일한관계를 단절시킬 위험성이 있다는 의견이 대두됐다.

> 이번에 소씨(宗氏)가 보지(報知)를 위해 전달할 서계에서 단연코 옛 투식을 탈피해서 새로운 관직과 인장을 사용하기로 결정한 이상, 예전에 전망을 밝힌 것처럼 저들이 그 서계를 받지 않는 것이 필연이라고 생각되더라도, 또한 임기응변으로 설파해서 곡직(曲直)·조리(條理)를 강명(講明)해야 하는 것은 물론이지만, 저들이 더욱 완우(頑愚)함을 드러낼 때에는 타이슈 사민(士民)을 모아서 일단 한토(韓土)에서 철수할 것까지 각오해야 함.

> 하나, 비록 철수하더라도 지금의 초량 관지(草梁館地)는 장래의 편의를 위해 10명, 20명을 선발해서 잔류시키되, 그 음식물 등은 용금(用金) 내에서 조달할 계획임.
> 단, 인원의 잔류는 상황에 따르더라도, 양국 상민(商民)의 실정을 보건대, 상민 쪽을 잔류시키는 편이 적절할 것으로 생각됨.

> 하나, 더욱 굳게 거절할 경우 철수하는 것은 물론이지만, 화절(和絶)[2]과 무관하게 종전부터 조선에 건너가 있는 현사(縣士) 중에서 쓸모없는 자들은 점차 퇴거시켜서 인원수를 일단 감축하고자 함.

> 하나, 성패 여부가 결정되기 전에는 시의(時宜)에 따라 종전의 속박을 풀되, 이른바 '선중지 사무역(船中之私貿易)'은 양국 민정(民情)에 따라 상인들의 희망대로 한번 허락하고자 함.

> 하나, 성패 여부가 결정되기 전이나 그 후에 표류민이 발생할 경우, 유치(留置)하거나 혹은 호송하는 것은 시기에 따라 조처하고자 함.
> 단, 거절하는 상황이 되더라도 표류민 호송, 인도 절차는 담판해 두고 그때그때 호송하고 인도하는 것이 도리지만, 저 나라는 완벽(頑癖)해서 어쩌면 제 백성을 돌보지 않는 말을 할지도 모르니, _{이를테면 미국, 영국 등의 선박에 구조된 사실이 알려진 경우, 상륙한 후에 그 정실(情實)의 옳고 그름}

---

2) 화절(和絶): 교섭의 성공과 결렬

을 살피지 않고, 그를 포살(暴殺)하는 형벌에 처하는 등 그럴 경우에는 당분간 우리가 무육(撫育)하지 않

을 수 없음. 이 글의 '유치(留置)'는 표류민을 구류해서 곤각(困却)[3]케 한다는 뜻이 아

니라, 표류민에게 은혜를 베풀어서 훗날 계책의 편의를 도모한다는 뜻임.

하나, 도서(圖書)를 고치는 문제에 관해서는, 세견선 송사(送使) 등은 일단 자발적으로 폐지

하는 것이므로, 졸관(拙官) 등은 내려가는 도중에 나가사키에서 미곡, 소금 등 일용(日

用)에 불가결한 식품을 대략 3개월 분량을 준비하는 것으로 지도하고자 함.

단, 이번에는 어용금(御用金)과 각종 체한(滯韓) 중의 경비 내에서 준비할 계획임.

하나, 조선국에서 소씨(宗氏)에게 대대로 증급한 감합(勘合)의 도서(圖書)를 소지하지 않은

선박은 모두 적선(賊船) 혹은 표류선(漂流船)으로 취급하는 것이 조약이었으니, 이번

에 소씨 서계에는 새 인장을 쓰더라도, 그 심교(尋交)가 성숙해서 새 조약을 통해 감합

인(勘合印) 등의 조담(調談)을 하기 전까지는, 부득이 왕복해야 하는 선박은 적선이나

표류선이 아니라는 증거로 옛 감합인(勘合印)을 사용하겠다는 뜻을 저 나라에 통고하

고, 마침내 성패 여부가 결정되어 화절(和絕)이 판연(判然)해지면 인원을 모두 정리한

후 반납한다는 말을 하려고 각오하고 있음.

하나, 도한(渡韓) 해상(海上)이 겨울철에 지극히 난삽(難澁)한 실정은 이미 아뢴 바와 같은

데, 이번에 제도 개혁을 보지(報知)하는 것이 크게 지연되었으니, 양국이 서로 고하는

사이에 터럭만한 차질이 있어도 곡직(曲直)·명분(名分)이 서고 안 서는 데 관계됨. 그

러므로 나가사키에서 그 현(縣)의 증기선을 빌리고자 하니 허락해 주시길 바람.

이상의 건들을 부디 승낙해 주시길 바랍니다.

신미년 12월 모리야마 시게루

히로츠 히로노부[4]

모리야마 시게루와 히로츠 히로노부의 최종 결론은 이 우카가이쇼(伺書)에는 나타나

있지 않지만, 현시점의 정세로 볼 때 소 외무대승의 도한(渡韓)은 시국을 호전시킬 가능

성이 없으므로 중지하고, 재한 외무성 직원과 타이슈 번리(藩吏)의 진퇴는 요시오카 외

무소기의 지휘에 따르게 하며, 별도로 구 타이슈 번의 중역을 소 시게마사 대신 도한(渡

韓)시켜야 한다는 것이었다. 그것은 이후 모리야마와 히로츠의 상신서와 외무경보(外務

卿輔)의 명령을 통해 알 수 있다.

---

3) 곤각(困却): 괴롭고 수고로운 일을 겪음. 고생

소에지마 외무경과 데라지마 외무대보는 현지 관리의 의견에 따르는 것이 가장 좋은 방법이라고 생각했던 것 같다. 이들은 메이지 4년 12월에 다음과 같이 발령했다.

조선국 심교(尋交)의 일에 관해서는, 지난 겨울 이래로 도한(渡韓)해서 진력했으나 저들의 국속(國俗)이 완고해서 움직일 수 없었기에 사명(使命)을 달성하지 못하고 천연(遷延)이 금일에까지 이르렀다. 따라서 다행히 외무대승 소 시게마사에게 구호(舊好)의 연(緣)이 있음을 이용해서, 이번에 다시 예조 및 동래·부산의 두 사또에게 서한을 보내서 본방(本邦)의 성심(誠心)을 보이고 심교(尋交) 허락 여부의 뜻을 문의한 것이니 진퇴 처분에 실수하는 일이 없도록 주의하라. 조처 및 자격 등은 별책과 ○본바없음 같이 하라. 이와 같이 내유(內諭)함.

신미년 12월
외무경 소에지마 다네오미
외무대보 데라지마 무네노리[5]

소 시게마사의 전사(專使)[4]로는, 구 타이슈 번 권대참사(權大參事) 사가라 마사키를 "소씨가(宗氏家) 사신의 체통으로 도한(渡韓)시키더라도 결국에는 외무성의 명에 따라 어용(御用) 근무할 것"이라는 자격으로 추천하고, 또 통사(通詞) 우라세 히로시는 교섭에 불가결한 인물이기 때문에 외무성에서 임용하길 바란다고 상신했다.[6]

모리야마, 히로츠 두 권대록의 신청은 대체로 채택되어 얼마 후인 메이지 4년 12월 7일에 사가라 마사키는 외무성 십등출사, 우라세 히로시는 십이등출사에 임명됐다. 곧이어 12월 28일에는 소 외무대승과 외무성 준주임출사 오시마 마사토모의 조선 파견이 중지되고, 오시마는 당일로 외무성 출사에서도 면직됐다.[7]

메이지 5년 정월 10일, 모리야마와 히로츠 두 외무권대록은 기선 만슈마루(滿珠丸)로 이즈하라에 도착한 후 사가라 마사키, 우라세 히로시, 그리고 통사(通詞) 히로세 나오유키(후에 외무성 십일등출사에 임명됐다.) 등을 거느리고, 정월 13일에 이즈하라에서 출발해서 14일에 부산에 도착했다.

당시 왜관의 원역(員役)은 관수(館守) 후카미 마사카게, 일대관(一代官) 아오야마 한지로, 학사(學士) 겸 간사관(幹事官) 고시 가스지로(越粕次郎), 대수대차사 정관 히구치 데츠시로, 도선주(겸직) 아오야마 한지로 등이었다. 모리야마 권대록 등은 바로 외무경보(外

---

4) 전사(專使): 어떤 특정한 임무를 위해 파견되는 사절. 특사(特使)

務卿輔)의 훈령을 요시오카 외무소기에게 전달하고, 요시오카 소기는 훈령에 따라 우선 대수대차사에게 귀국을 명했다.

대수대차사 정관 히구치 데츠시로는 메이지 원년 12월 19일에 왜관에 도착한 이래로 3년간 체재했지만, 그 사명(使命)을 달성하지 못한 채 원역(員役)을 데리고 메이지 5년 정월 16일에 만슈마루에 편승해서 타이슈로 귀환했다. 대수대차사는 소멸됐지만, 그와 마찬가지로 구 타이슈 번의 중역인 사가라 마사키가 차사(差使)의 명의로 소씨를 대표해서, 히로세 나오유키를 도간전관(都幹傳官), 우라세 히로시를 간전관(幹傳官)에 임명하고 관수(館守) 이하 원역(員役)을 지휘하면서 훈도·별차와 교섭하게 됐다.[8] 소 외무대승의 서계는 다음과 같다. 덧붙여 말하자면 이 서계는 일본문(日本文)을 정문(正文)으로 하고 한문을 첨부한 것이었다.

대일본국 종사위(從四位) 외무대승 다이라노 요시아키라(平義達)가 조선국 예조참판 모(某) 공(公) 합하께 글을 바칩니다.

우리나라는 무진년에 국제(國制)를 일신한 이래로 천자가 친정(親政)하셔서 막부를 폐하고 태정관을 두었으며, 봉건을 고쳐서 군현(郡縣)으로 만들었습니다. 이에 세습 관리를 모두 파직했으니, 요시아키라 같은 자도 쓰시마노카미(對馬守)의 임무 및 좌근위소장(左近衛少將) 관직에서 해임되었고, 아울러 우리나라와 귀국의 교제 및 장명(將命)의 직무도 중지하고 다시 외무대승에 임명됐습니다. 그런데 이제 다시 외무경의 전지(傳旨)를 받으니, "예전에 조정에서 조선국과 구맹(舊盟)을 다시 펴고자 너에게 그 일을 주간할 것을 명한 것이로되, 단 외국 교제에 관해서는 이미 외무성에 맡겨서 관장하게 했다. 그러므로 작년 10월에 외무관원 모(某) 등을 특파해서 동래·부산 두 사또를 직접 만나 본방(本邦)의 성의(誠意)의 소재를 진술하게 한 것인데, 저 나라에서 아직도 이를 다 알지 못한다. 이제 비록 너의 세직(世職)을 해임했으나, 평소에 구교(舊交)가 있는 까닭에 너를 현관(現官)에 임명하고 다시 너에게 양국의 구교(舊交)를 다시 펼 것을 고하는 일을 명하노니, 너는 반드시 조정의 성지(誠旨)를 체인(體認)해서, 속히 사절을 파견하여 이러한 상유(狀由)를 고하고, 아울러 피차 순치지간(脣齒之間)에 의당 구교(舊交)를 닦고 신맹(新盟)을 강구해야 하는 이치를 설명해서, 국가의 선린의 성의(誠意)를 달성함으로써 영원히 변치 않는 양책(良策)을 이루라."고 했습니다. 요시아키라는 이 명을 받고 이미 이 일에 종사했습니다. 이에 가인(家人) 사가라 마사키로 하여금 이 일을 알리게 하오니, 합하께서는 부디 밝게 양찰하십시오. 요시아키라는 사정이 있어서 시게마사로 개명했음을 아울러 절하며 고합니다. 미처 다 적지 못하고 보냅니다.

메이지 4년 신미 8월 일

종사위(從四位) 외무대승 다이라노 요시아키라

대일본국 종사위(從四位) 외무대승 다이라노 시게마사가 조선국 동래, 부산 두 공 합하께 글을 바칩니다.

우리나라가 정체(政體)를 일신한 상황 및 시게마사가 직접 양국의 교제와 장명(將命)의 직책을 맡지 못하게 된 사정 등을 전에 가인(家人) 모(某)로 하여금 알리게 했으니, 두 공 합하께서 이미 살피셨을 것입니다. 본방(本邦)과 귀국이 두터운 인의(隣誼)를 맺은 것이 이미 300여 년이 되었기에 시게마사가 이 때문에 그 사이에서 알선해 왔습니다. 이제 조정에서 시게마사를 면직했으나, 그래도 수백 년 구교(舊交)의 정호(情好)를 생각해서 특별히 시게마사를 외무대승에 임명하고 양국의 심교(尋交)를 고할 것을 명했습니다. 그리고 본성(本省)은 다시 지난번에 파견한 관원 요시오카 고키 등으로 하여금 두 공 합하를 직접 뵙고서 그 자세한 사유를 다 말씀드리고 또 심교(尋交)하는 성의(誠意)의 소재를 진술하게 했으니, 부디 두 공 합하께서는 양국의 양도(良圖)를 중히 여기셔서 요시오카 고키 등을 관대히 대접하시고, 그들이 진술하는 바를 받아들이시어, 절대 본성(本省)의 간독(懇篤)한 정의(情誼)를 물리치지 않으신다면 다행이겠습니다. 성신(誠信)의 소재를 마음에 있는 대로 말씀드리니, 부디 두 공 합하께서는 양찰하시길 바랍니다. 미처 다 적지 못하고 보냅니다.

메이지 4년 신미 10월 일

종사위(從四位) 외무대승 다이라노 시게마사[9]

타이슈 폐번(廢藩)과 소씨(宗氏) 가역파면(家役罷免) 통고에 관한 공간(公幹)은 처음부터 비관적이었지만, 모리야마, 히로츠 두 외무권대록의 도한(渡韓)에 이르러서는 그 성공 가능성이 더욱 희박해졌다. 그 첫 번째 원인으로는 모리야마와 히로츠 두 외무권대록과 사가라 마사키 등이 기선에 편승해서 부산과 쓰시마 사이를 왕복했다는 점을 들 수 있다. 이는 원래 모리야마 권대록의 상신에 따르면 겨울철에는 조선해협의 풍랑이 험악해서 화선(和船)[5]의 왕복이 매우 어렵다는 정도의 이유에 불과했지만, 조선 당국은 그렇게 간단하게 해석하지 않았다.

처음에 모리야마 권대록 등이 승선한 만슈마루가 부산에 입항하기 전에 관수(館守) 후

---

5) 화선(和船): 일본식 목재 범선

카미 마사카게는 훈도 안동준, 별차 고재건(高在健)^{강여(剛汝)}에게 왜관 방문을 요구했다. 그리고는 '일본이 서양 국가들과 통상한 이래, 양제(洋製)를 모방해서 국내에서 기선(汽船)을 새로 건조한 것이 적지 않다. 가까운 시일 내 일본국 정부의 파견원[나가토 주(長門州)⁶⁾ 관함(官衙)이 있는] 3명, 쓰시마 주(對馬州) 간전관(幹傳官) 2명이 도한(渡韓)할 예정인데, 그들은 일본제 기선 한 척에 편승해서 올 예정'이라고 설명하고, 그 외형 등을 그림으로 상세하게 보여주었다. 훈도는 "교린 이래로 타도인(他島人)이 이선(異船)을 타고 왜관에 온 것은 전에 없던 바거늘, 이것이 무슨 사단인가?"라고 힐문했으나, 관수(館守)는 '그 상세한 이유에 관해서는 아직 듣지 못했으며, 공무를 처리하는 날 저절로 판명될 것'이라고만 답하였다. 만슈마루가 입항한 후인 정월 18일에 별차 고재건은 왜관을 방문해서, "우리나라에 왕래하는 귀국 선척은 별도로 자호(字號)와 제양(制樣)이 있는데, 이번에 타고 온 선척은 귀국의 선척이 아니요, 바로 양선(洋船)의 외양입니다. 목도한 바가 이미 괴이한데, 나가토 주 사람이 간전관과 같은 배로 왔으니 이것이 무슨 사단입니까?"라고 질의했다. 관수(館守)는 모리야마 권대록 등의 지휘에 따라 "주즙(舟楫)의 이로움이, 험한 바다를 건너는 것은 화륜선보다 나은 것이 없습니다. 그러므로 폐방(弊邦)이 몇 해 전에 새로 화륜선을 건조해서 이미 운행하고 있는 것입니다. 이번에 마침 급무가 생기고, 또 조령(朝令)을 받았는데 쓰시마 주[馬州]의 간전관(幹傳官)은 곧 교린을 간사(幹事)하는 자이기 때문에 함께 올 필요가 있었다고 합니다."라고 설명했다. 훈도는 거듭 '이 선박이 일본에서 새로 건조한 것이라고 해도, 그 형식에 있어 조선의 수적(讎敵)인 양선(洋船)과 하등 다를 바 없다. 만약 이 선박이 해난(海難)을 당해서 조선국 연안에 표류해 온다면 양선(洋船)으로 오인되어 초멸을 면치 못할 것이다. 그러므로 금후 조선에 내왕하는 선척은 절대 기선을 사용하지 말 것이며, 또 이번에 입항한 기선은 속히 귀국시킬 것'을 요구했으나, 관수는 만슈마루의 즉시 귀항만을 승낙했다. 동래부사 정현덕은 훈도·별차의 보고를 받고, '기선으로 왕래하는 것은 양선(洋船)과 판별하기 어렵고 표류해 왔을 때 오해할 우려가 있으므로 금후 그 사용을 금하고, 또 일본국 정부 파견원은 규정에서 벗어난 것이니 속히 귀국시킬 것'을 훈도·별차에게 명했다.

타이슈 번리(藩吏)가 에도 관원과 함께 이양선을 타고 공공연히 부산에 입항한 사실은 동래, 부산의 관민(官民)들에게 일대 충격을 주었으며, 동래부사 정현덕은 만슈마루가

---

6) 나가토 주(長門州): 현재의 야마구치 현 서쪽 지방으로 흔히 죠슈(長州)라고 부른다.

입항한 당일부터 정박해 있는 동안 철공철시(撤供撤市)를 명령했다.[10]

메이지 5년 정월의 공간(公幹)은 이러한 험악한 분위기 속에서 시작됐다. 정월 14일의 도착과 동시에 도간전관(都幹傳官) 히로세 나오유키와 간전관 우라세 히로시의 명의로 훈도·별차의 왜관 방문을 요구하고, 같은 달 18일에 별차 고재건이 왜관을 방문했을 때도 훈도의 왜관 방문을 독촉했으나, 별차는 기선이 입항한 이래로 안동준은 동래와 부산 사이를 왕복하면서 공무에 다망하기 때문에 왜관에 내려올 겨를이 없다고 답했다.

대체로 교린사무는 훈도 안동준을 거치지 않으면 진행되지 않음을 왜관에서 충분히 경험하였는데, 당장 별차도 관수의 질문이나 요구를 접할 때마다 훈도와 협의한 후에 동래부사에게 상신하겠다고 말할 뿐이었다. 훈도는 도간전관(都幹傳官)과 간전관의 왜관 방문 요구에 대해, 처음에는 화륜선 때문에 동래부와 동래 수영(水營) 사이를 왕복하는 데 다단(多端)하다는 이유로 사절하다가 정월 26일에는 병을 이유로 거절했다. 동래부사 또한 훈도의 질병을 이유로 일체의 교섭을 거부했다.[11]

그로부터 거의 1개월 동안 관수 후카미 마사카게는 두 간전관을 독려하여, 한편으로는 훈도에게 서한을 보내서 억지로라도 병상에서 일어나 부산에 내려올 것을 간청하게 하고, 다른 한편으로는 별차 고재건에게 부탁해서 이번 공무가 긴요하다는 것을 훈도와 동래부사에게 설명하게 했지만 끝내 요령부득이었다. 2월 24일에는 별차 고재건 또한 일전에 표차(漂差)를 연향(宴享)할 때 잘 거행하지 못했다는 이유로 동래부사에게서 중한 견책을 받아서 황송해하고 있다고 하면서 내려오지 않고, 차비역관 한인진(韓寅鎭)^{경여(敬汝)}을 임시로 내려보냈다.[12]

훈도 안동준은 질병, 별차 고재건은 근신을 핑계로 왜관에 오려고 하지 않았기 때문에 왜관과 동래부 사이에 연락을 담당할 기관이 없어졌다. 요시오카 외무소기와 모리야마, 히로츠 두 권대록, 그리고 사가라 마사키 등은 동래부의 무책임함에 분격해서, 2월 26일에 차비역관 한인진을 훈도가 왜관에 올 때까지 구류하기로 했다. 그리고 같은 날 훈도에게 서한을 보내서 동래부가 한갓 구실만 대면서 시일의 천연(遷延)을 획책하는 것의 부당함을 지적하고, 억지로라도 병상에서 일어나서 속히 내려와 양국의 중대한 공무를 순성(順成)할 것을 간청했다. 이튿날 훈도는 답신을 보내서 차비관 억류의 불법을 힐책했다. 그로부터 연일 차비관 억류에 관해 서한만 왕복할 뿐, 훈도의 방문은 끝내 실현되지 않았다. 왜관에서도 차비관을 억류해도 효과가 없다고 판단했다. 3월 1일에 관수는 차비관을 인견(引見)해서 외무성 직원을 파견한 이유를 상세히 설명하고, 또 종전의 교섭 경과를 분명히 하기 위해 전갈서(傳喝書)를 작성해서 차비관에게 건네고 그것을 동래부사와 부산첨사에게 전달하게 했다.

　　요사이 생각건대, 두 사또의 진간(震艮)이 다지(多祉)할 것이니 어찌 기쁨을 억누르겠습니까? 비직(鄙職)은 요행히 용상(容狀)[7]을 보전하고 있으니 수고롭게 신경 쓰시지 말기 바랍니다. 이제 청청(淸聽)[8]을 번거롭게 할 것은 다름이 아니라, 본방(本邦)이 대정(大政)을 일신해서 범절(凡節)을 개혁했으니 감히 고하지 않을 수 없는 일과 전사(專使)가 서계를 지참해서 바다를 건너는 일을 지난번에 별차(別差)를 통해서 품고(稟告)했으며, 또 외무성 관원이 두 사또를 만나 심교(尋交)를 의논하는 일에 관해 대승(大丞)이 칙지를 받들어 별도로 두 사또에게 서한을 보냈으니, 이는 모두 긴요한 공간(公幹)이었습니다. 그런데 훈도가 병이 생겨서 왜관에 올 수 없었습니다. 이 때문에 간사위빈(幹事委賓)이 합하께 심정을 낱낱이 아뢰어 귀 조정에 전달할 것을 청하지 못한 것입니다. 국명(國命)과 성의(誠意)가 부질없이 국경에 머물고, 심지어 천연(遷延)하면서 몇 개월을 보내고 말았으니, 차사(差使)와 비직(鄙職)에게 있어 비단 황송하고 절박할 뿐만이 아니요, 또한 사체(事體)에 있어서 어떻겠습니까? 양쪽의 소식이 비록 작은 흉금이라도 막혀서는 안 되는 것이 변직(邊職)의 상리(常理)가 아니겠습니까? 부디 바라건대, 두 사또께서는 사체(事體)를 바르게 하셔서, 선(善)에 처하시고 편(便)을 헤아리셔서 순히 거행되는 도를 베푸시길 바랍니다. 그리하여 보내는 뜻이 중간에서 유체(留滯)되지 않게 하신다면 천만다행이겠습니다.

　　이상과 같이 동래, 부산 두 사또 앞에 고하니 부디 선처해서 회답하시길 바랍니다.[13]

3월 초이튿날 관사(館司) (印)

　　차비관 한인진은 왜관에서 나와 동래부로 가서 전갈서를 진달했으나, 부사는 당시 울산에 체재 중이던 훈도 안동준과 협의할 것을 명했다. 차비관은 울산까지 가서 협의했지만, 안동준의 태도는 변함없이 '병세가 조금 좋아지면 동래부로 귀환할 것이니, 이처럼 중대한 공간(公幹)은 반드시 직접 논의해야 하며 서간 왕복으로 논할 것이 아니다. 모쪼록 조병(調病)해서 동래부에 돌아간 다음에 직접 말할 기회를 기다리리라.'고 말할 뿐이었다. 이 소식을 접한 관수는 배소통사(陪小通事) 박기종(朴淇宗)을 울산에 보내서 다시 훈도에게 내려올 것을 엄중하게 독촉하고, 그 기한을 3월 18일로 정했다.

---

7) 용상(容狀): 용모, 형상
8) 청청(淸聽): 상대가 말을 들어주는 것에 대한 높임말

안동준이 왜관 방문을 강경하게 거부한 결과, 동래부와 왜관 사이의 관계가 점차 절박해질 것처럼 보였다. 그런데 마침 안동준은 부친의 병환 소식을 받았다고 하면서 왜관 관수가 요구한 기한보다 이틀 앞선 3월 16일에 상경했으며, 별차 고재건의 대감(待勘)을 풀고 그가 없는 동안 가훈도(假訓導)에 임명해서 왜관에 내려갈 것을 명했다.

메이지 5년 3월 20일, 가훈도 고재건은 왜관을 방문해서 차사(差使) 사가라 마사키, 관수(館守) 후카미 마사카게, 도간전관(都幹傳官) 히로세 나오유키, 간전관 우라세 히로시와 회견을 가졌다. 차사는 구진(口陳)과 해의서(解疑書)를 제시하면서, 메이지 원년 이래 국정 혁신에 따라 일한외교가 타이슈 번에서 외무성으로 이관되고 타이슈 태수가 외무대승으로 옮겼다는 것, 그리고 이번에 가져온 소 외무대승 서계에서 규외(規外)라고 생각되는 자구를 열거하고 그것이 우리 국체(國體)에서 볼 때 부당하지 않은 이유를 상세히 설명했다. 또 속히 서계를 동래와 부산에 진달해서 동래부사, 부산첨사와 외무성 파견원과의 회견을 알선해 줄 것을 요망했다.[14]

구진(口陳)

하나, 이번에 전사(專使)를 보내서 알리는 것은, 우리나라는 무진년 이래로 제도를 유신해서 막부를 폐지하고 태정관을 두었고, 봉건을 바꿔서 군현(郡縣)으로 만들었습니다. 이에 세습 관리를 모두 파직했으니, 우리 쓰시마 주수(對馬州守) 같은 자도 그 직임 및 좌근위소장(左近衛少將) 관직에서 해임되고, 아울러 아방(我邦)과 귀방(貴邦)의 교제와 장명(將命)의 직무도 중지하고 다시 외무대승에 임명됐습니다. 또 외무경의 전지(傳旨)를 받으니, 그 지시에 "예전부터 조정에서 조선국과 구맹(舊盟)을 다시 펴서 교제할 것을 원했는데, 이미 외무성을 두어 관장하게 했다. 그러므로 작년 10월에 외무관원 요시오카 고키, 모리야마 시게루, 히로츠 히로노부 등을 특파해서 동래, 부산 두 사또에게 가서 본방(本邦) 성의(誠意)의 소재를 진술하게 한 것인데, 저 나라에서 아직도 이를 잘 알지 못하고 있다. 이제 비록 너의 세직(世職)을 해임했으나 평소에 구교(舊交)가 있는 까닭에 너를 현관(現官)에 임명하고, 다시 너에게 양국의 구교(舊交)를 다시 펼 것을 고하는 일을 명하노니, 너는 반드시 능히 조정의 성지(聖旨)를 체인(體認)해서 차사(差使)를 서둘러 이러한 상유(狀由)를 말하고, 아울러 피차 순치지간(脣齒之間)에 의당 구교(舊交)를 닦고 신맹(新盟)을 강구해야 하는 이치를 설명해서, 국가의 선린(善隣)의 성의(誠意)를 달성함으로써 영원히 변치 않는 양도(良圖)를 이루라."고 했습니다. 이러한 명을 받고서 이미 그 일에 종사했으며, 이에 서계를 작성해서 비생(鄙生)으로 하여금 이러한 사유를 알리게 했습니다. 부디 첨위(僉位)께서는 이러한 위곡(委曲)을 체인(體認)하셔서 동래, 부산 두 사또에게 전달하시고 귀 조정에 잘 품의하신 후에 속히 회답하시길 바랍니다.

해의서(解疑書)

이번에 국사(國事)를 고하고 심맹(尋盟)을 논의하는 서계에서 '대일본(大日本)'이라고 쓴 것은 본방(本邦)의 예로부터의 칭호입니다. 또 '대화(大和)'라고 한 것은, 아방(我邦)의 훈(訓)으로는 모두 이를 '야마토(耶麻土)'라고 하니, 국사(國史)에 기록된 바가 분명하고 환히 드러나 있습니다. '대화주(大和州)'는 인황(人皇)의 태조(太祖) 진무천황(神武天皇)이 도읍한 곳입니다. 그러므로 마침내 국호가 된 것이니, 이제 새로 사용하는 것이 아닙니다. 작년에 청국과 호약(好約)을 맺었는데, 그 왕복한 글에서 피차 '대일본국(大日本國)', '대청국(大淸國)'을 칭했고, '천황(天皇)', '황제(皇帝)', '천자(天子)', '황상(皇上)', '폐하(陛下)', '칙(勅)', '예(叡)', '흠차(欽差)' 등의 문자 또한 피차 더불어 칭하면서 글을 작성했습니다. 그 밖에 만국에 왕복한 글에서도 모두 '대일본국 천황이 글을 작성함[大日本國天皇修書].' 운운하는 말을 썼습니다.

하나, 이제 주수(州守)가 외무대승으로 전임(轉任)하고, 천황께서 은인(銀印)을 하사하셨기 때문에 단지 그것을 사용하게 된 것입니다. 그러나 그 파견 선박의 경우는, 귀국의 조검(照檢)과 노문(路文)[9] 작성을 위해 잠정적으로 귀국에서 주조(鑄造)한 도서(圖書)를 사용하다가, 심맹(尋盟)이 이뤄지는 날을 기다려서 적당하게 모의해서 제도를 세울 것이니 부디 양해하십시오.

하나, 서계에서 '국(國)' 자(字)를 쓰는 것 또한 본방(本邦)의 구식(舊式)입니다. 청국 왕복 문서와 그 밖의 해외 각국과의 왕복 문서도 모두 동일합니다.

하나, 위 사항이 비록 구약(舊約)에 있다고 해도, 이제 쓰시마 주 수직(守職)에서 해임되었으니 현임(現任)에 있으면서 전식(前式)을 시행할 수는 없습니다. 만국 응수(應酬)의 상규(常規)를 유독 귀국에서만 시행하지 못할 이유가 없으니, 부디 깊이 양찰하시기 바랍니다.[15]

---

9) 노문(路文): 조선시대에 외방에 출장 가는 관원이 각 지방의 역마와 침식 등을 사용하도록 발급하는 공문서

가훈도 고재건은 차사(差使)의 요망에 대해 전달받은 서계 등본 등을 동래부사에게 진달하겠다고 답할 뿐이었다. 그런데 며칠이 지나도록 동래부사의 회답이 없었으므로 거듭 그 회답을 독촉했다. 가훈도는 소통사(小通事) 최진한^{재수(在守)}을 보내서, 동래부사는 서계 등본을 한번 보고 크게 경악했으며 독단으로 결정하기 어려워서 지금 경성에 있는 전 훈도 안동준에게 명하여 묘당에 신품(申稟)하게 하기로 결정했다는 말을 전했다. 그리고 4월 1일에 이를 공식적으로 관수(館守)에게 통고하고, 30여 일간 유예해 줄 것을 요청했다.[16]

각(覺)

하나, 지난날 공간(公幹)의 일로 두 사또 앞에 세세히 품달(稟達)했더니, 답교(答敎)에서 "천편(擅便)하기 어렵다. 경사(京師)에 비밀리에 진달할 것이니, 왕복하는 데 30여 일이 걸릴 듯하다. 그 회하(回下)를 기다렸다가 다시 답할 것이다."라는 뜻으로 지시하셨습니다. 이에 아뢰오니 부디 양찰하시기 바랍니다.

임신 4월   일

가훈도^{강여(剛汝)} 고(高) 주부(主簿)(印)

관사 존공(館司尊公)[17]

[원주]

1 『明治五年壬申在朝鮮日記』.

2 『大日本外交文書』卷四(二〇五) 明治四年九月八日外務省出仕廣津弘信上申・(二〇九) 十月三日同上.

3 『百官履歷』(日本史籍協會本) 卷上 272, 33~34, 53쪽, 卷下 354쪽.

4 『明治五年壬申在朝鮮日記』;『大日本外交文書』卷四(二二四) 메이지 4년 12월 모리야마 외무권대록
　　의 상신은 본서에 비해 내용이 크게 간단하다. 본서는 모리야마 등이 사가라 등에게 제시한 초안에서
　　도 보이지만, 우선 의심스러운 바를 기록해 둔다.

5 『朝鮮交際始末』卷二.

6 『壬申在朝鮮日記』.

7 『宗重正家記』卷四 韓國事件;『壬申在朝鮮日記』.

8 『壬申在朝鮮日記』明治五年正月.

9 『宗重正家記』卷三 明治四年韓國事件に付被仰出.

10 『壬申在朝鮮日記』明治五年正月十六日;『東萊府啓錄』同治十一年正月十八日.

11 『壬申在朝鮮日記』明治五年正月.

12 同 明治五年正月・二月.

13 同 明治五年三月一日.

14 同 明治五年三月.

15 同 明治五年三月二十日;『朝鮮交際始末』卷二.

16 『壬申在朝鮮日記』明治五年三月二十五日・四月一日.

17 同 明治五年四月一日;『朝鮮交際始末』卷二.

일한교섭의 정돈(續), 차사(差使) 사가라 마사키의 동래부 난입(闖入)

메이지 5년 3월 20일에 가훈도 고재건은 동래부사 정현덕의 명에 따라 소 외무대승 서계 등본을 수령했다. 그는 서계에 규외(規外)의 자구가 매우 많아서 서계 봉납은 묘당의 지휘를 받아야 하며, 이 때문에 적어도 1개월의 시간이 필요하다고 말했다. 차사(差使) 사가라 마사키, 왜관 관수 후카미 마사카게로부터 이러한 보고를 받은 요시오카 외무소기와 모리야마, 히로츠 두 외무권대록은 협의한 끝에 가훈도가 말한 1개월의 기한은 과거의 경험으로 볼 때 도저히 신뢰할 수 없다는 결론을 내렸다. "만에 하나 저들이 자국 스스로 결답(決答)하기 어려우니, 먼저 청국에 아뢰고 그 허락을 받은 후에 확답을 주겠다고 주장할지도 모른다. 그럴 경우 도저히 3월부터 5월 사이에는 결말이 나지 않을 것이다." 그러는 동안 왜관에 체재하는 것도 불리하기 때문에 서계 등본의 봉출(捧出)을 기회로 재관 원역(員役)과 거류 상인들을 인솔해서 일단 타이슈로 철수하기로 결의하고, 그동안 왜관 잔류 직원의 경비를 합산해서 메이지 5년 4월 3일에 외무경보(外務卿輔)에게 상신했다.[1]

외무성에서는 메이지 5년 2월 26일자 보고를 통해 차비관 한인진의 왜관 구류 사실을 알고는 사태 악화를 우려했으나, 4월 3일자 보고를 통해 소 외무대승 서계 등본이 봉출(捧出)된 것을 알고 다소 안도했다. 요시오카 외무소기 이하 거류민을 포함한 전 인원의 철수에 관해서는 외무성 내에서도 이론(異論)이 적지 않았지만, 먼 곳의 일이기 때문에 현지 관리의 의견에 따를 수밖에 없었다. 이에 외무성에서는 5월 4일에 요시오카 외무소기에게 "만일 그러한 시기가 된다면 예정대로 처분하는 것이 적절하다고 생각함"이라고 회훈(回訓)했다. 하지만 이 회훈이 도착하기 전에 왜관은 이미 최악의 사태에 직면했다.[2]

예전에 가훈도 고재건이 공약했던 회답 기한이 만료되었으므로, 메이지 5년 5월 2일에 관수 후카미 마사카게는 가훈도를 불러서 소 외무대승 서계의 봉출(捧出)과 외무성 파견원의 동래부사 회견 등 2개 조건에 대한 회답을 독촉했다. 가훈도는 훈도 안동준이 근일 내로 다시 임지에 내려올 것이라는 소식을 접하고 5월 말까지 회답 기한을 늦춰줄 것을 희망했다. 그렇지만 안동준이 임지에 내려오기만을 기다리면서 아무 일도 하지 않고 시일을 헛되이 보내는 것은 내외 정세상 도저히 불가능했기 때문에 5월 6일에 다시 가훈도를 불러서 차사(差使) 사가라 나오키가 직접 구진(口陳)으로 동래부사의 무책임함과 태만을 힐책했다. 가훈도는 정부의 회하(回下)가 내려오기 전까지는 동래부사의 독단으로 규정에서 벗어난 외무성 파견원과의 면접은 불가능하다고 주장했지만, 사가라는 이를 인정하지 않고, 오늘부터 3일간 정부의 회하(回下)를 기다리겠지만 5월 9일까지 회하가 도착하지 않을 경우에는 가훈도가 책임지고 부사와의 회견 일시를 결정하라고 다그쳤다. 가훈도는 동래부사에게 상신하겠다고 말할 뿐이었다.[3]

구진(口陳)

이번에 비직(鄙職)이 봉명(奉命)하여 도해(渡海)한 이후, 훈도의 병고(病故)로 그 공간(公幹)을 몇 달 동안 거행하지 못하다가 3월 20일에 이르러 간신히 거행할 수 있게 되었습니다. 그런데 두 사또의 회교(回敎)에, 경사(京師)에 왕복한 이후에야 교지를 내릴 수 있다고 하여 그 날짜를 30여 일 후로 기약하면서 차츰 천연(遷延)했으니, 비록 매우 황송했으나 우선 그 약속을 따랐습니다. 그런데 이미 열흘이 지났는데 오늘까지도 회답을 얻지 못했으니, 봉명(奉命)한 몸으로 실로 민박(憫迫)하고 황송합니다. 생각건대 공 등이 사또에게 사정을 진술한 것이 부족해서 그런 것입니까? 아니면 사또가 경사(京師)에 통보한 것이 미흡해서 그런 것입니까? 염려하지 않을 수 없습니다.

몇 년 전부터 전 주수(州守)를 통해 조정에서 양국의 구호(舊好)를 다시 펴지 않을 수 없는 성의(誠意)를 보고했습니다. 작년에 우리나라에서 제도를 개혁한 이후로 전에 그 성지(盛旨)를 전달하지 못한 견책(譴責)을 너그럽게 했을 뿐만 아니라, 도리어 평소에 구호(舊好)가 있다고 하여 전 주수(州守)를 외무대승으로 임명했으니, 조정의 관권(寬眷)[1]이 지극하다고 할 만합니다. 그러므로 그 일을 보고하는 것입니다. 대승(大丞)이 대대로 양국 사이에서 장명(將命)의 직책을 맡은 이래로, 수백 년 동안 공간(公幹)의 중대하고 긴요함과 소가(宗家)의 고신(苦辛), 공황(恐惶)한 마음이 지금보다 컸던 적이 없으니, 하물며 봉명한 몸의 지극히 황송한

---

1) 관권(寬眷): 너그럽고 따뜻하게 보살핌

정실(情實)에 있어서겠습니까? 비직(鄙職)이 직접 사또를 만나서 그 정실(情實)을 말씀드리지 못했으니, 반향(半餉)[2]도 안심할 수 없습니다. 이러한 사유를 모두 사또에게 진달해서 속히 면접해 주시길 바랍니다.

예전에 말한 외무 관원과 사또 면접의 일은 회답이 지체되기에 다시 독촉하노라. 발명(發明)[3]하는 말을 이미 다했으니, 또한 심교(尋交)를 맡은 간사(幹事)는 이를 가장 급무로 간주해서 속히 거행할 수 있는 방도를 의당 품고(稟告)해야 할 것이다.

임신 5월 초엿샛날 차사(差使) 사가라 마사키(印)[4]

가훈도 고재건은 약속된 5월 9일에서 이틀이 지난 5월 11일에 왜관에 내려와서, 차사 및 관수와 만나 전날인 5월 10일에 정부에서 관문(關文)이 도착했다는 말을 전했다. 그 요점은, '동래부사가 상신한 공간(公幹)은 사태가 매우 중대해서 그 처분을 문서로 다하기 어렵다. 지금 부친의 사망으로 복상(服喪)해서 경성에 있는 전 훈도 안동준이, 다행히 변경에 재직한 지 오래되어 변정(邊情)에 정통하니 특별히 제복(除服)[4]을 명하고 그에게 상세한 훈령을 구두 전달해서 내려보냈다.'는 것이었다. 그리고 고재건은 훈도 안동준이 5월 상순에 경성에서 출발해서 5월 25, 26일경에 동래에 도착할 예정이니 앞으로 열흘간 회답 기한을 연기해 줄 것을 간청했다.[5]

차사와 관수는 안동준이 조만간 내려온다는 것을 오히려 의외로 여겼다. 하지만 가훈도의 태도나 종전의 경험으로 미뤄볼 때 안동준이 부임하더라도 국면의 호전은 기대하기 어려웠다. 따라서 차사와 관수는 가훈도의 무책임함을 비난하고, 안동준 한 사람을 기다리면서 막연히 시일을 허비하는 것은 무의미하니 속히 동래부사와의 회견을 실행하라고 다그쳤다. 이 회담은 밤새 진행되어 이튿날인 5월 12일까지 이어졌지만, 가훈도는 안동준이 부임하기 전까지 기다려줄 것을 희망하고, 동래부사와의 회견은 규정에서 벗어난 것이기 때문에 절대로 동의할 수 없다는 말을 반복할 뿐이었다.

훈도 안동준은 5월 23일에 동래부에 내려왔다. 그리고 25일에 왜관을 방문해서 차사(差使) 사가라 마사키, 관수 후카미 마사카게, 도간전관(都幹傳官) 히로세 유키나가, 간전관 우라세 히로시와 회견을 가졌다. 이번 공간(公幹)에 관해 훈도 안동준과는 첫 회견이

---

2) 반향(半餉): 일향(一餉)의 반으로 일향은 한 끼 먹을 정도의 짧은 시간을 가리킨다.
3) 발명(發明): 설명(說明), 증명(證明), 표명(表明)
4) 제복(除服): 상복을 벗음

었으므로 차사는 자신의 사명(使命)과 금년 정월 이래의 교섭 경과를 설명하고, 훈도가 가져온 정부 회하(回下)의 내용에 대해 질문했다. 훈도는 "보내신 글의 뜻은 잘 알고 있습니다. 제출하신 구진서(口陳書)와 차츰 상담을 한 덕분에 서울에서 사정을 낱낱이 알고 있습니다. 이에 관해서는 그 경과를 하나하나 조정 요로(要路)의 분들께 말씀드렸는데, 한 사람의 말로는 결정하기 어려워서 일찍 내려오게 되었습니다. 왜관의 상황을 잘 파악한 다음에 급비각(及飛脚)[5]으로 아뢰라는 명을 받고 내려왔습니다."라고 답했다.[6]

훈도가 가져온 회하(回下)에 큰 기대는 하지 않았다고 해도 이처럼 무책임한 발언을 들으리라고는 예상치 못했을 것이다. 차사는 바로 훈도의 무성의를 힐난하고 일한 양국 국교에 중대한 영향을 미칠 것이라고 경고했지만 훈도는 개의치 않았다. 차사는 외무성 파견원과 동래부사의 회견 실행 여부에 관해 질의했으나, 훈도는 앞으로 정부에 상신해서 허가를 받아야 한다고 답했다. 차사는 다시 훈도와 외무성 파견원의 회견을 요구했지만 같은 이유로 바로 거절당했다. 이어서 차사가 소 외무대승 서계의 봉출(捧出)를 독촉하자, 훈도는 "서계 봉출(捧出) 또한 조정에서 계획한 바 없으니, 임관(任官)의 신분으로 임의로 봉출(捧出)하도록 조처할 수 없습니다. 관원과의 면접도 마찬가지입니다."라며 거절했다. 다시 차사가 정부에 상신해서 그 지령을 받는 데 며칠이나 걸릴 지 질문했는데, 그에 대해서는 명확한 답을 주지 않았다. "그것은 어떻게도 기한을 둘 수 없습니다. 오늘 분부하셨으니 급비(及飛)로 아뢰더라도 원래 조의(朝議)를 거쳐서 국중(國中)에 문의하는 절차를 밟아야 하기 때문에 그 날짜는 이곳에 있는 임역(任譯)의 신분으로는 어떻게 말씀드리기 어렵습니다."[7]

이와 같이 몇 시간에 걸쳐서 격론을 벌였지만 훈도는 같은 말을 반복할 뿐, 끝내 요령부득이었다. 5월 25일 밤, 훈도를 왜관에 유치했다. 이튿날인 26일, 관수 후카미 마사카게는 훈도를 불러서, "(훈도의 답변은) 아무튼 애매하고 모호해서 흑백이 판연하지 않으니, 이젠 부사를 직접 만나서 마무리 짓는 것 외에는 방법이 없다. 동래부에 함께 가자."고 요구했다. 훈도는 "동래부로 올라가시는 것은, 제가 여기 있으라고 말씀드리더라도 듣지 않으실 것입니다. 원래 나서서 말씀드릴 수는 없으나 용이치 않은 일이니 신중하게 생각하시길 바랍니다. 그래도 동래부에 올라가시겠다면 임관의 신분으로 함께 가는 것은 선례도 있고 지금까지의 경과도 있으니 따라갈 수 있습니다."라고 하여, 적극적으

---

5) 급비각(及飛脚): 비각(飛脚)은 일본식 한자어로 파발마(꾼)라는 뜻이다.

로 반대하지 않겠다는 뜻을 표시했다.[8]

이에 차사 사가라 마사키, 관수 후카미 마사카게는 요시오카 외무소기, 그리고 모리야마와 히로츠 두 권대록과 협의한 끝에 마침내 동래부 난입, 이른바 '관왜난출(館倭欄出)'을 단행하기로 결정했다.

메이지 5년 5월 26일 오후 12시, 차사 사가라 마사키와 관수 후카미 마사카게는 가마에 올랐다. 그리고 도보로 그 뒤를 따른 도간전관(都幹傳官) 히로세 나오유키, 간전관 우라세 히로시, 대통사(大通詞) 스미나가 유스케(住永友輔)^{다츠야스}, 통사(通詞) 오다 한지(小田判治), 쓰카다 기사부로(束田喜三郎), 스미나가 게이조(住永啓三) 등 6명과 통사(通詞) 요시마츠 도요사쿠(吉松豊作), 학사(學士) 겸 감찰(監察) 소가 도오리(蘇我通) 이하 재관 인원 54명을 이끌고 왜관을 출발하려고 했으나, 수문군관(守門軍官) 신종(愼鍾)과 김기련(金琪連)이 문을 열어주지 않았기 때문에 이날 밤은 별차의 임소(任所) 빈일헌(賓日軒)에 들어가 날이 밝기를 기다렸다.

훈도 안동준은 차사에게, 부산첨사 김철균을 만나서 일행이 동래부에 들어오는 절차를 준비하겠다고 하면서 차사 일행이 출발하기 전에 먼저 떠났지만, 실은 첨사에게 관왜(館倭)의 난출(欄出)을 경고하려고 했던 것 같다. 일행은 동래부로 가는 도중에 많은 곤란을 겪어야만 했다.

5월 27일 새벽, 훈도는 다시 왜관에 와서 수문(守門)을 열 것을 명하고, 앞장서서 설문(設門)으로 가서 파문군관(把門軍官) 김한기(金漢基)에게 설문을 열 것을 명했다. 이보다 앞서 부산첨사 김철균은 왜관 난출의 소식을 접하고, 도로에 연한 각 포구 만호(萬戶)들에게 명하여 군교(軍校)와 민간인을 동원해서 통로를 막고 방해하게 했다. 일행이 부산진(釜山津) 두모포(豆毛浦) 경내에 이르자, 군민 수백 명이 노상에 군집해서 일행을 포위하고는 큰 소리로 떠들었다. 뿐만 아니라 두모포 만호 나치순(羅致淳)은 군민을 이끌고 노상에 자리를 깔고는 일행에게 난출한 이유를 묻고, 부산첨사의 명령이 없이는 통행을 허락할 수 없다고 했다. 일행은 이날 어쩔 수 없이 길가에 장막을 설치하고 노숙했다.

5월 28일 새벽, 차비관 한인진이 동래부에서 내려왔다. 차사와 관수는 훈도의 무책임함을 힐난했지만, 그는 훈도 안동준과 별차 고재건 모두 변문파수(邊門把守)의 직책에 있으면서 사전에 관왜(館倭)의 난출을 방지하지 못한 죄로 장파(杖罷)[6] 후에 대죄거행(戴罪

---

6) 장파(杖罷): 곤장을 치고 내쫓음

擧行[7]을 받았다고 전했다. 차비관의 힘으로 일행이 두모포를 통과해서 부산진 개운포(開雲浦)에 도착했을 때, 만호 임봉상(林鳳祥)이 다시 군민 수백 명을 이끌고 통로를 막았다. 그곳에서 전날과 마찬가지로 교섭하던 중에 마침 호우가 내려서 노상이 물바다가 되었으므로 군민들은 사방으로 흩어지고, 일행은 만호의 호의로 민가에 들어가 비를 피하면서 밤을 보냈다.

5월 29일, 차사와 관수는 간전관 우라세 히로시에게 명하여 개운포 만호 임봉상을 설득했지만 효과를 거두지 못하고, 오전 10시 40분경 군민의 방해를 물리치고 개운포를 통과해서 부산진으로 향했다. 부산진에서는 성문 밖에 초막(草幕)을 설치하고 군교(軍校) 수십 명이 엄중히 경계하면서 일행의 통과를 허락하지 않았다. 결국 날도 저물고 뇌우(雷雨)까지 몰아쳤기 때문에 일행은 부산첨사 김철균의 명에 따라 면소(面所)라고 하는 건축물에 수용됐다. 그 즈음 일행이 휴대한 양식도 다 떨어져서 첨사에게 의뢰하지 않을 수 없었다. 덧붙여 말하자면 일행은 이날 부산진 밖에서 대원군의 양이침범비(洋夷侵犯碑)를 처음 실제로 보았다고 한다.

다음 날인 5월 30일은 종일 비가 내렸고, 군교(軍校) 수십 명이 면소(面所)를 경계하면서 외출을 금했다. 차비관 한인진은 동래부에 가버리고, 일행은 사실상 감금된 것과 마찬가지여서 이러한 사정을 왜관에 있는 요시오카 외무소기에게 보고하려고 해도 방법이 없었다.

6월 1일 오전 10시 20분, 차비관 한인진이 와서 부산첨사의 명으로 출발을 허락했다. 전날부터 내리는 비를 맞으며 출발해서 오후 2시가 넘어 동래성 남문 밖에 도착했는데, 군교(軍校) 100여 명이 경계하면서 입성을 허락하지 않았다. 여러 차례 왕복한 끝에 밤이 되어서야 입성이 허락되었고, 동래부사의 명으로 별무사청(別武士廳)한위당(捍衛堂)을 객사(客舍)로 해서 그곳에 수용됐다. 이보다 앞서 일행은 차비관을 시켜서 동래부사에게 문안하고, 이곳까지 온 뜻을 알린 후 친히 접견해 줄 것을 간청하였다. 이날은 일행이 왜관에서 출발한 지 닷새째 되던 날로, 연일 호우를 만나고 굶주리고 곤궁한 나머지 환자까지 발생하여 참으로 가련한 상황이었다.[9]

6월 2일부터 일행은 문자 그대로 객사에 감금되어 안팎의 교통이 완전히 차단됐다. 차사와 관수는 차비관 한인진을 시켜서 동래부사 정현덕과의 회견을 요구하게 했으나,

---

7) 대죄거행(戴罪擧行): 관리가 죄를 지었을 때 그 죄과가 결정되기 전까지 현직에서 그대로 일을 보는 것

부사는 공무 또는 병을 핑계로 거절해서 뜻을 이룰 수 없었다. 6월 5일에 차비관은 동래부사 친솔군관(親率軍官) 신성우(辛聖宇)와 윤호권(尹浩權)을 거느리고 객사에 내방했다.

차비관은 차사 등이 요청한 동래부사와의 회견은 부사 입장에서는 규정 외이기 때문에 수락할 수 없다고 전했다. 차사는 부사 친솔군관에게 사정을 설명하려고 했지만, 그는 자신의 직무 범위 밖이라고 하면서 응하지 않았다. 마지막으로 차비관은 동래부사의 명에 따른 각서를 차사에게 전달하고 떠났다.

교린 이래로 약조가 금석(金石)과 같이 견고하여 피차가 서로 준수한 지 이미 300여 년이 되었습니다. 귀국에서 일삼는 바가 만약 약조에 있는 것이라면 우리나라의 처분이 반드시 시행되지 않을 리 없고, 만약 혹시라도 약조를 위반한 것이라면 설령 천 번 호소하고 만 번 말하더라도 결단코 들어주지 않으리라는 것은 이미 잘 알고 있을 것입니다. 이제 공간(公幹)의 일로 말하자면, 이는 피차간의 연혁사무(沿革事務)이니 어찌 하루아침에 갑자기 논의해서 결정할 수 있겠습니까? 전에 이미 조정에 자세히 진술했으니, 또한 국중(國中)에서 논의를 수렴한 연후에라야 비로소 진퇴를 결정할 수 있습니다. 그러므로 이번에 훈도가 경사(京師)에서 내려온 뒤에 이미 이러한 뜻을 왜관에 회보(回報)한 것이니, 그렇다면 그 회답의 늦고 빠름을 불문하고 오직 공손히 처분을 기다려야만 합니다. 그런데도 관문(館門)을 난출(欄出)하여 금계(禁界)를 범월(犯越)하는 것을 능사로 간주해서, 심지어 동래부에까지 올라와서 소요를 일으키고 있으니, 귀국이 약조를 지키고 법금(法禁)을 아는 뜻이 어디에 있습니까? 가령 귀국에서 나라 안의 일을 시조(施措)[8]할 때, 혹시라도 공의(公議)에 불편한 것이 있으면 형세상 환침(還寢)[9]하지 않을 수 없을 것인데, 하물며 용의하게 논의할 수 없는 일을 제멋대로 인국(隣國)에 시행하려고 하니 인국(隣國)이 어찌 기꺼이 받아들일 리가 있겠습니까? 면접의 일로 말하더라도 연향(宴享) 시에 만나는 것 외에는 다시 만나지 않는 것이 본디 약조임은 또한 모두가 알고 있는 바이니, 그것이 결코 근리(近理)하지 않은 설이라는 것을 잘 알 것입니다. 설혹 그 면접을 허락하더라도, 그동안 훈도가 공간(公幹)에 관해서 한 말들이 모두 사또의 분부에 따른 것입니다. 그 밖에 무슨 변설할 것이 있기에 억지로 면접을 청하는 것입니까? 다시 번거롭게 말하지 말고 속히 철환(撤還)해서 안돈(安頓)[10]하면서 조만간 내릴 처분을 기다리십시오. 그리고 처분을 다시 내리기 전까지는, 모든 교린사무(交隣事務)는 구약(舊約)을 준수해서 하나

---

8) 시조(施措): 정책의 시행
9) 환침(還寢): 이미 내린 명령을 취소함. 환수(還收)
10) 안돈(安頓): 편안히 머묾

도 위반이 없어야만 공의(公議)를 결말(決末)할 날이 올 것입니다. 이를 양찰해서 인호(隣好)를 손상하지 말아야 할 것입니다.

이상은 친솔군관이 분부를 구전(口傳)한 것이니 살펴서 양찰하십시오.

임신 6월 초엿샛날

차비관^{경여(敬汝)} 한(韓) 주부(主簿) (印)

차사 존공(差使尊公)

관사 존공(館司尊公)[10]

전후 열흘에 걸친 곤경과 동래부사·부산첨사의 엄중한 감시에 완전히 의기소침해진 차사 사가라 마사키, 관수 후카미 마사카게 일행은 어쩔 수 없이 각서를 받아서 일단 왜관으로 돌아가기로 결정했다. 6월 6일 오전 7시에 동래부에서 출발하여 도중에 아무런 방해를 받지 않고 설문(設門)을 통과한 후 같은 날 오후 1시에 무사히 왜관에 도착했다.[11]

차사 사가라 마사키, 관수 후카미 마사카게, 간전관 히로세 나오유키, 우라세 히로시는 왜관에 도착한 후 요시오카 외무소기, 모리야마 외무권대록 등에게 상세히 보고했다. 요시오카 소기(少記) 등은 당초부터 관왜난출(館倭攔出)에 기대를 걸지 않았으므로 예전에 외무성에 상신한 방침에 따라서 즉시 철수 명령을 내리고, 메이지 5년 6월 13일을 출발 날짜로 정했다.[12]

외무성 파견원 및 차사 등의 철수에 앞서, 왜관 관수(館守)의 명으로 훈도와 별차에게 전갈서(傳喝書)를 보내서 6월 5일자 차비역관의 각서에서 열거된 동래부의 비난을 반박하고, '관왜난출(館倭攔出)'의 책임이 전적으로 조선 당국의 무성의에 있음을 성명하기로 했다. 그런데 훈도 안동준과 별차 고재건이 파직대죄(罷職戴罪)하고 있는 상태였으므로 차비관 한인진에게 전달하려고 했지만, 차비관은 자신의 직권에 해당하지 않는다고 하면서 그 수리를 거부했다. 거듭 강요했음에도 불구하고 차비관이 앞의 말을 반복하면서 응하지 않았기 때문에 6월 13일에 소통사(小通事) 박기종과 김재오(金在吾)에게 맡기고 떠나기로 했다. 그 전문은 다음과 같다.

전갈서(傳喝書)

하나, 봄 이래로 귀국에서 우리를 응접한 정상(情狀)을 외무성 관원께 자세히 아뢰니, 관원께서 다음과 같이 말씀하셨습니다. "전에 우리 외무성이 조지(朝旨)를 받고 우리에게 심교(尋交)의 성의(誠意)를 저 나라에 알리게 했는데 저 나라는 우리를 관접(款接)하지 않았다. 다만 저 나라는 아직 우리의 뜻을 다 알지 못한다. 그러므로 반복해서 정중하게 우리의 뜻을 전달하려고 한 지 이제 몇 년이 됐다. 그런데 저 나라는 우리를 경모(輕侮)해서, 시종 애매하고 모호한 말로 우리를 대하여 우리가 온 뜻에 조금도 부응하지 않았다. 이제 또한 들리는 말에 따르면, 말을 좌우로 돌리면서 우리의 심교(尋交)의 성의(誠意)를 거절하고 있다고 했다. 무릇 교린의 조리(條理)와 곡직(曲直)·명분(名分)은 세계에 따로 공의(公議)와 정론(正論)이 있으니, 이제 다시 췌언(贅言)하지 않는다. 우리는 외무성에 귀국의 정태(情態)를 회보(回報)하고 처분을 받들 뿐이다. 관사(館司)는 이를 저 나라에 고하라."

하나, 일전에 모(某) 등이 귀부(貴府)에 바로 들어간 이유는 다음과 같습니다. 전사(專使)가 깊은 바다를 건너온 이래로 여러 차례 임역(任譯)으로 하여금 이번 공간(公幹)이 긴요한 이유를 전하게 했는데, 다섯 달이 지나도록 서계를 봉출(捧出)하지 못했으니, 봉사(奉使)의 임무와 관사(館司)의 직책에 있어 민박(悶迫)하고 황송한 마음을 이길 수 없었습니다. 그런데 5월 25일에 이르러 훈도가 비로소 왜관에 와서 말하길, "서계 봉출(捧出)에 관해 장차 국중(國中)에서 의견을 수렴할 것이니, 그 후에 결답(決答)을 주겠습니다."라 하고, 그 시기를 물어보자 "몇 년 몇 월인지 기약할 수 없다."라고 했습니다. 아아! 이 무슨 말입니까? 국중(國中)에서 의견을 수렴하는 것은, 응당 부사의 내계(內啓)가 경사(京師)에 도달한 날 바로 행해서 결의한 뜻을 훈도를 통해 우리에게 답했어야 하거늘, 시일을 허비하다가 오늘날에 이르러서야 "장차 국중(國中)에서 의견을 수렴할 것이나, 결의의 시기는 몇 년 몇 월인지 기약할 수 없다."라고 했습니다. 또 귀국의 크기와 인민의 숫자를 대략 알 만한데, 귀 조정에서 신속하게 하령(下令)해서 국중(國中)에서 의견을 수렴한다면 몇 달이면 결정이 날 것이거늘, 어찌 그 시기를 모를 리가 있겠습니까? 이 때문에 지난 봄 이래로 임역(任譯)이 우리의 정실(情實)을 사또께 품고(稟告)하는 데 혹시라도 그 자세한 사정을 다 알리지 못한 것이 있는지 문의했던 것입니다. 만약 그렇지 않다면, 양국 간 인의(隣誼)와 우정(友情)이 달린 바인데 어찌 이처럼 국경에서 사명(使命)을 삽체(澁滯)할 리가 있겠습니까? 이 때문에 귀부(貴府)에 들어가서 직접 사또를 뵙고 ^{○동래부사} 우리가 온 뜻의 자세한 내용을 진술해서 결의와 확답의 대한(大限)을 약속하고자 했던 것입니다. 이에 이러한 뜻을 훈도에게 말하고, 또 함께 동반해서 길을 열어줄 것을 청하자, 훈도가 말하길, "귀사(貴使)가 동래부에 들어가는 것은 제가 따질 일이 아니지만, 사절이 동래부에 들어간 곳은 전례가 없지 않고,

동반해서 호행(護行)하는 것으로 말하자면 곧 임역(任譯)의 직분에 속한 일입니다. 감히 명을 사양하지 못하겠습니다."라고 했습니다. 이에 동래부에 들어가기로 의결한 것입니다. 도중에 매번 촌민에게 억류를 당하였으나, 공식적으로 동래부에 들어가려는 사정을 진술해서 마침내 길을 열 수 있었습니다. 평온하게 귀부(貴府)에 들어가는 것은 귀국 관리가 모두 승낙한 바이니, 어찌 군관이 전달하고 차비관이 기록한 서한에 "관문(館門)을 난출(攔出)해서 금계(禁界)를 범월(犯越)" 운운하는 말이 있으리라고 생각이나 했겠습니까? 아아! 어찌 그리도 우리를 무고함이 심한 것입니까?

하나, 서한에서 또 말하길, "교제 조약이 금석과 같이 견고하다. 귀국에서 일삼는 바가 만약 약조에 있는 것이라면 따르겠지만, 만약 혹시라도 약조를 위반한다면 결단코 들어주지 않을 것이다."라고 했습니다. 언뜻 이 말을 들으면 이치에 맞는 듯하지만, 상세히 살펴보면 심히 불통한 것입니다. 왜 그렇겠습니까? 교제 조약은 모두 양국이 시세를 고찰하고 사체를 상량해서, 때에 따라 적의한 방법을 제정하려는 데서 나온 것입니다. 따라서 그것을 지켜서 양국에 이롭다면 마땅히 굳건히 지켜서 어기지 말아야 할 것이나, 만약 시세가 변하고 사체가 달라져서 수구(守舊)가 장애가 되는 때라면 서로 상의해서 변통하고 경혁(更革)하지 않을 수 없습니다. 아방(我邦)이 귀국과 교제한 것은 무장 아시카가(足利) 씨로부터 시작되어, 그 다음에 도요토미(豊臣) 씨가 있었고, 그 다음에 도쿠카와(德川) 씨가 있었으니, 그 사이에 교제 조약이 변통, 개혁된 것을 이루 다 헤아릴 수 없습니다. 이것이 자연스러운 이세(理勢)임은 지혜로운 자를 기다리지 않아도 알 수 있습니다. 이제 본방(本邦)의 시세가 크게 변해서 서정(庶政)을 일신하여 소씨(宗氏)가 주수(州守)의 직임에서 해임되고, 장명(將命)의 직분을 중지해서 다시 외무대승에 임명했으니, 교제의 체통을 또한 변통하지 않을 수 없는 것입니다. 그런데도 완고하게 거절하면서 말하길, "하나라도 구약에서 어긋나면 결단코 들어줄 수 없다."고 하니 교주고슬(膠柱鼓瑟)의 비유와 유사하지 않습니까? 선비가 많은 귀국에서 이처럼 불통하는 말을 하고 있으니 어찌 괴아(怪訝)함을 이기겠습니까? 아마도 다른 말을 빌려서 우리를 물리치고 절교하려는 것이 아니겠습니까?

하나, 서한에서 또 말하길, "나라 안에서 시조(施措)하더라도, 그 시조하는 바가 혹시라도 공의(公議)에 불편한 것이 있으면" 운운했습니다. 우리나라에서 천자께서 친정(親政)해서 백도(百度)를 유신(維新)한 것은 2,000여 년의 일계만엽(一系萬葉)의 국체를, 그 고제(古制)를 복구한 것이니 천지가 다하도록 바뀌지 않는 일대 성사(盛事)입니다. 그 공명정대함은 세계 만국이 모두 흔모(欣慕)하며 배하(拜賀)하는 바입니다. 만약 서한에서 말씀하신 바와 같다면, 귀국은 이를 심상한 시조(施措)로 간주하는 것이니 크게 그

룻된 것입니다.

하나, 서한에서 또 말하길, "용이하게 의논할 수 없는 일을 제멋대로 인국(隣國)에 시행하려고 하니, 인국이 어찌 기꺼이 받아들일 리가 있겠는가?"라고 했습니다. 대저 아방(我邦)과 귀국이 순치상보(脣齒相保)한 지 300여 년이 되었습니다. 귀국의 행복은 곧 아방의 행복이요, 아방의 성미(盛美)는 귀국의 성미이니, 어찌 사실을 사실대로 고하지 않을 수 있겠습니까? 귀국은 아방의 정체유신(政體維新)의 소식을 듣고 마땅히 경하하는 뜻을 가져야 하거늘, 이제 서한에서 도리어 '제멋대로[肆然]' 운운하는 말을 썼으니, 이것이 인의(隣誼)라고 할 수 있겠습니까? 없겠습니까?

하나, 서한에서 또 말하길, "연혁사무(沿革事務)이니, 그 회답의 늦고 빠름을 불문하고 오직 공손히 처분을 기다려야 한다."고 했습니다. 이제 그 늦고 빠름의 기약이 몇 년 몇 월인지를 묻자, "대사(大事)는 10년이요, 만약 그것이 긴급하다면 6, 7년이다."라고 했으니, 이 또한 어떠한 조리도 없는 말입니다. 무릇 인국(隣國)에서 보고하는 일이 있으면 마땅히 그 글을 속히 진달해서 온 뜻에 부응해야 하는 법입니다. 그 회답의 내용으로 말하자면 귀국의 결정에 달려 있는 바이니 어찌 그것을 강요할 수 있겠습니까? 오직 천지간에 따로 공론(公論)이 있을 뿐입니다. 이제 귀국이 애매하고 조리 없는 말로 한갓 세월을 천연(遷延)해서, 지난 봄 이래로 어느 한 마디, 한 구절도 우리가 누누이 정실(情實)을 전달한 것에 대해 언급한 것을 보지 못했으니 어찌 그것을 선린(善隣)의 정의(情誼)라고 할 수 있겠습니까?

하나, 서한에서 또 말하길, "처분을 다시 내리기 전에는, 모든 교린사무는 구약(舊約)을 준수해서 하나도 위반이 없어야만 공의(公議)를 결말지을 날이 올 것이다."라고 했습니다. 이미 소씨(宗氏)가 주수(州守)에서 해임되어 이제 외무대승에 임명되었고, 아울러 장명(將命)의 직분을 중지해서 외무성에서 외국 교제를 관장하는 사정은 지난 봄 이래로 누누이 진술했으니 이제 다시 췌언(贅言)하지 않겠습니다. 사또는 대승(大丞)의 서계를 봉납(捧納)하지도, 대승의 차사(差使)를 접견하지도 않고 오히려 모든 일은 구약(舊約)을 준수해야 한다고 말씀하시지만, 이미 해직된 주수(州守)와 교제를 관장하지 않는 주인(州人)으로 귀국을 기망(欺罔)한다면, 귀국에서는 그 기망을 달갑게 받아들이면서 인의(隣誼)의 당연한 바라고 하겠습니까? 귀국은 매번 성신(誠信)과 금석(金石)을 입에 올리지만, 만약 입으로는 성신을 말하면서 행동은 기망을 권장한다면, 귀국은 이를 과연 구약을 준수하는 것으로 여기겠습니까?

하나, 서한에서 또 말하길, "인호(隣好)를 손상하지 말라."고 했습니다. 그것은 양국 창생(蒼生)의 복이니 우리는 구구하게 진력해서 오직 그것을 행할 뿐이로되, 만약 인호를 돈독히 해서 오래토록 변치 않기를 원한다면 반드시 언행이 일치해야 합니다. 하지만 차사가 바다를 건너온 이래로 귀국이 우리를 대한 것은 오히려 이 말과 반대되지 않습니까? 차사(差使)가 비록 노둔(魯鈍)[11]하나, 편안히 앉아서 언제 올지 기약할 수 없는 회답을 기다리고 있을 수만은 없습니다. 그러므로 바로 이 땅을 떠나 도쿄로 가서 도해(渡海)한 이래로 귀국이 우리를 대우한 정상(情狀)을 대승(大丞)께 보고하려는 것입니다. 훗날 다시 와서 확답을 얻는 것은 대승의 처분에 따를 뿐입니다. 이 때문에 고별을 대신 부탁하는 것이니, 부디 양해하시기 바랍니다.

불초한 모(某)가 관사(館司)의 직책을 맡았으니, 그 직분이 교제와 관계됩니다. 그러므로 지난 봄 이래로 이것에 미력을 다했던 것입니다. 귀국이 차사(差使)를 대우하는 정상(情狀)을 깊이 살펴보니, 선린지도(善隣之道)에 반하는 것이 있기에 양국을 위해 우려를 금할 수 없었습니다. 이에 차사(差使)와 함께 바로 귀부(貴府)에 가서 사또에게 알현하고 양국의 환호(歡好)를 이루려고 했던 것입니다. 그러나 준엄하게 거절하면서 접대하지 않고 오직 군관(軍官)을 통해 교지만을 전했으며, 그 전한 바의 취지는 모두 교린의 정리(情理)에 어긋남이 앞에서 논한 바와 같았습니다. 그러므로 이 땅을 떠나서 지난 봄 이래의 사정을 대승(大丞)께 보고하려는 것입니다. 그러나 인민 중에 아직도 이 땅에 체재하는 자들이 있으니 관리하지 않을 수 없습니다. 그러므로 잠시 행리(行李)를 멈추고 급히 대승(大丞)께 진퇴를 여쭈려는 것입니다. 아아! 일이 이 지경에 이르렀으니 어찌 통탄을 금하겠습니까? 다 적지 못하고 보냅니다.

이상의 사항을 내부(萊府) 사또 앞에 품고(稟告)하니, 이후에 부산 영공(令公)께 똑같이 고해주시길 바랍니다.

임신 6월 11일
관사(館司)(印)[13]

메이지 5년 6월 13일로 예정되었던 출발은 6월 15일로 연기됐다. 요시오카 외무소기 등 외무성 파견원과 차사 사가라 마사키, 간전관 히로세 나오유키 등은 관수 후카미 마사카게, 간전관 우라세 히로시 등 왜관 원역(員役)을 잔류시키고 출발해서 같은 달 17일에 이즈하라에 도착했다. 그곳에서 히로츠 외무권대록은 남아서 조선 관계 잔무를 정리하기로 하고, 요시오카 소기(少記) 일행은 상경길에 올랐다. 사가라 마사키는 소 외무대승의 지휘를 기다리면서 이즈하라에 잔류했는데, 메이지 5년 8월에 외무성 십등출사에

---

11) 노둔(魯鈍): 노둔(駑鈍)과 같은 말로, 어리석고 둔하다는 뜻이다.

서 면직됐다.[14]

메이지 5년 6월의 '관왜난출(館倭攔出)'은 비단 조선 정부에 대한 항의였을 뿐만 아니라, 외무성에 타이슈 번의 특수 권익을 인식시키려는 최후의 행동이었다. 사가라 마사키, 후카미 마사카게, 우라세 히로시 등은 예전 '관왜난출'의 전례로 판단할 때 자신들의 요구가 즉시 묘당에서 승인되리라고는 예상하지 않았을 테지만, 적어도 동래부사와 부산첨사는 직분을 다하지 못해서 의금부에 나문감률(拿問勘律)[12]되고 훈도와 별차는 엄곤징치(嚴棍懲治)[13]된 후에 체차(遞差)를 면치 못하리라고 생각하고, 부사 이하 담당관이 새로 부임하는 것을 통해 국면이 호전되기를 기대했을 것이다.

그 이후의 경과는 다음과 같다. 메이지 5년 6월 5일의 관왜난출과 동시에 동래부사 정현덕은 훈도 안동준과 별차 고재건에게 파출대죄(罷黜戴罪)[14]의 형을 내리고, 수문군관(守門軍官) 신종과 김기련에게는 엄곤징치(嚴棍懲治)를 가했다. 그리고 두모포, 개운포 두 진(鎭)의 변장(邊將)은 경상좌도 수군절도사에게 관문(關文)을 보내서 종중과치(從重科治)[15]하게 하고, 자신은 직분을 다하지 못했다는 이유로 황공대감(惶恐待勘)[16]을 신청했으나, 6월 18일에 특명으로 대감(待勘)을 면했다.[15]

사가라, 후카미 등이 관왜난출을 통해 동래부사의 책임 문제를 야기하려고 한 최후의 방법도 완전히 실패로 돌아갔다. 소 시게마사 이하 구 타이슈 번리(藩吏)들은 일한관계의 쇄신에 관해서 완전히 절망하지 않을 수 없었다.

외무성이 '관왜난출'의 실패와 외무성 파견원의 철수를 기회로 부산 왜관의 이관(移管)에 착수한 것은 시기적절했다. 정부는 메이지 5년 8월에 외무대승 하나부사 요시모토에게 왜관 접수를 명하고, 외무소기(外務少記) 모리야마 시게루, 외무권대록 사이토 사카에, 외무소록 오쿠 요시타다에게 조선 근무를 명했다. 그렇지만 모리야마 소기(少記) 등은 왜관에 주재하면서 동래부사와 교섭할 자신이 없었기 때문에 왜관 관수 후카미 마사카게를 외무성 구등출사에 임명하는 것과 동시에 관사(館司)직을 명하고, 모리야마 소

---

12) 나문감률(拿問勘律): 나문(拿問)은 죄인을 체포해서 심문하는 것이고, 감률(勘律)은 죄인의 죄를 따져 법을 적용함을 뜻한다.
13) 엄곤징치(嚴棍懲治): 엄하게 곤장을 쳐서 다스림
14) 파출대죄(罷黜戴罪): 파출(罷黜)은 관직에서 파면하는 것이고, 대죄(戴罪)는 형벌을 받는 상태에서 공무를 수행하는 것을 말한다.
15) 종중과치(從重科治): 종중(從重)은 두 가지 이상의 죄가 드러났을 때 그 중 무거운 죄의 형벌을 적용하는 것이고, 과치(科治)는 처리(處理)와 같은 말이다.
16) 황공대감(惶恐待勘): 근신하며 심문받기를 기다림

기는 이즈하라에 있으면서 그를 감독했다는 것은 이미 서술했다. 그런데 동래부사가 후카미의 관사직을 인정하지 않아서 직무 집행이 불가능했으므로 외무성은 메이지 6년 2월 12일(양력)에 외무성 칠등출사 히로츠 히로노부에게 조선 재근을 명하고 후카미 마사카게의 관사직을 면직했다. 히로츠 칠등출사는 같은 해 4월 1일에 부임했고, 이로써 왜관은 명실상부 외무성 소관이 됐다.[16]

히로츠 칠등출사가 부임한 지 20일이 지났을 때, 도쿄 상인 미츠코시 노리베(三越則兵衛)의 데다이(手代)[17] 가토 가츠조(加藤勝藏), 우에무라 가쿠조(上村角藏), 우노 구라키치(宇野倉吉)[미쓰이구미(三井組)의 데다이였다고 한다.]가 외무성의 허가를 받고 왜관에 와서 타이슈 상인 미키야(三木屋)의 명의를 빌려 동래 상인과의 무역을 시도했다. 이 사건은 동래부사에게 충격을 주었다. 그는 이들을 잠상(潛商)[18]으로 간주하고, 군관을 파견해서 관내를 수색하게 했다. 또 출입을 엄중하게 통제해서 사실상 상로(商路)를 막고 다시 철공철시(撤供撤市)로 위협했다.[17] 5월 28일에는 수문문장(守門門將)과 소통사(小通事)에게 잠상(潛商)을 엄칙(嚴飭)하고, 이를 왜관 수문문장(守門門將)의 직사(直舍) 뒷벽에 게시하게 했다.

근일 피아의 상지(相持)[19]는 한 마디로 타파할 수 있다. 우리는 300년 약조를 따르는데 저들은 바꿀 수 없는 법을 바꾸고 있으니 이는 유독 무슨 마음인가? 일이 만약 전례에서 벗어난다면 설령 본국에서 행하더라도 억지로 하기 어렵거늘, 하물며 인국(隣國)에 가서 오직 이를 시행하는 데 뜻을 둘 수 있겠는가? 저들이 비록 타국인에게 제압당했다고는 하나, 그 형체를 변하고 풍속을 바꾼 것[變形易俗]을 부끄러워하지 않는다. 그렇다면 이는 일본인이라고 할 수 없으니, 우리 경내에 왕래하는 것을 허락할 수 없다. 또한 그 타고 온 선척(船隻)이 만약 일본의 옛 모양이 아니라면 우리 경내에 들어오는 것을 허락할 수 없다.

마주인(馬州人)이 우리와 화매(和賣)[20]함은 본래 일정해서 바꿀 수 없는 법이니, 타도인(他島人)이 교역함은 또 우리나라의 법이 결코 허락하지 않는 것이요, 잠화(潛貨)[21]를 범함은 또 양국이 똑같이 금하는 바이다. 근래 저들의 소행을 보니 무법지국(無法之國)이라고 할 만하거늘, 또한 이를 수치스럽게 여기지 않는다. 우리나라는 법령이 따로 있어서 우리 경내에서

---

17) 데다이(手代): 상점에서 수석 종업원인 겐토(番頭) 아래, 견습 점원인 데치(丁稚) 위에 위치하는 종업원
18) 잠상(潛商): 법률로 금지된 물품을 밀무역하는 상인
19) 상지(相持): 서로 자기의 의견을 고집하면서 양보하지 않음. 서로 대치함
20) 화매(和賣): 쌍방이 합의하여 물건을 매매하는 것
21) 잠화(潛貨): 밀무역하는 물품

시행하고 있으니, 왜관에 있는 자들이 약조 내의 일을 행하고자 한다면 모두 응당 들어줄 것이나, 법외(法外)의 일을 행하고자 한다면 영원히 이뤄질 날이 없을 것이다. 비록 물건 하나라도 잠매(潛賣)하려 한다면 그 길이 끝내 열리지 않을 것이니, 우리가 경전(經典)을 지키고 법을 받드는 것에 저들 또한 아마 다른 말이 없을 것이다. 반드시 이러한 뜻을 저들의 두령에게 통유(洞諭)[22]해서 망발(妄發)한 거조(擧措)[23]로 사단을 빚어 후회에 이르지 않게 하라. 그리고 너희는 기찰(譏察) 군교(軍校)와 함께 낮에는 비밀리에 염탐하고 밤에는 수류 곳곳에서 순행하라. 수직(守直)[24]해서 다시는 전과 같은 해이한 폐단이 없게 하되, 만약 각근(恪勤)[25]하게 거행하지 않아서 발각되는 날에는 당당한 삼척지법(三尺之法)[26]을 먼저 너희들에게 시행할 것이다. 진실로 너희 목을 보존하고 싶다면 각별히 두렵게 생각하라.

계유 5월   일[18]

이 고시는 수문문장(守門門將)과 통사 등을 엄칙하는 내용이지만, 글 속에서 최근 일본 정부의 개혁에 대해 격렬한 공격을 가하고 있다. 이처럼 일본을 모멸하는 태도는 적어도 최근 200년간 평화로운 일한관계에서는 찾아볼 수 없는 것이었다.

외무성 칠등출사 히로츠 히로노부는 이러한 사실을 보고 들어도 오직 은인(隱忍)하는 데 힘쓸 뿐이었다. 그는 메이지 6년 5월 31일에 우에노(上野) 외무소보(外務少輔) 앞으로 다음과 같은 보고를 올렸다.

하나, 수문(守門)에 근일 동래부에서 전령서(傳令書)를 붙였다고 해서, ^{수문장의 방 뒷벽} 조시(朝市)에 한인(韓人)이 왜관에 들어와서 검문할 때 쓰카다 이라(束田伊良)가 ^{○통사 겸 서기(通詞 兼書記) 외무성 십오등출사} 한번 보았습니다. 전문(全文)은 기억하기 어렵지만, 대의(大意)를 적어왔으니 사본 1통을 올립니다. 변형환속(變形換俗) 운운한 것 등은 청국 신문(新聞)으로도 잘 알고 있습니다. 또 왜관 내 상인들 사이에는 단발한 자들이 있으니 그 때문이라고도 보이나, 전반적으로 이번 상로(商路)의 단절은 그 원인이 미쓰이(三ッ井) 데다이(手代)의 ^{○미츠코시 노리베 데다이(手代)} 도한(渡韓) 등에 있다는 것은 의심할 여지가 없다고 생각됩니다. 글 가운데 무례한 말이 보여서 젊은이들 가운데 분격하는 자들도 있지만

---

22) 통유(洞諭): 분명하게 타이름
23) 거조(擧措): 행동거지
24) 수직(守直): 건물이나 물건 등을 맡아서 지키는 일
25) 각근(恪勤): 공경하며 근면함
26) 삼척지법(三尺之法): 법률을 가리킨다. 고대에 세 척 죽간(竹簡)에 법률을 썼다는 데서 유래한 말이다.

잘 타이르고 있습니다. 이 이상 공공연히 왜관에 대해서 무례한 언사가 나온다면 오히려 훗날 담판의 단서를 얻을 수 있으니, 우리는 반드시 오히려 앙연(昂然)[27]하게 불고(不顧)하는 모습을 보여야 합니다. 이에 일동이 정밀(靜謐)하게 있습니다. 머지않아 묘산(廟算)[28]이 내릴 것이니 그것만을 즐겁게 기다리며 일동이 인내하는 심정을 연찰(憐察)[29]하시길 바랍니다.[19]

왜관의 소극무위(消極無爲)한 태도는 동래부사와 훈도·별차 등의 존경을 얻고자 한 것이 아니었다. 메이지 6년 12월 18일에 이르러 동래부사는 다시 앞의 명령을 반복하고, 설문문장(設門門將)을 엄칙하는 형식을 빌려 일본을 모멸하는 고시문을 공시했다.

변경에 설관(設館)함은 오직 양국의 영원한 우호의 뜻 때문이나, 응당 행해야 하는 일을 조약에서 먼저 정해두지 않는다면 흔단(釁端)이 없으리라고 보장하기 어렵다. 그러므로 원래 금석불역(金石不易)의 조약문이 있는 것이다. 무릇 모든 교빙과 통상은 반드시 왜관을 경유해야 하고, 왕래와 유접(留接)[30]은 마주인(馬州人)에 그치니, 설령 잠시 의부(依附)해서 오는 자가 있더라도 일본인이 아니면 불가하다. 그런데 근자에 들으니, 왜관에 와 있는 자들 가운데 그 형모(形貌)와 의복이 일본인이 아닌 자가 많다고 한다. 저들이 형체를 변하고 풍속을 바꾼 것이 우리 소관은 아니나, 저 수백 년 동안 자대(自大)[31]한 나라가 하루아침에 다른 사람에게 제어당해서 이 지경까지 이르러 천하의 웃음거리가 되었는데도, 태연자약하게 수치를 모르고 밖으로 나와서 우리나라 사람에게 보이고 있으니 또한 개탄스럽기 짝이 없다. 하물며 우리 당당한 예의지방(禮義之邦)에 저들이 무엇 하러 온단 말인가?

우리는 저들에 대해 본래 신의(信義)로 상교(相交)하고자 해서 오직 성약(成約)만을 준수한다. 그렇다면 그 원약(原約) 외에 갑자기 양선(洋船)을 타고 양복을 입고 오는 자는 일본인이라고 할 수 없으니, 설령 구각(晷刻)[32]에 쫓아내더라도 저들이 본디 할 말이 없을 것인데, 도리어 시끄럽게 떠들기를 그치지 않는다는 말인가? 제 스스로 굴복당할 일을 하면서 기가 어디서 뻗쳐 수정지국(守正之國)에 그 뜻을 펴려고 하니 어리석고도 망발이지 않은가? 저들이 이미 까닭 없이 일을 만들어서, 이제 사개(使价)가 단절되고 연향이 행해지지 않는 지경에 이

---

27) 앙연(昂然): 높이 우뚝 솟은 모양
28) 묘산(廟算): 조정의 대책
29) 연찰(憐察): 불쌍히 여겨서 동정함
30) 유접(留接): 머물러 있게 함
31) 자대(自大): 스스로 존대한 척 함. 자부(自負)
32) 구각(晷刻): 매우 짧은 시간

르렀으니, 묘제(墓祭)[33]나 야렵(野獵)[34] 등의 일은 마땅히 동일한 예(例)에 따라서 우리가 금하지 않아도 스스로 중지해야 할 것이거늘, 일전에 저들이 통사(通事)와 대화할 때 또 어찌 그리도 심하게 날뛴단 말인가? 저들이 300년 동안 우호를 강구한 끝에 갑자기 단연코 시행할 수 없는 일을 꺼내서 상지(相持)하고 있으니 이 또한 심히 무위(無謂)[35]하다. 전후로 두세 명이 이 일을 담당해서 번갈아 와서 시끄럽게 굴더라도 한번 웃어넘기면 될 뿐이다. 저들이 만약 '이렇게 하기를 그치지 않으면 뜻을 이루리라'고 생각했다면, 앞으로도 그런 날은 오지 않을 것이다.

교역 한 가지 일로 말하더라도 관시(館市)에 출입하는 것 외에 잠상(潛商)의 화매(和賣)는 피아인(彼我人)을 불문하고 법률에 있어 사형에 해당한다. 근년 이래 그 폐단이 자심하다. 그러므로 우리는 그것이 발각되는 대로 조금도 가차 없이 혹은 주벌하고 혹은 사형하는데, 저들은 똑같은 죄를 지은 자들을 다스리질 않으니 저 나라에 법이 없음을 알 수 있다. 그러나 단연코 금일부터 기포(譏捕)[36]를 배가해서 오직 형살(刑殺)을 적용할 것이니, 너희 문장(門將)과 통사(通事)들 또한 그 목을 보존할 수 없을 것이다. 한번 칙령을 내린 후에는 단지 하회(下回)[37]만을 볼 뿐이다.

계유 10월 29일○메이지 6년 12월 18일 [20]

히로츠 히로노부는 당시 노령으로 부산에 부임한 이래로 병에 걸려서 메이지 6년 6월에 이즈하라로 돌아가 요양했다. 10월 22일에 다시 왜관에 귀임했다가 11월 18일에 외무경으로부터 상경하라는 명을 받고 메이지 7년 1월에 부산에서 출발했다. 그의 부재중에는 외무소록 오쿠 요시타다에게 왜관 사무대리를 명했다.[21]

---

33) 묘제(墓祭): 조상의 묘 앞에서 지내는 제사
34) 야렵(野獵): 수렵(狩獵), 사냥
35) 무위(無謂): 의의(意義)가 없음
36) 기포(譏捕): 죄인의 기찰(譏察) 및 체포
37) 하회(下回): 한번 명령을 내린 후에 벌어지는 상황이나 결과

【원주】

1　『大日本外交文書』卷五(一四一) 明治五年四月三日吉岡外務少記等上申.

2　同 (一四二) 明治五年五月二日吉岡少記宛花房外務少丞等書狀, (一四三) 明治五年五月四日吉岡少記宛外務省朝鮮事務課書狀.

3　『壬申在朝鮮日記』明治五年四月·五月二日·三日.

4　同 明治五年五月九日.

5　同 明治五年五月十一日.

6　同 明治五年五月二十五日.

7　同.

8　同 明治五年五月二十六日.

9　『壬申在朝鮮日記』明治五年五月二十六日·二十七日·二十八日·二十九日·六月一日;『東萊府啓錄』同治十一年五月二十七日·六月一日.

10　『壬申在朝鮮日記』明治五年六月二日;『朝鮮交際始末』卷二.

11　『壬申在朝鮮日記』明治五年六月二日·三日·四日·五日;『東萊府啓錄』同治十一年六月六日;『日省錄』李太王壬申年六月八日.

12　『壬申在朝鮮日記』明治五年六月十三日.

13　同 明治五年六月十一日;『朝鮮交際始末』卷二.

14　『壬申在朝鮮日記』明治五年六月十三日·十四日·十五日·十六日·十七日.

15　『東萊府啓錄』同治十一年六月一日·六日;『日省錄』李太王壬申年六月八日·十三日.

16　『大日本外交文書』卷六(一一一) 明治六年四月二十五日外務省七等出仕廣津弘信報告.

17　同 (一一一) 明治六年四月二十五日廣津弘信報告, (一一二) 明治六年四月二十八日同上.

18　『朝鮮交際始末』卷三;『再撰朝鮮尋交摘要』.

19　『大日本外交文書』卷六(一一九) 明治六年五月三十日廣津弘信報告.

20　『再撰朝鮮尋交摘要』.

21　『大日本外交文書』卷六(一二五) 明治六年六月二十日廣津弘信報告·(一三八) 明治六年十一月十八日岩倉右大臣宛寺島外務卿伺·同指令.

정한론(征韓論)

제 6 장

정한론의 발생

근대 일본사에서 정한론이 중요한 위치를 차지하는 이유는 그것이 내정 문제와 연관되어 육군대장 사이고 다카모리(西鄕隆盛) 등 다섯 참의(參議)의 사직으로 이어졌고, 더 나아가서는 사가(佐賀)와 세이난(西南)의 2대 전란으로 진전되어 헌정(憲政)의 시행을 촉진했다는 점에 있다. 그런데 국제정치사의 관점에서 보면 그것은 비교적 간단한 사건이었다. 내정의 관점에서 정한론을 논하는 것은 훗날의 기회로 미루고, 이 장에서는 일한 관계에 중점을 두어 그 발생 및 결렬 과정을 설명하고 검토를 덧붙이고자 한다.

정한론은 막부 말기 유신 당시의 복고사상과 일단의 맥락이 닿아 있는 부분이 있다. 처음에는 일종의 추상론에 그쳤으며 바로 조선에 병력을 가하려는 것은 아니었다. 따라서 정한론을 바로 근대 대륙정책의 발로로 보는 것은 섣부른 판단일 것이다.

복고사상이 왕성해짐에 따라 진구황후(神功皇后)와 도요토미(豊臣) 다이코(太閤)[1]의 위대한 공훈을 그리워하고 조선 정복의 몽상을 품은 사람은 한둘이 아니었지만, 그것을 정치적으로 이용하려고 한 것은 비츄노쿠니(備中國) 마츠야마 번(松山藩)의 유신(儒臣) 야마다 야스고로(山田安五郞)[호코쿠(方谷)]^{다마(珠)}였다고 전해진다. 야마다 호코쿠는 유자(儒者)로서 명성이 높았을 뿐만 아니라, 정치, 경제에도 식견이 있었기 때문에 그 번주(藩主)인 로주(老中) 이가노카미(伊賀守) 이타쿠라 가츠키요(板倉勝靜)를 도와서 참획(參畫)한 바가 적지 않았다고 한다. 분큐(文久) 원년[2] 봄, 이타쿠라 가츠키요가 지샤부교(寺社奉行)[3]로 재직할 때[분큐 2년 3월에 로주(老中)에 임명됨] 그는 다음과 같이 건의했다.

---

1) 다이코(太閤): 원래 섭정 또는 간바쿠(關白)의 직위를 자제에게 양위한 사람을 뜻하는 말이지만, 근세 이래로 다이코라고 하면 일반적으로 간바쿠(關白) 직을 조카 도요토미 히데츠구(豊臣秀次)에게 양위한 이후의 도요토미 히데요시(豊臣秀吉)를 가리킨다.
2) 분큐(文久) 원년: 대략 1861년에 해당한다.
3) 지샤부교(寺社奉行): 무로마치시대부터 에도시대에 이르기까지 무가 정권에서 설치한 직제(職制)의 하나로 종교 행정을 담당했다.

경천(輕賤)한 소신(小臣)이 천하의 일을 아뢰는 것은 황송하지만, 금일의 대급무(大急務)를 하루라도 늦출 수 없다고 생각되기에 생각하는 대로 국은(國恩)에 보답하고자 한 말씀 올리겠습니다. 근래 전해지는 바, 청국에 대란이 나서 과반이 유적(流賊)에게 약탈당하고, 지난 가을에는 베이징이 영국, 프랑스에 함락되어 청국 군주가 만주로 도망쳤다고 들었습니다. 중화 일원(一圓)[4]이 주인 없는 땅이 된 것 같은 분위기라 어떻게 해서라도 서로 차지하려고 다투는 장소가 되었으니, 모쪼록 아방(我邦)의 위무(威武)로 정벌하셔야 하는 때라고 생각합니다. 따라서 군대를 좌군(左軍), 우군(右軍), 중군(中軍)의 세 방면으로 나누어, 좌군은 남해로부터 타이완을 공취(攻取)하고, 우군은 북해로부터 조선을 공취(攻取)하고, 중군은 동래 쪽으로 넘어가서 산둥(山東)에서 쳐들어가게 하십시오. 또한 이 삼군(三軍) 모두 조정에서 사람 수를 차출하기 전에, 고쿠슈(國主)[5]들이 바야흐로 몇 년 전부터 무비(武備)를 정비해서 외국과 전쟁을 희망해 왔으니, 일군(一軍)에 2, 3개 구니(國)를 배속하시고 조정에서는 군감(軍監)으로서 야쿠닌(役人)을 파견하십시오. 그리하시면 구니(國)에 돌아갈 토지는 정벌해서 얻을 수 있고, 또한 공격해서 얻은 땅의 삼푼(三分)은 조정에 바쳐서 요지마다 부교(奉行)를 두어 일원(一圓)을 통치할 수 있을 것입니다. 그 밖에 살벌(殺伐)을 좋아하지 않고 안무(按撫)를 위주로 해서 당국(唐國) 고대의 풍속으로 돌아간다는 정령(政令)을 내리신다면, 인심이 귀복(歸復)해서 많은 병력을 쓰지 않아도 항복하리라 생각됩니다. 만약 1, 2년이 지나 저 땅에 영웅이 출현해서 일통평치(一統平治)한 다음에는 손쓰기 어려울 것입니다. 당장에는 어느 정도 공전(攻戰)이 있더라도, 확실한 적(敵)도 없고, 그 사이에 상황이 좋지 않을 때는 군대를 철수시키더라도 보복할 자도 없으니 안심하실 일이라고 생각합니다. 하루라도 늦춘다면 만대(萬代)의 유감이 될 것이기에 이 말씀을 아뢰는 것입니다.[1]

도요토미 다이코(太閤)의 유책(遺策)[6]을 계승했다고도 볼 수 있는 이 건책(建策)의 진의는 당시 존왕양이(尊王洋夷)의 기치하에 반막부(反幕府) 색채가 농후했던 조슈 번(長州藩)을 비롯한 사이고쿠(西國)의 웅번(雄藩)의 예봉을 대류 공략으로 전환시키려는 비책이었던 것으로 보이지만, 그 구체적인 안은 처음부터 알려져 있지 않았다.

야마다 호코쿠의 비책을 계승해서 소리 높여 주창한 것은 타이슈 번 참정 오시마 마사토모(도모노조)였다고 한다. 처음에 오시마는 타이슈 번의 가증(加增)을 위해 막부 당

---

4) 일원(一圓): 특정 지역의 전부
5) 고쿠슈(國主): 에도막부 체제하에서 영지가 한 구니(國) 이상이 되는 다이묘(大名)를 가리킨다.
6) 유책(遺策): 죽은 사람이 마지막으로 남긴 책략

국의 양해를 얻는 데 분주했다. 그는 분큐 3년 5월에 로주(老中) 이타쿠라 가츠키요의 모신(謀臣)으로서 명성이 높았던 야마다 호코쿠도 만났는데, 호코쿠는 오시마에게 "귀번(貴藩)의 곤핍(困乏)이 이와 같은데, 어째서 조선이 위약(違約)한 죄를 성토해서 그것을 정복하는 책략으로 나가지 않는가?"라고 반문했다. 오시마가 그 말에 수긍하자, 호코쿠는 자신의 정한(征韓) 계획을 설명하고, 타이슈 번을 선봉으로 삼아 사쓰마, 조슈 등 여러 웅번에 출정 명령을 내리는 것에 대해 논했다.[2]

이때부터 오시마는 호코쿠의 설을 조술(祖述)[7]해서 정한론을 창도하기 시작했는데, 그 동기는 호코쿠의 경우와 마찬가지로 일종의 적본주의(敵本主義)[8]였다. 즉, 조선 정복의 가능성을 믿었기 때문이 아니라, 정한론을 무기로 타이슈 번의 특수 권익을 막부와 여러 웅번들에게 인식시키는 데 그 목적이 있었다고 이해된다.

오시마 도모노조의 정한론에 감화를 받은 것은 그의 친구인 조슈 번사(藩士) 기도 다카요시였다. 그리고 훗날 기도가 신정부 대각(臺閣)의 반열에까지 오르자 정부 내에서도 추종자들이 생겨났고, 앞으로 서술할 조선 응징론과 관련해서 정국에 중대한 영향을 미치게 된 것이다.[3]

야마다, 오시마의 정한론과 전혀 무관하게 현실의 일한관계로부터 판단해서 조선에 출병해서 응징할 필요가 있다고 논한 인물의 효시는 외무성 출사(出仕) 사다 하쿠보였다. 사이고 다카모리, 이타가키 다이스케 등의 정한론은 이 계열에 속한다.

앞 장에서 서술한 것처럼 사다 하쿠보는 왜관에서의 일한교섭의 현실을 시찰한 후 병력에 호소하지 않으면 일한관계의 호전을 기대할 수 없다는 결론에 도달하고는, 메이지 3년 3월에 외무경 사와 노부요시에게 건의를 올렸다. 그 요점은 다음과 같다.

조선은 지킬 줄만 알고 공격할 줄은 모르며, 자기만 알고 상대는 알지 못합니다. 또 그 사람들은 심침교녕(深沈狡獰)[9]하고 고루오완(固陋傲頑)[10]해서 깨우쳐도 깨닫지 못하고 격려해도 고무되지 않습니다. 그러므로 단연코 병력으로 임하지 않으면 우리의 쓰임이 되지 않는 것입니다. 더구나 조선은 황국(皇國)을 멸시해서, 문자에 불손한 것이 있다고 하면서 황국에 치욕

---

7) 조술(祖述): 스승이나 선인의 학설을 근본으로 삼고 그 뜻을 서술해서 더욱 밝히는 일
8) 적본주의(敵本主義): 일본식 한자어로 딴 곳에 목적이 있는 것처럼 가장하다가 도중에 갑자기 본래의 목적을 향하는 행동 방식을 뜻한다. 일본 전국시대에 아케치 미쓰히데(明智光秀)가 "적은 혼노지(本能寺)에 있다"고 하면서 진군하다가 갑자기 회군해서 주군인 오다 노부나가(織田信長)를 친 고사에서 유래했다.
9) 심침교녕(深沈狡獰): 여기서 심침(深沈)은 음침하다는 뜻이고, 교녕(狡獰)은 교활하고 사납다는 뜻이다.
10) 오완(傲頑): 오만하고 완고하다는 뜻이다.

을 주었습니다. 군주가 치욕을 당하면 신하는 죽는 법입니다. 따라서 이는 실로 불구대천의 원수이니 반드시 정벌하지 않을 수 없습니다. 정벌하지 않는다면 황위(皇位)가 서지 않을 것이니 그것은 신자(臣子)가 아닙니다.

속히 황사(皇使)를 내리셔서 대의(大義)를 들어 황국을 욕보인 이유를 문책하신다면, 저들은 필시 머뭇거리며 주저해서, 항복도 사죄도 못하고 오직 우리의 말만 들을 것입니다. 그때 황사(皇使)를 갑자기 소환하고 대병(大兵)을 들여보내서, 10개 대대는 강화부로 향하여 바로 왕성(王城)을 공격하되 대장(大將)이 인솔하고, 다른 한 부대는 소장(少將)이 6개 대대를 이끌고 경상, 전라, 충청의 세 도(道)에서 진격하고, 다른 한 부대는 소장이 4개 대대를 이끌고 강원, 경기에서 진격하고, 다른 한 부대는 소장이 10개 대대를 이끌고 압록강을 거슬러 올라 함경, 평안, 황해 세 도(道)에서 진격하여, 원근상대(遠近相待) 하고 완급상응(緩急相應) 해서, 사슴의 뿔을 잡고 뒷발을 잡듯이 한다면[11] 필시 50일이 못 되어 그 국왕을 사로잡을 수 있을 것입니다. 만약 그렇게 하지 않고 한갓 황사(皇使)만을 내리신다면, 설령 백번을 왕복하더라도 실로 하책(下策)이 될 것입니다. 이는 정토(征討)의 매우 신속함만 같지 못하니, 결코 좋은 시책(施策)이 아닙니다.[4]

사다 하쿠보의 30개 대대론은 지사(志士)의 호기를 벗어나지 못했기 때문에 묘당의 냉소 속에 묻혀버렸지만, 조선 출병을 공식적으로 논의하는 단서를 열었다는 점에서 주목할 만한 가치가 있다.[5]

사다 하쿠보의 출병론을 계기로 조선 문제에 관한 의견들이 속속 발표되었다. 그 첫 번째는 참의 기도 다카요시였다. 기도는 예전에 오시마 마사토모의 정한론에 감동하였는데, 추기(樞機)에 참여하게 된 이후로 병부대보(兵部大輔) 오무라 나가토시(大村永敏)[마스지로(益次郞)]의 공감을 얻었다. 기도, 오무라 합작의 정한론의 내용은 규명하기 어렵지만, 신정부 성립 이후에도 반정부 분위기가 농후해서 국내적 통일에 장애가 되고 있었으므로 외부 정벌을 통해 인심의 전향을 도모하고자 했던 것 같다. 그런데 오무라 병부대보는 조난(遭難)당하고,[12] 기도는 지위가 높아질수록 태도도 점차 신중해져서 오시마 등에게서 최근 일한관계의 분규 양상을 들어도 쉽게 동요하는 기색을 보이지 않았

---

11) 사슴의 뿔을 잡고 뒷발을 잡듯이 한다면: 사슴을 잡을 때 한 사람은 뒷발을 잡아서 묶고 한 사람은 뿔을 잡는다는 고사에서 유래한 말이다. 흔히 '의각지세(犄角之勢)'라고 쓰는데, 이는 전쟁할 때 군대를 양쪽으로 포진한 후 협공해서 적을 제어하는 형세를 비유하는 말이다.

12) 오무라의 조난: 오무라 마스지로는 병제 개혁에 반감을 품은 조슈 번사들에 의해 1869년 9월 교토에서 암살당했다.

다. 메이지 2년 말까지도 기도는 계속해서 지나(支那)와 조선에 사절을 파견할 필요성을 논해서, 같은 해 12월 3일에 흠차대사(欽差大使)의 내명(內命)을 받았으나, 그것이 과연 어떤 동기에 의한 것이었는지는 분명치 않다.[6] 그렇지만 기도는 조선 문제에 많은 관심을 갖고 있었다. 정한문제(征韓問題)가 논의됨에 따라 그는 메이지 3년 6월 21일에 외무대보 데라지마 무네노리를 방문해서 이 문제를 논했으며, 며칠 후 24일에 데라지마 외무대보가 외무권대승 야나기하라 사키미츠(柳原前光)를 따라서 내방하자 자신이 기초한 의견서를 제시했다.

　　신이 엎드려 살피건대 같은 사람이니, 반드시 장래에 서로 어울려 쓰임이 있을 것입니다. 그러므로 교제는 천하의 통정(通情)이요, 우내(宇內)의 공리(公理)이니, 원래 한 사람, 한 나라가 홀로 막거나 멈출 수 있는 바가 아닙니다. 그것은 조화무궁(造化無窮)의 운수가 날마다 펴지고 해마다 열리는 것이니, 고금 민물(民物)의 연혁(沿革)이 천류(遷流)하는 사이에서 그 증거를 역력히 볼 수 있습니다.

　　방금 신주(神州)[13]가 정기(政紀)를 일신해서 사방에 임하였으니, 이에 해서(海西)의 여러 나라가 모두 이미 교관(交款)[14]을 받아들였습니다. 저 청씨(淸氏)[15] 같은 경우는 그 땅이 금연(襟緣)[16]이 만나는 자리에 있어서 일찍이 인의(隣誼)를 약속한 전례가 없지만, 또한 각국이 통신(通信)하는 나라이니 여러 면에서 번속(藩屬)의 반열에 있지 않습니다. 다만 조선은 고립되고 편벽한 나라로서 토경(土境)[17]을 접하고 있는데도 통신(通信)이 아득히 두절되어 문안을 오지 않고, 도쿠카와 씨가 정사에 관여한 이래 간혹 빙례(聘禮)를 받은 일이 있다고는 하나, 그 또한 오지 않은 것이 이미 20여 년이 되었습니다. 이제 팔주(八州)를 천황께서 친어(親御)하시는 날을 맞이하여 예전에 타이슈 번에 맡겨서 대략 그 성의(誠意)를 표시했습니다. 그렇다면 저들은 의당 한번 와서 정성껏 감사를 올려야 할 것인데, 구습(舊習)을 인습(因襲)하고 위탁(委託)하는 것을 요행으로 여기며, 걸핏하면 타이슈 번을 통해서 제멋대로 문필을 놀리며, 과장과 무고로 이정(理情)을 분변하지 못하고 감히 상국(上國)에 대항하려고 하니, 저들의 어리석음은 성낼 것도 없으나 이러한 정상(情狀)은 꾸짖지 않을 수 없습니다.

　　하지만 예전에는 오로지 타이슈 번에만 일을 맡겼으니, 다시 이를 거론해서 잘잘못을 따

---

13) 신주(神州): 일본이 자국을 과장해서 지칭한 말로 신국(神國)이라고도 했다.
14) 교관(交款): 교제(交際), 교호(交好)
15) 청씨(淸氏): 청국(淸國)
16) 금연(襟緣): 금(襟)은 옷깃이고, 연(緣)은 옷의 가장자리 혹은 가장자리를 싸서 돌린 선을 말한다.
17) 토경(土境): 영토(領土)

질 것이 없습니다. 그러나 혹시 앞으로 다시 공개(公价)[18]를 접할 때 저들이 고집하는 바가 여전히 달라지지 않는다면, 신주(神州)가 저들을 대하는 데 예로부터 유철(遺轍)이 있으니 또한 묵과할 수 없을 것입니다. 또 저들이 원래 청씨(淸氏)의 판도에 속해 있지만, 근년에 이르러서는 오직 정삭(正朔)만을 받들 뿐, 아직 안무(按撫)를 청했다는 말을 듣지 못했습니다. 신주(神州)에 대해서도 일찍이 큰 교화를 입은 종적(蹤迹)은 없지만, 교대(交待)[19]한 전례가 있고, 토경(土境)이 매우 가까우니 필연적으로 서로 마려(磨礪)[20]하지 않을 수 없습니다. 다만 저들이 완우(頑愚)해서 한 모퉁이에 웅크린 채 일찍이 외사(外事)를 알지 못했으니, 범장(帆檣)이 모여들지 않고 측후(測候)가 들어가지 않으며, 해서(海西)의 여러 나라들도 대체로 그것을 도외시합니다. 그렇다면 공의(公義)를 추강(推講)해서 조선과 종사(從事)하는 것을 우리가 먼저 시작하는데, 청씨(淸氏)인들 어찌 그것에 참견할 수 있겠습니까?

공의(公義)로써 사람과 사귀는 것은 천하의 통업(通業)입니다. 천하의 통업인데도 거부하는 것은 만국이 용납하지 않는 바로서 기운혼일(氣運混一)의 융궤(隆軌)를 깨닫지 못하는 자이니, 세력으로 그것을 움직이는 것 또한 불가하지 않습니다. 신은 생각건대, 일단 외국에 말을 해놓고도 수미상속(首尾相屬)하지 않는 것은 무한한 국욕(國辱)이니, 차라리 처음부터 일을 일으키지 않는 것만 못하며, 또 지금의 신주(神州)가 옛날부터 강했던 것도 아니고, 지금의 조선이 옛날부터 약했는지도 아직 알 수 없습니다. 비록 그러나, 조선의 일은 필연적으로 이미 기호지세(騎虎之勢)가 되었으니, 응접하는 사이에 만일 공리(公理)에 복종하지 않는다면 우리도 단연코 결단을 내리지 않을 수 없습니다. 그러므로 병부(兵賦), 선함(船艦), 군자(軍資), 기계(器械)를 미리 완급(緩急)[21]에 대비해서 준비하지 않으면 안 됩니다. 묘의(廟議)가 이미 이렇게 나와서 처음부터 일정한 계략이 있었을 것이니, 또 어찌 신(臣)의 말이 필요하겠습니까? 그러나 도해(渡海)의 일은 신(臣)이 일찍이 그 무거운 위촉을 받았습니다. 엎드려 바라옵건대 지교(指敎)를 내려주신다면 신은 참으로 감하(感荷)할 것입니다. 삼가 아룁니다.[7]

기도 참의의 주장을 요약하자면, '전 세계에 나라를 세운 자가 공의(公義)로써 교제하는 것은 천하의 통의(通義)이다. 조선이 극동에 편재(偏在)해서 완명(頑冥)하고 고루(固陋)하여 세계의 통의를 무시하고 일본의 수호를 거절한 것은 그 불법이 심하므로 단연 결심할 필요가 있다. 그러므로 군대, 병선, 군수(軍需), 군자(軍資) 등을 미리 준비하지 않으

---

18) 공개(公价): 일본식 한자어로 조정의 사절을 뜻한다.
19) 교대(交待): 교제(交際) 및 접대(接待)
20) 마려(磨礪): 칼을 돌에다 간다는 뜻으로, 앞으로 닥칠 일에 대해 미리 준비한다는 의미이다.
21) 완급(緩急): 위급한 때

면 안 된다.'는 것이었다. 사다 하쿠보가 이 글을 한번 보고, "그 주의(主意)는 정벌하지 않으면 안 된다는 것이지만, 우리의 병비를 정돈한 이후에 정벌해야 한다는 논의였다. 그 논의에 관해 질문했지만 모두 평온하게 대답해서 여하튼 그 저의를 이해하기 어려웠다."고 평한 것은 적절했다.[8] 기도 참의는 6월 26일에 태정대신 산조 사네토미(三條實美)에게 건의서를 제출했는데, 그 구체적 효과는 알려지지 않았다.[9]

메이지 3년 7월 28일, 외무대승 야나기하라 사키미츠는 우대신 이와쿠라 도모미에게 「조선론(朝鮮論)」을 진달했다. 야나기하라 외무대승은 모리야마 시게루, 히로츠 히로노부 등 현지 관리와 밀접한 연락을 취하고 있었고, 또 그들의 대변자로 간주되고 있었으므로 그의 의견은 기도 참의의 그것에 비해 실제적이고 또 철저했다.

> 황국(皇國)은 절해(絶海)의 대고도(大孤島)인 까닭에 앞으로 설령 마땅한 병비(兵備)를 갖추더라도, 주위가 바다로 둘러싸인 땅을 만세토록 시종 각국과 병립(幷立)해서 국위(國威)를 확장하기란 극히 어려운 일이라고 생각합니다. 그런데 조선국은 북쪽으로는 만주에 이어져 있고 서쪽으로는 달청(韃淸)[22]에 접한 땅으로, 그것을 수복(綏服)[23]한다면 실로 황국 보전의 기초이자 장래 만국경략(萬國經略)과 진취(進取)의 기본이 될 것이나, 만약 타인에게 선수를 뺏긴다면 국사(國事)가 여기서 끝나고 말 것입니다. 또 근년에는 각국 또한 그 국정(國情)을 탐지해서 빈번하게 엿보는 자가 적지 않습니다. 이미 러시아 같은 나라는 만주 동북을 잠식하고 그 세력이 왕왕 조선을 삼키려고 하니, 지금은 황국이 일각도 경홀하게 볼 수 없는 때라고 생각합니다. 하물며 열성(列聖)께서 생각을 드리우신 땅에 있어서겠습니까!
>
> 하나, 대정일신(大政一新)을 보지(報知)하는 서계를 저들이 물리친 것은 각국에서도 이미 알고 있습니다. 그런데 이를 인내해서 그 교녕(狡獰)함을 제어하지 않고 그 애매(曖昧)함을 열어주지 않는다면, 황국이 만국에 대해 무엇으로 일신(一新)의 규모를 보일 수 있겠습니까?
>
> 하나, 러시아, 프랑스, 영국, 미국이 저 땅을 차지하려고 하는 것은 요연(瞭然)해서 변론이 필요치 않습니다. 그런데 방금 보불전쟁[佛孛交戰]이 일어났습니다. 러시아는 프러시아를 후원한다는 풍문이지만, 원래 범과 승냥이 같은 나라이니 구라파가 동요하는 때를

---

22) 달청(韃淸): 청국을 가리킨다. 달(韃)은 중국의 고대 북방민족을 총칭하는 말로, 후에는 일반적으로 몽골족을 지칭했다.
23) 수복(綏服): 평정해서 정복함

노려서 아시아 주를 약탈하는 기봉(機鋒)[24]이 반드시 삐져나올 것입니다. 게다가 미국 또한 조선에 한번 군대를 파견한다는 설이 있으니, 황국이 참으로 인순할 수 있는 때가 아니라고 생각합니다.

하나, 작년 봄 이후로 타이슈 수사(修使)를 파견했지만, 실제로는 도요토미, 도쿠카와 양씨(兩氏) 때의 100분의 1도 알선하는 데 진력하지 않았습니다. 이제 조정에서 이즈하라 번지사(藩知事)에게 명하여 직접 외무관원과 도해(渡海)해서, 수백 년의 신의를 다하고 백기천변(百機千變)에 응하여, 간절하게 양국이 순치상보(脣齒相輔)의 관계임을 보이고 널리 우내(宇內)의 형세를 타이른다면, 신사(信使)를 오게 하거나 황사(皇使)를 내리는 것도 아마 그 계제(階梯)를 만들 수 있을 것으로 생각됩니다. 그러나 저 나라의 종래 완고한 습벽(習癖)이, 설령 황사(皇使)를 영접하고 신사(信使)를 봉행(奉行)하더라도, 의주(義州)·강화(江華) 등 여러 요처의 개항 등에 이르러서는 쉽게 승복하지 않으리라고 생각됩니다. 그러므로 속히 선편(先鞭)[25]을 내림에, 우선 앞에서 말씀드린 소씨(宗氏)를 길잡이로 하시고 황사(皇使)를 내리시며, 묘략(廟略)을 크게 정한 다음에 반드시 한 차례 출병을 의정(議定)하여 관(寬)·맹(猛)과 은(恩)·위(威)를 병행해서 시행한다면 큰 전쟁을 치르지 않고도 저들을 복종시킬 수 있으리라고 생각합니다.

하나, 이즈하라 번지사(藩知事)의 파견과 관련해서, 저 번(藩)은 연래의 쇠폐(衰弊)로 인해 조선에 대략 6만 금의 부채가 있습니다. 조정에서 동(銅) 약 20만 근으로 보상한다면, 안으로는 이즈하라 번 상하(上下)에게 은혜를 베풀어서 그 분흥(奮興)하는 기운을 유도하고, 밖으로는 조선 관부(官府)에 신의를 드러내서 저들이 귀순하는 근기(根基)가 될 것입니다. 따라서 외무성 관원이 이를 봉행(奉行)해서 이즈하라 번에 가게 하신다면 상하가 필시 그 힘을 다할 것입니다. 이 일이 일시적으로 재물을 허비하는 것 같지만, 실제로는 내외 인심을 수습하는 데 큰 도움이 되리라 생각합니다.[10]

그런데 기도 참의와 야나기하라 외무대승의 대한적극론(對韓積極論)에 대해, 한편에서는 이미 당시의 복잡한 정치적 사정을 반영하여 강력한 반대론이 나타나고 있었다는 사실에 주의할 필요가 있다.

메이지 3년 6월 23일, 기도 참의는 산조 태정대신을 방문하고 돌아오는 길에 참의 오쿠보 도시미치(大久保利通)를 방문해서 자신의 대한적극정책(對韓積極政策)을 설명했다.

---

24) 기봉(機鋒): 예봉(銳鋒)
25) 선편(先鞭): 남보다 먼저 착수함. 기선을 잡음

그런데 오쿠보는 그것에 단호하게 반대했을 뿐만 아니라, 6월 27일에는 서면으로, 그리고 7월 2일에는 직접 기도 참의를 방문해서 대한적극론에 절대로 찬성할 수 없다고 하면서 그의 양해를 구했다.[11] 기도의 주장은 사다 하쿠보에게서 인순론(因循論)이라는 평을 들을 정도로 미온적인 것이었음에도 불구하고, 기도와 나란히 진보파의 거두였던 오쿠보 참의의 강경한 반대에 직면했다. 메이지 7년의 정한론 결렬의 맹아는 이미 메이지 3년 6월에 싹트고 있었던 것이다.

조선 출병론이 차츰 주목을 끌고 있던 무렵, 뜻밖의 큰 사건이 발생했다. 메이지 3년 7월 26일, 가고시마 번사(鹿兒島藩士) 요코야마 쇼타로(橫山正太郞)라는 자가 시사(時事)를 논하는 건백서(建白書) 2통을 품고 집의원(集議院)[26] 문 앞에서 자인(自刃)[27]한 것이다. 요코야마는 같은 번 출신 가운데 소장유위(少壯有爲)의 인물로 지목된 모리 아리노리(森有禮)[긴노조(金之丞)]의 친형이었으므로 조정에서는 특별히 지번사(知藩事) 시마즈 다다요시(島津忠義)에게 고사타쇼(御沙汰書)[28]를 내려서 제사 비용 금 100냥을 하사했으며, 그 건백서는 태정관 일지에 게재되는 영광을 누렸다. 그 중에서 정한을 논한 별지(別紙)는 다음과 같다.

조선 정토(征討) 문제로 초망(草莽)의 사이에서 왕성하게 주장한다고 하니 필경 황국(皇國)이 위미(萎靡)해서 진작하지 못함을 개탄한 나머지 이 같은 분격론(奮激論)을 내는 것으로 보입니다. 비록 그러하나, 군대를 일으키는 데는 명(名)과 의(義)가 있어야 합니다. 특히 해외에 대해서 한번 명의(名義)를 잃는다면, 비록 큰 승리를 얻더라도 천하 만세의 비방을 면치 못할 것입니다. 병법에 나를 알고 상대를 알라고 했습니다. 지금 조선의 일은 고사하고 우리나라의 정실(情實)을 살펴보면, 백성들은 기갈과 궁곤에 몰려있고, 정령(政令)은 쇄세(瑣細)한 지엽만 있을 뿐 근본은 아직도 정해지지 않았습니다. 무슨 일이든 명목과 허식일 뿐 실효를 세운 바는 심히 박약해서, 입으로는 일신(一新)을 외치지만 일신의 덕화(德化)는 조금도 보이질 않으니, 만민이 흉흉해서 은은(隱隱)하게 토붕(土崩)의 조짐이 있습니다. 만약 우리의 국세

---

26) 집의원(集議院): 메이지 초기의 의정기관 혹은 행정 자문기관. 1869년 7월의 태정관제개혁에 수반되어 공의소(公議所)의 후신으로 설치됐다. 그 의원은 부번현(府藩縣)의 대참사(大參事)에서 선출되었고 임기는 4년이었다. 공의소가 의원에 의한 의안 제출권을 갖고 있었던 것에 반해, 집의원은 정부에서 제출한 의안을 심의하는 권한밖에 갖지 못했으므로 의정기관이라기보다는 자문기관에 가까웠다. 폐번치현(廢藩置縣)으로 인해 번(藩)을 단위로 하는 의회의 존재 이유가 사라짐에 따라 1873년 6월에 폐지되고, 그 사무는 태정관 좌원(左院)으로 이관됐다.

27) 자인(自刃): 할복(割腹)

28) 고사타쇼(御沙汰書): 천황의 지시나 명령을 시달하는 문서

(國勢)가 충실하고 성대하다면 구구한 조선이 어찌 우리에게 예에 맞지 않은 일을 하겠습니까? 사려가 여기에 미치지 못하고, 단지 조선을 소국으로 보고 업신여겨서 함부로 명분 없는 군대를 일으켰다가 만에 하나라도 차질이 생기면 천하의 억조(億兆)[29]가 무엇이라고 하겠습니까? 에조(蝦夷)[30] 개척조차도 그 토민(土民)의 원망을 많이 샀습니다. 또 조선이 근년 여러 차례 외국과 접전해서 대단히 병혁(兵革)에 익숙해졌다고 들었습니다. 그렇다면 분로쿠(文祿)[31]의 시세(時勢)와 같이 논할 수 있는 바가 아닌 것입니다. 히데요시(秀吉)의 위력으로도 오히려 수년 동안 국력을 소비했는데, 이제 사다(佐多) 모(某)[사다 하쿠보]처럼 조선을 손아귀에 넣겠다고 한다면, "자기를 속이고 남을 속여서 국사를 희롱한다."고 한 것이 바로 이를 가리켜서 한 말일 것입니다. 금일의 급무는 먼저 강기(綱紀)를 세우고 정령(政令)을 통일해서 천하에 신의를 보이고 만민을 안도케 하는 데 있습니다. 우선 소장(蕭墻)[32]의 의외의 변을 생각해야 하니, 어찌 조선의 죄를 따질 겨를이 있겠습니까?[12]

요코야마 쇼타로의 간사(諫死)[33]는 급진적 사상을 가진 사람들에 의해 일소에 부쳐지기는 했으나, 일반 관민(官民)은 이를 중대 사건으로 지목했고 특히 반정부파에게 정부를 공격할 좋은 구실을 제공했다.

요코야마 쇼타로가 죽은 지 1년이 지나 외무권대승 마루야마 사쿠라[다로 마사미치(太郎正路)·시마바라 번(島原藩) 사족(士族)]의 옥사(獄事)가 발생해서 관민에게 커다란 충격을 주었다. 마루야마 사쿠라는 히라타 가네타네(平田鐵胤)의 문하로서 열렬한 국체론자로 알려졌다. 메이지 2년에 외무대승에 임명되어 가라후토(樺太) 국경 문제 때문에 현지에 파견되었으나, 처음부터 그의 임무가 아니었기 때문에 나중에 본관(本官)에서 면직 당하고 다시 외무권대승에 임명됐다.[13] 가라후토 문제의 실패는 마루야마 개인의 과실은 아니었지만 그는 이 일에 큰 유감을 품었다. 메이지 3년 3월, 마루야마는 사다 하쿠보의 조선 출병론에 공명해서 여러 차례 사와 외무경에게 실행을 촉구했지만 끝내 채택되지 않았다. 마침내 그

---

29) 억조(億兆): 무수한 백성
30) 에조(蝦夷): 고대로부터 일본의 중심부에서 동쪽, 북쪽에 거주하는 원주민을 다른 종족으로 간주하여 붙인 이름이다. 중세 이후로는 원주민 아이누족과 동일시되었다. 아이누족이 대부분 현재의 홋카이도를 중심으로 사할린, 쿠릴 열도 지역에 거주했으므로 에도시대 이후로는 이 근방을 에조가시마(蝦夷が島), 또는 에조치(蝦夷地)라고 불렀다.
31) 분로쿠(文祿): 일본의 연호로 대략 1592년에서 1596년에 해당한다. 여기에서는 임진왜란을 가리킨다.
32) 소장(蕭墻): 임금과 신하들이 조회하는 장소에 세운 병풍을 뜻하는 말로, 재앙이 내부에서 일어나는 것을 비유하는 데 주로 사용된다.
33) 간사(諫死): 죽음으로써 간언함

는 재직 중에 반란을 일으킬 것을 기도하고 사다 하쿠보에게 은밀히 의논했지만, 사다는 성공 가능성이 없다고 보고 응하지 않았다. 마루야마는 따로 동지를 구해서, 그의 심복인 단바노쿠니(丹波國) 사사야마 번사(笹山藩士) 하타 쓰네요(畑經世)를 통해 코치 번사(高知藩士) 오카자키 고스케(岡崎恭輔), 구루메 번사(久留米藩士) 후루마츠 간지(古松簡二) 등과 결탁했다. 그들은 메이지 3년 12월에 "조선국은 황국의 입장에서는 추요(樞要)의 중지(重地)에 위치해 있으니, 즉시 착수하지 않으면 필시 다른 나라가 먼저 정벌할 것이다. 지금의 시기를 놓치지 않고 신속하게 군대를 보내서 저 나라를 침략하면 반드시 성공할 것이다. 오직 천연(遷延)하다가 저 나라가 문명개화(文明開化)하는 때에 이른다면 도저히 정벌하기 어려울 것이다."라는 취지에 따라 마루야마는 스스로 총할의판(總轄議判)이 되고 오카자키는 군무 일반을 총괄하기로 했다. 그리고 우선 군자금을 외국에서 빌려서 군함과 병기를 구입하고 사사(死士)[34]를 모집해서 준비를 마친 다음에 조선에 침입할 예정이었다. 하지만 메이지 4년 초에 발각되어 하타 쓰네요가 먼저 체포되고, 곧이어 같은 해 3월 22일에 마루야마 외무권대승도 외무성에 출근하던 길에 구인(拘引)됐다. 마루야마의 처리는 후쿠이 번(福井藩)에 맡겨졌고, 4월 11일에 본관(本官)에서 면직됐다.[14]

마루야마 사쿠라의 범죄는 현직 관리가 국사범이 된 경우로서 당시 법률에는 관련 규정도 없고, 그것을 심리할 재판소도 설치되어 있지 않았으므로 사법성에 임시재판소를 설치해서 사건을 심리했다. 그리고 메이지 5년 4월 23일에 "직장(職掌)의 분수로 말하더라도 열심히 설명해서 알아들으시도록 아뢰었어야 하거늘, 조헌(朝憲)을 두려워하지 않고 여러 번사(藩士) 및 초망(草莽)의 서생들과 함께 교제상 반향이 있을 일까지도 경솔히 논해서 용이치 않은 일을 기도했으니 매우 무도(無道)하다."라는 이유로 제족(除族)[35]한 후 종신금고를 선고하고 나가사키 현으로 유배보냈다(메이지 13년 1월 특사됨).[15]

마루야마 외무권대승의 음모는 현직 외무성 고관이 그 직무를 이용해서 외국에 대한 정치적 폭동을 계획했다는 점에서 우리나라 공전의 대사건이었다. 하지만 사실 그는 고루하고 기벽이 있는 인물로 지목되었고, 이번 음모 또한 조선 출병을 이유로 여러 번(藩)과 낭사(浪士)들 가운데 불평하는 무리를 규합한 감이 있었으므로 정치적으로 중대화되지는 않았던 것이다.

---

34) 사사(死士): 죽음을 각오한 용사
35) 제족(除族): 화족(華族), 사족(士族)의 신분을 박탈해서 평민으로 만드는 것

【원주】

1 『方谷先生年譜』文久元年.

2 『方谷先生年譜』文久三年·慶應元年;『日鮮通交史前編』614~633쪽.

3 『松菊木戶公傳』卷下 第六章;『大隈伯昔日譚』545쪽.

4 『征韓論の舊夢談』47쪽.

5 『大日本外交文書』卷三(八九) 明治三年四月外務省上申.

6 『松菊木戶公傳』卷下 1275~1300쪽.

7 『朝鮮交際始末』卷一.

8 『征韓論の舊夢談』49쪽.

9 『松菊木戶公傳』卷下 1298쪽.

10 『岩倉公實記(昭和二年刊)』卷中 20~34쪽.

11 『木戶孝允日記』第一(日本史籍協會本) 明治三年 六月二十四日·二十五日·二十六日·七月二日;『松菊木戶公傳』卷下 1258~1299쪽.

12 『太政官日誌』明治三年八月十日.

13 『丸山作樂傳』59~105쪽.

14 『丸山作樂傳』122~136쪽;『征韓論の舊夢談』49~50쪽.

15 『丸山作樂傳』126~127쪽.

정한론의 결렬

마루야마 외무권대승의 반란은 예상치 못한 사건이기는 했지만, 외무성 내에서도 조선 출병론과 비출병론이 대립하고 있는 것은 사실이었기 때문에 후자로 결정되는 상황과는 별도로 출병의 경우도 상정해서 미리 외교적 절차를 연구해 둘 필요가 있었다.

첫 번째로 문제가 된 것은 청한종속관계(淸韓宗屬關係)였다. 조선이 청의 번속(藩屬)이라는 것은 상식적으로 알려진 바였으나, 일본 정부에서는 그 법리적 근거에 관해 의문을 가졌으며, 예전부터 훈도 안동준이 타이슈 번리(藩吏)에게 '황(皇)', '칙(勅)' 등의 용어에 관해 일일이 청 조정의 재가를 얻어야 한다고 말했던 것 또한 하나의 구실에 지나지 않는다고 보고 있었다. 앞 절에서 인용한 기도 참의의 건의서에서 "또 원래 저들이 청씨(淸氏)의 판도에 속해 있지만, 근년에 이르러서는 오직 정삭(正朔)만을 받들 뿐, 아직 안무(按撫)를 청했다는 말을 듣지 못했습니다."라고 서술한 것은 당시 일본 정부의 의견을 대표하는 것이었다.[1]

법리적 관점에서 논한다면, 조선은 청의 번속이기 때문에 '인신무외교의(人臣無外交義)'[1)]의 대의에 따라 외교는 일일이 청 예부에 자회(咨會)하고 황제의 칙재(勅裁)를 거쳐서 시행해야만 했다. 그런데 조선국왕은 교린을 비롯한 일체의 외교를 우선 실시한 다음에 예부에 자회(咨會) 보고하고 있었다. 즉, 외교자주(外交自主)의 실제가 있는 것이었

---

1) 인신무외교(人臣無外交): 『禮記』 郊特生에 나오는 말로, 이 전거의 원래 문장은 다음과 같다. "朝覲 大夫之私覿 非禮也 大夫執圭而使 所以申信也 不敢私覿 所以致敬也 而庭實私覿 何爲乎諸侯之庭 爲人臣者無外交 不敢貳君也". 이 구절에 대해 명나라 호광(胡廣) 등이 편찬한 『禮記大典』의 해석에 따르면, "조근(朝覲: 신하가 군주를 알현하는 일. 여기서는 제후가 천자를 알현한다는 뜻)할 때 제후의 신하인 대부(大夫)가 다른 제후를 사근(私覿: 사적으로 다른 군주를 만나는 일)하는 것은 예가 아니다. 만약 대부가 군주의 명규(命圭)를 받들어 사신으로 나간다면 응당 사근(私覿)의 예를 행하여 신의를 펴야 한다. 그러므로 자신의 군주를 따라서 조근(朝覲)할 때 감히 사근(私覿)하지 않는 것은 자신의 군주에게 공경을 다하기 위한 것이니, 정실(庭實: 조공으로 바치는 물건)과 사근(私覿)을 어찌 제후의 조정에서 하겠는가? 다른 사람의 신하 된 자는 감히 사사로이 다른 제후를 만나지 못하니, 군주에게 다른 마음을 품어서는 안 된다."고 하였다. '인신무외교(人臣無外交)'라는 말은 19세기 이후 서양 열강의 국교 수립 요구에 대해 조선이 청과 일본 이외의 국가들과 통교를 거부하는 주된 명분으로 활용되었다. 본문에서 '人臣無外交義'라 하여 전거에 없는 '義'자를 추가한 이유는 분명치 않다.

다. 조선이 걸핏하면 청국 황제의 칙재를 운용하는 것이 일종의 구실임을 모르는 것은 아니었다. 이러한 관계는 이태왕 초기 한불관계와 한미관계에서 분규가 발생했을 당시 프랑스와 미국 두 공사의 질문에 대한 총리아문의 성명을 통해 명료해졌다.

게이오 3년^{병인} 6월에 프랑스 극동함대사령관 해군소장 피에르 구스타브 로즈가 천주교 박해에 대한 보복으로 조선 원정을 떠나기에 앞서, 주청(駐淸) 프랑스 임시대리공사 앙리 드 벨로네는 6월 2일[2]1866년 7월 13일에 관리총리각국사무아문사무(管理總理各國事務衙門事務) 공친왕 혁소에게 조회(照會)를 보내서, 조선은 중국의 속방이지만 내치외교를 모두 그 자주에 맡긴다는 성명을 근거로, 이번 원정을 통해 조선국왕을 폐위하고 프랑스 황제의 칙명에 따라 따로 국왕을 책립하더라도 중국은 그것에 이의를 제기할 수 없다고 통고했다.

조회합니다.
본 대신이 근래에 받은 조선에서 온 서함을 살펴보니, 올해 3월에 고려 국왕이 갑자기 명령을 내려서 그곳의 프랑스 주교 2명과 전교사 9명을 본지(本地) 전교사 7명과 교리를 익힌 무수한 남부노유(男婦老幼)와 함께 잡아다가 모두 살해했다고 합니다. 이처럼 잔포(殘暴)한 행위는 스스로 패망을 초래하는 것입니다. 그런데 고려는 중국에 속해서 공물을 바치는 나라입니다. 그러므로 본국이 장차 군대를 일으켜서 토죄(討罪)할 것을 명했으니, 응당 귀 친왕(親王)에게 지조(知照)[3]해야 합니다. 또 이러한 망행(妄行)을 저질렀으니, 본국은 스스로 응당 피살된 교중(敎衆)과 함께 그 죄를 성명하고 토벌할 것입니다. 저 나라가 잔혹하게 교인을 살해한 날이 곧 실로 제 나라를 잃는 날이 된 것은 이치상 필연적인 바입니다. 그러므로 특별히 명언(明言)하는 것입니다. 본국이 소유한 각로(各路) 병선(兵船)을 불일내로 조선에 집결시켜서 그 나라를 잠시 점거한 후, 다시 다른 자를 왕으로 세워서 그 땅을 지키다가 본국의 명령에 따라 시행할 것입니다. 그런데 본 대신이 일찍이 여러 차례 귀 아문에 전교사에게 노조(路照)[4]를 발급해서 조선에 가게 해 줄 것을 청했으나 모두 추탈(推脫)[5]했습니다. '비록 고려가 중국에 공물을 바치고 있으나 일체 국사를 모두 그 자주에 따른다. 그러므로 톈진화약(天津和約)이 또한 시행되지 않는 것이다.'고 한 말에 의거한다면, 이제 본국이 고려와 교병(交兵)하더

---

2) 원문에는 5월 3일로 되어 있으나, 6월 2일의 잘못이므로 바로잡았다.
3) 지조(知照): 공문서에서 주로 사용된 용어로 통지(通知)와 같다.
4) 노조(路照): 통행 허가증
5) 추탈(推脫): 다른 말을 핑계로 거절함

라도 중국은 자연히 과문(過問)[6]할 수 없으니, 그것은 저 나라와 원래 서로 간섭하지 않기 때문인 것입니다.[2]

프랑스 대리공사의 통고는 다분히 위협의 의미를 내포하기는 했지만, 결의에 찬 것이라고 하지 않을 수 없었다. 공친왕은 회답을 보내서, 조선이 정말로 다수의 교사(敎士)와 교민을 학살한 사실이 있다면 먼저 이치에 근거해서 사순(査詢)할 일이지 대번에 병단(兵端)을 열어서 민명(民命)을 다치게 해서는 안 된다고 주의를 주었다. 그리고 조선과 프랑스 양국 사이에서 조정을 행할 의향이 있음을 표명했다.

조복(照覆)합니다.

어제 귀 대신의 조회를 받으니, 그 내용에 "조선국이 갑자기 프랑스 주교와 전교사, 그리고 본지(本地) 전교사와 교리를 익힌 많은 사람들을 모두 잡아다가 살해했으니, 본국이 장차 군대를 일으킬 것을 명했습니다. 그런데 고려는 중국에 속해서 공물을 바치는 나라이기 때문에 응당 지회(知會)해야 합니다."고 했습니다. 본 작(爵)은 생각건대, 조선국은 바다 모퉁이에 치우쳐 있어서 평소 근수(謹守)만을 알 뿐입니다. 지금 무슨 연고로 교민(敎民)을 살해했는지는 모르겠으나, 이제 귀 대신께서 귀국이 군대를 일으키는 연유로 본 작(爵)에게 지조(知照)하셨으니, 귀 대신의 돈목(敦睦)한 우의를 충분히 징험(徵驗)할 수 있습니다. 다만 양국의 교병(交兵)이 모두 민명(民命)에 관계되어 있습니다. 본 작(爵)이 이미 이 일을 알았으니, 중간에서 배해(排解)하지 않을 수 없습니다. 저 나라가 실제로 교중(敎衆)을 살해한 일이 있더라도, 우선 이치에 근거해서 사순(査詢)[7]하여 무슨 연유인지 구명(究明)하는 것이 옳을 듯 하며, 대번에 병단(兵端)을 열 필요는 없습니다. 이 때문에 조복(照覆)하니 귀 대신은 작탈(酌奪)[8]하십시오.[3]

프랑스 대리공사와 함대사령관은 총리아문의 조정을 거부하고 원정길에 올랐지만 목적을 달성하지 못한 채 돌아왔다. 벨로네 대리공사의 용장(勇壯)한 성명도 실천하지 못하여 결국 청한종속관계 문제 또한 자연히 해소되었지만, 얼마 지나지 않아 같은 종류의 안건이 다시 총리아문에 제기됐다.

---

6) 과문(過問): 어떤 일에 관심을 기울이거나 참견해서 의견을 표시하는 일
7) 사순(査詢): 조사하고 질의함
8) 작탈(酌奪): 참작해서 결정함

메이지 4년 3월에 주청 미국 특명전권공사 프레드릭 로우는 조선과 국교 개시의 명을 받고 아시아함대 사령장관 해군소장 존 로저스와 함께 함대를 이끌고 조선으로 향하기에 앞서, 미리 그 사명(使命)을 조선 정부에 전달할 필요를 느끼고 조선국왕에게 보낼 신함(信函)을 작성했다. 그리고 같은 해 정월 17일에 공친왕에게 조회해서 이 신함을 당시 베이징에 있던 조선 동지사(冬至使)를 통해 조선국왕에게 대신 전달해줄 것을 요청했다.

조회합니다.

본 대신이 국가의 지령을 받으니, 금년에 본 대신을 흠파(欽派)해서 출사조선공사(出使朝鮮公使)에 임명하여 수사제독(水師提督)과 함께 한 부대의 병선(兵船)을 타고 조선에 가서 교섭을 상의하라고 했습니다. 중국은 조선과 수백 년 동안 교호(交好)했으니 음문(音問)[9]이 상통할 것입니다. 본국은 저 나라와 평소 왕래가 없는데 마침 상의할 건이 생겼으니 당장 전달하기 어렵습니다. 이에 본 대신은 먼저 조선에 서함을 보내서 국지(國旨)를 전달하려고 생각하니, 부디 귀 친왕(親王)이 저 나라에 대신 전해주길 바랍니다. 이에 특별히 서함을 귀 아문에 보내니 부디 신속히 부쳐주길 바랍니다. 아울러 서함 1장을 조록(照錄)[10]하니 잘 살펴보십시오.[4]

공친왕과 총리아문은 '조선의 정교금령(政敎禁令)은 그 나라의 전주(專主)에 위임하는 방침이기 때문에 이번 미국 공사의 요망 또한 수락하기 어렵다. 특히 군함의 파견은 극력 저지해야 하지만, 미국의 결심이 매우 견고해서 신함(信函)의 전달 유무에 관계없이 원정을 결행할 것이다. 만약 이 신함을 전달하지 않는다면 조선은 미국 함대가 내항한 이유를 알지 못해서 오히려 사기(事機)를 그르칠 우려가 있으니, 당장 원함(原函)을 전하지 않을 수 없다.'는 것으로 의견을 모았다. 그리고 상주해서 재가를 받은 다음에 로우 공사에게 신함을 보내서, 미국 공사의 요청을 수락한다는 것과 이미 그 절차를 밟은 사실을 통고하고, 아울러 이 문제에 관한 청의 입장을 분명히 했다.[5]

본론만 말씀드립니다.

올해 정월 17일에 귀 대신의 조회를 받아 보니, '본 대신이 금년에 출사조선공사(出使朝鮮

---

9) 음문(音問): 소식(消息), 서신(書信)
10) 조록(照錄): 수정을 가하지 않고 원본을 등사(謄寫)함

公使)에 임명되어 조선에 가서 교섭을 상의할 것이다. 먼저 조선에 서함을 보내려고 생각하니, 부디 저 나라에 대신 전달해주길 바란다.'는 말이 있었습니다. 본 아문은 생각건대, 조선은 비록 속국이지만 일체의 정교금령(政敎禁令)이 모두 그 나라 주지(主持)[11]에서 나오기 때문에 중국이 예로부터 과문(過問)하지 않았습니다. 이 신함은 즉시 본 아문에서 상주한 후에 예부에 교부해서 그 나라에 전달하게 했으나 회음(回音)[12]의 여부는 예측하기 어렵습니다. 이미 귀 대신의 언명과 함께 정월 22일에 구주(具奏)해서, 예부로 하여금 문서를 갖추어 원함(原函)을 조선에 전달하게 할 것을 청하고, 아울러 예부에도 지조(知照)했습니다. 이에 예부의 핵론(覈論)을 받으니, 이미 2월 초이튿날에 구주(具奏)해서, 원함(原函)을 봉하여 병부(兵部)에 보내고 역마(驛馬)로 대신 전달하게 해 줄 것을 청했다고 합니다. 아울러 성명하기를, "중국은 소속 각방(各邦)에 대해서, 예부의 구장(舊章)에 실로 서함을 대신 전달해주는 일은 없다. 지금 비록 주청(奏請)해서 처리했지만 이는 곧 한때의 권의(權宜)[13]한 방법으로 격외(格外)를 통융(通融)[14]하는 것이니, 이후에는 다시 전달해줄 수 없다."고 했습니다. 이에 이러한 사실을 알립니다.[6]

이 신함 가운데 "조선은 비록 속국이지만 일체의 정교금령(政敎禁令)이 모두 그 나라 주지(主持)에서 나온다."는 구절은, 조선의 내치외교는 일체 조선국왕의 고유한 권한에 의해 행사되는 것이므로 중국은 그것에 간여할 수 없고, 따라서 하등의 책임을 지지 않는다는 의미로 해석된다. 그런데 여기에는 조선이 청의 번속(藩屬)으로서의 실제가 어디 있는지 불명확했으므로 로우 공사는 그것을 좁은 의미로 해석해서, 조선은 중국의 속방(屬邦)이지만 행정, 종교, 외교(Government, religion and intercourse with foreign powers)에 한해 조선국왕에게 독단전행(獨斷專行)의 권한이 있음을 인정한다는 뜻으로 간주했다.[7]

청한종속관계와 관련해서 종전부터 총리아문과 프랑스, 미국 두 나라 공사 사이에 왕복이 있었다는 사실은 일본 외무당국에서도 알고 있었을 것이다. 따라서 조선과 직접 교섭을 개시하기에 앞서, 조선의 자주와 관련하여 총리아문에서 프랑스와 미국 두 나라와 같은 정도의 보증을 얻어야 할 필요를 느꼈던 것이다.

---

11) 주지(主持): 관장(管掌), 주의(主意)
12) 회음(回音): 회신(回信), 회답(回答)
13) 권의(權宜): 일시적으로 행해지는 적의(適宜)한 조치
14) 통융(通融): 변통(變通)해서 다스림

메이지 6년 3월, 외무경 소에지마 다네오미는 본관(本官)을 유지한 상태로 특명전권 대사에 임명됐다. 그리고 일청수호통상조약의 본서(本書) 교환 및 류큐 번민(藩民) 피해 사건에 관한 교섭 임무를 띠고 청에 파견되었을 때, 그는 조선 문제는 그의 위임장에 기재되어 있지 않지만 이번 기회에 조선 자주에 관해 어떤 보증을 얻을 수 있을 것으로 기대하고 있었다. 그는 로우 공사와 회견하는 자리에서 청한 양국의 명확한 관계, 즉 청국은 속방의 행위에 대해 책임질 만한 감리(監理)를 조선에 행사할 것을 주장하는 것인지, 아니면 조선국 신민이 제3국 신민에게 저지른 불법행위에 대해 조선국 정부만 보상 책임을 지는 것인지 확인하려는(To ascertain the precise relations between China and Corea; whether the former claims to exercise such control over her tributary as to render China responsible for the acts of the Coreans, or whether other nations must look to Corea alone for redress for wrongs and outrages which her people may commit.) 뜻이 있음을 언명했다고 한다.[8]

메이지 6년 5월 23일, 소에지마 대사는 이등서기관 외무소승 히라이 기쇼(平井希昌)를 미국공사관에 보내서 청한종속 문제에 관한 청과 미국의 교섭에 대해 질문하게 했다. 로우 공사는 당시 사정을 상세히 설명하고, 히라이 서기관의 희망에 따라 앞에서 서술한 동치 9년 2월 8일자 총리아문 신함의 등본을 건네주었다. 곧이어 6월 20일, 대사가 일등서기관 외무대승 야나기하라 사키미츠, 삼등서기관 외무소승(통역관) 데에네(鄭永寧)를 총리아문에 보내서 총리아문 대신 모창희(毛昶熙), 동순(董恂)과 회견을 갖고 타이완 번지(番地)의 귀속 문제에 관해 질문하게 했을 때도 조선 번속(藩屬)에 관한 언급이 있었다. 야나기하라 서기관은 먼저 마카오(澳門)의 소속에 관해 질문을 던져서, '그것은 중국 영토이지만, 명말(明末)부터 포르투갈 사람이 점거하고 있다. 청 대(淸代)에 이르러서는 지세(地稅)의 납부를 공약하게 했지만 아직 실행시키지 못하고 있다.'는 답변을 얻었다. 야나기하라 서기관은 다시 "지금 포르투갈에서 관리를 파견해서 독자적으로 백성을 감독하고 정치를 행한다고 들었다. 그렇다면 그 땅은 그 나라의 속령(屬領)인 것인가?"라고 질문했다. 그런데 모창희와 동순 두 대신은 "아니다. 그것은 이른바 '오랫동안 빌려서 반환하지 않은 것'이니, 어찌 저들의 소유라고 할 수 있겠는가?"라고 대답할 뿐이어서 그 요령을 얻을 수 없었다. 야나기하라 서기관은 다시 "그렇다면 마카오에서 우리 인민과 관련된 사건이 발생할 경우, 귀국에서 책임을 지고 우리 정부와 회동하는가?"라고 추궁했지만, 두 대신의 회답은 "그것은 우리 정부가 변리(辨理)할 수 있는 바가 아니니, 저들이 아직도 빌려가서 돌려주지 않았기 때문이다."라고 답하는 데 불과했다. 서기관은 먼저 '속령(屬領)'에 관한 총리아문의 해석을 듣고 싶었던 것 같지만, 모창희와 동순 두 대신의 회답은 끝내 요령부득이었다. 야나기하라 서기관은 마침내 본론으로 들어갔다.

야나기하라 : 마카오의 일은 이미 말씀을 들었다. 이제 조선은 귀국과 아국(我國) 사이에 개립(介立)[15]해서 양국에 왕래한 것이 오래됐다. 전년에 미국 전권공사가 그 나라에서 전쟁을 일으키려고 하기 전에 그 서신을 귀 아문에 부탁해서 조선에 전해줄 것을 청구했다. 당시 귀국은 그 나라를 속국으로 칭하지만 내정교령(內政敎令)에는 모두 관여하지 않는다고 답변했다고 들었다. 그것이 과연 사실인가?

모창희 · 동순 : 속국이라고 칭하는 것은, 구례(舊例)를 순수(循守)[16]해서 봉책(封册)과 헌공(獻供)의 예전(禮典)만 유지할 뿐이다. 그러므로 그렇게 답했던 것이다.

야나기하라 : 그렇다면 그 나라의 화전권리(和戰權利)와 같은 것도 귀국에서 절대 간여할 수 없는가?

모창희 · 동순 : 그렇다.[9]

모창희, 동순 두 대신의 답은 예전에 미국 공사에게 보낸 회답과 같은 것으로, 총리아문의 속국에 대한 불간섭주의를 보여주는 것이었다.

야나기하라 서기관의 보고를 받은 소에지마 대사는, 이 회담을 통해 조선 자주의 보증을 얻은 것으로 해석해서 조회나 신함 등 문서 형식을 통한 확인 절차를 취하지 않았다. 이는 외무경의 과실로 나중에 정부 내에서 문제가 됐다.

소에지마 대사는 메이지 6년 7월 26일에 귀조해서 복명했는데, 당시 본국에서는 정한론이 중대한 정치 문제가 되어 외무경의 귀임을 하루라도 빨리 서두른 면이 있었다.

이보다 앞서 부산에 있는 외무성 칠등출사 히로츠 히로노부는 메이지 6년 5월 28일의 동래부사 전령(傳令)의 등본을 진달했다. 외무성에서는 이를 크게 문제시했으며, 성무대리(省務代理) 외무소보(外務少輔) 우에노 가게노리(上野景範)는 태정관에게 전령 등

15) 개립(介立): 꿋꿋이 홀로 섬
16) 순수(循守): 규칙이나 명령 등을 준수함

본을 진달하면서 그 대책에 관해 심의를 신청했다. 태정관에서는 일한관계를 방치할 수 없음을 인식하여, 조선에 출병해서 재류민을 보호하고 또 대사를 특파해서 조선 정부와 직접 교섭해야 한다는 논의가 제기됐다. 그 중심에는 육군대장 겸 참의 근위도독(近衛都督) 사이고 다카모리와 참의 이타가키 다이스케(板垣退助)[마사카타(正形)]가 있었다. 곧이어 태정대신 산조 사네토미는 칙지를 받들어 조선 출병 문제를 태정관에 상정했다.

○상략 특히 또 근일 초량관(草梁館) 문장(門將)이 소통사(小通詞) 등에게 전령(傳令)한 게시문에서, "저들이 비록 타국인에게 제압당했다고는 하나, 그 형체를 변화시키고 풍속을 바꾼 것을 부끄러워하지 않는다. 그렇다면 이는 일본인이라고 할 수 없으니, 우리 경내에 왕래하는 것을 허락할 수 없다. 또한 그 타고 온 선척(船隻)이 만약 일본의 옛 모양이 아니라면 우리 경내에 들어오는 것을 허락할 수 없다."고 하고, 또 "근래 저들의 소행을 보니 무법지국(無法之國)이라고 할 만하거늘, 또한 이를 수치스럽게 여기지 않는다."고 하고, 또 "반드시 이러한 뜻을 저들의 두령에게 통유(洞諭)해서 망발(妄發)한 거조(擧措)로 사단을 빚어 후회에 이르지 않게 하라."고 운운한 것에 이르러서는 할 말을 잃었으니 실로 매우 가증스러운 일입니다. 저들이 이미 우리를 지목해서 무법지국(無法之國)이라 하고, 또 우리로 하여금 망발한 거조로 사단을 빚어서 후회에 이르지 않게 하라고 하는 등의 말을 게시하는 데 이르렀으니, 자연히 불려(不慮)의 폭거로 이어져서 우리 인민이 어떤 능학(陵虐)을 받을지도 예측하기 어려운 형세입니다.

대저 일신(一新)한 이래로 저 나라를 대하는 것은 전조(前條)의 시말과 같이, 어디까지나 구호(舊好)의 우의를 닦고 선린의 도(道)를 두텁게 해서, 피아(彼我) 인민의 편익을 도모한다는 높은 생각에서 굳이 저들의 불손함을 너그럽게 대하고 저들의 비리를 용서하며, 오직 성의(聖意)의 성심(誠心)을 저들에게 다하셨던 것입니다. 그럼에도 불구하고 한 점의 감통(感通)하는 기색이 없을 뿐 아니라, 오히려 점차 교만한 마음을 키워서 마침내 오늘날과 같이 모만(侮慢), 경멸(輕蔑)하는 데 이르렀습니다. 이것은 무엇보다 조위(朝威)와 국욕(國辱)에 관계되는 것이라 그대로 놓아두기 어려우니, 단연 출사(出師)[17] 처분이 없어서는 안 될 것입니다. 그러나 병사(兵事)는 중대한 일이므로 가볍게 열어서는 안 됩니다. 우선 이번에 우리 인민의 보호를 위해 육군 약간과 군함 몇 척을 저 땅에 파견해 두고, 일단 유사시가 되면 규슈(九州) 진대(鎮台)[18]에 신속히 응원하라는 지령을 하달하며, 또한 사절을 파견해서 공리공도(公理公

---

17) 출사(出師): 출병(出兵)
18) 진대(鎮台): 1871년(메이지 4)부터 1888년(메이지 21)까지 설치됐던 일본 육군의 편성 단위이다. 메이지 정부의 직속 부대였던 고신페이(御親兵)의 뒤를 이은 것으로서, 일반적으로 이 진대(鎮台)의 설치와 징병제 실시

道)에 따라 분명하게 담판하려는 의향이시니, 이러한 뜻을 깊이 체인(體認)해서 일동 협의하여 명령을 내리십시오.[10]

태정대신이 제출한 원안은 출병과 특사 파견의 2개 조건을 포함하고 있었다. 사이고 참의는 전자를 거부하고 후자를 주장했다. 그의 설명에 따르면, "이제 갑자기 육해군을 조선국에 파견해서 그곳에 거류하는 우리 신민을 보호한다면, 조선 관리와 백성들은 그것을 보고 의구심을 품어서 반드시 '일본국은 조선국을 탄서(呑噬)[19]할 것을 계획해서 이미 그 단서를 열었다'고 할 것이다. 이는 우리 조정이 처음부터 조선국에 대해 가졌던 덕의(德意)를 저버리는 것이니, 마땅히 육해군의 파견을 중단하고, 먼저 전권 사절을 파견해서 공리공도(公理公道)로 조선국 정부를 효유(曉諭)하여 저 정부로 하여금 스스로 회오(悔悟)하게 하는 것만 못하다."는 것이었다. 그리고 사이고 참의는 자신이 직접 조선에 파견할 전권사절이 되겠다고 주장했다. 이타가키 참의가 그를 지지했고, 참의(參議) 겸 대장성사무총재(大藏省事務總裁) 오쿠마 시게노부(大隈重信), 참의 오키 다카토(大木喬任), 에토 신페이(江藤新平)[다네오(胤雄)], 참의(參議) 겸 좌원사무총재(左院事務總裁) 고토 쇼지로(後藤象次郎)[모토하루(元曄)]도 같은 의견이었다. 태정대신은 사태가 매우 중대할 뿐만 아니라, 외무당국인 소에지마 외무경이 곧 귀조할 예정이었으므로 그의 의견을 들어본 다음에 결정하겠다는 뜻을 밝혔다고 한다.[11]

소에지마 외무경은 7월 26일에 귀조했지만 태정대신은 휴가를 이유로 조선 출병 문제에 관한 상의를 연기했다. 그 사이에 외무경은 조선 출병에 관한 각의(閣議)의 경과를 청취한 후, 이번 청국 출장 중에 청한종속 문제에 관해 청국 정부로부터 보증을 얻었기 때문에 일본에서 사절을 특파하거나, 혹은 출병하더라도 청국에서 간섭하는 일은 없을 것이라고 설명하고 사이고 참의의 의견을 지지했다. 그리고 외무당국임을 내세워서 자신에게 견한대사(遣韓大使)의 임무를 맡겨줄 것을 요망했다.[12]

당시 사이고 참의는 질병으로 인해 칩거 중이었지만 태정대신이 이 건의 상의를 연기하고, 또 한편으로 소에지마 외무경의 주장이 점차 힘을 얻고 있다는 소식을 듣고는 초조함을 이길 수 없었다. 그는 이타가키 참의를 통해 이 건의 상의를 독촉하고, 8월 16일에는 직접 산조 상국(相國)을 방문해서 통론(痛論)했다.

를 일본 근대육군제도의 효시로 본다. 후에 사단(師團)으로 편제가 개편되면서 폐지됐다.

19) 탄서(呑噬): 씹어 삼킴. 비유적으로 다른 나라를 병합한다는 뜻을 가진다.

지금까지의 경과로도 공법상의 관점에서 밀어붙인다면 토벌할 도리는 있겠지만, 완전하게 설명하기 전까지 천하 사람들은 그 이유를 알지 못할 것입니다. 금일에 이르러 전혀 전쟁 의도를 갖지 않고 인교(隣交)를 박하게 한 일을 책망하며, 또 지금까지의 불손을 고쳐주고 먼저 인교(隣交)를 돈독히 하는 후의를 보여서 사절을 파견한다면, 필시 저들은 경멸하는 태도를 보일 뿐 아니라, 사절을 흉포하게 살해하는 일이 결코 없지 않을 것입니다. 그때는 천하 사람들이 모두 토벌해야 하는 죄를 알게 될 것이니, 반드시 거기까지 끌고가지 않으면 해결되지 않을 상황입니다. 내란을 기도하는 마음을 밖으로 돌려서 나라를 흥하게 하는 원략(遠略)은, 물론 구(舊) 정부가 기회를 잃고 무사안일만을 도모해서 끝내 천하를 잃은 이유의 확증을 갖고 논하는 것입니다.○상략, 하략13

당시 우대신 이와쿠라 도모미가 아직 귀조하지 않아서 산조 상국(相國)은 자신의 책임으로 결재하는 것에 매우 주저하는 기색을 보였지만, 사이고와 이타가키 두 참의가 급하게 독촉했으므로 사이고가 방문한 다음 날인 8월 17일에 사저에서 각의를 소집했다. 당시 각의의 경과 및 결정 사항 등은 전해지지 않지만, 출석 각료 가운데 이타가키, 에토, 고토의 세 참의가 사이고 참의를 전적으로 지지하고 있었기 때문에 그 결과는 상상하기 어렵지 않다. 사이고가 메이지 6년 8월 19일부로 이타가키에게 보낸 서장(書狀)에서, "실로 선생의 덕택으로 상쾌한 마음이 비로소 들었습니다. 병 기운도 갑자기 평유(平癒)[20]해져서 조 공(條公)(산조 사네토미)의 어전에서 선생 댁까지 달려갈 때 발걸음 또한 가벼워짐을 느꼈습니다. 더 이상은 횡봉(橫捧)의 우려도 없으니, 생애의 유쾌함이 바로 이 일에 있습니다."라고 한 데서도 알 수 있다. 태정대신은 사이고 참의의 결심을 알고는 "어쩔 수 없이 그 의견을 재가"하고, 8월 18일에 하코네(箱根) 어용저(御用邸)[21]에서 사후(伺候)[22]하고 각의의 경과를 구주(具奏)한 후 신재(宸裁)[23]를 청했다. 그런데 메이지 천황은 태정대신의 상주를 듣고는 "사이고를 사절로 조선에 파견하는 일은 마땅히 이와쿠라가 귀조하는 날을 기다렸다가 이와쿠라와 함께 숙의한 다음에 상주하라. 그 후에 짐이 그것을 재단(裁斷)할 것이다."라는 분부를 내렸다. 태정대신은 사이고 참의에게 성지(聖旨)를 전달했고, 이 건은 일시 연기됐다.[14]

---

20) 평유(平癒): 병이 완전히 나음
21) 어용저(御用邸): 천황이나 황족의 별장
22) 사후(伺候): 웃어른을 찾아뵙고 문안 올리는 일
23) 신재(宸裁): 임금의 결정 또는 결재

일한관계가 시시각각으로 험악해지고 있었으므로 사태를 더 이상 방치할 수 없다는 것은 일반적으로 양해됐다. 그런데 외교에 전혀 경험이 없는 사이고 다카모리가 견한대사(遣韓大使)를 자천(自薦)하고 각료들이 그것을 지지한 것은, 앞에서 기술한 사이고의 주장에서도 볼 수 있듯이 그것이 외교 문제에서 벗어나 내정 문제로 옮겨졌기 때문이다. 대체로 사이고는 당시 대다수의 유력 정치가들과 마찬가지로 왕정복고로부터 6년의 세월이 지났음에도 불구하고, 대정유신(大政維新)의 실효는 아직 거두지 못하고 봉건의 유습(遺習)은 조금도 제거되지 않은 채 신구 파벌의 격렬한 항쟁만이 극단으로 치닫는 현상을 그대로 방치할 경우 조만간 내란이 재발할 것을 우려하고 있었다. 이러한 내부 갈등을 해소하고 봉건의 유습(遺習)을 일소하는 수단으로서, 사이고는 군인정치가의 일반적 성향으로 국민의 주의를 해외로 돌리는 것 외에는 방법이 없다고 확신했다. 긴박한 일한관계는 다시 얻기 어려운 좋은 기회였다. 사이고의 의도는 스스로 사석(捨石)이 될 각오로 조선에 한 목숨을 바쳐서 국민의 분기(奮起)를 촉구함과 동시에 개전의 구실을 만들려는 것이었다고 생각된다. 최근에 청국에서 귀조했으며 유능하다고 지목된 외무경은 오히려 견한대사(遣韓大使)로 적합하지 않고, 외교에 전혀 경험이 없는 육군대장이 가장 적임이라고 하는 결론도 이러한 이유에서 나온 것이었다.

사이고 참의의 신념에 관해서는 의심할 바 없어 보이지만, 그의 견한대사(遣韓大使) 임명을 지지한 각료의 진의는 각양각색이었을 것이다. 이타가키 참의는 사이고와 동일한 유형의 군인정치가였기 때문에 대략 같은 견해를 갖고 있었을 것이다. 오쿠마, 에토, 오키, 고토, 소에지마 다섯 참의에 관해 보자면, 사이고의 주장에는 이론적으로 동의하기 어려운 점이 많았을 뿐더러, 군인정치가류의 모험 정책이 반드시 성공하리라고 생각할 정도로 경험이 없지도 않았을 것이다. 사이고의 강경론에 대한 그들의 추종이 각각 자신들의 정치적 입지에 대한 고려에서 비롯됐다는 것은 의심할 여지가 없다. 마지막으로 전년부터 특명전권부사로서 구미 시찰을 했던 참의 기도 다카요시와 대장경(大藏卿) 오쿠보 도시미치는 이미 메이지 6년 7월과 5월에 조정에 돌아와 있었지만, 시국을 피해 한거하면서 8월 17일의 각의에도 출석하지 않은 것은 정한론의 앞날을 매우 불안하게 보았기 때문이다.[15]

이와쿠라 우대신은 공부대보(工部大輔) 이토 히로부미, 외무소보 야마구치 나오요시 등 2명의 부사와 수행원을 거느리고 9월 13일에 귀조했다. 산조 상국(相國)은 즉시 조선 사절 파견 건을 협의했으나, 이와쿠라 우대신은 이와 같이 중대한 각의에 기도 참의와 오쿠보 대장경이 불참한 것은 부당하다고 보고, 이 때문에 오쿠보를 급히 참의에 전임 (轉任)시켜야 한다고 역설했다. 산조는 당연히 동의했지만 오쿠보 자신이 전임을 수락하려고 하지 않았다. 산조와 이와쿠라 두 재상이 여러 차례 간곡히 설득한 끝에 10월 13일에 마침내 배명(拜命)했다. 소에지마 외무경도 같은 날 참의에 전임(轉任)돼서 외무성 사무총재(事務總裁)에 임명됐다.[16]

이보다 앞서 태정대신은 사이고, 이타가키 두 참의의 주장에 흔들려서 각의에서 조선 사절 파견을 결정했지만, 우대신은 처음부터 반대 의견이 매우 많은 것을 고려해서 그 선후책을 마련하는 데 고심했다. 그는 각의의 결정 사항을 변경할 수는 없다고 해도, 그 실시를 되도록 늦추기로 하고 그 방법을 우대신과 협의했다. 그렇지만 사이고 참의의 강경한 독촉도 있고, 또 이미 오쿠보 참의의 발령도 났기 때문에 이 건에 관한 최종 결정을 연기할 수는 없었다.

메이지 6년 10월 14일, 태정관대(太政官代)에서 중대 각의가 소집되어 산조 태정대신, 이와쿠라 우대신, 사이고, 이타가키, 오쿠마, 에토, 오키, 고토, 오쿠보, 소에지마 등 여덟 참의가 출석했다.(기도 참의는 질병으로 인해 결석해서 공부대보 이토 히로부미가 대신 연락을 맡았다.) 각의에서 사이고 참의는 8월 17일 각의에 기초해서 견한대사(遣韓大使) 임명의 즉결(卽決)을 주장했지만, 이와쿠라 우부(右府)[24]와 오쿠보 참의는 내정 정리와 국력 양성의 필요성을 역설하면서 견한대사가 시급한 문제가 아님을 논했다. 이날의 각의는 의견이 대립된 채 산회(散會)했다.

10월 15일, 전날에 이어서 각의가 개최됐다. 출석 각료의 면면도 동일했으므로 의견 대립이 해소될 여지는 없었다. 그런데 전날부터의 형세에 따라 일부 각료가 의견을 번복해서, 당초부터 이 건에 열의를 갖고 있지 않던 오쿠마, 오키 두 참의 등이 반대론으로 선회했다. 이에 따라 사이고 참의를 지지하는 인물은 이타가키, 고토, 에토, 소에지마의 네 참의에 불과하게 됐다. 이 4명의 참의의 의견들 또한 각양각색이어서 반드시 사이고의 주장에 거취를 같이 할 결심이 있는 것도 아니었기 때문에, 정치적으로 보자면 조선 사절 파견은 무기한 연기될 운명이었다. 그런데 마지막 단계에서 태정대신이 사이고 참의의 주장을 인정해서, 8월 17일 각의의 결정을 확정한다는 재정(裁定)을 내렸다. 그리고 사이고 참의는 당일로「조선출사시말서(朝鮮出使始末書)」를 제출해서 각의의 결정 사

24) 우부(右府): 우대신(右大臣)의 별칭

항을 분명히 했다.[17]

10월 17일, 오쿠보와 기도 두 참의는 사표를 제출했고 우대신의 사직도 결정적이었다. 산조 상국(相國)은 이와쿠라 우부(右府)를 방문해서 의견 번복을 요구했지만 이와쿠라는 응하지 않았다. 두 사람이 몇 시간에 걸쳐 의견을 교환한 결과, 산조는 사이고의 격론에 흔들린 것을 크게 후회한다는 뜻을 내비쳤다. 그런데 그는 자택으로 돌아간 후 근심하고 번민한 나머지 이튿날인 18일 새벽에 극심한 신경쇠약에 걸렸다.[18]

메이지 7년 10월 15일 각의의 결정 사항에 관해 칙재(勅裁)를 청하기도 전에 산조 태정대신은 병에 걸려서 10월 19일에 사표를 봉정(捧呈)했다. 이에 대해 메이지 천황은 사표를 각하함과 동시에 이와쿠라 우대신에게 태정대신의 사무를 섭행(攝行)하라는 명을 내렸다.[19]

10월 22일, 사이고, 이타가키, 소에지마, 에토 네 참의는 이와쿠라 우대신의 사저를 방문해서, 태정대신의 임시대리로서 10월 15일 각의의 결정 사항에 대한 칙재를 속히 청할 것을 요청했다. 이에 대해 이와쿠라는 다음과 같이 답했다. "내가 산조 씨와 의견을 달리한 것은 경(卿) 등이 이미 알고 있는 바다. 이제 내가 칙지를 받들어 태정대신의 일을 섭행하고 있으니, 내 의견도 자세히 상주하지 않을 수 없다. 그러므로 내일 조참(朝參)[25]해서 피차의 두 가지 설을 아뢰고, 그것으로 신단(宸斷)을 청하고자 하니 경 등은 우선 칙답(勅答)이 내리길 기다리라. (절략)" 에토 참의는 상반된 두 가지 설을 모두 상주해서 칙재를 청하는 것은 정치적 책임을 성상(聖上)께 돌리는 것이라고 하면서 반대했다. 이와쿠라와 사이고는 몇 시간에 걸쳐서 격론을 벌였지만, 이와쿠라는 단호하게 자신의 의견을 굽히지 않았다. 결국 사이고 이하는 무연(憮然)히[26] 물러갔다.[20]

메이지 7년 10월 23일, 이와쿠라 태정대신 임시대리는 아카사카(赤阪)의 가황거(假皇居)에 참내(參內)해서 각의의 경과를 상주하고 덧붙여 자신의 견해도 상세히 아뢰었다.

신은 생각건대, 유신 이래로 겨우 4, 5년 밖에 지나지 않아 나라의 기반이 견고한 것도 아니요, 정리(政理)가 정돈된 것도 아닙니다. 비록 치구(治具)가 갖춰진 듯이 보이나, 경우(警虞)는 예측하기 어려우니 지금의 때는 아직 경솔하게 외사(外事)를 도모해서는 안 됩니다. 비록 그러하나 조선이 우리와 인호(隣好)를 닦은 것이 이제 수백 년이 되는데 저들이 우리에게 비

---

25) 조참(朝參): 조정에 참상(參上)해서 임금에게 알현하는 일
26) 무연(憮然): 실망하고 낙담한 모양

례(非禮)를 가하니, 우리가 어찌 받고만 있을 수 있겠습니까? 또 사절 파견이 이미 대략 정해졌고 신 또한 그것이 옳다고 생각합니다. 그러나 그것을 파견하는 데는 완급과 순서를 살피지 않을 수 없습니다. 왜냐하면 저들은 완명(頑冥)하고 고루(固陋)[27]해서, 만약 우리 조사(朝使)에게 비례(非禮)[28]를 가한다면 우리는 바로 그에 상응하는 조치가 없어서는 안 되니, 그에 상응하는 조치가 없다면 그것은 우리의 국권(國權)을 손상하는 것이기 때문입니다. 이는 저들이 이미 단서를 드러낸 것입니다. 그러므로 사절을 보내는 날은 곧 전쟁을 결정하는 날이 되는 것입니다. 이는 곧 군국(軍國)의 대사이니 반드시 숙려(熟廬)하고 심모(深謀)하지 않을 수 없습니다.

또 이제 만국 종횡(從衡)[29]의 형세를 살펴보건대, 동(東)에서 형체를 드러내도 그 정실(情實)이 서(西)에 있는 자도 있고, 혹은 그 실마리를 보이지 않은 채 멀리 도모하는 자도 있습니다. 그러므로 겉으로는 그 진정(眞情)을 헤아릴 수 없는 것입니다. 지금 가라후토(樺太)[30]와 관련된 일이 빈번하게 일어나고 있습니다. 이것이 바로 목전의 급무이니 또한 깊이 주의하지 않을 수 없습니다. 무릇 이와 같은 일은 먼저 그 정실을 살펴 조선과 연여(連與)[31]하려는 뜻을 끊게 하여 만전을 기해야 합니다. 그리고 그 목적을 정하고 방략과 묘산(廟算)을 분명히 하며, 기타 선함의 설비, 병식(兵食)의 구비, 전화(錢貨)의 준비 및 내정의 백반(百般) 조리(調理)에 이르기까지 미리 그 순서와 목적을 정한 다음에 조사(朝使)를 보내더라도 늦지 않을 것입니다. 만약 준비를 하지 않고 이제 갑자기 사절을 보낸다면, 신은 그것이 불가하다고 믿습니다. 또 부득이한 사정이 있더라도, 전쟁에 종사하는 것은 기초를 다지고 준비를 갖추지 않는다면, 신은 실로 그것이 불가함을 알고 있습니다. 그 의논의 전말을 구진(口陳)으로 상주하오니, 엎드려 바라옵건대 폐하께서는 일의 전말과 형세의 완급을 깊이 살피셔서 성단(聖斷)을 내리시옵소서. ○상략, 하략 21

10월 24일에 천황은 이와쿠라 태정대신 임시대리를 소견(召見)해서 그의 주의(奏議)를 가납(嘉納)[32]했다. 이것으로 조선사절 파견 건은 칙재(勅裁)를 거쳐 무기한 연기가 확

---

27) 원문에는 '固緩'으로 되어 있는데 문맥상 '固陋'의 오기인 것으로 보고 수정했다.
28) 원문에는 '禮'로 되어 있는데 문맥상 '非禮'의 오기인 것으로 보고 수정했다.
29) 종횡(從衡): 합종연횡(合從連衡)
30) 가라후토(樺太): 사할린(Sakhalin)의 일본식 지명. 1860년대에 러시아와 일본 사이에 영유권 다툼이 있었으며, 1875년 사할린·지시마(千島) 교환 조약으로 온 섬이 러시아령으로 들어갔다. 러·일전쟁의 강화조약인 1905년 포츠머스조약에 의해 북위 50도 이남이 일본에 할양되었다가, 1945년 일본의 패전과 함께 소련군이 다시 남사할린을 점령했으며, 1951년 샌프란시스코조약으로 일본은 남사할린에 대한 모든 권리를 포기했다.
31) 연여(連與): 의미가 분명치 않으나 '한편이 되다', '연대하다' 정도의 뜻으로 보인다.
32) 가납(嘉納): 임금이 간언을 가상히 여겨서 받아들이는 일

정됐다.

사이고 참의는 이미 10월 23일에, 그리고 이타가키, 고토, 에토, 소에지마 4명의 참의는 그 다음 날인 24일에 사표를 제출했다. 이와쿠라 태정대신 임시대리는 같은 날 사관(史官)을 각 참의의 사저로 보내서 칙재의 내용을 전달하고, 또 다섯 참의의 사표를 모아서 상주했다. 사이고는 이날 겸직하고 있는 참의와 근위제독(近衛提督)에서 면직되어 비직(非職)[33] 육군대장이 되었고, 이타가키, 고토, 에토, 소에지마 4명의 참의는 10월 25일에 각각 본관(本官)에서 면직됐다.[22]

이른바 정한론에 관해 살펴보자면, 그 중심은 사이고 다카모리였고 이타가키 다이스케가 전면적으로 그를 지지했다. 그리고 고토 쇼지로, 에토 신페, 소에지마 다네오미는 반드시 이론적으로 사이고류의 조선사절 파견에 동의한 것은 아니었지만, 다른 정치적인 이유로 인해 동반 사직하지 않을 수 없는 지경에 이르렀던 것이다.[23] 그러므로 묘당으로서는 이 건과 관련된 희생자를 최소한으로 줄이고, 사이고와 이타가키의 사직은 불가피하더라도, 고토, 에토, 소에지마는 극력 위류(慰留)[34]하는 것이 정치상의 상도(常道)였을 것이다. 그런데 그렇게 하지 않고 비교적 관계가 깊지 않은 고토와 소에지마 등까지 모두 파면한 것을 보면, 이와쿠라, 오쿠보 등과 사이고, 이타가키 등의 대립이 이미 첨예화해서 이 건의 결론이 난 뒤에도 함께 묘당에 서기가 불가능했던 것으로 보인다.

---

33) 비직(非職): 현직에 있지 않음
34) 위류(慰留): 떠나려는 사람을 위로해서 머물게 함

〔원주〕

1 『朝鮮交際始末』卷一.

2 『同治朝籌辦夷務始末』卷四二 同治五年五月甲寅法國照會.

3 同 給法國照覆.

4 同 卷八O 同治十年正月壬子條 美國照會·美國致朝鮮國照會.

5 同 同治十年正月壬子 恭親王等奏.

6 平井希昌, 『北京日記 拔萃』(朝鮮關係考證彙輯 所收); 『同治朝籌辦夷務始末』卷八O 同治十年正月壬子條.

7 *Papers relating to the Foreign Relations of the United States*, 1873. Part I, pp. 111~112.

8 『副島大使適淸槪略』; Mr. F. F. Low, U. S. Minister to China, to Mr. Hamilton Fish Secretary of State, June 18, 1873; *Papers relating to the Foreign Relations of the United States*, 1873. Part I, p.188.

9 『琉球處分』卷上 98~100쪽.

10 『國憲編纂起原附錄』(明治文化全集雜事編) 404~405쪽.

11 同 405쪽.

12 同 422~424쪽; 『西鄕隆盛氏書翰』.

13 同 424쪽.

14 同 405·425쪽.

15 『百官履歷』卷上 41·62쪽; 『木戶孝允日記』第二 406~420쪽.

16 『百官履歷』卷上 41·54쪽; 『國憲編纂起原附錄』408~411쪽.

17 『國憲編纂起原附錄』411~413쪽; 『岩倉公實記』卷下 65~68쪽; 『松菊木戶公傳』卷下 1596~1599쪽.

18 『岩倉公實記』卷下 68~71쪽; 『松菊木戶公傳』卷下 1599~1604쪽.

19 『岩倉公實記』卷下 71~72쪽.

20 同 74~76쪽.

21 同 80~82쪽.

22 『國憲編纂起原附錄』404~425쪽; 『岩倉公實記』卷下 84~86쪽; 『松菊木戶公傳』卷下 1608~1611쪽.

23 『大隈伯昔日譚』553~559쪽.

일 한교섭의 재개

제 7 장

제19절
조선의 배외정책의 갱신,
외무성 출사 모리야마 시게루의 조선국 파견

메이지 6년 12월 22일(이태왕 계유년 11월 3일), 이태왕은 생부 흥선대원근 하응의 집정을 중단하고 서정친재(庶政親裁)의 교지를 내렸다. 대원군 정권이 타도된 원인은 척족 민씨, 조씨와의 항쟁에 있었지만, 배외정책의 갱신도 그 중에 한 가지로 꼽지 않을 수 없다. 대원군은 집정 초기에 일한관계를 특히 중요시해서 그의 심복 김세호를 경상도 관찰사, 정현덕을 동래부사에 임명하고, 직접 왜관과의 교섭을 담당할 왜학훈도에는 안동준을 임용했다. 이 세 사람이[1] 대원군의 방침을 충실히 이행해서 10년에 걸쳐 배일정책을 강행함으로써 마침내 메이지 5년 5월의 일한국교의 중단에까지 이르게 했던 것이다. 공관에 재근하는 타이슈 번리(藩吏) 및 외무성 파견원은 서계 수리와 기타 사안에 관한 훈도 안동준의 완명(頑冥)한 태도로 미루어 그가 중간에서 옹폐(壅蔽)[2]하는 것으로 의심했지만, 실은 훈도는 대소사를 불문하고 직접 대원군에게 보고하고 그의 지휘를 받고 있었던 것으로 생각된다.

대원군의 대담한 배외정책은 상대국과의 개전으로까지 이어질 위험성이 있었다. 프랑스, 미국 등은 종전에 조선과 아무 관계도 없었고, 게다가 그 국민이 범월(犯越)해서 전교(傳敎)에 종사했기 때문에 양국과의 개전에는 상당한 이유가 있었다고 할 수 있다. 하지만 일본과는 300년 동안 우호관계가 유지되고 있었다. 최근에 일본 정부는 정체(政體)의 변혁에 따라 일한국교의 갱신을 기도해서 서계를 지참한 사절을 파견했다. 그런데 그 서계와 복제(服制)의 위식(違式)을 따지는 것에서부터 중대한 사태가 빚어졌다.

조선의 양반이 가장 숭상한 것은 실리가 아니라 예론(禮論)이었다. 그들의 존주사상(尊周思想)으로 본다면 일본 정부가 '황(皇)', '칙(勅)' 등의 존호를 사용하는 것은 용납할

---

1) 원문에는 산바가라스(三羽鳥)라는 표현을 썼는데, 어떤 분야에서 특출한 3명의 인물을 비유하는 말이다.
2) 옹폐(壅蔽): 막아서 가림. 흔히 군주의 눈과 귀의 밝음을 막아서 가린다는 뜻으로 사용된다.

수 없는 참월(僭越)[3]이었을 것이다. 그렇지만 이 문제를 갖고 강린(强隣)과 사단을 빚는 데까지 가야할지는 아무리 조선 양반이라고 해도 의문을 갖지 않을 수 없었다.

국왕과 척족이 대원군 정권을 타도한 것과 동시에 대일정책을 재검토할 필요를 인식한 것은 당연했다. 우선 승지 박정양(朴定陽)을 동래부 안핵사(按覈使)에 차하해서 일한 국교 단절의 사정을 사판(査辦)하게 하고, 곧이어 메이지 7년 2월 19일(이태왕 갑술년 정월 3일)에 경상도 안동부사로서 치적이 있는 부호군(副護軍) 박제관(朴齊寬)을 동래부사에 차하했다.[1]

동래부사 박제관과 동래부 안핵사 박정양은 동래부에서 훈도 안동준 이하 관계 이원 (吏員)을 사문(査問)하고, 또 동래부 상인들을 통해 왜관(일본국 공관)에서도 정보를 수집한 결과, 안동준이 훈도 재직 중에 일한국교를 저해한 죄상이 분명하고, 경상도 관찰사 김세호와 동래부사 정현덕도 감독관으로서 중대한 책임을 면할 수 없음을 입증했다.

동래부의 처분이 아직 결정되기 전에 일한국교에 관한 중대한 보도가 도착했다. 메이지 7년 8월 4일(이태왕 갑술년 6월 22일[4]), 베이징으로부터 청 예부의 급보가 와서 총리아문의 밀자(密咨)를 전달했는데, 그 내용은 '금년 5월에 일본 정부는 푸젠(福建) 타이완 부 (臺灣府)에 출병해서 생번(生蕃)[5]을 토벌했는데, 출정 부대의 일부인 약 5,000명의 병력이 현재 나가사키에 주둔하고 있으며, 타이완 사건이 해결되면 조선에 출동할 것이라는 정보를 얻었다. 일본이 만약 조선에 출병한다면 프랑스, 미국 양국 또한 출병, 원조하리라'는 것이었다.[2]

국왕과 묘당은 총리아문의 밀자(密咨)를 받고 반신반의했지만, 최근 일한관계의 긴장 상태로 볼 때 현실성이 없다고 단정할 수는 없었다. 묘당은 크게 동요했고, 만일의 상황을 우려해서 각영(各營)에 비상사태에 대한 준비를 갖출 것을 명했다.[3] 또한 일한관계의 긴장 상황 속에서 동래부의 처분도 급히 결정할 필요가 있었다. 메이지 7년 8월 11일 (이태왕 갑술년 6월 29일), 영의정 이유원은 동래부의 사계(査啓)에 기초해서, 대원군이 훈도의 말을 맹신하여 일한국교를 위험에 빠뜨린 것을 통렬히 공격했다. 아울러 안동준을 의금부로 잡아와서 엄핵(嚴覈)하게 하고, 책임 지방관을 징계하며, 또 도해역관(渡海譯

---

3) 참월(僭越): 분수를 넘는 행동이나 의식. 참람(僭濫)

4) 원문에는 갑술년 6월 24일로 되어 있는데 22일의 잘못이다.

5) 생번(生蕃): 타이완의 원주민인 고산족(高山族) 중에서 중국 문화를 받아들이지 않고 고유한 원시생활을 하는 종족을 가리키던 말이다. 다른 말로 생만(生灣)이라고도 했으며, 한족의 문화를 받아들여 중국화된 부족을 숙만(熟蠻), 숙번(熟蕃) 또는 평포족(平埔族)이라고 했다.

官)을 타이슈 또는 일본 국도(國都)에 보내서 국교 단절의 진상을 조사해야 한다고 아뢰었다.

　신이 왜관의 일로 한마디 아뢸 것이 있었으나 묵묵히 참으면서 나날을 보내어 자혹(滋惑)을 이길 수 없었는데, 이제 겨우 아뢰게 되었으니 신 또한 인순(因循)하고 완게(玩愒)[6]한 죄를 면치 못할 것입니다. 우리나라와 왜인이 결인통신(結隣通信)한 지 이미 300여 년이 되었는데, 그동안 혼단(釁端)은 한 번도 없이 온갖 화호(和好)만이 있었습니다. 예로써 서계를 보내고 때에 맞게 증급(贈給)해서 추호도 실수한 적이 없었는데, 갑자기 3년 사이에 까닭 없이 단절되어 지금은 폐관절약(閉關絶約)한 것과 다를 바 없이 되었습니다. 그런데도 우리나라는 아직 그 원인을 알지 못하고, 오직 일개 훈도의 말만 믿고 그가 하는 대로 내버려 두고 있습니다. 이에 훈도는 스스로 득의양양해서 제멋대로 횡포를 자행하여 남의 집을 차지하고 읍내에서 편안히 거처하며, 삼남(三南)을 낭괄(囊括)[7]하고 백화(百貨)를 도고(都賈)[8]해서, 그 족적이 왜관에 이르지 않은 지가 이미 몇 년이 되었습니다. 이것도 법외(法外)인데, 별차가 관소(館所)에 들어가서 거처하는 것을 아울러 금지했으니, 일의 섬홀(閃忽)[9]함과 의도의 파측(叵測)[10]함이 끝이 없습니다. 또 그 공목(公木)의 환롱(幻弄)[11]과 채식(債殖)의 무염(無厭)[12]을 온 도민이 울부짖고 있으니 만인의 입은 가리기 어렵습니다. 그럼에도 이것은 박물세고(薄物細故)[13]에 불과합니다. 변경을 제압하고 국토를 지키는 신하들이 모두 미장지술(迷藏之術)[14]에 빠져서 설령 그 죄상을 알더라도 감히 떳떳하게 말할 수 없었으니, 국체의 휴손(虧損)과 약조의 타괴(墮壞)가 실로 여기서 비롯되었습니다. 신이 지난봄에 새로 떠나는 도신(道臣)과 동래 수령에게 엄칙해서 공목(公木)은 수쇄(收刷)[15]해서 대기하게 했는데, 방채(放債)[16]가 아직도 이처럼 낭자하니 그 이유를 모르겠습니다. 신은 생각건대, 부산의 전 훈도 안동준을 부(府)의 나장(拏將)을 보내서 잡아들인 후에 엄핵정죄(嚴覈正罪)하고, 별정도해관(別定渡海官)을 내려 보내서 그 자세한 곡절을 탐지하여 아뢰게 해야 할 것입니다. 그리고 그 공사(公私)의 환

---

6) 완게(玩愒): 완세게일(玩歲愒日)의 줄임말로 무사안일하게 세월을 헛되이 보낸다는 뜻이다.
7) 낭괄(囊括): 독점. 모두 차지함
8) 도고(都賈): 상품의 매점매석을 통해 독점 이윤을 차지하는 일. 또는 그러한 상행위를 하는 상인
9) 섬홀(閃忽): 변화무쌍해서 상도(常度)가 없음
10) 파측(叵測): 헤아리기 어려움. 망측(罔測)
11) 환롱(幻弄): 교묘한 꾀를 내어 농락함
12) 무염(無厭): 물리거나 싫증내지 않아서 그 탐욕이 끝이 없음
13) 박물세고(薄物細故): 미미한 사정
14) 미장(迷藏): 아이들이 베로 눈을 싸매고 하는 숨바꼭질 놀이. 촉미장(捉迷藏)이라고도 한다.
15) 수쇄(收刷): 세금의 징수. 또는 남에게 빌려준 돈이나 외상값 등을 거둬들이는 일
16) 방채(放債): 빚을 놓는 것. 돈놀이

롱(幻弄)한 물건들은 도신(道臣)으로 하여금 일일이 조사한 후 부디 군수(軍需)에 보태 사용하게 하시옵소서.[4]

이유원의 계언(啓言)은 국왕의 윤허를 받았다. 메이지 7년 8월 14일(이태왕 갑술년 7월 3일[17]), 강신(疆臣)으로서 변정(邊情)의 규찰(糾察)에 뜻을 다하지 않고 오히려 안동준에게 부화해서 변흔(邊釁)[18]을 순치(馴致)[19]했다는 죄명으로 경상도 관찰사 김세호를 견파(譴罷)[20]하고, 동래부사 정현덕은 함경도 문천군으로 유배 보냈다. 9월 18일에는 전 훈도 안동준이 경성으로 압송됐다.[5]

국왕과 척족은 대원군을 시작으로 일한국교 단절의 책임자들을 정부 밖으로 추방하거나 징계를 가했다. 다음으로는 이러한 사실을 일본 정부에 통고해서 일한관계의 완화를 도모해야만 했다. 그런데 당시 양국 정부 간 직접 왕복은 이뤄지지 않고 있었기 때문에 척족은 비공식적이면서도 직접적인 수단을 취했다. 즉, 금위대장(禁衛大將)으로서 무위도통사(武衛都統使)를 겸하여 병권을 장악하고 있던 조영하가 메이지 7년 9월에 초량 일본 공관장 모리야마 시게루에게 사신(私信)을 보내서 종래 국교 단절에 대한 유감을 표시하고 갱신을 희망한다는 뜻을 전달한 것이다. 그렇지만 모리야마는 조선의 정치적 사정에 밝지 못해서 조영하가 척신이라는 사실을 알지 못했기 때문에 이 기회를 통해 묘당과 직접 왕복하는 데까지는 이르지 못했다.

그 사이 경성에 압송된 전 훈도 안동준은 의금부에서 엄형득정(嚴刑得情)[21] 처분을 받았으나, 그가 자신의 죄상을 부인하고 묘당에서도 그의 처형에 이론(異論)이 있었으므로 메이지 7년 10월 27일에 일단 동래부에 정배(定配)[22]하고, 경상도 관찰사 홍완(洪玩)에게 명해서 소포(所逋)[23]를 엄히 독봉(督捧)[24]하게 했다.[6] 그러나 영의정 이유원과 좌의정 홍인군 이최응(李最應)을 비롯한 상신(相臣)과 척신은 안동준을 대원군의 주구(走狗)로 보고 여러 차례에 걸쳐 그의 처분을 논했다. 국왕도 그 의견에 따라 이듬해인 메이지 8년

---

17) 원문에는 갑술년 7월 3일이 메이지 7년 8월 25일로 되어 있는데 이는 8월 14일의 잘못이다.
18) 변흔(邊釁): 변경에서 인접국과의 사이에서 일어나는 분쟁
19) 순치(馴致): 서서히 어떤 결과를 초래함
20) 견파(譴罷): 죄과가 있는 관리를 견책해서 파직하는 일
21) 엄형득정(嚴刑得情): 엄하게 벌을 내려 범죄의 진상을 밝혀내는 일
22) 정배(定配): 배소(配所)를 정해서 죄인을 유배 보내는 일
23) 소포(所逋): 사적으로 유용한 관청의 돈이나 물건
24) 독봉(督捧): 조세 또는 빌려준 돈이나 물건을 독촉해서 거둬들이는 일

4월 9일(이태왕 을해년 3월 4일)에 전교를 내려 동래부 정배죄인(定配罪人) 안동준을 그 부(府)의 경상(境上)에서 효수하게 했다.

전교에 이르시길, "안동준의 범죄는 크게 통탄할 만하다. 조정을 기망(欺罔)하고 옹폐(壅蔽)해서 다년간 공미(公米)와 공목(公木)을 갖고 간악한 꾀를 부렸다. 백성의 원망이 낭자하고 변정(邊情)이 소란스러운 것이 모두 여기서 비롯되었으니 어찌 너그럽게 용서할 수 있겠는가? 동래부 정배죄인(定配罪人) 안동준을 부사에게 ○동래부사 황세연 명하여 그 경상(境上)에 군민(軍民)을 크게 모은 후 효수해서 여러 사람들을 경계하게 하라."고 하셨다.[7]

안동준의 처형으로 대원군의 배일정책은 마지막 청산을 마쳤다.

메이지 6년 계유년 12월의 정변은 일한국교의 제일선에 있던 동래부사와 왜학훈도의 신상에 중대한 변화를 초래했고, 이러한 정보는 초량 왜관에도 도달했다. 그런데 일본 정부는 정한론이 결렬된 이후로 대한방침에 극도로 소극적이어서, 초량 왜관을 외무성으로 이관했음에도 불구하고 외무소록 오쿠 요시타다를 공관장대리로 주재시키면서 겨우 유지하는 정도에 지나지 않았다. 게다가 공관(公館)은 철공철시(撤供撤市)가 이어져서 반(半)봉쇄 상태에 있었고, 훈도와 별차는 공관에 들어오기를 거절해서 동래부사와의 교섭 또한 단절되어 있었다. 이 때문에 계유정변에 관한 정보도 지체되고 또 다소 부정확했던 것이다.

메이지 7년 1월에 공관에 출입한 조선인이 "정부가 최 진사(최익현)를 발탁해서 보좌역으로 삼고 대원군을 빈척(擯斥)해서 국왕이 정사를 친재(親裁)한다. 또 암행어사 정 씨(박정양의 와전)를 파견해서 경상도를 감찰하고 있으니 조만간 동래부에 내려올 것이다."라는 풍설을 전했다. 같은 해 2월에 동래부사 정현덕이 유배되어 박제관이 그를 대신하고, 부산첨사 및 태다포(太多浦)와 기타 각 진장(鎭將)도 경질된 것이 판명되자 점차 이 풍설이 사실일 것으로 추측했다고 한다.[8]

이보다 앞서 외무성 칠등출사 모리야마 시게루는 홀로 일한국교 조정(調整)의 필요성을 역설해 왔는데, 메이지 7년 1월에 외무경 데라지마 무네노리에게 건의해서 일한교섭 교착의 타개책을 논했다. 그의 논의에 따르면, '현재 안팎의 정치적 사정은 도저히 일한국교의 성립을 허락하지 않지만, 그 사이의 잠정적 방법으로서 조선과 특별한 연고를 가진 외무대승 소 시게마사에게 구 타이슈 번사(藩士)를 붙여서 조선에 파견하여 부산 공관을 유지하고 일면(一面) 양국 사이의 일을 담당하게 해야 한다. 소 외무대승도 이를 간절히 바라고 있다.'는 것이었다. 그리고 그 구체적 방법으로 다음 4개 조를 열거했다.

첫째, 소 외무대승이 조선에 도항(渡航)할 때는 화선(和船)에 승선하고 기선(汽船)의 사용을 피할 것.

둘째, 가능한 한 '고풍의 체면[古風之體面]'을 보존해서 조선인에게 위구심을 품게 하지 말 것.

셋째, 외무성 직원을 파견하지 말고 오직 '참모관(參謀官)' 1명만 수행하게 할 것.

넷째, 구 타이슈 번 사족(士族) 중에 일한교섭 경험이 있고, 조선인과 구호(舊好)가 있는 자 한두 명을 인선해서 소 외무대승의 속원(屬員)에 임명하여 이른바 '화호로 유도하는 계책[好誘之策]'을 쓸 것.

모리야마 시게루의 안은 일한국교를 메이지 4년의 폐번치현(廢藩置縣) 이전 상태로 되돌려서 구 타이슈 번 주종(主從)에게 위임하려는 것이었다. 외무성 내부에서는 이론 (異論)도 있었겠지만, 다른 양책이 있을 것 같지도 않았다. 모리야마는 재차 이 건의서를 참의 오쿠보 도시미치에게 진달하고, 그를 통해서 태정관에도 제출했다. 태정관은 이 건의를 채택해서 메이지 7년 4월에 외무대승 소 시게마사에게 조선 파견을 명했다.[9]

그 사이에 재부산 공관장대리 오쿠 외무소록으로부터 조선의 정치적 정세가 일변한 징후가 있다는 보고가 올라왔다. 그 진상은 확실하지 않았지만 일한교섭이 교착 상태 에 빠졌던 당시로서는 그 타개책으로 연구할 만했다. 또 메이지 5년 5월에 상하이의 외 국어 신문은 일본 표류민이 조선에서 학살됐다는 소식을 보도했다. 물론 이러한 종류의 보도는 사실이라고 보기 어려웠지만, 앞의 오쿠 외무소록의 보고와 합쳐서 조선과의 교 섭을 재개할 분위기가 양성되고 있음을 느끼게 했다.

조선과의 교섭은 이제 구 타이슈 번의 주종(主從)에게 위임할 수만은 없었다. 정부는 메이지 7년 5월 15일에 외무성 칠등출사 모리야마 시게루를 육등출사로 진급시키고 당 일로 조선 파견을 명했다. 그리고 그에게 최근 조선의 정치적 상황을 시찰하게 하고, 그 의 보고에 따라 외무대승 소 시게마사의 파견을 확정하기로 했다. 같은 날 태정대신은 다음과 같은 위임장을 부여했다.

이번에 조선국 국론이 일변했다는 공보(公報)[25]가 있었고 또 근일 각종 유설(流說) 등을 들었다. 따라서 저 나라의 사정을 탐색하기 위해 파견하는 것이니, 다음 조건을 준수해서 조처하라.

하나, 먼저 나가사키로 가서 증기선을 고선(雇船)해서 쓰시마로 항행하라. 그곳에서 소형 일본선 3척을 써서, 1척은 초량관으로 보내서 동정을 자세히 살피게 하고, 다른 2척은 탐색을 위해 거제(巨濟)와 울산(蔚山)의 해안으로 표도(漂到)시켜서 저들의 접우(接遇)[26] 여하를 시험하라. 증기선을 쓰시마에 계박(繫泊)하는 것은 대략 20일간으로 예상하고, 미리 약속을 정해서 상황에 따라 진퇴할 수 있도록 준비하라. 단, 탐색선이 돌아와서 이상 없음을 보지(報知)하면 속히 증기선의 고선(雇船)을 중단할 것.

하나, 그 국론이 일변했다고 해도 피차의 왕래와 접우(接遇)의 후박(厚薄) 등에 달라진 것이 없고, 또 탐색을 마친 이후에도 특별한 이상 상태가 없을 경우, 소 외무대승을 도한(渡韓)시킬 수 있다는 뜻을 신속하게 상신할 것.

하나, 유설(流說)처럼 크게 놀랄 만한 변정(變情)이 없을 경우, 소 대승이 도한(渡韓)할 만한 형세가 아닌 것이 확인된다면 그러한 내용을 자세히 상신한 후, 공관 유지의 방법을 마련하고 상황에 따라 상경할 것.

단, 재근 관원 및 고용 통변인(通辨人) 등의 진퇴는 그 상황에 따라 조처할 것.

하나, 저 나라의 형상이 유설(流說)과 다르다고 해도, 만약 관내(館內)의 유지조차 어려운 근황(近況)의 확보(確報)가 있으면, 보다 신중하게 규찰(糾察)한 후 그 내용을 급히 상신하고, 관내(館內) 인원의 진퇴는 지령을 기다릴 것.

하나, 3척의 선박이 기한 내 돌아오지 않거나, 또는 초량관에 보낸 1척은 귀환해서 보고했으나 좌우로 표도(漂到)하게 한 2척의 선박의 안부를 알 수 없을 경우, 다시 2척을 보내서 그 종적을 탐지하게 하고 그래도 함께 복귀하지 않는다면 그 상황을 상신할 것.

하나, 우리 선박이 부산 해구(海口)에 갔을 때 만약 저들이 돌연 발포하는 일이 생기면 신속히 쓰시마로 물러나고, 또한 임기응변으로 공관의 동정을 탐지할 수 있는 수단을 강구하라. 만약 그 시찰할 방도가 끊어졌을 경우에는 신속히 상경해서 그 내용을 회주(回奏)할 것.

하나, 이번 사건과 관련해서 가능한 한 저들의 시의(猜疑)를 촉발하지 않도록 주의해야 하는 것은 물론이요, 기찰(機察)을 요하는 일이니, 어떤 관직을 막론하고 쓰시마에서 동선(同船)하고 싶다는 제의를 해도 앞에서 언급한 지장이 생길 가능성이 있으면 불허할 것.

메이지 7년 5월 15일

태정대신 산조 사네토미[화압(花押)][10]

---

25) 공보(公報): 관청 사이의 보고문서
26) 접우(接遇): 응대(應對), 응접(應接)

모리야마 외무성 육등출사는 메이지 7년 6월 14일에 부산에 부임했다. 이보다 앞서 동래부 안핵사 박정양은 동래부에 내려와서 전 동래부사 정현덕과 훈도 안동준의 불법 죄적(罪迹)을 찾기 위해 부심하다가, 마침내 부산진(釜山鎭)의 상민(商民) 이주선(李周善)을 고용해서 초량관에 들여보냈다. 이주선은 재류 상인 다카기 세타로(高木政太郎)에게 가서 메이지 원년, 즉 무진년 이래의 양국 왕복문서의 등본을 건네줄 것을 간청했다. 다카기 세타로는 공관장대리 오쿠 외무소록에게 상신했다. 오쿠 외무소록은 지금이 일한 관계에서 가장 미묘한 시기이기 때문에 가볍게 그의 청을 들어줄 수는 없고, 먼저 이주선이 안핵사의 밀명을 받았다는 증거 서류를 제출하라고 명했다. 6월 중에 이주선이 안핵사가 휴대한 마패로 압인한 서류를 제시했으므로 오쿠 소록은 다카기를 통해서 관계 서류의 등본을 전해 주었다고 한다.

모리야마 육등출사가 부산에 도착할 즈음의 정세는 이와 같아서, 모리야마 자신이 형세의 급격한 진전에 뜻밖이라는 느낌을 받을 정도였다. 이에 따라 메이지 7년 5월 15일의 태정대신 훈령도 그 태반이 쓸모없는 것이 되어 버렸다. 모리야마는 6월 30일에 외무성 십오등출사 오마 게지(尾間啓治)에게 상경을 명하여 외무성에 상세한 보고를 올리게 하고, 또 외무대승 소 시게마사가 도한(渡韓)할 호기가 왔음을 상신하게 했다.

소생이 명을 받들어 조선국으로 항행하여 초량관에 들어와서, 그 국론이 일변한 원유(原由)와 내외 왕래의 친소(親疎), 특히 우리 표류민 조해(遭害) 등을 정심(靜心)으로 탐색해보니, 표류민 운운한 것은 의심할 것이 없었고, 그 국론이 일변한 사유는 확실히 알 방도는 없었으나 대체로 한인들이 말을 삼가고 조심하는 것은 적어도 우리나라의 경솔한 무리들에 비할 바가 아니었습니다. 그런데 작년 겨울 이래로 오직 한인들에게서 들은 말을 통해 지금의 형상 등을 헤아려본다면, 반드시 별지의 탐문서(探聞書)에서○생략함 벗어나지 않을 것으로 생각합니다. 또 암행어사가○주(注)는 생략함 두루 수색하고 정탐한 내용이 양국 간 단절의 본말(本末)과 옛 동래부훈도 등의 간교한 혼적에까지 미쳤습니다. 이미 옛 부사는 파면되어 쫓겨났고, 훈도의 부침(浮沈) 또한 조석(朝夕)에 임박했으며, 기타 간세(奸細)한 무리들이 낭패해서 갈 길을 잃은 형상 등은, 우리에게 가장 좋은 일이라는 것은 두말할 나위가 없습니다. 특히 옛날부터 버려두고 돌보지 않던 구교(舊交)를 다시 열 뜻을 보이고, 은밀히 팔송사(八送使)[27]의 도래

---

27) 팔송사(八送使): 조선 후기 쓰시마에서 1년에 8회씩 정기적으로 조선에 왕래하던 무역사절. 임진왜란 이후 단절된 조일 간 통교가 1609년(광해군 1)의 기유약조(己酉約條)를 통해 재개되면서 쓰시마의 세견선(歲遣船) 20척, 수직인선(受職人船) 5척, 수도서선(受圖書船) 5척에 대해 매년 한 차례 씩의 내왕을 허락했는데, 이를 연례

(渡來)를 요구하는 등 대체로 우리를 환기(喚起)하는 것처럼 보입니다.

그리고 그 내분(內紛)이 기인한 바가 곧 변정(邊情)의 일단(一端)에 있으니, 이것이 틀림없이 우리의 소식을 받아들이는 창유(窓牖)가 될 것입니다. 이에 순서대로 전례(前例)에 따라 순순(諄諄)히 우리의 성의를 표시한다면, 아마도 삼문투저(三聞投杼)[28]의 감(感)을 갖게 될 것입니다. 그렇게 해서 심맹(尋盟)의 단서를 얻어 일면목(一面目)을 갱신하는 지위[29]를 점한다면, 군이 침공(駸攻)해서 급히 성공을 거두려 하지 않고, 서서히 그 방법을 강구해서 간절히 그 길로 권유하는 것이 반드시 어렵지만은 않을 것입니다. 이제 현지의 상황이 어느 하나 의심할 것도, 괴이하게 여길 것도 없으니 이는 그 이세(理勢)가 귀결되는 바입니다. 일찍이 외무대승 소 시게마사 도한(渡韓)을 분부하신 내의(內議)에 적당한 호기회(好機會)라고 생각합니다. 곧바로 십오등출사 오마 게지를 통해 이러한 사유를 상신할 것이니, 실지(實地)에서 견문한 것은 그에게 하문하시어, 속히 평결(評決)해 주시길 기망(跂望)[30]합니다. 소생은 아직 장래의 동정을 살피고 향후 계획에 일고(一考)를 더하고자 잠시 공관에 머물다가 기회를 봐서 쓰시마로 퇴거해서 지령을 기다리겠습니다. 삼가 아룁니다.

메이지 7년 6월
외무성 육등출사 모리야마 시게루[11]

모리야마 공관장에게 부여된 임무는 조선의 정치적 사정의 시찰이지 교섭 재개가 아니었다. 따라서 모리야마의 보고에 따라 소 외무대승이 도한(渡韓)한 다음에 동래부사와의 교섭을 맡아야만 했다. 그런데 형세가 예상 외로 신속하게 진전되어 도저히 소 시게마사의 도착을 기다릴 여유가 없었으므로, 스스로 동래부사 및 왜학훈도와 연락을 취해서 양국 교섭 재개의 기운을 촉진하는 데 이르렀던 것이다.

당시 동래부안핵사 박정양과 동래부사 박제관이 초량 공관의 정세를 탐지하는 데 열심이라는 것이 분명해졌으므로, 모리야마 공관장은 간전관 우라세 히로시에게 명해서 7월 중에 안동준, 최진한 등과 불화(不和)했던 통사(通事) 임삼이(林三伊)를 불러서 일한

송사(年例送使)라고 했다. 그 후 1637년에 겸대(兼帶)가 시행되면서 연례송사가 8개의 사절단으로 나뉘어 1, 2, 3, 6, 8월에 각각 순번에 의해 정기적으로 도항하게 되었는데, 이를 연례팔송사(年例八送使)라고 불렀다.

28) 삼문투저(三聞投杼): 투저(投杼)는 베틀의 북을 내던진다는 말로, 소문이 반복되면 그 말을 사실로 믿게 된다는 것을 비유하는 말이다. 공자(孔子)의 제자인 증삼(曾參)과 같은 이름을 가진 자가 있었는데, 어떤 사람이 베를 짜고 있는 증삼의 어미에게 아들이 사람을 죽였다고 하자 처음에는 믿지 않다가, 그 말이 3번 반복되자 북을 던지고 달려갔다는 고사에서 유래한 말이다.

29) 원문에는 '地意'로 되어 있는데, 『日本外交文書』 제7권 문서번호 210의 부속서 1에 근거해서 '地位'로 수정했다.

30) 기망(跂望): 간절히 기다리는 나머지 발꿈치를 들고 멀리 바라보는 모양

국교가 단절된 이유를 설명하고 그것을 안핵사에게 전달해 줄 것을 의뢰하는 한편, 메이지 7년 8월 중에는 통사 김복주(金福珠)에게 상세한 문서를 주면서 우리가 타협할 수 있는 조건을 설명하고 그것을 안핵사와 동래부사에게 전달하게 했다. 그 내용은 국서 형식을 피해서 외무성과 예조 간에 서계를 왕복하고, 또 타이슈의 옛 번주(藩主)인 외무대승 소 시게마사로 하여금 조선 관계 사무를 관장하게 한다는 것이었다.

　무진년 겨울에 차사(差使)가 도해(渡海)했는데 그가 가져온 서계에 '황(皇)', '칙(勅)'의 문자가 있었다. 이러한 문자가 있는 이유는 대체로 우리나라의 태정일신(太政一新)의 상황을 고하는 것과 관계가 있으니, 그렇다면 사실을 사실대로 쓰는 것은 본디 괴이하게 여길 것이 없는 것이다. 임신년 봄에 다시 사개(使价)를 파견해서 심맹(尋盟)의 일을 고했는데, 그가 휴대한 서계는 문사(文詞)가 온당하고 사리가 공명해서 어느 하나 휘척(諱斥)할 것이 없었다. 내가 이전 서계로 살펴보건대 은연중에 변통을 더한 것 같았으니, 이는 우리나라의 성의(誠意)에서 나온 바요, 예신(禮信)을 베푼 바임을 환히 알 수 있었다.

　우리나라에서 비록 외무성을 설치해서 교제 사무를 총관(總管)하게 했으나, 그 총관하는 내용으로 말하자면 예전 막부와 차이가 없다. 이제 한번 말해보건대, 외무성과 예조의 양 대신으로 등대(等待)의 예(例)를 행한다면 무슨 방해될 것이 있겠는가? 그리고 전 쓰시마노카미(對馬守)가 관장하는 바가 또한 옛날과 같다. 그러므로 현관(現官) 외무대승의 자격으로 처리하게 하는 것은 이치상 당연한 것이다. 그런데도 귀국은 매번 "만약 조약을 어긴다면 결단코 들어줄 수 없다."고 하니, 이것은 무슨 특론(特論)[31]인가? 무릇 화약(和約)과 장정(章程)은 시대를 살펴서 타당한 제도를 만들고, 일에 따라서 법을 세운 것이다. 그 영원히 준행(遵行)하는 사이에 저쪽의 국체(國體)가 크게 변해서 예전 조약과 부합하지 않고 지위가 크게 달라졌다면, 사정과 이치를 헤아려서 개정(改訂), 갱환(更換)하는 논의를 하지 않을 수 없으니, 이것이 곧 고금의 통법(通法)이요, 통의(通義)이다. 그런데 귀국은 우리를 대할 때 통법(通法)과 통의(通義) 모두 관계치 않고 장황한 사론(私論)을 펼치면서 동맹의 성의(盛意)를 막았으니, 어찌 인의(隣誼)에 당연한 것이겠는가? 그 시비곡직을 어찌 지혜로운 자가 있어야만 알 수 있겠는가?

　아아! 나는 쓰시마 주에서 태어나서 특별히 황송하게 교린의 말직을 얻은 지 이제 30여 년이 된다. 또 무진년 이래로 이 일에 종사해서 수성(修成)하는 일에 진력했는데, 귀국은 걸핏하면 노상의 말을 듣고 망상(妄像)의 논의를 일으켜서 우리의 성의(誠意)를 물리치고 거의 단절된 형세를 만들었다. 그것은 아마도 중간에서 좀벌레처럼 간사한 무리들이 말을 지어내서 공

---

31) 특론(特論): 혼자서만 내세우는 주장

간(公幹)의 요추(要樞)³²를 가로막았기 때문일 것이다. 나는 귀국을 위해 개탄한 지 오래다. 이제 귀국에 뜻이 돈독한 선비들이 있어서 두루 편의한 방법을 도모한다면, 아마도 환호(歡好)³³의 단서를 얻을 수 있을 것이로되, 사안이 긴밀하니 소홀히 들어서는 안 된다.³⁴ 너 또한 근심을 함께 하는 사람이라면 장차 어떻게 하겠는가?

메이지 7년 8월   일
간전관 우라세 히로시[12]

모리야마 육등출사의 노력은 효과를 거둬서, 메이지 7년 8월 16일에 동래부비장(裨將) 남효원(南孝源)이 부사 박제관의 밀명을 갖고 초량공관으로 모리야마 육등출사를 방문해서 일한국교의 교착 상황을 타개할 방법에 관해 의견을 교환했다. 모리야마 육등출사는 우라세 간전관의 글에서 시사한 타협 조건을 설명하면서, 일한 양국 간의 서계는 일본 외무경과 조선 예조판서, 그리고 외무대승과 예조참판 사이에서 왕복하며, '황(皇)', '칙(勅)' 등의 자구를 일본 서계에서 사용하더라도 조선에서는 이의를 제기할 수 없다는 것, 또 조선의 회답 서계에서 일본에 대해 '황(皇)', '칙(勅)' 등의 문자를 사용하는 여부는 조선 측의 뜻대로 할 것을 주장했다. 남효원은 알았다고 하고 조만간 호의적으로 회답하겠다는 말을 남기고 떠나갔다. 이튿날인 17일에는 부산첨사가 대솔군관(帶率軍官)을 보내서, 훈도가 교체되어 신임 훈도가 곧 부임할 것이라는 소식을 전하고, 옛 접대 관례에 따른 시탄(柴炭)³⁵의 지공(支供)³⁶을 재개했다. 같은 날 전 훈도 안동준이 의금부의 명으로 경성으로 압송되고, 소통사(小通事) 최진한 이하 그 당여(黨與)가 동래부에 하옥되어 사람들의 이목을 놀라게 했다.[13]

메이지 7년 9월 3일에 신임 훈도 현석운(玄昔運)과 별차 현제순(玄濟舜)이 초량공관에 내려왔다. 이는 메이지 원년 이후 조선 관리가 일본 관리를 공식적으로 접견한 최초의 사례였다. 모리야마 공관장이 지금까지의 교섭 경과를 설명한 후, 동래부비장 남효원을 통해서 제시한 타협 조건에 관해 심의를 시작했다. 양측은 심의 마지막 단계에서 모

---

32) 요추(要樞): 원문에 요구(要區)로 되어 있으나 문맥상 요추(要樞)의 오기인 것으로 보고 옮겼다. 요추(要樞)는 중요한 지역 또는 지위를 뜻하는 말이다.

33) 환호(歡好): 환희(歡喜)와 화호(和好)

34) 원문에는 '莫敢忽且'로 되어 있는데, 『朝鮮交際始末』 제3권(日本外務省外交史料館 所藏)에 근거하여 '莫聽忽且'로 수정했다.

35) 시탄(柴炭): 땔나무와 석탄

36) 지공(支供): 필요한 물품을 공급하는 일

리야마가 제시한 세 조건 가운데 한 가지를 양국 교섭 재개의 기초안으로 삼는 데 의견이 일치했다. 또 그것을 조선 정부에 상신해서 그 회보(回報)를 기다리는 기한을 20여 일로 정했다.

첫째, 메이지 5년 임신년 3월 20일에 차사(差使) 사가라 마사키가 가훈도(假訓導) 고재건에게 그 등본을 전달한 메이지 4년 8월자 조선 예조참판 및 동래, 부산 앞으로 보낸 외무대승 소 시게마사 서계를 수리하고, 회답 서계를 발송할 것.

둘째, 제1조가 곤란할 경우, 새로 외무경이 예조판서에게, 외무대승이 예조참판에게 보내는 서계를 작성하고, 별도로 사원(使員)을 임명해서 서계와 함께 동래부로 보내서 동래부사와 그 접대 형식에 관해 상의하게 할 것.

셋째, 제1조와 제2조의 실행이 곤란하다면, 조선에서 통신사(通信使) 또는 별건도해역관(別遣渡海譯官)의 형식으로 도쿄에 사절을 보내서 외무성과 직접 절목(節目)을 협의하게 할 것.

기(記)

하나, 임신년 서계의 회답이 이뤄지지 않았으니, 회답이 이뤄지는 대로 바로 회서(回書)를 보내서 두 서계를 교환할 것.

하나, 이 서계에 만약 편치 않은 부분이 있어서 봉납(捧納)되지 않는다면, 귀국 외무경이 우리 예조판서에게, 외무대승이 참판에게 보내는 서계를 다시 작성하고, 별도로 간사(幹使)를 정해서 동래부로 가져오게 한 다음에 직접 만나서 의정할 것.

하나, 그래도 편치 않은 사단이 있다면, 예조에서 서계를 작성한 후 도쿄에 빙사(聘使)를 보내고 기월(期月)을 예정하여 회답할 것.

이상 세 가지 조건 가운데 한 가지를 택정(擇定)해 달라는 뜻을 금일의 공론(公論)에 따라 조정에 상세히 전달할 계획이니, 1,000리를 왕복하는 데 필시 20여 일을 넘지 않을 것입니다. 기다리시길 바랍니다.

갑술 7월 23일
훈도 현석운 (印)
별차 현제순 (印)
외무성출사 모리야마 시게루 존공(尊公)[14]

또한 9월 3일의 회견에서 모리야마 공관장은 일본국기, 군함기, 상선기(商船旗)의 모본(模本)을 훈도에게 전달하면서, '일본 소속 선박은 모두 이러한 종류의 기장(旗章)을 게양하므로 기선(汽船)이라고 해도 서양 국가의 선박과 용이하게 식별이 가능하니, 연해 각 지방에 공포해서 이러한 기장을 게양한 선박이 연해에 접근하면 특별히 정중하게 보호해 줄 것'을 요청했다.[15]

훈도 현석운이 공관을 방문하기 며칠 전인 8월 28일에 동래부 안핵사 대솔군관(帶率軍官) 대범곡(大凡谷) 등 세 명이 관광을 핑계로 초량 공관을 방문했다. 모리야마 공관장은 그들을 불러서 일본 정부가 성의를 갖고 있음을 설명하고, 또 일본 정부의 관제를 상세히 기록한 문서를 전달했다. 대범곡은 상경해서 당로(當路)[37]에 설명하겠다고 하면서 떠났는데, 9월 24일에 다시 초량 공관을 방문해서 금위대장 조영하의 친서를 모리야마에게 전했다.

모리야마 도인(森山桐陰)[38] 족하(足下)

초가을에 기거(起居) 청적(清迪)하시리라 생각합니다. 폐방(弊邦)은 귀국과 교린수호(交隣修好)한 지 이제 300년이 되었습니다. 신서(信書)가 왕래하고 예수(禮數)[39]에 허물이 없었으니, 천하만국이 모두 그 의계(誼契)의 돈독함을 알 것입니다. 하지만 무진년과 신미년 이래로 서계 격식에 전규(前規)를 위반한 것이 있고, 연례미포(年例米布)를 수령해 가지 않아서 도리어 의현(疑眩)[40]이 있었는데 그 원인을 구명(究明)하지 않았습니다. 이에 조정에서는 차관(差官)을 도해(渡海)시켜서 이러한 정성을 알리고 원위(源委)[41]를 조사하고자 했습니다. 이 때문에 우선 안렴(按廉)[42]을 파견해서, 동래와 부산의 실정을 채찰(採察)해서 훈도와 통사 무리가 옹폐(壅蔽)한 죄상을 밝혔습니다. 이제 나포(拿捕)해서 형륙(刑戮)을 내릴 적에 안렴(按廉) 대관(帶官) 대범곡 등의 회보(回報)를 받으니, 직접 아교(雅教)를 받았는데 서계의 신식(新式)은 편의하게 하는 데 힘쓰겠다고 하시고, 관위난직표(官僞亂職表) 등 각 건의 책자를 보여주셨다고 했습니다. 이에 비로소 귀국의 선린우의(善隣友誼)가 오직 곤핍(悃愊)[43]에서 나온 것을

---

37) 당로(當路): 정권을 장악한 사람
38) 도인(桐陰): 모리야마 시게루의 호(號)
39) 예수(禮數): 예에 알맞은 도수(度數). 격식(格式)
40) 의현(疑眩): 의심으로 마음이 어지러움
41) 원위(源委): 사정의 본말(本末) 혹은 자세한 내막. 원인과 결과
42) 안렴(按廉): 안렴사(按廉使)의 준말로 보통 관찰사(觀察使)와 같이 쓰이나, 여기에서는 안핵사(按覈使) 박정양을 가리킨다.
43) 곤핍(悃愊): 지성(至誠), 진실함

알았으니 참으로 양국의 복입니다. 그러나 의심하고 단절된 후이니 일을 신중하게 살피는 것이 중요합니다. 또 변통하는 초기에는 약속이 마땅히 타당해야 하므로 조정에서 곧 차관(差官)을 보내려고 합니다. 이에 먼저 대관(帶官)을 돌려보내서 봉함(封函)을 드리니 부디 거두어 살펴보시길 바랍니다. 그리고 이러한 정관(情款)을 귀 조정에 전달해서, 구호(舊好)를 맺고 신맹(新盟)을 강구하는 방법을 가까운 시일 내로 계획해서 복음(覆音)을 내려주시길 깊이 바랍니다. 미처 갖추지 못한 채 보냅니다.

조선(朝鮮) 조영하[화압(畫押)][16]

민승호, 민규호(閔奎鎬) 등과 나란히 척족의 중심인물인 조영하가 특별히 사서(私書)를 재조선 일본 대표자에게 보내서, 300년 역사를 가진 일한국교의 경색은 훈도와 통사 무리의 옹폐(壅蔽)와 위난(僞亂)에 의한 것이라고 하면서 유감의 뜻을 표시하고, 최근 일본의 혁신을 인정하고 새로운 형식에 따라 교린을 지속할 것을 희망한 사실은 가볍게 간과할 수 있는 것이 아니다. 생각건대, 국왕과 척신 등은 일한국교의 재개를 희망했으나, 묘당에 대원군의 배외정책을 지지하는 자들이 많아서 묘의(廟議)가 쉽게 정해지지 않고 시일을 천연(遷延)할 우려가 있었으므로, 국왕의 진의를 일본 정부에 전달해야 할 필요에서 특별히 조영하가 사서(私書)를 보낸 것으로 보인다. 그런데 조선의 정치적 사정에 밝지 못했던 모리야마 시게루는 조영하가 척신이라는 사실을 알지 못해서 이 서한의 중대성을 깨닫지 못했다. 모리야마는 이튿날인 9월 25일에 대범곡에게 부탁해서 조영하에게 회신을 보냈다. 여기서 그는 훈도 현석운과 3개 조건을 협정한 사실을 알리고 그 알선을 의뢰했다.

조 혜인(惠人) 대하(臺下)

아직 한번 뵙지도 못했는데,[44] 황송하게도 멀리서 화서(華書)를 쓰셔서 대씨(大氏)를 통해 보내주셨습니다. 쌀쌀한 가을 날씨에 동지(動止)[45] 다복(多福)하실 것으로 생각합니다.

우리나라와 귀국은 순치상보(脣齒相保)한 관계가 이미 300년이 되었으니, 참으로 최근에 교제를 맺은 해외 여러 나라들에 비할 바가 아닙니다. 예전에 우리나라에서 온갖 제도를 유신(維新)하여 봉건(封建)을 혁파해서 군현(郡縣)으로 만들고, 외교의 일은 이미 외무성을 설

---

44) 원문은 '미득경개(未得傾蓋)'이다. 경개(傾蓋)는 수레를 멈추고 수레 위의 양산을 기울여 잠시 이야기한다는 뜻으로, 우연한 만남을 비유하는 말이다.

45) 동지(動止): 행동거지. 기거(起居)

치해서 관장하게 한 것 등의 정상(情狀)을 여러 차례 고했습니다. 하지만 귀국은 비단 불응했을 뿐만이 아니어서, 일이 반착(蟠錯)⁴⁶⁾되어 거의 단절에 이른 지 이제 몇 년이 됩니다. 우리나라에서는 이 때문에 물의(物議)가 비등하니, 귀국 인민들 또한 들어서 아는 바일 것입니다.

조정에서 장차 관리를 보내려 할 적에 그 반착(蟠錯)한 의도를 신명(訊明)⁴⁷⁾하는 일과 그 선린의 도를 강구하는 일을 먼저 불녕(不佞)한 저에게 명하시고, 다시 귀국의 사정을 규찰(窺察)하게 했습니다. 불녕한 제가 이 일에 종사한 지도 6년이 되었습니다. 이러한 때, 직분을 맡은 자가 어찌 일신(一身)을 버리고 면려(勉勵)하지 않을 수 있겠습니까? 즉시 분연히 도해(渡海)해서 우선 그 상황을 탐지하니, 간사한 무리들이 길을 막고 옹폐(壅蔽)함이 예전과 같았지만, 귀조할 시기가 임박해서 또 어찌할 도리가 없었습니다. 만약 이러한 형상을 그대로 복명한다면 과연 조정의 의론이 어디로 나갈지 알 수 없었으니, 참으로 지극히 민박(憫迫)하고 황송한 마음을 억누를 수 없었습니다.

전에 뜻밖에 관객(觀客) 대 모(大某)와 대화할 때 이야기가 교린의 일에까지 미쳤습니다. 그러므로 우리나라의 제도 개혁과 심교(尋交)하는 성의(誠意)를 자세히 말하고, 아울러 제가 몇 년간 알선해온 미천한 뜻을 진술했던 것입니다. 그러자 객(客) 등이 감격해서 간절히 부탁하는 바가 있었으니, 저 또한 그들이 평범하게 유람하는 무리들이 아님을 깨달았습니다. 이 때문에 속원(屬員)을 특파해서 이러한 뜻을 조정에 주청(奏請)하고, 심지어 귀조를 늦추기까지 한 것입니다. 이제 고유(高諭)를 통해서 비로소 대 씨(大氏)라는 자가 안렴(按廉)의 대관(帶官)임을 알게 되었으며, 또 귀국이 이미 중간에서 옹폐한 죄상을 사핵(查覈)했음을 알려주시고, 또 이미 우리나라의 선린의 성의(誠誼)를 잘 알았다고 하셨으니, 실로 이보다 더 큰 양국의 복이 없을 것입니다. 의심하고 단절된 후이니 일을 신중하게 살피는 것이 중요하다는 말씀은, 저 또한 본래 바라는 바입니다. 그러나 이번 달 3일에 새 훈도 등이 처음 공관에 왔을 때 그 자리에서 세 건을 약속했는데 회답 기한이 이미 다 됐습니다. 새벽부터 밤까지 기다리면서 오직 좋은 소식이 빨리 와서 양국 백성들이 더욱 안돈(安頓)하기만을 바랄 뿐입니다. 단, 그 두루 편한 방법[周便之法]으로 말하자면 훈도가 이미 잘 알고 있는 바입니다. 이제 다시 그 대요를 촬록(撮錄)해서 대 씨에게 맡기니, 부디 양해하시고 사절을 받아들이시길 바랍니다. 미처 다 적지 못하고 보냅니다.

메이지 7년 갑술 9월 25일

모리야마 시게루[화압(畫押)]¹⁷

---

46) 반착(蟠錯): 복잡하게 얽혀서 교착 상태에 빠짐
47) 신명(訊明): 신문(訊問)해서 명백히 밝힘

이보다 앞서 훈도 현석운은 메이지 7년 9월 3일에 모리야마 공관장과 협정한 3개 조건을 정부에 급보했다. 이들 각 조건에 대해서 정부에서는 (1) 신미년 서계는 이미 당시에 봉납을 불허했기 때문에 이제 다시 그것을 논할 수 없다. (2) 서계의 개수(改修)는 일본 정부의 '상호 화목하려는 뜻[相和之意]'이 분명하기 때문에 승인하고, 개수한 서계가 타당하다면 그것을 수리해서 국교 재개 방법을 강구하되, 만약 서계에 따르기 어려운 사구(辭句)가 있으면 척퇴해도 불가하지 않다. (3) 통신사(通信使)의 파견은 선례가 있으므로 거부할 수 없다는 등의 의견이 제시되었는데, 결국 제2조를 승인하기로 결정했다. 9월 19일(이태왕 갑술년 8월 9일)에 영의정 이유원은 이를 아뢰고, 윤재(允裁)를 거쳐서 동래부사에게 회하(回下)했다.[18]

의정부의 회하(回下)는 동래부사 박제관으로부터 훈도 현석운에게 전달됐다. 9월 28일에 훈도는 공관에 들어와서 모리야마 공관장과 회견을 가졌다. 그런데 훈도의 설명이 대단히 애매했으므로 공관장이 두세 차례 힐문하자, 훈도는 "정부의 회하(回下)는 제2조를 승인하는 것으로 결정되었는데, 서계 중에 '황상(皇上)'은 '천자(天子)'로 고치면 좋겠다."고 답했다. 하지만 공관장은 그의 말을 쉽게 믿지 않고, 동래부사가 회견해서 확인하든지, 아니면 부사(府使)의 공함(公函)으로 보증하든지 둘 중 하나의 방법을 택할 것을 요구하고 그 회답 기한을 9월 30일로 했다.

메이지 7년 10월 1일, 훈도는 공관에 와서 동래부사의 단간(單簡)[48] 초안을 제시했다. 그런데 그 초안에 제2조를 승인한다는 구절이 없었으므로 모리야마 공관장은 그것을 환송했다. 동래부사와 훈도가 모두 묘의(廟議)에서 확정된 사항을 은폐 또는 완화하려고 한 동기는 알 수 없지만, 아무튼 다시 수정해서 다음 날인 10월 2일에 부사의 단간(單簡)을 전달하겠다고 약속했다.[19]

예전에 모리야마 시게루가 조선 파견 명령을 받았던 것은 조선의 정치적 정세를 시찰하기 위한 것이지 조선 관헌과의 교섭을 위한 것이 아니었다. 그런데 조선의 정치적 정세의 급격한 진전은 하루도 헛되이 보내는 것을 용납하지 않았다. 모리야마는 자신에게 위임된 권한을 넘어서 동래부사와 교섭을 갖고 일한국교 재개의 조건을 협정했다. 그리고 이제 정부에 청훈(請訓)하기 위해 급히 귀조하지 않을 수 없었다. 그는 10월 1일 밤에 훈도를 불러서 구연서(口演書)를 전달하고 자신의 귀조 계획을 통보했다. 그리고 50일

---

48) 단간(單簡): 짧은 서간(書簡)

이내로 협정 조건에 따라 외무경과 외무대승의 서계를 가져오겠다고 말하고, 소씨 문인 (文引)을 대체할 외무성 표기 안문(案文)[49]을 제시했다. 또 공관장대리로 외무권중록 오쿠 요시타다를 지명하고, 이러한 사항을 모두 동래부사에게 전달할 것을 요구했다.

구연(口演)

하나, 이제 귀 조정의 확답을 받았으니, 50일 내로 약속한 대로 외무경과 외무대승의 두 서계를 갖고 우리 사원(使員)이 바다를 건너올 것이다.
단, 요시아키라 이하의 도서(圖書)를 가져오면 돌려보낸다.
하나, 우리나라 선척(船隻)의 노문(路文)은 이른바 본성(本省)[50]의 표기(票記)를 감합(勘合)으로 삼을 것이다. 그러므로 본사(本使)가 올 때 의본(儀本)을 보내면 바로 준행(遵行)할 수 있는 것이다. 그 표기 양식은 지금 미리 보내서 참고할 수 있게 한다.
하나, 소생이 귀경한 동안 외무권중록 오쿠 요시타다가 관장대리를 맡는다. 만약 별도로 본성(本省)에서 파원(派員)이 오면 응당 그 관원이 본 임무를 맡는다.

이상은 오직 착오가 없게 하기 위해 진록(陳錄)하여 보내는 것입니다.

메이지 7년 갑술 10월
외무성 출사 모리야마 시게루[20]

이와 동시에 모리야마 공관장은 일한국교의 조정(調整)이 완료된 이후의 초량 공관의 개혁과 일한무역의 개선 방법을 연구해서 그 주요 항목을 구연서(口演書)의 형식으로 작성했다. 그리고 그것을 훈도에게 부탁해서 동래부사에게 전달하게 했다.

구연(口演)

양국이 깊이 인의(隣誼)를 맺은 지 이미 300년이 되었다. 약례(約例)가 시체(時體)에 반하는 것이 많으니, 비록 맹약을 다시 논의하는 동안이지만 잠시라도 서로 접대하는 예(例)가 없어서는 안 될 것이다. 이에 다음과 같이 개진(開陳)하노라.

하나, 우리 공관에 영사관(領事官) 또는 관장(館長), 속관(屬官)을 두는 것은 오직 사무를 변

---

49) 안문(案文): 초안(草案), 초고(草稿)
50) 본성(本省): 외무성(外務省)을 가리킴

리(辨理)하고 인민을 약속(約束)[51]하기 위함이다. 그러므로 영사관 또는 관장은 동래부사와 적대지례(適對之例)를 행하고, 상무(常務) 이외에는 서간을 왕복해서 사무를 처리할 수 있다. 만약 조회를 전달할 일이 있으면 부사가 내려오거나 영사관 또는 관장, 속관이 똑같이 동래로 가서 직접 순문(詢問)하고 논의해야 한다. 단, 많은 인원을 거느리거나 범람(犯濫)해서는 안 된다.

하나, 영사관 또는 관장이 혹시 갑자기 본방(本邦)에 돌아갈 경우, 속관(屬官)에게 대리를 명할 수 있다. 따라서 그 관급(官級)을 막론하고 대우하는 예(例)는 모두 영사관 또는 관장에 준한다.

하나, 양국에서 금령을 내린 물품 이외의 백화(百貨) 무역은 백성의 뜻에 맡기며, 기존의 공매(公賣)는 수의(隨意)로 행할 수 있다. 그러므로 관(官)에는 공히 도고(都賈)를 두거나, 별도의 법을 만들어서 무역을 금하는 것을 허락하지 않는다.

하나, 양국의 공식적인 사무를 처리하는 관원과 속원(屬員)은 추호라도 직접 무역을 불허한다. 만약 은밀히 하는 자가 있으면 상호 지조(知照)해서 단제(斷除)[52]해야 한다.

하나, 양국 백성이 통상하는 사이에, 혹시 기망현매(欺罔衒賣)[53]나 대채(貸債) 미변제 등과 관련해서 그 증거를 갖고 송사를 하는 자가 있거든, 양국 관리는 공동으로 포주(逋主)[54]로 하여금 추변(追辨)[55]하게 한다. 단, 관(官)에서는 공히 그 배상 책임을 지지 않는다.

하나, 우리나라 선척(船隻) 중에서 범선(帆船)이나 화선(火船)이 혹시 태풍을 만나서 귀국 지방에 표류해 올 경우, 마땅히 옛날과 마찬가지로 구호해야 한다. 우리 지방에 표류해 오는 귀국 선척 또한 마찬가지다. 단, 양국 백성의 호송 및 인도 절차는 영사관 또는 관장이 동래부사와 문서를 교환하여 시행한다.

하나, 일시적으로 표류해 온 본방(本邦) 인민 중에서 선척(船隻)을 보수하는 사이에 혹 환자가 생기면, 그를 위해 가옥을 짓거나 임대해서 편안히 거처할 곳을 마련해야 한다. 근방을 산유(散遊)[56]하는 것은 절대 금할 수 없다. 귀국 인민이 우리 지방에 왔을 때도 마찬가지다.

하나, 양국 표류민의 선척(船隻)이 혹시 파괴되어 쓸 수 없을 경우, 만약 선재(船材)를 공매

---

51) 약속(約束): 단속(團束), 관리(管理)
52) 단제(斷除): 철저히 소멸함
53) 기망현매(欺罔衒賣): 속임수로 물건을 매매함
54) 포주(逋主): 장물을 감추거나 채무 변제를 이행하지 않고 달아난 자
55) 추변(追辨): 사후에 변제함
56) 산유(散遊): 산보(散步), 자유 보행

(公賣)할 수 있다면 공매를 통해 그 재료에 보태고, 공매할 수 없다면 반드시 선주와 회동한 후에 소각해야 한다.

하나, 양국 인민의 시신이나 폐선(廢船) 등이 표류해 올 경우, 폐선은 불태우고 시신은 그 지방에서 장례 치르되, 묘표(墓標)를 세워서 보존하고 서로 그 자세한 상황을 조회해야 한다.

하나, 양국 표류민 일행 중에서 익사 혹은 병사하는 자가 생기면 또한 앞의 조관(條款)을 적용할 수 있다. 단, 양국의 거리 내에서는 본방(本邦) 이정(里程)으로는 50리, 귀국 이정으로는 500리 동행의 요청에 따라 입관(入棺)해서 보내는 것도 가능하다.

하나, 기타 대소 절목은 수시로 타당하게 제정해서 서로 수호(修好)하는 뜻을 다하고, 맹약을 다시 정할 날을 기다린다.

이상의 사항을 동래부사에게 전달해서 속히 분명한 답변을 청하라.[21]

메이지 7년 갑술 10월 　일

메이지 7년 10월 2일에 훈도 대신에 별차 현제순이 공관에 와서 약속대로 동래부사의 단간(單簡)을 전달했다. 조선 관리가 외무성 파견원에게 공문을 보낸 최초의 사례였다.

　　관장(館長) 외무성 출사(出仕) 모리야마 공 합하

　　아방(我邦)과 귀국은 교린수호(交隣修好)한 지 이제 300여 년이 되었습니다. 그런데 지난 무진년 이후로 서계 격식에 장애되는 바가 있어서 거의 단절된 지경에 이르렀습니다. 그런데 전에 임관(任官)이 합하를 만나서 선린의 정의(情誼)가 오직 곤핍(悃愊)에서 나온 것임을 알게 되었으니 참으로 큰 다행입니다. 그러므로 즉시 우리 조정에 아뢰고, 이제 약속 가운데 제2조로 결정한다는 명의(命意)를 받아서 임관을 통해 고지하는 것입니다. 그런데 빙문(憑聞)[57] 하건대, 합하께서 귀국하는 수레를 서두르셔서 50일 내로 다시 외무경과 외무대승의 새 서계를 작성해서 올 것이라고 하니, 근의(勤意)의 도타움과 수호의 돈독함이 참으로 실의(實誼)를 이루었습니다. 다시 간사(幹事)가 올 때, 수고로우시더라도 반드시 합하께서 발리(跋履)[58]하시길 바랍니다. 빙사(聘使)의 절목은 그때 가서 의정하더라도 늦지 않을 것이니 깊이 양찰하십시오. 나머지는 조량(照諒)하시길 바랍니다. 미처 다 적지 못하고 보냅니다.

갑술 8월 　일
동래부사 박제관[22]

---

57) 빙문(憑聞): 다른 사람을 통해서 간접적으로 들음
58) 발리(跋履): 여행길의 수고로움을 비유하는 말

[원주]

1 『日省錄』李太王甲戌年正月三日・十日;『甲戌乙亥史』.

2 『啓下咨文册』卷五 同治十三年六月二十七日咨會;『龍虎閒錄』卷二一;『同治朝籌辦夷務始末』卷九四 同治十三年五月辛未, 卷九七 同治十三年八月甲申.

3 『日省錄』李太王甲戌年六月二十五日.

4 『日省錄』李太王甲戌年六月二十九日.

5 『日省錄』李太王甲戌年六月二十九日・七月三日・四日.

6 『日省錄』李太王甲戌年八月八日・十八日・二十七日・九月十八日;『甲戌乙亥史』.

7 『日省錄』李太王乙亥年三月四日.

8 『朝鮮交際始末』卷三.

9 『朝鮮交際始末』卷三;『黑龍會編』西南紀傳(明治四十一年刊) 上卷二 283~292쪽.

10 『朝鮮交際始末』卷三.

11 『朝鮮交際始末』卷三.

12 『朝鮮交際始末』卷三.

13 『朝鮮交際始末』卷三.

14 『朝鮮交際始末』卷三.

15 『朝鮮交際始末』卷三.

16 『朝鮮交際始末』卷三.

17 『朝鮮交際始末』卷三.

18 『日省錄』李太王甲戌年八月九日.

19 『朝鮮交際始末』卷三.

20 『朝鮮交際始末』卷三.

21 『朝鮮交際始末』卷三.

22 『朝鮮交際錄』.

제20절

모리야마 이사관의 조선 재파견,
일한교섭의 재정돈(再停頓)

외무성 육등출사 모리야마 시게루는 메이지 7년 10월에 귀조해서 복명했다. 그의 임무는 조선의 정치적 사정을 시찰하는 것이었지만, 현지 정세에 따라 동래부사와 교섭을 벌여서 국교 재개 방법을 협정하는 데 성공했다. 정부는 이보다 앞서 외무대승 소 시게마사의 조선 파견을 명하고 그 위임장과 태정대신의 훈령안까지 기안하게 했지만, 모리야마 시게루의 보고에 따라 그것을 연기하고, 모리야마가 귀조한 후에는 다시 중지할 것을 명했다.

정부는 메이지 7년 9월 3일의 모리야마 시게루와 동래부사의 협정을 승인하고, 그 조건에 기초해서 외무경과 외무대승의 서계를 보내기로 결정했다. 그런데 마침 타이완 번족(蕃族) 토벌 사건의 선후책을 강구하는 데 분주해서 조선 문제를 돌볼 겨를이 없었다. 협정에는 50일 이내라고 규정되어 있었지만, 모리야마 시게루가 외무소승에 임명되어 이사관(理事官) 자격으로 조선 파견 명령을 받은 것은 메이지 7년 12월 28일의 일이었다.[1]

메이지 8년 1월, 외무경 데라지마는 태정관에 상신해서 모리야마 외무소승의 조선 파견을 독촉했다. 정부의 논의도 그렇게 결정되었으므로 외무성 칠등출사 히로츠 히로노부를 외무성 육등출사로 진급시킨 후 부관 자격으로 조선 파견을 명했다. 그 사이에 조선 예조판서에게 보낼 외무경 서계와 예조참관에게 보낼 외무대승(소 시게마사) 서계, 그리고 위임장과 훈령 등의 초안이 모리야마 이사관과 히로츠 부관에 의해 기안되고, 외무경이 태정관에게 제출해서 확정된 것으로 보인다.

메이지 8년 2월 2일에 외무경 위임장과 훈령이 모리야마 이사관에게 전달됐다. 외무경 훈령은 다음과 같다.

외무소승 모리야마 시게루

하나, 조선국 예조판서에게 보낼 본서(本書)와 외무대승이 예조참판에게 보낼 첨서(添書) 등
은 저 나라에서 논의에 응할 관변(官弁)에게 전달할 것.

하나, 예조판서가 보내는 회한(回翰)은, 저쪽 사절이 그것을 가지고 건너 올 기한을 약속할 것.

하나, 그 사절의 목적은 구호(舊好)를 다시 펴고 신맹(新盟)을 강구하기 위한 것이니, 종전 신
사(信使)보다 낮지 않은 품급(品級)이어야 함을 명심할 것.

하나, 참판이 대승에게 보내는 회답서는 바로 받아올 것.

하나, 종래 저 나라에서 소씨에게 증급(贈給)한 도서(圖書)를 반납하고, 이제부터 도항하는
선척(船隻)에서 소지할 새 감합(勘合) 표식의 의본(儀本)을 전달해서 장애가 없도록 상
정(商定)할 것.

하나, 우리 공관에 주재하는 관원들이 공무의 변리(辨理)를 위해 동래, 부산 등의 내지를 왕
래하는 것은 피아 숙담(熟談)[1]한 형편에 따를 것.

하나, 피아(彼我) 표류민의 구조 및 보급 방법, 송환 등의 절차는 편의에 따라 임시로 소칙(小
則)을 마련해둘 것.

하나, 당장 현격(現格)이 없으면 불편한 소절목(小節目)은 종전 소씨가 취급해 온 장정을 짐
작(斟酌)해서 취사(取捨)하더라도, 피아 정호(情好)가 화합하는 것에 따라 조금이라도
양국 인민의 행복개화(幸福開化)를 증진시키는 일단(一端)에 속하는 것들은 임기응변
으로 적절히 시행할 것.

하나, 판임관(判任官)의 거류(去留) 및 일시적인 고인(雇人)의 증감 등은 조처한 후 상신하
되, 현지의 시의(時宜)에 따를 것.

메이지 8년 2월
외무경 데라지마 무네노리(印)[2]

또한 조선 자주(自主)와 청한종속관계는 특히 중대하기 때문에, 조선 측에서 이 문제
를 제기할 경우 즉시 정부에 청훈하라는 훈령을 내렸다.

외무소승 모리야마 시게루

이번 조선국 파견과 관련해서, 저 나라에서 응접하는 동안 명심해야 할 조항들

---

1) 숙담(熟談): 서로 잘 숙의(熟議)해서 타협에 도달함

하나, 저 나라가 만약 스스로 독립(獨立)을 칭하면서 양국의 군주가 등대(等待)로 교통(交通)해야 한다는 뜻을 거론하면, 그 내용을 바로 상신하고 지령을 기다릴 것.

하나, 저 나라가 만약 스스로 청국의 번속(藩屬)으로 칭하면서 사물(事物)을 모두 청에 의뢰한다는 뜻을 주장한다면, 이 또한 그 내용을 상신하고 지령을 기다릴 것.

하나, 저 나라가 독립을 칭하면서 청속(淸屬) 운운하는 말을 거론하지 않고, 저 국왕과 우리 태정대신, 또는 우리 외무경과 예조판서를 적주(適主)[2]로 해서 구의(舊誼)를 강수(講修)하고 싶다는 뜻을 제안한다면, 그것을 수락한다는 취지로 답할 것.

메이지 8년 2월 2일
태정대신 산조 사네토미[3]

모리야마 이사관과 히로츠 부관 일행은 메이지 8년 2월 24일에 부산에 도착했다. 이튿날인 25일에 훈도 현석운과 별차 현제순이 문정을 위해 공관에 왔으므로 이사관과 부관은 그를 맞이했다. 이사관과 부관은 구진서(口陳書)를 제시하면서 이전 약속대로 외무경과 외무대승 서계를 가져왔다고 말하고, 또 동래부로 가서 부사에게 직접 전달하게 해줄 것을 요구했다. 훈도는 사전에 동래부사의 지휘를 받지 않으면 안 된다고 하면서 물러갔다. 그는 3월 2일에 다시 공관에 와서 동래부사 황세연(黃世淵)의 명에 따라, 이사관 영접 절목을 협의하는 데 조정의 지휘가 필요하기 때문에 부사와의 회견을 25일간 연기해줄 것을 간청했다. 모리야마 이사관도 동의했다.

성사(星槎)[3]가 멀리서 건너와 인호(隣好)의 우의를 깊이 입었습니다. 사절 선박이 와서 정박했으니, 서계의 문의(文意)와 영접 등의 일을 즉시 조정에 아뢰어 공손히 회교(回敎)를 기다리지 않을 수 없습니다. 대체로 왕복하는 사이에 날짜가 소비될 것이나, 마땅히 서계의 뜻을 살펴보기 전에 본부(本府) 사또의 교의(敎意)를 받들어야 할 것입니다. 저희들은 이미 지난 가을 이후로 공간(公幹)의 저의가 오직 선린돈호(善隣敦好)의 우의에서 나온 것임을 알았으니, 이제 존공(尊公)이 다시 도항해 온 날에 어찌 조금이나마 선력(宣力)[4]을 게을리할 수 있겠습니까? 우리 측에서 아직 처리하지 못한 일이 많으므로 25일간 기다리신다면 지난 가을에 전 사또가 답약

---

2) 적주(適主): 주인(主人). 적절한 주체
3) 성사(星槎): 사신이 타는 배를 비유한다. 성사(星槎)는 원래 은하수와 바다를 건너가는 뗏목이라는 뜻으로, 전설에 따르면 옛날에는 은하수와 바다가 연결되어 있었는데 한(漢)나라 때 어떤 사람이 바다에서 뗏목을 탔다가 은하수까지 이르러 견우와 직녀를 보았다는 고사에서 유래한 말이다.
4) 선력(宣力): 힘을 바침. 진력(盡力)

(答約)한 것 중 두 번째 건으로 기한 내에 주선할 것입니다. 양해하시길 바랍니다.

임해 정월 25일

훈도 현석운 (印)

별차 현제순 (印)

이사관 존공(尊公)

부관 존공(尊公)[4]

3월 3일, 별차 현제순이 공관에 와서[5] 외무경과 외무대승의 서계 등본을 청했으므로 모리야마 이사관은 서계의 일본문과 한역문의 등본, 그리고 소씨의 노인(路引)을 대신할 외무성 항해공증(航海公證)의 등본을 전달했다.

대일본국 외무경 데라지마 무네노리가 조선국 예조판서 합하께 글을 드립니다.

우리 메이지 원년에 황상(皇上)께서 등극하셔서 만기(萬機)를 친재(親裁)하시고 기강(紀綱)을 경장(更張)하시며 널리 외교를 허락하셨습니다. 그런데 본방(本邦)은 귀국과 인의(隣誼)가 오래되고 강토가 연접(連接)했으니, 이는 순치(脣齒)의 나라라, 반드시 다시 간관(懇款)을 돈독히 해서 함께 수녕(綏寧)을 생각해야 합니다. 이에 칙지를 받들어 서계를 작성해서, 특별히 이사관 모리야마 시게루와 부관 히로츠 히로노부를 파견해서 명백하게 본방(本邦) 성의의 소재를 고하니, 귀국은 이를 양찰하십시오. 일체를 사절의 구진(口陳)에 맡깁니다. 다 적지 못하고 보냅니다.

메이지 8년 1월 일

외무경 데라지마 무네노리

대일본국 외무대승 소 시게마사가 조선국 예조참판 합하께 글을 드립니다.

예전에 우리 황상(皇上)께서 친정(親政)하셔서 막부를 폐지하고 태정관을 복구했으며 봉건을 혁파해서 군현(郡縣)으로 만드셨습니다. 또 외무성을 설치해서 외교를 관장하게 하시고 세습 관직을 모두 없앴으니, 시게마사 또한 쓰시마노카미(對馬守)와 좌근위소장(左近衛少將)의 직임, 그리고 귀국과의 교제(交際), 장명(將命)의 직무에서 해임된 후, 다시 현관(現官)에 임명되었습니다. 이러한 일들을 이미 여러 차례 가인(家人)을 파견해서 통보했고, 외무성

---

5) 원문은 '왜관'에 왔다고 기술되어 있으나, 본서의 다른 대목에서 다보하시가 1872년 5월 일본 외무성이 왜관을 일방적으로 접수한 시점 이후로는 '공관'이라는 표현을 사용하고 있기 때문에 오기인 것으로 보고 수정했다.

에서도 관원 모(某) 등을 파견해서 동래, 부산 양 사또에게 고하여 본방(本邦)의 성의(誠意)를 알렸는데, 귀국은 준엄하게 거절해서 받아들이지 않았으며, 도리어 인의(隣誼)에 반하고 구호(舊好)를 저버린 지 이제 7년이 됩니다. 불녕(不佞)한 시계마사가 현관(現官)을 승핍(承乏)[6] 해서 밖으로 칙의(勅意)를 현양하지 못하고 안으로 사민(士民)의 격노를 일으켰으니, 참담하고 부끄러워 귀국을 위해 심히 개탄하고 또 괴이하게 여기는 바입니다. 이에 곧 위에 청해서 직접 도항(渡航)하여 반착(蟠錯)된 이유를 구명(究明)하고 선린의 도를 강구하고자 했습니다. 그런데 전에 외무성 관원 모리야마 시게루가 귀국 관변(官弁)과 회견했을 때, 귀국이 비로소 간휼(奸譎)한 무리들이 중간에서 옹폐(壅蔽)한 것을 조사해서 파악하고, 그들을 포박했다는 것을 알게 되었습니다. 이를 통해 종전의 질애(窒礙)가 갑자기 열리고 구래(舊來)의 간관(懇款)이 비로소 회복되었습니다. 시게루가 귀경해서 이러한 사유를 상주하자 조정에서 기뻐했고, 불녕한 저도 지난날의 준엄한 거절이 과연 귀국의 묘의(廟議)에서 나온 것이 아님을 믿게 되어서 저도 모르게 손뼉을 쳤습니다.

그런데 그 포박된 자들의 처형과 저법(抵法)[7] 여부는, 그 사안이 양국의 신의에 관계됩니다. 원한을 숨긴 채 겉으로만 서로 친한 척 하는 것은 고금에 부끄럽게 여기는 바입니다. 따라서 이를 여쭙는 것은 장차 양국의 교환(交驩)[8]의 터전을 만들기 위함이요, 감히 굳이 이 힐난하는 상서롭지 못한 말을 하려는 것이 아니니, 귀국은 어떻게 생각하십니까? 간휼(奸譎)한 무리를 출척(黜斥)하고 처벌하는 것은 귀국에 별도로 법전이 있을 것입니다. 만약 한때의 우의만을 도모하고자 인심에 마뜩치 않게 하는 것은 영원을 보장하는 길이 아니니, 귀국 또한 어찌 그것을 원하겠습니까? 부디 자세한 곡절을 알려주길 바랍니다.

이에 우리 외무경께서 예조판서에게 드리는 서계를 작성하고, 이사관 모리야마 시게루와 부관 히로츠 히로노부로 하여금 동래부로 가서 사또를 만나 그것을 전달하여 심교(尋交)를 상량(商量)하게 하셨으니, 귀국은 마땅히 정성껏 접대하고, 속히 전사(專使)를 파견해서 만세토록 변치 않는 맹약을 정해야 할 것입니다. 지극한 바람을 이기지 못하여 거듭 진술합니다. 귀국이 과거에 주조해서 보낸 도서(圖書) 세 과(顆)[9]를 함께 반납합니다. 조납(照納)하시길 바랍니다. 다 적지 못하고 보냅니다.

메이지 8년 1월 일

외무대승 소 시게마사[5]

---

6) 승핍(承乏): 비어있는 관직을 계승했다는 뜻으로, 자신의 임용을 겸손하게 칭하는 말이다.
7) 저법(抵法): 범법(犯法), 또는 법에 따라 사형됨
8) 교환(交驩): 함께 기뻐함. 우호를 맺음
9) 과(顆): 도장과 같이 작고 둥근 물건을 세는 단위

모리야마 이사관의 도착은 메이지 7년 9월 3일의 협정 제2조에 따른 것이었지만, 세세한 부분에서는 완전히 양해되지 않은 것이 적지 않았다. 우선 이사관 일행이 기선(汽船)에 탑승한 것으로, 훈도는 이를 협정에서 벗어난 중대 사건으로 보았다. 다음으로 서계 문제가 있었다. 외무경이 예조판서에게, 외무대승이 예조참판에게 서계를 보내는 것에는 동의했지만, 그 형식에 관해서는 아직 의견이 충분히 일치하지 않았다. 동래부사 황세연과 훈도 현석운은 서계 등본을 받아 보고는 그 원본이 일본문으로 작성된 것, 외무성 인장으로 검인한 것, 그리고 글 속에 '대일본(大日本)', '황상(皇上)'이라는 자구가 아직도 사용되고 있는 것 등을 중대시해서 2월 25일에 동래부사의 이름으로 정부에 장보(狀報)하고 지휘를 청했다.[6]

동래부사의 장보(狀報)에 따라 국왕은 메이지 8년 3월 12일(이태왕 을해년 2월 5일), 영중추부사 이유원, 좌의정 이최응, 우의정 김병국을 소견해서 이 문제를 논의했다. 좌의정은 이사관이 가져온 외무경과 외무대승의 서계가 메이지 7년 9월 3일 협정의 취지를 무시하고 일본문을 사용한 것, '대일본(大日本)', '황상(皇上)'의 자구가 쓰인 사실을 지적하고, 그것을 물리쳐서 다시 써 오라고 하지 않을 수 없다고 아뢰었다. 우의정도 같은 의견이었다. 그에 반해 국왕은 "왜정(倭情)에 특별히 의심할 만한 것이 없음을 환히 알 수 있다."고 하고, 다시 일본국 사원(使員)이 전년도의 협정에 따라 서계를 가져왔음에도 불구하고, "가져온 서계를 끝내 받아 보지 않는 것은 자못 성신(誠信)의 도(道)가 아니다. 또 저 왜(倭)가 그것을 받아 본 다음에 만약 따르기 어려운 것이 있으면 설령 백번을 물리치더라도 다시 받아서 돌아가겠다고 이미 약속했으니, 이번에는 다만 받아 보게 하고, 참으로 위격(違格)한 부분이 있으면 다시 물리치더라도 늦지 않을 것이다."라고 주의를 주었다. 또 기선(汽船)을 타고 온 것에 대해서는, 국왕은 우의정의 문책론을 물리치고, 청국도 기선의 신속함과 편리함을 높이 사서 그것을 이용하고 있으니 일본인이 탑승한 것은 문제가 되지 않는다고 교유(敎諭)했다.[7]

국왕이 이처럼 진보적인 의견을 갖고 이사관 영접의 거행과 외무경승(外務卿丞) 서계의 정납(呈納)을 주장했으므로 시원임대신(時原任大臣)들도 책퇴론(責退論)을 완화해서, 심의를 거쳐서 일본 이사관의 영접 방법을 결정한 후 윤재(允裁)[10]를 받아 동래부사에게 회훈(回訓)했다. 즉, '외무경과 외무대승의 서계는 구격(舊格)에 반할 뿐 아니라, 그것을

---

10) 윤재(允裁): 임금의 재가

훈도에게 전달하지 않고 직접 동래부사에게 전하겠다고 요망하는 것은 매우 부당하나, 최근 일한국교가 단절된 사정을 살펴서 특별히 발례(拔例)[11]의 규정을 베풀어, 동래부사에게 명하여 공관으로 나가 연향을 설행(設行)하고 서계를 받게 한다. 이사관이 한문의 부본(副本) 또는 원본을 한역(漢譯)해서 제출하면, 그것을 받아 보고 그 내용을 조목조목 상세히 검토한 후 참으로 구격(舊格)에 반하는 것이 있으면 이치에 근거해서 논란(論難)할 것이다. 이사관이 그에 동의해서, 개수(改修)해서 다시 와서 바친다면 즉시 정납(呈納)을 허락해서 일한국교 회복 방법을 강구한다.'는 것이었다.[8]

그러는 동안 동래부사 황세연은 3월 3일에 수령한 외무경과 외무대승의 서계 등본을 진달했다. 그런데 묘당에서 그것을 정밀하게 검사해보니, 2월 25일자 동래부사의 장보(狀報)에서 언급된 일본문(日本文)과 '대(大)'·'황(皇)' 등의 글자 문제 말고도 외무대승 소 시게마사의 명의로 '도서(圖書)를 환납(還納)하고 따로 신인(新印)을 사용하는 설'을 주장하고 있음을 알게 됐다. 이에 대해 묘당에서는 '도서의 조급(造給)은 양국이 바꿀 수 없는 규칙으로서 사전에 협의하지 않고 독단전행(獨斷專行)하는 것은 허락할 수 없으며, 노인(路引) 개정 또한 마찬가지'라는 견지에서 그것을 모두 거절하기로 결정했다. 그리고 3월 16일에 동래부사에게 회하(回下)해서 일본 사원(使員)을 좋은 말로 효유(曉諭)하게 했다.[9]

정부 방침이 일본 이사관의 접대를 허락하되, 다만 서계의 위격(違格)을 잘 타일러서 척퇴(斥退)하는 것으로 결정되어 이미 3월 12일과 16일에 동래부사에게 회하(回下)했음에도 불구하고, 훈도 현석운은 이러한 내용을 숨기고 초량 공관에 전하지 않았다. 그는 3월 22일에 공관에 와서 모리야마 이사관을 만나 서계 봉납과 동래부사 접견에 관한 설명을 위해 묘당에서 상경하라는 분부를 받았다고 말하고, 자신이 왕복하는 동안 회답 기일을 늦춰줄 것을 간청했다. 이사관은 훈도의 상경을 그의 직무상 막을 수는 없지만 자신도 훈도의 귀임을 기다리면서 하릴없이 시일을 소비할 수는 없으니, 직접 동래부에 들어가서 부사를 만나 그의 책임 있는 회답을 요구하겠다고 말했다. 이사관은 이날 훈도를 억류하고 동래부까지 동행할 것을 명했다.

메이지 8년 3월 24일, 이사관은 훈도 현석운을 앞세우고 공관에서 출발하려고 했다. 그러자 훈도는 행차를 멈출 것을 간청하면서 묘당에서 이사관 접대를 허락하라는 회하

---

11) 발례(拔例): 관례에서 벗어남

(回下)가 내려온 사실을 처음으로 고하고, 앞으로 6일 이내에 동래부사가 공관에 들어와서 이사관과 접견을 갖고 연향을 설행하게 하겠다고 약속했다.[10]

3월 27일, 훈도 현석운은 공관에서 모리야마 이사관을 만나 동래부사와의 접견을 다시 3일 연기해서 3월 30일로 해줄 것을 간청했다.[12] 이사관은 그 요청에 동의했다. 이미 묘당에서 이사관의 접견을 승인한 이상, 이사관은 그 사명(使命)의 반을 달성한 것이었다. 이사관은 외무오등서기생(外務五等書記生) 우라세 히로시에게 명하여 이사관·부관과 동래부사의 접견 절목을 협의하게 했다. 훈도는 당일 이사관이 양식 대례복(洋式大禮復)을 착용하고 연향 대청(大廳)의 정문을 통행하는 것을 위격(違格)으로 봐서 강경하게 반대했다. 우라세 서기생이 이사관의 명에 따라 반박했지만, 논의는 끝까지 결론을 보지 못했다.[11]

일본 이사관이 양식 대례복을 착용하고 연향 대청의 정문으로 통행하는 것은 매우 중대한 문제였으므로 훈도는 동래부사 황세연에게 이를 상신하고, 부사는 묘당에 보고했다. 3월 30일, 동래부사의 연향설행 당일에 훈도는 이사관에게 구진서(口陳書)를 보내서 서계의 일본문 사용, 도서(圖書) 환급, 노인(路引) 개정, 복색(服色) 변경 등을 성신(誠信)을 결여한 증거라고 비난하고, 자신은 묘당에 설명하기 위해 상경할 것이니 앞으로 왕복하는 열흘 동안 연향설행을 연기할 것을 요청했다. 그러고는 이사관의 승낙을 기다리지 않고 떠났다.

작년 가을 이래로 인의수호(隣誼修好)를 성심(誠心)으로 함께 이루었습니다. 성사(星槎)가 온 후 서계와 노인(路引)을 우리 조정에 보고했는데, 그 회하(回下)를 받으니, '멀리서 건너온 노고를 위로하기 위해 특별히 연향을 설행하라. 그러나 서계에 진문(眞文)과 언문(諺文)을 혼용해서 썼으니 이는 300년 동안 없었던 일이다. 또 격식에 옛 것을 위배한 것이 있어서, 도서(圖書)의 환송(還送)과 노인(路引)의 개식(改式)과 화륜선을 타고 온 것은 성신(誠信)의 뜻을 결여했으니, 이 말을 상세히 전하라.'는 지시가 있었습니다. 그러므로 연향을 즉시 설행하려고 했으나, 그 의례를 확정할 때 관중(館中)의 의향을 들으니 전일의 규칙이 없고 신식을 따르는 데 힘썼습니다. 또 관중(館中)에서 연향에 나올 때의 복색(服色)이 전일에 보았던 귀국 복

---

12) 원문에는 3월 31일로 되어 있다. 그런데 3월 27일에서 3일을 연기하면 3월 30일이 되어야 하니, '3일 연기'와 '3월 31일'이라는 날짜 둘 중에 하나는 잘못된 것이다. 『朝鮮交際始末』 제3권(日本外務省外交史料館 所藏)에는 현석운이 3월 27일에 왜관을 방문해서 3일의 말미를 요청한 것으로 기록되어 있다. 이에 따라 3월 31일이 잘못된 것으로 보고 3월 30일로 고쳤다.

색과 크게 다르고 타국의 의복과 같아서 매우 의아했습니다. 우리나라는 귀국에 대해 수백 년 동안 교호(交好)했습니다. 이 의관의 예도(禮度)가 각각 그 아름다움을 다했는데, 이제 귀 의복의 괴이함과 의절(儀節)의 변함이 이미 이와 같으니, 이 또한 조정에 품백(稟白)해서 다시 처분을 기다리지 않을 수 없습니다. 연향 일자는 저절로 조금 미뤄지겠지만, 전후 공간(公幹)의 사정 또한 상경해서 상세히 아뢰어 순편(順便)을 도모하지 않을 수 없습니다. 일이 시 급해서 왜관에 가서 작별할 겨를이 없으니 이제 곧 한밤에 길을 떠나려고 합니다. 이에 글을 보내서 말씀드리니 부디 직접 작별할 겨를이 없음을 탓하지 마십시오. 우선 저의 내왕을 기 다려서 양국의 돈호(敦好)를 도모한다면 어찌 아름다운 일이 아니겠습니까? 제가 천 리 여행 길을 떠남에 그 노고를 마다하지 않으니 저의 심회(心會)를 아마도 환히 아실 것입니다.[13] 제 가 왕래하는 데 열흘이 넘지 않을 것이니, 그 사이에 안심자호(安心自護)하셔서 서로 순편(順便)함을 기약하길 기원합니다. 멀리서나마 모두 양찰하실 것으로 생각합니다. 다 적지 못하 고 보냅니다.

을해 2월 24일
훈도 현석운
이사관 존공(尊公)
부관 존공(尊公)[12]

훈도의 구진서(口陳書)를 받아본 모리야마 이사관은 당일로 반박서를 작성해서 동래 부사 이하 관계 관원들에게 전달하게 했다.

어제 훈도가 글을 보내서 상경을 통보하리라고 어찌 생각이나 했겠습니까? 글에서 말하길, "서계에 진문(眞文)과 언문(諺文)을 혼용해서 썼다."고 하고, "도서(圖書)의 환송(還送)과 노 인(路引)의 개식(改式)과 화선(火船)을 타고 온 것이 성신(誠信)의 뜻을 결여했다."고 했는데 이것이 무슨 말인지 모르겠습니다. 거짓이 없는 것[無僞]을 성(誠)이라 하고, 차이나지 않는 것[不爽]을 신(信)이라 합니다. 이제 열거하며 지적한 것들이 모두 작년 가을에 임관(任官)에 게○훈도 설명한 것으로, 조금의 거짓과 차이가 없는 것들이니 성신(誠信)이 아니고 무엇이겠 습니까? 또 말하길, "귀국의 복색(服色)이 타국의 의복과 같으니 조정에 품백(稟白)해서 다시

---

13) 아마도 환히 아실 것입니다: 원문은 '庶可犀照而詳揣'으로 되어 있는데 서조(犀照)는 무소뿔을 태워서 비춰 본다는 말로 사물을 통찰함을 비유한다. 중국 진(晉)나라의 온교(溫嶠)라는 자가 우저(牛渚)라는 곳이 수심이 깊어서 그 아래 괴물이 많다는 소문을 듣고, 무소뿔을 태워서 불을 비춰보니 물속의 기괴한 것들이 환히 보였 다는 고사에서 유래한 말이다.

처분을 기다리지 않을 수 없다."고 했습니다. 무릇 제도문물(制度文物)은 비록 나라에 일정한 제도가 있더라도 때에 따라 적의(適宜)하게 제정하는 것이니, 고금왕래(古今往來)에 어찌 상법(常法)이 있겠습니까? 그리고 품백(稟白)을 담당하는 자가 접견하는 날에 대뜸 그 의복과 외모가 타국과 같고 다름을 따지는 것이 어찌 이른바 '성신으로 교제하는 것'이겠습니까? 우리나라가 중시하는 바는 구의(舊誼)를 다시 펴고 신맹(新盟)을 강구하는 데 있습니다. 그런데 금일까지 천연(遷延)한 데다가 또 이러한 말까지 하고 있으니, 귀국의 저의가 어디 있는지 모르겠습니다. 대체로 교제지도(交際之道)에는 따로 공도(公道)가 있습니다. 그것을 따르면 함께 평안함을 얻을 것이요, 거스르면 따라서 그 폐해를 입을 것이니 어찌 소홀히 할 수 있겠습니까? 이러한 뜻을 예전에 글을 갖추어 훈도에게 보냈으니, 귀국의 장명(將命)을 맡은 각 관리들이 이미 알고 있을 것입니다.○상략, 하략13

동래부사의 장보(狀報)를 받은 묘당에서는 이사관의 대례복 착용, 연향 대청의 정문 출입을 망설(妄說)로 봐서 물리치고 구식(舊式)에 따라 연향을 설행하기로 결정했다. 그리고 이러한 방침으로 4월 9일에 동래부사에게 엄칙(嚴飭)해서 행회(行會)14)했다.

"별도의 연향을 특설(特設)한 것은 회수(懷綏)15)의 지극한 뜻에서 나왔는데, 300년 구규(舊規)를 버리고 망설(妄說) 네다섯 건으로 새 관례를 창시하려고 하니, 일이 놀랍고 한탄스럽기가 이보다 심한 것이 없습니다. 조가(朝家)에서 처분을 내리기에 앞서 저들에게 무슨 실수한 일이 있기에 이제 도리어 조약을 변환(變幻)하고 의상을 환착(換着)해서 고의로 버티려는 것입니까? 그 뜻을 참으로 알 수 없습니다.○중략 연향 등의 제반사(諸般事)를 구식(舊式)으로 거행하라는 뜻으로 부디 엄칙(嚴飭)해서 행회(行會)하시옵소서."라고 아뢰자 윤허하셨다.

이와 동시에 훈도 현석운, 별차 현제순이 그 직무를 수행하는 과정에서 사체(事體)에 어긋났다는 죄로 대죄거행(戴罪擧行)하게 하고, 동래부사 황세연도 변정(邊情) 해만(懈慢)16)을 이유로 중추(重推)의 형전(刑典)을 내렸다.14

훈도 현석운은 메이지 8년 5월 5일에 경성에서 돌아와서 우라세 오등서기생을 만나 묘당의 방침을 내보(內報)했다. 그런데 5월 9일에 동래부사의 명에 따라 이사관의 대례

---

14) 행회(行會): 지방 관아의 수장이 조정의 지시를 부하들에게 전파하고 구체적 실행 방법을 의정하기 위한 모임을 가리키기도 하지만 여기서는 공문을 보내서 알린다는 뜻으로 쓰였다.
15) 회수(懷綏): 편안히 해줘서 따르게 함
16) 해만(懈慢): 게으르고 산만함

복 착용, 연향 대청의 정문 출입 등은 모두 전례가 없다는 이유로 승인하지 않고, 오직 구례(舊例)에 따라 연향을 설행할 것이라고 통고했다.

사또의 교의(教意)에, "상접(相接)할 때의 의절(儀節) 가운데 객사(客使)의 의복 변경, 정문 출입, 본관(本官)의 영접, 좌석이 서로 가까운 것, 속관(屬官)이 교의(交椅)[17]에 앉는 것은 모두 전례가 없으니, 오직 구례(舊例)에만 의거해서 시행해야 할 것이다."라고 했습니다. 그러므로 이에 글로 진술하니 굽어 살피십시오.

을해 4월 초닷샛날

훈도 현석운

이사관 존공(尊公)[15]

모리야마 이사관은 즉시 훈도의 주장을 반박하고, 또 그것을 구진서(口陳書)로 작성해서 동래부사에게 전달해서 보게 했다.

하나, 사또가 "상접의절(相接儀節) 가운데 객사(客使)의 의복 변개(變改)는 전례가 없다."고 운운한 것은, 무릇 제도문물(制度文物)은 시대에 따라 적의(適宜)하게 제정하는 것입니다. 오늘 사용해도 내일 폐지할 수 있는 것이니, 이는 오직 주인 된 자의 권(權)일 뿐입니다. 전장(典章)의 소재에 관해 어찌 타국의 비평을 용납하겠습니까? 논의가 만약 여기에 이른다면 간예(干預)와 침월(侵越)함이 막심할 것입니다. 교제는 예경(禮敬)에서 이뤄집니다. 우리나라가 이 의복을 입지 않는다면 예경(禮敬)을 이룰 방법이 없으니, 귀국이 어찌 이를 취하겠습니까?

하나, 정문 출입 운운한 것은, 본관은 대일본국의 파원(派員)이니 옛날 쓰시마 주수(對馬州守)의 배신(陪臣)에 비견할 바가 아닙니다. 주수(州守)의 서계도 정문으로 출입했습니다. 주수(州守)가 현재 외무대승(外務大丞)에 임용되었으니, 대승이 직접 온다면 장차 어떤 문으로 출입하겠습니까? 본관은 소승(少丞)이니, 그 직무와 관장하는 바에 무슨 차이가 있겠습니까? 참으로 그 예우(禮遇)를 높여야 하니, 예우를 높이는 것은 비단 사원(使員)을 숭경(崇敬)하는 것이 아니라 바로 우방(友邦)을 숭경하는 것이요, 우방을 숭경하는 것은 자국을 숭경하는 것입니다.

하나, 앞의 두 항목은 우리나라 명분에 관계되는 바요, 본관(本官) 일신의 영욕에 그치는 것

---

17) 교의(交椅): 등받이와 팔걸이가 있는 옛날 의자

이 아닙니다. 그러므로 결단코 들어줄 수 없는 것입니다. 글에서 "구례(舊例)에 의거한다." 운운한 것은, 무슨 예(例)를 원용해서 말씀하는 것입니까? 귀국이 처음 정하는 것입니까, 아니면 쓰시마 주수가 지켰던 구례(舊例)인 것입니까? 강령이 아직 세워지지도 않았는데 무슨 예(例)가 있단 말입니까? 저 부사의 영접과 좌석이 서로 가까움과 속관(屬官)이 교의(交椅)에 앉는 것으로 말하자면, 그것들은 작은 절목일 뿐이니 강변할 필요가 없습니다. 다만 좌석이 지나치게 멀고 영접이 지나치게 간솔하면 정의(情誼)가 화합하지 못하니, 마땅히 접주(接主)[18]가 주의해야 할 바입니다.

이상 서술한 바는, 말은 비록 간이(簡易)하나 일은 가볍지 않습니다. 그러므로 동래부사는 구진서를 신속히 보내서 명확히 답변하십시오.

메이지 8년 5월

대일본국 이사관 모리야마 시게루[16]

---

18) 접주(接主): 접대하는 주인

【원주】

1 『西南記傳』上卷二 301～304쪽.

2 『朝鮮交際始末』卷三.

3 『朝鮮交際始末』卷三.

4 『朝鮮交際始末』卷三.

5 『朝鮮交際始末』卷三.

6 『朝鮮交際始末』卷三;『龍虎閒錄』卷二― 乙亥 日本書契.

7 『日省錄』李太王乙亥年二月五日.

8 『日省錄』李太王乙亥年二月五日.

의정부에서 아뢰었다.

"지난 가을 부산 훈도가 보고한 바, 몇 년 전 가져온 서계를 개수(改修)해 오는 것을 허락하고 만약 따르기 어려운 말이 있으면 다시 척퇴한다는 일로 이미 품복(稟覆)해서 행회(行會)했습니다. 방금 훈도 등의 수본(手本)을 보고, 동래부의 장계에 근거해 보건대, 저 왜인이 말한 바의 개수(改修) 서계에서 비록 약간의 글자를 삭제하더라도 끝내 편치 않은 것들이 있습니다. 또 원본에서 진문(眞文)과 언문(諺文)이 섞인 것은 300년 동안 없었던 일이요, 우선 임역(任譯)에게 보이길 원치 않고 곧장 동래부사와 직접 만나서 면의(面議)하겠다는 말은 비단 약조에서 벗어났을 뿐만이 아닙니다. 매우 타당하지 않으니 훗날의 폐단을 염려할 만합니다. 이는 엄하게 막아야 할 것이나, 다만 몇 년 동안 서로 단절된 끝에 저들이 이미 이 간사(幹事)를 위해서 멀리서 수고롭게 바다를 건너와 인의(隣誼)를 닦고자 했으니, 우리의 성신의 도리에 있어서도 응당 발례(拔例)의 조처를 베풀어야 할 것입니다. 부사로 하여금 관소(館所)로 가서 특별히 연향을 베풀어서 조가(朝家)에서 위휼(慰恤)하는 후의(厚誼)를 보이고, 그 이른바 부본(副本) 서계는 진서(眞書)로 번역했다고 하니 그 자리에서 받아 보아 참으로 위격(違格)된 부분이 있으면 조목조목 상세히 검토해서 이치에 따라 물리치며, 만약 전부 개수(改修)해 와서 바친다고 한다면 즉시 허납(許納)해서 구호(舊好)를 다시 강구할 것을 관왜(館倭)에게 반복해서 효유한 다음에 형편을 속히 아뢰라는 뜻을 삼현령(三懸鈴)으로 지위(知委) 하시옵소서."

9 『日省錄』李太王乙亥年二月九日.

10 『朝鮮交際始末』卷三.

11 『朝鮮交際始末』卷三.

12 『朝鮮交際始末』卷三.

13 『朝鮮交際始末』卷三.

14 『日省錄』李太王乙亥年三月四日.

15 『朝鮮交際始末』卷三.

16 『朝鮮交際始末』卷三.

일한교섭의 재정돈(續)

메이지 8년 3월 31일, 훈도 현석운이 구진서(口陳書)를 보내서 연향설행(宴享設行)과 관련한 위격(違格)을 비난하고 상경하자, 이사관 모리야마 외무소승은 지난 몇 년간의 경험을 통해 일한교섭이 다시 중대한 위기에 직면했음을 직감하고 그 타개책을 연구했다. 그 결과, 현재 조선의 국내 정세 불안을 틈타서 조선 근해에 군함을 파견하여 저들을 위협하는 것이 가장 유효한 수단이라고 판단하고, 곧바로 메이지 8년 4월 15일에 부관 히로츠 히로노부와 외무삼등서기생(外務三等書記生) 오쿠 요시타다로 하여금 상경해서 청훈하게 했다.

모리야마 이사관과 히로츠 부관 등의 주장은 변형된 정한론이라고 할 만한 것으로, 4개월 후 강화도 사건[1]의 발발을 시사한다는 점에서 주의를 요한다. 외무당국도 그 필요성을 인정했지만, 우선 4월 29일에 모리야마 이사관에게 추가훈령을 부여해서 외교적 수단으로 당초 목적을 달성할 것을 명했다.

> 하나, 저들이 동래부에 들어가는 것을 연기할 것을 청하고, 정리(情理)에 어긋나지 않는 이유가 있다면, 연기(年期)를 약속해서 늦추는 것은 그 시의(時宜)에 따를 것.
>
> 하나, 지금 바로 저들이 오랜 교의(交誼)를 다시 펴고 새로운 교의(交誼)를 강구할 수 있는 권한을 가진 사절을 보내기 어렵다면, 우선 우리의 일신(一新)을 축하하는 등의 사절이라도 일단 보내도록 유도하고, 만약 이것도 삽체(澁滯)할 때는 우리가 다시 저들의 경성에 사절을 파출(派出)하겠다는 뜻으로 담판할 것.
>
> 이상은 2월의 지령에 추가로 지령함.

메이지 8년 4월 29일
외무경 데라지마 무네노리[1]

---

1) 강화도 사건: 운요호 사건을 말한다. 본서 제8장 22절 참조

히로츠 부관과 오쿠 삼등서기생은 5월 12일에 부산으로 복귀해서 외무경의 추가훈령을 모리야마 이사관에게 전달했다.

히로츠 부관 등이 상경한 후, 모리야마 이사관은 훈도를 통해 계속해서 연향설행을 협의했지만 쉽게 타협점에 도달할 가망이 없었다. 이러한 상황에서 히로츠 부관이 가져온 외무경의 추가훈령을 통해 강압 수단에 기대지 말고 평화적 해결을 기도(期圖)하라는 명을 받은 것이다.[2]

당시 동래부사 황세연과 훈도 현석운은 이사관의 연향 절목이 위격(違格)이라는 이유로 모리야마 이사관과 대립했고, 한때 정부에서 견책을 받기도 했다. 그러나 정부는 일한국교의 단절을 피하는 것을 근본 방침으로 삼아서, 외무경승 서계의 위식(違式)에도 불구하고 연향을 설행하고 서계를 수리하라는 명을 내렸다. 단, 연향을 설행하는 과정에서 구격(舊格)을 엄수할 것을 동래부사에게 엄명했다.[3]

동래부사 황세연은 정부 방침에 따라 이사관을 좋은 말로 효유(曉諭)해서 대례복(大禮服) 착용과 연향 대청(大廳) 정문 출입의 두 가지 조건을 자발적으로 철회하게 한 다음에 연향을 설행하려고 했다. 그는 5월 9일에 이사관 구진서(口陳書)를 수리한 후, 5월 15일에 훈도 현석운에게 명하여 모리야마 이사관을 방문해서 양식 대례복과 정문 출입의 두 건에 관해 간담하게 했다. 동래부사의 설명에 따르면, '이번의 두 건에 관해 전에 이사관 구진서(口陳書)에 기재된 바는 물론 도리가 아니라고는 할 수 없다. 하지만 이번 연향은 이사관 이하가 멀리 해로(海路)를 왕래한 노고를 위로하고, 또 최근 10년간 양국 국교가 단절된 끝에 특별히 위로를 보이는 의미를 포함하고 있음을 양해해서, 의주(儀註)[2]의 세목(細目)은 우선 거론하지 말고 이번만큼은 뜻을 굽혀서 구식(舊式)에 따라 연향을 순히 치렀으면 한다. 의주(儀註)의 신례(新例)는 작은 일이기는 하지만, 정부의 품재(稟裁)를 청해야만 하기 때문에 그 왕복하는 데 시간만 허비할 뿐'이라는 것이었다. 이사관은 동래부사의 말을 앞으로 두세 번 더 연기하면서 약속을 저버리고 시일을 천연(遷延)하려는 계책으로 보고 훈도를 공관에 억류했으나, 이튿날인 16일에 동래부사의 명령을 필기하게 한 다음에 그의 출관(出館)을 허락했다.

동래 사또의 교의(敎意)가 다음과 같았습니다.

---

2) 의주(儀註): 의례의 절차, 또는 그것을 기록한 책

방금 일전에 보고한 것을 보니 일에 옳지 않은 것이 있다. 이제 부견(膚見)[3]으로 다음과 같이 조목별로 분변하니, 이러한 뜻을 다시 관중(館中)에 상세히 말해서 성신(誠信)이 상부(相孚)[4]하고 정의(情誼)가 단절되지 않도록 힘쓰라.

객사(客使) 예복은 시대에 따라서 그 적의(適宜)함을 제정하고, 전장(典章)과 권경(權經)[5]에 각기 주인 되는 바가 있다는 것은 참으로 객사(客使)의 말 대로니, 우리나라가 어찌 침월(侵越)해서 간예(干預)하고자 하겠는가? 다만 300년간 상접(相接)한 상황에서 의복 제도가 갑자기 달라졌으니, 우리가 놀라서 괴이하게 여기고 의문을 품는 것은 인정(人情)이 모두 그러한 바인데, 하물며 의복 제도가 우리가 배척하는 바와 유사한 경우에 있어서겠는가? 설령 객사(客使)의 의복이 다른 나라와 같더라도 우리가 어찌 반드시 이 때문에 물리치겠는가? 다만 그것이 우리가 배척하는 바에 가깝다. 그렇기 때문에 그 의복 제도를 물리치는 것이지, 객사(客使)에게 의심을 갖는 것이 아니다. 옛날 성왕(聖王)의 예복은 따로 상의하상(上衣下裳)의 제도가 있어서 전장(典章)이 밝고 또 밝다. 객사(客使)가 진실로 제도를 바꾸고자 한다면, 어찌 여기서 취하지 않고 저기서 취하는 것인가?[6] 옛날의 의복은, 이전 300년 동안 또한 이 옷으로 예경(禮敬)을 완성했으니, 어찌 예전에는 가(可)하고 지금은 불가(不可)한 차이가 있겠는가? 금일의 연향은 조정에서 객사가 멀리서 바다를 건너온 것을 진념(軫念)하시고, 근 10년간 여러 차례 돌려보내고 구류해서 국교가 단절된 끝에 특별히 위로하고 우호를 펴는 성의를 보이려는 것이다. 이 날이 어찌 제도를 새롭게 고칠 때이겠는가?

객사의 정문 출입은, 객사의 말이 옳지 않은 것은 아니나, 금일 구식(舊式)을 따르려고 애쓰는 것은 객사를 공경하지 않아서 그런 것이 아니다. 비록 의절(儀節)이 작은 일이기는 하지만, 일이 창신(創新)에 관계되니 그렇다면 조정에 아뢰지 않을 수 없다. 우리의 도리에 있어서는 오직 조령(朝令)을 봉행(奉行)할 뿐이다. 그런데 지난번에 아뢴 것도 아직 허시(許施)를 받지 못하고, 단지 구식(舊式)에 따라 거행하라는 뜻으로 거듭 신칙(申飭)을 받았을 뿐이거늘, 객사는 어찌 유독 주인의 말을 따라 연례(宴禮)를 순히 이루지 못하는 것인가?

이제 객사가 이 두 조목을 갖고 명분과 영욕의 기관(機關)이라고 여기는 것은 참으로 이해할 수가 없다. 가령 우리나라가 다시 약조를 정한 다음에 정식(定式)을 따르지 않고 반드시 굴복시키려고 한다면 과연 명분과 영욕에 관계되니, 사신이 사수(死守)해서 바꾸지 않는 것

---

3) 부견(膚見): 얕은 식견이라는 뜻으로 자기의 견해를 낮추어 표현하는 말
4) 상부(相孚): 성실과 신의로 서로 믿음
5) 권경(權經): 권(權)은 어떤 구체적 상황 속에서 사세(事勢)를 저울질하여 취하는 임시방편을 뜻하며, 경(經)은 사람이 항상 지켜야 하는 상도(常道), 의리(義理)를 뜻한다.
6) 여기서 취하지 않고 저기서 취하는 것인가?: '여기'는 성왕의 의복 제도를 가리키고, '저기'는 배척하는 바, 즉 서양의 의복 제도를 가리킨다.

또한 예(禮)의 당연한 바다. 하지만 아직 약조를 정하기 전에 주인의 뜻을 양해하지 않고 대번에 명분과 영욕으로써 단안(斷案)을 내리는 것은, 나는 감히 받아들일 수 없고 지나치다고 여기는데, 너는 어찌 명확히 분변해서 거듭 말하지 않는 것인가?

본부(本府) 영접과 좌석이 서로 가까움과 속관(屬官)이 교의(交椅)에 앉는 것은 객사가 분변하지를 않으니, 이제 또한 다시 조목별로 분변하지 않겠다. 주객이 상접(相接)할 때 정의(情誼)의 화합 여부는 오직 성신(誠信)이 미쁜가 그렇지 않은가에 달렸을 뿐이니, 어찌 영접의 간이(簡易)함 여부에 있겠는가? 사신의 일이 차례대로 순히 이뤄져서 주객이 상부(相孚)한다면 어찌 양국의 큰 다행이 아니며 주객의 아름다운 일이 아니겠는가? 내 뜻이 이러하니 반드시 말을 잘 해서 연향이 순히 이뤄질 수 있게 하라.

이상은 사또께서 받으신 조정의 명의(命意)입니다. 사또께서 글로 알리시지 않은 것은 서계가 아직 결말이 나지 않았고, 또 서신 왕래에 관해 아직 허가를 받지 못했기 때문입니다. 이에 저로 하여금 이러한 뜻을 두 공께 전달하게 하셨으니 살펴보시길 바랍니다.

을해 4월 12일
훈도 현석운 (印)
이사관 존공(尊公)
부관 존공(尊公)[4]

동래부사와 훈도의 태도가 이처럼 타협적인 이상, 모리야마 이사관과 히로츠 부관도 그것에 순응해서 어느 정도 양보를 해서 속히 연향을 설행하게 한 다음에 동래부사와 회견을 갖고 보다 곤란한 외무경과 외무대승 서계의 전달 문제를 다뤄야 했을 것이다. 그 편이 메이지 8년 4월 29일의 외무경 추가훈령의 정신에도 부합하는 것이었으리라. 그런데 모리야마 이사관 등은 그렇게 타협하고픈 기분이 추호도 없어서, 5월 17일에 훈도를 불러 구진서(口陳書)를 전달하면서 조선 정부가 외국의 순수한 내정 문제에 속하는 사항까지 간여해서 의론하는 것을 통렬히 공격하고, 아울러 이것이 일국의 영욕에 관계되는 바임을 격렬한 말로 주장했다.

본관 등이 약속대로 바다를 건너온 지 어느덧 4개월이 지났는데, 아직 한 번도 귀국의 정성스러운 대접을 받지 못했습니다. 예전에 훈도가 갑자기 상경한 것은 더욱 반복무신(反覆無信)[7]한 일에 속하는데, 그 글에 "귀 의복의 변함과 의절(儀節)의 기이함을 조정에 품백(稟白)

---

7) 반복무신(反覆無信): 계속 번복해서 신의가 없음

해서 다시 처분을 기다려야 한다."고 하고, "우선 내가 왕래하는 것을 기다려서 양국의 돈호(敦好)를 도모한다면 어찌 아름다운 일이 아니겠는가?"라 하고, "그 사이에 안심자호(安心自護)해서 서로 순편(順便)을 기약하길 기원한다." 등의 말이 있었습니다. 그러므로 억지로 양해하면서 기다린 것입니다. 그런데 그가 돌아와 보고하는 것을 보니 섬롱변환(閃弄變幻)[8]해서 전 약속의 향배(向背)에 관해서는 한 마디도 언급하지를 않으니, 기약한 바는 무슨 일이며, 아름다운 일은 어디에 있습니까? 게다가 또 조정의 명의(命意)와 부사가 대신 맡긴 글로 복제(服制) 등의 일을 논했는데 그 말이 매우 침월(侵越)했습니다. 본관(本官)이 진실과 정성을 바치기를 지극히 하지 않은 것이 아닌데, 이처럼 사단을 키우고 있으니 그 잘못이 누구에게 있습니까? 요컨대 양국 교호(交好)의 성패 여부가 이 1장의 문서에 달려 있습니다. 그러므로 조목별로 분변해서 조선국의 교제사무에 종사하는 각 관리 앞에 진술하는 것입니다. 이처럼 말을 다하는 것은 만부득이한 일이니, 부디 속히 명확한 답변을 주시길 바랍니다.

- '의복 제도가 갑자기 달라졌' 운운한 것.

　　의복 제도를 개혁한 것은, 지난 가을에 이미 훈도에게 복제 도식(服制圖式)을 보여주었습니다. 이제 몇 달이나 지났으니, 어찌 훈도가 부사에게 진술하고 부사가 정부에 아뢸 시간이 없었겠습니까? 그런데 이제 객(客)이 문전에 오고 한 달이 지나고 나서야 '의복 제도가 갑자기 달라졌'고 하니, 우리의 경괴(驚怪) 또한 막심합니다.

- '그 의복 제도를 물리치는 것이지, 객사(客使)에게 의심을 갖는 것이 아니다' 운운한 것.

　　우리의 대소 예복은 상고(上古)의 제도를 모방하되, 시세에 따라 적의(適宜)함을 참작한 것입니다. 전장(典章)이 밝고 또 밝으니 천하만국 가운데 누군들 감히 참견하겠습니까? 금일 '그 의복 제도를 물리치는 것이지, 객사에게 의심을 갖는 것이 아니다'라고 하지만, 이미 우리 의복을 물리쳤다면 우리나라를 물리친 것입니다. 그럼에도 교묘한 말로 '객사에게 의심을 갖는 것이 아니다'라고 한다면, 이는 물리치지 않는다는 말로써 물리치는 것입니다. 물리쳤다는 명(名)은 피하고 물리친 실(實)은 차지하는 것이니, 이 무슨 조롱이며, 이무슨 무례입니까?

- '옛날 성왕(聖王)의 예복은 따로 상의하상(上衣下裳)의 제도가 있다' 운운한 것과 '진실로 제도를 바꾸고자 한다면, 어찌 여기서 취하지 않고 저기서 취하는 것인가?' 운운한 것.

　　'성(聖)'이란 그 덕을 돕는 것이요[贊其德], '왕(王)'이란 군국(君國)의 칭호니, 천하고금에 어떤 나라인들 성왕(聖王)이 없겠습니까? 우리가 봉대(奉戴)하는 성왕은 다름이 아니

8) 섬롱변환(閃弄變幻): 섬롱(閃弄)은 남을 속이고 희롱한다는 뜻이고, 변환(變幻)은 종잡을 수 없이 변화한다는 뜻이다.

라, 바로 만세일계(萬世一系)의 천황이 그분입니다. 이제 칭한 바 '성왕(聖王)'이라는 것은 어떤 사람을 가리켜서 하는 말입니까? 요(堯)는 어떤 사람이며, 순(舜)은 어떤 사람이며, 우(禹)·탕(湯)·문(文)·무(武)는 또 어떤 사람입니까? 이른바 일에 따라 예를 제정한다는 것[因事制禮]이 이로움과 편리함에 달려 있음은 고금에 입장을 바꿔 봐도 모두 그러하니, 어찌 타인의 의론을 용납하겠습니까? 또 '상의하상(上衣下裳)' 운운하는 것은 마치 우리 복제를 의상(衣裳)의 제도가 없는 것처럼 보는 듯합니다. 또 '진실로 제도를 바꾸고자 한다면, 어찌 여기서 취하지 않고 저기서 취하는 것인가?'라고 하니, 이 무슨 침월(侵越)과 간예(干預)입니까?

- '어찌 예전에는 가(可)하고 지금은 불가(不可)한 차이가 있겠는가?' 운운한 것.

    300년 전과 금일 모두 가(可)해서 어느 하나 불가(不可)한 것이 없더라도, 그 폐기할 만한 것은 폐기하고 쓸 만한 것은 쓰는 법입니다. 폐기하고 또 쓰는 것은 주권(主權)에 달린 바니, 어떤 것을 행하지 않는 이유는 지혜로운 자를 기다리지 않아도 알 수 있는 것입니다.

- '이 날이 어찌 제도를 새롭게 고칠 때이겠는가?' 운운한 것.

    상접의절(相接儀節)은 양국의 실정을 조화하고 영원한 우호를 펴는 것입니다. 진실로 그 성의(誠意)에 답하고자 한다면 의복(儀服)을 엄연(儼然)하게 하는 것은 진실로 당연한 바이니, 어찌 이러한 날 제도를 새롭게 고칠 리가 있겠습니까? 실로 골돌(鶻突)[9]해서 이해할 수 없는 말입니다.

- '구식(舊式)을 따르려고 애쓰는 것이요, 객사(客使)를 공경하지 않아서 그런 것이 아니다.' 운운한 것.

    지난 가을에 귀국은 처음으로 아방(我邦)이 백도(百度)를 유신(維新)해서 구식(舊式)을 따를 수 없는 이유를 살피고, 번연(飜然)히 생각을 고쳐서 심교(尋交)의 단서를 열었습니다. 그렇다면 '예(例)'니 '식(式)'이니 하는 것은 과연 무엇을 가리켜서 하는 말입니까? 구식(舊式)을 잠시도 행할 수가 없거늘, 강요해서는 안 되는 것을 강요해서 우리로 하여금 그것을 따르게 하려고 애쓰고 있으니, 이것이 불경이 아니면 무엇입니까?

- '아직 허시(許施)를 받지 못하고, 단지 구식(舊式)에 따라 거행하라는 뜻으로 거듭 신칙(申飭)을 받았다.' 운운한 것.

    국의(國議)가 이미 이와 같다면 어찌 반복해서 누누이 진술할 필요가 있겠습니까? 접대할 것인지 아니면 접대하지 않을 것인지, 단지 한 마디 말씀을 청할 뿐입니다.

- '명분과 영욕의 기관(機關)이라고 여기는 것은 참으로 이해할 수가 없다.' 운운한 것

---

9) 골돌(鶻突): 모호함. 의혹이 해소되지 않는 모양

이것이 전장(典章)에 관계된 바라서 타인의 의론을 용납하지 않는다는 것은 이미 앞에서 상세히 논했습니다. 만약 타인의 의론을 용납한다면 나라가 무엇으로 독립(獨立)하겠습니까? 그런데 귀국은 조약이 아직 정해지지 않은 것을 구실로 삼아서 명분과 영욕의 단안(斷案)을 내리게 유도하면서도, 번번이 '참으로 이해할 수 없다', '감히 받을 수 없다', '지나치다고 여긴다'라고 합니다. 모멸함이 또한 심하니, 어찌 묵묵히 있을 수 있겠습니까? 다만 본관이 심교(尋交)와 장명(將命)의 직분을 맡고 있기 때문에 지금 강론(强論)하지 않는 것이니, 이는 훗날로 미루겠습니다.

• '주객(主客) 상부(相孚)' 운운한 것

영접의 말절(末節)을 척척(刺刺)[10]할 필요는 없습니다. 그 '주객 상부' 등의 말에 이르러서는 양국의 실정에 조금도 배치되는 것이 없습니다. 그 말은 비록 아름답지만 그 일은 상반되니, 설령 천만 마디 말을 소비하더라도 그 순성(順成)을 보지 못할 것입니다. 양국의 큰 행복과 주객의 아름다운 일이란 것을 과연 언제나 기약할 수 있겠습니까?

메이지 8년 5월 17일

대일본국

이사관 모리야마 시게루 (印)

부관 히로츠 히로노부 (印)[5]

이 구진서(口陳書)는 모리야마 이사관과 히로츠 부관의 결의를 나타내는 것으로 최후 통첩의 의미를 담고 있었다. 다음 날인 5월 18일에 훈도는 동래부사의 명에 따라 이사관에게 구진서를 보내서, 5월 17일의 구진서는 부당할 뿐더러 국체를 훼손하는 면이 있음을 힐난하고, 또 이 건은 양국에 관계된 중대 사안이기 때문에 훈도가 독자적으로 결단할 수 없어서 다시 정부에 상품(上稟)해서 처분을 기다려야 하니 날짜를 오래 허비하더라도 어쩔 수 없다는 말을 전했다. 그리고 "보내신 서의(書意)가 우리 입장에서 편안히 받을 수 없는 것이 있습니다. 그러므로 원본은 이제 봉환(封還)하고, 그 밖에 들어오는 서의(書意) 가운데 수령할 수 없는 것 또한 환척(還斥)할 것입니다."라고 하면서 이사관에게 구진서를 반환했다. 이사관은 5월 19일에 우라세 오등서기생에게 명해서 훈도의 구진서에 반박을 가하고, 정부에 상품(上稟)할 필요가 있다면 그 회보(回報)를 신속히 해줄 것을 희망했다. 또 이사관의 구진서 봉환(封還)을 이유 없다고 보고 당일로 다시 송

---

10) 척척(刺刺): 말이 많은 모양

치했다.[6]

5월 21일, 훈도는 우라세 오등서기생에게 서간을 보내서, 정부의 회하(回下)를 기다렸다가 다시 의논해야 하지만 자신이 전열(譾劣)[11]을 이유로 동래부사로부터 대감(待勘)의 명을 받았기 때문에 그동안 공간(公幹) 왕복이 허락되지 않는다고 통고해 왔다.

보내신 만폭(滿幅)의 뜻은 차례대로 잘 알았습니다. 귀국과 폐국(弊國) 사이에서 자인(自引)[12]하여 장황하게 상지(相持)해서는 안 될 것입니다. 일이 중대해서 혼자 전단(專斷)할 수 없으니 곧 경사(京師)에 보고를 올릴 것입니다. 회하(回下)를 기다렸다가 의논할 것이니 깊이 양찰하십시오. 갖추지 못하고 보냅니다.

저는 전열(譾劣)의 소치로 본부(本府)에서 경사(京師)에 죄를 청했습니다. 장차 그 처분 여하는 알 수 없으나 심문을 기다리는 동안에는 공간(公幹)으로 왕복할 수 없을 것입니다. 그러나 이미 보내주신 글이 있기에 감히 이에 글을 적어 보내는 것입니다.

을해 4월 16일
훈도[7]

모리야마 이사관이 동래부사의 타협적인 편법을 물리치고 최후통첩의 내용을 담은 공문을 발송함에 따라 양국의 교섭은 완전히 암초에 걸리고 말았다. 모리야마 이사관은 외무오등서기생 야마노조 스케나가(山之城祐長)에게 명하여 5월 22일에 상경해서 교섭 경과를 보고하게 했다.[8]

동래부사 황세연도 사태를 중대시해서 5월 21일에 훈도에게 대죄거행(戴罪擧行)을 명함과 동시에 정부에 품신(稟申)해서 지휘를 청했다. 국왕은 메이지 8년 6월 13일(을해년 5월 10일)[13]에 시원임대신(時原任大臣)과 정부 육조(六曹) 2품 이상의 소집을 명하여 일본 외무경과 외무대승의 서계 및 이사관 연향설행 시의 의절(儀節)에 관해 자순(諮詢)했다. 이날 전교에 응해서 참집(參集)한 인물은 영중추부사 이유원, 영돈녕부사 김병학, 판돈녕부사 홍순목, 판중추부사 박규수, 좌의정 이최응, 우의정 김병국, 지종정경(知宗正卿) 이승보(李承輔), 상호군(上護軍) 김세균(金世均), 김병주(金炳澍), 병조판서 이재원, 상호

---

11) 전열(譾劣): 천박하고 용렬함
12) 자인(自引): 스스로 끌어들임. 자발적
13) 원문에는 메이지 8년 6월 9일로 되어 있는데, 을해년 5월 10일은 양력 6월 13일에 해당하므로 바로잡았다.

군 김병덕(金炳德), 좌참찬 박제인(朴齊寅), 지삼군부사 민규호, 광주부유수(廣州府留守) 이우(李㘽), 지삼군부사 이용희, 예조판서 서형준(徐衡準), 대호군(大護軍) 이원명(李源命), 정건조(鄭健朝), 홍우길(洪祐吉), 김익진(金翊鎭), 김병지(金炳地), 이조판서 김재현, 호조판서 민치상(閔致庠), 지삼군부사 임상준(任商準), 공조판서 서상정(徐相鼎), 지훈련도감사(知訓練都監事) 양헌수, 지종정경 이회정(李會正), 형조판서 이호준(李鎬俊), 대호군 김보현(金輔鉉), 우참찬 윤자덕(尹滋惪), 개성부유수(開城府留守) 한치원(韓致源), 동지삼군부사(同知三軍府事) 조영하, 이희승(李熙昇), 호군 남정익(南廷益), 정범조(鄭範朝) 등 34명이었다.

이상 열거한 대신경재(大臣卿宰) 중에서 4명은 소견을 아뢰지 않았다. 나머지 30명을 보자면 대체로 외무경과 외무대승의 서계 척퇴론을 주장했지만, 그 안에서도 각자의 의견 사이에 적지 않은 간격이 있어서 저절로 강경론과 타협론으로 나뉘었다. 그 강경론에 따르면, '원래 교린 서계는 300년 동안의 구격(舊格)이 있어서 그 자양(字樣)은 일점일획(一點一劃)도 임의 변개(變改)를 허용하지 않는다. 그런데 이번에 보내온 외무성 서계는 구격(舊格)에 반할 뿐만 아니라 그 용어가 예양겸공(禮讓謙恭)을 결여했으며, 게다가 황제(皇帝) 등 분별없이 존대(尊大)의 호칭을 사용하고 있으니 결코 봉납(捧納)을 허락할 수 없다. 또 연향에 있어서도 우리는 유원(柔遠)의 뜻으로 하는데, 저들이 의복 개색(改色)과 정문 출입 등 구례(舊例)에 반하는 조건을 강요하는 것은 참으로 이해할 수 없으니 결코 그에 따라서는 안 된다.'는 것이었다. 이러한 논의는 우의정 김병국 등의 주장으로서 소수 의견이었다. 타협론은 '서계가 구격에 반하고, 연향 시 의절을 갑자기 변경하는 것은 물론 불법이지만, 돌아보건대 300년 동안 교린에 일이 없었는데 이제 와서 몇 년간 상지(相持)하는 것은 성신(誠信)의 도(道)가 아니다. 특히 서계의 척퇴가 변경에서 흔단(釁端)을 빚는 단서가 될 것은 필연이니, 비록 서계의 책퇴(責退)는 불가피하더라도 이것을 계기로 일본과 흔단(釁端)을 빚는 것은 조선이 가장 유감으로 여겨야 할 바다. 따라서 어떻게 해서라도 그것을 피해야 한다.'는 것이었다. 이것은 영중추부사 이유원을 비롯한 대다수의 의견이었는데, 그 중에서도 판중추부사 박규수의 진술이 가장 눈여겨볼 만하다.

일본 서계를 갖고 이처럼 상지(相持)한 지 이제 이미 8년이 되었습니다. 원인(遠人)이 체류하면서 시끄럽게 구는 것은 참으로 작은 근심거리가 아닙니다. 이제 이처럼 순문(詢問)하심에 여러 대신들의 주대(奏對)[14]가 심원한 사려가 아닌 것이 없습니다. 저들 서계의 칭호가 참망(僭妄)[15]함은 과연 극히 해괴한 일이나, '과군(寡君)', '폐읍(弊邑)'과 같이 예양겸공(禮讓謙恭)한 말을 아마도 저 노망(鹵莽)[16]한 섬오랑캐[島夷]에게 다 갖추도록 요구하기는 어려울 듯합니다. 저 나라에서 황제를 칭하는 것은, 칭제(稱帝)한 것이 대체로 주(周) 평왕(平王) 때부터 시작되어 이미 수천 년이 되었습니다. 저들 서계에서 그 본국의 칭호를 따르는 것은, 그 또한 신자(臣子)의 입장에서 그렇게 하지 않을 수 없는 것이니, 오직 성왕(聖王)의 도량으로 어떻게 포용하는가에 달렸을 뿐입니다. 저들은 스스로 생각하기를, 국제(國制)를 변경해서 인교(隣交)를 크게 닦고자 한 것이 지금까지 거절되어 허접(許接)을 받지 못했다고 할 것이니, 필시 유감을 품고 원망해서 흔단(釁端)의 단서가 생길 것을 충분히 우려해야 합니다. 그렇다면 이번에 하순(下詢)하심은 오직 재처(裁處)를 어렵고 신중하게 하시려는 뜻에서 나온 것일 뿐입니다. 앞으로 닥칠 훗날의 폐단을 마땅히 생각해야 하니, 나중에 거색(拒塞)할 때 그 방법이 없어서는 안 됩니다. 그때 저들은 필시 지금의 사단을 구실로 삼을 것이니, 구구한 우려가 여기에 있습니다. 그러나 지금 앞자리에서 감히 장황하게 말씀드릴 수 없으니, 서계 중에서 성충(聖衷)에 관념(關念)[17]되시는 조목을 하나하나 하순(下詢)하신다면 연석(筵席)에 오른 대신경재(大臣卿宰)들이 모두 분변해서 아뢸 것입니다.

이상은 외무경·외무대승 서계 척퇴론이다. 이 밖에도 극히 적은 수이기는 하지만, '일본이 국제를 개혁한 결과 서계를 개정하는 것 또한 당연하며, 황제 등의 존호(尊號)도 일본의 신자(臣子)가 그 국군(國君)을 높이는 말인 이상에는 인국(隣國)에서 그 변개(變改)를 강요할 근거는 없다. 그 밖의 자구는 일본국에서 이미 고쳐 왔으니, 그렇다면 지금까지 수십 일을 상지(相持)하는 것은 성신(誠信)의 도(道)가 아니다.'라고 하는 주장이 있었다. 당시로서는 가장 진보적인 의견이라고 할 수 있는데, 이를 주장한 인물은 바로 대원군의 친형인 좌의정 흥인군 이최응이었다.

일본 서계가 마도(馬島)를 거치지 않고 외무성에서 보내 온 것은 300년간 없었던 일이니 허접(許接)할 수 없고, 교린 문자가 겸공(謙恭)하지 않고 칭호하는 사이에 무분별하게 스스로 존대(尊大)했으니 허접할 수 없고, 특별히 연향을 설행한 것이 유원(柔遠)의 덕의(德意)에서

---

14) 주대(奏對): 임금의 하순(下詢)에 신하가 대답해서 아뢰는 것
15) 참망(僭妄): 분수에 넘치고 무분별함
16) 노망(鹵莽): 경솔하고 서투름
17) 관념(關念): 관심(關心). 마음이 끌려서 주의를 기울임

나왔는데 제반 의절(儀節)을 갑자기 예전과 다르게 변경했으니 허접할 수 없습니다. 다만 생각건대 저 나라는 이미 마도(馬島)를 폐지하고 관제를 변경해서 정령(政令)을 일신했습니다. 그러므로 교린하는 처지에 통호(通好)하려는 저의였는데, 8년 동안 포포(砲砲)[18]해 마지않았습니다. 이제 마도(馬島)에서 보낸 것이 아니라 바로 저 나라에서 보낸 것이요, 저 나라의 신자들이 그 군주를 스스로 높이는 말이니 인방(隣邦)에서 억지로 변개(變改)하도록 할 수 있는 것이 아닙니다. 기타 사의(辭意)는 저들이 이미 대략 고쳐 왔습니다. 이미 고쳐오라고 한 후에 또 이처럼 수십 일을 상지(相持)하는 것은 성신(誠信)의 도리가 아니니, 인국(隣國)에서 신의를 잃는다면 혼단(釁端)이 생길까 우려됩니다. 그러나 지극히 신중하고 어렵게 다룰 일을 억료(臆料)[19]해서 아뢸 수 없으니, 상께서 재단해서 처분하시는 것이 좋을 듯합니다.

이상은 시원임대신들의 의견이었다. 다음으로 일반 경재(卿宰)에 관해서 보자면, 그 중에서 특별히 주의를 요하는 인물은 지훈련도감사 양헌수다. 그는 화서 이항로의 문하로 병인양요 당시 강화부 정족산성을 지켜서 용명(勇名)을 떨친 바 있는데, 이 자리에서는 흥인군 이최응의 의견에 접근해서 '외무성 서계가 위격(違格)이기는 하지만, 일본이 이미 강호(講好)를 위주로 한 것이라면 우리로서도 그것을 거부할 이유는 없다. 마땅히 서계를 받은 후에 그 참월(僭越)을 책망해서 물리쳐야 한다'는 취지로 진술했다. 당시 사실상 정권을 장악하고 있던 척신 민규호와 조영하 등은 모두 "여러 대신들이 이미 상세히 진술했으니 신은 다른 의견이 없나이다."고 아뢰고 침묵을 지킨 것 또한 주목할 필요가 있다.[9]

대신경재(大臣卿宰) 대다수의 의견은 이사관 연향설행과 외무성 서계 정납에 있어서 구격(舊格)을 변경하는 것은 불가하지만 그 때문에 일본과의 정면충돌을 초래하는 것은 절대 피해야 한다는 것에 지나지 않았고, 그 구체적 방법에 관해서는 전혀 제안된 것이 없었다. 국왕은 일단 무더위를 핑계로 대신 이하에게 물러갈 것을 명하고, 별도로 빈청(賓廳)에 모여서 회의를 속행하게 했다. 빈청 회의의 결과, 강경론이 승리해서 "서계가 마도(馬島)를 거치지 않고 외무성에서 보내온 것은 300년 동안 없었던 일이니 허접(許接)할 수 없는 첫 번째 이유이며, 교린 문자가 겸공(謙恭)하지 않고 칭위(稱謂)하는 사이에 무분별하게 스스로 존대(尊大)했으니 허접할 수 없는 두 번째 이유이며, 특별히 연향을

---

18) 포포(砲砲): 미상이다.
19) 억료(臆料): 이유나 근거가 없이 억측(臆測)함

설행한 것이 유원(柔遠)의 덕의(德意)에서 나왔는데 제반 의절(儀節)을 갑자기 전규(前規)와 다르게 변경했으니 허접할 수 없는 세 번째 이유"라는 세 가지의 이유를 들어 일본국 사절을 책유(責諭)하기로 결정했다. 그리고 훈도에게 명해서 책유(責諭)하게 하는 것 외에 별도로 사리를 이해하는 역관을 보내서 그 보고에 따라 다시 품처(稟處)하기로 결론을 내리고 국왕에게 아뢰어 윤재(允裁)를 얻었다.[10]

국왕과 척신은 일본과의 정면충돌을 회피하는 것을 최우선으로 해서, 연향의 의주(儀註)나 서계의 형식에 관해서는 최대한 타협적 태도를 취하려고 했다. 홍인군 이최응의 계언(啓言)은 아마도 국왕과 척신의 뜻을 대변한 것이었으리라. 그렇지만 조정은 여전히 배외사상으로 충만해서, 이유원과 박규수처럼 대일단교(對日斷交)가 불가하다는 사실을 잘 알고 있는 인물들조차도 강경론의 압박을 받아서 그 주장을 회색화(灰色化)하고 있었다. 6월 9일 빈청 회의의 결의에 따른 일본 사원(使員) 불가허접론(不可許接論)은 아마도 국왕과 척신의 본의가 아니었을 것이다. 과연 묘당은 6월 24일(을해년 5월 25일)에 동래부사 황세연의 등보(謄報)에 대해 "서계의 일로 아직도 상지(相持)하고 있다고 하니, 동래부에서 만약 사리로 효유(曉諭)했다면 어찌 스스로 깨닫지 않았겠는가? 필시 그렇게 사람을 타이르지 않았기 때문일 것이다. 서계는 조정에 바로 바친 전례가 없고 반드시 동래부를 통해서 왕복했으니, 지금 또한 동래부에서 그 서계를 받아 본 후 물리칠 만한 것은 물리치고 허락할 만한 것은 허락하라. 그리고 조정의 유원(柔遠)의 덕의(德意)로 답하여 보내라."고 지령을 내려서, 빈청 회의의 결과에 구애됨 없이 종전 방침을 견지하고 있음을 보였다.[11]

묘당은 지난번 빈청 회의의 결의에 따라 사역원 당상역관 김계운(金繼運)[성시(聖始)]이 전 훈도 안동준의 전임자로서 부산에 오래 재근한 바 있고 재류 일본인들 사이에 교유가 많은 것을 이유로 별견당상역관(別遣堂上譯官)에 차하했다. 그리고 일본 사원(使員)을 개유(開諭)해서 조정의 유원(柔遠)의 성의(誠意)를 이해시키고, 일한 양국 사이에 흔단을 빚는 데 이르지 않게 하라고 지시했다.[12]

당시 조선의 정세는 극도로 미묘한 면이 있었다. 그것이 바로 대일정책에 반영되어 동래부사에 대한 훈령 또한 왕왕 서로 모순되었으며, 부사와 훈도 모두 그것을 따라가는 데 혼란을 겪었다. 별견당상역관의 파견을 통해 국왕과 척신의 진의를 동래부 뿐만 아니라 일본 사원(使員)에게 전달할 것으로 기대했을 것이다. 하지만 부산과 동래 사이에는 이미 쉽게 해소될 수 없는 대립이 존재하고 있었다.

메이지 8년 6월 24일, 훈도는 동래부사의 명에 따라 공관을 방문했다. 그리고 양국 교린은 구제(舊制)를 유지해서 비단 복제(服制) 뿐만 아니라 일반적으로 구례(舊例)에서 벗어나는 것은 허접(許接)하지 않기로 확정한 정부의 회하(回下)를 이사관과 부관에게 전달했다. 이는 곧 6월 9일 빈청 회의의 결과에 따른 묘당의 회하를 전한 것이었다. 이사관과 부관은 6월 30일에 훈도를 불러서, 이미 이사관 허접을 거부하기로 했다면 지난 메이지 7년 9월 3일의 협정을 폐기할 의향인지 힐문했다. 훈도는 아니라고 부정했지만, 구체적인 대책을 명시할 수는 없었다.[13]

훈도의 해명이 어떻든지 간에 조선 정부가 이사관을 허접하지 않는 것으로 방침을 확정한 이상, 외무경과 외무대승의 서계를 제출할 방법이 사라졌으므로 메이지 7년 9월 3일의 협정은 실행 불가능하게 됐다. 모리야마 이사관과 히로츠 부관은 이를 메이지 8년 2월의 외무경 추가훈령을 실시할 수 없는 상황으로 간주하고, 메이지 8년 7월 3일에 히로츠 부관을 상경시켜서 이사관의 귀조를 신청하게 했다. 모리야마 이사관 등의 의견에 따르면, '현재 정세를 고찰함에 대한방침(對韓方針)을 확정할 필요가 있으며 애매한 현상 유지는 용납되지 않는다. 여기에는 관(寬)·맹(猛)의 두 가지 수단이 있다. 관(寬)은 이사관이 계속 부산 공관에 체류하면서 지난 메이지 7년 9월 협정의 실행을 독촉하는 것이고, 맹(猛)은 조선국 정부의 무성의를 힐책하고 당당하게 이사관을 일단 철수시킨 후 별도로 향후 계책을 강구하는 것'이었다. 이사관과 부관의 견해는 차라리 '맹(猛)'의 수단, 즉 이사관의 철수가 옳다고 보았다.[14]

메이지 8년 7월 3일, 히로츠 부관의 출발 당일에 6월 24일자 묘당의 회하가 동래부에 도착했다. 훈도는 우라세 오등서기생에게 급서를 보내서 별견당상역관의 파견 사실을 전하고 그가 중요한 공무를 갖고 있음을 시사했지만, 모리야마 이사관과 히로츠 부관 모두 기대를 걸지 않고 부관의 출발을 연기하지 않았다.[15]

별견당상역관 김계운은 7월 17일에 동래부에 도착한 후, 19일에 훈도 현석운과 별차 현제순을 거느리고 초량 공관을 내방했다. 모리야마 이사관은 별견역관과의 회견을 거부하고, 오등서기생 우라세 히로시와 칠등서기생 스미나가 다츠야스^{도모스케(友輔)}에게 명하여 그의 말을 청취하게 했다.[16]

별견역관 김계운은 우라세, 스미나가 두 서기생에 대해 '일한 양국 국교가 불행하게 오랫동안 단절된 것은 성신(誠信)을 결여했기 때문이다. 이사관이 멀리서 건너온 것도 구의(舊誼)를 닦기 위해서일 것이다. 그런데 구격(舊格)의 변경으로 인해 대립한 것은 참으로 유감이다. 그러므로 정부가 선위사(宣慰使)의 임무를 부여해서 별견역관을 차송(差送)한 것이다. 먼저 이사관이 가져온 외무경과 외무대승의 서계를 살펴볼 수 있도록 허락하고, 그 다음에 교린의 범례(凡例)를 구격에 따라 의정하자.'라고 간곡히 말했다. 두 서기생은 이사관의 명에 따라 '서계를 살펴보는 것은 흔감(欣感)[20]해 마지않지만, 단 별견당상역관은 조정의 명관(命官)[21]이기 때문에 이사관은 대례복을 착용하지 않으면 접견할 수 없다.'고 답했다. 별견역관은 '일본국 대례복의 착용은 이사관 연향설행과 관련해서 현재 미결 상태이니, 부디 훈도를 회견할 때와 마찬가지로 편복(便服)[22]을 착용해주길 바란다.'고 했다. 두 서기생은 '외무경과 외무대승 서계의 정납(呈納)은 이사관 연향을 설행하는 날에 할 것이다. 그런데 이미 서계 정납을 승인했으면서 예복 착용을 거부하는 것은 이해할 수 없다.'고 말했다. 이에 별견역관은 '서계는 순부(順付)[23]로 살펴보겠지만 예복은 아직 허시(許施)한 일이 없다.'라고 주의를 주었다. 두 서기생은 이사관의 명에 따라, '예복의 건이 결정되기 전에는 서계를 정납할 뜻이 없다. 특히 구격에 따라 교린의 일을 협정하는 것은 불가능하다. 또 이사관은 귀조하라는 명을 받았고, 부관은 이미 귀국했다.'고 말했다.[17] 별견역관은 다음 날인 20일에 모리야마 이사관과의 회견을 요구했지만 거절당했다. 7월 23일, 별견역관은 스미나가 칠등서기생에게 세 차례 서한을 보내서 타협 조건을 제시하고, 모리야마 이사관이 동의한다면 정부에 급히 장계를 올려서 열흘 내로 회보(回報)를 받겠다고 말했다. 그 내용은 7월 19일에 제의한 내용에서 벗어나지 않았으며, 모리야마 이사관은 스미나가 서기생에게 명하여 그것을 거절하게 했다.[18]

조선 정부는 별견당상역관 김계운의 사명(使命)에 매우 큰 기대를 갖고 있었고, 반드시 모리야마 이사관과 회견을 갖고 구격(舊格)에 따라 연향설행 및 서계 정납에 관한 합의에 도달할 것으로 예상하고 있었다. 그런데 김계운이 모리야마 이사관과의 회견조차 거절당한 것이다. 이 소식을 접한 정부에서는 사태를 중대시했다. 메이지 8년 8월 6일, 국왕은 시원임대신에게 명하여 선후책을 심의하게 했다. 당시 시원임대신의 계언(啓言)은 다음과 같다.

---

20) 흔감(欣感): 기쁘게 여겨서 감동함
21) 명관(命官): 조정에서 임명한 관리
22) 편복(便服): 평상시에 입는 옷
23) 순부(順付): 물건이나 편지 등을 돌아오는 인편에 부침

○상략 서계로 오랫동안 상지(相持)해서 대번에 접수를 허락하기 어려웠던 것에 어찌 이유가 없었겠습니까? 이는 한번 통유(洞諭)해서 저들로 하여금 그 곡절을 알게 하지 않을 수 없었기 때문입니다. 그러므로 역관을 별견(別遣)한 것은 오직 소상히 설명하기 위한 것이었습니다. 저들의 이른바 예복을 입고 상견(相見)한다는 것은 약조에 없는 것이니, 별견역관이 임의로 허락할 수 없음은 혹시라도 괴이할 것이 없습니다. 그런데 한번 연향을 설행하라는 명을 내린 후에 절목의 일로 지난(持難)[24]하면서 연향은 아직도 거론하지 않고 있으니, 이미 사체(事體)가 아닙니다. 게다가 이 때문에 서계를 받지 않는 곡절을 명백하게 효유(曉諭)하지 않았으니, 원인(遠人)이 엄류(淹留)[25]하면서 의조(疑阻)[26]를 품는 것이 어찌 당연하지 않겠습니까? 그래서 동래부사로 하여금 우선 연향을 설행해서 서계를 받은 다음에 즉시 등서(謄書)해서 올려보내게 한 것입니다.

그런데 서계의 이른바 '칭호자존(稱號自尊)'이, 비록 저 나라의 신자(臣子)의 말이라고는 하나, 교린의 문자는 겸공(謙恭)을 중시하니 그렇다면 이것은 저들이 먼저 체모를 잃은 것입니다. 따라서 우리도 그것을 받는 데 장애가 있는 것입니다. 이제 받아 볼 정본(正本)이 만약 전에 등서해서 올린 것과 같다면, 저들로 하여금 개수(改修)해서 오게 하고, 저들이 또 끝내 듣지 않는다면 인호(隣好)의 우의에 있어 잘못이 저들에게 있는 것이니 이는 척퇴(斥退)하지 않을 수 없습니다. 이러한 뜻으로 우선 개유(開諭)하라고 분부하는 것이 어떻겠사옵니까?[19]

묘당에서는 여전히 동래부사를 독려해서, 일본 사원(使員)을 좋은 말로 효유(曉諭)하여 구격(舊格)에 따라 연향을 설행하고 외무성 서계를 정납하게 한 다음에 그것을 실마리로 일한국교 조정에 착수한다는 방침을 견지하고 있었기 때문에 동래부사의 장보(狀報)를 받은 다음 날인 8월 6일에 윤재(允裁)를 거쳐 이러한 방침을 회하(回下)했다. 그런데 모리야마 이사관은 구격에 따르기를 절대로 거부해서, 예복 착용과 정문 출입을 인정하지 않는다면 외무성 서계 정납을 포기하는 것도 부득이하다고 결심하고 있었으므로 동래부사로서도 타협의 여지가 없었다.

메이지 8년 8월 6일(을해년 7월 9일)의 의정부 회하(回下)에 대해 동래부사 황세연은 9월 1일(을해년 8월 2일)에 장계를 올려서, 일본 사원(使員)이 복색 개제(服色改制)와 정문 출입을 고집하는 이상 연향설행은 불가능하며, 따라서 서계를 받아 본 후에 등보(謄報)

---

24) 지난(持難): 일을 빨리 처리하지 않고 어물어물 미루는 것
25) 엄류(淹留): 오래 머무름
26) 의조(疑阻): 의심을 품어서 관계가 단절됨

하는 것도 행하기 어려운 사정을 서술했다. 그리고는 "신의 직무가 선위(宣慰)[27]에 있고 누차 성명(成命)을 받았으나, 일개 교활한 왜인의 지난(持難)으로 인해 아직도 연향을 하지 못한 것은 무엇 하나 신이 탄압(彈壓)하지 못한 죄가 아님이 없습니다."라고 하면서 대감(待勘) 처분을 내려줄 것을 상신했다. 국왕은 묘당에 명하여 품처(稟處)하게 하고, 메이지 8년 9월 5일(을해년 8월 6일)에 동래부사 황세연을 체차(遞差)했다. 그리고 "진실로 능히 효유(曉諭)해서 원인(遠人)의 의조(疑阻)를 환히 풀었더라면 어찌 계속 순종하지 않을 리가 있겠는가? 그런데도 이제 복색과 정문 등의 일로 오랫동안 상지(相持)하고 있으니 변신(邊臣)의 거행이 극히 해괴하고 소홀하다."는 이유로 황세연을 종중추고(從重推考)하고, 후임 동래부사 홍우창(洪祐昌)에게 명하여 일본국 사원(使員)을 개유(開諭)해서 반드시 연향을 설행하게 했다.[20]

국왕과 척신은 외무경승 서계의 정납(呈納)을 가장 핵심적인 사안으로 놓고, 일한국교의 단절도 서계 정납이 이뤄진다면 해소될 것으로 보고 있었다. 따라서 모리야마 이사관이 연향 의례의 말단 의절(儀節)을 다투다가 봉납(捧納)을 중지한 것을 이해할 수 없는 일로 여겼다. 이에 특별히 별견당상역관을 파견해서 서계만이라도 제시하게 하려고 했지만, 이사관과의 회견조차 거절당했다. 국왕과 척신은 이것이 전적으로 동래부사의 책임에 속하는 문제라고 보고 그를 면직하고 징계에 처했던 것이다.

모리야마 이사관이 만약 조선의 정세를 이해하고, 메이지 8년 2월 외무경 추가훈령의 취지까지 고려해서 별견당상역관과 회견을 갖고 서계 정납의 편법을 강구했더라면, 일한국교 조정의 단서는 여기서 열렸을 것이며, 강화도 사건의 발생은 피하기 어려웠다고 해도 이후 전혀 다른 경과로 진행되었을 것이다.

메이지 6년 일한관계 정돈(停頓)의 책임은 완전히 조선에 귀속된다. 메이지 8년 9월 일한관계 재정돈(再停頓)의 책임은 일본도 그 반을 나눠 가져야만 한다.

모리야마 이사관은 메이지 8년 9월 20일에 귀조하라는 명을 받고 21일에 부산에서 출발했다. 훈도 현석운이 소식을 듣고는 공관에 와서 이사관의 출발이 지나치게 일렀던 것을 유감스러워했다고 한다.[21]

---

27) 선위(宣慰): 신하가 왕을 대신해서 한 지역의 민정(民情)을 살피고, 정령(政令)을 선양(宣揚)하며, 백성을 어루만지는 일

【원주】

1 『朝鮮交際始末』 卷三.

2 『朝鮮交際始末』 卷三.

3 『日省錄』 李太王乙亥年三月四日.

4 『朝鮮交際始末』 卷三.

5 『朝鮮交際始末』 卷三.

6 『朝鮮交際始末』 卷三.

7 『朝鮮交際始末』 卷三.

8 『朝鮮交際始末』 卷三.

9 『日省錄』 李太王乙亥年五月十日.

10 『日省錄』 李太王乙亥年五月十日; 『議政府謄錄』 李太王乙亥年五月十日.

11 『日省錄』 李太王乙亥年五月二十五; 『議政府謄錄』 李太王乙亥年五月二十五日.

12 『朝鮮交際始末』 卷三.

13 『朝鮮交際始末』 卷三.

14 『朝鮮交際始末』 卷三.

15 『朝鮮交際始末』 卷三.

16 『朝鮮交際始末』 卷三.

17 『日省錄』 李太王乙亥年七月八日.
　　　동래부사 황세연의 장계에,

　　　"별견역관 김계운을 즉시 관소(館所)에 들여보내서 효유(曉諭)하게 했습니다. 그 수본(手本)이 다음과 같았습니다.

　　　관중(館中)에 내려가서 모리야마 시게루와의 접견을 청하자, 두 왜인〔우라세 히로시, 스미나가 다츠야스〕이 먼저 온 이유를 물었습니다.

　　　그래서 답했습니다.

　　　'양국 교린이 몇 년간 단절되어 성신(誠信)을 결여했다. 이제 귀사(貴使)가 멀리서 건너온 것은 구호(舊好)를 닦으려는 정의(情誼)에서 나온 것이나, 그 법식을 변경하는 논의에 있어서는 관계가 중한 바여서 저간의 상지(相持)를 초래했다. 그러므로 조정에서 나를 내려보내서 사신을 선위(宣慰)하고, 또 서계를 받아 본 후에 교린 범례를 구식(舊式)에 따라 의정(議定)하게 한 것이다.'

　　　그러자 두 왜인이 이 말을 시게루에게 전하더니 다시 나와서 답했습니다.

　　　'별견관(別遣官)이 내려온 것은 오직 귀 조정의 회유의 은전에서 나온 것이요, 서계를 받아 보는 것은 우리들을 허접(許接)한다는 처분이니, 흔감(欣感)을 이길 수가 없다. 그러나 우리나라의 제도 변경을 이미 상세히 진술했다. 별견관은 귀 조정의 명관(命官)이니, 예대(禮待)하는 의절(儀節)에 있어서 예복을 입고 상접(相接)하지 않을 수 없다.'

　　　그래서 답했습니다.

　　　'귀국의 예복은 전일에 연향 의절과 관련해서 상지(相持)한 것이니, 나의 도리에 있어 용접(容接)할 수 없다. 임관(任官)이 상접(相接)하는 의절로 만나는 것이 좋겠다.'

　　　저쪽에서 말했습니다.

'서계의 정납은 응당 본부(本府)에서 연접(宴接)하는 날에 할 것이다. 이미 서계를 받아 보라는 처분이 있었으니, 연향 의절에 관해서는 참량(參量)할 필요가 없거늘, 별견(別遣)이 예복을 허락하는 데 인색하니 또 그 이유를 알 수 없다.'

답했습니다.

'서계는 순부(順付)해서 받아 볼 것이나, 예복은 허시(許施)한 적이 없다.'

저쪽에서 말했습니다.

'서계는 우리가 가져왔으니 순부(順付)로 서계를 정납할 수 없고, 예복이 아니면 상접(相接)할 수 없다. 더구나 구식(舊式)에 따라 의정한다는 말은 우리가 능히 받들 수 있는 것이 아니다. 우리 조정에서 소환의 명이 내려서 부관 히로츠 히로노부는 이미 들어갔고, 우리들도 머지않아 들어갈 것이다.'

예복은 감히 허접(許接)할 수 없고, 서계는 받아 볼 도리가 없으니 지금 이처럼 상지(相持)함은 오직 문자(文字)에 구애되는 바가 많기 때문입니다. 전례를 상고해보면 예전에 다른 서계가 왔을 때에는 정부에 등보(謄報)해서 척퇴할 것인지 허락할 것인지 양자 간에 처분을 기다렸습니다. 또 서계가 이미 순부(順付)가 아니니, 이는 별사(別使)가 가져온 것이라 저들이 직접 신(臣)의 부(府)에 정납하려는 것입니다. 서계를 받아 보는 절도(節度)에 실로 그 방법이 없으니, 이는 어느 하나 신의 익직(溺職)의 죄가 아님이 없습니다. 황공하여 감률(勘律)을 기다리옵나이다."

라고 했다.

이에 "대죄(待罪)하지 말라는 것으로 회유(回諭)하라."는 교지가 있으셨고, 또 전교하시길 "시원임 대신은 정부에 모여서 동래수령의 장계를 깊이 상의한 후에 다시 계언(啓言)을 올리라."고 하셨다.

18 『朝鮮交際始末』卷三.
19 『議政府謄錄』李太王乙亥年七月九日.
20 『日省錄』李太王乙亥年八月一日·六日; 『議政府謄錄』李太王乙亥年八月二日·六日.
21 『朝鮮交際始末』卷三.

강화도 군함 운요(雲揚) 포격 사건

제8장

강화도 군함 운요(雲揚) 포격 사건

이른바 정한론(征韓論)은 메이지 6년 10월의 정변으로 인해 무기한 연기됐다. 그러나 조선 관계 사무 당국자들 사이에서는 어떤 식으로라도 조선에 압력을 가하지 않으면 일한국교의 조정은 거의 가망이 없다고 믿는 이들이 적지 않았다. 즉, 전임 외무성 출사 사다 하쿠보와 전임 외무권대승 마루야마 사쿠라의 아류로서, 외무소승 모리야마 시게루, 외무성 육등출사 히로츠 히로노부가 그 대표적인 인물들이었다.

모리야마 외무소승이 이사관 자격으로 메이지 8년 2월에 조선에 파견된 이후 동래부사와의 교섭 과정에서 연향설행 및 서계 정납 문제로 심각한 교착 상태에 빠지자, 그는 측량을 명분으로 몇 대의 군함을 조선 근해에 출동시켜서 위협을 가할 것을 구상하고, 메이지 8년 4월 15일에 부관 히로츠 육등출사를 상경시켜서 외무경에게 상신했다.

> 군함을 파견해서 타이슈 근해를 측량하게 하고, 그것으로 조선국의 내홍(內訌)을 틈타 우리의 응접(應接)을 성원(聲援)[1]할 것을 청하는 안
>
> 조선국 사사(使事)를 모리야마 시게루와 히로츠 히로노부가 2월 25일부터 이번 달 1일까지 변리(辨理)해온 상황, 조선국에 내홍이 있어서 작년 9월에 우리와 약속한 조건을 아직 속히 이행하지 않고 저쪽 훈도 현석운이 상경해서 왕복하는 동안 기한을 연기한다고 통고해온 것, 앞으로 저들이 어쩌면 달라진 모습으로 나오리라는 우안(愚案), 그리고 그에 대처하는 지령을 청하는 등의 안건으로 지금까지 몇 통의 글을 올렸습니다. 이미 살펴보셨을 것이니 오직 결재만을 기다릴 뿐입니다. 이에 시게루가 일찍이 상청(上請)한 바, 성원(聲援)의 일이 이제 그 좋은 기회를 맞이해서 간발의 차도 용납되지 않는 때이니, 다시 한 가지 논의를 덧붙여서 그렇게 하지 않을 수 없는 사유를 상세히 진술하고자 합니다.

---

1) 성원(聲援): 본래 군사 용어로서 멀리서 아군을 지원한다는 뜻이다.

히로노부가 이제 저 나라의 경황을 탐지하건대, 저 백성의 재상이 ○병조판서 민승호의 폭졸(暴卒)과 대
원군의 입경 등. 제3절 참조 횡사하고, 대원군이 입성해서 양당(兩黨)이 조금씩 서로 알력을 빚는 형세
입니다. 그 하나는 점차 다시 번성하기를 바라고 다른 하나는 몹시 견제2)하는 포승을 만드는
것 같으나, 전부터 저 나라 사람들이 대체로 대원군의 가혹하고 포악함을 원망했기 때문에
아직 갑자기 옛날로 돌아가지는 않았으니, 우리의 거동이 암암리에 개화(開和)3)의 기세를 도
울 수 있을 것입니다. 만일 훗날 대원군의 당이 정권을 차지해서 전약(前約)을 이행하지 않는
다면 우리도 크게 힘을 쓰지 않을 수 없을 것입니다. 차라리 지금 저들이 내홍을 겪어서 양쇄
당(攘鎖黨)4)이 아직 세력을 이루지 못한 때를 이용한다면 적게 힘을 쓰고도 용이하게 일을 이
룰 수 있을 것이니, 당장 우리 군함 한두 척을 파견해서 타이슈와 저 나라 사이를 왕복하고 은
현(隱見)5)하면서 해로를 측량해서, 저들로 하여금 우리의 의도를 헤아리지 못하게 하고, 또
조정이 때때로 우리 이사(理事)의 천연(遷延)을 독책(督責)하는 모습을 보여서 저들을 추궁하
는 구실을 주신다면, 내외의 성원(聲援)으로 이사(理事)의 순성(順成)을 촉진할 수 있을 것이
요, 또 결교(結交)에 있어서도 어느 정도 권리를 증진할 것은 필연지세입니다. 하물며 미리 저
들의 바다를 측량하는 것이 장래 유사(有事) 여부를 막론하고 우리에게 필요한 일임에 있어
서겠습니까.

우리의 힘을 저 나라에 쓰는 것은 오직 지금이 좋은 기회라고 생각합니다. 그리고 금일 한
두 척의 작은 발선(發船)은, 훗날 부득이 크게 발선(發船)하는 근심이 없기를 바라는 뜻으로,
굳이 경솔하게 인국(隣國)에 흉기(凶器)를 휘두르고자 하는 것이 아닙니다. 삼가 이에 상신하
오니 속히 영단(英斷)을 내려주십시오. 간절한 바람을 이기기 어렵습니다.

메이지 8년 4월

외무성 육등출사 히로츠 히로노부 돈수백배(頓首百拜).[1]

외무경 데라지마 무네노리는 모리야마 이사관과 히로츠 부관의 주장에는 동의했지
만, 이러한 종류의 군사행동은 자칫하면 출병으로 오인되어 메이지 6년 10월 24일 칙재
를 거쳐 확정된 '조선 출병 무기한 연기의 건'과 모순될 우려가 있었으므로 대단히 신중
하게 고찰할 필요가 있었다.

---

2) 원문에는 '철주(掣肘)'라는 표현을 썼는데, 이는 글을 쓰는 사람의 팔꿈치를 잡아당겨서 방해한다는 뜻으로 다
른 사람의 일에 간섭하거나 제지함을 비유한다.
3) 개화(開和): 개화(開化)의 잘못으로 의심되나 일단 원문 그대로 옮겼다.
4) 양쇄당(攘鎖黨): 양이쇄국(洋夷鎖國)을 주장하는 당이라는 뜻으로, 대원군 일파를 가리킨다.
5) 은현(隱見): 숨었다가 나타났다가 하는 모양

데라지마 외무경은 산조 태정대신과 이와쿠라 우대신의 승인을 얻고 해군대보(海軍大輔) 가와무라 스미요시(川村純義)[해군경 공석(空席)]와 협의해서 군함 가스가(春日), 운요, 다이니테보(第二丁卯) 3척을 조선 근해에 파견하기로 확정했다. 그렇지만 정한론자들의 반격을 우려해서 극비리에 발령한 까닭에 관료 중에서도 이 사실을 모르는 자들이 적지 않았다. 참의 이타가키 다이스케[메이지 8년 3월 12일 재임, 같은 해 10월 27일에 본관(本官)을 의원면직(依願免職)함]도 그 중 한 사람이었다. 그는 군함이 출동한 후에 이 사실을 전해 듣고는, 산조와 이와쿠라 두 재상의 번복에 분격해서 태정대신을 만나서 따졌다. "들은 대로라면, 정부는 근일 군함을 조선에 파견해서 저들을 위압하려는 것 같습니다. 과연 그것이 사실이라면 정부의 행동은 모순적이라고 하지 않을 수 없습니다. 메이지 6년에 제가 조정에서 물러났을 때, 정부는 내정을 정리한 후에 외국의 일에 착수한다는 방침이라고 들었습니다. 그런데 이제 군함을 보내 시위운동을 하고, 그것을 통해 우리 요구를 달성하려고 합니다. 만약 조선 조정에서 우리 요구를 듣지 않는다면 우리는 전쟁을 벌이지 않을 수 없습니다. 생각건대, 정부에서 한국과 전쟁할 의향이 있으면 괜찮겠지만, 싸울 뜻도 없으면서 이처럼 애들 장난 같은 일을 하는 것은 아마 국가에 누를 끼칠 것입니다. 제 견지에서 보자면, 사쓰마 인[薩시]은 오로지 해외에서 일을 일으키려고만 합니다. 예전에 타이완에서 용병(用兵)한 일로 징험하더라도, 사쓰마 인이 바깥에서 무력을 시험하려고 하는 실정을 깨닫기란 어렵지 않습니다. 그러므로 지금 한국에 군함을 파견해서 그 연습을 시킨다면, 필연적으로 강화만(灣)에 틈입(闖入)해서 결국 전쟁에까지 이를 것은 불을 보듯 뻔하니 각하는 잘 생각하십시오." 태정대신은 이타가키 참의의 말을 양해하고, 이번의 군함 출동은 정기적인 연습 항해로서 특별히 의미가 있는 것이 아니라고 해명했다. 나중에 일본 군함이 부산항 내에서 훈련을 시행했다는 소식을 들은 이타가키 참의가 다시 힐난하자, 태정대신은 "이는 실로 경악할 만한 일이다. 아마도 오보일 것이니 다시 정밀하게 조사하겠다."고 대답했다고 한다. 이타가키 참의의 말은 훗날의 추록(追錄)이기 때문에 다소 지나치게 천착하는 감이 없는 것도 아니지만, 당시 정부 부서 내에서 병력을 동원한 위협 수단에 대해 반대 의견이 적지 않았다는 사실을 미루어 알 수 있다.[2]

조선 근해 출동 명령을 받은 군함 운요는 함장 해군소좌 이노우에 요시카(井上良馨)의 지휘하에 메이지 8년 5월 25일에 부산에 입항했다. 이튿날인 26일에 훈도 현석운은 공관을 방문해서 일본 군함이 예고도 없이 갑자기 입항한 이유를 질문했는데, 모리야마 이사관은 이사관의 사명(使命)이 지체되어 그것을 독촉하기 위해 내항한 것이라고 답했다. 곧이어 6월 30일에 훈도는 동래부사 황세연의 명에 따라 다시 공관을 찾아와서, 일한국교 재개에 관해 교섭하는 도중에 일본 군함이 갑자기 내항한 것은 조선 관민으로 하여금 커다란 의구심을 품게 하는 것이라고 하면서 유감의 뜻을 표시했지만, 이사관은 "군함으로 외국에 파견한 사신을 호위한다는 것은 일찍이 통고했고, 또 해외에 주류하는 관원에게 명을 전할 때도 사용한다. 군함으로 오인해서 단지 전투 용도라고만 생각하지 말라."고 설명하고, 동래부사의 항의를 돌아보지 않았다.[3]

6월 12일, 군함 다이니테보가 함장 해군소좌 이토 스케유키(伊東祐亨)의 지휘하에 다시 부산에 입항했다. 훈도 현석운은 6월 14일에 공관에 와서 이 군함이 내항한 이유를 질문했다. 이사관은 군함 운요 때와 마찬가지로 사사(使事)를 독촉하기 위한 것이라고 대답했다. 훈도가 군함의 관람을 희망했으므로 모리야마 이사관은 이노우에 운요 함장과 이토 다이니테보 함장의 동의를 얻은 후 이를 승낙했다. 그리하여 훈도와 수원(隨員) 일행 18명이 함정에 오르자, 해군 측에서는 이것을 기회로 정박한 상태서 훈련을 실시했다. 커다란 포성이 부산과 동래를 진동했다. 훈도 일행 및 관민의 당황과 경악은 예상 밖이었으며 위협의 목적을 충분히 달성할 수 있었다.

6월 20일 새벽, 군함 운요는 부산에서 출항해서 조선의 동해안을 북상하여 같은 달 22일에 함경도 영흥만(永興灣)에 진입했다. 그리고 사흘간 정박하고 25일에 출항해서 영일만(迎日灣)을 거쳐 29일에 부산에 기항한 후, 7월 1일에 나가사키에 복귀했다. 이것으로 제1차 측량 겸 시위운동을 완료했다. 그 후 해군성의 명에 따라 쓰시마 해만(海灣) 측량 임무에 종사했다가, 그것도 대략 완료되자 다시 해군성에서 '조선 동남서(東南西) 해안부터 청국 뉴좡(牛莊)[잉커우(營口)] 주변까지의 항로 연구'의 명을 받았다.

군함 운요는 함장 이노우에 해군소좌의 지휘하에 9월 중에 나가사키에서 출항했다. 그리고 조선 서남해안에서 행동하던 중에 담수(淡水)가 고갈되었다. 부근 해안에서 구하려고 해도 수로를 알지 못해서 불가능했다. 단지 최근 두 차례의 양요(洋擾)를 거치면서 한강 하류 지방의 해도(海圖)에 비교적 상세한 기호가 기록되어 있을 뿐이었다.

이노우에 운요 함장은 한강 어귀로 향하기로 결심하고, 메이지 8년 9월 19일에 인천부 제물포 월미도 앞바다에 임시 정박했다. 다음 날인 20일 새벽에 다시 닻을 올리고 북상해서 한강의 지류인 염하(鹽河) 어귀의 입구에 있는 항산도(項山島)에 도달했다. 염하(鹽河)의 수로는 해도(海圖)에도 분명하게 표시되어 있지 않아 이노우에 함장은 단정(端

艇)[6]을 내리게 한 다음에 직접 지휘해서 염하(鹽河)를 거슬러 올라가기 시작했다. 마침 강화부 초지진(草芝鎭)이 멀리 보였으므로 그곳에 상륙하여 담수를 구하려고 했다. 그런데 단정이 초지진 남쪽에 볼록 튀어나온 포대에 접근하자, 조선군이 갑자기 맹렬한 포격을 가해왔다. 단정이 거센 조류에 휘말려서 뜻대로 조종할 수 없어 일시 위험한 상황에 빠졌으므로, 이노우에 함장은 소총으로 응사하는 한편, 신호 화전(火箭)[7]을 쏘아 올려서 본 함에 위급을 알렸다. 포성을 듣고 또 신호 화전을 인식한 군함 운요는 급히 와서 단정을 수용했다. 이노우에 함장은 예전에 부산 공관에서 일본 기장(旗章)[8]의 모본(模本)을 조선 정부에 전달한 사실을 알고 있었으므로 각 돛대와 깃대에 군함기를 게양했지만, 포성은 여전히 맹렬할 뿐이었다. 함장은 썰물에 휩쓸리는 것을 막기 위해 본 함에 닻을 내릴 것을 명하고, 초지진 포대에 대해 응전을 시작했다. 포대에 비치된 포는 대체로 구경 12센티미터 이하의 소구경포(小口徑砲)인 것으로 보였고 유효거리도 700미터 내외에 불과해서 오직 1발을 제외하고는 전부 근탄(近彈)[9]이었다. 그에 반해 운요에서 발사한 110파운드 포와 40파운드 포는 발포하는 대로 명중해서 포대에 적지 않은 손해를 입혔다. 함장은 이 기회를 틈타 상륙한 다음에 포대를 강습할 계획을 세웠으나, 병력이 적고 수심이 얕아서 연안에 단정을 접근시키기 곤란했으므로 그 계획은 중단했다. 시각이 이미 정오에 가까워졌으므로 함장은 닻을 올리고 항행을 시작해서, 항산도를 우회하여 초지진 포대에 포격을 계속 가하면서 염하에서 벗어난 후, 일단 닻을 내리고 점심식사를 할 것을 명했다. 이 전투에서는 군함 운요와 초지진 모두 사상자가 없었다.

9월 20일 오후, 군함 운요는 항산도 앞바다에서 닻을 올리고 외해(外海)로 향했다. 그리고 오후 2시 30분경에 제물포의 대안(對岸) 영종진(永宗鎭) 앞에 출현했다. 초지진 전투에서 불만을 느낀 이노우에 함장은 그 보복을 위해 영종진을 공격하기로 결정했다.

당시 영종진은 영종도 동쪽 끝[경기도 부천군 영종면 구읍리(舊邑里)]에 설치되어 있었다. 영종첨사 이민덕(李敏德)은 전날부터의 이양선 출현을 경기관찰사 민태호(閔台鎬)에게 급보하고 군민을 이끌고 경계를 게을리하지 않았지만, 이양선에서 게양한 기장(旗章)에 관해서는 정부에서 관문(關文)도 받지 않았고, 선박의 국적도 알지 못했으며, 게다가 갑자기 포격을 받을 것이라고는 예상하지 못하고 있었다. 따라서 갑자기 이양선에서 맹

---

6) 단정(端艇): 보트(boat)
7) 화전(火箭): 함선 등에서 신호를 보내기 위해 사용하는 불화살
8) 기장(旗章): 국기, 군함기, 군기 등 특별한 단체나 개인을 대표하는 깃발을 총칭하는 말
9) 근탄(近彈): 표적에 미치지 못하고 떨어지거나 불발하는 포탄

렬한 포격을 받게 되자 크게 당황해서 어떤 유효한 저항도 할 수 없었다. 이노우에 함장은 이를 틈타서 육전대(陸戰隊)를 상륙시키기로 하고, 2척의 단정에 해병(海兵)과 수병(水兵) 22명을 나누어 탑승시켰다. 그리고 해군중위 오가사와라 쓰네미치(小笠原恒道)와 소위 쓰노다 히데마츠(角田秀松)를 각 단정의 지휘관으로 삼아서 영종진 수비병의 저항을 물리치고 상륙하게 했다. 이들 육전대는 각 성문으로 돌진하거나 또는 성벽을 넘어서 성내에 진입했다. 당시 성내의 군민은 600명을 헤아렸지만 영종첨사 이민덕은 아무 저항도 없이 겨우 전패(殿牌)[10]만을 모시고 인신(印信)은 버려둔 채 영종 본도(本島)를 탈출했다. 군민은 완전히 궤란(潰爛)[11]되어 도주했다. 당시 유기된 시신이 35구, 포로가 17명에 달했다. 운요의 손해는 부상병 2명[그 중 1명은 도항(渡航) 중에 사망]에 불과했다.

영종진을 점령한 후 이노우에 함장은 남겨진 노약자와 부녀자 및 부상자를 구호하고, 포로들과 함께 그들을 본도(本島)로 돌려보냈다. 또 크고 작은 포 38문을 비롯해서 성내에 있는 병기와 군수품을 본 함으로 운반하고, 텅 빈 영종진 공해(公廨)와 민가를 불태운 후에 물러났다. 곧이어 영종도 앞에 있는 물치도(勿淄島)[작약도(芍藥島)]에 단정을 보내서 수색한 결과, 맑은 물을 발견해서 급수(汲水)할 수 있었다.[4]

강화와 영종에서의 전투를 급히 보고할 필요가 있었으므로 이노우에 함장은 예정된 행동을 중지하고 귀항 길에 올랐다. 그리고 메이지 8년 9월 28일 오전 8시에 나가사키로 귀환해서 바로 해군성에 타전했다.

조선 흥강도(興江島)에○강화도의 잘못 20일에 도착해서 단정(端艇)을 내려서 측량하고○'측량'은 전신 암호를 해독하는 과정에서 잘못 인식한 것으로 원문에는 '탐수(探水)'로 되어 있다. 있었는데, 저들이 대포와 소총을 갑자기 발사했습니다. 무슨 이유로 발포하는지 상륙해서 심문(尋問)하려고 했으나, 저들의 발포가 격렬했기 때문에 부득이 우리 선함에서 대포와 소총을 발사하면서 상륙하여 저들의 대포 38문과 그 밖의 소총, 물품 등을 가지고 돌아왔습니다. 성은 소실(燒失)되었고, 부상당한 수부(水夫)는 2명인데 1명은 치료가 어렵습니다. 전신으로는 자세히 보고하기 어렵기 때문에 미국 우편선으로 귀경한 후 보고하고자 하니 급히 지령을 내려주십시오.

9월 28일

---

10) 전패(殿牌): 각 고을의 객사(客舍)에 봉안한 '전(殿)' 자를 새긴 나무 패(牌)를 말한다. 왕을 상징하는 일종의 위패로서, 동지, 설, 국왕의 탄생일 및 기타 하례의식이 있을 때 수령 이하 관원과 백성들이 이를 모시고 경배했다. 전패는 국왕의 상징물이기 때문에 보관과 관리가 매우 엄격했다.
11) 궤란(潰爛): 썩어 문드러지듯이 완전히 분쇄된 모양

나가사키

운요 함장 이노우에 해군소좌

가와무라 해군대보[5]

이양선이 충청도 난지도(蘭芝島) 앞바다에 출현했다는 보고가 메이지 8년 9월 21일(을해년 8월 22일)에 영종첨사 이민덕으로부터 올라왔다. 정부는 9월 22일에 문정역관을 강화부에 파견하고 또 삼군부(三軍府)의 계언(啓言)에 따라 경기관찰사 민태호, 강화부 유수 조병식(趙秉式)에게 경계를 명했지만, 이미 영종진은 함락된 후여서 때에 맞추지 못했다.[6] 9월 23일(을해년 8월 24일)에 이양선이 항산도와 초지진에 포격을 가하고 또 영종진에 방화했다는 정보가 도달했지만, 아직 영종첨사로부터는 어떠한 보고도 없었다. 24일에 영종첨사 이민덕의 등보(謄報)가 도착해서, "저 함선이 연기를 올리면서 닻을 올리고 앞바다로 내려와서 대포를 연달아 발사하니 전군(全軍)이 쓰러지고 화염이 성내에 가득합니다. 민가는 모두 불타고 불길이 공해(公廨)까지 번지고 있습니다. 전패(殿牌)만 공경히 모시고 군대는 토성(土城)으로 후퇴시켰습니다. 군졸 가운데 사상자는 아직 헤아리지도 못했습니다. 첨사의 인신(印信)은 잿더미에 들어갔습니다. 눈 깜짝할 새에 성 전체를 잃었습니다."는 사정이 점차 판명됐다. 정부는 사태가 용이치 않다고 보고, 우선 영종첨사 이민덕을 파출(罷黜)하고 경기관찰사 민태호에게 대감(待勘)을 명하는 한편, 영종진의 피해 군민에게 무휼(撫恤)을 베풀었다. 또한 강화부유수의 장계에 따라 사졸들 사이에 신망이 있는 강화부 전 중군(中軍) 이기혁(李基赫)을 잉임(仍任)시키고, 또 박제근(朴齊近)을 강화부판관(判官)에 발탁해서 이양선이 다시 오는 것에 대비하게 했다.[7] 이번에 내습한 이양선은 단지 1척에 불과했는데도 600명의 군졸을 보유한 영종진이 수비에 실패해서 적지 않은 사상자를 내고, 첨사는 인신(印信)을 버리고 도주하고, 성 전체가 불바다가 된 것은 상상하지도 못한 사건이었다. 국왕은 좌의정 이최응과 우의정 김병국의 계언(啓言)에 따라 연해의 곤수(梱帥)[12]와 수령의 인선에 신중을 기하고, 또 재용(財用)을 절약해서 방수(防守) 물자를 충당할 것을 명했다. 이양선의 국적에 관해서는 아직 명확히 알 수 없었지만 일본 군함임을 추측하고 있었을 것이다.[8]

이노우에 운요 함장의 전보는 메이지 8년 9월 28일 당일 해군성에 도달했다. 이에 따

---

12) 곤수(梱帥): 병마절도사나 수군절도사를 가리키는 말

라 9월 29일에 산조 태정대신 이하 각 참의는 천황의 어전에 참집(參集)해서 회의를 갖고, 우선 초량 공관과 거류민을 보호하기 위해 군함을 파견하고 공관은 조선 측에서 어떤 적대 행동으로 나오기 전까지는 현상을 유지하기로 결정했다.[9] 어전회의의 결정에 따라 가와무라 해군대보는 9월 30일에 나가사키에 있는 군함 가스가(春日) 함장 해군소좌 이소베 가네요시(磯邊包義)에게 전보를 보내서 부산으로 급히 출항할 것을 명했다. 부산을 떠나 나가사키로 돌아온 이사관 모리야마 외무소승도 9월 19일 강화도 사건을 전해 듣고는 데라지마 외무경에게 타전해서, 나가사키에서 당장 부산으로 복귀해서 공관 및 거류민 보호 임무를 담당하겠다고 상신하고, 군함 가스가(春日)의 사용 허가를 신청했다. 외무경은 가와무라 해군대보와의 협의를 거쳐 9월 30일에 회훈(回訓)해서 이사관의 편승을 허가하는 한편, 이번 사건에 관해서는 외무경의 지휘 없이 직접 조선 정부와 교섭하는 것을 금했다. "가스가 함으로 한지(韓地)에 건너가서 인민 보호를 위한 조처를 행할 것. 운요 함 사건에 관해 조선 정부에서 동래부사를 통해 질문해 온다면, 그 일은 내가 위임받은 일이 아니니 본국 조정에 주문(奏聞)한 후에 회답하겠다고 답해 두고, 그 내용을 상세히 보고할 것" 곧이어 10월 1일부로 데라지마 외무경에게서 다음 3개 항목의 훈령이 내려졌다.

첫째, 조선국 정부에서 재부산 공관 및 재류민의 철퇴(撤退)를 요구한다면 반드시 문서로 할 것을 요구하고, 그 후에 외무경에게 청훈(請訓)해서 독단으로 철퇴(撤退)하지 말 것.

둘째, 조선국 관민이 공관 및 재류민에게 불법행위를 가할 우려가 있으면 가스가 함장과 협의해서 적당한 보호 수단을 강구할 것.

셋째, 어떤 행동을 취하던지 현지 사정은 상세히 보고할 것.(이 훈령은 10월 12일 부산에 도착한 만슈마루(滿珠丸)를 통해 모리야마 이사관에게 전달됐다.)[10]

군함 가스가는 모리야마 이사관과 외무사등서기생 이시바타 사다(石幡貞)를 태우고 메이지 8년 10월 2일에 나가사키에서 출항해서 같은 달 3일에 부산에 입항했다.

강화도 사건에 관한 정보가 이미 부산까지 전해져서 동래부사 홍우창과 부산첨사 임백현(林百鉉)이 일본에 대한 경계를 엄중히 하고 있는 상황이었으므로, 군함 가스가(春日)가 입항하고 모리야마 이사관이 다시 왔다는 소식이 들리자 관민은 크게 놀라고 당황했다. 모리야마 이사관 또한 공관원과 거류민을 계칙(戒飭)해서 동요하는 일이 없도록 하고, 또 공관에 출입하는 조선인을 통해서 강화도 사건에 관한 정보를 수집하는 데 계속 노력하였다. 그러나 조선 측에서는 부산, 초량항, 다태포(多太浦) 일대의 방비를 엄중히 한 형적만 있을 뿐, 공관 및 일본 거류민에 대해서는 어떠한 적대 행동도 취하지 않았다. 통사(通事) 이하 조선인의 출입도 여느 때와 같았고, 군함 가스가(春日)가 입항했을 때도 철공철시(撤供撤市)를 시행하지 않고 오히려 통사에게 명하여 조시(朝市)를 독려하고 시탄(柴炭)의 지공(支供)을 후하게 하기까지 했다. 요컨대 조선 당국은 모리야마 이사관이 다시 건너오는 것과 동시에 강화도 사건의 책임을 문책당할 것으로 예상해서 일본인의 감정 자극을 피하려는 의도가 명백했다고 한다.

모리야마 이사관의 도착 당시 훈도 현석운은 경상도관찰사 박제인의 소명(召命)에 따라 대구에 가 있었으므로, 별차 이준수(李濬秀)가 공관에 와서 조선에 다시 건너온 것을 축하했다. 훈도는 10월 10일에 부산에 복귀해서 같은 달 22일에 공관을 방문했는데, 오직 이사관이 멀리서 건너온 노고만을 위로했을 뿐, 오히려 공간(公幹)을 언급하는 것을 두려워하는 징후조차 있었다. 따라서 모리야마 이사관과 동래부사 사이에서는 이 건에 관한 어떠한 교섭도 이뤄지지 않았다.[11]

10월 13일, 정부는 현지 사정을 보고받기 위해 모리야마 이사관에게 귀조를 명했다. 그리고 재부산 공관 및 거류민 보호를 위해 군함 모슌과 다이니테보를 부산에 파견하기로 결정하고, 10월 17일에 해군성 병학두(兵學頭) 해군소장 나카무타 구라노스케(中牟田倉之助)를 함대 지휘관에 임명했다.

나카무타 지휘관은 군함 모슌에 탑승해서 10월 27일에 부산에 입항했다. 정박 중이던 군함 가스가(春日)는 소장기(小將旗)에 대한 예포(禮砲) 13발을 발사하고 모슌 또한 답례포를 발사했다. 곧이어 지휘관이 의장병을 거느리고 공식적으로 상륙하자 모슌이 다시 예포를 발사했다. 그 포성은 요란하게 산야에 진동하였고, 조선 관민은 이를 개전을 알리는 소리로 착각해서 굉장히 당황했다. 남녀노소가 이고지고 산야로 피난을 나섰는데, 그 공황 상태는 유례없는 것이었다고 한다.

모리야마 이사관은 나카무타 해군소장이 공관과 거류민 보호의 임무를 띠고 도착했다는 소식과 함께, 모슌에 편승한 외무사등서기생 야마노조 스케나가로부터 메이지 8년 10월 13일자 귀조 명령을 전달받았다.

10월 29일, 모리야마 이사관은 야마노조 사등서기생을 공관장대리로 잔류시키고, 해군성으로부터 그 임무를 교대하고 귀항할 것을 명받은 군함 가스가에 탑승해서 부산을

출발, 11월 3일에 시나가와에 도착했다.[12]

모리야마 이사관이 귀조한 후, 야마노조 사등서기생이 공관장대리로 잔류했지만 실권은 서부(西部) 지휘관 나카무타 해군소장에게 있었다. 그의 명으로 약간의 해병을 분견해서 공관 경비를 맡기고, 초량 들판에 나가서 메추라기 사냥을 하거나 단정(端艇)을 풀어서 부산만(釜山灣) 안을 돌다가 설문(設門) 밖의 지점에 상륙하는 등 시위운동을 시도했다. 동래부사 홍우창은 그때마다 훈도 현석운과 별차 이준수를 독려해서 야마노조 공관장대리를 엄한 말로 힐책하게 했지만, 공관장대리는 해군은 외무성 소관 밖이기 때문에 자신에게는 그를 지휘할 권한이 없다고 하면서 불응했다. 그러다가 마침내 메이지 8년 12월 13일(을해년 11월 16일)의 난출(欄出)이 발생했다. 이날 일본 해병대 58명은 일개 사관의 지휘하에 무장을 갖추고 공관을 나서서 관문(館門)과 설문(設門)을 돌파한 후 부산진으로 향했다. 부산첨사 임백현은 두모포(豆毛浦) 만호(萬戶) 이중현(李重鉉), 개운포(開雲浦) 만호 유정현(劉鼎鉉)에게 명하여 많은 수의 군민을 보내서 저지하려고 했지만 해병대는 이에 불응했다. 결국 충돌이 발생했고, 해병대가 발포하고 총검을 사용해서 돌격했기 때문에 조선인들 가운데 중경상자 12명이 생겼다. 낭패한 훈도 현석운과 별차 이준수가 급히 공관으로 달려와서 나카무타 지휘관에게 간청한 끝에 간신히 해병대를 소환시킬 수 있었다고 한다. 경상도관찰사 박제인은 동래부사 홍우창 이하 각 진장(鎭將)의 파감(罷勘)[13]과 훈도, 별차의 엄감(嚴勘)[14]을 치계(馳啓)했지만, 정부는 이 비상한 시국에 변신(邊臣)을 교체해서는 안 된다고 하면서 이를 모두 보류하고 대죄찰임(戴罪察任)하게 했다.[13]

강화도 사건 발생 이후 3개월이 지나도록 일본 정부는 완전히 침묵하여 장래 행동을 예측할 수 있을 만한 단서를 제공하지 않았다. 조선 정부는 한때 의구심을 품기도 했지만 조금씩 안도하기 시작했다. 이 시간을 이용해서 다시 교착된 일한관계의 타개를 도모하는 것이 급선무였다. 국왕과 척신 또한 현재 분쟁 중인 외무경과 외무대승의 서계를 일단 봉납(捧納)한 후 검토할 것을 고려했다. 메이지 8년 12월 12일(을해년 11월 15일), 좌의정 이최응은 '일본국 외무경과 외무대승의 서계가 구격(舊格)에 위배된다는 것을 이유로 받지 않고 지금도 상지(相持)하고 있으나, 한갓 등본(謄本)을 갖고 가부를 논하면서 정본(正本)을 받아보지 않는 것은 타당하지 않다. 또 서계에 부당한 자구가 있다고 해

---

13) 파감(罷勘): 파직하고 법에 따라 처단함
14) 엄감(嚴勘): 엄중하게 처단함

도 그것은 일본국에서 자존(自尊)하는 호칭에 지나지 않으니 우리에게는 손해될 것이 없다. 세계의 일만 갖고 몇 년 동안 상지(相持)해서 우리의 회수(懷綏)하는 뜻을 막는 것은 오히려 스스로 업신여김을 초래할 뿐더러 또한 성신(誠信)을 결여한 것이다. 이제 동래 부사에게 명하여 바로 세계 정본을 봉납하게 하고, 회답할 때 그 물리칠 만한 것은 물리쳐서 명백하게 처분하는 것이 우리가 취해야 할 방법'이라는 취지로 계언(啓言)했다. 국왕도 바로 이 의견에 동의해서 "이 일로 아직까지 상지(相持)함은 과연 회수(懷綏)의 뜻이 아니니, 상주한 대로 일단 받아본 후에 물리칠 만한 것은 물리치도록 하라."고 비답을 내렸다. 세계를 받아본 후에 물리칠 만한 것은 물리치라고 했지만 '대일본(大日本)', '황상(皇上)', '봉칙(奉勅)' 등의 용어를 "저 나라에서 자존(自尊)하는 호칭에 지나지 않으니 우리 체면에 무슨 손상이 있겠는가?"라고 한 이상, 물리칠 만한 것이 있을 리가 없었다. 이는 메이지 8년 6월 9일과 같은 달 24일의 의정부 회하(回下)에 비해 크게 후퇴한 것이었다. 그럼에도 불구하고 이러한 양보도 이제는 시기를 놓치고 있었다.[14]

12월 12일의 좌의정 이최응의 계언(啓言)은 윤재(允裁)를 거쳐서 동래부사 홍우창에게 관문(關文)으로 하달됐다. 홍우창은 훈도 현석운에게 일본 공관과의 교섭을 명하였다. 당시 모리야마 이사관은 이미 귀조하고 야마노조 사등서기생이 공관장대리로 근무하고 있었는데, 마침 메이지 8년 12월 17일에 외무소승 히로츠 히로노부가 전권변리대신(全權辨理大臣) 선보사(先報使)의 임무를 띠고 부산에 도착했다. 이로 인해 훈도도 활동할 기회를 얻었다. 12월 22일, 훈도는 외무사등서기생 우라세 히로시와 칠등서기생 스미나가 다츠야스를 방문해서, 의정부 회하(回下)의 취지에 따른 외무경과 외무대승 세계의 변통(變通) 봉납을 조건으로 전권대신의 강화부 진입을 중지할 것을 제의했다. 훈도는 '조선국에서 절대로 거부하는 것은 세계 가운데 황(皇), 칙(勅) 두 글자의 사용이니, 이 두 글자를 세계에서 삭제하든지, 아니면 황상(皇上)을 성상(聖上)으로, 칙(勅)을 명(命)으로 수정하길 바란다. 이 점은 조선국으로서는 절대로 양보할 수 없는 바지만, 그 밖의 사항들, 즉 국호에 대(大)자를 사용하는 것, 세계에 일본문을 쓰는 것 등에 대해서는 절대 안 된다고 고집하는 것은 아니다. 복제(服制)를 개변(改變)해서 양복을 착용하는 것은, 양이(洋夷)가 일본인과 섞여서 잠입하는 것을 우려했기 때문에 전에 극력 반대했지만, 일본 당국이 그것을 막을 적당한 수단을 취한다면 외국의 복제 변개(變改)에 반드시 간여할 뜻은 없다.'고 언명했다. 그리고 이러한 뜻을 히로츠 이사관에게 은밀히 알리고 전권변리대신의 강화부 진입을 멈춰줄 것을 간청했다.

훈도 현석운의 제의가 조선 정부의 내명(內命)에 따른 것임은 명백했고, 또 사안의 성질이 매우 중대했으므로 우라세 서기생은 이를 히로츠 이사관에게 보고했다. 이사관도 양국 간에 아직 상의의 여지가 남아 있음을 인정해서, 귀조한 후 전권변리대신에게 상신해서 이를 고려해 줄 것을 요청하기로 했다. 그리고 우라세 서기생에게 명하여 이러한 뜻을 훈도에게 전달하였다. 훈도는 크게 기뻐하면서 이상의 조건이라면 조선 정부의 승인을 얻을 수 있을 것이니, 자신이 직접 신속하게 정부의 양해를 구하겠다고 약속했다.[15]

히로츠 이사관은 메이지 8년 12월 23일에 우라세 사등서기생 등을 거느리고 기선 만슈마루(滿珠丸)로 쓰시마 이즈하라에 돌아와서 전권변리대신의 도착을 기다렸다. 메이지 9년 1월 13일, 전권변리대신이 이즈하라에 도착했다. 히로츠 외무소승은 즉시 전권과 면회를 가졌는데, 훈도 현석운의 제안을 보고하고 강화부 진입 중지를 진언했을 것으로 생각된다. 그런데 이 일은 전권변리대신이 소지한 위임장에 저촉될 뿐만 아니라, 히로츠 외무소승에게도 월권행위였기 때문에 도저히 승인될 수 있는 성질의 것이 아니었다. 그가 전권에게서 수행하라는 명을 받자마자 병을 핑계로 부산에서 귀국한 것 또한 저간의 사정을 말해주는 것으로 보인다.

히로츠 외무소승의 진언이 전권부(全權部)에서 받아들여지지 않았음이 판명되자 우라세 서기생은 바로 공관 근무 외무칠등서기생 스미나가 다츠야스에게 명하여 급서(急書)로 훈도에게 밀보하게 했지만, 그는 이미 상경한 뒤였다.[16]

1 『朝鮮交際始末』卷三.

2 『自由黨史』卷上 211~213쪽.

3 『朝鮮交際始末』卷三.

4 『自明治八年至九年 朝鮮關係考證彙輯』;『西南記傳』上卷二 329~332쪽;『日省錄』李太王乙亥年八月二十二日·二十三日·二十四日·二十五日·二十六日;『議政府謄錄』李太王乙亥年八月二十五日.

또한 이노우에 운요 함장의 전투 상보(詳報)는 다음과 같다. 단, 이 보고는 일시와 지명에 부정확한 점이 많다. 노후한 저속의 작은 목조 포함(砲艦)이 측량을 실시하지 않은 바다의 조류를 거스르면서 항해와 전투를 한 점을 감안할 때, 9월 20일 하루 동안 초지진과 영종진에서 두 차례 전투를 한 뒤 물치도에서 급수(汲水)를 완료했다는 것은 의심스럽다. 덧붙이자면, 월미도에서 강화도 초지진에 이르는 해류의 지형은 50년이 지난 오늘날까지도 거의 변화가 없다.

하관(下官)이 지난번에 타이슈 해만(海灣)을 측량한 후, 조선 동남서 해안에서 지나(支那) 뉴좡(牛莊) 주변까지 항로를 연구하라는 명을 받고 출함(出艦)했습니다. 그런데 그 후 동남 해안의 항해를 마치고 서해안에서 뉴좡(牛莊)으로 가는 도중에 선함 안에 비축된 물을 흉산(胸算)하니 뉴좡(牛莊)에 착항(着港)하는 날까지 선함 내부에 공급하기 어려웠습니다. 그래서 선함을 항만(港灣)에 기항하고 양수(良水)를 축적하려고 했으나, 본 선함은 물론, 우리 선박이 일찍이 항행해보지 않은 해로라서 양항(良港)의 유무와 해저(海底)의 깊이를 알 수 없었습니다. 그래서 기간(既刊)의 해도(海圖)를 살펴보고 연구해보니 특히 강화도(江花嶋, 〔江華島〕) 주변의 경기도 '사리(サリー)〔염하(鹽河)〕'의 하구(河口)만 개략적인 수심이 기재되어 있었기에 그것을 이용해서 침로(針路)를 그쪽으로 돌려 9월 19일에 잠시 월미도 연안에 닻을 내렸습니다.

다음 날 그곳을 출발해서 강화도로 항행하다가 응도(鷹嶋)가 북서쪽으로 바라보이는 지점에 닻을 내렸습니다. 원래 그 근해는 아직 항로가 열린 지역이 아니기 때문에 사관(土官)을 시켜서 물을 찾거나 구하게 해도 마음이 불안해서, 직접 단정(端艇)에 올라 강화도 남쪽으로 항행했습니다. 하상(河上)을 거슬러 올라가다가 제3포대〔항산도(項山島)〕 근방에 이르자 항로가 협소하고 암초가 매우 많았습니다. 하안(河岸)을 주시하니 작은 언덕에 진영〔초지진(草芝鎭)〕 같은 것이 있었고 또 한 층 낮은 곳에는 포대가 있어 그 주변에 상륙해서 양수(良水)를 청하려고 했습니다. 그런데 우영문(右營門)과 포대 앞을 통과하려고 할 때, 돌연 저들이 우리 단정(端艇)을 목표로 총포를 격렬하게 번갈아 발사했습니다. 저는 신속하게 단정(端艇)의 움직임을 멈추고 저들의 탄로(彈路)에서 벗어나려고 했습니다. 그러나 본 단정(端艇)이 물길을 거스르자마자 조수(潮水)가 하류(河流)를 누르는 압력에 올라탔기 때문에, 단정(端艇)을 돌리려고 해도 역조(逆潮)에 막히고, 또 상륙해서 그 소행에 대해 물어보려고 해도 탄환이 빗발쳐서 항로를 찾을 수가 없어서 진퇴가 거의 막히고 위험이 점점 닥쳐왔습니다. 이에 일정(一艇)을 방어하고 일신(一身)을 보호하기로 뜻을 굳히고, 수부(水夫)에게 명하여 소총을 저쪽 포대에 발사하게 했습니다. 그리고 준비해 온 호화(號火)를 쏘아 올려서 우리 함선에 위급을 알리고 서서히 퇴항(退航)했습니다. 이윽고 본 함이 호화(號火)의 암령(暗令)에 응해서 돛대에 국기를 게양하고 다가왔습니다. (부산 화관(和館)에서 예전에 우리 국기를 저 나라에 통지했다고 들었기 때문에 게양했던 것입니다.) 그리고 바로 각 포로 답발(答發)하니 저들 또한 발사해서 서로 번갈아 발포함에 탄환이 어지럽게 날았습니다. 그렇지만 저들이 발사한 탄환은 대체로 12센티미터

구경으로 사거리[走力]가 6, 7정(町: 60보의 거리로 109.09미터에 해당한다. ─역자 주)에 지나지 않아서 우연히 탄환 한 발이 본 함을 넘어갔을 뿐이었습니다. 그때 우리의 110파운드와 40파운드 양포(兩砲)에서 발사한 탄환이 대장(臺場)에 명중해서 파괴한 것을 알 수 있었습니다. 이 기회를 틈타 상륙해서 그 소행을 심문(尋問)하려고 했지만, 해로(海路)가 극히 얕아서 선함을 해안에 댈 수가 없었고, 또 상륙한다고 해도 병력이 적어서 담판이 무익할 것으로 생각하여 전투 중지 명령을 내렸습니다.

그 후 제1포대[영종진(永宗鎭)]로 항진해서 다시 각 포를 탐사(探射)하고, 또 사관(士官)에게 해병(海兵)과 수부(水夫) 22명을 인솔할 것을 지시하고 단정(端艇) 2척에 탑승시켜 보냈습니다. 잠시 후 해안에 오르려고 할 때 저들이 대포와 소총을 빗발치듯 발사했습니다. 우리 단정(端艇)도 발포하면서 상륙하려고 했지만, 수심이 얕아서 접근하기가 어려웠습니다. 이 때문에 병사들이 분격하여 바로 물에 뛰어들고는, 일성(一聲)을 대갈(大喝)하며 성문으로 육박(肉薄)했습니다. 저들이 굳게 지키면서 굴복하지 않아서 격렬한 전투가 몇 시간 동안 이어졌습니다. 그때 두 사관이 엄령(嚴令)을 내리자 성벽에 앞장서서 오르는 병사가 있었습니다. 그 기회를 이용해서 각 사관들이 병사들을 나누어 인솔하고 북문으로, 서문으로, 동문으로 달려들어 불을 지르고 발포했습니다. 진격의 나팔을 거세게 울리며 삼면에서 협격하자 저들이 크게 궤멸했습니다. 이 공격으로 적은 35명이 사망하였고, 우리 수부(水夫) 2명도 부상을 당했습니다. 그 밖에 적 가운데 도주한 자가 대략 400∼500명이고, 생포한 자가 상하 모두 16명이었습니다. 부인과 부상자는 모두 보호해서 안전한 장소에 풀어주었습니다. 성내는 적막해서 적의 그림자도 보이지 않았습니다. 그때 동문의 암석 위에 있는 산봉우리에 국기를 게양하고, 만세교(萬世橋)(적의 탈주로) 가장자리에 척후를 배치하고, 병사를 위로하여 휴식하게 했습니다. 그리고 본 함의 병사들을 상륙시켜서 성내 포대 등에서 총포, 창검, 기장(旗章), 군복, 병서(兵書), 악기 등의 군기를 나누어 찾게 하니 각각 차이가 있었습니다. 이 물품들은 생포한 자들에게 명하여 단정(端艇)으로 운반하게 했습니다. 그런 후에 그들에게 식료품을 제공해서 목숨을 부지케 한 후 모두 방면해서 돌려보냈습니다. 성내는 방화해서 모두 태워 없앴습니다. 그리고 전원이 본 함으로 복귀했습니다.

이즈음 음수(飮水)가 점점 부족해져 여러 곳을 수색했는데, 초목이 조금 울창한 한 고도(孤島)[물치도(勿淄島)]를 찾았습니다. (나머지는 초목이 없었습니다.) 필시 시냇물이 있을 것으로 추측하고 상륙해서 물을 찾게 했더니 맑은 물이 있어서 비로소 물을 저장할 수 있었습니다. 이번 출동에서는 뉴창(牛莊) 주변까지 항행하려고 했지만, 뜻밖에 앞에서 기술한 폭거를 만나서 작은 전투까지 했기 때문에, 우선 같은 달 28일 오전 8시에 나가사키 항에 귀항해서 바로 전보로 사정을 보고하고, 귀경해서 자세히 진술하고자 한 것입니다. 이상 실황을 삼가 아룁니다. 돈수백배(頓首百拜).

메이지 8년 10월 8일
운요 함장 해군소좌 이노우에 요시카

5 『朝鮮交際始末』卷三.
6 『日省錄』李太王乙亥年八月二十二日·二十三日.
7 『日省錄』李太王乙亥年八月二十四日·二十五日·二十六日;『敬庵遺稿』卷四 家狀·年譜 乙亥年八月.
8 『日省錄』李太王乙亥年八月二十九日;『議政府謄錄』李太王乙亥年八月二十九日.
9 『木戸孝允日記』第三 明治八年九月二十九日;『松菊木戸公傳』卷下 1878쪽;『岩倉公實記』卷下 306∼307쪽.

10 『朝鮮交際始末』卷三.

11 『朝鮮交際始末』卷三;『西南記傳』上卷二 附錄 14〜22쪽.

12 『朝鮮交際始末』卷三;『中村孝也』中牟田倉之助傳(大正八年刊) 549〜551쪽;『西南記傳』上卷二 附錄 23〜24쪽.

13 『日省錄』李太王乙亥年十月二十七日·二十八日·十一月九日·二十四日·二十九日·三十日.

14 『日省錄』李太王乙亥年十一月十五日;『議政府謄錄』李太王乙亥年十一月十五日.

〔좌의정 이최응이〕 아뢰길, "신이 일본 서계의 일로 누차 주복(奏覆)하였으나, 그 접수 여부는 오직 법을 지키고 약속을 따르는 데 달려 있을 뿐입니다. 이제 저들의 서계가 전규(前規)에서 크게 벗어났으니, 이 때문에 갑, 을의 논의가 아직까지 하나로 귀결되지 않는 것입니다. 예전에는 없었으나 이제 새로 생긴 것을 잡아서 책망하고 척퇴한다면 누군들 옳지 않다고 하겠습니까마는, 애초에 그 정본(正本)을 열어 보지 않고 단지 등본(謄本)으로 가부를 논했으니 이것도 창쾌(暢快)하지 않습니다. 저들 서계 중에 몇 글자는 그 나라에서 신자(臣子)가 자존(自尊)하는 칭호에 불과하니, 우리 체면에 무슨 손상이 있겠습니까? 교린 문자가 겸공(謙恭)하지 않음은 그 잘못이 저들에게 있는 것이요, 그 무분별함이 또 저들에게 있는 것입니다. 그러나 몇 년 동안 상지(相持)해서 우리 회유(懷柔)의 뜻을 막은 것은 도리어 스스로 업신여김을 취한 것이요, 또한 성신(誠信)을 결여한 것이니, 신이 비록 무식하고 불초하나 지난 문첩(文牒)을 계고(稽考)해 보아도 이런 일은 들은 적이 없습니다. 훗날에 금일을 논한다면 장차 무엇이라고 하겠습니까? 원 서계는 해당 부사로 하여금 바로 조정에 봉납(捧納)하게 하시고, 그것에 답하든지 척퇴하든지 처분을 명정(明正)하게 하는 것이 우리의 사체(事體)에 아마도 윤당(允當)할까 하옵니다. 그러므로 감히 황공함을 무릅쓰고 아뢰는 것입니다."라고 했다.

상(上)이 말씀하셨다. "이 일로 아직까지 상지(相持)함은 과연 회수(懷綏)의 뜻이 아니니, 상주한 바에 따라 받아 본 후에 물리칠 만한 것은 물리치도록 하라."

15 『朝鮮關係考證彙輯』明治八年十二月 先報理事日誌 拔萃 內話聞取.

16 『使鮮日記』卷乾;『倭使日記』李太王丙子年正月七日.

일한 신관계의 성립

제 9 장

전권변리대신(全權辨理大臣)의 파견

강화도 사건 발생 후 메이지 8년 9월 29일의 어전회의에서 당면한 급무인 부산 공관 및 거류민 보호 방법을 강구했으나, 대한교섭의 근본 방침에 관해서는 아직 성안(成案)[1] 을 마련하지 못하고 있었다. 참의 기도 다카요시는 조선 문제의 권위자로서 자타가 공 인하고 있었으므로 메이지 천황은 10월 3일에 궁내소보(宮內小輔) 스기 마고시치로(杉 孫七郎)를 기도 참의의 저택에 칙사로 보내서 그의 의견을 구했다. 그리고 10월 4일에는 천황이 친히 태정관대(太政官代)에 임어(臨御)하여 태정대신 산조 사네토미, 좌대신 시마 즈 히사미츠(島津久光), 우대신 이와쿠라 도모미, 그리고 각 참의를 어전에 소환해서 조 선 문제를 자순(諮詢)했다. 그런데 시마즈 좌대신이 지난 몇 년간 자신이 주장한 정부 개 조와 관기진숙(官紀振肅)[2]을 급무로 보고 그것의 즉시 단행을 주장했기 때문에 조선 문 제는 사실상 논의되지 않았던 것 같다.[1] 기도 참의는 긴급한 결정을 요하는 대한정책이 국내 정쟁의 희생이 될 것을 우려해서 10월 5일에 산조 태정대신에게 대한정책의 결정 을 독촉하고, 자신이 직접 견한대사(遣韓大使)를 맡겠다고 상신했다.

나가사키의 전보에 따르면, 지난달 20일 우리 군함이 조선해(朝鮮海)에서 저들에게 불의의 포격을 당하여, 우리 함선이 부득이 맞서 싸워서 그 포대를 무너뜨리고 민가를 불태운 후 물 러났다고 합니다. 조선 교제의 성패 여부를 놓고 우리 정부가 힘을 쓴 것이 오래되었는데, 이 제 갑자기 이런 일까지 생겼으니 이를 조선이 끝내 우리와 단절한 것으로 간주해야 할지 알 수 없습니다. 조선의 일로 국론이 분분해서 매년 그치질 않습니다. 작년에는 이로 인해 정부 의 변혁이 생겼고, 지난봄에는 또 규슈에서 소요가 일어났습니다. 이제 천하의 비평하는 자 들이 필시 분분히 다투어 일어날 것이니, 정부는 미리 일정한 묘략(廟略)을 세워서 의무를 다

---

1) 성안(成案): 초안(草案), 시안(試案)
2) 관기진숙(官紀振肅): 관기(官紀)는 관리의 기강, 또는 관청의 규칙이라는 뜻이고, 진숙(振肅)은 문란한 규율이 나 기강을 엄숙히 바로잡는다는 뜻이다.

하고 책무를 맡지 않을 수 없습니다.

작년에 우리 오다(小田) 현 사람과 류큐 번 사람이 횡역(橫逆)³⁾을 받은 것 때문에 정부에서 타이완을 문죄(問罪)했는데, 하물며 우리 제국의 기장(旗章)을 향해 이유 없이 폭거를 가한 금일의 일에 있어서겠습니까? 저 조선은 타이완과 다릅니다. 우리 관리와 인민이 현재 그 나라에 있으니, 모른 척하고 불문에 부칠 수 없습니다. 반드시 지당한 처분을 내려서 우리 제국의 광영(光榮)을 보전하고, 우리 사민(士民)의 안행(安幸)을 위해 진력해야 함은 두말할 나위가 없습니다. 그러나 계략을 정하는 데는 형세와 정리(情理)가 있고, 일을 시행하는 데는 선후와 순서가 있으니, 한갓 세상의 비평하는 자들의 경솔한 논의를 따라, 그 흐름에 휩싸여 풍파를 일으켜서는 안 됩니다. 만약 정부가 미리 묘략(廟略)을 세워서 그 시행 순서를 하나로 정한다면, 그것을 신(臣)에게 맡겨주십시오. 신은 삼가 미력을 다해서 우리나라를 위해 도모하고자 합니다.

선제(先帝) 말년에 개국(開國)의 국시(國是)를 정해서 천하에 조칙을 내린 이후로 비로소 만국의 교제를 열어서 유신 초기에 각국 공사를 경사(京師)에서 연견(延見)⁴⁾하게 되었습니다. 그런데 지나(支那)와 조선은 예로부터 우리와 상통(相通)한 나라이자 또 가까이 인병(隣倂)⁵⁾에 위치하고 있으니, 원양 각국(遠洋各國)과 서로 교제하는 때 인병(隣倂)의 나라들과 막연하게 서로 신호(信好)하지 않는 것을 어찌 공도(公道)라고 할 수 있겠습니까? 이에 조의(朝議)가 조선, 지나에 길을 트는 계책으로 결정되었으니, 신 등이 실로 그 논의를 익찬(翼贊)했습니다. 그리고 기사년 12월 3일에 직접 어전에서 조선, 지나 사절의 명을 받들었습니다. 그러나 그 후 조선의 일로 갈등이 해소되지 않았습니다. 그러므로 세월을 천연(遷延)하게 된 것입니다. 신은 황송하게도 서양 각국에 파견되는 사명(使命)을 받았는데, 귀조했을 때 지나와는 이미 조약을 완성했으나 조선과의 교제는 아직 화합하지 못해서 우리 사신이 중도에 머물고 있습니다.

정한론이 일어났을 때, 신은 내치가 아직 충분치 못한 것을 깊이 우려해서 안을 우선하고 밖을 뒤로 미루자는 논의를 주장했습니다. 게다가 조선 또한 아직 명백하게 정벌할 죄가 있는 것도 아니었습니다. 그러나 지금은 우리 군함에 흉포한 공격을 가해서 명백히 우리의 적이 됐으니, 우리 내치가 아직 충분치 않더라도 한갓 그 안만 돌보며 밖을 버려둘 수 없습니다. 이에 신의 사상 또한 일변하지 않을 수 없습니다. 그러나 일에는 선후가 있고 순서가 있습니다. 이제 조선이 우리 군함을 포격해서 우리 군대가 이미 개전했습니다. 하지만 우리 것들이

---

3) 횡역(橫逆): 도리에 어긋난 일
4) 연견(延見): 맞아들여서 만나봄
5) 인병(隣倂): 이웃, 근린(近隣)

부산포에 여전히 그대로 있으니, 이를 본다면 아직 조선이 우리와 단절한 것이 아니므로 바로 무력을 가할 수 없습니다.

또 조선은 지나와의 관계에서 현재 그 정삭(正朔)을 받고 있습니다. 따라서 그 교제의 친결(親結)[6]과 그 환난의 상호 관절(關切)[7]은 분명히 알 수 없으나, 기속(羈屬)[8]되는 바가 있음은 분명합니다. 그렇다면 우리가 조선의 전말을 들어 한번 지나 정부에 묻고, 그 중보(中保)[9]와 대변(代辨)을 요구하지 않을 수 없습니다. 지나 정부가 그 속방의 의리로 우리를 대신해서 그 죄를 꾸짖고, 우리 제국에 사죄하는 지당한 조치를 취하게 한다면 우리 또한 그것으로 멈출 수 있습니다. 그러나 만약 지나 정부가 중보(中保)와 대변(代辨)을 하려고 하지 않고 우리 제국이 직접 처리하도록 맡긴다면, 우리는 바로 그 사유를 조선에 힐책하고 온당한 처분을 요구할 수 있을 것입니다. 그때 만약 저들이 끝까지 받아들이지 않는다면 그 죄를 문책하지 않을 수 없습니다. 그러나 용병(用兵)하는 도(道)는 반드시 피아의 정형(情形)을 살펴보지 않을 수 없는 법이니, 우리 회계(會計)의 이축(贏縮)[10]과 공전(攻戰)의 지속(遲速)을, 반드시 그 마땅함을 저울질해서 만전을 기하지 않을 수 없는 것입니다.

이는 그 선후와 순서를 결정함에 있어, 원래 총졸(匆卒)[11]하게 해서는 국면을 매듭지을 수 있는 바가 아닙니다. 만약 조정에서 신에게 일체의 기의(機宜)[12]를 위임해서 시종 이 일에 종사하게 하신다면, 신은 응당 노력(駑力)을 다해서 반드시 우리 제국의 광영(光榮)을 손상시키지 않도록 진력할 것입니다. 그 기변(機變)[13]의 결과가 정부의 평소 정략에 크게 관계되는 것은 물론 조의(朝議)의 결정을 청할 것입니다. 부디 신의 전후 논의를 환히 이해하셔서 신의 소청을 들어주시길 바랍니다. 이것이 신이 시종 나라에 보은하는 소이(所以)입니다. 신은 두려워하며 소(疏)를 올립니다.

메이지 8년 10월 5일

다카요시[2]

기도 참의의 주장에서 특징적인 것은 청한종속관계에 중점을 두어서 강화도 사건에 관해서는 우선 종주국인 청국 정부에 책임을 묻고, 청국이 그것을 회피했을 때에야 비

---

6) 친결(親結): 친근하게 교분을 맺음
7) 관절(關切): 관계, 관련성이 있음
8) 기속(羈屬): 굴레와 고삐로 종속시킴. 그 모양으로 얽매인 것
9) 중보(中保): 중간에서 보증함. 또는 보증하는 사람
10) 이축(贏縮): 곤궁(困窮), 군색(窘塞)
11) 총졸(匆卒): 매우 바쁘고 급함. 급작스러움
12) 기의(機宜): 객관적 정세에 의거해서 얻어낸 대책. 또는 기밀, 가장 중요한 일
13) 기변(機變): 임기응변(臨機應變)하는 계책

로소 조선에 직접 교섭을 개시할 수 있다는 점, 그리고 전권위원을 자천(自薦)하고 평화적 해결에 자신을 보이고 있다는 점이다.

정부는 기도 참의의 의견을 승인해서 그를 견한대사(遣韓大使)에 임명하기로 내정했다. 그런데 정부 부처 내에서도 대한교섭의 전도에 관한 관측이 구구해서, 대사가 도한(渡韓)하면 조선은 쉽게 굴복해서 우리 요구에 동의할 것이라는 낙관론과 조선은 종전의 전례로 보더라도 일본 정부에서 특파한 대사와의 직접 교섭을 강경하게 거부할 것이며 그 결과 양국은 불가피하게 개전에 이르게 될 것이라는 비관론이 나타났다. 이러한 관점 차이에 기초해서 평화론과 개전론이 대립한 결과 정부의 근본 방침이 확립되지 못했던 것이다.[3]

메이지 8년 10월 27일, 좌대신 시마즈 히사미츠와 참의 이타가키 다이스케가 사직하고 내각을 떠남으로써 정부 분열의 위험도 해소되고, 조선 문제의 심의도 점차 궤도에 오를 수 있었다. 11월 3일에 외무소승 모리야마 시게루가 부산에서 돌아와 조정에 복명한 이후에는 조선의 정세도 다소 판명되고, 강압 수단을 동원할 경우 개전까지 가지 않고서도 해결에 이를 수 있다는 전망 또한 세울 수 있었을 것이다. 특히 모리야마 외무소승, 외무성 육등출사 히로츠 히로노부가 상신한 견한대사 임명과 대한교섭 방법론은 현지 관리의 의견으로서 검토할 필요가 있을 뿐 아니라, 기도 참의의 주장과 어느 정도 일치하는 점이 있다는 데 주목할 필요가 있다.

특별히 대사(大使)를 조선국 강화도에 파견해서 저 나라가 인의(隣誼)에서 벗어난 죄를 문책하는 안

조선국이 다년간 우리의 심교(尋交)[14]의 뜻에 반하고, 게다가 작년에 우리 사원(使員)을 파견하자 저들 또한 이런저런 말들을 약속했다가 이제 또 번복해서 그 약속을 저버린 것, 그리고 저 나라가 우리 운요함에 포격한 것을 이제 문죄함에 어느 것을 주(主)로 하고 어느 것을 객(客)으로 해야겠습니까?

저들이 작년에 약속을 저버린 것은, 양국 간 반드시 다시 강구하지 않을 수 없는 인교(隣交)에 대해 천만 가지 평의(評議)를 다한 결과에서 나온 것이니 이를 주(主)라고 해야 할 것이요, 운요에 포격한 것은 갑자기 발생했으니 이를 객(客)이라고 해야 할 것입니다.

그러나 심교(尋交)는 그래도 여유 있게 대처하는 방도가 없다고 확언할 수 없지만, 망발(妄

---

14) 심교(尋交): 구교(舊交)를 다시 편다는 뜻

發)[15]은 하루라도 불문에 부칠 수 없습니다.

또 잠시 저 나라가 우리를 대하는 정(情)과 이(理)의 양쪽으로 방향을 바꿔서 고찰하면, 그 주(主)되는 것이 반드시 무겁고, 객(客)되는 것이 반드시 가볍다고 할 수 없습니다.

왜냐하면 저들이 작년에 약속을 이행하지 않은 것은, 설령 속으로 돌이켜서 그 그릇됨을 알더라도, 예로부터 타이슈와 서로 반복적으로 기만해온 관습에 따라 그 신의 없음을 정상적인 것으로 보는 정(情)이, 우리가 논하는 바의 이(理)를 가려서 아직 스스로 크게 죄를 지었음을 깨닫지 못했기 때문인 듯합니다. 운요 포격은, 저들이 우리가 바로 그 죄를 성토할 것을 두려워해서 전전긍긍(戰戰兢兢), 여리박빙(如履薄氷)하는 정(情)으로 인해 오히려 그 이(理)의 여하를 따질 겨를이 없을 것입니다. 이로써 보건대, 가령 이(理)를 미루어 본다면 배약(背約)을 견책하는 것을 주(主)라고 할 수 있지만, 그 정(情)을 헤아린다면 망발(妄發)을 책망하는 것을 객(客)이라고 할 수 없습니다.

다시 양자의 결국(結局)[16]에 관해 더 생각해 보면, 배약(背約)의 일은 교린상 통의대경(通義大經)에 관련된 가장 중대한 문제로서, 설령 저들이 회오(悔悟)하더라도 우리가 희망하는 바는 아마도 전약(前約)을 매듭짓는 데서 그치지 않을 것입니다. 그러나 망발의 건은 사죄하기만 하면 일이 저절로 끝날 것입니다. 그러므로 저들의 잘못을 문죄하는 일은 망발의 건을 중시하더라도, 결국(結局)하는 데 있어서는 배약의 건을 경시할 수 없는 것입니다.

이에 양자의 주객과 경중을 막론하고, 저들이 그 배약한 일을 회오하더라도 그 망발을 문책하지 않을 수 없고, 그 망발의 건을 사죄하더라도 그 배약을 견책하지 않을 수 없으니, 배약과 망발을 합쳐서 저들을 문죄하는 것이 올바른 의론이라고 생각합니다. 이에 대사(大使)의 문의지취안(問議旨趣案) 초안을 다음과 같이 잡아보았습니다.

우리 메이지 원년에 본방(本邦) 유신(維新)의 정유(情由)를 귀국에 고하고, 아울러 구교(舊交)를 다시 펼 것을 의논한 이래로 몇 해가 지나고 몇 차례의 차사(差使)가 갔는데, 귀국은 구례(舊例)를 고집하면서 우리의 뜻에 응하지 않다가, 작년에 번연(翻然)히 우리와 신맹(新盟)을 약속해서 다시 구례(舊例)의 여하를 불문하고 금년 2월을 그 기한으로 삼았다. 그러므로 우리 이사관을 파견해서 작년의 약속을 이행하게 했는데, 귀국이 한 바란 애매천연(曖昧遷延)하며, 의논한 바란 반복무신(反覆無信)해서, 6월에 마침내 범례가 구식(舊式)에 위배되면 허시(許施)할 수 없다고 답하기에 이르렀으며, 또 작년의 약속 불이행을 따지자

---

15) 망발(妄發): 여기서는 운요함 포격 사건을 가리킨다. 앞의 '심교(尋交)'는 서계 접수와 관련한 조선 측의 '배약(背約)'을 가리키고 있다.
16) 결국(結局): 국면을 마무리함

그것을 이행할 방도가 없다고 했다. 귀국이 작년에는 개도(改圖)해서 신례(新例)를 창시(刱始)했다가 이제 다시 구례를 끌어들여서 요구하니, 자약자배(自約自背)해서 모멸과 농락이 또한 심하다. 더구나 청국으로 항해하던 우리 군함이 귀국 근해로 길을 잡았는데, 마침 물이 떨어져서 연안에서 구하려고 할 때, 온 뜻을 한마디 묻지도 않고 갑자기 포격해서 우리 국기를 오욕(汚辱)하고 우리 인민을 살상했으니, 실로 이것이 9월 20일의 일이었다. 우리 기장(旗章)을 귀국 관변(官弁)에게 알려주고, 만약 우리 화선(火船) 중에서 풍랑을 만나거나 땔감, 식수 등을 구하기 위해 기박(寄泊)하는 것이 있으면 보호를 해달라는 뜻을 고한 것이 두 차례요, 귀국 또한 받아들였던 바이거늘, 지금 도리어 이처럼 잔인한 거동을 했다. 귀국이 포만무례(暴慢無禮)해서 우리 약속을 저버리고, 우리 사신을 쫓아내고, 우리 국기를 오욕하고, 우리 인민을 해쳐서 우리로 하여금 불문에 부칠 수 없게 만들었다. 이제 조정에서 본 대사(大使)로 하여금 귀국에 가서 그 패려(悖戾)함을 묻게 하여, 귀국이 사죄하고 포격한 무리들을 벌하게 하며, 또다시 양국의 친목을 돈독히 하고 조약을 체결해서 다시 이러한 일이 없게 하려는 것이 우리 조정의 뜻이다. 귀국이 이러한 뜻에 부응한다면 양국의 안녕을 기대할 수 있을 것이나, 만약 그렇지 않다면 본 대사의 직임으로 타판(妥辦)할 수 있는 바가 아니다. 귀국은 이를 양찰하고 사흘 이내로 회답하라.

이러한 안이 결정되면 먼저 사신을 부산에 보내서 대사의 강화(江華) 파견을 통보해야 합니다. 이는 빠뜨릴 수 없는 순서입니다.

특파대사를 위해 선보사(先報使)를 초량관(草梁館)에 파견하는 안

하나, 선보사(先報使)는 외무경의 지령을 받은 외무관원으로 파견할 것.

하나, 그 사절은 대사(大使)가 강화에 도착하는 것보다 30여 일 전에 초량에 도착하는 것으로 예정할 것.

하나, 초량에 도착한 다음에는 지령의 뜻을 구진서(口陳書)에 기재해서 저쪽 관변(官辨)에게 전달할 것.

하나, 외무경의 지령, 즉 대사 파출(派出)의 선보안(先報案)은 다음과 같음.

"조정에서 곧 조선국에 묻는 바가 있을 것이다. 특별히 대사 모(某)에게 명하여 모월 모일을 기해 저 나라 강화도에 가게 했다. 이에 너 모(某)로 하여금 초량관으로 가서 먼저 이 일을 통보하게 하는 것이다." 운운.

하나, 앞의 구진서를 전달할 때, 저들의 접수 여부와 무관하게 우리는 이미 저쪽 관변(官辨)에게 고했으므로 그 나라에 전보(傳報)한 것으로 인정한다는 뜻을 주장하고, 굳이 번

다한 의논에 관계치 말 것.

하나, 만약 저들이 선보(先報)를 경성에 급보한 다음에 그 회교(回敎)를 받겠다는 뜻을 우리 조정에 전주(轉奏)할 것을 청할 경우, 우리 대사가 강화에 가는 것의 완급(緩急)은, 원래 그 시기를 변경할 수 없음을 확실하게 알리고 그 내용을 상신할 것.[4]

메이지 8년 10월 5일의 기도 참의의 의견서와 11월의 모리야마 외무소승, 히로츠 육등출사의 상신은 각각 조선 문제의 권위자들이 작성한 것으로 정부에서 대한방침을 결정하는 데 중대한 시사점을 준 문건들이었다. 정부는 기도 참의를 특파대사에 임명하기로 내정했는데, 그는 11월 13일에 뇌일혈로 인해 왼쪽 다리가 불편해졌고, 이후 요양에 노력했지만 갑자기 완치될 가망이 없어서 대사 임명도 사퇴하지 않을 수 없었다.[5]

기도 참의가 특파대사를 사퇴하자 바로 후임자를 전형(銓衡)[17]했다. 육군중장 겸 참의 개척장관 구로다 기요타카(黑田淸隆)와 육군소장(陸軍少將) 겸 사법대보(司法大輔) 야마다 아키요시(山田顯義)가 가장 유력한 후보였다. 참의 겸 내무경 오쿠보 도시미치는 구로다 참의를 지지하였고 산조 태정대신도 이를 승인했으므로, 12월 7일에 오쿠보 참의와 참의(參議) 겸 공부경(工部卿) 이토 히로부미가 기도 참의에게 서한을 보내서 동의를 구했다. 기도는 구로다 기요타카의 성격으로 볼 때, 대한정책이 경화(硬化)되어 결국 개전의 불행을 보게 될까 크게 우려했지만, 정면에서 반대할 이유도 없었으므로 결국 동의했다. 단, 특파대사에게 부여할 훈령의 내용은 사전에 오쿠보와 이토 두 참의가 기도 참의와 협의해서 결정했다고 한다.[6]

구로다 참의의 특명전권변리대신 임명과 조선 파견은 메이지 8년 12월 9일자로 발령됐다. 이와 동시에 부대신 임명이 의제가 되었는데, 그 후보자로 전 대장대보(大藏大輔) 이노우에 가오루(井上馨)가 거론됐다. 이노우에 가오루의 부전권 임명 과정을 통해 당시의 복잡한 정치적 사정을 엿볼 수 있다. (1) 사쓰마, 죠슈 양대 번벌(藩閥)의 균형 문제로, 전권이 사쓰마 번벌이었기 때문에 균형을 맞추기 위해 부전권을 죠슈 번벌에서 뽑을 필요가 있었다. (2) 구로다 기요타카가 외국에 파견할 사신으로 반드시 적임자가 아니라는 것은 그를 추천했던 오쿠보 도시미치도 인정하였다. 따라서 외교에 정통한 부전권의 보좌가 필요했는데, 구로다 전권의 부관으로 이노우에 가오루를 빼고 달리 적임자를 구하기도 어려웠다. (3) 견한전권(遣韓全權)의 임무는 기도 다카요시가 간절히 희망했음

---

17) 전형(銓衡): 사람의 재능을 저울질해서 선발함

에도 질병 때문에 단념한 것이기 때문에, 기도의 후배인 이노우에 가오루를 부전권으로 추천하는 것은 정의(情誼)로 보더라도 온당하다고 생각됐다. 그런데 이에 관해서는 기도와 이노우에 사이에 의견 차이가 있어서 반드시 예상과 일치하지는 않았다. (4) 이노우에 가오루는 메이지 6년 5월에 대장대보를 사직한 이후로 실업계에 투신해서 각종 사업을 경영했지만, 예상대로 진척되지 않았을 뿐만 아니라 왕왕 배임독직(背任瀆職)의 혐의를 받기도 했다. 그래서 그의 앞날을 걱정한 친우(親友) 이토 참의 등이 이노우에가 이번 일로 약간의 공적을 쌓고, 그것을 계기로 관계에 복귀할 수 있도록 배려했던 것이다. 그것은 이노우에도 희망한 바였을 것이다.[7]

메이지 8년 12월 27일, 전 대장대보 종사위(從四位) 이노우에 가오루는 원로원 의관에 임명되고 특명부전권변리대신의 임무를 명받았다. 그리고 육군소장 다네다 마사아키(種田政明), 외무대승 미야모토 오카즈(宮本小一), 육군중좌 가바야마 스케노리(樺山資紀), 외무권대승 모리야마 시게루, 개척소판관(開拓少判官) 야스다 사다노리(安田政則), 개척간사(開拓幹事) 고마키 마사나리(小牧昌業), 준(准)육군소좌[둔전병(屯田兵)] 나가야마 다케시로(永山武四郎), 개척사(開拓使) 칠등출사 스즈키 다이스케(鈴木大亮), 외무사등서기생 이시바타 사다, 우라세 히로시, 외무육등서기생 아라카와 도쿠지(荒川德滋), 나카노 교타로 등에게 수행의 명이 내려졌다.[8]

구로다 전권과 이노우에 부전권에게 부여된 훈령은 다음과 같다.

훈조(訓條)

특명전권변리대신 구로다 기요타카

하나, 우리 정부는 오직 조선과 구교(舊交)를 지속하고 화친을 돈독히 하는 것을 주지(主旨)로 하기 때문에 조선이 우리 서계를 배척하고 우리 이사관을 응접하지 않는 것에 관계없이 계속해서 평화적으로 양호한 결국(結局)에 이를 것을 기약했는데, 어찌 갑자기 운요함 포격 사건을 당하리라고 생각이나 했겠는가? 이 포해(暴害)는 당시 상당한 방전(防戰)을 했다고는 하나, 우리 국기가 받은 오욕에 대해서는 응당 상당한 배상을 요구해야 한다.

하나, 그러나 조선 정부는 아직 명시적으로 절교한다는 말을 하지 않았고, 부산에 있는 우리 인민을 대우하는 것도 옛날과 다름이 없다. 또 그 포격이 과연 저 정부의 명령이나 의도에서 나온 것인지, 아니면 지방 관변(官辨)의 천흥(擅興)[18]에서 나온 것인지도 아직

---

18) 천흥(擅興): 정부의 명령 없이 자의적으로 군대를 일으키는 것

알 수 없으니 우리 정부는 굳이 친교가 완전히 단절된 것으로 간주하지 않는다.

하나, 그러므로 우리의 주된 뜻은 교제를 지속하는 데 있다. 따라서 이제 전권사절이 된 자는 화약(和約)을 체결하는 것을 위주로 하되, 저들이 화교(和交)를 닦고 무역을 넓히려는 우리의 요구에 따를 경우, 그것을 운요함의 배상으로 간주해서 승낙할지의 여부는 사신에게 위임한다.

하나, 이상 두 가지 건의 성공은 반드시 서로 연관하여 매듭지어야 한다. 그리고 검인(鈐印)은 두 개 안건을 동시에 하더라도, 화약 조관(和約條款)의 문안(文案)을 작성해서 협의에 이르는 것은, 반드시 결안(結案)을 승낙하기에 앞서 운요함의 일을 다뤄야 한다.

하나, 운요함의 포격이 과연 조선 정부의 의도나 명령에서 나온 것이라면 우리 요구는 더욱 크고도 급해질 것이다. 그 지방 관변의 천흥(擅興)에서 나온 것일지라도 조선 정부는 또한 그 책임을 면할 수 없다.

하나, 만약 조선 정부가 운요함 사건에 관한 책임을 져서 우리와 구교(舊交)를 지속하려는 성의를 표하지 않고, 도리어 다시 폭거를 행해서 우리 정부의 영위(榮威)를 더럽힐 경우, 임기의 처분을 할지 여부는 사신에게 위임한다. 요컨대 조선인이 관용(慣用)[19]하는 바의 의위천연(依違遷延)[20]의 수단에 기만당해서는 안 된다.

하나, 화교(和交)가 실제로 이뤄진다면 도쿠카와 씨의 구례(舊例)에 구애되지 말고 다시 한 걸음 더 나가서 다음 조건을 완결하라.

하나, 우리 일본국과 조선국은 영구한 친목을 맹약하고, 피아(彼我) 대등한 예로써 교접(交接)해야 한다.

하나, 양국 신민은 양 정부가 정한 장소에서 무역할 수 있다.

하나, 조선국 정부는 부산에서 피아 인민이 자유롭게 상업을 경영하게 해야 한다.
또 강화부나 도부(都府)[21] 근방에 운수(運輸)가 편의한 지역을 선정해서 일본 신민이 거주하고 무역하는 곳으로 삼아야 한다.

하나, 도부(都府)와 부산, 또는 다른 일본 신민의 무역장(貿易場) 사이에 일본인의 자유로운 왕래를 허락하고, 조선 정부는 상당한 부조(扶助)를 해야 한다.

하나, 일본 군함 또는 상선으로 조선해(朝鮮海) 어디든지 항해, 측량할 수 있게 해야 한다.

하나, 피아의 표민(漂民)을 부조(扶助)하고 호환(護還)하는 방법을 설정해야 한다.

---

19) 관용(慣用): 늘 습관처럼 사용함
20) 의위천연(依違遷延): 의위(依違)는 가부를 결단하지 못하고 우물쭈물하는 모양을 가리키고, 천연(遷延)은 시일을 끈다는 뜻이다.
21) 도부(都府): 서울

하나, 피아의 친목을 보존하기 위해 양국 도부(都府)에 상호 사신을 재류(在留)시키되, 그 사신은 예조판서와 대등한 예를 행해야 한다.

하나, 피아 인민의 분쟁을 막기 위해 무역하는 지역에 영사관을 설치해서 무역하는 신민을 관리한다.

이상 각 조관 중에서 시의(時宜)에 비추어 당장 필요하지 않은 건을 생략할 수 있다.

메이지 8년 12월

태정대신 산조 사네토미[9]

이 훈령은 제1관, 제2관, 제3관, 제5관 등 각 조관에서 강화도 사건에 대한 일본 정부의 결심과 방침을 명시하고 있다. 즉, (1) 강화부 초지진에서 일본 군함을 향해 발포한 것은 일본 국기에 대한 모욕이므로 그것이 조선 정부의 명령에 의한 것이든 지방 관헌의 독단적인 행위에 따른 것이든 그 책임은 조선 정부에 귀속된다는 것, (2) 일본 정부는 조선 정부의 사죄와 충분한 보상을 요구할 결심을 했다는 것, (3) 조선은 우리 인방(隣邦)으로서 예로부터 국교가 오래되었고, 비록 최근에 정치적 이유로 인해 단절 상태에 있지만 일본 정부는 조선과의 국교를 지속하는 것을 근본 방침으로 하고 있다. 따라서 강화도 사건에 관해서도 평화적 해결을 희망하며, 만약 조선 정부가 일본 정부의 제안에 따라 수호조약 체결과 통상 확대를 수락한다면, 그것을 강화도 사건에 대한 보상으로 인정해서 별도의 보상을 요구하지 않겠다는 것이다. 특히 마지막 조건이 가장 중요한 의미를 갖는데, 이는 기도 참의의 주장을 전면적으로 채택한 것이라고 할 수 있다.

제3조에 보이는 수호조약과 통상조약의 대강은 제7조에 명기되어 있다.

첫째, 일한 양국은 대등한 조건으로 수호조약을 체결함.

둘째, 일한 양국 신민은 특별히 그 목적을 위해 개방된 항시(港市)에서 무역을 영위할 수 있음.

셋째, 부산 및 강화부, 또는 수도 부근에 교통이 편리한 항만을 일본 신민의 통상을 위해 개방함.

넷째, 일본 신민은 조선의 수도 및 각 개항장 사이를 육로와 해로를 불문하고 수시로 왕복할 수 있으며, 이에 대해서 조선 정부는 상당한 보호를 제공함.

다섯째, 일본 군함과 상선은 조선 영해를 자유롭게 항행하고 측량을 행할 권리를 보유함.

여섯째, 일한 양국 표류민의 구제 및 송환에 관해 별도로 협정함.

일곱째, 일한 양국은 상대국 수도에 외교 대표를, 개항장에 영사관을 주재시키며, 외교 대표
는 예조판서와 대등한 예우를 받음.

이 훈령에 부속된 내유(內諭)에 따르면, 조선 정부에 대한 요구 조건 중에서 전권위원
이 긴급하지 않은 것으로 인정한 조항은 상황에 따라 취사할 수 있는 권한을 부여했으
나, (1) 강화도 사건에 대한 조선 정부의 사죄, (2) 조선 영해의 자유항행, (3) 강화부 부
근 지점의 개항 등 3개 조항은 절대로 양보할 수 없다고 규정하고 있다. 단, 메이지 8년
12월 27일자 태정대신의 추가 내유(內諭)를 통해 전술한 3개 조항 가운데 제2항과 제3
항의 두 조항은 "저 나라 전권과 담판한 후에 실지시행(實地施行) 시기의 완급을 결정하
는 권한은 사신에게 위임함."이라고 규정했다.[10]

이상은 조선 정부가 강화도 사건에 대한 책임을 인정하고 일본 정부의 요구에 응하는
것을 전제로 한 조건들이지만, 그 반대 경우에 대한 방침 또한 훈령 중에 명기되어 있다.
즉, 훈령 제6조에서는 조선 정부가 강화도 사건의 책임을 인정하지 않고 일본과의 국교
유지를 거절할 경우에는 그 조처를 전권위원의 자유재량에 위임한다고 규정하고 있다.
아울러 별도로 태정대신의 내유(內諭)를 통해 그 자유재량의 범위를 분명히 했다. 즉, 제
6조를 적용하는 것은, (1) 전권위원에게 모욕을 가하거나 일본 대사를 인정하지 않고 폭
행을 가하는 경우, (2) 전권위원을 응접하지 않고, 폭행을 가하지는 않더라도 일체 전권
과의 교섭을 거부하는 경우, (3) 청한종속관계 또는 그 밖의 이유를 칭탁하면서 전권위
원의 요구에 대한 회답의 천연(遷延)을 도모하는 경우였다. 그리고 각각의 경우에 (1) 적
당하게 방어하고 일단 쓰시마로 철수한 후 본국 정부에 청훈할 것, (2) "인의(隣誼)를 중
시하고 화평(和平)을 위주로 하는 우리의 호의를 깨닫지 못한 죄를 힐책하고, 우리 정부
에서 별도로 처분이 있을 것이라는 취지로 저들에게 서한을 보낸 후 그 내용을 신속하
게 주보(奏報)하고 추후 명령을 기다릴 것."이라는 지침을 내렸다. (3) 청한종속관계에
관해서는 제10장에서 별도로 논하기로 한다.

일본 정부의 대한방침이 평화에 있고, 조선 정부도 일본과의 정면충돌을 피하려는 의
사가 있음이 인정되었으므로 태정대신 내유(內諭) 마지막 단락에 다음과 같이 규정해서
내유 제1항과 제2항에 해당하는 경우에라도 전투행위의 개시는 불허한다는 것을 명기
했다.

저들이 자기의 설을 주장하거나, 또는 허식(虛飾)으로 일관해서 도저히 우리의 요망에 응하지 않을 경우에는, 비록 현저한 폭거나 능욕을 가하지 않았더라도, 사절은 양국 화호(和好)의 가망이 이미 끊어졌으니 우리 정부에서 별도의 처분이 있을 것이라는 취지로 결절(決絶)[22]의 서한을 보낸 다음에, 신속하게 귀항해서 추후 명령을 기다림으로써 사절의 체면을 온전히 하라.[11]

이보다 앞서 정부는 외무권대승 모리야마 시게루, 외무소승 히로츠 히로노부의 건의에 따라 전권변리대신이 출발하기 전에 구 타이슈 번 때의 간사재판(幹事裁判)과 마찬가지로 선보사(先報使)를 부산에 파견해서 전권변리대신의 파견 사실과 그의 임무, 관직과 이름, 목적지 등을 미리 통고하기로 했다. 히로츠 외무소승이 이사관의 명의로 이 임무를 맡았으며, 메이지 8년 11월 25일에 외무경 훈령이 부여됐다. 그 대요는 다음과 같다.

(1) 이사관은 전권변리대신 파견에 관한 구진서(口陳書)를 지참하고 부산에 건너가서 훈도·별차, 또는 기타 상당하는 조선 관헌에게 전달할 것. 만약 해당 관헌이 위격(違格) 등의 이유로 그 수리를 거부하더라도, 일단 그것을 전달한 이상 그 나라 정부에 통고한 것으로 인정한다고 선언하고 저들의 항의를 불고(不顧)할 것. (2) 훈도나 그에 상당하는 관헌이 질병 및 다른 구실로 공관을 방문하려고 하지 않을 시에는 구진서를 배소통사(陪小通事)에게 전달하고 훈도와 별차의 수령서(受領書)를 요구할 것. 만약 이를 수락하지 않을 경우에는 부산 지방으로 가서 관계 관헌에게 중대한 공무임을 설명해서 반드시 수리하게 할 것. (3) 구진서를 전달한 후에는 바로 부산을 떠나 쓰시마 이즈하라에 체재하다가 전권변리대신이 도착하면 보고하고, 귀조해서 복명할 것.[12]

메이지 8년 12월 1일, 히로츠 외무소승은 도쿄에서 출발하여 12월 17일에 부산 공관에 도착했다. 12월 19일에 훈도 현석운이 공관을 방문했으므로 히로츠 이사관은 구진서를 제시하면서 전권변리대신의 파견 이유를 설명했다.

구진서(口陳書)

우리 조정에서 이제 특명전권변리대신을 파견할 것이니, 강화만(江華灣)을 향해 갔다가[23]

---

22) 결절(決絶): 결연히 절교함. 또는 결(決)은 결(訣)과 통하여 이별이라는 뜻을 가지기도 한다.
23) 원문은 '강화만을 거쳐서 전진하다[由江華灣前往]'으로 되어 있으나 첨부된 별함에 따르면 '由'는 '向'의 잘못인 것으로 보인다.

장차 경성까지 곧장 갈 것입니다. 이 때문에 우리 외무경이 본직(本職)을 파견해서 사전에 통보하는 것입니다. 다시 사명(使命) 지의(旨意)의 개략을 별함(別函)에 개구(開具)[24]하여 사전 통지를 편하게 합니다.

이를 별함(別函)과 함께 경성에 착오 없이 전달해주길 바랍니다.

메이지 8년 12월

대일본이사관 히로츠 히로노부(印)

별구자(別具者)

우리 조정이 중흥(中興)했을 때 서계를 보내서 통고했으니 그 뜻은 구호(舊好)를 지속하는 데 있었습니다. 그 후 사신이 나간 것이 3, 4번이요, 햇수가 지난 것이 7, 8년인데 아직 글자 1자, 서함 1장도 답장을 받지 못하다가, 작년에 우리 외무관원 모리야마가 동래부사 박(朴)으로부터 다시 외무경 서계를 작성해서 동래에 오면 응접하겠다는 약속을 받았습니다. 이에 우리 조정에서는 기한에 맞춰서 사절을 보냈는데, 어찌 귀국이 약속을 어기고 응접하지 않을 줄 알았겠습니까? 이어서 우리 9월 20일에 우리 화륜선이 뉴좡(牛莊)을 향하다가 강화도를 지날 때 강어귀에서 물을 구하려고 했는데 갑자기 포격을 받았습니다. 우리 조정은 귀국의 심의(心意)의 소재를 알 수 없으나, 차마 양국의 우호를 진창길에 버릴 수 없기 때문에 육군중장 겸 참의 구로다를 특명전권변리대신에 임명하여 귀국에 파견하고 적확하게 사문(査問)해서 반드시 요령을 얻으려는 것입니다. 우리 메이지 9년 1월 중순, 귀국 금년 12월 15일에서 24일 사이에 곧장 강화도를 향해 갈 것이요, 만약 거기서 응접과 대답을 받지 못하면 곧장 경성으로 갈 것입니다. 의위천연(依違遷延)의 관법(慣法)은 용납하지 않을 것이나, 또한 도적이 아니라 혼인을 구함이니 옛 우호로 돌아가려는 것입니다.[25] 다만 사사(使事)가 중대하고 변방 병민(兵民)의 사정을 예측하기 어렵습니다. 그러므로 지금 사신을 병선(兵船)으로 호위하는 것은 부득이합니다.

이상은 변리대신의 사명(使命)의 대지(大旨)입니다. 본직(本職)이 먼저 서술하는 것은 오로지 사전 통지를 편히 하기 위해서입니다. 그 문변(問辨)[26]으로 말하자면 오직 변리대신의 전

---

24) 개구(開具): 구체적으로 열거하면서 자세히 기록함
25) '도적이 아니라 혼인을 구함이다[匪寇婚媾].'는『周易』분괘(賁卦) 육사(六四) 효사(爻辭)에서 인용한 말로, 구로다 사행(使行)의 목적이 수호에 있음을 강조하기 위한 것이다. '옛 우호로 돌아간다[言歸于好]'는 구절은『春秋左傳』僖公 九年條에 나온다.
26) 문변(問辨): 질문을 통해 시비를 분변함

대(專對)[27]의 임무에 관계되니, 본직(本職)이 감히 간여할 바가 아닙니다.[13]

훈도는 이 구진서(口陳書)를 규정에서 벗어난 것으로 간주해서 동래부사에게 등보(謄報)하고 정부 지휘에 따르지 않으면 수리할 수 없다고 주장했으므로, 히로츠 이사관은 구진서의 등사(謄寫)를 승낙했다.

메이지 8년 12월 21일에 훈도 현석운은 공관으로 히로츠 이사관을 방문했다. 그리고 동래부사 홍우창의 통고를 전달하면서 말하길, '구진서 등본은 이미 정부에 진달했으며, 정본(正本)은 부사의 권한으로 봉출(捧出)할 수 없다. 정부의 회하(回下)를 기다려서 그 수리 여부를 통고하겠다.'고 했다.

히로츠 이사관은 구진서 정본은 전달할 수 없었지만 등본이 정규의 절차에 따라 동래부사를 거쳐 정부에 진달되었으므로 외무경 훈령에서 규정한 임무를 완수한 것으로 간주했다. 그리고 메이지 8년 12월 23일 부산에서 출발해서 타이슈 이즈하라에 귀환한 다음에 전권변리대신이 도착하기를 기다렸다.[14]

---

27) 전대(專對): 외국에 나간 사신이 독자적으로 판단해서 사사(使事)를 처리하고 응답하는 것

1 『木戸孝允日記』卷三 明治八年十月三日·四日;『松菊木戸公傳』卷下 1878쪽;『岩倉公實記』卷下 307쪽.

2 『善隣始末』卷二;『岩倉公實記』卷下 307~309쪽.

3 『木戸孝允日記』卷三 明治八年十二月七日·八日·九日·十日·十五日;『松菊木戸公傳』卷下 1883~1884쪽. 당시 일본 조야에서 주전론이 왕성했다는 것은 메이지 8년 10월 6일 주일 미국 특명전권공사 존 빙엄(John Bingham)의 보고에서 알 수 있다.

It is with regret that I acquaint you that by public rumor in the press, and from private sources, I learn that war may be declared by Japan against Corea.

It appears from what has transpired to the public that a Japanese man-of-war was engaged in sounding off the coast of Corea and within its waters, and while so engaged was fired upon by a Corean fort and disabled. After retiring for repairs the Japanese vessel returned, attacked and took the Corean fort and captured its guns, some thirty in number, burned the village adjacent thereto, and returned to Nagasaki to await orders. Considering the relations of Corea and China, it seems to me, in the event of war between Japan and Corea, it would be proper to declare a strict neutrality touching both the powers as within the provision of the act of June 22, 1860, section 4090, Revised Statutes, treating both as powers with whom the United States are at peace.

Should the fact reach you by telegram of a declaration of war or the commencement of actual hostilities between the two countries, I pray to be advised at once if the views herein expressed as to my duties in the premises meet the approval of the Department. (Mr. John Bingham, United States Minister to Japan, to Mr. Hamilton Fish, Secretary of State; Tokio, October 6, 1875. *Papers relating to the Foreign Relations of the United States*, 1876, p.348)

4 『朝鮮交際始末』卷三.

5 『松菊木戸公傳』卷下 1882~1883쪽;『岩倉公實記』卷下 309~310쪽.

6 『松菊木戸公傳』卷下 1883~1885쪽;『世外井上公傳』卷二 692쪽.

7 『世外井上公傳』卷二 693~698쪽.

8 『使鮮日記』卷乾.

9 『朝鮮交際始末』卷三;『岩倉公實記』卷下 310~312쪽.

10 『朝鮮交際始末』卷三.

11 『朝鮮交際始末』卷三.

12 『朝鮮交際始末』卷三.

13 『朝鮮交際始末』卷三.

14 『朝鮮交際始末』卷三;『朝鮮關係考證彙輯』.

강화부에서의 예비 교섭

특명전권변리대신 육군중장 겸 참의 개척장관 구로다 기요타카는 메이지 8년 12월 9일에 발령을 받은 이후로 개척사(開拓使) 출장소에 사무소를 차리고 수행원을 독려해 가며 준비에 분주했다. 12월 30일에는 아카사카 가황거(假皇居)에서 메이지 천황을 배알(拜謁)하라는 분부를 받았다. 그리고 이듬해인 메이지 9년 1월 6일에 육군소장 다네다 마사아키, 외무대승 미야모토 오카즈, 외무권대승 모리야마 시게루 이하 수행원들을 거느리고 시나가와에서 승선해서 출발했다. 특명부전권변리대신 의관(議官) 이노우에 가오루는 먼저 출발하여 메이지 9년 1월 8일에 고베에서 일행과 합류했다.[1]

견한특파전권대사(遣韓特派全權大使)에게 평화적 사명(使命)이 부여됐다는 것은 이미 제23절에서 상세하게 설명한 바와 같다. 그렇지만 이 평화적 사명의 원만한 달성 여부는 강력한 해군력을 이용한 시위가 가장 중요한 관건이라고 생각했다. 그것은 미개(未開) 또는 반개국(半開國)에 대한 앵글로 색슨류의 무력 외교를 모방한 것으로, 23년 전에 미국 동인도함대 사령관 겸 특파대사 해군대장 매슈 페리(Matthew C. Perry)가 행했던 바를 그대로 이웃나라에 시행하려는 것이었다. 일본의 정치가와 군인들이 페리 해군대장 및 그의 막료들을 통해 무력 외교의 첫걸음을 배웠다는 것은 이하 5개 절에서 쉽게 알 수 있을 것이다.

84년 전에 이미 일류의 신식 해군을 보유했던 미국 정부는 태평양에서 가장 큰 함대를 견일대사(遣日大使)에게 줄 수 있었다. 그러나 63년 전의 일본 정부는 조선을 위압할 만한 소함대를 편성하는 데도 큰 어려움을 느꼈다. 메이지 9년 1월에 해군성이 견한특파대사(遣韓特派大使)의 호위를 위해 파견할 수 있었던 것은 중형 코르베트함 1척과 소형 코르베트함 1척, 그리고 특무함(特務艦) 1척에 불과했으며, 여기에 개척사(開拓使) 소관의 운송선(運送船)(경무장을 했다.) 3척이 추가됐다. 즉, 군함 닛신(日進)[함장 해군소좌 이토 스케유키(伊東祐亨)]·모슌(孟春)[함장 해군소좌 가사마 히로타테(笠間廣盾)][1)]·특무함 다카오마루(高雄丸)[함장 해군소좌 이노우에 요시카(井上良馨)], 기선(汽船) 겐부마루(玄武丸)[감독관 개척사 십등출사 마츠다 도키토시(松田時敏), 선장 슈미트]·하코다테마루(函館丸)[선장 개척어용괘(開拓御用掛) 에비코 스에지로(蛯子末次郎)], 교류마루(矯龍丸)[감독관 개척사 십일등출사 다케이 한노조(武井半之丞), 선장 엘부른]의 6척이었다. 전권변리대신과 부대신, 그리고 수행원들은 겐부마루에 승선하고, 의장병(儀仗兵)으로 부속된 해병대 사관(士官) 51명과 하사관 211명은 다카오마루에 승선했다. 이 소함대를 지휘할 사령관은 별도로 임명하지 않고, 해군대좌 니레 가케노리(仁禮景範)와 해군중좌 아리치 시나노조(有地品之允)가 시찰 명목으로 다카오마루에 탑승하였다.

전권변리대신이 시나가와에서 출발할 당시, 각 선박들은 분산되어 있었을 뿐만 아니라 그 항해 속력 또한 5노트에서 8노트까지 매우 큰 차이가 있었으므로 그것들을 한 함대로 편성하기란 불가능했다. 따라서 자유항행을 허가하고, 집합지점을 쓰시마노쿠니 다케시키 만(竹敷灣)으로 지정했다.[2]

메이지 9년 1월 13일, 겐부마루는 다케시키의 바깥쪽 오자키 만(尾崎灣)에 입항했다. 전권변리대신은 이즈하라에 체재 중이던 외무소승 히로츠 히로노부를 불러서 그의 복명을 청취했다. 재부산 공관 경비의 임무를 맡았던 해군소장 나카무타 구라노스케도 해군성의 명에 따라 해군 호쇼(鳳翔)[함장 해군소좌 야마자키 가케노리(山崎景則)]를 타고 1월 6일에 부산에서 먼저 와서 이즈하라에 체재하고 있었는데, 그 또한 전권변리대신의 소환 명령을 받고 겐부마루로 가서 협의했다.[3]

메이지 9년 1월 15일, 전 함선은 오자키 만에서 출항해서 부산에 입항했다. 당시 부산항에 정박한 함선은 군함 호쇼, 기선 만슈마루를 합쳐 모두 8척에 이르렀는데, 전례 없는 장관을 연출했다고 한다.

구로다 전권과 이노우에 부전권이 탄 배가 부산에 입항하자 가훈도(假訓導) 이준수와 가별차(假別差) 한인진이 바로 문정을 위해 공관으로 달려왔다. 공관장대리 외무사등서기생 야마노조 스케나가는 전권변리대신의 명에 따라 일본 대신이 중대한 공무 때문에 함선 7척을 거느리고 강화부로 향할 것이라는 내용을 설명하고 훈도에게 구진서(口陳書)를 전달했다. 또 훈도의 요구에 따라 함선장의 성명, 용적, 승무원 수를 통고했다.[4]

---

1) 원문에는 가시마 히로타테(笠間廣楯)로 되어 있으나 楯는 盾의 오자이므로 바로잡았다.

구진서(口陳書)

　우리 조정에서 귀국에 변리대신을 파견하는 한 가지 일로 전에 우리 외무경께서 이사관을 보내서 미리 고지하셨습니다. 이제 우리 특명전권변리대신 육군중장 겸 참의 개척장관 구로다 기요타카, 특명부전권변리대신 의관 이노우에 가오루께서 이미 쓰시마에 도착하셨으니, 곧 강화도로 가서 귀국 병권대신(秉權大臣)을 만나실 것입니다. 만약 대신이 나와서 영접하지 않으면 바로 경성으로 가실 것입니다. 다만 계절이 바로 엄동(嚴冬)이고, 풍랑이 길을 막아서 그 섬에 도달하는 시기는 아마도 7, 8일 후가 될 것입니다.

　이상을 경성에 전달하십시오.

메이지 9년 1월 15일

관장대리

외무사등서기생 야마노조 스케나가[5]

　훈도는 구진서를 받고는 규정 외이지만 변정(邊情)이 긴급해서 물리치기 어렵다고 보고, 바로 등서(謄書)해서 동래부사에게 보고했다. 부사는 이를 다시 정부에 급히 진달했다.

　구로다 전권과 이노우에 부전권은 부산 도착 전에 이미 나카무타 해군소장과 히로츠 외무소승에게서 조선의 정황을 들었지만, 이제 직접 현지를 시찰하게 되자 사명(使命)의 전도(前途)에 대해 다소 불안감을 갖게 됐다. 즉, 한강 하류의 바다는 수로가 확실치 않아서 함선이 해안에 접근하기 어려울 뿐만 아니라, 강화부 일대의 방비 또한 프랑스, 미국, 일본 3개국 군함의 공격을 받은 이후로 점점 더 엄중해졌으리라고 믿을 만한 이유가 있었다. 따라서 지금처럼 미약한 해군력으로는 저들이 전단(戰端)을 열 경우 그것을 돌파하고 상륙할 가망이 없으며, 만일 패전하는 일이 생긴다면, 설령 그것이 작은 패전이라도, 장래 외교 교섭에 악영향을 미치게 될 것을 고려하지 않을 수 없었다. 메이지 9년 1월 15일 저녁, 두 전권은 다네다 육군소장, 가바야마 육군중좌, 니레 해군대좌, 아리치 해군중좌를 불러서 협의한 끝에 의장병의 명목으로 육군 2개 대대의 추가 파병을 신청하기로 결정하고, 1월 16일에 개척사 십삼등출사 고테라 히데노부(小寺秀信)에게 명하여 만슈마루를 타고 급히 시모노세키로 가서 타전하게 했다. 또 육군중위 이다 도시스케(飯田俊助)로 하여금 공문서를 갖고 상경해서 정부에 진달하게 했다. 이와 동시에 이노우에 부전권은 이토 참의에게 사신(私信)을 보내서 "구로다와 소생도 결코 조포(粗暴)한 거동은 하지 않을 것입니다."라고 보증했다.[7]

시모노세키에서 타전된 구로다 전권과 이노우에 부전권의 육군 추가 파병 요청 전보는 메이지 9년 1월 18일에 도착했다. 정부는 크게 긴장하고, 태정대신의 사저에서 대신과 참의들이 참집(參集)한 가운데 각의를 열어서 두 전권의 요청을 심의했다. 그런데 대한교섭 방침이 평화적 해결에 있다는 것은 이미 상주해서 재가를 받은 태정대신 훈조(訓條)에 명기된 바였으므로 그에 반하는 조처를 내리기는 어려웠을 뿐만 아니라, 데라지마 외무경이 외교단의 질문에 대해 전권대사는 육군을 인솔하지 않는다고 보증했기 때문에 육군 추가 파견은 불가능했다. 참의 겸 내무경 오쿠보 도시미치, 참의 겸 공부경 이토 히로부미, 육군중장 겸 참의 육군경 야마가타 아리토모(山縣有朋)는 신중하게 협의한 끝에 구로다와 이노우에 두 전권의 요청을 인가하지 않기로 의견을 모았다. 그리고 이를 산조 태정대신에게 상신해서 확정한 후 태정대신의 이름으로 회훈(回訓)했다. "오직 평화를 위주로 하는 우리의 취지를 이미 지나(支那) 및 각국 공사에게 공식적으로 통지했으므로, 비록 의장병이라고 해도, 이제 와서 갑자기 많은 병력을 보낸다면 한번 응접하기도 전에 애초의 논의를 변경하는 모습을 보이는 것이니 내외에 대해서 불가하다. 따라서 저 나라의 사정 여하에 구애받지 말고 오직 애초의 논의를 관철하는 데만 종사해야 한다. 또 우리는 우선 우리 분의(分義)[2]의 소재를 다하고, 부득이한 상황에 이른 후에야 비로소 정부에서 전쟁을 공포하는 것이 바로 사절을 파견한 취지다. 설령 충분히 담판을 하지 못했더라도 우선 강화만(江華灣)에서 응접을 마친 다음에 내유(內諭)에 따라 진퇴하고, 화전(和戰)의 구분이 판연(判然)해지기 전까지는 특히 두 단서를 혼효(混淆)하지 않는 것을 주안으로 한다. 이번에 출병하는 것은 물론 용이하지만, 지난날의 목적과 크게 어긋나고 또 여론 여하에 관계되니, 이 때문에 우선 병대를 파견하지 않는 것이다. (절략)"

이상 정부 방침의 전달은 전신만으로는 철저하지 못한 감이 있었기 때문에 메이지 9년 1월 18일에 외무권대승 노무라 야스시(野村靖)를 조선에 급파해서 국내의 정치적 사정을 두 전권에게 설명하기로 했다.[8]

정부의 대한방침은 평화로 확정되어 있었지만, 만에 하나 구로다 전권 등이 염려하는 것처럼 조선에서 전쟁이 일어난다면 적은 수의 전권 호위병으로는 즉시 격파당하여 강화부에 들어가지 못할 수도 있었다. 그것은 일본의 위신과 관련되는 중대한 문제이기

---

2) 분의(分義): 분수와 의리. 또는 분수에 맞는 의리를 다하는 것

때문에 강력한 육군 부대를 증파해서 그 보복으로 적어도 강화부를 점령하지 않을 수 없었다. 정부는 1월 19일에 야마가타 참의 겸 육군경을 시모노세키에 급파해서 육군부대의 출동 준비에 착수하게 했다. 야마가타 육군경은 1월 22일에 시모노세키에 도착한 후 구마모토(熊本) 진대(鎭臺) 사령장관 육군소장 노즈 시즈오(野津鎭雄)를 만나서 히로시마(廣島)와 구마모토 두 진대에서 출병하는 것으로 결정하고, 필요한 수송 선박의 준비에 착수했다. 2월 상순에는 일체의 출동 준비를 마무리하고 개전 소식을 기다렸지만 다행히 그러한 일은 일어나지 않았다.[9]

그 사이에 두 전권은 저속 함선을 먼저 출발시킨 후, 겐부마루와 다카오마루를 거느리고 부산에 머물면서 회훈(回訓)을 기다렸다. 그런데 1월 22일까지도 만슈마루가 귀항하지 않았으므로, 전권은 나카무타 해군소장과 협의한 끝에 23일에 군함 호쇼를 시모노세키에 파견해서 전보로 회훈을 독촉하기로 하고, 개척간사 고마키 마사나리, 개척사 칠등출사 스즈키 다이스케를 태워 보냈다. 그리고 전권은 조선 정부에 통보한 날짜보다 많이 지연되는 것을 우려해서 1월 23일 오후에 부산에서 출항했다.

메이지 9년 1월 25일, 겐부마루와 다카오마루는 예정된 집합지점인 경기 남양부(南陽府) 도리도(桃李島), l'île Fournier) 앞바다에 도착해서 먼저 출발한 함선들을 집결시켰다. 거기서부터 강화부까지의 수로가 명확치 않았으므로 군함 모슌은 염하(鹽河)에 파견하고, 교류마루는 강화부를 우회해서 한강 본류를 거슬러 올라가 강화도의 북문에 해당하는 월곶진(月串鎭)으로 향하게 해서 각각 측량하게 했다. 또 하코다테마루를 보내서 남양만(南陽灣)에서 인천부까지의 수면을 측량하게 했다. 구로다 전권은 측량함에 탑승한 육해군 장교들이 무분별하게 발포해서 전단을 열 위험성을 우려하여 다네다 육군소장 이하에게 엄히 계칙(戒飭)을 내렸다. 그러고도 불안하다고 보고 직접 측량함 1척에 탑승하여 지휘 감독할 의향을 비쳤지만, 다네다 소장 이하가 만에 하나 전권에게 불우의 사태가 생길 것을 우려해서 극력 만류했으므로 이노우에 부전권이 대신 교류마루에 탑승해서 한강 북쪽 어귀로 향했다.[10]

메이지 9년 1월 27일, 2척의 조선 선박이 도리도에 정박 중이던 군함 닛신에 다가왔다. 남양부사 강윤(姜潤)이 문정을 위해 궤유물(饋遺物)[3] 몇 종을 싣고 풍파를 헤치고 내방한 것이었다. 닛신에서는 전권의 명령에 따라 부사와 하리(下吏) 3명만 승선을 허락했

---

3) 궤유(饋遺): 물건을 매매하는 것이 아니라 호의로 보내 주는 일

다. 그리고 그들을 함장실로 인도한 후 미야모토 외무대승, 고마키 개척간사, 우라세 외무사등서기생 등이 응접했다. 부사는 지방관으로서 문정의 임무를 띠고 내방했음을 알리고, 함선 숫자, 승선 인원수, 함선의 움직임과 특히 강화부로 가는 이유, 그리고 일본 전권대신의 승선 여부를 질문했다. 미야모토 외무대승은 질문에 대답하고, 또 일본 대신이 강화부에 가려는 이유는 예전에 재부산 일본 공관장대리가 동래부사를 거쳐 조선 정부에 통고했기 때문에 이제 다시 반복할 필요가 없다고 말했다. 부사도 이를 양해했다. 미야모토 대승은 다시 구로다 전권의 관직을 설명해서, '일품(一品)의 관리로, 본래 관직은 육군중장이라서 휘하에 군졸이 매우 많고, 참의로서 내각의 중임을 맡고 있다. 또 개척장관으로서 대략 조선 전역의 반에 달하는 광대한 지방을 관할하고 있다. 일본 정부가 이처럼 추요(樞要)의 지위에 있는 대신을 해외에 파견하는 것은 극히 드문 사례'라고 했다. 그리고 화제를 돌려서 구로다 전권과의 교섭 임무를 담당할 조선 전권의 관직과 성명을 질문했다. 부사는 아직 듣지 못했다고 답하고, 다시 일본에서 대신을 어떤 임무로 강화부에 보냈는지 알고 싶다고 청했다. 미야모토 대승은 '일본에서는 최근에 대변혁을 해서 교린의 형식도 개혁할 필요성을 느꼈다. 그래서 특별히 전권대신을 파출(派出)한 것인데, 그 목적은 수호에 있으며 다른 뜻은 없다.'고 설명했다. 부사는 "300여 년 상호(相好)한 우의에 다시 무슨 별반 수호가 있겠는가?"라고 반문했지만, 미야모토 대승은 이 건은 양국 전권이 토론할 문제이며 수행원이 간여할 바가 아니라고 답했다. 마지막으로 미야모토 대승은 일본의 정·부 전권은 조선 전권과 정식으로 회견하기 전까지는 다른 누구와의 회견도 거부할 것이며, 만약 앞으로 교섭할 필요가 있으면 수행원 가운데 미야모토 외무대승, 모리야마 외무권대승, 야스다 개척소판관, 고마키 개척간사, 스즈키 개척사 칠등출사가 그 임무를 맡을 것이라고 통고했다. 그리고 부사가 가져온 궤유(饋遺) 물품[쌀, 장(醬), 술, 소, 돼지, 닭 등]은 전권의 명에 따라 정중하게 사절했다.[11]

1월 28일, 하코다테마루가 인천부 연안을 측량하던 중 일본어를 알아듣는 조선인 관리가 내방했다. 하코다테마루에서는 남양만에 정박 중인 군함 닛신으로 갈 것을 지시했다. 이는 바로 일본 전권대신의 문정 임무를 띠고 정부에서 특파한 한학당상역관(漢學堂上譯官) 오경석(吳慶錫)과 왜학훈도 현석운 일행이었다.[12]

1월 29일, 남양부로부터 인천부 일대의 수로 측량이 끝났으므로 군함 닛신, 특무함 다카오마루, 기선(汽船) 겐부마루는 도리도 앞바다에서 물러나와 팔미도(八尾島) 앞바다에 닻을 내렸다.

1월 30일, 당상역관 오경석과 현석운이 군함 닛신에 내방했으므로 미야모토 외무대승과 모리야마 외무권대승은 전권의 명에 따라 닛신으로 갔다. 그리고 우선 우라세 외무사등서기생에게 영접을 맡겼다. 훈도 현석운은 우라세 히로시를 보고는, 작년 12월에 외무경과 외무대승 서계의 변통 정납(變通呈納)을 조건으로 전권대신의 강화 파견을 중지하도록 본국 정부에 상신하겠다고 서약했으면서 결국 오늘날의 사태를 초래한 신의 없음을 통렬히 질책했다. 우라세 서기생은 '예전에 훈도의 제의에 동의했던 것은, 양국 국교 단절의 위기를 맞아 다년간 부산에 재근하면서 양국 사이를 알선한 몸으로 차마 좌시할 수 없었기에 만에 하나의 요행을 바란 결과였다. 그런데 쓰시마에 돌아가서 보니 대신이 승선한 배가 이미 도착해서 손쓸 방법이 없었다. 그러므로 공관에 근무하는 외무칠등서기생 스미나가 다츠야스에게 급서(急書)를 보내서 내보(內報)하게 했는데, 이미 훈도가 상경한 뒤라서 결국 어쩔 수 없었다.'는 사정을 정성껏 해명했다.

우라세 서기생과의 쟁론이 채 결판나지 않은 상태에서 훈도 일행은 군함 닛신에 승선해서 미야모토, 모리야마 두 대승과 회견을 가졌다. 미야모토 대승은 먼저 '일본국 전권대신 파출(派出)은 이미 전후 두 차례 동래부사를 거쳐 조선국 정부에 통고한 바와 같다. 현재 여기에 정박하고 있는 것은 각 함선을 분견해서 수로를 탐색 중이기 때문이다. 측량 결과가 판명되는 대로 강화에 상륙한 후, 이어서 경성에 입성할 예정이다. 그리고 구로다와 이노우에 두 전권이 상륙하기 전에 수행원 미야모토 외무대승과 모리야마 외무권대승이 강화부에 들어가서 강화부 유수 조병식과 회견을 갖고 대신(大臣) 응접의 의절(儀節)을 상의하고자 한다'고 말했다. 훈도 현석운은 반문하여 말하길, '작년 12월에 히로츠 외무소승은 외무경과 외무대승 서계의 변통을 조건으로 전권대신의 파출(派出)을 중지하겠다고 공약했다. 그런데 그 공약을 이행하지 않은 것은 무슨 이유인가?'라고 했다. 미야모토 외무대승은 '본 건과 같은 중대 사건은 히로츠 외무소승 같은 출장 관리가 천단(擅斷)해서 변경할 수 있는 것이 아니다. 나는 관등(官等)의 권한이 히로츠 소승보다 훨씬 높지만, 나 또한 이번에 제시된 안건을 결정할 수는 없다.'라고 설명했다. 훈도는 '강화부는 조선국 해문(海門)의 중지(重地)이니, 외국인이 마음대로 입성해서 강화부 유수와 회견하는 것을 허락할 수 없다. 더구나 경성에 진입한다는 것은 조선의 국법을 무시하는 것이다. 일본이 이처럼 무례하다면 조선에서도 방어를 엄중히 해서 물리치지 않을 수 없다.'고 했다. 미야모토 대승은 '강화부 상륙과 경성 진입 모두 전권대신의 명에 따라 문정 역관에게 전달하는 것으로, 수행원과 문정관 모두 그 가부를 논할 수 있는 바가 아니다. 문정관의 직무로 오직 일본국 전권의 통고를 정부에 보고하면 그것으로 그만이다.'라며 주의를 주었다. 훈도는 자신이 문정관으로서 내방했다는 이유로 구로다 전권과 직접 회견한 후에 그 결과를 조정에 복명하지 않으면 안 된다고 주장했다. 미야모토 대승은, 구로다 전권은 두등(頭等)[4]의 전권대신이기 때문에 문정관 따위와 회견할 수 있는 분이 아니라고 하면서 거절했다. 훈도는 다시 여러 가지 작은 일에 관해 캐물었지만 미야모토 대승은 회답할 필요가 없다고 하면서 응하지 않았다. 이것으로 이날의 회견을 마쳤다.[13]

1월 31일, 군함 모슌은 강화부 남쪽 어귀까지의 수로 조사를 마치고 팔미도 앞바다로 귀환했다. 1월 28일에 모슌이 항산도에 잠시 정박했을 때 강화부 판관 박제근이 문정을 위해 내함(來艦)했다. 2월 1일에는 이노우에 부전권, 다네다 육군소장 등을 태운 교류마루가 강화부 북쪽 어귀의 측량을 마치고 귀환했다. 교류마루가 1월 30일 강화부 월곶진 송정포(松亭浦) 앞바다에 잠시 정박하고 있을 때 차비역관 이희문(李熙聞)과 이응준(李應俊)이 문정을 위해 내함(來艦)했다. 이노우에 부전권은 야스다 개척소판관에게 명하여 차비역관을 승선시키고, 구두로 전권대신이 강화부로 가기 전에 그의 명에 따라 수로 조사를 위해 내항(來航)했다고 통고했다. 차비역관은 대신이 온 사명(使命)을 알고 싶어 했지만, 야스다 소판관은 의례적인 답변으로 들은 바 없다고 할 뿐이었다.[14]

메이지 9년 2월 1일 오후, 측량을 위해 분파된 선함들이 모두 집합지점에 모였다. 이들이 가져온 정보를 통해 수로 상태도 판명되고 강화부 진항(進航)의 준비도 완료되었지만, 예전에 몇 차례에 걸쳐 지방관을 경유해서 보낸 통고에 대해 조선 정부의 회답도 없었고 1월 30일에 내방한 문정 역관 오경석과 현석운도 다시 오지 않았으므로 조선 정부의 방침을 전혀 알 수 없었다. 이 때문에 다시 지방관에게 가서 정보를 수집할 필요에 직면하였다.[15]

메이지 9년 2월 2일[3일][5], 전권은 정보 수집을 목적으로 모리야마 외무권대승에게 우라세 서기생(書記生)을 붙여서 인천부 제물포에 파견했다. 그 전날에 특무함 다카오마루에 승선한 해군대위 사카모토 모토하시라(坂本基柱) 등이 여기서 인천부사(仁川府使) 겸 방어사(防禦使) 윤협(尹峽)을 만나 의견을 교환할 수 있었기 때문이다. 과연 모리야마

---

4) 두등(頭等): 일등(一等)
5) 원문 그대로 옮겼다.

권대승은 인천부사 윤협을 만날 수 있었고, 잡인들을 물리친 후 우라세 서기생의 통역으로 회담을 가졌다. 모리야마 권대승은 먼저 이번 공간(公幹)이 매우 중대한 의미가 있다고 주의를 환기하고, '일본 전권변리대신이 며칠 내로 강화부로 가실 예정인데, 조선 정부에서는 강화부로 대신을 간파(簡派)해서 교섭 임무를 맡길 준비가 되어 있는가?'라고 질문했다. 인천부사는, 조선 정부에서는 이미 대신을 강화부에 파견해서 일본 대신을 응접하기로 결정했다고 말하고, 또 모리야마 권대승의 질문에 대해 대신에 판중추부사(判中樞府事) 신헌, 부대신에 예조상서(禮曹尚書) 윤자승(尹滋承)을 차하했다고 전했다. 모리야마는 판중추부사의 직함에 관해 질문했는데, 윤협은 그것은 정일품(正一品) 관직에 해당하며, 예전에 승상의 관직을 지낸 사람이 임명되는 것이 마치 일본의 태정부(太政府)[6]와 같다고 답했다. 모리야마는 다시 과연 그 말이 사실이라면 판중추부사는 좌우 의정에 해당하느냐고 반문했고, 윤협은 그렇다고 답했다. 다음으로 모리야마는 부대신의 관직인 예조상서는 조선에서 아직 들어본 적이 없다고 하면서 그에 관해 질문했다. 윤협이 '상서(尚書)는 판서의 호칭이니 바로 예조의 장관(長官)'이라고 설명하자 모리야마도 수긍했다. 이어서 여담으로 들어갔다. 모리야마 권대승은 최근 일본의 정치적 사정을 설명하여, '몇 해 전에 사이고 육군대장 등이 정한론을 주창한 이래로 그것에 부화(附和)하는 자들이 매우 많아졌다. 이와쿠라 우대신은 그것을 극력 저지하려고 했지만 오히려 큰 정변을 격성(激成)하게 됐다. 그 뒤로도 군부 내에서 개전론이 유력했지만, 우리들이 양국의 구교(舊交)를 생각해서 간절하게 저지함으로써 오늘날에 이른 것'이라고 말했다. 또 서계 등의 문제와 관련해서도 조선 정부의 방침이 매우 타당하지 않다고 비난했다. 윤협은 '정한론의 일은 아직 듣지 못했다. 그대들의 노력으로 개전론을 저지할 수 있었던 것은, 조선으로서도 그 후의에 크게 감사한다. 단, 세계에 관해서는 정부의 방침에 따른 것으로 변방을 지키는 장수가 그 가부를 운위할 수 없다.'고 답했다고 한다.[16]

조선 정부가 이미 대신에 상당하는 대관을 전권에 임명해서 구로다와 이노우에 두 전권과 상의하게 했다는 사실을 확인했으므로, 두 전권은 드디어 강화부를 향해 출발하기로 결정했다. 메이지 9년 2월 4일 오전 10시, 전 함대는 군함 모슌을 선두로 팔미도 정박지에서 출발해서 오후 1시 20분에 항산도·초지진 아래 닻을 내렸다. 같은 날 오후 4시, 당상역관 오경석과 훈도 현석운이 내방했으므로 그들을 군함 닛신에 초대했다. 모리야

---

6) 원문에는 '태부부(太府府)'로 되어 있으나 이는 '태정부(太政府)'의 잘못이다. 『심행일기: 조선이 기록한 강화도조약』(신헌 지음, 김종학 옮김, 푸른역사, 2010) 丙子正月九日條 참조.

마 외무권대승, 스즈키 개척사 칠등출사가 나와서 회견하고, 아라카와 외무육등서기생이 통역을 맡았다. 훈도가 말했다. '조선 정부는 이미 접견대관과 부관을 임명했다. 대관과 부관께서는 장차 일본국 전권대신이 탑승한 선박이 정박한 곳으로 향하시려고 한다. 그러므로 접견의절(接見儀節)과 일시를 협의하기 위해 내함(來艦)한 것이다.' 모리야마 권대승이 말했다. '조선 정부가 접견을 위해 일찍이 좌우승상(左右丞相)을 지낸 대관을 임명했다는 것은 인천 지방관의 말을 통해 알게 됐다. 접견의절과 일시의 강정에 관해서는, 전권대신의 명에 따라 우리들이 내일 2월 5일에 강화부로 가서 유수와 협의할 예정이다. 이러한 뜻을 강화부 유수 조(趙)에게 통고하고, 군민을 효유(曉諭)해서 그들이 경동(驚動)하지 않도록 하는 것이 좋겠다. 만약 혹시라도 일본 관변에 대한 불경한 행위가 발생한다면 우리 스스로 자위 방도를 강구할 것이다.' 훈도는 접견의절과 일시의 협의에 관해서는 접견대관과 직접 상의하는 것이 지당하고, 강화부 유수는 그것을 상의할 권한을 갖고 있지 않다고 설명했다. 그리고 다시 강화부에 입성하는 문제는 조선 정부의 동의를 얻어서 실행해야 한다고 주장했다. 그러나 모리야마 권대승은 훈도의 항의를 일축하고, 오직 일본 전권의 통고를 접견대관에게 전달하기만 하면 훈도의 직책은 다하는 것이니 일의 가부를 논하는 것은 허락하지 않겠다고 단언했다. 훈도도 어쩔 수 없이 군함에서 내려와서 보고를 위해 강화부로 급히 귀환했다.[17]

이보다 앞서 조선 정부는 동래부사 홍우창의 보고를 통해 일본 전권대신이 함선 6척을 직접 이끌고 강화부로 향한 사실을 확인하고, 메이지 9년 1월 22일(이태왕 을해년 12월 26일)에 문정을 위해 한학당상역관 오경석과 당시 경성에 있던 부산훈도 이하 역관 몇 명을 경기 연안 지방에 내려 보냈다. 그 전날, 즉 1월 21일에 이양선 몇 척이 경기 남양부 앞바다에 출현했지만 연일 이어진 심한 풍파 때문에 접근할 수 없었다. 1월 23일에 이르러 남양부사 강윤이 풍파를 무릅쓰고 문정한 후 치보(馳報)했다.[18]

남양부사 강윤의 치보를 통해 일본 전권대신이 탄 선함이 이미 남양부 외해에 도착했다는 것, 그리고 구로다 전권의 관함(官銜)이 판명됐다. 조선 정부에서도 응접 준비에 착수했다. 메이지 9년 1월 30일(이태왕 병자년 정월 5일) 어영대장(御營大將) 신헌[신관호(申觀浩)]을 체임(遞任)해서 판중추부사에 임명하고 접견대관에 차하했으며, 예조판서 윤자승을 체임해서 도총부부총관(都總府副總管)에 임명하고 접견부관에 차하했다. 그리고 홍문관 부교리 홍대중(洪大重)을 종사관에 차하했다. 접견대관·부관 일행은 2월 1일에 경성에서 출발해서 강화부에 도착했다.[19]

이양선 출현 소식이 도착한 것과 동시에 정부는 한강 하류 연안의 경계를 엄중히 하고, 총융사중군(總戎使中軍) 양주태(梁柱台)에게 명하여 훈련도감(訓練都監) 보군(步軍) 1초(哨)[7], 표하군(標下軍) 30명을 이끌고 행주항(幸州項)^{경기도 고양군(高陽郡) 지도면(知道面)}을, 또 금위영중군(禁衛營中軍) 신숙(申橚)에게 명하여 훈련도감 보군 1초, 금위영 보군 1초, 표하군 30명을 거느리고 염창항(鹽倉項)^{경기도 김포군(金浦郡) 양동면(陽東面)}을 수비하게 했다.[20]

일본 전권대신이 강화부로 간다는 것은 이미 부산 공관을 경유해서 공식적으로 통고되었고, 그 선발(先發) 함선이 이제 강화 외해에 출현했다. 정부에서는 일본 전권의 강화부 진입을 절대로 불허하되 부득이할 경우 초지진을 접견 장소로 지정하기로 내정하고, 사전에 접견대관에게 내명(內命)을 내렸던 것 같다. 그런데 2월 3일에 영의정 홍인군 이최응은 접견대관에게 급서를 보내서, 초지진을 접견 장소로 삼는 것을 불허하며 인천과 남양 사이에 일본 전권대신이 탄 선함이 정박한 곳에서 접견하라는 명을 전했다. 신헌과 윤자승은 2월 4일에 강화부에서 출발해서 육로로 인천까지 간 후, 팔미도 외해로 일본 전권을 방문하려고 했다. 그런데 접견대관과 부관 일행이 통진(通津)에 도착했을 때, 통진부사 이규원(李奎遠)이 일본 선함 전부가 팔미도에서 출발해서 2월 4일 오전에 항산도 앞바다에 정박한 사실을 급보했다. 그것이 사실이라면 인천에 가는 의미가 없었다. 따라서 접견대관·부관은 당일 통진에서 하룻밤을 묵고 이튿날 새벽에 출발하기로 했다. 그런데 이날 일본 전권의 수행원 일부가 벌써 강화부에 진입했으므로 그들을 피해서 갑곶진을 건너 같은 날 저녁에 강화로 귀환했다.[21]

2월 5일, 전에 문정 역관에게 통고한 대로 모리야마 외무권대승, 야스다 개척소관관, 우라세 외무사등서기생 등은 해군대위 사카모토 모토하시라, 육군소위 마스미츠 구니스케(益滿邦介) 등 육해군 장교 약간을 동반해서 기선 2척에 나누어 탑승하고, 항산도 정박지에서 출발해서 염하(鹽河)를 거슬러 올라가 갑곶진에 상륙한 후 강화부로 가서 유수 조병식과의 회견을 요구했다. 그런데 유수는 전날 미야모토 외무권대승의 말 중에 "귀국 병민(兵民)이 혹시라도 먼저 발포한다면, 우리 또한 스스로 도리에 맞게 할 것이다."고 한 것을, 그 언사가 패만(悖慢)해서 통완(痛惋)을 이길 수 없고, 또 일본 사원(使員)이 제멋대로 상륙해서 유수에게 회견을 요구하는 데도 그것을 저지할 수단이 없으니, 그 죄가 익직(溺職)에 해당한다고 하면서 사차(私次)[8]로 물러가 공무를 폐하고 대감(待勘)했

---

7) 초(哨): 옛 군대 편제의 일종으로 약 100명의 군사로 구성되었다.
8) 사차(私次): 개인 처소

다. 그리고 강화부판관 박제근에게 직무를 대행하게 했다.[22]

모리야마 외무권대승과 야스다 개척소판관은 강화부판관 박제근을 만나서 전권변리대신의 명에 따라 양국 전권대신 접견 시의 의절(儀節)을 협의하기 위해 내방했다고 말했다. 판관은 '강화부유수는 수토지신(守土之臣)으로서 양국 대신의 접견의절(接見儀節)을 상의할 권한을 갖고 있지 않다. 그것은 접견대관의 권한에 속하는 것으로, 대관께서는 이미 일본 대신이 탑승한 배가 정박한 지점으로 출발하셨다.'고 답했다. 모리야마 권대승은 '지난번에 인천부사에게 조선국 접견대관이 강화부로 향했다는 말을 듣고 특별히 와서 상의하고자 한 것인데, 이제 판관의 말처럼 아직 다른 곳에 있다면 우선 강화부에 머무르면서 접견대관의 도착을 기다리겠다.'고 했다. 판관은 모리야마 권대승의 희망을 수락해서 강화부 부수영(副帥營)을 청소한 후 모리야마 권대승 등을 맞이하고, 또이 일을 접견대관에게 급보했다.[23]

강화부판관 박제근의 급보를 받은 접견대관 신헌과 부관 윤자승은 2월 5일에 강화부에 도착해서 강화부 중영(中營)을 숙사(宿舍)로 삼았다. 접견대관은 곧장 당상역관 오경석과 현석운에게 명하여 모리야마 외무권대승, 야스다 개척소판관을 방문해서 그들의이른바 접견의절을 협의하게 했다. 그러나 모리야마 권대승 등이 응하지 않고 반드시접견대관과의 회견을 요구했으므로, 신헌과 윤자승 두 전권은 협의한 끝에 '일본국 전권 수행원이 대관과의 회견을 요망하는 것은 필경 사명(使命)의 중대성을 자각하고 있기때문이니, 지금 이를 거부해서 저들의 감정을 해친다면 실화(失和)의 단서가 되지 않으리라고 보장하기 어렵다.'는 결론을 내리고, 특별히 부관 윤자승과의 회견을 수락했다.

메이지 9년 2월 5일 심야에 모리야마 외무권대승과 야스다 개척소판관은 접견부관윤자승을 방문해서 양국 전권의 회담에 앞서 예비교섭을 개시했다. 모리야마 권대승이 먼저 '전권대신의 명에 따라 접견절목을 협의하는 임무를 받아서 왔다'고 말하려는데 접견부관이 그 말을 막고, '접견절목에 관해서는 당상역관(堂上譯官)을 일본국 대신이 탄 선박이 정박한 초지진으로 보내서 협의하려고 하니, 멀리 강화부까지 왕림을 청할 필요가 없다.'고 했다. 또 "우리 대관께서는 주인의 도리로 좌굴(坐屈)[9]을 꺼리셔서장차 귀 선박의 정박지인 초지진에서 영접하신 다음에 왕복하면서 의정(議定)하려고 하셨다. 그런데 어째서 수고롭게 멀리 여기까지 온 것인가?"라고 하여, 장래 회담은 접견

---

9) 좌굴(坐屈): 자신이 찾아가야 할 것을 직접 가지 않고 상대를 오게 하는 것

대관과 부관이 초지진으로 나가서 그곳에서 일본 전권대신이 탑승한 선박 사이를 왕복하면서 행하겠다는 뜻—물론 당상역관이 주로 교섭 임무를 담당할 것이다.—을 시사했지만, 모리야마 권대승은 응하지 않고, 전권대신의 명에 따라 회담은 반드시 강화읍 내의 공해(公廨)에서 열려야 한다고 주장했다. 또 전권이 상륙할 때 의장병과 호위병을 대동할 것이므로 강화읍 내에서 전권과 수행원, 의장병이 묵을 숙사(宿舍)를 대여해줄 것을 요청하고, 전권대신은 이상의 세 숙사가 마련된 뒤에 상륙할 것이라고 말했다. 접견부관은 '숙사는 강화부 유수와 협의한 후에 통지할 것이지만, 원래 강화부의 해사(廨舍)는 좁아서 많은 인원을 수용하기 어렵고, 또 조선국 접견대관이 빈주(賓主)의 예로서 수행원을 생략했으니 일본국 전권대신도 되도록 간략하게 해주길 바란다.'고 요청했다. 모리야마 권대승은 '전권대신이 인솔하는 병력은 4,000명이지만 숙사의 어려움을 고려해서 400명만 인솔해서 상륙할 의향'이라고 답했다. 접견부관은 경악한 기색을 보이면서 '400명의 병력을 인솔하는 것은 간략하다고 하기 어렵고, 해사(廨舍)가 좁아서 많은 인원을 수용하기 어렵기 때문에 더 감축해 줄 것'을 요망했다. 모리야마 권대승은 '대신의 의장(儀仗)에는 반드시 400명의 병원(兵員)이 필요하니 갑자기 감축할 수 없다. 또 조만간 2,000명의 병원(兵員)이 추가 파견될 예정이지만, 해상의 일이라 그 도착 날짜를 미리 알기 어렵다. 강화부에서 수용할 수 없다면 후속 부대는 인천, 부평 등의 각 읍에 상륙시킬 예정이니, 해당 지방관에게 관문(關文)을 보내서 숙사를 준비하도록 조처해 달라.'고 했다. 이 말을 들은 접견대관은 "이제 양국 대신의 접견이 구호(舊好)를 지속하려는 의도에서 나왔는데, 많은 병사를 어디에 쓰겠는가? 또 병선(兵船)이 내지에 상륙하는 것은 아마도 국인(國人)을 놀라게 할 것이다. 설관(設館)의 구약(舊約)에 '초량(草梁) 설문(設門)[10]의 밖을 벗어나지 않는다'고 했으니, 본디 방한(防限)이 있음을 알 수 있다. 이제 이 인천과 부천에 상륙 운운하는 말은 실로 이해할 수 없다. 이러한 일은 강론할 것도 없다."고 말했다. 모리야마 권대승은 '우리 대신의 명에 따라 합하(閤下)께 통고할 뿐이다.'라고 답할 뿐이었다. 접견부관은 다시 '이번에 양국 대신이 예로써 상견(相見)하는 것이니 양국 모두 병기를 치우고, 또 발포해서 우민(愚民)을 놀라게 하지 않길 바란다.'고 주의를 주었다. 모리야마 권대승은 그 말을 반박하여 '병기는 우리나라 의장(儀仗)에 관계된 것이니 제거할 수 없다. 또 함선에서 상륙할 때 호령을 위해 공포를 발사하는 것

---

10) 설문(設門): 초량 왜관에서 왜인과 조선인 사이의 밀무역[潛商]과 비공식적 접촉을 단속하기 위해서 세운 문

이 규정인데, 실탄을 장탄하지 않아서 오직 포성만 울릴 뿐이니 부디 괘념치 말길 바란다.'라고 답했다. 접견부관은 화제를 전환해서 접견을 언제 행할 것인지 질문했다. 모리야마 권대승은 전권 이하의 숙사를 직접 확인하고 대신에게 복명한 다음에 확정해서 회답하기로 약속했다. 그리고 대신이 상륙한 이후에 숙사에서 사용할 시탄(柴炭)을 부탁하고, 그 대가를 지불할 것을 제의했다. 접견부관은 모리야마 외무권대승에게 속히 복명할 것을 요청하는 한편, 시탄의 대가를 논하는 것은 의외라고 하면서 사절했지만, 모리야마 권대승은 '후의는 감사하지만 대가는 반드시 지불하겠다'고 말했다. 이것으로 이날의 회견을 마쳤다.[24]

접견부관과 모리야마 수행원의 회담 도중에 "이번에 온 병졸이 4,000명이 된다."고 한 것은 물론 사실이 아니라 단지 위협에 불과했다. "또 2,000명이 뒤따라 올 것이다."라고 한 것은 전에 추가 파견을 신청했던 육군 2개 대대를 가리킨 것으로, 만약 이 부대가 예정대로 도착했더라면 인천과 부평 일대에 상륙해서 수용하는 것 외에는 방법이 없었을 것이다.

접견대관과 부관은 이날 회견의 결과를 급히 치계(馳啓)[11]했으며, 모리야마 외무권대승은 전권의 숙사로 배정된 강화부 부수영(副帥營)에 가서 검사한 후 2월 6일에 항산도 앞바다에 정박 중인 본 함에 귀환해서 전권에게 복명했다.

메이지 9년 2월 8일, 기다리고 기다리던 기선 만슈마루가 외무권대승 노무라 야스시를 태우고 항산도 정박지에 도착했다. 육군의 증파를 인가하지 않는다는 태정대신의 훈전(訓電)도 이때 비로소 전권의 손에 도달했다. 두 전권 이하는 태정대신의 훈전과 노무라 권대승의 설명을 통해, 현 정세에서 육군의 파견은 불가능하지만, 조선에서 도전해 오거나 우리의 정당한 요구를 수용하지 않을 경우에는 이를 응징하기 위해 단호하게 출병한다는 것이 정부의 방침이며, 이미 야마가타 육군경이 노무라 권대승과 함께 시모노세키에서 출병 준비를 지휘하고 있다는 사실을 들었다.[25]

구로다와 이노우에 두 전권이 큰 기대를 걸고 있었던 육군 2개 대대의 증원은 당분간 가망이 없음이 분명해졌다. 이제는 당초의 훈령을 엄수해서 평화적 회담에 매진하는 것 외에는 방도가 없었다.

---

11) 치계(馳啓): 말을 달려서 급히 장계를 올림

【원주】

1 『使鮮日記』卷乾.

2 『使鮮日記』卷乾.

3 『中牟田倉之助傳』553～554쪽.

4 『日省錄』李太王丙子年正月二日·三日;『倭使日記』卷一 丙子年正月二日.

5 『朝鮮交際始末』卷三;『倭使日記』卷一 丙子年正月二日.

6 원문 주석 누락 – 역자

7 『伊藤博文秘書類纂朝鮮交渉資料』卷上(昭和十一年) 84～86쪽;『世外井上公傳』卷二 700～701쪽.

8 『大久保利通日記』卷下 明治九年一月十八日;『西南記傳』上卷二 348～349쪽.

9 『朝鮮交渉資料』卷上 44～55쪽;『公爵山縣有朋傳』卷中 426～431쪽.

10 『使鮮日記』卷乾;『世外井上公傳』卷二 702쪽.

11 『使鮮日記』卷乾;『日省錄』李太王丙子年正月四日;『倭使日記』卷一 丙子年正月四日.

12 『朝鮮交際始末』卷三;『使鮮日記』卷乾.

13 『朝鮮交際始末』卷三;『日省錄』李太王丙子年正月七日;『倭使日記』卷一 丙子年正月七日.

14 『使鮮日記』卷乾;『日省錄』李太王丙子年正月四日·六日;『倭使日記』卷一 丙子年正月四日·六日.

15 『使鮮日記』卷乾.

16 『使鮮日記』卷乾;『日省錄』李太王丙子年正月十日;『倭使日記』卷一 丙子年正月八日·十日.

17 『使鮮日記』卷乾;『日省錄』李太王丙子年正月十一日;『倭使日記』卷一 丙子年正月十一日.

18 『日省錄』李太王乙亥年十二月二十六日·丙子年正月四日;『倭使日記』卷一 丙子年正月四日.

19 『日省錄』李太王丙子年正月五日;『倭使日記』卷一 丙子年正月五日;『沁行日記』卷上 丙子年正月五日.

20 『日省錄』李太王丙子年正月五日.

21 『沁行日記』卷上 丙子年正月七日·九日·十日·十一日;『倭使日記』卷一 丙子年正月十日·十一日.

22 『日省錄』李太王丙子年正月十日·十一日;『敬庵遺稿』卷四 年譜.

23 『朝鮮交際始末』卷三;『日省錄』李太王丙子年正月十二日;『倭使日記』卷一 丙子年正月十二日.

24 『日省錄』李太王丙子年正月十三日;『倭使日記』卷一 丙子年正月十三日;『沁行日記』卷上 丙子年正月十二日.

25 『朝鮮交際始末』卷三;『使鮮日記』卷乾;『世外井上公傳』卷二 701·703～704쪽.

강화부에서의 일한회담

메이지 9년 2월 5일의 강화부에서의 예비 교섭에 기초해서, 모리야마 외무권대승은 전권변리대신의 명에 따라 같은 달 8일에 외무육등서기생 아라카와 도쿠지, 나카노 교타로 및 호위병을 거느리고 강화부로 가서, 접견부관 윤자승에게 전권변리대신이 2월 10일에 상륙하고 그 다음 날인 11일에 조선 접견대관·부관과 회담할 예정임을 통고하고 바로 숙사(宿舍) 준비에 착수했다. 이튿날인 9일, 특무함 다카오마루에 탑승하고 있던 해병대를 먼저 출발시켰다. 2월 10일, 구로다 전권과 이노우에 부전권은 수행원들을 거느리고 겐부마루에서 보트에 옮겨 탄 후 예포(禮砲)의 환송을 받으며 염하(鹽河)를 거슬러 올라가 갑곶진에 상륙했다. 그리고 의장병들의 호위를 받으며 오후 3시 40분에 강화부에 도착해서 숙사로 배정된 강화부 부수영(副帥營)에 들어갔다.[1]

일본 전권의 입성에 앞서 모리야마 권대승은 훈도 현석운을 만나 전권대신의 공식 방문, 답례, 착용할 예복 등에 관해 협의했다. 접견대관은 부관 및 강화부유수와의 협의를 거쳐 모리야마 권대승의 요구 조건을 전부 승인했다. 곧이어 입성한 당일 오후, 구로다 전권과 이노우에 부전권은 수행원 미야모토 외무대승, 모리야마 외무권대승, 야스다 개척소관관과 의장해병대를 거느리고 대례복(大禮服) 차림으로 접견대관을 공식 방문했다. 이어서 접견대관 신헌과 부관 윤자승도 종사관 홍대중, 군관 서찬보(徐贊輔) 등을 거느리고 공복(公服) 차림으로 일본 전권의 숙사를 답방했다. 구로다 전권은 답방이 끝난 후 우라세 사등서기생에게 명하여 이튿날인 2월 11일 오후 1시부터 회담을 개시할 것이라는 말을 훈도 현석운에게 통고하게 했다.[2]

메이지 9년 2월 11일, 기원절(紀元節)[1]을 맞이해서 항산도 앞바다에 정박 중이던 군함

---

1) 기원절(紀元節): 일본의 초대 천황인 진무(神武) 천황의 즉위 기념일로 1873년(메이지 6) 10월 14일 태정관 포고를 통해 2월 11일로 확정, 공포됐다.

들은 배를 온통 꾸미고, 봉축과 시위를 겸해서 정오에 황례포(皇禮砲)[2]를 발사했다. 이날 오후 1시에 양국의 전권위원과 수행원들이 강화부 연무당(鍊武堂)에서 회동함으로써 기념할 만한 일한회담이 시작됐다.

제1차 회담(메이지 9년 2월 11일)

일본국	전권	구로다 기요타카
	부전권	이노우에 가오루
	수행원	미야모토 외무대승
		모리야마 외무권대승
		고마키 개척간사
	통역	우라세 사등서기생
조선국	대관	신헌
	부관	윤자승
	종사관	홍대중
	반당(伴倘)[3]	강위(姜瑋)
	군관	서찬보
	훈도	현석운

접견 첫째 날에 조선 접견대관은 오랜 관례에 따라 일본 전권대신을 위해 하선연(下船宴)을 설행하고 그가 가져온 서계를 살펴볼 예정이었지만, 일본 전권대신은 옛 관례를 무시하고 회견 시작과 동시에 정식 회담으로 들어갔다. 이 때문에 조선 측의 준비에 차질이 생겼을 뿐만 아니라, 서로 전권위임장을 검토할 겨를도 없어서 회담 도중에 접견대관에게 위임된 권한을 확인하는 등의 불편을 겪었다.

---

2) 황례포(皇禮砲): 영어로는 royal salute라고 하며, 국왕 및 왕실과 관련된 의례에서 발사하는 21발의 예포를 말한다.

3) 반당(伴倘): 원래는 외국에 파견되는 사신이 개인적으로 데려가는 종자를 가리키는 말이다. 조선 말기 개화사상의 선구자 격으로 꼽히는 추금(秋琴) 강위(姜瑋)는 조일수호조규 협상 당시 공식적인 직함 없이 신헌의 사적 수행원의 신분으로 참여해서 막후 참모의 역할을 담당했다. 조약 체결 이후 서울로 돌아온 강위는 조약 체결 과정의 전말과 수행원으로서의 솔직한 심회를 담은 『心行雜記』라는 글을 남겼다. 『心行雜記』의 원문 및 번역문은 『심행일기: 조선이 기록한 강화도조약』(신헌 지음, 김종학 옮김, 푸른역사, 2010)에 부록으로 수록되어 있다.

양국 전권위원의 회견이 시작되자 구로다 전권이 먼저 발언했다. "우리 황제폐하께서 일한 양국의 300년의 구호(舊好)를 돈독히 하려는 흠지(欽旨)를 귀 대신에게 직접 고하게 하셨으니 부디 양찰하길 바란다. 이번 우리의 사명(使命)의 일반(一般)은, 예전에 외무소승 히로츠 히로노부의 구진(口陳)을 동래부사를 경유해서 귀국 정부에 전달했을 것이다. 우리 정부는 메이지 원년 왕정유신(王政維新) 이후로 구의(舊誼)를 중수(重修)하고자 서계를 보내고 사절을 파견한 것이 수차례에 이르렀는데, 귀국에서는 하등 그것에 응답한 바가 없었다. 교린의 도가 화합하지 못하여 이처럼 조격(阻隔)[4]된 것은 어째서인가?" 접견대관이 답했다. '교린 이래로 매번 격식을 갖고 다투어 마침내 오랜 관례가 됐다. 귀국 메이지 원년 이래의 사원(使員)과 서계가 이미 구식(舊式)에서 벗어난 이상, 변신(邊臣)이 오직 구례(舊例)만을 지켜서 상지(相持)[5]하게 된 것도 부득이했다. 그러나 그처럼 사소한 사단이 일한 300년의 구호(舊好)를 강수(講修)하는 데 중대한 지장이 되지 않을 것으로 확신한다.' 구로다 전권이 말을 이었다. '비단 그뿐만이 아니다. 작년 메이지 8년 9월에 우리 군함 운요가 청국 잉커우(營口)로 항행하던 중에 귀국 연안에 접근했는데 갑자기 포격을 받았다. 이를 교린의 우의라고 할 수 있는가?' 접견대관이 해명했다. '『예기(禮記)』에 이르길, '입경문금(入境問禁)'[6]이라고 했다. 작년 가을에 귀국 군함이 미리 그 내항의 이유와 시기를 조선 정부에 통고했더라면 포격당하는 일도 없었을 것이다. 예보도 없이 갑자기 기연(畿沿)[7]의 요충지에 출현했으니, 방수(防守)하는 장수가 일본 군함임을 알지 못하고 발포한 것도 부득이한 일이었다.' 구로다 전권이 반박했다. '군함 운요가 귀국 연안에 접근할 때 앞뒤 돛대 끝에 일본국 기장(旗章)을 높이 게양하고 있었다. 이것으로 본다면 일본국 군함임을 알지 못했다고 할 수 없을 것이다.' 접견대관이 해명했다. '당시 기장은 황색으로 보였기 때문에 외국 선박과 오인했던 것이다. 만약 오인하지 않았더라도 변경을 수어(守禦)하는 장수는 아마도 일본국 기장인 것을 식별하지 못했을 것이다.' 구로다 전권이 힐난했다. '일본국 기장은 이미 부산 공관

---

4) 조격(阻隔): 막혀서 서로 통하지 않음
5) 상지(相持): 쌍방이 서로 의견을 굽히지 않고 대치함
6) 입경문금(入境問禁): 『孟子』梁惠王章句(下)에 "신이 처음 국경에 이르러 제나라에서 크게 금하는 것을 물은 후에야 감히 들어왔습니다[臣 始至於境 問國之大禁然後 敢入]."라는 구절이 있고, 『禮記』 曲禮(上)에 "국경에 들어와서는 금하는 것을 묻고, 도성에 들어와서는 풍속을 묻고, 대문에 들어와서는 꺼리는 것을 묻는다[入竟而問禁 入國而問俗 入門而問諱]."라는 구절이 있다.
7) 기연(畿沿): 경기 연안

을 통해 귀국에 공식적으로 통고했다. 그런데 그것을 연해 각처에 관유(關由)[8]하지 않은 것은 태만함을 면치 못한다. 또한 설령 양국 국교가 아직 친밀해지지 않았더라도, 적국이 아닌 이상 포격을 가한 것은 그 불법이 매우 심하다.' 접견대관이 해명했다. '귀국 기장을 수령한 것은 사실이지만, 외무경과 외무대승 서계를 수리하기 전의 일이었으므로 그것을 연해 지방에 공포하지 않은 것은 당연하다. 또 당시 귀국 군함이 영종진에 포격을 가해서 온 성을 분탕(焚蕩)하고 병기와 그 밖의 물품을 노획해 간 것은 아마도 교린의 후의(厚誼)라고 할 수 없을 것이다. 피차 잘잘못을 고려해서 양찰해주길 바란다. 이번의 사선(使船)은 사전에 동래부를 통해 사명(使命)을 통고받았기 때문에 빈례(賓禮)로 대접하는 것임은 이미 양찰하고 있을 것이다. 표류 선박도 원래 유원(柔遠)의 정의(情誼)로 관후(款厚)하게 대하는 것이 관례이니, 특별히 귀국 군함에 한해 포격을 가할 의지가 없었다는 것은 이것으로도 분명히 알 수 있다.'

구로다 전권이 다시 화제를 돌려서 말했다. '이번의 사사(使事)는 양국 대신의 면접이나 서면 형식으로 강정할 예정이다. 일본국 정·부 대신은 전권을 부여받았는데, 귀 대신도 전행(專行)[9]할 수 있는 권한을 부여받았는가?' 접견대신이 말했다. '귀 대신은 절역(絶域)에서 중대한 사명(使命)을 받들어 일일이 귀국 정부에 품백(稟白)해서 시행할 수 없기 때문에 전권의 임무를 부여받음이 당연할 것이다. 그러나 조선국은 원래 전권이라는 호칭이 없을 뿐 아니라, 여기는 바로 기연(畿沿)이라, 전행(專行)할 필요가 없다. 우리는 오직 귀 대신을 접견하라는 명을 받고 왔을 뿐이다. 만약 논의할 일이 생기면 반드시 일에 따라 조정에 품달(稟達)하고 처분을 기다려야 한다.' 구로다 전권이 주의를 주었다. '예전에 히로츠 외무소승이 우리나라에서 전권대신을 파견한다고 공식 통고했음에도 불구하고 귀 대신에게 전행(專行)할 권한이 부여되지 않은 것은 이해하기 어렵다.' 접견대관이 거듭 말했다. '조선국에는 실로 전권의 임무가 없다. 또 전권이란 것이 무엇인지도 알지 못하는데 미리 조정에 품신(稟申)하고 와서 접대하기란 사실상 불가능하다.'[10]

조선 접견대관·부관의 권한에 관해서는 끝내 요령부득이었으므로 더 추궁하더라도

---

8) 관유(關由): 관아에서 지령을 위해 내리는 공문서. 또는 그러한 공문서를 보내는 일

9) 전행(專行): 스스로 판단해서 결정함. 여기서는 사절이 정부에 따로 청훈(請訓)함이 없이 스스로 국가를 대표해서 외교 교섭을 행하거나 조약을 체결할 수 있는 '전권(全權)'의 뜻

10) 『沁行日記』에 따르면, 이 구절은 "또 무슨 사건이 있을지도 모르는데 어떻게 미리 품정(稟定)해서 올 수 있겠는가[又未知有何事件 則何可預爲稟定而來乎]?"라고 되어 있다. 본문의 번역이 다소 뜻이 통하지 않는 듯하여 부기해둔다.

효과가 없었다. 이 건에 관한 논의는 중단되었고, 그에 따라 구로다와 이노우에 두 전권의 전권위임장도 제시되지 않았다.

전권 문제는 제쳐두고 다시 본론으로 들어가서, 이노우에 부전권은 '조선국 정부가 7, 8년이나 되는 오랜 시간 동안 일본국 사원(使員)을 응접하지 않고, 또 서계를 받지 않았다. 그에 대해 귀국 정부는 유감의 뜻을 표시할 의향이 있는가?'라고 질문했다. 접견대관은 거기에는 우여곡절이 있었다고 하면서 상세히 설명하겠다고 했지만, 이노우에 부전권은 이미 지난 일은 다시 설명할 필요가 없다고 하면서 말을 막았다. 그러나 이것은 조선 정부로서는 중대한 사건이었기 때문에 접견대관이 그 대요를 설명했다. "지난 정묘년(게이오 3년)에 중국에서 신문을 보내왔다. 귀국인 야도 마사요시가 송고한 신문[11]에 '조선왕은 5년마다 반드시 에도에 와서 다이쿤(大君)에게 배알(拜謁)하고 공물을 바치는 것이 옛 관례였다. 그런데 조선왕이 이 관례를 이행하지 않은 지 오래됐다. 그러므로 군대를 일으켜서 그 죄를 문책하려는 것이다'라는 말이 있었다. 그 후 폐방(弊邦)의 조야(朝野)에서 귀국이 아방(我邦)을 크게 무함했다고 여기지 않는 이가 없었다. 또 「만국공보(萬國公報)」[12]에 '포모(包茅)가 들어오지 않기 때문에[13] 귀국에서 우리나라를 공격하려는 것'이라는 구절이 있었다. 그러나 포모가 들어오지 않았다는 것은 바로 제나라 환공(桓公)이 주나라 왕실을 위해서 초나라 제후[楚子]를 꾸짖은 말이었으니, 그렇다면 이는 인용한 뜻이 또 잘못된 것이다. 이것이 실로 서계를 단절한 가장 큰 근본 이유였다. 그러나 이제 우호를 맺는 자리에서 지난 일을 돌이켜서 끌어들일 필요는 없다." 이노우에 부전권은 신문의 성격을 설명하여, '신문 기사는 허구와 사실이 반반이니 정부에서 그 내용에 관해 책임을 져야 하는 것은 아니다.'라고 하고, 그러한 성격을 갖는 신

---

11) 1867년 3월 초에 「中外新報」에 송고했다. 「中外新報」는 중국인 오정방(伍廷芳)이 1858년 홍콩에서 창간한 신문이다. 청국 총서(總署)에서는 여기에 기고된 야도 마사요시의 원고를 톈진과 상하이 통상대신 및 세무사의 보고를 받아서 1867년 3월 20일(음력 2월 15일)에 상주했으며, 이는 다시 조선에 같은 해 4월 11일(음력 3월 7일)에 자문으로 전달됐다.

12) 「만국공보(萬國公報)」: 1868년 9월 5일 미국인 선교사 알렌(Young John Allen, 중국명 林樂知, 1836~1907)이 상하이에서 창간한 주간 간행물로, 원제목은 「敎會新報」였으나 1874년 9월의 300호를 기해서 「萬國公報」로 제호를 바꾸고 내용도 전교 위주에서 과학기술, 지리, 상업, 시사, 각국 소식 등으로 다양해졌다.

13) 포모불입(包茅不入): 포모(包茅)는 고대 중국에서 제사를 지낼 때 다발로 묶은 후 술을 부어서 거르던 향초를 말한다. 『春秋左傳』僖公 四年條에 따르면, 초(楚)나라가 정(鄭)나라를 침공하자 제(齊)나라를 중심으로 제후국들이 연합해서 초나라를 공격했다. 그때 제나라 재상 관중(管仲)이 제나라 환공을 대신해서 말하기를, "네 공물인 포모(包茅)가 들어오지 않아서 축주(縮酒: 포모에 술을 부어 거르는 것)를 할 수 없어서 왕실의 제사를 지내지 못했으니, 과인이 그 죄를 묻노라[爾貢包茅不入 王祭不共 無以縮酒 寡人是徵]."라고 하였다. 이는 주나라 왕실이 쇠미해지자 초나라가 이를 업신여겨서 의당 바쳐야 할 공물을 바치지 않은 것을 문책하는 말이었다.

문에 게재된 기사를 근거로 8년 동안 교린의 단절을 초래한 것은 분명히 실태(失態)[14]라고 논했다. 접견대관은 그 말을 반박하여, '신문이 일본인의 손으로 간행되고 전파된 이상, 조선국 관민이 사실이라고 믿어서 의심하고 괴이하게 여기지 않는 자가 없었던 것은 도리에 어긋난 것이 아니다.'라고 주장했다. 그러나 그는 다시 '지난 일은 상세히 따지지 말고 장래 교린의 도는 '성신예경(誠信禮敬)'의 네 글자를 위주로 해서 구호(舊好)를 다시 강구하는 것이 실로 양국의 다행일 것'이라고 말했다. 이노우에 부전권은 그를 훈계하여, '지난 일은 불문에 부치고 구호(舊好)를 다시 강구해야 한다고 말하지만, 과거의 과실은 또한 명확히 해둘 필요가 있다. 귀국이 신문의 기사를 망신(妄信)해서 국교를 단절한 것, 그리고 메이지 7년 9월 3일의 모리야마 이사관과 동래부사 사이의 협정을 무시하고 외무경승 서계의 수리를 거부한 것의 잘못을 인정하고 유감의 뜻을 표시할 의향이 있는가?'라고 질문했다. 접견대관은 '한 마디로 말하자면 환연빙석(渙然氷釋)[15]이지만, 유감의 뜻을 표시하는 것은 내 권한 밖의 일'이라고 주장했다. 다음으로 이노우에 부전권은 군함 운요에 대한 불법 포격과 관련해서 책임 변장(邊將)이 어떤 처분을 받았는지 설명을 요구했다. 접견대관은, '변장(邊將)은 그것이 일본국 군함인 것을 모르고 발포한 것이기 때문에 그 책임을 물을 수 없다. 조선국 정부로서는 바람직하지 않은 사건이라고 생각한다.'고 답했다.

첫째 날의 회담은 이것으로 끝났다. 접견대관은 아직 공식적으로 유감의 뜻을 표시하지 않았지만, 그가 과거 일한관계의 단절과 군함 운요 포격 사건에 대해 조선 정부에 책임이 있음을 암묵적으로 승인한 사실은 회담의 전도가 매우 유망하다는 생각을 갖게 했다.

회담 종료 후, 일본 전권은 양국 대신 간의 회담과 별도로 수행원들의 비공식적 교섭을 제의했다. 접견대관과 부관은, 이른바 수원(隨員)이라는 것은 두 대신이 데려온 군관(軍官)과 서기(書記) 등으로 정부에서 정식으로 임명한 관리가 아니라고 설명했다. 이에 일본 측에서는 일본의 전권 수행원과 조선의 접견부관 사이에서 교섭을 진행하는 방식을 제의했지만, 조선 측에서는 그 제안을 거부하고, 차비역관은 정부에서 정식으로 이번 회담의 참여 명령을 받은 자와 동일한 자격을 갖고 있으니 그 가운데 품질(品秩)이 높은 자로 하여금 교섭 임무를 맡게 하는 것이 어떻겠느냐고 다시 제의했다. 일본 측에서는 처음에는 동의하지 않다가, 결국 당상역관이 조선 전권과 일본 전권의 수행원 사이

---

14) 실태(失態): 본래의 면목을 잃은 모양. 볼썽사나운 모양
15) 환연빙석(渙然氷釋): 얼음이 녹아 없어지듯이 의혹이나 의문이 풀리는 모양

를 왕복하면서 교섭 임무를 담당하는 것으로 의견일치를 보았다.

이상으로 첫날의 회견을 마쳤다. 접견대관은 비로소 연무당에서 하선연을 설행하고 일본 측 정·부 전권과 수행원들을 초대했다. 오후 5시에 연회가 끝나고 일본 전권 일행은 숙사로 돌아갔다.[3]

2월 12일 오전 9시, 훈도 현석운은 접견대관의 명으로 내방해서 소 5마리와 닭 50마리를 증급(贈給)했다. 접견대관·부관이 일본 전권의 의장병에게 보낸 궤유(饋遺) 물품이었다. 전권은 미야모토 외무대승에게 명하여 정중히 사절하게 했다. 같은 날 오후 1시, 정·부(正副) 전권은 수행원들을 거느리고 진무영(鎭撫營) 집사청(執事廳)으로 가서 접견대관 및 부관과 회견을 가졌다.[4]

제2차 회담(메이지 9년 2월 12일)

참석 인원은 제1차 회담과 동일했지만, 일본 측 수행원에 야스다 개척소판관, 통역관에 아라카와 육등서기생이 추가됐다.

구로다 전권은 먼저 전날 회담에 이어서 아직 마무리되지 않은 건들에 관해 상의하겠다고 선언했다. 그리고 계속해서 '메이지 원년 이래 일본 정부는 사원(使員)을 조선에 파견해서 왕정복고(王政復古)와 국제일변(國制一變)을 통고했는데, 조선국 정부는 지방관에게 명하여 접대를 거절하고 상지(相持)한 것이 전후 8년에 이르렀으니, 이는 매우 무례한 것으로 일본국 내에서도 여론이 비등했다. 귀 대신은 상세히 알지 못하기 때문에 그것을 설명하겠다.'고 했다. 그리고 모리야마 외무권대승에게 명하여 초량 공관의 기록을 제시하고, 메이지 원년의 대수대차사(大修大差使)의 파견, 메이지 4년의 요시오카 외무권소승의 도한(渡韓), 메이지 6년의 동래부사의 전령(傳令)부터 메이지 7년 9월 3일의 모리야마 이사관과 동래부사 간의 협정까지 조선 정부의 배신 행위를 설명하게 했다. 구로다 전권이 덧붙여 말했다. "지난 몇 년간의 사태가 이와 같아서 우리 전국의 분온(憤慍)이 매우 심했다. 우리 묘당 또한 이 때문에 논의가 분분하여 대신 가운데 조정을 떠난 이들도 있고, 혹은 한 부대로 귀국에 죄를 묻고자 우리 히젠(肥前) 사가(佐賀)에서 군대를 모으고, 조정에서 진무(鎭撫)해도 따르지 않다가 끝내 칼날에 피를 묻히기까지 했다. 일이 이 지경에 이르렀는데도 우리 조정이 함인(含忍)[16]하면서 오늘날까지 온

---

16) 함인(含忍): 용인(容忍). 인내하며 애쓰는 모양

것은 오직 300년의 구호(舊好)를 깨뜨리고 싶지 않았기 때문이다. 이제 본 대신의 파견에 임하여 또 많은 수의 육해군을 붙여야 한다는 논의가 있었으나, 본 대신 등은 다시 이를 거절했다. 우리의 정의(情誼)가 이와 같은데, 귀 대신은 아직도 내정(內情)을 분소(分疎)[17]하고, 또 의혹이 영원히 풀렸다는 말만 하고 있으니 본 대신이 복명할 도리가 없다. 어찌 기왕의 죄를 탓하지 말자고 할 수 있겠는가?" 접견대관은 구로다 전권의 말을 듣고 말했다. '귀국 인심이 비등했음에도 군대를 보내지 않은 한 가지 일은 매우 감사하다. 그러나 귀 대신에게 복명할 말이 없다는 것은 이해하기 어렵다. 우리는 오직 접견의 임무를 띠고 간파(簡派)된 사람들이다. 그러므로 귀 대신에게 복명할 말을 약속할 수 없는 것이다.' 구로다 전권이 설명했다. '이미 변리(辨理)의 대명(大命)을 받들어 파견된 이상, 귀국 정부가 메이지 원년 이래 양국 국교 단절의 책임에 대해 공식적으로 유감의 뜻을 표시하지 않는다면 전권대신으로서 복명할 도리가 없다.' 접견대관은 문서로 유감의 뜻을 표시하는 것에는 크게 난색을 보였지만, 구로다 전권의 강경한 요구를 접하고는 정부에 청훈하겠다고 약속했다.

그리고 나서 구로다 전권이 말했다. '이제 귀국과 구호(舊好)를 중수(重修)할 수 있게 되었으니 실로 양국의 다행이라고 생각한다. 그런데 양국을 더욱 친밀하게 하고 그 조격(阻隔)을 막기 위해서는 조약을 체결하지 않을 수 없다. 여기 일한조약안(日韓條約案) 13개 조가 있다. 귀 대신은 부디 상세히 살펴본 후 직접 정부에 진달해서 청훈하길 바란다.' 이노우에 부전권이 주의를 주었다. '조선국은 자주지방(自主之邦)으로서 일본국과 평등지권(平等之權)을 보유한다. 본 조약안은 국제간의 통의(通義)에 기초해서 기안한 것이다. 이 점은 특히 유의하길 바란다.' 그리고 우라세 사등서기생에게 명하여 조약안과 비준서안을 조목별로 통역해서 설명하게 했다. 접견대관은 한역문을 요구했지만, 무슨 이유에서인지 받지 못했다.

일한조약은 접견대관·부관이 전혀 예상치 못한 것이었기 때문에 바로 '조약이란 무엇인가?'라고 반문했다. 구로다 전권은 이에 답하여 '조약이란 항구를 열어서 양 국민이 무역을 행하는 것을 의미한다.'고 설명했다. 접견대관이 다시 반문했다. '300년간 통상을 계속했지만 일찍이 조약을 필요로 하지 않았다. 이제 갑자기 조약의 필요를 논하는 것은 이해하기 어렵다.' 구로다 전권이 말했다. '오늘날 세계 각국이 통상을 행함

---

17) 분소(分疎): 사실의 진상을 설명함

에 조약을 체결하지 않는 경우가 없다. 일본 또한 각국과 조약을 많이 체결해서 통상을 행하고 있다.' 접견대관은 조선의 특수한 사정을 설명하면서 일본이나 다른 나라의 예에 따를 수 없음을 역설했다. "우리나라는 동쪽 바다에 치우쳐 있어서 자수(自守)할 뿐이니, 과연 각국의 최근 사정이 어떠한지 알지 못한다. 하지만 대체로 양국이 영원히 우호하기를 바란다면 마땅히 폐단 없이 오래 지속할 수 있는 방법을 생각해야 한다. 우리나라는 다른 나라와 달리 빈해(濱海)의 갈대밭이 황량하고 소금기가 많기 때문에 어느 한군데 재화가 모이는 땅이 없어서 토산물인 곡식과 면화만 있을 뿐이요, 금은주옥(金銀珠玉)의 부와 능라금수(綾羅錦繡)[18]의 사치가 전혀 없다. 나라의 풍속이 검색(儉嗇)해서 옛 풍습을 편안히 여기고 새로운 법령을 싫어하니 설령 조정에서 억지로 명해서 시행하더라도 반드시 즐거워하면서 따르지 않을 것이다. 이제 만약 재화와 이익을 교환해서 도처에서 유통시킨다면 우민(愚民)들의 범법이 반드시 이로부터 크게 늘어날 것이니, 오늘날 우호를 영구히 하기 위한 계책이 도리어 훗날 화목을 잃는 계제를 쉽게 초래하지 않으리라고 어떻게 알 수 있겠는가? 귀국에는 이익이 되기에 부족하고 우리나라에는 손실이 클 것이다. 장래 결과를 생각해보면 이해(利害)를 충분히 알 수 있으니, 수백 년 동안 이미 교역을 행해 왔던 동래 왜관에서 예전처럼 계속하는 것만 못하다." 구로다 전권이 반박했다. '양국의 교정(交情)이 왕왕 조격(阻隔)하는 것은 조약이 명확하지 않기 때문이다. 이제 조약을 체결해서 영구히 변치 않는 장정을 세운다면 필시 양국이 다시 조격(阻隔)될 단서가 사라질 것이니, 바로 국제법의 원리에 기초해서 조약을 확정해야 한다.' 접견대관이 다시 말했다. "지금 이 개관(開館)과 통상에 관한 논의는 우리나라에 일찍이 없었던 일이요, 우리 백성들이 일찍이 듣지도 보지도 못했던 일인데 어떻게 이러한 큰일을 국민에게 듣지도 않고 허락할 수 있겠는가? 비록 우리 정부라도 즉시 자의로 허락하기 어려울 것인데 하물며 밖에 있는 사신에 있어서겠는가!" 구로다 전권은 '귀 대신은 전권을 갖고 있지 않으니 조약을 심의할 수 없는 것은 당연하다. 귀 대신은 지금부터 다시 전권을 부여받든지, 아니면 귀국의 집정대신(執政大臣)이 와서 대신 교섭을 하든지 양자 간에 결정을 내리길 바란다.'고 요구했다. 접견대관이 이 말을 반박해서 말했다. '우리가 접견의 대명(大命)을 받들고 왔으니, 이는 곧 대신으로서 대신을 만나는 것이다. 따라서 다시 다른 대신이 와서 접대할 필요가 없다. 또 조선의 제도로는 의정부

---

18) 능라금수(綾羅錦繡): 능라는 무늬가 있는 두꺼운 비단과 얇은 비단이며, 금수는 수를 놓은 비단을 가리킨다.

영의정이 오더라도 전대(專對)의 권한이 없다. 이 조약안 같은 것은 오직 조정에 품달(稟達)해서 그 처분을 기다리지 않을 수 없다.' 구로다 전권은 접견대관이나 부관 중에 한 사람이 상경해서 조약안을 조정에 직접 진달할 것을 요구하고, 그 회답 기한을 5일로 한정했다. 그리고 다음과 같이 주의를 주었다. "소씨(宗氏)의 구례(舊例)는 원래 조약을 체결한 것이 아니었으니, 이 때문에 영원히 지속될 방도가 없었다. 그러나 이 조약과 같은 것은 공도(公道)에 기초하고 만국 보통의 예(例)에 근거한 것이니, 인교(隣交)에 있어 빠뜨릴 수 없는 긴요한 조건이다. 만약 이를 거절한다면 귀 조정에서 구호(舊好)를 다시 펴려는 의사가 없는 것으로 간주하겠다." 접견대관은 '이미 대명(大命)을 받들어 강화부에 내려온 이상 마음대로 임지를 떠나기 어려우니 오직 문서로 왕복할 수밖에 없다.'고 하고, 또 '회답 기한 5일은 지나치게 짧아서 정부에서 협의할 시간이 없다.'고 하면서 10일을 요구했다. 구로다 전권은 이를 수락하고, 또 "열흘이 돼서도 귀국의 답을 받지 못하면 양국의 교제가 단절될 것이다."라고 경고했다. 이것으로 제2차 회담을 마쳤다.[5]

메이지 9년 2월 12일에 일본 전권이 조선 전권에게 제시한 일한수호조규안 13개 조와 비준서안은 접견대관에게 독단으로 수리할 권한이 없었기 때문에 등출(謄出)[19]해서 정부에 올려 보내기로 약속했다. 그런데 무슨 이유에서인지 일본 전권은 조약안의 한문본을 주는 것을 좋아하지 않았다. 2월 13일이 돼서야 당상역관 오경석과 현석운이 모리야마 외무권대승, 스즈키 개척사 칠등출사를 방문해서 그들의 지휘하에 한역문을 작성했다.(실제로는 한역문 원문을 베껴 썼을 것으로 생각된다.)[6]

---

19) 등출(謄出): 등초(謄抄). 원문을 베껴서 옮기는 일

【원주】

1 『朝鮮交際始末』卷三;『使鮮日記』卷坤; 羽島牛次郞,「江華條約締結當時の追憶」,『靑丘學叢』第五號, 171~179쪽.

2 『日省錄』李太王丙子年正月十三日·十五日·十六日·十七日;『倭使日記』卷一 丙子年正月十三日· 十四日·十六日·十七日;『倭使問答』卷一 丙子年正月十三日·十七日;『沁行日記』卷上 丙子年正月 十四日·十五日·十六日·十七日.

3 『朝鮮交際始末』卷三;『善隣始末』卷二;『使鮮日記』卷坤;『日省錄』李太王丙子年正月十九日;『倭 使日記』卷一 丙子年正月十九日;『倭使問答』卷一 丙子年正月十九日;『沁行日記』卷上 丙子年正月 十七日.

4 『使鮮日記』卷坤;『倭使日記』卷一 丙子年正月二十日.

5 『朝鮮交際始末』卷三;『善隣始末』卷二;『日省錄』李太王丙子年正月二十日;『倭使日記』卷一 丙子年 正月二十日;『倭使問答』卷一 丙子年正月二十日;『沁行日記』卷上 丙子年正月十八日.

6 『朝鮮交際始末』卷三;『倭使日記』卷一 丙子年正月二十日.

일한수호조규의 체결

메이지 9년 2월 12일(이태왕 병자년 1월 18일), 일본 정·부 전권은 일한수호조규안을 제시하고 동의 여부에 관한 회답 기한을 열흘로 한정했지만, 조선국 접견대관·부관의 태도는 완만하기 이를 데 없어서 당일 조약안을 옮겨 적어가지조차 않았으므로 전권부에서는 기일 내에 회답을 받을 수 있을지 우려하고 있었다.

2월 13일, 니레 해군대좌의 보고를 통해 기선 시나가와마루(品川丸)가 석탄과 양식 보급의 임무를 받고 2월 12일에 인천부 제물포에 도착한 사실을 알게 된 전권부에서는, 이를 이용해서 접견대관·부관에게 경고를 주어 교섭을 촉진하고자 했다. 13일 오후 1시에 구로다 전권과 이노우에 부전권은 바로 수행원들을 거느리고 강화부 진무영 집사청에서 접견대관 신헌, 부관 윤자승과 회견했다.[1]

제3차 회담(메이지 9년 2월 13일)

참석 인원은 고마키 개척간사가 빠진 것을 제외하고는 제2차 회담 때와 동일했다.

구로다 전권이 먼저 말했다. '일본국 정부는 사사(使事)가 한갓 천연(遷延)되는 것을 우려해서 독촉을 위해 특별히 기선 1척을 보냈다. 그 기선이 어제 벌써 제물포에 입항했다고 한다. 어제 상의한 공문서와 조약안을, 귀 대신이 서둘러 조정에 진달해서 속히 회답을 받도록 조처해주길 바란다.' 접견대관이 말했다. '공문서와 조약안 모두 조정에 진달할 것이지만, 통상에 관한 한, 전혀 보지도 듣지도 못한 바이니 조정에서도 민정(民情)을 깊이 고려해서 방침을 정하지 않을 수 없을 것이다. 며칠 사이에 그 상의를 마칠 수 있을지 의심스럽다. 또 어제 조약안의 등사(謄寫)를 위해 훈도를 보냈는데, 허락을 받지 못했다고 했다. 그렇다면 회답의 촉진을 요구한들 무익할 것이다.' 구로다 전권은 그것은 오해에서 비롯된 것이라고 해명하고, '오늘 다시 훈도에게 등사(謄寫)를 명하길 바란다.'고 말했다. 또 '조선 정부가 협의를 거쳐 본 조약을 허시(許施)한다면 일본 전권 이하는 바로 귀국해서 양국 간에 영원히 평화를 보전할 것이지만, 만약 이에 반한다면 구호(舊好)를 지속하기를 희망하더라도 다시 얻을 수 없을 것이다. 더구나 일본 군민(軍民)이 오로지 본 회담의 경과만을 주목하고 있으니, 만에 하나 실화(失和)의 소식이 전해진다면 군민이 크게 일어나서 귀국에 침입하더라도 우리 정부는 그것을 어찌할 수 없다. 특히 어제 도착한 기선은 후발 병대(兵隊)를 태우고 온 것이다. 우리 정부는 군대를 계속해서 파견할 의향이다.'라고 했다. 이노우에 부전권이 부언했다. '어제 논한 것처럼 메이지 원년 이래로 일본 사원(使員)이 세계를 받지 못하고, 일본을 모욕한 건에 대해 조선 정부에서 속히 공문서로 유감의 뜻을 표시하길 바란다. 그래야만 우리 두 전권에게 복명할 말이 있을 것이다.' 접견대관이 이 말을 반박했다. '그 건에 관해서는 어제 설명한 대로 조선 정부는 진사(陳謝)할 필요를 인정하지 않는다. 또 귀 대신은 걸핏하면 군민(軍民)이 둔취(屯聚)[1]해서 내침(來侵)한다고 말하나, 그것은 성신예경(誠信禮敬)을 크게 결여한 것이니, 구호(舊好)를 지속하는 데는 칭병(稱兵)[2]의 설이 필요치 않다. 특히 귀국의 후속 부대를 인천과 부평 연안에 상륙시킨다는 말은 반드시 사실이라고 믿기 어렵지만, 만약 그런 일이 생긴다면 조선국의 법령을 무시하는 것이니, 이 때문에 지방 관민의 경해(驚駭)를 초래해서 사단을 빚을지도 모른다. 반드시 군병(軍兵)을 엄히 계칙해서 무분별하게 상륙하는 일이 없도록 조처해주길 바란다.' 구로다 전권이 이를 양해하는 것으로 제3차 회담을 마쳤다.[2]

메이지 9년 2월 11일의 제1차 회담과 12일의 제2차 회담을 통해 일본 정부 측 요구의 전모가 드러났다. 또 구로다, 이노우에 두 전권이 걸핏하면 병력으로 위협을 가하고, 그 태도가 매우 강경하다는 것도 알게 됐다. 시원임대신은 연일 의정부에서 회의를 열었지만 결론을 내지 못했다. 2월 14일(이태왕 병자년 정월 20일), 국왕은 영돈녕부사 김병학, 영중추부사 이유원, 판중추부사 홍순목과 박규수, 영의정 홍인군 이최응, 우의정 김병국 등 시원임대신을 소견(召見)해서 대일방침을 자순(諮詢)했다. 김병학은 '일본의 정상(情狀)을 보건대 그 의도가 수호에 있는 것이 아니라 흔단(釁端)을 빚는 것에 지나지 않는다.'고 논했으며, 이유원, 홍순목, 홍인군 이최응 등도 모두 같은 의견이었다. 그런데 박규수의 경우는 "일본이 수호(修好)를 일컬으면서 병선을 끌고 왔으니 그 정상을 헤아리기 어렵습니다. 이미 수호 사절이라고 했으니 우리가 먼저 공격할 수는 없지만, 만약

---

1) 둔취(屯聚): 집결(集結)
2) 칭병(稱兵): 무력을 동원해서 전쟁을 일으킴. 거병(擧兵)

의외의 사건이 발생하면 용병(用兵)하지 않을 수 없을 것입니다. 다만 생각건대, 삼천리 봉강(封疆)에 만약 내수외양(內修外攘)의 방책을 다해서 부국강병(富國強兵)의 효과를 거두었다면 저 작은 섬나라가 어찌 감히 기전(畿甸)[3]을 엿보고 공혁(恐嚇)[4]을 자행함이 이 지경에 이르렀겠습니까? 참으로 지극히 분완(憤惋)한 마음을 이길 수 없습니다."라고 논하여, 조선은 나라가 가난하고 군대가 약해서 도저히 강린(強隣)에 대적할 수 없으며, 일본이 수호를 일컫는 것을 다행으로 여겨서 협조해야 한다는 것을 시사했다. 마지막으로 우의정 김병국의 제의에 따라 접견대관의 상세한 보고를 기다렸다가 선처하기로 결론을 내렸다.[3]

2월 14일 차대(次對)에서의 묘당의 분위기는, 대략 짐작되는 것처럼 국왕 이하는 오직 평화를 위주로 해서, 개전을 각오하면서까지 일본 정부의 불법적인 요구를 거절하겠다는 결의는 조금도 보이지 않았다. 접견대관·부관도 마찬가지였다. 접견대관의 대솔군관(帶率軍官) 서찬보의 종인(從人) 김제(金堤) 사람 김준석(金俊錫)이 복서(卜筮)에 능했으므로 2월 13일에 신헌은 종사관 홍대중과 함께 사사(使事)를 점치게 했다. 그 요사(繇辭)[5]에 이르길, "나라의 광휘(光輝)를 보는 것이니, 왕에게 가서 손님이 됨이 이롭다."[6]고 하고, 이를 해석해서 "저들이 손님으로 우리나라에 왔으니, 반드시 전쟁이 없을 것입니다."라고 하자 간신히 안심했다고 한다.[4]

2월 13일의 제3차 회담에 관한 접견대관·부관의 장계, 그리고 일본 전권이 제시한 일한조규안의 한역문 등본은 2월 15일에 도착했다. 묘당에서는 그것을 받아보고, 당초 예상했던 것처럼 강압적인 것 같지는 않다고 판단해서 상세히 검토한 후에 취사, 수정하기로 결정했다. 다만 조약 전문(前文)에 '대일본국황제폐하(大日本國皇帝陛下)'와 '조선국왕전하(朝鮮國王殿下)'를 병렬한 것은 '평등지권(平等之權)'에 완전히 반하기 때문에 조문 중에는 국호만을 명기해서 원수의 존호(尊號)를 삭제해야 하며, 또 조선 정부의 사죄에 관해서는 엄격한 의미의 진사(陳謝)가 아니라, "전부터 조격(阻隔)된 이유와 이제 구호(舊好)를 지속하려는 뜻[向來阻隔之由 今者續好之意]"으로 서계를 보내는 것은 정부에서도 이의가 없다는 것으로 결론을 내렸다. 이상의 두 건은 시급을 요하는 문제였기 때문에, 2월 15일 밤에 의정부에서는 접견종사관 홍대중에게 관문(關文)을 보내서 일본 전

---

3) 기전(畿甸): 서울과 그 근교. 경기도
4) 공혁(恐嚇): 위협(威脅), 공갈(恐喝)
5) 요사(繇辭): 점사(占辭)
6) 『주역(周易)』 관괘(觀卦) 육사(六四)의 효사(爻辭)이다.

권에게 전달하게 했다. 곧이어 2월 18일에 정부는 거듭 접견부관에게 관문(關門)을 보내서 수호조규는 현재 정부에서 심의 중이지만, 원칙적으로 일본과의 수호통상(修好通商)에는 동의한다고 회훈(回訓)했다.[5]

> 정부에서 아뢰길, "방금 접견부관의 등보(謄報)를 보니, '일본 사신이 언급한 수호통상의 일로 조규책자를 등서(謄書)해서 올리오니 부디 묘당에서 품처(稟處)하게 하소서.'라고 했습니다. 우리나라는 일본에 대해서 300년 동안 신사(信使)를 보내서 친목을 닦고, 왜관을 설치해서 호시(互市)했습니다. 몇 년 전부터 비록 세계의 일로 상지(相持)했으나, 이제 오랜 우호를 지속하는 자리에서 그 통상을 굳게 거절할 필요가 없습니다. 그러나 조약 등의 사항에 관해서는 모두 충분히 상확(商確)해서 서로 편의하게 하지 않을 수 없습니다. 우선 이러한 뜻으로 접견대관에게 알리는 것이 어떻겠사옵니까?"라고 했다.[6]

예전에 접견대관은 외교 교섭에서 전권을 보유하지 않기 때문에 일일이 정부에 청훈(請訓)할 필요가 있다고 언명했지만, 정부는 심의한 끝에 수호조규에 관한 세부 사항을 일일이 정부에 상신하고 그 회하(回下)를 기다린다면 매우 번쇄(煩瑣)할 뿐만 아니라 시일을 허비할 우려가 있다고 보고, 2월 19일(이태왕 병자년 정월 25일)에 관문(關文)으로 접견대관이 적절하다고 믿는 조항은 독단으로 결정할 수 있는 권한을 부여하기로 결정했다. 즉, 조약 체결에 관한 전권은 국제공법의 원칙에 의해서가 아니라 실제의 필요에서 접견대관에게 부여됐던 것이다. 접견대관 신헌은 그 임무를 감당할 수 없다는 것을 이유로 2월 23일에 상소를 올려서 성명(成命)을 환수해줄 것을 청했지만 허락되지 않았다.

> 정부에서 아뢰길, "어제 수호통상의 일로 계품(啓稟)하고 관문(關文)을 보냈습니다. 조규 등의 제반 강정(講定)에 매번 번거롭게 묘당에 공문을 올려서 날짜의 천연(遷延)을 자초하고 있으니, 백성을 편히 하고 나라를 이롭게 할 수 있다면 전행(專行)시켜도 될 것입니다. 옛 가르침이 바로 그러하니, 편의에 맡겨서 일에 따라 재단(裁斷)하라는 뜻으로 접견대관에게 지위(知委)[7]할 것을 청하옵니다."라고 하자, 윤허하셨다.[7]

이보다 앞서 정부는 일한수호조규의 원안에 관해 접견대관의 보고 및 이미 공포된 청

---

7) 지위(知委): 명령을 내려서 통지함

국과 외국 사이의 조약을 참고로 해서 조관별로 심의한 결과, 메이지 9년 2월 19일(이태왕 병자년 정월 25일)에 수정대안(修正對案)을 완성하고 당일로 접견 종사관에게 관문(關文)으로 하달했다. 일본 전권의 원안과 수정대안의 전문은 다음과 같다.

수호조규

원안	수정대안
대일본국과 조선국은 평소에 우의(友誼)를 돈독히 한 것이 오래되었는데, 이제 양국의 정의(情誼)에 아직 미흡한 부분이 보여서 다시 구호(舊好)를 중수(重修)하여 친목을 다지고자 한다. 그러므로 대일본국황제 폐하께서는 특명전권변리대신 육군중장 겸 참의 개척장관 구로다 기요타카와 특명부전권변리대신 의관 이노우에 가오루를 간택해서 조선국 강화부로 가게 하시고, 조선국왕 전하께서는 하관(何官) 하모(何某)를 간택하셔서 각자 받든 바의 유지(諭旨)에 따라 이에 조관을 의립(議立)한 것이니, 다음에 개열(開列)하노라.	수호조규 책자의 두사(頭辭)[8]에는 단지 국호만을 거론하고 양국 군상의 위호(位號)를 칭할 필요가 없다는 뜻이 이미 전에 보낸 책자에 담겨 있다. 이것이 대관절 편치 않은 일이기 때문에 전에 책자를 보낸 것이다. 이제 한 가지 원용할 만한 사례가 있으니, 중국의 현행 영국과의 조관 두사(頭辭)에 단지 '대청국에서 대학사(大學士) 모(某)를 특별히 간택해서', '대영국이 백작 모(某)를 특별히 간택해서'라고만 했으니, 이제 단지 국호만을 칭하는데 어찌 안 될 것이 있겠는가?
제1관 조선국은 자주지방(自主之邦)으로서 일본국과 평등지권(平等之權)을 보유한다. 이후로 양국이 화친의 실제를 표시하고자 한다면, 반드시 피차 서로 평등지례(平等之禮)로 접대해서 추호라도 침월(侵越)이나 시혐(猜嫌)이 있어서는 안 된다. 우선 종전에 교정(交情)을 조색(阻塞)[9]하는 근심이 있던 제반 예규를 일체 혁제(革除)하고 관유홍통(寬裕弘通)한 법을 널리 열어서 상호 영원한 안녕을 기약하는 데 진력한다.	특별히 논할 것이 없다.

제2관

일본국 조정은 수호를 맺은 날부터 15개월 후에 조선국 경성에 사신을 파출(派出)해서 병권대신(秉權大臣)을 직접 만나서 교제사무를 상의해야 한다. 그 사신은 경성에 체류할 수도 있고, 혹은 사무가 정리됨에 따라서 바로 귀국할 수도 있으니, 이는 모두 그 시의(時宜)에 맡긴다. 조선국 조정은 수시로 일본국 도쿄에 사신을 파출해서 외무성 귀관(貴官)을 직접 만나서 교제사무를 상의해야 한다. 그 사신은 도쿄에 체류할 수도 있고, 혹은 사무가 정리됨에 따라서 바로 귀국할 수도 있으니 이 또한 그 시의에 맡긴다.

수호를 맺은 후에 양국 사개(使价)의 왕래가 없어서는 안 될 것이나, 우리 사신은 저쪽에 가서 외무성 귀관(貴官)을 직접 만나고, 저쪽 사신은 이쪽에 와서 병권대신을 직접 만난다고 한 것은 아마도 평등지례(平等之禮)가 아닐 것이다. 저쪽 사신이 우리 대신을 만난다면 우리 사신 또한 저쪽 대신을 만나고, 우리 사신이 단지 외무성 관원을 만날 뿐이라면 저쪽 사신도 마땅히 예조 관원을 만나야 한다. 대체로 우리나라는 교린의 일을 예조에서 관장하니, 저들의 외무성과 무슨 차이가 있겠는가? 항구에 개관(開館)하고 통상을 정약(定約)한 후에는 다시 정리 사무를 가질 필요가 없다. 설혹 있더라도 그 대소에 따라 그 나라 관리와 그 지방관이 회상(會商)해서 변리(辨理)하면 될 것이니, 어찌 반드시 사신이 경성에 체류할 것이 있겠는가? 또 땅이 떨어져 있고 깊은 바다가 가로질러서 위험을 무릅쓰기 어렵다. 사개(使价)의 보빙(報聘)이 실로 양국의 대사(大事)에 속하나, 빈번히 하기 어려우니 부득불 10년 혹은 15년으로 기한을 정해서 왕래하지 않을 수 없다. 이것이 양국 모두 편한 방도이니 이러한 뜻을 명백하게 강정(講定)하라.

제3관

이후 양국의 왕복 공문은 일본국은 그 국문(國文)을 사용하고, 조선국은 진문(眞文)을 사용한다.

구애될 필요 없다.

제4관

조선국 부산 초량의 일본 공관이 오래전부터

통상을 허락한 후에는 사무가 자연히 이와 같

양국 인민의 통상 장소가 되어 왔는데, 이제부터 종전의 관례를 개혁해서 이번에 새로 세운 조관을 빙준(憑準)으로 삼아 무역사무를 처리한다. 또 조선국 조정은 제5관에서 지정된 2개 항구를 열어서 일본국 인민의 왕래와 통상을 허락한다. 그곳에 가서 지면(地面)을 임차하여 가옥(家屋)을 조영(造營)하거나 소재한 조선국 인민의 옥택(屋宅)을 임차하는 것 또한 각각 그 편의에 따른다.

을 것이다. 다만 다른 곳에 설관(設館)하더라도 반드시 정계(定界)의 방한(防限)을 두어서 경계를 넘어서 다니지 못하게 해야 한다. 우리 백성들과 잡처(雜處)하면 반드시 사단을 빚을 것이니 화호(和好)를 영구히 하는 방도가 크게 아니다. 또 한계를 몇 리로 정할 것인가는 아마도 각각 지형에 따라 획정해야겠지만, 초량관(草梁館)의 크기보다 조금이라도 커서는 안 된다.

제5관

영흥부(永興府) 해구(海口)^{함경도 영흥부에 속해 있다.} 개항 시기는 일본력으로 메이지 9년 2월, 조선력으로 병자년 정월부터 계산해서 공히 15개월 후로 한다. 1개 항구[一口]^{경기, 충청, 전라, 경상의 4개도 가운데 통상에 편리한 항구(口岸)를 검시(檢視)해서 지명을 지정할 수 있다. 개항 시기는 일본력으로 메이지 9년 2월, 조선력으로 병자 정월을 기점으로 계산해서 공히 20개월 후로 한다.}

영흥은 바로 국가 용흥(龍興)¹⁰⁾의 터로서 원묘(原廟)¹¹⁾를 모시고 있어서 그 엄숙하고 경건한 바가 다른 곳과 본디 구별되니, 어찌 다른 곳이 없어서 그곳을 기필하는 것인가? 함흥(咸興), 안변(安邊), 문천(文川) 모두 선침(先寢)을 모시는 곳이라서 결코 허락할 수 없다. 또 기호(畿湖)와 양남(兩南) 내에 1개 항구를 운운한 것은, 경기와 양호(兩湖)를 허락할 수 없음은 다시 언급할 필요도 없다. 영남(嶺南)의 연해에서 저들이 지정하는 것을 듣고 한 곳만 허락하라.

제6관

이후 일본국 선척(船隻)이 조선국 연해에서 대풍(大風)을 만나거나 땔감과 양식이 고갈되어 지정 항구까지 갈 수 없을 경우, 어느 항만을 막론하고 선척을 기박(寄泊)해서 풍파의 위험을 피하며, 수용(需用) 물품을 구입하고, 선구(船具)를 수선하고, 시탄(柴炭) 등을 구매할 수 있다. 그 공급 비용은 비록 선주가 배상해야 하지만, 모든 이와 같은 일들에 있어서 지방관

들어줄 수 있다.

과 인민은 그 곤란을 체찰(體察)해서 진실한 연휼(憐恤)을 베풀어 모든 구원을 베풀고 감히 보급에 인색하지 말아야 한다. 혹시 또 양국 선척이 대양에서 완전 파괴되어 주인(舟人)이 지방에 표류해 오면, 그 지방 인민은 즉시 구조를 베풀어서 각 인원의 목숨을 보전한 후 지방관에게 보고한다. 해당 관리는 그 본국으로 호송하거나, 그 근방에 재류하는 본국 관원에게 인도한다.	
제7관 조선국 연해의 도서와 암초는 예전부터 심검(審檢)을 하지 않았다. 그러므로 극히 위험하니, 일본국 항해자가 자유롭게 해안을 측량해서 그 위치의 심천(深淺)을 확정하여 도지(圖誌)를 편제(編製)하는 것에 의뢰하여 양국 선객이 위험을 피해 안온하게 통항(通航)할 수 있게 한다.	들어줄 수 있다.
제8관 이후 일본국 조정은 조선국 지정 항구에 수시로 일본 상민을 관리하는 관(官)을 설치하고, 양국의 사건을 교섭할 때는 반드시 그 지방 장관(長官)과 회상(會商)해서 변리(辨理)한다.	들어줄 수 있다.
제9관 양국이 이미 통호(通好)했으니 피차 인민은 각자 임의로 무역하고, 양국 관리는 추호도 간섭하거나 무역의 제한을 두어서 이를 막을 수 없다.	들어줄 수 있다.
제10관 일본국 인민이 재류하는 조선국 지정 항구에	피아 인민이 범죄를 저지르면 각자 피아 관리

서 조선국 인민과 관계된 죄과(罪科)를 범하면 일본국 관원의 심단(審斷)[12]에 귀속시켜야 하며, 만약 조선국 인민이 일본국 인민과 관계된 죄과를 범하면 똑같이 조선국 관원의 사판(査辦)에 귀속시킨다. 각각 그 국률(國律)에 근거해서 재판하되 추호도 회호(回護)나 편파(編頗)가 없이 해서 공평함과 윤당함을 드러내기 위해 노력한다.

가 있으니, 바로 그 자리에서 회동해서 사판(査辦)하고 법률을 적용하는 것이 더욱 명백한 상부(相孚)의 방도가 된다.

제11관

양국이 이미 통호(通好)했으니 반드시 별도로 통상장정을 설립해서 양국 상민의 편리를 부여해야 한다. 또 지금 의립(議立)한 각 조관 가운데 다시 세목(細目)을 보첨(補添)해서 분해(分解)해야 하는 조건들은 지금부터 6개월 내 양국에서 별도로 위원을 임명하여 조선국 경성이나 강화부에서 상의해서 정립한다.

각 조관 중에 세부 절목은 단지 이번에 일일이 분해해서 강정(講定)해야 할 뿐이니, 어찌 다시 번거롭게 위원을 보내서 회상(會商)할 필요가 있겠는가?

제12관

일본국은 예전부터 외국 인민에게 각 항구에서 통상하는 것을 들어주었고, 조선국 인민에게도 똑같이 타국과 다를 바 없이 왕래하고 무역하는 것을 허락했다. 이후 조선국이 타국과 통호(通好)해서 화약(和約)을 의립할 때, 만약 이 조약 내에 기재되어 있지 않은데 별도로 타국에 허락하는 조건이 있다면, 일본국 또한 그 특전을 동일하게 획득한다.

우리나라는 본래 타국과 상통(相通)하지 않으나, 오직 일본만은 인의(隣誼)로 우호(友好)한 것이 오래됐다. 어찌 다른 나라와 통호(通好)하고 입약하는 등의 일이 있겠는가? 이는 본디 거론할 필요가 없다. 이것으로 명백하게 답하는 것이 좋을 것이다.

제13관

이상 12장(章)의 조관은 의정한 날로부터 양국 조정이 신수준행(信守遵行)해서 다시 변혁할 수 없으며, 영원히 지속해서 양국의 화친을 굳건히 해야 한다. 이를 위해 조약서 2본을 작성

또한 들어줄 수 있다.

해서 양국의 위임대관이 각자 검인하고 상호 교부함으로써 빙신(憑信)의 자료로 삼는다.

대일본국 진무(神武) 기원 2536년

메이지 9년 월 일

특명전권변리대신 육군중장 겸 참의 개척장관 구로다 기요타카

특명부전권변리대신 의관 이노우에 가오루

조선국 병자 정월

하관(何官) 하모(何某)

병자 하월(何月) 하일(何日), 하관(何官) 모(某)가 아뢰길, 올해 하월(何月) 하일(何日)에 대일본국 특명전권변리대신 구로다 기요타카, 부전권변리대신 이노우에 가오루와 조선국 하관(何官) 하모(何某)가 모지(某地)에서 회동해서 조약 한 접(摺)을 교환한다고 했다. 조관마다 윤당해서 내가 이미 비준했으니, 영원히 시행해서 더욱 친목을 돈독히 하라. 그 조약 내에 응당 행해야 할 각각의 일을 너희는 이 뜻을 받들어 일체(一體)로 살펴서 변리하라.

조선국왕 어보(御寶)[13]8

양국 대관이 회동해서 입약하고, 검인(鈐印)해서 빙신(憑信)하면 영구히 변함이 없을 것이니, 어찌 반드시 이 단락의 문자를 거듭 써서 어보(御寶)까지 찍을 것이 있겠는가?

---

8) 두사(頭辭): 조약 전문(前文)

9) 조색(阻塞): 막혀서 서로 통하지 않음

10) 용흥(龍興): 용은 곧 제왕을 상징하는 바, 용흥은 왕업(王業)이 일어남을 비유하는 말이다. 조선 태조 이성계가 함경남도 영흥 출신이었다.

11) 원묘(原廟): 정식 종묘(宗廟) 외에 별도로 세운 종묘를 말하며 중국 한(漢)나라 혜제(惠帝)가 고조(高祖)를 위해서 패궁(沛宮)을 원묘로 세운 고사에 그 연원을 둔다. 영흥의 원묘는 준원전(濬源殿)으로 원래는 태조 이성계의 태(胎)가 묻혀 있던 곳이었는데 태조 5년(1396)에 태를 다른 곳으로 옮기고 연못을 메운 후에 전각을 세웠다. 그 후 세종 25년(1443) 정인지의 건의로 태조의 어진(御眞)을 봉안했다.

12) 심단(審斷): 심판(審判)

13) 어보(御寶): 국왕의 옥새

이상은 일본국 전권이 제시한 원안과 그에 대한 수정안인데, 조선 정부에서는 이 밖에 부대 조항으로서 다음 6개 항목을 제출했다.

제1칙 상평전(常平錢)의 사용은 허용할 수 없다.

제2칙 미곡은 교역할 수 없다. 미곡은 내관(萊館)에서 일찍이 교역하지 않았던 것이다.

제3칙 교역은 단지 물물교환만 가능하며, 외상으로 선매(先賣)할 수 없고 또한 사채를 풀어서 이자를 취할 수도 없다. 이 두 가지는 양국의 무궁한 큰 폐단의 근원이니 반드시 명백하게 입약해야 한다.

제4칙 우리나라는 단지 일본하고만 교호(交好)한다. 타국인이 섞여 들어와서 잡처(雜處)한다면 크게 불가하니 이 또한 명백하게 입약해야 한다.

제5칙 아연(鴉煙)[14]은 국인(國人)이 피우지 않는 바요, 서교(西敎)는 국법이 엄금하는 바다. 그 아편과 그 서적을 혹시라도 가져온다면 화호(和好)가 결코 영구히 지속될 길이 없으니 명백하게 입약하라.

제6칙 양국 표류민을 서로 구제해서 돌려보내는 것은 본래 오래된 규칙이다. 그러나 망명해서 고의로 표류한 부류는 반드시 적발해서 각기 본국으로 돌려보내서 법으로 다스려야 하니 명백하게 입약하라.[9]

---

14) 아연(鴉煙): 아편(鴉片)

1 『朝鮮交際始末』卷三;『使鮮日記』卷坤.
2 『朝鮮交際始末』卷三;『善隣始末』卷二;『使鮮日記』卷坤;『沁行日記』卷上 丙子年正月十九日;『日省錄』李太王丙子年正月二十一日;『倭使日記』卷一 丙子年正月二十一日;『倭使問答』卷一 丙子年正月二十一日.
3 『日省錄』李太王丙子年正月二十日.
4 『沁行日記』卷上 丙子年正月十九日.

"서 사과(徐司果: 군관 서찬보)가 데리고 온 김제(金堤) 사람 김준석(金俊錫)이 음양술에 능통했다. 아들[신낙희(申樂熙)], 개천(价川: 종사관 홍대중)이 그에게 시초점(蓍草占)을 치게 하자 관지비(觀之否) 괘를 만났다. 그 요사(繇辭)에 '나라의 광휘를 보는 것이니, 왕에게 가서 손님이 됨이 이롭다.'고 했다. 그가 풀이하기를, '저들이 손님으로 우리나라에 왔으니, 반드시 전쟁이 없을 것입니다. 또 생년(生年)과 일진(日辰), 생왕(生旺)과 휴수(休囚)로 미루어보면 다음 달 초 4, 5일 사이에 일에 성과가 있어서 비로소 조정에 돌아가실 수 있을 것입니다.'라고 했다. 우선 기록해 두고 그 징험 여부를 기다려 보기로 했다."

5 『沁行日記』卷上 丙子年正月二十二日;『日省錄』李太王丙子年正月二十日;『倭使日記』卷一 丙子年正月二十一日.
6 『日省錄』李太王丙子年正月二十四日;『倭使日記』卷一 丙子年正月二十四日.
7 『日省錄』李太王丙子年正月二十五日·二十九日;『倭使日記』卷一 丙子年正月二十五日·二十九日.
8 『倭使日記』卷一 丙子年正月二十一日;『日使文字』卷一 丙子年正月二十一日.
9 『倭使日記』卷二 丙子年正月二十六日;『日使文字』卷一 丙子年正月二十六日.

일한수호조규의 체결(續)

메이지 9년 2월 13일(이태왕 병자년 정월 19일), 접견대관 신헌이 일본 전권에게서 제시받은 일한수호조규안을 등서해서 장계로 올린 후로 그 회하(回下)가 내려오기 전까지 일한 양국 전권의 교섭은 중단됐다. 접견대관은 이 시간을 이용해서, 당상역관 오경석과 훈도 현석운에게 명하여 외무사등서기생 우라세 히로시, 육등서기생 아라카와 도쿠지, 나카노 교타로 등 3명의 통역을 초청해서 향응을 베풀면서 일본의 정세를 정탐하게 했다. 우라세 등이 기탄없이 털어놓은 말은 신헌 등에게 상당히 깊은 인상을 주었던 것 같다.[1]

2월 19일에 일한수호조규안에 대한 조선 측 대안(對案)이 회하(回下)되었으므로 접견대관은 훈도 현석운을 일본 전권부에 보내서, 수호조규안의 조관별 심의를 위해 수행원과의 사적 회담을 요청하게 했다. 구로다와 이노우에 두 전권은 이를 수락하고, 외무대승 미야모토 오카즈와 외무권대승 노무라 야스시에게 명하여 접견대관을 방문하게 했다.

메이지 9년 2월 19일부터 같은 달 22일까지 진행된 접견대관과 미야모토 외무대승, 노무라 외무권대승의 사적 회담에서 일한수호조규의 조관별 심의가 이뤄졌으며, 조선 정부에서 회하(回下)한 대안에 기초해서 중요한 수정이 가해졌다. 그 주요 항목에 관해 설명하면 다음과 같다.

전문(前文): 일한수호조규의 전문이 메이지 4년 7월 29일에 조인된 일청수호조규 전문에 근거한 것은 분명하다. 그런데 접견대관은 의정부 회하(回下)에 따라 원안에 '대일본국황제폐하(大日本國皇帝陛下)', '조선국왕전하(朝鮮國王殿下)'라고 기재한 것을 대등한 예를 결여한 것으로 간주해서 '대(大)' 자와 양국 원수의 존호(尊號)를 삭제할 것을 제의했다. 일본 전권은 협의한 끝에 원수 존호의 삭제에 동의하고, '대(大)' 자는 부활시키되 조선 국호에도 '대(大)' 자를 더함으로써 대등하게 하는 뜻을 표명했다.

제1관: 이 조관은 자명한 이치로서 조선 정부가 무조건적으로 승인했지만, 그 내용의 정치적 의의는 매우 중대했다. 즉, 그 첫머리에 "조선국은 자주지방으로서 일본국과 평등지권을 보유한다[朝鮮國自主之邦 保有與日本國平等之權]."라고 한 자주평등의 의의에 관해 일본 정부와 조선 정부, 그리고 그 종주국인 청국 정부 사이에 해석의 차이가 있었다. 일본은 말할 것도 없이 조선은 완전한 독립국이며, 내치와 외교 모두 절대적으로 제3국의 간섭을 불허한다는 의미로 해석했다. 그런데 조선은 청국의 번속(藩屬)으로서 완전한 독립국이 아니었다. 그렇지만 청국이 종전부터 조선의 정교자주(政教自主)를 인정했고, 또 그것을 제3국에 대해 성명한 이상, 일한수호조규에 '자주(自主)'라는 말을 삽입하고 조선 정부가 그것에 동의한 것은 반드시 과실이라고 보기 어렵다. 조선의 '자주'는 이처럼 극히 미묘한 의의를 가졌던 바, 그 해석은 당시의 국제 정세에 따라 좌우되어 이후 20년간 조선, 청국과 제3국 간에 여러 차례 분쟁을 야기했고, 일청전역(日清戰役)의 한 원인이 됐다.

또한 이 조관의 후반부에 "우선 종전에 교정(交情)을 조색(阻塞)하는 근심이 있던 제반 예규를 일체 혁제(革除)하고 관유홍통(寬裕弘通)한 법을 널리 여는 데 힘쓴다."고 한 것은, 일본 전권의 설명에 따르면 구 타이슈 번주 소씨(宗氏)가 일한국교를 관장하던 시대에 체결된 일체의 약조와 규식(規式)을 폐기하고 국제간의 통의(通義)에 기초해서 공정한 국교를 개시하는 것을 의미했다. 이에 관해서는 접견대관도 충분히 양해했고, 그의 복명을 들은 국왕도 동의해서 이러한 방침에 따라 일한국교를 쇄신할 필요가 있음을 인정했다.

제2관: 이 조관이 아마도 조약 중에서 가장 곤란한 부분이었을 것이다. 조선 정부의 주장에 따르면, '일본국 사절은 조선국 병권대신(秉權大臣)과 접견하고, 조선국 사절은 일본국 외무경보(外務卿輔)와 접견한다고 한 것은 평등하지 않다. 일본국 외무성은 조선국 예조(교린을 관장한다는 점에서)에 상당하므로, 일본국 사절은 당연히 예조판서와 접견해야 한다. 그 다음으로 일본국 사절의 경성 주재 문제인데, 양국이 조약을 체결한 후에는 사무를 정리할 것이 없고, 만일 필요가 있으면 사무의 대소에 따라 각 개항장에 주재하는 일본국 관리가 해당 지방관과 교섭하면 그것으로 충분할 것이다. 양국 사절의 왕복은 비상한 대사건(大事件)이기 때문에 10년 혹은 15년에 1회로 한정하길 바란다.'는 것이었다.

조선 측의 수정 의견은 수도에 주차(駐箚)[1]하는 외교 대표를 과거의 통신사(通信使)와

---

1) 주차(駐箚): 외교관이 국가를 대표하여 타국에 주재(駐在)함

혼동한 감이 있었으므로 미야모토 외무대승은 그 차이를 자세히 설명했지만, 신헌은 여전히 동의하지 않았다. 그리고 공사가 내임(來任)할 때도 주차(駐箚)는 일체 인정하지 않고 전부 임시로 파견하는 것이라는 의미를 한층 더 명확히 하기 위해, 원안에서 "조선국 경성에 사신을 파출(派出)해서 병권대신(秉權大臣)을 직접 만나 교제사무를 상의해야 한다. 그 사신은 경성에 체류할 수도 있고, 혹은 사무가 정리됨에 따라서 바로 귀국할 수도 있으니, 이는 모두 그 시의(時宜)에 맡긴다."고 한 구절을 "조선국 경성에 수시로 사신을 파견해서 예조판서를 직접 만나 교제사무를 상의할 수 있다. 그 사신의 주류(駐留) 기간은 모두 시의(時宜)에 맡긴다."라고 수정할 것을 제의했다. 미야모토 대승은 수정안의 의미를 충분히 이해하지 못하고 수정안에 동의했던 것이다.

접견대관은 또한 조문 가운데 '사신(使臣)'의 자격과 그가 지참할 국서(國書)의 내용에 관해서도 큰 우려를 나타냈다. 그는 '아마도 사신이 내임(來任)할 때 국왕을 알현하고 국서를 봉정할 것이다. 국서에는 당연히 회답 국서가 필요하다. 그런데 스스로 조선국왕이라고 칭하면서 일본국황제에게 국서를 보내는 것은 체면상 용인할 수 없다.'라고 하면서 적당한 방법을 협의하고자 했다. 미야모토 외무대승은 공사 파견에 관한 국제관례를 설명하여, "외국에 공사를 파견하는 데 대체로 세 등급이 있습니다. 제일등(第一等)을 전권공사(全權公使)라고 하고, 제이등(第二等)을 변리공사(辨理公使)라고 하는데, 이는 모두 그 국주(國主)의 친서를 가지고 가서 주차국(駐箚國)의 국주(國主)에게 알현을 청하고 친서를 직접 올리는 절차를 따릅니다. 제삼등(第三等)은 대리공사(代理公使)라고 하는데, 이는 자국 외무경이 주차(駐箚)할 나라의 외무경에게 보내는 서간을 가지고 가서 그것을 직접 외무재상(外務宰相)에게 전달하므로 그 국주(國主)에게 정식으로 알현을 청하는 일이 없습니다. 그러나 교제사무를 처리하는 데는 삼등이라도 다른 점이 없습니다."라고 했다. 접견대관은 가능한 한 국서를 필요로 하지 않는 삼등공사의 내임(來任)을 희망했다. 미야모토 외무대승은 그 희망에 응하여, "지금 몇 등 공사를 귀국에 파출(派出)하겠다는 약속은 드리기 어렵지만, 귀국이 이렇게까지 국서 왕복을 꺼린다면 당분간은 되도록 국서 왕복 등의 절차를 생략하도록 졸자(拙者)들이 외무성에 돌아가서 제의하겠습니다. 또 공사의 일은 고관(高官)을 파출하는 것이 그 나라를 경례(敬禮)하는 것이 되지만, 고관은 그에 따라 수행원 등도 많아지고 비용도 증가하기 때문에 어떤 나라라도 가능한 한 차관(次官)을 파출해서 일을 처리하려고 생각하는 것이 상정(常情)입니다. 귀국은 우리의 인방(隣邦)으로서 교제사무도 많으니 고관을 보내야겠지만, 다소 지장이 있다면 대리공사 또는 이사관으로 하여금 당분간 처리하게 하는 것이 필시 적당할 것입니다."라고 약속했다. 접견대관은 대리공사에게 부여될 일본 외무경의 신임장안(信任狀案)에 관해 거듭 질문한 뒤에야 가까스로 만족의 뜻을 표시했다.

제4관: 부산 초량을 구례(舊例)에 따라 일본 무역을 위해 개방하고 별도로 2개 항구를 추가 개항하는 건으로, 조선 정부에서도 원칙적으로 이의가 없었지만, 초량 공관에서는 구례(舊例)에 따른 정계(定界)를 유지하고, 신 개항장에서도 초량의 전례에 따라 정계를 획정할 것을 요구했다.

그러나 개항장에 유보지역(遊步地域)을 설정하는 것은 각 개항장의 상황에 따라야 하기 때문에 미리 원칙을 정하기 어려웠다. 접견대관도 이러한 어려움을 인정해서 원안을 수정하지 않기로 했다.

제5관: 함경도 영흥부 및 경기, 충청, 전라, 경상 4개 도(道)에서 1개 항구를 개항하는 건인데, 영흥을 비롯해서 함경도 함흥, 안변, 문천의 4개 읍은 원묘(原廟)를 모신 땅이기 때문에 개항을 거절하고, 또 후자에 관해서도 경기, 충청, 전라의 3개 도는 제외하고 오직 경상도에서만 개항을 승인하겠다는 것이었다. 나중에 상호 양보한 결과, 일본 전권은 영흥을 철회하고, 조선 측은 경기와 양호(兩湖)의 개항 불가를 철회해서 경기, 충청, 전라, 경상, 함경 5개 도에서 2개 항구를 개방하는 것으로 협정됐다.

애초에 메이지 8년 12월의 태정대신 훈령에서는 개항지를 부산과 강화부 또는 수부(首府)[2] 근방의 2개 항구로 규정하고, 또 이를 반드시 실현해야 할 절대적인 기본 조건으로 정했다. 그런데 구로다 전권이 2월 12일에 제시한 일한수호조규 원안에는 강화부 또는 수부 근방의 2개 항구라는 글자는 보이지 않고, 단순히 경기, 삼남(三南)에서 1개 항구를 개항하는 것으로 바뀌고 새로 영흥부가 추가됐다. 이것은 전권부의 월권행위로 보아야 할까.

당시 일본 정부는 조선의 정치경제 사정은 물론이고 지리조차 거의 알지 못했다. 그들은 막연히 조선 지도를 펼쳐 놓고 이미 알고 있는 부산과 수부 경성 근방에서 개항장을 선정했던 것이지만, 구로다와 이노우에 두 전권 등이 실지에서 보고들은 결과는 본국에서 예상했던 것과 큰 차이가 있었다. "실로 저 나라(조선)는 의외로 개화되지 않아서, 강화(江華) 등은 조선에서 세 번째로 번화한 지역이라고 하는데 상민(商民)의 집은 내

---

2) 수부(首府): 수도(首都)

림[3]이 2칸보다 넓은 것이 없고 모두 모옥(茅屋)[4]이었으며, 공관(公館)이라는 곳은 원래 갈대 4, 5백 섬으로 만든 것으로 다른 사람에게 대여할 만한 것이 아니었다고 합니다. 실내도 불결하고 악취가 심해서 모두가 더욱 곤란을 겪었습니다."라는 것이 전권과 수행원들의 솔직한 감상이었다.[2]

이러한 의미에서도, 실제 지리적 조건으로도 강화의 개항은 부적합했다. 그 밖의 항구를 보자면, 수행 육해군 사관이 실측·시찰한 항만은 남양부 해구(海口)·인천부·제물포·강화부 월곶진 등이었는데, 모두 간만의 차가 크고 수심이 얕아서 도저히 개항장으로 적당하다고 보기 어려웠다. 따라서 전권부에서도 어쩔 수 없이 수부 근방의 항구를 단념하고, 경기와 삼남에서 적당한 항만을 찾기로 했던 것으로 생각된다.

영흥만은 원(原) 훈령에 명기되어 있지 않았지만, 이곳은 이미 1850년대부터 러시아 해군 사관의 실측을 거쳐 해도와 수로지(水路志) 등에 포트 라자레프(Port Lazarev)라는 이름으로 양항(良港)이라고 명기되어 있었으므로 개항장 후보지로 거론됐던 것으로 보인다.

개항장 설정에 관한 태정대신의 훈령이 일부 변경된 것은 이러한 사정에 기인하였으므로 정부에서도 어쩔 수 없이 이를 승인했을 것이다. 단, 전권이 수호조규 본문에서 개항장 지점 및 유보지역(遊步地域)의 설정을 완전히 협정하지 않고, 이를 수호조규부록 체결의 임무를 맡은 이사관에게 위임한 것은 훗날의 화근을 배태하는 원인이 됐다.

제7관: 이 조관은 태정대신 훈령에서는 "조선해 어디에서도 항해, 측량할 수 있게 해야 한다."라고 규정해서 조선 영해의 자유항행과 측량의 2개 조건으로 구분하고, 전자를 절대적인 조건으로 삼되 다만 그 실시 시기는 자유재량에 위임하는 것으로 되어 있었다. 그런데 수호조규 원안에는 "일본국 항해자의 자유로운 해안 측량"이라고만 되어 있다. 자유항행을 뺀 이유는 분명하지 않다. 어쩌면 사실상 조선 영해를 항행하게 되면 이 규정은 쓸모없다고 간주했던 것인지도 모르겠다.

제8관: 이 조관은 각 개항장에 영사관을 주재시키는 건으로, 태정대신 훈령에 명기되었고 조선 정부도 무조건 동의했다. 아마도 구 왜관에 관수(館守)가 있어서 왜관에 재근하는 타이슈 번리(藩吏)를 감독 지휘하고, 거류 상민을 관할하는 임무를 담당했기 때문에 영사관(領事官)의 직무를 충분히 이해할 수 있었을 것이다. 단, 이 조관의 규정은

---

3) 내림: 원문은 마구치(間口)이다. 건물의 정면에서 보이는 집의 칸 수를 말한다.
4) 모옥(茅屋): 띠풀로 엮은 집. 초가(草家)

편무적(片務的)인 것으로서 조선은 일본 수부(首府)에 외교 대표를 주차(駐箚)시키거나 개항장에 영사관을 주재시킬 수 있는 권리를 보유하지 못한다는 것은 주의할 필요가 있다.

제9관: 이 조관은 제1관과 관련된 것이다. 종전 초량 왜관에서 행해진 공무역(公貿易)은 완전한 관영무역이었으며, 사무역(私貿易)의 경우도 조선 지방관의 엄중한 감독과 제한하에서 이뤄졌기 때문에 통례적인 관념에서의 무역은 아니었다. 이 조관은 종전에 왜관을 중심으로 행해진 각종 무역에 관한 규정을 전부 철폐하고, 일한 양국 상민이 관헌의 부당한 간섭을 받는 일 없이 각자 임의로 직접 거래할 수 있음을 규정한 것이다. 이 조관은 태정대신 훈령에도 명기되었고, 조선 정부에서도 그 필요성을 인정해서 무조건적으로 동의했다.

제10관: 이 조관은 영사재판권 규정으로, 태정대신의 훈령에는 명기되지 않았지만 일본 전권부에서 자명한 이치로 인정해서 수호조규에 규정했던 것으로 보인다.

근대 일본에서의 영사재판권은 안세이(安政) 4년 5월 26일(1857년 6월 17일)에 체결된 일미조약(日米條約) 제4조를 기원으로 한다. 이 조항은 이후 구미제국(歐美諸國)과의 조약에서 반드시 규정되었는데, 일본의 관민 모두 그 불공정성과 불평등성에 분격해서 메이지 정부의 성립 이래로 조약 개정과 함께 반드시 철폐되어야 할 것으로 벼르고 있었다. 그리고 이미 메이지 4년 7월에 일청수호조규를 체결할 당시, 양국 절대평등의 주장 하에서 영사재판권을 쌍무적인 것으로 규정하였다.

그런데 일청수호조규의 조인 이후 일본 정부의 방침이 다소 변경됐다. 즉, 조약 개정을 통해 구미제국과 평등한 조약을 체결한 이상, 일청조약 또한 청국과 구미제국 간의 조약을 규준(規準)으로 해서 개정해야 한다는 논의가 일어났던 것이다. 이에 영사재판권 같은 것도 일본의 입장에서 청국에서 향유할 수 있는 권리를 방기하는 결과를 초래할 것이라는 논의, 즉 쌍무적인 것을 편무적인 것으로 수정해야 한다는 논의가 성행했다. 이 개정은 청국의 거부로 실현되지 않았지만, 이번에 조선에 대해서는 편무적 영사재판권을 강제했던 것이다.

조선 정부와 접견대관 모두 이 조관의 규정을 오히려 공정한 것으로 간주해서 무조건적으로 양보했는데, 여기에도 부득이한 면이 있었다. 즉, 구 타이슈 번 시대에는 민형사를 불문하고 조선국 내의 범왜(犯倭)는 반드시 왜관 관수(館守)에게 인도했다. 관수는 범왜의 신분에 따라 직접 심리해서 처형하거나, 혹은 본국 쓰시마로 송환해서 번주(藩主)

의 직재(直裁)를 청했다. 그 형률의 적용은 오직 타이슈 번의 법령과 관례에만 의거했고, 설령 조선의 지방 관헌이 타당하지 않다고 여겨서 항의하더라도 거부하는 것이 통례였다. 즉, 구 초량 왜관에서는 오래전부터 사실상 치외법권이 시행되고 있었으며, 수호조규에서는 이를 성문화한 정도에 지나지 않았던 것이다. 이 사실은 당연히 주의를 요한다.

제11관: 수호조규속약 및 통상장정의 체결을 위해 수호조규의 조인으로부터 6개월 이내에 두 체맹국이 각각 위원을 지명해서 강화부 또는 경성에서 회동하는 건이다. 접견대관과 부관은 수호조규에 세목(細目)의 규정이 있는 이상 필요가 없다는 견해였지만, 미야모토 외무대승의 설명에 따라 그 필요성을 인정하고 원안을 존치하기로 결정했다.

제12관: 최혜국대우의 건으로, 조선 정부는 일본 이외의 다른 나라와 조약을 체결하거나 통상을 행할 뜻이 없음을 성명하고 이 조관의 규정을 쓸모없는 것으로 간주했다.

당시 일본 정부는 최혜국대우 문제에 대단히 민감했으며, 따라서 이 조관도 상당히 중요시했을 것이다. 하지만 전권부에서는 조선 정부의 성명을 이유가 있다고 인정해서 이 조관의 철회를 승낙했다.

일한수호조규 원안 13개 조 가운데 제12관이 철회되었으므로 12개 조가 됐다. 그 중에서 조선 정부의 요구에 따라 수정한 것은 제2관과 제5관의 2개 조에 불과했고, 특히 제1관, 제3관, 제6관, 제7관, 제8관, 제9관, 제13관 등 7개 조는 전혀 논의의 대상이 되지도 않았다.

다음으로 조선 정부에서 추가를 요구한 6개 조는 대단히 중대한 의미를 갖고 있다. 이제 조목별로 양측의 주장을 설명하고자 한다.

제1칙: 조선국 재류 일본 국민에게 상평전(常平錢)의 사용을 금지하는 건이다. 이와 관련하여 조선 측에서 주장한 이유는 명기된 바 없지만, 아마도 통화 유출의 우려 때문이었을 것이다. 실제 통화의 원료가 되는 동(銅)을 전부 수입에 의존하고 있던 조선으로서는 이 금령도 상당한 이유가 있었던 것으로 생각된다.

그런데 일본 측에서 보자면, 상평전을 유일한 통화로 하는 조선에서 그 사용이 금지된다면 일용품의 구입에도 지장을 초래할 것이었다. 따라서 미야모토 외무대승은 이에 대해 반대 의사를 표명했다.

제2칙: 미곡의 수출입 금지로서, 조선 측은 구 왜관에서 미곡을 수출한 사실이 없다는 것을 거론했다. 이에 대해 미야모토 외무대승은 "미곡은 귀국에서 설령 수출은 금하더라도 수입은 금해서는 안 됩니다. 귀국에서 기근이 발생했을 때 우리나라에서 미곡의 수입이 자유로우면 귀국 인민이 굶주림을 면할 수 있는 이치입니다. 따라서 이 조관 또한 쓸데없습니다."라고 설명했다.

하지만 미야모토 대승의 설명은 극히 졸렬한 것이었다. 쌀, 대두(大豆), 목면(木棉) 이외의 산물이 없는 조선과 무역을 개시한 이상, 수출품으로서는 가장 먼저 미곡을 꼽지 않을 수 없었다. 특히 구 왜관에서 미곡 무역은 시행되지 않았지만, 공무역의 형식으로 대량의 미곡이 타이슈로 유출된 사실이 있다. 그런데 이 조관은 조선 측에서 자발적으로 철회했기 때문에 문제가 되지 않았다.

제3칙: 물물교환(Barter)에 의한 무역은 당시의 통상 관례에 반할 뿐만 아니라 실행이 불가능했기 때문에 원안을 철회했다.

제4칙: 외국인이 일본인의 명의를 사용해서 조선에 입국하거나 거류하는 것을 금지하는 건이다. 이 건은 조선 정부의 요구가 당연했기 때문에 미야모토 외무대승도 이를 단속하겠다고 공약했다.

제5칙: 아편과 기독교 관계 도서의 수입 금지로서, 전자는 일본에서도 조약 명문(明文)으로 금지되어 있었다. 후자 또한 기독교 금지령이 공식적으로 해제되지 않았으므로 미야모토 외무대승은 이를 모두 수락했다.

제6칙: 양국의 망명자를 은닉하거나 혹은 표류를 가장해서 당해국(當該國)에 잠입을 기도하는 자에 대한 금령(禁令)으로서, 몇 년 뒤의 정치적인 분규를[5] 예상치 못했던 당시로서는 당연한 요구 조건으로 양해됐다.

접견대관은 이상 6개 조를 수호조규에 추가할 것을 요구했지만, 미야모토 대승은 "이미 조약 조인 기한을 하루 이틀 앞둔 절박한 상황이므로(실제로는 일주일 지연됐다.), 새로 이와 같은 조항들을 바라는 것은 적절치 않습니다. 여러 가지로 왕복하는 동안에 기한을 넘겨서 담판을 매듭짓지 못할 경우에는 양국의 대사(大事)에도 영향을 미칠 것이니 이 조항들은 잠시 유보해야 할 것입니다."라고 하여 철회해 줄 것을 간청했다. 그러나 접견대관은 정부의 명령이라서 독단으로 철회하기 어렵다고 하면서, 적어도 제4칙과 제5칙만이라도 공문서로 보증해줄 것을 요청했다. 미야모토 외무대승도 그 부득이한 사정을 인정했지만, 독단으로 결정할 수 있는 권한을 갖고 있지 않았으므로 이노우

---

5) 1884년 12월 갑신정변의 실패 이후 정변의 주동자였던 박영효, 김옥균, 서광범, 서재필, 이규완, 정난교, 유혁로, 변수 등의 일본 망명을 가리킨다. 제55절 참조

에 부전권에게 상신하고, 그에 관한 각서를 접견대관에게 전달했다. 다음 날 훈도 현석운은 접견대관의 명에 따라 미야모토 외무대승을 방문해서, 전날 제시한 육칙(六則)에 외국 선박이 일본국기를 남용해서 조선 항구에 진입하는 것을 금지하는 항목의 추가를 요청했다. 미야모토 외무대승도 동의했다. 미야모토 외무대승이 접견대관에게 전달한 각서는 다음과 같다.

일본국 상선이 무역 등의 일로 인해 타국에 갈 때는 반드시 정부에서 교부한 선패(船牌) 및 항해공증(航海公證)을 휴대해야 한다. 항구에 도착한 후 48시간 내^{귀국 24시간} 해당 선주는 선패와 공증을 그곳에 주재하는 일본 영사관(領事官)에게 제출해서 확인을 받고, 그런 후에 해당 지방관(地方官)에게 보장(報狀)을 제출한다. 그 보단(報單) 안에는 반드시 영사관의 인기(印記)가 있다. 그러므로 그것이 일본국 선척(船隻)임이 확실하게 빙거(憑據)를 갖는 것이다. 또 모든 선박은 반드시 국기를 게양해야 한다. 국기는 지극히 귀중한 물건이니, 만약 갑국(甲國) 선박이 거짓으로 을국(乙國) 기호(旗號)를 게양하면 해적과 동일하게 간주해서 을국 병함(兵艦)이 나포해서 징벌한다.

하나, 조선 정부는 아편이 항구에 들어오는 것을 금하되 일본인에게 지장이 없게 한다.

하나, 현재 일본 인민이 예수교(耶蘇敎)를 신봉한다는 말은 듣지 못했으나, 조선 정부에서 일본 인민이 혹시 조선 인민에게 예수교를 전파하는 것을 예방하기 위해 금지하려는 것이니, 일본 정부는 응당 윤허해야 한다.

하나, 조선국의 각 통상 항구에 있는 타국 인민이 일본인의 명적(名籍)을 빌어서 거주, 무역하는 것은 일본 정부에서 불허하는 바다.

이상 각 건은 신 대관이 순문(詢問)을 받았다. 그러므로 비견(鄙見)을 이와 같이 진술한 것이다.

외무대승 미야모토 오카즈[3]

1 『沁行日記』卷上 丙子年正月二十一日.

    왜인 80명이 나갔다. 왜인 사이스케(最助: 우라세 히로시)가 차비관(差備官)의 처소를 방문했다. 그래서 술과 고기를 대접하니, 잇달아 몇 잔을 마신 후에 말했다. "술과 고기를 먹고 마시며 여러 공들과 마주 앉아 옛 이야기를 하고 있으니 이야말로 태평한 일이다."

    임역(任譯)이 말했다. "그렇다. 공 등이 속히 돌아가면 우리도 태평을 누릴 것이다."

    "순조로운 성사 여부가 귀 조정의 처분 여하에 달려 있으니 만약 순조롭게 이뤄지지 않으면 곧장 경성으로 가서 영의정 대감과 조약을 강구할 것이다."

    "지금은 아직 얼음이 녹지 않았고, 또 애구(隘口)를 지키는 군대가 있는데 어떻게 쉽게 경성에 갈 수 있겠는가?"

    그가 웃으며 말했다. "따로 갈 수 있는 방법이 있다."

    "귀 대신은 어느 주(州) 사람인가?"

    "대신은 사쓰마 주 사람이고 부대신은 나가토 주(長門州: 죠슈) 사람이다."

    그리고 사례하고 돌아갔다. (중략)

    전어관(傳語官) 사이스케와 킨스케(金助: 아라카와 도쿠지) 두 사람이 오경석을 찾아와서 술과 밥을 달라고 했다.

    오경석이 물었다. "귀국인이 타는 화선(火船)이 모두 임대한 선박이라고 하니 그렇다면 그 비용이 적지 않을 듯하다."

    "그렇다. 또 철로가 펼쳐진 것이 수천 리라서 기차[火輪車]를 오가게 하며, 에도에서 나가사키[長崎島: 나가사키(長崎)를 가리킨다. 실제 섬은 아니지만 그 지형이 바다로 돌출되어 마치 섬처럼 보이기 때문에 우리나라에서는 '島'자를 붙여서 불렀다.]까지 전선(電線)으로 서로 연락하는 방법이 있다."

    "전선이란 무엇인가?"

    "동철(銅鐵)로 줄을 만들어서 산에 걸고 바다에 매설하여 수천 리를 연결한다. 그리고 양 끝에서 두드려서 소리를 내 언어를 전달하는 것이다. 그러므로 비록 외국의 일이라도 삽시간에 서로 전할 수 있는 것이다."

    "귀국의 교린국 중에 어느 나라가 가장 강한가?"

    "러시아[露西亞]가 가장 강하니[즉, 아라사(俄羅斯)이다], 각국에서 두려워한다. 우리나라가 교린하는 17개 국가가 모두 일부의 조약을 맺어서 균등하고 공평하지 않은 일이 없으며, 또 저쪽은 존대하고 이쪽은 천시하는 차별이 없다. 한 가지로 정해진 법규가 있어서 우의가 형제와 같다. 어느 나라를 막론하고 선박이 통상을 할 수 있는 곳이면 피차가 서로 관(館)을 개설하고 관장(官長)을 둔다. 그리고 각 읍과 해당 지방의 가장 높은 관리가 사안에 따라 상의해서 호시(互市)의 편의를 제공한다. 또 어지럽게 섞이는 것을 금지해서 개관(開館) 몇 십 리 안에서만 임의 왕래를 허용하고 정해진 경계 밖으로는 감히 범월(犯越)할 수 없다. 만일 정해진 경계 밖에 유상(遊賞)할 곳이 있으면 해당 지방관에게 요청한다. 그러면 그 관(官)에서 인원을 파견해서 그를 데리고 왕래하기 때문에 혹시라도 폐단이 생길 일이 없다. 그 개관(開館)의 모든 절차 또한 추호도 인국(隣國)에 폐를 끼치지 않아서 관우(館宇) 역시 스스로 임대하거나 신축하고, 사소한 물건도 반드시 값을 치르고 구매한다. 개관처(開館處)에서의 각국 법제가 대략 이와 같다. 이른바 공사(公使)라는 것은 종인(從人) 몇 십 명을 약소하게 거느리고 서로 인국(隣國)

의 경성으로 가서 또한 터를 빌리는데, 건물을 임차하거나 혹은 신축해서 거처한다. 그가 주간하는 일은 다음과 같다. 만일 통상하는 각 관(館)에 일이 생기면 관장(館長)이 해당 지방관에게 글을 보내서 공사에게 전달하게 한다. 그러면 공사는 그 나라 경관(京官)과 공평하게 논의하여 결단한다. 공사가 거류하는 근방 수십 리 안에서도 내왕을 허용하지만 감히 작폐(作弊)할 수 없다. 한번 정규(定規)를 두었는데 위월(違越)하면 각국이 그 죄를 문책한다. 그러므로 이른바 약조(約條)란 곧 천하공법(天下公法)인 것이다.”

“설령 타국의 법이 그렇다고 해도, 우리나라에는 별도로 동래(東萊)에서 교시(交市)하던 구례(舊例)가 있는데 어찌 할 수 없는 일을 새로 시행할 필요가 있겠는가?”

“동래의 교린 약조는 귀국에 일방적으로 고통스럽고 쓰시마에 일방적으로 이로운 것이었으니, 어찌 그것이 교린의 우의(友誼)이겠는가? 피차가 추호도 폐를 끼치지 않은 연후에야 공법(公法)이라고 할 수 있다. 그러므로 이번 사행(使行)은 그만둘 수 없는 일에 속하는 것이다.”

그리고는 대관이 급히 부른다고 하면서 떠났다. 그래서 다시 물어볼 수 없었다.

2 『木戶孝允文書』卷六 374쪽 明治九年三月四日伊勢華宛木戶孝允書狀.

3 『朝鮮交際始末』卷三; 『善隣始末』卷二; 『日省錄』李太王丙子年二月五日·六日; 『承政院日記』光緒二年二月六日; 『倭使日記』卷二 丙子年正月二十六日·二月五日; 『日使文字』卷一 丙子年正月二十六日·二月三日. 접견대관 신헌의 일기인 『심행일기(沁行日記)』의 하권을 볼 수 없으니, 이 중요한 기사를 참고할 수 없음은 유감이다. [최근 『심행일기(沁行日記)』의 하권이 발굴되어 원문과 함께 번역, 출간되었다(신헌 지음, 김종학 옮김, 『심행일기: 조선이 기록한 강화도조약』, 푸른역사, 2010). ─역자 주]

일한수호조규의 조인과 비준

메이지 9년 2월 19일(이태왕 병자년 정월 25일)부터 이튿날인 20일까지 접견대관 신헌과 외무대승 미야모토 오카즈, 외무권대승 노무라 야스시의 사적 회담은 순조롭게 진행되어 일한수호조규 원안은 부분적인 수정을 제외하고 원칙적으로 승인될 분위기였다. 그런데 수호조규 말미에 첨부된 조선국왕 비준서의 형식을 두고 양국 전권의 의견이 충돌해서 교섭이 일시 결렬 상태에 빠지고 말았다.

당초부터 조선 정부와 접견대관은 국왕 비준의 의미를 이해하지 못하고 있었다. 그것은 일본 전권이 제시한 수호조규안 말미의 비준서안을 한번 보고는, 양국 전권이 입약해서 검인한 이상 그 효력은 영구불변하기 때문에 비준할 필요가 없다는 의견을 제시한 데서도 알 수 있다. 접견대관은 미야모토 외무대승과 노무라 외무권대승의 설명을 통해 비준의 의의는 양해했지만, 원안의 한역문에는 오직 '조선국왕어보(朝鮮國王御寶)'라고만 기재되어 있었으므로 조선 정부와 접견대관 모두 비준서에는 옛 국서와 동일한 형식으로 '조선국왕 이모(李某)'라고 기입하고 '위정이덕(爲政以德)'의 어보(御寶)를 찍으면 무방하다고 생각했다. 그런데 이제 미야모토 대승과 노무라 권대승의 설명을 통해 옛날의 형식은 불완전하며, 조선국왕의 칭호 아래에 국왕 자신의 성휘(姓諱)[1]를 친필서명하고 조선국왕임을 인문(印文)에 명기한 어보(御寶)를 찍지 않으면 안 된다는 사실이 판명된 것이다.

접견대관 신헌과 부관 윤자승 모두 이러한 비준 형식은 조선국법에 위배된다는 이유로 강경하게 반대했다. 미야모토, 노무라 두 수행원은 비준서에서의 친필서명의 중대성을 강조하면서 접견대관과 부관에게 생각을 고칠 것을 요구했지만 끝내 동의를 얻지 못했다. 두 수행원의 보고를 받은 구로다 전권과 이노우에 부전권도 이 건을 중대시해서,

---

1) 성휘(姓諱): '휘(諱)'는 곧 존장자의 이름을 가리키는 말이니 여기서 성휘(姓諱)는 고종의 성명(姓名)을 뜻한다.

접견대관·부관과의 회견을 요구하여 2월 20일 오후 7시부터 연무당에서 회담을 가졌다.

제4차 회담(메이지 9년 2월 20일)

일본국	전권	구로다 참의
	부전권	이노우에 의관
	수행원	노무라 외무권대승
		모리야마 외무권대승
		야스다 개척소판관
		고마키 개척간사
		스즈키 칠등출사
	통역	우라세 사등서기생
		아라카와 육등서기생
접견대관		신헌
부관		윤자승

구로다 전권이 먼저 발언했다. "귀 조정에서 비준에 이의가 있다고 들었다. 비준은 체약(締約)의 주뇌(主腦)[2]이므로 군주의 서명과 검인이 없으면 체약을 매듭지을 수 없다. 조약 내 요항(要項) 중에서도 전날에 우리 주장을 굽혀서 귀의(貴意)에 따른 것이 적지 않지만, 비준에 있어서는 조금도 굽힐 수 없다." 접견대관은 '비준이란 위에서 아래에 대해 하시는 말씀이기 때문에 신하가 친필서명을 군주에게 청하는 것은 예(禮)에 불가하니, 결코 신주(申奏)[3]할 수 없다.'고 역설했다. 전권은 '비준서에 원수의 친필서명이 들어가는 것은 국제간의 통례(通例)로서, 일본과 청국의 조약에서도 어비(御批)[4]의 국서를 교환했다. 이제 친필서명을 수락하지 않는 한 조약은 성립될 수 없다.'고 설명했다. 접견대관은 이 말을 반박해서, '나라마다 국법이 있다. 조선의 국법에서는 국왕의 친필서명 같은 것은 불가능하다. 또 일본 전권부에서 제시한 원안에는 친필서명의 건이 명기

---

2) 주뇌(主腦): 주지(主旨), 중심(中心).
3) 신주(申奏): 상주(上奏).
4) 어비(御批): 상소문에 대한 임금의 비답(批答), 또는 임금이 열람하거나 재결한 문서를 가리키기도 한다.

되어 있지 않다.'고 했다. 전권은 원안에 '조선국왕어보(朝鮮國王御寶)'라고 한 것이 친필서명과 어보(御寶)의 검인을 의미한다고 설명했다. 접견대관 또한 조선의 제도를 설명해서, '교린에 관계된 국서에는 '위정이덕(爲政以德)'의 어보(御寶)를 검인하는 것이 규정이며, 조선국왕 및 성휘(姓諱)를 새긴 인장은 없다. 만약 국왕께서 재가하신 증거가 필요하다면 '윤(允)' 자를 첨서(簽署)하는 것은 어떠한가?' 라고 제의했다. 그리고 국왕의 성휘(姓諱)를 친필서명할 수 없는 이유를 거듭 설명하면서 일본 전권의 양보를 요청했다. 그러자 이노우에 부전권이 주의를 주었다. "서명의 한 가지 일로 인해 체약이 이뤄지지 않는다고 해도 어쩔 수 없다. 다만 귀 대신은 걸핏하면 예전(禮典)을 주장하지만, 자국의 예(禮)를 타국에 적용하기는 어렵다. 체약(締約)에 어비(御批)가 빠지면 국군(國君)이 재가한 증빙이 없는 것이다. 이것으로 귀국의 예를 지켰다고 하더라도, 교의(交誼)를 깨뜨려서 국민을 도탄에 빠트리는 것에 비교한다면 어떤 것이 무겁고 어떤 것이 가볍겠는가?" 그러나 접견대관은 흔들림 없이 앞의 말을 반복할 뿐이었다. 몇 차례 입씨름을 한 끝에 구로다와 이노우에 두 전권은 조선에 조약을 체결하려는 성의가 없다고 보고, "이렇게까지 집요하게 하니 어쩔 수 없다. 본 대신은 이제 작별하고 떠날 것이니, 나중에 스스로 후회하지 말라."는 한 마디 말을 남기고는 물러갔다. 때는 오후 12시였다고 한다.[1]

메이지 9년 2월 20일의 회의 석상에서 접견대관은 지난번에 정부에서 내려보낸 의정부 조회안을 제시했다. 이 조회안은 메이지 원년 이래 교린이 조격(阻隔)된 이유를 해명하고 구호(舊好)의 속수(續修)를 희망한다는 의미를 담고 있었다.

> 양국의 수목(修睦)이 장차 300년이 됩니다. 정(情)이 마치 형제와 같고 구제(舊制)를 준수해서 각자 인민을 편안히 하여 서로 다투거나 노하는 일이 없었습니다. 교빙(交聘)의 의례는 그 한도를 넘지 않았고 위하(慰賀)의 안부는 그 폐단을 염려했습니다. 보내는 사신이 있으면 반드시 오는 사신이 있고, 증물(贈物)이 있으면 반드시 보답이 있었습니다. 쓰시마에서는 수신사를 접견해서 사정을 알리고, 내관(萊館)에서는 개시(開市)해서 강계(疆界)를 넘지 못했습니다.

> 그러나 그 인호(隣好)를 영원히 보전하는 것으로 말하자면 '예의성신(禮義誠信)'의 네 글자에서 벗어나지 않을 뿐이니, 어찌 근년에 서계의 일로 서로 의심하고 단절되리라 생각이나 했겠습니까? 그 의심과 단절에는 곡절이 있습니다. 양국의 서계는 본래 근엄해서 비록 한 글

자라도 규식(規式)에 맞지 않으면 엄격하게 분변했으니, 이는 양국의 구례(舊例)가 그러한 것이요, 동래 수신(守臣)과 임역(任譯)이 감히 대번에 받지 못했던 것 또한 이러한 전례에 비춰서 그러했던 것입니다.

정묘년 봄에 중국 예부에서 자문이 전달되었습니다. 총리각국사무아문(總理各國事務衙門)의 상주에 따르면, 천진상해통상대신(天津上海通商大臣)이 보낸 신문에 다음과 같은 말이 있었다고 합니다. "야도 마사요시(八戶順叔)라고 하는 일본 객인(客人)이 신문 원고를 보냈는데, 거기에 '근래 일본국은 화륜군함 80여 척을 보유하고 조선을 토벌할 뜻을 갖고 있다', '조선국왕은 5년마다 반드시 에도에 와서 다이쿤(大君)을 배알하고 공헌(貢獻)하는 것이 고례(古例)인데, 조선국왕이 이를 폐기한 것이 오래됐다. 그러므로 군대를 보내서 그 죄를 문책하려는 것이다', '현재 군대를 일으켜서 조선을 토벌하려는 뜻을 갖게 된 것은 조선이 5년마다 한 번 조공하는 것을 지금까지 험난한 지형만 믿고 불복하면서 이러한 고례를 오래전에 폐기했기 때문이다'라고 했습니다."

야도 마사요시는 귀국인이니, 그렇다면 마땅히 귀국의 일을 이해하고 있었을 것입니다. 그런데도 허망한 말을 지어내고 거기에 모욕적인 언사를 더해서 '배알', '조공' 등의 말로 교린상경(交隣相敬)하는 나라를 무함하는 것이 옳습니까? 수호를 맺고 허물이 없는 곳에 군대를 일으켜서 토벌하는 것이 옳습니까? 이러한 말들을 꾸며서 해내(海內)와 해외(海外)에 유포하는 것은 참으로 무슨 의도입니까? 어찌 폐방(弊邦)의 신민이 괴아(怪訝)하지 않으며, 어찌 분완(憤惋)하지 않을 수 있겠습니까? 무진년부터 경오년까지 서계를 감히 대번에 받을 수 없었던 것은 규식(規式)에 장애가 있었을 뿐만 아니라, 참으로 무설(誣說)이 의혹을 일으켰기 때문입니다.

그러나 폐국(弊國)이 지키는 것은 '예의성신'입니다. 그러므로 전령을 핍박한 동래 수령을 먼 변방에 찬배(竄配)하고, 옹폐(壅蔽)하고 기망(欺罔)한 훈도를 효수형에 처한 것입니다. 그런데 귀국 외무성에서 새 서계를 작성해 온 후, 예복과 정문 출입의 문제로 오랫동안 상지(相持)했다고 들었습니다. 그러므로 폐국(弊國) 정부에서 동래 수령에게 관칙(關飭)[5]해서 쇄세(瑣細)한 의절(儀節)에 구애되지 말고 즉시 받아서 조정에 봉납(捧納)하게 했던 것입니다. 그런데 마침 외무성 관원이 돌아가 버려서 공간(公幹)을 처리하지 못하다가, 갑자기 귀 대신의 변리(辨理) 행차가 국경에 도착했다는 말을 듣게 되었습니다. 이제 귀 대신과 우리나라 사상(使相)[6]의 문답을 들으니, 폐국(弊國)에서 귀국 사신을 물리친 것을 구실로 삼고 있으나, 서

---

5) 관칙(關飭): 상급 관서에서 하급 관서로 보내는 공문서. 훈령(訓令)
6) 사상(使相): 원래 전직 재상으로서 관찰사가 된 사람을 가리키는 말이나 여기서는 신헌이 전직 재상으로서 특명 사신이 됐다는 의미로 사용됐다.

계가 지체된 이유를 앞에서 모두 진술했으니, 어찌 혹시라도 사신을 물리칠 뜻이 있었겠습니까? 양국의 의심과 단절이 이 지경에 이르렀으니 부끄럽고 통탄스러움을 이루 다 말할 수 없습니다.

조정의 의론이 분분해지면 파면과 살육이 뒤따르고, 군민(軍民)이 전쟁을 벌이려고 하면 사자(使者)를 파견해서 진무(鎭撫)[7]했다고 하니, 귀국의 후의를 어찌 잊겠습니까? 만만 감사합니다. 그러나 우리나라는 이미 동래수령을 찬배하고 훈도를 주살(誅殺)해서 우리의 도리를 다하려고 했는데, 귀국에서는 야도 마사요시의 허망하고 모욕적인 언사를 어떻게 처리했는지 아직 살피지 못했습니다.

귀 대신이 폐국(弊國) 사상(使相)과 접견할 때 사기(辭氣)가 충후(忠厚)하고 변리(辨理)가 탄백(坦白)[8]해서 양국의 시의(猜疑)가 하루아침에 풀려 대인군자가 마음을 화평하게 가져서 나라를 위해 근신(勤藎)[9]하는 모습을 볼 수 있었으니, 삼가 흠앙(欽仰)을 이길 수 없습니다. 그 서계와 예물로 화목함을 다시 펴는 것으로 말하자면 오직 300년의 구규(舊規)에 의거해야 할 뿐이요, 큰일은 귀국 정부와 우리 정부가, 작은 공무는 귀국 외무성과 우리 예조가 대등하게 왕복해서 영원히 우호해야 할 것입니다. 혹시 새로 정한 약조가 있다면 통양상관(痛癢相關)[10]의 처지에 반드시 양쪽에 편의한 방법을 연구해야 할 것이요, 혹시 저쪽에는 이로우나 이쪽에는 해롭고, 이쪽에서는 통하나 저쪽에서는 막히는 것이 있다면 마땅히 염두에 두어야 할 바의 사리를 인서(仁恕)로 미루어 더욱 깊이 상의하길 바랍니다.

조선국 의정부에서 일본국 변리대신에게 조회합니다.

광서 2년 정월(正月)   일[2]

이 서술책자(敍述冊子)는 조선 정부에서 채택한 방침을 설명하는 데 급급해서 일본 전권이 요구한 진사(陳謝)의 의미는 찾아볼 수 없을 뿐더러, 강화도 사건에 관한 언급이 완전히 생략된 것은 성의를 크게 결여한 것이었다. 일본 전권은 이 조회(照會)가 유감의 뜻을 표시하기에 불충분하다고 보고 수리를 거부했다.[3]

2월 21일, 구로다와 이노우에 두 전권은 미야모토 외무대승과 노무라 권대승을 접견대관에게 보내서, 그 사건을 전제로 '비준 건에 동의하지 않는다면 일본 전권은 회담을

---

7) 진무(鎭撫): 분기한 백성을 어루만져서 진정시킴
8) 탄백(坦白): 솔직하고 순수함
9) 근신(勤藎): '신(藎)'은 충성심이 두터워서 나아가기를 그치지 않는다는 뜻이다. 『詩經』 大雅 文王에 "왕의 충성스러운 신하들이 어찌 네 조부[文王]를 생각하지 않을 수 있겠는가[王之藎臣 無念爾祖]!"라는 구절이 있다.
10) 통양상관(痛癢相關): 고통과 가려움을 함께 나눈다는 뜻으로 이해관계가 밀접함을 비유하는 말이다.

중지하고 부득이 귀국하실 것이다. 그렇게 되면 일한 양국의 평화 유지도 기대하기 어렵다'는 말을 전하게 했다. 하지만 신헌 등은 여전히 쉽게 움직일 기색을 보이지 않았다. 이튿날인 22일에 구로다 전권은 야스다 개척소판관을 대리로 보내서 접견대관과 부관에게 고별하게 했다. 접견대관과 부관은 답방해서 구로다 전권의 출발을 중지할 것을 간청했지만, 전권은 그 말을 듣지 않고, '다만 오늘부터 5일간 겐부마루에 승선해서 항산도 앞바다에 정박하면서 조선 정부의 최종 회답을 기다릴 것이다. 이 기일을 넘기면 바로 출발할 것이다'라고 통고했다. 이날 구로다 전권은 수행원 모리야마 외무권대승, 야스다 개척소판관, 고마키 개척간사 및 의장병을 인솔해서 강화를 출발했는데, 이노우에 부전권은 수행원 미야모토 외무권대승, 노무라 외무권대승, 스즈키 개척사 칠등출사와 함께 호위병 약간을 거느리고 숙사에 잔류했다.[4]

구로다와 이노우에 두 전권이 무슨 이유로 조약의 비준 형식을 두고 이처럼 고압적인 태도로 나와서 회담 결렬까지 결심했는지는 대단히 의문스럽다. 왜냐하면 비준이 조약이 효력을 발생하는 데 불가결한 법적 수단임은 물론이고, 거기에는 양 체맹국 원수가 친필서명하는 것이 관례이기는 하지만, 이 조건이 반드시 절대적인 것은 아니기 때문이다. 청국에서는 비준서에 '대청국대황제(大淸國大皇帝)'라고 기재하고 어보(御寶)를 검인할 뿐 친필서명을 하지 않는 것이 관례였고, 일본에서조차 안세이(安政) 2년 정월 5일(1855년 2월 21일)에 일미수호조약을 비준할 때 쇼군의 친필서명을 대신해서 '이는 다이쿤(大君)의 명에 따라[右大君之命を以て]'라는 한 구절을 넣고, 그 다음에 이세노카미(伊勢守) 아베 마사히로(阿部正弘) 이하 여섯 로주(老中)가 연서(連署)한 전례가 있었다. 이러한 사례로 볼 때, 일한수호조규 비준에 예외를 두더라도 조금도 지장이 없을 터였다.

접견대관 신헌과 부관 윤자승은 구로다 전권이 비준 친필서명의 건에 결연한 태도를 보이고 강화부를 떠나기까지 했는데도 조금도 놀라지 않았다. 접견대관의 의견에 따르면, '이미 수호조규를 원칙적으로 승인한 이상 단순히 친필서명의 형식에 구애되어 일체의 회담을 결렬시키는 것은 책임 있는 견외사절(遣外使節)이 차마 할 수 없는 일'임을 확실히 알고 있었기 때문이다.[5] 동시에 구로다 전권이 이미 강화부에서 물러간 이상, 그의 체면을 세워줄 만한 어떤 수단을 강구하지 않으면 원만한 해결을 보기 어렵다는 것도 잘 알고 있었다. 따라서 미야모토 외무대승과 노무라 권대승이 이노우에 부전권의 내명(內命)에 따라 방문하자, 신헌은 이들과 격의 없이 협의해서, 그 결과 다음 3개 안의 타협이 이뤄졌던 것으로 보인다.

첫째, 비준서에는 조선국왕의 성휘(姓諱)를 친필서명하지 않음. 단, 일본 전권의 주장을 인정해서 별도로 '조선국군왕지보(朝鮮國君王之寶)'를 새로 주조해서 검인함. [인문(印文)은 나중에 '조선국주상지보(朝鮮國主上之寶)'로 수정됐다.]

둘째, 비준은 조인과 같은 날에 즉시 행함.

셋째, 서사책자(敍事冊子)를 수정해서 유감의 뜻을 표명함.

이 타협 조건은 병자년 정월 28일(메이지 9년 2월 22일)에 접견대관·부관 명의의 문서로 제시됐다. 이노우에 부전권 이하 수행원들은 이 안건의 수습책 마련에 부심하고 있었기 때문에 이 타협안에 동의했던 것으로 생각된다.[6]

2월 19일부터 사흘간에 걸친 교섭을 통해 수호조규, 비준 형식, 서사책자에 관해 일한 양국 전권의 완전한 양해가 이뤄졌으므로 접견대관은 특별히 당상역관 오경석과 현석운에게 명해서 조약서 정본(正本)을 갖고 상경하게 했다. 아울러 새 어보의 주조, 비준과 조인의 동시 거행, 서사책자(敍事冊子)의 수정 등에 관해 상재(上裁)를 청하게 했다.

메이지 9년 2월 25일에 당상역관 오경석과 현석운이 경성에서 돌아와서 접견대관의 명에 따라 미야모토 외무대승, 노무라 외무권대승을 방문했다. 이 자리에서 수호조규 비준서, 서사책자, 비준 시기 모두 협정한 조건대로 윤재(允裁) 받았음을 통고하고 그 등본을 제시했다. 그리고 2월 27일에 조인을 행할 것을 제의했다. 이노우에 부전권은 이 사실을 구로다 전권에게 급보했고, 전권은 2월 26일에 다시 상륙해서 강화부로 돌아왔다.[7]

메이지 9년 2월 27일(병자년 2월 3일), 일본과 조선의 수호조규가 심영(沁營)의 연무당(錬武堂)에서 조인됐다. 이날 오전 9시에 구로다 전권변리대신과 이노우에 부전권변리대신은 수행원 다네다 육군소장, 미야모토 외무대승, 가바야마 육군중좌, 모리야마 외무권대승, 야스다 개척소판관, 고마키 개척간사, 스즈키 개척사 칠등출사, 통역 우라세 외무사등서기생, 아라카와 외무육등서기생을 거느리고 대례복과 정장 차림으로 의장병을 이끌고 회견 장소인 연무당으로 갔다. 조선 접견대관 판중추부사 신헌과 부관 부총관 윤자승 또한 종사관 홍대중, 군관 서찬보·김홍신(金弘臣), 차비역관 오경석·현석운·이희문·이응준을 거느리고 왔다. 양측은 조약에 기명조인(記名調印)한 후 조약 본문을 교환했다. 이와 동시에 접견대관은 비준서와 조선국 서사책자를 구로다 전권에게 직접 전달했다. 일본 정부에서 조선국왕 및 접견대관·부관, 강화부유수 이하 종사관, 차비역관, 군관 등에게 보내는 증품(贈品)과 조선국왕 및 접견대관·부관, 강화부유수가 일본의 정·부 전권과 수행원들에게 보내는 증품 목록이 함께 교환됐다. 이 식이 끝난 후 접견대관은 왕명에 따라 성대한 상선연(上船宴)을 열고 전권과 수행원들을 초대했다. 구로다 전권은 특별히 다네다 육군소장과 가바야마 육군중좌를 불러서 접견대관·부관에게 전공이 있는 무장이라고 소개했다.[8] 일한수호조규와 비준서, 그리고 강화도 사건에 관해 유감의 뜻을 표시한 조선 의정부 조회는 다음과 같다.

일한수호조규

대일본국과 대조선국은 평소 우의를 돈독히 한 것이 오래되었는데, 이제 양국의 정의(情誼)가 미흡해 보여서 구호(舊好)를 중수(重修)해서 친목을 다지고자 한다. 그러므로 일본국 정부는 특명전권변리대신 육군중장 겸 참의 개척장관 구로다 기요타카와 특명부전권변리대신 의관 이노우에 가오루를 간택해서 조선국 강화부로 가게 하고, 조선국 정부는 판중추부사 신헌과 도총부 부총관 윤자승을 간택해서 각자 받든 바의 유지(諭旨)에 따라 조관(條款)을 의립(議立)한 것이니, 다음에 개열(開列)하노라.

제1관 조선국은 자주지방(自主之邦)으로서 일본국과 평등지권(平等之權)을 보유한다. 이후로 양국이 화친의 실제를 표시하고자 한다면, 반드시 피차 동등지례(同等之禮)로 상대해서 혹시라도 침월(侵越)이나 시의(猜疑)해서는 안 된다. 우선 마땅히 종전에 교정(交情)을 조색(阻塞)하는 근심이 있던 제반 예규를 일체 혁제(革除)하고 관유홍통(寬裕弘通)한 법을 널리 여는 데 힘씀으로써 영원한 상호 안녕을 기약한다.

제2관 일본국 정부는 지금부터 15개월 후에 수시로 사신을 조선국 경성에 파견해서 예조판서를 직접 만나 교제사무를 상의할 수 있다. 그 사신의 주재 기간은 모두 시의(時宜)에 맡긴다. 조선국 정부 또한 수시로 사신을 일본국 도쿄에 파견해서 외무경을 직접 만나 교제사무를 상의할 수 있다. 그 사신의 주류 기간 또한 시의에 맡긴다.

제3관 이후 양국의 왕복 공문은 일본은 그 국문을 사용하되 지금부터 10년간 별도로 한역문 1본을 구비한다. 조선은 진문(眞文)을 사용한다.

제4관 조선국 부산 초량항은 일본 공관을 세워서 오래전부터 양국 인민의 통상 구역이 되어 왔다. 이제 종전의 관례 및 세견선 등의 일을 혁제(革除)해서 새로 세운 조관에 빙준(憑準)하여 무역사무를 처리한다. 또 조선국 정부는 별도로 제5관에서 기재한 2개 항구를 열고 일본국 인민의 왕래와 통상을 준청(准聽)한다. 그곳에서 지기(地基)를 임차해서 가옥을 조영(造營)하거나 소재 인민의 옥택(屋宅)을 빌려 사는 것은 각각 그 편의에 따른다.

제5관   경기, 충청, 전라, 경상, 함경 5개 도의 연해에서 통상에 편리한 항구 두 곳을 택하여 지명을 지정한다. 개항 시기는 일본력으로 메이지 9년 2월, 조선력으로 병자 정월부터 계산해서 20개월을 기한으로 한다.

제6관   이후 일본국 선척(船隻)이 조선국 연해에서 대풍(大風)을 만나거나 땔감과 식량이 고갈되어 지정 항구에 도달할 수 없을 경우, 어느 곳이든 연안의 지항(支港)에 들어가서 위험을 피하고 결손을 보충하며 선구(船具)를 보결(補缺)하고 시탄(柴炭) 등을 구매할 수 있다. 그 지방에서의 공급 비용은 반드시 선주가 배상해야 한다. 이러한 모든 일에 있어서 지방 관민은 특별히 연휼(憐恤)에 유의해서 모든 구원을 베풀고 보급에 감히 인색하지 않아야 한다. 혹시 양국의 선척이 해상에서 파괴되어 주인(舟人)이 표류해 오면 어디든 지방의 인민은 즉시 구휼해서 생명을 보전한 후 지방관에게 보고한다. 그 지방관은 이를 그 본국에 호송하거나 그 근방에 주류하는 본국 관원에게 인도한다.

제7관   조선국 연해의 도서와 암초는 종전에 심검(審檢)을 거치지 않아서 극히 위험하니, 일본국 항해자가 수시로 해안을 측량해서 그 위치와 수심을 조사하여 도지(圖誌)를 제작하는 것을 허락함으로써 양국 선객이 위험을 피해 안전하도록 한다.

제8관   이후 일본국 정부는 조선국의 각 지정 항구에 수시로 일본국 상민을 관리하는 관(官)을 설치하고, 양국 교섭 안건이 생기면 소재 지방관과 회상(會商)해서 변리(辨理)한다.

제9관   양국이 이미 통호(通好)했으니 피차 인민은 각자 임의로 무역하고, 양국 관리는 추호도 간여하거나 또 제한, 금지할 수 없다. 혹시 양국 상민이 기망(欺罔)해서 현매(衒賣)[11]하거나 대차(貸借)를 상환하지 않는 등의 일이 생기면, 양국 관리는 그 달아난 상민을 엄중히 나포해서 부채를 변제하게 한다. 단, 양국 정부는 대신 배상할 수 없다.

제10관   일본국 인민이 조선국의 각 지정 항구에서 만약 조선국 인민과 관계된 죄를 범하면 모두 일본 관헌의 심단(審斷)에 귀속시키고, 조선국 인민이 일본국 인민과 관계된 죄를 범하면 똑같이 조선 관헌의 사판(査辦)에 귀속시킨다. 각각 그 국률(國律)에 근거해서 신단(訊斷)하되 추호도 회호(回護)[12]나 단비(袒庇)[13]가 없이 해서 공평함과 윤당함을 드러내기 위해 노력한다.

---

11) 현매(衒賣): 물건을 파는 일
12) 회호(回護): 비호(庇護), 변호(辯護)
13) 단비(袒庇): 편파적으로 변호하고 비호함

제11관 양국이 이미 통호했으니 반드시 별도로 통상장정을 설립해서 양국 상민의 편의를 도모해야 한다. 또 현재 의립한 각 조관 중에 다시 세목(細目)을 보첨(補添)해서 준조(遵照)[14]를 편하게 해야 하는 조건들을 모아서 지금부터 6개월 내 양국이 별도로 위원을 파견해서 조선국 경성이나 강화부에서 상의하여 정립한다.

제12관 이상 11개 관(款)의 의정 조약은 금일부터 양국이 신수준행(信守遵行)한다. 양국 정부는 이를 다시 변혁할 수 없으며, 영원히 신준(信遵)해서 화호(和好)를 돈독히 한다. 이를 위해 조약서 두 본을 작성해서 양국의 위임대신이 각자 검인하고 상호 교부함으로써 빙신(憑信)의 자료로 삼는다.

대일본국 기원 2536년 메이지 9년 2월 26일

대일본국 특명전권변리대신 육군중장 겸 참의 개척장관   구로다 기요타카 (印)

대일본국 특명부전권변리대신 의관   이노우에 가오루 (印)

대조선국 개국 485년 병자 2월 초이튿날

대조선국 대관 판중추부사   신헌 (印)

대조선국 부관 도총부 부총관   윤자승 (印)

병자 2월 초하루, 판중추부사 신헌과 도총부 부총관 윤자승이 상주하길, 금년 2월 초이튿날에 대일본국 특명전권변리대신 구로다 기요타카, 특명부전권변리대신 이노우에 가오루와 신(臣) 헌, 신(臣) 자승이 강화부에서 회동해서 조약 한 접(摺)을 교환한다고 했다. 조관마다 윤당해서 내가 이미 비준했으니, 오랫동안 시행해서 더욱 친목을 돈독히 하라. 그 조약 내 응당 행해야 할 각 사안을 너희 모든 관민(官民)은 이 뜻을 잘 받들어 일체(一體)로 살펴서 변리(辨理)하라.

대조선국 주상(御寶) ○조선국주상지보(朝鮮國主上之寶)

의정부에서 조회함.

양국이 수목(修睦)한 지 곧 300년이 됩니다. 사신과 폐백이 왕래해서 정(情)이 형제와 같고, 각자 인민을 편안히 해서 서로 다툰 적이 없었는데, 무진년 이래 귀국이 혁신한 상황을 살피지 못해서 이 때문에 각종 의단(疑端)이 생겼습니다. 귀국에서 누차 사신과 서계를 보냈으나 대번에 접수하지 못해서 끝내 인의(隣誼)가 조격(阻隔)되는 상황이 되었습니다. 그리고 지난 가을에 마침 귀국 기선이 강화도에 왔을 때 또 분요(紛擾)[15]를 초래했습니다. 그런데 이번

---

14) 준조(遵照): 법률 등의 적용(適用). 그것에 의거해서 따르는 것
15) 분요(紛擾): 분란(紛亂), 소요(騷擾)

에 귀 대신이 봉사(奉使)해서 경내에 왕림하여 폐국(弊國) 사신과 상접(相接)함에 귀국의 뜻을 알고 종전의 시의(猜疑)가 하루아침에 풀렸으니 어찌 통탄하지 않겠습니까? 보내신 입약각관(立約各款)은 우리 조정에서 이미 폐국(弊國) 사신에게 맡겨서 회상(會商)하게 했으니, 무진년 이래 양국의 왕래 공문은 모두 폐기해서 휴지로 만들어야 할 것입니다. 이로써 영원한 친목을 바라며 양국의 경사를 함께 도모하니, 또한 우리나라의 선린의 우의(友誼)를 밝히기에 충분할 것입니다.

이상과 같이 대일본국 변리대신에게 조회합니다.

대조선국 개국 485년 병자 2월 초이튿날[9]

조약의 조인과 연향을 마친 후 구로다와 이노우에 두 전권은 접견대관과 부관에게 고별하고 바로 강화부에서 출발해서 당일 오후 1시에 항산도 앞바다에서 정박 중이던 겐부마루로 복귀했다. 미야모토 외무대승과 스즈키 개척사 칠등출사는 남아서 잔무를 정리한 후, 강화부유수에게 숙사를 반환하고 이튿날인 28일 오전 9시에 배로 돌아왔다. 같은 날 오전 10시에 전권이 탑승한 선함과 호위 군함들이 모두 닻을 올리고 귀국길에 올랐다.

일본 함선들이 강화 앞바다에서 물러갔다는 정보가 도착하자 의정부에서는 메이지 9년 3월 1일에 회좌(會坐)[16]를 거두고, 또 양화진과 행주항(幸州項) 일대의 경계를 해제했다. 그리고 경기관찰사와 강화부유수에게 명하여 연해 일대의 방수(防守)를 풀고 평상시로 복귀하게 했다. 곧이어 3월 2일에 접견대관 신헌과 부관 윤자승은 경성에 귀환해서 국왕을 알현하고 복명했다.[10]

일한수호조규 회담은 강화부에서 평화적으로 진행되었지만, 경성에서는 물정이 소란스러웠다. 아무리 일본 군함이라고 해도 이양선 몇 척이 강화부 일대를 위압하면서, 그 측량정(測量艇)이 밤낮으로 연안을 돌아다니고 때때로 예포(禮砲)를 크게 울리는 상황에서 경성의 인심이 흉흉해지는 것도 무리는 아니었다. 더욱이 국왕과 척신이 평화적인 해결로 방침을 정했다는 풍설이 전해지자 대원군과 배외사상을 가진 유생들이 궐기하기에 이르렀다.

국왕의 평화 방침에 가장 불만을 품은 인물은 자의와는 무관하게 운현궁으로 은퇴한 대원군이었다. 그는 이미 2월 2일에 당상역관 오경석과 현석운이 내려가는 편에 부탁해

---

16) 회좌(會坐): 관원들이 중요한 일을 논의하기 위해 한자리에 모이는 것

서 접견대관 신헌에게 서한을 보내 계칙(戒飭)한 바 있었다.[11] 곧이어 2월 12일에는 의정부에 회좌(會坐)한 대신경재(大臣卿宰)들에게 서한을 보내서 자신의 배일방침을 천명하고 은연중에 정부의 외교적 나약함을 통렬히 공격했다.

군자들이 날마다 모여서 나라를 위해 참으로 고생하지만 의논하는 바가 무엇인지 제가 참여해서 듣지 못한 지가 오래됐습니다. 말을 해도 채택되지 않고 계획을 세워도 시행되지 않겠지만, 500년 종사(宗社)가 폐허가 될 것이니 이는 저의 죄입니다. 제가 어찌 묵묵히 있을 수 있겠습니까? 몇 조목을 다음과 같이 분변합니다.

하나, 왜(倭)와 우리는 옛날에 형제의 나라로 일컬어졌고 300년의 약조가 정정(井井)[17]한데, 오늘날 이른바 서계라는 것은 구규(舊規)를 변란(變亂)해서, '대일본(大日本)', '대황제(大皇帝)'를 자칭하고 또 '칙(勅)'자를 썼으니 모두가 극히 흉흉(凶凶)하며, 우리나라에 이르러서는 평항(平行)으로 써서 마치 황제가 내리는 조제문자(詔制文字)와 같습니다. 전일에 감히 가하지 못하던 것을 제멋대로 우리에게 칭하고 있으니 어찌 통탄스럽고 참담하지 않겠습니까?

하나, 근래 동래부에 와서 공갈한 왜사(倭使)의 선계(船械)와 의복이 모두 양제(洋制)였으니, 이는 다른 이유에서가 아니라, 양이(洋夷)의 절제(節制)[18]를 받아서, 양이가 일본인들 사이에 섞여서 들어오려는 계책을 행하기 위해 다만 그 앞잡이가 된 것일 뿐입니다. 어찌 앉아서 그 기만을 당하여 멸망을 자초하겠습니까?

하나, 사신을 들여보내고 연향을 하는 데는 본래 정해진 장소가 있거늘, 금일 사신은 홀연히 병선(兵船)을 타고 내양(內洋)을 바로 범했으니, 이는 이미 조정에 사람이 없음을 알고 있기 때문입니다. 그런데도 온 조정이 겁을 먹고 두려워할 뿐, 이를 엄척(嚴斥)하는 말은 한 마디도 들리지 않고 은연중에 받아들이려는 뜻이 있음은 무슨 까닭입니까?

하나, 8년 상지(相持)에 별반 책언(責言)이 없다가 지난번 별함(別函)에서 동래부사 박(朴)을 칭탁했으니, 이것이 어찌 흔단(釁端)을 자초한 것이 아니겠습니까?

하나, 한번 금일의 국가를 보십시오. 이것이 끝내 누구의 국가입니까? 조정의 의론이 이 지경으로 창졸간에 어지러워질 줄은 생각지도 못했습니다. 서계의 접수 여부는 묘당(廟堂)이 따로 있거니와, 국가의 보존 여부를 근심하는 것은 오직 나 한 사람만이 있을 뿐입니다. 나는 데리고 순국할 만한 가동(家僮)이 있지만, 청구(靑邱) 삼천리가 어찌 현

---

17) 정정(井井): 정제되고 조리 있는 모양
18) 절제(節制): 지휘(指揮), 통제(統制)

성(賢聖)과 조종(祖宗)께서 배양하신 후예가 아니겠습니까? 이 지경에 이르러서도 군자들은 혹시 내가 망발한다고 여기십니까? 말이 여기까지 이르렀으니 오직 여러분이 양해하길 바랄 뿐입니다.[12]

대원군이 자기 가동(家僮)을 데리고 순국하겠다고 공공연히 말했지만 물론 그 실행 가능성은 의심스러웠다. 하지만 묘당에서는 만일의 경우를 염려했다. 이에 2월 12일 새벽에 강화부에서 접견대관 신헌은 훈도 현석운에게 명을 전하여, 우라세 외무사등서기생을 불러 "며칠 전에 대원군의 심복 2명이 양국의 화호(和好)를 방해하고자 동지 약간을 소취(嘯聚)[19]해서 경성을 탈출했다는 소식을, 경성에 있는 주화(主和) 대신이 심부름꾼을 보내서 알려왔다. 그러나 지금 물색해서 엄히 나포하라는 명령이 내렸으니, 불일내로 그를 포박해서 사형에 처할 것이다. 그 사이에 만약 저 당(黨)이 절발(竊發)[20]해서 귀국 사람에 대해 불경한 일을 저지른다면, 그 자리에서 그를 참(斬)하더라도 폐국(弊國)에서는 조금도 이의가 없을 것이다. 그들을 소탕해서 평정하면 신속히 그 경과를 통보하겠다."라고 경고하게 했다.

훈도 현석운의 경고는 곧장 전권에게 전달됐다. 강화부의 전권과 수행원의 숙사는 많은 수의 해병대로 경계하고 있었기 때문에 일말의 불안감도 없었지만, 그래도 폭도 단속과 관련해서 조선 정부의 책임을 묻지 않을 수 없었다. 미야모토 외무대승은 같은 날 내방한 훈도에게 이러한 의미로 경고했다. "오늘 아침 귀국 대관이 보내온 경보(警報)를 우리 대신께서 마음속으로는 납득하셨지만, 나라 안의 흉도를 소탕하는 것은 군주된 자의 책임이니, 어찌 멀리서 온 사람들에게 미치게 하는 것인가? 그렇지만 우리 대신께서는 스스로 본분의 방비를 갖추고 계시니, 설령 몇 백 명의 흉도가 오더라도 군이 그 때문에 엄계(嚴戒)하거나 조치를 바꾸는 등의 일은 없을 것이다. 만약 귀국의 흉도가 우리 수행원이나 종사(從士) 등에게 무례한 행동과 능욕을 가하거나 그 흉포함을 부리는 등의 일이 발생하면, 그것은 귀 정부가 다스리지 못한 것으로 간주하지 않을 수 없다. 일이 그 지경에 이른다면 양국의 교환(交驩)[21]은 다시 논의할 수 없을 것이니 우리 대신께서는 오직 국기를 거두어서 귀국하실 뿐이다. 그때 가서 귀국이 후회한들 어찌 되돌릴 수 있

---

19) 소취(嘯聚): 휘파람을 불어서 동료들을 불러 모은다는 뜻으로 흔히 도적들이 결탁함을 비유하는 데 쓰인다.
20) 절발(竊發): 도적 등이 은밀하게 일어남
21) 교환(交驩): 우호를 맺음

겠는가?"[13]

대원군과 별도로 격렬한 배외운동을 일으킨 것은 면암 최익현이었다. 최익현은 전년에 죄를 사면 받고 경성으로 돌아왔지만, 아직 서용(敍用)은 허락되지 않은 상태였다. 그는 메이지 9년 2월에 일본 사절 구로다 기요타카가 군함을 이끌고 강화부에 와서 수호통상을 강요했으며, 조정에서는 간신들이 도적을 끌어들이는 계략을 모의해서, 방어할 방책은 없이 강화의 논의만 무성하다는 소식을 듣고는 비분강개를 이길 수 없어 죽음으로써 간쟁하기로 결심했다. 친척과 친구 태반이 만류했지만 최익현은 단호하게 물리치고, 유생 홍재귀(洪在龜), 유기일(柳基一), 유인석(柳麟錫) 등 50명을 이끌고 2월 17일에 문열공(文烈公) 조헌(趙憲)의 고사를 따라 도끼를 짊어지고 경복궁 광화문(光化門) 밖에 진복(進伏)했다. 그리고 승정원에 봉장(封章)[22]을 제출하고 밤을 새웠다.[14]

그의 봉장(封章)은 왜(倭)와 양(洋)은 일체(一體)이기 때문에 엄히 척퇴해야 하고, 또 조신(朝紳)[23] 중에 주화매국(主和賣國)의 계책을 꾸민 죄신(罪臣)이 있으면 사사(賜死)해야 함을 통론(痛論)한 것이었다. 묘당은 크게 경악해서, 최익현이 아직 그 이름이 죄적(罪籍)에 있음에도 불구하고 감히 도끼를 짊어지고 투소(投疏)[24]한 것을 매우 불경스럽다고 보고, 원 상소를 환급하고 최익현을 의금부에 구금했다. 곧이어 전교를 내려서 최익현의 흉패(凶悖)함을 책망한 후, 특별히 죽음은 면해줘서 전라도 나주목(羅州牧) 흑산도(黑山島)에 위리안치(圍籬安置)했다.[15]

대원군의 묘당 위협과 최익현의 복합상소(伏閤上疏)는 안 그래도 흉흉한 경성의 인심을 더욱 불안에 빠뜨려서 최익현을 모방하는 자들이 속출했다.[16]

국왕과 척신이 이처럼 수도에 만연한 배일(排日) 분위기를 탄압하면서 일한국교의 복구를 강행하는 것은 물론 용이한 일이 아니었다. 그들은 그 뒤로 수년에 걸쳐 심각한 반동을 경험하지 않을 수 없었다.

메이지 9년 2월 28일에 항산도 앞바다에서 구로다 전권변리대신과 이노우에 부전권변리대신을 태우고 출발한 겐부마루는 3월 4일에 시나가와 앞바다에 도착했다. 이튿날인 3월 5일, 구로다와 이노우에 두 전권은 수행원들을 거느리고 참내(參內)했다. 천황은 태정관대(太政官代)에 친림(親臨)해서 전권대신의 복명을 듣고 위로의 칙어를 내렸다.

---

22) 봉장(封章): 임금에게 글을 올리는 일. 상소(上疏)
23) 조신(朝紳): 조정의 벼슬아치. 조관(朝官)
24) 투소(投疏): 상소(上疏)

이윽고 3월 22일에 일한수호조규의 일본 측 비준이 완료됐다. 이리하여 새로운 형식에 의한 최초의 일한조약이 그 효력을 발생하였다.[17]

[원주]

1 『朝鮮交際始末』卷三;『善隣始末』卷二;『使鮮日記』卷坤.

2 『朝鮮交際始末』卷三;『善隣始末』卷二;『倭使日記』卷一 丙子年正月二十五日.

3 『朝鮮交際始末』卷三.

4 『朝鮮交際始末』卷三;『善隣始末』卷二;『使鮮日記』卷坤;『倭使日記』卷二 丙子年二月二十九日.

5 『日省錄』李太王丙子年二月六日.

　　대관과 부관을 수정전(修政殿)에서 소견(召見)하시다.

　　予(國王)曰: 장계 외에 또한 접견 시 문답한 것 중에 아뢸 만한 것이 있으면 상세히 아뢰어라.

　　申櫶曰: 과연 비준 일로 상지(相持)한 바가 있었습니다. 저들의 국속(國俗)이 상법(常法)과 달라 그 군상(君上)의 명자(名字)를 심히 기휘(忌諱)하지 않아서 심지어 대소 문서에 어보(御寶)를 찍을 때도 반드시 어명(御名)을 적습니다. 그러므로 우리나라도 그러한 예를 모방하라고 요구했던 것입니다. 그러나 신 등은 의리에 근거해서 논쟁하여, 하루 밤낮을 허락하지 않았습니다. 그러므로 구로다 기요타카가 노여운 마음이 없지 않아서 곧장 저들의 선박으로 떠났던 것입니다.

　　尹滋承曰: 신 등의 뜻은 설령 우호를 단절하는 지경에 이르더라도 절대 그 청은 들어줄 수 없다는 것이었습니다.

　　申櫶曰: 바꿔서 생각해보면, 저들이 멀리서 험한 바다를 건너와서 그 청이 이미 승인되었으니, 또한 문서 등의 부차적인 일로 쉽게 떠날 이유가 없었습니다. 저들의 사정을 헤아리고 짐짓 며칠을 끌었더니 과연 미야모토 오카즈와 노무라 야스시가 와서 마침내 어보(御寶)를 찍는 일에 관해 발설했습니다. 그래서 조정의 처분이 아니면 감히 자의로 허락할 수 없다는 뜻으로 답하여, 결국 비준문자에 단지 어보(御寶)만 찍는 것으로 조정에서 시행을 허락했던 것입니다. (절략)

6 『朝鮮交際始末』卷三;『善隣始末』卷二;『使鮮日記』卷坤;『世外井上公傳』卷二 707~710쪽.

7 『朝鮮交際始末』卷三;『善隣始末』卷三;『使鮮日記』卷坤.

8 『朝鮮交際始末』卷三;『善隣始末』卷二;『使鮮日記』卷坤;『日省錄』李太王丙子年正月三十日·二月四日·五日·六日;『倭使問答』卷一 丙子年二月五日;『日使文字』卷一 丙子年正月三十日·二月三日.

9 『朝鮮交際始末』卷三;『善隣始末』卷二;『倭使日記』卷二 丙子年正月三十日;『日使文字』卷一 丙子年正月三十日.

10 『日省錄』李太王丙子年二月五日·六日;『倭使日記』卷二 丙子年二月五日.

11 『沁行日記』卷上 丙子年正月八日.

12 『龍虎閒錄』卷二二 丙子年正月十八日 雲峴書.

13 『使鮮日記』卷坤.

14 『勉庵集』附錄 卷二 年譜 丙子年二月.

15 『日省錄』李太王丙子年正月二十三日·二十七日·二十八日·三十日. 최익현의 주소(奏疏)는 산림은일(山林隱逸)의 일본에 대한 감정을 잘 보여준다. 그 대요를 옮기면 다음과 같다.

　　신의 이름이 죄적(罪籍)에 있으나, 이제 적선(賊船)이 바다에 들어오는 때를 당하였으니 구구한 마음을 어찌 차마 스스로 저버릴 수 있겠나이까? 신은 적선(賊船)의 소식을 듣고 낭묘(廊廟)에 정론(定論)이 있으리라 생각했습니다. 그런데 며칠 동안 귀를 기울여도 들리는 바는 없고, 외간에서 떠드는 말은 묘당의 뜻이 화친을 구함에 있다고 하니, 만인의 입이 함께 분노하여 사경(四境)이 흉흉합니다. 만약 그것이 와언(訛言)이라면 공사(公私)의 큰 다행이겠으나 그것이 진실이라면 적인(賊人)을 위한 것이요, 국가를 위한 것이 아니니, 그 설이 시행된다면 전하의 일은 그르칠 것입니다.

정자(程子)와 주자(朱子)의 가르침으로 금일의 일을 살펴본다면, 도적과 강화하면 반드시 난리와 망국의 화를 초래하는 것에 다섯 가지 이유가 있습니다. 화친이 저들의 걸련(乞憐: 타인의 동정을 구하는 것)에서 나오는 것이라면 강함이 우리에게 있어서 우리가 충분히 저들을 제압할 수 있으니 그 화친을 믿을 수 있지만, 지금 평화가 저들의 걸련에서 나온 것입니까, 아니면 우리가 약함을 보인 데서 나온 것입니까? 우리가 대비하지 않고 겁을 먹어서 화친을 구한다면, 목전의 고식책은 되겠지만 향후 저들의 깊은 골짜기 같은 욕망을 무엇으로 메우겠습니까? 이것이 난리가 나고 나라가 망하는 첫 번째 이유입니다.

저들의 물화(物貨)는 모두 사치스럽고 기이한 노리개요, 우리의 물화는 백성들이 목숨을 맡기는 바로서 한계가 있는 것들입니다. 몇 년이 되지 못해서 동토(東土) 수천 리에 다시 보존된 것이 없을 것이니, 나라가 필시 따라서 망할 것입니다. 이것이 난리와 국망의 두 번째 이유입니다.

저들이 비록 왜(倭)라고 칭탁(稱託)하나 기실은 양적(洋賊)이니, 화사(和事)가 한번 성립되면 사학(邪學)이 전수되어 온 나라에 가득할 것입니다. 이것이 난리와 국망의 세 번째 이유입니다.

저들이 상륙해서 내왕하며 대(臺: 관청)를 짓고 거처하려고 하니, 우리가 강화한 뒤에는 이를 거절할 말이 없을 것입니다. 만약 그 뜻대로 맡겨둔다면 재백(財帛)과 부녀자를 약탈하기를 하고 싶은 대로 할 것입니다. 이것이 난리와 국망의 네 번째 이유입니다. (중략)

전하의 뜻이 어찌 "저 온 것은 왜(倭)이지 양(洋)이 아니며, 저들이 이미 수호(修好)를 주장했으니 왜(倭)와 옛 우호를 유지하는 것이 무슨 해가 되겠는가?"라고 하신 것이 아니겠습니까? 만약 그렇다면, 신의 우견(愚見)으로는 이는 크게 옳지 않습니다. 설사 저들이 참으로 왜(倭)이고 양(洋)이 아니더라도 고금이 현격히 다름을 살피지 않으면 안 됩니다. 몇 년 전에 북에서 온 총리사(總理司)의 문자에 프랑스와 미국 두 나라가 왜(倭)와 함께 나온다는 말이 있었으며, 작년 동래훈도가 전하는 말에 '왜인이 영사(靈祠)를 세울 것을 청하니 부디 이복(異服)을 입은 사람을 금하지 말라'는 말이 있었으며, 지금 온 왜인들은 양복을 입고 양포(洋砲)를 쓰고 양박(洋舶)을 타고 왔다고 하니, 이것들이 왜양일체(倭洋一體)의 명증(明證)입니다. 더구나 지난달 북쪽 자문은 오직 이번에 온 왜박(倭舶) 때문에 온 것인데, 그 안에 '병인년에 패하고 돌아갔다'라는 말이 있었으니 이는 곧 양(洋)이요, 왜(倭)가 아닌 것입니다. 그렇다면 왜(倭)와 구호(舊好)를 중수(重修)하는 날은 바로 양(洋)과 화친을 맺을 때가 되는 것입니다.

왜(倭)를 대하는 한 가지 일에 대해 전하를 위해서 한번 아뢰겠습니다. 대관이 처음 출현할 때, 당당하게 저들에게 다음과 같이 성언(聲言)해야 합니다. "양적(洋賊)이 금수 같은 행실로 인심을 미혹하는 것을 천지부모(天地父母)의 앞에서 말한다면 이는 곧 용납되지 않는 적자(賊子)요, 성주(聖主)의 시대에 말한다면 이는 곧 반드시 주살해야 하는 난신(亂臣)이니, 천하만고에 모든 사람들이 그들을 죽일 수 있다. 만약 그들에게 편당해서 조력한다면 이는 사람의 본성을 거스르는 자다. 귀국이 공자와 주자를 존신(尊信)한 것이 오래됐거늘, 지금 저 무리의 협박을 당해서 그 앞잡이가 됐으니 귀국을 대신해서 깊이 부끄럽다. 춘추지법(春秋之法)에 '난신적자(亂臣賊子)는 먼저 그 당여(黨與)를 다스려야 한다'고 했다. 만약 왕자(王者)가 일어난다면 귀국은 응당 양적(洋賊)보다 먼저 형벌로 죽임을 당할 것이니, 속히 이를 생각하라. 비국(鄙國)에 있어 척양(斥洋) 한 가지 일은 조종조(祖宗朝) 이래로 변할 수 없는 가법(家法)이다. 이제 귀국과 구호를 중수할 수 없음이 어찌 다만 서계의 칭호가 분수에 넘쳐서 해괴하기 때문 만이겠는가? 귀국이 이제부터 번연(幡然)히 양적(洋賊)과 엄히 단절한 후에야 비로소 의정할 수 있을 것이다. 만약 그렇게 못한다면 오늘 당장 배를 돌려서 오래 머물지 말라. 스스로 패망을 재촉할 뿐이다." 이처럼 성언(聲言)한 후에 응접하는 바에 따라 의(義)로써 대처한다면 명분이 바르고 말이 순할 것입니다. 어찌하여 계책이 이것으로 나오지 않아서 저들의 기만을 당하는 것입니까? (절략)

16 병자년 정월 23일에 전 사간(司諫) 장호근(張晧根), 27일에 우통례(右通禮) 오상현(吳尙鉉), 28일에 부호군(副護軍) 윤치현(尹致賢)이 각각 상소해서 척왜(斥倭)를 논했다.(『日省錄』李太王 卷一 丙子年正月下.)

17 『朝鮮交際始末』卷三;『使鮮日記』卷坤;『岩倉公實記』卷下 313~316쪽;『世外井上公傳』卷二 710~711쪽.

일한수호조규(日韓修好條規) 체결과 청국

제 10 장

모리 공사의 청국 파견, 청 총리아문과의 교섭

강화도 사건이 발생하자 참의 기도 다카요시는 메이지 8년 10월 8일에 산조 태정대신에게 건의서를 제출해서, 조선 문제를 처리하는 데 청한종속관계를 중시해야 하며, 우선 청국에 대해 종주국의 책임을 물어서 청국 정부가 조선 정부의 행위에 책임을 지는 것을 거부한 후에야 비로소 일본 정부의 자유로운 행동이 인정될 것이라고 주장했다. 일본 정부에서는 기도 참의의 의견을 원칙적으로 승인해서 조선에 전권대신을 파견하기 전에 청국에 공사를 파견하기로 내정했는데, 인선은 상당히 어려웠다.

이보다 앞서 외무소보 모리 아리노리는 강화도 사건 발생 후, 외무성 법률고문 페샤인 스미스(E. Peshine Smith)와 협력해서 대한정책을 연구하고 태정관에게 의견서를 제출했는데, 정부는 모리 외무소보를 주청 공사의 적임자로 보았다. 메이지 8년 11월 7일, 산조 태정대신은 모리 소보를 자신의 저택으로 불러서 정부의 대한교섭 방침을 전하고, 더 나아가 "청국은 조선의 인국(隣國)으로서 교제 또한 친밀하다. 그러므로 공사를 베이징에 보내서 사건이 생겼을 때 청국이 조선을 원조하지 못하게 하고, 또 장차 일청 양국의 교의(交誼)를 온전히 하는 일을 맡기려는 것이다. 이제 그 적임자를 선정함에 족하(足下)만한 인물이 없다. 따라서 먼저 이를 내유(內諭)하는 것이다. 소견이 있으면 진술하라."고 내명(內命)했다. 모리 외무소보에게는 당장 입안 중인 세권(稅權)의 회복이 급무였으므로 갑작스러운 사직을 반길 수 없는 사정이 있었지만, 태정대신의 간유(懇諭)를 접한 후에 결국 이를 수락하고, 귀조(歸朝) 중이던 특명전권공사 사메지마 나오노부(鮫島尚信)를 후임으로 천거했다.[1]

메이지 8년 11월 10일, 외무소보 모리 아리노리는 특명전권공사로 전임(轉任)해서 청국 주차(駐箚)의 명을 받고, 특명전권공사 사메지마 나오노부는 외무대보로 임명됐다. 모리 주청공사는 11월 14일에 정원(正院)에 출두해서 산조 태정대신, 이와쿠라 우대신, 기도와 오쿠보 양 참의에게 청국에 대한 교섭 방침을 설명했다.

이번 달 10일 청국 재류(在留) 공사의 명을 받고나서, 이에 따라 사절을 보내시는 이유를 생각해보건대, 아마도 청조(淸朝)의○청국과 조선 연관을 단절시켜서, 일단 조선에 사건이 생겼을 때 일청 양국 간의 교의(交誼)를 온전히 하는 일일 것입니다. 따라서 아리노리가 맡은 직분 상 유념해야 할 중요 사항을 이에 조목별로 열거해서 명령을 청합니다.

첫째, 청국 정부에 가야 할 사명(使命)은, 야나기하라 전 공사가○전 주청 특명전권공사 야나기하라 사키미 ㅊ 귀조(歸朝)한 이래로 별도로 공사를 파견하지 않았으니, 이번에 다시 그 후임을 임명해서 양국 간 수천 년 동안의 교의(交誼)를 닦아 더욱더 친밀한 관계에 이르게 하기 위함입니다.

둘째, 조선을 하나의 독립국으로 인정해서 청국 정부로 하여금 인국(隣國)의 교의(交誼)에 따라 조선을 타이르게 하되, 일청 양국의 해객(海客)을 위해 그 연해를 측량하고, 이를 통해 양국 인민이 위난(危難)을 피할 수 있는 방법을 두는 것을 허용하게 하며, 또 양국 해객(海客)이 땔감, 식수, 음식물 등을 편하게 얻고 표민(漂民) 등이 용이하게 생명을 지킬 수 있도록 그 남해(南海)와 강화도 주변에 한 곳, 북해(北海)에 한 곳의 항구를 열도록 해야 합니다. 또 조선이 만약 이러한 요구에 응하지 않을 경우에는, 일청 양국은 부득이 각자 만족할 만한 처분을 자의(恣意)로 행할 것이며, 이로 인해 조선은 큰 불이익을 받을 수 있음을 통고해야 합니다. 이러한 청구(請求)에 불응해서 훗날 구주(歐洲) 국가들의 침해를 입는다면 비단 조선 일국의 위난(危難)에 그칠 뿐만이 아니요, 일본과 청국 또한 그 환난의 파급을 면치 못할 것이니, 따라서 일본과 청국은 각각 자국을 위해 사전에 이를 막을 수 있는 준비를 하지 않을 수 없는 것입니다. 이것이 또 굳이 앞의 두 가지 청구를 하는 하나의 이유임을 고해야 합니다. 만약 청국 정부가 이 타이르는 일을 맡으려고 하지 않거나 혹은 시기를 천연(遷延)할 경우, 우리나라는 특별히 이일을 맡아서 바로 생각하는 바의 조처를 행해야 합니다.

셋째, 조선에 대해 이상의 청구를 함에, 실제 절차는 연해 측량과 개항의 두 건을 주의(主意)로 세우고, 구교(舊交)를 닦는 일과 강화도 폭거의 일은 이 두 건의 목적을 달성하기 위한 부언(副言)에 부쳐야 합니다. 절대 모리야마 이사관의 거절과 강화도 폭거를 사절 파견의 이유로 내세워서는 안 됩니다. 왜냐하면 조선은 하나의 독립국으로서 외교 혹은 구교(舊交)의 거절은 그 권리 내의 일이며, 강화도의 변(變)은 필경 폭거에 대해 폭거로 맞섰다고 하는 것으로 귀결될 것이기 때문입니다. 이 두 가지는 모두 공법으로 논한다면 특별히 조선만 잘못됐다고 재단할 수 있는 것이 아닙니다. 그러므로 이 두 가지 일은 바로 조선에 사절을 파견하는 명의(名義)로 삼기에는 충분치 않은 것입니다.

앞의 글에서 진술한 취의(趣意)를 다시 말씀드리겠습니다. 대체로 조선은 미개(未開)이기는 하나, 고립된 일국으로 그것을 접할 때는 반드시 만국에 대해서 부끄럽지 않고, 후세의 비판을 기다려도 유감이 없는 공정한 조리(條理)에 기초하지 않으면 안 됩니다. 왜냐하면 그것은 우리나라의 성명(聲名)에 관계되는 일임은 물론, 바야흐로 우리가 상실한 국권을 회복하려고 하는 이때, 의뢰할 바는 오직 공정한 조리이기 때문입니다. 그러므로 이 조리를 불고하고 무분별하게 조선에서 일을 벌인다면, 그것은 자기자해(自棄自害)의 정술(政術)이라고 하지 않을 수 없는 것입니다.

메이지 8년 11월 14일
특명전권공사 모리 아리노리[2]

메이지 8년 11월 15일, 모리 공사는 메이지 천황을 알현했다. 그리고 18일에 다시 정원(正院)에서 산조, 이와쿠라 두 재상을 만나 11월 14일의 건의를 보충해서 조선교섭 방침은 평화를 위주로 해야 함을 강조했다. 그런데 22일에 데라지마 외무경의 훈령을 받고 보니 그 안에 '한편으로는 강화도의 일을 문책해서 저들에게 입은 폭해(暴害)의 보상을 요구한다'는 구절이 있었다. 이를 보고 전후 두 차례에 걸쳐 건의한 내용이 아직 정부에서 철저하게 관철되지 않은 것을 우려한 모리 공사는 정원(正院)에서 태정대신과 우대신, 그리고 참의 오쿠보 도시미치와 이토 히로부미와 회견을 갖고 앞의 말을 거듭 통론(痛論)했다.

바야흐로 국고가 바닥난 이때, 부득이한 사정을 명분으로 무분별하게 일을 일으키는 것은 손해에 손해를 더하는 길이 됩니다. 하물며 일을 일으키는 명분이 구교(舊交)를 닦는다고 하면서, 강화도의 폭거를 문책한다는 등의 불요불급(不要不急)한 조건으로 밖으로는 각국의 악평을 부르고, 안으로는 인민의 신복(信服)을 엷게 해서 마침내 정부 와해의 재앙을 부름에 있어서겠습니까? 그러므로 이 일은 실로 정부 자해의 정술(政術)이라고 부를 만하며, 졸책(拙策) 중에서도 가장 졸렬한 것입니다. 그러나 만약 그 목적과 판법(辦法)을 고쳐서 조선 연해의 측량과 해객(海客) 보안(保安)을 위해 개항을 목적으로 하고, 그것에 이르는 수순은 오로지 평화를 위주로 해서 사절이 갔을 때 먼저 포대가 설치되어 있지 않은 해안에 배를 대고 평화 사절(平和使節)의 주의(主意)를 분명하게 고지한 후, 서서히 강화부로 가서 그 지방관으로 하여금 국도(國都)에 보고하게 하고, 국왕이 친히 임명한 고관이 응접전권사(應接全權使)로서 강화부에 출장하여 담판을 마쳐서 평화적으로 일이 해결된다면, 일본 정부는 밖으로는 만국의 좋은 평판을 얻어서 국가의 품위와 권리를 증진시키고, 안으로는 인민의 귀복(歸復)[1]을 두텁게 해서 내정(內政)을 일으키는 방편을 얻을 것입니다. 혹시라도 일이 파탄 나서 하루아침에 전쟁이 나더라도 명의(名義)가 공정하니 만국이 모두 우리에게 좌단(左祖)[2]해서 장애될 것이 없고, 인민도 모두 정부에 대해 신속하게 성사(成事)할 것을 면려(勉勵)해서 감히 이항(離抗)[3]하는 마음을 품지 않을 것입니다. 이것이 회계의 손실을 피하면서 보상을 받는 방책입니다. 이렇게 한다면 저는 청국에 가서 응답이 여의(如意)할 것이며, 또 영국, 러시아 등의 공사에게 말해서 우리 정부를 위해 좌단(左祖)하여 청국을 원조하는 일이 없게 할 수 있을 것입니다.

이토 참의는 외무경 훈령의 내용이 모리 공사의 의견과 실질적으로 모순되지 않는다고 설명했다. 오쿠보 참의 역시 모리 공사의 의견에 동의를 표하고, 산조와 이와쿠라 두 재상도 이의가 없었으므로 훈령 중에 '저들에게 입은 폭해(暴害)의 보상을 요구한다'는 한 구절은 삭제하기로 결정했다. 그러나 외무경 훈령의 전문은 여전히 다음과 같았다.[3]

특명전권공사 모리 아리노리

우리 정부는 대청(大淸) 정부에 대해 친목의 성의를 중시하기 때문에 주차사신(駐箚使臣)에게 명하여 특별히 대청아문(衙門)으로 가서 조선에 관계되는 다음의 사건을 보지(報知)하게 한다.

우리 도쿠카와(德川) 씨가 조선국과 인교(隣交)를 닦은 지 이제 300년이 된다. 메이지 원년의 황정혁신(皇政革新)을, 우리 조정에서는 예(禮)에 따라 서계를 작성하여 구교(舊交)를 지속하고 화친을 돈독히 하고자 했는데, 조선국에서는 물리치고 받지 않았다. 이후로도 여러 차례 서계를 보냈지만 모두 회보(回報)를 받지 못했다. 작년에 우리 외무관원 모리야마가 조선의 동래부사 박(朴)○박제관으로부터 우리 외무경의 서계를 작성해서 다시 간사(幹使)를 보내면 동래부에서 응접하겠다는 약속을 받았으니 그 문빙(文憑)이 모두 남아 있다. 우리 정부에서는 기한에 따라 서계를 보냈는데, 어찌 생각이나 했으랴? 저들은 다시 만언(謾言)[4]을 늘어놓으면서 약속을 저버리고 접대하지도, 서계를 받지도 않아서 모리야마는 성과 없이 돌아오고 말았다. 그러나 저들에게 아직 명시적으로 절교한다는 말이 없었기 때문에 우리는 계속해

---

1) 귀복(歸復): 민심의 귀의(歸依)와 복종

2) 좌단(左祖): 왼쪽 소매를 벗어서 어깨를 드러낸다는 뜻으로 어느 한편에 가담함을 비유한다.

3) 이항(離抗): 흔히 쓰는 말은 아닌데, 민심이 이반하여 저항한다는 정도의 의미이다.

4) 만언(謾言): 거짓말, 허탄(虛誕)한 말

서 호의(好意)를 나눌 것을 기약했다.

곧이어 9월 20일에 우리 화륜선 1척이 뉴쫭(牛莊)으로 항해하다가 조선 강화도 주변에서 담수(淡水)를 구하려고 할 때 갑자기 육지 포대에서 굉격(轟擊)을 받아서, 형세가 위급해서 부득이 상당한 방어를 했다. 우리 정부는 조선 정부의 생각을 알지 못한다. 어쩌면 그 지방 관관(官辦)이 제멋대로 폭거를 일으킨 것으로 의심하며, 앞으로도 계속 인의(隣誼)를 민멸(泯滅)하지 않기를 바란다.

이제 특명전권변리대신을 파견하노니, 이는 한편으로 강화도의 일을 문책해서 우리가 당한 폭해(暴害)의 보상을 요구하고, 다른 한편으로 더욱 간친(懇親)한 뜻을 표시해서 저들의 요령(要領)을 얻어 함께 우호로 돌아가서 300년의 구교(舊交)를 지속하려는 것이다. 요컨대 타편(妥便)[5]한 결국(結局)을 위주로 하는 것이지 굳이 다사(多事)를 좋아하는 것이 아니다. 조선이 과연 평온한 판법(辦法)을 할 수 있을지 아직 보장할 수 없는 까닭에 병박(兵舶)으로 사신을 호위하는 것은 부득이하나, 또한 조선에는 이를 거절할 수 있는 명분이 없음을 알 것이다. 다만 일이 인의(隣誼)에 관계되는 까닭에 대청 정부에 이 한 가지 사안의 유래와 우리의 취의(趣意)를 통고하는 것이다. 따라서 우리 정부가 대청 정부와 성심(誠心)을 미루어 숨기는 것 없이, 비할 바 없는 곤의(悃誼)의 뜻을 표하는 것을 요체로 한다. 사신은 마땅히 이러한 뜻을 체인(體認)해서 사명(辭命)[6]을 어기지 말지어다.

메이지 8년 11월 20일

봉칙(奉勅)   외무경 데라지마 무네노리[4]

모리 공사는 베이징에 급히 가야했으므로 메이지 8년 11월 24일에 특무함(特務艦) 다카오마루(高雄丸)에 편승해서 시나가와(品川)에서 출발했는데, 12월 19일에야 겨우 즈푸(芝罘)에 도착하고 이듬해인 메이지 9년 1월 5일에 베이징에 부임했다.[5]

강화도 사건의 발생에 관해서는, 이미 메이지 8년 10월 3일 데라지마 외무경으로부터 상하이에 있는 육군대좌 후쿠바라 가즈카츠(福原和勝)를 경유하여 베이징 주재 임시대리공사 데에네(鄭永寧)에게 타전됐다. 데(鄭) 임시대리공사는 이 사건이 일청 간에도 중대한 관계가 있음을 깨닫고 10월 13일에 신함(信函)으로 사건의 대요를 총리아문에 통고했다. 다만 전문(電文)에서 사건 발생지를 명기하지 않았기 때문에 신함에도 '미야코(ミヤコ) 연해'라고 기재되어 있다.

---

5) 타편(妥便): 타당하고 적의(適宜)함
6) 사명(辭命): 사령(辭令)

본론만 말씀드립니다. 어제 본국 외무대신의 전보를 받으니, "우리나라 포선(砲船)이 조선의 미야고(彌也古) 연해로 가서 수심을 측량하고 있었는데, 9월 20일에 저쪽에서 우리를 포격했다. 그래서 이튿날 배를 전진해서 이것이 무슨 주의(主意)인지 묻고자 했는데, 다시 포격을 받아서 끝내 교전에 이르렀다. 우리 병사들이 상륙해서 그 포대를 무너뜨린 후 군대를 수습해서 회국(回國)했다."고 했습니다. 본서(本署) 대신이 이를 접수한 후 번역해서 귀 왕대신(王大臣)에게 갖추어 보내드리니 살펴보시길 바랍니다. 오직 이를 말씀드리며 아울러 날로 복되시길 송축합니다.

양력 10월 13일[6]

일본 임시대리공사의 공식 보고와 상하이의 영자 신문 보도를 통해서 강화도에서의 운요호 사건의 발생과 일본 정부에서 조선에 전권위원을 파견한다는 소식이 이미 널리 퍼져 있었고, 모리 공사가 베이징에 부임하는 목적이 이 건과 관련해서 청국 정부와의 직접 교섭에 있으리라는 것 또한 일반적으로 예상되고 있었다.

모리 공사가 베이징에 부임해서 총리아문과 직접 교섭을 개시하기 전에 먼저 영국 특명전권공사 토머스 웨이드(Thomas Francis Wade) 경과 러시아 특명전권공사 예브게니 뷰쵸프(Evgeni Byutsov)[7]에게 양해를 구하고 두 공사의 원조를 얻어 총리아문과 교섭에 나서겠다고 한 것은 이미 11월 15일 정원(正院)에서 개진했던 그의 의견에서도 보인다. 뷰쵸프 공사는 오랜 기간 주일 공사로 재임했던 까닭에 모리 공사와도 우호관계가 있었고, 웨이드 공사는 타이완 번족(蕃族) 토벌 사건과 관련해서 일본과 청국 사이를 조정한 인연이 있었기 때문일 것이다.[7]

비록 뷰쵸프 러시아 공사와는 회견 기회를 갖지 못했지만, 모리 공사는 메이지 9년 1월 5일에 도착하자마자 당일로 웨이드 영국 공사를 방문해서 자신의 임무를 설명하고 조언을 청했다. 모리 공사는 먼저 이 건과 관련해서 총리아문에 제시할 각서의 대요를 설명하고, 청국이 과연 조선을 지도해서 평화적으로 해결하게 할 전망이 있는지에 관해 그의 의견을 물었다. 영국 공사는 일본 정부의 방침이 수호조약 체결에 있는지 아니면 무역에 있는지 반문했다. 모리 공사는 일본 정부의 요구가 첫째, 강화부 부근에 개항장을 획득하는 것, 둘째, 조선 연해의 측량 허가, 셋째, 일본 국서를 수리하게 하는 것 등의

---

7) 원문에는 Evgeni de Buetzov로 되어 있는데, 현재 Byutsov, Evgeniy Karlovich(БЮЦОВ, Евгений Карлович)라고 표기하는 관례에 따라 수정하였다.

세 건에 있다고 설명하고, 또 "청국 정부가 만약 착수를 게을리할 경우 각하(영국 공사)께서 혹시 설득하실 의향이 있으십니까?"라고 희망에 찬 질문을 던졌다. 웨이드 공사는 이 질문에 대한 답변을 회피하면서, "생각이 없는 것은 아니지만, 우리가 그것에 관해 발언하는 것은 편치 않습니다. 지난번 타이완 사건에서 우리가 먼저 발언했을 때, 뜻하지 않게 아문 관리들의 갈등과 분착(紛錯)을 초래했습니다. 그런데 그들이 와서 의논을 청한 다음에 우리가 처음에 말하려고 했던 뜻을 전하자 그들이 바로 기뻐하면서 사례하고 받아들였습니다. 그러므로 이번 일도 우리가 먼저 말하기보다는 그들이 우리에게 와서 의논하기를 기다리는 편이 나을 것입니다. 귀군(貴君)(모리 공사)이 조선 사건을 우리에게 말했다고 하면, 저들이 혹시 우리에게 와서 의논하려고 하지 않겠습니까? 총리아문에서 응접을 마친 다음에 자세히 말씀을 듣고자 합니다."[8]고 했다.

이는 웨이드 영국 공사가 모리 공사의 원조 요청을 완곡하게 거부한 것이었다. 뷰쵸프 러시아 공사도 나중에 그의 말로 판단해 보면 모리 공사를 원조할 뜻이 없었음이 분명하다. 즉, 모리 공사는 당초 예상과 반대로 영국과 러시아, 양국 공사의 원조를 받지 못한 채 홀로 총리아문과 교섭해야만 했던 것이다.[9] 이러한 사정으로 인해 모리 공사와 청국 정부의 회견은 크게 지연되었고, 구로다 전권이 강화에 도착하기 전에 구체적 결론에 도달할 수 있을지 의문시됐다.

메이지 9년 1월 6일, 모리 공사는 서기관 데에네(鄭永寧) 등을 대동해서 총리아문을 방문했다. 그리고 관리총리아문사무(管理總理衙門事務) 공친왕 혁소 등 각 대신과 회견하고, 황제가 아직 연소하다는 이유로 신임장을 대체(代遞)했다. 그리고 공친왕 등의 각 대신이 다시 모리 공사에게 답배(答拜)하는 것으로 부임 의례를 마무리했다. 며칠 후인 1월 10일, 모리 공사는 서기관 데에네·에가와 군베(穎川君平), 그리고 법제국 어용괘(御用掛) 다케조에 신이치로(竹添進一郎)를 거느리고 총리아문을 방문해서 군기대신 병부상서 심계분(沈桂芬), 공부상서 모창희, 호부상서 동순, 서리병부좌시랑 곽숭도(郭嵩燾) 등 각 대신과 회견을 가졌다. 공사는 먼저 각서를 제출하고, 일한국교의 중단과 강화도 사건 발생의 대요를 말한 다음에 일본 정부의 대한방침을 설명했다.[10]

예전에 서사(署使) 데(鄭)가 귀 아문에 통보한 바 있는, 조선국이 개포(開礮)[8]한 정절(情節)

---

8) 개포(開礮): 대포를 쏨. 포(礮)는 포(砲)와 같다.

을 지금 본 대신이 다시 고합니다.

작년 9월 20일 우리 화륜선 1척이 뉴좡(牛莊)으로 가는 도중에 조선국 강화도 주변에서 담수(淡水)를 구하려고 할 때 해안 포대에서 갑자기 개포(開礮)했습니다. 우리 선박은 갑자기 굉격(轟擊)을 당해서 형세가 극히 위핍(威逼)했으니, 부득이 방호를 행하여 간신히 어려움을 면하고 뱃전을 돌려 본국으로 돌아왔습니다. 조선은 수백 년 동안 통교(通交)한 나라로 우리 정부에서 특별히 마음을 다해서 수교한 지 이제 거의 10년이 됩니다. 그간 수차례 사절을 파견해서 이 일을 논의하려고 했지만, 저쪽에서는 오직 완고하게 사신을 파견하는 뜻을 받아들이지 않았고, 접대할 때 그 모양이 대단히 경루(輕陋)해서 심지어 우리 사명(使命)을 욕보인 것이 또한 몇 차례나 됩니다. 우리나라 사람들이 이를 듣고 모두 분노를 이기지 못해서 여러 차례 폭동을 일으키려고 했지만, 우리 정부에서는 오직 평화만을 주장해서, 백방으로 억제하여 수년 동안 도모해 온 평화수교(平和修交)의 도(道)를 관철시키는 데 힘썼습니다. 그런데 2년 전에 조선 정부가 방침을 조금 고쳐서, 마침내 동래부사 박(朴)을 통해서 우리 외무경의 서신을 접수하기로 약속하고, 아울러 우리나라의 사신이 서계를 갖고 동래부로 갈 기일까지 정했습니다. 우리 정부에서는 기일에 맞춰서 서계를 보내고, 모리야마 시게루 이사사신(理事使臣)을 특파해서 서신을 가져가 처리하게 했습니다. 그런데 어찌 생각이나 했겠습니까? 저들은 예전의 약속을 저버리고 다른 말로 핑계를 대면서 사신을 접대하지도, 서계를 받지도 않았습니다. 사신이 극구 힐론(詰論)했지만 듣지 않아서 결국 헛되이 돌아오고 말았습니다. 그런데 또 강화도 포격 사건이 발생했으니, 우리 정부에서는 실로 조선 정부의 심의(心意)의 소재를 알 수 없고 우리나라 사람들은 분노가 극에 달해서 형언할 수 없을 정도입니다.

이에 우리 정부는 지난 10여 년간 다해 온 평화수호의 마음을 깊이 안타깝게 여겨서 일단 유수(流水)에 부치기로 했습니다. 그러므로 이제 전권변리대신을 특파해서 조선 정부의 심의(心意)의 소재를 묻는 것이니, 이는 양국 사이의 영원한 친호(親好)를 보장하기 위함입니다. 요컨대 타평결국(妥平結局)을 주의(主意)로 삼는 것이지, 굳이 다사(多事)를 주장하려는 것이 아닙니다. 다만 조선이 과연 평온하게 판법(辦法)할 수 있을지 보장할 수 없는 까닭에 혹 한두 척의 병함으로 사신을 호종(護從)하는 것은 부득이합니다.

생각건대 사안이 인병(隣竝)과 관계되니, 이 사안의 연유(緣由)와 우리 지취(旨趣)의 방향을 대청(大淸) 정부에 고함으로써 우리 정부가 대청 정부와 서로 성심으로 대해서 숨기는 것이 없는 뜻을 드러내고자 합니다. 본 대신은 조선국에서 우리 사신을 예로 대접하고, 우리 요구를 거부하지 않아서 평화를 영구히 보존하기를 바랍니다. 만약 그렇게 하지 않아서 일이 끝내 어그러진다면, 한인(韓人)은 필시 헤아릴 수 없는 화를 자초할 것이니 피차의 불행을 무엇에 견주겠습니까? 금일의 사기(事機)는 실로 화복(禍福)이 판가름 나는 바입니다. 조선의

견식이 과연 여기에 미친다면 응당 함께 우호로 돌아갈 것입니다.[11]

각 대신이 이 각서를 일람했으나 특별히 발언한 사람은 없었다. 모리 공사가 먼저 청한종속관계를 제기해서 수석대신 심계분과의 응답이 이뤄졌다. 심계분은 모리 공사의 질문에 대해, 조선은 예부 소관으로 총리아문에서는 속방(屬邦)의 상세한 예전(禮典)을 알지 못한다고 전제한 후, 조선국의 정교금령(政教禁令)은 일체 그 자주에 맡기며, 외교 같은 것 또한 그 자유에 위임해서 관계하지 않는다고 명확하게 답변했다. 모리 공사가 다시 속방의 의미를 추궁하자, 심계분은 "이른바 속국(屬國)이란, 우리 소유의 땅이 아닌 것으로 때에 맞춰서 진공(進貢)하고 우리의 책봉(冊封)과 반력(頒曆)을 받는 것을 말합니다. 만약 그 나라가 우리 강토 내에 속하는 것이라면 관계하지 않을 수 없지만, 그 나라가 강역 내에 존재하지 않기 때문에 그 국사를 관장하지 않는 것입니다."라고 설명했다. 다시 모리 공사가 "이른바 책봉이란 귀국(청국)이 그 군주를 선택해서 세우는 것입니까, 아니면 저들이 세운 군주의 청에 응해서 단순히 책봉의 예식을 행하는 것입니까?"라고 질문하자, 심계분은 "우리가 선택해서 세우는 것이 아니라, 저들의 청에 따라 책봉할 뿐입니다. 우리 속국은 모두 그렇습니다."라고 설명했다. 모리 공사는 다시 "속국은 공헌(貢獻)과 책봉 등이 있어야만 속방으로서의 실체를 인정할 수 있습니다. 미얀마[緬甸] 같은 경우는 혹은 오고 혹은 오지 않으니 그 인정할 만한 실체가 없는 듯합니다. 이러한 경우는 속국이라는 이름이 저절로 사라지게 될 것입니다."라고 주의를 주었다. 그러나 심계분은 "예로부터 속국이라는 것은 모두 그 자주에 맡겨서, 저들이 오지 않는 일이 없었고, 또 일찍이 예를 결여한 일도 없습니다. 우리 또한 전례에 따라 그들을 접대할 뿐입니다. 미얀마는 조선, 류큐와 원래 다른 데다가, 특히 윈난(雲南)의 토비(土匪)가 발흥해서 길을 막고 있기 때문에 오지 않은 지 오래된 것입니다."라고 반박했다.

청한종속관계에 관한 토론은 이것으로 끝나지 않았다. 모리 공사는 이 문제에 관한 토론을 중단하고 드디어 본론으로 들어갔다.

이제 긴절(緊切)하게 하교를 바라는 일이 있습니다. 만약 불행히 우리와 조선 사이에 전쟁이 나서 우리가 승리하고 저들이 패배하여 우리 군대가 상륙한다면, 형세상 그 전지(戰地)에서 1촌(寸)의 땅을 얻으면 더 나아가 1척(尺)의 땅을 차지하지 않을 수 없습니다. 그 경우 귀국에서 어떻게 볼지 모르겠습니다. 속국의 명의를 들어 다른 말로 그 사이에 참견할 리는 결코 없을 것입니다. 비단 우리 일본뿐만 아니라, 다른 나라와 유사한 일이 생겨도 마찬가지일 것입니다. 본 사신은 오직 화평만을 바라지만, 만에 하나 그런 일이 생길 것을 우려하기 때문에 미리 분명히 질문해서 이회(理會)하지 않을 수 없습니다. 그러므로 다시 정중하게 말씀드리는 것입니다.

이에 대해 심계분이 즉답을 주저했으므로 모리 공사는 이틀 후인 1월 12일까지 회답을 줄 것을 요청했다. 심계분은 공친왕에게 상품(上稟)한 뒤에 회답하겠다고 약속했다.[12]

메이지 9년 1월 10일에 총리아문에서 열린 회담은 모리 공사의 기대와는 반대로, 청국이 조선의 불법행위에 대해서 책임을 질 것인지의 여부에 관해서는 중요한 내용을 전혀 알아내지 못했다. 모리 공사는 1월 11일 데(鄭) 서기관에게 자신의 내의(內意)를 가지고 총리아문을 방문하게 했다. 그리고 총판(總辦) 주가미(周家楣)와 회견을 갖고 청국의 정세를 탐색하는 한편, 청국 정부에서 조선에 특사를 급파해서 일본의 전권대신을 관접(款接)해서 반드시 일한의 인교(隣交)를 온전히 이루도록 타일러 달라는 요청을 넌지시 비치게 했다. 그런데 총판은 다른 대신들의 설명과 마찬가지로, "청국은 조선에 대해서 오직 저들의 방공(方貢)을 받고, 왕위를 책봉하며 또는 양 국민이 호시(互市)를 할 뿐으로 원래 저들의 내사(內事)에 여문(與聞)[9]하지 않습니다. 그 자주에 맡기는 것은 비단 만청(滿淸)에서 시작된 것이 아니라 역대(歷代)의 예전(例典)입니다. 그러므로 몇 해 전 영국, 프랑스, 미국 등의 선박이 조선에 가서 참폭(慘暴)을 당한 것으로 인해, 그것을 청국 정부에 고해서 이론(理論)을 다루었을 때도 마찬가지로 이러한 답변을 했을 뿐 다시 관여하지 않았던 것입니다. 도하(都下)[10]에 재류(在留)하는 한사(韓使)도 오직 공납(貢納)과 반력(頒曆) 등의 일만을 관리(辦理)할 뿐입니다. 또 예부아문에서 한사(韓事)를 전적으로 관장하기 때문에 예전(例典)에 준거하는 것 말고는 총리아문에서 타국의 일을 이야기하더라도 일체 승판(承辦)[11]한 적이 없습니다. 본래 수구(守舊)의 완고함이 이와 같기 때문에 실로 어떻게 할 수 없습니다."라고 말했다고 한다.[13]

---

9) 여문(與聞): 어떤 일에 간여해서 그 속사정을 아는 일

10) 도하(都下): 수도(首都)

11) 승판(承辦): 접수해서 처리함

【원주】

1 『森公使使淸日記』(品海出帆以前之部).

2 『森公使使淸日記』.

3 『森公使使淸日記』.

4 『自明治八年至明治九年朝鮮關係考證彙輯』.

5 『森公使使淸日記』.

6 明治八年十月鄭臨時代理公使報告拔萃.

7 『森公使使淸日記』.

8 明治九年一月十三日外務卿輔宛森駐淸公使報告附一.

9 同 附四.

10 『淸光緒朝中日交涉史料』卷一 (一)光緒元年十二月十一日總理衙門奏日本與朝鮮修好摺.

11 同 (一)附件二;『日本國節略』.

12 明治九年一月十日森公使總理衙門大臣對話.

13 明治九年一月十三日外務卿輔宛森公使報告別信.

청한종속관계론, 모리 공사와 이홍장의 회담

메이지 9년 1월 10일의 모리 주청공사와 총리아문 간의 회담은 청한종속문제에 관한한 완전히 암초에 걸리고 말았다. 원래 조선 번속(藩屬) 문제는 영국, 프랑스, 미국 등 여러 나라로부터 수차에 걸쳐 제기되어 온 것으로, 공친왕 혁소가 주재하는 총리아문에서는 조선이 중국의 번복(藩服)이기는 하지만 그 정교금령(政教禁令) 일체는 그 자주전행(自主專行)에 따른다는 방침을 견지해 왔다. 그런데 이번에 온 일본 공사의 태도로 판단해 볼 때 일본은 최근 내홍에 시달려 왔으며 민심을 돌리기 위해 해외에서 일을 벌이려고 하는 혐의가 없지 않았다. 이에 따라 메이지 4년 9월에 체결된 일청수호조규 제1조에 "양국의 소속방토(所屬邦土)는 또한 각각 예(禮)로써 상대해서 조금도 침월(侵越)해서는 안 된다."는 명문(明文)에 근거해서 극력 저지해야 한다고 보고 1월 14일에 모리 공사에게 다음과 같이 회답했다.[1]

대청(大淸) 흠명 총리각국사무 왕대신(王大臣)이 조복(照覆)함.

어제 귀 대신이 보낸 절략(節略) 한 건을 받아보니, 귀국 선박이 고려 강화로 가서 담수(淡水)를 구하려고 할 때 해안가 포대에서 개포(開砲)하여 굉격(轟擊)했으며, 이제 귀국 관원이 가는 것은 그 의도가 화호(和好)에 있다고 했습니다. 이 일을 살펴보건대, 전에 귀국 서대신(署大臣) 데(鄭)가 신함(信函)을 보내서 알리기를, 수심 측량으로 인해 이 사건을 초래했다고 했고, 각 신문에서도 누차 이를 언급했습니다. 이제 다시 귀 대신의 절략(節略)을 받고 각 정상(情狀)을 상술합니다. 조선은 입국(立國)한 이래로 근근(斤斤)[1])히 자수(自守)해서 우리 중국에서는 그 자리(自理)[2])에 맡기고, 화인(華人)이 저들에게 가서 교섭하지 못하게 했으니, 이는 또한 저들의 뜻이 분수를 지키는 데 있음을 믿었기 때문입니다. 그러므로 면강(勉强)[3])이

---

1) 근근(斤斤): 삼가고 신중함
2) 자리(自理): 자치(自治)
3) 면강(勉强): 무리하게 강요함

없었던 것입니다. 이제 이치로 따져보건대, 조선은 필시 비단 귀국하고만 개체(芥蔕)[4]가 있는 것은 아닐 것입니다.

이제 예전의 일로 인해 귀국에서 사신을 파견해서 양국을 위해 친호(親好)를 보전하려고 하니, 그 의도가 전쟁의 종식에 있음을 잘 알 수 있습니다. 이번에도 귀 대신이 중국의 화호(和好)하는 마음을 추념(推念)해서 그 용의(用意)를 상술했는데, 전부 우리 양국의 수호조규를 준수해서 돈목(敦睦)을 변치 않게 하려는 것이었습니다. 중국은 조선에 대해 본래 그 정사(政事)에 억지로 간여하지는 않지만, 그 안전을 간절히 바라지 않을 수도 없습니다. 일전에 귀 대신이 말씀하시길, "일의 처리는 조약에 따라야 하지만, 일본이 고려와 화호(和好)하려는 것이 도리에 맞는지 보아야 한다. 만약 고려가 화호를 원치 않는다면 이는 곧 저쪽이 도리에 맞지 않는 것이다."고 하셨습니다. 조선이 만약 이유 없이 타국 경내에서 전쟁을 일으킨다면 도리에 맞다고 할 수 없고, 조선이 만약 다른 나라와는 왕래하는데 유독 귀국하고만 왕래를 원치 않는다면 그 또한 도리에 맞다고 할 수 없습니다. 귀 대신이 이미 일 처리는 반드시 조약에 따라야 한다고 했으니, 귀 대신은 귀국 정부에 전달해서 비단 군대를 반드시 쓰지 않을 뿐만 아니라, 사절을 파견해서 질문하는 일도 만전을 기해 주획(籌劃)하십시오. 그리하여 힘껏 양측의 정원(情願)을 기약해서, 각자 강토(疆土)를 편안히 하여 이 수호조규의 '양국의 소속방토(所屬邦土)를 서로 침월(侵越)하지 않는다'는 말을 끝까지 준수하는 것이 본 왕대신(王大臣)이 간절히 바라는 바입니다. 이상과 같이 조회하니 귀 대신은 살펴보시길 바랍니다.

대일본 흠파(欽派) 주경(駐京) 전권대신 모리에게 조회함.

광서 원년 12월 18일[2]

총리아문의 조회는 일청수호조규 제1조의 '일청 양국은 각 영토와 속방을 침월하지 않는다.'는 명문을 인용해서 일본이 청국의 속방인 조선에 군대를 보내지 말아야 함을 역설하는 것이었지만, 모리 공사는 그 의미를 이해하지 못하고, 1월 15일에 "이로써 보건대, 조선은 하나의 독립국으로서 귀국이 그것을 속국이라고 부르는 것은 한갓 공명(空名)일 뿐입니다. 저들이 이웃나라로서 우리에게 폭려(暴戾)한 행위를 가했으니, 이제 사신을 파견해서 그 일을 힐책하고 또 우리나라 인민을 위해서 스스로 해강(海疆)을 보안(保安)하는 일을 다하지 않을 수 없습니다. 이로 인해 조선과 일본 사이에 일어나는 모든 일은 청국과 일본국 간의 조약상 관계되는 바가 없습니다."라고 조회했다.[3] 총리아문은 일본 공사가 조회의 의미를 이해하지 못한 것을 보고, 1월 18일에 다시 조복(照覆)해서

---

4) 개체(芥蔕): 어딘가에 걸린 사소한 물건을 가리키는 말로 마음에 쌓인 원한, 불만, 또는 불쾌함을 비유함

앞의 말을 반복하여 역설했다.

> 대청(大清) 흠명 총리각국사무 왕대신(王大臣)이 조복(照覆)함.
>
> 광서 원년 12월 19일에 귀 대신의 조회(照會)한 건을 받았습니다. 일전에 귀 대신이 본 아문에 와서 귀국이 조선과 화호(和好)를 맺기를 원하는 각 정상에 관해 논의할 때, 본 왕대신이 "조선이 비록 속국이라고는 하나 그 땅이 본래 중국에 예속되어 있지 않으니[地固不隸中國], 이 때문에 중국이 일찍이 그 내정에 간여한 일이 없고, 외국과의 교섭에 있어서도 그 나라의 자주(自主)에 맡겨서 강요할 수 없다."는 말을 했다고 했습니다. 본 왕대신은 생각건대, 조선은 중국의 속국입니다. '예(隸)'는 곧 '속(屬)'이니, 속국이라고 했으면 저절로 '중국에 예속되지 않는다'라고 할 수 없는 것입니다. 또 일전에 귀 대신에게 회복(回覆)했을 때, 중국에 예속되지 않는다는 말을 한 적이 전혀 없습니다. 수호조규에 기재된 바, '소속방토(所屬邦土)'와 관련하여 조선이 실제로 중국에 소속된 나라 중 하나임을 모르는 사람은 없습니다. 중국이 예전부터 면강(勉强)하지 않은 정상 등에 관해서도, 이번 달 18일에 구복(具覆)한 절략(節略)에서○광서 원년 12월 18일 조복(照覆) 이미 그 뜻을 자세히 말씀드렸습니다. 이제 귀 대신의 조회를 받고서 본 왕대신은 그에 응하여 성명(聲明)합니다. 응당 수호조규의 '소속방토를 서로 침월하지 않는다.'는 뜻에 따라 피차가 함께 준수해서, 감히 자기의 생각으로 재단하여 조약상 관계가 없다고 해서는 안 될 것입니다. 이상과 같이 조회하니 귀 대신은 살펴보시길 바랍니다.
>
> 대일본국 흠파(欽派) 주경(駐京) 전권대신 모리에게 이상과 같이 조회함.
>
> 광서 원년 12월 22일○메이지 9년 1월 18일4

총리아문은 예전(禮典)에 근거하고 일청수호조규를 인용해서 누누이 방토(邦土)의 의미에 대한 해석을 설명했지만, 그것은 소에지마 대사는 차치하고, 오랜 기간 구미 여러 나라에서 유학하고 필모어 국제공법에 정통한 모리 공사를 이해시킬 수 있는 말이 아니었다. 그는 1월 19일의 조회를 통해 조선과 일청수호조규 사이에 관계가 없음을 반복해서 주장했다. "이로써 생각해보건대, 귀 대신이 조규 중에 소속방토를 서로 침월할 수 없다는 뜻을 인용하는 이유는 아마도 장래 우리나라와 조선이 교섭할 때 그 나라 정부와 그 인민이 우리에게 행하는 일에 대해 즉시 귀국이 그 책임을 진다는 뜻일 것입니다. 만약 스스로 책임을 질 수 없다고 한다면 비록 속국이라고 해도 한갓 공명(空名)일 뿐이니, 그렇다면 우리나라가 스스로 그 이치를 펴지 않을 수 없는 것입니다. 조규와 무슨 관계가 있겠습니까?"5

모리 공사의 견해에 따르면, 내정과 외교의 권리를 온전히 보유한 나라는 그 정체(政
體)와 세력 여하에 관계없이 그것을 일러 독립자주의 나라라고[6] 한다는 것이었다. 이 주
장을 확충하면 조선은 당연히 속국의 범위를 벗어나게 된다. 따라서 공사는 청국으로
하여금 조선에 독립자주의 실제가 있음을 승인하게 하고, 장래 일한관계에 대해 청국
정부가 절대로 간여하지 않는다는 보증을 얻으려고 노력했다.

이보다 앞서 모리 공사는 직예총독 이홍장과의 회견을 희망했다. 이미 모리 공사의
일관된 비협조적 태도에 지쳐버린 총리아문에서는 이홍장의 외교적 수완에 기대기로
하고 공사의 요청을 승낙했다. 이로 인해 모리 공사가 즈리 성성(直隷省城) 바오딩(保定)
에 왕복하는 동안 교섭은 당연히 중단됐다.[7]

메이지 9년 1월 29일의 모리 공사의 귀경을 기다리면서 총리아문에서는 세 번째 조회
를 발송해서 1월 19일자 모리 공사의 주장을 반박했다.

> 대청(大淸) 흠명 총리각국사무 왕대신(王大臣)이 조복(照覆)함.
>
> 광서 원년 12월 23일에○^{메이지 9년 1월 19일} 귀 대신의 조회(照會) 한 건을 받았습니다. 그 내용
> 에, 본 왕대신의 앞선 조복(照覆)의 의미를 분명히 이해할 수 없다고 하면서, "이로써 생각해
> 보건대 조규 중에 '소속방토(所屬邦土)를 서로 침월(侵越)할 수 없다'는 구절을 인용한 뜻은,
> 아마도 장래 교섭에서 저 나라 정부와 인민이 하는 일에 대해 즉시 그 책임을 맡는다는 뜻일
> 것이다. 만약 그 책임을 맡지 않는다면 비록 속국이라고 해도 한갓 공명(空名)일 뿐이다. 조
> 약과 무슨 관계가 있겠는가?"라고 했습니다. 생각건대 조선이 중국의 속국이 됨은 중외(中
> 外)가 모두 아는 바요, 속국에 속국의 분제(分際)[5]가 있음은 고금이 동일합니다. 본 왕대신이
> 앞의 조회에서 조선은 중국에 소속된 나라 중 하나라고 한 것은 바로 중국이 자임(自任)한 것
> 이니, 어찌 속국이 공명(空名)이 되며, 어찌 조약과 관계가 없다고 할 수 있겠습니까? 귀국이
> 이미 중국과 화호(和好)를 맺어서 수호조규를 분명히 약정했으니 응당 피차가 함께 '소속방
> 토(所屬邦土)를 조금도 침월(侵越)해서는 안 된다.'는 약속을 준수해야 할 것입니다. 지난달
> 18, 22일 등에 답복(答覆)한 절략(節略)과 조회(照會)에서 이미 상세하게 재단해서 고한 바와
> 같이, 귀 대신에게 기대하는 것은 단지 수호조규에서 언급한 바에 따라 영원히 준수해서 위
> 배하지 않는 것일 뿐이니, 그 용의(用意)는 매우 공평하고 그 조사(措詞)는 매우 명현(明顯)합
> 니다. 이와 같이 조복(照覆)하니 귀 대신은 함께 살펴보시길 바랍니다.

---

5) 분제(分際): 신분의 상하에 따른 분수와 한계

대일본 홈파(欽派) 주경(駐京) 전권대신 모리에게 이상과 같이 조회함.

광서 원년 정월 초나흗날⁸

모리 공사는 이홍장과의 회담(다음 단락 참조) 이후 형식적인 속방론 논쟁의 무익함을 깨달았던 것으로 보인다. 그렇지만 이제 총리아문과 접하게 되자 다시금 앞의 말을 반복하면서 청한종속관계는 공명(空名)에 지나지 않으며 조선은 하나의 독립국이기 때문에 일한 양국 간의 격쟁(擊錚)에 관해 청국의 간섭을 허용하지 않겠다는 뜻을 성명했다.

대일본국 홈차 전권대신 모리가 조회함.

메이지 9년 1월 29일에 귀 왕대신(王大臣)의 복문(覆文)을 받았습니다. 그 내용에 "조선이 중국의 속국이 됨은 중외(中外)가 모두 아는 바요, 속국에 속국의 분제(分際)가 있음은 고금이 동일하다. 조선이 중국의 소속된 나라 중 하나라고 한 것은 바로 중국이 자임한 것이니, 어찌 속국이 공명(空名)이 되며, 어찌 조약과 관계가 없다고 할 수 있겠는가?"라고 했습니다. 본 대신이 이른바 '중국이 자임한 것'이라는 한 마디 말을 살펴보니, 말이 짧고 뜻이 은미해서 그 자임한 것이 과연 무슨 사실인지 아직도 그 뜻을 분명히 깨닫지 못했습니다. 또 속국은 공명이 아니라고 하지만, 그 '공명이 아닌 것'의 실제를 또한 지금껏 본 일이 없는 듯합니다. 또 빈번히 '양국의 소속방토를 조금도 침월(侵越)해서는 안 된다.'는 등의 말로 하교(下敎)를 받았는데, 이것이 어찌 극단적으로 '침월'이라는 말을 할 수 있는 경우겠습니까? 본 대신은 이러한 대목을 실로 이해할 수도, 또 감히 제 뜻대로 자의적으로 해석할 수도 없습니다. 본 대신이 지난번에 보낸 조회에서 말씀드린 바, 우리나라와 조선국의 교섭에서 저 정부와 그 인민이 우리에게 행하는 일들을 귀국에서 책임질 수 있는지의 여부에 관해서는 그 전후로 아직 한 마디도 확단하는 말을 받지 못했으니, 그렇다면 본 대신은 계속해서 지난번에 말씀드렸던 바, '조선은 하나의 독립국으로 귀국이 속국이라고 하는 것은 또한 한갓 공명에 불과하다. 그리고 조선과 일본 사이에서 일어나는 모든 일은 청국과 일본국의 조약상 단연코 관계되는 바가 없다.'는 등의 말을 준거로 삼지 않을 수 없습니다. 귀 왕대신에게 이와 같이 조회하니 부디 즉시 분별해서 답신을 보내시길 바랍니다.

대청(大淸) 홈명(欽命) 총리각국사무 왕대신에게 이상과 같이 조회함.

메이지 9년 2월 1일⁹

총리아문은 2월 12일에 조복(照覆)을 보내서 속방의 의미를 상세히 설명하면서, 속방에 위급한 일이 닥치면 차마 좌시할 수 없으며 또 일청수호조규 제1조와 관계가 없을 수 없다고 반박했다.

대청(大淸) 흠명 총리각국사무 왕대신(王大臣)이 조복(照覆)함.

광서 2년 정월 초이렛날에 귀 대신의 조회를 접수했습니다. 그 내용에서 말하길, '중국이 자임한 것이라는 한 마디 말은 그 뜻을 분명히 깨닫지 못했다'고 하고, '속국이 공명(空名)이 아닌 것의 실제를 지금껏 본 일이 없는 듯하다'고 하고, 또 '앞서 수호조규를 인용한 것을 가지고 어찌 극단적으로 침월(侵越)이라는 말을 하는가?'라고 하고 '조선과 일본 사이에서 일어나는 일은 조약에 관계되는 바가 없다'고 했습니다.

본 왕대신은 살펴보건대, 조선은 중국의 '소속지방(所屬之邦)'으로서 중국의 '소속지토(所屬之土)'와 차이가 있지만, 수호조규의 '양국의 소속방토(所屬邦土)를 조금도 침월해서는 안 된다'는 말에 해당됨은 마찬가지입니다. 대체로 공헌(貢獻)을 바치고 우리 정삭(正朔)을 받드는 것은 조선이 중국에 대해서 마땅히 다해야 할 분수요, 전량(錢糧)을 거둬들이고 정령(政令)을 가지런히 하는 것은 조선이 스스로 하는 일이니, 이것이 속방의 실제입니다. 그 어려움을 구원해주고 분란을 해결해서 그 안전을 기약함은 중국이 조선에 대해서 자임하는 일이니, 이것이 속방을 대하는 실제입니다. 저들이 어려워하는 바를 강요하기를 좋아하지 않고 그 위급함을 차마 좌시하지 않음은 비단 금일 중국이 그럴 뿐만이 아니요, 옛날부터 속국을 대하는 것이 모두 이와 같았습니다. 본 왕대신이 조회에서 인용한 바 '조금도 침월해서는 안 된다'는 말은 바로 귀국이 침월하지 않기를 깊이 기대한 것이니, 극단적으로 침월이라는 말을 꺼낸 것이 아닙니다. 귀 대신이 "조선과 일본 사이에서 일어나는 일은 단연코 조약과 관계가 없다."고 한다면, 수호조규의 언급이 매우 명백하니 이는 숨길 수 없는 것입니다.

중국은 귀국에 대해서 우방이자 인국(隣國)이요, 또 조선은 중국의 속국이니, 중국이 두 나라가 서로 평안하며 무사하길 바라는 마음은 마찬가지입니다. 그런데 지금 귀국은 조선과의 관계에서 무사하기를 기약하면서 먼저 우리 중국과 난처한 사단을 열고 있으니, 사리로 따져보건대 마땅하지 않은 듯합니다. 만약 중국이 참으로 해야 할 일이 있다면 본 왕대신이 스스로 신속하게 계획하고 작판(酌辦)해서 피차 평안을 기약할 것이니, 귀 대신이 두세 번 언급할 필요가 없습니다. 이와 같이 조회하니 귀 대신은 살펴보시길 바랍니다.

대일본 흠파(欽派) 주경(駐京) 전권대신 모리에게 이상과 같이 조회함.

광서 원년 정월 18일[10]

모리 공사는 더 이상 형식적인 속방론을 반복할 필요를 느끼지 못했다. 특히 구로다 전권이 이미 강화부에 진입해서 조선 전권과 직접 교섭을 개시할 것이 예상되는 가운데 2월 12일자 총리아문 조회 내의 "그 어려움을 구원해주고 분란을 해결해서 그 안전을 기약함은 중국이 조선에 대해서 자임하는 일이니", 또 "중국이 참으로 해야 할 일이 있다면 본 왕대신이 신속하게 작판(酌辦)해서 피차 평안을 기약할 것이니" 등과 같은 구절은 바로 청국이 종주국으로서의 책임을 지겠다는 의지를 표명한 것으로 모리 공사의 요망에 부합하는 것이었다. 그래서 그는 2월 14일에 다음과 같은 조회를 보내서 청한종속 관계에 관한 토론을 중단했다.

대일본국 흠차 전권대신 모리가 조복(照覆)함.
메이지 9년 2월 12일에 귀 왕대신(王大臣)의 복문(覆文)을 접수하고 일일이 상세하게 살펴보았습니다. 본 대신은 전에 조선에 관해 논하면서, 본국에서 사절을 파견하여 무사함을 기약한다고 극력 언급했습니다. 원래 저 조선은 실로 독립지체(獨立之體)로 그 내외정령(內外政令)이 모두 자주(自主)에서 연유하기 때문에 우리나라도 자주국으로 대우하는 것입니다. 그러므로 그 나라의 자주정령(自主政令)을 제외하고, 그 나라와 귀국 사이의 모든 관계와 사리에 대해서는 우리나라가 결코 돌아보지 않는 것이니, 귀국 또한 조규 가운데 '침월' 등의 글자를 끌고 와서 우리에게 가할 수 없는 것입니다. 따라서 이른바 속국이란 공명(空名)일 뿐이라고 하고, 조선과 일본 사이에서 일어나는 모든 일은 조약상 본래 관계가 없다고 말씀드렸던 것입니다. 이제 온 조회문을 열어보니 '그 어려움을 구원해주고 분란을 해결한다'고 하고, 또 '중국이 참으로 해야 할 일이 있다면 본 왕대신이 스스로 신속히 작판(酌辦)해서 서로 평안하기를 기약할 것이다'라고 했습니다. 이는 본 대신이 인국(隣國)에 바라는 것과 정확히 부합하니 어찌 액경(額慶)[6]하지 않겠습니까? 현재 본국에서 이미 흠사(欽使)를 한(韓)에 파견했으니 따로 그 성사를 기쁜 마음으로 지켜보아야 할 것입니다. 이와 같이 조복(照覆)하니 귀 왕대신은 살펴보시길 바랍니다.
대청 흠명 총리각국사무 왕대신에게 이상과 같이 조회함.
메이지 9년 2월 14일[11]

총리아문과의 교섭이 진행되는 도중에 모리 공사는 즈리(直隸) 바오딩(保定)으로 가서

---

6) 액경(額慶): 액수칭경(額手稱慶)의 준말로 두 손을 합장해서 이마에 올린다는 뜻이다. 경사스러운 일을 축하한다는 뜻이다.

북양대신 직예총독 이홍장과 회견을 가졌다. 모리 공사는 이미 일본에서 출발하기 전부터 동양 제일의 정치가로 알려진 이홍장과 회견해서 정국 일반에 관해 의견을 교환하려는 희망을 갖고 있었던 것 같다. 메이지 9년 1월 11일에 총리아문대신 대학사 관리이부사무(管理吏部事務) 보감(寶鑒), 병부좌시랑 숭후(崇厚) 등이 신년을 축하하기 위해 내방했을 때, 모리 공사는 이홍장과의 회견을 희망한다는 뜻을 밝히고 아울러 전 견청전권대신(遣淸全權大臣) 다테 무네나리와 오쿠보 도시미치의 전언도 있다는 말을 덧붙였다. 보감(寶鑒)은 공친왕에게 품의한 뒤에 회답을 주겠다고 약속했다.[12]

총리아문에서는 당초 모리 공사의 요청을 중시하지 않았으나, 총리아문과 모리 공사 사이의 회담이 원만하게 진행되지 않고 그가 일청수호조규 제1조의 존재를 무시하는 듯한 태도를 보이자 해당 조약 체결의 책임자였던 이홍장에게 그 의의를 설명하게 하는 것이 유리하다고 판단했던 것 같다. 모리 공사 자신도 총리아문과의 의견 대립에 지쳐서 이홍장의 개입을 통해 총리아문의 분위기가 호전되기를 기대했던 것으로 보인다. 그리하여 메이지 9년 1월 20일경에 총리아문은 모리 공사의 희망을 이홍장에게 전달하고 그의 동의를 얻어서 모리 공사에게 회답을 보냈다.

모리 공사는 데(鄭) 서기관을 대동하고 즈리(直隷)에서 파견한 관원의 영접을 받으며 1월 24일에 즈리 성(直隷省) 바오딩(保定)에 도착했다. 그리고 바로 총독아문을 방문했다. 이홍장은 한림원(翰林院) 편수(編修) 황펑년(黃彭年), 후보동지(候補同知) 황혜렴(黃惠廉)(영어에 능통했음)을 대동하고 성찬을 마련해서 공사를 대접했다. 술잔이 도는 동안 시국에 관해 기탄없이 의견이 교환됐다.[13]

이홍장은 우선 모리 공사의 외유와 동양 일반의 정치 문제에 관해 잡담하다가 화제를 전환해서 일청수호조규와 청한종속관계, 그리고 당면한 일한교섭에 관해 모리 공사, 데(鄭) 서기관과 일문일답을 시도했다. 이 회의는 완전히 사적 회담의 형식을 취했음에도 불구하고 총리아문에서의 공식 회담이나 문서의 왕복보다 더 중대한 의의를 가진다. 그 중요한 대목을 다음과 같이 기록한다.

모리 대신: 고려와 인도는 똑같이 아시아에 있지만 중국의 속국에 속하지 않는다.
답:　　　고려는 정삭(正朔)을 받는데 어째서 속국이 아닌가?
모리 대신: 각국에서 모두 말하길, 고려는 조공을 바치고 책봉을 받는 데 불과하며, 중국은
　　　　　그 전량(錢糧)을 거두지 않고 다른 정사에 관여하지 않으니 이 때문에 속국에 속

하지 않는다고 한 것이다.

답: 고려가 수천 년 동안 속국이었음을 누군들 모르겠는가? 화약(和約)에서 언급한 '소속방토(所屬邦土)'에서, '토(土)'자는 중국의 각 직성(直省)을 가리키는 것으로 이는 내지(內地)니, 내속(內屬)이 되어 전량(錢糧)을 거둬들이고 정사(政事)를 관장한다. '방(邦)'자는 고려와 다른 나라들을 가리키는 것으로 이는 외번(外藩)이니, 외속(外屬)이 되어 전량(錢糧)과 정사(政事)를 예로부터 해당 국가의 경리(經理)[7]에 귀속시켰다. 역래(歷來)로 이와 같아서 본조(本朝)에서 시작된 것이 아닌데, 어째서 속국에 포함되지 않는다고 하는가?

모리 대신: 일본이 고려와의 화호(和好)를 극력 요구하는데 고려에서 일본과의 화호를 꺼린다.

답: 귀국과의 화호를 꺼리는 것이 아니라, 저들은 스스로 나라가 작음을 알기 때문에 근수(謹守)해서 감히 응수하지 못하는 것이다. 각국에 대해서 모두 그러하니 비단 일본에만 그런 것이 아니다.

모리 대신: 일본과 고려는 인국(隣國)이니 이 때문에 통호(通好)가 필요한 것이다. 그런데도 고려는 어째서 꺼리는 것인가?

답: 다이라노 히데요시(平秀吉)[8]가 고려에서 요란을 일으킨 이후로 아마 의려(疑慮)가 없지 않을 것이다.

데 서사(鄭 署使): 다이라노 히데요시 이후 일본과 고려는 왕래를 했는데 중간에 갑자기 단절됐다. 그러다가 몇 년 전에 고려와 사신을 접대하기로 약정했다. 그런데 그 후 일본이 의관을 개변(改變)하고 국서(國書)의 자체(字體)도 고친 것을 이유로 저들이 끝끝내 받지 않았다.

답: 그것은 자연스러운 일이다. 고려가 감히 서국(西國)과 상통(相通)하지 못하는데 일본이 서양 제도로 고쳤으니, 저들이 저절로 의심을 품어서 일본과 왕래하면 다른 나라가 바로 그 뒤를 따라서 들어올까 두려워한 것이다.

데 서사: 전에는 사절을 거부하는 데 불과했다. 그런데 근래 일본 병선이 고려 해변에서 담수(淡水)를 구하는데 저들이 갑자기 대포를 쏴서 우리 선척(船隻)을 상괴(傷壞)했다.

답: 그 병선은 고려 해구(海口)로 가서 수심을 측량했다. 『만국공법(萬國公法)』을 살펴보면 해안가 10리 이내의 땅은 본국의 경지(境地)에 속한다고 되어 있다. 일본이 아직 통상을 시작하지 않았으니 본래 그곳에 가서 측량해서는 안 되는 것이다. 고려의 개포(開砲)에는 이유가 있다.

---

7) 경리(經理): 경영과 관리, 처리
8) 다이라노 히데요시(平秀吉): 도요토미 히데요시(豊臣秀吉, 1537~1598)를 가리킨다.

모리 대신: 중국과 일본, 그리고 서국(西國)은 『만국공법(萬國公法)』을 인용할 수 있지만, 고려는 아직 입약하지 않았으니 공법을 인용할 수 없다.

답: 비록 그렇더라도 일본이 그곳에 가서 측량을 해서는 안 되는 것이었으니, 이는 일본의 실착이 앞선 것이다. 고려가 갑자기 대포를 쏜 것에 작은 실착이 없지 않지만, 일본이 또 해안에 상륙해서 그들의 포대를 훼손하고 사람들을 살상했으니 이는 또 일본의 실착이다. 고려는 자요(滋擾)를 일으키지 않고, 일본이 오직 소요를 빚은 것이 아닌가?

데 서사: 일본의 신민들이 모두 분한(憤恨)을 품어서 고려와의 타장(打仗)[9]을 주장한다.

모리 대신: 전부터 고려가 근수(謹守)해서 외국과 상통하지 않음을 보아 왔다. 오히려 이는 아껴주어야 할 나라니, 이제 안타까울 뿐이다.

답: 이미 그 나라를 아껴주어야 한다는 것을 안다면 그곳에서 소요를 일으킬 필요가 없다. 일본은 대국이니 다른 소국을 포용해야 한다.

데 서사: 모리 대인도 그러한 뜻을 가졌기 때문에 본국에서 용병(用兵)하지 않게 억누르고, 자청해서 중국에 오신 것이다. 고려는 중국의 속국이니 반드시 상책(上策)을 마련해서 고려로 하여금 일본과 화호를 맺게 해줄 것이라고 생각하셨다.

답: 고려가 일본과 화호를 맺기를 원치 않음은 아니나, 다만 각국이 뒤따라 들어오는 것을 두려워하는 것이다. 중국이 만약 일본을 대신해서 설항(說項)[10]한다면 앞으로 각국이 모두 중국에 대신 말해달라고 부탁할 것이니, 이 때문에 고려가 반드시 답응(答應)하지는 않을 것임을 알 수 있다.○중략

데 서사: 모리 대인이 중국에 와서 세 가지 실망한 일이 있다. 첫 번째는 고려와의 화호(和好)를 주장하는 의사를 보전하지 못한 것이요, 두 번째는 총리아문이 화호를 바라는 심사(心思)를 명백히 하지 않은 것이요, 세 번째는 본국 신민이 중국에서 관리하지 않음을 알고 고려와의 타장(打仗)을 요구할까 우려된다는 것이다.

답: 총서에서 명백히 하지 않은 것이 아니요, 실제로 화호를 바라는 의사를 갖고 있다. 하지만 모든 일은 단순히 강함에만 의지해서는 안 되니, 만약 강함에만 의지하려고 한다면 사람은 피할 수 있지만 하늘은 피할 수 없을 것이다. 하늘을 두려워하지 않고 땅을 두려워하지 않는다면 끝내 천지 사이에서 용납되지 않을 것이다.○중략

데 서사: 모리 대인이 여기 온 의도는 본래 중국이 잘 설득해서 일본과 고려를 무사하게 해

---

9) 타장(打仗): 전쟁을 벌임. 전투(戰鬪), 전쟁(戰爭)
10) 설항(說項): 다른 사람을 위해 좋은 말을 해주는 것, 또는 대신 하는 부탁

주길 바랐던 것이다.

답: 고려는 결코 고의로 사단을 빚지 않았으니, 일본도 일을 만들어서는 안 된다.

데 서사: 일본이 이제 또 고려에 사신을 파견한다. 겨우 사신 1명이 가서 그들과 상량(商量)할 것이다. 그들이 어떻게 나오는지 봐서, 만약 과연 상의할 만하면 절대 그들과의 통상도 요구하지 않을 것이고 일도 만들지 않을 것이다. 단지 세 가지 안건만을 의정할 것이니, 하나, 고려가 이후로 우리 사신을 접대하는 것, 하나, 혹시 풍랑을 만난 일본 선척이 있으면 대신 보살펴주는 것, 하나, 상선(商船)이 해안과 암초를 측량할 수 있게 하는 것이다. 이는 쟁론할 필요가 없는 것들이다. 만약 사신이 그곳에 갔을 때 다시 받아들이지 않고 그 사신이 본국에 돌아온다면 반드시 무사치 못할 것이다. 반드시 군대를 움직이게 될 것이다.

답: 파견된 사신을 받아들이지 않는 것은 옛날에도 있었던 일이다. 원나라 때 두 차례 일본에 사절을 보냈지만 일본이 받아들이지 않았고, 호조 도키무네(北條時宗)가 원나라 사신을 살해한 일이 있다.

모리 대신: 그 후에 아마 타장(打仗)을 면치 못했을 것이다.

답: 고려와 일본은 모두 아시아 주에 있다. 만약 군대를 일으킨다면, 고려는 중국의 속국이다. 그대들이 조약을 명백히 위반한 이후에 중국이 어떻게 조처해야겠는가? 아무르 강[俄們] 일대에서 저절로 의혼(疑釁)이 생겨날 것이니 어찌 구라파의 비웃음을 받지 않겠는가? ○중략

데 서사: 모리 대인은 총서에서 중국이 고려의 내정을 관리하지 않는다고 말했기 때문에 속국이 아니라고 의심하는 것이다.

답: 조약에서 명언한 '소속방토(所屬邦土)'가 고려를 가리키는 것이 아니라면 어떤 나라를 가리키는 것이겠는가? 총서의 설은 잘못되지 않았다.

모리 대신: 조약에 비록 '소속방토'라는 글자가 있지만 그 말이 함혼(含混)[11]하다. 고려가 속방이라는 말을 분명히 기재한 적이 없으니, 일본 신민들이 모두 이는 중국의 18성(省)을 가리켜서 한 말이며, 고려가 '소속'의 안에 포함되지 않는다고 생각하는 것이다.

답: 장래 수약(修約)할 때, '소속방토'라는 자구 아래 '18성 및 고려, 류큐'라는 글자를 첨가할 수 있다.

데 서사: 모두 총리아문에 요구해서, 이중당(李中堂)[12]과 계획하여 고려로 하여금 일본 사

---

11) 함혼(含混): 모호, 불명확
12) 이중당(李中堂): 이홍장을 가리킴. 중당(中堂)은 재상이라는 뜻

신을 접대하게 하라.

답: 일본은 포선(礮船)이 피격되었으니 당연히 불평(不平)한 기운이 있을 것이요, 고려 또한 포대(礮臺)가 훼손당하고 병사들이 피살되었으니 참으로 불평한 기운이 있을 것이다. 고려는 비록 나라가 작지만 그 신민의 기(氣)가 하나다. 마침 기두상(氣頭上)[13]에 있으니, 옆 사람이 해설한들 무익할 뿐이다. 나는 일본에 이 일의 논의를 늦출 것을 권한다. 1, 2년 정도 피차의 기운이 평온해지길 기다렸다가 다시 통호(通好)해도 늦지 않을 것이다. ○중략14

이 회담에서 이홍장은 모리 공사와 데(鄭) 서기관의 질문에 대해, 일청수호조규 제1관(款)에 보이는 '방토(邦土)'의 의미가 조선까지도 포함하며, 따라서 일본은 청국 본토뿐만이 아니라 조선 영토의 보전까지도 보증했다고 설명했다. 그런데 일청수호조규 체결 당시 통역 임무를 맡았던 데(鄭) 서기관이 이홍장의 해석에 동의하지 않자 결국 이홍장 또한 '방토'의 글자 뜻이 애매해서 그 의미를 명확히 하기 위해 보족(補足)할 필요가 있음을 인정했다. 다음으로 모리 공사와 데(鄭) 서기관이 강화도 운요호 포격 사건을 조선 정부의 불법행위로 논하는 것을 반박하여, 영해 3해리 이내에 침입한 일본 군함에도 책임이 있고, 특히 영종진 공격은 가장 비우호적인 행위였다고 비난했다. 마지막으로 데(鄭) 서기관은 모리 공사의 뜻을 받들어 일본 정부가 조선에 요구할 3개 조건을 설명했다. 그리고 이홍장은 이를 총리아문에 권고하고 총리아문에서는 다시 조선 정부를 계칙(戒飭)해서 일본 정부의 요구에 동의하게 해줄 것을 의뢰했다. 모리 공사가 이홍장을 방문한 진의는 바로 여기 있었을 것이다. 이홍장 또한 이를 감지했음은 의심할 여지가 없지만, 그는 대단히 조심스러운 태도로 확답을 피하면서 조선이 자발적으로 일본에 도전한 일은 없다고 하거나, 또는 청국이 일본을 대신해서 조선의 수호를 칙유(飭諭)한다면 장래 구미 열강과 조선 사이에 일이 생길 때마다 청국이 대리자 입장에서 조선으로 하여금 응낙하게 해야 하는데, 그것은 사실상 불가능하다고 말했다. 모리 공사가 청국이 중개 역할을 수락하지 않을 경우 일한 개전(開戰)이 불가피함을 시사하자, 이홍장은 만약 일본이 조선을 침략한다면 청국은 반드시 묵인하지 않을 것이며, 러시아 또한 필시 헤이룽강 어귀 지방에서 증병(增兵)해서 저지할 수단을 취할 것이라고 말했다. 그리고 마지막으로 "한갓 화기만을 해칠 뿐, 추호도 이익이 없다[徒傷和氣 毫無利益]."는 8자를

---

13) 기두상(氣頭上): 기운을 내거나 분노를 폭발시키는 때

쓰고, 다시 지면 말미에 '충고(忠告)'라는 2자를 적어서 데(鄭) 서기관에게 주고 이를 모리 공사에게 보이게 했다.

메이지 9년 1월 24일의 이홍장과 모리 공사의 회담은 모리 공사에게 대단히 유익했다. 1월 10일의 총리아문 대신 심계분과의 토론 및 이후의 왕복 문서로는 청국 정부의 진의를 쉽게 파악할 수 없었지만, 1월 24일 오후부터 밤까지 진행된 회의를 통해 청국 정부의 방침을 비로소 명료하게 이해할 수 있었다. 모리 공사는 당초 예상한 사명(使命)은 도저히 달성할 가망이 없으며, 이제는 적당한 시기를 가늠해서 일본 정부의 입장을 성명한 후 총리아문과의 교섭을 중단하는 것이 현명하다고 느꼈던 것 같다.

메이지 9년 1월 25일, 이홍장은 편수(編修) 황팽년 등을 대동하고 모리 공사 등에게 답배(答拜)했다. 그리고 다음 날인 1월 26일이 광서 2년 정월 원일(元日)에 해당했기 때문에, 하루를 연기해서 27일에 바오딩(保定)에서 출발하여 베이징에 귀환했다.[15]

메이지 9년 1월부터 2월에 걸친 모리 공사와 총리아문, 그리고 이홍장의 회담은 청한 종속관계에 관한 두 번째 교섭이었다. 이번에 모리 공사는 첫 번째로 진행된 메이지 6년 6월 20일 견청특파대사(遣淸特派大使) 수행원 일등서기관 야나기하라 사키미츠·삼등서기 데에네(鄭永寧)와 총리아문의 회담과는 달리, (제18장 참조) 충분히 의논을 거듭했던 까닭에 양측 모두 상대가 주장하는 요점을 완전하게 이해했다.

모리 공사는 총리아문 및 이홍장과의 회담을 거치면서 청한종속관계가 일본 정부의 주장의 근거가 되어 온 국제법의 원칙과 많은 점에서 일치하지 않음을 발견했다. 조선은 내치와 외교 모두 완전히 자주(自主)로서 독립국으로서의 실질을 갖추고 있지만 또한 청국의 번속(藩屬)이다. 또 조선국왕은 자국의 통치에 관해 청국황제에 대해 하등의 책임을 지지 않음에도 불구하고, 황제는 종주국의 원수로서 조선의 영토 보전에 대해 중대한 도덕적 의무를 지고 있다는 것이다. 이후 일본 정부는 이 문제에 관해 청국 정부와 다시 교섭할 필요를 느끼지 않았다.

【원주】

1 『淸光緖朝中日交涉史料』卷一(一) 附件一;『總理衙門奏與日本使臣森有禮談片』.

2 同 卷一(一)附件三 覆日本國節略.

3 明治九年一月二十日外務卿宛森公使報告第三號;『淸光緖朝中日交涉史料』卷一(二)附件一;『日本國照會』.

4 同 卷一(二)附件二 覆日本國照會.

5 明治九年一月二十日外務卿宛森公使報告第三號;『淸光緖朝中日交涉史料』卷一(二)附件三 日本國照會.

6 明治九年一月二十日外務卿輔宛森公使報告.

7 明治九年一月十三日外務卿輔宛森公使報告.

8 『淸光緖朝中日交涉史料』卷一(二)附件四 覆日本國照會.

9 同 卷一(二)附件五 日本國照會.

10 同 卷一(二)附件六 覆日本國照會.

11 同 卷一(二)附件七 日本國照會.

12 明治九年一月十三日外務卿輔宛森公使報告.

13 『李文忠公全集譯署函稿』卷四 光緖二年正月一日述森使議朝鮮事.

14 『淸光緖朝中日交涉史料』卷一(二)附件八 李鴻章與森有禮問答節略;『李文忠公全集譯署函稿』卷四 光緖元年十二月二十八日附日本使臣森有禮署使鄭永寧來署晤談節略.

15 『李文忠公全集譯署函稿』卷四 光緖二年正月一日述森使議朝鮮事.

청한관계의 새 단계, 이홍장과 이유원

흥선대원군의 집정 10년간, 조선은 위험한 배외정책을 실시해서 표면적으로는 빛나는 성공을 거뒀다. 그 가운데서 가장 취약한 방면은 대일정책이었다. 대원군은 최근에 이뤄진 일본의 정체(政體) 변혁에 기초한 일한국교의 쇄신에 강경하게 반대했으며, 그에 따라 마침내 국교가 거의 단절된 상황이 됐다.

일본은 강린(强隣)이다. 만약 조선의 도전에 응해서 일어난다면 국도(國都)가 다시 한 번 병화(兵火)에 휩싸이리라는 것은 아직까지 사라지지 않은 임진년의 기억으로도 알 수 있었다. 대원군은 병인년과 신미년 양요의 전례에 따라 국력을 모두 기울이면 일본군을 격퇴할 수 있다고 무분별하게 믿고 있었던 것으로 보이지만, 바다 멀리서 분견된 프랑스, 미국의 소함대와 수십 해리밖에 떨어지지 않은 피안(彼岸)에 강대한 병력을 보유한 인국(隣國)을 비교할 수 없음은 병사(兵事)를 알지 못하는 조선 양반들의 눈에도 명백한 사실이었다.

국왕과 척신을 중심으로 하는 정치 그룹이 대원군의 시정에 반대해서 일어난 이유 중 하나는 위험한 배일정책의 청산에 있었다. 하지만 그들에게는 이를 자력으로 달성할 수 있다는 확신이 없었다.

외교는 조선의 군신(君臣)들이 전혀 경험하지 못한 바였다. 그들은 적절한 지도자를 필요로 했다. 종주국인 청국은 동치(同治) 연간 초기에 총리각국사무아문이라는 기관을 설치하고, 공친왕 혁소, 대학사(大學士) 문상(文祥)과 같은 정치가들로 하여금 외교를 주재하게 했다. 또 직예총독 대학사 증국번(曾國藩), 강소순무(江蘇巡撫) 이홍장 등의 위재(偉才)가 지방 대원(大員)으로 총리아문을 지탱했다. 이에 함풍(咸豊), 도광(道光) 연간의 외난(外難)은 점차 사라지고 동치중흥(同治中興)이 나타났다. 국왕과 척신은 바로 종주국의 시정을 학습해야 했을 것이다.

그러나 국왕과 척신이 외교에 관해 청국의 지도를 구하는 데는 몇 가지 장애가 있었다. 가장 먼저 청국이 여러 차례 제3국에 성명한 바와 같이, 조선의 내치와 외교는 일체 자주(自主)에 의한 것으로 청국이 조선의 정치 문제에 간섭한 전례가 없었다. 이미 이태왕(李太王) 병인년(게이오 2년) 7월 프랑스 함대의 원정이 있었을 때 총리아문이 조정 의사를 비쳤지만, 대원군 정권은 번신(藩臣)에게는 외교를 하는 의리가 없으니 수방(守邦)의 이전(彝典)을 격준(格遵)해서 추호도 유감스러울 만한 것이 없다고 주장하면서 완곡하게 거부한 바 있었다.[1] 그런데 이제 갑자기 태도를 바꿔서 청국의 시교(示教)를 구하고 조처(調處)[1]를 청하기란 형편상 불가능했다. 두 번째로 국초(國初) 이래 정교금령(正教禁令)이 모두 자주독립에 의해 왔는데, 이제 하루아침에 외교에 관해 종주국의 지도를 받는다면 장래 내정간섭의 단서를 열 위험성이 있었다. 후자에 관해 국왕과 척신이 어느 정도로 인식하고 있었는지는 여전히 의문이지만, 이는 몇 년 후 최대의 압박을 통해 현실화되었다.

다음으로 청국 정부의 메이지 신정부에 대한 방침이 조선이 기대했던 바와 정반대였다는 사실은 국왕과 척신을 매우 곤혹스럽게 했다.

일본 정부는 구미 국가들과 동일한 형식으로 일청국교를 개시할 것을 기도해서, 메이지 3년 9월에 외무권대승 야나기하라 사키미츠, 외무권소승 하나부사 요시모토, 문서권정(文書權正) 데에네(鄭永寧)에게 외무경보(外務卿輔)의 공문을 지참시켜서 청국에 파견했다. 야나기하라 외무권대승 등은 텐진으로 가서 서리삼구통상대신(署理三口通商大臣) 성림(成林)을 통해 일청국교 개시의 희망을 피력했지만 총리아문에서는 동의하지 않았다. 이듬해인 메이지 4년 6월에 일본 정부는 대장경(大藏卿) 다테 무네나리를 흠차 전권대신으로, 외무대승 야나기하라 사키미츠 등을 수행원으로 임명해서 텐진에 파견했다. 이들은 청국 흠차 대신 이홍장과 회동을 갖고 일청수호통상조약을 체결했다. 이윽고 메이지 6년 4월에 외무경 소에지마 다네오미가 특명전권대사 자격으로 청국에 파견되어 텐진에서 직예총독 이홍장과 회동을 갖고 조약의 비준과 교환 절차를 마무리했다. 그리고 베이징으로 가서 목종(穆宗)을 알현하고 국서를 봉정했다.

일본을 청국과 대등한 지위에 놓고 조약을 체결한 것에 대해 청국 정부 내에서도 반대 의견이 적지 않았지만, 직예총독 이홍장이 "그 나라는 예로부터 중토(中土)의 속국이 아니니, 본래 조선·류큐·베트남 등의 신복(臣服)하는 나라와 같지 않다."고 주장하

---

1) 조처(調處): 조정(調停)과 처리. 조정(調停)해서 처치(處置)함

고, 양강총독(兩江總督) 증국번 또한 일본을 가리켜서 "또 우리와 평소부터 인방(隣邦)으로 칭해서 조선·류큐·베트남 등 신속(臣屬)하는 나라에 크게 비할 바가 아니다. 인적비견(隣敵比肩)의 예(禮)를 자처해서 영국·프랑스 등 다른 나라의 예에 따르는 데는 별도로 의중이 있다."고 논하자, 총서에서도 두 원훈의 말을 받아들여서 조약 체결을 결정했던 것이다. 따라서 메이지 4년 7월 29일에 조인된 일청수호조규는 완전히 대등한 것으로서 전문(前文)에는 '대일본국(大日本國)'과 '대청국(大淸國)'이라고 병칭하고 말미에는 '메이지(明治)', '동치(同治)'의 양국 연호를 병기했다.[2] 게다가 메이지 6년 6월 소에지마 전권대사는 청국에 건너갈 때 양복을 착용하고 일본 군함에 탑승했다. 청국 관리들은 일본인이 고래의 관복(冠服)을 버리고 양복을 입고서 양례(洋禮)를 사용하는 것에 경악하고 불쾌감을 느꼈지만, 어떤 항의도 하지 않았다. 목종(穆宗)을 알현할 때도 대사 이하 모두 신식의 양식 대례복(洋式大禮服)을 입었다. 대사가 봉지(捧持)한 국서는 일문(日文)으로 작성했으며, '대일본국 대황제(大日本國大皇帝)'와 '대청국 대황제(大淸國大皇帝)'를 병기하고 '짐(朕)'이라고 자칭해서 완전히 대등한 예에 따랐다. 목종의 회답 국서 또한 형식상 아무 차이도 보이지 않는다.[3]

일청관계의 비약적 진전은 부산 왜관에 재근하는 통사(通詞)가 훈도(訓導)·별차(別差) 등에게 반복해서 설명했을 뿐만 아니라, 조선 사신이 실제로 보고들은 바이기도 했다. 이미 메이지 5년(이태왕 임신년) 5월에 동지정사(冬至正使) 민치상과 부사(副使) 이건필(李建弼)은, 그 전 해인 메이지 4년에 일본 사신이 청국에 와서도 신복(臣服)하는 나라가 아니라는 이유로 칭신(稱臣)하지 않고 대등한 예로 조약을 체결했다는 소식을 가져왔다. 그리고 이듬해인 메이지 6년 10월(이태왕 계유년 8월)에 진하정사(進賀正使) 이근필(李根弼)과 부사 한경원(韓敬源)은 보다 경악스러운 사실을 전했다.[4] 즉, 그들이 베이징 사이회동관(四夷會同館)에 체재하고 있을 때 그 부근의 동패루(東牌樓) 현량사(賢良寺)에 일본 대사 일행 10여 명이 숙박하고 있었는데, 그들이 양선(洋船)을 타고 도착했을 뿐만 아니라 더욱이 양복 차림으로 황제를 진현(進見)하고 국서를 봉정했다는 것이다.[5]

조선이 대수대차사서계와 외무경·외무대승 서계를 물리치고 수리를 거부한 첫 번째 이유는, '대일본(大日本)', '황(皇)', '칙(勅)' 등의 용어를 자국에서 사용하는 것에는 이의가 없지만 이웃나라에 대해서 쓰는 것은 참람(僭濫)하며, 또 일본 문자를 쓰는 것이 옛 격식에 위배된다는 데 있었다. 그런데 조선의 종주국인 청국이, 일본 국서와 공문에서 '대일본', '대황제', '짐(朕)', '봉칙(奉勅)' 등의 존칭을 사용했음에도 불구하고 조금도 이의를 제기하지 않았고, 또 황제가 일본 문자로 쓴 국서를 친히 받은 이상 조선이 항의할 수 있는 근본 이유는 이미 사라진 것이었다. 다음으로 조선은 일본의 사원(使員)들이 기선에 탑승하고 고래의 관복(冠服)이 아닌 양복을 입은 것에 이의를 제기해서, 동래부사와 별견당상역관(別遣堂上譯官)이 양식 대례복을 착용한 일본 이사관(理事官)의 접견을 거부했다. 이 또한 종주국의 원수인 청국 황제가 양식 대례복을 입고 허리에 검을 찬 일본 대사를 인견(引見)한 이상, 배신(陪臣)인 조선의 지방관과 역관 등이 대례복을 착용한 일본 이사관과의 접견을 거부하는 것이야말로 도리어 참람하다고 하지 않을 수 없었다.

국왕과 척신 등은 이런 모순을 명백하게 이해하고 있었다. 하지만 메이지 6년 말에 국왕의 친정이 시작된 이래로 일한국교 조정의 필요성을 인정하면서도 여전히 세계의 형식과 복제(服制) 문제에 구애되어 해결에 이르지 못했던 것은, 조선의 양반들이 감정적으로 일본인에게 호의를 갖고 있지 않았고, 특히 대원군이 이미 정권을 반상(返上)했음에도 불구하고 그 세염(勢焰)이 아직도 묘당을 압도해서 배일정책의 급격한 전환을 허락하지 않았기 때문이다.

메이지 7년 9월 3일에 모리야마 이사관과 동래부사 박제관 사이에서 외무경과 외무대승 서계의 수리에 관한 잠정적인 약속이 이뤄졌다. 그 약속이 실행됐더라면 일한 간 정면충돌을 피할 수도 있었다. 그런데 조선 정부 내의 배일 분위기로 인해 이듬해인 메이지 8년 5월이 될 때까지도 실행이 불가능했던 것이다.

당시 국왕을 보좌한 민승호, 민규호, 민태호, 조영하 등의 척신은 아직 연소해서 정치적 경륜이 부족했으며, 척신과 협력한 영의정 이유원과 좌의정 박규수 등은 대원군의 위력을 배제하고 묘당을 지도하는 데 그다지 큰 힘을 발휘하지 못했다. 묘당의 배일론을 탄압하고 일한국교를 조정하는 방침으로 전환하기 위해서는 강한 압력이 필요했다. 국왕과 척신은 이 압력을 종주국의 지지를 통해 얻고자 했던 것으로 생각된다.

원래 청국이 종주국이기는 하지만 조선의 내치와 외교에 간섭할 수 있는 법적 근거도, 또 그러한 전례도 없었다. 이러한 의미에서 국왕과 척신이 청국에 접근하는 데는 적지 않은 어려움이 있었다. 결국 국왕과 척신을 대표해서 이 임무를 맡은 인물은 원임(原任) 의정부 영의정이자 현임 영중추부사(領中樞府事) 이유원[호 귤산(橘山)]이었다.

메이지 8년 2월 12일(이태왕 을해년 정월 7일), 국왕은 원자(元子) 척(坧)을 왕세자로 정하고 관례에 따라 청국의 책봉을 주청(奏請)하기 위해 영중추부사 이유원을 진주(陳奏) 겸 주청정사(奏請正使), 예조판서 김시연(金始淵)을 부사, 사헌부장령(司憲府掌令) 박주양

(朴周陽)을 서장관에 차하했다. 주청사 일행은 같은 해 8월 31일에 경성을 출발했는데, 이 사행이야말로 이유원의 정치적 재간을 필요로 하는 부분이 많았다.[6]

당시 북양대신 직예총독 이홍장은 바야흐로 그 세망(勢望)이 높아져서 청국 정부를 대표하는 양상이었다. 이유원은 이 유명한 정치가를 직접 만나서 외교 지도를 청하려는 생각이었던 것 같다. 그런데 속국 사신은 임의로 베이징 회동관(會同館)을 벗어날 수 없었고, 직독(直督)은 바오딩 부(保定府)를 성성(省城)으로 두고 톈진에 행관(行館)을 설치해서 해마다 순수(巡守)하는 제도였기 때문에 이유원은 끝내 이홍장에게 명함을 전할 기회가 없었다. 그렇게 해서 빈손으로 베이징을 떠나 귀국하던 길에 즈리(直隸) 융핑 부(永平府)에 숙박하게 됐다. 그런데 그곳의 지부(知府) 유지개(游智開)는 청렴한 관리로 명성이 높아서 증국번과 이홍장 두 직독(直督)에게도 알려져 있었다.[7] 이유원이 유지개를 만나서 평소의 뜻을 말하자, 지부(知府)가 소개를 약속했다. 그래서 이유원은 이홍장 앞으로 한 봉의 편지를 써서 그에게 전달을 부탁했다.

동방(東方)이 비록 치우쳐 있으나, 삼가 충의(忠義)가 해를 꿰뚫어 성문(聲聞)이 천하에 퍼졌다는 소문을 듣고 항상 경앙(景仰)[2]하였습니다. 이번 가을에 봉사(奉使)해서 황성(皇城)에 들어왔다가 돌아가는 길에 융핑 부(永平府)에 이르러 유 지부(游知府)를 만났습니다. 그리고 그를 통해 균체(鈞體)가 만안(萬安)하심을 알고, 마치 평상 아래서 절을 올리는 듯 했으니 사모하며 기쁜 마음을 가눌 수 없었습니다. 소생은 바다 모퉁이에서 태어나 소견이 우물 속에 앉아 있는 것과 다를 바 없으니 어찌 관규(管窺)[3]나마 있겠습니까? 한번 대방(大方)[4]에 왔으니 평생에 족하나, 톈진이 멀리 떨어져 있는 까닭에 한번 나아가 안부를 여쭙고 크신 가르침을 받을 수 없어서 한스러움을 품고 귀국하려고 했습니다. 유 형을 통해서 몇 글자를 올려 청청(淸聽)에 누를 끼치게 되었으니, 죄송하기 이를 데 없고 참월(僭越)이 막심합니다. 약간의 가르침으로 답하신다면 그 영광이 견줄 바 없겠습니다. 지극히 황송한 마음을 가눌 수가 없습니다. 이루 다 쓰지 못한 채 삼가 올립니다.

귤산 소생 이유원이 재배(再拜)합니다.

백삼(白蔘) 1근, 청심원(淸心元) 20환, 소합원(蘇合元) 100환 등 3종의 미물(微物)로 감히 정성스러운 마음을 표시합니다. 황송합니다.[8]

---

2) 경앙(景仰): 덕을 사모해서 우러러봄
3) 관규(管窺): 대롱을 통해 사물을 본다는 뜻으로 견식이 좁음을 비유하는 말
4) 대방(大方): 대지, 대륙

이유원의 서한은 전혀 국사를 다루고 있지 않다. 그렇지만 지부 유지개의 소개장에서는 당연히 그것을 언급했을 것이다. 이홍장 자신도 이유원이 회담을 희망하는 요건이 대일외교와 관계가 있음을 짐작하는 데 어려움을 느끼지 않았다. 이홍장은 메이지 9년 1월 10일에 회답 서한을 보냈다.

> 귤산 존형 각하.
>
> 두 땅이 멀리 떨어져 있어서 흉금을 터놓고 말씀을 나누지 못했습니다. 지난번에 융핑 부(永平府) 유 태수를 통해서 보내주신 서한을 전달받았는데 그 장려하시는 말씀이 분에 넘쳤습니다. 아울러 아황(雅賜)[5] 삼약(參藥) 3종을 받았으니, 어찌 정의(情誼)가 그다지도 높고 정성스럽게 돌보시는 뜻이 이와 같단 말입니까? 멀리서나마 각하가 선화(宣化)[6]를 좌리(佐理)하셔서 생민을 살지고 이롭게 한다는 말을 들었습니다. 근자에 봉사(奉使)하고 귀국하셨는데, 황로(皇路)를 달리실 적에 비바람이 길에 가득했을 것이니 그 충성스러운 노고를 알 만합니다. 동방(東方)은 중화의 병폐(屛蔽)입니다. 지금 해빈(海濱)에 일이 많으니 부디 보중하는 데 힘쓰고, 더욱 충모(忠謨)를 펼치셔서 세상의 어려움을 널리 구제하시기를 실로 깊이 바랍니다. 일본과 귀국은 강우(疆宇)가 가까운데 근래 교제가 어떠합니까? 중토(中土)는 폭원(幅圓)이 지나치게 넓고 삼면이 바다로 둘러싸여 있습니다. 그 형세를 살피건대 이미 폐관(閉關)하고 자치(自治)할 수 없으니, 부득불 때로 방비를 가하지 않을 수 없습니다. 저는 조정이 의비(倚毘)[7]하는 중임을 맡아서 조석으로 노심초사하지만 그 임무를 다하지 못할까 두려우니, 해마다 톈진에 주절(駐節)[8]하면서 매번 수륙 변병(弁兵)을 보내서 퉁거우(通溝)의 해면(海面)을 순초(巡哨)하게 합니다. 그런데 보고에 따르면 귀국 경내가 평상시처럼 안도(安堵)해서, 인민들이 함께 태평의 복을 향유한다고 하니 어찌 위안되고 송축하는 마음을 억누르겠습니까? 호영(湖穎) 10지(支), 휘묵(徽纆) 2갑(匣), 항추(抗綿) 2필로 애오라지 크신 뜻에 답합니다. 글로는 회포를 다하지 못합니다. 동한(冬寒)에 진위(珍衛)[9]하시길 바랍니다.
>
> 합비(合肥) 이홍장이 재배(再拜)합니다.[9]

일한의 위기를 염려한 것은 비단 이홍장만이 아니었다. 이유원은 펑톈(奉天)에서 봉

---

5) 아황(雅賜): 상대방의 선물에 대한 높임말
6) 선화(宣化): 군주의 명을 펼쳐서 백성을 교화함
7) 의비(倚毘): 의지하고 신임함
8) 주절(駐節): 요직에 있는 관원이 명에 따라 외지에 머무르면서 일을 하는 것. 절(節)은 부절(符節)의 뜻이다.
9) 진위(珍衛): 몸을 잘 관리하여 건강하게 유지함. 보중(保重)

천장군 숭실(崇實)과 회견한 적이 있었다. 그 자리에서 숭실은 일본이 근년에 옛 제도를 버리고 서법(西法)을 모방하고 화포의 예리함을 자부하고 있는데, 조선은 과연 그것을 방수(防守)할 계책이 있느냐고 질문하면서 암암리에 그 대책 없는 배외정책을 경계했다.[10]

이유원은 메이지 9년 1월 12일(을해년 12월 16일)에 귀국해서 복명했다. 그의 부재중에 강화도에서 군함 운요호 포격 사건이 발생했고, 일본 전권대신의 강화 도착 또한 10여 일 후로 임박해 있었다. 이유원은 이홍장과 회담할 기회는 갖지 못했지만, 그래도 서신을 교환할 수 있어서 청국 관계(官界)의 분위기가 조선이 자신의 국력은 생각하지 않고 강린(强隣)과 사단을 빚어 종주국에까지 누를 끼칠 것을 우려하고 있음을 확인했다. 이로써 국왕과 척신은 대원군을 중심으로 하는 배외론자를 억누르고, 대일교섭에서 화평(和平)을 방침으로 정하는 데 가장 강력한 지지를 얻게 되었음에 틀림없다.

그러는 동안 일본 전권대신은 군함을 타고 강화도 외해에 도착했고, 양국의 전권은 2월 상순에 강화부에서 회견하기로 하였다. 이때 청국 예부에서 자문이 도착해서 최근 메이지 9년 1월 10일부터 14일까지의 일청교섭의 대요를 알리고, 또 이 건에 관한 청국 정부의 의향을 전달했다.[11]

처음에 총리아문은 모리 주청 일본공사가 일한교섭에 청국의 간섭을 요청하자, 전통적 방침에 기초해서 조선은 중국의 번속(藩屬)이기는 하지만 그 정교금령(政敎禁令) 일체는 자주전행(自主專行)에 속하므로 중국이 간여할 수 없고 이번 일본과의 수교 또한 조선의 자주에 달려 있다고 회답하고, 이를 조선국왕에게 전달하는 정도로 그치려고 했다. 그런데 일한관계는 서양 국가들과의 관계와 다르며, 일청수호조규 제1관에 '양국 소속 방토(所屬邦土)를 서로 침월(侵越)하지 않는다'는 명문(明文)도 있으므로 방치하기 어렵다는 의견이 나왔다. 또 일본 공사의 말에 따르더라도 그 나라의 전권이 근일 내 조선 도문(都門)에 당도할 것이기 때문에 총리아문에서는 비록 모리 공사와의 교섭이 이제 막 실마리에 접근했을 뿐이지만 우선 그 방침을 조선국왕에게 자세히 알려야 할 필요를 느꼈다.

○상략 지금 일본국 사신 모리 아리노리가 수호를 구실로 일본국에서 조선에 관원을 파견할 것이라고 알렸습니다. 또한 그는 별도로 중국에서 조선에 인원을 파견해주기를 바란다는 말도 했습니다. 일본과 조선은 모두 동양에 속해서 인봉(隣封)[10]이 밀이(密邇)[11] 하여 매우 흔단을 빚기 쉽습니다. 또 일본국이 근래 서양을 따라 정속(政俗)을 바꿔서 의관과 정삭(正朔)을

모두 변역(變易)했으니, 이 때문에 조선인들이 비루하고 오랑캐처럼 여긴다고 들었습니다. 이번에 일본에서 혼단을 빚으려는 모략은, 아마도 조선에서 그들을 경시한 까닭에 큰 수치가 분노로 이어진 듯합니다. 아니면 혹 서양 각국이 예전에 모두 조선에서 뜻을 이루지 못했기 때문에 일본을 부추겨서 보복을 시도하는 것일 수도 있는데, 어느 쪽인지 알 수 없습니다. 또 일본국이 근일 일체 서법(西法)을 따라 개혁해서, 인심이 고르지 못하여 유민(莠民)과 난병(亂兵)들이 때때로 절발(竊發)하려고 생각하지만 조정에서 그것을 제어하지 못하니, 어쩌면 그 나라 병민(兵民)들이 조선에 뜻을 펴려고 할 때 정부에서 그들에게 순종할지 여부도 아직 정해지지 않았습니다. 이홍장이 예전에 저 나라와 정립(訂立)한 수호조규를 살펴보면, 제1조에 "양국의 소속방토(所屬邦土)는 또한 서로 예로써 대하여 조금도 침월할 수 없다."라는 말이 분명히 기재되어 있습니다. 조선은 예로부터 중국의 번복(藩服)이었으니, 일본은 응당 조규를 성실히 준수해서 그 방토를 엿보아서는 안 될 것입니다. 현재 사신 모리 아리노리가 신의 아문(衙門)에 와서 많은 변론을 하고 있지만, 신 등이 모두 조규의 구절에 근거해서 극력 저지했습니다. 그러나 우리의 범위(範圍)에 들게 할 수 있을지의 여부는 대단히 예측하기 어렵습니다. 이후 계속해서 일본 사신과 변힐(辯詰)하는 대로 수시로 주문(奏聞)하겠습니다.[12]

총리아문의 주편(奏片)과 일본 공사와의 왕복 조회 등본은 일한 양국 전권이 회동하기 직전에 도착했다. 조선 정부의 근본 방침은 이미 화평으로 확정되어 있었지만, 이 문서를 상세히 살펴보고 일본 정부가 조선에 요구하는 첫 번째 목적이 수호조규의 체결에 있으며, 그것만 거부하지 않는다면 일한관계가 단절될 우려는 없음을 확인할 수 있었던 것은 큰 수확이라고 하지 않을 수 없었다. 동시에 총리아문에서도 이러한 종류의 조약의 성립을 희망하고 있음을 추측할 수 있었다.

강화부에서의 일한회담은 비교적 순조롭게 진행되어 메이지 9년 2월 27일[12]에 일한

---

10) 인봉(隣封): 본래는 인접한 봉지(封地)를 가리키나 이웃한 땅을 범칭하기도 한다. 여기서는 인국(隣國)의 의미다.

11) 밀이(密邇): 매우 가까움. 원래 신하가 군주를 가까이서 보필한다는 뜻이지만, 여기서는 매우 가깝다는 의미로 사용됐다.

12) 원문에는 2월 26일로 되어 있으나, 본서 제28절의 내용에 따르면 이는 27일의 오기이다. 조일수호조규를 체결한 신헌(申櫶)과 구로다 기요타카(黑田淸隆)의 협상 일지인 『沁行日記』와 『使鮮日記』를 봐도 조규는 1876년 2월 27일(丙子年二月三日)에 조인·교환되었다. 그런데 서울대학교 규장각에 소장된 조일수호조규 원본이나, 『倭使日記』, 『沁行日記』 등 관련 사료를 보면 조규 원문에는 조인·교환 일자가 2월 26일(丙子年二月二日)로 기재되어 있다. 이는 원래 2월 26일에 조인이 이뤄질 예정이었으나, 구로다가 2월 22일에 일방적으로 협상을 중단하고 군함으로 물러가 있다가 26일에 강화부로 복귀하는 탓에 실제 조인·교환 일자가 하루 늦춰졌기 때문인 것으로 보인다.

수호조규가 조인됐다. 그 후 10여 일이 지나 청국 예부의 자회(咨會)가 도착해서 1월 14일부터 2월 24일까지 일본 공사와의 왕복 조회 및 이홍장, 모리 아리노리의 회담 기록 등본이 전달됐다.

모리 공사와의 회담에 관한 광서 2년 정월 30일(메이지 9년 2월 24일) 총리아문의 주문(奏文) 및 일본 공사와 총리아문 간 왕복 조회는 이미 나온 말을 반복해서 역설하는 정도였고, 특히 이미 일한수호조규가 조인된 상황에서는 거의 쓸모가 없었다. 그에 반해 「이홍장-모리 아리노리 문답 절략(李鴻章森有禮問答節略)」은 이 대정치가의 일한관계에 대한 견해를 대담하고 솔직하게 표명한 것으로서, 아마도 이유원이 이홍장에게 기대했던 바를 이 문답 절략에서 간취할 수 있었을 것이며, 장래 조선의 외교방침을 결정하는 데도 중요한 시사점을 주었다.[13]

요컨대 메이지 8년의 여름을 전기(轉機)로, 조선국왕과 척족은 당장의 급무인 일한국교 조정에 관해 청국 북양대신 이홍장의 조언을 구하고자 했다. 이 시도는 예상대로 실행되지는 않았지만, 간접적으로 조선의 외교방침을 지도하는 데 적지 않은 효과가 있었다. 그 중에서도 이유원과 이홍장이 직접 서신 교환을 시작한 사실은 청한관계사에서 주목을 요하는 것으로, 이홍장은 그 후 수년간 이유원을 통해서 조선국왕과 척신(戚臣)을 지도할 수 있는 기회를 갖게 됐다.

1 『日省錄』李太王丙寅年七月八日.

2 田保橋潔,「日支新關係の成立」,『史學雜誌』第四 四編 第二號 27~63쪽, 第三號 42~66쪽.

3 田保橋潔,「清同治朝外國公使の覲見」,『靑丘學叢』第六號 1~31쪽.

4 『日省錄』李太王壬申年四月四日.

5 『日省錄』李太王癸酉年八月十三日.

　　돌아온 진하사(進賀使)를 자경전(慈慶殿)에서 소견(召見)하시다.

　　여(予) (국왕): 왜인 10여 명이 황성(베이징)에 내왕하는데, 몇 해 전에는 그래도 복색(服色)이 그 나라의 제도를 지키다가 지금은 양이(洋夷)의 모습을 많이 흉내낸다고 했다. 양이(洋夷)의 유혹을 당해 그 본색을 바꾼 것인가?

　　(정사) 이근필: 과연 그렇습니다. 그런데 온 나라가 양제(洋制)를 따르길 원한다고 하니, 반드시 내란이 발생할 것입니다.

　　(부사) 한계원: 왜인(倭人)이 과연 양복을 착용하고 있었습니다. 올해 봄에 양선(洋船)을 타고 양이(洋夷)의 뒤를 따라 들어왔습니다. 동패루(東牌樓) 근처의 폐사(廢寺)에서 처음에는 오래 머무를 뜻이 있었으나, 6월 초에 그 국서를 전달하고 황망히 돌아갔습니다. 중조(中朝)의 선비들이 대부분 말하길 그 나라에서 필시 내란이 생길 것이라고 했습니다.

　　여(予): 동패루는 어디인가?

　　근필: 동가(東街)에 있는데 회동관(會同館)과 가깝습니다.

　　여(予): 왜국에 지금 관백(關白)이 없으니, 그렇다면 양이(洋夷)가 왜(倭)와 상통하는 것은 왜주(倭主)가 한 일인가?

　　근필: 왜주(倭主)가 양추(洋酋)를 끌어들여서 그 힘에 기대어 관백(關白)을 제거했습니다. 그러나 스스로는 권망(權網)을 모두 쥐고 있다고 여기지만, 실제로는 홀로 빈산에 앉아서 범을 끌어들여 자기를 지키게 하는 격입니다.

　　경원: 지금은 양(洋)과 왜(倭)에 차이가 없습니다. (절략)

6 『嘉梧藁略』年譜 卷二 李太王十二年乙亥;『文獻叢編』第二四輯 光緖元年朝鮮國進貢案.

7 『淸史稿』列傳 第二三八 游智開.

8 『李文忠公全集譯署函稿』卷四 光緖元年十二月二十三日論日本派使入朝鮮·(附)朝鮮使臣李裕元來函.

9 同 卷四 光緖元年十二月十四日覆朝鮮使臣李裕元.

10 『日省錄』李太王乙亥年十二月十六日.

11 『日省錄』李太王丙子年正月十三日;『淸光緖朝中日交涉史料』卷一 (一)光緖元年十二月二十一日 總理衙門奏日本欲與朝鮮修好摺.

12 『淸光緖朝中日交涉史料』卷一 (一)附件一 總理衙門奏與日本使臣森有禮辯論片.

13 『日省錄』李太王丙子年正月二十一日;『倭使日記』卷二 丙子年二月二十日·二十五日.

일한국교의
갱신과
그 반동 제3편

병자(丙子)
수신사의 파견

제 11 장

병자 수신사의 파견

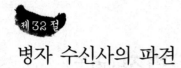

메이지 9년 2월 27일(이태왕 병자년 2월 3일)에 강화부에서 조인된 일한수호조규 제2관에 따르면 본 조규가 비준된 지 15개월 후부터 일본 정부는 수시로 조선 수도에 공사를 주차(駐箚)시킬 수 있으며, 제11관에 따르면 금후 6개월 이내 양국 정부는 별도로 위원을 임명해서 강화부 또는 경성에서 회동하여 일한통상장정 및 수호조규의 세칙을 상의한다고 규정되어 있었다. 과거 8년간의 경험에 비춰볼 때 수호조규부록 및 통상장정의 교섭에서 일한의 실정의 차이로 인해 조선 측이 세목(細目)에 이르기까지 이론(異論)을 주장하리라는 것, 그리고 그에 따라 협정에 적지 않은 곤란이 수반되리라는 것을 예상하지 않을 수 없었다. 이러한 곤란을 제거하고 교섭을 원활하게 진행하기 위해서는 지도층 양반들을 일본에 불러들여서 메이지유신을 통한 일본의 신체제, 이른바 '문명개화(文明開化)'를 견문하게 하는 것이 큰 효과가 있을 것으로 생각됐다.

메이지 9년 2월 27일의 수호조규 조인 이후 잔무 정리를 위해 강화부에 잔류한 일본 전권의 수행원 외무대승 미야모토 오카즈와 외무권대승 노무라 야스시는 특명전권변리대신 구로다 기요타카, 부전권변리대신 이노우에 가오루의 내명(內命)에 따라 조선 접견대관 신헌, 부관 윤자승과 회견을 갖고 속히 일본에 사절을 파견할 것을 극력 권유했다. "수호가 이미 이뤄졌습니다. 우리나라에서 먼저 사절을 보냈으니, 귀국에서도 마땅히 대등한 예로 회례사(回禮使)를 보내서 화호(和好)의 뜻을 표시해야 합니다. 과거에는 여러 가지로 귀 빙사(聘使)를 수고롭게 하고 경비도 적지 않게 들었으니, 참으로 무익한 일이었습니다. 부디 이제부터는 간편함을 요체로 해서 번욕(繁縟)[1]을 제거하고 오직 정을 통하는 것을 위주로 해야 할 것입니다. 예전에는 증유(贈遺)를 후하게 하는 것을 예로 간주했지만 지금은 각국이 증물(贈物)을 귀하게 여기지 않으니, 오직 예만 나누고 물건을 주고받지 말아야 합니다. 우리가 귀 사절의 파견 시기를 재촉하는 것은 아니나, 통상장

---

1) 번욕(繁縟): 채식(彩飾)이 화려한 모양

정을 의논하는 것보다 늦어져서는 안 될 것입니다. 귀국 사람 중에 우리 복제(服制)를 보고, 온 나라가 오랑캐로 변했다고 말하는 이들이 적지 않습니다. 이제 사절을 파견함에, 되도록 이의(異議)를 가진 사람을 선발해서 우리나라의 실제 형상을 보게 한다면 회심(會心)[2]해서 효해(曉解)하는 바가 있을 것이니, 충분히 귀국에 보익(補益)이 될 것입니다. 대저 사절이란 경장(輕裝)을 귀하게 여깁니다. 부산에 도착하면 왕래하는 우리나라 기선이 있으니 그것에 편승하면 가장 생편(省便)할 것입니다."[1]

미야모토 외무대승과 노무라 외무권대승의 설명은 메이지 9년 3월 1일에 접견대관과 부관이 장계로 올렸는데 국왕은 여기에 큰 관심을 보였다. 또한 3월 2일 접견대관과 부관의 복명을 청취하는 자리에서도 접견대관 신헌에게 구체적인 설명을 구했다.

여(予)○국왕: 또 아뢸 것이 있는가?

신헌: 기요타카가 말하길, 6개월 내로 즉시 사절을 보내서 한편으로 회사(回謝)를 하고, 한편으로 그 요속(謠俗)을 채탐(採探)하고, 또 다른 한편으로 유람을 하게 하면 좋을 듯하다고 했습니다. 그런데 부산에서 아카마가세키(赤間關) 화륜선을 타면, 아카마가세키로부터 도쿄까지 7,8일 내에 도달할 수 있으니 별반 노고가 없다고 했습니다.

여(予): 그렇다면 이는 통신사인가?

신헌: 품질(品秩)의 대례(帶例)에 구애받지 말고 단지 사리를 이해하는 사람[解事者]을 보내라고 했습니다. 이제부터는 피차 사행에 예폐(禮幣)를 모두 없애고 저쪽에 도착하면 방세를 내면서 머무르고, 식대를 지불하면서 밥을 먹게 되니 이것이 통신사와 다릅니다.[2]

신헌은 다시 자신이 견문한 바, 혹은 미야모토 대승과 노무라 권대승이 설명한 바에 따라서 일본의 병기가 매우 정예(精銳)할 뿐만 아니라 대량으로 생산되어 가격 또한 저렴하다는 사실을 아뢰고, 일본 정부의 지도에 따라 기선을 타고 그 나라로 가서 병기 제조 및 기타 국내의 개화를 시찰하는 것이 유리함을 시사했다. 그리고 마지막으로 자신의 소견을 개진했다.

신이 현재 어영(御營)을 맡고 있사온데○현임 어영대장(御營大將) 정병(正兵)[3]이 많지 않으며 금영

---

2) 회심(會心): 깨달음. 영오(領悟)
3) 정병(正兵): 조선시대 육군의 주력으로 일반 양인으로 구성된 병종(兵種)

(禁營)도○금위영(禁衛營) 마찬가지입니다. 훈국(訓局)이○훈련도감(訓練都監) 조금 크지만 정병만 본다면 그 또한 얼마 되지 않으며, 외방에는 또 규율을 갖춘 군사가 없으니, 이러한 군대로 용병(用兵)한다면 비록 지혜로운 자라도 어떻게 장수 노릇을 하겠나이까. 우리 병력의 미약함을 오랑캐들도 주시하고 있을 것입니다. 신은 무장이니 우려할 만한 일을 보고서 사실대로 아뢰지 않는다면 신의 죄는 만 번 죽어 마땅할 것입니다. 지금 천하의 대세를 돌아보건대 각국이 용병하고 있습니다. 전후로 수모를 받은 것이 이미 여러 번인데, 병력이 이와 같다는 사실이 혹시라도 각국에 전파된다면 그 업신여김이 또 장차 어떠할지 알 수 없으니 신이 실로 매우 근심하옵니다. 병서에 이르길, '공격하기에는 부족하지만 수비하기에는 여유가 있다[攻則不足 守則有餘].'[4]고 했으니, 천하에 어찌 그 백성을 가지고 그 나라를 지키지 못하는 자가 있겠나이까. 이 때문에 등(滕)과 설(薛)처럼 작은 나라도 한편으로는 사대교린(事大交隣)을 하고 다른 한편으로는 수비로 나라를 지켜서 또한 전국시대에 능히 보전할 수 있었던 것입니다. 하물며 전하께서는 삼천리의 봉강(封疆)을 가지고 계시니 어찌 수비할 양책이 없겠나이까. 이것이 이른바 '하지 않는 것일지언정 하지 못하는 것이 아니다.'라는 것입니다.[5] 엎드려 바라옵건대 전하께서는 성지(聖志)를 분발하셔서 신속하게 우환을 막을 수 있는 처분을 내려주시옵소서. 그리하시면 군국(軍國)[6]에 큰 다행일 것입니다. 신은 이미 노쇠하고 정신이 혼미해서 장병의 반열에 나란히 서기에 부족하오나, 몸소 겪고 목도한 것에 스스로 아뢰지 않을 수 없는 것이 있기에 감히 이렇게 황송함을 무릅쓰고 우러러 아룁니다.[3]

신헌의 계언(啓言)에서 적지 않은 감동을 받은 국왕은 일본 전권의 권고에 따라 일본의 최근 국정을 시찰하기 위해 사절을 파견하기로 결정했다. 이 사절은 일본 전권의 내방에 대한 답례를 표면적 이유로 내세우고 있었는데, 통신사와 성격을 달리했기 때문에 수신사(修信使)라고 칭했다. 그리고 부사와 서장관(書狀官)을 빼서 당상관은 오직 1명에 지나지 않았으며, 거느리는 인원도 되도록 감축해서 오직 '사리를 이해하는 사람'만을 인선했다.

메이지 9년 3월 18일(병자년 2월 22일), 홍문관응교(弘文館應敎) 김기수(金綺秀)를 가자

---

4) 攻則不足 守則有餘:『孫子』軍形에 나오는 "守則不足 攻則有餘"라는 말을 반대로 인용했다. 원래는 "이길 수 없는 적에 대해서는 수비하고, 이길 수 있는 적에 대해서는 공격을 하니, 수비하는 것은 부족하기 때문이요, 공격하는 것은 남음이 있기 때문이다[不可勝者 守也 可勝者 攻也 守則不足 攻則有餘].'라는 말이지만, 여기서는 문맥에 맞추어 풀이하였다.

5) 『孟子』梁惠王(上)에 "그러므로 왕께서 왕 노릇 하지 않음은 하지 않는 것일지언정 하지 못하는 것이 아닙니다[故王之不王 不爲也 非不能也].'라는 구절이 있다.

6) 군국(軍國): 통군치국(統軍治國)의 줄임말로 군대를 통솔하고 나라를 다스린다는 뜻

(加資)해서 통정(通政)[7])으로 올리고 예조참의를 결함(結銜)[8])해서 수신사에 차하했다. 그리고 같은 달 25일에 별견당상역관(別遣堂上譯官) 현석운과 이용숙을 수행원에 임명했다. 이하 군관과 수행원 등은 수신사의 천거를 통해 결정됐다. 인원은 정사(正使) 1명, 당상역관 2명, 상관(上官) 10명, 중관(中官) 49명, 하관(下官) 18명 등 총 82명으로 그 중에서 경성에서부터 거느리고 온 인원은 겨우 30명에 지나지 않았으니, 통신사가 정사, 부사, 종사관 이하 500명에 달했던 것을 생각해보면 대단한 감원이었다.[4]

수신사 파견에서 우선 고려해야 할 것은 서계와 예물이었다. 서계에 관해서는 이미 미야모토 외무대승, 노무라 외무권대승과 접견대관 신헌 사이에 협의가 이뤄져서 당분간 국서를 보내는 것을 피해서 예조판서와 외무경 사이에 왕복하기로 했으며, 서계식(書契式) 또한 이미 대체로 협정되어 있었으므로 그것에 따르기로 했다. 예물 또한 미야모토 대승과 노무라 권대승의 말에 따라 공예단(公禮單)은 당연히 중단되었지만, 강화부에서 일본 정·부 전권이 증답(贈答)을 보낸 전례에 따라 수신사의 사예단(私禮單)은 가져갈 필요가 있었다. 이러한 것들은 예조와 호조에 명해서 준비하게 했다.

수신사행의 준비가 완료되었으므로 수신사는 메이지 9년 4월 27일(병자년 4월 4일)에 경복궁 강녕전(康寧殿)에서 국왕에게 사폐(辭陛)했다. 국왕은 거듭해서 일본의 물정이 무엇보다 긴요하니 상세하게 탐지할 것을 명했다. 수신사는 명을 받들기는 하지만 원래 지식이 없기 때문에 과연 국왕의 뜻에 부응할 수 있을지 보증하기 어렵다고 봉답(奉答)했다.[5]

수신사 당상역관에 임명된 현석운은 현재 부산 훈도의 직책에 있었으므로, 그의 부재 중에 별차(別差) 이준수(李濬秀)에게 가훈도(假訓導)의 임무를 맡겼다. 그리고 이와 동시에 훈도 현석운에게 명해서 부산의 일본 공관장대리 외무사등서기생(外務四等書記生) 야마노조 스케나가와 수신사행과 관련된 세부 절차를 협의하게 했던 것 같다.

에도시대에는 통신사행의 세부 절차 협의가 특별히 중시되어 통신사의 의주(儀註)나 예물의 증감과 관련해서 어려운 교섭을 야기한 경우도 적지 않았으나, 수신사행은 당초부터 일한 양국 사이에 원칙적으로 의견이 일치해 있었으므로 큰 문제없이 메이지 9년 4월 중순에는 야마노조 공관장대리와 훈도 현석운 사이에 협정이 성립됐던 것 같다. 메이지 9년 4월 9일(이태왕 병자년 3월 15일), 동래부사 홍우창은 단간(單簡)을 보내서 예조

---

7) 통정(通政): 정3품 문관 품계인 통정대부(通政大夫)
8) 결함(結銜): 임시로 다른 직함을 겸임함

참의 김기수가 수신사로 임명되어 5월 18일(병자년 4월 25일)에 부산에서 출발 예정임을 야마노조 공관장대리에게 통고하고, 이를 외무성에 전달해줄 것을 요청했다. 또 같은 날 훈도 현석운은 조진(條陳)[9] 및 수신사 명단을 공관장대리에게 제시했다. 이는 예전 통신사행의 세부 절차에 비하면 현저하게 간략한 것이었다.

하나, 수신사 승선 일자는 4월 25일로 정한다.○5월 18일

하나, 귀국 외무경과 외무대승에게 보낼 우리나라 예조판서와 참판의 서계를 가져간다.

하나, 일행 인원은 80명이다.

하나, 행기(行期)가 촉박하고 뱃길이 또 먼데, 우리나라 선척(船隻)은 아직 건조되지 않았으니 신속하게 건너가기 어렵다. 일행의 인원과 집물(什物)을 수용할 수 있는 귀국 화륜선 1척을 임기(賃騎)[10]하는 것이 편하다. 이 말을 귀 조정에 전해서 화륜선 1척을 지휘, 파견하여 4월 20일 내로 부산에 도착해야만 기한에 맞게 출발할 수 있다.

하나, 선척 임대 비용은 귀국에서 지시하는 액수에 따라 은자(銀子)로 계산할 것이다. 오는 화륜선 편에 그 액수를 써서 보내라.

하나, 사사(使事)의 모든 사무는 심신(審愼)[11]하지 않을 수 없다. 선척을 임기(賃騎)한 후에 귀국의 선격(船格)[12]이 형편상 함께 탑승할 수밖에 없으니 아랫사람을 통제하고 잡인을 막는 사람이 있어야 한다.

하나, 귀국의 설관(舌官)[13] 몇 사람을 함께 태워서 왕래케 하라.

하나, 상관(上官)이 상륙한 후 탈 것은 수레나 말을 임기(賃騎)할 것이다.

하나, 수신사 일행이 주처(住處)할 지명과 수륙의 노정(路程)을 써서 오는 화륜선 편에 보내라.

하나, 일행의 주공(廚供)은 우리가 준비할 것이나 혹시라도 군핍(窘乏)한 물건이 있으면 그때그때 구입할 것이다.[6]

메이지 9년 4월 10일, 야마노조 공관장대리는 재근(在勤) 외무칠등서기생(外務七等書記生) 오마 게지를 상경시켜서 수신사의 내조(來朝)를 외무성에 보고했다. 오마 서기생

---

9) 조진(條陳): 조목별로 진술한 문건
10) 임기(賃騎): 탈 것을 임대해서 사용함
11) 심신(審愼): 조심하고 삼감
12) 선격(船格): 배를 부리는 선부(船夫)
13) 설관(舌官): 역관

은 4월 20일에 도쿄에 도착해서 동래부사의 단간(單簡)을 진달하고, 아울러 훈도 현석운 과의 교섭 요점을 보고했다. 이는 이미 외무당국에서 예상한 일이었으므로 즉시 그 준비에 착수해서, 먼저 영접괘(迎接掛)로 외무소록(外務少錄) 미즈노 세이치(水野誠一), 외무 육등서기생(外務六等書記生) 아라카와 도쿠지(荒川德滋), 칠등서기생 오마 게지 등을 부산에 파견하기로 하고, 또 통역으로 공관 재근 외무육등서기생 나카노 교타로, 통역어용 견습(通譯御用見習) 요시조에 기하치로(吉副喜八郎), 한어유학생(韓語留學生) 나카무라 쇼타로(中村庄太郎), 요시무라 헤시로(吉村平四郎), 아사야마 겐조(淺山顯藏), 구로이와 기요요시(黑岩淸美), 다케다 진타로(武田甚太郎), 아비루 유사쿠(阿比留祐作),[14] 오이시 마타사부로(大石又三郎), 쓰지에 나오스케(津江直助), 스미나가 슈조(住永琇三)[이상 구 타이슈(對州) 번사(藩士)]에게 수신사 일행과 같은 배로 상경할 것을 명했다. 또 내무성 역체료(驛遞寮)[15] 소유의 기선 고류마루(黃龍丸)를 차출해서 수신사가 탑승할 배로 정하고, 선의(船醫)로 특별히 해군 군의관 시마다 슈카이(島田修海)에게 임시 합류를 명했다.[7]

미즈노 외무소록 일행은 메이지 9년 4월 29일에 도쿄를 출발해서 5월 5일에 오사카에 도착했다. 그리고 바로 고류마루를 살펴본 후 내부 개조에 착수해서 5월 7일에 선객 80명을 수용할 수 있는 객실 설비를 완성했다. 그리고 10일에 고베에서 출항해서 시모노세키를 경유하여 13일에 부산에 도착했다. 덧붙여 말하면, 고류마루의 감독관은 역체 권대속(驛遞權大屬) 고스기 마사미(小杉雅三), 선장은 시마타니 야스(島谷保)였다.[8]

고류마루에 편승한 미즈노 외무소록은 부산에 도착하자마자 공관장대리 야마노조 외무사등서기생에게 외무성 훈령을 전했다. 야마노조 서기생은 미즈노 소록과 협의한 후 5월 14일과 17일 두 차례에 걸쳐 훈도 현석운을 불러서 수신사 파견에 관한 세부 절차를 상의했다. 훈도도 대체적으로 이의가 없었으므로 외무성 훈령대로 확정됐다. 즉, (1) 수신사가 일본 정부 소유의 기선 고류마루를 무상으로 이용할 수 있도록 제공하는 것, (2) 일행이 묵을 여관을 일본 정부에서 무상으로 제공하는 것, (3) 승선한 동안의 식사는 편의상 수신사 영접괘(迎接掛)에서 조리해서 제공할 것, (4) 고류마루는 시모노세키와 고베에 기항할 예정인데 수신사는 선내에서 숙박할 것, (5) 수신사 일행은 요코하마에서 하선해서 철도로 상경할 것 등이었다.[9]

---

14) 원문에는 아비루 유사쿠(阿比留勇作)로 되어 있으나 勇은 祐의 오자이므로 바로잡았다.
15) 역체료(驛遞寮): 1868년에 교통, 통신을 담당하기 위한 관청으로 설치된 역체사(驛遞司)의 후신으로, 다시 역체국(驛遞局)으로 개칭되었다가 통신성(通信省)으로 개편됐다.

수신사 김기수 일행은 메이지 9년 5월 14일(병자년 4월 21일) 동래부에 도착했다. 그리고 5월 18일부터 훈도 현석운과 상판사(上判事) 고영희(高永喜)에게 명해서 행장의 적재 등 승선 준비에 착수했다. 수신사는 5월 19일에 부산진에 들어온 후 5월 22일(병자년 4월 29일)에 일본 공관에서 원역(員役)을 인솔하여 기선 고류마루에 승선했다. 고류마루는 당일 오후 4시에 부산에서 출범해서 5월 23일에 시모노세키에 도착했다. 이날 수신사는 상륙해서 에이후쿠지(永福寺)에서 숙박했다. 5월 24일에 시모노세키에서 출항해서 25일에 고베에 도착하고, 다시 27일에 출발해서 29일 오전 4시에 요코하마에 입항했다.

메이지 9년 5월 29일(병자년 5월 7일)에 수신사가 탑승한 고류마루가 요코하마에 입항하자, 영접괘(迎接掛) 외무삼등서기생 오쿠 요시타다와 우라세 히로시 등은 선상으로 수신사를 방문한 후 그와 함께 상륙했다. 그리고 혼마치(本町)의 마치카이쇼(町會所)[16]에서 잠시 휴식을 취한 다음에 오전 10시 45분발 특별열차로 상경했다. 고류마루는 바로 시나가와(品川)로 회항해서 수신사 일행의 행장을 내렸다.

수신사가 탑승한 특별 열차는 5월 29일 12시 17분에 구 신바시(新橋) 역에 도착했다. 그곳에서 잠시 휴식을 취한 수신사 일행은 영접 외무성 판임관(判任官)의 인도에 따라 수신사는 가마, 상관(上官) 이상은 인력거, 중관(中官) 이하는 도보로 의장기병(儀仗騎兵) 반소대(半小隊)의 호위를 받으며 여관으로 지정된 간다니시키초(神田錦町) 2정목(丁目) 1번지 구(舊) 이마가와(今川) 저택에 들어갔다. 이날 외무권소승 후루사와 쓰네노리(古澤經範)가 내방해서 수신사 김기수, 당상역관 현석운을 만나 우라세 삼등서기생의 통역을 통해 일본 정부의 이름으로 수신사 일행의 무사 도착을 축하하고 도쿄 체재 중의 일정에 관해 협의했다.[10]

조선의 수신사와 원역(員役)으로 상관(上官) 이상의 성명은 다음과 같다.

수신정사예조참의(修信正使禮曹參議)	김기수
반당부사과(伴倘副司果)	안광묵(安光默)
서기부사과(書記副司果)	박영선(朴永善)
군관전랑청(軍官前郎廳)	김문식(金汶植)
군관전판관(軍官前判官)	오현기(吳顯耆)

---

16) 마치카이쇼(町會所): 에도시대 마치야쿠닌(町役人) 등이 마을 사무를 보던 관공서를 말한다. 마치야쿠닌은 부교(奉行)의 지휘를 받아 민정을 다루던 초닌(町人) 신분의 관리이다.

화원사과(畵員司果)	김용원(金鏞元)
사역원별견당상가선(司譯院別遣堂上嘉善)	현석운
장무관상판사(掌務官上判事)	현제순
건량관부사용(乾糧官副司勇)	고영희
별견한학당상가의(別遣漢學堂上嘉義)	이용숙
건량감관(乾糧監官)	김상필(金相弼)

이하 차관(次官) 4명, 중관(中官) 8명, 하관(下官) 53명 등 총 76명이었다.[11]

도쿄에 도착한 다음 날인 5월 30일, 수신사 김기수는 당상역관 이용숙, 현석운, 상판사(上判事) 현제순, 고영희를 대동해서 외무성을 방문했다. 참의 겸 외무경 데라지마 무네노리, 외무대보 사메지마 나오노부,[17] 외무대승 미야모토 오카즈, 외무권대승 모리야마 시게루, 외무권소승 후루사와 쓰네노리가 수신사 일행을 접견했다. 외무삼등서기생 우라세 히로시의 통역으로 데라지마 외무경이 수신사와 인사를 마치자, 이어서 수신사는 사명(使命)을 개진하고 당상역관 현석운에게 명해서 예조판서와 참판의 서계를 모리야마 외무권대승에게 전달하게 했다. 이것으로 회견을 마쳤다.[12]

대조선국 예조판서 김상현(金尙鉉)이 대일본국 외무경 대인 합하께 글을 바칩니다.

때는 바야흐로 청화(淸和)한 초여름인데 귀국은 옹희(雍熙)[18]하고 본방(本邦)은 집녕(輯寧)[19]하니 모두 기뻐하고 송축할 만합니다. 본방은 귀국에 대해서 300년이라는 긴 시간 동안 인의(隣誼)가 간관(懇款)[20]했으니 순치(脣齒)가 서로 의뢰하는 바요, 심담(心膽)이 서로 비춤은 참으로 마땅한 일입니다. 그런데 갑자기 사단이 생겨서 피차 의조(疑阻)했는데, 또한 서로 멀리 떨어져서 전해지는 소문만 들릴 뿐이었으니 어찌 차상(差爽)[21]이 없기를 보장하겠습니까? 이에 귀국 대신이 항해해서 왕림하고, 본방(本邦) 또한 대신을 파견해서 기연(畿沿)의 진무(鎭撫)하는 부(府)[22]에서 영접했습니다. 며칠간 이야기를 나눔에 변리(辨理)가 정밀하고 상세해서 몇 년 동안 품었던 감정이 하루아침에 풀렸으니, 얼마나 쾌활하고 흔행(忻幸)한지 모

---

17) 본문에 사메지마 무네노리(鮫島宗則)로 되어 있는데 宗則은 尙信의 잘못인 것으로 보인다.
18) 옹희(雍熙): 화락(和樂)하고 승평(昇平)함
19) 집녕(輯寧): 화평하고 안락함
20) 간관(懇款): 간절하고 정성스러움
21) 차상(差爽): 실착, 착오
22) 기연(畿沿)의 진무하는 부(府): 기연(畿沿)은 경기도 연안을 뜻한다. 즉, 강화부(江華府)를 가리킨다.

르겠습니다. 우리 성상(聖上)께서 옛 우호를 계속 닦을 것을 깊이 생각하셔서 예조참의 김기수를 특파하여 회사(回謝)의 뜻을 깃들입니다. 상현(尙鉉)이 총명(寵命)[23]을 공경히 받들어서 삼가 척폭(尺幅)으로 대의(大意)를 진술하니, 부디 살펴주신다면 매우 다행스럽고 위안이 되겠습니다. 부디 보중하셔서 멀리 있는 사람의 마음에 부응하시길 바랍니다. 채 갖추지 못한 채 글을 보냅니다.

병자년 4월   일

예조판서 김상현

별폭(別輻)

호피 2장, 표피(豹皮) 2장, 설한단(雪漢緞) 2필, 백면주(白綿紬) 10필, 백저포(白苧布) 10필, 백목면(白木綿) 10필, 각색필(各色筆) 50자루, 진묵(眞墨) 30홀(笏)

수원(隨員)에게 맡겨서 간략하게 비의(菲儀)[24]를 보내니 부디 받아주시길 바랍니다.

병자년 4월   일

예조판서 김상현

대조선국 예조참판 이인명(李寅命)이 대일본국 외무대승 대인 합하께 글을 바칩니다.

여름날이 뜨거워지기 시작하는 이때, 멀리서나마 체후(體候)가 크게 복되시리라 생각합니다. 깊은 바다를 두고 멀리 떨어진 까닭에 전문(傳聞)이 쉽게 와언(訛言)이 되어 서로 의조(疑阻)한 지 이미 몇 해가 지났으니, 매번 인교(隣交)와 구의(舊誼)를 생각할 때마다 개탄하지 않을 수 없었습니다. 그런데 귀국 대신이 오셔서 본방(本邦)의 대신과 통석명변(洞析明辨)해서 다시 남은 장애가 없게 하여, 마치 난초 밭에 비가 그치고 바람이 잦아들면 그 향기가 다시 예전처럼 변치 않듯 되었으니 어찌 큰 다행이 아니겠습니까? 이제 조정의 명을 받들어 예조참의 김기수를 파견해서 수사(修謝)의 뜻을 깃들입니다. 이제부터 숙계(宿契)를 돈독히 하고 영호(永好)를 약정할 것이니 기쁜 마음이 어찌 다하겠습니까? 채 갖추지 못한 글을 바칩니다. 살펴주시길 바랍니다.

병자년 4월   일

예조참판 이인명

---

23) 총명(寵命): 임금이 총애해서 내리는 명령
24) 비의(菲儀): 별것 아닌 예물이라는 뜻의 겸사다. 원문에는 구의(韮儀)로 잘못 표기되어 있다.

별폭(別幅)

표피(豹皮) 2장, 청서피(靑黍皮) 10장, 설한단(雪漢緞) 10필, 백면주(白綿紬) 10필, 생저포(生苧布) 10필, 백목면(白木綿) 10필, 각색필(各色筆) 50자루, 진묵(眞墨) 30홀(笏)

수원(隨員)에게 맡겨서 간략하게 비의(菲儀)를 보내드리니 부디 받아주시길 바랍니다.

병자년 4월　일

예조참판 이인명[13]

수신사가 외무경, 외무대보와의 회견을 마치고 여관에 돌아온 후, 미야모토 외무대승과 모리야마 외무권대승이 회사(回謝)를 위해 수신사를 방문했다. 그리고 메이지 천황의 특지(特旨)에 따라 수신사에게 배알(拜謁)의 분부가 내렸다는 말을 전했다. 이에 김기수는 "비인(鄙人)이 여기 올 때 애초에 국서를 가져오지 않았으니, 그렇다면 실로 귀 황상(皇上)을 배현(拜見)할 수 있는 예(禮)가 없는 것입니다. 아직 우리 주상의 명을 받지 못했으니, 비인(鄙人)이 독단으로 행동하는 것은 예의상 있을 수 없는 일입니다."라고 배사(拜辭)했지만, 미야모토 대승이 거듭 "그렇지 않습니다. 우리 황상께서는 신사(信使)가 온다는 말을 들으신 뒤로 날짜를 세면서 기다리고 계십니다. 그러므로 아까 사행(使行)이 도착했다는 말씀을 주달(奏達)했더니, 우리 황상께서 불일내로 접견하겠다는 하교를 내리신 것입니다."라고 주장했으므로, 결국 김기수는 "귀 황상께서 비인(鄙人)이 멀리서 온 것을 진념(軫念)하셔서 특별히 이처럼 전례 없는 예수(禮數)를 갖게 하시니, 비인이 또한 어찌 계속 고사할 수 있겠습니까? 삼가 지시를 받들어서 배현(拜見)의 예를 행하겠습니다."라고 하면서 배승(拜承)했다. 그리고 알현 절차에 관해 협의했는데, 대체로 수신사가 조선국왕을 근현(覲見)하는 의례에 따르기로 결정했다.[14]

메이지 9년 5월 31일, 데라지마 외무경은 공문을 보내서 이튿날인 6월 1일 아카사카(赤阪)에 있는 가황거(假皇居)에서 알현을 허락한다고 통지했다. 같은 날 외무경이 다시 답례를 위해 수신사 여관을 방문했다. 이날 오후에 당상역관 현석운과 상판사(上判事) 현제순이 외무성에 출두해서 수신사가 가져온 헌상품을 전달했다. 수신사는 국서를 지참하지 않았으므로 국왕이 보내는 예물 또한 가져오지 않았다. 따라서 이 헌상품은 통신사의 이른바 사예단(私禮單)에 해당하는 것으로, 그 품목은 "운한단(雲漢緞) 5필, 호피 5령(令), 표피(豹皮) 5령, 청서피(靑黍皮) 20장, 백저포(白苧布) 20필, 백면주(白綿紬) 20필,

백목면(白木綿) 20필, 채화석(彩花席) 20권(卷), 경화지(鏡花紙) 20권, 황밀(黃蜜) 30근"이었다.[15]

메이지 9년 6월 1일(병자년 5월 10일), 수신사 김기수는 흑단령(黑團領)과 조사모(鳥紗帽)를 착용하고 육인교(六人轎)에 올라 당상역관 2명, 군관 2명을 거느리고 나팔수와 악공을 앞세워서 아카사카의 가황거에 참내(參內)했다. 그는 식부(式部)[25] 관원의 인도에 따라 오쿠루마요세(御車寄)[26]에서 가마에서 내렸다. 그리고 당상역관을 거느리고 가공소(假控所)[27]로 들어가 홍단령(紅團領)으로 갈아입고 공소(控所)에 들어갔다. 궁내경 도쿠다이지 사네츠네(德大寺實則), 참의 겸 외무경 데라지마 무네노리, 외무대보 사메지마 나오노부, 식부두(式部頭) 보죠 도시타다(坊城俊政) 그리고 궁내, 외무, 육군성의 관료들은 모두 대례복 정장을 착용하고 접견에 임했다.

그러는 동안 보죠 식부두(式部頭)가 조선국 수신사가 참내(參內)한다는 말씀을 아뢰었으므로 메이지 천황은 정장을 착용하고 도쿠다이지 궁내경과 시종장 히가시쿠제 미치토미 등을 거느리고 알현소로 나와서 수신사를 불러들이게 했다. 수신사 김기수는 당상역관을 곁방에서 기다리게 하고 데라지마 외무경의 인도에 따라 알현소에 들어갔다. 문지방 사이에서 첫 번째로 배복(拜伏)[28]을 행하고, 정면으로 나와서 두 번째 배복을, 그리고 어좌(御座) 앞에서 세 번째 배복을 행했다. 이때 데라지마 외무경과 보죠 식부두가 수신사의 좌우에서 입례(立禮)를 행하고, 외무경이 조선 수신사의 성명을 아뢰었다. 천황은 일어나서 수신사의 경례(敬禮)를 받았고, 성명을 아뢸 때는 머리를 가볍게 숙여 인사했다.[16] 『창사기(滄槎記)』에는 다음과 같이 기록되어 있다.

드디어 정사(正使)를 부르기에 정당(正堂)으로 들어갔다. 홍단령(紅團領)으로 갈아입고 우회해서 합문(閤門) 안으로 들어갔다. 동쪽을 향해서 곡배례(曲拜禮)를 행하고 또 바로 앞에서 단배(單拜)를 한 후 몸을 굽히고 섰다. 공경 이하 10여 명이 수놓은 비단 상복(上服)을 입고 손에는 모도자(毛兜子)를 들고 차례대로 동쪽과 서쪽에 나뉘어 섰다. 그 문 안의 한 방에는 북쪽 벽 아래 보탁(寶卓)이 놓여 있었다. 어떤 사람이 검은 바탕에 금으로 수놓은 옷을 입고 있

---

25) 식부(式部): 일본 궁정에서 의식을 담당하는 직책
26) 오쿠루마요세(御車寄): 황거에 정식으로 참내(參內)할 때 통과하는 현관
27) 가공소(假控所): 임시로 마련한 공소(控所)를 가리킨다. 공소는 쉬면서 기다리거나 일을 준비하는 곳을 말한다.
28) 배복(拜伏): 엎드려 절함

었다. 머리에는 모자를 쓰지 않았는데 단발이 옥약(沃若)[29]했다. 얼굴은 살집이 있었지만 풍만하지 않고, 눈은 빛났으나 흐트러지지 않았다. 모습은 우뚝 솟아서 곧았으며 몸은 헌걸차고 수려했다. 나이가 이제 25세라고 하니 그가 영명한 군주임을 짐작할 수 있었다. 바로 뒷걸음질로 합영(閤楹) 밖으로 나온 뒤에 다시 곡배(曲拜)를 행했다. 그리고 헐소(歇所)로 돌아왔다.[17]

수신사는 물러나면서 앞서와 마찬가지로 배복(拜伏)을 행해서 총 다섯 번 절을 올렸다. 공소(控所)에서는 다과가 하사되었고, 여관으로 돌아갈 즈음에는 후키아게 교엔(吹上御苑)의 배관(拜觀)[30]이 허락됐다.

6월 3일, 태정대신 산조 사네토미는 칙명에 따라 수신사 김기수, 당상역관 이용숙, 현석운을 엔료칸(延遼館)[하마리큐(濱離宮)]으로 초청해서 오찬 모임을 가졌다. 이날 수신사 이하는 공복(公服) 차림으로 거마(車馬)에 나눠 타고 엔료칸에 도착했다. 배빈(陪賓)으로 참석한 자들은 참의 겸 사법경 오키 다카토, 참의 겸 공부경 이토 히로부미, 육군중장 겸 참의육군경 야마가타 아리토모, 의관(議官) 이노우에 가오루, 해군중장 겸 해군대보 가와무라 스미요시, 그리고 데라지마 외무경, 사메지마 외무대보와 영접괘, 외무대소승 등이었다. 또한 수신사의 여관에서는 별도로 일본 정부의 이름으로 상관(上官) 이하에게 요리가 내려졌다. 수신사는 이 연향을 하선연(下船宴)으로 이해하고 있었다.

이윽고 수신사의 귀국 기한도 다가왔으므로, 6월 15일에 산조 태정대신은 다시 엔료칸에서 칙명에 따라 오찬회를 열었다. 이른바 상선연(上船宴)에 해당하는 자리였다. 배빈(陪賓)은 야마가타 육군경, 이토 공부경, 가와무라 해군대보 외에 육군중장 겸 참의개척장관 구로다 기요타카, 가나가와 현권령(神奈川縣權令) 노무라 야스시, 개척소판관(開拓少判官) 야스다 사다노리, 개척간사(開拓幹事) 고마키 마사나리, 그리고 외무경보 이하 영접괘와 외무대소승이었다. 노무라 가나가와 현권령 등은 강화 회담 당시 일본 전권부 수행원으로 조선인들 사이에 지인이 많았기 때문에 배석을 명받았다.[18]

6월 17일에 예조의 서계에 대한 외무경과 외무대승의 회답 서계가 완성되어 수신사에게 전달됐다. 그 본문은 다음과 같다.

---

29) 옥약(沃若): 윤택한 모양
30) 배관(拜觀): 궁전이나 보물 등을 관람하는 일

귀력(貴曆) 병자년 4월자 귀 서한을 열어 보았습니다. 귀 정부가 이번에 예조참의 김 씨를 수신사로 삼아 본방(本邦)에 파견해서 구호(舊好)를 속수(續修)하고, 또 금년에 우리 특명전권변리대신이 귀국에 간 것에 대한 회사(回謝)의 뜻을 깃들이는 취지 등을 모두 잘 알았습니다. 대체로 양국의 교의(交誼)가 오래되었는데, 하루아침에 계활(契闊)[31]에 이르게 됨에 정미(情味)가 점차 소원해졌습니다. 이제 귀 정부에서 신사(信使)를 신속하게 폐방(弊邦)에 파견하고, 신사 또한 정중하게 사명(使命)을 진술해서 주선(周旋)이 신밀(愼密)했습니다. 이에 양국의 교환(交懽)[32]이 크게 창서(暢敍)할 여지를 만들었으니, 양국의 흔행(欣幸)이 이보다 클수 없습니다. 우리 황제폐하께서는 이를 크게 가상히 여기셔서 특지(特旨)를 내려 신사에게 인견(引見)을 허락하셨으니 총우(寵遇)[33]가 적지 않았습니다. 신사가 복명하는 날에 합하께서도 이 일을 듣고 만족하리라 믿습니다. 귀국의 옹희(雍熙)를 축원하며 아울러 합하의 복지(福祉)를 빕니다. 공경히 아룁니다.

메이지 9년 6월 17일

대일본국

외무경 데라지마 무네노리(印)

대조선국

예조판서 김상현 합하

귀국 금년 4월자 귀 서한을 열어 보았습니다. 귀국과 폐방(弊邦)은 작은 거룻배 1척으로 오갈 수 있는 가까운 땅으로 인교(隣交)의 구의(舊誼)가 있은 지 오래되었으나, 귀 사신이 본방(本邦)에 오지 않은 지 이미 60여 년의 성상(星霜)이 흘렀으니, 이 때문에 양국 간의 정미(情味)가 점차 괴리된 것입니다. 금년에 우리 변리대신이 귀국에 가서 구호(舊好)를 중수(重修)하고 신맹(新盟)을 건립(建立)함에 귀국 또한 신속하게 신사(信使)를 본방(本邦)에 보내서 수사(修謝)의 뜻을 깃들였습니다. 우리 정부에서 내빈을 접대한 경과를 지금 여기서 낱낱이 서술하기 어려우나, 평소 경모(傾慕)[34]하는 마음이 깊음을 이번 기회에 밝게 드러냈다는 것은 귀빈(貴賓)도 납득했을 것입니다. 이제부터 양국 간 교제가 진보해서 더욱 친밀한 경역에 도달할 것이 기대되니 창생의 복이 이보다 클 수 없습니다. 이제 신사가 본방(本邦)을 떠남에 이르러 귀의(貴意)에 회사(回謝)하는 바입니다. 공경히 아룁니다.

---

31) 계활(契闊): 헤어져서 오랫동안 만나지 못함
32) 교환(交懽): 다른 사람과 교분을 맺어서 상대의 환심을 사는 일. 또는 우호를 맺는 일을 범칭하기도 한다.
33) 총우(寵遇): 총애해서 특별히 우대함
34) 경모(傾慕): 마음을 기울여서 사랑하고 흠모함

메이지 9년 6월 17일

대일본국

외무권대승 모리야마 시게루 (印)

외무대승　미야모토 오카즈 (印)

대조선국

예조참판 이인명 합하¹⁹

　외무경, 외무대승의 서계는 에도 막부의 옛 제도 대신에 새로운 형식에 따라 겉봉은 조자지(鳥子紙)³⁵⁾의 서양형 봉투를, 봉인은 봉랍을 사용했다. 본문은 조자지를 사용해서 대화철(大和綴)³⁶⁾을 했으며, 표지는 금란단자(金襴緞子)를 써서 표장(表裝)하고 여러 가닥으로 묶은 진홍빛 비단 끈을 사용했다.

　이와 동시에 수신사의 헌상품에 대한 답례로 "칼 1자루, 칠기(漆器) 6개, 사쓰마 도화병(陶花瓶) 1쌍, 부채 5자루, 적지금(赤地錦) 1권, 홍백려(紅白絽) 2필, 가이 색견(甲斐色絹) 12필, 에치고 백축포(越後白縮布) 12필, 에치고 생축포(越後生縮布) 12필, 나라 백폭마포(奈良白曝麻布) 15필"을 내려주었다. 외무경과 외무대승도 각각 예조판서와 참판에게 보낼 답례품을 수신사에게 부탁했다. 즉, 조선국 예조에서 별폭(別幅)의 형식으로 증여한 예물도 일본 정부에서는 일체 인정하지 않고 개인적인 증답품으로 취급했던 것이다.²⁰

　수신사 김기수는 도쿄 체재 중의 사명을 완수하고 메이지 9년 6월 18일에 도쿄에서 출발하여 당일 요코하마에서 기선 고류마루에 승선했다. 외무삼등서기생 우라세 히로시, 육등서기생 아라카와 도쿠지, 나카노 교타로, 오마 게지가 호위와 통역을 겸해 동선(同船)할 것을 명받았다.

　기선 고류마루는 메이지 9년 6월 19일에 요코하마에서 출범해서 요코스카(橫須賀)에 기항(寄港)했다. 그리고 군항(軍港)을 시찰한 다음에 왔던 길을 거슬러서 고베, 시모노세키를 경유하여 6월 29일(병자년 윤5월 7일)에 부산에 입항했다. 수신사는 당일로 상륙했고, 얼마 뒤인 7월 21일(병자년 6월 1일)에 경성에 도착해서 국왕에게 복명했다.²¹

　처음에 메이지 9년 4월 29일에 수신사 김기수가 사폐(辭陛)할 적에 국왕은 거듭해서

---

35) 조자지(鳥子紙): 일본 종이의 일종으로 안피 나무로 제조한 고급 종이다. 새알과 같은 담황색을 띤다고 해서 이러한 이름이 붙었다.

36) 대화철(大和綴): 일본의 책을 철하는 제본 양식의 하나로, 여러 장의 종이를 겹쳐서 반으로 접은 후 접힌 자리에 구멍을 뚫어서 실로 철하는 것을 말한다.

"저들의 물정을 상세히 살피는 것이 긴절(緊切)하니 반드시 잘 탐지하라", "아뢸 만한 모든 일들을 반드시 빠뜨리지 말고 일일이 기록해 오라"는 교지를 내렸다. 또 대신과 재상 중에서도 이번의 수신사는 종전의 통신사와 달리 가능한 한 유람을 많이 해서 견문을 넓혀야 한다고 주장한 이들이 있었다. 아마도 최근에 강화부에 온 일본 군함과 군대를 실제로 보고서 그 장대함과 정예로움에 감복한 자들이 적지 않았고, 국왕 또한 어영대장 신헌과 강화부유수 조병식의 보고를 듣고 마음이 움직여서 근래 일본의 개화의 실황, 특히 우수한 병기 제조에 관한 시찰을 명했던 것으로 보인다.[22]

물론 일본 정부로서는 국왕과 척신이 강화부에서의 시위로부터 어느 정도의 인상을 받았는지 간취할 수 없었지만, 최근 10년간 일한교섭의 경험에 비추어 완명(頑冥)하고 고루한 조선 양반들에게 신일본의 개화를 실제로 견문시키고 적당한 지도를 부여하는 일의 필요성은 통감하고 있었다. 외무성의 수신사 영접괘에서는 수신사가 도쿄에 도착하기 전에 관계 당국과의 협의를 거쳐 시찰 일정을 편성하는 일로 몹시 분주했다. 즉, "해군과 육군의 조련을 시작으로 여러 성료(省寮)의 체제 및 병영 등을 순시하게 하고, 또 공원과 기타 곳곳을 유람시켜서 장소에 따라 그 기술 등도 목격하게 한다면, 크게 저들이 견문을 넓히는 계제가 되어 우리 정세에 대해서 숙지할 수 있으리라고 생각합니다. (생략)"라는 취지로서, 방대한 시찰 일정을 작성하고 태정대신에게 보고해서 결정됐다. 그 주요한 것은 다음과 같다.

1. (태정관 소관) 원로원 의사당
2. (육군성 소관) 육군연병(陸軍練兵), 근위보병영(近衛步兵營), 도야마(戶山) 학교, 포병 본창(本廠), 사관학교
3. (해군성 소관) 요코스카 조선소, 군함 아즈마(東), 병학료(兵學寮)(해군병학교)
4. (내무성 소관) 박물관, 아사쿠사(淺草) 문고, 권업료(勸業寮) 출장소 식물원, 위생국 사약소(司藥所), 이시카와지마(石川島) 징역장(懲役場), 고즈케노쿠니(上野國) 도미오카(富岡) 제사장(制糸場), 이치가야(市ヶ谷) 수옥소(囚獄所), 요코하마 제철소, 이즈미노쿠니(和泉國) 경계의 방적소
5. (공부성 소관) 공업료(工業寮), 아카바네(赤羽) 제작소
6. (문부성 소관) 서적관[유시마(湯島) 성당], 사범학교, 여자사범학교, 영어학교, 외국어학교, 가이세(開成) 학교, 의학교 부속 병원

7. (대장성 소관) 지폐료(紙幣寮), 활판국(活版局), 역체료(驛遞寮), 오사카 조폐료(造幣寮)

8. (사법성 소관) 도쿄 재판소

9. (경시청 소관) 소방즐[37] 조련(消防喞調練)

10. (개척사 소관) 홋카이도(北海島) 물산 박물원(博物園)

옛날 통신사는 시문을 증답(贈答)하는 데 편안할 날이 없었다고 전해지지만, 메이지의 수신사는 시찰하는 데 정신을 못 차릴 정도로 바쁠 운명이었다.[23]

수신사 영접괘에서는 이상의 일정에 따라 수신사 일행의 시찰을 독려했지만, 전원이 견학을 흔쾌히 수락한 것은 히비야(日比谷) 연병장에서의 보병, 기병, 포병의 소규모 연합 훈련 정도였으며, 어쩔 수 없이 시찰한 것 또한 해군 병학료, 근위보병영, 육군 포병 본창, 서적관, 가이세 학교, 원로원 의사당에 불과했다.[24]

수신사가 출발할 적에 이미 국왕에게서 물정을 상세히 탐지하라는 교지가 있었고, 김기수 자신도 가능한 한 견문을 넓히려고 노력하기는 했다. 그렇지만 영접괘에서 편성한 시찰 일정은 조선 양반에게는 과로를 강요하는 것이었고, 또 원래 예비지식을 갖추지 않은 사람이 신식 기계를 견학한들 그 원리를 이해하지 못해서 한갓 피로만 쌓이는 데 불과했을 것이다. 더욱이 수신사가 방대한 시찰 일정으로 인해 도쿄 체재 기간이 무기한 길어지는 것을 염려하고 있었던 것도 사실이다.

이상에서 서술한 관아와 학교 외에 수신사는 전부터 조선과 관계가 있던 명사들도 방문했다. 즉, 6월 7일에는 영접괘 미야모토 외무대승, 6월 10일에는 화족(華族) 소 시게마사(宗重正)[구 타이슈(對州) 번주(藩主) 소 요시아키라(宗義達)], 11일에는 영접괘 모리야마 외무권대승의 초대에 응해서 각각 그 저택에서 연 연향에 참석했고, 또 에도시대 통신사의 여관이었던 아사쿠사(淺草)의 히가시 혼간지(東本願寺) 별원(別院)의 초대에는 자신의 대리로 당상역관 현석운을 보내기도 했다.[25]

수신사 김기수의 일본 시찰은 걸핏하면 소극적으로 기우는 경향이 있었기 때문에 과연 국왕과 척신의 기대에 부응했는지는 매우 의심스럽다. 수신사가 조정에 돌아와서 복명할 때 국왕은 일본의 군병(軍兵), 병기, 전신, 기차, 기선에서부터 화폐 주조와 농기구

---

37) 소방즐(消防喞): 즐(喞)은 액체를 흡취(吸取)하거나 분사하는 것을 말한다.

제조에 이르기까지 호기심에 가득 찬 질문을 거듭했지만, 수신사는 "미처 보지 못했습니다. 설혹 보더라도 갑자기 배울 수는 없었기에 애초에 묻지 않았습니다."라고 하거나, 또는 "이번 사행은 저들의 강청(强請)에 따라 부득이하게 가는 것이라는 뜻을 보이기 위한 것이었습니다. 그러므로 그러한 기술에 관해서는 한 번도 질문한 적이 없습니다."라고 아뢰는 데 그쳤다. 다만 일행 중 서기[의원(醫員)] 박영선이 이 수신사행을 계기로 종두법을 조선에 전파한 것은 영원히 기억되어야 할 삽화(插話)일 것이다.[26]

〔원주〕

1 『善隣始末』卷二; 『日省錄』李太王丙子年二月六日.

2 『日省錄』李太王丙子年二月六日.

3 同.

4 『日省錄』李太王丙子年二月二十二日; 『備邊司謄錄』李太王丙子年二月二十四日; 『滄槎記』.

5 『日省錄』李太王丙子年四月四日; 『滄槎記』丙子年四月四日.

6 『航韓必携』卷一 信使前報.

7 『航韓必携』卷一 信使前報, 卷二 迎官復命, 卷九 草梁公信.

8 『航韓必携』卷二 迎官復命.

9 『航韓必携』卷一, 卷二.

10 『航韓必携』卷二, 迎引次第; 『信使滯京日記』卷乾; 『同文彙考』附編 信行別單一 丙子修信使金綺秀聞見事件.

11 『滄槎記』; 『航韓必携』卷一.

12 『信使滯京日記』卷乾; 『修信使日記謄草』丙子年五月八日; 『滄槎記』丙子年五月八日.

13 『航韓必携』卷五 禮曹判書參判往復; 『啓下書契册』光緒二年四月二日啓下; 『滄槎記』丙子年五月八日.

14 『修信使謄草』丙子年五月八日; 『滄槎記』丙子年五月八日.

15 『航韓必携』卷三 朝鮮國修信使內謁見式; 『滄槎記』丙子年五月九日.

16 『航韓必携』卷三 朝鮮國修信使內謁見式; 『修信使日記謄草』丙子年五月十日; 『滄槎記』丙子年五月十日.

17 『滄槎記』丙子年五月十日.

18 『信使滯京日記』卷乾, 卷坤; 『滄槎記』丙子年五月十二日・二十四日.

19 『航韓必携』卷五 禮曹判書參判往復; 『滄槎記』丙子年五月二十六日.

20 『航韓必携』卷三; 『滄槎記』丙子年五月二十六日.

21 『信使滯京日記』卷坤; 『航韓必携』卷九 草梁公信; 『日省錄』丙子年閏五月十八日・六月一日; 『同文彙考』附編續 信行別單; 『滄槎記』.

22 『日省錄』丙子年四月四日; 『修信使謄草』.

23 『航韓必携』卷三.

24 『信使滯京日記』卷乾坤; 『同文彙考』附編續 信行別單; 『滄槎記』.

25 『信使滯京日記』卷坤; 『滄槎記』.

26 『修信使日記』卷坤; 『日省錄』李太王丙子年六月一日; 『朝鮮新聞』昭和三年九月二十二日・二十三日.

일한수호조규부록(日韓修好條規附錄)의 협정

제12장

미야모토 이사관의 파견, 일한수호조규부록안

메이지 9년 2월 27일,[1] 일한수호조규가 체결됐다. 그러나 이 조약은 300년의 역사를 가진 일한국교를 갱신해서 원칙적으로 양국 정부가 직접 교섭을 한 것에 불과할 뿐, 실질적으로는 아무런 성과를 거두지 못했다고 할 수 있다. 일한통상조약의 체결과 개항장의 선정, 그리고 당장 그 필요를 느끼고 있던 부산 개항장의 유보구역(遊步區域) 설정에 이르기까지 세부적인 사항 일체를, 일한수호조규 제11관의 규정에 따라 수호조규부록으로 넘겼던 것이다.

조선 정부의 입장에서 봐도 대략 비슷한 사정이 있었다. 강화부 회담에서 일본 전권은 자신들이 기안한 수호조규의 무조건 승인을 강제했으며, 조선 전권은 그 의의를 충분히 이해하기도 전에 그것을 그대로 받아들인 경향이 두드러진다. 그 중에서도 가장 중대한 문제가 된 것은 외교대표의 수도 주차(駐箚)였다. 처음에 일본 전권이 제시한 수호조규안 제2관에는 "일본국 조정은 수호를 맺은 날로부터 15개월 후에 사신을 조선국 경성에 파출(派出)해서 병권대신(秉權大臣)을 직접 만나 교제사무를 상의해야 한다. 이 사신은 경성에 체류할 수도 있고, 혹은 사무가 정리됨에 따라 바로 귀국할 수도 있으니, 이는 모두 그 시의(時宜)에 따른다. 조선국 조정은 사신을 일본국 도쿄에 수시로 파출해서 직접 외무성 귀관(貴官)을 만나서 교제사무를 상의해야 한다. 이 사신은 도쿄에 체류할 수도 있고 혹은 사무가 정리됨에 따라 바로 귀국할 수도 있으니, 또한 그 시의에 따른다."고 기재되어 있었으나, 조선 접견대관 신헌과 부관 윤자승은 정부 훈령에 기초해서 수정대안을 작성한 후 일본 전권의 수행원 외무대승 미야모토 오카즈와 외무권대승 모리야마 시게루를 관사로 불러서 그것을 제시했다. 즉, 일본 사신을 접견할 조선 정부 당국을 외무경에 상당한다고 본 예조판서로 수정하는 한편, 공사의 경성 상주를 인정하지 않고 10년 또는 15년에 한 번씩 정기적으로 왕래하게 하고자 했다.

---

1) 원문은 2월 26일로 되어 있으나, 이는 27일의 잘못이다. 제31절 역주 12번 참조

수호를 맺은 후에 양국 사개(使价)의 왕래가 없어서는 안 될 것이나, 우리 사신은 저쪽에 가서 외무성 귀관(貴官)을 직접 만나고, 저쪽 사신은 이쪽에 와서 병권대신(秉權大臣)을 직접 만난다고 한 것은 아마도 평등지례(平等之禮)가 아닐 것이다. 저쪽 사신이 우리 대신을 만난다면 우리 사신 또한 저쪽 대신을 만나고, 우리 사신이 단지 외무성 관원을 만날 뿐이라면 저쪽 사신도 마땅히 예조 관원을 만나야 한다. 대체로 우리나라는 교린의 일을 예조에서 관장하니, 저들의 외무성과 무슨 차이가 있겠는가?

항구에 개관(開館)하고 통상을 정약(定約)한 후에는 다시 정리사무를 가질 필요가 없다. 설혹 있더라도 그 대소에 따라 그 나라 관리와 해당 지방관이 회상(會商)해서 변리(辨理)하면 될 것이니, 어찌 반드시 사신이 경성에 체류할 것이 있겠는가?

또 땅이 떨어져 있고 깊은 바다가 가로질러서 위험을 무릅쓰기 어렵다. 사개(使价)의 보빙(報聘)이 실로 양국의 대사(大事)에 속하나, 빈번히 하기 어려우니 부득불 10년 혹은 15년으로 기한을 정해서 왕래하지 않을 수 없다. 이것이 양국 모두 편한 방도이니 이러한 뜻을 명백하게 강정(講定)하라.[1]

미야모토와 노무라 두 수행원은 조선 전권의 수정안을 갖고 복명했다. 그런데 다음날 당상역관 현석운이 내방해서 수정 의견을 거듭 개진했으므로 일본 전권부는 협의를 거쳐 조선 전권부의 주장을 받아들이기로 결정하고 원안의 제2관 중에 "사신을 조선국 경성에 파출해서 병권대신을 직접 만나서 교제사무를 상의해야 한다. 이 사신은 경성에 체류할 수도 있고, 혹은 사무가 정리됨에 따라 바로 귀국할 수도 있으니, 이는 모두 그 시의에 따른다."라는 항목을 "수시로 사신을 조선국 경성에 파견해서 예조판서를 직접 만나 교제사무를 상의할 수 있다. 그 사신의 주류(駐留) 기간은 모두 시의에 따른다."로 수정했다. 그리고 그날 밤 구로다, 이노우에 두 전권이 신헌, 윤자승 두 전권을 방문했을 때 이러한 뜻을 통고했다.[2]

수호조규 원안 제2관의 수정에 관해서 구로다, 이노우에 두 전권의 복명서에 "그런데 저들이 그 속관(屬官)을 보내 의견을 전달하면서 조약 가운에 이의가 있는 안건을 산개(刪改)할 것을 부탁해 왔습니다. 신 등은 생각하기에, 화호(和好)의 대국(大局)을 온전히 하기 위해서는 또한 다소 관서(寬恕)하게 대하는 바가 있어야 한다고 보았습니다. 그래서 저들이 원하는 바에 따라 긴요하지 않은 조건 한두 건을 산개(刪改)했습니다."라는 구절이 보인다. 여기서 우리는 구로다와 이노우에가 원안과 수정안 모두 내용에 큰 차이가 없다고 생각해서 조선 측 수정 의견에 동의했다는 의미를 행간에서 간취할 수 있다. 그런데 이는 미야모토 외무대승 등이 신헌 등의 주장을 완전하게 이해하지 못한 데서 비롯된 오해였다. 조선 전권부의 해석에 의하면, 원안은 일본 공사의 경성 주차를 규정하는 것이지만 수정안은 임시로 파견되는 사절에 한해서 인정한다는 의미를 담고 있는 것이었다.[3]

수호조규 제2관은 이와 같이 일한 양국 전권이 서로 다른 의미로 해석한 채 다음과 같이 확정됐다.

> 일본국 정부는 지금부터 15개월 후에 수시로 사신을 조선국 경성에 파견해서 예조판서를 직접 만나 교제사무를 상의할 수 있다. 이 사신의 주류(駐留) 기간은 모두 시의(時宜)에 따른다. 조선국 정부 또한 수시로 사신을 일본국 도쿄에 파견해서 외무경을 직접 만나 교제사무를 상의할 수 있다. 이 사신의 주류 기간 또한 시의에 따른다.[4]

공사의 수도 주차(駐箚)가 조선 전권의 양해를 얻기까지 아직도 많은 설명이 필요했다. 조선 전권은 공사의 자격이나 국서의 내용 등에 관해 큰 우려를 표시하고, 미야모토 외무대승 등에게 '일본 공사가 부임할 때 국왕을 알현하고 국서를 봉정해야 한다. 그리고 국서에는 반드시 회답 국서가 있어야 한다. 그런데 스스로 조선국왕이라고 칭하면서 일본국황제에게 국서를 보내는 것은 체면상 용인하기 어렵다.'고 하면서 공사의 자격과 파견 절차 등에 관한 설명을 요구했다. 이에 대해 미야모토 대승은 설명하기를, "외국에 공사를 보내는 데 대체로 세 등급이 있습니다. 일등을 전권공사(全權公使)라 하고, 이등을 변리공사(辨理公使)라 합니다. 이들은 모두 제 나라 군주의 친서를 가지고 가서 주차(駐箚)하는 나라의 군주에게 알현을 청하여 친서를 직접 전달하는 절차를 밟습니다. 삼등은 대리공사(代理公使)라 하는데, 이것은 자국의 외무경이 주차할 나라의 외무경에게 보내는 서한을 가져가서 직접 외무재상에게 전달하고 그 나라 군주에게는 공식적으로 알현을 청하지 않습니다. 그러나 교제사무를 처리하는 데는 삼등이라도 다를 바가 없습니다."라고 했다. 조선 전권은 되도록 국서가 필요 없는 삼등공사의 내임(來任)을 희망했다. 미야모토 대승은 "지금 당장 몇 등의 공사를 귀국에 파출(派出)하겠다는 약속은 하기 어렵지만, 귀국이 이렇게까지 국서 왕복을 싫어하신다면 당분간은 되도록 국서 왕복 등의 절차를 생략하도록 졸자(拙者)들이 외무성에 돌아가서 제의하겠습니다. 또 공사의 일은 고관인 자를 서로 파출하는 것이 그 나라를 경례(敬禮)하는 것이 되지만, 고관은 그에 따라 수행원 등도 많고 들어가는 비용도 증가하기 때문에 어떤 나라라도 가능한 한 차관인 자를 파견해서 일을 처리하려고 생각하는 것이 상정(常情)입니다. 귀국은 우리 인방(隣邦)으로서 교제사무도 많으니 고관을 파견해야겠지만, 다소 지장이 있다면 대리공사 또는 이사관(理事官)으로 하여금 당분간 처리하게 하는 것이 필시 서로 마땅할 것입니다."고 답했다. 조선 전권은 거듭 대리공사에게 부여될 외무경의 신임장 안에 관해 질문하는 것으로 만족의 뜻을 표시했다.[5]

이러한 점으로 본다면 일한수호조규는 부록이 성립한 뒤에야 비로소 그 효력을 발휘할 수 있었고, 수호조규부록은 단순한 수호조규의 시행 세목이 아니라 그 중요성에서 수호조규 자체보다 덜할 것이 없었다. 따라서 그 협정 임무를 맡을 특파위원에게는 충분한 권한이 부여되어야 했고, 인선 또한 신중을 기할 필요가 있었다.

일본 정부는 일한수호조규가 당초 예상했던 것보다 비교적 용이하게 성립된 사실에 비추어 수호조규의 세칙을 협정하는 데 큰 어려움이 있으리라고 예상하지 않았다. 하지만 전자의 체결이 유력한 정치가의 파견과 강대한 병력의 시위를 통해 이뤄진 것이었던 반면, 세목의 협정은 순수한 외교교섭으로만 진행됐기 때문에 의외로 긴 시일이 필요했으며, 또 그 사이에 조선은 내란의 와중에 빠지는 불행을 경험하지 않으면 안 됐다.

일본 정부는 메이지 9년 6월 7일에 외무대승 미야모토 오카즈를 이사관으로 임명해서 조선 파견을 명하고, 외무대록(外務大錄) 가와카미 후사노부(河上房申), 외무중록(外務中錄) 오쿠 요시타다, 우라세 히로시, 외무권중록(外務權中錄) 이시바타 사다, 외무권소록(外務權少錄) 아라카와 도쿠지, 나카노 교타로, 외무성 십사등출사(出仕) 스미나가 다츠야스·오마 게지에게 수행을 명했다. 6월 13일에는 데라지마 외무경의 명의로 당시 도쿄에 체재 중이던 조선 수신사 김기수에게 미야모토 이사관의 파견을 통고하고 예조에 전달해 줄 것을 의뢰했다. 미야모토 외무대승은 지난번 일한수호조규 체결 당시 일본 전권부의 수석 수행원으로서 조선국 접견대관 신헌 및 접견부관 윤자승과 면식이 있었을 뿐만 아니라, 이제 또 수신사 영접괘로서 조선인들 사이에서 지우(知友)가 많이 생겼고, 게다가 비교적 그 정치적 사정에 밝았기 때문에 적임자로 지목됐던 것으로 보인다.[6]

메이지 9년 6월 28일자 위임장에 따르면 미야모토 이사관의 임무는 (1) 수호조규부록, (2) 무역규칙 및 무역과 관계되는 사항의 협정에 있었다. 이 내용은 같은 날 태정대신의 훈령을 통해 다음과 같이 규정됐다.

훈조

하나, 일본인의 유보(遊步) 규정 10리에 관해서는, 저들이 만약 다소 단축을 요구할 경우 5리까지는 허락하라.

하나, 조선 인민이 일본에 도래(渡來)하는 건은, 부록안과 같이 기재하는 것을 원치 않을 경우 잠정적으로 이 조항을 삭제하라.

하나, 저들이 예수교를 그 나라 사람들에게 전파하는 것을 금하고, 또 다른 외국인이 일본인의 명적(名籍)을 빌려서 조선 각 항구에 거류, 상매(商賣)하는 것을 금하는 등의 조관의 추가를 청하더라도 허락해서는 안 된다. 그러나 만약 이 때문에 담판이 결렬되는 상황이 된다면, 이사관의 명의로 별도로 서간을 작성해서 요청에 응해도 무방하다.

하나, 조선 관원들이 무역 때문에 조선 인민에게 뇌물을 요구하거나 전매(專賣)를 허용하거나 중세(重稅)를 부과하는 등의 일이 있다고 들었다. 부산에 도착한 후 실제를 조사해서 과연 그것이 사실이라면, 그 폐해를 구제하여 무역의 장애가 되지 않게 하는 요령(要領)을 약속해 두어야 한다.

하나, 양국 남녀의 간통률(姦通律) 설정을 저들이 강력히 요청해도 우리나라에는 이미 일정한 법률이 있으니 이제 그것을 변통할 수는 없다. 그러나 저 나라가 일방적으로 제 나라 신민을 금지하기 위해 국률(國律)을 세우는 것은 그 뜻에 맡겨라.

하나, 피아 표류 인민을 구원하기 위한 경비는 양국이 상호 지급해서 그 상환을 요구하지 않는 것이 보통의 상리(常理)지만, 조선 인민이 우리에게 표류해 오는 것은 매년 계속해서 끊이지 않고, 우리 인민이 저쪽에 표류하는 것은 매우 드물다. 또 저쪽 변경 주민들이 양식이 부족할 때 고의로 표류해서 구활(救活)을 구하는 뜻이 없지 않다. 그렇다면 이러한 번잡함을 피하기 위해 표민(漂民)을 구활할 때 서로 적당한 보상을 약속하는 것도 당연한 이치다. 조약을 의정한 후 별도로 이 일을 약속해 두어야 한다.

하나, 청국의 베이징과 조선의 경성은 육지로 왕래할 수 있으니, 양국에 파출(派出)한 우리 관원이 수시로 두 수도 사이를 여행할 수 있도록 조선 정부에 조회하고, 저들이 굳이 거절하지 않는다면 약락(約諾)을 요구해 두어야 한다. ○이하 2개 조는 무역규칙에 관계됨. 제36절 참조

다음의 건들은 저들이 강력하게 청구해도 수락해서는 안 된다.

하나, 일본의 금은화(金銀貨)를 조선 내에서 그 인민이 사용하는 것을 거부하는 것.

단, 금은화의 이름으로 사용하는 것을 거부하더라도, 금은괴(金銀塊)도, 화폐를 만드는 금은(金銀)도 일본 물품이니, 수입한 다음에 하나의 물화(物貨)로 간주해서 한인(韓人)

과 무역할 수 있는 이치가 있다. 따라서 이 문장을 반드시 조약문에 게재해야만 하는 것은 아니나, 되도록 게재를 요구할 것.

하나, 일본 인민이 재한(在韓) 중에 저쪽 인민을 사역(使役)에 부리는 것을 거부하는 것.

하나, 수입을 금하지 않는 동안 조선 인민이 우리나라 물품을 마음대로 사용하는 것. ○이하 1개 조는 무역규칙에 관계됨.

이상 몇 개 조관 외에 우리는 사소한 사건으로 간주하더라도 저들의 입장에서는 관계가 적지 않다고 생각해서 강력하게 약정을 요구하는 조관이 있으면, 우리의 국권(國權) 및 종래의 외국교제상 무해한 것들은 시의(時宜)에 의거해서 저들의 청구에 응해도 무방하다.

메이지 9년 6월 28일

태정대신 산조 사네토미

이사관에게는 해군 대군의(大軍醫) 야노 요시테츠(矢野義徹)가 붙여졌고, 또 육군대위 쇼다 요모조(勝田四方藏)와 육군소위 마스미츠 구니스케가 시찰을 위해 동행할 것을 명받았다. 일행이 탑승할 선박으로 군함 아사마(淺間)(제1호) [함장 해군소좌 오카다 고레카츠(緒方惟勝)]가 배정됐다.

메이지 9년 7월 3일, 미야모토 이사관은 수행원 및 야노 해군 대군의 등을 거느리고 도쿄를 출발하여 요코하마에서 군함 아사마에 승선한 후, 당일 출범해서 5일에 고베에 입항했다. 그리고 11일에 고베에서 출발해서 14일에 타이슈(對州) 이즈하라(嚴原)에 도착했다. 수신사의 귀국 호위를 마치고 그곳에 체재 중이던 우라세 히로시 외무중록, 아라카와·나카노 외무권소록 등 조선어통역들을 수행원에 추가하고, 그날 밤 이즈하라에서 출범해서 15일에 부산에 입항했다. 이사관 이하는 공관에 상륙한 후 공관장 외무권중록 야마노조 스케나가에게 명해서 동래부사 홍우창에게 구진(口陳)을 보내 미야모토 이사관이 군함을 타고 강화로 간다는 것을 통고하게 했다. 동래부사는 7월 20일에 공관으로 와서 이사관을 위해 하선연(下船宴)을 베풀었다.

7월 21일, 이사관은 군함 아사마에 탑승해서 부산에서 출발, 일단 이즈하라로 회항한 후 22일에 다시 출범해서 25일에 인천부 제물포 앞바다에 닻을 내렸다.[7]

이보다 앞서 수신사가 가져온 예조 수신의 외무성 서계 및 동래부사의 보고를 통해 미야모토 이사관의 도착을 알게 된 조선 정부는 메이지 9년 7월 22일(이태왕 병자년 6월 2일)에 형조참관 조인희(趙寅熙)를 강수관(講修官), 한성부 좌윤 황종현(黃鍾顯)을 반접관

(伴接官), 홍문관수찬 이희원(李喜元)을 연접관(延接官), 최근 일본에서 귀조(歸朝)한 당상 역관 이용숙을 차비역관(差備譯官)에 차하했다.[8]

군함 아사마가 정박한 이튿날인 7월 26일, 인천부사 윤협과 차비역관 이용숙이 이사 관을 방문해서 협의한 결과, 이사관은 통진(通津)에 상륙한 후 김포(金浦)와 양천(陽川)을 경유해서 육로로 경성에 가는 것으로 결정됐다. 7월 29일, 이사관 일행은 아사마 호에서 기정(汽艇)으로 옮겨 탄 후 통진부 덕포진(德浦津)에 상륙했다. 그리고 연접관 이희원의 영접을 받고 통진을 거쳐 김포에 도착한 후 그곳에서 숙박했다. 다음 날인 7월 30일에 김포를 출발해서 양화진(楊花津)을 건너, 오후 2시 30분에 경성 서대문 밖 경기 중영(京畿中營)[청수관(淸水館)]에 들어가 그곳을 여관으로 삼았다. 반접관 한성부좌윤 황종현이 바로 청수관으로 와서 왕지(王旨)를 전선(傳宣)하고 이사관을 위로했다.[9]

7월 31일(병자년 6월 11일), 미야모토 이사관은 대례복을 착용하고 수행원 및 야노 해군 대군의, 쇼다 육군대위, 마스미츠 육군소위를 거느리고 남대문으로 입성해서 예조를 방문했다. 그곳에서 예조판서 김상현, 참판 한계원, 참의 김영수(金永壽)를 만나 우라세 외무중록의 통역으로 인사를 나눈 후, 이사관이 일한수호조규 비준서를 예조판서에게 전달했다. 그와 동시에 미야모토 이사관의 파견에 관한 외무경 공문과 이사관 위임장을 제시하면서, 예조 당상이 직접 교섭 임무를 맡을 것인지, 아니면 별도로 위원을 임명했는지 질문했다. 예조판서는, '예조는 예전(禮典)을 관장하며 신규 안건에는 관계하지 않는다. 별도로 정부의 명으로 형조참판 조인희를 강수관에 차하해서 상의하게 할 것'이라고 말했다. 또 예조판서는 다음 날인 8월 1일에 국왕께서 알현을 받으실 것이라는 분부를 받았으며 알현이 끝난 후에 사역원에서 연향을 하사하실 것이라는 말을 전했다. 이사관 또한 정중하게 승낙했다.[10]

예조에서의 회담을 마치고 이사관이 여관으로 돌아가자마자 저녁에 반접관 황종현이 내방해서 국왕 알현 의례에 관해 협의했다. 반접관은 조선국 신료들의 알현 의식을 설명하고 그것에 따르기를 바랐지만, 미야모토 이사관은 수신사 김기수가 일본황제를 알현했을 때 자국의 의식에 따랐던 사실을 인용하면서 메이지 8년의 태정관 포고 제18호에 따라 삼국궁(三鞠躬)의 예를 행하겠다고 주장했다. 반접관은 그 일은 수신사의 보고로 알고 있다고 답하면서 이사관의 의견에 동의를 표했다.[11]

메이지 9년 8월 1일 이른 아침, 미야모토 이사관은 대례복을 입고 가와카미 외무대록, 우라세 외무중록, 이시바타 외무권중록, 아라카와 외무권소록을 거느리고 차비역관의 인도에 따라 경복궁에 들어갔다. 국왕은 익선관(翼善冠)과 곤룡포(袞龍袍)를 갖춰 입고 경복궁 수정전에 임어(臨御)했으며, 영중추부사 이유원, 영돈녕부사 김병학, 판돈녕부사 홍순목, 영의정 이최응, 좌의정 김병국, 판중추부사 신헌 등이 입시(入侍)했다. 이윽고 미야모토 이사관이 반접관 황종현의 인도를 받으면서 우라세 중록을 거느리고 좌협문(左挾門)으로 들어와 모자를 벗고 삼국궁(三鞠躬)의 예를 행했다. 국왕이 전교하길, "이처럼 무더운 날씨에 무사히 건너왔는가?"라고 하자, 이사관이 봉답(奉答)하여 아뢰길, "멀리서 온 사람을 이처럼 노문(勞問)하시니 영광되고 감격스럽기 그지없나이다."라고 했다. 국왕은 이사관에게 물러갈 것을 명하고 숭양문(崇陽門) 밖에 설치한 임시 막사에서 주과(酒菓)를 하사했다.

국왕 근현(覲見)을 마친 이사관은 경복궁에서 물러나와 예조로 가서 사역원 연향에 참석했다. 주인 자격인 예조의 세 당상은 물론, 판중추부사 신헌, 의정부당상 서승보(徐承輔)와 남정순(南廷順), 공조판서 윤자승, 강수관 조인희, 반접관 황종현, 동부승지 김기수, 연접관 이희원 등이 모였다. 또한 이날 이사관이 국왕 및 대원군에게 올리는 진헌품이 반접관에게 전달됐다.[12]

미야모토 이사관의 입경(入京)에 수반된 외교적 의례는 이것으로 마무리되고, 일한수호조규부록에 관한 회담이 8월 5일 오후부터 이사관의 여관인 경기 중영(청수관)에서 시작됐다. 일본 측은 미야모토 이사관과 가와카미 외무대록이, 조선 측은 강수관 조인희와 당상역관 김계운, 현석운이 참석했으며, 우라세 외무중록과 아라카와 외무권소록이 통역을 맡았다.

미야모토 이사관이 회담에 앞서 태정관 위임장을 제시했으며, 강수관 또한 의정부 전교 등본을 보여주는 것으로 서로의 권한을 확인했다. 그 다음에 이사관은 수호조규부록안 및 통상장정안을 제출하고 그 내용을 설명했다.[13]

수호조규부록안

제1관 이후 양국 도부(都府)에 설치하는 사신 관사는 어느 곳이든 인민의 방실(房室)을 임차하거나, 혹은 지기(地基)를 임차해서 관사를 건축하되 모두 시의(時宜)에 따른다.

제2관 사신 및 그 권속(眷屬)[2]과 수행원, 그리고 조선 각 항구에 재류하는 일본 관리관(管

---

2) 권속(眷屬): 가속(家屬), 식솔(食率).

理官)은 조선국 내지(內地)를 통과할 수 있다.

제3관 사신관(使臣館)·관리관(管理官)에서 각처에 보내는 문서는 자비로 우송하거나, 혹은 그 나라 인민을 고용해서 전차(專差)[3]하되 각기 편의에 따른다.

제4관 의정한 조선의 각 통상 항구에서 일본 인민이 지기(地基)를 조임(租賃)할 때는 각기 지주와 상의해서 가격을 정한다. 조선 정부에 속한 토지는 조선 인민이 관(官)에 납부하는 것과 동일한 조세를 납부하고 거주할 수 있다. 그리고 부산 초량항(草梁項)에는 종전부터 일본 공관 주위에 관문(關門)이 있어서 일본인의 출입을 자유롭지 못하게 했는데, 이제 조선 정부에서 그 철폐를 허락했다. 기타 두 항구에서도 이와 같은 관문을 설치해서 출입을 방해해서는 안 된다.

제5관 의정한 조선 각 항구에 재류하는 일본 인민이 부근 지방을 한행(間行)[4]할 수 있는 도로의 이정(里程)[5]은, 그곳의 부두로부터 계산해서 직경 10리로^{일본 이정} 한다. 이 이정이 끝나는 곳의 지명은 사전에 그 지방관과 관리관이 의정해야 한다. 이 이정 내에서는 일본 인민이 임의로 보행하거나 여정(旅亭)에 숙박하거나 토의(土宜)를 판매할 수 있다.

제6관 의정한 조선 각 항구에서 일본 인민은 임금을 주고 조선 인민을 고용할 수 있다. 만약 조선 인민이 일본에 가려고 할 경우, 죄범(罪犯) 등의 고장(故障)이 없는 자는 조선 정부가 그를 억류(抑留)할 수 없다.

제7관 의정한 조선 각 항구에서 일본 인민이 사망했을 때는 적의(適宜)한 땅을 선택해서 매장할 수 있다.

제8관 일본국 인민은 일본 화폐로 조선국 인민의 소유물과 교환할 수 있다. 또 조선국 인민은 교환해서 매득(買得)한 일본 화폐로 일본국의 화물을 매입하기 위해, 조선국의 지정된 항구에서는 여러 인민들이 상호 통용할 수 있다.

조선국의 동화폐(銅貨幣)는 일본국 인민이 마음대로 사용하고 수출입할 수 있다.

제9관 조선국 인민이 일본국 인민에게서 매득(買得)하거나 증여받은 물품은 마음대로 사용해도 무방하다.

제10관 의정한 조선 각 항구에 다른 외국인이 일본인의 명적(名籍)을 빌려서 거류하거나 상

---

3) 전차(專差): 특별한 공무를 처리하기 위해 파견하는 사람, 또는 그 일
4) 한행(閒行, 閑行, 間行): 별다른 목적 없이 자유롭게 보행하는 것을 의미한다. 문서에 따라 '閒行', '閑行', '間行' 등으로 달리 기록되어 있는데, 이는 모두 '한행'으로 읽는 것이 옳다. 특히 '間行'의 경우, '間'은 '閒'의 속자(俗字)이며, 이를 '간행(間行)'이라고 읽으면 '미복(微服) 차림으로 잠행(潛行)하다' 혹은 '사잇길로 가다'는 다른 뜻이 되어 버린다는 점에 유의할 필요가 있다.
5) 이정(里程): 한 곳에서 다른 곳까지 이르는 거리를 이(里)를 단위로 헤아린 것

매(商買)하는 것은 조선 정부가 엄중히 금지한다. ○이 조관은 후에 이사관이 자발적으로 삭제함

제11관 수호조규 제7관에 기재된 바의 일본 측량선이 조선 연해를 측량할 때, 시의(時宜)에 따라 조선 인민의 집에 숙박하거나 또는 선박에서 사용할 물품을 다른 곳에 가서 구매할 수 있다.

제12관 조선국은 해외 여러 나라와 통신(通信)하지 않지만, 일본국은 여러 나라와 체맹(締盟)해서 우의(友誼)가 있다. 그러므로 이후 조선국 연해에 다른 나라 선박이 풍파로 인해 곤란을 겪어서 표류해 올 경우, 조선국 인민은 인자한 마음으로 상당한 구원을 베풀고 그들을 일본국에서 파출(派出)한 관원에게 인도해야 한다. 표민(漂民)이 본국 송환을 바랄 경우 일본 관원은 승낙해야 한다.

제13관 이상 12개 조관의 장정 및 다음에 첨부하는 통상규칙은 수호조규와 동일한 권(權)을 가지며 양국 정부는 준행(遵行)해서 위반하지 말아야 한다. 그러나 이 각 조관 중에 양국 인민의 교제무역(交際貿易)상 실제 장애를 일으켜서 개혁하지 않을 수 없는 사정이 인정될 경우에는 양국 정부는 그 의안(議案)을 작성하고 1년 전에 보지(報知)해서 협의, 결정해야 한다. ○전문(前文) 및 위원 성명은 생략함14

강수관은 미야모토 이사관의 설명을 묵묵히 듣기만 할 뿐, 자신의 의견을 개진하지 않고 정부에 보고한 후에 회답하겠다고 말할 뿐이었다.15

【원주】

1 『倭使日記』卷一 丙子年正月二十一日.

2 『朝鮮交際始末』卷三;『倭使日記』卷一 丙子年正月三十日.

3 『朝鮮交際始末』卷三.

4 『外務省條約局編舊條約彙纂』卷三 朝鮮琉球(昭和九年) 3쪽.

5 『朝鮮交際始末』卷三.

6 『宮本大丞朝鮮理事始末』卷二, 卷五.

7 『宮本大丞朝鮮理事始末』卷四 理事官日記.

8 『備邊司謄錄』李太王丙子年六月三日·六日.

9 『宮本大丞朝鮮理事始末』卷四 理事官日記;『倭使日記』卷三 李太王丙子年六月三日·七日·八日·九日·十日.

10 『宮本大丞朝鮮理事始末』卷四 理事官日記 明治九年七月三十一日, 卷三 對話書 明治九年七月三十一日 宮本理事官禮曹判書對話書;『日原案』卷一;『倭使日記』卷三 丙子年六月十日·十二日.

11 『宮本大丞朝鮮理事始末』卷四 理事官日記 明治九年七月三十一日·宮本理事官朝鮮國王へ謁見記略.

12 『宮本大丞朝鮮理事始末』卷四 理事官日記 明治九年八月一日·宮本理事官朝鮮國王へ謁見記略;『日省錄』李太王丙子年六月十二日.

13 『宮本大丞朝鮮理事始末』卷三 對話書 明治九年八月五日理事官講修官對話書;『倭使日記』卷四 丙子年六月十八日.

14 『宮本大丞朝鮮理事始末』卷五 修好條規附錄案;『倭使日記』卷四 丙子年六月十八日.

15 『宮本大丞朝鮮理事始末』卷三 對話書 明治九年八月五日.

일한수호조규부록의 체결

　메이지 9년 8월 7일, 미야모토 이사관의 관사에서 미야모토 이사관과 강수관 조인희의 제2차 회담이 열렸다. 회담 초두에 강수관은 정부의 훈령에 따른 수정대안을 제시했고, 이것으로 드디어 조관별 심의가 시작됐다. 그 중에서 가장 논의의 초점이 된 것은 제1관, 제2관, 제5관이었다.

　수호조규부록 원안의 제1관과 제2관의 두 조관은 수호조규 제2관에 의거한 것으로 주로 공사의 수도 주차(駐箚) 및 그에 수반되는 특권을 규정하고 있었다. 당초 8월 5일의 제1차 회담에서 미야모토 이사관은 (1) "우리나라 사신이 귀국의 경성에 가면 관사를 빌리지 않을 수 없으나, 만약 귀국에서 대여해 주기가 어렵다면 토지를 차용해서 신축할 수 있을 것이다.", (2) "우리나라 사신이 형편에 따라 처자와 서기, 역관 등을 데려올 수 있다. 이들과 개항장에서 재근하는 우리 관원들은 모두 자유롭게 귀국 내부를 통행할 수 있게 해주길 바란다. 또 귀국에 주차(駐箚)하는 우리 공사는 경우에 따라 베이징에 주차하는 우리 공사가 겸근(兼勤)할 수도 있으니, 따라서 공사가 여행할 때 귀국의 내지 통행에 장애가 없도록 허락해주길 바란다."고 했다. 제5관은 부산 개항장의 자유 유보 지역(遊步地域)의 설정과 관계된 것으로, 이사관은 "각 개항장에 재류(在留)하는 우리나라 인민이 각 방면으로 유보(遊步)할 수 있는 규정 지역의 경계는 일본 이수(里數)로 사방 10리로 정하고, 그 경계에 표시를 세우길 바라며, 특히 그 경계 내의 물품은 상호 매매를 허가해야 하고, 또 우리나라 상민들이 매년 몇 차례 시기를 정해서, 대구 및 기타 그와 같은 시장에 갈 수 있도록 여행할 수 있어야 한다."라고 요구했다.[1]

　이상 3개 조관에 대해서 강수관은 다음과 같은 대안을 제시하면서 전면적으로 거절하거나 수정을 요구했으며, 그 밖의 11개 조관에 대해서는 원칙적으로 동의를 표시했다.

　　양국 사신의 관사 및 기지(基地)는, 귀국이 대청(大淸)과의 통상에서는 각국에서 통행(通行)되는 예(例)에 따라 귀국 사신이 베이징에 유주(留住)하지만, 우리나라의 경우에는 양측 모두에 편의(便宜)하지 않은 사단이 없지 않습니다. 우리나라는 일찍이 외국과 통상을 하지 않아서, 백성 인민이 애초에 이러한 규례를 알지 못하는데, 이제 갑자기 총잡(叢雜)[1]한 환궤(闤闠)[2] 가운데 관(館)을 연다면, 처음 보고 듣는 것이라 경괴(驚怪)하며 의혹을 품을 것은 필연지세입니다. 재화와 이익을 다투어 좇는 장소에 어디인들 간세(奸細)하며 무뢰한 무리가 없겠습니까? 의외의 사단이 생겨서 주객(主客)의 의조(疑阻)를 초래할 것이 가장 우려됩니다. 또 각국 사신이 옌칭(燕京)[3]에 주재하는 것은 비단 그 나라 상민의 일을 관리하기 위해서만이 아니요, 또한 다른 나라 사신들과 교섭할 일이 필시 많기 때문일 것입니다. 그러나 지금 우리나라에는 귀국 사신만이 홀로 객관(客館)에 머무르고, 몇 군데 개항지는 산천으로 멀리 떨어져서 별도로 멀리서 접응할 일이 없으니, 그렇다면 사신의 주경(駐京)은 실로 긴밀히 관계되는 사무가 없는 것입니다. 모든 일의 편리 여부는 겪은 뒤에야 알 수 있지만, 이 일만큼은 분명히 불편하고 무익할 것을 미리 헤아릴 수 있습니다. 항구에 관리를 둬서 이미 관리하기에 족하니, 필시 사신을 번거롭게 할 사무가 없을 것입니다. 만약 부득이 상의해서 재처(裁處)할 일이 생기면, 작은 일은 서계로 왕복하고 큰일은 서로 사신을 보내더라도 안 될 것이 없습니다. 개관주경(開館駐京)은 실로 시행하기 어렵습니다.

사신 및 권속(眷屬), 수행원, 일본 인민의 관리관의 조선 내지 통행은, 차후 귀국 사신이 혹 한로(旱路)[4]로 서울에 오고자 한다면 응당 연도(沿道)하여 영송(迎送)할 것이지만, 그 밖의 인원은 어찌 행진(行進)의 정한(程限)에 구애받지 않고 임의로 육로를 통행할 수 있겠습니까? 무릇 사무는 양국에 모두 편해서 장애가 되지 않은 후에야 비로소 영구히 화호(和好)할 수 있는 법입니다. 만약 하나라도 불편한 단서가 있으면 후회가 없지 않을 것이니 실로 뜻을 받들어 시행하기 어렵습니다. 사신의 설관주경(設館駐京)도 시행할 수 없으니 베이징까지 길을 트는 것은 논의할 것도 없습니다. 또 그것은 우리나라에서 주장하는 바가 아닙니다.

일본 이정(里程)이 우리나라 이정과 비교해서 본래 같지 않다는 설이 있는데, 그 장단과 원근이 정확히 어떤지 모르겠습니다. 각 항만 내 일본 인민의 행진정한(行進程限)은 오직 초량화관(草梁和館)의 계한(界限)을 따르는 것이 옳고, 매판(買辦)과 수매(售賣)는 별도로 정해진 한도가 있으니 다시 논란할 필요가 없습니다.

일본 상민의 매년 정기적인 각지 행상은, 만약 그렇게 한다면 개항(開港) 두 곳과 초량의 화관(和館)이 모두 설관입규(設館立規)한 본의를 잃게 될 것입니다. 객상(客商)이 이익을 좇아 여기저기 재화를 싣고 분주(奔走)하는 것은 실로 득계(得計)가 아니니, 일본 상민은 항구에

---

1) 총잡(叢雜): 혼잡
2) 환궤(闤闠): 시가(市街), 민간
3) 옌칭(燕京): 베이징(北京). 춘추전국시대에 연(燕)나라 수도인 데서 유래한 말이다.
4) 한로(旱路): 육로(陸路)

편안히 앉아 있으면서 각지 상민들이 모여들게 하여 교역하는 것이 더 온당하고 편한 방법이 되지 않으리라고 누가 알겠습니까? 물화의 유통과 시포(市脯)[5])의 번성을 개항지에서 기약할 수 있는데, 만약 다시 각처에 흩어져서 일정한 법도 없이 왕래한다면 아마도 의외의 폐단이 생겨서 양쪽에 추호도 이익이 되지 않을 것입니다. 따라서 이 한 조관 또한 시행할 수 없습니다.[2]

미야모토 이사관과 강수관 조인희의 제2차 회담에서 이미 수호조규 제2관의 해석에 관해 중대한 해석상의 차이가 있음이 드러났다. 즉, 미야모토 이사관은 '사신의 주류(駐留) 기간은 시의(時宜)에 따른다.'는 조문을 해석해서 "혹은 급히 귀국할 사신도 있고, 혹은 결론을 내려서 교섭을 매듭지으라는 명을 받고 온 자도 있을 수 있다. 우리나라에 온 외국 공사 중에서도 벌써 10년을 넘은 자도 있다. 재류 공사(在留公使)로 말하자면, 이번에 졸자(拙者)가 이사관에 임명되어 온 것과는 전혀 다르다."라고 주장했으나, 강수관은 "원래 수호조규 제2관의 '사신(使臣)'이라는 것은, 이번에 귀 이사관이 입경한 것처럼 사신이 오는 것으로 간주하고 있으며, 다만 주류(駐留) 기한만 편의대로 할 뿐이다. 어차피 양국이 통교(通交)한 이상 사신의 왕래는 각오했지만, 영주(永住)라는 것은 절대 들어줄 수 없다. 오직 일시적인 어용(御用)[6])으로서 입경하는 것을 뜻하는 취지로 알고 있다."라고 반박했다. 미야모토 이사관은 일이 뜻밖의 방향으로 전개되는 것에 경악해서 공사의 직무와 수도 주차(駐箚)의 의의를 반복해서 설명했지만, 강수관은 "예로부터 경성 내에 외국인이 주거한 예가 없다. 그런데 귀국 사신이 입경한다면 미혹(迷惑)이 적지 않을 것이다. 다만 때때로 용건이 있어서 경성에 올 때는 그 체류 기간을 모두 편의에 맡길 것이다. 각국 공사가 귀국과 청국에서처럼 평소에 무용(無用)하게 주거하는 것은 단연코 막아야 한다고 우리 대신들이 일결(一決)했다."라고 단언했다. 이사관은 다시 고려해줄 것을 요구했지만 강수관은 민정(民情)을 어쩔 수 없다고 말할 뿐이었다. 공사주차(公使駐箚) 문제가 완전히 암초에 걸린 이상, 원안 제2관의 공사의 내지 여행과 가족 동반 등은 도저히 타협점에 도달할 가망이 없었다.

이에 원안의 제1관과 제2관은 잠정적으로 심의를 중단하고, 다음으로 제5관의 유보 구역(遊步區域) 설정 문제로 들어갔다. 이사관은 초량 왜관의 예(例)에 의거한다는 강수

---

5) 시포(市脯): 시장에서 사온 포육(脯肉)이라는 뜻으로 『論語』鄕黨에 '시장에서 사온 술과 포육(沽酒市脯)'이라는 말이 보인다.
6) 어용(御用): '천황에 의해 쓰인다'는 뜻으로 여기서는 천황의 사신이라는 뜻이다.

관의 수정안을 반박하면서 다음과 같이 말했다. "유보(遊步) 규정을 우리나라 10리라고 한 것은 사람 걸음으로 하루에 갈 수 있는 정도의 거리이기 때문이다. 이곳(경성)에서 인천 제물포까지 10리 남짓 된다고 들었다. 귀국 사람의 일은 알지 못하지만, 우리나라 사람은 건강을 위해서 원행(遠行)이 필요하다. 겨우 왜관 같은 곳에 새장처럼 가둬둔다면, 답답해서 도리어 부당하다고 생각하는 자도 있을 것이다. 또한 10리 내에서 대상고(大商賈)[7]를 만든다는 뜻이 아니라, 예를 들자면 보행할 때 감이나 오이를 사는 것 같은) 일일 뿐이다." 강수관은 "인천에서 경성까지는 대략 우리의 100리[한리(韓里)]에 해당한다. 그렇게 한다면 그 경내에 인민이 주거하기 어렵다. 가령 왕명(王命)이 있더라도 부인이 있는 자는 주거할 수 없으니, 주거하는 자는 겨우 남자일 뿐이다. 원래 쌍방 인민을 안착시키려는 취지였으니, 인민을 안착시킬 수 없는 것은 정부가 억지로 하기 어렵다. 따라서 언덕 아래[훈도의 임소(任所), 왜관 설문(設門) 밖에 있음]까지 정도의 유보(遊步) 경계가 어떠한가?"라고 했다. 이로부터 이사관과 강수관은 유보지역(遊步地域) 내의 인민 퇴거, 특히 부녀자 문제에 관해 입씨름만 거듭할 뿐, 어떤 결론도 얻지 못한 채 산회(散會)했다.[3]

제3차 회담은 8월 9일에 이사관 관사에서 개최됐다. 강수관 조인희는 각서를 제시하면서 공사의 경성 주차(駐箚), 수행원 및 가족의 동반, 개항장 유보지역(遊步地域) 문제에 관해 이사관의 주장을 반박했다.

금년 봄의 수호조규 제2관에서 '지금부터 15개월 후에 수시로 사신을 조선국 경성에 파견해서 예조판서를 직접 만나 교제사무를 상의할 수 있다. 그 사신의 주류(駐留) 기간은 모두 시의(時宜)에 따른다.'고 했습니다. 조관의 본문은 이와 같을 뿐이니, 언제 관사(館舍)와 지기(地基)의 말이 있었고, 또 사신의 권속(眷屬)에 관한 말이 있었습니까? 이 두 가지 말에서 비로소 귀국이 우리 서울에 공사를 두고 싶어 한다는 것을 알겠습니다. 사신이 관사를 건축하고 권속을 데려오는 것은 애초에 조규에 기재된 바가 아니었는데, 검인(鈐印)의 주묵(朱墨)이 채 마르지도 않았으니 이것이 어찌 우리가 신의를 잃은 것이겠습니까? 귀국에서 이를 언급하는 것이 실로 조규에서 벗어난 것이요, 상부(相孚)의 도리가 크게 아닌 것입니다.

더구나 공사주경(公使駐京)이 양측에 편의하지 않다는 것과 관련해서, 어제 진술에 미진한 점이 있습니다. 귀국이 반드시 몇 군데 개항을 하고자 한다면, 그곳의 사무는 귀국 관리관과

---

7) 대상고(大商賈): 큰 상인. 상고(商賈)는 장사꾼

우리 지방관이 상의해서 처단(處斷)하면 충분하니, 어찌 반드시 번거롭게 공사가 주경할 것이 있겠습니까? 백성 우민(百姓愚民)이 견식은 적고 괴이하게 여기는 것은 많아서, 쉽게 미혹되고 깨우치기 어렵습니다. 이는 인상(人上)[8]이 된 자가 가장 염려해야 하는 바이니, 비록 엄령(嚴令)과 준법(峻法)이 있더라도 그들이 즐거워하지 않고 불편해하는데 어찌겠습니까? 만약 예측하지 못한 의외의 사단이 발생한다면 교호(交好)에 있어 후회해도 미칠 수 없을 것입니다. 백성의 뜻에 따르고 사물의 실정에 순응하는 것은 천하만국이 모두 동일한 바인데, 우리나라의 치법(治法)은 이 도(道)를 더욱 귀하게 여깁니다. 그러므로 청국과 교시(交市)할 때도 우리 경내에 관리가 유주(留住)하지 않은 것입니다. 유독 귀국에 대해 몇 군데 개항을 허락한 것은 초량관(草梁館)의 구례(舊例)를 따를 수 있기 때문이었습니다. 처음 시행하는 일은 인민이 원치 않는 바이니 조정에서도 억지로 시행할 수 없습니다.

각지에서 행상한다는 한 조관은 그 시행할 수 없는 이유가 비단 한 가지뿐만이 아닙니다. 이미 지난 봄 조규에서 협의한 바가 아닙니까? 그 가부를 다시 논하는 것은 더욱 부당합니다. 이해득실로 논하더라도 귀국에 추호도 이익이 없고, 도리어 귀 백성들에게 해가 돌아갈까 우려됩니다. 참으로 떠돌아다니면서 이익을 좇는 것이 본디 상민의 신고(辛苦)이기는 하나, 객향(客鄉)의 풍속이 다르고 말이 통하지 않아서 피차가 저어(齟齬)[9]하여 속임과 업신여김을 당하기 쉽습니다. 그렇다고 어떻게 관인(官人)과 공차(公差)[10]가 일일이 그 행동거지를 보호할 수 있겠습니까? 그 낭패될 바가 구체화되기 전에 도모해야 하니, 이것이 크게 잘못된 계획임은 재론할 필요가 없습니다.

귀국의 이정(里程)이 우리나라와 같지 않다는 말을 예전에 들었으나, 이처럼 크게 다르리라고는 생각지 못했습니다. 또 그 장단(長短)의 여하를 막론하고, 계산하는 바의 정한(程限)은 우리나라 지방은 오직 우리의 이정으로 그것이 몇 리인지 지점(指點)할 뿐이니, 어찌 귀국의 이정을 우리나라에 시행할 수 있겠습니까? 주위를 넓게 차지한다면 반드시 그곳 민정(民情)의 큰 소란과 의혹을 초래할 것입니다. 만약 그들이 즐거워하지 않아서 떠나간다면, 또 어찌 객심(客心)이 편안히 여길 바이겠습니까?[4]

사신주경(使臣駐京) 및 수행원과 그 가족의 동반에 관해서는 앞에 나왔던 논의를 반복할 뿐 조금도 요령을 얻지 못했으며, 부산 유보지역(遊步地域)에 관해서는 여전히 승강이를 거듭했다. 이사관은 "10리라고 하는 데는 근거가 있다. 우리나라의 유보(遊步) 규

---

8) 인상(人上): '뭇 사람들의 윗자리'라는 뜻으로 최고 통치 지위를 뜻한다.
9) 저어(齟齬): 고르지 못함. 서로 어긋남
10) 공차(公差): 관아나 궁가(宮家)에서 파견하는 관원 또는 사자(使者)

정이 10리며, 또 일본인은 하루에 10리를 걷는 것이 통례이다. 귀 정부의 입장에서 사방 10리라고 했을 때 지장이 있는 장소도 있을 것이니, 예컨대 어떤 방면은 7리로 하고, 어떤 방면은 8리로 하자는 것처럼 사정상 부득이해서 상담을 한다면 감고(勘考)[11]할 수도 있지만, 일장(一丈)을 묻는 데 일촌(一寸)을 답하는 것 등은 결코 받아들일 수 없다."라고 말했지만, 강수관은 유보지역(遊步地域)의 이정(里程)은 묘의(廟議)에서 확정된 것이기 때문에 재고의 여지가 없다고 일축했다.

8월 9일의 회담은 한밤중까지 계속됐지만 양자의 의견은 줄곧 대립된 채 어떠한 진전도 보지 못했다. 이사관은 마지막으로 강화 회담 시의 접견대관 신헌을 만나서 수호조규 제2관의 해석을 들어볼 것을 요망했다.[5]

8월 10일, 제4차 회담이 이사관 관사에서 행해졌다. 강수관은 원안 제1관, 제2관, 제5관의 대안으로 세 조항의 각서를 제시하면서 조선 정부의 최후 양보라고 언명했다.

공사관(公使官)은 경성에 유주(留住)할 수 없음.

나라에 사신이 있는 것은 바로 애경(哀慶)과 교빙(交聘)의 통신(通信)과 수례(修禮)를 위함이니 일찍이 통상 등의 일로 사신을 특파해서 경성에 머물게 한 적이 없었다. 지금 비록 각국에서 통행(通行)하는 규칙이라는 것을 구실로 삼고 있으나 우리나라는 일찍이 각국과 통상한 일이 없었고, 오직 대청(大淸)과 개시(開市)한 예가 있지만 애초에 공사가 와서 머문 경우는 없었다. 이제 귀국과 전례 없는 규례를 처음 시행해서 공사를 경성에 유주(留住)하게 한다면, 장차 풍속을 놀라게 하고 폐단을 빚음을 이루 다 말할 수 없을 것이다. 이러한 사세(事勢)를 우리가 상세히 헤아렸는데도 분명히 말하지 않는다면 교린성신(交隣誠信)의 우의가 아니요, 우리가 분명히 말했는데도 공이 강행하려고 한다면 그 또한 교린성신의 우의가 아닐 것이다. 부디 공은 깊이 헤아려서 다시 번거롭게 하지 말라.

개항처의 행진정한(行進程限)은 오직 초량관(草梁館)의 전례에 따름.

초량관의 정계(定界)는 바로 양국의 성헌(成憲)을 300년간 준수한 것이다. 지금 몇 군데 개항의 증설을 허락한 것이 실로 수호의 지극한 뜻에서 나왔으니, 교역 조규는 비록 초량의 전례와 다르더라도 정리(程里)의 계한(界限)에는 차이가 있어서는 안 된다. 이제 만약 넓게 차지한다면 그곳의 인민들이 필시 모두 놀라 흩어져서, 분묘(墳墓)를 버리고 향정(鄕井)을 떠나 그 생을 보전할 수 없게 될 것이니, 이것이 어찌할 수 있는 일이겠는가? 부디 공은 깊

---

11) 감고(勘考): 깊이 생각함. 숙고(熟考)

이 헤아려서 다시 번거롭게 하지 말라.

각지 행상을 허락할 수 없음.

금년 봄의 조규에서는 단지 두 곳을 개항한다는 약속만 있었고 각지에서 행상한다는 말이 없었는데, 어째서 갑자기 이러한 논의를 꺼내는 것인가? 과연 행상을 한다면 왕래하고 교역하는 사이에 필시 난처한 사단이 허다하게 생겨서 일이 이뤄지지 않을 것이니 개항에 정한(程限)을 둔 뜻이 또한 어디 있겠는가? 부디 공은 깊이 헤아려서 다시 번거롭게 하지 말라.[6]

미야모토 이사관은 조선 정부의 비우호적인 태도에 분격해서 이 각서의 수리를 거부했다. 이튿날인 8월 11일에 제5차 회담이 이사관 관사에서 개최되었지만, 공사주차 문제가 해결되지 않는 한 수호조규부록은 물론이고 무역규칙도 심의를 중단할 수밖에 없었으므로 회담은 거의 결렬 상태에 빠졌다. 미야모토 이사관은 접견대관 신헌과의 회견에 최후의 희망을 걸고 계속 독촉했다. 강수관 조인희는 신헌 또한 매일 묘당 회의에 참여하고 있고, 수호조규의 해석 또한 정부의 입장과 하등의 차이도 없다고 주장했지만, 결국 이사관의 요청을 받아들여서 신헌과의 회담을 정부에 상신하기로 약속했다.[7]

메이지 9년 8월 13일 오후에 이사관 관사에서 중대 회담이 열렸다. 일본 측에서는 미야모토 이사관과 가와카미 외무대록이, 조선 측에서는 판중추부사 신헌과 공조판서 윤자승, 그리고 당상역관 현석운이 출석했으며, (오경석은 질병으로 불참) 아라카와와 나카노 두 외무권소록이 통역을 맡았다. 이 회견은 사적 회담의 형식을 취했기 때문에 강수관은 참석하지 않았다.

미야모토 이사관은 접견대관과의 회견을 희망했던 이유를 설명하고, 공사주차에 관한 수호조규 제2관의 해석에 대해 질문했다. 이에 신헌은 다음과 같이 말했다.

그것은 우리나라에서 조약문을 위배하려고 생각한 것이 아니다. 제2관에 기재된 대로 수시로 사신을 파출(派出)한다는 말이 바로 우리나라의 수신사나 귀국의 이사관 등이 경성에 주류한다는 뜻임은 물론 잘 알고 있다. 그렇지만 조약에 '설관(設館)'이라는 문자가 없으니, 이제 다시 조약 밖의 일을 우리나라 정부에서 승낙하기는 어렵다. 다만 주류(駐留)의 기한은 그 시의(時宜)에 맡기기로 했으니, 가령 사신이 서울에 오래 체류하더라도 우리나라에서 귀조(歸朝)를 독촉하지는 않을 것이다.

이사관이 거듭 공사관 설치에 관해 이의가 있는지 질문하자 신헌과 윤자승은 다음과 같이 답함으로써 수호조규 제2관의 해석을 분명히 했다.

이번에 귀관(貴官)과 같은 사신이 입경할 경우 우리나라에서 거절하는 일은 물론 없을 것이나, 통상과 관련한 용무로 사신이 입경해서 오래 체재하는 것은 승낙하기 어렵다는 것이 정부의 결의이다.○하략

그러자 이사관이 강수관의 출석을 희망했으므로 조인희가 바로 참석했다. 이사관은 신헌, 윤자승, 조인희 등 3명의 관리 앞에서 다시 수호조규 제2관 및 공사의 직무를 설명했지만, 양측의 의견 대립은 끝내 해소되지 않았다. 이사관은 마지막으로 수호조규 제2관의 해석이 일정하지 않다는 것을 이유로 수호조규부록 원안 제1관과 제2관에서 공사의 수도 주차 및 가족 동반 건에 관한 토의를 잠시 중단하겠다고 성명했다.

그 다음에 개항장 유보지역(遊步地域) 설정 문제로 들어갔다. 이사관은 10일본리(日本里), 즉 100한리(韓里)를 원칙으로 하되, 실지(實地) 시찰을 한 다음에 적당하게 상호 양보해서 원만한 협정에 이르기를 희망했지만, 강수관은 실지를 시찰할 필요가 없다고 하면서 거절했다.[8]

8월 13일의 회담에서 일한수호조규의 해석상 양측에 중대한 차이가 있음이 폭로됐다. 게다가 그 책임의 태반은 당시 일본 전권 수석 수행원으로서 조약안을 설명하는 책임을 맡았던 미야모토 외무대승 자신에게 돌아가야 했다. 이제 이 조건들을 토론하게 된다면 수호조규부록 전체가 성립되지 않을 우려가 있었으므로 미야모토 이사관은 어쩔 수 없이 자발적으로 그것을 철회했던 것이다. 메이지 9년 9월 21일의 미야모토 이사관 복명서에는 다음과 같이 서술되어 있다.

하나, 경성 사신관(使臣館)의 지대(地代) 또는 가임(家賃)[12]을 의논하는 일
이 건을 조약 의안(擬案)에 게재하는 것을 생략한 이유는, 조선 정부가 이 문제에 경악해서 공관 건축과 사신주경은 조약문에 게재되지 않은 조건이므로 승낙하기 어렵다고 했기 때문입니다.○중략 저들의 대지(大旨)는 이것에 불과해서, 공사의 경성 주차를 완전히 혐오한 나머지, 최초 조약을 맺을 때부터 경성에 일본관(日本館)을 건축하고 사신이 무제한 영주(永住)한

---

12) 가임(家賃): 집세

다는 문의(文意)가 없다고 하면서, 지금 그것을 조약부록에 게재하기를 원치 않았습니다. 이 한 조관을 위해 재삼 토의를 거듭했습니다. 제가 "조약에서 '주류(駐留) 기간을 공히 시의(時宜)에 따른다'고 했으니, 5년 또는 10년 동안 주류하는 것도 우리 마음대로이다. 만약 이것이 사신이 오래 주류한다는 의미가 아니라면, '지금부터 15개월 후'라는 문자를 넣을 이유가 없다. 이번 이사관의 입경 같은 것은 원래 임시 사무이므로 15개월이 지나기 전에 입경한 것이니, 제2관의 문의(文意)가 이러한 임시 사신의 일을 가리키는 의미가 아님을 징험할 수 있다. 15개월 후로 정한 것은 조선 정부로서도 적당히 조처하는 데 제반 절차가 있으리라고 생각해서 다소 유예를 준 것이다. 일본 도쿄에 조선 사신을 두는 것은, 조약을 체결한 날부터 시행해도 지장이 없기 때문에 '15개월 후'라는 문자가 없는 것이다."라는 뜻을 주장하고 논급하니, 저들은 바로 이를 거절할 수 있는 구실이 없음에도 불구하고, 오직 경성에 일본관(日本館)을 건축하면 인민이 경악해 마지않을 것이라는 걸애(乞哀)[13]의 정실론(情實論)을 품고서 수호조규 제2관에 '축관(築館)'이라는 문자가 없음을 요행으로 여겨, 이를 부회해서 사신은 다만 때때로 공무 때문에 왕래하는 자로 간주하고, '기간[久暫]'이라는 두 글자는 그 사무의 경중에 따라 다소 날짜를 조정할 수는 있지만 10년, 5년이나 되는 긴 시간 동안 거주한다는 의미를 내포한 문자가 아닐 것이라는 의견을 펴면서 변론을 굽히지 않다가 마침내는 우리 사신의 직제(職制)까지도 논급했습니다. 한 가지 일을 끝내면 다른 일을 일으키는 것이 유별나서 "일을 마친 뒤에는 까닭 없이 체류할 이유가 없다."고 하거나, "사신은 각 항구에 재류하는 관리관처럼 통상사무(通商事務)에 관계할 이유가 없다."는 등의 논의를 폈습니다. 이러한 논점은 일일이 변해(辯解)했지만, 우리의 중요한 용무인 가임(家賃)과 지대(地代) 문제를 억지로 부록에 게재할 경우에는 이 한 조관 때문에 수십 일의 의논을 허비하지 않을 수 없었습니다. 물러나서 숙고해보니, 수호조규에 이미 명문(明文)이 있어서 사신이 10년 내지 20년 동안 주류하더라도 '구(久)'라는 한 글자로 족할 것입니다.[14] 실제 사신을 보낼 때 저들에게는 이를 거부하거나 사신의 귀국을 독촉할 수 있는 권(權)이 없습니다. 그렇다면 가임(家賃)과 지대(地代)는 그때그때 사신이 천천히 논의할 수 있고, 반드시 부록에 게재해야 할 요건이 아니니, 차라리 이 조항을 삭제해서 시일을 허비하지 않는 편이 군함이 정박한 형편에도 적절하다고 생각했습니다. 담판을 마치기 전에 우리가 먼저 이 조항은 당분간 삭제한다는 뜻을 밝혀서 과감하게 삭제한 것이며, 결코 저들의 논의를 옳다고 여겨서 삭제한 것이 아닙니다. 따라서 훗날

---

13) 걸애(乞哀): 딱하게 보아줄 것을 구걸함

14) 수호조규 제2관에 '일본국 정부는 지금부터 15개월 후에 수시로 사신을 조선국 경성에 파견해서 예조판서를 직접 만나 교제사무를 상의할 수 있다. 그 사신의 주류(駐留) 기간[久暫]은 모두 시의에 따른다.'라고 한 것에서 구잠(久暫)의 구(久)를 가리킨다.

다시 공관 건축과 주경(駐京)에 관한 논의를 제기하더라도 지장이 없습니다.[9]

미야모토 이사관이 수호조규부록의 암적 요소라고 할 만한 공사주차 문제를 자발적으로 철회했으므로 이제 교섭 결렬의 위기에서 벗어난 것처럼 보였다. 메이지 9년 8월 16일, 제6차 회담이 이사관 관사에서 개최됐다. 강수관이 수호조규부록 및 무역규칙 원안에 따른 조선 정부의 대안을 제시했으므로 원안과 합쳐 조관별 심의가 시작됐다. 그 중 중요한 것은 다음 두 조관이었다.

제1관 양국 신사(信使)는 반드시 애경(哀慶)이 있을 때 서계로써 교빙(交聘)하되,^{서계에는 정식} ^{(定式)이 있어야 함} 수시로 경성에 파송(派送)하고 일을 마치면 즉시 돌아간다. 통상(通商)의 일로 사절을 파견해서 주경(駐京)할 수 없다.

제4관 개항은 초량,옛^{설비를 그대로 이용함} 모지(某地), 모지(某地)^{두 곳을 신설함} 세 항구를 적정(的定)¹⁵⁾한다. 이 세 항구에서는 별도로 관처(館處)를 설정하되 조선의 이척(里尺)으로 동서남북 10리 이내로 하며^{초량의 구제(舊制)를 증관(增寛)함} 그 지형에 따라 결정한다. 이 이정(里程) 내에서 일본 인민은 보행하고, 토의(土宜) 및 일본 물산을 매매할 수 있다.^{비록} ^{경계 안이라도 인가에는 출입할 수 없고, 공무가 아니면 성내(城內)와 공해(公廨)에 출입할 수 없다.}

수정안 제1관에 따르면, 양국 사신의 직무는 길흉경조(吉凶慶弔)에 제한되어 통상에 관한 사항에 간여하는 것을 허락하지 않고, 이를 관리관에게 위양(委讓)한다는 것이었다. 이는 수호조규 제2관의 중대한 수정을 의미했기 때문에 공사주차를 철회한 이사관으로서도 다시 수호조규 제2관의 해석을 놓고 격론을 벌였지만 구체적 결론에는 도달하지 못했다. 제4관의 유보지역(遊步地域) 규정에 관해서 보자면, 원안의 10일본리(日本里)를 거의 10분의 1로 축소해서 10한리(韓里)로 수정했다. 하지만 10한리(韓里)라도 옛날 초량 왜관에 비해 크게 확장된 것은 사실이었으므로 미야모토 이사관도 원안을 고집하지 않고, 타협안으로 동래부와 마산포가 10한리(韓里) 구역 바깥에 있는데 매월 10회 이내로 두 읍에 유보(遊步)하는 것을 허가한다면 수정안에 동의하겠다고 말했다.[10]

8월 17일, 이사관 관사에서 제7차 회담이 열렸다. 강수관 조인희는 미야모토 이사관을 방문해서 정부의 명에 따라 이사관의 타협안을 전면적으로 거절했다. 이사관은 정부 대신들과의 직접 회견을 요청했지만 즉시 거절당하고, 신헌, 윤자승과의 재회견도 거부

---

15) 적정(的定): 확정(確定)

당했다.[11]

8월 18일, 강수관은 이사관에게 회견을 요구했다. 미야모토 이사관은 병을 이유로 거절했지만, 강수관이 중대한 공무가 있다고 주장하자 병실에서 회담을 가졌다. 제8차 회담이었다. 강수관의 용무는 장래 일본 사신이 경성에 파견될 경우, 수행원의 정원과 상경 도로 등을 정하려는 것이었다. 조선 정부는 이번에 미야모토 이사관이 지나 온 통진(通津), 김포(金浦), 양화진(楊花津)으로 정할 것을 희망했다. 미야모토 이사관은 상경 도로를 정해두는 것은 불편하다고 생각해서 처음에는 동의하지 않았지만, 8월 19일의 제9차 회담에서 대략 동의를 표하고 정부에 훈령을 청한 뒤에 회답하기로 약속했다.[12]

마지막으로 유보지역(遊步地域)에 동래와 마산을 포함시키는 문제는 제7차·8차·9차 회담에서도 타결되지 않고 8월 21일의 제10차 회담으로 넘어갔다. 이때는 이미 수호조규부록과 무역규칙 모두 이사관과 강수관 사이에 타협이 성립되었고, 유보지역만이 미해결된 상태로 남아 있었다. 강수관은 유보지역 10한리(韓里)는 이미 국왕의 재가를 받았기 때문에 절대 변경할 수 없다고 주장하고, 이사관의 정부 대신들과의 회견 요구도 거절했다. 그렇지만 이사관의 결심이 매우 굳건해서 동래, 마산 안을 철회시키는 것이 불가능해 보였으므로, 조선 정부는 동래읍에 한해서 유보지역에 포함시키는 것을 승인하기로 결정하고 강수관에게 훈령을 내렸다. 강수관은 8월 23일의 제11차 회담에서 이를 성명하고, 미야모토 이사관도 동의를 표했다.[13] 메이지 9년 6월 28일의 태정대신 훈조(訓條)에서는 유보지역을 10일본리(日本里)로 명기하고 상황에 따라 5일본리(日本里)로 축소하는 것을 승인한 바 있었다. 미야모토 이사관이 훈조의 범위를 넘어서 양보하지 않을 수 없게 된 사정에 관해서는 그의 복명서에 다음과 같이 서술되어 있다.

하나, 각 항구 일본 인민의 유보(遊步) 규정(規程) 건

이 유보(遊步) 규정(規程)은 우리 10리로 제출했더니 이 또한 저들이 매우 경악했습니다. 부산 근방은 예로부터 왜구의 침입과 노략을 당해서 왜인을 마치 귀역(鬼魅)처럼 두려워합니다. 또 중엽 이래로는 타이슈(對州) 인민이 독점해서 거주했는데, 이 주(州)의 인민들이 불량한 행동을 자주 한 것은 일찍부터 널리 알려진 바입니다. 그러므로 저들은 우리 전국(全國)이 모두 그런 것으로 간주해서, 오늘날까지도 일본 인민을 기탄하는 정실(情實)이 아직도 심합니다. ○중략 그러므로 조선 정부가 되도록 이 규정을 단축하고자 부산에서 종전에 설문(設門)이 있던 곳까지만 허락했던 옛 관례에 따라 일보(一步)도 개혁하거나 경장(更張)하지 않기를

요구했던 것입니다. 그러나 이는 우리의 뜻과 크게 반대되기 때문에 저는 그것에 일체 동의하지 않았습니다. 또 "이미 왜관 남쪽 부민동(富民洞) 같은 곳은 6, 70년 전에는 겨우 두세 인가(人家)가 있을 뿐이었는데 지금은 일개 부락을 이루었으니, 어찌 일본 인민을 혐오하는 자들이 이처럼 왜관에 가깝게 부락을 이루는 것인가?"라고 변해(辯解)하자, 저들이 이 이치에 궁색해져서 마침내 다소 확장을 수락했습니다. 저들의 사방 10리의^{우리의 1리(里) 2정(丁) 24간(間)에 해당함} 직경을 규정으로 삼는 것과 관련해서는, 참으로 이 규정을 부산항 한 곳에 적용해보니 공산(空山)이 우뚝하게 솟아서 사방 모두 한행소요(閑行逍遙)할 수 있는 장소가 없었습니다. 그러므로 우리의 2리, 3리 되는 먼 곳까지 갈 일본인은 거의 없는 형편일 것이요, 오직 하나 부산성(釜山城)으로 향하는 방면이 있을 뿐입니다. 그 성하(城下)는 거의 이 규정 내에서 닿을 수 있는 지역이니 인민이 한행(閑行)하는 데 부족하지 않을 것입니다. 그런데 동래부(東萊府)는 이 부산 및 왜관 근방을 관할하는 본부(本府)라서 왜관에 오는 상민 대부분이 그 안에 거주하고 있습니다. 따라서 동래부에 왕래할 수 있다면 일본 인민의 상업에 물론 편리할 것이기 때문에 이 지역을 추가해 줄 것을 간청하자, 저들은 쉽게 승낙하지 않고, 또 일본인이 와서 공해(公廨)에 들어오거나 혹은 이유 없이 인가에 들어갈까 우려된다는 등 사소한 고장(故障)을 구실로 극력 거부했습니다. 이 담판 때문에 또 며칠 시간을 허비했습니다. 그리고는 점차 세부적인 이야기로 들어가서 가와카미 대록의 명의로 별지 갑호(甲號)의^{○별지는 생략함} 수록(手錄)을 전달하여 간신히 저들의 염려를 풀고 마침내 이 한 조관을 매듭지었습니다. 훈장(訓狀)에서 5리까지는 단축할 수 있다고 했지만, 왜관에서 동래까지는 대체로 우리의 4리로도 닿을 수 있는 거리니, 실제로 우리 인민에게 충분히 지장이 없는 유보 규정이라고 생각합니다.[14]

유보지역이 확정됨에 따라 미야모토 이사관과 강수관 조인희 간에 의견이 완전히 일치했다. 수호조규부록 및 무역규칙에 관해서는 지난 10차례의 회담을 통해 이미 타협점에 도달해 있었기 때문에 조문을 정리하는 데는 그다지 많은 시간이 필요치 않았을 것이다. 곧바로 메이지 9년 8월 24일(병자년 7월 6일)에 이사관과 강수관이 회동해서 일한 수호조규부록 및 무역규칙에 기명조인(記名調印)하고, 동시에 부속문서도 교환했다. 수호조규부록에 관해서 보자면, 원안에서 제1관은 완전히 삭제되고, 제2관은 관리관(管理官)에 한해 내지 여행이 인정되었으며, 제4관의 유보지역이 10한리(韓里)로 축소된 부분이 눈에 띄게 수정됐다. 그 밖의 각 조관은 원안과 비교해서 실질적인 차이가 없다.

제1관 각 항구에 주류(駐留)하는 일본국 인민 관리관(管理官)은 조선국 연해지(沿海地)에서 일본국의 선박이 파손되어 긴급한 경우, 지방관에게 고지하고 해당 지역의 연로(沿路)를 통과할 수 있다.

제 2 관　사신 및 관리관이 발송하는 문이(文移)[16]와 서신의 우송 비용은 사후에 변상하거나 혹은 인민을 고용해서 전차(專差)하되 각각 그 편의에 따른다.

제 3 관　의정한 조선국 각 통상 항구에서 지기(地基)를 조임(租賃)[17]하여 거주하는 일본국 인민은 지주와 상의해서 그 금액을 정한다. 관(官)에 속한 땅은 조선국 인민과 동일하게 조세를 납부한다. 부산 초량항 일본관(日本館)의 경우는 전부터 수문(守門)과 설문(設門)을 설치했으나, 이제부터 철폐해서 오직 새로 정립한 정한(程限)에 의거하여 경계에 표식을 세운다. 다른 2개 항구도 이러한 예(例)에 따른다.

제 4 관　이후 부산 항구에서 일본국 인민이 한행(間行)할 수 있는 도로의 이정(里程)은, 부두부터 계산해서 동서남북 각 직경 10리^{조선 이법(里法)}로 정한다. 동래부중(東萊府中) 한 곳은 특별히 왕래할 수 있다. 이 이정(里程) 내에서 일본국 인민은 마음대로 한행(間行)하면서 토의(土宜) 및 일본국 물산을 매매할 수 있다.

제 5 관　의정한 조선 각 항구에서 일본국 인민은 임금을 주고 조선국 인민을 고용할 수 있다. 만약 조선국 인민이 그 정부의 윤준(允准)을 받으면 일본국에 와도 무방하다.

제 6 관　의정한 조선 각 항구에서 일본국 인민이 병고(病故)[18]하면, 적의(適宜)한 땅을 선택해서 매장할 수 있다. 이는 오직 초량의 거리를 기준으로 한다.

제 7 관　일본국 인민은 본국의 현행 화폐로 조선국 인민의 소유물과 교환할 수 있고, 조선국 인민은 그 교환한 일본국 화폐로 일본국에서 생산된 화물을 구매할 수 있다. 이것으로 조선국의 지정 항구에서는 인민들이 상호 통용할 수 있다.

조선국 동화폐(銅貨弊)는 일본국 인민이 운수(運輸)에 사용할 수 있다. 양국 인민 중에서 사적으로 주조한 전화(錢貨)를 소유한 자는 각기 국률(國律)에 따라 처벌한다.

제 8 관　조선국 인민은 일본국 인민에게서 구매한 화물이나, 혹 그 증유(贈遺)한 물품을 임의로 사용해도 무방하다.

제 9 관　수호조규 제7관에 기재된 바에 따라 일본국 측량선에서 소선(小船)을 풀어서 조선국 연해를 측량하다가 혹 비바람이나 썰물을 만나서 본선(本船)에 귀환하지 못한 경우, 해당 지역의 이정(里正)[19]은 근처 인가에 안접(安接)[20]하고, 필요한 물품이 있으면

---

16) 문이(文移): 공문(公文)
17) 조임(租賃): 임대(賃貸)
18) 병고(病故): 병사(病死)
19) 이정(里正): 조선시대 최말단 행정 조직인 이(里)의 책임자
20) 안접(安接): 편안히 머물도록 함

관(官)에서 마련해주고 추후에 계상(計償)한다.

제10관 조선국은 일찍이 해외 여러 나라와 통신한 적이 없지만, 일본은 이와 달라서 수호(修好)를 맺은 지 몇 해가 지나서 체맹(締盟)한 국가들과 우의(友誼)가 있다. 이후 다른 나라 선박이 풍파로 군박(窘迫)해서 연변(沿邊)[21]에 표류해오면 조선국 인민은 반드시 이치상 애휼(愛恤)해야 한다. 그 표민(漂民)이 본국 송환을 희망할 경우 정부는 각 항구의 일본국 관리관에게 인도해서 본국으로 송환한다.

제11관 이상 10개 조관의 장정 및 통상규칙은 모두 수호조규와 동일한 권리를 가진다. 양국 정부는 이를 준행해서 감히 위반하지 말아야 한다. 그러나 이 각 조관 중에 만약 양국 인민이 교제와 무역을 실천하는 데 장애가 있다고 인정해서 이혁(釐革)[22]해야 하는 것이 생기면, 양국 정부는 신속하게 의안(議案)을 작성해서 1년 전에 이를 보지(報知)하고 협의개립(協議改立)한다.[15]

메이지 9년 8월 24일에 일한수호조규부록과 무역규칙의 조인을 마친 후, 미야모토 이사관은 다음 날인 25일에 우라세 외무중록을 거느리고 의정부로 가서 영의정 이최응과 우의정 김병학에게 고별했다. 그리고 곧바로 예조 사역원에서 베푼 하선연(下船宴)에 참석했다. 8월 26일, 미야모토 이사관은 수행원을 데리고 경기 중영(中營)을 출발해서 통진부(通津府)에 도착했다. 그리고 다음 날인 27일, 기정(汽艇)의 출영(出迎)을 받으면서 군함 아사마(淺間)에 탑승한 이사관 일행은 29일에 인천을 출발해서 31일에 나가사키에 도착했다. 군함 아사마는 9월 7일에 나가사키에서 출항하여 고베를 거쳐 9월 20일에 요코하마에 도착했다. 미야모토 이사관은 9월 21일에 정원(正院)에 출두해서 복명했다.[16]

경성에 체재한 지 거의 1개월 동안 전후 12차례의 회담을 거듭하면서 성립된 일한수호조규부록은 결코 기대했던 성과를 거두었다고 할 수 없다. 공사의 수도 주차 문제에서 수호조규의 해석상 중대한 차이가 있음이 드러났을 뿐만 아니라, 유보(遊步) 이정(里程) 또한 훈령을 벗어나서 양보하지 않을 수 없었던 것이다. 그렇게 된 것은 외무성과 미야모토 이사관의 부주의가 주된 원인이었지만, 한편으로 조선과 같은 반개국(半開國)에서 장기간에 걸쳐 곤란한 임무를 부여받았던 사신의 정신적·물질적 고통도 과소평가되어서는 안 될 것이다. 즉, 7월 하순부터 8월 하순까지 타는 듯한 무더위가 지속되었고,

---

21) 연변(沿邊): 국경 주변 일대
22) 이혁(釐革): 개혁(改革)

게다가 연일 내리는 비는 협소한 조선의 가옥에서 칩거해야만 했던 일행의 건강을 크게 해쳤다. 그 결과 소사(小使) 1명이 사망하고 오쿠 외무중록이 일시 위독한 지경에 빠지기도 했다. 이사관 자신도 병상에서 강수관과 회담을 할 정도였다. 제물포 앞바다에 임시 정박 중이던 군함 아사마의 상태도 이보다 나을 것이 없었다. 함장 이하 승조(乘組)한 사관과 병사들의 상륙이 대부분 허락되지 않았으므로, 연안에서 담수(淡水)와 식료품을 보급 받을 가망이 거의 없었다. 게다가 정박지가 매우 불안정해서 함장 오카다 해군소좌는 노후하고 둔중한 구식 군함을 지키는 데 크게 고심했다. 오카다 함장은 당초 미야모토 이사관의 말에 따라 한강 어귀에서 2주간 정박할 예정이었다. 그런데 경성에서의 회담이 정체됨에 따라 정박이 무기한 길어질 것을 우려해서, 8월 말을 넘기면 일단 귀항하지 않을 수 없다고 주의를 주었다. 이사관은 이 점을 우려해서 의도적으로 담판의 종결을 서두른 경향이 있다.[17]

【원주】

1 『宮本大丞朝鮮理事始末』卷三 對話書 明治九年八月五日理事官講修官對話;『倭使日記』卷四 丙子年
   六月十八日.

2 『倭使日記』卷四 丙子年六月十八日;『日使文字』卷一 丙子.

3 明治九年八月七日理事官講修官對話書;『倭使日記』卷四 丙子年六月十八日.

4 『倭使日記』卷四 丙子年六月二十日;『日使文字』卷一 丙子.

5 明治九年八月九日理事官講修官對話書;『倭使日記』卷四 丙子年六月二十日.

6 『日使文字』卷一 丙子.

7 明治九年八月十日・十一日理事官講修官對話書;『倭使日記』卷四 丙子年六月二十一日・二十二日.

8 明治九年八月十三日理事官講修官對話書;『倭使日記』卷四 丙子年六月二十四日.

9 『宮本大丞朝鮮理事始末』卷五 明治九年九月二十一日宮本理事官報告.

10 明治九年八月十六日理事官講修官對話書;『倭使日記』卷四 丙子年六月二十七日.

11 明治九年八月十七日理事官講修官對話書;『倭使日記』卷五 丙子年六月二十八日.

12 明治九年八月十八日・十九日理事官講修官對話書;『倭使日記』卷五 丙子年六月二十九日・七月一日.

13 明治九年八月二十一日・二十三日理事官講修官對話書.

14 明治九年九月二十一日宮本理事官復命書.

15 『舊條約彙纂』卷三(朝鮮) 9～23쪽.

16 『宮本大丞朝鮮理事始末』卷四 理事官日記, 卷五 理事官復命書;『善隣始末』卷三.

17 『宮本大丞朝鮮理事始末』卷四 理事官日記, 卷六 理事官軍艦淺間艦長往復.

공사주차(公使駐箚)와 국서 봉정

메이지 9년 2월에 일한수호조규는 성립되었지만 같은 해 8월의 수호조규부록은 일한 양국의 외교 관계가 정상화되기까지는 아직도 갈 길이 멀다는 것을 보여주었다. 그 중에서 가장 문제가 된 것은 일본 공사의 조선국 수도 상주와 그에 수반되는 특권, 즉 가족 동반 및 조선 내지의 수시 여행이었다. 그런데 조선 정부는 수호조규 제2관의 해석을 근거로 공사의 상주를 거절하고 국제간 관례에 의해 인정되는 특권을 부인했을 뿐만 아니라, 일본 사신의 상경 도로를 하나로 정하려고까지 시도했다.

미야모토 이사관은 조선 강수관의 미몽을 깨치기 위해 노력했지만, 조인희는 굴하지 않고 수호조규부록안이 성립된 후에도 특히 이상의 각 안건들에 대해 본국 정부에 훈령을 청한 뒤에 확답해 줄 것을 요청했다. 미야모토 이사관도 공사 상주를 규정한 수호조규 원안 제2관의 철회에는 동의했지만, 조선 정부의 요구를 승인한 것은 아니었으므로 재교섭의 여지를 남겨둘 필요를 느끼고 있었다. 다만 상경 도로에 관해서는, 조선의 실정으로 판단할 때 하나로 정하지 않을 수 없다는 것은 자각하고 있었다.

이러한 이유로 수호조규부록의 조인 당일, 미야모토 이사관은 강수관 조인희의 요청에 따라 다음과 같은 각서를 전달했다.

양국 사신의 경성 파견은 오직 교빙(交聘)사무로만 한다. 통상은 별도로 각 항구의 관리관(管理官)이 직장(職掌)[1]할 것이니, 이러한 사무로 전사(專使)를 보내서 주경(駐京)할 필요가 없다.

이후 일본 사신이 탑승해서 왕래할 선박의 정박지는 반드시 일정한 지역이 있어야만 영송(迎送) 절차를 예(禮)에 맞게 정비(整備)할 수 있으니, 이번 이사관 행차에 의거해서 상하(上下) 선박 모두 통진(通津)을 경유하는 것을 영구히 정식(定式)으로 삼는다.

이 두 건은 바로 그 옳고 그름을 논의할 수 없으니, 도쿄에 다시 보고한 뒤에 회답할 것이다.

---

1) 직장(職掌): 관장(管掌)

미야모토 이사관은 메이지 9년 9월 21일에 귀조, 복명하고 일한수호조규부록과 일한무역규칙, 그리고 그 부록문서를 제출하는 것과 동시에 데라지마 외무경에게 상세한 설명 문서를 진달해서 교섭의 경과와 앞의 각서를 전달한 이유를 보고했다.

조선 정부의 요구는 일한외교 관계를 국제법의 원칙에 따라 정상화하려고 한 일본 정부의 방침과 근본적으로 상반되었다. 외무당국은 국제법의 원칙에 의거한 공사의 직무와 특권을 조선 정부에 인식시킬 필요성만을 통감했을 뿐, 미야모토 이사관의 각서를 승인할 의향은 전혀 없었다.

조선 정부는 사신주경과 상경 도로를 하나로 정하는 이 두 가지 안건을 크게 중요시해서, 일본 정부로부터 메이지 9년 8월 24일자 미야모토 이사관 각서를 확인받기 위해 노심초사했다. 이사관이 경성에서 물러간 직후 예조판서 김재현은 데라지마 외무경에게 서계를 보내서 '상술한 두 건은 이미 조선국 정부가 일본국 이사관과 강확(講確)해서 상정(商定)한 바이지만, 다만 이사관이 전결(專決)하기 어려워서 본국 정부에 청훈하겠다는 의사를 전한 것이기 때문에 일본국 정부로서도 신속히 그것을 확인해서 수호조규부록에 추가 조관으로 기재해 주길 바란다.'고 요구했다. 이와 함께 강수관 조인희도 미야모토 이사관에게 서계를 보내서 이상 두 건에 관해 이사관의 주의를 촉구하고 예조 서계의 알선을 의뢰했다.[2]

일본국 정부는 미야모토 이사관 각서의 취지를 절대 승인하지 않는다는 방침이었다. 데라지마 외무경은 예조 서계를 접수하자마자 그 책임자인 미야모토 외무대승에게 명하여 강수관 조인희에게 회답 서계를 보내 메이지 9년 8월 24일자 각서에 저촉되지 않는 범위 내에서 그 내용을 부인하게 하고, 다른 한편으로 수호조규 제2관의 해석을 시정했다.

귀국력(貴國曆) 병자년에 예조판서 김(金) 합하(閤下)께서 우리 외무경 데라지마 씨께 서계를 보내셨는데, 외무경께서는 하관(下官)에게 그 글의 뜻을 합하께 자문(諮問)할 것을 명하셨습니다. 서계에 이르길, "양국 사신의 경성 파견은 오직 교빙사무(交聘事務)로만 한다. 통상은 각 항구의 관리관이 직장(職掌)할 것이니, 이러한 사무로 전사(專使)를 보내서 주경(駐京)

시킬 필요가 없다."고 했습니다.○중략 대체로 사신의 직무는 양국 교제사무(交際事務)의 전장(專掌)이 주 임무가 되는데, 교제사무는 길흉(吉凶)과 경조(慶弔)의 이전(二典)에만 그치는 것이 아니니, 그 나라 정부 소재지에 주류(駐留)하면서 각각 그 정의(情誼)를 통창(通暢)하고, 상호 친목해서 조격(阻隔)의 근심이 없도록 하는 것입니다. 이것이 사신의 직장(職掌)임은 귀 정부에서도 이미 상세히 아는 바일 것이니 하관(下官)이 번독(煩瀆)할 필요가 없습니다.

양쪽에 서로 방국(邦國)을 세웠으니, 그 인민들이 서로 교통(交通)하지 않을 수 없습니다. 무릇 교통이란 서로 있고 없는 것을 보완하는 것이요, 간난(艱難)을 서로 구제하는 것입니다. 인민들이 이미 교통했으니, 그렇다면 인민의 위에 서서 방국의 책무를 맡고 있는 두 정부 또한 서로 교의(交誼)를 닦고 우도(友道)를 강구하지 않을 수 없습니다. 이는 통신(通信)과 통상(通商)의 도(道)가 유래하여 일어난 바이니, 그러므로 통신과 통상은 이치 상 2개의 길이 아닌 것입니다. 더구나 우리 두 나라는 한 조각 거룻배로 건너갈 수 있고, 인민의 왕래 또한 오래 되었습니다. 따라서 심상한 상무(商務)는 관리관이 담임하는 것으로 충분하여 굳이 두 정부를 번거롭게 할 것이 없으나, 만약 교도(交道)에 풍파(風波)가 생겨서 상로(商路)가 이 때문에 비색(否塞)[2]한데, 관리관과 지방관이 회의를 해도 화합하지 못해서 마침내 분초(紛醋)[3]가 대사(大事)를 양성(釀成)하거나, 혹 무역의 경황(景況)이 시세(時勢)에 따라 변천할 경우에는, 통상장정을 의의(擬議)[4]해서 그 폐단 등을 이혁(釐革)해야 합니다. 이는 상로(商路)에서 교섭을 시작해서 중대 사건을 이루는 것입니다. 그때 사신이 변리(辨理)하지 않는다면 누가 그 일을 맡을 수 있겠습니까? 만약 통상으로 말미암아 양성된 사항을, 대개 사신이 관여할 바가 아니라고 하면서 버려두고 고려(顧慮)하지 않는다면, 그것은 사신의 직장(職掌)을 잃는 것입니다. 귀 판서께서 교빙사무라고 하신 것도 괜찮지만, 반드시 꼭 그렇다고 하는 말씀은 아닐 것이요, 다만 그 요령을 총괄해서 개론하신 말씀일 것입니다. 만약 그렇지 않다면 전에 우리나라에 왕림한 귀 수신사의 경우는 교빙사무 때문에 온 것이라고 생각하십니까? 아니면 우리 외무경께서 아직 확실히 살피지 못하셨으나, 사신의 직무가 앞에서 지적한 것처럼 애경(哀慶) 이전(二典)에 그치지 않고 교제의 만반사무(萬般事務)에 관계되어 그 정부 소재지에 주차(駐箚)하면서 정의(情誼)를 창달(暢達)하고 화친을 보호하는 것이라고 생각하십니까? 만약 그렇다면 우리 외무경의 소견과 차이가 없는 듯합니다. 귀 판서의 뜻은 어디에 있습니까?○하략3

아울러 사신의 상경 도로를 하나로 정하는 문제도 불편함을 이유로 거절하고, 수호조

2) 비색(否塞): 운수가 막힘
3) 분초(紛醋): 분(粉)은 잡란(雜亂)의 뜻이고, 초(醋)는 시기·질투를 비유한다.
4) 의의(擬議): 사전에 문제를 헤아려서 의논함

규 제5관의 취지로 봐도 부산 및 기타 2개 개항장에 수시로 상륙해서 육로로 부임하는 것이 당연하다는 뜻을 역설하면서, 다만 통진부(通津府)가 경성까지의 최단 도로 상에 있기 때문에 사신도 편의상 당분간 이 길을 이용할 것임을 암시했다.

미야모토 외무대승의 서계는 신임 부산 주재 관리관 곤도 신스케를 통해서 조선 정부에 전달됐다. 조선 정부에서는 이 서계를 메이지 9년 8월 24일의 미야모토 이사관 각서를 무시하는 것으로 보았다. 이에 대해 불쾌하게 느낀 조선 정부는 메이지 9년 12월 27일(병자년 11월 12일)에 강수관 조인희에게 명하여 명확한 언사로 미야모토 이사관의 신의 없음을 힐책하고, 거듭 사신 주경의 그릇됨과 상경 도로를 하나로 정할 필요를 역설하게 했다.[4]

공사주경과 상경 도로의 건이 아직 결정되지 않은 동안에 이와 밀접하게 관련된 사건이 발생했다. 즉, 메이지 9년 10월 14일의 태정대신 포고를 통해 일본 신민의 조선국 부산 도항(渡航)이 허가됐기 때문에 상민(商民)들이 계속 도항했다. 그 중에는 가족을 데리고 가는 자들도 적지 않았다. 그런데 조선국 정부는 지난번에 미야모토 이사관이 수호조규부록안 제2관에서 사신이 권속(眷屬)을 데려오는 건을 삭제하는 데 동의한 사실에 근거해서 이를 확정된 사항으로 간주했으며, 또 사신조차 가족 동반이 허락되지 않으니 일반 상민은 특별히 조문을 통해 규정하지 않아도 당연히 그 안에 포함되는 것이라고 해석해서, 동래부사 윤치화(尹致和)에게 명하여 곤도 관리관에게 가족의 퇴거를 요구하게 했다. 그러나 곤도 관리관은 특별히 본국 정부의 훈령에 의한 것이 아니라면 동의할 수 없다고 하면서 끝내 이 요구에 응하지 않았다. 이에 메이지 10년 2월(정축년 정월)에 예조판서 서당보(徐堂輔)는 데라지마 외무경에게 공문을 보내서 일본 상민이 권속을 데려오는 것이 조약 위반이 되는 이유를 설명하고, 속히 부산 주재 관리관에게 명해서 가족을 소환할 것을 요구했다. 이 사건은 일본 정부의 입장에서는 참으로 의외라고 여겨졌으므로, 6월 8일에 데라지마 외무경은 회답 서계를 보내서 '수호조규부록 원안 제2관을 삭제한 것은 단순히 그 상의의 무기한 연기를 의미하는 데 불과하니 확정된 사항으로 간주할 수 없다. 또 상인이 권속을 데려오는 것은 수호조규 제4관에 따른 '피아 인민의 권리'에 근거한 것으로 사신이 권속을 데려오는 것과는 전연 무관하다.'라고 설명했다. 조선 정부로서는 이 신어(新語)에 따른 해석에 동의할 수 없었을 테지만, 상민 권속의 문제에 관해서는 더 이상 추궁하지 않았다.[5]

당초 일본 정부는 메이지 9년 2월의 수호조규에서 일한국교의 큰 줄기를 규정하고 6

개월 후에 체결될 수호조규부록에서 그 시행 세목을 협정할 예정이었다. 하지만 미야모토 이사관의 교섭에서는 수호조규에서 남겨진 중대 안건의 태반이 잠정 결정 또는 협정 연기라는 결과를 얻는 데 불과했다. 이 때문에 일본 정부는 여전히 구제도의 형식에 따라 부산 주재 관리관이 동래부사를 통해 조선 정부와 교섭할 수밖에 없었고, 따라서 수호조규부록의 유보 사항의 해결을 서두를 필요를 느꼈다.

메이지 10년 9월 10일, 외무대서기관 겸 대리공사(外務大書記官兼代理公使) 하나부사 요시모토에게 조선국 차견(差遣) — 주차(駐箚)가 아니라는 데 주의할 필요가 있다. — 을 명해서, 당시 급무로 여겨진 수호조규 제5관에 따른 개항장 2개소의 협정과 기타 현안의 해결을 맡겼다. 그 가운데 주목할 필요가 있는 것은 사신주경 및 상경 도로의 문제로, 이와 관련해서 같은 해 9월 24일 데라지마 외무경의 내훈(內訓)과 별훈(別訓)에 다음과 같은 구절이 보인다.

공사주차지(公使駐箚地) 건

하나, 사신주차지가 경성이어야 함은 물론이지만, 조선이 아직 경성에 사신이 주차해야 하는 이유를 이해하지 못하고, 또 외인(外人)을 접하는 데 관대하지 않기 때문에 주경(駐京)이 실로 편리하지 않을 것으로 생각된다면, 사신은 임기(臨機)의 처분으로 강화와 인천 두 부(府)의 사이를^{만약 개항을 이곳에 정하면 바로 그 장소로 한다.} 당분간 주류(駐留)하는 곳으로 삼을 수 있다. 단, 경성에 왕래할 필요가 있을 때는 언제라도 차질이 없게 정해 두어야 한다.

하나, 사신이 경성에 주류(駐留)할 필요가 없다는 논의에 대해서는 각국의 통례임을 설명하고, 이를 거절하는 것은 수호의 뜻과 맞지 않음을 논해서 수호조규의 명문(明文)에 위배되지 않게 하라.

하나, 사신이 경성에 왕래하는 도로를 하나로 정하는 논의는 들어줄 수 있는 것이 아니다. 그렇지만 강화와 인천 사이에 공사관을 두기로 결정하면 2, 3년에 한하여 통행 도로를 정하는 것은 무방하다.[6]

이 훈령의 내용은 대단히 주의할 필요가 있다. (1) 사신주경은 수호조규 제2관에 따라 원칙적으로 승인하되, 단 당분간 수부(首府)에 가장 근접한 개항장에 주류해도 무방하며, (2) 상경 도로도 당분간 하나로 정해도 무방하다고 규정하고 있다. 이는 조선 정부의 반대를 고려한 매우 타협적인 성격의 훈령이었다. 공사관 문제는 구 에도막부 말기에 열국 공사관의 설치가 지나치게 일렀던 까닭에 에도 인심의 불안을 야기해서 수차례의 폭동을 겪으면서 한때는 가나가와 거류지로 철수하기까지 했던 경험을 통해, 그리고 상경 도로를 하나로 정하는 문제는 조선 국내의 교통이 열리지 않아서 사신이 부산 또는 기타 지역에서 자유롭게 육로를 선택하는 것이 사실상 불가능에 가까운 사정을 감안해서 이렇듯 협조적인 태도로 나왔던 것으로 보인다.

하나부사 대리공사는 메이지 10년 9월 26일에 도쿄를 출발, 미야모토 이사관과 동일한 상경 도로로 같은 해 11월 25일에 경성에 도착해서 경기 중영(中營)에 들어갔다.

이보다 앞서 조선 정부에서는 공사주경에 관한 현안이 아직 해결되지 않고, 특히 병자년 11월 12일자 강수관 조인희의 서계에 대한 회답 서계가 도착하기도 전에 일본 정부가 경조(慶弔) 이외의 사명(使命)을 부여한 공사를 파견한 것을 불법으로 간주하여 그 입경을 거절해야 한다는 논의도 있었지만, 이제 갑자기 국교를 단절하는 것은 불리하다고 보고 차비역관 부산관찰관(釜山辦察官) 현석운에게 명하여 당일로 하나부사 대리공사에게 설명을 요구하게 했다. 공사는 예조판서와의 회견 자리에서 상세하게 설명하겠다고 답했다. 다음 날인 11월 26일, 공사는 예조판서 조영하를 만나 외무경 신임장을 전달했다. 신임장에 공사주경과 상경 도로에 관해 전혀 기재된 바가 없었으므로 예조판서가 그 이유를 질문했는데, 공사는 이 건에 관해서는 별도로 외무경의 명이 있었으니 자신이 상세히 설명할 것이며 신임장에는 별도로 기재되어 있지 않다고 답했다. 예조판서도 양해하고 이날의 회견을 마쳤다.[7]

메이지 10년 12월 1일, 하나부사 대리공사는 강수관 예조참판 홍우창과 회견을 갖고 자신의 주요 임무인 개항장 선정에 관해 교섭을 개시하고자 했다. 강수관은 회견 초두에 예조판서의 명에 따라 먼저 공사주경과 상경 도로 문제에 관한 미야모토 이사관과의 교섭 전말, 그리고 외무성과 예조 간의 왕복 서계 문제를 언급하고 일본 정부의 설명을 요구했다. 공사는 "수호조규 제2관에 사신의 입경(入京) 주류(駐留)를 기재한 것은 양국의 통교(通交)상 없어서는 안 되는 조항이기 때문입니다. 그런데 귀국이 억지로 이를 삭제하자고 하더라도 없어서는 안 되는 것을 삭제할 수는 없습니다. 일찍이 미야모토 대승의 변해(辯解)가 있었음에도 불구하고 아직도 양해하지 않으시니, 수만 마디 말을 소비한들 서면(書面) 상으로는 안 될 것입니다. 또 서면 상으로는 말도 모가 나기 때문에 본 사신이 간곡하게 설명드려야 할 일입니다."고 답했다. 강수관은 이것에 만족하지 않고 계속 미야모토 이사관 각서에 관해 추궁했다. 공사는 이 말에 답하지 않고 강수관이 양해하지 않음이 유감이라고 말했으므로, 강수관은 화제를 바꿔서 일본 사신이 누차 입경하는 데 경비도 적지 않으니 금후로는 관리관과 지방관 사이에서 교섭할 것을 주장했다. 공사는 본국 정부의 명령도 있었으므로 교섭을 지방관에게 이양하는 것에는 동의하지 않지만, 경비 측면에서는 고려할 여지가 있다고 했다. 그리고 다시 장문의 각서를 전달하면서 공사의 직무를 설명했다. '일한 양국의 국교가 새로 성립한 이후로 외교사무가 점차 번극(繁劇)해질 것이니, 사건이 발생할 때마다 사신을 파견한다면 그 번잡함과 쓸데없는 비용을 감당하기 어려울 것이다. 또 수호조규 제2관에 기재된 교제사무를 경조(慶弔)에만 한정하는 것은 불합리하다. 통상(通商)에 관계된 사무라도 사안이 중대해서 관리관과 지방관에게 위임할 수 없는 것이 많다. 이러한 종류의 분의(紛議)가 생겼을 때 공사가 주경하고 있다면 바로 본국 정부를 대표해서 조선 정부와 직접 교섭하여 해결을 촉진할 수 있을 것이다. 더욱이 이제부터 조선 반도는 열국의 환시(環視)[5] 하에 놓일 것이며, 특히 영국과 러시아 양국 같은 경우는 항상 울릉도와 영흥만(永興灣)을 노리고 있다. 그러므로 만약 이러한 나라들이 일을 꾸며서 조선국에 중대한 위기가 임박했을 때 일본국 공사가 주경한다면 바로 관계국 사이에서 중재를 시도해서 미연에 화를 방지할 수 있다.'는 것이었다. 그리고 "백반(百般) 사고(事故)를 주경하면서 바로 돕지 않으면 할 수 없는 것이 또한 얼마나 많은지 모릅니다. 대체로 막힌 것을 소통하고 원굴(冤屈)한 것을 펴서, 일이 간소하지만 사업을 이루고, 비용이 절감되지만 기변(機變)에 응해서, 일을 의논할 때 번거롭게 간독(簡牘)을 보낼 필요가 없고 변고를 만났을 때 특사가 필요하지 않은 것은 오직 공사주경 한 가지 일일 뿐입니다. 더구나 사변이 닥치는 것을 예측할 수 없는데, 기사(機事)[6]는 치밀하지 않으면 이룰 수 없으니, 참으로 심상한 서독(書牘)으로 처리할 수 있는 것이 아닙니다. 공사의 요무(要務)가 이와 같으니 하루라도 주경하지 않을 수 없는 것입니다."라고 말했다.[8]

제2차 회담은 12월 4일에 관소(館所)에서 열렸다. 강수관은 거듭 공사주경의 문제점을 언급하면서 경비의 관점에서 공사주경에 반대했다. 12월 7일의 제3차 회담에서도 다시금 공사주경과 상경 도로의 건에 관해 재의(再議)를 요구했다. 이에 공사는 12월 1

5) 환시(環視): 사방에서 주시함
6) 기사(機事): 국가의 중대사

일에 제출한 각서를 숙람(熟覽)하길 바란다며 주의를 주고, 마지막으로 "사절 왕래는 정부 교통상(交通上) 없어서는 안 되는 사무이니, 번거롭다고 취소할 수 있는 것이 아닙니다. 비용은 몇 번이라도 서로 이야기해서 줄일 수 있을 만큼 줄이도록 하겠습니다."라고 하고 이 토의를 중단했다.[9]

그 후 강수관은 공사주경 및 상경 도로에 관해서는 논하지 않았고, 문제는 항상 개항장 결정을 두고 벌어졌다. 하나부사 대리공사는 이 건에 관해 아직 조선 정부의 양해가 이뤄지지 않은 것을 감안하여 12월 17일에 예조판서 조영하에게 공문을 보내 국제법의 견지에서 공사주경이 필요한 이유 및 그 직무와 대우를 설명하고, 아울러 광서 2년에 청국 동문관(同文館)에서 간행한 『성초지장(星軺指掌)』과 『만국공법(萬國公法)』 2부를 증여하면서 참고하게 했다.

> 수호조규가 우리 양국 간에 참으로 순정공명(醇正公明)해서 일찍이 우내(宇內)에서 통행(通行)하는 공법에 근거하지 않은 것이 없습니다. 무엇으로 이 말이 사실임을 알겠습니까? 『성초지장(星軺指掌)』을 참조하면 그 이치를 충분히 알 수 있습니다. 이 책은 청국 광서 2년에 베이징 동문관(同文館)에서 판행(版行)한 것으로, 현재 우내(宇內) 각국이 준행(遵行)하는 통사(通使)의 예규를 설명한 것이 매우 상세합니다. 방국(邦國)에 응당 외국 교제를 전관(專管)하는 대신이 있어야 함을 설명하면서, "각국 사신과의 회담과 상의는 본래 총리대신의○총리각국사무아문 대신 직분 내의 일이다. 국군(國君)이 화약(和約), 연맹, 통상, 교전 등의 일로 각국에 선시(宣示)할 때는 그 문건은 모두 총리대신이 선판(繕辦)[7]하고, 경조사 등이 있어서 설령 국군(國君)이 친히 인방(隣邦)에 서신을 보내더라도 관례상 총리대신이 판리(辦理)해야 한다."고○제1권 제8절 했습니다. 또 외국 공사와 총리대신의 회담을 설명하면서, "총리대신은 공사를 심상(尋常) 접견하되, 만약 정해진 기한 외에 공사가 회담을 원할 경우 반드시 사람을 보내서 면알(面謁)하거나, 또는 서신을 보내서 시일을 청해야 비로소 장애가 없다. 해당 대신은 정무(政務)가 중요하니, 만약 긴요한 사건이나 공사에게 중한 부탁이 있으면 수시로 갈 수 있으며, 상격(常格)으로 제한할 수 없다."고 했습니다. 또 사신의 직무가 고금이 같지 않음을 설명하면서,제1권 제10절 "옛날에 사신을 타방(他邦)에 파견하는 것은 오직 경조(慶弔)의 예(禮)를 통하기 위한 것이었는데, 상천통사주경(常川通使駐京)[8]의 예(例)가 열린 뒤로는 사신은 전적으로 양국의 화호(和好)를 보지(保持)하고, 본국 상민(商民)을 비호하고, 본국과 관계된 사건을 통

---

7) 선판(繕辦): 준비(準備)
8) 상천(常川): 연속되어 끊이지 않음을 비유하는 말로, 항상(恒常), 통상(通常) 등과 같은 의미이다.

보하는 일을 한다."고 했습니다. 그러므로 사신의 직수(職守)는 반드시 한 가지 일에만 속할 필요가 없으니, 바로 이것이 각국의 현행 규례이자 청국에서 취재(取裁)[9]한 바입니다.

우리 양국 또한 이미 고금(古今)에 사신의 직무가 같지 않음을 인정했으니, 그렇다면 왕래를 교빙사무(交聘事務)로 제한할 수 없고, 또 각자 교제사무(交際事務)를 전관(專管)하는 대신이 없어서는 안 됩니다. 수호조규 제2관에서 주경 사신의 상호 파견을 약속했고, 교제를 전관(專管)하는 대신을 지정했으며, 게다가 사신이 그 대신을 직접 만나서 상의할 수 있다는 조건을 추가했으니, 저 세 가지 조건에 다시 미진한 바가 없다고 할 만합니다. 그런데도 귀국은 지금 걸핏하면 "사신은 주경할 수 없다."고 하거나, 혹은 "앞으로 교제를 전관하는 대신을 두지 않을 것이다."라고 합니다. 하지만 그 이유를 물어보면 번거로움과 비용을 감당할 수 없다고 하는 데 불과합니다.

무릇 양국의 사신이 상호 왕래하고 주류하는 것이 번거롭지 않을 수 없고 비용이 없을 수 없습니다. 번거로움과 비용의 제거는 참으로 양국에서 원하는 바이지만, 귀 정부에서 지금 번거로움과 비용을 말하는 것은 아마도 우리가 척언(斥言)[10]하는 번거로움과 비용의 실제가 아닌 듯합니다. 번문욕례(繁文縟禮)[11]를 일러 '번(煩)'이라 하고, 자지모언(籍之耗焉)[12]을 일러 '비(費)'라고 합니다. 진실로 여기에 해당하지 않는다면 예에 따르는 일을 행하지 않을 수 없고 비용이 들더라도 사양할 수 없으니, 만약 억지로 사절하고 줄이려고 한다면 다만 양국의 금석지약(金石之約)을 하찮게 여기는 것일 뿐입니다. 사신이 양국 수도에 왕래하고 주류하는 것은 본래 교의(交誼)를 중시하고 화호(和好)를 유지하기 위함이니 옛날에 교빙(交聘)을 마치면 즉시 돌아가는 것과 같지 않습니다. 지금 양국의 수호통상이 우내(宇內)에 통행(通行)하는 공법에 의거해서 조규를 처음 정했으니, 구례(舊例)와 고격(古格)은 거의 다 혁제(革除)되어 서로 왕래와 주류를 원치 않더라도 하지 않을 수 없습니다. 이미 왕래와 주류를 약속해서 예전(例典)에 드러나 있으니, 이는 귀국의 입장에서는 예로 볼 때 하지 않을 수 없고, 비용이 들더라도 사양할 수 없는 것입니다.

그렇다면 번거로움을 제거할 수 없고 비용을 줄일 수 없는 것입니까? 아닙니다. 번문욕례(繁文縟禮)는 본래 제거할 수 있고, 자지모언(籍之耗焉)의 쓸데없는 비용도 줄일 수 있습니다. 무엇을 번문욕례(繁文縟禮)라고 합니까? 폐백(幣帛)과 노부(鹵簿)[13]와 증궤(贈饋)[14]와 화

---

9) 취재(取裁): 선별해서 취함. 결단함
10) 척언(斥言): 분명히 지적해서 말함
11) 번문욕례(繁文縟禮): 번쇄한 의식과 예절
12) 자지모언(籍之耗焉): 공물을 이바지하는 데 소모되는 물건
13) 노부(鹵簿): 제왕이 행차할 때 호종(扈從)하는 의장대 및 그 제도
14) 증궤(贈饋): 증급(贈給)하는 재물

식(華飾)[15]입니다. 이 몇 가지를 제거하면 번거로움과 비용을 우려할 것이 없습니다. 그런데도 지금 귀일은 제거하고 줄일 수 있는 것들은 놓아둔 채 묻지 않고, 도리어 하지 않을 수 없고 사양할 수 없는 예전(例典)을 억지로 사양하고 줄이려고 하니, 양국의 금석지약을 하찮게 여긴다는 말이 또한 마땅하지 않습니까? 이 때문에 우리 외무경께서 감히 쉽게 답서를 쓰지 못하시고 먼저 미야모토 대승을 보내서 그 여부를 다시 묻게 하셨는데, 귀국이 아직도 깨닫지 못한 듯해서 이제 본 사신에게 이러한 뜻을 변석(辨晰)하라고 거듭 명하신 것입니다.

감히 묻습니다. 이후 양국 사신이 왕래할 때 그 폐백을 박하게 하고, 그 노부(鹵簿)를 제거하고, 궤식(饋食)[16]과 관사(館舍)는 스스로 처리하도록 맡기고, 번거롭게 증궤(贈饋)를 보내지 않고, 화식(華飾)을 필요로 하지 않아서 간편하게 취급하는 데도 또 번거로움과 비용을 면할 수 없다고 한다면, 청컨대 그 말씀을 들어보고자 합니다. 만약 혹시라도 "왕래가 있으면 그에 따른 예(禮)가 없을 수 없다. 폐백과 노부(鹵簿)가 예며, 증궤(贈饋)와 화식(華飾)이 또한 예다. 예를 버릴 수 없을진대 번거로움과 비용을 줄이고 제거할 도리가 없다."라고 하신다면, 저는 다음과 같이 답하겠습니다. 폐백은 예의 말행(末行)[17]이요, 노부(鹵簿)는 의(儀)의 억말(抑末)[18]이요, 증궤(贈饋)와 화식(華飾)은 또 그 가장 말단일 뿐입니다. 양국이 과연 예로써 사신을 관대(款待)하고자 한다면, 마땅히 성상(聖上)은 수시로 연견(延見)[19]하시고 대신은 서로 왕래해야 합니다. 예대(禮待)[20]가 이와 같은 데도 교의(交誼)가 친밀해지지 않고 화호(和好)를 보전하지 못했다는 말은 우내(宇內)에서 들어본 적이 없습니다. 귀 정부 또한 예(禮)를 말씀하실 뿐이니, 어찌 반드시 말의(末儀)를 언급할 것이 있겠습니까? 더구나 번거로움과 비용에 구애되어 양국의 금석지약을 하찮게 보는 것은 결코 바라는 바가 아닙니다.

이와 동시에 하나부사 대리공사는 다시 공문을 보내서 공사의 상경 도로를 하나로 정하는 것의 불필요와 불합리를 논했다. 이미 지난번 외무경 훈령에서 당분간 상경 도로의 설정을 인정할 수 있다고 했지만, 하나부사 대리공사는 개항과 관련해서 조선 정부의 양보를 얻기 전까지는 우리가 먼저 타협적인 태도로 나올 필요가 없다고 보고 상경 도로의 안건도 단호하게 거부했다고 한다.[10]

---

15) 화식(華飾): 화려한 장식
16) 궤식(饋食): 음식을 제공함
17) 말행(末行): 가장 하위에 있는 것. 행렬의 맨 뒤쪽
18) 억말(抑末): 『論語』子張에 나오는 "자하의 문인과 소자들은 물 뿌리고 청소하며 응대하고 진퇴하는 예절에 있어서는 괜찮지만 이는 억말(抑末)이요, 근본은 없다[子夏之門人小子 當灑掃應對進退則可矣 抑末也 本之則無]."고 한 데서 유래한 말로 지엽적이고 말단적인 일을 뜻한다.
19) 연견(延見): 맞이해서 만나봄
20) 예대(禮待): 예를 갖춰서 정중히 대접함

메이지 10년 12월 17일자 하나부사 대리공사의 각서는 초기 일한관계사에서 특기할 만한 가치가 있다. 즉, 일한수호조규가 국제법을 기준으로 해서 과거 일한관계에서 인정되어 온 관례에 의거하지 않는다는 것을 분명히 성명함으로써 이 조규의 제2관에 대한 판중추부사 신헌을 비롯한 조선 관계 당국의 오해를 바로잡았다. ─그리고 이는 필연적으로 미야모토 이사관의 오해 또한 수정하는 결과가 됐다.─ 다음으로 공사주경이 경비 팽창을 초래하는 결과를 낳을 것이라는 조선 정부의 주장을 반박해서, 국제간의 통의(通義)에 따른 공사 왕래를 위해 필요한 경비를 지출하는 것은 독립국으로서 당연한 의무라고 논했다. 그리고 오히려 조선 정부의 이른바 번거로움과 비용이라고 하는 것의 실체가 전적으로 번문욕례(繁文縟禮)의 결과에 다름 아니라고 단언하고, 조선 정부가 한갖 예(禮)의 말단 의절에 구애되는 것을 그만 두고 국제간의 통의에 의거한 의례의 본의(本義)에 따라야 한다고 권고한 것은 당시 조선 관계(官界)의 통폐(通弊)를 바로 지적한 것이었다. 그러나 이 적절한 주의(注意)마저도, 송학(宋學)의 전통을 묵수(墨守)하는 것 외에는 무엇도 이해하려고 하지 않았던 구 조선의 양반들에게는 완전히 거리가 먼 것이었다. 그들은 공사의 신어(新語)를 섞은 생경한 한문의 난해함에 고심했을 뿐, 공사가 강조하는 국제간의 통의에는 무관심했다. 이 각서를 받은 예조판서 조영하는 짧은 서한을 하나부사 대리공사에게 보내서 그 호의에 사례하고, 공사주경과 상경 도로에 관해서는 거듭 상의하겠다고 통고하는 데 불과했다.[11]

하나부사 대리공사는 개항 건을 달성하는 데 끝내 실패하고 메이지 10년 12월 20일에 경성에서 퇴거했다. 같은 달 27일, 예조판서 조영하는 데라지마 외무경에게 서계를 보내서, 공사주경 및 상경 도로를 하나로 정하는 문제에 관해 미야모토 이사관이 쓴 각서를 수호조규부록에 추가할 것을 요구하고, 이 문제에 관한 병자년 11월 12일자 강수관 조인희 서계의 회답을 요청했다. 일본 외무당국은 메이지 11년 4월 26일 데라지마 외무경 서계를 통해 다시 하나부사 대리공사의 각서를 요약해서 공사주경의 이론적, 실제적 이유를 설명하고, 아울러 상경 도로를 하나로 정하는 것의 불합리와 불편을 논단했다.[12]

공사주차와 동시에 문제가 된 것은 국서식(國書式), 특히 국서에 기재할 원수의 존호(尊號)였다. 원래 일본은 황제폐하(皇帝陛下), 조선은 국왕전하(國王殿下)를 칭해서 양자 사이에 균형을 잃은 감이 있었고, 메이지 원년 이래의 일한국교의 위기 또한 존호 문제가 첫 번째 원인이 됐다. 메이지 9년 2월의 일한수호조규에서는 이러한 분규를 피하기 위해, 조약문에서는 '양국 정부' 또는 '조정'으로 호칭해서 원수의 존호를 양국 공문서에 사용하지 않기로 양해가 이뤄진 바 있었다. 그런데 메이지 9년 6월 28일자 미야모토 이사관에 대한 데라지마 외무경 신임장에 "우리 황제폐하[我皇帝陛下]"라는 존호가 두 군데 보였기 때문에 예조판서 김상현이 이를 협정 위반으로 간주해서 힐문한 것이다. 이에 대해 이사관은 이미 같은 해 6월에 조선 수신사 김기수가 내조(來朝)했을 때 그 서계에 조선국왕을 호칭하면서 '성상(聖上)'이라고 했기 때문에 일본 외무당국에서도 협의를 거쳐 황제폐하라는 존호를 사용하기로 한 것이며, 사실상 서계에 원수의 존호를 완전히 생략하기는 어렵다고 해명했다. 강수관이 그 말을 양해해서 의정부에 품신(稟申)하자, 조선 정부에서는 메이지 9년 8월 23일에 앞으로 양국 서계에 원수의 존호를 기재할 때는 일본국 원수를 '황상(皇上)', 조선국 원수를 '성상(聖上)'으로 호칭할 것을 제의했다. "황제폐하라는 호칭은 진한(秦漢) 이래로 신자(臣子)가 그 황제에게 상주문을 올릴 때 칭했던 것이요, 인국(隣國) 사이에서 왕복할 때는 칭한 적이 없습니다. 공(미야모토 이사관) 또한 고사(古史)를 본다면 알 수 있을 것입니다. 앞으로는 위호(位號)를 써야 하는 곳에 귀국은 '황상(皇上)'만 칭하고, 우리나라는 '성상(聖上)'만 칭하는 것이 매우 마땅하겠습니다. 이렇게 개정하는 것이 어떻습니까?" 이사관은 강수관의 말에 일리가 있다고 보고 본국 정부에 훈령을 청하기로 약속했다. 이윽고 수호조규부록의 조인일에 강수관은 이사관에게 신함(信函)을 보내서, 양국 간 왕복 공문서에 관해서는, 메이지 9년 2월의 강화도 회담과 이번 회담 결과를 기준으로 한 서계식(書契式)을 협정할 것을 제의했다. 그런데 그 문장이 "양국 교빙(交聘)에 번거롭게 국서를 보내지 말고, 단지 양국 정부 및 외무성, 예조에서 일의 대소에 따라 상호 서계를 보내되, 공이 이번 봄에 수작(酬酢)한 말씀대로 왕래하는 사신이 모두 이 서계식을 사용해서 반드시 지금 정한 문자가 있어야만 비로소 영원히 준수해서 변치 않을 수 있을 것입니다."라고 되어 있어서 그 뜻이 다소 불명확했다. 이 때문에 처음에 이사관은 이를 단순히 국서 왕복을 사절하는 뜻으로 해석하고, 서계식을 하나로 정하는 것이라고는 미처 생각하지 못해서 회답을 주지 않았던 것 같다. 그리하여 국서식과 원수의 존호는 공사주차 문제와 함께 해결해야 할 문제가 됐다.[13]

공사주경 문제 해결의 서광이 비친 것은 메이지 13년이었다. 그 첫걸음은 하나부사 대리공사의 변리공사 승임(陞任)이었다. 메이지 9년 2월의 판중추부사 신헌과 미야모토 외무대승 간의 협정에 따라 일본에서 파견되는 사절은 외무경의 신임장을 휴대하는 대리공사로 내정되어 있었지만, 이제는 수호조규가 체결된 지 4년이 지났고 하나부사 대리공사도 오랫동안 사등관[주임(奏任)]으로 머무를 수 없는 사정이 있었으므로, 마침내 메이지 13년 4월 17일에 변리공사[삼등관 칙임(勅任)]에 임명해서 조선국 파견[주차(駐箚)]는 아님을 명했다. 변리공사가 부임할 때는 천황이 친히 서명한 신임장(국서)을 보내는 것이 관례였으며, 따라서 그는 해당국 원수를 알현하고 직접 신임장을 봉정(捧呈)해야 할 의무가 있었다.

하나부사 변리공사의 부임에 앞서 메이지 13년 8월에 조선국 수신사 예조참의 김홍집(金弘集)이 내조(來朝)했다. 메이지 9년의 제1차 수신사의 전례에 따라 메이지 천황은 수신사를 인견(引見)하고 엔료칸(延遼館)에서 연향을 하사했다. 외무경 이노우에 가오루는 하나부사 공사를 접반위원(接伴委員)으로 삼아서 조선 외교의 장래에 대해 간곡하게 주의를 주게 했다. 또 도쿄 주재 청국 공사관 참찬관(參贊官) 황준헌(黃遵憲)도 극동의 정세를 설명하면서 조선 정부 당국에 계고(戒告)하는 바가 있었다. 수신사 김홍집의 귀조 복명의 효과도 있어서, 조선 정부의 대일외교도 조금씩 완화되는 조짐이 보였다.[14]

메이지 13년 11월 24일, 하나부사 변리공사의 출발을 앞두고 외무경 이노우에 가오루는 훈령을 내려서 공사주경 문제에 관해 다음과 같이 주의를 주었다.

한성에 공사관을 설립하는 것은 저들이 가장 기피하는 바라서 메이지 9년에 우리 이사관이 수호조규부록을 강정(講定)할 때 일단 의논을 꺼냈다가 중지하기는 했지만, 이는 도저히 그만둘 수 없는 일이니, 금년에 다시 이 논의를 제기해서 지조(地租)를 정해서 지기(地基)를 임차하거나, 혹은 가조(家租)를 정해서 가옥(家屋)을 임차하는 두 조건에 관해 담판해야 한다. 단 인천 개항을 의결하는 문제는, 아직 몇 년간 공사가 그곳에 주류(駐留)해도 괜찮다. 그러므로 본건은 인천 개항 건과 연접(連接)해서 시의(時宜)에 따라 완급을 조정해야 한다.[15]

하나부사 변리공사 일행은 메이지 13년 12월 17일에 경성에 도착했다. 그리고 이튿날인 18일에 예조판서에게 공문을 보내서, 자신이 국서를 봉지(奉持)하고 있으니 국왕을 알현하고 직접 봉정(捧呈)해야 하므로 그 날짜를 지정해줄 것을 요청하고 그 역문(譯文)의 등본을 전달했다.

이보다 앞서 조선 정부에서는 국서 봉정과 인천 개항에 관한 의론이 비등해서 교섭 임무를 맡아야 할 예조판서 김병시(金炳始)가 12월 15일에 파직되고 조영하로 교체되었지만, 제배(除拜)[21]한 지 사흘이 지나도록 숙배(肅拜)하지 않았기 때문에 18일에 허체(許遞)[22]해서 윤자승을 예조판서에 제수했다. 예조참판도 13일에 경질하고 전 이조참의 김홍집을 임명했으며, 또 얼마 뒤인 15일에는 김홍집을 강수(講修) 겸 반접관(伴接官)에, 그리고 감찰(監察) 이조연(李祖淵)을 낭청(郞廳)에 차하했다. 김홍집은 그날 바로 사직소를 올렸지만 받아들여지지 않았다.[16]

조선 정부 내에서 국서 문제에 관해 난색을 보인 이유는, 완미(頑迷)한 구식 정치가를 제외하고는 국서 그 자체의 수리가 아니라 일본에 보낼 회답 국서의 형식에 있었다. 국서에는 '대일본국 대황제(大日本國大皇帝)', '대조선국 대왕(大朝鮮國大王)'이라고 기재되어 있었는데, 이 존호에 관해서는 이미 이론(異論)이 없었고 다만 스스로 국왕이라고 칭하면서 황제에게 글을 바치는 것만을 꺼릴 뿐이었다. 12월 21일에 이태왕은 영돈녕부사(領敦寧府事) 홍순목(洪淳穆), 영중추부사(領中樞府事) 한계원, 영의정 이최응, 예조판서 윤자승, 참의 김원성(金元性)을 소견(召見)해서 국서의 수리 여부를 의논하게 했다. 이 자리에서 홍순목이 "그 국서의 조사(措辭)[23]가 공손하니 봉납(捧納)이 어렵지는 않습니다. 하지만 장차 회답을 하고자 할 때, 질애(窒碍)[24]될 부분이 없지 않을 것입니다."라고 한 것은 바로 이러한 의미나 다름 없었다. 이날 어전회의에서는 어떠한 결정도 이뤄지지 않고 다음 날인 22일의 예조판서의 교섭 결과를 기다리기로 했다.[17]

12월 22일, 예조판서 윤자승은 참판 김홍집, 낭청 이조연, 차비역관 숭록(崇祿) 현석운을 거느리고 하나부사의 관사인 청수관(淸水館)을 방문해서 외무칠등속 아라카와 도쿠지의 통역으로 교섭에 들어갔다. 윤자승은 먼저 수호조규 체결 당시, 메이지 9년 2월의 강화부 회담에 따라 사신은 대리공사를 보내고, 서계는 예조 대 외무성 사이에서 왕복하기로 양해가 이뤄졌음에도 불구하고 이번에 변리공사에게 국서를 지참시켜서 파견한 이유를 힐문했다. 이에 대해 공사는 "그 말씀대로 큰일은 정부(의정부)와 정부(태정관), 작은 일은 예조판서와 외무경 사이에서 왕복하고, 공사는 삼등(대리)공사라고 한 것은, 미야모토에게 말씀하신 귀 정부의 뜻이기는 하지만, 우리 정부에서는 동의하지 않습니다. 그러므로 약정은 하지 않은 것입니다. 또 잘 알고 계시는 대로 우리나라는 근래 외교를 중시해서 구미 각국과 상호 국서를 왕래하고, 사절이 주차하는 나라도 10여 국

---

21) 제배(除拜): 관직을 제수(除授)함
22) 허체(許遞): 특지(特旨)를 내려서 관직을 교체해 주는 것
23) 조사(措辭): 언어 선택 및 구사
24) 질애(窒碍): 막힘

이나 됩니다. 그런데 귀국과 우리나라의 경우는 수백 년 동안 통신국(通信國)이라 일컫고, 정교(政敎)와 풍속이 대략 동일하며, 국경이 가장 가까이 있음에도 불구하고 아직 이러한 관례를 개시하지 않아서 그 교제가 원방이속(遠方異俗)의 나라에도 미치지 못하니, 이 때문에 타방(他邦)의 업신여김을 받는 것이 없지 않습니다. 우리 주상께서는 이 일에 심히 예려(叡慮)를 쏟으셔서 이번에 굳이 국서를 작성하고 하관(下官)에게 변리공사로서 귀국에 주차할 것을 명하셨습니다. 귀국 주상께서도 반드시 이러한 뜻을 함께 하시리라고 우리 주상께서 굳게 믿고 계시니, 부디 신속하게 주문(奏聞)해서 성려(聖慮)를 받들어 주시길 바랍니다."고 답했다. 이에 대해 윤자승은 일본의 후의는 감사하지만 국서 왕복은 중대한 사건이므로 정부에 보고해서 충분한 협의를 거친 후에 승낙 여부를 결정하겠다고 하고, 이날의 회견을 마쳤다.[18]

조선 정부에서는 예조판서의 보고를 받고 마침내 일본 국서를 수리하기로 결정했다. 그 의주(儀註)는 『국조오례의(國朝五禮儀)』를 기준으로 하되 적절하게 수정을 가하기로 했으며, 곧이어 일관(日官)[25] 한응익(韓應翼)에게 명하여 날짜를 고르게 한 끝에 경인년 11월 26일 손시(巽時)(메이지 13년 12월 27일)에 국서를 봉납하기로 결정했다. 12월 23일에는 차비역관 숭록(崇祿) 오치묵(吳致黙)을 관사에 보내서 국서를 수리하는 것으로 묘의(廟議)가 확정됐음을 전하였다.[19]

국왕 알현과 국서 봉정이 결정됨에 따라 하나부사 공사는 바로 의주(儀註)를 협의하기 위해 예조판서와의 회견을 요구했다. 그런데 차비역관과 반접관 모두 메이지 9년 8월 1일에 미야모토 이사관이 알현했을 때의 전례를 따르면 된다고 하면서 공사의 요구를 그다지 중요시하지 않았다. 12월 25일 차비역관 현석운이 내방했을 때 공사가 이 문제를 다시 강경하게 주장했으므로 현석운은 예조의 의주 안을 내시(內示)[26]했다. 공사가 그것을 보니 국제간의 관례에 위배될 뿐 아니라 일본 궁정의식에도 부합하지 않았다. "사신 이하는 엎드려서 사배(四拜)를 한다." 등의 문자가 몇 군데나 있었으므로 공사는 즉각 그 부당한 대목을 수정하고, 예는 나아갈 때 세 번, 물러갈 때 세 번 해서 여섯 번 읍(揖)하는 것에 그칠 것이며, 국서는 반드시 국왕에게 직접 봉정(捧呈)하겠다고 강조했다. 이날 밤 통역관 아라카와 칠등속을 강수 겸 반접관 김홍집의 집에 보내서 재차 이를 주의시켰다.[20]

---

25) 일관(日官): 추길관(諏吉官), 즉 길일을 잡는 관상감의 관직을 가리킨다.
26) 내시(內示): 공식적으로 알리기 전에 몰래 알림

일본 공사의 주장은 조선 정부에서 적잖이 논의되었던 듯, 12월 26일에 반접관이 다시 내방해서 의례의 절략(節略)을 제시했다.

국서는 향정자(香亭子)에 성안(盛安)함. 우리나라 사람에게 짊어지게 해서 거행함

공사는 사인교(四人轎)를 타고 배행(陪行)해서 궐문 밖까지 온다. 향정자(香亭子)는 정문으로 들어온다. 공사는 월대(月臺)[27] 아래에서 가마에서 내려 서협문(西挾門)으로 들어온다. 순사(巡查)는 궐문 밖 군막(軍幕)에 남는다. 국서가 합문(閤門) 밖에 도착하면 공사가 받들어 예관(禮官)에게 전달하고, 예관은 이를 받들어 전내(殿內)로 들어간다. 그 후 인의(引儀)[28]가 공사를 인도해서 배위(拜位)[29]로 간다. 공사가 예를 행하고 서 있으면, 승지가 선교(宣敎)하고 객을 맞이해서 전(殿)에 오르게 한다. 통사(通事)는 꿇어서 부복(俯伏)하고 있다가 일어나 공사를 인도하여 서쪽 계단으로 들어와 전영(前楹) 사이로 나와 예를 행한다. 주상께서 귀국 주상의 안부를 묻고 공사에 대한 위로를 마치시면 예를 행하고 물러난다.

이 의례는 지나치게 간략해서 많은 설명과 토론이 필요했다. 그 첫 번째는 국서를 공사 자신이 봉지(捧持)하지 않고 향정자에 봉안하며, 공사는 정문을 피해서 서협문으로 출입한다는 것이었다. 반접관이 『통문관지(通文館志)』를 인용하면서 향정자의 성격을 설명하고 청국 칙사의 예식도 이와 같다고 말했으므로 공사도 동의하고, 합문 안에서 예관(禮官)인 예조낭청이 국서를 봉지하는 것도 큰 이견 없이 결정됐다. 다만 예관이 먼저 전내(殿內)에 들어가서 국서를 봉안하고 공사는 계하(階下)에 멈춰 서서 배례(拜禮)하는 것은 매우 부당했으므로, 공사는 국서를 받든 예관의 바로 뒤를 따라서 국서가 정계(正階)로 나가면 자신은 서계(西階)로 올라가서 공사의 면전에서 국왕이 국서를 열어 보는 것으로 의주(儀註)의 수정을 요구했다. 반접관은 크게 난색을 표했지만 일단 다시 논의하기로 약속하고 떠났다.[21]

메이지 13년 12월 27일, 알현식이 거행됐다. 이른 새벽에 차비당하역관 고영희가 아라카와 칠등속을 방문해서, 알현 의식은 공사의 주장을 대체로 수용했으며 반접관은 나중에 내방할 것이라고 통보했다. 하나부사 변리공사 이하는 대례복(大禮服)을 착용하고

---

27) 월대(月臺): 궁궐의 정전(正殿)과 같은 중요한 건물 앞에 설치한 넓은 대(臺)로 궁중의 각종 행사에 사용된다.
28) 인의(引儀): 행례(行禮) 시에 의식 절차를 맡아보는 통례원(通禮院)의 종6품 문관직
29) 배위(拜位): 의례 시에 절을 하는 자리로서 규례에 따라 정해진다.

준비를 갖춘 다음 손시(巽時)(오전 8시) 출발을 기다렸으나 반접관이 아직 보이질 않았다. 9시가 지나서야 반접관이 내방해서 급히 문을 나설 것을 재촉했다. 의주에 관해서 질문하자, 반접관은 오직 국왕의 성려(聖慮)에 따라 결정될 것이니 지금 확답할 수 없다고 말했다. 크게 불쾌감을 느낀 공사는 반접관과 논란을 벌였지만 끝내 요령부득이었다. 헛되이 시간을 보낼 수 없었으므로 결국 공사는 만약 합문(閤門)내에서의 의주가 자신의 주장에 위배된다면 오직 국서 봉정을 중지할 뿐이라고 한마디 던지고는 길에 올랐다. 그 노부(鹵簿)로 예조에서 보낸 의장(儀仗) 외에 공사가 타고 온 아마기 함(天城艦)에서 파견된 의장 수병 29명을 선두에 세우고, 국서를 봉안한 향정자가 외무성 순사 3명의 호위를 받으며 그 뒤를 따랐다. 다시 그 뒤를 공사가 탄 가마가 순사 2명의 호위를 받으면서 따라갔다. 수행원들은 가마 또는 말을 타고 그 뒤를 쫓았다. 창덕궁 돈화문(敦化門)에 이르러 의장을 철수시키고, 의장수병(儀仗水兵)은 천황 예식에 준해서 국서가 정문으로 들어가는 것을 전송했다. 공사는 수행원들과 함께 돈화문에서 수레에서 내려 걸어서 궐문 안으로 들어가 숙장문(肅章門)에서 수행원을 물러가게 했다. 그리고 통역관 아라카와 속관을 대동하고 국서의 뒤를 따라 들어갔다. 협화문(協和門)에 이르자 예관(禮官)이 와서 국서를 봉지(捧持)하게 해 줄 것을 청했다. 이에 공사가 국서가 자신과 동행하는지 물었는데 예관이 그렇다고 했으므로 향정자에서 국서를 꺼내서 그에게 전달했다. 그리고 인의(引儀)의 인도를 받으며 국서의 뒤를 따라 중희당(重熙堂)에 도달했다.

이날 국왕은 정해진 시각에 익선관(翼善冠)과 곤룡포(袞龍袍)를 갖춰 입고 중희당에 임어(臨御)했다. 그리고 메이지 9년 8월 1일 미야모토 이사관이 알현했을 때의 전례에 따라 영돈녕부사 홍순목, 봉조하 강로, 영중추부사 한계원, 영의정 이최응(좌의정 김병국은 질병으로 불참)을 입시하게 했다. 잠시 후 반접관 예조참관 김홍집이 일본국 변리공사에게 입시할 것을 명하자, 예관이 먼저 국서를 봉지(捧持)하고 중희당의 정계(正階)를 올랐다. 하나부사 공사는 아라카와 속관을 거느리고 국서의 일보 뒤에서 서계(西階)를 올라 서협문(西挾門)의 영내(楹內)[30]에 섰다. 곧이어 반접관이 왕명으로 앞으로 나오라고 하자, 영내(楹內)에서 첫 번째 읍(揖)을 행하고, 앞으로 나와 어좌(御座)의 정면 약 3미터 되는 곳에서 두 번째 읍(揖)을 행했다. 그때 예관이 나와서 국서를 어좌 앞에 있는 궤상(几上)에 올렸다. 공사는 다시 문지방을 넘어서 어좌의 전면 2미터쯤 되는 곳에서 세 번째

---

30) 영내(楹內): 기둥의 안쪽이라는 말로 궁전의 당(堂)을 가리킨다.

읍(揖)을 행했다. 이것이 참입(參入)할 때의 삼읍(三揖)이었다. 이 때 "국왕께서 친히 일어나 국서를 대(袋)에서 꺼내어 책상 위에 두시고 먼저 원문을 다 살펴보신 다음에 역문(譯文)을 읽으셨다. 그러는 동안에 옆에 있는 사람과 조금 이야기를 나누셨는데 어휘(御諱)와 어새(御璽) 부분은 특별히 주의를 기울이는 분위기였다." 국서는 다음과 같다.

대일본국 대황제가 대조선국 대왕에게 경백(敬白)하노라.

예전에 양국 교의(交誼)를 돈독히 하고 응당 행해야 할 사무를 상의하기 위해 대리공사 하나부사 요시모토를 간택해서 파견했다. 요시모토가 귀국에 왕래한 지 몇 해가 되었는데, 능히 양국의 우호를 도왔으니 짐이 그를 기중(器重)[31]하노라. 그래서 그를 변리공사로 승임(陞任)하고 귀국 경성에 주차(駐箚)하게 함으로써 교섭사의(交涉事宜)를 장변(掌辨)[32]하게 하는 것이다. 요시모토의 사람됨이 충독정민(忠篤精敏)하고 민면종사(黽勉從事)[33]하니 짐은 그가 임무를 감당할 수 있음을 잘 알고 있다. 부디 대왕은 총권(寵眷)[34]을 내려서 수시로 폐현(陛見)을 허락하여 짐이 명령한 바의 진술을 청납(聽納)함으로써 그가 직분을 다할 수 있게 해주길 바란다. 이에 대왕의 다복(多福)을 기원한다.

진무천황 즉위 기원 2540년 메이지 13년 11월 8일 도쿄 궁중에서 친히 서명하고 옥새를 검인함.

어휘(御諱) 국새(國璽)
봉칙(奉勅) 외무경 정사위훈일등(正四位勳一等) 이노우에 가오루(印)

국왕은 전교하기를 "귀국 주상은 만안(萬安)하게 계시는가?"라 하고, 그 다음에 "공사는 먼 길에 안녕히 도항(渡航)했는가?"라고 노문(勞問)했다. 공사는 배사(拜謝)하고 다음에 송사(頌詞)를 아뢰었다.

사신 하나부사 요시모토

직접 뵙고서 아룁니다. 금석지약(金石之約)은 오랠수록 더욱 견고해지니, 비로소 처음 주차사원(駐箚使員)을 두게 되었습니다. 이에 국서를 받들어 삼가 진정(進呈)해서 다시 친목이

---

31) 기중(器重): 중시(重視)
32) 장변(掌辨): 관장해서 처리함
33) 민면(黽勉): 진력(盡力), 부지런히 일함
34) 총권(寵眷): 제왕의 총애와 보살핌

영원할 것을 기약하오며, 아울러 보조(寶祚)[35]가 무강(無疆)하시길 송축합니다.

다 읽은 후 아라카와 칠등속은 이를 차비역관 현석운에게 주었고, 이는 다시 현석운에게서 승정원 도승지 조동희(趙同熙)를 거쳐 어람(御覽)을 위해 바쳐졌다. 국왕은 그것을 열어보고 공사를 향해 점두(點頭)[36]했다. 그리고 반접관에게 명해서 공사를 물러가게 했다. 공사는 그 자리에서 첫 번째 읍(揖)을 하고, 문지방 밖에서 다시 읍(揖)하고, 영내(楹內)로 물러나와 세 번째 읍(揖)을 했다. 이것이 물러갈 때의 삼읍(三揖)이었으니 합쳐서 육읍(六揖)이 됐다. 국왕은 숙장문(肅章門) 밖의 천막에서 주과(酒菓)를 하사할 것을 명했다. 공사는 창덕궁을 나서서 영의정 이최응과 회견을 갖고, 다시 예조에서의 하선연(下船宴)에 참석했다. 예조의 세 당상을 비롯해서 육조 당상이 배석했으며, 음악을 연주하고 술잔을 돌리는 것이 대단히 성대한 의식이었다. 다만 당내(堂內)는 매우 혼잡해서, 잡인들이 뜰 안에 들어와 시끄럽게 소동을 부리고 예당(禮堂)[37]이 성난 목소리로 질타하는 모습은 예전과 다를 바가 없었다고 한다.[22]

이렇게 해서 기념할 만한 메이지 13년 12월 27일의 알현식이 끝났다. 조선국왕이 국제간의 통의(通義)에 기초해서 해외 사신을 인견(引見)한 효시였다. 하나부사 공사는 이 사건을 특히 중요시해서 이튿날인 28일에 이노우에 외무경에게 보고하면서, "이상(알현)은 양국 초유의 사건이자 또 각국이 주목하는 때라서 매우 고심했으나, 의외로 조속히 순성(順成)에 이르러서 주차 논의와 함께 매듭지은 것은, 시세(時勢)가 그렇게 만들었다고 해도 외무경의 성의(誠意)가 관철된 바라고 지극히 경하하는 마음을 금할 수 없습니다."라고 썼다.[23]

하나부사 공사가 알현식과 공사주경을 연관시키고 있는 것은, 조선국왕에게 봉정한 송사(頌詞)에서도 보이듯이 전자가 국제간의 통의(通義)인 까닭에 그 원만한 해결은 자연적으로 후자의 해결로 이어진다는 견지에서였을 것이다. 형식적으로는 어떠한 공문서의 교환도 없었지만, 조선 정부는 이후로 일본 공사가 장기간에 걸쳐서 경성 서대문 밖 청수관(淸水館)[옛 경기 중영(京畿中營)]에 국기를 게양하고 체재하는 것을 묵인했으며, 그 임무가 국가 경조(慶弔) 이외의 통상사무(通商事務)에 관계하는 것도 암묵적으로 승인했

---

35) 보조(寶祚): 국운(國運) 또는 제위(帝位)
36) 점두(點頭): 승낙이나 동의한다는 의미로 고개를 약간 끄덕이는 것
37) 예당(禮堂): 예조당상(禮曹堂上)의 준말

다. 그렇지만 이는 일본 정부의 요구의 정당성을 인정한 결과는 아니었다. 『춘추(春秋)』의 고법(古法)인 "이적(夷狄)을 대하는 방법은 그 성질에 거스르지 않는 것이다[待夷狄之道 順其性]."라는 말에 따라서, 왜사(倭使)의 주경 기간은 그 뜻에 맡기되 속히 돌아갈 것을 재촉함으로써 사단을 빚지 않는다는 의미에 불과했던 것이다.[24]

공사주경 문제는 이렇게 해서 변태적이긴 하지만 해결을 보았다. 그러나 가족 동반 및 내지 여행의 특권에 대한 해결은 더 지연됐다. 이 문제는 이후 메이지 15년 임오변란(壬午變亂)의 사후 처리의 일환으로서 같은 해 8월 30일에 하나부사 변리공사와 전권대신 이유원, 부관 김홍집 간에 조인된 일한수호조규속약 제2관에서 "일본국 공사, 영사 및 그 수원(隨員), 권종(眷從)이 조선 내지 각처를 자유롭게 유력(遊歷)[38]하는 것을 허락할 것. 유력(遊歷)할 지방을 지정하면 예조에서는 호조(護照)[39]를 발급하고, 지방관은 호조(護照)를 검사한 후 호송한다."고 규정함으로써 비로소 해결되었다.[25]

---

38) 유력(遊歷): 여러 곳을 두루 돌아다님
39) 호조(護照): 파견, 여행 혹은 화물 등을 운송할 때 그 주관 기관에서 발급하는 통행증

【원주】

1 『宮本大丞朝鮮理事始末』卷四 明治九年八月二十四日講修官ヨリ出シタル口上書;『日使文字』卷一
丙子.

2 『宮本大丞朝鮮理事始末』卷四 宮本理事官歸朝後禮曹判書及講修官ヨリ照會;『倭使日記』卷五 丙子
年七月十日.

3 『宮本大丞朝鮮理事始末』卷四 宮本理事官ヨリ講修官へ回答.

4 『宮本大丞朝鮮理事始末』卷四 朝鮮國議政府堂上趙寅熙ヨリ再回答.

5 『善隣始末』卷三;『同文彙考』附編續 通商一.

6 『善隣始末』卷四.

7 明治十一年二月 花房代理公使復命槪略草案;『倭使日記』卷六 丁卯年十月二十二日·二十三日.

8 明治十一年二月 花房代理公使復命槪略·公使入京駐留一件;『善隣始末』卷四;『倭使日記』卷六 丁卯
年十二月二十七日.

9 公使入京駐留一件;『倭使日記』卷六 丁卯年十二月三十日.

10 『善隣始末』卷四;『日使文字』卷二 丁丑.

11 『日使文字』卷二 丁丑.

12 『善隣始末』卷四;『日使文字』卷二 丁丑.

13 『善隣始末』卷三;『倭使日記』卷四 丙子年六月二十七日, 卷五 丙子年七月五日.

14 『善隣始末』卷五;『同文彙考』附編續 信行別單.

15 『善隣始末』卷五.

16 『承政院日記』光緒六年十一月十一日·十二日·十四日·十七日.

17 『承政院日記』光緒六年十一月二十日.

18 明治十三年辨理公使朝鮮事務撮要 國書捧呈.

19 『承政院日記』光緒六年十二月二十二日·二十四日;『倭使日記』卷一四 庚辰年十二月二十二日·
二十三日·二十四日.

20 明治十三年辨理公使朝鮮事務撮要 國書捧呈;『倭使日記』卷一四 庚辰年十一月二十五日.

21 明治十三年辨理公使朝鮮事務撮要 國書捧呈;『倭使日記』卷一四 庚辰年十一月二十五日. 또한 이 의주
(儀註)는 하나부사 변리공사가, 메이지 6년 6월 29일 특명전권대사 소에지마 다네오미가 베이징에서
청 목종(穆宗)에게 알현했을 때 협정된 의주(儀註)를 참고로 해서 수정한 것이다. 따라서 공사가 국궁
례(鞠躬禮)를 행할 때, 유럽 국가의 궁정예식에서 보이는 것과 같이 국왕이 기립할 것을 조건으로 하지
않았던 것이다. 이에 관해서는 졸고,「淸同治朝列國公使の觀見」,『靑丘學叢』六號 참조.

22 明治十三年辨理公使朝鮮事務撮要 國書捧呈;『承政院日記』光緒六年十一月二十六日;『倭使日記』卷
一四 庚辰年十一月二十六日.

23 明治十三年辨理公使朝鮮事務撮要.

24 『承政院日記』光緒六年十一月二十日.

25 『舊條約彙纂』卷三(朝鮮) 24∼26쪽.

일한통상장정(日韓通商章程)의 체결

제 13 장

일한무역 잠정 약정

메이지 9년 2월의 강화부 회담에서 일본 전권은 통상 문제에 관해서는 어떠한 발의도 하지 않았으나, 조선의 접견대관 신헌과 접견부관 윤자승은 과거 공사무역(公私貿易)의 경험에 따라 이 문제를 등한시할 수 없었다. 그래서 2월 19일에[1] 일본 전권부(全權部) 수행원 외무대승 미야모토 오카즈를 불러서 수호조규 원안에 6개 조의 추가 조건을 덧붙일 것을 요청했다.(제27절 참조) 그 태반은 통상에 관한 것이었다.

① 조선국 재류(在留) 일본인의 상평전(常平錢)(엽전) 사용 금지
② 미곡의 수출입 금지
③ 무역은 물물교환(barter)으로만 가능. 조선 상인에 대한 전대(前貸)[2] 금지
④ 아편의 수입 금지

미야모토 외무대승은 일일이 그 실행 가능 여부를 설명했다. ①에 관해서는 "상평전을 일본 인민이 사용하지 못한다면 일본인은 조선에서 과일 1개, 연초(煙草) 1근도 매입할 수 없을 것이니, 이는 관유무역(寬裕貿易)을 허락하는 효과를 없애는 것으로 결코 시행할 수 없습니다."고 하고, ②에 관해서는 "미곡은, 설령 귀국에서 수출은 금하더라도 수입은 금지해서는 안 됩니다. 귀국에 기근이 생겼을 때 우리나라에서 미곡을 자유롭게 수입할 수 있다면 귀국 인민이 굶주림을 면할 수 있는 이치이니 그렇다면 이 조항도 쓸모가 없습니다."고 했다. 그리고 ③에 관해서는 "물건과 물건을 교역하는 것은 고풍(古風)의 무역법(貿易法)으로 지금 각국에서도 다시 쓰지 않는 방법이니, 관유무역(寬裕貿易)이라는 것은 이러한 일에 규칙을 두지 않는 것입니다."라고 설명하고, ④에 관해서는 "아편은 우리나라와 외국의 조약에서 이미 엄금하고 있습니다."라고 하여 동의를 표했

---

1) 원문에 3월 19일로 되어 있는데 2월 19일의 오기이다.
2) 전대(前貸): 임금이나 지불대금을 약속된 기한에 앞서 지불하는 일로, 여기서는 조선 산물을 외상으로 선매(先賣)한다는 뜻이다.

다. 또한 미야모토 외무대승은 이러한 종류의 통상 문제에 관해서는 6개월 뒤에 도착할 위원과 상의할 것을 희망했다.[1]

얼마 후 메이지 9년 2월 27일에 체결한 일한수호조규 제11관에서 "양국이 이미 통호(通好)했으니 별도로 통상장정을 설립해서 양국 상민의 편의를 도모해야 한다. 또 현재 의립한 각 조관 중에 다시 세목(細目)을 보첨(補添)해서 준조(遵照)[3]를 편하게 해야 하는 조건들을 모아서 지금부터 6개월 내 양국이 별도로 위원을 파견해서 조선국 경성이나 강화부에서 상의하여 정립한다."라고 규정됐다.[2]

일한수호조규의 체결 과정에서 구로다와 이노우에 두 전권을 비롯한 외무성의 유력 관료들이 타이슈와 조선의 실지 시찰 기회를 얻은 것은 결코 무익하지 않았다. 그들은 조선이 예상 외로 빈약한 일개 소국에 지나지 않음을 알게 됐다. 일한무역도 구 타이슈 번 관리들에 의해 크게 과장되어 있었는데, 조선에 대한 수입은 매년 약 25만 엔(圓), 수출은 겨우 약 15만 엔 안팎에 불과했고, 미곡과 대두(大豆) 등의 대량 수입을 제외하면 수출입 모두 볼 만한 것이 없었다. 일한무역이 결국 타이슈의 무역이라는 것도 에도시대와 다를 바 없었다. 이러한 점들을 고려해서 두 전권은 태정대신에게, 장래 일한통상장정은 타이슈 주민의 생계 보전에 중점을 두고, 당분간 현상을 유지하는 것이 좋겠다고 상신했다.

메이지 9년 6월 일한수호조규부록 및 일한통상장정 협정의 명을 받은 미야모토 외무대승의 파견이 결정되자, 6월 3일에 외무경 데라지마 무네노리는 일한통상장정 협정 방침에 관해 다음과 같은 우카가이쇼(伺書)를 태정대신에게 진달했다. 태정대신은 6월 19일부로 '아뢴 대로' 하라는 취지의 지령을 내렸다.

원래 소씨폐번(宗氏廢藩) 이후로는 별지 병호(丙號)의 수출입 표와 같이 미미한 무역 뿐이어서, 빈곤무산(貧困無産)의 조선국과는 전부터 무역 촉진의 목적을 세우기 어려웠습니다. 게다가 지금까지는 타이슈(對州) 인민에 한해서만 무역을 허가했지만, 앞으로는 일본 전국의 인민이 모든 항구에서 발선(發船)해서 저 나라에 갈 것이니, 저 나라에서 돌아오는 선박이 마음대로 아무 항구에나 들어오게 한다면 수세(收稅)할 장소를 두기 어려울 것입니다. 또 각국 무역품에 대한 수출세마저 폐지해서 우리의 작업(作業)을 촉진하려고 하는 것이 오늘날의 시세입니다. 따라서 조선 수출세는 금일부터 징수하지 않음은 물론, 저 나라에서 수입하는 물

---

3) 준조(遵照): 법률 등의 적용(適用). 그것에 의거해서 따르는 것

품도 그 수량이 적고 대부분이 실용품이라서 나라에 해가 될 만한 물품이 없다고 하니, 이 또한 몇 년 후까지는 무세(無稅)로 정해서 일찍이 구로다와 이노우에 두 대신이 헌언(獻言)한 취지를 채용하심이 마땅할 것으로 생각됩니다. 그러나 이 밖에 타이슈(對州) 인민은 현지에서 생산되는 미곡으로는 부족해서 매년 지급에 차질을 빚고 있으니, 소씨 공무역(宗氏公貿易)의 전례를 모방하여 몇 년 동안 일본의 동(銅), 석(錫) 등으로 저들의 목면(木棉), 쌀과 교환하는 길을 열어 타이슈 인민의 곤박(困迫)을 구제하시길 바랍니다.○상략, 하략3

외무경의 의견에 기초해서, 태정관에서는 다시 외무성에 미야모토 이사관에게 부여할 태정대신 훈령안 및 통상장정안의 기안을 명했다. 메이지 9년 6월 28일의 태정대신 훈령에서 통상장정에 관계된 부분은 다음과 같다.

하나, 무역을 촉진하기 위해 피아(彼我) 모두 수출입세를 징수하지 않는 것이 통상장정의 요지이다. 그렇지만 조선 정부가 지금부터 억지로 수세법(收稅法)을 세우려고 이를 승낙하지 않고 있으니, 담판의 결론을 낼 수 없을 경우에는 조선에 대한 수입품세(輸入品稅)를 종가(從價) 5푼으로 승낙하고, 그에 따라 수세법(收稅法) 한 조관을 통상장정에 추가할 것을 의논하라.

하나, 무역규칙에 다음 한 조관을 추가하라. 진구(進口)와 출구(出口)의 수수(手數)[4]에 사례하기 위해, 일본 선주(船主)는 다음에 게재한 항금(港金)을 조선 관청에 납부해야 한다.

하나, 돛대가 여럿 있는 상선 및 증기상선(蒸氣商船)   금 5엔(圓)
본선(本船)에 부속된 소정(小艇)은 제외함

하나, 나무 외돛 선박   금 2엔
화물 500석(石) 이상 적재할 수 있는 선박

하나, 동(同)   금 1엔 50전(錢)
화물 500석을 적재할 수 없는 선박

일본 정부에 속한 관선(官船)은 항금(港金)을 내지 않음.

하나, 저 나라에서 미맥(米麥) 수출 금지를 요청할 경우에는 그것을 허락하되, 타이슈(對州) 인민이 연래(年來)로 조선 쌀을 식용(食用)해 온 편리를 잃지 않도록 저들이 승낙한다면 공무역(公貿易)과 유사한 변통(變通)[5]의 방법을 시도하라.[4]

---

4) 수수(手數): 수고, 노력
5) 원문에는 '交通'으로 되어 있는데, '變通'의 오기인 것으로 보고 고쳤다.

미야모토 이사관은 메이지 9년 7월에 군함 아사마(淺間)를 타고 강화로 향하는 길에 이즈하라(嚴原)와 부산에 기항해서 나가사키 현 이즈하라 지청(支廳)에서 근무하는 나가사키 현 권대속(權大屬) 야마자키 오시노스케(山崎忍之助)와 재부산 공관장대리 외무권중속(外務權中屬) 야마노조 스케나가 등에게 가서 일한무역 현황을 상세하게 조사하여 대한교섭에 참고했다.[5]

메이지 9년 8월 5일, 미야모토 이사관은 조선 강수관 조인희와 만나 일한수호조규부록과 일한통상장정을 상의하는 자리에서, 회담이 시작되자마자 "무역장정 쪽이 이해하시기 쉬우리라고 생각되므로, 먼저 그것을 이야기하겠습니다."라고 하고, 통상장정안을 제시하면서 조목별로 설명했다.[6]

제1칙 조선국과 의정(議定)한 각 무역 항구에 일본 상선(商船)(정부에 속한 군함 또는 운송함을 제외)이 진입할 경우, 선주 또는 선장은 3일 내로 조선 관청에 일본 인민 관리관이 발급한 증서를 제출한다.

　　　　이 증서는 선주가 일본 선적(船籍)·항해공증(航海公證) 등을 항내(港內)에 정박하는 중에 관리관에게 제출하고, 관리관이 그것을 접수했음을 증명하기 위해 발급하는 문서다.

　　　　또 그 선박 기록을 제출한다.

　　　　이 기록은 선명(船名)·발선(發船)한 지명·선박의 톤수와 섬수[石數]·선장의 성명·승조인수(乘組人數)·여행객의 성명을 일본문(日本文)으로 상세히 기록하고 선장이 검인한 것이다.

　　　　동시에 그 선박 적재 화물의 보단(報單)[6] 및 일반[7] 준비품의 기록을 제출한다.

　　　　이 적재 화물의 보단(報單)은, 화물명(貨物名) 혹은 그 물질의 실명(實名), 화주(貨主)의 성명, 화물의 근량(斤量)·장척(丈尺)·기호·번호(그것이 있는 화물에 한함)를 일본문으로 상세히 밝힌 것이다.

제2칙 항구에 들어오는 선박 화물을 기재하고자 할 경우, 선주 또는 화물주가 그 화물의 이름 및 원가·근량·개수(箇數)를 일본문으로 상세히 기록한 원서(願書)를 조선 관청에 제출해야 한다. 관청에서는 신속하게 사화준단(卸貨准單)[8]을 발급한다.

---

6) 보단(報單): 보고하는 서류. 단(單)은 일이나 물건의 사항을 기재한 종이쪽지 또는 증표를 뜻한다.
7) 원문에는 一船으로 되어 있는데, 一般의 오기인 것으로 보고 고쳤다.
8) 사화준단(卸貨准單): 화물을 선박에서 뭍으로 부리는 것을 승인한다는 증명서. 사화(卸貨)는 선박, 자동차 등에서 화물을 내린다는 뜻

제 3 칙 제2칙의 준청(准聽)을 받은 후, 화물주는 그 화물을 기재(起載)해야 한다. 조선 관청
에서 그 화물을 험명(驗明)[9]하고자 할 경우 화물주는 이를 거부할 수 없다.

제 4 칙 조선 항구에서 나가는 화물은, 적재한 선명(船名) 및 화물의 명수(名數)를 제2칙의
입항 시의 화보단(貨報單) 서식에 의거하여 작성한 원서(願書)를 화물주가 관청에
바쳐야 한다. 관청에서는 이를 신속하게 허가한다. 또 화물을 험사(驗查)하려고 할
경우 화물주는 이를 거부할 수 없다.

제 5 칙 선상에서 소비되는 잡물(미곡 종류)은, 수출 위금(違禁)[10]에 관계되는 물품이라도 수
목(數目)을 대략 계산해서 비저(備儲)[11]할 수 있다.

제 6 칙 일본 상선이 항구에서 나갈 때는 그 전날 오전에 조선 관청에 보고해야 한다. 관청
은 보고를 받으면 예전에 선주가 제출한 관리관의 증서를 돌려주고, 또 출구준단(出
口准單)[12]을 발급한다.
일본 우편선은 성규(成規)의 시한을 적용하지 않고, 관청에 보지(報知)하는 것으로
출입할 수 있다.

제 7 칙 다음 게재한 물건은 항구에 들어오는 것을 금한다.
물품명   아편^{흡연용}

제 8 칙 조선 정부 및 그 인민이 의정한 무역항 외의 다른 항구에 물건을 운수(運輸)할 경우
일본 상선을 고임(雇賃)할 수 있다.

제 9 칙 조선국에서 의정한 항구 외의 다른 항안(港岸)에 가서 은밀히 매매하는 일본 상선이
있으면, 그 화물 및 매매를 통해 획득한 전수(錢數)를 모두 조선 정부에서 몰수할 수
있다.

제10칙 이 규칙은 이후 무역 상황에 따라 언제라도 쌍방의 위원이 사정을 참작해서, 회의를
거쳐 개정·증보할 수 있다.[7]

미야모토 이사관은 무역규칙을 설명하면서 이것이 종전의 관행을 성문화한 정도에
지나지 않는다는 점을 특히 역설했지만, 강수관은 이사관의 설명을 듣고 정부에 청훈(請
訓)하겠다고 답하는 데 불과했다.

메이지 9년 8월 7일의 제2차 회담에서, 강수관 조인희는 각서로 "무역규칙의 제1칙부

---

9) 험명(驗明): 조사해서 밝힘
10) 위금(違禁): 범죄 위반에 대한 금령(禁令)
11) 비저(備儲): 비축(備蓄)
12) 출구준단(出口准單): 출항 허가서

터 제9칙까지는 모두 강본(講本)에 따를 수 있다."라고 성명하여 원칙적으로 동의를 표했다. 이는 수호조규부록의 난항에 비해 극히 간단하게 성립된 것이었다.[8]

통상장정의 체결 과정에서 일본 정부가 특히 중요시한 수출입세는 조선 정부가 애초부터 부과할 것을 고려하지 않았고, 강수관도 발언하지 않았기 때문에 문제가 되지 않았다. 또 타이슈 인민의 식량인 쌀과 잡곡의 편의적 수출법(便宜的輸出法)에 대해서는, 미야모토 이사관이 다음과 같은 이유로 자발적으로 제의를 단념했다.

훈조(訓條)에서 "저 나라에서 미맥(米麥)의 수출 금지를 청할 경우에는 그것을 허락하되, 타이슈(對州) 인민이 연래(年來)로 조선 쌀을 식용(食用)으로 해 온 편리를 잃지 않도록 저들이 승낙한다면 공무역과 유사한 변통의 방법을 시도하라."고 했습니다. 현재 타이슈의 상황을 조사하기 위해 이즈하라(嚴原) 나가사키 현 지청(支廳)에 출장 나온 권대속(權大屬) 야마자키 오시노스케(山崎忍之助)를 만나서 의논하고 그의 의견서를 받아 숙고했는데, 근래 수년간 조선 쌀을 청하지 않아도 식량이 궁하지 않을 방법이 대략 정비되었으니 이제부터 조선 쌀을 긴히 구할 필요가 없다는 내용이 별지 정호(丁號)와 같았습니다. ○별지 생략 또 이미 조약문에 세견선(歲遣船) 등을 혁제(革除)한다는 구절이 있습니다. 미동 교환법(米銅交換法)은 순수한 공무역이기 때문에 이를 인습할 경우 다른 구폐(舊弊)를 혁제할 힘을 잃을 뿐 아니라, 정부가 동(銅)의 전매를 위해 인민의 자유로운 매매를 불허하는 등 다소 좋지 않은 결과를 낳을 것이므로 우리가 나서서 이 일을 언급하지 않은 것입니다. 저들도 공무역을 하지 않으면 크게 사단을 줄일 수 있을 것이라는 말을 하기도 했고, 굳이 구장(舊章)에 미련을 두는 모습도 아니었으므로 결국 담판은 하지 않은 채 그만두었습니다.[9]

이렇게 해서 일한무역규칙은 미야모토 이사관과 강수관 사이에서 정리되어 메이지 9년 8월 24일(병자년 7월 6일)에 수호조규부록과 동시에 조인됐다. 그 전문(全文)은 11개 칙(則)으로 이뤄져서 원안과 비교하면 1개 조항이 늘어났지만 실질적인 차이는 보이지 않는다. 또한 같은 날 이사관과 강수관은 다음 공문을 왕복해서 일한무역의 구폐(舊弊) 혁제(革除)와 수출입세 면제를 협정했다.

본론만 아룁니다. 귀국과 아방(我邦)은 예로부터 교호(交好)해 왔으나, 그 무역은 소씨(宗氏)와 귀 정부가 행해서 인민이 각자 통상하는 것을 허락하지 않았습니다. 게다가 귀 정부는 중기 이래로 각종 화물의 무역을 관리(官吏)가 자영(自營)하는 것을 관례적으로 준청(准聽)했는데, 관습이 마치 조정의 명령처럼 되어 폐단이 점차 불어났습니다. 하지만 이제 신약(新約)을 협립(協立)했습니다. 제9관에 따르면, 양국 인민의 무역은 관유홍통(寬裕弘通)하게 하는 데 주안을 둔다고 했으니, 이러한 폐두(弊竇)[13]는 마땅히 속히 혁제(革除)해야 할 것입니다. 우리 인민이 귀국에 수송하는 각 물건에 대해 우리 해관(海關)은 수출세를 부과하지 않고, 또 우리 인민이 귀국의 각 물산을 우리 내지에 수송해 오는 것에도 수년간 수입세를 부과하지 않기로 했습니다. 이 일은 우리 정부의 내의(內議)로 결정한 것이니, 이렇게까지 관유(寬裕)하게 하는 것은 다른 이유에서가 아닙니다. 무역의 대지(大旨)는, 평소 따로 사는 양국 인민들로 하여금 서로 있고 없는 것을 통하게 하고, 길고 짧은 것을 보완해서 이용후생(利用厚生)하는 데 있기 때문입니다. 그런데 귀국의 현재 정형(情形)을 살펴보건대, 이제 쇄폐(鎖閉)를 간신히 풀고 금망(禁網)을 처음 열었으니, 인민의 교통이 갑자기 친밀해질 수 없고 무역의 호시(互市)가 급속히 번성할 것을 기대하기 어렵습니다. 시의(時宜)를 살피고 마땅한 바를 참작하건대, 양국 정부에서 가장 주의해서 보호해야 할 요건은 협의해서 창립(創立)하고, 장애가 되는 사항은 신속히 제거하지 않을 수 없습니다. 만약 서로 경시해서 구차히 영합한다면, 이는 교통(交通)의 명(名)만 있고 그 실(實)이 없는 것입니다. 그러므로 이제 몇 개 조건을 게재해서 장래의 증좌(證左)[14]로 삼는 것입니다.

하나, 종전에 귀국에서 무역을 준행(准行)한 자들은 몇 명으로 제한해서, 상역(商譯)[15], 도중(都中)[16] 및 윤허를 받은 상인을 제외하고 다른 사람들은 무역을 할 수 없었으나, 이후로는 마땅히 관유(寬裕)하게 해서 사람마다 무역을 할 수 있게 해야 한다. 또 혹시라도 수량을 제한하거나, 또는 갑(甲)이 특정 재화의 판매를 중단해서 을(乙)이 그 물건을 살 수 없게 되는 등 그 행하는 바가 각고(榷酤)[17]와 유사한 것은 마땅히 단절해서 다시 행할 수 없게 해야 한다.

하나, 조선 인민과 일본 인민의 매매 물화(物貨)는 반드시 매회 수량을 검사해서 조선 정부관(政府官)에 품보(稟報)할 필요가 없다. 만약 그 출입 물품의 수량을 알고 싶으면, 해관(海關)의 출입 보단(報單)을 살펴보는 것으로 충분하니 인민을 다시 번거롭게 할 필요가 없다.

하나, 양국 인민의 상호 무역을 보호하고 촉진하기 위해 파원(派員)이 없어서는 안 된다. 그

---

13) 폐두(弊竇): 병폐(病弊), 폐단(弊端)
14) 증좌(證左): 증거(證據)
15) 상역(商譯): 장사를 하는 역관이라는 뜻으로, 통상 역관들이 장사도 겸했으므로 이런 이름이 붙었다.
16) 도중(都中): 조선 중기 이후 서울 육의전(六矣廛) 상인들의 조합 단체
17) 각고(榷酤): 한(漢)나라 무제(武帝)가 재정난을 타개하기 위해 시행한 정부 전매 정책으로서 민간의 주조(酒造)를 금하고 국가가 술의 판매를 전매해서 이익을 독점한 것을 가리킨다.

파원(派員)은 들어갈 때 봉급을 받고 나올 때 법도가 있게 한다면 충분히 염치를 기르고 행실을 단속할 수 있을 것이니, 그가 제멋대로 인민을 구색(求索)[18]하게 해서는 안 된다. 만약 군박(窘迫)한 자들을 은밀히 꾀어서 한없이 뇌물을 탐한다면, 상로(商路)에 장애됨을 이루 다 헤아릴 수 없을 것이다. 그러므로 정부는 속히 계칙(戒飭)해서 폐단을 막아야 하는 것이다. 증적(證跡)이 분명해서 간상(奸狀)이 탄로 난 자는 정부가 책임지고 처분해야 한다.

하나, 해관(海關)을 설치하고 세액(稅額)을 정한 다음에 양국 인민과 약속해서 징수하는 것이 공세(公稅)이다. 그런데 지금은 단지 항구에 들어오는 선박에 대한 공세(公稅) 한 가지만 있으니, 만약 그 항구에 들어온 화물이 내지에 들어갈 때나 항구에서 나가는 화물이 내지에서 나갈 때, 요로(要路)와 관애(關隘)에 각고시장(榷酤市場)을 설립해서 은밀히 각종 세향(稅餉)[19]을 거두거나, 혹은 관리(關吏)가 그 점검하는 노고를 빌미로 뇌물을 받는 행위는, 모두 공적으로는 무역을 허락했지만 실제로는 그것을 막는 것이다. 그러므로 지금부터는 단연코 이러한 일을 혁파해서 폐두(弊竇)를 열어서는 안 된다.

이상 몇 조관은 조약부록 내에 당연히 기재해야 할 긴요한 조건이나 인민에게 공포하기에는 아직 적절치 않은 것들입니다. 그러므로 우선 삭제하고 별록(別錄)으로 전달해서 약속하는 것입니다. 그러나 그 권리(權理)는 부록과 다를 바 없습니다. 이 때문에 글을 올리오며 아울러 시지(時祉)[20]를 빕니다. 공경히 아룁니다.

메이지 9년 8월 24일
일본국 이사관 외무대승 미야모토 오카즈(印)
조선국 강수관 의정부당상 조인희 각하

답복(答覆)합니다. 보내주신 두 책자는, 하나는 새로 통상 규제를 세웠으니 관유(寬裕)하게 하는 데 힘써서 관리의 영사(營私)[21] 및 토색(討索), 상역(商譯)의 전리(專利) 및 각고(榷酤)를 일체 혁제(革除)하며, 아울러 인민의 매매는 매회 수량을 검사할 필요가 없고, 화물 출입에 특별히 수년간 관세를 면제한다는 내용이었습니다. 다른 하나는, 양국 표민(漂民)을 구휼할 때의 경비는 회계(會計)[22]해서 추후에 보상하고, 표민(漂民)이 체류할 때 고임(雇賃)한 역역(力

---

18) 구색(求索): 요구(要求)
19) 세향(稅餉): 조세(租稅)
20) 시지(時祉): 사시(四時) 행복
21) 영사(營私): 사리(私利)를 도모함
22) 회계(會計): 계산(桂酸)

役)[23]은 보상에서 공제(控除)하며, 그 나머지는 보호해서 본업에 돌려보낸다는 등의 사항이었습니다. 각 건을 일일이 살펴보고, 귀의(貴意)가 양국 민인(民人)을 서로 편하게 하는 데 힘쓰는 것이 섬세하고 구비(具備)되어 있음에 몹시 탄복했습니다. 응당 이에 따라 시행해서 영원히 장정을 준수할 것입니다. 이로써 회복(回覆)하니 살펴보시길 바랍니다.

병자 7월 초엿샛날

강수관 의정부당상 조인희(印)

대일본국 이사관 외무대승 미야모토 오카즈 합하[10]

일한무역규칙은 메이지 9년 8월 24일(병자년 7월 6일)에 조인되어 당일로 효력을 발생했지만, 그 실시에는 아직 다소 준비가 필요했다. 특히 이 무역규칙은 당분간 부산에 한해 시행될 예정이었으므로 일한수호조규 제4관과 제8관에 근거해서 영사를 주재시켜 조선의 해당 관헌과 협의하게 할 필요가 있었다.

메이지 9년 11월 13일, 정부는 외무성 칠등출사 곤도 신스케를 관리관에 임명해서 부산 주재를 명했다. 영사로 임명하지 않고 관리관이라는 옛 명칭을 답습한 것은 새로운 관례를 만들어서 양국 간에 마찰을 빚는 것을 피하려는 의도였던 것으로 보인다. 또한 데라지마 외무경은 메이지 9년 11월 13일에 관리관의 직무에 관해 상세하게 훈령했는데, 그 가운데 일한통상에 관계되는 조항은 다음과 같다.

3. 관리관은 동래부백(東萊府伯)과 대등한 자임을 명심하라. 공사(公事)의 의논이나 문서 왕래 등은 모두 그에게 조회하되, 일상의 사소한 건들을 일일이 부백(府伯)을 만나서 말하려고 할 경우 도로가 멀거나 실제 불편한 것이 있다면 훈도에게 이야기하거나 속관(屬官)을 통해서 이야기해도 무방하나, 그 개단(開端) 및 결말에서 장래의 증좌(證左)나 예규(例規)가 될 만한 것은 일체 부백(府伯)을 상대해서 처리하라.

4. 조선 정부가 조약을 약정했지만, 실은 그 좋아하는 바가 아니라서 걸핏하면 폐국수구(閉國守舊)의 태도를 보이거나, 혹은 관리들이 은밀하게 뇌물을 탐하여 무역을 방해하고 물품 수출입의 고장(故障)을 일으키는 등의 사례가 적지 않다고 들었다. 이제 갑자기 이러한 폐두(弊竇)를 막을 수는 없다고 해도, 사사물물(事事物物)에 주의해서 저들의 소행이 만약 여러 조약서의 취지에 위배되는 것으로 간주될 때는 온 힘을 다해 그것을 저지하여 저들의 적습오속(積習汚俗)을 개혁하는 지위로 나아가야 한다.

---

23) 역역(力役): 부역(負役)

5. 무역의 형황(形況)을 깊이 살펴서 안팎으로 모두 그것을 촉진할 수 있는 시기라고 판단될 경우 그 지방관에게 청구해서 그 편의를 개흥(開興)할 수 있는 방도를 강구하라.

14. 조선 정부로 하여금 초량에 해관(海關)을 설치하게 하는 것은, 그 위치가 우리의 차입지(借入地) 내에 있으면 토지를 분할해서 반환하거나 혹은 다시 대부(貸付)하는 등 형편에 따라 조처하라.[11]

곤도 관리관은 수행원 외무권중록 이시바타 사다, 외무권소록 나카노 교타로를 거느리고 메이지 9년 11월 15일에 도쿄를 출발했다. 정부에서는 별도로 외무대승 하나부사 요시모토를 부산에 출장 보내면서 "관리관 곤도 신스케에게 위임한 조건을 관철하고, 또 제반 개정 사무를 모두 적절하게 처리하도록 주의하라."고 명했다.[12]

곤도 이사관은 메이지 9년 11월 25일에 부산에 도착한 후 곧장 자신의 부임을 동래부사 홍우창에게 통고했다. 동래부사는 11월 30일에 일본 공관으로 가서 하나부사 외무대승도 포함해서 하선연(下船宴)을 베풀었다. 관리관은 외무대승 미야모토 오카즈가 예조참관에게 보내는 서계를 전달하고, 자신은 일한수호조규 제8관에 따라 부산에 주재하면서 거류 일본국 신민을 보호 감독하고, 아울러 통상을 관장할 것이라는 뜻을 통고했다.[13]

조선 정부의 입장에서 보자면 관리관은 구시대 왜관 관수(館守)의 직무를 계승한 것이었다. 하지만 일본 정부가 일한국교 혁신 방침에 기초해서 이와 같이 개정한 이상, 조선 정부도 그것에 대응하지 않을 수 없었다. 이에 메이지 9년 12월 7일(병자년 10월 22일), 왜학훈도를 판찰관(辦察官), 별차를 역학(譯學)으로 개칭했다. 관리관은 동래부사와 대등해서 공무가 있으면 그와 직접 상의할 수도 있었지만, 새 판찰관 자헌(資憲)[24] 현석운은 부산에 재근한 기간이 길고 일한국교 쇄신에 공적도 있었으며, 게다가 그 품질(品秩)도 높아서 세망(勢望)이 동래부사를 능가했으므로 일한 간의 교섭은 자연히 관리관과 판찰관 사이에서 이루어져 동래부사는 일개 지방관에 지나지 않게 됐다.[14]

일본 정부는 메이지 13년 3월에 관리관을 영사로 개칭하기로 결정하여 부산 주재 관리관 곤도 신스케를 영사로 삼고, 같은 해 5월에는 전 부산 주재 관리관 마에다 겐키치(前田獻吉)를 원산 주재 총영사에 임명했다.[15]

---

24) 자헌(資憲): 정이품(正二品) 하(下)의 문무관 품계

【원주】

1 『朝鮮交際始末』卷三.

2 『舊條約彙纂』卷三(朝鮮) 7쪽.

3 『宮本大丞朝鮮理事始末』卷五 修好條規附錄案ノ伺·同指令.

4 同 卷五 宮本理事官へ訓令.

5 同 卷五 山崎長崎縣權大屬書翰抄.

6 同 卷三 明治九年八月五日 理事官講修官對話書.

7 同 卷五 修好條規附錄案ノ伺.

8 『日使文字』卷一 丙子年.

9 同 卷五 宮本理事官復命書.

10 同 卷一 重稅廢止ノ照會文;『同文彙考』附編續 通商一.

11 『善隣始末』卷三.

12 『宮本大丞朝鮮理事始末』卷八 管理官委任狀;『善隣始末』卷三.

13 『倭使日記 卷五』丙子年十月二十二日·二十五日·二十八日;『同文彙考』附編續 通商一.

14 『花房公使朝鮮關係記錄』卷一 釜山日本國公館雜綴;『日省錄』李太王丙子年十月二十二日;『備邊司謄錄』李太王丙子年十月二十二日.

15 『同文彙考』附編續 通商一.

일한통상장정의 성립, 수출입세의 협정

메이지 9년 8월 24일의 미야모토 이사관 공문을 통해 당분간 부산에서 모든 수출입에 대한 무관세 방침이 협정됐다. 당시 조선 정부는 이 협정을 부당하다고 생각하지 않았지만, 그 후 일본 및 청국에서의 외국 무역의 실제를 보고 듣게 되자, 수출입에 대한 무관세가 매우 불합리하다는 것을 깨달았다. 하지만 해관(海關)을 설치하고 수출입 관세를 징수하는 것은 미야모토 이사관 공문에 명백히 저촉되기 때문에 조선인 상인들에게만 약간의 징세를 하기로 결정하고, 메이지 11년 9월 6일(무인년 8월 10일)에 부산항 수출입품의 세율을 정해서 경상도관찰사에게 명령했다.

의정부에서 아뢰길, "부산이 개항한 지 이미 몇 년이 되었습니다. 모든 화물 출입처에는 원래 세액(稅額)을 통행(通行)하는 규칙이 있는데, 만부(灣府)는○의주부(義州府) 1년 3문(門)에 불과하고 부산의 경우에는 오랫동안 화매(和賣)[1]해 왔습니다. 그 출입하는 제반 화물을 비교하고 작량(酌量)해서, 각각 세목을 정한 다음에 별도로 책자를 만들어서, 동래부에 내려 보내서 신중하게 거행케 해야 할 것이로되, 처음 시작할 때 변정(邊政)을 엄숙하게 하고 조식(條式)[2]을 엄하게 하지 않는다면, 암수(暗輸)[3]와 잠루(潛漏)[4]의 폐해가 장차 방한(防限)[5]을 씻은 듯 없앨 것입니다. 따라서 우리 백성들 가운데 무뢰잡란(無賴雜亂)한 자들을 일체 금알(禁遏)해서 법률에 따라 징치(懲治)하되, 만일 이를 하나라도 어겨서 칙명을 받들지 못했다는 탄식이 나온다면 해당 부사는 응당 논책하고 판찰관(辦察官)은 중감(重勘)[6]을 피하기 어려우리라는 뜻으로 각별히 관문(關文)으로 신칙(申飭)하고, 또한 이를 해당 도신(道臣)[7]에게 행회(行會)[8]하

---

1) 화매(和賣): 판매자와 구매자가 협의해서 물건을 매매함
2) 조식(條式): 조문과 법규
3) 암수(暗輸): 밀수(密輸)
4) 잠루(潛漏): 은닉해서 빼돌림
5) 방한(防限): 제한(制限)
6) 중감(重勘): 중죄(重罪)로 처단함
7) 도신(道臣): 관찰사(觀察使)의 별칭
8) 행회(行會): 상부의 지시 사항을 공문으로 알림

는 것이 어떻겠사옵니까?"라고 하자, 윤허하셨다.[1]

동래부사 윤치화와 판찰관(辦察官) 현석운은 정부의 명에 따라 부산 두모진(豆毛鎭)에 세관을 설치했다. 그리고 무인년 9월 3일(메이지 11년 9월 28일)부터 징세를 개시할 것이라는 내용을 부산 주재 관리관 외무오등속(外務五等屬) 야마노조 스케나가에게 통고하고,『정세책자(定稅冊子)』를 보냈다.[2]

동래부사의 이른바『정세책자』의 내용은 알려져 있지 않지만, 수출입에 대한 과세는 명백한 협정 위반이었고, 또 종전에 과세된 경험이 없는 부산 거류 일본 상민들에게 치명적 타격을 줘서 무역이 자연 중단된 모양이 됐다. 야마노조 이사관은 동래부사에게 항의했고, 10월 9일에는 재류 상민 135명이 대거 동래부로 가서 진정하였다. 하지만 동래부사 윤치화는 수출입에 대한 과세는 각국의 관례에 따른 것이며, 특히 이번에는 조선 상민에게서 징세하는 것이기 때문에 인국(隣國)에서 항의를 받을 이유가 없다고 주장하면서 이를 일축했다.[3]

야마노조 관리관의 보고를 받은 일본 정부는, 메이지 11년 11월 18일에 외무대서기관 겸 대리공사 하나부사 요시모토와 외무권소서기관 곤도 신스케를 부산에 급파해서 과세 중단을 교섭하게 했다. 메이지 11년 11월 19일의 외무경 데라지마 무네노리의 훈령은 다음과 같다.

> 하나, 부산에 가면 관리관으로 하여금 동래부백(東萊府伯)에게 글을 보내서 온 뜻을 알리고 그 다음에 수세정지(收稅停止)의 조회를 작성하게 하라.
> 하나, 이 조회로도 정지하지 않으면 약간의 시간을 기약하라. 그리고 그 기한이 되어도 정지하지 않으면 배약(背約)의 죄를 면할 수 없음을 알리고, 시의(時宜)에 따라 군함에 성원(聲援)[9]을 의뢰해서 반드시 이행할 것을 독촉하라.
> 단, 세관을 점거하거나 훼손하는 일 등은 추후 명령을 받기 전에는 행하지 말라.
> 하나, 거류 관민의 보호에 병력이 필요할 경우 군함에 의탁하라.[4]

정부는 무력시위를 위해 최신, 최정예 코르베트 군함 히에(比叡)(1호)를 파견하기로 결정했다. 그리고 해군중장 겸 해군경 가와무라 스미요시는 히에 함장 해군중좌 사와노

---

9) 성원(聲援): 옛날 군사 작전에 쓰이던 용어로 밀리서 지원하는 것을 뜻함

다네카네(澤野種鐵)에게 하나부사 대리공사로부터 청구가 있으면 협의한 후에 적절한 행동을 취하라는 훈령을 부여했다.

하나부사 대리공사는 메이지 11년 11월 20일에 도쿄에서 출발해서 군함 히에를 타고 29일에 부산에 도착했다. 그리고 당일로 관리관 야마노조 오등속(五等屬)에게 명해서 동래부사에게 항의를 제출하고, 두모진(豆毛鎭) 세관의 과세를 즉시 정지하지 않으면 병력으로 실행하는 바가 있을 것임을 경고하게 했다. 그리고 이튿날인 11월 30일에 다시 야마노조 오등속을 동래부사에게 보내서 거듭 주의를 주었다. 동래부사 윤치화는 '과세는 정부의 명령에 따른 것으로 부사의 권한으로 중지할 수 없고, 특히 과세는 조선 국민에게 시행되는 것으로 일본 상민에게 해당되는 것이 아니다. 아무튼 정부에 청훈(請訓)한 뒤에 회답하겠다.'고 하고, 12월 1일에 공문을 통해 같은 말을 반복했다.[5]

하나부사 대리공사는 12월 2일에 야마노조 오등속에게 명해서 문서로 동래부사의 주장을 반박하게 했다. 즉, 메이지 9년 8월 24일의 미야모토 이사관 공문과 일한무역규칙의 각 규정에 근거해서 수출입 과세의 불법을 논증한 후, 마지막 문장에서 "귀국 정부가 제멋대로 신관(新關)을 설치하고 무역물화(貿易物貨)에 세향(稅餉)[10]을 부과해서, 우리 정부의 논박을 용납하지 않고 우리 인민의 손해를 불고한 채 굳게 무역을 억제하고 있으니, 이것이 고의로 조약을 위배하고 신의(信誼)를 저버리는 것이 아니고 무엇인가? 그렇다면 성신(誠信)의 도(道)가 끊어져서 마침내 병혁(兵革)의 화(禍)를 초래할 것이니, 귀하는 여기에 주의해서 우선 그 수세(收稅)를 중지하고, 귀 정부에 사정을 보고한 후 양국이 협의하는 날을 기다려야 할 것이다."라고 경고했다.[6]

하나부사 대리공사의 경고는 빈 말이 아니었다. 사와노 히에 함장과의 협의를 거쳐 육전대를 상륙시켜서 두모진에서 행군하고, 본 함에서도 정박한 상태에서 합전(合戰)[11] 훈련을 실시하고 공포를 발사하였다. 12월 6일에 야마노조 관리관을 동래부사에게 보내서 정부의 회훈(回訓)이 언제 도착할지 질문하게 했는데, 부사는 12월 15일에서 20일 사이일 것이라고 답했다. 그리고 하나부사 공사 자신이 두모진을 시찰했는데, 이미 수세리(收稅吏)는 주둔하지 않고 세관은 사실상 철폐되어 있었다고 한다.[7]

이보다 앞서 동래부사 윤치화는 일본 정부의 태도가 매우 강경해서, 징세를 강행할 경우 양국의 정면충돌을 초래할 것을 우려하여 사태의 긴박한 상황을 정부에 호소했다.

10) 세향(稅餉): 조세(租稅)
11) 합전(合戰): 교전(交戰)

정부 또한 사태 악화에 경악해서 일단 징세를 중지하기로 결정하고, 메이지 11년 12월 19일(무인년 11월 26일)에 경상도와 동래부에 다음과 같이 회훈(回訓)했다.

> 개항처에서의 수세(收稅)를 몇 년 후에 반드시 행한다고 하는 분명한 약속이 있었던 것은 아니로되,[12] 언제 몇 달을 계산해서 당한(當限)으로 한다는 분명한 약속을 맺은 적이 있었는 가? 대체로 수세(收稅)를 속히 금지해야 함은, 다만 우리 백성들의 잡답(雜遝)과 번요(煩擾)를 막기 위해서 그러할 뿐이다. 또 그 관세의 유무가 인방(隣邦)과 무관한데, 어째서 도리어 고 간(苦懇)[13]해 마지않고 심지어 관리관이 동래부까지 온단 말인가? 그러나 수호(修好)로 볼 때 또한 계속 굳게 거절할 필요가 없으니, 수세(收稅)는 우선 정지하고, 다시 지시를 기다렸다가 거행하라. 그리고 이러한 뜻을 일본 공관에 소상히 개유(開諭)해서 저들로 하여금 환히 알게 하라.[8]

정부의 회훈(回訓)을 접한 동래부사 윤치화는 12월 26일(무인년 12월 2일)에 야마노조 관리관에게 정부의 훈령에 따라 당분간 징세를 중지한다고 통고했다.[9]

부산에서의 불법 과세는 조선 정부의 전면적 양보로 일시 해결됐다. 남은 문제는 손 해배상이었다. 12월 27일에 하나부사 대리공사는 예조판서 윤자승에게 서계를 보내서, 조선 정부가 일한 양국 간의 약정을 위반해서 수출입품에 과세하여 무역에 손해를 끼쳤 으므로 훗날 일본 공사가 경성에 부임할 때 배상을 요구할 것임을 시사했다.[10]

메이지 12년 1월에 하나부사 대리공사의 복명을 청취한 일본 정부는 통상 문제를 현 상 그대로 방치할 것인지 여부를 신중하게 고려할 필요를 느꼈다. 첫째, 부산에서는 아 직도 옛 관례에 따른 각종 제한이 여전히 남아 있어서 일한무역 진흥에 적지 않은 장애 를 초래하고 있으므로 그것을 철폐하고 더 나아가 일본인의 상권(商權)을 확장할 필요가 있다는 것, 둘째, 조선 정부가 수출입에 과세하는 것은 내정 문제이기 때문에 이론상으 로는 저지할 수 없지만, 조선 정부가 일한무역의 실정에 맞지 않는 중세를 부과할 경우 에는 수출입 업자에게 의외의 손실을 입힐 우려가 있다. 따라서 수출입세 부과 방침에 관해 미리 조선 정부와 협의할 필요가 있다는 것이었다. 외무당국은 여기에 부산에서의 불법 과세에 대한 손해배상 요구를 덧붙여서 조선 정부와 협의할 필요를 인정하고, 메

---

12) 본문에는 '非無著約'이라고 하여 '분명한 약속이 없는 것은 아니로되'라고 풀이되나, 문맥상 '非'는 '雖' 등의 오기인 것으로 보인다.
13) 고간(苦懇): 몹시 간절하게 청원함

이지 12년 3월 14일에 조선국 개항장 설정의 임무를 받고 조선에 파견될 하나부사 대리 공사에게 다음과 같이 훈령했다.

하나, 작년에 조선 정부가 두모진(豆毛鎭)에 설관징세(設關徵稅)하여 상로(商路)를 막아 우리 상민(商民)에게 손해를 입힌 비거(非擧)[14]를 책망하고, 저들로 하여금 지과상해(知過償害)의 실(實)을 표시하게 하는 것은, 비단 사죄 서한[謝書]으로 그 회오(悔悟)의 뜻을 진술하는 것뿐만 아니라 그 손해 금액을 산정해서 배상시키는 데 달려 있다. 그러나 우리 정부는 금액으로 양국의 우의를 유지하는 것은 바라지 않는다. 그러므로 만약 조선 정부가 별지 을호(乙號) 서면(書面)의 7건을 승낙하면, 다른 요구를 제시하지 않고 그것으로 이 일을 마무리 짓고자 하는 것이다. 대체로 이 7건 중에 5건은 수호조규 부록 및 무역장정에 ^{첫 번째와 다섯 번째 건은 부록 제4관의 뜻을 확장한 것이며, 두 번째는 부록 제7관, 세 번째는 무역장정 제8칙(則), 네 번째는 제5관에서 나온 것이다.} 기재된 것으로, 저들이 거행을 원치 않거나 또는 이의를 제기한 것들이다. 따라서 이 5건은 반드시 저들로 하여금 실천하게 해야 한다. 이제 다른 2건을 합쳐서 저들이 모두 윤락(允諾)한다면, 무역을 저해하려는 의도가 없음을 표시하고, 또 장래의 간친(懇親)을 두텁게 해서 더욱 통상을 번성시키려는 생각이 있음을 입증하기에 충분할 것이다. 그러나 저들이 만약 이 7건조차 승낙하지 않는다면 지과상해(知過償害)의 실(實)이 없는 것이다. 그 실(實)이 없다면 우리는 배약(背約)의 죄로 저들을 책망하지 않을 수 없다. 이러한 뜻을 깊이 깨닫고, 저들에게 분명하게 조리를 보여서 협의에 이르게 하라.

하나, 조선국 해관세(海關稅)와 관련해서, 그 정부에서 상의해 오면 다음 내용으로 응답하라. 조선국 개항장에서 수출입품에 부과할 세액을 제정하는 것은 원래 그 정부의 권리에 속한다. 따라서 우리 정부가 억지로 간섭하려는 것은 아니다. 하지만 조선국은 종래로 해외와 통상하지 않았기 때문에 아직 각국에서 보편적으로 행해지는 관세법에 익숙하지 않고, 또 임의무역(任意貿易)의 뜻을 알지 못한다. 그러므로 수세(收稅)하는 사이에 저절로 한제금조(限制禁阻)의 폐해를 낳기 쉬울 것을 우려해서 일찍이 수년간 면조(免租)[15]를 약속했으니, 이는 영구히 지속하려는 것이 아니다. 지금 만약 조선 정부가 수호조규 제9관의 임의무역(任意貿易)의 주의(主意)에 따라 무해한 방법을 마련하고, 적당한 세액을 징수하고자 한다면 우리 정부는 결코 그와 관련한 상의를 사절하지 않

---

14) 비거(非擧): 그릇된 거동
15) 면조(免租): 조세 면제

을 것이다. 다만 일이 양국 무역의 성쇠에 관계되므로 반드시 토론하고 상의하지 않을 수 없다. 그러므로 조선국 정부에서 먼저 그 무해하다고 생각하는 관세 규칙과 적당하다고 생각하는 세액목록(稅額目錄) 초안을 작성한 후 우리 정부의 숙의(熟議)를 거쳐야 한다.[11]

훈령에서 보이는 별지 을호(乙號)의 7건은 (1) 개항장 유보지역(遊步地域) 내 임의무역(任意貿易)의 인정, (2) 일한 양국 통화(通貨)의 통용, (3) 조선 국민이 일본 상선을 용선(傭船)해서 비개항장에 항행할 수 있게 하는 것, (4) 조선 국민의 일본 시찰 및 유학 허락, (5) 유보지역 내에 있는 부락의 장날에 일본 신민도 참가할 수 있게 하는 것, (6) 일본인의 조선 내지 여행 승인, (7) 대구 약령시(藥令市)[16]에 일본인의 참가를 허락하는 것이었다.[12]

하나부사 대리공사는 메이지 12년 3월 31일에 도쿄에서 출발, 특무함 다카오마루(高雄丸)를 타고 6월 13일에 경성에 도착했다. 그리고 조선국 강수관 홍우창과 인천, 원산 개항에 관한 상의를 개시했다. 그런데 조선 정부의 반대가 극히 강경해서 양자의 의견이 완전히 대립한 까닭에 하나부사 대리공사는 통상 문제에 관해 논의를 시작할 기회를 얻기가 쉽지 않았다. 그러다가 7월 6일에 예조판서 심순택(沈舜澤)에게 조회를 보내서 부산에서의 불법과세에 대한 손해배상 7개 조를 요구했다. 외무경 훈령 원안과 비교해보면, 제1조와 제5조를 수정해서 한 조항으로 만들고, 다시 추가로 조선 연안에 등대와 부표의 설치를 요구했다. 또 같은 날 다음 공문을 강수관에게 보내서 수출입세 부과에 대한 일본 정부의 방침을 표명했다.

본론만 말씀드립니다. 귀 정부의 통상 항구에서의 수출입품 징세에 대해 우리 정부는 그것이 그 권내(權內)의 일이라고 생각하지만, 귀국은 일찍이 해외 각국과 통상을 하지 않은 까닭에 보통관세(普通關稅) 및 임의무역(任意貿易)의 취지를 아마도 아직 통효(通曉)하지 못했을 것이니, 수세(收稅)하는 사이에 저절로 한제금조(限制禁阻)의 폐해가 생기기 쉬울 것을 우려했습니다. 그러므로 수년간 면세하기로 약속했던 것입니다. 그러나 이는 일시 편법이요, 영원히 유지될 제도가 아니니 지금 만약 귀 정부가 수호조규 제9관의 뜻에 따라 징세를 요구한다면 우리 정부가 어찌 감히 거절할 수 있겠습니까? 그렇지만 과세는 양국 무역의 성쇠에 관

---

16) 약령시(藥令市): 정기적으로 열려서 약재를 매매하는 시장

계되는 일이라 숙의해서 정하지 않을 수 없습니다. 따라서 귀 정부에서 먼저 폐해가 없을 것으로 생각하는 내용으로 규례와 세목(稅目)을 기초해서 우리 정부와 상의한 후에 협립(協立)해서 시행한다면 안 될 것이 없습니다. 이 때문에 글을 보냅니다. 삼가 아룁니다.[13]

조선 정부는 손해배상 7개 조 중에서 등대 및 부표 설치의 건은 승인하고, 일본 국민의 내지 여행과 대구 약령시 참가는 거절했다. 그리고 나머지 4개 조는 수정을 거쳐 동의할 용의가 있음을 비쳤다.

당시 인천 개항 교섭이 정체된 영향으로 손해배상 문제는 용이하게 진행되지 않았으나, 7월 28일에 조선 정부는 일본 국민의 광산 채굴과 대구 약령시 참가의 2개 조를 제외하고, 기타 5개 조에 대해서 다소 수정을 거친 후 동의를 표했다. 하나부사 대리공사는 이를 조선 정부가 일한무역에 장애가 되는 각종 곤란을 제거할 성의가 있는 것으로 인정해서, 외무경 훈령에 따라 손해배상금을 요구하지 않았다.[14]

이렇게 해서 부산에서의 세관 설치와 불법 과세에 따른 손해배상 문제는 양국 간에 양해가 성립됐지만, 수출입세 부과는 장래의 문제로서 실제 상의에 들어가지 않았다.

메이지 14년 10월에 조선 정부는 수신사 조병호와 종사관 이조연을 도쿄에 파견했다. 수신사는 11월 9일에 메이지 천황을 알현하고 조선 국서를 봉정했다. 그리고 11월 17일에 외무경 이노우에 가오루를 만나서 예조판서 이인명의 서계를 전달하고, 자신이 통상조약 체결의 사명(使命)을 받았음을 진술하면서 원안을 제시했다. 외무경은 조약 체결에 필요한 전권위임장의 성격을 설명하고, 이번에 조병호가 휴대한 조선 국서와 예조판서 서계는 모두 전권위임장의 형식을 갖추지 못했다고 말했다. 그리고 정식 회담은 완전한 전권을 가진 위원이 온 뒤에 하기로 하고, 일단 조병호가 휴대한 원안에 대해 예비회담을 가질 것을 제의했다. 조병호도 동의했다.[15]

수신사가 제시한 통상장정 원안은 일청 양국 간에 성립된 통상조약을 연구해서 작성된 것으로 총 35개 조관으로 이뤄져 있었다. 현행 일한무역규칙에 비해 거류지 지대(地代)와 톤세(噸稅)를 크게 증액하고 벌칙을 엄중히 한 것이 눈에 띄는데, 그 밖에 주의해야 할 조관으로는 (제21관) 미맥(米麥)과 대두(大豆)의 수출 금지, (제22관) 홍삼의 수출 금지, (제23관) 3개월 전의 예고로 언제든지 수출세의 증액을 실시할 수 있게 하는 것, (제24관) 아편 및 기독교 관계 도서의 수입 금지, (제29관) 항구에 정박한 선박의 소속 선원이 범죄를 저질렀을 경우 해당 선장에게 인도해서 처벌하게 하는 것, (제34관) 본 통상

조약의 유효기한을 5년으로 하는 것 등이 있었다.

다음으로 해관세칙을 보면, 수입은 품목을 6개 종류로 분류해서 미맥(米麥)과 대두(大豆), 금은화(金銀貨), 그리고 금은지금(金銀地金)[17]을 무관세로 하고, 양주와 일본주는 35퍼센트, 시계와 서양제 귀중품은 25퍼센트의 종가세(從價稅)를 부과하며, 일반 상품은 10퍼센트의 종가세를 부과하는 것으로 했다. 그리고 수출품은 종류를 불문하고 5퍼센트의 종가세를 부과하기로 했다.[16]

이노우에 외무경은 영접괘(迎接掛) 변리공사 하나부사 요시모토와 외무대서기관 미야모토 오카즈 등에게 명하여 수신사 조병호와 상의하게 했다. 하나부사 변리공사와 미야모토 외무대서기관은 11월 21일부터 5차례에 걸쳐 수신사와 회담을 가졌지만 끝내 타협점에 도달하지 못했다. 양자 간의 난점은, 통상장정안의 경우 미곡과 홍삼의 수출 금지, 그리고 해관세칙의 경우 일반 상품의 수입세를 10퍼센트로 하는 데 있었다. 당시 일한무역에서 미곡과 홍삼을 제외하고는 수출품 가운데 유망한 상품이 거의 없었으므로 이 두 가지의 수출을 금지할 경우 일한무역은 쇠퇴하지 않을 수 없었다. 또 당시 일본에서는 수출입 모두 종가세 5퍼센트만 부과했으므로, 조선의 수입세 10퍼센트를 승인하는 것은 불가능했다. 하나부사와 미야모토 두 위원은 수신사에게 이상 두 가지를 수정해 줄 것을 간곡히 말했지만, 수신사는 미곡과 홍삼에 관해서는 고려의 여지가 없고, 수입세는 일본이 최혜국 약관 때문에 어쩔 수 없이 5퍼센트의 수입세를 감수하고 있는 상황을 들어서 알고 있다고 하면서 10퍼센트에서 양보하려고 하지 않았다. 이노우에 외무경은 12월 12일에 수신사를 불러서 간곡히 이야기했지만, 아무런 구체적 효과도 거두지 못했다.

수신사 조병호는 메이지 14년 12월 16일에 외무성에 출두해서 귀국 인사를 했다. 이 자리에서 이노우에 외무경은 조선국 예조판서에게 보내는 회답서계를 전하면서, 조선 정부에서 제시한 통상장정안 및 세칙안이 일한무역의 실정을 무시한 사실을 지적하고 재고를 촉구했다. 그리고 곧 부임할 주한변리공사 하나부사 요시모토에게 일본 정부의 대안을 가져가게 할 것이라고 말했다.[17]

메이지 15년 4월 25일, 일본 정부는 변리공사 하나부사 요시모토에게 조선국 주차(駐箚)를 명하고 일한통상조약 체결에 관한 전권을 부여했다. 하나부사 변리공사는 5

---

17) 지금(地金): 지금(地金)은 가공이나 세공을 거치지 않은 매장된 황금을 가리키는데, "금(은)지금(地金)"은 금(은)괴(bullion)를 말한다.

월 11일에 경성에 부임했는데, 마침 그때 조선 외교에 일대 변혁이 생겨서 일본국 정부의 기존방침에 따라 일한통상조약을 체결하는 것이 불가능하게 됐다. 즉, 미국 정부에서 청 북양대신 이홍장의 중개로 전권위원 해군대장(海軍代將) 로버트 슈펠트(Robert W. Shufeldt)를 조선에 파견해서, 메이지 15년 5월 22일에 한미수호통상조약을 체결했던 것이다. 이 조약은 조선 정부에서 기안한 원안을 이홍장이 검열하고 수정한 것으로, 경성에서라기보다는 차라리 텐진에서 작성된 것에 가까웠고 조선의 전권대관 신헌과 부관 김홍집은 이홍장이 파견한 도원(道員) 마건충(馬建忠)의 지휘에 따라 기명조인(記名調印)한 데 지나지 않았다. 곧이어 6월 6일에 한영수호통상조약, 6월 30일에 한독수호통상조약이 성립됐다. 모두 한미조약을 기준으로 한 것이었다. 이 세 조약은 종주국이 번속(藩屬)인 조선의 보호를 고려해서 작성한 것이었는데, 종전에 조선 정부에서 주장해 온 수입세 최저 10퍼센트, 최고 30퍼센트, 톤세(噸稅)의 대폭적 세율 인상, 3개월 전의 예고에 따른 통상조약의 수정과 같은 사항들이 전부 명기됐다. 따라서 하나부사 변리공사는 부임과 동시에 먼저 이를 고려하지 않을 수 없었다.[18]

메이지 15년 5월 19일에 하나부사 변리공사가 일한통상장정의 체결을 요구하자 조선국 정부는 경리기무아문사(經理機務衙門事) 김보현을 전권대관에, 동(同) 김홍집을 전권부관에 차하했다. 회담은 6월 5일부터 열렸는데, 조선국 전권이 한미조약과 동일한 조건을 요구하여 일본국 정부의 방침과 근본적으로 상반되는 부분이 있었다. 그런데 양자의 교섭이 구체적으로 진행되기 전에 임오변란이 갑자기 발생해서 교섭은 무기한 연기됐다.[19]

임오변란이 진정되어 메이지 16년 1월에 변리공사 다케조에 신이치로가 조선국 주차의 명을 받았을 때는 통상조약의 체결을 더 이상 방치할 수 없는 상태였다. 일본국 정부는 수출입 모두 종가세 5퍼센트로 하는 것을 교섭의 기조로 삼고 있었지만, 이제 국제 정세의 변화에 따라 이 근본 방침을 고치고 그 밖의 각 조항에 관해서도 재검토하지 않을 수 없었다.

메이지 16년 3월 28일에 이노우에 외무경은 다케조에 변리공사에게 훈령해서 정부 방침을 설명하고 통상장정안을 송치했다. 이 안은 지난 메이지 14년 11월에 수신사 조병호가 제시한 조선 정부의 원안을 참조해서 거류지 지대(地代) 및 톤세(噸稅)의 적지 않은 세율 인상을 인정하고, 수출입세 모두 이노우에 외무경이 주장해 온 종가세 5퍼센트를 단념하고 수입은 종가세 5퍼센트·7.5퍼센트·15퍼센트의 세 종류로 나눈 후, 교섭

경과에 따라 7.5퍼센트를 10퍼센트, 15퍼센트를 20퍼센트까지 인상하는 것을 승인했다. 또 벌금과 수수료는 모두 양국에서 통용하는 동화(銅貨)로 지불하는 것으로 했다.

다음으로 전부터 현안이 되어 온 미곡과 홍삼의 수출 금지에 관해서는, 전자는 수출세를 늘리는 한이 있어도 금지는 수락하지 않고, 후자는 시의(時宜)에 따라 수출 금지를 승인하더라도 어쩔 수 없다고 했다.

> 하나, 수출품 중에 미곡은 저들이 일찍이 수출 금지를 주장한 것이나, 원래 미곡은 수출액(輸出額)의 7, 8분(分)[18]을 차지하는 것이니, 이를 금제(禁制)할 경우 크게 무역 촉진의 목적을 방해할 것이며, 또 그 수출로 인해 근래 곡가(穀價)가 등귀하고 그에 따라 산출액(産出額) 또한 증가하는 추세로 본다면 결코 금지할 필요가 없다. 그러나 곡가가 지나치게 등귀할 경우 세민(細民)의 궁고(窮苦)한 수소(愁訴)[19]를 초래할 것이니 우리로서도 조금 고려할 것이 있다. 따라서 만약 저들이 수출 금지를 주장할 경우에는 쌍방이 양보해서 1할 세율로 정하라.
>
> 조선의 미곡은 원래 대단히 염가였는데, 3, 4년 전부터 일본 수출로 인해 갑자기 2배, 혹은 3배의 등귀를 초래했다. 그러므로 최근 3, 4년 동안 조선의 내지 곡가(穀價)는 부산의 수출 시세를 표준으로 변동했으니, 그것에 1할의 중세(重稅)를 부과한다고 해서 수출이 줄지는 않을 전망이다.
>
> 하나, 홍삼 또한 일찍이 저들이 수출 금지를 주장한 것이다. 이 한 품목은 저들이 종래로 전매제(專賣制)를 시행해서, 조선에서 지나(支那)에 수출하는 것에 대해 대략 원가 4할의 중세(重稅)를 부과해도 해당 상민 등은 5배의 이윤을 보았다고 한다. 수출 금지의 설은 갑자기 따르기 어렵지만, 또 저들의 속사정을 참작해서 이 한 품목에 한해 쌍방의 협의를 통해 특별법을 두지 않는 것과 유사하다.

마지막으로 최혜국 약관 문제가 있었다. 일본 정부는 이미 메이지 9년 2월의 강화 회담에서 이 요구를 제출했지만, 조선 정부는 제3국과 통상협정을 체결할 의향이 없다고 하면서 거부하였다. 이제 조선의 정치적 상황 변화에 따라 열강과 조약을 체결했으므로 당연히 최혜국 약관을 고려하지 않을 수 없었다.

---

18) 분(分): 10분의 1로, 7, 8분은 70~80퍼센트의 의미이다.
19) 수소(愁訴): 애처롭게 호소함

은전균점(恩典均霑)의 조관은 원래 본 조약에^{○일한수호조규} 게재되어야 할 것인데, 당시 수교 조규(修交條規)를 의정할 때 조선이 타국과의 통교(通交)를 매우 기탄(忌憚)한 까닭에 오직 우리나라와 구교(舊交)를 중수(重修)하는 데 그치고, 미처 타국의 일까지 논의하지 못해서 끝 내 이 일전(一典)을 누락하였다. 그러나 오늘날 이미 청국, 미국, 영국, 독일 등 여러 나라와 통교상개(通交相開)했으니 이 한 조관을 도저히 두지 않을 수 없다. 하물며 타국과의 조약에 서 이미 이 조관을 게재한 데 있어서겠는가. 더욱이 무역장정 내에 이 조관을 게재한 것은 외 국에서도 그러한 전례가 많이 있으니, 지금 이를 삽입해도 체재(體裁)에 조금도 안 될 것이 없 다.[20]

일본 정부가 다케조에 변리공사에게 일한통상장정에 관한 교섭 개시를 훈령한 것과 전후해서, 미국 정부도 신임 주한특명전권공사 루서스 푸트(Lucius H. Foote)에게 명하 여 조선 정부와 한미통상조약을 상의하게 했다. 이노우에 외무경은 지난번 경험에 따라 다케조에 변리공사에게 훈령해서 푸트 공사와 밀접한 연락을 유지하게 하는 한편, 주미 특명전권공사 요시다 기요나리(吉田淸成)에게 명하여 일한통상장정안을 미국 국무당국 에 은밀히 보이고 양해를 구하게 했다.

다케조에 변리공사는 외무경의 훈령에 기초해서 경성에서 푸트 공사와 협의를 진행 하려고 했지만, 그는 일한 양국의 무역에 간여하기를 꺼렸다. 다케조에 공사는 텐진 주 재 영사로 재직할 당시부터의 친구인 조선 협판교섭통상사무(協辦交涉通商事務) 묄렌도 르프(Paul George von Möllendorff)와 협의했다. 묄렌도르프는 일한통상장정이 먼저 이뤄 지면 푸트 공사도 따르지 않을 수 없을 것이라고 하면서 그 체결을 서두를 것을 권고했 다. 다케조에 공사도 동의하고, 메이지 16년 7월 14일부터 묄렌도르프와 통상장정에 관 한 예비 교섭을 시작했다.[21]

일한통상장정의 예비 교섭에서 다케조에 공사는 일본 정부의 원안을 제시하고, 일한 무역의 현황을 설명하면서 톤세(噸稅)와 수입세의 급격한 인상은 자본이 부족한 일본 무 역업자들에게 심대한 타격을 줘서 일한무역의 쇠퇴를 가져올 것이라고 논했다. 그러나 묄렌도르프는 조선 정부는 세입이 극히 궁핍해서 관세를 가장 유력한 재원으로 삼고 있 으며, 또 일한통상조약은 바로 한미통상조약의 선례가 될 것이라는 이유로 쉽게 동의하 지 않았다. 결국 양자의 의견이 완전히 일치되지 않은 채 예비 교섭은 중단됐다.[22]

일한통상장정의 성립을 서두를 필요가 있었으므로 조선 정부는 독판교섭통상사무 민영목(閔泳穆)을 전권대신에 임명해서 협판교섭통상사무 김홍집, 묄렌도르프, 참의교섭통상사무 이조연과 함께 다케조에 변리공사와 회담을 갖게 했다. 이 본 회의는 7월 18일부터 통리기무아문에서 열렸다. 조선 측을 대표해서 발언한 것은 주로 묄렌도르프였는데, 그는 계속해서 조선의 재정 현황을 호소하면서 톤세(噸稅)와 수입세의 세율 인상을 주장할 뿐이었다. 그러나 다케조에 공사가 외무경 훈령의 범주 내에서 적절하게 세율을 인상하고, 특히 조선국 전권이 주장한 수입 종가세 10퍼센트를 일본 생산품에 한해서 원칙적으로 승인했기 때문에 큰 어려움 없이 타협이 이뤄졌다. 마지막으로 홍삼의 수출 금지에 관해서는, 김홍집이 그것이 정부의 전매품이 되는 이유를 상세하게 설명했으므로 다케조에 공사도 원칙적으로 청국 상민과 동일한 특권을 균점(均霑)한다는 것을 조약에 명기하는 정도로 그쳤다.[23]

이제 일한통상장정 및 관세세칙에 관한 양국 전권의 의견이 완전히 일치했으므로, 메이지 16년 7월 25일에 다케조에 변리공사와 독판교섭통상사무 민영목은 통리아문에서 회동해서 일한통상장정과 세칙(稅則)에 기명조인(記名調印)했다.

일한통상장정은 모두 42관(款)으로 구성됐다. 그 주요한 조관을 열거하면 제31관에서 톤세(噸稅)를 1톤당 조선 돈으로 125문(文)[일본 선박은 6.55석(石)을 1톤으로 환산함]으로 정하고, 제36관에서 아편 수입 금지를 명기한 것 등이 있다. 미곡 수출에 관해서는 제37관에서 다음과 같이 규정했다.

제37관 만약 조선국에서 수한(水旱)[20] 또는 병요(兵擾)[21] 등의 사정이 있어서 경내(境內)의 식량 부족을 우려하여 조선 정부가 잠정적으로 미량(米糧)의 수출을 금하고자 한다면 반드시 1개월 전에 지방관이 일본 영사관에게 고지해야 한다. 그 경우 미리 그 시기를 각 항구에 있는 일본 상민(商民)들에게 고시해서 일체(一體)로 준수하게 해야 한다. 미곡류(米穀類)는 진구(進口)와 출구(出口)[22] 모두 5퍼센트의 관세를 부과하지만, 만약 조선에 재황(災荒)이 생겨서 진구(進口)하거나, 혹은 일본국에 재황(災荒)이 생겨서 출구(出口)할 때는 지조(知照)를 거쳐 진구세(進口稅)를 면제할 수 있다.

---

20) 수한(水旱): 수재(水災)와 한발(旱魃)
21) 병요(兵擾): 병란(兵亂), 전쟁
22) 진구(進口)와 출구(出口): 진구(進口)는 항구에 진입하는 것, 출구(出口)는 항구에서 나가는 것. 곧 수입과 수출을 뜻한다.

이 조관으로 조선 정부는 미곡 수출을 승인했지만, 동시에 사전 1개월의 예고를 조건으로 언제든지 방곡령(防穀令)을 시행할 수 있는 권한을 보유했다. 이것은 특히 주의해야 한다.

다음으로 제40관에서 관세 및 벌금은 조선 돈으로 납부하되, 상황에 따라 일본 은화 또는 묵은(墨銀)[23]으로 환산해서 납부해도 무방하다고 규정하고, 제42관에서 일본 상민에게 최혜국대우를 부여하는 것, 그리고 이 통상장정의 유효기한을 5년으로 한정한다는 것을 규정했다.[24]

해관세칙을 보면, 수입은 8개 종류로 분류해서 약재 및 일본인의 생활에 절대적으로 필요한 식료품·일용잡화·가구 등은 종가세 5퍼센트, 양주·시계·장식품·보석류는 종가세 25퍼센트 내지 30퍼센트, 일반 상품은 종가세 8퍼센트 또는 10퍼센트로 규정했다. 면세품은 화폐·금은지금(金銀地金)·여행객 휴대품·농기구·학술에 관한 기구 등이었다. 다음으로 수출세는 원칙적으로 종가세 5퍼센트로 하고, 화폐·금은지금·사금(砂金)은 면세로 규정했다.[25]

메이지 9년 8월의 일한통상잠정협약을 통해 수출입 모두 무관세로 규정한 것으로부터 7년이 지나 일한통상장정이 성립했다. 이를 통해 조선국 정부는 관세권을 회복했다고 할 수 있다.*[24]

---

23) 묵은(墨銀): 멕시코 은화로서 묵(墨)은 멕시코를 중국어로 가차한 묵서가(墨西哥)의 약칭이다. 근세 이후 구미 국가들로부터 중국에 유입되어 동아시아의 무역 시장에서 통용됐다.
24) *: 쇼와 15년 5월 2일 탈고

【원주】

1 『日省錄』李太王戊寅年八月十日.

2 『善隣始末』卷四.

3 『倭使日記』卷九 戊寅年九月二十四日·十月.

4 『善隣始末』卷四.

5 同.

6 同.

7 同.

8 『倭使日記』卷九 戊寅年十一月二十六日.

9 同 卷九 戊寅年十二月十四日.

10 『倭使日記』卷九 戊寅年十二月十四日;『同文彙考』附編續 通商一.

11 『善隣始末』卷四.

12 同.

13 同.

14 『善隣始末』卷五;『同文彙考』附編續 信行別單.

15 『善隣始末』卷五.

16 『善隣始末』卷五;『同文彙考』附編續 信行別單.

17 『善隣始末』卷五.

18 同.

19 『善隣始末』卷七.

20 同.

21 『善隣始末』卷八.

22 同.

23 同. (원문에는 주석 23번의 출처가 누락되어 있으나,『善隣始末』卷八에 7월 18일 통리기무아문의 회담 내용이 기록되어 있다.―역자 주)

24 『舊條約彙纂』卷三(朝鮮) 27~51쪽; 朝鮮國ニ於テ日本人民貿易規則.

25 同 52~66쪽; 朝鮮國海關稅目.

원산 및 인천의 개항

제 14 장

개항 연기론, 개항장 선정의 곤란

메이지 9년 2월의 강화부 회담에서 부산 이외의 항구 몇 곳을 일한통상을 위해 개방시키는 것은 일한국교 갱신의 절대적 조건 중 하나였다. 일본국 전권변리대신에게 부여된 태정대신의 훈령에도 군함 운요 불법 포격 사건에 대한 보상으로 "양국 신민은 양국 정부가 지정한 장소에서 무역할 수 있다.", "조선국 정부는 부산에서 피아(彼我) 인민이 자유롭게 상업을 경영하게 하고, 또 강화부나 도부(都府)(경성을 가리킴) 근방에 운수(運輸)에 편의한 지점을 선정해서 일본 신민이 거주하고 무역하는 곳으로 만들어야 한다."는 2개 조항이 포함되어 있었고, 다시 내유(內諭)에서 조선에 대해서 우리가 먼저 제출해야 할 3개 조건의 첫 번째로 "부산 이외에 강화항구(江華港口)에 무역하는 곳을 정한다."는 명문을 두어 전권변리대신의 주의를 촉구했다. 그리고 마지막으로 같은 해 12월 28일의 별훈(別訓)에서, 앞에서 언급한 요구 사항은 "조선해(朝鮮海) 항행의 자유"와 함께 "앞의 2건은 저 나라 전권과 담판을 거친 후 그 실제 시행의 시한, 완급, 결정의 권(權)은 사신에게 위임함"이라고 규정해서 전권변리대신의 재량권을 인정했다.[1]

이상 태정대신의 훈령을 통해 전권변리대신에게 부여된 권한이 (1) 부산 개항을 지속하되 종전에 행해져 온 무역상의 제한을 철폐시킬 것, (2) 강화부 부근에 적당한 항시(港市)를 개방시킬 것, (3) 두 번째 항구의 개방 시기는 전권의 권한에 위임한다는 것 등 세 가지였다는 것은 우선 주의할 필요가 있다. 그런데 메이지 9년 2월 12일에 일본국 전권이 조선국 전권에게 전달한 일한수호조규안에서는, 개항 문제는 다음과 같이 제4관과 제5관의 2개 조관이 되었을 뿐만 아니라 태정대신의 훈령과 비교해서 중대한 차이가 있음을 알 수 있다.

제4관 조선국 부산 초량의 일본 공관은 오래전부터 양국 인민의 통상 장소가 되어 왔는데, 이제부터 종전의 관례를 개혁해서 이번에 새로 세운 조관을 빙준(憑準)으로 삼아 무역사무를 처리한다. 또 조선국 조정은 제5관에서 지정된 2개 항구를 열어서 일본국 인민의 왕래와 통상을 허락한다. 그곳에 가서 지면(地面)을 임차하여 가옥(家屋)을 조영(造營)하거나 소재한 조선국 인민의 옥택(屋宅)을 임차하는 것 또한 각각 그 편의에 따른다.

제 5 관 영흥부(永興府) 해구(海口) ^{함경도 영흥부에 속해 있다. 개항 시기는 일본력으로 메이지 9년 2월, 조선력으로 병자년} 정월부터 계산해서 15개월 후로 한다. 1개 항구[一口] ^{경기·충청·전라·경상의 4개 도 가운데 통상에 편리한 항구[口岸]를} 검시(檢視)해서 지명을 지정할 수 있다. 개항 시기는 일본력으로 메이지 9년 2월, 조선력으로 병자 정월을 기점으로 계산해서 공히 20개월 후로 한다.2

먼저 제4관을 보면, 앞에서 서술한 태정대신 훈령의 취지에 따라 초량 왜관에서의 통상을 기득권으로 인정한 상태에서 새 조약을 통해 그것을 재확인하는 한편, 신 개항지에서의 적당한 통상의 규준(規準)을 세우려는 것이었다. 중요한 것은 제5관으로, 첫 번째로 함경도 영흥부, 두 번째로 경기·충청·전라·경상의 4개 도(道)에서 통상에 적당한 항만을 실지 시찰한 후에 결정하겠다고 규정하고 있다. 여기서는 태정대신 훈령의 '강화부에 가까운 1개 항구'라는 구절은 전혀 찾아볼 수 없다. 이것은 처음부터 훈령에서 개항 지점을 명시하지 않았는데, 전권이 출발한 이후에 조선 근해의 지리에 다소 밝은 해군 사관의 말을 듣고 독단적으로 수정한 것으로 생각된다. 즉, 전권 호위의 임무를 맡은 함선들이 남양부(南陽府)에서 교동부(喬桐府)까지 경기 연안 일대의 해안을 시찰한 결과, 강화부 부근에서 양호한 항만을 발견하지 못하여 태정대신의 훈령을 실행할 여지가 없었던 것이다. 그에 반해 함경도 영흥부 부근의 해구(海口)는 포트 라자레프(Port Lazarev)라는 이름으로 일찍부터 일본 해군이 주목해 온 곳이었다. 이러한 사실로 볼 때 국방상의 견지에서 해군부 내에서 그곳의 개항을 강력하게 주장했을 것으로 생각된다.3

일본 전권이 제출한 수호조규안에 대해 조선국 전권은 정부 훈령에 따라 메이지 9년 2월 19일에 대안을 제출했다. 그 내용을 검토해보면, 제4관의 초량 왜관에서의 기득권의 지속은 무조건적으로 승인했지만, 제5관은 완전히 새로운 요구이기 때문에 충분히 검토할 필요가 있다고 하면서 다음과 같은 수정 대안을 제시했다.

영흥은 바로 국가 용흥(龍興)의 터로서 원묘(原廟)를 모시고 있어서 그 엄숙하고 경건한 바가 다른 곳과 본디 구별되니, 어찌 다른 곳이 없어서 그곳을 기필하는 것인가? 함흥(咸興)·안변(安邊)·문천(文川) 모두 선침(先寢)¹⁾을 모시는 곳이라서 결코 허락할 수 없다. 또 기호(畿

湖)와 양남(兩南) 내에 1개 항구를 운운한 것은, 경기와 양호(兩湖)를 허락할 수 없음은 다시 언급할 필요도 없다. 영남(嶺南)의 연해에서 저들이 지정하는 것을 듣고 한 곳만 허락할 수 있다.[4]

즉, 영홍을 비롯해서 함홍·안변·문천의 4개 읍은 능침(陵寢)의 소재지인 까닭에 절대로 불가하지만 함경도 내 그 밖의 다른 지점에 대해서는 반드시 반대하는 것은 아니다. 또 다른 1개 항구에 대해서도 경기·충청·전라의 3개 도는 불가하지만 경상도에서는 일본국 전권이 지정하는 항구를 확인한 다음에 고려하겠다고 한 것이다.

조선국 전권의 대안을 받은 일본국 전권은 수행원 외무대승 미야모토 오카즈와 외무권대승 노무라 야스시에게 명하여 조선 접견대관 신헌, 접견부관 윤자승을 방문해서 재고를 청하게 했다. 그 결과 양측 모두 양보해서 일본 측은 조약문에서 영홍을 삭제하고, 조선 측은 다른 1개 항구에 관해 경기 이하 4개 도에 함경도를 더한 5개 도에서 2개 항구를 선택하는 것으로 협정이 맺어졌다. 곧이어 2월 27일[2]에 조인된 일한수호조규의 관련 조관은 다음과 같다.

제4관   조선국 부산 초량항은 일본 공관을 세워서 오래 전부터 양국 인민의 통상 구역이 되어 왔다. 이제 종전의 관례 및 세견선(歲遣船) 등의 일을 혁제(革除)해서 새로 세운 조관에 빙준(憑準)하여 무역사무를 처리한다. 또 조선국 정부는 별도로 제5관에서 기재한 2개 항구를 열고 일본국 인민의 왕래와 통상을 준청(准聽)한다. 그곳에서 지기(地基)를 임차해서 가옥(家屋)을 조영(造營)하거나 소재 인민의 옥택(屋宅)을 빌려 사는 것은 각각 그 편의에 따른다.

제5관   경기·충청·전라·경상·함경 5개 도(道)의 연해에서 통상에 편리한 항구 두 곳을 택하여 지명을 지정한다. 개항 시기는 일본력으로 메이지 9년 2월, 조선력으로 병자 정월부터 계산해서 20개월을 기한으로 한다.[5]

---

1) 선침(先寢): 선조의 능침(陵寢)이라는 뜻으로 조선 건국 후 추증된 태조 이성계의 선조들의 능침을 가리킨다. 함경남도 함홍의 덕릉[德陵: 목조(穆祖)의 능], 의릉[義陵: 도조(度祖)의 능], 순릉[純陵: 도조(度祖) 비(妃)인 경순왕후(敬順王后) 박씨(朴氏)의 능], 정릉[定陵: 환조(桓祖)의 능], 화릉[和陵: 환조(桓祖) 비(妃)인 의혜왕후(懿惠王后) 최씨(崔氏)의 능], 안변의 지릉[智陵: 익조(翼祖)의 능], 문천의 숙릉[淑陵: 익조(翼祖) 비(妃)인 정숙왕후(貞淑王后) 최씨(崔氏)의 능] 등이 있다.
2) 원문에는 2월 26일로 되어 있는데, 27일의 오기이다.

이상 두 조관을 통해서 일본이 얻은 것은 부산(초량)의 개항을 재확인하고, 기타 2개 항구를 조선 연안 어딘가의 지점에서 20개월 후에 개방한다는 두 가지 사항에 불과했다. 2개 항구의 확정 및 유보구역(遊步區域)의 규정 같은 중요한 문제는 전혀 협정의 범주 내에도 포함되지 않았던 것이다.

일한수호조규의 조인 후 6개월 내에 일본 정부는 위원을 파견해서 그 시행 세칙을 협정해야만 했다. 정부는 메이지 9년 6월에 외무대승 미야모토 오카즈를 이사관에 임명하고 조선 파견을 명했다. 그런데 메이지 9년 6월 28일자 태정대신 훈령에서 수호조규 제5관에 따른 2개 항구 개항 문제를 전혀 언급하지 않은 것은 주의할 필요가 있다.

미야모토 외무대승은 메이지 9년 7월 30일에 경성에 도착해서 8월 5일부터 조선 강수관 조인희와 회담을 개시했다. 여기서 특히 주의를 요하는 것은 이사관이 제시한 수호조규부록 원안의 제5관이다.

> 제5관 의정(議定)된 조선의 각 항구에서 일본 인민이 한행(間行)할 수 있는 도로의 이정(里程)은 각 부두로부터 계산해서 직경 10리를^{일본 이법(里法)} 한도로 한다. 이 이정(里程)에서 벗어나는 곳은 그 지명을 지정해서 사전에 고지하고, 지방관과 관리관이 표시한다. 이 이정(里程) 내에서 일본 인민은 임의로 보행하거나, 노차(路次)³⁾에서 밥을 사 먹고 숙박할 수 있으며, 또 토의(土宜)와 일본 물산(物産)을 매매할 수 있다.
>
> 일본 상민(商民)은 매년 일정한 시기에 경성(京城)·서포(西浦)·진도(珍島)·제주(濟州)·하동(河東)·통영(統營)·삼척(三陟)·대구(大邱) 등 각지와 청국 인민이 와서 장사하는 곳에서 행상(行商)할 수 있다.⁴⁾⁶

이 조관의 전반부는 개항장에서의 유보지역(遊步地域)을 장소를 불문하고 직경 10일본리(日本里)로 규정하고, 후반부는 일본 상인에게 조선 내지통상권을 부여하고자 한 것으로 모두 대단히 중대한 의미를 가진다. 다만 여기서 내지개시장(內地開市場)으로 거론한 지점들이 경성과 대구 등을 제외하면 크게 타당성이 없을 뿐만 아니라, 청국 상민들이 조선 내지통상권을 갖고 있다고 믿어서 그 균점(均霑)을 요구하는 등 일본의 상하 모

---

3) 노차(路次): 도중(途中)
4) 이 수호조규부록안 제5관은 본서 제33절 '미야모토 이사관의 파견, 일한수호조규부록안'에도 수록되어 있다. 그런데 원문의 제33절에서는 일본어로 작성된 수호조규부록안을 게재하고, 이 대목에서는 강수관 조인희에게 전달된 한문 번역문을 수록했다. 양자 사이에는 미묘한 어감 뿐만 아니라, 일부 자구에서 차이가 있다. 본서 제33절과 이 번역문이 다소 다른 것은 이 때문이다.

두 조선 정세에 대한 연구를 태만히 한 결과가 여실히 드러나고 있다. (단, 청국인의 통상을 균점하는 사항은 강수관의 설명에 따라 즉시 철회했다.)

8월 7일에 열린 제2차 회담에서 강수관은 답복서(答覆書)를 제출해서 수호조규부록안 가운데 공사주차 및 내지여행, 개항장 유보(遊步) 규정 등에 관해 광범위한 수정을 요구했는데, 그 중에서도 제5관의 일본 상민의 내지행상에 대해 강경한 반대 의사를 표명했다.

> 일본 상민이 매년 정기적으로 각지에서 행상하는 것은, 만약 그렇게 한다면 개항(開港) 두 곳과 초량의 화관(和館)이 모두 설관입규(設館立規)한 본의를 잃게 될 것입니다. 객상(客商)이 이익을 좇아 여기저기 재화를 싣고 분주(奔走)하는 것은 실로 득계(得計)가 아니니, 일본 상민은 항구에 편안히 앉아 있으면서 각지의 상민들로 하여금 모여들게 해서 교역하는 것이 더 온당하고 편한 방법이 되지 않으리라고 누가 알겠습니까? 물화의 유통과 시포(市脯)의 번성을 개항지에서 기약할 수 있는데, 만약 다시 각처에 흩어져서 일정한 법도 없이 왕래한다면 아마도 의외의 폐단이 생겨서 양쪽에 추호도 이익이 되지 않을 것입니다. 따라서 이 한 조관 또한 시행할 수 없습니다.[7]

미야모토 이사관은 사견을 전제로, 내지통상이라고 하는 것은 필경 부산 왜관의 타이슈 상인을 보내서 대구에 도착하기까지 시험적으로 행상을 시켜본다는 의미일 것이며, 그 성과에 따라선 수호조규 제5관에 따른 2개 항구의 개방 연기를 수락할 용의가 있음을 언명했다. 그는 "이 말 또한 조정의 지시가 아니라 사실은 우리의 생각이다."라는 말을 거듭했지만, 본국 정부의 훈령 없이 이처럼 중대한 제안을 할 이유가 없음은 물론이다. 강수관이 대구는 해로(海路)로 도달할 수 있는 지역이 아니라서 개시(開市)가 불가능하다고 주장했으므로 이사관은 화두를 돌려서, 그렇다면 수호조규에 의거한 2개 항구의 개방에 대해 조선 정부가 분명하게 지점을 지정해줄 것을 요구했다. 이에 대해 강수관은 "육지는 결코 허락할 수 없으며, 반드시 연안의 합당한 곳으로 공(公) 등이 헤아려서 정하는 것이 좋겠다."라고만 답했다.[8]

결국 미야모토 이사관의 주장은, 2개 항구의 개항을 무기한 연기하는 대가로 내지통상권을 획득하고, 만약 조선 정부가 내지통상권을 수락하지 않을 경우에는 수호조규의 이행을 독촉하겠다는 것과 다를 바 없었다. 강수관 조인희의 주장은, '수호조규 제5관에 개항에 관한 사항이 있지만 내지통상의 규정이 없으니, 지금 갑자기 일본 정부가 그것을 강경하게 요구하는 것은 이해할 수 없다. 게다가 조선의 내지는 교통이 열리지 않고 산업이 흥성하지 않은 까닭에 내지통상과 같은 것은 일본 상인에게도 유리하다고는 생각되지 않으며, 차라리 해안의 물화(物貨)가 집산(集散)하는 곳에 상관(商館)을 여는 것이 득책일 것이다. 더욱이 일본 상민(商民)은 조선어를 알지 못하기 때문에 피차 의사소통이 어긋나서 사기를 당하기 쉬운데, 그렇다고 일일이 상민들에게 관인(官人)과 공차(公差)를 붙여서 그 행동거지를 영호(領護)[5]하기란 불가능하다. 이러한 점들을 충분히 고려한다면 내지통상이 실계(失計)임은 일목요연하다.'는 것이었다.[9]

이러한 종류의 문답이 8월 7일부터 연일 반복되어 거의 결론이 나지 않을 것처럼 보였다. 8월 16일에 강수관은 수호조규부록 대안을 제출했는데, 그것의 제4관에서 개항장 유보지역을 10한리(韓里)로 규정하고, 내지통상에 관한 사항을 모두 삭제했다.

제4관 개항은 초량,옛 설비를 그대로 이용함 모지(某地)·모지(某地)두 곳을 신설함 세 항구를 적정(的定)한다. 이 세 항구에서는 별도로 관처(館處)를 설치하고, 조선의 이척(里尺)으로 동서남북 10리 이내로 하되초량의 구제(舊制)를 증관(增寬)함 그 지형에 따라 결정한다. 이 이정(里程) 내에서 일본 인민은 보행하고 토의(土宜) 및 일본 물산을 매매할 수 있다.비록 경계 안이라도 인가에는 출입할 수 없고, 공무로 인한 것이 아니면 성내(城內)와 공해(公廨)에 출입할 수 없다.[10]

미야모토 이사관은 내지통상에 관해 재고를 청했으나, 강수관은 수호조규를 방패로 이를 거절했다. 이사관은 내지통상을 수락하지 않는다면 부득이 개항을 요구하게 될 터인데, 조선 정부로서는 어디를 개방할 용의가 있는지 질문했다. 강수관은 '함경도 북청부(北靑府)와 전라도 진도(珍島)로 내정했으니 실지 시찰을 마치고 결정하길 바란다.'고 했다. 이사관은 '지난번 강화조약 교섭 당시 원묘(原廟)가 있다는 이유로 영흥부(永興府)의 개항을 거절당했는데, 이번 봄 우리 군함의 조사 보고에 따르면, 영흥읍과 원묘 사이의 거리가 20한리(韓里)라고 한다. 이것으로 본다면 영흥을 개항하는 데 지장이 없음을 미루어 알 수 있다.'고 했다. 강수관은 '영흥을 중시해야 할 이유는 별도로 상세히 통보할 것이지만, 그 읍은 매우 소조(蕭條)[6]해서 상항(商港)에 적합하지 않다. 북청은 북부 조

---

5) 영호(領護): 관리(管理)와 보호(保護)
6) 소조(蕭條): 적막(寂寞)하고 영락(零落)함

선의 큰 도회(都會)로서 영흥보다 훨씬 낫다.'고 답했다. 미야모토 이사관은 부산부터 시찰원의 육로 파견을 허가해줄 것을 요구했지만, 강수관은 개항에 관한 시찰과 조사는 반드시 해로로 해야 한다고 주장하면서 이사관의 요구를 받아들이지 않았다.

그 후 8월 19일에 이사관이 다시 내지통상에 관해 고려해 줄 것을 요구했지만, 강수관은 "행상(行商)의 건은 전에 이미 귀정(歸正)했고, 두 곳의 개항을 언급하기에 우리 정부에서 진도와 북청을 허락했다. 그런데 공(公)이 또 이처럼 그 말을 꺼내니 무엇으로써 공간(公幹)을 하겠는가?"라고 단언하고, 이 문제의 토의를 중단했다.[11]

이렇게 해서 메이지 9년 8월 24일의 일한수호조규부록에서는 부산의 유보지역(遊步地域)에 동래부를 추가했을 뿐, 개항과 유보지역 및 내지통상 문제 등에 관해서는 모두 일본 정부의 주장을 관철하지 못했다.

> 제4관 이후 부산 항구에서 일본국 인민이 한행(間行)할 수 있는 도로의 이정(里程)은 부두로부터 계산해서 동서남북 각 직경 10리로^{조선 이법(里法)} 정한다. 동래부중(東萊府中) 한 곳은 특별히 왕래하게 한다. 이 이정(里程) 내에서 일본국 인민은 임의로 한행(間行)하면서 토의(土宜) 및 일본국 물산을 매매할 수 있다.[12]

일한수호조규 체결 당시 전혀 논의된 바 없었던 조선 내지통상권이 왜 갑자기 제시되었는지 한번 생각해보는 것도 의미가 없지 않을 것이다. 이것은 미야모토 이사관이 사견으로 제의한 것으로, 사실상 메이지 9년 6월 28일자 태정대신 훈령에도 포함되어 있지 않았다. 그렇지만 이 사안은 극히 중대해서 이사관의 권한만 갖고 독단적으로 행할 수 있는 사항은 아니었으므로 아마도 외무경 데라지마 무네노리로부터 구두로 사적 교섭을 시도하라는 내명(內命)이 있었던 것으로 생각된다. 또한 개항을 연기하는 대가로 내지통상권을 요구한 이유에 관해서는 기록을 찾아볼 수 없지만, 다음 세 가지 이유에서 벗어나지는 않을 것이다. (1) 수호조규 제5관에 따른 개항장의 지정에 관해 일본 정부는 전혀 준비가 되어 있지 않았고, 또 실질적으로도 부산이 이미 개방되어 있었기 때문에 다른 항구를 서둘러 개방시킬 필요를 느끼지 않았다는 것. (2) 조선 무역에 종사하는 일본 상인의 대부분은 타이슈(對州)인이었으며, 그들은 대구에서 봄, 가을 두 계절에 열리는 약령시(藥令市)가 남부 조선의 물가를 좌지우지하기에 충분하다는 것을 알고 그것에 참가하기를 간절히 바랐다는 것. (3) 당시 구 타이슈 번 출신의 통역관들이 여전히 외무성 수뇌부에 적지 않은 영향을 미치고 있었으며, 대한교섭 과정에서 타이슈 주민의 구제 문제를 반드시 연관시켰다는 것. 이는 실제로 메이지 9년 6월 28일자 미야모토 이사관에게 부여된 태정대신 훈령에 "저 나라에서 미맥(米麥)의 수출 금지를 요청할 경우에는 그것을 허락하되, 타이슈 인민이 여러 해 전부터 조선 쌀을 식용(食用)해온 편리(便利)를 잃지 않도록 저들이 승낙한다면 공무역(公貿易)과 유사한 교통(交通)의 방법을 시도하라."라는[13] 조항이 포함되어 있는 데서도 알 수 있다. 이러한 사정으로 인해 타이슈 주민의 대구 행상에 대한 희망이 같은 번 출신의 통역관들을 움직였으며, 외무성 수뇌부로 하여금 수호조규를 수정하는 한이 있어도 내지통상권을 요구하게 했을 것이다.

미야모토 이사관의 사명(使命)은, 예상과 반대로 끝내 달성되지 못했으므로 일본 외무당국은 내지통상권 요구와 분리해서 수호조규 제5관에 따른 개항장 두 곳을 선정할 필요를 느꼈다. 그런데 마침 메이지 9년 말부터 규슈(九州) 지방의 인심이 불온해지기 시작해서 이듬해인 메이지 10년 2월에 마침내 세이난대란(西南大亂)[7]이 발발한 까닭에 정부는 전력을 기울여 이를 진정시키느라 조선 문제 같은 것은 돌볼 겨를이 없었다. 그런데 같은 해 9월, 즉 수호조규 제5관에서 규정한 개항 기한에 도달했는데도 아직 그 지점조차 선정하지 못했기 때문에 일본 정부는 갑자기 놀라서 부산해졌고, 또 전란도 근일내 진정될 전망이었으므로 외무당국은 이제 개항 및 기타 현안에 관해 조선 정부와 교섭을 재개하기로 결정하고, 메이지 10년 9월 10일에 외무대서기관(관제개혁 전의 외무대승) 하나부사 요시모토를 겸임 대리공사에 임명해서 조선 파견을 명했다. 그리고 외무이등속 소에다 부시(副田節), 외무사등속 우라세 히로시, 외무오등속 야마노조 스케나가, 외무팔등속 오이 신타로(大井新太郎), 외무구등속 스미나가 다즈야스, 육군소위 가이즈 미츠오(海津三雄), 육군성 십삼등출사 시모무라 슈스케(下村修介)에게 수행을 명했다.[14]

하나부사 대리공사는 메이지 10년 9월 19일부로 "수호조규 제5관에 기재된 바에 따라 저 정부와 상의해서 지명을 지정하여 개항시킬 것", 또 예전 미야모토 이사관의 교섭에서 현안이 됐던 개항장 유보지역(遊步地域)[정한(程限)]과 공사주경 문제 등에 관해 조선 정부와 상의하라는 명령과 함께 별도로 이러한 내용을 설명하고 그의 권한을 규정한 내

---

7) 세이난 대란(西南大亂): 세이난 전쟁(西南戰爭, 西南の役)을 가리킨다. 1877년(메이지 10)에 현재의 구마모토(雄本)·미야자키(宮崎)·오이타(大分)·가고시마(鹿児島) 현 지역에서 1873년의 정한론(征韓論) 좌절 이후 낙향한 사이고 다카모리(西鄕隆盛)를 맹주로 해서 일어난 사족(士族)의 무력 반란으로, 메이지 초기에 발생한 일련의 사족 반란 가운데 가장 큰 규모로 발생한 최후의 내전이었다.

훈장(內訓狀)과 별훈장(別訓狀)을 받았다. 다음은 개항에 관한 내훈장이다.

내훈장(內訓狀)

대리공사 하나부사 요시모토

하나, 개항 건

수호조규 제5관의 취지에 따라 두 곳의 항구를 열게 하라. 즉,

첫 번째는, 동안(東岸)에서 함경도의 풍진만(豊津灣)으로 ^{영흥부 또는 '라자레프'라고 불러온 만(灣)이다.} 하라.

두 번째는, 전라도에서 옥구(沃溝) 또는 목포(木浦) 주변으로 하거나, 혹은 경기도(京圻道)에서 강화부로부터 인천부 사이의 곳으로 하라.

이상 전라의 2개 항구와 경기의 2개 부(府) 중에서 어디가 가장 양호한지 이번에 탑승하는 함선으로 순항(巡航)하면서 함장과 직접 살펴보고 결정한 후, 가장 양호한 곳을 지정해서 담판하라. 단, 개항 기한은 오는 10월이지만^{○메이지 10년} 시기가 촉박하니 시의(時宜)에 따라 다소 연기할 수 있다. 또 만약 시일이 부족해서 두루 감정(鑑定)할 수 없을 경우에는 강화와 인천 사이에서 잠정적으로 개항지를 정하고, 추후에 두루 감정해서 확정하는 것으로 약속해도 괜찮다.

하나, 거류지 건

신 개항장의 모든 규칙은 부산의 전례에 의거하고, 또 수호조규부록 제3관의 취지에 따라 정하라. 단, 행보(行步)의 규정은 다소 연장해야만 한다.

하나, 공사주차지 건

사신이 주차하는 곳은 물론 경성이 되어야 하지만, 조선이 아직 경성에 사신이 주차(駐箚)하는 이유를 이해하지 못하고, 또 외인(外人)을 접하는 데 관대하지 않기 때문에 주경(駐京)은 실로 편치 않을 것으로 보인다. 따라서 사신은 임기(臨機)의 처분으로 강화와 인천 두 부(府)의 사이를^{만약 개항장을 여기에 정하면 바로 그곳으로 한다.} 당분간 주류(駐留)하는 지역으로 삼을 수 있다. 단, 경성에 왕래할 필요가 있을 경우에는 언제라도 차질이 없도록 정해 두어야 한다.

하나, 신항주차관리관(新港駐箚管理官)^{○영사(領事)} 건

신항(新港)에는 개항과 동시에 관리관을 주류(駐留)시켜야 하므로 개항 시기를 정하는 대로 상신하라.

메이지 10년 9월 19일

외무경 데라지마 무네노리(印)[15]

이 내훈을 통해서 알 수 있는 것은, 먼저 (1) 개항장을 선정했다고는 하나 지도상에서 선택한 것에 지나지 않아서 실지 조사가 필요하다는 것, (2) 영흥만의 부활, (3) 공사주차를 양보하고 당분간 경성 부근의 개항장에 공사관을 설치해도 무방하다는 것 등이다.

하나부사 대리공사는 메이지 10년 9월 26일에 도쿄를 출발, 나가사키에서 최근의 내란에서 수훈을 세운 특무함 다카오마루(高雄丸)[함장 해군소좌 스기 모리미치(杉盛道)]를 타고 부산으로 향했다. 그리고 10월 4일에 부산에 도착했는데, 마침 함 내에서 콜레라 환자가 발생해서 함선은 소독을 위해 나가사키로 회항하기로 결정하고, 공사는 수행원을 거느리고 상륙해서 근 1개월간 일본 공관에 체재했다. 이윽고 11월 3일에 다시 내항한 다카오마루에 탑승하여 부산에서 출항한 대리공사 일행은, 이튿날인 4일에 소안도(所安島)에 잠시 정박해서 풍랑을 피했다가 7일에 출항해서 전라도 해남현(海南縣)의 상마로도(上馬路島)에 정박했다. 그리고 9일에 기정(汽艇)을 무안현(務安縣)과 목포진(木浦鎭)으로 파견해서 측량, 시찰하게 했다. 12일에 상마로도 정박지에서 출발해서 전라도 옥구현(沃溝縣) 만경강(萬頃江) 어귀로 향했지만 역풍과 빠른 조류 때문에 뜻을 이루지 못했다. 15일에 경기 남양부(南陽府) 앞바다에 도달해서 닷새간 정박했으나, 눈보라가 여전히 거세서 생각대로 측량을 진행할 수 없었다. 20일에 인천부 제물포 앞바다에 도착해서 월미도와 영흥도 사이의 수로에 닻을 내리고, 24일에 공사 이하가 기정(汽艇)으로 통진부(通津府)에 상륙했다.[16]

다카오마루가 부산에서 출항한 이래 바람과 파도가 대체로 험악하였고, 게다가 이 함선은 2월부터 쉼 없이 전투 항해에 종사했으므로 승조원의 피로가 극에 달해 있었다. 이 때문에 충분한 측량을 할 수는 없었지만, 그래도 목포·남양·제물포·강화의 4개 항구에 대한 실지 조사의 기회를 얻을 수 있었다. 그런데 하나부사 대리공사는 스기 함장 이하 다카오마루에 탑승한 장교들의 의견을 수렴한 결과, 다음과 같은 이유로 네 항구 모두 개항장으로 적절치 않다는 결론에 도달했다.

(1) 목포: "만내(灣內)는 선박을 정박하기에 충분하지만, 부산과의 거리(총 150해리)가 지나치게 가깝고, 또 근방의 내지(內地)에 나주(羅州) 외에는 큰 시장이 없다. 게다가 항로 중간에 험한 명양진(鳴洋津)(진도와 해남 사이의 해협)이 있으니, 이 때문에 개항에 가장 양호한 곳이라고 하기 어렵다."

(2) 남양: "경기·충청 두 도(道) 사이에 있어서 홍주(洪州)·한성(漢城)·개성(開城) 등의 도회

(都會)와 주즙상통(舟楫相通)하는 곳이라 이 만(灣)의 중변(中邊)[8]에 큰 선박을 정박할 수 있는 항(港)이 있으면 크게 편익(便益)이 있을 것으로 생각했다. 그래서 이 만(灣)에 선박을 세우고 소정(小艇)을 보내서 닷새나 수색했지만 조류가 매우 급하고 눈보라가 자주 몰아쳐서 상세한 내용을 파악할 수 없었다. 그렇지만 항로상에 암초가 기복(起伏)해 있고, 조석(潮汐) 차가 거의 30척이 된다. 이 때문에 큰 선박이 해안에 접근하기 어려운 점으로 본다면 이 만(灣) 또한 위험이 없다고 하기 어렵고, 또 양항(良港)이라고 하기 어렵다."

(3) 제물포(인천): "사주(砂洲)가 바다까지 넓게 펼쳐져서 통로가 극히 불편하므로[9] 양항(良港)이 아니라는 것은 일찍이 여러 사람들이 본 바와 같다. 다만 인천은 해안저주(海岸渚洲)[10]의 분위기가 우리 시나가와(品川)와 조금 유사해서 부득이하다면 사용할 수도 있지만, 그 해안에 겨우 열 몇 칸의 초가밖에 없기 때문에 일시적으로라도 개항장으로 삼으려면 다소 조영(造營)이 필요할 것이다. 따라서 우선 다른 곳을 탐색한 뒤가 아니라면 이곳의 개항은 의논하지 않는 편이 적절하다고 생각한다. (생략)"

(4) 강화: "강화는 험난한 손돌목(孫突項)이 있어서 큰 선박을 들여보내기에 위험하므로 양항(良港)이 아니다. (생략)"[17]

통진부에 상륙한 하나부사 대리공사와 그 수행원들은 미야모토 이사관과 동일한 경로로 11월 25일에 경성에 도착해서 관소(館所)로 배정된 경기 중영(中營)(청수관)에 들어갔다.

이보다 앞서 조선 정부는 동래부사 윤치화의 장계를 통해 일본 대리공사의 입경 사실을 알고, 예조참판 홍우창(전 동래부사)을 반접관(伴接官)에 차하하고 부산 판찰관(辦察官) 현석운을 차비역관에 임명해서 전례에 따라 접대를 거행하게 했다. 하지만 일본국 사절의 잦은 왕래를 달가워한 것은 아니어서 11월 28일에 하나부사 대리공사가 예조판서 조영하에게 공문을 보내 위임장의 번역본을 제시하면서 회견을 요구하자, 예조판서는 "본조(本曹)의 소관 업무는 오직 서계의 왕복일 뿐입니다. 다른 공간(公幹)은 반접관이 구검(句檢)[11]한 후 정부에 품정(稟定)해서 상작(商酌)[12]할 것입니다."라고 하면서 거절했다. 공

---

8) 중변(中邊): 내외(內外)
9) 통로가 극히 불편하므로: 원문에 이 구절 앞에 '船を障'라는 자구가 있고 그 뒤로 몇 글자가 결락(缺落)됐다는 표시가 있다.
10) 저주(渚洲): 일반적으로 주저(洲渚)라고 쓴다. 모래톱의 물가를 말한다.
11) 구검(句檢): 맡아서 다스리고 검사함
12) 상작(商酌): 상량(商量)하고 짐작(斟酌)함

사가 그것은 수호조규 제2관의 위반이라고 지적하자, 12월 1일에 예조판서는 앞의 글을 취소하고 "만약 공간(公幹)이 있거든 반접관이 본조(本曹)의 참판으로서 구검(句檢)한 후 정부에 품정(稟定)해서 상작(商酌)할 것입니다."라고 수정해서, 반접관에게 일본국 대리공사와의 교섭을 위임한다는 뜻을 통고했다.[18]

하나부사 대리공사와 반접관 홍우창의 교섭은 메이지 10년 12월 1일부터 관소에서 열렸다. 공사는 먼저 함경도의 1개 항구는 문천군(文川郡) 송전리(松田里)로 하고, 다른 1개 항구는 "전라도와 충청도 내에서 개항할 생각이지만, 올해는 찾아서 결정하기가 불가능하므로 임시로 강화 또는 인천에 항구를 열라는 명령을 받았습니다. 하지만 이미 금년도 이처럼 다 지나갔으니 명년에 찾아서 결정하기까지 겨를도 없으므로, 본 사신의 개인적 의견으로 임시 개항은 우선 보류해서 서로 번거로움을 줄이고자 합니다."라고 했다. 공사의 의향은 전라도 옥구현(沃溝縣)과 무안현(務安縣) 연안의 재측량에 있었다. 이는 조선 정부의 의견과도 일치했다. 그러나 문천군(文川郡)은 영흥부(永興府)와 마찬가지로 능침(陵寢)의 소재지이기 때문에 개항은 전혀 기대할 수 없었다. 12월 4일과 7일에도 회담은 계속 열렸는데, 반접관은 조선 정부의 기존 방침이 함경도 북청부(北青府)와 전라도 진도군(珍島郡)을 개항하는 것임을 강조하고, 또 문천은 개항할 수 없다고 주장하면서 그 이유를 다음과 같이 설명했다.

문천(文川)은 선침(仙寢)을 봉안(奉安)한 땅입니다. 그 소중함이 본디 구별되니, 만약 그 포구 주변에 항구를 설치한다면 설령 경계를 정하고 표식을 세우더라도 가당치 않습니다. 설령 우리나라 인민이라도 소중한 땅과 관계되면 본래 상로(商路)를 넓게 여는 것을 허락하지 않음은 그 분답(紛遝)[13]과 자폐(滋弊)를 우려하기 때문입니다. 더구나 그 읍은 함흥(咸興)·영흥(永興)·안변(安邊) 등의 연해 일대와 폭원(幅圓)이 상접해서, 포구에서부터 내륙까지 우리나라에서 소중히 여기는 땅과 거리가 매우 가깝습니다. 이것이 작년 봄 강화에서 공간(公幹)을 다룰 때, 귀 대신이 영흥 개항을 언급했지만 우리 대관이 원묘(原廟)를 모시는 곳이라 하여 허시(許施)할 수 없다고 답한 이유입니다. 그런데도 귀 대신은 사체(事體)로 볼 때 감히 번거롭게 청할 수 없는 것을 끝끝내 고집하는 것입니까? 아마 양해할 수 있을 것입니다. 작년 여름 이사관과 강약(講約)할 때 이미 개항할 두 곳을 말했으니, 그것이 어찌 양국의 사세(事勢)를 헤아리지 않고 한 것이겠습니까? 이제 별도로 다른 땅을 요구해서는 안 됩니다. 깊이 헤아리

---

13) 분답(紛遝): 사람들이 어지럽게 몰려들어서 뒤섞임

고 또 헤아리십시오.[19]

공사는 북청의 수심이 충분치 않기 때문에 개항장으로는 부적당하다는 이유를 들어 반드시 영흥만 일대에서 개항장을 찾아야 한다고 역설했다. 다음으로, 일본 국민도 왕릉을 숭경(崇敬)해야 한다는 것은 충분히 알고 있으니 그것에 관해서는 염려할 필요가 없을 뿐만 아니라, 개항장 후보지인 송전리(松田里)와 왕릉 소재지의 거리가 매우 먼 것을 지적하면서 반대론에 근거가 없는 이유를 설명했다. 회견은 11일에도 열렸다. 하지만 문천 개항에 관해 반접관은 여전히 "우리나라의 정규(定規)는 능침을 모시는 땅에 장시(場市)의 분답(紛遝)과 훤료(喧鬧)[14]의 폐해를 절대 금하는데, 하물며 항구를 열어서 요료(擾鬧)를 일으키게 하겠습니까?"라는 말만 반복할 뿐이어서 아무런 교섭의 진전이 없었다. 문천 개항에 관한 한 거의 결렬 상태에 이르렀던 것이다.[20]

12월 11일의 회견에서 반접관은 문천군(文川郡)의 개항은 절대 불가함을 강조한 후, 돌연 문천군과 안변부(安邊府) 중간에 자리한 덕원부(德源府)는 능침의 소재지가 아니라고 하면서 그곳에 있는 원산진(元山津)의 개항을 제의했다. 공사는 원산진이 영흥만 바깥에 있다는 이유로 동의하지 않고, 다만 "작은 선박은 어떨지 몰라도 큰 선박은 부적당한 곳입니다."라고만 했다. 그런데 사실 공사는 북청과 원산 모두 그 실제를 알지 못하고 있었다. 그는 송전(松田)을 개항할 가망이 없을 경우에는 원산을 실측해서, 만약 대체 항구로 적당하다면 송전 대신에 그곳을 열어도 무방하다는 의견을 갖게 됐다.[21]

이렇게 해서 개항에 관해서는 여전히 어떠한 결정도 보지 못한 채 교섭을 마칠 수밖에 없었다. 그런데 공사는 이듬해 초에 전라·충청 두 도(道) 및 함경도 덕원부 연안에 측량함을 파견할 예정이라고 하면서 해당 지방에 저탄장(貯炭場)의 임시 설치를 제의했다. 전라도의 거문도 및 진도군(珍島郡)의 벽파진(碧波津) 두 곳에 대해서는 조선 측 위원도 이의가 없었지만, 함경도 문천군 송전리에 대해서는 쉽게 동의하지 않았다. 결국 반접관은 차비역관 현석운을 외무사등속 우라세 히로시에게 보내서 질의한 결과, 저탄장이라고 해도 개항의 전례(前例)가 되는 것은 아니며, 또 특별히 창고를 건축하거나 수위를 상주시키는 것이 아니라 그 관리를 전적으로 해당 지방관에게 위임한다는 것을 확인한 후에야 그것에 동의하고, 메이지 10년 12월 20일에 7개 조로 구성된 협정에 조인했다.

---

14) 훤료(喧鬧): 시끄럽게 떠들면서 소란을 부림

이튿날인 21일 공사는 수행원들을 거느리고 관소에서 출발, 통진부를 거쳐 22일에 제물포 앞바다에 정박 중인 다카오마루(高雄丸)에 승선했다. 그리고 메이지 11년 1월 20일에 귀조, 복명했다.[22]

하나부사 대리공사의 사명(使命)은 개항 문제를 비롯해서 공사주차 문제, 상경 도로의 설정 등의 현안을 모두 성사시키지 못했다는 점에서는 미야모토 이사관의 그것과 크게 다를 바 없었지만, 오직 하나 덕원부 개항의 암시를 얻은 것만큼은 장래 중대한 의의를 갖는 것으로 특기할 만한 가치가 있다.

1 奧義制;『朝鮮交際始末』卷三.

2 『倭使日記』卷一 丙子年正月二十一日;『日使文字』卷一 丙子年正月二十一日.

3 『使鮮日記』乾坤.

4 『倭使日記』卷二 丙子年正月二十六日;『日使文字』卷一 丙子年正月二十六日.

5 『朝鮮交際始末』卷三; 統監府編 韓國條約彙纂(明治 四十一年刊) 71~76쪽;『倭使日記』卷二 丙子年 正月三十日;『日使文字』卷一 丙子年正月三十日.

6 『倭使日記』卷四 丙子年六月十八日;『日使文字』卷一 丙子年六月十六日.

7 『倭使日記』卷四 丙子年六月十八日;『日使文字』卷一 丙子年六月十八日.

8 『倭使日記』卷四 丙子年六月十八日.

9 『倭使問答』卷三 丙子年六月十八日·二十日·二十一日.

10 『倭使日記』卷四 丙子年六月二十七日;『日使文字』卷一 丙子年六月二十七日.

11 『倭使日記』卷五 丙子年七月一日.

12 『善隣始末』卷三; 韓國條約類纂 77~80쪽;『倭使日記』卷五 丙子年七月六日;『日使文字』卷一 丙子 年七月六日.

13 『善隣始末』卷三.

14 『善隣始末』卷四;『日韓交涉略史』;『百官履歷』(日本史籍協會本) 卷下 399쪽.

15 明治九年九月十九日 花房代理公使宛寺島外務卿訓令及內訓原本.

16 明治十一年二月 花房代理公使復命槪略; 子爵花房義質君事略(大正二年刊) 105~113쪽;『倭使日記』 卷六 丁丑年 九·十月.

17 花房代理公使復命槪略別記二; 高雄丸乘組海軍少尉高杉春祺測量記事.

18 『花房代理公使復命槪略別記開港一件』;『倭使日記』卷六 丁丑年十月.

19 『花房代理公使復命槪略別記開港一件』;『日使文字』卷二 丁丑年十二月二日.

20 『花房代理公使復命槪略別記開港一件』;『倭使日記』卷六 丁丑年十一月三日.

21 『花房代理公使復命槪略別記開港一件』에 따르면, 메이지 10년 12월 11일 회견에서 강수관 홍우창이 "원산진은 어떠한가?"라고 발의한 사실이 보이지만,『倭使日記』卷六의 丁丑年 十一月七日조에는 이러한 사실이 전혀 보이지 않을 뿐만 아니라, 메이지 12년 5월 9일에 강수관이, 곤도 외무권소서기관(外務權少書記官)의 힐문에 대해서 덕원(德源) 개항에 관한 언질을 준 것을 부정하고 있다.

　　"彼曰(곤도 서기관): 몇 해 전에 개항처를 상의할 때 덕원은 지장이 없다고 말씀하셨는데, 지난 봄 저희 선박이 그곳에 가서 측수(測水)를 마친 이후에 예조에서 소중한 곳이라서 시행을 허락할 수가 없다고 하면서 서계를 지어 보냈으니, 일이 매우 의아스러웠습니다. 그러므로 외무성에서 분명히 시비를 분변해서 회답 서계를 보내고, 또 제가 이 때문에 올라와서 덕원을 의정(議定)하려는 것입니다.

　　我曰(강수관): 몇 해 전에 상의할 때 언제 지장이 없다는 말을 했습니까?

　　彼曰: 귀국이 덕원의 지계(地界) 지도를 그리면서 형편을 보여준 것은, 또한 지장이 없기 때문에 그렇게 한 것이니, 기억하고 계십니까?

　　我曰: 그때 지도로 묘사한 것이 비단 덕원뿐만이 아니요, 그 근경(近境)의 읍들을 같은 화폭에 묘사하면서 하나하나 그 형편을 논했으니, 어찌 덕원 한 곳만을 가지고 지장이 없다고 논한 것이겠습니까?(하략)"(『倭使日記』卷一一 己卯年四月二十九日.)

    그렇지만 하나부사 대리공사가 처음부터 원산 항만의 소재를 알지 못했던 것은 명백하므로, 이 장소에 관한 문제는 강수관에 의해 제기된 것으로 보는 편이 온당할 것이다.

22 『花房代理公使復命槪略別記石炭貯藏一件』;『善隣始末』卷四;『倭使日記』卷六 丁丑年十一月;『日使文字』卷二 丁丑年十一月十六日;『同文彙考』附編續 通商.

원산의 개항

메이지 11년 1월 하나부사 대리공사의 복명을 통해 일본 정부는 일한수호조규에 따른 개항이 거의 3년이 지나도록 전혀 진척되지 않았음을 이해했을 것이다. 우선 공사가 탑승한 다카오마루(高雄丸)는 주로 전라도의 남동 연안을 측량했는데 개항에 적당한 후보지를 발견하지 못했고, 기대했던 남양만(南陽灣)은 측량을 하지 않았지만 눈으로 봐도 좋은 항구가 아니었다. 그리하여 동해안을 살펴보니, 영흥부(永興府) 대신 지정한 함경도 문천군(文川郡) 송전리(松田里)는 이 또한 능침의 소재지라는 이유로 일언지하에 거절당했다. 다만 반접관이 송전리 대신에 그 대안(對岸)에서 가까운 덕원부(德源府) 원산진(元山津)을 제의했는데, 이 항구의 가치는 전혀 일본 측에 알려져 있지 않았다. 게다가 조선에서 처음에 지정하려고 했던 북청부(北靑府)를 일본의 위원은 부적당하다고 봐서 응하지 않았지만, 실은 이 항구의 실제를 아는 사람이 없었다. 하나부사 대리공사와 반접관 모두 지도를 갖고 있었지만 전부 불완전해서 지도상으로 가부를 결정할 수 없었던 것이다.

이러한 사정으로 인해 전년에 이어 측량함을 파견해서, 첫 번째로 함경도 북청부·덕원부, 두 번째로 진도(珍島)에서 안면도(安眠島)까지의 전라·충청 두 도(道)의 연안 측량을 마무리하는 일이 초미의 급무가 되었다.

해군성은 바로 군함 아마기(天城)[함장 해군소좌 마츠무라 야스타네(松村安種)]에게 이 어려운 임무를 맡기고, 특별히 전년에 하나부사 대리공사를 수행한 측량전문가 육군공병 소위 가이즈 미츠오에게 편승을 명했다.

군함 아마기는 메이지 11년 4월 28일에 시나가와(品川)에서 출항해서 부산에 기항한 후, 5월 9일에 원산에 도착해서 측량을 시작했다. 조선 정부는 이 사태를 중대시해서, 함경도 관찰사 김세균에게 급히 명을 내려서 덕원부사 이교칠(李敎七)과 문천군수 이정필(李正弼)을 독려하여 덕원 지방 연해의 측량을 저지하게 했다. 그 이유로 든 것은 '덕원부 용주리(湧珠里)는 이씨 조선 목조(穆祖) 이하 도조(度祖)에 이르는 누대의 어향(御鄕)

으로서 국가의 근본 터전일 뿐만 아니라, 안변부터 문천을 지나 영홍, 함홍에 이르는 일대의 해안은 능침에 매우 가깝기 때문에 가장 소중한 땅이다. 예전에 함홍·영홍·문천·안변의 네 읍만 거론하고 덕원을 언급하지 않은 것은, 이상 네 읍의 이름을 열거하면 그 폭원(幅員)이 상접했으니 덕원 또한 그 중에 포함될 것으로 기대했기 때문'이라는 것이었다. 그러나 마츠무라 아마기 함장은 예전에 반접관 홍우창이 하나부사 대리공사에게 했던 언명을 인용하면서 불응하고, 더 나아가 '본 함장은 사정 여하를 불문하고 본국 해군경에게서 명령을 받은 이상 덕원의 측량을 중단할 권한이 없다. 만약 억지로 이를 중지시키고 싶으면, 동래부사가 부산주재 관리관을 경유해서 본국 외무성에 항의하길 바란다.'고 주의를 주었다. 지방관은 더 이상 실력 행사가 아니고서는 측량을 저지할 수단이 없었으므로 그저 방관할 뿐이었다. 군함 아마기는 한 달여 동안 덕원 해안을 측량한 후 6월 18일에 문천군 송전리로 회항하고, 22일에 원산에 귀항했다. 그리고 24일에 북청부로 회항하여 26일에 그 항시(港市)인 신포진(新浦津) 마양도(馬養島)에 정박했다. 그곳에서 북청부사 조병직(趙秉稷)의 방문을 받고 신포와 마양도를 시찰했다. 그리고 28일에 출항해서 30일에 부산에 도착하고, 7월 4일에 나가사키에 회항했다.[1]

나가사키에서 함체·기선의 수리 및 탑승 인원의 휴식을 마친 후, 아마기는 메이지 11년 8월 14일에 다시 부산에 입항해서 기선 수리를 위해 며칠간 정박했다. 그리고 23일에 출항해서 24일에 전라도 소안도(所安島)에 도달하고 이튿날인 25일에 완도(莞島)에 도착했다. 27일에 다시 출발해서 28일에는 충청도 비인현(庇仁縣) 앞바다 묘지(錨地)에 닻을 내리고 측량정(測量艇)과 기정(汽艇)을 보내서 전라도 옥구현(沃溝縣) 연안, 즉 만경강(萬頃江) 어귀 및 충청도 군산진(群山鎭)부터 금강(錦江) 어귀 일대의 실측을 실시했다. 측량정은 강을 거슬러 올라 한산군(漢山郡)에서 은진현(恩津縣) 강경포(江景浦)까지 도달했다. 9월 6일에 비인만(庇仁灣)에서 출발해서 8일에 홍주목(洪州牧) 원산진(元山鎭)에 정박하고, 다시 측량정을 보내서 보령(保寧)·결성(結城)·해미(海美) 세 현(縣)과 서산군(瑞山郡) 일대, 이른바 천수해만(淺水海灣)의 실측에 착수했다. 그런데 마침 함선 내에 역병이 발생해서 9월 23일에 수병 1명, 26일에 2명이 사망했기 때문에 측량을 중지하고, 9월 27일에 원산진에서 출발해서 30일에 부산에 도착하고 곧이어 나가사키로 회항했다. 전라·충청 두 도(道)의 연안 측량에 대해서는 조선 정부도 처음부터 이의가 없었기 때문에 충청도 수군절도사 이교복(李敎復)을 비롯한 지방관들이 각종 편의를 제공하고 음식물 등을 보내주면서 탑승 인원을 위로했다고 한다.[2]

군함 아마기의 측량은 소요된 시일과 성과로 봐도 일본 해군의 외국 수로측량사상 공전의 업적으로서, 전년도의 특무함 다카오마루가 도저히 미칠 수 있는 바가 아니었다. 그 결과, 일본 정부는 예전에 조선 정부에서 지정한 함경도 북청부의 신포진이 당초 예상과는 달리 양항(良港)이며, 또 덕원부 원산진이 일본 측에서 고집한 문천군 송전리에 비해 나으면 나았지 못할 것이 없는 양호한 개항장 후보지라는 것을 확인할 수 있었다. 그러나 조선국 서해안에서는 동해안에서처럼 좋은 결과를 얻지 못했다. 메이지 10년 말에 다카오마루가 전라도 해남, 무안 두 현(縣)·목포진·진도군 일대의 수로를 정밀하게 조사했지만 개항에 적당한 항만이 없어서 실망하였는데, 금년에 아마기가 아직 착수하지 않은 지역, 즉 전라도 옥구현부터 충청도 서산군까지의 해면(海面)을 정밀하게 조사했음에도 역시 기대한 결과를 얻지 못하였다. 금강 어귀의 경우는 오랜 시간을 소비하면서 수심을 측량하고 군산진도 시찰했지만, 당시의 일본국 해군은 이들 항구가 반드시 양항(良港)이라고 인정하지는 않았던 것 같다.

이와 같이 메이지 10년과 11년 두 차례에 걸친 측량 결과, 일본국 정부는 일한수호조규 제5관에 의거한 개항장을 조선의 동해안에서는 함경도 덕원부 원산진으로 지정하고, 서해안에서는 적당한 입지를 찾지 못했지만 수도에 가깝다는 이유로 경기 인천부 제물포를 첫 번째 후보지로, 충청도 아산현(남양만)과 군산진(群山鎭)을 두 번째 후보지로 거론하게 된 것으로 보인다.

이보다 앞서 조선국 정부는 아마기 함장이 덕원·문천 두 지방관의 제지에 불응한 채 두 곳의 측량을 실행한 것을 중대시하고, 이와 더불어 덕원 개항을 강요받는 사태를 예방하기 위해 무인년 5월 29일(메이지 11년 6월 29일)에 예조판서 윤자승의 이름으로 일본 외무경에게 서계를 보내서 아마기 함장의 행동에 대해 항의하고, 아울러 덕원에는 비록 능침이 없지만 그 소중함은 함흥·영흥·문천·안변의 네 읍과 다르지 않다고 성명했다.

작년에 귀 공사께서○하나부사 대리공사 돌아갈 때 함흥·영흥·문천·안변 등 4개 읍의 개항이 불가함에 대해 그 전말을 상세히 알리고, 지난번에 내관(萊館)을 통해 회답을 받았거늘, 최근 귀함(貴艦)이 와서 덕원부 원산포(元山浦)를 측수(測水)하였습니다. 살펴보건대 그 부(府)는 4개 읍 사이에 있으니, 읍명(邑名)은 비록 다르지만 바로 동일한 항만입니다. 도리(道里)[1]가 교

---

1) 도리(道里): 이정(里程)

근(較近)[2]하고 능침(陵寢)이 밀이(密邇)한 데다가, 또 용주리(湧珠里)와 명석원(銘石院)은 실로 우리 사세(四世)의 어향(御鄕)이니 국인(國人)이 숭봉(崇奉)하는 곳임은 4개 읍과 비교해서 조금도 차이가 없습니다. 따라서 이미 4개 읍이 소중하다고 했다면, 덕원부는 별도로 언급하지 않아도 저절로 그 안에 포함되는 것입니다. 그 지방관이 이미 귀 함장과○아마기함장 수작(酬酌)한 바 있어서 함장 또한 이 사실을 잘 알고 있으니, 귀 정부도 종당에는 듣고서 양해할 것입니다. 대체로 함경도의 안변 이북과 함흥 이남의 연해 일대는 선침(仙寢)을 모신 곳이 아니면 어향(御鄕)이 있는 곳이니, 본방(本邦)에는 모두 존엄하고 신중히 해야 할 땅입니다. 그러므로 처음에 우리 조정에서 오직 북청만 거론한 것은, 참으로 소중히 여기는 땅이 아니라서 형편상 개항에 편하면서도 장애가 없기 때문입니다. 귀선(貴船)이 장차 북청으로 방향을 돌려서 측수한 후에 돌아간다고 하니, 참으로 방편을 깊이 생각해서, 결코 허락할 수 없는 땅을 억지로 청해서 분운(紛紜)을 일으켜서는 안 될 것입니다.[3]

그렇지만 원산진의 개항은 원래 조선국 반접관의 발의에 의한 것이었을 뿐 아니라, 일본 정부는 근본적으로 침릉이나 어향(御鄕)의 소재지라는 것이 개항하지 않는 이유가 될 수 없다고 믿었기 때문에 조선국 예조판서의 서계를 접수하고, 메이지 11년 10월 24일에 외무경 데라지마 무네노리의 이름으로 조선 정부의 항의에 동의할 수 없다고 회답했다. 그 대략에 이르길, "비록 그렇지만 (하나부사 대리)공사의 보장(報狀)에 따르면, 귀 정부에서 일찍이 덕원 지방은 개항에 장애가 없다고 했는데 지금 다시 그 지방을 포함해서 거절하고 있으니 전의 뜻과 다르지 않습니까? 개항 요구와 관련해서는, 그 지역이 선박이 정박하는 데 불편하다면 개항해도 무익하지만, 만약 양편(良便)한 지역을 얻었다면 이 일에 이미 전에 맺은 약속이 있습니다. 양국의 교의(交誼)가 소중하니 멋대로 거절하지 마십시오."라고 했다.[4]

군함 아마기 함장 마츠무라 해군소좌의 복명을 통해 개항장도 대략 선정되었으므로 바로 조선국 정부와 교섭을 시작할 예정이었다. 그런데 이보다 앞서 메이지 11년 9월에 동래부사 윤치화가 중앙정부의 명에 따라 두모진(豆毛鎭)에 세관을 설치하고 수출입품에 과세하는 사건이 발생했다. 이는 메이지 9년 8월 24일자 미야모토 이사관의 공문에 반하는 것이었으므로, 데라지마 외무경은 11월 20일에 하나부사 대리공사에게 군함 (구)히에이(比叡)를 타고 부산으로 급히 가서 동래부사와 교섭할 것을 명하고, 다른 한편

으로 병력을 동원해서 무력시위를 한 끝에 마침내 세관을 철폐하게 했다. 이 때문에 메이지 11년에는 개항에 관한 교섭이 재개되지 않았던 것이다.[5]

메이지 12년에 들어서 일본 정부는 개항 문제를 더 이상 방치할 수 없음을 인식하고, 아울러 부산 두모진 세관의 부당 관세에 따른 손해배상을 조선 정부에 요구하기로 결정했다. 이에 3월 14일에 다시 하나부사 대리공사에게 조선 파견 명령을 내리고, 외무권소서기관 곤도 신스케, 해군대위 오후지 사다요시(大藤貞良), 육군중위 가이즈 미츠오, 외무사등속 오쿠 요시타다, 외무오등속 이시바타 사다, 외무팔등속 미사카 구니야스(三坂邦寧), 해군일등경리(海軍一等警吏) 이노마타 시게오(猪俣重雄), 해군이등필기(海軍二等筆記) 신조 가가미(新莊鏡) 등에게 수행을 명했다. 며칠 후인 3월 20일에 데라지마 외무경의 훈령이 부여됐는데, 여기에 대단히 중요한 내용이 포함되어 있으므로 개항과 관련된 부분을 다음에 초록한다.

훈조

대리공사 하나부사 요시모토

하나, 함경도 원산진 개항에 관해서는 전부터 많은 이의가 있었지만, 지난 메이지 10년 12월 중에 조선 정부가 그곳의 측량을 수락하고, 또 석탄을 그 인접 지역인 문천에 적치(積置)하는 것을 약속한 것을 봐도, 당시에 이미 원산 개항을 승낙하려는 의도가 있었음을 알 수 있다. 더구나 그 항구는 비단 무역에 간요(肝要)할 뿐 아니라, 접양(接壤)한 인방(隣邦)의 병비(兵備)에 관계되어 장래 양국의 이해가 걸려있으니, 온 힘을 다해 개항에 이의를 제기하지 않도록 해야 한다. 이미 작년 10월 25일의 서한을 통해서 조선 정부의 전후표리(前後表裏)한 언사를 책론(責論)했다. 이제 다시 그 뜻을 확장해서, 이처럼 긴요한 땅에 개항을 거부하는 것은 자호(自護)의 방략에서 가장 취해서는 안 될 바이자 또 우리의 방어를 해치는 것임을 설명하고, 우리의 방어를 해치는 방략은 등한히 치부할 수 없는 이유를 보여서 반드시 저들의 승낙을 얻어야 한다.

하나, 상기 원산진과 부산포를 제외하면 조선국 연해에서 아직 선박의 계박(繫泊)에 편하면서 통상에 적합한 항구를 발견하지 못했다. 오직 인천은 수로(水路)로 경성에 왕래하는 문호로서 함선을 수시로 계박(繫泊)하지 않을 수 없는 땅이니, 우선 이곳을 당분간 통상지(通商地)로 하고, 서서히 다른 곳을 찾아서 다시 양호한 곳을 발견하면 옮기는 것으로 약속하라. 또한 이번에 경기로 회항하는 길에 전라·충청 사이의 금수(錦水)와[금강(錦江)] 충청·경기 사이의 아산만을 탐측해서, 과연 양항(良港)이라면 그 두 곳 중에 한 곳의 개항을 논의할 수 있다.

단, 개항 절차는 별지 갑호(甲號) 대로 하라.

하나, 상기 인천을 당분간 통상지(通商地)로 하는 데 이의가 없으면, 사신이 경성에 왕래하는 도로도 당분간 3년을 기한으로 이곳을 경유하기로 약속해도 전혀 무방하다. ○하략

메이지 12년 3월 20일

외무경 데라지마 무네노리(印)

훈장부속(訓狀附屬)^{갑(甲)}

개항 절차

하나, 지기(地基)를 임차하되, 넓이가 10만 평보다 작아서는 안 된다.

하나, 지조(地租)는 부산의 예에 준해서 정하라.

하나, 그 땅의 낙각(犖确)³⁾을 고르고, 형극(荊棘)⁴⁾을 제거하고, 선창(船艙)을 건축하는 등의 일은 모두 조선 정부의 책임에 맡기고, 저지(邸地)⁵⁾의 안배, 도로의 수선 등은 일본 정부의 조변(措辨)⁶⁾에 귀속시켜라.

하나, 별도로 지기(地基)를 빌리지 못하거나 또는 우리 가거(家居)를 건축하기 전에는 그곳 백성들의 가옥을 임차 혹은 기우(寄寓)⁷⁾하는 편이 지장이 없을 것이다.

하나, 유보이정(遊步里程)은 이수(里數)로 제한하지 말고, 한쪽은 반드시 그 인근 수읍(首邑) 이 있는 곳까지 하고, 다른 쪽은 산천 등 분명한 경계가 있는 지형에 따라서 정할 수 있다. 또한 능묘(陵廟)가 있는 땅의 경우, 그것을 피하기 위해 다른 읍으로 대신하는 것 등은 편의에 따라 처리하라.

하나, 개항지를 의정(議定)한 후에는 조선 정부는 기일을 정해서 위원을 파출(派出)해서, 관리관과 상의하여 세사(細事)를 결정해야 한다. 혹은 공사가 그와 현지까지 동행해서 일을 감독하는 것 또한 가능하다.⁶

이 훈조와 관련해서 데라지마 외무경은 구두로, "본 훈조의 제1항과 제2항은 사안이 긴요하므로 한관(韓官)이 만약 순순히 받아들이지 않으면 비보(飛報)해서 정탈(定奪)을

---

3) 낙각(犖确): 험한 돌길, 자갈밭
4) 형극(荊棘): 가시덤불
5) 저지(邸地): 주택 지역
6) 조변(措辨): 조치를 잘 취해서 처리함
7) 기우(寄寓): 남의 집에 임시로 거처함

청하라."고 지시했다. 즉, 이번 하나부사 대리공사의 주요 임무는 개항 교섭에 있으며, 게다가 이번에는 일본 정부도 상당히 굳건한 결심을 갖고 임하고 있음을 알 수 있다. 공사가 군함 2척을 거느린 것도 그 한 가지 증거로 볼 수 있을 것이다.

하나부사 대리공사는 메이지 12년 3월 31일에 도쿄를 출발, 특무함 다카오마루(高雄丸)[함장 해군소좌 아오키 스미사다(靑木住眞)]에 승선해서 군함 호쇼(鳳翔)(제1함)(함장 해군소좌 야마자키 가게노리)를 거느리고 4월 23일에[8] 부산에 도착했다. 다시 29일에 부산에서 출항해서 5월 6일에 충청도 비인현(庇仁縣) 연도(煙島) 앞바다에 임시 정박하고, 측량정(測量艇)을 보내서 전년에 군함 아마기(天城)가 측량에 착수했던 군산진(群山鎭)부터 은진현(恩津縣) 강경포(江景浦)까지의 금강 연안과 비인현·서천군(舒川郡) 연안 일대를 재조사했다. 그리고 12일에 출발해서 이튿날인 13일에 경기 남양(南陽) 부근의 도리도(桃李島, Fournier Island) 앞바다에 임시 정박하고, 그 후 한 달여에 걸쳐 남양부와 충청도 아산현(牙山縣)·당진현(唐津縣) 연안, 즉 이른바 아산만 일대의 실측을 시작했다. 6월 4일에는 수행원 육군중위 가이즈 미츠오에게 조선어 유학생 아사야마 겐조와 호위해병 4명을 붙여서 남양부 고온포(古溫浦)에 상륙하게 한 후, 판찰관 현석운의 항의를 무시하고 육로로 수원부를 경유해서 경성까지 도로 인접 지방의 지리를 시찰하게 했다. 며칠 후 6월 6일에는[9] 다카오마루·호쇼 두 함선이 남양만에서 출발해서 인천 (제물포) 앞바다에 도착한 후, 바로 측량정(測量艇)을 분파(分派)해서 측량에 착수했다. 6월 12일, 공사 일행은 통진부에 상륙해서 경성으로 향했다.[7]

이 측량은 메이지 11년 군함 아마기(天城)의 측량의 미비점을 보완한다는 의미에서 금강 어귀와 아산의 묘지(錨地), 그리고 인천 등 3개 항구를 조사한 것이었다. 그런데 아오키 다카오마루 함장과 야마사키 호쇼 함장이 협의한 결과, '앞의 2개 항구는 모두 수로가 안전하지 않아서 개항장으로 적당하지 않다. 인천은 바람과 파도의 위험이 적고 조류도 비교적 완만하며, 간만의 차가 크기는 하지만 간조 때의 수심이 그래도 두 길[尋]이 되기 때문에 끽수(喫水)[10] 3.5미터 이하의 선박은 바로 뭍에 계류(繫留)할 수 있는 편리함이 있다. 부두 공사에도 큰 자금이 필요치 않을 전망이며,' "게다가 바다와 육지 모두 경성에 가까워서 왕복하기에 매우 편리하니, 조선국 서안(西岸)에서 개항장으로 삼기

---

8) 원문에는 4월 13일로 되어 있으나, 4월 23일의 잘못이라 바로잡았다.
9) 원문에 '5월 6일'로 되어 있으나 문맥상 '6월 6일'의 잘못으로 보여 수정했다.
10) 끽수(喫水): 배가 물에 떠 있을 때 수면에서 선체(船體) 밑바닥까지의 최대 수직 거리

에 매우 족한 최량(最良)의 장소라고 인정된다. (절략)"는 결론에 도달하고, 6월 25일에 두 함장의 연서(連署)[11]로 하나부사 대리공사에게 의견을 상신했다. 오랫동안 고심해 온 조선 서해안의 개항장도 이로써 경기 인천부 제물포로 대략 결정됐다.

인천만(仁川灣) 제물포를 개항장으로 만들어야 한다는 의견

금번 조선국 서안(西岸)의 항만 탐측에 관해서, 두 함선 모두 우선 마이류만[馬耳留灣, Basil's Bay: 충청도 서천군 개야도(開也島)에서 비인현 연도(煙島)에 이르는 묘지(錨地)]에 도착해서 진강(鎭江)[금강(錦江)의 잘못]을 검시(檢視)했는데, 이 강은 전라·충청의 경계로 삼는 매우 유명한 강으로 양안(兩岸)의 촌락이 번성해서 거읍명촌(巨邑名村)이 적지 않고, 그에 따라 선박의 출입도 많으며, 또 아마기 함이 대략 측량한 것처럼 강폭도 대략 2리 남짓으로, 본 바에 따르면 양호한 것 같다고 하지만, 가장 넓은 곳은 간조 때가 되면 주정(洲汀)[12]이 곳곳에 드러납니다. 그 사이는 한 길 혹은 세 길로 수심이 일정하지 않아서 실제로 작은 증기선도 교착(膠着)할 것 같으니 도저히 본선(本船)의 정박지로 삼을 수 없습니다. 또 강이 굽이쳐서 만 (灣)을 이룬 곳은, 대여섯 길의 깊은 물이 도처에 있다고는 하나 모두 좁아서 이른바 '사방에서 매어두지 않으면' 또한 안전하게 정박하기 어렵습니다. 그리고 하구(河口)에서 개야도 사이는 모래톱과 암초가 많고 수심이 얕아서, 만조를 기다리지 않으면 강에 진입할 수 없습니다. 또 연도(煙島)의 묘지(錨地)는 북동풍을 겨우 피할 정도일 뿐, 남서풍이 불면 노도(怒濤)가 심해서 실제로 정박 중에 조금 이 바람을 만났는데도 크게 곤란을 겪을 정도였습니다. 따라서 이들 해만(海灣)과 강하(江河) 모두 좋은 항구가 아니었기 때문에 급히 측량을 중단했습니다. 거기서 다시 아산만으로 갔는데, 이 만(灣)은 진강(鎭江)과 비교하면 거읍명촌(巨邑名村)이라고 할 만한 것이 매우 드물어서 선박의 출입이 10분의 1에 불과하고, 또 만내(灣內)는 모래밭이라서 원래 양항(良港)이 아니지만, '푸르니에'[Fournier Island: 경기 남양부 도리도 (桃李島)] 섬에서 고온포(古溫浦)(남양부) 묘지(錨地) 사이에 산갑(山岬)[13]과 도서(島嶼)가 사방에서 둘러싸고 있어서 노도의 우려가 없고, 해안가에도 조금 접근할 수 있는 곳이 있어서 부득이한 경우에는 우선 괜찮은 항만이 될 것이므로 바로 측량을 시행했습니다. 그것은 획득한 도면(圖面)에서 볼 수 있습니다. (지도 생략) 그 다음에 인천만(仁川灣)에 도착했는데, 월미도의 묘지(錨地)는 서쪽이 조금 묘만(渺漫)[14]한 듯 하다고 하지만, 영종(永宗)·대부(大阜)·소

---

11) 연서(連署): 한 문서에 2명 이상이 서명하는 것
12) 주정(洲汀): 강, 바다, 호수 등에서 수심이 얕아 토사(土砂)가 드러나는 곳
13) 산갑(山岬): 산모퉁이. 산기슭에서 쑥 나온 귀퉁이
14) 묘만(渺漫): 아득함. 모호함

부(小阜)·기타 섬들이 고리[環]처럼 둘러싸고 있어서 태풍이 와도 노도의 우려가 적고, 또 조세(潮勢)도 대체로 3리 반[해리(海里)로 추정됨] 쯤 되어 아주 급격하다고는 할 수 없으니, 큰 선박은 항상 여기에 정박할 수 있습니다. 또 제물포와 월미도 사이는, 다시 보충 측량한 지도와 같이 간조 때도 항상 일하(一河)를 이루고, 특히 제물포 연안은 가장 물이 말랐을 때도 두 길 남짓의 수심이 있으니, 항상 부표를 설치해 놓았다가 끽수(喫水) 12척의 선박은 조후(潮候)[15]를 기다려서 그것에 계박(繫泊)하여 사방에서 매어둔다면, 여기에 편안히 정박하여 물화(物貨)를 육상으로 운송하고 적재하는 편리함이 있을 것입니다. 그리고 이 해안가는 초주(哨舟)가 바로 착안(着岸)해서, 왕래의 자유가 미상불 진강(鎭江)·아산에 비할 수 없는 바로서 천연의 지형을 갖추고 있으니, 새로 부두를 짓더라도 많은 노력과 비용 없이 쉽게 완성할 수 있습니다. 게다가 바다와 육지가 모두 경성에 가까워서 왕복하기에 매우 편리한 땅이니, 저 나라 서안(西岸)에서 개항장으로 삼기에 충분한 가장 양호한 곳이라고 생각됩니다. 이상의 의견을 갖추어 진술합니다.

12년 6월 25일

다카오마루 선장 해군소좌 아오키 스미사다(青木住眞) (印)

호쇼함 함장 해군소좌 야마자키 가게노리(山崎景則) (印)

대리공사 하나부사 요시모토 귀하[8]

하나부사 대리공사는 메이지 12년 6월 12일에 경기 통진부에 상륙한 후, 김포를 거쳐 13일에 경성에 도착하여 관사로 배정된 경기 중영[청수관(清水館)]에 들어갔다. 당일로 예조판서 심순택과 반접관 형조참판 홍우창이 황급히 내방했다. 이는 전적으로 가이즈 육군중위의 육로행을 저지하기 위한 것이었다. 공사는 조선 정부가 능침의 소재지라는 이유로 수원부의 통행을 금지하려는 의향을 갖고 있는 것을 매우 불쾌하게 여겨서, "귀의(貴意)를 미뤄보면 우리나라 사람을 이비(夷匪) 또는 금수로서 무례 혹은 부정(不淨)한 자라고 여기는 듯하니 이보다 더 심한 국욕(國辱)이 어디 있겠습니까? 본사(本使)는 극력 이를 분변하지 않을 수 없습니다."라고 격렬하게 말했다. 예조판서는 해명하기를, "수호는 성신(誠信) 두 글자로써 상부(相孚)해야 하는데, 지금 그 수행원들이 육로로 나온 것은 실로 조약 밖의 일입니다. 우리가 불허하는 것은 바로 이 때문이니, 어찌 부정한 무리로 대하겠습니까? 금수의 설은 귀사(貴使)의 말씀이 실로 망발입니다."라고 하여 수원부 통

---

15) 조후(潮候): 밀물과 썰물이 드나드는 때

과를 거부한 이유를 수정하여 조약 위반을 들었다가, 다시 공사의 추궁을 당하자 이번에 한해 특별히 조약 외의 여행을 묵인한다는 뜻을 표명했다. 예조판서와 반접관 모두 공사의 태도가 지난번과 조금 달라진 것이 있음을 깨달았기 때문이었을 것이다.[9]

6월 16일, 하나부사 대리공사는 곤도 외무권소서기관 이하 수행원들을 거느리고 예조판서 심순택을 방문해서, 외무경 위임장을 제시하고 개항 및 기타 현안에 관한 상의를 시작할 것을 요청했다. 하지만 예조판서는 형조참판 홍우창을 의정부당상에 겸차(兼差)해서 반접관에 차하했으므로 그와 회담하길 바란다고 답했다. 이에 하나부사 대리공사가, 예조판서가 회담을 거절하는 것은 수호조규 제2관에 위배된다고 지적하자, 예조판서는 6월 17일에 공사에게 공문을 보내서 예판(禮判)이 공무가 번잡한 까닭에 정부에서 특별히 강수관을 차하해서 일본 공사와 회담하게 했으며, "강약저서(講約著書)가 완료된 후에는 본관[예판(禮判)]이 응당 함께 검인(鈐印)할 것입니다."라고 성명하는 것으로 이 문제를 매듭지었다.[10]

6월 18일부터 공사의 관소(館所)에서 강수 겸 반접관 홍우창과 하나부사 대리공사 간에 개항에 관한 교섭이 시작됐다. 공사가 먼저 "귀국 북해안(北海岸) 개항 건과 관련해서, 재작년(메이지 10년)에 문천(文川) 지역으로 할 것을 희망했지만 귀 정부에 지장이 있는 분위기라서 작년(메이지 11년)에 다시 측량선을 보내 탐색해서 원산진(元山津)을 발견했습니다. 그런데 이 또한 지장이 있다는 내용으로 서계를 보내와서 외무경이 답신을 드렸습니다. 이 건은 귀 정부에서 지체 없이 양해해서 이미 그곳의 개항에 관해서는 의론(議論)이 없을 것으로 생각합니다."라고 말했다. 강수관은 덕원부(德源府)가 능침의 소재지는 아니지만 그것에 매우 가깝기 때문에 통상을 위해 개방할 수 없는 이유를 설명했다. 강수관과 공사 간에 원산을 발의한 것이 다름 아닌 강수관 자신이라는 것, 그리고 능침의 숭봉(崇奉) 여하를 두고 입씨름이 벌어졌다. 마지막으로 공사는 덕원부 용주리(湧珠里)가 목조(穆祖) 이하의 어향(御鄕)이라면, 일본인이 그곳에 들어가는 것을 금지하는 조건으로 원산진 개방을 주장하면서 이날의 회견을 마쳤다. 후에 공사는 곤도 서기관에게 명하여 덕원의 개항을 요구하는 이유를 각서로 작성해서 의정부에 전달하게 했다.

우리 정부는 작년에 측량선을 특파해서 귀국의 동북 해안을 탐구한 끝에 문천과 원산을 찾았습니다. 두 곳 외에 개항에 적합한 땅이 없는데, 문천은 귀 정부에서 예전에 장애가 있다고 했고, 그 후에 다시 원산은 능침(陵寢)과 가깝다는 이유로 거절했습니다. 그러나 그 근방이 어찌 모두 능침이겠습니까? 능침은 그 가운데 한 구역일 뿐이니, 우리나라 사람들에게 행동을 삼가서 그 구역을 침설(侵褻)하지 말라고 경계하면 될 것입니다. 그런데도 한 구역 때문에 전 구역을 거절하고 있으니, 누군들 귀 정부가 핑계를 대면서 회피한다고 하지 않겠습니까?[11]

그 뒤 6월 23일 이후로 수차례에 걸쳐 교섭이 거듭되었지만 문제는 항상 인천에 집중 됐다. 덕원에 관해 회답을 독촉해도 조선 정부는 오직 '덕원은 이미 난편(難便)하니 대번 에 의정하기 어렵다'라는 답변만 반복할 뿐이라서 요령부득이었다. 아마도 조선 정부로 서도 개항 문제를 오래 끌 수 없고, 또 일본 정부가 오래 전부터 동조선만(東朝鮮灣)에 착 안해서 이 지방을 개방시키려는 결심이 굳은 것을 알고, 차라리 덕원을 허락하는 대 신 인천을 고수한다는 방침을 세우고 일본 측의 양보를 기다렸다가 타협하려는 의도였 다고 생각된다.[12]

그런데 하나부사 대리공사는 인천 문제가 교착되는 것에 고심하다가 문제를 덕원으 로 돌렸다. 그리고 6월 20일자 각서의 취지를 부연해서, 능침과 어향의 소재지는 경계 를 분명히 해서 진입을 엄금하는 조건으로 통상을 위한 개방을 요구했다. 강수관은 조 정의 명에 따라 7월 8일부로[16] "공(公)이 소중한 땅에 설금(設禁)하겠다는 말을 여러 차례 반복했으므로 정부에 상세히 아뢰었습니다. 우리 정부에서는 인호(隣好)에 마음을 써서 특별히 시행을 허락했으니, 귀 정부가 능히 우리 조정의 성의(盛意)를 체념(體念)할 수 있 겠습니까?"라고 성명했다. 공사는 "이제 이 원산 설항(設港)의 허시(許施)는 과연 귀 조정 의 우호를 보전하려는 거조(擧措)에서 나온 것이니 실로 양국의 다행입니다. 저희 조정 에서 어찌 감송(感頌)하지 않겠습니까?"라고 답했다. 원산 개항의 건은 이것으로 확정됐 던 것이다.[13]

덕원부 원산진의 개항이 확정된 이상 그 세목(細目)을 협정할 필요가 있었다. 강수관 은 원산에서의 세목은 부산의 그것을 답습하고, 능침과 어향(御鄕)에는 입표금계(立標禁 界)를 명시할 것을 제의했으나, 공사는 숭봉(崇奉)하는 지역의 범월(犯越)을 엄히 단속하 는 것은 당연하지만 개항 지점과 유보지역(遊步地域)은 실지 조사를 마친 다음에 상의하 자고 했다. 곧이어 7월 10일에는 「원산 개항 의정서안(元山開港議定書案)」을 강수관에게 전달하면서 향후 상의의 기준으로 삼을 것을 요청했다. 제1관에 두 가지 안을 병기한 것

---

16) 원문에는 7월 4일로 되어 있는데, 기묘년 5월 19일은 양력으로 7월 8일에 해당하므로 수정했다. 이하 일부 양력이 잘못 표기된 것도 수정했다.

은 조선 당국으로 하여금 그 중 하나를 선택하게 하기 위한 것이었다.

예약의안(豫約擬案)

제1관 조선 정부는 ^{일본력 메이지 13년 3월, 조선력 경진년(庚辰年) 2월} 이후 일본 인민의 무역을 위해 함경도 원산진을 개항한다. 그 거류지기(居留地基)는 사방 8정(町)으로 하되,^{조선 2리} 장덕산 (長德山) 및 그 서쪽의 바다에 면한 곳으로 정한다.

또는, 조선 정부는 ^{일본력 메이지 13년 3월, 조선력 경진년 2월} 이후 일본 인민의 무역을 위해 함경 도 원산진을 개항한다. 그 관리 및 상민의 거주지기(居住地基)는, 동쪽으로는 장덕 산 남쪽 적전천(赤田川), 서북쪽으로는 바다까지로 하되, 관아와 민가를 임차, 매입 하거나 또는 토지를 차입해서 가옥을 건축하는 것은 모두 편의에 따른다. 단, 각자 임 의로 그 주인과 상의해서 결정하더라도 대차(貸借)와 매매가 이뤄진 후에는 각각 그 관청에 구장(具狀)¹⁷⁾해서 ^{일본인은 관리 관청으로, 조선인은 지방 관청으로 간다.} 인허를 받아야 한다.

제2관 거류 지조(地租)는 그 토지의 종전 조액(租額)을 따르되, 다시 제3관에 기재된 양국 정부의 경비를 참작, 계산해서 의정한다.

제3관 일본인 거류지의 경시(經始)¹⁸⁾는 조선 정부의 책임이다. 그러므로 양국 위원이 회동, 상의해서 잡목과 자갈밭의 제거, 도로와 교량의 가설은 조선 정부에서 조판(措辦)하 되, 단 택지(宅地)의 안배와 가로(街路)의 수리 등은 일본 정부가 맡는다.

제4관 거류지 근방에 한 구역을 획정해서 일본인의 묘지(墓地)로 만든다. 조액(租額)은 그 땅의¹⁹⁾ 종전 소입(所入)에 따라 납부한다.

제5관 조선 정부는 부두를 축성(築成)하되, 장덕산 서해안으로부터 장덕도(長德島)까지는 특히 유의해서 수시로 보수하여 화물의 하선 및 적재, 선박의 계박(繫泊)을 편하게 한다. 조선의 각종 상선(商船) 또한 그 안에 들어와서 계박(繫泊)할 수 있고, 국내 각 포구에 왕래하면서 운수할 수 있다. 조선인이 일본 선박에 탑승해서 각 개항(開港) 에 왕래하는 것 또한 무방하다.

제6관 조선 정부는 부두에 해관을 설치해서 수출입 물화(物貨)를 검사하되, 해관 전후에 창사(廠舍)를 설치해서 검사할 때 비바람과 물기에 젖는 것을 피하게 한다.

제7관 일본인은 용주리(湧珠里)와 명석원(銘石院) 등 표식을 세워서 통행을 금지한 지역을

---

17) 구장(具狀): 어떤 일의 내용을 상세히 기록해서 제출하는 서류. 또는 그것을 제출하는 일
18) 경시(經始): 건축 또는 경영을 개시함
19) 원문에 '其他'로 되어 있으나 문맥상 '其地'의 오기인 것으로 보여 수정했다.

제외하고, 덕원부 관내(管內)에서 어디든 자유롭게 한행(閑行)할 수 있다. 단, 윤허를 받은 것이 아니면 관아와 인가에 들어갈 수 없음은 물론이다.[14]

그리고 7월 11일에 강수관이 관소에 내방해서 「예약의안(豫約擬案)」에 관해 조목별 심의를 시작했다. 그 요점은 다음과 같다.

첫째, 제1관의 개항 시기에 관해 강수관은 연기할 것을 주장했는데, 결국 2개월을 늦추는 것으로 타협이 이뤄져서 메이지 13년 5월(경진년 3월)로 협정됐다. 다음으로 강수관은 관(館)을 세울 터는 오로지 초량 왜관의 전례에 따라야 하므로 제1관의 '또는' 이하의 항목을 전부 삭제할 것을 주장했다. 일본의 공사는 초량의 전례에 따른다면 훗날 그 터가 협소해져서 확장이 필요할 것이니 지금 적어도 20한리(韓里)[20]로 정하는 편이 유리하다고 주장했으나, 결국 이 논의는 결정을 보지 못했다.

둘째, 제2관과 제3관에 관해서는 동의했다.

셋째, 제4관의 묘지 설정에 관해서는 이의가 없지만 실지 시찰을 마친 후에 결정하기로 했다.

넷째, 제5관의 장덕도에 부두를 건축하는 문제는 실지 시찰 후에 결정하기로 했다. 다음으로 조선 상선을 항구 내에 계박(繫泊)하고 조선 각 항구를 왕래하면서 운수하는 것은 지장이 없지만, 그 다음 단락에 조선인이 일본 상선에 탑승해서 각 개항(開港)에 왕래하는 것을 허락한다는 조항은 삭제하게 했다.

다섯째, 제7관의 용주리·명석원을 제외하고 덕원부 전부를 유보지역(遊步地域)으로 하는 것은 '만만부당(萬萬不當)'하며, 유보지역은 반드시 부산의 전례에 따라 사방 10한리(韓里)로 하되, 덕원읍은 동래와 마찬가지로 유보지역 바깥에 있지만 자유 유보를 인정하는 것으로 수정을 요구했다. 일본 공사는, '부산의 유보 규정은 지난날 피차 사정에 밝지 못했던 당시의 유물로서 새 항구에 적용할 수 있는 것이 아니다. 특히 부산에서는 유보지역이 협소해서 고생하고 있다. 따라서 신항(新港)에서는 반드시 확장할 필요가 있다. 만약 덕원 전부를 유보지역으로 하는 것이 불편하면 용진천(龍津川)·현천(縣川)을 남북의 경계로 해서 그 안쪽을 유보지역으로 삼아도 무방하다.'고 주장했다. 강수관은 단호하게 "무릇 여러 조관들은 오직 부산의 전례에만 의거해야 하며, 이해(利害)에 따라 가

---

20) 원문에 '二方韓里'로 되어 있는데, '四方 二十韓里'의 오기인 것으로 보고 수정했다.

감해서는 안 됩니다. 지금 이처럼 상지(相持)하는 것은 참으로 억설(臆說)이니 많은 변론이 필요치 않습니다. 요개(撓改)[21]할 수 없습니다."라고 언명했다.[15]

원산 개항의 세목(細目)은 다시 인천 개항 문제와 맞물려서 한 달 남짓 다뤄지지 않다가, 8월 17일이 돼서야 강수관 홍우창은 가까스로 일본국 원안에 대한 대안을 제출했다.

덕원 세목(細目)

거류 지역은 초량관(草梁館)의 넓이와 동일하게 정한다.

묘지(墓地)는 가까운 섬으로 정한다.

장덕도(長德島)까지의 부두 설치는 추후 지형을 시찰하고 사세(事勢)를 헤아려서 편의하게 의정한다. 조선의 각종 선박들도 해관에 정단(呈單)[22]하고 그 안에 계박(繫泊)할 수 있다. 본국 각 지방에 바로 왕래, 운수하는 것은 본래 금조(禁阻)가 없다. 조선인이 일본 선박에 탑승해서 각 개항(開港)에 왕래할 때 그 거주와 성명, 소지한 물화(物貨)를 해관에 구보(具報)하면, 해관에서는 준단(準單)을 발급해서 간폐(奸弊)를 막는다. 한행정리(閑行程里)[23]의 경우는 응당 부산항의 전례에 의거해서 사방 10리로 정해야 한다. 다만 덕원 한 곳은 동래부의 전례에 따라 왕래하지만, 중시하는 지금(地禁)[24]까지의 거리가 10리보다 가깝다면, 설령 경계 내부라도[25] 표식을 세워야 한다.[16]

하나부사 대리공사는 이 대안에서 수정을 요하는 부분은 부전(附箋)[26]으로 그 요항(要項)을 전달하겠다고 약속했다. 그 요점은 다음과 같다.

조선 정부는_{일본력 메이지 13년 5월, 조선력 경진년 3월} 이후 일본 인민의 무역을 위해 함경도 원산진을 개방한다. 그 거류지는 장덕산 및 그 서쪽의 바다를 면한 곳으로 정한다. 거류지의 넓이는 초량관(草梁館) 실측도(實測圖)에 의거한다. 거류지 근방의 장애가 없는 땅을 일본인의 묘지(墓地)로 삼되, 조액(租額)은 그 땅의 종전 소입(所入)에 따라 납부한다.

---

21) 요개(撓改): 휘어서 고침. 원문에는 요개(饒改)로 잘못 되어 있다.
22) 정단(呈單): 관아에 서류를 제출함
23) 정리(程里): 이정(里程)과 같은 뜻이다.
24) 지금(地禁): 원래 군대 용어로서 자의적인 통행을 금지하는 구역을 뜻한다.
25) 설령 경계 내부라도: 원문은 '雖三五之內'이다 '三五'에는 다양한 뜻이 있는데, 적은 숫자를 표시하기 위한 관용구로 사용되기도 한다. 이 문장의 '三五'를 3과 5의 의미로 풀이하면 의미가 통하지 않는데, 여기서는 한행리정의 경계가 되는 10리보다 가까운 거리라는 의미를 강조하기 위해 이와 같이 옮겼다.
26) 부전(附箋): 서류나 문건에 간단한 의견을 써서 덧붙이는 쪽지

조선 정부는 부두를 축성(築成)하되, 장덕산 서해안에서 장덕도까지는 특히 유의해서 수시로 보수하여 화물의 하선 및 적재, 선박의 계박(繫泊)을 편하게 한다. 조선의 각종 선박 또한 해관에 정단(呈單)하고 그 안에 계박(繫泊)할 수 있다. 그 밖에 본국 각 지방에 바로 왕래, 운수하는 것은 본래 금조(禁阻)가 없다. 조선인이 일본 선박에 탑승해서 조선의 각 개항(開港)에 왕래할 때 그 거주와 성명, 소지한 물화(物貨)를 해관에 구보(具報)하면, 해관에서는 준단(準單)을 발급해야 한다. 단, 정단(呈單)과 구보(具報)는 간이(簡易)하게 하는 데 유의해서, 미야모토 이사관의 메이지 9년 8월 24일 서간의 취지에서 벗어나지 않아야 한다.

장덕도까지의 부두 건축은 추후에 지형을 살피고 사세(事勢)를 헤아려서 편의하게 의정한다.

일본인의 한행리정(閑行里程)은 부산항의 전례에 의거해서 사방 10리로 하되, 용주리와 명석원 등 10리 이내의 지역은 지장이 없는 지역으로 보상한다. 덕원부에 가는 것은 동래부의 전례에 따른다. 원산진 및 갈마포(葛麻浦)까지 가는 도중에 통행을 금하는 곳은 미리 다른 길을 열어서 통행을 편하게 한다.[17]

이 수정안은 「예약의안」 원안과 비교해 볼 때 제1관과 제7관의 두 조관 모두 크게 양보한 것이지만, 실제로는 초량 왜관의 부지가 거의 10만 평에 달하고 또 유보지역(遊步地域)에 인근의 수읍(首邑)인 덕원을 포함시켰다는 점에서 하나부사 대리공사는 메이지 12년 3월 20일자 외무경 훈령에 부속된 개항 절차에서 규정한 바를 대략 달성할 수 있었으므로 동의가 이뤄졌던 것 같다.

8월 26일, 강수관 홍우창은 하나부사 대리공사를 방문해서 약간 자구를 수정한 후, 일본 측 수정안에 동의한다는 뜻을 전했다. 그로부터 「원산 개항 의정서」를 작성하기 시작해서 28일에 완성했지만, 여전히 공사는 실지 시찰을 마친 후에 결정한다는 조항을 이유로 기명조인(記名調印) 하지 않고 예조판서 심순택에게 조회를 보내는 것으로 증빙을 삼았다. 의정서 전문은 다음과 같다.

제 1 관 조선 정부는 ^{조선력 경진년(庚辰年) 3월, 일본력 메이지 13년 5월} 이후 일본 인민의 무역을 위해 함경도 원산진을 개방한다. 그 거류지는 장덕산 및 그 서쪽의 바다를 면한 곳으로 정하되, 지기(地基)의 넓이는 초량관(草梁館)의 실측에 따른다.

제 2 관 거류 지조(地租)는 그 땅의 종전 조액(租額)을 따르되, 다시 제3관에 기재된 바의 양국 정부의 경비를 참작, 계산해서 의정한다.

제3관 일본인의 거류지를 경시(經始)하는 것은 조선 정부의 책임이다. 그러므로 양국 위원
이 회동, 상의해서 잡목과 자갈밭의 제거, 도로와 교량의 가설은 조선 정부에서 조판
(措辦)하지만, 택지의 안배 및 도로 수리 등은 일본 정부에서 맡는다.

제4관 거류지 근방에 장애가 없는 땅에 일본인 묘지(墓地)를 만든다. 조액(租額)은 그 땅의
종전 소입(所入)에 따라 납부한다.

제5관 조선 정부는 부두를 축성(築成)하되, 장덕산 서쪽 해안에서 장덕도까지는 특히 유의
해서 수시로 보수하여 화물의 하선 및 적재, 선박의 계박(繫泊)을 편하게 한다. 조선
의 각종 선박들도 해관에 정단(呈單)하고 선조(船租)를 조납(照納)한 후 그 안에 계
박(繫泊)할 수 있다. 본국 각 지방에 바로 왕래하면서 운수하는 것은 본래 금조(禁
阻)가 없다. 조선인이 일본 선박에 탑승해서 각 개항(開港)에 왕래할 때 그 거주와
성명, 소지한 물화를 해관에 구보(具報)하면, 해관에서는 준단(準單)을 발급해야 한
다. 단, 정단(呈單)과 구보(具報)는 간이(簡易)함을 위주로 해서 미야모토 이사관의
메이지 9년 8월 29일(24일) 서간의 취지에서 벗어나지 않아야 한다.

장덕도까지의 부두 건설은 추후에 지형을 시찰하고 사세(事勢)를 참작해서 편의하
게 의정한다.

제6관 조선 정부는 부두에 해관을 설치해서 수출입 물화(物貨)를 검사하되, 해관 근처에
창사(廠舍)를 설치해서 검사할 때 비바람과 습기에 젖는 것을 피할 수 있게 한다.

제7관 일본인의 한행리정(間行里程)은 부산항의 전례에 따라 사방 10리로○한리(韓里) 정하
되, 용주리, 명석원 등 10리 이내 통행을 금하는 지역의 경우는 장애(障碍)가 없는
지역으로 보상한다. 덕원부에 가는 것은 동래부의 예(例)에 따른다.

단, 원산진과 갈마포로 가는 도중에 만약 이정(里程) 내에서 통행을 금하는 곳이 있
으면, 별도로 다른 길을 열어서 통행을 편하게 한다.

이상 7개 조관 가운데 다시 심검(審檢)을 요하는 것은 해당 지역에 가서 상의해서 결정할
것이다.[18]

「원산 개항 의정서」가 성립되자 하나부사 대리공사는 직접 현지에 가서 세부 항목의
상의를 지휘하겠다는 뜻을 전했다. 조선국 정부는 메이지 13년 8월 17일에 특별히 경상
도 안동부사 김기수(메이지 9년도 수신사)를 덕원부사에 차하해서 일본국 위원과의 교섭
임무를 맡게 했다. 일본국 정부에서 공사의 보고에 따라 외무성 오등출사 마에다 겐키
치를 관리관에 임명하고 부산 주재를 명했으므로, 공사는 마에다 관리관을 동반하여 다

카오마루로 나가사키에서 출발해서 메이지 13년 9월 28일에 부산에 입항하고, 10월 3일에 원산에 도착했다. 이후 공사는 마에다 관리관과 곤도 서기관을 지휘하면서 덕원부사 김기수와 회동하여 6개 조로 구성된 세칙(細則)에 조인하고, 거류지 설계 및 부두 공사 등에 관한 규정을 마련했다. 원산 개항의 준비는 이것으로 완전히 정리됐다.[19]

【원주】

1 『倭使日記』卷七 戊寅年四・五・六月;『日使文字』卷二 戊寅年四月.

2 『倭使日記』卷七 戊寅年七・八月, 卷八 戊寅年八・九月;『日使文字』卷二 戊寅年八月.

3 『善隣始末』卷四;『啓下書契册』戊寅;『日使文字』卷二 戊寅年五月二十九日;『同文彙考』附編續 通商.

4 『善隣始末』卷四;『日使文字』卷二 戊寅年八月十七日.

5 『善隣始末』卷四;『日使文字』卷二 戊寅年七月五日.

6 明治十二年三月二十日 花房代理公使宛寺島外務卿訓令;『善隣始末』卷四;『百官履歷』卷下 399쪽.

7 『善隣始末』卷四;『倭使日記』卷九 己卯年閏三月, 卷十 己卯年閏三月・四月.

8 明治十二年在朝鮮國公使館來翰拔萃.

9 『善隣始末』卷四;『倭使日記』卷一一 己卯年四月二十四日.

10 『善隣始末』卷四;『倭使日記』卷一一 己卯年四月二十七日.

11 明治十二年在朝鮮國公使館來翰拔萃;『倭使日記』卷一一 己卯年五月一日.

12 在朝鮮國公使館來翰拔萃;『倭使日記』卷一一 己卯年五月三日.

13 『善隣始末』卷四;『倭使日記』卷一一 己卯年五月十一日・十九日.

14 『善隣始末』卷四;『倭使日記』卷一一 己卯年五月十九日.

15 『善隣始末』卷四;『倭使日記』卷一一 己卯年五月十九日・二十二日.

16 『倭使日記』卷一二 己卯年六月三十日.

17 『善隣始末』卷四;『倭使日記』卷一二 己卯年六月三十日.

18 『善隣始末』卷四; 韓國條約類纂 635~638쪽;『倭使日記』卷一三三 己卯年七月六日・十一日;『同文彙考』附編續 通商.

19 『善隣始末』卷四;『倭使日記』卷一三 己卯年八月・九月.

제 40 절
인천 개항

메이지 12년 8월 28일, 대리공사 하나부사 요시모토와 강수관 홍우창 간에 원산 개항이 협정됐다. 그러나 인천 개항은 여전히 해결의 전망이 보이지 않았다. 당초 하나부사 대리공사는 다카오마루 함장 아오키 해군소좌와 호쇼 함장 야마사키 해군소좌 등 해군 사관들의 주장에 따라 대략 인천부 제물포를 개항하기로 결정했지만, 그러면서도 계속 남양부에 일단의 희망을 걸고 있었다. 메이지 12년 6월 18일에 강수관 홍우창과 회담을 개시했을 당시, 인천 문제를 바로 다루는 것을 피했던 것 또한 남양·수원 지방의 시찰 임무를 맡은 가이즈 육군 공병 중위가 아직 도착하지 않았기 때문이었다. 6월 19일에 그가 도착하고, 그의 복명을 통해 개항장으로 활용하기에는 아산만의 경제적 가치가 적다는 것을 확인한 후에야 마침내 일한수호조규 제5관에서 규정한 개항장으로 원산 이외에 인천의 개방을 요구하기로 확정했던 것이다.[1]

6월 20일, 하나부사 대리공사는 관소(館所)에서 강수관과 회견을 갖고 정식으로 인천 개항을 요구하면서 그 이유를 설명했다. "재작년부터 우리 측량선이 전라·충청·경기의 여러 해안을 탐색했지만 적당한 땅을 찾지 못했고, 수원 지방도 선박의 계박(繫泊)에 적합하지 않습니다. 또 가이즈 중위가 어제 관소에 돌아왔는데, 그 보장(報狀)을 들으니 육지 운수(運輸)가 편리하지 않다고 했습니다. 그렇다면 이제 인천 제물포 말고는 양항(良港)이 없기 때문에 이 포구를 갖고 말씀드리는 것입니다. 인천은 종래 우리 선박의 계박지(繫泊地)였으니, 토인(土人)도 우리나라 사람에 대해 익숙하고 우리나라 사람도 수로에 어둡지 않습니다. 더구나 우리 사신이 왕래할 때 반드시 계박(繫泊)해야 하는 땅이었으니, 이제 항구를 연다면 지극히 편리할 것입니다. 마땅히 이러한 뜻으로 평의(評議)가 있어야 할 것입니다." 강수관은 메이지 10년 12월의 회담에서 하나부사 대리공사가 남양과 인천 모두 양항(良港)이 아니라고 명언(明言)한 사실을 언급하면서 이제 와서 인천의 재논의를 요구하는 것은 대단히 의외라고 했다. 공사는 2년 전에 한 진술이 결정적인 것은 아니며, 당시에는 다른 지방에 후보지가 있을 것으로 예상했지만, 수차례 측량을 한 결과 충청·전라 두 도(道)의 연안에 적당한 항시(港市)가 없어서 부득이 인천을 요구하는 것이라고 설명했다. 강수관은 크게 난색을 표시해서 교섭의 전도에 많은 난관이 있을 것임을 짐작케 했다. 회견을 마친 후 공사는 곧도 서기관에게 명하여 인천 개항 요구의 취지를 각서로 작성해서 조선 정부에 전달하게 했다.[2]

> 우리 정부가 귀국 서해안에서 1개 항구를 얻어 개항하고자 매년 측량선을 보내서 진도(珍島)·목포(木浦)·옥구(沃溝)·해미(海美)·결성(結城)·진강(鎭江)○금강(錦江) 등을 두루 시찰했으나 모두 적합한 땅이 아니었습니다. 이번에 본관(本官)이 아산만을 심검(審檢)하고, 다시 수행원을 시켜서 수원 지방의 운수 상태를 살폈지만 또한 가망이 없었습니다. 오직 인천 제물포만이 종전 우리 선박이 계박(繫泊)하던 곳이며, 수로가 편한 것으로 널리 알려져 있습니다. 그러므로 이제 그곳의 개항을 요구하는 것입니다.[3]

며칠 후 6월 23일에 강수관이 조선 정부의 회답을 갖고 내방했다. 그 요점은 "인천은 경성까지의 거리가 멀지 않으니 보장(保障)으로서 가장 중요한 땅이다. 그러므로 개항은 결코 논의할 수 없다."는 것, 또 경기도 내 강화·통진·수원·남양의 4개 읍은 인천과 동일한 의미에서 개항할 수 없다는 것이었다. 공사가 기전보장(畿甸保障)[1]의 중지(重地)라는 것만으로는 개항을 거부하는 이유가 될 수 없다고 하자, 강수관은 "경성 근처에서 개항과 통상을 하면 수륙(水陸)의 장사꾼들이 좌우로 흩어져서 경성에서 모이지 않을 것이니, 경성 저자의 재화가 필시 씨가 마를 것입니다. 그러므로 조야(朝野)의 여론이 허락하지 않는 것입니다."라고 했다. 공사는 각국의 예를 인용하면서 인천을 개항하면 통상에 유리할 것이라고 간곡히 설명했지만 끝내 강수관의 뜻을 돌릴 수 없었다. 강수관은 경기를 제외하고, 충청·전라 두 도(道)에서 재측량을 해서 양항(良港)을 발견하길 바란다는 말만 되풀이했다.[4]

이보다 앞서 강수관은 전날 곤도 서기관과 회견할 때 인천 개항의 거부 의사를 밝히면서 "설령 100년을 대치하더라도 이는 결코 허시(許施)할 수 없으니 부디 양찰하십시오."라고 명언(明言)한 바 있었다. 이 때문에 공사도 강수관과의 토론이 무익함을 깨닫고, 회견 당일 예조판서 심순택에게 조회를 보내서 강수관의 주장에 반박을 가하는 한

---

1) 기전보장(畿甸保障): 기전(畿甸)은 본래 천자가 직접 다스리는 수도 주변 사방 500리 이내 지역을 뜻하지만 여기서는 경기도 지역을 의미하며, 보장(保障)은 보위(保衛), 장폐(障蔽)의 뜻으로 일반적으로 남한산성과 강화도를 가리켜 보장지지(保障之地)라고 했다.

편, 그와의 회견을 통해 국면 전환을 시도하고자 했다. 6월 25일에 예조판서가 공사의 관소에 내방했지만 그의 주장은 강수관의 그것과 다르지 않았다. 그는 인천·남양·수원·강화·통진 같은 경기 연안의 읍들은 모두 개항할 수 없으니 수호조규에 규정된 5개 도(道)에서 다른 항시(港市)를 찾아보길 바라며, 또 강수관은 이 건에 관해 위임 받은 자이기 때문에 그와 상의하길 바란다고 했다. 이와 함께 예조판서 자신은 애초에 이 건에 관해 감히 자전(自專)할 수도, 또 감히 품결(稟決)할 수도 없으니 강수관이 사안을 논의한 다음에는 그 말을 번복할 수 없다고 말할 뿐이었다. 끝내 요령을 얻지 못한 공사도 전도를 크게 비관하게 됐다.[5]

하나부사 대리공사는 인천 개항에 관한 교섭의 여지가 극히 적음을 깨달았지만, 단념하지 않고 7월 4일에 강수관을 불러서 이 문제를 제기했다. 하지만 강수관은, 인천은 경성에 가까워서 "인심이 불안하니 실로 사세(事勢)에 난처하다."라는 말만 거듭할 뿐 요령부득이었고, 다시 5, 6년을 연기한 후 그 사이에 전라·충청 두 도(道)의 연안에서 양항(良港)을 찾기만을 요망했다. 공사는 조선 정부가 경기 개항을 거부하는 것은 수호조규의 위반이라고 힐난하고, 잠정적으로 인천을 개항했다가 양호(兩湖) 지방에 과연 양항(良港)이 있으면 그것으로 대체할 것을 제의했지만 강수관은 응하지 않았다. 7월 8일의 회견에서도 소득이 없었다. 공사는 곤도 서기관으로 하여금 강수관과 사적 교섭을 갖게 해서 타협점을 발견하려고 했지만, 이 또한 효과를 거두지 못했다.[6]

공사는 최종 타협안으로 조선 서남 해안의 개항을 20개월 연기하고, 그 사이에 일본 정부가 양호(兩湖) 지방의 측량을 실시해서 적당한 양항(良港)을 찾지 못하면 인천으로 결정하기로 하고, 7월 17일에 강수관을 불러서 각서와 의정서 안을 제시했다.

귀국 서해안의 개항과 관련해서, 귀 정부는 경기(京圻)를 제외하고 충청·전라 두 도(道)에서 택정(擇定)할 것을 희망하지만, 두 도에 양항(良港)이 없다는 것은 본관(本官)이 우리 측량선의 수년 동안의 실험에 근거해서 전에 이미 명언(明言)했습니다. 그런데도 귀 정부에서 희망하기를 그치지 않은 까닭에 지도를 살펴보고, 다시 우리 함장과 모의해서, 며칠간 숙고하여 양편(兩便)한 방법을 도모하고자 했으나 아직 한 개의 양항(良港)도 찾지 못했습니다. 전라·충청 내에서 적의(適宜)한 항만을 찾지 못하면 인천을 지정한다는 것은 우리 정부에서 사전에 의결한 바니, 이것이 바로 본관에게 주어진 임무입니다. 설령 귀 정부에 이의가 있어서 우리 정부에 품고(稟告)하더라도 변통할 도리가 없음을 알 것입니다. 만약 조규의 취지에 저촉되지 않으면서 호의(好誼)를 보전할 방법이 있다면, 본관의 직임상 귀 정부와 상의하지 않을 수 없습니다. 이 때문에 조규를 조준(照準)하고 시정(時情)을 짐작해서, 개항약정안(開港約定案)을 기초해서 협정에 이르고자 하는 것입니다. 경기의 개항은 충청·전라와 함께^{조선 병자 2월,} ^{일본 메이지 9년 2월에} 양국 정부가 의정한 바입니다. 그러므로 충청과 전라에 과연 양항(良港)이 없으면 경기에서 결정하는 것은 이치상 당연합니다. 모두 이에 고합니다.

의정서 안

수호조규 제5관에 기재된 개항 건은, 일본 정부는 지난 3년간의 측량 경험에 근거해서 충청, 전라 연해에는 다시 통상에 적합한 항만이 없음을 알았고, 오직 경기 인천만이 조금 양항(良港)이 되기에 그곳의 개항을 요구했지만, 조선 정부는 그곳이 경성에 가깝고 인심 불안을 우려해서 다시 충청·전라에서 택정(擇定)할 것을 희망했다. 그러나 경기의 개항은 충청·전라와 함께^{일본 메이지 9년, 조선 병자년 2월에} 양국 정부가 협정한 바이니 이치상 거절할 수 없다. 그러므로 서로 변통하는 방법을 논의해서, 지금부터 다시 개항 시기를 20개월 늦추고, 그 사이에 조선 정부는 인심을 개유(開諭)하는 데 힘쓰고 일본 정부는 계속 양항(良港)을 탐색해서, 대체할 만한 곳이 있으면 대체하고, 없으면 최종적으로 인천으로 충당한다.[7]

하나부사 대리공사의 이른바 타협안은, 요컨대 인천 개항을 20개월 연기하는 정도에 불과했으며, 그 나머지는 앞서의 주장을 반복한 것으로 조선 측에서 수락할 가능성이 거의 없는 것이었다. 과연 강수관은 각서와 의정서 안을 한번 보고는, "지금 여기에 기록된 것은 모두 공사가 전일에 말씀하신 것입니다. 우리가 근지(靳持)[2]하는 이유 또한 예전에 모두 설명했습니다. 공(公)은 우리 정부가 이 기록을 통촉하기를 바라지만, 양측이 모두 편한 방법을 생각하지 않고 시종 집체(執滯)[3]하고 있으니 상부(相孚)의 도리가 어디 있습니까?"라고 지적했다. 이에 다시 전일의 실랑이를 거듭한 후, 공사는 더 이상 강수관과 토론을 반복해도 전혀 쓸모가 없으니 속히 각서와 의정서 안을 정부에 진달해 주길 바란다고 말하고는 이것으로 이날의 회견을 중단했다.[8]

의정서 안을 교부한 후에도 조선 정부는 전혀 회답을 주지 않았다. 공사가 독촉하고 나서야 7월 27일에 강수관이 내방해서 의정부의 각서를 제시하면서 하나부사 공사의

---

2) 근지(靳持): 마음이 내키지 않아서 결단을 내리지 않고 뒤로 미룸
3) 집체(執滯): 고집, 구애(拘礙)

주장을 반박했다.

덕원(德源)을 처음에는 주저하다가 끝내 허락한 데는 이유가 있습니다. 당초에 오직 4개 군(郡)이 소중한 것만을 말하고 덕원 또한 소중하다는 것을 미처 말하지 못했으니, 양국이 처음 조약을 정할 때 이미 '북도(北道)'라는 중한 말 한 마디가 포함되었습니다. 그러므로 부득이 허락한 것입니다. 그러나 인천의 경우는, 약조에 비록 5개 도(道)를 운운했지만 우리 정부의 답에 양호(兩湖) 중 한 곳만 허락한다고 했으니, 경기를 허락할 수 없음은 바로 사세(事勢)에 따른 것입니다. 공사가 필시 그 뜻을 알고 있을 터인데 이처럼 고집하고 있으니, 이것이 어찌 인호(隣好)의 호의(好誼)겠습니까?

인천의 허다한 난편(難便)함은 전에 이미 다 말했으니 이제 다시 자세히 말할 필요가 없거니와, 이는 가장 인심이 불편한 곳이니 어떻게 할 수 없습니다. 무릇 신령(新令)을 처음 내릴 때는 편하다는 의론과 불편하다는 의론이 모두 있는데, 만약 편한 것을 불편하다고 한다면 그래도 효유(曉諭)하고 조칙(操飭)할 수 있지만, 불편한 것을 불편하다고 한다면 또한 무슨 말로 효유하고 계칙하겠습니까? 설사 그것을 억누르고 허락한들 크고작은 인심이 크게 소동을 일으켜서 끝내는 필시 의외의 근심이 생길 것입니다. 그렇게 된다면 비단 항구가 열리지 않을 뿐만이 아니니, 또한 어찌 양국의 불행이 아니겠습니까? 20개월을 당분간 지연하는 것과 7년의 가약(假約)이 비록 일시변통(一時變通)의 성의(誠意)에서 나왔다고 해도, 그 사이에 과연 양호(兩湖)에서 항구를 선택하면 다행이겠으나, 끝내 적합한 양항(良港)이 전혀 없어서 다시 인천으로 정하겠다고 말한다면, 20개월 후라도 금일과 같고 7년이 지나도 또한 금일과 같으니 그 허락할 수 없음은 그때나 지금이나 마찬가지입니다. 모든 일은 경(經)을 따르고 권(權)에 따라서는 안 되는 법인데, 하물며 이 양국의 대사에 있어서 어찌 경(經)을 버리고 권(權)을 취할 수 있겠습니까? 지금 상호(相好)하는 인방(隣邦)이 강요해서는 안 되는 것을 강요하고 책망해서는 안 되는 것을 책망한다면, 아마도 영원히 우호를 지속하는 호의(好誼)가 아닐 것입니다.[9]

이 각서는 매우 비우호적이라고 할 만했다. 공사는 먼저 이를 지적한 후, 인천을 개항하지 못하는 이유를 인심의 불안에 두는 것에 이해할 수 없다고 논했다. 강수관이 민심이 불편하게 여기는 것을 어찌할 방도가 없다고 하자, "귀국인으로서 귀 정부의 명을 받들지 않는다면 그것은 난민(亂民)이니 처벌 받아 마땅합니다. 만약 귀국이 역정(力征)할 수 없다고 한다면 우리나라가 도와드리겠습니다.(생략)"라고 하여 조선 정부가 민심의 불복에만 중점을 두고 국제간의 신의를 돌아보지 않는 잘못을 통렬히 책망했다. 그리고 "사물의 선악을 분변하지 않고 오직 교교(嗷嗷)[4]하게 정부의 명을 따르지 않는 것은 완민(頑民)[5]입니다. 완민을 통제할 수 없다면 정부는 있어도 없는 것과 마찬가지입니다. 무엇보다 이 글에서 '불편'하다고 하면서 불편한 이유를 서술하지 않았으니 글이 있어도 쓸모가 없습니다. 더구나 '인천으로 충당한다[仁川充之]'는 글자를 싫어해서 그것을 삭제한다면, 다른 곳을 찾지 못했을 경우 찾지 못한 대로 놔둔다고 하는 것에 불과합니다. 귀 정부의 의견이, 이미 열흘이 되었는데도 여전히 서로 통하지 않는 말이 있는 것은 본관이 이해할 수 없는 바입니다."라고 역설했다. 강수관이 그 실언을 질책하자, 공사는 다시 "졸자(拙者)의 이 말을 비단 귀하 뿐만 아니라 귀 정부에도 아뢰고, 팔도(八道) 인민들의 귀에도 들릴 만큼 말하고 싶을 정도입니다. 이는 필경 양국을 위한 일을 생각하는 충심(衷心)에서 나온 의론입니다!"라고 고함쳤다. 강수관도 공사의 폭언에 분격해서 격렬한 문답을 교환했다. 이 다사했던 회견은 강수관이 "인천은 사세(事勢)의 소치(所致)로 끝내 허시(許施)하기 어려우니 이것이 특별히 생각한 방편지책(方便之策)임을 양찰하시오."라는 말을 거듭하는 것으로 마무리됐다.[10]

7월 27일의 회견에서 인천 개항 교섭은 사실상 거의 결렬됐다. 이렇게 된 이상 공사와 강수관 가운데 어느 한 쪽이 경질되지 않으면 국면의 전환은 기대할 수 없었다. 공사는 예조판서 심순택에게 공문을 보내서 직접 교섭을 요구했고, 강수관 또한 체임(遞任)을 신청했다. 그러나 조선 정부는 강수관의 경질이 국가의 위신을 손상하는 것이라고 생각한 듯 강수관 홍우창의 체임을 허락하지 않고, 예조판서에게 직접 교섭 요청을 거절하게 했다. 이 때문에 공사는 어쩔 수 없이 8월 1일에 강수관과 무익한 회견을 다시 할 수밖에 없었다. 그 후 또 예조판서에게 회견을 요구하고, 그것이 다시 거절당하자 문서로 예조판서와 직접 교섭을 개시했다.[11]

하나부사 대리공사의 집요한 추궁과 기전(畿甸) 불개항론이 수호조규 제5관에 위배된다는 주장은 조선 정부에 반성의 기회를 주었다. 조선 정부는 예전에 공사가 제출한 의정서안의 대안을 작성해서 8월 8일에 강수관을 통해 공사에게 전달했다.

---

4) 교교(嗷嗷): 곡성(哭聲). 슬프게 부르짖는 소리
5) 완민(頑民): 완고한 백성이라는 뜻으로 정부의 명에 순종하지 않는 백성을 가리킨다.

인천은 바로 근기(近畿)[6]의 보장중지(保障重地)요, 또 거민(居民)의 풍속이 농업에 익숙해서 상리(商利)를 원치 않으니, 만약 이곳에 항구를 설치한다면 민국(民國)의 일이 모두 불편할 것입니다. 더구나 지난날 공간(公幹)을 다룰 때 공사가 "백성들이 명령을 따르지 않으면 힘을 합쳐서 주벌(誅罰)해야 한다."고 말한 것은 더욱 민심의 소요를 초래할 것이니 의논할 수도 없습니다. 부디 삼남(三南)에서 다시 택정(擇定)하되, 20개월의 기한은 비록 조규의 예를 모방한 것이나 매우 촉급(促急)하고 또 두루 살필 겨를이 없을까 우려되니 7년을 연기해서 삼남(三南)에서 널리 선택하십시오. 설령 호서의 당진(唐津)·면천(沔川)·서산(瑞山) 등지에 정하더라도 윤허가 계시면 항구를 설치할 수 있고, 만약 삼남 지방에 끝내 합당한 곳이 없으면 경기의 교동(喬桐)과 남양(南陽)도 상의가 없지는 않을 것입니다. 하지만 경기 민심은 다른 현과 다르기 때문에 남북의 항구 설치는 한 번에 거론하기 어려우니 항구의 설치 시기는 그때 가서 논의를 정하는 것이 옳습니다.[12]

이 대안에서 주목할 부분은 일본 측의 20개월 연기에 대해 조선 정부에서 7년을 제안하고, 그 사이에 적당한 후보지를 찾지 못할 경우에는 경기 남양부 또는 교동부(喬桐府)를 개방하겠다고 한 점이다. 개항장 후보지로 충청도 아산군·면천군·당진현을 열거하고 있는 것 또한 주목할 필요가 있다.

이미 조선 측에서 의정서 대안을 제시한 이상, 이 대안을 기초로 해서 20개월과 7년, 그리고 인천과 남양 또는 교동에 관해 토의를 해야만 했다. 특히 조선국 정부가 예전에 인천과 마찬가지로 '보장중지(保障重地)'라고 한 남양을 양보한 것은, 조선 정부가 개항 문제로 일본과의 관계 악화를 원치 않았다는 하나의 증거로 볼 수 있다. 그런데 지난 회담 이후로 격분에서 벗어나지 못한 공사와 강수관은 그렇게 상호 양해를 할 기분이 전혀 아니었다. 공사는 7년 연기 제안은 조선 정부에 수호조규를 준수할 성의가 없는 것이라고 규탄하고, 인천을 '보장중지'라는 이유로 거절하는 것 또한 여전히 일본을 원수와 같이 보는 증거라고 단언했다. 이로 인해 강수관이 재차 격분한 것은 말할 것도 없다.

8월 1일·10일·18일·23일에도 몇 차례에 걸쳐서 이러한 종류의 문서 왕복과 의정부의 명에 따른 강수관의 내방이 있었지만 상황은 조금도 진전되지 않아서 7월 23일에 제출한 의정서 대안 같은 것은 거의 거들떠보지도 않는 상황이 됐다.[13]

8월 23일, 강수관과의 무익한 토론을 마친 후 공사는 예조판서 심순택에게 공문을 보

---

6) 근기(近畿): 서울에서 가까운 지방. 경기도

내서 의정부 대신들과 회견을 갖고 인천 개항에 관해 최후의 답변을 얻고자 했다. 예조판서는 26일에 '인천 건에 관해서는 이미 공사의 논의와 강수관의 변해(辨解)를 남김없이 다 했으므로 굳이 접견할 필요가 없다.'고 회답했다. 공사는 28일에 공문을 보내서 예조판서의 무성의를 힐책하고, 이 문제는 일단 보류한 후 본국 정부에 훈령을 청해서 다시 상의하겠다는 뜻을 전했다.

> 본론만 말씀드립니다. 인천 개항 문제를 수개월 동안 상의했지만 뜻이 합치하질 않으니, 본 사신은 우리 정부의 성의가 혹 관철되지 않을 것을 매우 두려워했습니다. 그러므로 귀 정부의 여러 공(公)들과 회동해서 직접 말씀드리고자 했던 것입니다. 이에 합하께 두 차례 의논을 드렸지만, 합하께서는 도리어 "어찌 반드시 만날 것이 있겠는가?"라고 하셨으니 교제의 의리가 장차 어떻겠습니까? 본 사신의 의혹을 끝내 해소할 수 없으니, 오직 우리 정부에 보고하고 회교(回教)를 기다릴 뿐입니다. 이 때문에 알립니다. 아울러 시지(時祉)를 기원합니다.[14]

메이지 12년 6월 18일부터 전후 2개월여에 걸친 교섭은 당초 기대에 크게 미치지 못하고 다시 매우 적은 성과를 얻는 데 그쳤다. 덕원(德源)의 개항은 그전부터 예기된 바였지만, 인천 문제가 분규에 분규를 거듭해서, 마치 불꽃이 튀는 듯했던 경성에서의 70일간의 교섭이 이처럼 암담한 전도를 맞으리라고는 전혀 예상치 못했을 것이다. 하나부사 공사 자신도 인천 개항 교섭의 전도에 관해서는 전혀 자신이 없었기 때문에 경기와 충청 두 도(道)에서 적당한 항만을 얻으면 그것으로 인천을 대신해도 무방하다는 의견을 갖고 있었던 것 같다.

9월 1일, 하나부사 대리공사는 의정부로 가서 영의정 이최응과 좌의정 김병국에게 고별했다. 예조판서 심순택이 왕명을 받들어 상선연(上船宴)을 거행한 것은 전례(前例)와 동일했다. 출발에 즈음해서 공사는 지난번에 인천 대신에 제시된 교동부가 개성에 가까워서 상항(商港)으로서 가치가 있을 것으로 생각하여 그곳을 시찰하고자 했다. 그는 조선 정부의 동의를 얻어, 9월 3일에 조선 선박을 타고 한강을 따라 내려가서 아오키 다카오마루 함장·야마사키 호쇼 함장과 만나 교동과 한강 어귀를 시찰했다. 그 결과 그 지방 일대에 암초가 많고 조류가 격심하며, 게다가 수심이 충분치 않아서 도저히 개항장으로 만들 여지가 없음을 확인할 수 있었다. 9월 8일, 공사 일행은 인천에 도착해서 다카오마루에 탑승한 후, 호쇼함과 함께 출항해서 나가사키로 향했다.[15]

메이지 13년 4월 17일, 일본 정부는 대리공사 하나부사 요시모토를 변리공사에 임명해서 조선 주차를 명하고, 현안인 공사의 경성 상주 및 인천 개항 등의 교섭을 맡기기로 했다. 그런데 같은 해 8월 수신사 김홍집의 내조(來朝)로 인해 공사의 부임은 크게 지연되어 메이지 13년 11월 24일이 돼서야 이노우에 외무경의 훈령이 부여됐다. 그 가운데 개항과 관련된 부분은 다음과 같다.[16]

하나, 조선국 경성 근방에서 개방할 만한 항구는 인천만을 제외하고 다른 곳에서 구할 수 없고, 또 예정 기한을 넘긴 지 이미 3년이 다 되어가므로 다시 지연할 수 없는 이치를 알려서 그 개항을 의정하되, 단 부득이한 사정이 있어서 연기하더라도 지금부터 2년을 넘겨서는 안 된다. 덧붙이자면, 저 정부는 남양을 개항장으로 삼자는 의론을 제안했다. 종래의 경험에 따르면 사용하기에 부족함이 분명하나, 더욱 상세히 탐지한 후 인천과 비교하여 적절히 취사하는 것도 가능하다.

하나, 한성에 공사관을 설립하는 것은 저들이 매우 기피해서 메이지 9년에 우리 이사관이 수호조규부록을 협의할 때 일단 논의를 꺼냈다가 중지하기는 했지만, 도저히 그만둘 수 없는 일이니 금년에 다시 제기해서 지조(地租)를 정하여 지기(地基)를 임차하거나, 가조(家租)를 정해서 가옥을 임차하거나 양단간에 담판하라. 다만 인천 개항을 의결하는 동안 수년간 공사도 그곳에 주류(駐留)할 수 있다. 그러므로 이 건은 인천 개항 건과 연관지어서 시의(時宜)에 맞게 그 시기를 정하라.[17]

하나부사 변리공사는 수행원으로 해군 대군의(大軍醫) 마에다 아오노리(前田淸則), 육군소위 호리모토 레조(堀本禮造), 외무오등속 이시바타 사다, 외무칠등속 아라카와 도쿠지, 외무성 준판임어용괘(准判任御用掛) 오바 나가나리(大庭永成) 등을 거느리고 메이지 13년 11월 24일에 도쿄를 출발, 군함 아마기(天城)[함장 해군소좌 다키노 나오토시(瀧野直俊)]를 타고 12월 5일에 부산에 도착했다. 그리고 13일에 인천에 상륙한 후 12월 17일에 경성 관소 청수관(淸水館)에 들어갔다.[18]

하나부사 공사의 첫 번째 임무는 국서 봉정(國書奉呈)이었다. 국서에 관해서는 종래의 사정도 있어서 어려움이 예상되었지만, 공사는 예조판서 윤자승과 회견하여 의례를 협정한 후 12월 27일에 창덕궁 중희당(重熙堂)에서 이태왕(李太王)을 알현하고 국서를 봉정했다. 공사주차 문제는 국서 봉정과 동시에 자연스럽게 해결되어 메이지 9년 이래의 현안이 이때 해결됐다.[19]

국왕 알현과 국서 봉정은 의외로 원활하게 진척됐지만, 사실 조선 정부 내에서는 국서 봉정과 인천 개항에 관해 논의가 대립하고 있었다. 이 때문에 중임을 맡아야 할 예조판서에 취임하려는 사람이 없어서 한 달 사이에 예조판서 자리가 윤자승으로부터 김병시와 조영하를 거쳐 다시 윤자승에게 돌아갔고, 강수관 또한 이 국면을 담당할 사람이 없어서 결국 예조참판 김홍집을 겸차(兼差)하는 상황이었다고 한다.[20]

메이지 13년 12월 31일, 하나부사 변리공사는 예조판서 윤자승에게 공문을 보내서, 본국 정부의 훈령에 따라 인천 개항에 관한 회담을 요청했다. 예조판서는 강수관에게 교섭을 명하겠다고 회답했다. 신년(新年) 삼일(三日)을 마치고 메이지 14년 1월 4일(경진년 12월 3일)에 강수관 김홍집이 관소로 하나부사 공사를 방문했다. 인천 개항에 관한 최후의 회담이 열렸다. 먼저 공사가 인천 개항을 요구하는 이유를 말했다. "인천 개항에 관해 귀 정부에서 제시한 이론(異論)의 취지는 우리 정부에 자세히 보고해서 평의(評議)를 마쳤지만, 우리 해군의 소견으로도, 졸자(拙者)가 보기에도 남양과 교동은 모두 사용하기에 적합하지 않고, 그 밖에 경기에 적의(適宜)한 항구가 없습니다. 만약 남양에 우리가 아직 모르는 해만(海灣)이 있어서 조선 정부가 지시한다면 다시 그 실황을 탐측해서 적부(適否)를 정하겠지만, 그렇지 않다면 인천 말고는 달리 개항할 만한 곳이 없으니 오직 인천을 개항하는 데 지장이 없도록 숙의(熟議)하라는 명을 받았습니다. 인천을 개항하면 이익이 있을 뿐, 손해가 없다는 등의 말은 작년에 본사(本使)가 이미 다 논했으므로 지금 또 그것을 중언부언할 필요가 없습니다. 이제부터는 귀 정부에서 숙고해서, 속히 동의한다는 대답을 얻어 국면을 마무리 짓고자 합니다. 병자년에 체약(締約)한 이래로 벌써 6년이 되었는데 아직도 개항을 결정짓지 못했으니 통탄할 일이 아니겠습니까?" 강수관은 '조선 정부로서는 양호(兩湖) 또는 남양·교동 중에서 개항할 것을 기대했는데 지금 또 인천을 고집하는 것은 뜻밖이지만, 사안이 중대하므로 의정부에 품신(稟申)해서 회답하겠다.'고 답했다. 이윽고 1월 8일에 강수관이 내방해서, 인천 개항은 대다수의 의론이 반대하는 것으로 일치하여 수락할 수 없다는 말을 전했다. 공사는 극동의 형세를 설명하면서 조선 당국의 재고를 간곡히 촉구했는데, 강수관도 공사의 호의를 양해해서 재고하기로 약속했다.[21]

메이지 14년 1월 24일, 강수관이 공사를 내방해서 정부의 논의가 대번에 결정되기는 어렵다고 하면서 진사(陳謝)[7)]했다. 그러면서 예전에 전 강수관 홍우창이 제의한 7년을 단축해서 5년간 개항을 연기하고, 공사가 당분간 해당 개항장에 재류(在留)하는 것을 조건으로 인천을 개항할 의사가 있음을 암시했다. 공사도 강수관의 고충을 양해해서, 개항을 15개월 연기하고, 공사관을 경성과 인천 두 곳에 설치해서 당분간 인천에 거주하다가 용무가 있으면 언제든지 경성 공사관에 출장하는 조건으로 수락했다. 그러나 강수관은 15개월은 지나치게 이르다고 보고, 차비역관 전판찰관(前辦察官) 현석운에게 명해서 3년간, 적어도 30개월 동안 개항 연기를 간청하게 했다. 공사는 20개월 연기를 승낙하고, 통역관 아라카와 칠등속을 강수관에게 보내서 이것이 최후의 양보임을 경고하게 했다. 이 자리에서 강수관은 은밀히 조선 조정 내부의 정세를 알리면서 인천 개항론이 점차 세력을 얻어 근래에는 염려할 것이 없는 상태라고 말하고, 이 말을 공사에게 전하게 했다고 한다.[22]

  1월 28일(경진년 12월 29일), 강수관은 하나부사 공사를 방문한 자리에서 먼저 인천 개항 논의가 확정됐음을 전했다. "이제 정부의 처분을 받으니, '우리나라 사세로 볼 때 인천에 항구를 설치하는 것은 애초에 생각할 수도 없었다. 그러므로 작년에 허락을 주저한 것인데, 인국(隣國)에서 양해를 얻지 못한 데다가 심지어 전사(專使)[8]가 고청(固請)[9]했으니 참으로 뜻밖이었다. 선린(善隣)을 생각해서 경권(經權)을 참작하여 부득이 허시(許施)하는 것이로되, 항구 설치는 몇 년간 연기해야 민심을 안정시키고 사력(事力)을 펼수 있을 것이니 이것으로 협정하라'는 뜻으로 전교가 있었습니다." 공사는 강수관의 말을 듣고, "여러 해 동안 미결 상태에 있던 인천 개항이 오늘로서 완전히 타결된 것은 무엇보다 양국의 큰 경사입니다. 우리 정부에 이 소식을 보고하면 주상을 위시해서 모두 기뻐하실 것입니다."라고 경하의 말을 건넸으나, 수년간 연기하는 것에는 동의를 표하지 않고 15개월, 길어도 20개월을 고집하면서 승낙하지 않았다. 강수관은 15개월로는 정부에 복명할 수 없다고 생각해서 공사에게 간절히 재고를 청했지만 공사는 응하지 않고, 만약 개항 경비 지출에 어려움이 있으면 일본 정부에서 그 비용을 대주고 몇 년 후에 상환하는 것도 가능하다는 뜻을 역설했다. 강수관은, 경비 문제는 아마도 우려할 만한 것이 못 되지만, 오직 조선 정부의 명령이 수년간 연기에 있었으며 이는 15개월 내지 20개월과 매우 큰 차이가 있음을 지적했다. 그리고는 이제 마침 세모를 맞이했으니 그 회답 기일을 며칠간 연기해줄 것을 청했다. 공사는 "신년을 맞이해서 토지만이라도 정한

---

7) 진사(陳謝): 이유를 말하면서 사과함
8) 전사(專使): 특정한 사안을 위해서 파견하는 사자
9) 고청(固請): 굳이 청함

것은 우선 상호간에 경하할 만한 일입니다. 합하 두 분[강수관 및 전판찰관 숭록(崇祿) 현석운]께서도 매우 고생스러우실 것입니다."라고 말하고 이날의 회견을 마쳤다.[23]

그 후 열흘이 지나도 조선 정부의 회답이 오지 않자, 공사는 2월 18일에 강수관을 방문해서 질의했다. 강수관은 '정부 내부에 이론(異論)이 많아서 급히 개항을 결정하기 어렵다. 그 주된 이유는 만약 인천을 개항한다면 가장 먼저 유출될 것은 미곡이니, 이 때문에 경성의 쌀값이 등귀해서 세민(細民)의 폭동을 야기할 것을 우려하기 때문이다. 그러므로 인천은 개항하더라도 방곡령(防穀令)을 반포하고, 또 부산에도 적용하는 것을 수락한다면 인천 개항 건은 비교적 어려움이 없을 것이다.'라고 설명했다. 강수관의 말을 양해한 공사는 인천에 한해서 방곡령 선포를 승낙하고, 다시 인천 개항을 독촉했다. 며칠후인 2월 28일에 강수관은 조선 정부의 명에 따라 20개월 후에 인천 개항을 수락한다는 뜻을 성명했다. 공사는 20개월의 의미에 주의해서, 금년 2월부터 20개월, 즉 메이지 15년 9월을 개항 시기로 정해야 한다고 했다. 이것으로 7년에 걸친 개항 문제도 마침내 해결되었다. 이와 관련해서 메이지 14년 2월 28일자 하나부사 변리공사 보고의 뒷부분에 다음과 같이 기록되어 있다.

상기 인천은 경성으로부터 거리가 7리요, 영종도와 마주하고 한구(漢口)○강(江)의 오기의 하류에 위치한 곳으로, 몇 개의 포대를 축조해서 막중한 요지라고 불리고, 타인이 들어오는 것을 매우 꺼리기 때문에 크게 병위(兵威)를 과시하지 않으면 개항은 용이하게 결정되지 않을 것이라고 고심하였는데, 오직 온언유액(溫言誘掖)[10]의 방도로 회담을 시작한 지 두 달 만에 국면을 매듭지은 것은 비록 시세(時勢)가 그렇게 만들었다고 해도, 생각건대 우리 황상(皇上)의 유원(柔遠)의 위령(威靈)과 묘당(廟堂)의 포용의 후의가 철저한 것에 연유하지 않았다면 어찌이처럼 용이하게 됐겠습니까? 이 일은 각하○이노우에 외무경께는 강화체약(江華締約)의 대국(大局)을 매듭지은 것으로, 요시모토도 그 여업(餘業)에 참여할 수 있었다고 할 것입니다.○하략[24]

이미 인천 개항이 확정된 이상 원산의 전례에 따라 거류지 설정 및 유보지역(遊步地域)을 협정해야 했지만, 공사는 원산의 예에 따르지 않고 모두 실측을 거친 다음에 확장하고자 측량함의 파견을 신청했다. 그런데 측량함의 회항이 지연되는 사이에 조선 조정의 정세가 일변해서 강수관 예조참판 김홍집 또한 면직됐으므로 공사는 교섭을 서두르

---

10) 온언유액(溫言誘掖): 온언(溫言)은 따뜻한 말, 유액(誘掖)은 남을 인도해서 돕는다는 뜻이다.

는 것을 불리하다고 보고, 인천 개항에 관한 공문만 예조판서와 교환하고 세목(細目)의 협정은 훗날을 기약하기로 했다. 공사는 메이지 14년 6월 3일에 귀조(歸朝)했다.

인천 개항은 금년 2월부터 계산해서 그 시기를 20개월 후로 하는 것으로 예전에 강수관과 의정했습니다. 거류 지기(地基), 부두 위치, 해관 예규 등 일체의 사의(事宜)는 양국이 위원에게 명하여 개항 시기 전에 회동, 상의해서 거행을 편하게 해야 할 것입니다. 이 때문에 글을 보냅니다.

메이지 14년 6월 8일

변리공사 하나부사 요시모토(印)

예조판서 홍우창 합하

인천 개항을 이미 강수관이 의정했으니, 위치와 예규 또한 그 시기가 되면 강확(講確)해서 타당하게 귀결되도록 힘쓸 것입니다. 부디 양촉(諒燭)하십시오. 전 예조판서가 지금 체임(遞任)되어 다만 이것으로만 아룁니다. 부디 가시는 길에 가호가 있길 바랍니다.

신사(辛巳) 오월(五月) 일(日)

예조판서 심순택(印)

변리공사 하나부사 요시모토 합하[25]

메이지 15년 5월, 하나부사 변리공사는 경성 주차(駐箚)의 명을 받고 조선에 도항했다. 당시 공사는 인천 개항 세칙을 협의해야 했다. 그런데 공사가 수년 동안 현안이었던 일한통상장정의 교섭에 시일을 허비하느라 인천 개항 문제를 미처 다루지 못하던 중 같은 해 7월 23일에 불행한 병변(兵變)[11]이 발발해서 난을 피해 귀조(歸朝)하지 않을 수 없었다. 그 후 공사는 8월 상순에 다시 경성으로 갔지만 난 이후의 선후책을 강구하는 데 분주해서 인천 개항 문제를 다룰 겨를이 없었다. 단, 이 정변의 선후책 중에서 주의해야 할 것은 메이지 15년 8월 30일에 체결된 수호조규속약 제1관이다.

원산·부산·인천 각 항의 한행리정(間行里程)은 금후로 사방 각 50리로^{조선 이법(里法)} 확대하고, 2년 후에^{조약 비준일로부터 계산해서 한 해가 다 지나는 것이 1년이 된다.} 다시 각 100리로 한다. 지금부터 1년 후에 양화진을 개시장(開市場)으로 한다.[26]

---

11) 이른바 임오군란(壬午軍亂)을 가리킨다. 본서 제16장 참조

이것으로 다년간 일본이 주장해 온 유보지역(遊步地域) 10방리(邦里)[100한리(韓里)]가 확정되고, 아울러 경성의 외항(外港) 양화진이 개방됐다(후에 용산으로 양화진을 대신했다.). 그렇지만 인천 개항과 관련해서는 그 기한인 메이지 15년 9월이 되도록 영사 겸 외무서기관 곤도 신스케에게 인천 주재를 명하였을 뿐, 어떠한 시설도 만들어지지 않았다. 같은 해 12월 19일에 외무경 이노우에 가오루가 「메이지 16년 1월 1일 이후 인천 개항 포고의 건」을 태정대신 산조 사네토미에게 신청하고, 28일에 태정대신과 외무경의 연서(連署)로 "수호조규 제5관의 취지에 따라 양국 인민의 통상을 위해 조선국에서 개항할 2개 항구 가운데 경기도 인천을 개항하게 되었으니 메이지 16년 1월 이후로 해당 항구에 도항(渡航)하고 통상할 수 있다."고 포고할 정도였다.[27]

이보다 앞서 메이지 15년 11월 6일에 변리공사 하나부사 요시모토를 외무성 삼등출사[칙임(勅任)]로 전임하고, 외무대서기관 다케조에 신이치로를 변리공사에 임명해서 조선 주차(駐箚)를 명했다. 다케조에 공사는 인천 개항 세목(細目)의 협정을 급선무로 보고, 같은 해 12월 5일에 이노우에 외무경에게 상신했다. 그 요점은 첫째, 인천 부두 및 암벽 공사는 긴급하고 불가결하니 조선 정부를 독촉해서 급히 실시하게 해야 하지만, 만약 저 정부가 그 경비 약 3만 엔을 지출할 능력이 없을 경우에는 일본 정부에서 임시 대부할 것. 둘째, 거류지 지조(地租)는, 부산·원산은 매년 은(銀) 50엔인데 이는 부당한 염가이므로 합당한 가격으로 인상할 것. 또 거류지 대하(貸下)의 경우, 종전의 선원(先願)에 따른 무상 대부는 중개업자의 활동을 초래해서 그 폐해가 적지 않았으므로 모두 경쟁 입찰제를 쓸 것. 셋째, 인천 거류지에 외국인의 잡거(雜居)를 허용할 것의 3개 조였다.

이노우에 외무경은 다케조에 공사의 상신에 기초해서 메이지 15년 12월 22일에 인천 개항 방침에 관해 다음과 같은 훈령을 하달했다.

제 1 조   건축 사업은 조선 정부가 스스로 급히 시행할 수 없는 경우, 점차 착수하게 함.
제 2 조   거류지 지조(地租)는 저 나라 정부와 협의하여 합당하게 정한 후, 부산·원산 두 항구의 전례에 따라 영사관에서 저 나라 정부에 전달하기로 하며, 토지는 우리 영사관에서 다시 거류지 인민에게 대부함.○중략
제 3 조   잡거(雜居)를 불허하는 쪽으로 결정할 것.[28]

다케조에 변리공사는 메이지 16년 1월 7일에 경성에 부임해서 같은 달 10일에 국왕

을 알현하고 국서를 봉정했다. 그리고 독판교섭통상사무 조영하에게 인천 개항 세목의 협정을 제의하고, 1월 27일(계미년 12월 그믐)까지 양국 관리가 입회한 가운데 인천 거류 지의 경계를 정하기로 약속했지만 실행되지 않고, 공사의 독책(督責)이 있고 나서야 겨 우 2월 17일부터 개시하기로 결정하는 데 그쳤다. 또한 공사는 일한통상장정의 체결을 급무로 간주해서 우선 여기에 전력을 쏟았다. 이 때문에 인천 거류지의 구획은 점차 지 연되어 메이지 16년 9월 30일(계미년 8월 30일)에 이르러서야 다케조에 변리공사와 독판 교섭통상사무 민영목 간에 「인천구조계약조(仁川口租界約條)」가 체결됐던 것이다. 이 조 약은 10개 조로 구성되었는데, 그 중에서 주의를 요하는 부분은 다음과 같다.

하나, 인천항에 일본 상민(商民)을 위해 전관거류지(專管居留地)를 설정하되, 몇 년 후에 그 것이 협애(狹隘)함을 통고하면 조선국 정부는 일본국 공사의 요구에 따라 확장할 의무 를 진다. 또 일본국 상민은 그 밖의 여타 외국인 거류지에도 거주할 수 있다.

둘, 거류지 내의 도로·구거(溝渠)[12]·교량·부두·암벽은 조선국 정부에서 공사 책임을 진 다. 그 방법에 관해서는, 조선국 감리관(監理官)은 일본국 영사와 협의해야 한다.

셋, 거류지 내 토지 대하(貸下)는 경쟁입찰제에 따른다.

넷, 지조(地租)는 3등급으로 구분해서 평방 2미터당 한전(韓錢) 20문(文) 내지 40문으로 한다. 지조의 3분의 1은 조선국 정부에 납부하며, 3분의 2는 공동 적립금으로 해서 감 리청(監理廳)에 보관했다가 거류지의 도로·구거(溝渠)·교량·가등(街燈) 등의 설치 및 수리, 기타 거류지에 관한 사업 경비에 충당한다.

다섯, 대하지(貸下地)의 경락자(競落者)[13]에게는 감리관이 지권(地券)을 교부한다. 그 수수 료는 한전(韓錢) 1,000문(文)으로 정한다.[29]

메이지 14년 2월 28일에 인천 개항 협정이 성립되고 정확히 30개월 후, 인천은 이로 써 명실상부한 개항장으로 완성되었다.

---

12) 구거(溝渠): 도랑, 수로
13) 경락(競落): 경매를 통해 동산 및 부동산의 소유를 취득하는 것. 매각(賣却)

【원주】

1　明治十二年在朝鮮國公使館來翰拔萃.

2　在朝鮮國公使館來翰拔萃;『倭使日記』卷一二 己卯年五月一日.

3　『倭使日記』卷一二 己卯年五月一日.

4　在朝鮮國公使館來翰拔萃;『倭使日記』卷一二 己卯年五月四日.

5　『倭使日記』卷一二 己卯年五月三日·五日·六日.

6　在朝鮮國公使館來翰拔萃;『倭使日記』卷一二 己卯年五月十五日·十八日·二十三日·二十五日.

7　在朝鮮國公使館來翰拔萃;『倭使日記』卷一二 己卯年五月二十八日;『同文彙考』附編續 通商.

8　『倭使日記』卷一二 己卯年五月二十八日.

9　『倭使日記』卷一二 己卯年六月九日.

10　在朝鮮國公使館來翰拔萃, 또한『倭使日記』卷一二 己卯年六月九日條에서는 이 회견의 전말을 다음과 같이 기록하고 있다.(彼는 하나부사 대리공사, 我는 강수관을 가리킨다.)

　　　彼曰: 이는 과연 항구의 설치를 원하지 않는 것이니, 그러므로 애초에 포유(布諭)하지 않았던 것이다. 그런데도 만약 민심이 복종하지 않는다고 한다면, 세상에 어찌 조령(朝令)을 따르지 않는 인민이 있겠는가? 완고히 거절하는 자가 있다면 주벌(誅罰)을 내리지 않을 수 없다. 귀국이 만약 힘이 약하다면 양국이 힘을 합쳐서 주벌해야 한다. 또 귀 정부가 인민을 제어할 수 없다면, 인국(隣國)이 어찌 귀 정부와 논쟁하려고 하겠는가?

　　　我 正色曰:『書經』에 이르길, '백성은 나라의 근본[民惟邦本]'이라고 하고, 또 '친애할 만한 것은 백성이 아니며, 두려워할 만한 것은 백성이 아니겠는가[可愛非民 可畏非民]?'(『書經』大禹謨의 원문은 '可愛非君 可畏非民'이다.)라고 했으니, 백성이라는 것은 힘으로 제어할 수 없는 것이다. 나라를 다스리는 정사에서 어찌 불편하고 순종하지 않는다고 하여 주벌을 가할 수 있겠는가? 이는 옛 전적(典籍)에서 들어본 적이 없는 말이니, 어디에 이웃나라의 힘을 빌려서 무고한 백성을 주벌한 일이 있는가? 천리(天理)가 어그러지고 인사(人事)가 사라질 것이다. '백성을 제어하지 못하는 정부와는 일을 논하길 원치 않는다.'라고 운운한 것은, 지극히 망패(妄悖)하다. 언사가 포만(逋慢: 태만하고 불경함)한 것이 어찌 이러한 지경에 이르렀는가? 입으로는 수호를 말하면서 번번이 악언(惡言)을 내뱉고 있으니, 나는 그런 말을 듣고 오래 이 자리에 앉아서 왈가왈부할 수 없다.

　　　彼曰: 내 말에 기탄하는 바가 없는 것은, 귀국 조야에 전달해서 변해(辨解: 시비를 변별하고 이해함)를 하려고 하기 때문이다. 그러니 어찌 한갓 온화하고 순한 말만 하면서 양국 사이의 화사(貨事)를 다시 분변하지 않겠는가? 양국이 우의(友誼)로써 교제하니, 책선(責善: 벗 사이에 옳은 일을 하도록 서로 권함)의 도리가 어찌 이와 같지 않을 수 있겠는가?

　　　我曰: 패설(悖說)로 사업을 이룬 경우는 들어본 일이 없다. 그런데도 한갓 책선(責善)만을 알고 강호(講好: 우호를 강구함)를 생각하지 않으니, 어찌 우의라고 할 수 있겠는가? 인천 개항의 사안은 허시(許施)할 수 없으니, 부디 양호(兩湖)에서 선택해서 정하길 바란다. (상략, 하략)

11　在朝鮮國公使館來翰拔萃;『倭使日記』卷一二 己卯年六月.

12　『倭使日記』卷一二 己巳年六月二十一日;『同文彙考』附編續 通商.

13　在朝鮮國公使館來翰拔萃;『倭使日記』卷一二 己卯年六月·七月.

14　『倭使日記』卷一三 己卯年七月十一日.

15 在朝鮮國公使館來翰拔萃;『善隣始末』卷四;『倭使日記』卷一三 己卯年七月.

16 『善隣始末』卷五;『百官履歷』卷下 400쪽;『子爵花房義質君事略』115~118쪽.

17 明治十三年十一月二十四日花房辨理公使宛井上外務卿訓令.

18 『善隣始末』卷五;『倭使日記』卷一四 庚辰年十一月.

19 明治十三・十四年辨理公使朝鮮事務撮要 國書奉呈;『倭使日記』卷一四 庚辰年十一月二十一日~二十六日.

20 辨理公使朝鮮事務撮要 判書遞代.

21 自明治十四年至同十五年朝鮮國仁川開港一件;『倭使日記』卷一四 庚辰年十二月五日・九日.

22 朝鮮國仁川開港一件;『倭使日記』卷一四 庚辰年十二月十五日・二十五日.

23 朝鮮國仁川開港一件;『倭使日記』卷一四 庚辰年十二月二十九日.

24 朝鮮國仁川開港一件.

25 朝鮮國仁川開港一件;『善隣始末』卷五;『同文彙考』附編續 通商.

26 『善隣始末』卷六;『韓國條約類纂』89~90쪽.

27 朝鮮國仁川開港一件.

28 『善隣始末』卷六.

29 『善隣始末』卷七;『韓國條約類纂』642~648쪽.

신사(辛巳) 위정척사론,
국왕과 척족의
혁신 정책과 그 반동

신사(辛巳) 위정척사론,
국왕과 척족의 혁신 정책과 그 반동

　　이태왕(李太王)의 갑자년(甲子年) 즉위[1] 이래 10년간 흥선대원군 이하응이 채택했던 준열(峻烈)한 척사(斥邪)정책은 강린(强隣) 일본과의 충돌로까지 파급될 것처럼 보였다. 이 때문에 마침내 종주국인 청국의 총리아문과 북양대신 직예총독 이홍장에게 계칙(戒飭)을 받은 것은 제1편과 2편에서 상세히 서술한 바와 같다. 전부터 대원군의 세도정치에 큰 불만과 불안을 느꼈던, 명성왕후를 중심으로 하는 척족 민씨와 조씨는 척사정책의 완화, 특히 대일정책의 갱신을 대원군 정권 타도의 한 가지 이유로 내세웠다. 그리하여 대원군의 실각 이후 일한관계의 위기를 피할 수 있었으며, 마침내 메이지 9년 2월 일한수호조규의 체결이 이뤄져서 조선은 쇄국 은둔의 상태에서 벗어나 근대국가의 반열에 들게 됐다.

　　이미 개국을 단행한 이상, 조선의 양반들이 아무리 혐오하더라도 구미 문화의 침투를 피할 수는 없었다. 메이지 9년 2월에 일본 전권변리대신이 우세한 해군 부대를 이끌고 강화부에 도착하자 조선의 양반들은 구미식 병기 및 함선의 가공할 만한 성능과 구미식으로 훈련된 일본 군대(해병대)의 정예로움을 인식했고, 게다가 전권변리대신과의 회견 자리에서는 샴페인 등 양주의 훌륭한 맛까지 보았다. 접견대관 신헌은 구로다, 이노우에 두 전권과 그 수행원들로부터 청취한 것과 직접 견문한 것에 의거해서 국왕에게 최근에 이뤄진 일본의 문명개화를 설명하고 조선도 부국강병의 방법을 강구해야 한다고 아뢰었다.

　　신헌의 말은 국왕과 척족에게 깊은 인상을 주었다. 국왕은 즉시 일본에서 우수한 신식 병기와 농기구, 그리고 그 밖의 기계를 수입해서 일약 부국강병을 실현하고자 했다.

　　하지만 일본 정부의 관료들은 조선국왕과 척신(戚臣)들이 이처럼 혁신적 의견을 가진

---

1)　고종의 즉위년은 계해년(癸亥年)이며, 갑자년(甲子年)은 고종 원년에 해당한다.

사실을 쉽게 상상할 수 없었다. 또 한편으로는 조선 국내의 곤란한 정세가 국왕과 척족을 크게 제약했다. 수호조규가 체결된 후 일본 공사의 수도 주차(駐箚)와 인천부 제물포의 개항에 5년이 소비된 것이 그 일례다. 국왕과 척신들은 일본 정부의 원조와 협력을 통해 적어도 군대와 농업의 근대화를 기도했지만 그 계기를 구할 수 없었다. 제1차 수신사 김기수는 이러한 종류의 임무에 적합하지 않았고, 메이지 9년 7월에 경성에 도착한 이사관 미야모토 오카즈 또한 준비가 되어 있지 않았다. 메이지 10년 11월 이후로 여러 차례에 걸쳐 장기간 경성에 체재했던 변리공사 하나부사 요시모토도 양국의 제휴를 위해 묘당의 유력자에게 접근하는 데 매우 큰 어려움을 느꼈다.

조선 내정의 혁신을 목적으로 하는 일한 양국의 협력이, 양국의 직접 교섭보다는 제3국을 매개로 하는 편이 유리하다는 것이 점차 인식된 것은 메이지 13년 이후의 일이었다. 그 해 미국 정부는 지난 메이지 4년 4월의 실패를 돌아보고 외교적 수단을 통한 한미 국교 개시를 계획했다. 그리고 곧이어 해군대장 로버트 슈펠트를 특파사절로 임명해서 군함 타이콘데로가(Ticonderoga)로 파견했다. 슈펠트 대장은 메이지 13년 5월 14일(경진년 4월 6일)에 부산에 입항해서 일본 영사 곤도 신스케의 소개를 통해 국서를 제출하려고 했지만, 동래부사 심동신(沈東臣)은 정부의 명으로 수리를 거절했다. 그 이유는 국서의 겉봉에 '대고려국왕어람(大高麗國王御覽)'이라는 문자가 있다는 것이었다. 즉, '고려는 승국(勝國)[2]의 국호로 현재의 국호와 다르며, 또 어람(御覽)이라는 문자는 부적당해서 지존(至尊)에게 정납(呈納)할 수 없다. 합중국 사신이 만약 조선국에 통서(通書)할 필요가 있으면 동래부사 또는 예조 앞으로 제출해야 한다. 이러한 뜻을 저 나라 사신에게 해유(解諭)해 주길 바란다.'는 것이었다.[1] 그런데 곤도 영사의 설명이 불충분했는지 슈펠트 해군대장은 이를 단순히 국서를 물리친 것으로 이해하고, 나가사키로 귀항해서 주일 합중국 특명전권공사 존 빙엄(John A. Bingham)에게 급보를 보냈다. 이에 공사가 외무경 이노우에 가오루에게 중개를 간청했으므로 외무경은 귀조 중이던 변리공사 하나부사 요시모토와 협의를 거쳐 미국 공사의 요청에 응하기로 하고, 메이지 13년 5월 29일(경진년 4월 21일)에 미국 국서에 첨부한 형태로 조선 예조판서에게 외무경 및 변리공사 명의의 서계를 보내서 쇄국을 유지해서는 안 되는 이유를 논하고 합중국 정부의 요청을 수락할 것을 권고했다.

---

2) 승국(勝國): 멸망 당한 국가라는 뜻으로, 전대(前代)의 왕조를 의미한다. 여기서는 고려를 뜻한다.

우내(宇內)의 대세가 옛날과 다르니, 금일에 쇄국을 행할 수 없음은 우리나라가 경험해서 알고 있습니다. 우리나라만이 아니요, 청국 또한 마찬가지입니다. 이제 귀국을 위해서 생각하건대, 유원지심(柔遠之心)으로 저들의 청을 들어주는 것만 못하니, 충서(忠恕)로 행하고 공도(公道)로 요구한다면, 외모(外侮)를 막아서 자주지권(自主之權)을 굳게 하는 방도가 여기 있을 것입니다. 만약 그렇게 하지 않아서 변흔(邊釁)[3]을 연다면 그 피해를 이루 다 말할 수 없을 것이니 크게 국가의 복이 아닙니다. 우리나라는 본래 귀국의 정략(政略)에 간섭하는 나라가 아니나, 외교정사(外交情事)[4]를 직접 경험한 것이 이미 오래되었고, 또 가까이 청국의 지난 일들에 징험해 보건대 느끼는 바가 없지 않습니다. 그러므로 속마음을 알리는 것이니 부디 괴이하게 여기지 마십시오. ○상, 하략2

조선 정부로서는 지난번에 곤도 부산 주재 영사에게 했던 설명을 거듭하면서 이노우에 외무경의 권고를 완곡하게 사절하지 않을 수 없었다. 그런데 이와 동시에 제2차 수신사 파견의 논의가 일어났다. 병자년의 제1차 수신사는 일본국 전권변리대신의 내한에 대한 답례의 의미를 가진 것이었는데, 그 뒤로 몇 차례나 미야모토 이사관과 하나부사 공사가 내한했으므로 그 답례의 의미도 있고, 또 이 기회에 수신사를 파견해서 국왕의 이른바 '물정상탐(物情詳探)'의 목적을 달성하려고 했던 것으로 보인다.[3] 하지만 이번 수신사 파견에는 명분이 없다는 의견이 매우 많았고, 수차례에 걸친 수신사 파견으로 인해 반전(盤纏)[5]이 막대하게 소요되어 결국 국력이 지탱하지 못할 것을 우려하는 사람들도 적지 않았다. 영중추부사 이유원도 그 중 한 사람으로서 김홍집에게 준 송별시에서 이를 풍자하기도 했지만, 국왕과 척족 모두 이러한 의견에 따르지 않았다.[4]

수신사 예조참의 김홍집은 메이지 13년 7월 5일(경진년 5월 28일)에 사폐(辭陛)하고, 7월 31일에 부산발 협동사(協同社) 기선 지도세마루(千歲丸)에 탑승해서 8월 11일에 도쿄에 도착했다. 일본 정부는 특별히 변리공사 하나부사 요시모토를 반접위원에 임명하고, 외무경 이노우에 가오루와 외무대보 우에노 가게노리에게 교섭을 맡겼다. 수신사는 통상조약 체결에 관해 일본 외무당국의 의향을 탐지하라는 내명을 받은 것 말고는 병자년 수신사의 임무와 조금도 다르지 않았지만, 그를 맞이하는 일본 외무당국의 태도에는 매우 큰 차이가 있었다. 이노우에 외무경은 하나부사 변리공사와 함께 흉금을 터놓고 개

---

3) 변흔(邊釁): 국경에서 발생하는 분쟁
4) 정사(情事): 사실(事實), 정황(情況)
5) 반전(盤纏): 여행에 소요되는 비용

국과 쇄국의 득실을 논하고, 자기의 경험에 비춰서 쇄국이 이론상, 그리고 사실상 오래 유지될 수 없는 이유를 거듭 역설했다.[5]

우리나라 또한 15년 전의 경상(景象)은 지금 귀국과 다르지 않았습니다. 저는 그때 야마구치(山口) 현에 있었는데 바로 폐관절약(閉關絶約)의 논의를 극력 주장하였습니다. 그런데 어찌 국세(國勢)가 날로 약해지는 것을 보고 충분(忠憤)을 억누를 수 있겠습니까? 이에 목숨을 아끼지 않고 금령을 범하면서까지 탈출해서, 외국에 가서 천하대세를 깊이 살피고 눈으로 직접 각국의 병계(兵械)를 보았습니다. 그리고는 환하게 깨닫고 조정에 돌아와 아뢰어서 바로 오늘날의 일을 이룰 수 있었습니다. 감히 스스로 공을 세웠다고 생각하는 것은 아니나, 귀국을 위해 한번 말씀드립니다. 우리나라의 병계(兵械)가 비록 서양만 못하지만, 그 제조한 것이 매우 많습니다. 어찌 다른 나라 사람과 전쟁하기를 좋아하는 사람이 있겠습니까? 참으로 동양의 나라들이 오랫동안 쇠약해서 떨쳐 일어나지 못하는 까닭에 그렇게 하는 것입니다. 제가 대사(大使)께○수신사 상람(賞覽)을 권하는 것은 자랑하기 위함이 아니요, 귀국이 이를 계기로 감오(感悟)해서 속히 변비(邊備)를 갖춰 우리와 함께 순치상의(脣齒相依)의 형세를 이뤄서, 구라파로부터 모멸을 당하지 않기를 간절히 바라기 때문입니다.[6]

이노우에 외무경은 직접 성의(誠意)를 피력하고, 우에노 외무대보와 하나부사 변리공사에게 명해서 당시 양국 간의 현안이 된 관세·인천 개항·공사의 수도 주차(駐箚) 문제 등에 관해 국제간의 관례와 그에 대한 일본의 입장을 설명하게 했다.

수신사로서는 설령 이노우에 외무경 등의 열성에 감격했더라도 반드시 그 주장을 정당하다고 인정할 수는 없었을 것이다. 그런데 다른 방면에서 이 안건과 관련해 크게 주의할 만한 권고를 받았다.

처음에 수신사가 도쿄에 도착했을 때 외무당국은 외교단을 두루 방문할 것을 권했지만 수신사는 응하지 않고, 오직 청 흠차출사일본국대신(欽差出使日本國大臣) 하여장(何如璋)만 방문했다. 그로부터 하 공사 및 부대신 장사계(張斯桂), 참찬관 황준헌과 회담 기회를 갖게 되어, 서로 왕복하면서 당시 조선의 입장에서 가장 긴박하게 대두된 외교 문제에 관해 격의 없이 의견을 교환했다. 그 결과 수신사는 점차 극동에서의 자국의 지위를 인식해서, 적어도 조선의 쇄국과 같은 것은 현재 국제정세에서는 유지할 수 없으며, 또 일본 정부의 조약에 의거한 정당한 요구를 거절해서 그 감정을 손상하는 것이 불리함을 깨달았던 것으로 생각된다. 다시 황 참찬관은 수신사의 출발에 즈음해서 직접 저술한

『사의책자조선정략(私擬冊子朝鮮政略)』[6] 1부를 증여했다.[7]

수신사 김홍집은 메이지 13년 9월 8일에 도쿄에서 출발, 같은 달 15일에 부산에 상륙하고, 10월 2일 경성에 도착해서 복명했다. 이 사행(使行)은 근대 조선 외국관계사(外國關係史)상 특필할 가치가 있을 뿐만 아니라, 정치가로서의 도원(道圓) 김홍집 자신의 장래 운명을 개척한 것이기도 했다. 무엇보다 김홍집은 도쿄 체재 중에 이노우에 외무경, 하나부사 변리공사 등과 수차례 회담을 가지면서 현재의 국제정세를 인식함과 동시에 일본 정부에서 요구해 온 공사주차와 인천 개항 등이 이론상 정당한 것임을 이해할 수 있었다. 더욱이 조선이 일단 쇄국제도를 타파한 이상 구미열강과의 국교 개시는 불가피했다. 그런데 열강의 이해가 반드시 일치하지는 않기 때문에 조선은 자국의 평화와 이익의 관점에서 계산해서 적당한 외교정책을 수립해야 할 필요가 있음을 통감했다. 이에 관해서는 비단 일본 외무당국의 간절한 충고가 있었을 뿐만 아니라, 주일 청국 사신의 주의(注意)도 대략 궤를 같이 하고 있었다.[8]

김홍집은 10월 2일, 신행복명(信行復命)하는 날에 황준헌의『조선책략(朝鮮策略)』을 진상했다. 황준헌의 책자는 당시 국제정세로 판단할 때 제정 러시아가 항상 청·한·일 3국이 두려워해야 할 강적임을 논하고, '조선은 마땅히 종주국인 청과 친해야 하며, 또 인방(隣邦)인 일본과는 작은 혐의를 버리고 대계(大計)의 관점에서 타산(打算)해서 구호(舊好)를 중수하여, 3국이 협력해서 영토 보전을 도모해야 한다. 또한 아메리카 합중국은 건국 이래로 선왕의 유훈을 지켜왔으며, 예의(禮儀)로 입국(立國)해서 남의 토지를 탐내지 않고 다른 사람을 기만하지 않으며 타국의 내정에 간섭하지 않는다. 중국이 합중국과 체약(締約)한 이후로 상서롭지 못한 사건이 발발한 적이 없었다. 그리고 나라가 강성하고 동서 양쪽 대양의 사이에 위치해서 항상 약소한 자를 부조(扶助)하고 공의(公義)를 유지할 것을 생각한다. 조선은 마땅히 그 나라와 조약을 체결해서 그 지지에 의뢰해야 한다.'고 했다. 그 요점은 바로 "그렇다면 조선의 금일의 급무를 계획해보건대 러시아를 막는 것보다 급한 일이 없다. 러시아를 막는 대책은 어떻게 해야 하는가? 친중국, 결일본, 연미국해서 자강을 도모하는 것일 뿐이다[然則策朝鮮今日之急務 莫急於防俄 防俄之策如之何 曰親中國 結日本 聯美國 以圖自强而已]."라는 한 구절에 있었다.[9]

황준헌의 책자는 평이한 외교론으로 그 내용에 어떤 중대한 정치론이 포함된 것은 아

---

6) 정확한 제목은『私擬朝鮮策略』이다. 원문에도 이 구절을 제외하고는 모두 策略으로 표기되어 있다.

니었지만 조선국왕과 양반들에게 깊은 감명을 주었다. 메이지 13년 10월 11일, 국왕은 시원임대신을 소견(召見)해서 황준헌 책자에 관해 자순(諮詢)했다. 영의정 이최응은 황준헌 책자에 따라 구미(歐美) 제국(諸國)과 평화적으로 국교를 수립해야 한다고 논했다. 그리고 이어서 좌의정 김병국 등과 회동해서 협의한 끝에 현재의 국제정세로 판단할 때 조선의 고립은 불가능하므로 열강과의 통교(通交)에 대해 유원(柔遠)의 방침으로 임하기로 결정했다.[10]

경진(庚辰) 수신사 김홍집이 근대 조선 정치외교사에 미친 영향은 매우 컸다. 그럼에도 불구하고 병자(丙子) 수신사 김기수와 마찬가지로 국왕과 척족이 기대한 것처럼 신일본의 문화를 시찰하는 데 적임이었다고는 할 수 없다. 국왕은 '물정상탐(物情詳探)'을 거듭 지시했지만, 수신사는 일본 체재 중에 최근의 물질적 진보의 결정체인 군대, 학교, 공장 등의 시찰을 권유―차라리 강요에 가까웠다.―받을 때마다, "본 사신은 우졸(迂拙)해서 본디 지해(知解)[7]가 없으니, 설령 보더라도 무익할 것입니다."라고 하면서 극력 회피했다. 하지만 여기에도 이유가 없다고는 할 수 없다. 군대, 학교, 공장에서부터 각종 행정시설을 시찰하고 견학하기 위해서는 반드시 전문위원이 필요했던 것이다.[11]

메이지 14년의 유람조사(遊覽朝士)는 이러한 의미에서의 대규모 일본 시찰단이었다. 이 일은 완전히 국왕과 척족의 협의를 통해 이뤄진 것으로, 정부 대신들은 물론이고 하나부사 변리공사조차 사전에 어떠한 협의에도 참여한 일이 없었다. 일행은 호군(護軍) 조준영(趙準永)을 필두로 박정양·엄세영(嚴世永)·강문형(姜文馨)·조병직·민종묵(閔種黙)·이헌영(李𤋪永)·심상학(沈相學)·홍영식(洪英植)·어윤중(魚允中) 등으로 구성되었다. 이들은 동래부 암행어사의 명목으로 메이지 14년 1월 30일(신사년 정월 1일)에 사폐(辭陛)하고, 조선 및 일본 각지를 시찰하면서 5월 24일에 도쿄에 도착했다. 그로부터 70여 일간 도쿄에 체재하면서 각자 분담하여 문부·내무·농상무·공부·사법·외무·대장 각성(省)과 세관, 그리고 육군 각 부문에 대해 상세한 조사 연구를 마치고 8월 8일에 도쿄에서 출발해서 귀국했다. 그들이 작성한 방대한 보고서와 복명서를 봐도 그들이 매우 큰 열정을 가지고 신일본의 제도와 문물을 연구했음을 알 수 있다. 그 성과가 갑신개혁의 기초가 되었음은 의심할 여지가 없다.[12]

이러한 대규모 시찰과 완전히 별도로 국왕을 중심으로 군제 개혁이 착착 진행되고 있

---

7) 지해(知解): 깨닫고 이해함. 영회(領會)

었다. 일본 정부는 병자년 초(初)에 국왕 이하 접견대관·부관에게 개틀링 기관포, 소총, 연발 권총을 증여하였다. 이들 병기는 모두 일본의 포병공창(砲兵工廠)에서 제조되었고, 게다가 접견대관과 부관의 면전에서 시험 발사를 하고 또 그가 인솔한 군관들에게 사용법을 전수한 것들이었다. 당시 접견대관 신헌은 현임(現任) 어영대장(御營大將)이었으므로, 신병기의 유효사거리가 길고, 명중률이 정확하고, 위력이 매우 크며, 게다가 그 구조가 견고하면서도 조작법이 용이한 것에 주목해서 국왕에게 이를 전습할 필요가 있다고 아뢰었다. 그 후 국왕은 병자(丙子) 수신사의 복명을 통해 현재 일본에서 이러한 종류의 병기가 제조되고 있음을 알고는, 그와 같이 정예한 병기를 갖춘 신식 군대의 편성에까지 생각이 미쳤던 것이다.

조선의 군제 개혁과 강병(强兵)의 양성은 조선의 자발적 움직임에 의해서만 이뤄졌던 것은 아니다. 이미 하나부사 변리공사가 부임한 이후로 기회가 있을 때마다 현재의 국제정세를 설명하고 군비를 정돈할 필요가 있음을 설득했으며, 이와 관련해서는 일본 정부에서 원조를 아끼지 않을 것임을 약속했다. 메이지 12년 7월에는 조선 정부에 권고해서, 인천부 제물포 앞바다에 정박 중이던 군함 (구) 호쇼(鳳翔)의 시찰 명분으로 훈련대장을 초청하려고 했다. 그러나 훈련대장은 독단적으로 행동하기 어려웠으므로 조선 정부에서 군관 몇 명을 인천에 보내서 근대식 군함을 상세히 견학하게 했다. 곧이어 메이지 13년 12월에 하나부사 변리공사가 세 번째로 부임했을 때는 정부의 명으로 각종 소총, 권총 및 탄약을 증여하면서 "총기의 고금 연혁은 시간이 지날수록 더욱 정밀해집니다. 기기묘공(奇機妙工)이 더해져, 한 사람이 열 사람의 힘을 겸하니 우내(宇內)의 병세(兵勢)가 그에 따라 일변했습니다. 다른 사람에게 가서 두루 관찰하고, 물건을 갖고 그 제도를 터득한다면, 물건의 수가 비록 적더라도 장차 귀 정부가 고안하는 데 충분할 것이니, 그래도 그 유(類)로 나아가 요약한다면 공용(供用)이 어렵지 않을 것입니다."라고 했다. 메이지 15년 4월 6일에 왕세자 척(坧)이 가례(嘉禮)를 행할 때는 일본 정부에서 가의(嘉儀)로 산포(山砲) 2문과 기정(汽艇) 1척을 증여했다.[13]

국왕은 일찍부터 강병을 양성하려는 뜻을 가졌던 만큼, 이제 양국의 관계가 호전된 것을 기회로 일본 정부의 권고에 따라 신식 군대의 편성을 명했다. 신식군은 별기군(別技軍)이라고 칭하고 무위영(武衛營)에 소속시켰다. 그리고 별선군관(別選軍官) 전 부사 윤웅렬(尹雄烈)을 장으로 삼고, 교관으로는 공사의 천거에 따라 수행(隨行) 육군공병소위(陸軍工兵少尉) 호리모토 레조를 초빙했다. 그 교련은 극히 초보적인 것으로 특별히 고급

무관이 필요하지는 않았을 것으로 생각된다. 별기군 교장(敎場)은 처음에 서대문 밖 모화관(慕華館)을 사용했다가, 그 후에 북문 밖 평창(平倉)으로 옮기고, 마지막으로 한성부 동쪽의 동별영(東別營)[하도감(下都監)]으로 이전했다. 별기군은 국왕의 사병이라고도 할 수 있었으며, 그 병향(兵餉)은 비교적 윤택했다.[14]

병자년의 개국으로부터 5년 동안에 이처럼 조선 국내에 혁신의 풍조가 싹튼 것은 비단 일본의 권유가 적절했기 때문만은 아니었다. 그 배후에 종주국인 청의 거대한 지도 세력이 존재했음을 잊어서는 안 된다.

메이지 8년 8월 왕세자책봉주청사(王世子册封奏請使)의 파견을 기회로 국왕이 정사(正使) 영중추부사 이유원에게 내명(內命)해서 조선이 장래 취해야 할 외교방침에 관해 청 북양대신 직예총독 이홍장의 지도를 구했고, 그 결과 마침내 북양이 조선 외교에 간여하는 단서를 열었다는 것은 이미 제31절에서 서술했다. 그로부터 조선국 대신과 이홍장 사이에 직접 사적 서신이 오가는 길이 열렸고, 이홍장은 때때로 이유원과 영의정 홍인군 이최응 등에게 서한을 보내서 외교를 논했다. 특히 메이지 12년 8월에 이홍장은 총리아문의 의촉(依囑)에 따라 이유원에게 밀함(密函)을 보내서 최근 일본의 상황을 알렸다. 즉, '이 나라는 최근 계속해서 부강의 법을 강구해서 그 실적에 괄목할 만한 것이 있으니, 조선처럼 문약(文弱)한 나라가 도저히 대적하기 어려울까 두렵다. 조선을 위해 장래를 계획하건대, 마땅히 영국, 독일, 프랑스, 미국 등 열강과 입약(立約)을 허락해서 그들의 힘에 기대어 일본을 견제하는 것이 최선이다. 그 제일의 수단으로 연미친청(聯美親淸)이 요구된다. 대체로 합중국은 유럽 열강에 비해서 가장 공평순선(公平順善)하고, 나라가 부유해서 타국의 영토를 탐하는 뜻이 없다. 그러므로 먼저 합중국과 조약을 체결하고, 그것을 여타 열강과의 체약(締約)의 선례로 한다면 기편(欺騙)[8]당할 염려가 없다. 청과 친해야 한다는 것은, 조선은 원래 청의 번속(藩屬)이지만, 이미 형식적이라고는 해도 조약에서 자주(自主)를 선언한 이상 앞으로 공공연하게 조선의 내치외교에 간섭하기 어렵다. 그런데 조선은 외교에 익숙하지 않다. 만약 청의 지도가 없다면 외인(外人)의 능모(陵侮)를 면하기 어렵다. 이것이 청과 친하는 것의 이점이다.'라고 주장했다. 그의 말은 황준헌의 논의와 유사한 면이 있었다. 메이지 13년 말, 이홍장은 직예천진해관도(直隸天津海關道) 정조(鄭藻)에게 명해서 조선 동지사에게 서한을 보내 합중국과 체맹하

---

8) 기편(欺騙): 거짓된 언행으로 진상을 은폐함

는 것의 일곱 가지 이점을 열거하면서 이를 권유하게 했다. 또 이 일은 기밀이라서 서한
으로는 말을 다할 수 없으니, 부디 사리에 밝은 대원(大員)을 골라 톈진에 특파해서 상판
(商辦)하게 하되 그 사신은 청에 파견하는 조선 유학생의 감독관이라는 명의를 사용하라
는 주의를 주게 했다.[15]

국왕과 척족은 이홍장의 권고대로 청 조정에 외교방침의 지도를 구하는 것 말고도 근
대식 병기 제조 및 군대 편제에 큰 흥미를 가졌다. 그래서 단순히 명목에 그치는 것이 아
니라 실제로 이러한 종류의 기술을 전습(傳習)할 유학생을 파견할 의향이었다. 유학생
감독관의 이름은 영선사(領選使)로 정해졌다. 그런데 그 인선(人選)은 메이지 14년 초부
터 논의되었지만 정부 내부의 반대론이 격렬해서 쉽게 결정되지 않았다. 같은 해 9월에
야 마침내 경상도 순천부사(順天府使) 김윤식(金允植)을 이조참의에 제수해서 영선사에,
통리기무아문 부주사 윤태준(尹泰駿)을 종사관에 차하하고 11월에 10명 남짓의[9] 기술
생도를 인솔해서 톈진으로 향하게 했다. 그렇지만 다소 시기를 놓쳐서 그들이 귀국하기
전에 임오변란이 발발했다.[16]

청 조정, 특히 이홍장의 간섭은 이와 같이 반관적(半官的) 성격을 띠고 있었고, 이 때
문에 표면적으로는 거의 드러나지 않았다고 해도 청이 이러한 외교방침을 견지한 이상,
국왕, 재상, 척신의 개국론에 매우 강한 원조를 제공해서 간접적으로 일한관계를 개선
하고, 그 문화 수입을 촉진하는 데 긍정적 영향을 준 것은 의심할 수 없는 사실이다.

이미 열국과 통교하기로 방침을 정한 이상 그에 적합한 행정기관이 필요했다. 통리기
무아문의 설치가 그것이었다. 조선 정부의 중앙기관은 명목상 의정부였지만, 실권은 명
종조(明宗朝)에 설치된 비변사에 있었다. 비변사는 문자 그대로 중외(中外) 군국(軍國)의
기무(機務)를 총할(總轄)하는 최고 정청(政廳)이었는데, 대원군 집정 초기에 의정부와 통
합해서 그것의 일개 국(局)으로 삼은 뒤로는 그것을 대신할 기관을 설치하지 않았다. 이
제 군국의 기무와 외교의 중요 안건이 폭주하자 비변사 부활의 필요성을 인정하고, 메
이지 14년 1월 20일에[10] 통리기무아문을 설치해서 정일품 아문(衙門)으로 삼았다.

통리기무아문이라는 이름은 청의 총리각국사무아문에서 취한 것인데, 그 내용은 앞
에서 언급한 대로 옛 비변사를 위주로 하되 청의 제도를 약간 참작한 것이라고 할 만하

---

9) 원문에는 '10명 남짓'으로 되어 있으나, 실제로 영선사에 포함된 학생 수는 38명이었고, 기타 관원과 수종(隨
從)을 합하면 총 69명이었다.
10) 원문에는 3월 1일로 되어 있으나, 통리기무아문이 설치된 것은 고종 17년 12월 21일로, 양력으로는 1881년 1
월 20일에 해당하므로 수정했다.

며, 사대(事大)·교린(交隣)·군무(軍務)·변정(邊政)·기송(譏訟)·통상(通商)·이용(理用)·기계(機械)·군물(軍物)·선함(船艦)·전선(典選)·어학(語學) 등 12사(司)를 설치했다. 그리고 그 장관은 총리대신으로 칭하고 영의정 이최응과 좌의정 김병국을 임명했으며, 각사(各司)에는 경리당상(經理堂上) 및 주사(主事), 부주사(副主事)를 두었다. 각 경리당상에는 판돈녕부사 이재면(李載冕), 상호군 조영하, 지중추부사 민겸호(閔謙鎬), 상호군 윤자덕, 경기관찰사 김보현, 예조참판 김홍집, 상호군 김병덕(金炳德), 규장각직제학 민영익(閔泳翊), 한성부 판윤 정범조, 형조판서 신정희(申正熙)(신헌의 장자), 상호군 민치상, 지돈녕부사 심순택 등을 차하했다. 또 별도로 참사(參事)를 둬서 당상역관 숭록 현석운과 변원규(卞元圭) 등을 임명했다. 원래 사대교린은 예조에서 관장했지만 본래 외교를 전담하는 관청이 아니었기 때문에 사무가 정체되는 일이 잦았는데, 통리기무아문을 설치한 이후로 이러한 폐단이 크게 개선됐다고 한다.[17]

국왕 및 척족 민씨, 조씨의 혁신 정책은 세계정세에 순응해서 적당하다는 판단에 따른 것이었지만, 동시에 격렬한 반대를 예상하지 않을 수 없었다. 국왕과 척족의 정책은 송학(宋學)의 전통에 반하며, 정조, 순조, 헌종의 삼조(三朝) 이래의 위정척사론과 서로 용납할 수 없다는 점에서 재야의 산림은일(山林隱逸)들로부터 격렬한 비난을 받았을 뿐만 아니라, 묘당에서조차 대신경재(大臣卿宰)의 대다수가 혁신 정책에 반대했다.

이태왕 즉위 초, 위정척사론을 대표한 것은 화서 이항로였다. 이항로가 죽은 뒤에는 그의 문하 면암 최익현이 그를 대신했다. 최익현의 위정척사론은 오히려 존주론(尊周論)에 기반해서 만동묘(萬東廟)의 복향(復享)을 목표로 하고 있었기 때문이기도 하겠지만, 그는 메이지 9년 3월에 척왜소(斥倭疏)를 올린 것으로 인해 전라도 나주목(羅州牧) 흑산도(黑山島)로 유배되었다가 메이지 12년 2월에 유배에서 풀려났는데, 그 후로는 완전히 침묵해서 굳이 나서려고 하지 않았다.

하지만 최익현의 침묵이 위정척사론의 병식(屏息)[11]을 의미하는 것은 아니었다. 메이지 10년 이후 일본 공사가 연이어 경성에 왕래하고, 조선 정부에 강제해서 원산과 인천 두 항구를 열게 하자 묘당에서도 국왕과 척족의 혁신 정책에 대한 반대론이 들끓었고, 이러한 묘당의 분위기는 바로 지방으로 번져 산림은일(山林隱逸)들이 일시에 국왕과 척족의 공격에 나섰다. 한말의 정치가로서 자타가 공히 인정한 운양(雲養) 김윤식이 이러

---

11) 병식(屛息): 겁이 나서 소리를 못 내고 숨죽이는 모양

한 정세를 설명해서, "우리 과군(寡君)께서 즉위하신 이래로 나라를 근심하는 근면한 백성들이 덕을 잃고서 일찍이 견문을 넓힌 일이 없었습니다. 국세는 미약한데 천하의 시국이 크게 변했으니, 만약 고립되고 도움이 적으면 종사(宗社)를 보전하기 어렵습니다. 그러므로 중조(中朝)의 명을 받들어 각국과 의약(議約)한 것이니 이는 실로 종사(宗社)와 생령(生靈)을 보존하기 위한 계책이었습니다. 그런데 저 불령한 무리는 외교로 도적을 불러들인 것이 과군(寡君)의 죄라고 하면서 선동하고 소문을 퍼뜨려 민심을 경혹(驚惑)했습니다."라고 한 것도 반드시 과장이라고 하기는 어렵다.[18]

위정척사론이 국왕과 척족의 혁신 정책에 대한 반동으로 세력을 얻어서 정치적 위기를 초래하고, 마침내 내란으로까지 발전할 조짐이 나타난 것은 메이지 13년 10월의 일이었다. 즉, 수신사 김홍집이 황준헌의 책자 『조선책략(朝鮮策略)』을 국왕에게 올리자마자 순식간에 필사돼서 전국의 유생들에게 전파되었던 것이다. 이는 처음에는 김홍집 개인에 대한 공격에 지나지 않았지만, 마침내는 국왕과 척신의 실정을 통절히 공격할 만한 좋은 소재를 제공했다. 가장 먼저 구체화된 것은 메이지 14년 3월 25일(신사년 2월 26일)의 영남만인소(嶺南萬人疏)였다. 이 상소문은 먼저 역대 조정에서 위정척사를 국시로 삼은 사실을 서술하고, 다음으로 황준헌 책자를 조목조목 논박하면서 중국, 일본, 미국이 연합해서 러시아를 막는다는 말의 불합리성을 지적했다. 또 서학에 종사(從事)해서 치재(致財)와 권농(勸農)에 진력해야 한다는 말의 무분별함을 분변해서, '재용(財用)과 농공(農工)에는 본래 당우(唐虞)와 성주(成周)의 양법미규(良法美規)가 있는데 어찌 서학에 종사할 필요가 있겠는가?'라고 주장했다. 그리고 마지막으로 "저 준헌이란 자는 자칭 중국 태생이라고 하면서 일본의 세객(說客)이 되어 예수를 선신(善神)이라고 하며 기꺼이 난적의 효시가 됐으니, 지난날 사당비류(邪黨匪類)가 강화도[沁都]에서의 패배에 분한 마음을 품었으나 병력으로는 승리할 수 없음을 깨닫고, 요행으로 초식(稍食)[12]을 구하는 욕심을 펼쳐서 도리어 훈염(薰染)하는 간계를 행한 것이 아니겠습니까? 만약 그렇지 않다면 유혹하는 설이 이미 지극하고, 위험한 말로 공갈을 하는 것이 이미 더할 나위 없는데, 또 어째서 전교가 무해하다는 말을 뒤에 붙인단 말입니까? 그 마음은 우리나라에 사교를 포교하려는 의도에 불과합니다."라고 단언하고, 이처럼 부정한 서책을 가져온 전수신사 김홍집에게 원배(遠配)의 형전(刑典)을 내리고 그 서책은 불 속에 던져야 한다고

---

12) 초식(稍食): 관리가 매달 받는 녹봉

아뢰었다.[19]

영남만인소를 올릴 때 관례에 따라 소청(疏廳)을 설치하고 장의(掌議)를 사색(四色)에 분배했는데, 그 중심은 남인으로 경상도 예안(禮安) 유생 이만손(李晚孫)이 제소(製疏)를 담당했으며, 안동(安東)의 전 예조참판 강진규(姜晉奎)는 소론이었지만 영남의 유현(儒賢) 해은(海隱) 강필효(姜必孝)의 후손으로 두터운 명망이 있었기 때문에 소두(疏頭)에 추대됐다고 한다.

영남만인소는 황준헌 책략의 허망함을 물리치고 수신사 김홍집의 탄핵을 표방했으나, 실제로는 남인이 국왕과 척족을 공격하는 제일성(第一聲)으로 볼 수 있었다. 따라서 척족은 이를 크게 경계했고, 민태호는 비밀리에 이만손을 불러들여서 엄하게 계칙(戒飭)했다. 이 때문에 이만손이 크게 두려워해서 몇 차례 소장(疏章)을 개찬(改竄)해서 내용을 완화해서 올렸다고 한다. 왕은 특별히 비답을 내려서 타국인의 사의문자(私擬文字)를 갖고 깊이 들춰내서는[抉摘] 안 된다고 칙유하고, 소두(疏頭) 이하에게 물러갈 것을 명했다. 강진규와 이만손 등은 일단 귀향했으나, 같은 해 4월에 재차 거사를 도모했으므로 국왕은 형조에 명해서 그 당여(黨與)를 체포하게 했다. 그리고 엄하게 국문한 후 특별히 일루(一縷)의 은전을 내려 사형만은 면해줘서 이만손은 전라도 강진현(康津縣) 신지도(薪智島)에, 강진규는 흥양현(興陽縣) 녹도(鹿島)에 위리안치(圍籬安置)하게 했다.[20]

영남만인소는 각 도 유생에게 분기할 기회를 주었다. 메이지 14년 8월(신사년 윤7월)에 경기 유생 신섭(申㰔), 강원도 유생 홍재학(洪在鶴), 충청도 유생 조계하(趙啓夏), 전라도 유생 고정주(高定柱) 등이 각각 소두(疏頭)가 되어 복합상소(伏閤上疏)하고 위정척사를 논했다.

각 도의 유생 상소 중에서 가장 문제시된 것은 강원도 유생 홍재학의 상소였다. 홍재학의 상소는, 화서 이항로의 문인으로 그 명성이 면암 최익현에 버금갔던 중암(重庵) 김평묵(金平黙)의 지시에 따른 것으로 그 상소문 또한 김평묵이 직접 집필했기 때문이다. 그 요점은 척사(斥邪)를 논하고 주화(主和)하는 중신들을 논척(論斥)하는 데 있었다. 즉, '조선에서의 위정척사는 정조, 순조, 헌종 세 조정의 유업(遺業)으로 그 의리가 아직도 환히 남아 있다. 그런데 이태왕이 친정한 이래로 접왜통상(接倭通商)을 주장해서 왜양일체(倭洋一體)의 해를 돌아보지 않았다. 이 때문에 사설(邪說)이 묘당에 횡행하고 흉교(凶敎)의 이언(異言)이 경외(京外)에 낭자해서 세 왕의 유업이 폐멸(廢滅)한 것이다. 황준헌의 사의책자(私擬冊子)와 같은 것은 조선의 주화(主和)하는 신료들이 그의 이름을 빌려서 만든 것에 지나지 않는다. 국왕이 성심(聖心)을 분발해서 위정척사의 대의를 견지하고 주화매국(主和賣國)의 신료들을 참형(斬刑)에 처하지 않는다면, 예수의 요분(妖氛)이 마치 들판을 사르는 맹렬한 불꽃처럼 박멸할 수 없게 되어, 공맹정주(孔孟程朱)의 대도(大道)가 날로 소멸되고 달로 사라질 것이다. 그래서 집집마다 난륜패상(亂倫敗常)하고 사람마다 멸례기의(滅禮棄義)해서, 마침내 종묘사직 또한 위태롭게 되는 것이 매우 위급한 지경에 이르리라'는 것이었다.[21]

홍재학의 소(疏)가 묘당에 사설(邪說)이 횡행하고 있다고 명시했기 때문에 그는 즉시 체포되어 의금부로 압송됐다. 그런데 그가 위관(委官)[13]의 심문에 대해 나라 안에 사학(邪學)이 횡행해서 조금도 위정척사의 실(實)이 없다고 주장하고, 또 메이지 6년 이전 대원군이 집정할 때는 척사(斥邪)가 절연(截然)[14]했는데 같은 해 고종의 만기친재(萬機親裁) 이후로 척사를 엄하게 하지 않은 사실을 지적했으므로, 위관은 "벽위(闢衛)[15]의 제목 척왜척양(斥倭斥洋)에 의탁해서 감히 군부(君父)를 무박(誣迫)[16]하는 흉악한 마음을 실행했으니 지극히 참람(僭濫)되고 사특(邪慝)하다."고 하고 범상부도(犯上不道)라는 말로 결안(結案)을 올렸다. 그 결과 홍재학은 메이지 14년 9월 13일(신사년 윤7월 20일)에 서소문 밖에서 능지형(凌遲刑)에 처해지고 가산을 적몰(籍沒)당했다. 김평묵도 상소문의 말이 흉패(凶悖)해서 조정을 무핍(誣逼)한 사실이 인정되어 원악도(遠惡島) 안치의 명을 받았다.[22]

홍재학과 거의 같은 시기, 즉 메이지 14년 8월에 경기 유생 신섭 등이 복합상소(伏閤上疏)를 했다. 그 논지는 홍재학의 상소문과 큰 차이가 없었다. 내용은 주로 주화호사(主和護邪)한 중신들을 탄핵한 것으로, 먼저 전 수신사 김홍집의 봉사(奉使)가 무상(無狀)[17]함을 논해서 그가 가져온 책자를 엄척(嚴斥)해야 하며, 또 봉조하(奉朝賀) 이유원이 인신(人臣)에게는 외교(外交)하는 의리가 없음에도 불구하고 이홍장과 빈번히 서한을 교환하면서 그의 신함(信函)에 가탁해서 아메리카 합중국과 통상을 약속하고 사교의 전파를 물리치지 않은 죄를 논한 후, 이유원과 김홍집처럼 간악하고 아첨하는 대신과 중신들을 물리치고 충직한 신하들을 등용해야 한다는 것이었다. 국왕은 신섭의 상소문이 무엄하다고 여겨서 엄형에 처한 후 전라도 강진현 고금도(古今島)로 정배(定配)하게 했다.[23]

---

13) 위관(委官): 죄인을 추국(推鞫)할 때 의정대신(議政大臣) 중에서 임시로 선발하는 재판장
14) 절연(截然): 정제되고 엄정한 모양
15) 벽위(闢衛): 사도(邪道)를 물리치고 정도(正道)를 지킴
16) 무박(誣迫): 없는 사실을 날조해서 핍박함
17) 무상(無狀): 이렇다 할 공적이 없음. 또는 그 죄가 커서 이루 다 말로 할 수 없음

위정척사론의 목표는 당연히 국왕과 척족이었을 테지만 산림유생들은 처음에는 국왕을 직접 비난하기를 꺼렸던 것 같다. 사실상 공격을 받은 것은 예조판서 김홍집과 의정부 영의정 치사봉조하(致仕奉朝賀) 이유원이었다. 김홍집은 황준헌의 사의책자(私擬册子)를 가져왔기 때문에 어쩔 수 없었지만, 이유원에 대해서는 다소 설명이 필요하다.

이유원은 대원군과 죽을 때까지 서로 용납할 수 없는 정적으로서 국왕과 척족을 지지했으며, 한편으로 종주국의 세력을 배후로 조선의 개국을 단행했다는 것은 이미 서술했다. 청 조정의 입장에서도 이유원을 대원군을 대신할 권력자로 인정해서 그를 통해 조선의 외교를 지도했다. 이 일은 당초 극비에 부쳐졌지만 점차 외부로 누설되어 산림유생은 그를 주화부사(主和扶邪)의 책임자로 보고 격렬한 공격을 퍼부었다. 원래 이유원이 개국론을 주장한 것은 확고한 주의와 주장에 기초했던 것이 아니라 차라리 국왕과 척족의 뜻에 영합해서 일신의 영달을 도모한 것에 지나지 않았다. 그러다가 이제 청의(淸議)의 비난 대상이 되어 지위가 위태로워짐을 느끼자, 점차 태도를 애매하게 취하기 시작했다. 마침 메이지 12년 7월과 8월 사이에 하나부사 대리공사가 인천 개항을 강요하자 묘당은 대처하기가 매우 곤란했다. 당시 이유원은 영중추부사로서 묘의(廟議)에 참여하고 있었는데, 8월 6일에 상소를 올려서 묘당이 연약하게 외국의 강요에 굴복해서 경사(京師)에서 100리 밖에 떨어지지 않은 근지(近地)를 개방하려 한다고 격렬하게 비난했다. 원래 묘당에서는 인천 개항에 동의하지 않는 것으로 결정되어 있었는데, 그럼에도 이유원이 이러한 상소를 올린 것은 보신(保身)의 필요에서 나왔던 것으로 추측된다.[24] 곧이어 같은 해 8월에 청 북양대신 이홍장이 밀함을 보내서 열국과의 협조 정책을 채택할 것을 권고하자, 이유원은 완곡하지만 분명한 언사로 조선에는 예로부터의 국법이 있으니 종주국의 지시에 따라 열국과 통교할 수 없다고 회답했다. 이유원은 이 왕복 밀함을 사람들에게 보이고 자기의 입장을 옹호했다.[25] 그러고서도 스스로 안심하지 못해서 치사(致仕)한 후 봉조하의 직함을 받아 경기 양주목(楊州牧)의 향제(鄕第)로 물러났다.[26]

메이지 14년 8월에 경기 유생 신섭의 상소 소식을 듣고 크게 당황한 이유원은 양주에서 상소를 올려서 이홍장과의 서신 왕복을 해명하고, 아울러 자신은 황준헌의 책자를 가져온 것과 관계가 없음을 분명히 했다. 국왕은 예전부터 이유원이 시의(時議)에 아부해서 수서(首鼠)[18]하는 태도를 취하는 것에 불쾌감을 느끼고 있었는데, 이번 신섭의 소

---

18) 수서(首鼠): 수서양단(首鼠兩端)의 준말로 쥐가 의심이 많아 동굴 속에서 머리를 밖으로 내놓고 형세를 관망하는 것처럼 양편 중에 어느 편을 택해야 좋을지 몰라 망설이는 모양이다. 사람이 진퇴와 거취를 결정하지 못하

척(疏斥)을 계기로 메이지 14년 9월 7일에 이유원을 평안도 중화부(中和府)로 찬배(竄配)하고, 곧이어 경상도 거제부(巨濟府)로 이배(移配)했다. (메이지 15년 1월에 석방됐다.)[27]

영남만인소가 발단이 되어 경기·충청·전라·강원 4개 도 유생들의 복합상소(伏閤上疏)가 이어지자 국왕과 척신은 크게 동요했다. 이로 인해 과거 엄준한 척사정책을 펴서 안팎을 전율케 했던 국왕의 생부 흥선대원군 이하응에게 부활의 희망이 생겼다. 메이지 14년 3월 이후 운현궁을 중심으로 정계의 암류(暗流)가 움직이고 있음이 감지됐다.

갑자년부터 계유년까지 10년간의 전정(專政)으로 인해 조선 국민이 겪었던 고통은 더 말할 것도 없었으므로 조야(朝野) 모두 국태공(國太公)의 은퇴를 바라고 있었을 것이다. 그 중에서도 전국 유생들을 격앙하게 만든 것은 서원의 철폐, 특히 청주 화양서원(華陽書院)과 만동묘(萬東廟)의 폐지였다. 이제 척족이 정권을 장악함에 따라 화양서원이 복설됐다. 이는 유생들, 특히 이항로의 무리가 일단 척족과 결탁한 이유였지만, 얼마 지나지 않아 그들은 대원군의 대담한 척사정책이 완전히 폐기되는 것을 보게 됐다. 이항로의 무리는 통분을 금할 수 없었다. 홍재학의 수공(囚供)에서 "친히 만기(萬機)를 총재(總裁)했다는 것은 계유년 이후를 말씀드린 것입니다. 계유년 이전에는 척사가 절엄(截嚴)했는데, 그 이후로는 언제 초치금선(草薙禽獮)[19]한 일이 있었습니까?"라고 한 것은 이를 의미한다. 일찍이 대원군의 집정을 원망하고 실각을 바랐던 이항로의 무리가 10년 뒤 그를 앙모(仰慕)하는 기이한 모습을 보인 것이다. 위정척사론이 유행하는 동안 운현 대감의 이름이 다시 언급되었다. 메이지 14년 여름이 되자 위정척사론은 최전성기에 도달한 것처럼 보였다. 대원군은 좋은 기회가 왔다고 보고 척사를 표방하면서 척족 타도와 정권 회복을 기도했다. 신사년의 별군직 이재선(李載先), 승지 안기영(安驥永), 권정호(權鼎鎬) 등의 옥사(獄事)가 그것이다.[28]

이재선은 대원군의 서장자(庶長子)로서 나이가 마흔이 다 되도록 서자라는 이유로 청선직(淸選職)[20]에 나가지 못해서 적가(嫡家)를 원망하며 항상 불만을 품고 있었다.[29] 그는 일찍이 대원군이 척왜(斥倭)를 통해 공을 세우면 중용하겠다고 한 말을 깊이 믿고서 은밀히 기회를 노리고 있었다고 한다. 안기영과 권정호는 모두 남인이었다. 대원군은 이

고 망설이는 것을 비유한다.

19) 초치금선(草薙禽獮): 풀을 베듯이 쓰러뜨려 죽이고 짐승을 사냥하듯이 체포한다는 뜻이다. 원문에는 '獮' 자가 '獺'자로 잘못 표기되어 있다.

20) 청선(淸選): 청환(淸宦)의 후보자를 선발하거나 또는 그 후보자를 가리킨다. 청환(淸宦)은 규장각(奎章閣), 홍문관(弘文館), 선전관청(宣傳官廳) 등 학식과 문벌이 높은 자제에게 맡기던 벼슬자리를 말한다.

재선, 안기영, 권정호를 심복으로 삼아 위정척사 일파와 항상 연락을 유지했으며, 특히 영남만인소에 큰 기대를 걸고 있었던 것 같다. 그런데 그것이 척족의 일격을 당해서 좌절되자 마침내 직접적인 수단 외에는 방법이 없다고 보고 메이지 14년 6월경부터 그 준비에 착수했다. 이재선, 안기영, 권정호의 수족이 된 자들은 강달선(姜達善)(영남 유생 상소에서 활약했다.), 이두영(李斗榮), 이종학(李鍾學), 이철구(李哲九)의 4명이었다.

벌왜(伐倭)의 첫걸음으로 우선 군자금을 모을 필요가 있었다. 안기영 등은 각자 가산을 전매(典賣)[21]해서 돈으로 바꾸고, 강달선과 이두영 등을 시켜서 종로 육의전에서 강제로 빼앗거나, 혹은 경성 인근의 부민(富民)을 물색해서 일이 이뤄지면 관직에 등용하겠다는 조건으로 출금(出金)하게 했다. 두 번째는 군대의 모집이었다. 처음에 이재선 등은 군사 2,000명을 목표로 삼았던 것으로 보인다. 그 당여(黨與)를 경상, 전라의 두 도로 보내서 군대 모집에 진력했는데, 그 중에서도 강화부와 인천부의 포수들은 몇 차례의 실전을 경험한 숙련된 군사로 명성이 높았다. 이들은 이철구가 강화부에 거주하는 것을 이용해서 그들을 모집하고, 또 함경도의 급수군(汲水軍)이 무뢰(無賴)하고 사납다고 알려져 있었으므로 당여 중에서 함흥에 거주하는 이종헌(李鍾憲)을 북도(北道)[22]에 파견해서 모집하게 했다. 세 번째는 군기(軍器)의 획득이었다. 이는 이들이 가장 큰 어려움을 느낀 부분이기도 했는데, 안기영 등이 가진 병기는 숨겨둔 환도(還刀) 몇 자루에 지나지 않았으므로, 어떤 비상수단을 동원해서라도 정예(精銳)한 병기를 입수하려고 매우 노심초사했다. 안기영과 권정호 등이 착안한 것은 바로 평창(平倉)에 있는 별기군(別技軍)의 교장(教場)이었다. 다행히 별기군을 감독하는 남양부사 윤웅렬과 통진부사 한성근이 원래 대원군에 의해 채용된 장신(將臣)들이었기 때문에 이들을 한패로 끌어들여서 평창 교장에서 신식 총기—일본에서 구입한 것으로 아마도 구식 엔필드총(enfield rifle)이었을 것이다.—수천 정을 획득하려고 했다. 그러나 윤웅렬과 한성근 모두 척족에게 중용되어 이미 개국파(開國派)에 속해 있었으므로 그 요청에 응하지 않았다.

이상의 계획은 상당히 대규모로 이재선이 주재하고 안기영과 권정호가 주로 보조했다. 하지만 원래가 백면서생(白面書生)들의 음모였기 때문에 실행에 즈음해서는 곳곳에서 파탄이 생기고 말았다. 각 도(道)에서의 모병은 안 그래도 궁핍한 군자금을 낭비하기만 했을 뿐, 소집에 응하는 자들이 없었다. 강화에서의 모병도 큰 기대를 걸었지만 한갓

---

21) 전매(典賣): 추후 원가로 다시 산다는 조건으로 물건을 파는 일
22) 북도(北道): 함경도의 별칭

이철구의 큰소리로 끝나고 말았다. 그렇지만 음모자들은 대원군의 위세가 수만 명의 군대에 필적하리라는 기대를 품고 있었다. 비록 적수공권(赤手空拳)일지라도 종로 거리에서 "운현 대감이 왜적을 토벌하기 위해 일어나셨다!"고 외치기만 하면 군민(軍民)들이 즉각 그 수하로 구름처럼 몰려드리라는 몽상을 하고 있었던 것이다.

메이지 14년 8월, 음모자들은 모병과 무기 획득 모두 가망이 없어지자 이를 단념하고, 최후의 방책을 다음과 같이 결정했다. 메이지 14년 9월 13일(신사년 윤 7월 20일)[23]에 경기도 감시(監試)[24] 초시(初試)가 시행될 예정이니 많은 유생들이 과거를 보기 위해 경성에 모이는 것을 기다렸다가, 강달선과 이종학 등을 유생의 의복으로 변장시킨 다음에 당일 저녁 과장(科場)이 폐장될 때를 노려서 대원군 대감이 위정척사를 위해 분기했다고 크게 외치면 1,000여 명의 유생들이 메아리처럼 응할 것이다. 그러면 등호(燈號)[25]를 이용해서 이들을 '천(天)'·'성(成)'·'봉(蜂)'의 세 글자 군대[三字軍]로 나눈 후 각각 이재선, 전 중군(中軍) 조중호(趙中鎬), 빙고별제(氷庫別提) 이병식(李炳埴) 등이 지휘한다. '천(天)'자 군대는 창덕궁으로 가서 대원군 대감이 입궐하신다고 외치면서 요금문(曜金門)으로 난입하여 국왕을 폐위하고 왕비 민씨를 처분한다. 거기에서는 용호영(龍虎營) 군졸들의 내응을 기대할 수 있을 뿐만 아니라, 요금문의 수장(守將)인 서수라만호(西水羅萬戶) 정관민(鄭觀民)이—다섯 자루의 천보총(千步銃)[26]을 드는 장사였다고 한다.—궐문 빗장을 부수고 이들을 맞이할 것이다. 또 '성(成)'자 군대는 양왜(洋倭)와 통모(通謀)한 재상과 척신을 습격해서 그들을 무찔러 죽이고, '봉(蜂)'자 군대는 일본 공사관과 평창 교장(敎場)을 습격해서 일본인을 축살(逐殺)하고 교장 내의 무기를 탈취한다는 계획이었다.

그런데 거사일이 점점 다가옴에 따라 총기 한 자루 없이 미증유의 대정변을 기도하는 것은 무모하기 짝이 없다는 의견이 제기됐다. 9월 13일, 예정된 거사 당일 저녁에 음모자들의 일부는 운현궁에, 다른 일부는 전동(典洞) 모처에 모여서 각각 격론을 펼쳤지만 끝내 아무런 의결도 하지 못했다. 결국 대원군은 강달선, 이두영, 이종학을 형조에 넘기면서, 음모가 아닌 다른 일을 빌미로 이들을 멀리 유배 보내게 했다. 그런데 9월 20일에 음모에 참여했던 광주산성 장교 이풍래(李豊來)가 포도청에 고변(告變)했기 때문에 일이 결국 발각되어 이재선 이하 음모에 참여했던 30여 명이 의금부 및 포도청에 체포됐다.[30]

---

23) 원문에 8월 21일로 되어 있으나, 1881년 9월 13일은 음력 윤7월 20일에 해당하므로 바로잡았다.
24) 감시(監試): 국자감시(國子監試)의 준말. 조선시대 진사시(進士試)를 말한다.
25) 등호(燈號): 과거 응시자가 자신의 등(燈)에 표로 쓴 글자
26) 천보총(千步銃): 숙종 때 박영준(朴英俊)이 조총을 개량하여 만든 총

메이지 14년 12월 1일에 안기영, 권정호 등은 모반대역부도(謀反大逆不道), 혹은 모반부도(謀反不道)의 죄목으로 결안(結案)이 작성돼서 능지(凌遲)형에 처해졌고, 이재선은 12월 25일에 사사(賜死)됐다. 옛 우의정 유후조(서애 유성룡의 후손)의 손자 전 현감 유도석(柳道奭)도 당여(黨與)에 가담했지만 세록(世祿)이 있다는 이유로 은전을 내려서 전라도 흥양현(興陽縣) 녹도(鹿島)에 안치했다.[31]

이재선 옥사(獄事)의 소굴이 대원군에게 있다는 것은 일반적으로 조야에서 모두 확신하고 있었지만,[32] 의금부와 포도청에서는 이 건을 지목해서 안기영과 권정호를 주모자로 보고, 이들이 이재선의 어리석음을 이용해서 조종한 것으로 해석했다. 이재선의 죄안에 "이재선의 일을 또한 어찌 언급할 수 있겠는가? 본래 몽애(蒙騃)[27]하고 지각이 없어서 정훈(庭訓)[28]을 받들지 않고 잡류(襍類)와 체결해서 마침내 흉역배(凶逆輩)의 사둘 만한 재화[可居之貨[29]]가 되었으니, 이 어찌 이성(彛性)이 감히 나올 수 있는 바며, 상정(常情)으로 헤아릴 수 있는 바겠는가?"라고 한 것은 이러한 견해에 따른 것이다.[33] 그 증거로 제시된 것이 주로 광서 7년 신사 9월 12일(메이지 14년 11월 2일)의 모반부도죄인(謀反不道罪人) 조중호의 수공(囚供)이기 때문에 다음에 그 한 구절을 초록한다.

8월 9일,○메이지 14년 10월 1일 족인(族人) 조중호(趙忠鎬)라는 자가 저를 찾아와서 말하길, "운현군직(軍職) 이재선이 토왜(討倭)할 뜻을 가져서 의논할 사람을 구한다고 하니, 그대가 그 의논에 참여하길 원하는가?"라고 했습니다. 제가 답하길, "척왜(斥倭)는 그래도 괜찮지만, 토왜(討倭)는 이치에 합당하지 않아서 절대 어불성설이니 다시는 그런 말을 하지 말라."고 했습니다. 그날 밤 삼경(三更) 이후에 이재선이 갑자기 찾아와서 말했습니다. "낮에 조중호의 말을 들어서 알 것이다." 제가 답했습니다. "그것이 무슨 말씀입니까?" 이재선이 말했습니다. "장차 위정척사(衛正斥邪)를 하고자 한다." 제가 물었습니다. "상소로 하는 것입니까, 말로 하는 것입니까?" 이재선이 말했습니다. "장차 사람들을 모집해서 왜를 벌할 것이다." 제가 말했습니다. "만약 사람을 모집해서 왜를 벌한다면 조정에서 필시 도륙할 것이니, 그것이 어찌 논할 수 있는 일이겠습니까?" 이재선이 말했습니다. "대사랑(大舍廊)의○사랑(舍廊)은 객실을 말하는데 여기

---

27) 몽애(蒙騃): 사리에 어둡고 철이 없음

28) 정훈(庭訓): 가정의 가르침

29) 가거지화(可居之貨): 전국시대 말기 양적현(陽翟縣)의 대상인이었던 여불위(呂不韋)의 고사에서 유래한 말이다. 그는 조(趙)나라에 볼모로 끌려와서 천대 받고 있던 진(秦)나라 공자 자초(子楚)를 만난 후, 그를 '사둘 만한 기화(奇貨可居)'라고 판단해서 계책을 써서 진나라의 왕이 되게 함으로써 그의 아들인 진시황에 이르기까지 진나라의 승상을 지낼 수 있었다.

뜻이 이와 같고, 여러 사람들의 의론이 합치했으니 그것은 우려하지 말라." 제가 말했습니다. "비록 그 말이 사실이라도 신중히 해서 생각도 하지 마십시오."

13일 밤, 이재선이 다시 찾아와서 9일에 했던 말을 반복했습니다. 그래서 제가 "바로 말씀 드리면, 대사랑의 의향을 여쭙고자 합니다."라고 말하고, 그를 돌려보냈습니다.

14일에 운현을 찾아뵙고 사정을 모두 아뢰자 "그것은 절대 말도 안 되는 일이니 자세히 그 근원을 조사하라."고 말씀하셨습니다. 16일에 이재선이, 그 이름은 알지 못하는 경주 사람 김 모를○김윤문(金允文) 보냈습니다. 그가 말했습니다. "어제 대사랑께서 책교(責敎)가 있으셨지만, 경영한 바의 일들이 이미 모두 입량(入量)했으니 이제 물러설 수 없습니다. 부디 이러한 뜻을 다시 대사랑에게 아뢰시길 바랍니다." 또 말했습니다. "이제 곧 남촌(南村)으로 가서 회의를 할 것입니다. 첫닭이 운 후에 다시 만날 수 있을 것입니다." 남촌 운운하는 것이 의심스러웠습니다. 그래서 제가 그 뒤를 쫓았으나 이미 그림자도 보이질 않았습니다. 다시 이동(泥洞) 골목 어귀에서 이재선과 김 모를 만났습니다.○중략

제가 물었습니다. "벌왜(伐倭)가 당신들에게 무슨 이익이 있기에 하려는 것입니까?" 그러자 그가 답했습니다. "대사랑께서 나로 하여금 주장(主張)하게 하신다면 반드시 공을 세워서 크게 등용될 것이다. 그래서 하는 것이다."○중략

과연 20일○메이지 14년 10월 12일 밤에 전동(典洞)의 여막(旅幕)에서 모이자, 이연응(李然應)과 경주 김 모 두 사람이 와서 앉았습니다. 김 모가 말했습니다. "오늘 저녁에 모이기로 했는데 운현 대사랑께서 이두영을 부르셔서 갔으니 그가 돌아온 후에 다시 모여야겠습니다." 잠시 후 안기영, 임철호(任哲鎬), 이종해(李鍾海), 정건섭(丁建燮), 유도석, 정관민, 이철구, 이종학 등이 연달아 들어왔습니다. 모두 저와는 초면인지라 인사를 나눈 다음에 안기영에게 물었습니다. "오늘 모임은 무슨 일 때문입니까?" 그가 답하기를, "이두영이 돌아오면 저절로 상세히 알게 될 것입니다."라고 하였습니다. 그러는 동안 첫닭이 울더니, 그제야 비로소 이두영이 돌아왔습니다. 그를 보니 상인(喪人)이었습니다. 초면이라서 인사를 나누고 그를 윗자리에 앉히며 물었습니다. "오늘 모임의 주모재(主人)는 누구입니까?" "주모자는 이재선입니다." "모인 것은 무슨 일 때문입니까?" "토왜(討倭)의 일 때문입니다." "이재선이 주모자라면 아직까지 오지 않은 것은 무엇 때문입니까?" "감기에 걸려서 올 수 없다고 합니다." "이미 주모자가 됐다면 설령 신병이 있더라도 억지로라도 몸을 끌고 와야 합니다." 그러자 이두영이 말했습니다. "그가 없어도 무방합니다."○중략

제가 물었습니다. "이재선이 주모했다면 대원군 대감 운운하는 것은 또 무슨 말입니까?" 그가○이두영 답했습니다. "대감께서 절대 생각하지도 말라는 뜻으로 엄하게 책교(責敎)를 내리셨

지만, 지금은 이미 준비가 끝났으니 그만 두고 싶어도 할 수 없습니다. 이미 기약한 날에 거사하지 않을 수 없습니다."○중략

안기영과 이두영이 서로 의논해서 말했습니다. "절대 그렇게 거사하지 마십시오. 만약 대감께서 친히 토왜(討倭)하시고 대궐로 나가신 다음에 함께 도모한 사람들과 논공(論功)하신다면 어찌 만전(萬全)하지 않겠습니까? 그런데 원위(院位) 대감의 의향을 바로 알 수 있는 사람이 없으니 그대가 그 일을 담당하십시오."라고 했습니다. 그래서 제가 그 일을 담당했던 것입니다. 하지만 실은 대감의 분부를 받고서 탐정(探情)차 그 당(黨)에 들어가서 그 속사정을 상세히 탐지하려고 했던 것입니다.○중략

동틀 무렵 황망히 해산했습니다. 기록지[錄祗]는 이두영에게 맡겨두었다가 나중에 다시 그 기록지를 찾아서 운현께 올리고 전후의 일체 사정을 자세히 아뢰었습니다. 그러자 대감께서 기록지에 적힌 인물들을 부르셔서 사실 여부를 확인하신 다음에 분부하시길, "이재선이 설령 함께 도모한 자들이 이처럼 흉설(凶說)을 발설한 것을 모르더라도, 나는 마땅히 대의멸친(大義滅親)할 것이다."라고 하셨습니다. 그리고 이재선을 불러오게 해서 대단히 엄하게 질책하시고 자진(自盡)을 명하셨습니다. 이재선은 그러한 논의를 한 적이 없다고 하면서 누누이 변명했습니다.○중략

운현께서 처분하시길, "이는 필시 벌왜(伐倭)를 빙자해서 재물을 편취하는 소굴을 만든 것이로되, 끝내 흉언이 나온 것에 대해서는 당장 대옥(大獄)을 일으켜야 할 것이다. 하지만 아직 병기(兵器)가 없으니, 우선 재물을 편취하고 사람을 기망한 죄에 따라 이두영, 강달선, 이종학 등을 추조(秋曹)에 분부해서 즉시 유배 보내게 하고, 그 나머지 조관(朝官)은, 창졸간에 천단(擅斷)한 자가 아니면 끝까지 아뢰어라."라고 하교하셨습니다.○하략 34

조중호는 음모의 중심인물 중 1명이었지만, 자신이 역모에 참여한 것은 대원군의 밀명에 따라 당정(黨情)을 정탐하기 위한 것이었다고 주장하고, 따라서 대원군은 이 건과 무관함을 강조하려고 했다. 하지만 의금부에서는 "정탐을 가탁하면서 도리어 모의(謀議)의 주모자가 됐다. 자신은 고변(告變)했다고 하나, 흉역한 무리의 계책을 돕고 두적(斗賊: 죄인 이두영)의 집으로 옮겨서 회의했으니 그 복간(腹肝)이 서로 연결되어 있다."라고 단안(斷案)하고 정탐설을 인정하지 않았다.35 또 조중호의 수공(囚供)에서는 마지막 회의 날짜가 10월 12일로 되어 있으나 다른 죄인들의 수공에 따르면 13일 밤이 분명하다. 이 또한 조중호가 자신이 말하는 고변의 시일에 맞추기 위해 하루를 속인 것으로 이해된다.

의금부와 포도청 모두 죄인을 심리할 때, 사안이 국왕, 왕비 및 왕실의 근친과 관계되

는 한 이들에게 불리한 초공(招供)은 인정하지 않고 국안(鞠案)과 등록(謄錄)에도 이를 기재하지 않는 것이 통례였다. 안기영과 권정호 등 30여 명의 수공(囚供) 중에는 조중호의 진술과 반대로 대원군이 이 옥사의 소굴이었음을 입증하는 공초(供招)가 적지 않았을 테지만, 위관(委官) 판돈녕부사 한계원은 (얼마 지나지 않아 영돈녕부사 홍순목으로 교체했다.) 그것을 인정하지 않고, 조중호의 애매한 공술의 반을 부정하면서도 그것을 증거로 대원군이 이 옥사에 직접 관련이 없을 뿐만 아니라 오히려 이재선을 엄하게 계칙(戒飭)하면서 음모자들과 절연시키려고 노력했다고 해석했던 것이다.

다시 한걸음 더 나아가 생각해보면, 이재선 옥사는 대원군이 남인을 수족으로 삼아서 신사(辛巳) 위정척사론의 발흥에 편승하여 먼저 영남 유생소를 이용해서 척족 타도를 기도했다가, 그것이 성사되지 않자 병력으로 정권 회복을 획책한 것이었다. 그렇지만 그의 수하로 활동한 자들은 모두 백면서생들이라서 한갓 공론만을 일삼고, 거사의 전망은 아직 보이지도 않는데 사전에 일이 외부로 누설됐기 때문에 우선 서리(胥吏) 출신의 강달선, 이두영, 이종학에게 그 책임을 돌려 그들을 유배 보냈다. 그리고 이것만으로는 은폐가 어렵게 되자, 다시 이 사건과 비교적 관계가 적은 이풍래에게 명해서 고변을 시킴으로써 한때의 이목을 호도하려고 했던 것이다.[36] 그런데 척족은 대원군이 국왕의 존속(尊屬)인 까닭에 그에게 직접 손을 대지는 못하고, 대신 그의 날개를 완전히 제거하기로 결심했던 것 같다. 그 척결의 손은 대원군이 예상치 못했던 범위까지 뻗쳐서 마침내 그의 서자와 심복들이 모두 희생되었다. 위관(委官)이 한계원에서 홍순목으로 교체된 것도 심리 진행 과정에서 대원군과 남인의 음모임이 판명된 이상, 남인 출신으로 대원군에 의해 불시에 등용되어 마침내 대신에까지 오른 한계원이 계속 이 건을 맡는 것은 불리하다고 여겼기 때문인 것으로 이해된다.

1 『善隣始末』卷五; 『同文彙考』附編續 洋情一.

2 『善隣始末』卷五; 『同文彙考』附編續 洋情一.

3 『善隣始末』卷五; 『同文彙考』附編續 洋情一.

4 李裕元, 『嘉梧藁略』 年譜 卷三.

5 『善隣始末』卷五; 『世外井上公傳』卷三(昭和九年刊) 439~443쪽; 修信使行書契謄錄; 『同文彙考』附編續 洋情一·信行別單; 修信文蹟; 金弘集, 『以政學齋日錄』卷下 庚辰.

6 修信文蹟 修信使公幹 庚辰年七月十一日.

7 柯使問答 乾·坤; 修信文蹟 大淸欽使筆談.

8 修信使書契謄錄; 『倭使日記』卷一四 庚辰年八月二十一日; 『同文彙考』附編續 洋情·信行別單.

9 黃遵憲, 『朝鮮策略』.

10 『以政學齋日錄』卷下 庚辰年八月 二十八日·九月八日; 『龍湖閒錄』卷二三 庚辰年九月八日次對入侍時·廟堂獻議.

11 修信文蹟; 『同文彙考』附編續 信行別單.

12 日本見聞事件 卷五; 山口正之 明治十四年の日本遊覽朝士(文敎の朝鮮昭和五年六月號所收). 이 일본 시찰단은 전적으로 국왕 및 척신의 자발적 의지에서 비롯된 것으로, 일본의 권유에 기초한 것이 아님은 메이지 14년 7월 6일자 이노우에 외무경에게 보낸 하나부사 변리공사의 보고를 통해서도 알 수 있다(明治十三·四年 辨理公使 朝鮮事務撮要 派員視察).

   이번에 조선에서 시찰관(視察官)을 파견하는 것에 관해 반접관(伴接官)에게 은밀히 확인을 받기 전까지 저 정부로부터 공식적인 교섭이 없었다는 것은 금년 2월 8일자 별신(別信) 제7호로 상신한 바와 같지만, 저들이 이미 부산에서 발항(發航)했으니 이미 저 정부의 의론도 하나로 정해졌으리라고 생각합니다. 우리 정부에서 어떻게 접대할지를 대략 말해서 한번 저 정부의 의향을 확인해 보았는데, 우리의 접대가 관후(寬厚)함에 사례하고, 또 이처럼 번거로움과 비용이 드는 것을 꺼려서 일부러 공식 통고하지 않았다고 인사했습니다. 또한 그 시찰할 분과(分科) 등을 미리 봉명(奉命)했는지 여부를 한번 물어보니, 그 학습할 목적도 세우지 않았기 때문에 각각 그들의 뜻에 맡길 것이라고 대답했습니다. 그러므로 이러한 내용을 서면으로 제출해 줄 것을 요구하자, 별지에 필사한 것처럼 (생략함) 서간을 보내 왔는데, 의뢰하는 뜻도 없고, 또 진사(陳謝)하는 뜻도 없었습니다. 이는 처음부터 국왕의 결단에서 나온 일로서, 정부 내에는 동의하지 않는 자들도 적지 않으며, 금일에 이르러서도 아직 완전히 중론(衆論)이 하나로 정해지지 않았기 때문이라고 생각됩니다. 그렇지만 그들이 시찰을 마치고 각자 학습, 연구한 후 귀조한다면 저 나라의 장래 시설(施設)에 다소의 보탬이 되리라고 생각되므로, 응분의 보호가 있어야 할 것입니다.

13 『朝鮮交際始末』卷三; 『善隣始末』卷五; 自明治十三年至明治十四年 辨理公使朝鮮事務撮要 小銃贈進; 『世外井上公傳』卷三 448~452쪽; 『同文彙考』附編續 武備.

14 辨理公使朝鮮事務撮要 銃隊創設; 『同文彙考』附編續 武備; 金允植, 『天津談草』.

15 『嘉梧藁略』書·年譜 卷三; 金允植, 『雲養集』卷一四 天津奉使緣起; 『李文忠公全集』奏稿 卷四二 譯署函稿 卷四; 『文獻叢編』第二十四輯 光緒元年朝鮮國進貢案.

16 『日省錄』李太王辛巳年二月·三月·九月·十一月; 『天津談草』; 『增補文獻備考』卷一七六 聘考六.

17 『政治日記』卷一三 李太王辛巳;『增補文獻備考』卷二一六 職官考三; 辨理公使朝鮮事務撮要 衙門創置.

18 『天津談草』壬午年六月二十二日.

19 『日省錄』李太王辛巳年二月二十六日; 嶺南儒生李晚孫等萬人疏;『以政學齋日錄』卷下.

20 『日省錄』李太王辛巳年二月二十六日·三月三日·四月一日·二日·三日; 辛巳罪人李晚孫姜晉奎等鞫案;『以政學齋日錄』卷下.

21 江原道儒生洪在鶴上疏;『日省錄』李太王辛巳年閏七月六日.

22 辛巳罪人洪在鶴鞫案;『日省錄』李太王辛巳年閏七月二十二日;『政治日記』卷一三 李太王辛巳年閏七月二十二日.

23 京畿儒生申櫄上疏;『日省錄』李太王辛巳年閏七月八日·十四日·十五日·二十五日;『嘉梧藁略』年譜 卷三.

24 『日省錄』李太王己卯年六月十七日·七月十六日·十七日.

25 『嘉梧藁略』書答肅毅伯書 附原書·年譜 卷三 李太王十六年七月;『淸光緖朝中日交涉史料』卷一 (三三) 附件一 總理衙門奏擬勸朝鮮交聘各國片·(三四)光緖五年七月四日軍機處寄直督李鴻章上諭;『李文忠公全書 奏稿』卷三四 光緖五年七月十四日 密勸朝鮮通商西國摺.

26 『日省錄』李太王庚辰年十月十六日;『嘉梧藁略』年譜 卷三 李太王十七年庚辰.

27 『日省錄』李太王辛巳年閏七月八日·十四日·十五日;『嘉梧藁略』年譜 卷三 李太王辛巳年閏七月;『李文忠公全書』奏稿 卷四二 朝鮮國陪臣金允植密書.

28 『華西集』卷三 疏箚·附錄 卷九 年譜; 辛巳罪人在鶴鞫案;『興宣大院君傳』.

29 辛巳大逆不道罪人安驥永權鼎鎬等鞫案 卷坤 光緖七年十月二十三日 罪人尹弘燮供招.

30 辛巳大逆不道罪人驥永鼎鎬等鞫案 卷乾·坤;『右捕廳謄錄』辛巳告變人李豊來.

31 大逆不道罪人驥永鼎鎬等鞫案 卷坤 光緖七年十月十日·二十四日.

32 『天津談草』;『適可齋記行』卷五;『興宣大院君傳』.

33 大逆不道罪人驥永鼎鎬等鞫案 卷坤 光緖七年十月二十四日.

34 同 卷乾 光緖七年九月十二日.

35 同 卷乾 光緖七年十月二十四日.

36 大逆不道罪人驥永鼎鎬等鞫案;『左捕廳謄錄』.

임오변란(壬午變亂),
제물포조약(濟物浦條約)의 체결

제 16 장

임오병란(壬午兵亂)

메이지 14년 신사(辛巳) 위정척사론을 계기로 정권 회복을 기도했으나 결국 실패해서, 서자와 심복들이 희생되어 마음속 가득히 비분을 품고 자복(雌伏)[1]하지 않을 수 없었던 대원군은 그 후 1년이 채 지나지 않아서 척족에게 보복할 기회를 얻었다. 이듬해인 메이지 15년 7월 23일(임오년 6월 9일)의 병란(兵亂)이 그것이다.

한성부에 주둔하면서 육영(六營)에 분속(分屬)된 군졸들은 그 수가 1만 명에 가까웠지만, 군기가 문란한 데다가 무장은 보잘 것 없고 병기는 녹슬어서 군대라기보다는 차라리 유리걸식하는 무뢰배들이 아닐까 의심스러울 정도였다. 반란이 일어날 때마다 의병에 기댈 수밖에 없는 이러한 난맥상은 이미 오래전부터 주목을 받았으며, 정조와 헌종은 강병 양성의 뜻을 갖고 있었지만 취약함이 누적된 나머지 결국 목적을 달성하지 못했다. 이태왕의 시대에 이르러 메이지 14년 5월에 별기군(別技軍)을 창설해서 신식 군대를 양성하였으며, 그 밖에도 메이지 15년 2월에 훈련도감(訓鍊都監)·용호영(龍虎營)·무위영(武衛營)을 무위영으로 개편하고, 금위영(禁衛營)·어영청(御營廳)·총융청(摠戎廳)을 혁신해서 장어영(壯禦營)을 설치했다. 개편된 군관과 군졸들은 모두 급여가 후한 별기군을 질시했는데, 그 중에서도 옛 훈련도감 군졸들 사이에서 불온한 기운이 퍼지고 있었다. 이러한 사태를 악화시킨 것은 양향(糧餉)[2]의 미지급이었다.

원래 근대 조선에서는 극심한 재정난과 군병(軍兵)의 낮은 지위 때문에 규정대로 양향이 지급되지 않는 것은 특별히 이상한 일도 아니었다. 오직 대원군 집정기에 군량이 조금 윤택했지만, 국왕 친정·척족 전권 시대에 이르러 옛 상태로 돌아가고 말았다. 군졸들은 무엇보다 그 원인을 척족의 궁정 비용의 무분별한 지출로 돌렸으며, 그 책임자인 선혜청당상 병조판서 민겸호와 경기도 관찰사 김보현(척족의 아류로 간주되고 있었다.)에게 깊은 원한을 품고 있었다.[1]

---

1) 자복(雌伏): 웅크린 채 세상일에 관여하지 않음
2) 양향(糧餉): 군량(軍糧)

메이지 15년 7월(임오년 6월), 무위영과 장어영 군졸들에게 군량이 지급되지 않은 지 이미 13개월이 돼서 영내에 소란이 일고 있었다. 마침 그 달 상순에 전라도의 조미(漕米)가 도착했으므로 우선 무위영 소속 옛 훈련도감 군졸들에게 몇 달치의 군량을 지급했다. 그런데 군량 지급을 맡은 곳간지기가 몰래 쌀에다가 겨와 모래를 섞고는 나머지를 착복했다. 이 때문에 한 섬의 군량이 반 섬에 불과한 꼴이 되었다. 군졸들은 크게 격앙해서 모두 수령을 거부했고, 결국 구 훈련도감 포수 김춘영(金春永), 유복만(柳卜萬), 정의길(鄭義吉), 강명준(姜命俊) 등이 선혜청 곳간지기, 무위영 영관(營官)들과 격투를 벌이는 지경에까지 이르렀다. 곳간지기가 이 사실을 당상 민겸호에게 아뢰자, 그는 대노하여 군관에게 명해서 유복만, 김춘영 등을 체포한 후 포도청에 넘겨서 형살(刑殺)시키려고 했다. 군졸들은 점점 더 분격했으며, 김춘영의 아비 김장손(金長孫)과 유복만의 아우 유춘만(柳春萬)[모두 훈국(訓局)의 아병(牙兵)[3]이었다]이 주동자가 되어—김장손은 통문(通文)을 작성하고 유춘만은 장두(狀頭)가 됐다.—무위 각 영의 군졸들의 도움을 받아 일대 시위운동을 일으켰다.

메이지 15년 7월 23일(임오년 6월 9일), 유춘만과 김장손 두 사람의 뒤를 따라 무위영 군졸들이 대거 무위대장 이경하의 동부 낙동(駱洞) 사제로 몰려가 큰 소리로 선혜당상 민겸호의 불법을 호소했다. 이경하는 대원군에게 발탁된 무장이기도 했으므로 척신의 일처리가 옳지 않다고 여겼겠지만, 관제로 봐도 양영(兩營)의 장(將)은 양향(糧餉)을 관장할 권한이 없었기 때문에 군졸의 말을 듣고 나서 민겸호에게 서신을 보내 변백(辨白)[4]하는 데 불과했다. 민겸호는 처음부터 이 문제를 불고(不顧)했으므로, 이경하는 군집한 군졸들을 일단 해산시킨 뒤에 각자 북부 안국동에 있는 민겸호의 집으로 가서 애소(哀訴)하게 했다. 군졸들은 대거 안국동으로 향했다. 그런데 민겸호의 집 문밖에 도착하자마자 마침 이번 소요의 원인을 제공한 곳간지기를 마주쳤다. 군졸들은 함성을 지르며 그를 쫓다가 결국 민겸호의 집에까지 난입했는데, 곳간지기는 물론이고 민겸호도 발견하지 못했던 까닭에 끝내 집을 부수는 지경에 이르렀다.

척족의 대표자인 민겸호의 집을 습격해서 파괴한 이상, 이 소요의 수괴는 사형을 면할 수 없었다. 유춘만과 김장손은 상의하기를, 한갓 감옥에서 죽음을 당하는 것보다는

---

3) 아병(牙兵): 본진에서 대장을 호위하는 임무를 맡은 병사. 아(牙)는 대장기를 뜻한다.
4) 변백(辨白): 사리를 밝혀서 시비를 분변함

군민(軍民)의 원부(怨府)[5]인 척족을 무찔러 죽인 다음에 죽더라도 늦지 않으니, 우선 대원위 대감에게 진정해서 진퇴를 결정하는 것이 낫다고 하고는 운현궁으로 달려가서 애소(哀訴)했다. 대원군은 일단 겉으로는 당직 중이던 무위영 군졸 장순길(張順吉) 등에게 명해서 이들을 진무(鎭撫)하고, 적체된 군향(軍餉)은 반드시 지급하겠다고 약속한 다음에 해산을 명했다. 그리고는 유춘만과 김장손 등 수괴들을 불러서 밀계(密計)를 주고, 심복 허욱(許煜) 등으로 하여금 군복으로 갈아입은 후 환도(還刀)를 차고 군졸들과 행동을 함께 하도록 했다.

대원군이 김장손, 유춘만에게 준 밀계의 상세한 내용은 알 수 없지만, 지난 신사년의[6] 거병 계획을 답습했으리라는 것은 의심할 여지가 없다. 즉, (1) 범궐(犯闕), 단 국왕을 폐위하는 대신 왕비 민씨를 처분할 것, (2) 척족 및 그 당여(黨與)를 오살(鏖殺)할 것, (3) 일본 공사관과 하도감(下都監) 교장(敎場)을 습격해서 일본인을 축살(逐殺)할 것의 3개 조이다. 다시 말해서 처음에 단순한 봉미(俸米)의 미지급으로 시작된 소요는 이제 순수한 정치적 반란의 성질을 띠게 된 것이다.

난병 등은 대원군의 지시에 따라 첫 번째의 범궐은 다음 날로 연기하고 두 번째와 세 번째를 실행하기로 결정했다. 먼저 동별영(東別營)의 군기고를 부수고 병기를 탈취한 후 포도청에 난입해서 유복만, 김춘영, 정의길, 강명준 등 4명의 죄인을 석방하고, 또 의금부를 습격해서 죄인 백낙관(白樂寬)을 구출했다. 그리고 다시 경기감영을 습격해서 관찰사 김보현을 찾았지만 뜻을 이루지 못하고, 대신에 군기고를 부수고 병기를 약탈했다. 그리고 한 부대는 강화부유수 민태호(왕세자빈 민씨의 부친) 이하 척신의 집을 습격했으며, 다른 한 부대는 난민들과 합세해서 일본 공사관을 습격하여 공사 이하 전원을 축출하고 노상에서 만나는 일본인을 모두 학살했다.

일본 공사관 습격을 끝으로, 폭동을 일으킨 병사들은 대원군의 유고(諭告)에 따라 일단 무위영으로 복귀하여 무위영 및 장어영 군졸들과 함께 다음 날인 7월 24일의 행동을 준비했다. 또 군졸의 대다수가 동부 왕십리·이태원 두 마을에 거주하고 있었으므로 유춘만에게 군졸 홍천석(洪千石)을 붙여서 두 마을로 파견한 뒤, 거주민들을 선동해서 24일 새벽에 노소를 불문하고 일제히 입성하여 폭동에 참가하기로 하고 준비를 마쳤다.[2]

---

5) 원부(怨府): 대중의 원한이 몰리는 관청이나 집단
6) 원문에 임오년으로 되어 있으나 신사년의 잘못인 것으로 보여 수정했다.

정부에서는 선혜당상 민겸호의 보고에 따라 처음에는 단순한 방료(放料)[7] 문제로 인한 소요라고 생각했던 것 같다. 그런데 폭동의 성격이 점차 심각해지고, 특히 운현궁과 연락이 닿아 있다는 사실이 판명되자 곧바로 지난 신사년의 이재선 옥사를 연상하고 폭동의 추이를 대략 예상할 수 있었을 것이다. 아무튼 온 도시의 군민(軍民)이 모두 이반했기 때문에 탄압 같은 것은 생각하지도 못하고, 오직 효유(曉諭)하고 위무(慰撫)하는 것 외에는 시책(施策)할 도리가 없었다. 바로 무위대장 이경하에게 명해서 영하(營下)로 달려가 소요를 일으킨 군졸들을 사문(査問)하고 효칙(曉飭)해서 해산하게 했지만, 이미 대원군의 밀명을 받은 군졸 등은 '낙동의 염라[駱洞閻羅]'라는 별명을 가진 이경하의 위망(威望)으로도 어찌 할 수 없었고, 오히려 그를 수행하는 행수집사(行首執事)가 평소 여러 사람들의 원망의 표적이 되어 있었던 까닭에 대장의 면전에서 살해당하는 일이 벌어졌다.[3]

무위대장 이경하의 복명을 통해 효유로 해산시킬 가망이 없다는 것이 판명된 이상, 오직 사태를 흘러가는 대로 방치하는 것 말고는 할 수 있는 일이 없었다. 다만 난병들이 일본 공사관을 습격할 것은 거의 확실했고, 게다가 조선 정부는 무방비 상태의 공사관을 보호할 수단이 없었기 때문에 상호군(上護軍) 조영하의 건의에 따라 일본 공사에게 비밀 통지를 보내서 병란의 발발을 통고하고 자위 수단을 강구할 것을 요망했다.[4]

메이지 15년 7월 24일(임오년 6월 10일), 동별영(東別營)에 집합한 구 훈련도감 군졸들은 무위각영(武衛各營)·장어영·별기군과 합세하고, 여기에 왕십리·이태원 두 촌락의 부민과 무뢰배들이 가세해서 어제의 승세를 몰아 행동을 개시했다. 그들은 대원군의 밀명에 따라 우선 영돈녕부사 흥인군 이최응의 집을 습격해서 그를 살해하고, 계속해서 창덕궁 돈화문으로 몰려갔다. 수문장은 이미 달아나고 없었으므로 난병들은 곧장 궐내로 난입했다.

사태가 이 지경에 이르자 대원군에게 전권을 맡겨서 반란의 진정을 부탁하는 것 외에는 다른 방법이 없었다. 바로 내관이 운현궁으로 달려가서 입시(入侍)하라는 명을 전했다. 대원군은 여흥부대부인(驪興府大夫人) 민씨, 장자 무위대장 이재면을 데리고 입궐했다. 미리 운현궁에 집합하고 있던 옛 훈련도감 군졸 중 정예 200명이 허욱의 지휘에 따라 대원군을 호위했다.

---

7) 방료(放料): 나라에서 급료를 지급하는 일

그때 국왕과 왕비는 중희당(重熙堂)에 있었는데, 난병들은 대원군의 가마를 따라 중희당을 포위했다. 그리고 선혜당상 민겸호가 입시하는 것을 보고 그를 잡아서 학살했다. 경기도 관찰사 김보현도 변란 소식을 듣고 급히 입시했는데, 난병들은 그를 포박해서 당하(堂下)에서 학살했다. 피를 본 난병들은 점점 더 광포해져서 왕비를 찾아 나섰다. 부대부인 민씨는 자신이 타는 사인교(四人轎)로 몰래 왕비를 피신시키려고 했지만, 불행히도 교군(轎軍) 정의길, 장태진(張泰辰), 홍천석, 허씨동(許氏同)이 바로 난병의 간부였으므로 가마를 박살내고 왕비에게 달려들어서 왕비가 매우 위태로운 지경에 처했다. 그때 무예별감(武藝別監) 홍재희(洪在羲)가[계훈(啓薰)] 이 광경을 보고서 큰 소리로 "그 사람은 상궁인 내 누이다!"라고 외치고는, 왕비의 용모를 알지 못하는 난병들이 주저하는 사이에 왕비를 업고 창덕궁을 빠져나와 사어(司禦) 윤태준의 집으로 모셨다. 병변(兵變)이 조금 진정되자 왕비는 7월 26일에 익찬(翼贊) 민응식(閔應植)의 집으로 이어(移御)했고, 그 후에 다시 민응식과 진사 민긍식(閔肯植) 등의 배종(陪從)을 받으면서 광주와 여주를 지나 8월 4일에 충청도 충주목(忠州牧) 민응식의 향제(鄕第)에 안착했다. 그리고 그곳에서 잠어(潛御)했다.[5]

이보다 앞서 7월 23일 저녁에 난병들은 폭민(暴民)과 합세해서 일본 공사관을 습격했다. 당시 변리공사 하나부사 요시모토 등은 군졸들의 불온한 움직임에 관해 전혀 들은 것이 없었으므로 병란의 돌발을 전혀 예상치 못하고 있었다. 메이지 15년 7월 23일은 일요일이라서 공사관원 중에는 이른 아침에 시중을 거닐던 자도 있었는데, 경복궁 앞에 이상하게 많은 수의 군졸들이 군집해 있는 것을 멀리서 보았을 뿐, —조선에서는 특별한 이유 없이 많은 사람이 모이는 것을 특히 경계할 필요가 있는데—평일과 다른 점은 눈치채지 못했다고 한다. 같은 날 오후 3시경에 하도감(下都監)[동별영(東別營)]에 있는 별기군 영병관(領兵官) 전 부사 윤웅렬로부터 하나부사 변리공사 앞으로 짧은 간찰이 도착했다. 바로 조영하의 내명(內命)에 따른 것이었다.

바쁘고 황망해서 길게 적지 못합니다. 난류배(亂類輩)가 작당해서 병대(兵隊)와 지금 싸우고 있습니다. 아마도 일본 제공(諸公)을 범할 우려가 있으니, 양촉(諒燭)해서 우선 스스로 방비하십시오. 만약 곧장 침범해서 패악을 부리는 지경이 된다면, 총을 쏘고 검을 사용하는 한이 있어도 환난을 피할 방도를 도모하는 것이 좋겠습니다.

이어서 공사관에서 고용한 조선인도 경성 시내에서 큰 폭동이 일어나 왕궁을 침범하고—이는 사실이 아니었다.—척족의 집을 습격하고 있다는 소식을 전해왔다. 또 호리모토 소위에게 소속되어 하도감에서 재근하던 육군 어학생 2명과 사비 유학생 1명이 공사관으로 오는 도중에 남대문 부근에서 난민들에게 습격당했다는 소식이 들려왔다. 공사는 비로소 병란이 발발했음을 알고 공사관에서 근무하는 외무성 순사 3명을 급파해서 피해 유학생을 구조하게 했다. 그와 동시에 차비역관 이승한(李承漢)이 내방해서 공사 이하 모든 인원이 뒷산으로 피신할 것을 요청했으나, 하나부사 공사는 난민들이 공사관을 습격할 경우 조선 정부에서 보호 군대를 파견해 줄 것을 요구했다. 차비역관은 고개를 끄덕이면서 떠났다. 하지만 국왕조차도 이미 난병의 행위를 수수방관하던 때에 일개 역관에게 이처럼 중대한 임무를 요구한들 전혀 효과가 없을 것은 두말할 나위도 없었다.

그즈음 공사관에서 겨우 수백 미터 떨어진 경기감영이 난병들의 습격을 받아서 공사관 뒤의 언덕에서도 흙먼지와 연기가 자욱한 모습을 볼 수 있었지만 아직 어떤 상황인지 판명되지 않고 있었다. 다만 공사관 부근에 집합한 조선인들의 숫자가 점차 늘어났을 뿐만 아니라 고용 조선인들이 모두 달아났으므로 공사는 공사관 부속 무관 육군보병대위 미즈노 가츠키(水野勝毅)와 협의해서 방비를 엄중히 했다. 당시 공사관에서 근무하던 인원은 다음과 같다.

변리공사	하나부사 요시모토
영사 겸 외무서기관	곤도 신스케(近藤眞鋤)
공사관 부속 무관 육군보병대위	미즈노 가츠키
해군중군의(海軍中軍醫)	사가와 아키라(佐川晃)
외무사등속(外務四等屬)	이시바타 사다
외무이등경부(外務二等警部)	오카 효이치(岡兵一)
외무칠등속(外務七等屬)	아사야마 겐조
육군보병군조(陸軍步兵軍曹)	지하라 히데사부로(千原秀三郎)
외무어용괘(外務御用掛)	오바 나가나리
동(同)	소 요스케(曾庸輔)

이 밖에 외무성 순사 9명(이 가운데 3명은 명령으로 시내에 파견), 고원(雇員) 5명, 해군 간병부(看病夫) 1명, 유학생 3명, 종복(從僕) 3명 등 합계 31명(그 중 3명 결락)이 있었는데, 그 중에 전투원은 미즈노 보병대위, 지하라 보병군조, 오카 외무성경부, 그리고 순사 6명이었고 공사관 내에 있는 병기라고는 권총 2정에 불과했다. 다만 비전투원이라고는 해도 메이지 보신[戊辰] 이래의 내란에서 실전 경험을 가진 사족(士族)이 대다수를 차지해서 모두 호신용 도검을 갖고 있었으므로 준(准)전투원이라고 할 수 있었고, 특히 하나부사 변리공사 이하 거의 모두가 장년으로서 부인과 어린아이가 포함되어 있지 않은 것은 매우 마음을 든든하게 했다.

일본 공사관 습격의 수괴가 몇 명이었는지는 지금 확인할 수 없다. 다만 벌왜(伐倭)는 대원군이 예정한 계획의 일부분이었기 때문에 난병과 난민이 합동으로 몰려들어 공사관을 포위했다. 처음에는 공사관 내의 상황을 알 수 없어서 주저했지만, 난병 가운데 하나가 먼저 발포하자 그 기세를 타고 모든 신식·구식 병기를 동원해서 일제히 공격을 가했다. 때는 바야흐로 오후 5시 30분경이었다.[6]

공사관에서는 미즈노 보병대위와 오카 경부의 지휘하에 사력을 다해 방전(防戰)하면서 조선 정부에서 구원 군대가 오기를 기다렸지만, 한밤이 되도록 조선 병사는 1명도 오지 않았다. 게다가 완강한 저항에 고전하던 난병들이 공사관에 방화하기 시작해서 방어를 계속하는 것도 불가능해졌다. 하나부사 공사는 겹겹이 쌓인 포위망을 돌파한 후 경기감영으로 가서 보호를 구하고, 만약 그것이 불가능하면 왕궁으로 가서 국왕과 안위를 함께 하기로 결심하고는, 7월 23일 오후 12시에 기밀문서를 소각한 후 전체 28명의 인원을 이끌고 국기를 받들고 정문으로 돌진했다. 난병과 난민들은 사방으로 흩어졌고, 추격하는 자도 없어서 인명 피해는 경상자 2명에 불과했다. 공사 일행은 우선 경기감영으로 갔지만 처음부터 공영(空營)[8]이었다. 그래서 남대문으로 입성하려고 했지만, 군졸들이 문을 굳게 폐쇄하고는 출입을 허락하지 않았다. 어쩔 수 없이 양화진을 거쳐 인천부로 피난하기로 결정하고, 호우를 맞으면서 이튿날인 7월 24일 오후 3시에 인천부에^경^{기도 부천군 문학면(文鶴面) 관청리(官廳里)} 안착했다. 일행 28명 중에 경상자 2, 3명을 제외하고는 전부 무사했다. 인천부사 정지용(鄭志鎔)과 차비역관 고영희가 이들을 맞이했는데, 일행을 대접하는 것이 자못 정성스러웠다. 공사가 인천부로 퇴각한 것은 "잠시 인천부에 머물면

---

8) 공영(空營): 장병이 없는 빈 진영

서 경성 소식을 듣고, 저쪽 정부와 계속 왕복하면서 담판할 것"을 바랐기 때문으로, 반드시 귀조(歸朝) 준비를 하려는 것은 아니었다고 한다.[7]

아마도 인천부사 정지용이 일본 공사 일행을 수용한 것은 병변(兵變)의 진상을 이해하지 못했기 때문이었던 것 같다. 그런데 공사 일행이 도착한 직후에 난병의 수괴 중 한 사람인 무위영 군졸 정의길이 경성에서 와서 대원군의 밀명을 전달했다. 이로 인해 인천부의 병사들이 대거 관아를 습격했으며, 부사는 방관하는 것 외에는 어쩔 도리가 없었다. 이 때문에 공사 일행은 즉사자 6명과 부상자 5명을 냈지만, 결사적으로 난병의 포위를 돌파해서 제물포에 도달했다. 그리고 그곳에 출장 중이던 육군 포병중위 마츠오카 도시하루(松岡利治), 외무어용괘 스기무라 후카시(杉村濬), 히사미즈 사부로(久水三郎), 어학생 1명, 고원(雇員) 1명을 만나고, 제물포별장(別將)에게 의뢰해서 조선 선박을 빌려 월미도로 도항했다.[8]

메이지 15년 7월 25일(임오년 6월 11일)에 하나부사 공사 일행은 조선 선박을 타고 월미도를 떠나서, 사전에 그 내항 사실을 알고 있었던 이양선의 위치를 찾았다. 그리고 이튿날인 26일 새벽에 인천 서수도(西水道) 바깥 초상군도(草峙群島)[분류도(汾溜島)]^{경기도 부천} ^{군 덕적면(德積面)} 앞바다에서 영국 측량함 플라잉피시호(Flying Fish)에 수용됐다. 함장 해군대위 리처드 호스킨(Richard J. Hoskyn)은 공사의 조난 전말을 듣고는 그의 희망에 따라 당일에 출범해서 7월 29일 심야에 나가사키에 도착했다.[9]

이보다 앞서 병변(兵變)이 발발하자 국왕을 중심으로 대신과 척족이 협의한 결과, 7월 23일 당일에 병변의 책임자인 선혜청 당상 민겸호, 도봉소(都捧所) 당상 심순택, 무위대장 이경하, 장어대장 신정희에게 파직 처분을 내리고(두 장신(將臣)은 원배(遠配)됐다.), 대원군의 장자 판종정경(判宗正卿) 이재면을 무위대장에 차하했다. 이것은 대원군을 거용(擧用)하기 위한 준비 공작이었으며, 척족조차도 대원군에게 일체의 운명을 맡기는 것 외에 다른 방도가 없음을 자각한 증거로 볼 수 있다.

7월 25일에 대원군이 소명(召命)에 응해서 입궐하자 국왕은 특별히 전교를 내려서 "이제부터 대소 공무를 모두 대원군에게 품결(稟決)하라."고 명했다. 이 몇 마디 전교를 통해 정국(政局)은 계유년 가을 이전으로 복귀해서, 국왕은 궁중 깊은 곳에서 허기(虛器)[9]를 안고 있을 뿐이며 일체의 정무는 대원군이 독재(獨裁)할 것임을 선언한 것이다.[10]

---

9) 허기(虛器): 기(器)는 신기(神器)로 제위(帝位)를 비유하는 말이다. 허기(虛器)를 안고 있다는 말은 왕의 이름만 있고 그 실제가 없는 모습을 비유한다.

이제 대원군이 정권을 장악했다. 당일로 처리해야 할 군무와 정무가 산적해 있었다. 그 첫 번째는 반란의 진무(鎭撫)와 선후책의 마련, 두 번째는 신정권 수립에 수반되는 정부 개조, 세 번째는 척족의 제거 및 자당(自黨)의 등용이었다.

첫 번째 반란의 진무에 관해서는, 국왕의 이름으로 자기 자신을 책망하는 전교를 내려서 이 공전의 변은 군졸들이 좋아서 한 것이 아니라 회유할 수 있는 것을 회유하지 못한 국왕의 책임임을 분명히 했다. 또 군졸들의 요청에 응해서 군제를 다시 개혁하여 무위영·장어영·별기군을 폐지하고 과거와 같이 훈련도감·용호영·어영청·금위영·총융청의 복설을 명했다. 군량 지급에 관해서는 이미 대원군이 그 실행을 공약했다. 이렇게 해서 완전히 목적을 달성한 난병들은 각기 영(營)으로 돌아갔다. 시중의 난병, 난민의 약탈과 폭행은 아직 그치지 않았지만, 대체적으로 반란은 저절로 진정되고 있었다고 할 수 있었다.[11]

선후책 중에서 가장 중요한 국무는 왕비 민씨의 폐위 문제였다. 7월 24일 아침에 왕비가 부대부인의 사인교(四人轎)로 피난하다가 교군 정의길 등에게 위해를 당할 뻔 했다는 사실이 판명됐지만, 그 후의 소식은 전혀 알 수 없었다. 참극의 유일한 증거물이라고 할 수 있는 사인교가 파괴된 채로 중희당 뒤뜰 회화나무 아래에서 발견됐으므로, 대원군은 왕비가 난병의 흉수에 걸려든 것으로 간주하고 당일로 "중궁전이 금일 오시(午時)에 승하하셨으니, 거애(擧哀)의 절목을 전례에 따라 마련하라."는 전교를 반포했다. 이어서 선례에 따라 영의정 홍순목을 총호사(總護使)에, 이재면과 조영하를 빈전도감제조(殯殿都監提調)에, 이회정·민영목·정범조를 국장도감제조(國葬都監提調)에, 이인명·한경원·김영수를 산릉도감제조(山陵都監提調)에 차하했다. 그리고 영의정 홍순목의 계언(啓言)에 따라 반란 사유 및 왕비 홍서 소식을 청과 일본에 각각 주자(奏咨), 통고하기로 하고, 승문원(承文院)에 명해서 문서를 작성한 후 평황성(鳳凰城) 성수위(城守尉)와 부산 주재 일본 영사를 경유해서 베이징의 예부와 도쿄의 외무성에 전달하게 했다.[12]

마지막으로 영돈녕부사 이최응, 지중추부사 민겸호·김보현 등의 졸서(卒逝)를 공포하고, 특별히 전교를 내려서 이최응의 집에는 장례 물품을 후하게 지급할 것을 예조에 명했다. 하지만 그 일족은 이최응의 평소 유지였다고 하면서 이를 사양했다. 이것은 대원군이 자신의 친형을 살해했다는 오명을 피하기 위해서 한 행동으로 생각된다.[13]

대원군의 제2차 집정에 수반된 개혁 중에서 우선 주목해야 할 오영(五營)의 복설은 반란의 진무와 관련된 부분에서 이미 대략 서술했다. 즉, 중비(中批)[10]를 내려서 무위대장 이재면을 훈련대장에, 장어대장 신정희를 어영대장에 이차(移差)하고, 호군 조의순(趙義純)을 금위대장에(나중에 훈련대장 이재면이 어영대장, 금위대장을 겸임했다.), 지삼군부사 임상준을 총융사에 제수했다. 또 국왕 신정부의 최대 개혁이었던 통리기무아문을 폐지하고 옛 삼군부를 복설해서 군국의 기무를 모두 삼군부의 소관으로 했다. 그리고 곧바로 영삼군부사(領三軍府事)에 판중추부사 김병국, 판삼군부사(判三軍府事)에 지중추부사 신헌·이경우(李景宇)·이경하·이재면·민태호(강화부유수. 얼마 지나지 않아 파직됐다.), 지삼군부사(知三軍府事)에 이재봉(李載鳳)·정기원·임상준·양헌수·조영하·김선필(金善弼)·이종승(李種承)·김병시(金炳始)·신정희·김기석(金箕錫), 동지삼군부사(同知三軍府事)에 조의순을 차하했다. 통리기무아문 경리당상이 척신을 중심으로 하는 소장 유위지사(有爲之士)[11]를 결집했던 것에 비해 신(新)삼군부는 보수적 색채가 농후한 노정치가들에게 무게 중심을 두었음을 알 수 있다. 마지막으로 대원군의 위신을 중히 하기 위해서 대원군 존봉의절목(尊奉儀節目)을 협의하게 했다.[14]

세 번째로 개혁에 수반되는 정부의 개조는 가장 중요해서 대원군 제2차 집정의 명운이 달린 문제였다. 이미 대원군의 정적 이최응과 민겸호 등은 난병의 손에 죽음을 당했다. 나머지 척신들은 민태호를 비롯한 대부분이 난을 피해 아직 조정에 나오지 않고 있었다. 대원군은 자신이 원하는 대로 척신들을 묘당에서 축출하고 남인과 그 밖의 자당(自黨)으로 대체할 수 있는 지위에 있었다. 그런데 대원군의 심복들은 대부분 파직 혹은 유배 상태에 있었다. 이에 7월 24일 당일로 의금부와 형조의 도배죄인(島配罪人)을 특별 석방하고, 파산인(罷散人)[12]은 다시 서용(敍用)하되 우선 군직(軍職)에 등용할 것을 명했다. 이 때문에 묘당의 개혁은 극히 천천히 진행됐다.

당시 시임대신으로는 의정부 영의정 홍순목이 있을 뿐이었다. 홍순목은 독립당(獨立黨)의 영수로 널리 알려진 참판 홍영식의 부친으로 그 청렴함과 검소함으로 인해 사람들의 신망이 두터웠다. 이런 이유도 있어서 대원군은 영의정을 유임시키는 한편, 같은 날에 상호군 신응조를 우의정에 제수했다. 신응조는 상촌(象村) 신흠(申欽)의 후손으로 박학하고 청렴했다. 그는 대원군의 이종형 뻘이 되었지만 대원군의 1차 집정 당시에도 그 문전에 출입하지 않았고, 척족세도시기에는 특별히 그를 불러서 이조판서에 제수하기

---

10) 중비(中批): 이조(吏曹)나 병조(兵曹)의 전형(銓衡)을 거치지 않고 임금의 특지(特旨)로 관원을 임명하는 것

11) 유위지사(有爲之士): 유위(有爲)는 세상에 쓸모가 있는 일을 한다는 뜻으로 유위지사(有爲之士)는 유능해서 쓸모가 많은 선비를 가리킨다.

12) 파산인(罷散人): 관직을 잃고 한가롭게 지내는 사람

도 했지만 또 출사하지 않았다. 대원군은 그의 중망(重望) 때문에 이번에 대신에 임명한 것인데, 그는 처음부터 응하지 않았다. 또 대원군은 척족 민씨는 축출하더라도 조씨는 중용할 의향이었던 듯, 상호군 조영하를 병조판서에 임명하고, 대호군 조강하를 경기관찰사, 곧이어 전라도관찰사에 임명했다. 그런데 조영하는 대원군의 조정에 서는 것을 극력 거부했을 뿐만 아니라, 훗날 접견대관으로서 청 도원(道員) 마건충과 공모해서 대원군을 정권에서 쫓아내는 데 가장 크게 노력했다는 사실에 주목할 필요가 있다.[15]

대원군은 이번 정변 과정에서 근친을 크게 중용했다. 즉, 장자 이재면에게 훈련대장·금위대장·어영대장을 겸임하게 하고, 또 호조판서와 선혜당상에 제수했다. 그리고 사위인 대호군 조경호(趙慶鎬)를 내의제조(內醫提調)로 삼고, 곧이어 경주부유수로 이차(移差)했다. 그리하여 이재면은 삼영장신(三營將臣)을 겸하면서 호조판서와 선혜당상이 되어 병재(兵財)의 양권(兩權)을 한 몸에 가지게 되었지만, 그 성품이 온유해서 이와 같은 제수도 즐겁게 여기지 않았다. 다시 말해서 그는 대원군이 사실상 양권(兩權)을 조종하기 위한 괴뢰에 지나지 않았던 것이다. 아마도 대원군은 자신의 심복들이 이미 척족에 의해 묘당에서 일소됐기 때문에 갑자기 자신의 수족이 되어 활동할 인재가 부족함을 느꼈을 것이다. 그 중 한 사람인 정현덕(옛 동래부사) 같은 경우는 7월 24일에 석방되고, 8월 10일에 죄명탕척(罪名蕩滌)의 명이 내려져, 8월 12일에 승정원 우승지에 제수됐지만 미처 숙배(肅拜)를 행하기도 전에 대원군 정권이 무너져서 훗날 결국 형륙을 당하였다.[16]

갑자년부터 계유년까지 대원군의 제1차 집정을 기억하는 사람들은 필시 질풍뇌우와 같은 대개혁을 예상하고 공포에 떨었을 것이다. 그런데 제2차 집정에서는 서류상의 개혁은 상당히 진행됐지만 실제 효과는 거의 볼 수 없었다. 첫 번째 이유는 왕비 훙서(薨逝)에 따른 국장(國葬)으로 인해 문자 그대로 예사(禮事)가 방오(旁午)[13]해서 정무가 사실상 폐기된 데 있었을 것이다. 예론이 엄격한 조선에서는 설령 왕비가 훙서했다고 해도, 그 유체를 찾을 방법이 없어서 오직 의친(衣襯)[14]만으로 유체를 대신한다는 데는 이론(異論)이 백출했다. 사실상 대원군의 권위로도 예론을 탄압하기란 쉽지 않았던 것이다.[17] 두 번째 이유는 일본 및 청의 간섭이 의외로 신속했고, 또 압도적인 세력으로 들이닥친 데 있었다. 이 때문에 대원군의 위신도 외국 군대의 견제를 받아 크게 위축되었던 것이다.

---

13) 방오(旁午): 일이 매우 뒤섞이고 복잡함
14) 의친(衣襯): 왕 또는 왕비의 의복

【원주】

1 『興宣大院君傳』.

2 壬午大逆不道罪人金長孫等鞫案; 癸未大逆不道罪人許煜等鞫案; 『興宣大院君傳』; 馬建忠, 『適可齋記行』卷六 東行三錄.

3 『政治日記』卷一四 壬午年六月; 『興宣大院君傳』.

4 明治十五年京城變動之始末書; 『適可齋記行』卷六 東行三錄.

5 『日省錄』李太王壬午年六月九日·十日·十二日·十四日·十五日·二十一日; 『政治日記』卷一四 壬午年六月; 大逆不道罪人長孫等鞫案; 大逆不道罪人煜等鞫案.

6 明治十五年朝鮮激徒暴動顚末記; 子爵花房義質君事略(大正二年) 119~122쪽; 武田勝藏 明治十五年朝鮮事變と花房公使(昭和四年) 13~17쪽.

7 朝鮮激徒暴動顚末記.

8 大逆不道罪人金長孫等鞫案; 朝鮮激徒暴動顚末記.

9 朝鮮激徒暴動顚末記; 子爵花房義質君事略 123~139쪽; 明治十五年朝鮮事變と花房公使 18~34쪽.

10 『日省錄』李太王壬午年六月九日·十日; 『政治日記』卷一四 壬午年六月九日·十日.

11 『政治日記』卷一四 壬午年六月九日·十日.

12 同 壬午年六月十日·十一日·十二日.

13 『日省錄』李太王壬午年六月十一·十二日; 『政治日記』卷一四 壬午年六月十日.

14 『日省錄』李太王壬午年六月九日·十日; 『政治日記』卷一四 壬午年六月九日·十日·十一日.

15 『日省錄』李太王壬午年六月一日·二十九日; 『政治日記』卷一四 壬午年六月十日·十一日·十二日·十三日·十五日.

16 『日省錄』李太王壬午年六月十日·十九日·二十七日·二十九日·七月一日·癸未年四月二十七日.

17 『政治日記』卷一四 壬午年六月十五日; 『嘉梧藁略』年譜 卷三.
(부기) 『日省錄』의 이태왕(李太王) 임오년(壬午年) 6월, 7월 이후 이 정변에 관계되는 부분은 완전히 수정돼서 사료로서의 가치가 거의 없다. 따라서 이 장에서는 수정 전의 『日省錄』고본(稿本) 원형에 가깝다고 생각되는 『政治日記』를 주로 인용하기로 했다. 또 『捕盜廳謄錄』을 봐도 『左捕廳謄錄』임오년(壬午) 12월 25일 두주(頭註)에 "6월 변란 이후로는 정서(精書)하지 말고 등록(謄錄)을 제거하라는 하교가 있었다."라고 기재되어 있으며, 임오병란에 관한 기사가 일체 삭제되어 있다. 단, 이 부분이 일부 일본 공사에게 등송(謄送)돼서 「明治十五年朝鮮激徒暴動顚末記」 부록에 수록되어 있다. 의금부 국안(鞫案)이 완전하게 보존되어 있는 것은 특히 귀중하게 여길 만하다.

일본 정부의 대한방침(對韓方針)

메이지 15년 7월 23일 오후 12시, 겹겹이 쌓인 포위를 돌파하기 전에 하나부사 변리공사는 전 관원을 소집해서 "정문으로 나가면 우선 대로를 따라 경기관찰사의 영(營)으로 가서 수호(守護)를 청해야 한다. 만약 관찰사가 수호(守護)할 수 없다면 마땅히 왕궁으로 가서 국왕과 안위를 함께 해야 한다. 헛되이 산야에 치욕을 드러내지 말라."고 훈시했다고 한다. 일본 공사가 조선국왕과 생사를 함께 하겠다고 한 말의 의미는 분명치 않지만, 공사 등이 이 사건을 단순한 일시적 폭동으로 이해했다는 하나의 증거로 볼 수 있을 것이다. 곧이어 인천으로 피난했을 때 인천부 병사들이 인천부사의 명을 따르지 않고 일행을 습격하는 것을 보고서야 비로소 "이번 폭거는 단순히 일부 난민의 소행에서 나온 것이 아니라, 반드시 정당(政黨)의 격발(激發)에 기인하는 것으로서 그 근원이 되는 바가 매우 깊으니, 정부의 전복, 왕위의 안위 또한 예측할 수가 없으리라."고 깨달았으며, 상황이 이러해서는 병력으로 호위하지 않으면 어떤 교섭도 하기 어렵다고 보고 마침내 귀조(歸朝)해서 청훈하기로 결심했다고 한다.[1]

이보다 앞서 하나부사 공사 일행이 양화진에 도착했을 때, 그 진장(鎭將)에게 부탁해서 통리기문아문과 경기관찰사에게 서계를 보내 공사의 경성 철수 이유를 밝히고 신속한 폭동 진압을 요구하였는데, 7월 27일에 영국 측량함에 수용되어 조선 영해를 떠나기 직전에 다시 조선국왕에게 글을 보내서 귀조의 이유를 서술하고, 조난당한 관원의 구조를 요청한 후 마지막으로 근일 내 다시 내조(來朝)해서 교섭할 것이라고 성명했다.[2]

하나부사 공사는 이틀 뒤인 7월 29일 밤에 나가사키에 도착하자마자 바로 외무성에 타전해서 경성에서의 조난 전말을 보고했다. 또 부산과 원산도 위험하다고 생각되므로 두 곳에 군함을 파견해서 거류민을 보호하고 경성의 정치적 상황을 탐지해야 하며, 이제부터 조선 정부와의 교섭에서는 강력한 병력의 의지하지 않으면 어떤 기대도 할 수 없다고 상신했다.[3]

하나부사 변리공사의 보고는 메이지 15년 7월 30일 오전 1시에 외무성에 착전(着電)

됐다. 참의 겸 외무경 이노우에 가오루는 이른 아침에 등성(登省)해서 내각의 최고 유력자인 육군중장 겸 참의 육군경대리 야마가타 아리토모 등과 협의를 거듭하고, 이튿날인 31일에는 긴급 각의를 열어서 대한방침에 관해 심의했다. 당시 조선에서의 일본 공사 피습 보도가 전해지자 여론은 크게 비등했으며 내각에서도 강경론이 나왔는데, 특히 본국 외교계의 선도자로 자임하고 있던 일등시강(一等侍講) 소에지마 다네오미, 강화도 조약 체결의 당사자인 육군중장 겸 내각고문 구로다 기요타카 등이 사절 임무를 자청하면서 조선의 문죄(問罪)를 계속 주장했기 때문에 대한방침에 각별히 신중을 기할 필요가 있었다.[4]

당시 이노우에 외무경의 설명에 따라 각의에서 결정된 사항은 다음 조목을 포함하고 있었던 것으로 생각된다.

> 하나, 조선국에 대해 국제법이 허용하는 범위 내에서 사죄와 배상을 요구하는 것. 단, 이번 폭동이 "새롭게 외교를 여는 과정에서 물의(物議)가 흉흉(洶洶)해지고 그에 따라 내란을 양성하는 것은 동방 각국이 똑같이 경험한 바이므로 피치 못할 사정일 경우에는" 호의적으로 고려할 것.
> 둘, 전권위원으로 하나부사 변리공사를 파견하는 것.
> 셋, 전권위원에게 강력한 육해군의 호위를 붙이는 것.
> 넷, 이노우에 외무경이 시모노세키에 출장하여 전권위원을 지휘할 것.
> 다섯, 사변의 원인과 성질이 불명확해서 미리 전반적인 세목(細目)은 결정하기 어려우니, 따라서 이러한 것들은 현지에 출장하는 외무경에게 위임할 것.
> 여섯, 당장 부산과 원산의 거류민 보호를 위해 급히 군함을 파견할 것.[5]

이노우에 외무경은 당일로 외무대서기관 미야모토 오카즈를 시모노세키에 급파하고 자신도 8월 2일에 도쿄를 출발해서 서쪽으로 내려갔다.

이보다 앞서 영국 측량함 플라잉피시호(Flying Fish)가 7월 30일에 다시 인천으로 회항할 예정이었으므로, 하나부사 공사는 외무경의 명에 따라 외무어용괘 히사미즈 사부로, 어학생 다카오 겐조(高雄謙三)를 그 배에 편승시켜서 인천으로 보내면서 변란 이후의 정황 시찰 및 호리모토 소위 이하 행방불명자의 수색을 명했다. 그리고 자신은 수행원을 거느리고 8월 2일 시모노세키에 도착했다.[6]

8월 5일에 미야모토 외무대서기관은 군함 곤고(金剛)(제1호)에 편승해서 시모노세키에 도착한 후 공사에게 외무경 훈령을 전달했다. 그 요지는 다음과 같다.

하나, 부산에 군함 아마기(天城)를 파견해서 원산에 정박 중인 군함 반조(盤城)와 함께 거류민 보호를 담당하게 할 것.

둘, 곤도 영사를 인천에 파견해서 인천부사와 예비 교섭을 하게 할 것.

셋, 곤도 영사의 호위대로 군함 곤고(金剛)(제1호), 닛신(日進)(제1호) 및 해군 육전대 150명을, 하나부사 공사의 호위대로 보병 1개 대대를 붙일 것.

넷, 육해군을 파견하더라도 이는 전적으로 사절 및 재류민 보호를 목적으로 하는 것이며, 개전(開戰)의 전제가 아니다. 따라서 폭도를 만나도 우리가 먼저 공격을 가해서는 안 된다. 만약 개전이 부득이하다고 생각될 때는 바로 청훈할 것.[7]

하나부사 공사는 이 훈령에 따라, 8월 6일에 곤도 영사에게 통리기무아문으로 보내는 공문을 갖고 군함 곤고(金剛)로 먼저 인천으로 향할 것을 명했다. 이튿날인 7일, 이노우에 외무경도 수행원 외무소서기관 사이토 슈이치로(齋藤修一郎), 외무권소서기관 구리노 신이치로(栗野愼一郎)·아카바네 시로(赤羽四郎), 어용괘 나카타 다카노리(中田敬義)를 거느리고 겐부마루(玄武丸)로 시모노세키에 도착했다. 그리고 하나부사 공사로부터 상세한 보고를 받은 후, 다시 도항해서 조선 정부와 교섭을 개시할 것을 명하고 7월 31일 각의의 취지에 따른 훈령을 부여했다. 그 주요 부분은 다음과 같다.

이 사변이 흉도의 조선 정부에 대한 폭동인지, 아니면 단지 일본 관민에 대한 폭동인지 처음에 구별할 필요가 있다.

만약 조선 정부에 대한 폭동일 경우 다시 다음 두 가지 상황을 구별해야 한다.
첫 번째, 정부가 이미 흉도를 주서(誅鋤)[1]한 경우.
두 번째, 정부와 흉도가 아직 승패를 판가름내지 못한 경우.
첫 번째 경우에는, 바로 조선 정부와 상당한 담판을 할 수 있는 시기(時機)를 얻은 것으로 간주한다.
두 번째 경우에는, 우리는 우선 국외(局外)에 서서, 육해군병(陸海軍兵)으로 오직 개항소

---

1) 주서(誅鋤): 호미로 잡초를 솎아내듯 죄인을 적발해서 주벌(誅罰)한다는 뜻

(開港所)를 점거하고 우리 재류 인민을 보호하며, 저들의 내란이 그치길 기다렸다가 정부 또는 신정부와 담판을 재개해야 한다. 그 사이에 정부와 회담 기회를 얻으면 조회문 또는 면담 형식으로 우리의 요구를 제출하되, 시일을 정해놓고 흉도를 토멸(討滅)함으로써 우리나라에 만족을 주는 데 태만해서는 안 된다고 독촉해야 한다. 단, 만약 인교(隣交)의 정의(情誼)로 정부를 원조하고 그 내사(內事)에 간섭하는 것은 공법 밖의 응변(應變)의 처분으로서 지금 미리 언명(言明)하기 어렵다.

만약 일본 관민에 대한 폭동일 경우 조선 정부의 책임이 중하다. 이 경우 다음 세 가지 상황을 구별해야 한다.

첫 번째, 조선 정부가 일본에 대해 불량한 마음이 없었더라도 그 방어하는 힘이 미치지 못한 경우.

두 번째, 정부가 흉도의 폭동을 인지했으면서도 예방 또는 사후 처분을 태만히 해서 교제의 친의(親誼)를 망각한 사적(事蹟)이 있는 경우.

세 번째, 정부가 흉도와 일치한 경우. 예를 들면 정부 또는 당국자가 흉도를 교사한 증거가 있는 경우.

첫 번째 경우에는 조선 정부는 우리나라에 대해 태만의 책임을 면할 수 없지만, 그 사정 또한 양해할 만한 것이 있으니 우리의 요구도 공평지당(公平至當)할 필요가 있다. 따라서 가장 무거운 극점(極點)을 제출해서는 안 된다.

두 번째 경우에는 조선 정부도 우리 국기를 오욕(汚辱)한 책임을 져야하므로, 우리 요구는 중대점(重大點)에 있고 우리 담판의 기세 또한 신급쾌열(迅急快烈)해도 무방하다.

세 번째 경우에는 우리 담판이 극히 격박(激迫)할 필요가 있다. 강제 배상[强償]의 처분으로 나가되, 평화 처분의 범위를 벗어나더라도 불가피한 사기(事機)로 간주한다.

이상 저쪽의 각종 정형을 아직 대략 알 수 없으니, 따라서 우리 사신이 취할 위치 또한 하나로 정할 수 없다. 그러므로 정부는 사신에게 임기(臨機)의 변리처분(辨理處分)을 위임해서 사의(事宜)에 따라 완급조종(緩急操縱)하게 하는 것이다.○중략 만약 조선 정부에서 우리 호의를 물리치고 흉도의 장애(障礙)를 인정하지 않으면서 사신을 접대하지 않거나, 참을 수 없는 무리한 접대를 하거나, 논의를 개시한 뒤에도 계속 말을 좌우로 돌리면서 고의로 흉도를 비음(庇蔭)해서 그들을 처분하지 않거나, 우리가 요구하는 담판을 승낙하지 않을 때는 이미 저들에게서 화평(和平)을 파괴하려는 심적(心跡)이 명백하게 나타난 것이니, 우리 정부는 부득이 우리가 지당하다고 인정하는 최후의 처분으로 나가는 한 가지 방법밖에 없다. 이 경우 사신은 최후 서한을 보내서 저 나라의 죄를 자세하게 성명하고, 바로 육해군과 함께 인천항으로

철수해서 편의한 지역을 점거한 후, 신속하게 사정을 상신하고 정부의 대령(大令)을 기다려야 한다.○중략

아마도 조선 정부가 원래 화(和)를 상하게 하려는 의도가 아니었으리라는 것은 우리 정부에서 신뢰하는 바이니, 사신의 성의(誠意)로써 다시 양국의 대국(大局)을 보전하고, 도리어 장래를 위해 영원히 선량한 교제를 이룬다면, 그 요구와 보증의 조약을 합쳐서 저 나라의 상당(相當)한 대신(大臣)과 편의하게 교환하고 비준을 청하는 전권(全權)을 우리 정부의 사신에게 부여한다.○상략, 하략

다음에 비밀훈령으로 조선 정부에 대한 요구를 명시했다.

첫째, 　조선 정부는 그 태만의 책임을 지고 우리나라에 문서로 사죄의 뜻을 표하며, 아울러 다음 조항을 이행해야 한다.

둘째, 　우리 요구를 받은 날로부터 10일 이내에 흉도의 당류(黨類)를 나포(拿捕)하고, 우리 정부가 만족할 수 있는 엄중한 처분을 해야 한다.

셋째, 　조난자를 위해 상당한 섬휼(贍恤)²⁾을 해야 한다.

넷째, 　조약 위범(違犯) 및 출병 준비 비용에 대해 배상해야 한다. 배상 정도는 우리 준비의 실비(實費)에 준한다.

다섯째, 장래의 보증으로 조선 정부는 지금부터 5년간 우리 경성 주재 공사관을 수호하기 위해 충분한 병원(兵員)을 상비해야 한다.

여섯째, 우리 상민을 위해 안변(安邊) 지역을 개시장(開市場)으로 만들어야 한다.⁸

이상 6개 조건 외에 폭동의 내용과 성질이 최악인 것이 판명될 경우 일본 정부의 최대 요구 한도를 외무경이 별도로 하나부사 공사에게 구두 전달했다.

일곱째, 만약 조선 정부의 과실에 중대한 사정이 있을 경우, 거제도 또는 송도(松都)를○울릉도 우리나라에 양여해서 사죄의 뜻을 표하게 해야 한다.

여덟째, 만약 조선 정부 내에서 흉도를 비호한 사적(事跡)이 있는 주모자를 발견할 경우, 정부는 바로 그 주모자를 면출(免黜)³⁾해서 합당한 처분을 해야 한다.

---

2) 섬휼(贍恤): 구제(救濟), 무휼(撫恤)
3) 면출(免黜): 관직을 면하고 출척(黜陟)함

아홉째, 저들의 정상이 지극히 중대할 경우, 강제 배상[强償] 처분을 하는 것은 임기(臨機)의 적의(適宜)에 따른다.[9]

이노우에 외무경은 하나부사 공사와 회견한 결과, 이상 6개 조 내지 9개 조의 요구로도 오히려 보상이 불충분하다고 보고 메이지 15년 8월 9일부로 다음 4개 조를 추가했다.

첫째, 함흥·대구·양화진의^{○경기} 개방
둘째, 공사관원과 영사관원의 내지 여행권 획득
셋째, 원산 및 안변(安邊)에서의^{함경도} 일본인에 대한 폭행 사건의 해결
넷째, 통상조약에 관한 양보 획득[10]

메이지 15년 8월 2일의 외무경 훈령 및 기밀 훈령을 통해 하나부사 변리공사에게 부여된 권한은 대단히 중대한 성격을 갖는다. 즉, (1) 조선 정부의 문서를 통한 공식 사죄, (2) 피해자 유족에 대한 부조료(扶助料) 지급, (3) 범인의 체포와 처형, 만약 조선 정부의 수뇌 가운데 이 사건의 관계자가 있을 경우 파면 및 처벌, (4) 조약 무시에 따른 피해 및 군비 배상, (5) 조선 정부의 책임이 매우 중대할 경우 거제도 또는 울릉도의 할양, (6) 조선 정부가 일본 정부의 요구에 성의를 표시하지 않을 경우 병력을 동원해서 인천을 점령하고 추후 명령을 기다릴 것 등의 조항들이었다. 단, 훈령 제5조에 조선 정부가 지금부터 5년간 재경성 일본 공사관 경비 책임을 맡는다고 한 것은 조선 군대로 일본 공사관을 경비하게 한다는 의미로서, 일본 군대를 경성에 주둔시켜서 공사관과 거류민을 보호한다는 뜻이 아니었다. 마지막으로 추가한 조건들은, 아마도 하나부사 공사의 주장에 따른 것으로 보이는데, 메이지 9년 2월 일한수호조규 체결 이후의 현안을 이 기회에 해결하려고 한 것이었다.

이노우에 외무경의 시모노세키 출장 이후 청이 이번 병란에 중대한 관심을 갖고 있음이 분명해졌고, 적극적인 간섭이 예상되었기 때문에 외무경은 귀경한 후 이 문제에 관해 협의를 거듭했다. 그 결과, 8월 20일에 다시 하나부사 변리공사에게 약간의 훈령을 추가하는 한편, 이전 훈령에서 지정했던 요구도 다소 완화했다. 이를 전달하기 위해 의관(議官) 이노우에 고와시(井上毅)의 조선 파견이 결정됐다. 그는 8월 20일에 군함 진게(迅鯨)(제1호)에 탑승해서 28일에 제물포에 도착한 후 하나부사 공사에게 외무경의 추가

훈령을 전달했는데, 이때는 이미 일한교섭의 향후 추이도 대략 예상 가능했으므로 공사는 요구 조건의 변경을 불리하다고 보고 추가 훈령에 구애받지 않았다.[11]

지난 7월 30일에 하나부사 변리공사가 폭동 전말의 보고와 함께 출병을 요구했으므로 이노우에 외무경은 야마가타 육군경대리(육군중장 겸 참의 육군경 오야마 이와오(大山巖)는 홋카이도와 아오모리(靑森) 병영 시찰을 위해 출장 중이었다.), 해군중장 겸 참의 해군경 가와무라 스미요시와의 협의를 거쳐 출병을 결정하고 각의의 동의를 얻었다. 육군성은 구마모토 진대(鎭臺) 오쿠라(小倉) 분영(分營) 보병 제13연대의 1대대를, 그리고 해군성은 당시 정예 군함인 곤고(金剛)와 히에(比叡) 2척 이외에 군함 기요테루(淸輝)와 닛신(日進) 두 함선을 파견하기로 했다. 또 공사와 호위 군대가 탑승할 선박으로 공부성(工部省) 소유 기선 메이지마루(明治丸), 어용선으로 와카노우라마루(和歌浦丸) 등을 징발하고, 이어서 육군소장 다카시마 도모노스케(高島鞆之助)와 해군소장 니레 가케노리를 각각 파견 군대 및 함대 지휘관에 임명했다. 당시 야마가타 육군경 대리와 가와무라 해군경이 다카시마 육군소장과 니레 해군소장에게 부여한 명령 및 훈령은 다음과 같다.

금번 조선국에 있는 우리 공사관에 대한 역도(逆徒) 난폭(亂暴)의 사건 담판을 위해 변리공사 하나부사 요시모토가 그 나라에 파견되는데, 만일 역도의 기세가 점점 더 창궐해서 공사 일행이 경성에 진입하지 못하고 자연히 저들 때문에 전단(戰端)이 열릴 경우에는, 사전에 공사에게 배속한 호위병을 지휘해서 인천 또는 기타 편의한 요충지를 점거한 후 우선 수비할 것. 그리고 공사와 협의해서 신속하게 그 정황을 보고한 후, 추후 명령을 기다릴 것.

하나, 육해군병(陸海軍兵)은 공사의 중대 사명의 완수를 위해 부속되어 흉포(兇暴)에 방우(防虞)[4]하는 자이니, 처음부터 평화를 위해 발선(發船)하는 것으로, 전쟁을 선포하는 날이 아니다. 따라서 마음가짐을 평온히 하여 조선에 착항(着港)한 이후에 토인(土人)들에 대해 소포(疎暴)[5]한 거동이 없게 할 것.

하나, 상륙, 주둔 또는 땔감·식수 등의 수용(需用)이나 측량을 위해 선박을 전진(前進)하거나 단주(端舟)를 내리는 등의 일은 모두 공사와 협의해서, 모든 일이 담판의 목적에 적절치 못한 것이 없도록 유념할 것.

하나, 만일 폭도가 창궐해서 불의에 습격을 받는 등의 일이 생기면 당연히 임기(臨機)의 방

---

4) 방우(防虞): 불의의 근심을 막음
5) 소포(疎暴): 성급하고 포악함

어를 해야 하나, 그 진퇴는 공사의 사명(使命)을 방호(防護)하는 것을 목적으로 하여 모두 공사와 협의할 것.

하나, 저들이 폭거를 하지 않을 경우에는 설령 담판이 무산되는 경황(景況)이 있더라도 다시 정부의 지휘가 있을 때까지는 우리가 먼저 개전하지 말 것.

하나, 함대의 진퇴는 장관(長官)이 육군 장관(將官)과 협의해서 지령할 것이나, 수병(水兵)이 상륙할 때는 육군 지휘관의 명령에 따를 것.[12]

이 훈령에서 제시된 파견 육해군의 임무는 공사와 수행원들이 조선 내에서 폭도의 습격을 받을 우려가 있을 시에는 충분히 이들을 호위하고, 또 교섭이 결렬될 경우에는 인천부 제물포를 점령해서 추후 명령을 기다리라는 것으로, 공사에게 부여된 외무경 훈령의 내용과 완전히 일치하고 있다.

마지막으로 외교적 수단을 통한 교섭이 결렬돼서 공사가 국기를 거두어 인천으로 철수하고 호위 육해군 병력으로 제물포 일대를 점거하는 경우, 정부는 이 비상수단으로 조선이 굴복할 것으로 기대했던 것으로 보이지만, 조선이 이에 굴하지 않고 전국의 병력을 동원해서 대항하는 일 또한 절대 없으리라고 보장하기 어려웠다. 야마가타 육군경 대리는 이러한 경우를 예상해서 도쿄와 구마모토 양 진대(鎭臺)를 동원해서, 도쿄 진대에서 기병(騎兵)과 치중병(輜重兵)[6] 각 1개 소대, 그리고 헌병과 치중수졸(輜重輸卒)[7] 약간을 후쿠오카(福岡)로 보내서 구마모토 진대와 합쳐 혼성여단을 편성했다. 그리고 운송선 다카사고마루(高砂丸) 등 4척을 후쿠오카 항에서 대기하게 한 후, 명령이 떨어지는 대로 바로 출동할 수 있도록 준비를 갖췄다. 군부에서는 이 정도면 조선 군대를 격파하고 경성을 점령하는 데 충분한 병력이라고 믿고 있었다. 덧붙여 말하자면, 이 동원이 우리 참모본부 창설 이래 최초의 시험이었음에도 불구하고 만족스럽게 진행된 사실은 특기할 만하다.[13]

---

6) 치중병(輜重兵): 수송병(輸送兵)
7) 치중수졸(輜重輸卒): 치중병(輜重兵)의 감독하에 물자 수송에 종사하는 병졸

【원주】

1 明治十五年朝鮮激徒暴動顚末記.

2 메이지 15년 7월 27일, 하나부사 변리공사로부터 경기관찰사를 경유해서 조선국왕에게 바쳐진 상주서는 다음과 같다.(朝鮮激徒暴動顚末記)

　　"일본국 변리공사 하나부사 요시모토가 아룁니다. 저는 예전에 우리나라 황제폐하의 명을 받은 이후로 귀 연하(輦下: 연(輦)은 임금이 타는 수레로 연하는 곧 수도를 비유한다.)에 주차(駐箚)한 것이 채 몇 달이 되지 않았습니다. 어찌 이번 달 23일에 난민(亂民)들에게 청수관(淸水館)이 화공(火攻)을 당하리라고 생각이나 했겠습니까? 화살과 돌, 총탄이 빗발치듯 쏟아지는 가운데 수행원들이 한밤중까지 온 힘을 다해 방어하면서 귀 조정에서 파병하여 구원해 주기만을 간절히 바랐으나 끝내 그러한 일은 없었습니다. 그러므로 혈로(血路)를 열어서 대궐로 들어가 안부를 살피고자 했던 것입니다. 하지만 숭례문이 닫혀 있어서 부득이 인천부로 피난하여 해당 부(府)의 보호에 기대려고 했지만, 부병(府兵)들이 또한 난적(亂賊)과 결합해서 다시 습격을 하는 바람에 수행원들이 많이 사망했습니다. 형세가 끝내 막을 수 없어서 다시 제물포로 피난해서 배를 탔는데, 다행히 영국 군함을 만나 이제 곧 본국에 돌아가 보고하려고 합니다.

　　제가 명을 받고서 주경(駐京)하다가 갑자기 이러한 변을 당해서 졸지에 귀국하게 됐으니 어찌 그 유감이 다하겠습니까? 수행원 중에 비록 생사를 살피지 못한 자가 있으나, 성주(聖注)가 미치는 바라 필시 각각 그 신명(身命)을 보존할 수 있을 것으로 믿습니다. 이에 급히 글을 보내서 이러한 사유를 아룁니다. 나머지는 근일 내로 다시 건너와서 알현할 때가 있을 것입니다. 우러러 살펴주시길 바라오며 아울러 보조(寶祚) 만안(萬安)하시길 송축합니다."

3 朝鮮激徒暴動顚末記.

4 『世外井上公傳』 卷三 454~455, 457~458쪽; 宮武外骨 編 壬午鷄林事變(昭和七年).

5 『善隣始末』 卷六; 『世外井上公傳』 卷三 455~457, 461~469쪽.

6 明治十五年朝鮮事變と花房公使 36~38쪽.

7 『善隣始末』 卷六; 『世外井上公傳』 卷三 455~456쪽; 『公爵山縣有朋傳(昭和八年)』 卷中 895~904쪽.

8 花房公使朝鮮關係記錄 外務卿訓令及委任狀.

9 花房公使朝鮮關係記錄 外務卿訓令及委任狀.

10 花房公使朝鮮關係記錄 外務卿訓令及委任狀.

11 『善隣始末』 卷六; 『世外井上公傳』 卷三 474~477쪽.

12 『善隣始末』 卷六; 『世外井上公傳』 卷三 456~457쪽.

13 『公爵山縣有朋傳』 卷中 905~906쪽.

하나부사 공사의 교섭

외무어용괘 히사미즈 사부로를 태운 영국 측량함 플라잉피시호(Flying Fish)는 메이지 15년 8월 1일 나가사키에서 출항했으나 도중에 거친 비바람을 만나서 8월 4일에 인천부 제물포 월미도 앞바다에 정박했다. 히사미즈 어용괘는 곧장 상륙해서 인천부사 정지용에게 서한을 보내 정보를 얻고자 했지만, 부사가 5일에 자살하는 바람에 어떠한 구체적 교섭도 진행하지 못하고 호리모토 육군공병중위[사후(死後) 진급] 등 행방불명자의 피해만 확인할 수 있었다.[1]

이보다 앞서 대원군은 일본 정부가 문죄(問罪)를 위해 사절과 군함을 파견할 것을 예상하고 그 대책을 강구했는데, 일본 사원(使員)이 영국 군함에 편승해서 제물포에 도착했다는 급보를 받고는 인천부사 정지용의 재임을 불리하다고 판단해서, 8월 5일(임오년 6월 22일)[1])에 그를 한성부 좌윤으로 옮기고, 전 부사 임영호(任榮鎬)를 다시 임명했다. 그리고 윤성진(尹成鎭)을 반접관, 당상역관 고영희를 차비관에 차하해서 제물포로 급히 보냈다.[2] 이때 의정부 조회문을 반접관에게 지참시켜서, 임오년 6월 9일(메이지 15년 7월 23일) 병변(兵變)의 원인을 설명하는 한편, 일본인의 피해에 대해 유감을 표시하고 또 대원군이 집정하더라도 외교방침에는 변화가 없을 것임을 설명하게 했다. (이 조회는 당상역관 고영희의 집필로 이뤄진 것으로 생각된다.)

조회를 보냅니다.

귀국과 폐방이 수목(修睦)한 지 오래되어 이미 300년이 됐고, 근래 개항과 통상으로 인해 왕래, 교빙(交聘)한 것이 또한 6, 7년이 됩니다. 기쁜 일은 축하하고 슬픈 일은 위로하여 조금도 간단(間斷)이 없었고, 기예의 학습은 그 교묘함을 다했으니 스스로 우호를 돈독히 해서 함께 안락을 누리길 바랐는데, 폐방(弊邦)의 군민(軍民)은 아직도 구습(舊習)에 익숙하며, 견식

---

1) 원문에는 8월 6일로 되어있으나, 음력 임오년 6월 22일은 양력으로 1882년 8월 5일에 해당되므로 오자인 것으로 보고 고쳤다. 『日省錄』 등 관찬 자료를 검토해도 인천부사 정지용의 한성부 좌윤 전임과 자살은 같은 날이다.

이 적고 괴이하게 여기는 것이 많아서 매번 귀국 사람이 올 때마다 의구심을 품습니다. 폐방인(敝邦人) 또한 종종 변힐(辨詰)하지만, 자폐(滋弊)[2]가 비상함은 귀 조정에서 필시 평소부터 통찰하고 있었을 것입니다.

뜻밖에 이번 달 초아흐렛날에 폐방의 병민(兵民)이 사소한 일로 갑자기 분노를 터뜨렸는데, 천 명이 외치고 만 명이 호응해서 개미 떼처럼 모이고 벌 떼처럼 일어났습니다. 변(變)이 경각(頃刻)에서 나왔으니 감히 가로막을 사람이 없었습니다. 가옥을 파괴하고 인명을 해치다가 갑자기 교장(敎場)에 난입해서 그 손으로 교사(敎師)를 범했습니다. 막아야 할 곳이 많아 이루 다 막을 수 없어서 3명이 살해당하고, 길가에서 쓰러진 것이 또 4명이 됩니다. 계속해서 청수관(淸水館)을 겁박(劫迫)해서 혼란을 틈타 타돌(墮突)[3]하고, 바람을 타고 불을 질렀습니다. 이에 귀국 사람들이 포를 쏘고 검을 휘둘러서 거의 수십 명이 넘는 우리나라 사람들을 살해했으니 어찌 비단 폐방만의 불행이겠습니까? 또한 귀국의 불행입니다.

그런데도 무지한 군민은 스스로 해산하지 않고, 초열흘날에 우리 대신을 해치고 궁궐로 쳐들어와서는 멧돼지처럼 날뛰고 포효하면서 군부(君父)를 경동(驚動)케 했으며, 왕비는 승하하시고 재신(宰臣) 2, 3명이 잡혀서 살해당했으니 이는 천고에 없는 큰 변입니다. 하나부사 공사로 말하자면, 기회를 살펴서 도피(圖避)하여 제물포에서 배를 타고 돌아갔으니 그동안 이미 귀국에 도착했는지 모르겠습니다. 당시 병민(兵民)이 인천까지 추격해서 노상에서 살해 당한 자가 6명이니, 서울에 잔류하다가 피살된 자들과 함께 후하게 장례지낼 것입니다. 표식을 세운 것이 명백하니 어찌 고험(考驗)이 필요하겠습니까? 스스로 속이지 않을 것입니다.

당장 해기(駭機)[4]의 진안(鎭安)[5]이 중요합니다. 다행히 우리 국태공의 위신이 평소부터 백성들 사이에 무젖고, 관용과 엄격함을 번갈아 쓰시는 데 힘입어서, 친히 화살촉과 창끝이 날아오는 것을 무릅쓰며 분의(分義)를 효유(曉諭)하심에 감집(感輯)해서 해산하지 않는 이가 없었습니다. 노인과 어린아이를 긍휼히 여기고 받아들이기를[6] 때에 맞게 하시면서 기탄하지 않으시니, 실로 폐방의 종사(宗社)와 생령(生靈)의 복입니다. 지금부터 모든 신약(申約)에 있는 것을 피차가 조응(照應)해서 영원히 구호(舊好)를 맺고 신중히 함께 준수한다면, 불행으로 말미암아 대행(大幸)으로 돌아갔다고 할 수 있을 것입니다. 아마 귀 조정에서도 결코 이를 과 언이라고 하지 않을 것입니다. 이에 태안(台安)[7]을 송축합니다. 격식을 갖추지 못하고 보냅

---

2) 자폐(滋弊): 폐단이 되풀이됨
3) 타돌(墮突): 파괴, 훼손
4) 해기(駭機): 갑자기 쇠뇌[弩]를 쏴서 사람을 놀라게 하는 것으로 불시에 촉발된 재앙을 비유한다.
5) 진안(鎭安): 진무(鎭撫)해서 안정시킴
6) 원문과 『善隣始末』에 '矜紳'으로 되어 있으나 문맥상 이상하다. 여기서는 '矜納' 정도의 의미로 보고 옮겼다.
7) 태안(台安): 편지의 말미에 쓰는 상투어로 상대의 안부를 묻는 의미다.

니다.[3]

8월 7일, 반접관 윤성진은 제물포에 도착한 후 차비역관 고영희를 영국 군함에 파견했다. 차비관은 일본 수행원이 하나부사 변리공사나 곤도 영사가 아닌 것에 실망했을 테지만, 아무튼 대원군의 내명(內命)에 따라 히사미즈 어용괘와 플라잉피시호 함장 호스킨 해군대위에게 앞의 조회문의 의미를 설명했다. 즉, 대원군은 결코 무모하게 척사벌왜(斥邪伐倭)를 주장하는 사람이 아니며, 그의 집정으로 인해 외교방침에 어떠한 중대한 변혁도 생기지 않을 것임을 극력 변명했다. 곧이어 히사미즈 어용괘가 제물포에 상륙해서 반접관과 회견을 가졌는데, 반접관은 의정부 조회 및 하나부사와 곤도 영사 앞으로 보내는 서계를 전달하면서 차비관 등과 마찬가지로 대원군의 외교방침에 관해 설명했다.[4]

8월 9일, 곤도 영사 겸 외무서기관은 외무어용괘 오바 나가나리 등을 거느리고 군함 곤고(金剛)로 제물포에 도착했다. 곤도 서기관은 이미 전날 나가사키로 귀환하던 히사미즈 어용괘와 해상에서 만나서, 그의 보고를 통해 조선의 반란이 이미 진정됐고 조선 정부가 이번 사변으로 인해 반드시 일본 정부와의 상의를 거부하는 것은 아니라는 사실을 알 수 있었다. 8월 10일, 곤도 서기관은 상륙해서 부평부사 김낙진(金洛鎭)을 만나서─신임 인천부사는 아직 부임하지 않았고, 반접관과 차비관은 상경해서 부재중이기 때문이었을 것이다.─8월 5일자 하나부사 변리공사가 조선국 의정부에 보내는 서계를 전달했다. 그리고 하나부사 공사가 근일 내로 조선국 문죄(問罪)를 위해 호위병을 거느리고 도착할 것이니 그 숙소 준비를 요청하고 이 말을 정부에 전달하게 했다.[5]

하나부사 변리공사는 아카바네 외무권소서기관, 노무라 외무어용괘[오시스케(忍助)], 이시바타 외무사등속, 오카 외무이등경부, 사가와 해군중군의, 스기무라 외무어용괘, 나카다 외무어용괘, 아사야마 외무칠등속 등을 거느리고 공부성 기선 메이지마루(明治丸)로 시모노세키에서 출항해서 12일에 제물포에 입항했다. 이튿날인 13일에 공사는 곤도, 아카바네 두 서기관을 거느리고 상륙한 후, 인천부로 가서 신임부사 임영호의 영접을 받고 부아(府衙)를 여관으로 삼았다. 같은 날 어용선 와카노우라마루(和歌浦丸)가 육군을 싣고 입항했고, 이튿날인 14일에는 군함 히에(比叡), 16일에는 군함 기요테루(清輝)가 입항했다. 히에(比叡)에는 외무경의 명으로 시찰의 임무를 띠고 내한한 외무대서기관 다케조에 신이치로와 참사원(參事院) 의관보(議官補) 나카야마 노부요시(中山信彬), 기요테루(淸輝)에는 시종장 야마구치 마사사다(山口正定)가 편승하고 있었다. 이때 당초 계획에 따라 전 병력이 제물포와 인천 사이에 집결했는데, 그 규모는 니레 해군소장 휘하의 군함 4척과 운송선 3척, 그리고 다카지마 육군소장 휘하의 육군보병 1개 대대(4개 중대)에 달했다. 뿐만 아니라 본국에서는 혼성여단 소속 부대가 점차 후쿠오카에 집결해서 명령이 떨어지는 대로 즉각 출동할 준비를 갖추고 있었다.[6]

하나부사 변리공사가 다시 올 때 약간의 군함을 인솔하리라는 것은 대원군도 예상했겠지만, 우세한 육군의 호위를 받으면서 경성에 들어온다는 것은 조선 정부를 당황하게 만들었다. 하나부사 공사 입경의 공문을 받은 8월 12일 당일에 영의정 홍순목은 회답서를 보내서, 호위병의 인솔에 적극적으로 반대하는 것은 아니지만 도리어 조선 군민(軍民)의 의려(疑慮)를 깊게 할 우려가 있고, 또 서정(庶政)이 모두 국태공(대원군)의 호령·지휘하에 있어서 지극히 안온(安穩)하다고 했다.[7]

당시 청 도원(道員) 마건충 등의 접반(接伴)의 명을 받고 인천에 체재 중이던 접견대관 조영하와 접견부관 김홍집은 마건충의 소개서를 갖고, 8월 12일 심야에 하나부사 공사를 방문해서 은밀히 이번 병란의 진상을 전했다. "그날의 변은 군민(軍民)이 모두 반란해서 따로 진제(鎭制)할 병력이 없었습니다. 간신히 영관(領官) 등을 시켜서 귀관에게 보지(報知)한 것도 실로 저의 주의(注意)에서 나온 것일 뿐입니다. 적(賊)이 대궐에 들이닥치는 지경에 이르러 몸으로 주상을 엄호해서 위난을 피한 것이 몇 차례나 됩니다. 이제 대원군이 정권을 전단(專斷)해서 성의(聖意)를 하나도 통철(通徹)할 수 없으니, 공사가 만약 입경한다면 적어도 1개 대대를 인솔하셔야 합니다. 병력이 적으면 도리어 수모를 당할 것입니다. 오늘밤 제가 서울로 돌아가 주상을 알현하고 비밀리에 공사의 입경과 마건충의 도착을 아뢸 것입니다. 그리고 모레 다시 이곳에 올 것이니, 부디 잠시 이 부(府)에서 머무르면서 재보(再報)를 기다리시길 바랍니다." 공사는 조영하의 호의를 고맙게 여기고 경성 출발을 이틀 연기할 것을 승낙했다.[8]

8월 15일, 하나부사 공사는 곤도 서기관에게 호위병 1개 중대를 붙여서 먼저 출발하게 했다. 같은 날 반접관 윤성진, 차비역관 현석운이 인천으로 내려와서 공사를 방문하고, 병란으로 인해 경성의 관우(館宇)가 많이 파손돼서 적당한 행관(行館)을 구하기 어려우니 입경을 연기해 달라고 간청했다. 또 대원군의 명에 따라 "귀국은 몇 해 전에 신덕공(愼德公)[쇼군 이에요시(家慶)]이 훙거(薨去)했을 때 개항을 연기했다고 했는데, 과연 그러한 일이 있었습니까?"라고 질문했으나, 공사는 명확한 답을 주지 않았다. 그 후 조영하와 김홍집이 내방해서 말했다. "일을 이미 주문(奏問)했지만, 대원군이 당로(當路)[8]해서 성충(聖衷)을 펼칠 방도가 없습니다. 대원군은 지금 공사가 군대를 이끌고 입경하는 것을 좋아하지 않으니, 반드시 성 밖에 머무르게 할 것입니다. 공사께서는 단연코 입경하시겠지만, 그 공간(公幹)은 부디 제가 귀경한 후에 제출하시길 바랍니다. 2, 3일이 지나면 제가 서울로 돌아가 내부에서 찬성할 것이니, 그렇게 한다면 반드시 좋은 결과를 얻을 것입니다. 부디 공께서는 조 모(趙某)를 믿으셔서 제 말을 채용해주시길 바랍니다." 그러나 공사는 접견대관의 귀경을 기다리면서 하릴없이 날짜를 허비할 수는 없다고 하면서 이 말에 따르지 않았다.[9]

조선 정부는 반접관 윤성진, 경기관찰사 홍우창 등에게 명하여 공사가 군대를 이끌고 입경하는 것을 저지하려고 했지만 그 속사정을 아는 공사는 이를 무시하고, 8월 16일에 호위병을 거느리고 인천부에서 출발해서 이날 저녁에 경성에 도착했다. 그리고 남부 이현(泥峴)에 있는 전 금위대장 이종승(李鍾承)의 집을 행관(行館)으로 삼았다.[10]

8월 17일, 하나부사 변리공사는 반접관에게 국왕 알현을 요청했다. 18일, 국왕은 호군 조병호에게 명하여 일본 공사를 노문(勞問)하게 하고, 오는 8월 20일 오시(午時)에 공사를 소견(召見)하겠다는 명을 전하게 했다. 이어서 이튿날인 19일에 예조판서 이회정이 공사를 내방해서 대원군이 일본 공사와의 회견을 희망한다는 말을 전했다. 공사는 이를 수락했다.

8월 20일, 하나부사 변리공사는 반접관의 인도에 따라 곤도 서기관 이하 수행원들을 거느리고 호위병 2개 중대를 인솔해서 창덕궁으로 향했다. 돈화문(敦化門) 월대(月臺)에서 수레에서 내린 다음, 숙장문(肅章門)을 지나 중희당(重熙堂)으로 가서 국왕을 알현했다. 공사가 아뢰었다. "지난달 23일의 변은 실로 고금 미증유의 것이었습니다. 공관을 불태우고 공사를 쫓아내서 우리나라에 매우 심한 치욕을 줬으니 이치상 마땅히 군대를 일으켜서 문죄해야 할 것이로되, 화국(和局)을 한번 깨뜨리면 다시 회복할 수 없을 것을 우려했습니다. 그러므로 요시모토가 칙지를 받들고 다시 온 것이니, 이제 곧 귀 조정에 의논 드리는 바가 있을 것입니다. 요시모토는 여기 와서 귀국의 대상(大喪)을 만났는데 아직 봉조(奉弔)할 시기가 되지 않은 것을 매우 애석하게 생각합니다." 국왕은 호리모토 중위가 근래 조선의 군사 개혁에 공적이 적지 않았는데 불행히 조난당해서 심히 유감스

---

8) 당로(當路): 정권을 잡음

럽다는 뜻을 전했다. 공사는 재차 조선 측 전권위원의 임명을 요청했다. 국왕이 이를 승낙하고 영의정과 예조판서를 차하하겠다고 공약했으므로 공사는 요구책자(要求冊子)를 봉정하고 회답 기한을 3일로 제한했다. 그리고 "양국 교제가 단절되려고 하는 오늘날, 이러한 요청을 하는 것은 구호(舊好)를 유지하고 화국(和局)을 보전하려는 것에 다름 아닙니다. 귀 조정의 결답(決答)에 따라 교의(交誼)가 단절될지, 지속될지 판가름 날 것입니다."라고 경고하였다.[11]

알현식을 마치고 하나부사 공사는 연현각(延賢閣)(중희당 부속 건물)에서 대원군과 회견했다. 이 회견은 비공식적인 것으로서, 공사는 최근의 병란 및 그 선후책에 관해 상의하기를 원했지만, 대원군은 이를 극력 회피하고 오직 공사의 질문에 응해서, 시세(時勢)에 따라 반드시 척사정책을 고집하는 것은 아니라는 점만 분명히 했다. 그 사이에 국왕에게 직접 봉정한 요구책자가 반각(返却)[9]됐으므로, 공사는 내병조(內兵曹)[10]에서 영의정 홍순목과 회견을 갖고 다시 그것을 전달했다. 이 자리에서 다시 회답 기한을 8월 23일 정오까지로 한정했고, 영의정도 승낙했다. 그 내용은 다음과 같다.[12]

첫째,　지금부터 15일 내로 흉도의 거괴(巨魁)와 그 당여(黨與)를 포획(捕獲)해서 무겁게 징판(懲辦)할 것.

둘째,　피해자는 우례(優禮)[11]로 예장(瘞葬)해서 장례를 후하게 치를 것.

셋째,　5만 엔(圓)을 발지(撥支)[12]해서, 피해자 유족 및 부상자에게 지급하여 체휼(體恤)할 것.

넷째,　흉도의 폭거로 인해 일본국에서 받은 모든 손해 및 출병 준비 등의 일체 비용을 액수대로 배상할 것.

다섯째, 원산·부산·인천 각 항구의 한행리정(間行里程)을 확장해서 방(方) 100리로 하고,^{조선이법(朝鮮里法)} 새로 양화진을 개시장(開市場)으로 만들고, 함흥·대구 등지의 왕래 및 통상을 허락할 것.

여섯째, 일본국 공사·영사 및 그 수원(隨員)·권종(眷從)[13] 등의 내지 각처(內地各處) 유력(遊

---

9)　반각(返却): 보내온 물건을 받지 않고 다시 되돌려 보냄
10)　내병조(內兵曹): 조선시대에 병조에 딸린 부속관아로 궁궐 내의 시위(侍衛) 및 의장에 관한 일을 주관했다.
11)　우례(優禮): 특별히 마련한 예. 예를 후하게 하는 것
12)　발지(撥支): 조발(調撥)해서 지급함
13)　권종(眷從): 가속(家屬)과 수종인(隨從人)

歷)[14]을 허락할 것.

　일곱째, 지금부터 5년간 일본 육군병 1개 대대를 두어 일본 공사관을 호위할 것.

　　　단, 병영의 설치 및 수선은 조선 정부에서 담당함.

　또한 외무경 훈령에 있었던 사죄 사절의 파견은 조선 정부의 당연한 의무로 간주해서 요구책자에서는 생략했지만, 조선 정부에서 이를 중대시하지 않거나 수신사의 전례에 따를 것을 우려하여 이튿날인 8월 21일에 영의정 홍순목에게 공문을 보내 다음 한 조관을 추가했다.

　여덟째, 대관(大官)을 특파하고 국서를 보내서 일본국에 사죄할 것.[13]

　이와 동시에 회답 기한이 8월 23일 정오이니, 이 기한을 어겨서는 안 된다고 주의를 주었다. 같은 날 차비역관 현석운과 고영희가 내방해서 곤도 서기관과 회견을 갖고 조선의 정치적 상황을 설명하면서 회답 기한의 연기를 간청했지만 서기관은 끝까지 허락하지 않았다.[14]

　하나부사 공사가 의정부의 존재를 무시하면서 국왕과 직접 교섭을 개시하려고 한 것은 의정부가 대원군의 괴뢰에 불과하다는 우려에서 비롯된 것이었겠지만, 이것은 국제 관례로 볼 때 타당성을 결여했을 뿐만 아니라 조선의 정치적 실정을 무시한 행동이었다. 근대 조선에서는 국왕의 실권은 크게 제한되어 이러한 중대 사건은 국왕이 전결(專決)하지 못하는 것이 통례였다. 국왕은 공사의 직접 요구에 대해 영의정과 예조판서를 전대대신(專對大臣)으로 임명하겠다는 교지를 내렸지만, 이는 궁박한 나머지 그 자리를 모면하기 위해서 한 말로 의정부에서 받들 수 있는 약속이 아니었다. 이 때문에 영의정과 예조판서는 접견대관·부관 임명을 받지도 않고, 하나부사 공사가 기대한 것 같은 권한도 갖지 못한 채 극히 애매한 형식으로 교섭 임무를 맡았던 것이다. 경성에서의 일한교섭이 구체적으로 전혀 진행되지 않은 것에 대해서는 이러한 사정도 고려할 필요가 있다.

　처음에 일본 공사가 입경했을 때 국왕은 전례(前例)에 따라 8월 16일에 호군 김홍집을 강수관, 전 군수 이조연을 종사관에 차하했으나, 공사는 통상적인 공무를 다루는 강수관에게 이러한 중대한 공무를 맡기는 것을 옳지 않다고 여겨서 동의하지 않았고, 또 강

---

14)　유력(遊歷): 유람(遊覽), 여행(旅行)

수관은 접견부관을 겸해서 인천에 체재하고 있었으므로 사실상 직책을 수행할 수도 없었다. 따라서 8월 17일부터 22일까지의 교섭 과정에서 조선 측에는 책임 있는 전권위원이 없는 실정이었던 것이다.[15]

8월 21일, 영의정 홍순목은 하나부사 공사에게 서계를 보내서, 이제 산릉간심(山陵看審)과 봉표(封標)의 명을 받았으니 자신이 귀경할 때까지 회담을 개시할 수 없다고 통고했다. 조선에서는 국상을 당하면 대신을 총호사(總護使)로 임명하는 것이 관례였고, 산릉간심과 봉표(封標)는 가장 중대한 국무로 간주되었다. 하지만 국가 간 실정 차이로 말미암아 하나부사 공사는 이것을 영의정이 왕가(王家)의 사적인 일 때문에 국무를 폐기하고 경성을 벗어난 것이며, 최후통첩의 회답 기한을 고의로 지연시키기 위한 수단이라고 해석하고 조선 정부의 무성의에 크게 분격했다.[16]

영의정 홍순목의 서계는 8월 22일에 하나부사 공사에게 전달됐으나, 공사는 이를 지목해서 "조선국왕께서 이미 3일의 기한을 약속하고 영의정에게 전대(專對)를 명하셨으면서도, 또 산릉(山陵)의 일을 명하여 다른 곳으로 보내서 양국의 공간(公幹)을 처리할 여지를 없애고 기한을 헛되이 보내게 하셨으니, 그 소행이 제멋대로임과 교제사무를 경멸함이 심합니다. 이것이 모두 금번의 사건을 막시(藐視)[15)]하는 데서 나온 것이 아니고 무엇이겠습니까? 이미 일을 막시(藐視)한 이상, 끝내 구호(舊好)를 유지하려는 마음이 없음을 알 수 있습니다."라고 했다. 그리고 이 상황을, 메이지 15년 8월 2일자 외무경 훈령 가운데 "우리가 요구하는 담판을 승낙하지 않을 때는 이미 저들에게서 화평(和平)을 파괴하려는 심적(心跡)이 명백하게 나타난 것이므로, 우리 정부는 부득이 우리가 지당하다고 인정하는 바의 최후의 처분으로 나가는 한 가지 방법밖에 없다."라고 한 구절에 해당한다고 보고, 훈령의 취지에 따라 회답 기한 하루 전인 8월 22일에 국왕과 영의정에게 최후통첩을 보내서 그 무성의를 통렬히 질책하고, 불행히 양국 국교가 단절되는 상황에 이르더라도 그 책임은 전적으로 조선에 있다고 성명했다.

그저께 폐현(陛見)을 허락해 주서서 본국이 요청하는 안건을 직접 나아가 상주하고, 또 3일 내로 결답(決答)을 내려주실 것을 아뢰었는데, 다행히 기한에 맞춰서 영의정에게 응수(應酬)를 위임하겠다는 칙유를 받았습니다. 그런데 오늘 영의정 홍순목의 서함(書函)을 받으니, "오늘 아침에 처음 산릉간심(山陵看審)과 봉표(封標)의 명을 받았으니 새벽에 곧 떠날 것이

---

15) 막시(藐視): 경시(輕視)

다. 아마도 며칠이 걸릴 듯하다."고 했습니다. 요시모토는 심히 괴이하게 생각합니다. 전하께서 전에 요시모토에게 영의정과 회동해서 일을 처리할 것을 허락하셨는데, 지금 또 다른 일을 명해서 양국의 공간(公幹)을 기한 내에 협의할 방법을 없애셨습니다. 공관을 불태우고 공사를 쫓아낸 일은 나라를 크게 모욕한 것이라서 준조(樽俎)[16]로 해결할 수 있는 바가 아님에도 오직 우리 주상께서는 일찍부터 전하의 인목(睦隣)의 성의(盛意)를 알고 계셨습니다. 그러므로 요시모토를 시켜서 원한을 씻고 오랜 우호를 유지하게 하신 것입니다. 그런데도 전하께서 양국 교제를 이처럼 가볍게 생각하시니 요시모토의 소망이 거의 끊어지게 되었습니다. 응당 돌아가서 이러한 사유를 아뢸 것이나, 양국의 수백 년 교호(交好)가 하루아침에 사라지게 됐으니 한 마디 말씀을 올리지 않을 수 없는 것입니다.[17]

이튿날인 8월 23일 이른 아침에 하나부사 공사는 곤도 서기관을 관소(館所)에 남겨서 잔무를 처리하게 하고, 다카지마 육군소장, 니레 해군소장과 함께 호위병을 인솔해서 경성을 출발했다. 그리고 오후에 인천부에 도착해서 부사 임영호의 영접을 받았다. 24일에 곤도 서기관 등도 경성에서 도착했으므로 공사는 수행원들과 함께 25일에 어용선 와카노우라마루(和歌浦丸)에 탑승했다. 공사와 육해군 지휘관들에게 부여된 훈령에 따르면, 최후통첩의 제출과 동시에 호위 육해군 병력으로 인천 제물포를 일시 점령하고 추후 명령을 기다리게 돼있었지만, 당시 우세한 청국 군대가 계속해서 조선에 도착하고 있었기 때문에 훈령을 실행할 경우 중대한 국제 문제를 야기할 우려가 있었다. 이 때문에 공사는 다카지마, 니레 두 소장과 협의한 끝에 무력 점령을 중지하고, 오직 호위 육해군을 인천읍과 제물포 사이에 잔류시킨 채 급히 본국 정부에 훈령을 청하려는 의향이었던 것 같다.

---

16) 준조(樽俎): 준(樽)과 조(俎)는 모두 고대의 그릇으로, 준(樽)은 술을 담고 조(俎)는 고기를 담는 데 사용했다. 이로부터 준조(樽俎)는 연회석상을 비유하는 말로 쓰인다.

【원주】

1 明治十五年朝鮮事變と花房公使 50〜59쪽.

2 『日省錄』李太王壬午年六月二十二日.

3 『善隣始末』卷六.

4 明治十五年朝鮮事變と花房公使 60〜67쪽.

5 明治十五年朝鮮激徒暴動顚末記;『善隣始末』卷六.

6 明治十五年花房辨理公使復命書; 辨理公使日乘;『善隣始末』.

7 朝鮮激徒暴動顚末記 附錄.

8 明治十五年京城變動之始末書.

9 京城變動之始末書.

10 花房辨理公使復命書; 京城變動之始末書.

11 花房辨理公使復命書; 京城變動之始末書;『日省錄』李太王壬午年七月四日·六日·七日.

12 花房辨理公使復命書; 京城變動之始末書.

13 京城變動之始末書;『善隣始末』卷六.

14 花房辨理公使復命書; 京城變動之始末書.

15 京城變動之始末書;『日省錄』李太王壬午年七月九日.

16 花房辨理公使復命書; 朝鮮激徒暴動顚末記附錄; 京城變動之始末書;『政治日記』卷一四 李太王壬午年七月八日.

17 朝鮮激徒暴動顚末記附錄; 京城變動之始末書;『善隣始末』卷六.

제물포조약의 성립

하나부사 변리공사가 조선 정부의 무성의를 질타하면서 최후통첩 기한 이전에 국기를 거두어 인천으로 퇴거한 것은 조선 정부로서는 대단히 뜻밖의 사건이었다. 영의정 홍순목은 메이지 15년 8월 23일에 공사에게 회답 서계를 보내서 산릉간심이 중요한 국무라는 것을 역설하고, 자신의 복명은 아마도 다음 날인 8월 24일 저녁이 될 것이며, 국상(國喪) 때문에 시일이 걸리는 것은 이웃나라의 사신이 당연히 양해해야 한다고 서술했다. 하나부사 공사는 8월 24일에 인천에서 영의정에게 서계를 보내 앞의 말을 반복하면서, 조선이 이 안건을 경시하고 요구책자에 대한 회답 기한을 임의로 변경해서 결국 공사로 하여금 더 이상 은인(隱忍)하면서 경성에 체재할 수 없게 했다는 점을 역설했다. 그러나 영의정은 8월 25일에 서계를 보내서 공사의 주장을 반박했다.

조복(照覆)합니다. 이 교시(敎示)를 받으니 아혹(訝惑)을 이길 수 없습니다. 비록 3일을 기한으로 말했더라도, 이는 본래 우리 정부에서 돈정(敦定)[1]한 바가 아니요, 또 공사가 기한 내에 수레를 서둘러서 돌린 것은 아마도 돈호(敦好)를 온전히 하는 뜻이 아닐 것입니다. 간서(簡書)나 기회(期會) 등 하찮은 일로 이처럼 책설(嘖舌)[2]하는 것은 극히 안타까우니, 상판(商辦)하는 자리에 다시 왕림하실 것을 깊이 생각하심이 어떻겠습니까? 구구한 마음이 깊이 우러러 바랄 뿐입니다.

회답 기한 전에 공사가 경성을 떠난 것은 경솔하다는 비난을 면하기 어려웠다. 조선 정부로부터 이 점을 지적당한 것은 공사의 입장을 매우 곤란하게 했는데, 영의정의 서계에 여전히 협상을 희망한다는 의미가 내포되어 있었으므로 공사는 다음과 같은 회답을 영의정에게 보내서 이틀날인 8월 27일부터 이틀간 제물포에 체류하면서 조선 정부

---

1) 돈정(敦定): 확실하게 정함
2) 책설(嘖舌): 큰 소리로 다툼

의 교섭에 응할 뜻이 있음을 비쳤다.

이제 7월 12일자 귀함(貴函)을 받았습니다. 그 내용에 '3일을 기한으로 한 것은 우리 정부에서 돈정(敦定)한 바가 아니다. 간서(簡書)나 기회(期會) 등 하찮은 일로 이처럼 책설(嘖舌)하는 것은 극히 안타깝다.'고 했습니다. 그러나 3일의 기한은 이미 성청(聖聽)에 아뢰었고, 합하 또한 전대(專對)의 임무를 받았습니다. 더구나 이번 사건에서 상판(商辦)을 일찍 하고 늦게 하는 것이 그 관계가 매우 중하니, 답변을 요청하면서 기한을 두는 것을 어찌 하찮은 일이라고 하겠습니까? 합하마저도 이러한 말씀을 하시니 참으로 괴아(怪訝)한 마음을 금할 수 없습니다. 다만 그 '다시 상판(商辦)하는 자리에 왕림하시기를 구구한 마음이 우러러 바란다'는 구절에 이르러, 바로 귀 정부의 뜻이 여전히 돈호(敦好)를 보전하려는 데 있음을 깨달았습니다. 과연 그렇다면 8건의 시행 여부에 대해 어떻게 선택하시겠습니까? 대사(大事)가 결정되는 바를 본 사신이 어찌 경솔하게 하겠습니까? 이 때문에 이틀간 배를 멈추고 결답을 기다릴 것이니, 생각건대 합하께서 오실 때 반드시 지교(指敎)가 있을 것입니다.

8월 27일에 영의정은 하나부사 공사에게 회답을 보내서 공사의 호의에 사의를 표하고, 요구책자 8조를 기준으로 상의를 개시할 의지가 있음을 성명했다.[1]

하나부사 공사가 그 태도를 누그러뜨려서 조선 정부와의 협조에 나선 데는 청 도원(道員) 마건충과 조선 접견대관 조영하의 역할이 컸다. 당시 조영하는 척족의 유일한 대표자로서 국왕의 밀지를 받아서 대원군의 묘당 추방 계획을 마건충에게 전했고, 마건충 또한 일한관계의 긴장을 완화하기 위해서 그 필요성을 인정했다. 마건충은 바로 다케조에 외무대서기관, 하나부사 공사와 회견을 갖고 계속해서 자중할 것을 희망하는 한편, 8월 26일에 이르러 마침내 대원군을 구치해서 톈진으로 호송했다. 대원군의 구치와 동시에 조선 조정의 대일(對日) 태도가 바로 완화된 것은 당연했고, 8월 27일에 영의정이 요구책자에 기초해서 하나부사 공사가 지정한 시일 내에 회담을 재개하기로 승낙한 것 또한 전적으로 이에 기인한 것이었다.

8월 27일, 조선 정부는 대일회담 재개를 결정함과 동시에 영의정치사봉조하(領議政致仕奉朝賀) 이유원을 전권대신, 호조참판 김홍집을 부관, 사재직장(司宰直長) 서상우(徐相雨)를 종사관에 차하했다. 그리고 인천부사 임영호에게 명해서 정원(政院)의 전교등본(傳敎謄本)을 하나부사 공사에게 전달하고, 이와 별도로 서계를 보내서 "방금 만기(萬機)

를, 모두 주상의 독단(獨斷)을 받들게 됐습니다. 그러므로 대원(大員)을 즉시 파견하는 것입니다."라는 뜻을 성명하게 했다.[2] 김홍집은 한말의 명재상으로 알려졌으며 조선인 정치가들에게 호의를 갖고 있지 않던 마건충조차 "조선에서 시무를 담론하는 자들 가운데 홍집이 교초(翹楚)[3]라고 생각한다."라고 상찬하고 있었으므로 이 인선은 당연했지만, 이유원의 임명에 관해서는 다소 주의해야 할 사실이 있다. 즉, 조선 정부에서도 이번 대일회담에서 많은 양보를 하지 않을 수 없으리라는 것을 예상했으며, 그 결과 위정척사론의 재흥을 두려워해서 그것을 완화하는 수단으로서 이유원을 기용했던 것으로 해석된다.[3]

이렇게 해서 일단 결렬이 예상됐던 일한회담도 메이지 15년 8월 28일(임오년 7월 15일) 오후 10시에 제물포에 정박한 일본군함 히에(比叡) 함상에서 재개됐다. 하나부사 공사는 먼저 전권대신 이유원과 부관 김홍집이 전에 제시한 요구책자 8조를 상의하기에 충분한 권한을 갖고 있는지 여부를 질문했다. 이유원이 그렇다고 했으므로, 마침내 본론으로 들어가서 공사는 재차 자신이 작성한 조약안을 제시했다. 전권대관·부관이 그것을 살펴보니 지난 8월 20일에 제시한 요구책자에 비해 그 내용이 조금 더 명확해져서, 제1조에 조선이 만약 기한 내에 흉도와 그 당여(黨與)를 나획(拿獲)하지 못할 경우 일본이 차역(差役)[4]을 시켜서 스스로 처판(處辦)한다는 단서가 더해지고, 제4조에서는 손해 및 군비 배상 금액에 대해 은 50만 엔(圓)의 5개년부 상환이라고 명기돼 있었다. 이 문제에 관해서는 조선국 전권이 처음부터 난색을 표시했다. 조목별로 양국 주장의 요점을 적기(摘記)하면 다음과 같다.[4]

하나, 병란의 수괴와 그 당여(黨與)의 체포 및 처벌은 조선 측에서도 처음부터 이의가 없었지만, "범인이 다수이기 때문에 지금 갑자기 그들을 엄형(嚴刑)에 처한다면 다시 병란을 격발(激發)할 우려가 있고, 또 15일의 기한을 두는 것 등은 실행하기 어렵다. 게다가 그 단서에 '일본국에서 인원을 파견해서 구치(究治)[5]를 안동(眼同)[6]하고, 만약 기한 내에 포획하지 못하면 응당 일본의 차역(差役)이 스스로 처판(處辦)할 것이다.'라고 되어 있는데, '처판(處辦)'이라는 두 글자가 온당치 않을 뿐만 아니라, 전체적으로 봐도

---

3) 교초(翹楚): 본래 잡목이나 덤불 가운데 높게 튀어나온 가시나무를 가리키는데, 걸출한 인물을 비유하는 말로 사용된다.
4) 차역(差役): 관아에서 일하는 심부름꾼
5) 구치(究治): 심문해서 법에 따라 다스림
6) 안동(眼同): 회동(會同), 참관(參觀)

조선의 체면을 손상시키는 것이 많다. 따라서 이는 모두 승낙하기 어렵다."고 했다.

하나부사 공사는 전권대신에게 병란 수괴의 이름과 그 당여(黨與)를 조선 정부에서 정탐해서 파악하고 있는지 반문했다. 전권대신이 아직 모른다고 답하자, 공사는 "수괴의 성명조차 판명되지 않았다면 징판(懲辦)은 불가능하며, 그 책임은 오직 정부가 져야 한다. 이러한 상태에서 단서의 삭제는 두말할 것도 없이 불가능하다. 단, '처판(處辦)'이라는 자구가 온당하지 않다면 '판리(辦理)'라고 고쳐도 무방하다."고 했다. 조선 전권은 앞의 말을 고집하면서 동의하지 않았다. 이 건은 전혀 타협에 도달하지 못했다.

둘, 피해자의 장례의식을 후하게 거행하는 것은 처음부터 이의가 없었다.

셋, 피해자에 대한 부조료(扶助料) 5만 엔(圓)의 지급은 수락했다.

넷, 사변에 대한 손해배상 및 군비 배상은 양국의 견해 차이가 가장 큰 문제였다. 조선국 전권은 군비 배상은 상황에 따라 동의하더라도 손해배상은 절대로 거부한다는 생각으로 회담에 임했다. 특히 8월 20일의 요구책자에는 금액이 명시되어 있지 않았는데, 이제 갑자기 50만 엔(圓)의 거액을 요구받자 이를 하나부사 공사의 기만적 행위로 간주해서 크게 불쾌한 기색을 드러냈다. 조선국 전권은 마건충의 조언에 따라 이번 사변에 대한 손해 및 군비 배상에는 이유가 없음을 국제법적으로 설명하려고 했지만 공사는 들으려고 하지 않았다. 조선 재정의 궁핍을 상세히 설명하면서 이웃나라의 정의(情誼)에 호소하자, 하나부사 공사는 원안에서 은 10만 엔(圓)을 감축하는 조건으로 광산 채굴권과 전신 가설권의 양여, 그리고 함흥과 대구의 개시(開市) 시기를 조약에 명시할 것을 요구했다. 조선국 전권은 그렇게 과도한 조건을 붙일 정도라면 10만 엔(圓)의 감액 같은 것은 원치 않는다고 하면서 일언지하에 거부했다. 요컨대 이 조항은 '배상'이라는 두 글자를 '전보(塡補)'로 고치는 것 외에는 양자의 의견이 전혀 일치하지 않았다.

다섯, 조선 측에서는 부산·원산·인천의 3개 항구의 유보지역(遊步地域)을 방(方) 100한리(韓里)[약 10방리(邦里)]로 확장하는 것, 그리고 양화진의 개시(開市)에는 원칙적으로 이의가 없지만, 현재의 민정(民情)을 고려할 때 급히 실행하기 어렵다고 했다. 하나부사 공사는 타협안으로 조선 이수(里數)로 방(方) 50리를 즉시 확장하고, 1년 후에 방 100리로 확장할 것을 제안해서 조선 측의 동의를 얻었다. 다만 조선 측은 함흥과 대구의 개시(開市)에는 절대 반대 의사를 표명했다.

여섯, 공사관 및 영사관 관원, 그리고 그 가족의 내지여행권은 승인했다.

일곱, 조선 측에서는 공사관 호위병으로 1개 대대 병력을 상주시키는 것은 조선의 체면을 손상시킬 뿐만 아니라, 경성부 내 일청 양국 군대의 주둔은 장래 양국 군대가 충돌하는 단서를 여는 것이기 때문에 이 조항은 승낙하기 어렵지만, 공사관 내에 약간의 병력을 두고 경비를 맡기는 정도라면 지장이 없다고 했다. 하나부사 공사는 호위병으로 보병 1개 대대(4개 중대) 설을 반드시 고집하지는 않았지만, 조선국 전권의 제안에는 동의하지 않았기 때문에 이 조항 또한 의견 일치를 보지 못했다.

여덟, 조선 측에서 사죄 사절의 파견은 승낙했지만 일본에서도 회답 국서를 보낼 것을 주장해서 하나부사 공사의 동의를 얻었다.[5]

이렇게 해서 원안 8개 조 가운데 조선 전권이 무조건 승인한 것은 제2조, 제3조, 제6조의 3개 조항이었으며, 수정 승인한 것은 제5조, 제8조의 2개 조항이었다. 제1조는 원칙적으로 동의했지만 기한과 단서의 삭제를 주장했고, 제4조와 제7조의 2개 조에는 절대 반대 의사를 표명했다.

조선국 전권의 이와 같은 강경한 태도는 하나부사 공사가 예상치 못했던 것으로, 토론은 8월 28일 오후 11시부터 이튿날 29일 오전 3시까지 이어졌지만 양측의 주장은 끝내 일치하지 않았다. 29일 정오에 회담을 재개하기로 약속하고 조선국 전권은 함선에서 물러갔다.

8월 29일 정오에 전권부관 김홍집이 홀로 군함 히에(比叡)에 내함(來艦)했다. 이보다 앞서 하나부사 공사는 조선국 전권의 반대를 고려해서 원안에 약간의 수정을 가했지만, 제1조의 단서와 제4조·제7조에 관해서는 여전히 근본적으로 원안을 변경하지 않았다. 전권부관이 자신에게는 이를 심의할 권한이 없다고 주장했으므로, 하나부사 공사는 이날 오후 곧 곤도 서기관, 이시바타 외무사등속, 아사야마 외무칠등속을 거느리고 상륙한 후, 전권부관과 함께 화도(花島) 별장영(別將營)으로 전권대신 이유원을 방문해서 제3차 회담을 개시했다. 하나부사 공사의 태도가 조금도 완화되지 않은 탓에 조선국 전권부는 제5조에서 함흥과 대구 개시(開市)를 삭제하고, 제7조에서 호위병 1개 대대를 '약간'이라는 자구로 수정하는 정도로 만족하고 나머지는 하나부사 공사의 수정안 전부를 승인하지 않을 수 없었다.[6]

8월 29일 밤부터 30일 오전까지 조약문을 작성한 후, 8월 30일 정오에 제물포 가관(假館)에서 하나부사 변리공사와 조선국 전권대신 이유원, 부관 김홍집이 회동해서 제물포조약 6개 조, 수호조규속약 2개 조에 기명조인(記名調印)했다. 메이지 15년 9월 28일 하나부사 변리공사의 복명서 부속 「조약요설(條約要說)」에 기초해서 조약 각 조항에 관해 검토해 보고자 한다.

제물포조약

제1관 지금부터 20일 내로 조선국은 흉도를 포획해서 거괴(渠魁)를 엄하게 조사하고 무겁게
징판(懲辦)할 것. 일본국은 관원을 파견해서 구치(究治)를 안동(眼同)하고, 만약 기한
내에 포획하지 못하면 일본국 스스로 판리(辦理)한다.

이 조항은 메이지 15년 8월 2일 외무경 기밀훈령 제2조에 명기됐던 것으로, 원 훈령
에서는 기한을 10일 이내라고 했지만 8월 20일의 요구책자에서는 15일로 연장했다. 조
선국 전권은 기한을 1, 2개월 연장하고 단서를 삭제할 것을 주장했는데, 공사는 기한만
20일로 연장하고 후자는 거부했다. 그런데 병변의 주모자가 대원군임을 안 일본 외무
당국은 이 조항의 실시 요구로 인해 일한 양국 간에 중대한 위기가 초래될 것을 우려해
서 9월 3일의 기밀 서신(9월 10일 도착)을 통해 이 조항의 삭제를 명했지만 이미 조약이
조인된 뒤였다. 실제 병변의 수괴가 체포되고 일본 관헌이 입회하여 심리하는 자리에서
대원군이 일본 공사관 습격을 지휘했다고 자백한다면 조선 정부는 매우 큰 곤경에 빠질
우려가 있었지만, 이미 대원군은 청에 구치되었고, 또 일본 공사가 이 조문의 '흉도'와
'거괴'라는 문자에 대해 극히 관대한 해석을 취한 덕분에 다행히 이 조항은 별다른 어려
움 없이 이행되었다.

제2관 피해를 당한 일본 관서(官胥)[7]는 조선국에서 우례(優禮)로 예장(瘞葬)해서 그 장례를
후하게 치를 것.

이 조항은 외무경의 원 훈령에는 없었지만, 하나부사 공사는 이것을 요구책자 제2조
로 제출했다. 그 이유에 관해 하나부사 공사는 다음과 같이 말했다. "이 조항은 훈조에
없었지만, 처음부터 배상액을 줄이지 않을 수 없다는 우려도 있었고, 혹은 물건을 박하
게 하고 정을 도탑게 하는 것을 옳게 여기는 뜻도 있었습니다. 죽은 자들의 장례를 후하
게 하는 것은 인정 중에서도 가장 절실한 일이니, 특별히 조선 정부가 우리 죽은 자들에
대해서 우례(優禮)로 대하는 뜻을 표시함으로써 죽은 자들이 눈을 감고, 국민들에게 유

---

7) 관서(官胥): 관청에서 근무하는 소리(小吏)

감이 없게 해야 한다는 견지에서 이 조항을 포함시킨 것입니다." 이 조항은 조선 정부의 입장에서도 합리적인 요구였고, 또 조선의 민정(民情)으로 봐도 가장 유효한 수단이라고 생각됐다. 이노우에 외무경이 이 조항을 쓸모없다고 보고 9월 3일의 기밀 서신에서 삭제를 명한 것은 조선의 실정을 파악하지 못한 것으로, 공사는 이 조항을 존치해도 적어도 손해는 없을 것으로 믿고 원안을 유지했다.

> 제3관 조선국은 피해를 당한 일본 관서(官胥)와 유족, 그리고 부상자에게 5만 엔(圓)을 지급하여 체휼(體恤)할 것.

유족부조료(遺族扶助料)는 외무경 기밀훈령 제3조에 규정돼 있었지만 그 금액은 명시되어 있지 않았으므로 하나부사 공사는 고려한 끝에 은 5만 엔을 요구했다. 조선 전권도 우휼 은량(優恤銀兩)에는 이의가 없었고, 금액 또한 13명에게 분급하는 이상 타당하다고 인정했다. 단, 즉시 전액을 지불할 가망이 없었으므로 2만 엔은 즉시, 1만 엔은 4개월 후, 2만 엔은 다시 4개월 후에 분할 지불하는 것으로 협정했다.

> 제4관 흉도의 폭거로 인해 일본국에서 받은 손해 및 공사를 호위한 수륙병비(水陸兵費) 중에서 50만 엔(圓)을 조선국에서 전보(塡補)[8]할 것. 매년 10만 엔(圓)씩 지불해서 5개년 후에 청완(淸完)[9]한다.

이 조항은 외무경 기밀훈령 제4조에 규정되어 있었는데, 군비 배상은 준비 과정에서 소요된 실비에 준한다고만 되어 있었고 하나부사 공사가 8월 20일에 제출한 요구책자 제4조에도 그 금액은 명시돼 있지 않았다. 당초 100만 엔 설도 있었지만 이러한 거액의 요구는 실행 불가능하다는 논의가 많아서 결국 금액은 확정하지 못하고, 훈령에 명기하지 않은 상태로 공사에게 일임했던 것이다. 다만 이노우에 외무경은 최고 은 50만 엔으로 하되, 만약 조선 정부가 전신 가설·광산 채굴 등의 이권을 제공한다면 25만 엔 내지 30만 엔으로 감액해도 무방하다는 견해였다. 그런데 마건충의 의견으로는 사변에 대한 손해배상 요구는 근거가 박약할 뿐만 아니라, 군비 배상은 일본 육해군의 출동 상황으로 미뤄볼 때 최고 5만 엔을 초과해서는 안 된다고 보았다. 그는 다케조에 외무대서기관

---

8) 전보(塡補): 부족분이나 결손을 메우는 일
9) 청완(淸完): 완전히 청산함

에게 주의를 주고 또 하나부사 공사에게도 비공식적으로 감액을 권고했다. 이러한 관계도 있어서 외무경은 9월 3일의 기밀훈령으로 40만 엔까지 감액을 허가했지만 결국 제때에 맞추지 못했다. 공사의 생각은, 만약 50만 엔에서 한 푼이라도 감액한다면 그것은 마건충의 간섭에 의한 것이 되어 조선이 청의 은혜에 감사하게 되는 결과를 초래할 것이므로 조약에서는 50만 엔을 유지하되 그 지불 방법에 관해서는 조선 정부의 부담 능력을 고려해서 충분히 선처하고, 그 세목(細目)은 곧 내조(來朝)할 조선 사죄 사절과 협의해야 한다는 것이었다.

제5관 일본 공사관에 병원(兵員) 약간을 두어서 경비를 맡게 할 것. 병영의 설치·수선은 조선국에서 담당한다. 만약 조선국 병민(兵民)이 1년간 법률을 준수한 후, 일본 공사가 경비가 불필요하다고 간주하면 철병해도 무방하다.

이 조항은 외무경 훈령 제5조에서는 조선국 군대로 일본 공사관 경비 임무를 맡게 하는 것으로 규정돼 있었지만, 공사는 현지 상황으로 볼 때 부적절하다고 판단해서 본국 정부에 훈령을 청하지도 않은 채 정치적·외교적으로 중대한 의의를 갖는 이 조항을 조약문에 삽입시켰다. 다만 일본에서도 메이지 8년 2월까지 공사관 보호 명목으로 영국과 프랑스 양국 군대 각 1개 연대가 요코하마에 주둔한 사실이 있었으므로 하나부사 공사 이하는 이 조항을 그렇게 중대시하지 않았던 것으로 생각된다.

조선 전권도 자국 군대를 신뢰할 수 없다는 것은 통감하고 있었지만, 외국 군대의 수도 주둔은 주권의 침해라는 것, 그리고 일청 양국군의 충돌 위험성을 고려해서 강경하게 반대했다. 그러나 공사는 군대 수를 조약에 명기하지 않는 것,─실제로는 4개 중대로 반감했다.─그리고 1년 후 수시로 철병한다는 단서만 덧붙이고 이 조항에 동의하게 했다.

제6관 조선국은 대관을 특파하고 국서를 보내서 일본에 사죄할 것.

이 조항은 외무경 기밀훈령 제1조로서, 원문에는 문서로 사죄할 것을 규정했는데 문서만으로는 실제 효과가 없을 것을 우려한 하나부사 공사가 8월 20일의 요구책자에서 대관 파견과 국서 제출을 요구했던 것이다. 조선국 전권이 국서 형식으로 사죄하는 것에 난색을 표했으므로 조약 본문은 요구책자와 동일하게 기재하며, 국서에서는 양국 국교 돈목(敦睦)의 뜻만 서술하고 사죄는 별도로 예조판서가 일본 외무경에게 서계를 보내서 하는 형식으로 협정됐다. 외무경은 거듭해서 사죄는 현지에서 조선국 대관이 일본 공사를 방문해서 실행하는 형태로 해야 한다고 훈령을 내렸지만, 공사는 원안을 유지하는 것이 적당하다고 보고 훈령에 구애받지 않았다.

이상 제물포조약 6개 조는 한성병란(漢城兵亂)에 따른 선후조약(善後條約)이므로 비준 절차 없이 조인 후 즉시 효력을 발생하는 것으로 협정됐다.

일한수호조규속약

제1관   원산·부산·인천 각 항의 한행리정(間行里程)을 이제부터 사방 각 50리로^{조선 이법(里法)} 확대하고, 2년 후에^{조약 비준일로부터 계산해서 한 해가 되는 것을 1년으로 한다.} 다시 각 100리로 할 것. 지금부터 1년 후에 양화진을 개시장(開市場)으로 만들 것.

외무경 기밀훈령 제6조에는 함경도 안변부(安邊府)의 개시(開市), 8월 9일의 추가 훈령 제1조에는 함흥과 대구의 개시만 규정되어 있었지만, 공사는 이것을 극히 광의로 해석했다. 첫 번째로 원 훈령에는 없던 유보구역(遊步區域)을 사방 100한리(韓里)로 확장한다는 문구를 삽입해서 8월 20일 요구책자의 제5조로 제출했다. 그 결과 안변이 저절로 원산의 유보지역에 포함되어 개시(開市) 문제는 자연스럽게 해결되었던 것이다. 함흥과 대구의 개시(開市)는 조선 전권이 절대 반대했고, 공사의 견해에 따르더라도 "오늘날 조선에서 사실상 아직 거행하기 어렵고, 우리로서도 어쩌면 사단을 빚을 우려가 있기" 때문에 한행리정을 확장하는 대가로 이를 철회했다. 한행리정의 확장도 서서히 실행할 방침이었다. 양화진은 인천을 왕복하는 데 반드시 거쳐야 하는 지점이자 경인수운(京仁水運)의 종점이었으므로 조선국 전권도 이의 없이 승낙했다. 다만 양화진이 항시(港市)로서 적당하지 않고, 또 한강의 수심이 용산까지만 소형기선이 거슬러 올라갈 수 있다는 사실이 판명됐기 때문에 메이지 17년 10월 1일에 양화진을 개항하는 대신 용산을 개항하는 것으로 협정이 성립됐다.

제2관   일본국 공사·영사 및 그 수원(隨員)·권종(眷從)이 조선 내지(內地) 각처(各處)를 자유롭게 유력(遊歷)하는 것을 허락할 것. 유력(遊歷)할 지방을 지정하면 예조에서는 호조(護照)를 발급하고 지방관은 호조(護照)를 검사한 후 호송한다.

일본 외교관 및 영사관의 조선 내지여행권(內地旅行權)은 메이지 9년 3월 일한수호조규 체결 이래의 현안이었으며, 하나부사 공사 자신이 예조판서 및 강수관과 토론한 적도 있었다. 따라서 조선국 전권대신과 부관 모두 그 경위를 양해했고, 이에 대한 일본 정부의 결심도 잘 알고 있었기 때문에 큰 반대 없이 수락했던 것이다. 다만 마건충의 주의에 따라 예조에서 발급하는 호조(護照)가 반드시 있어야 한다는 것을 조건으로 부가했다.

이상의 2건은 이번 병변과 직접 관계가 없이 다년간의 현안을 이번 기회에 해결하는 것이었으므로 수호조규의 속약 형식을 취하고, 양국 정부의 비준을 거치기로 했다.[7]

제물포에서의 3일 동안의 회의는 이 밖에도 많은 중요 안건을 다루었다. 그 중에서 실행된 것은 양이침범비(洋夷侵犯碑)의 철거와 수교의 뜻을 전국에 포고하는 일 두 가지였다. "양이(洋夷)가 침범함에 싸우지 않으면 화친하는 것이니, 화친을 주장함은 곧 나라를 팔아먹는 일이다[洋夷侵犯 非戰則和 主和賣國]."라는 문구가 새겨진 비석은 대원군의 위정척사론의 기념비로서 전국의 큰 읍의 사통발달한 도로마다 세워져 있었다. 이것은 비단 대원군의 척사론에 의해 희생된 일본의 관점에서 볼 때 가장 불쾌한 유물이었을 뿐만이 아니라, 조선으로서도 명예로운 기념물이라고는 하기 어려웠으므로 하나부사 공사의 권고에 따라 즉시 철거를 수락했던 것이다. 조선 정부가 이 조건을 충실하게 이행했다는 것은, 전국에 곳곳마다 세워져 있던 양이침범비가 오늘날에는 벽읍에서조차 거의 찾아볼 수 없는 사실로도 증명할 수 있다. 이웃나라와의 수교의 뜻을 포고하는 일 또한 일본 공사의 주의가 없었더라도 자발적으로 실행할 성질의 것이었다.[8]

제물포조약과 수호조규속약의 조인을 마친 후 하나부사 공사는 당일로 참사원(參事院) 의관보(議官補) 나카야마 노부요시에게 조약문을 전달하고 군함 진게(迅鯨)에 탑승하여 귀조하게 했다. 그리고 자신은 속약의 실시를 감시하기 위해 잔류했다.[9]

제물포조약 중에서 가장 먼저 실행된 것은 제2조였다. 조선 정부는 예물을 갖춰서 예조좌랑 엄석관(嚴錫瓘)을 내려보내 인천부사 임영호, 화도별장(花島別將) 김홍신과 함께 9월 3일에 제물포 탁계현(濁溪峴)에서 열린 호리모토 중위 이하 13명의 장례의식에 참렬(參列)하게 했다. 9월 4일에 하나부사 공사는 제물포에서 출발해서 인천과 양화진에 들렀다가, 7일에 입경해서 이현(泥峴) 이종승의 집을 행관(行館)으로 삼았다. (그 후 전 어영대장 신정희의 집이 임시 공사관으로 제공됐다.) 또 제물포조약 제6조에 따라 조선 정부는 금릉위(錦陵尉) 박영효(朴泳孝)를 수신대사(修信大使), 부호군 김만식(金晩植)을 부사, 부정자(副正字) 서광범(徐光範)을 종사관에 차하했다.[10]

이렇게 해서 제물포조약은 서서히 실행되고 있었다. 그렇지만 그 주안점은 제1조의 흉도 수괴의 처형이었다. 이미 8월 29일에 조선 정부는 청국 군대의 힘으로 난병의 거주지인 동부 이태원과 왕십리 두 촌락을 습격해서 10여 명을 체포, 처벌한 바 있었다. 그러나 이들은 병변(兵變)에 직접 관계된 자들로서 반드시 일본 공사관의 습격범 또는 일본인 살해범이라고는 할 수 없었다. 하나부사 공사는 경성 도착 후 영돈녕부사 김병국을(영의정 홍순목은 왕비 봉영(奉迎)을 위해 충주에 내려가 있었다.) 방문해서 이 문제를 제기했다. 조선 정부에서도 좌포도대장 오하영(吳夏泳)과 우포도대장 이교헌(李敎獻)에게 명해서 흉범을 체포하게 했다. 포도청에서는 미리 표적을 정해 놓았던 듯, 9월 10일까지 도합 9명의 용의자를 체포해서 공장(供狀)을 공사에게 송치했다. 9명 가운데 원동(園洞)에 거주하는 매면인(賣麵人) 손순길(孫順吉)과 어교(漁橋)에 거주하는 매주인(賣酒人) 공치원(孔致元)은 호리모토 중위 살해의 하수인, 총융청 아병(牙兵) 박홍식(朴洪植)과 동(同) 별부료군관(別付料軍官)[10] 최봉규(崔奉圭)는 공사관 습격을 지휘한 자, 냉동(冷洞)에 거주하는 의원(醫員) 이진학(李辰學), 매찬인(賣饌人) 조응순(趙應順)과 의원(醫員) 안흥준(安興俊)은 공사관 습격에 참여한 자였다. 나머지 1명은 훈련도감 뇌자(牢子)[11] 문창갑(文昌甲), 1명은 대역모반부도죄인 김장손이었으며, 이들은 일본인 습격과는 직접적인 관계가 없는 자들이었다. 공사는 처음부터 이 조항의 실현에 큰 우려를 품고 있었으므로 기한 내에 약간의 범인이라도 체포한 것을 다행으로 여겼고, 대원군이 청나라로 구치된 이상 이 문제를 이 정도로 중단해도 무방하다고 생각했다. 공사가 9월 11일에 김병국을 방문해서 협의한 결과, 김장손과 문창갑 두 범인을 제외한 범죄인 7명 가운데 손순길, 공치원, 최봉규 3명은 군문(軍門)으로 보내서 효수하고, (죄인 박홍식은 우포도청에서 사망) 이진학, 조응순, 안흥준은 원악도배(遠惡島配)에 처하기로 결정했다. 이튿날인 12일 오전 5시에 모화관(慕華館) 앞에서 금위대장 조의순이 감참관(監斬官)으로 나오고, 외무이등경부 오카 효이치와 외무칠등속 아사야마 겐조가 육군 1개 소대를 거느리고 입회한 가운데 손순길 등 3명에 대한 형이 집행됐다.[11]

제물포조약의 일부가 이미 실시되고 있었으므로 하나부사 공사는 마침내 귀조해서 복명하기로 결정하고, 9월 16일에 국왕을 알현하고 몌별(袂別)[12]했다. 그리고 다음 날인

---

10) 별부료군관(別付料軍官): 총융청(摠戎廳) 및 용호영(龍虎營)에 딸린 무관직의 하나로 원래 함경도와 평안도에서 뽑아온 군관인데 경상비가 아닌 별도 비목에서 급료를 지급한 까닭에 이런 명칭이 생겼다고 한다.
11) 뇌자(牢子): 군대에서 죄인을 취급하는 병졸
12) 몌별(袂別): 헤어질 때 소매를 붙잡고 차마 떠나지 못한다는 뜻으로 이별을 뜻한다.

17일에 예조판서 이회정에게 공문을 보내서 자신이 귀국해 있는 동안 외무서기관 곤도 신스케를 임시대리공사로 지명한다는 뜻을 통고했다.[12]

9월 18일, 하나부사 변리공사는 경성을 출발해서 귀국 길에 올랐다. 19일에 메이지마루(明治丸)에 탑승하고, 20일에 군함 모슌(孟春)으로 남양만으로 가서 청의 통령북양수사(統領北洋水師) 정여창(丁汝昌)과 도원(道員) 마건충을 방문한 후 21일에 메이지마루로 옮겨 탔다. 그리고 9월 28일에 요코하마에 입항한 후 그날로 상경해서 메이지 천황의 알현을 분부 받고 복명했다.[13]

조선국 전권대신 겸 수신사 박영효, 부관 겸 수신부사 김만식, 종사관 서광범은 하나부사 공사와 같은 배로 제물포를 출발, 도중에 고베·오사카·교토 등을 시찰한 후 10월 13일에 도쿄에 도착했다. 그리고 19일에 참내(參內)해서 메이지 천황을 배알(拜謁)하고 국서를 봉정했다. 이와 동시에 예조판서가 외무경에게 보내는 서계를 제출해서 임오병란에 관한 사죄의 뜻을 표시했다. 27일, 전권대신 박영효와 부관 김만식은 이노우에 외무경과 회견을 갖고 제물포조약 제4조에 기재된 배상금 50만 엔의 지불 방식에 관해 협의하고, 일본 금은화의 무게를 기준으로 매년 5만 엔 씩 10년 부로 상환하기로 했다. 10월 31일에는 수호조규속약이 비준됐다.[14]

〔원주〕

1 明治十五年花房辨理公使復命書; 明治十五年朝鮮激徒暴動顚末記附錄; 明治十五年京城變動之始末書.

2 『日省錄』李太王壬午年七月十四日; 『嘉梧藁略』年譜 卷三; 『以政學齋日錄』卷下; 朝鮮激徒暴動顚末記附錄; 京城變動之始末書.

3 『適可齋記行』卷六 東行三錄.

4 花房辨理公使復命書; 京城變動之始末書; 辨理公使日乘; 『善隣始末』卷六; 東行三錄.

5 明治十五年花房辨理公使復命書附錄 條約要說; 『善隣始末』卷六; 東行三錄.

6 花房辨理公使復命書; 朝鮮激徒暴動顚末記附錄; 『善隣始末』卷六.

7 條約要說; 『世外井上公傳』卷三 489~490쪽; 東行三綠.

8 花房辨理公使復命書附錄. 임오년 8월 6일 선린의 유지(諭旨) 및 척사비 철거의 명령은 다음과 같다. 이는 모두 『日省錄』에 수록되어 있지 않다.

　　선린하고 우호를 도탑게 하는 것은 나라의 대사다. 연맹(聯盟)하고 결관(結款: 우호를 맺음)해서 그 정의(情誼)가 한 집안과 같은데, 도리어 일본과 수호한 이래로 기간이 아직 짧아서 각 도의 군민들이 혐의를 품는 것을 면치 못했다. 그래서 때로 혹 조포(粗暴: 난폭함)하게 사단을 빚어서 인방(隣邦)에 신의를 잃고 천하에서 비방을 받게 됐으니 국가의 수치가 어찌 이보다 크겠는가? 현징비후(現懲毖後: 과거의 착오와 실패에서 교훈을 얻어 다시 잘못을 저지르지 않는다는 뜻으로 흔히 懲前毖後의 형태로 쓴다.)해서 더욱 친호(親好)를 닦아 선후(善後)의 계책으로 삼노라. 앞으로 만약 흉포한 짓을 해서 외인(外人)을 죽이거나 해를 끼치는 자가 있으면 그 주모자(亂首)와 방조자(加功)를 막론하고 체포해서 주류함으로써 국법을 바로 세울 것이다. 또 무분별하게 사설(邪說)을 외쳐서 당을 결성하고 같은 무리를 취합하여 외인(外人)을 지척(指斥)해서 호목(好睦)을 상하게 하는 자가 있으면 즉시 처분하되, 결코 가차 없을 것이다. 이 때문에 통유(通諭)하노니, 팔도사도(八道四都)의 군민인(軍民人) 등은 이 뜻을 잘 명심하라.

　　경외(京外)에 세운 척양비각(斥洋碑刻)은 시조(時措: 시의에 따라서 적절한 조치를 취함)가 다르다. 그러므로 모두 뽑아내는 것이다.

9 花房辨理公使復命書; 辨理公使日乘.

10 花房辨理公使復命書; 朝鮮激徒暴動顚末記附錄; 『日省錄』李太王壬午年七月二十五日.

11 朝鮮激徒暴動顚末記附錄; 『日省錄』李太王壬午年七月二十九日.

12 花房辨理公使復命書; 朝鮮激徒暴動顚末記附錄.

13 辨理公使歸朝旅中日記.

14 辨理公使歸朝旅中日記; 『善隣始末』卷六; 『世外井上公傳』卷三 491쪽; 『岩倉公實記』(昭和二年刊)卷下 888~889쪽. 또한 전권대신 겸 수신사 박영효가 봉정한 국서 및 외무경에게 제출한 예조의 서계는 다음과 같다.(國書啓下册 壬午, 書契啓下册 壬午)

　　대조선국 대왕이 대일본국 대황제에게 경백(敬白)하노라.

　　내가 천휴(天庥: 하늘의 보우)에 의탁해서 귀국과 수호한 이래로 환흡(歡洽: 기쁨과 화목)이 그칠 새 없었는데, 지난번에 군민(軍民)들의 난을 만나서 양국 사이에 거의 사단이 발생하는 지경에 이르렀으나, 요양(擾攘: 소란)이 크게 진정되고 관약(款約: 조약)이 이미 이뤄졌다. 이에 특명전권대신 겸 수신사 금릉위 박영효와 전권부관 겸 수신부사 부호군 김만식을 귀국에 전사(專使: 특정한 목적을 위해 파견하는 사신)로 파견해서 화호(和好)를 중수(重修)하고 영원히 우의를 보전케 했다. 박영효는 충량단민(忠亮端敏)하고 김만식은 종련근신(綜鍊勤愼)하니, 나는 이들이 반드시 일체의 사무를 협조해서 처리할 수 있으리라 믿는다. 부디 이들을 돌보고 성의를 밀어서 거듭 체교(締交)를 밀접하게 하고 함께 아름다운 복을 누리기를 내 깊이 바라노라.

개국 491년 8월 초여드렛날 친서명(親署名) 검인(鈐印). [예문관 제학 신 정범조(鄭範祖)가 제술해서 올림. 광서 8년 8월 초여드렛날 계하(啓下)]

대조선국 예조판서 이회정이 대일본국 외무경 이노우에 가오루 합하께 글을 드립니다.

조회합니다.

폐방(敝邦)의 6월 초열흘날 군란은 고금 미증유의 변이었습니다. 당시 창황(倉皇)하고 급거(急遽)해서 미처 서함을 보내지 못했는데, 이제 따로 그 대략을 말씀드려서 환난과 분노를 함께하는 뜻을 펴고자 합니다. 이제 생각건대, 변란이 크게 진정되었으니 관호(款好: 화호, 통호)를 서둘러야 합니다. 이제 폐방의 조명(朝命)이 있어서 특명전권대신 겸 수신사 금릉위 박영효, 전권부관 겸 수신사 부호군 김만식, 종사관 부정자 서광범을 귀국에 전사(專使)로 파견해서 교제상 미진한 사의(事宜)를 판리(辦理)하게 했으니 스스로 작량(酌量)해서 타협(妥協)할 것입니다. 부디 귀 조정에서 성신(誠信)으로 상부(相孚)해서 능히 화무(和務)를 이루기를 바라는 마음 가눌 수 없습니다. 공경히 태안(台安)을 송축합니다.

별도로 알립니다.

폐방(敝邦)과 귀국은 평소에 우호를 돈독히 했는데, 근래에는 더욱 보거순치(輔車脣齒)의 형세가 되었습니다. 피차 화집(和輯: 화목하고 단결함)을 보존해서 영원히 안밀(晏謐: 평온하고 안정됨)하기를 바랐는데, 어찌 생각이나 했겠습니까? 뜻밖에 변이 발생해서 난역(亂逆)이 틈발(闖發: 기회를 타서 일어남)하여 연곡(輦轂: 서울)에서 폭풍처럼 일어났습니다. 돼지 떼처럼 궁궐로 돌진해서 폐방의 왕비께서 잠어(潛御)하시는 사차(私次: 사적인 처소)에까지 이르고 보신(輔臣: 재상)과 근신(近臣)들이 동시에 해를 당했습니다. 심지어 귀국 사관(使館)은 불태워지고 교사(教師)는 죽임을 당했습니다. 무고한 자들이 비명(非命)에 가고 함께 참화에 빠지고 말았으니 이는 고금 미증유의 화란(禍亂)입니다. 모두가 폐방의 신료(臣僚)들이 조정의 명을 찬양(贊襄: 임금을 도와서 공적을 쌓음)하여 방무(邦務)를 수정(綏靖: 어루만져서 평정함)하지 못해서 이 지경에 이른 것이니, 세상에 드러낼 면목이 없습니다.

그런데 다행히 귀국에서 체개(蔕芥: 작은 일. 가시가 걸리듯 마음속에 거리낌이 있는 모양)를 생각하지 않고, 오직 환호(驩好)만을 중시해서 다시 공사를 파견했습니다. 불일내로 국경에 와서 다시 관약(款約)을 맺게 되었으니 이는 실로 양국의 불행 중 다행입니다. 폐방은 처음에는 부끄럽다가 끝에는 감격해서 귀국의 선린의 지극한 뜻을 깊이 깨닫게 되었으니, 할 말을 모르겠습니다.

흉도 정완린(鄭完隣) 등 11명은 우선 나획(拏獲)해서 법에 따라 처리했고, 이어서 손순길 등 3명을 체포해서 즉시 효수했습니다. 이진학 등 3명은 정범(情犯: 죄상)이 조금 가벼우나 모두 엄형에 처해서 멀리 유배 보냈습니다. 이는 폐방의 형전(刑典)에 있어서 관대함을 용납지 않는 바요, 또한 귀 공사와 함께 공평하고 윤당하게 상의해서 형률에 따라 징판(懲辦)하여 영원히 감계(鑑戒)를 드리운 것입니다. 그리고 중외(中外)에 포유(布諭)해서 백성들이 모두 알게 했습니다.

이로부터 큰 화목을 이루어 함께 아름다운 복을 누리길 바랍니다. 귀 조정에서 양찰하시길 바랍니다.

청의 간섭, 대원군의 구치(拘致)

일본 외무성은 메이지 15년 7월 31일(광서 7년 6월 17일)에 하나부사 변리공사의 조난 공보(遭難公報)를 발표함과 동시에 도쿄 주재 외교단에 이 사실을 통고했다. 그런데 하나부사 공사가 호위 군대와 함대를 거느리고 조선에 가는 것으로 결정되자, 재류 외국인들 중에 일본 정부의 방침에 대해 억측하거나 일본 정부의 평화 방침에 의구심을 품는 자들이 생겼다. 이 때문에 일본 외무성에서는 8월 2일에 이노우에 외무경의 이름으로 담화문을 발표해서 이번 폭동의 중대성을 역설하고, 하나부사 변리공사는 조선 정부의 책임 있는 설명을 요구하고 또 그 나라에서의 일본의 이익을 옹호하기 위해 조선 출장의 명을 받았으며, 그를 호위하기 위해 '군함 3척'과 '300명 남짓의 병대(兵隊)'의 출동을 명령했다고 밝혔다. 또한 이상의 함대 및 군대 지휘관은 "결코 전투 또는 조포(粗暴)한 처분을 하지 않을 것이며, 오직 우리 공사와 거류민을 보호하는 데만 종사하고, 평온한 처분을 통해 이처럼 통렬한 모욕을 받은 우리 제국의 체면을 유지하라는 특별 훈령을 휴대했다."고 보증했다.[1]

메이지 15년 7월 23일의 경성변란, 그리고 이 사건에 대한 일본 정부의 방침에 대해 가장 큰 관심을 갖고 주시해 온 사람은 당연히 청 흠차출사일본국대신(欽差出使日本國大臣)(특명전권공사) 여서창(黎庶昌)이었다. 여 공사는 7월 31일에 하나부사 변리공사가 조난당했다는 공보를 접하자, 다음 날인 8월 1일에 그 요지를 서리북양대신직예총독양광총독(署理北洋大臣直隸總督兩廣總督) 장수성(張樹聲)에게 타전했다. 이 보고는 경성의 병변(兵變)에 관해 청에 도착한 제1보였다. 곧이어 같은 날 제2보로, 일본 정부의 출병 결정을 알리고, 중국도 조선해에 군함을 파견해서 일본 공사의 행동을 감시할 필요가 있다고 건의했다. 8월 3일에는 "일본 선박이 17, 18일 등에 차례로 조선에 갈 예정인데, 수병(水兵)이 700여 명이고 별도로 보병이 700명입니다. 외무경 이노우에 가오루가 친히 가서 독판(督辦)할 것입니다. 이미 어제 움직이기 시작했습니다. 일본이 비록 용병(用兵)하기로 결정하지는 않았지만, 중정(衆情)이 매우 시끄러우니 실제로 준비 중에 있습니다. 우리 병선(兵船)도 떠나야 할 듯합니다."라고 하고, 8월 4일에는 "조선 왕궁이 같은 날 피격됐으니, 중국이 속히 파원(派員)해서 진압해야 합니다."라고 전보를 보내서 시시 각각으로 사태가 중대화되고 있음을 보고했다.[2]

이보다 앞서 서리직예총독 장수성은 8월 1일자 여 공사의 보고를 받고 곧장 직예천진 해관도(直隷天津海關道) 주복(周馥)에게 명해서 당시 톈진에 체재 중이던 조선 영선사(領選使) 김윤식과 문의관(問議官) 어윤중을 불러서 의견을 묻게 했다. 김윤식은 최근의 조선 정세를 상세히 설명했다. 특히 '국왕께서 친정(親政)을 시작하신 이래로 국세(國勢)가 매우 미약한데 천하의 시국이 크게 변하는 때를 당해서 고립과조(孤立寡助)하니, 종사를 보존하기 어려움을 살피시고 오직 중조(中朝)의 명을 받들어 뜻을 외교에 오로지 하셨다. 그런데 불령한 무리들이 있어서, 항상 외교와 외구(外寇)라는 말로 국왕의 죄를 열거하고, 비방하는 말로 선동해서 민심을 경혹(驚惑)시킨다. 지난 신사년(辛巳年)에 이재선, 안기영 등의 역적이 난당(亂黨)을 결집해서 국왕의 폐위, 친신(親臣)의 삼제(芟除),[1] 벌왜축사(伐倭逐使)의 세 가지 일을 꾸몄으나 일이 누설돼서 형륙을 당했다. 이제 난당이 궁궐을 침범하고 이웃나라 사신을 쫓아냈다는 소식을 들으니, 이것이 바로 작년 역적의 여당(餘黨)의 소행임은 의심할 여지가 없다. 국왕이 외교에 마음을 쓰고 일본인을 잘 대우하는 것은 저 나라 사신도 충분히 양해하고 있으니, 이번의 조난을 당해서도 반드시 국왕을 원망하지는 않을 것이다. 그렇지만 조선에서 이미 이러한 흔단(釁端)을 연 이상, 결코 수수방관할 수 있는 문제가 아니다. 생각건대, 난당이 뜻을 이룬 다음에는 일사(日使)가 군대를 이끌고 와도 굳이 화친을 구걸하지 않아서 반드시 한두 번 타장(打杖)에 이를 것이다. 그러나 난당은 원래 원대한 견식이 없이 한갓 타국을 막시(藐視)하고 있으니, 한번 일본군의 포화를 받으면 반드시 순식간에 놀라 자빠지며 달아날 것이다. 일본인이 이러한 허점을 이용해서 국사에 간여할 것이 가장 우려스럽다. 중국은 속히 군함 몇 척을 조파(調派)[2]해서 육군 1,000명을 싣고 밤을 새워서라도 동(東)으로 가야 한다. 이로써 국왕을 부호(扶護)하고 난당을 초포(剿捕)[3]하며, 한편으로 일본국과의 사이를 조정해준다면 매우 다행이겠다.'라고 설명했다.[3]

주복은 김윤식과 어윤중의 말을 직예총독에게 보고했다. 직예총독은 당초 김윤식과

---

1) 친신(親臣)의 삼제(芟除): 친신(親臣)은 임금이 친애하는 신하, 삼제(芟除)는 잡초를 베어버리듯 소탕한다는 뜻이다.
2) 조파(調派): 조발(調發)해서 파견함
3) 초포(剿捕): 토벌해서 포획함

어윤중의 말을 그대로 믿지는 않고, 파병 진압 등은 중대사이기 때문에 조선국왕의 주문(奏文)과 자문(咨文)을 기다린 후에 실행에 착수해도 늦지 않다는 의견을 갖고 있었던 것 같다. 하지만 조선해에 군함을 파견해서 사태의 진상을 확인하고, 한편으로 일본 공사의 행동을 감시할 필요는 인정했으므로 8월 2일에 뤼순 항에 있는 통령북양수사기명제독(統領北洋水師記名提督) 직예천진진총병(直隷天津鎭總兵) 정여창에게 출동 준비를 명했다. 그리고 이번 출동에는 특별히 외교교섭에 정통한 위원의 파견이 필요하다고 보고 북양대신아문(北洋大臣衙門)의 외교부장이라고 할 만한 후선도(候選道) 마건충을 상하이에서 소환했다.[4]

그 사이 여 주일 청국 공사의 보고는 시시각각 사태가 중대화되고 있음을 알렸다. 직예총독 또한 "일본인들이 일찍부터 조선을 전제(專制)할 것을 계획해서 조신(朝臣) 중에 일본인에게 은밀히 붙은 자가 적지 않다. 이제 만약 내란으로 봉기해서 일본 군대가 졸지에 들이닥친다면, 저들은 우선 문죄(問罪)를 위한 군대라는 구실을 내세우면서 난을 대신 진압할 것이요, 일본에 붙은 자들이 또 기회를 타서 그들에게 협조할 것이다. 만약 일본이 조선에서 공을 세운다면 중국의 자소(字小)[4]의 의리에 흠결이 생긴다."고 했다. 그는 조선국왕의 원조 요청을 기다리지 않고 군함과 군대를 조발(調發)해서 조선을 원호(援護)함으로써 자소(字小)의 은혜를 보이고, 한편으로 일본인들의 요협(要挾)[5]의 가능성을 끊어버려야 한다고 보았다. 따라서 일본의 파병이 겨우 1,000명에 불과하다고 해도, 중국의 파병이 지나치게 적으면 구원의 목적을 달성하기 어려울 뿐 아니라, 중재할 때도 기를 펴기 어렵다는 견지에서 가능한 한 우세한 병력을 조선 근해에 출동시키기로 결정했다.[5]

서리직예총독 장수성은 이러한 경위를 총리각국사무아문을 경유해서 상주하고 8월 7일에 재가를 받았다. 이보다 앞서 직예총독은 이미 북양수사(北洋水師)에게 명하여 뤼순(旅順) 항구에서 즈푸(芝罘)로 회항한 후 다음 명령을 기다리게 하고, 또 산둥(山東) 덩저우(登州)에 주둔한 방판산동군무(幇辦山東軍務) 광동수사제독(廣東水師提督) 오장경(吳

---

4) 자소(字小): 字는 원래 새끼에게 젖을 물려서 기른다는 뜻으로 전(轉)해서 보살피다, 또는 교화한다는 의미이다. 字小는 대국이 소국을 아끼고 보살핀다는 뜻으로, 흔히 소국이 대국을 섬긴다는 事大와 붙여서 字小事大 혹은 事大字小라고 쓴다. 이는 주권(主權, sovereignty)의 원칙에 입각해서 국가들 사이의 형식적·명분적 평등을 전제로 하는 서구의 근대 국제질서와 달리, 대국과 소국 사이의 불균형한 권력관계를 현실적으로 인정하고, 그 비대칭적 관계를 예(禮)적 규범에 따라 규율하고자 했던 동아시아 전통 유교질서의 본질을 상징하는 개념으로 널리 사용되고 있다.
5) 요협(要挾): 상대의 약점을 갖고 협박함으로써 자기의 요구를 충족시키는 일

長慶)에게 전보를 보내서 군대의 출동 준비에 착수하게 했다.

정 통령은 군함 위원(威遠)에 대장기를 게양하고, 초용(超勇)·양위(揚威)를 거느리고 뤼순 항구에서 즈푸(芝罘)로 회항해서 석탄과 식수, 양식을 적재하고 출동 준비를 갖췄다. 도원(道員) 마건충도 8월 8일에 도착했으므로 8월 9일에 즈푸(芝罘)에서 출항해서 8월 10일 밤에 인천부 제물포 월미도 앞바다에 정박했다. 마건충은 기함(旗艦) 위원(威遠)에 탑승하고, 조선국 문의관(問議官) 어윤중은 직예총독의 내명(內命)에 따라 비밀리에 초용(超勇)에 편승하고 있었다.[6]

동치 말, 대학사(大學士) 이홍장이 증국번을 대신해서 직예총독(直隷總督) 겸 판리북양통상사무대신(辦理北洋通商事務大臣)에 임명된 이후로 그 위망(威望)이 내외를 압도해서, 외교에 관한 사무는 베이징 총리아문으로 가기 전에 반드시 톈진 직예아문을 경유하는 것이 통례였다. 그런데 이해 4월에 이홍장이 모친상을 당해서 100일의 휴가를 얻어 널[柩]을 모시고 안후이(安徽) 허페이 현(合肥縣)으로 귀향해서 장례를 치르고, 양광총독(兩廣總督) 장수성이 그 직무를 대리하던 중에 조선 정변이 돌발했던 것이다. 장수성은 바로 적절한 수단을 취했지만, 군기처에서는 이 사건을 대단히 중대시해서 "이홍장의 숙망(宿望)은 비단 조선만 중하게 의지할 뿐 아니라 일본 또한 오랫동안 그 이름을 두려워했으니, 이처럼 위의(危疑)[6]한 때를 당해서 이홍장이 아니면 감정(戡定)[7]할 수 없을 듯하다."는 견해에 따라, 이홍장에게 휴가가 끝나기 전에 속히 업무에 복귀할 것을 명해서 해륙(海陸) 군무를 감독하고, 더 나아가서는 해륙의 중병(重兵)을 이끌고 조선으로 가서 선후책을 다시 계획하게 해야 한다고 판단했다. 이에 8월 12일에 상주해서 재가를 받은 후, 서리직예총독 장수성과 이홍장에게 서신을 보냈다. 이홍장은 명에 따라 8월 24일 허페이를 출발해서 북상하는 길에 올랐으나, 그때는 이미 조선 정변이 오장경, 정여창, 마건충의 힘으로 착착 처리되고 있었으므로 그의 특파는 결국 실현되지 않았던 것이다.[7]

애초에 일본 정부로서도 청 조정이 이번 정변을 수수방관하지 않고 조만간 어떤 행동에 나서리라는 것은 충분히 예상하고 있었으므로, 이노우에 외무경은 이미 메이지 15년 8월 2일자 훈령에서 하나부사 변리공사에게 다음과 같이 주의를 준 바 있었다.

---

6) 위의(危疑): 의심이 나서 마음이 불안함
7) 감정(戡定): 평정(平定)

만일 지나(支那), 또는 그 밖의 각국이 관섭(關涉)[8]해서 중재를 제안할 경우, 사신은 정부에서 외국의 간예(干預)[9]에 응하라는 명령을 받지 못했다는 이유를 내세워서 분명하게 거절하라.[8]

당시 외무경의 방침은 제3국으로부터—주로 청—조정(調停) 등의 제의가 있을 경우, 정부가 직접 교섭을 담당하고 출장지에 있는 사신은 관여시키지 않는 것이었음을 알 수 있다.

청의 간섭은 앞에서 서술한 것처럼 서리직예총독 장수성이 아직 결정을 내리지 않았으므로 당초 일본 정부에서 예상했던 것보다 조금 늦어져서 이노우에 외무경이 시모노세키로 출장을 간 뒤에야 비로소 구체화됐다. 8월 5일, 여 공사는 다음 신함(信函)을 외무경대리 외무대보 요시다 기요나리에게 제출했다.

본 대신은○여 흠차(欽差) 어제 북양대신의 전보를 받았습니다. 그 내용에, "총리아문에서 온 서함을 접수했는데, 고려에 현재 이러한 폭거(暴擧)가 있어서 도대(道台) 마건충을 병선 2, 3척과 함께 파견해서 일본을 위해 이 일의 조정(調停)을 생각하고 있다고 하니, 즉시 일본 정부에 전달해서 의심을 갖지 않게 하라."고 했습니다. 이 서함을 귀 외무경에게 전달해 주시길 바랍니다.

요시다 외무대보는 당일로 외무경의 방침에 기초해서 답신하길, "이 일에 관해서는 폐국(敝國)에 이미 정해진 견해가 있어서 타당하게 주판(籌辦)할 것이니, 아마도 귀국과 타국이 번거롭게 신경을 쓰게 하지는 않을 것입니다."라고 하면서 사절했는데, 이 건은 정부로서도 신중하게 고려해야 할 중대 사건이었다.[9]

이노우에 외무경이 시모노세키로 출장 나간 이후에 내각에서 외무성을 대표한 인물은 육군중장 겸 참의 야마가타 아리토모였다. 그는 여 공사의 신함(信函)을 받자마자 요시다 외무대보와 협의를 거듭한 후, 청의 조정 제안을 배척한다는 방침에 기초해서 그 절차를 결정했다. 그리고 8월 6일 각의에 제출해서 결재를 받은 다음에 시모노세키에 있는 이노우에 외무경에게 통고했다.

---

8) 관섭(關涉): 간섭, 견제, 관계
9) 간예(干預): 관섭(關涉)과 같음

어제 5일 여 공사의 계문(啓文)에 따르면, '청국은 조선 사건에 관해서 귀국을 위해 조정(調停)할 것'이라고 명언했다. 조정이란 숙자(熟字)[10]의 의미로는 거중식쟁(居仲息爭)의 뜻이지만, 저들이 과연 공법상의 중재의 침로(針路)[11]로 나올 것인지, 아니면 다른 방법을 사용할 것인지 예측하기 어렵다. 그러나 이를 예상해보면 다음 세 가지 경우에 지나지 않을 것이다.

첫째, 청국은 조선이 그 속국임을 주장하고 이번 담판을 청국이 인수할 것을 언명한다.

둘째, 청국은 일본과 조선 사이에 서서 중재를 제안한다.

셋째, 청국은 극히 평온한 언사를 사용해서 우리 사절과 억지로 직접 담판을 하려고 하지 않고, 오직 조선과 종래의 관계가 있으므로 그 나라를 위해 충고해서 사죄 처분을 최촉(催促)한다는 뜻을 공고(公告)하는 데 그친다.

첫 번째 경우는 우리는 다음 대의를 내세워 거절해야 한다.

조선에 대한 일본의 교제는 지난 300년 동안 직접 왕복해서 일찍이 청국의 거중(居仲)을 거치지 않았다.

메이지 8년 가을, 조선의 폭도가 우리 운요함을 포격해서 우리나라가 문죄(問罪)했을 때 청국의 거중(居仲)을 필요로 한 적이 없다.○중략

이러한 사유에 근거해서 우리나라는 조선과 직접 대등조약(對等條約)을 체결하고, 청국의 거중(居仲)을 거치지 않고 평화롭게 교제하면서 금일에 이르렀다.

그러므로 이번 일로 만약 전쟁이 일어날 경우 다른 외국이 국외(局外)에서 중립하거나 두 나라 중 한 나라의 여국(與國)[12]이 되는 것은 그 수의(隨意)[13]에 맡긴다고 해도, 평화의 교제는 결코 타국의 간섭을 용납하지 않는다. 금일 우리나라는 조선에 대해 종전과 마찬가지로 평화의 교제로 메이지 9년의 조약을 지속하려는 것이니, 조약에 기명(記名)한 쌍방 외 타국과는 관계가 없다.

만약 청국이 두 번째 경우로 나올 경우에는 분명하게 공법에서 말하는 '갑(甲)·을(乙) 양국의 분쟁에서 병국(丙國)이 중재를 제안할 때는 반드시 갑·을 양국의 승낙이 필요하며, 만약 두 나라 가운데 한 나라라도 중재를 승낙하지 않을 때는 병국(丙國)이 중재를 강제할 수 없다.'는 이치에 의거해서 우리나라는 중재를 사절해야 한다.

만약 세 번째 경우로 나올 경우에는, 우리나라는 지엽적인 갈등에 간여하지 말고 일직선으

---

10) 숙자(熟字): 상용의 글자
11) 침로(針路): 나침반이 가리키는 방향
12) 여국(與國): 우방, 동맹국
13) 수의(隨意): 자기 편의대로 함

로 조선과의 담판을 완수해야 하며, 청국이 조선에 대해 충고하거나 진력(盡力)하는 것은 우리의 관계 밖에 있어서 장애가 되지 않으니, 다시 그것을 승인한다는 말을 하지 않아도 괜찮다.

만일 이 세 가지 조목 중 하나로 나오지 않고, 청국이 오직 조선을 비음(庇蔭)해서 우리 요구를 거절하는 등의 일이 생기면, 이는 곧 조선의 당여(黨與)로서 우리나라와 적대적인 입장에 서는 것이라고 인정하지 않을 수 없다.○하략10

야마가타 참의의 전보를 받은 이노우에 외무경은 이 때문에 특별히 8월 2일자 훈령을 수정하거나 추가할 필요를 느끼지 않았다. 따라서 공사에게 청이 마건충을 특파해서 조정을 시도할 의향이 있음을 전하고, 만약 마건충에게서 그러한 제의가 오면 훈령에 따라 사절하고 본래 임무 이외의 안건에 대해서는 청 위원과 교섭하지 말라고 주의시키는데 그쳤다.11

청의 조정 제의는 8월 5일 일본 외무성의 거절로 일단 해소됐지만, 8월 9일에 여 공사는 총리아문의 훈전(訓電)에 따라 청 조정이 육해군을 파견해서 종주국의 의무로서 속방(屬邦)을 구제하고, 아울러 속방 안에 있는 조약국 일본의 공사관 보호 임무를 맡는다는 것을 공식적으로 통고했다.

본 대신은 어제 총리아문의 전보를 접수했습니다. 그 내용에, "조선에서 난당이 일을 일으켰으니, 이곳에서는 이제 주청(奏請)해서 남북양(南北洋) 사선(師船) 및 육군을 조발(調發)하여 조선으로 보내 원호(援護)함으로써 자소(字小)의 의리를 다하고자 한다. 일본은 우리나라와 조약을 맺은 국가로 사관(使館)이 우리 속방에서 위급한 상황을 당했으니 함께 호지(護持)해야 한다. 이미 다나베 서공사(署公事)에게○주청 임시대리공사 다나베 다이치(田邊太一) 조회했으니 당안(檔案)에 기록이 남아 있다. 즉시 전보에 의거해서 외무성에 서함을 보내 중국의 파병이 조선과 일본을 보호하려는 의도임을 알리라."고 했습니다. 전문(電文)을 초록해서 보내니 귀 외무경께서는 살펴보시기 바랍니다.

이 문제는 이미 메이지 9년 2월 일한수호조규 이래의 현안이었기 때문에 일본 정부로서는 이제 이러한 말을 들어도 조금도 의외가 아니었다. 요시다 외무대보는 바로 8월 6일 내각 결정의 취지에 따라 복함(覆函)해서, '일본국은 조선국을 자주(自主)로 대하고 있으니 이 건과 같은 것은 조약에 근거해서 일한 양국 간에 조판(照辦)해야 하며, 만약 청이 파병해서 대신 판리(辦理)하고 호지(護持)한다면 도리어 갈등을 빚지 않을까 우려된다.'고 회답했다.

　일본 정부의 회답 내용은 여 공사도 대략 예상하고 있었지만 이 건은 청한종속관계의 근본을 다루는 것이었으므로 요시다 외무대보의 회신을 매우 중대시해서 8월 12일에 다시 신함(信函)을 보내 일본 정부의 주장을 반박하고 재고를 요구했다.

○상략 조선이 우리의 속방(屬邦)이 됨은 모든 사람들이 알고 있는 바요, 귀 외무경 또한 통찰하고 계실 것이니 본 대신이 번거롭게 다시 설명할 필요가 없을 것입니다. 귀국이 입약(立約)할 때 설령 자주(自主)를 허락했다고 해도, 중국은 본디 속방으로 대해왔습니다. 이번 파병은 속방에 병란(兵亂)이 생겨서 스스로 자기의 일을 처리하려는 것이니 말씀하신 갈등이라고 할 만한 것이 본래 없습니다. 귀 사관(使館)이 바로 병란 와중에 있으니, 비유하자면 다른 사람이 자제(子弟)의 집에 물건을 맡겼는데 혹 도둑을 맞았다면 가장(家長)이 사문(査問)하지 않을 수 없는 이치와 같습니다. 귀 외무경은 여기에 오해가 있는 듯합니다. 제게 보내신 글의 뜻은 우리 총리아문에 전달했으며, 아울러 부디 귀 외무경께서 거듭 생각하시길 청합니다.

　원래 청한종속은 일청 양국 간의 중대 안건으로서 갑자기 해결할 수 있는 문제가 아니었다. 그리고 이번 정변에 관해, 또 이 문제와 관련해서 한량없이 토론을 반복하는 것은 외교적으로도 유리할 것이 없었다. 따라서 요시다 외무대보는 회신을 보내면서 "본국이 조약에 근거해서 조선과 의변(議辨)하는 것은 본래 귀국과 전혀 상관이 없습니다. 위언(違言)[14]이 상당하니, 한갓 다사(多事)할 뿐입니다."라고 단언하면서 이 건에 관한 토론을 중단했다.[12]

　그 이틀 전인 8월 10일에 통령북양수사(統領北洋水師) 정여창이 통솔하는 함대가 제물포에 입항했을 때 일본 군함 곤고(金剛)가 먼저 도착해 있었다. 마건충은 초용(超勇)에 편승한 문의관 어윤중에게 명하여 화도별장(花島別將) 김홍신에게 가서 정보를 수집하게 하고, 11일에 다시 어윤중을 불러서 이번 정변과 관련된 정세를 청취했는데 그 대요는 김윤식 등이 진술한 것과 같았다. 같은 날 일본 외무서기관 곤도 신스케, 함대지휘관 니레 해군소장대리, 그리고 곤고(金剛) 함장 해군대좌 아이우라 노리미치(相浦紀道)가 기함 위원(威遠)으로 정여창과 마건충을 방문했다. 곤도 서기관은 조난 상황과 최근 조선의 정세를 설명했는데, 마건충은 이를 통해 김윤식과 어윤중 등의 말이 사실임을 점점

14)　위언(違言): 서로 합치하지 않아서 불화를 일으키는 말

더 확실히 알게 됐다고 한다. 마건충은 출발 전에 예상했던 것보다 사태가 더 중대함을 깨닫고, 중국에서 신속하게 우세한 병력을 조선 수도로 보내서 난당의 수괴를 체포하고 난당을 탄압해야 할 필요를 느꼈다. 이에 따라 정 통령과의 협의를 거친 후 통령이 마건 충의 상신서를 갖고 급히 톈진으로 회항해서 이러한 방침을 건의하기로 결정했다.

이번 달 21, 22일 등에○메이지 15년 8월 4, 5일 조선 영선사 김윤식이 진해관도(津海關道) 주복에게 보낸 서함과 필담 등을 살펴보니, 그 내용에 "하응(昰應)이 비당(匪黨)과 연결(聯結)해서 종사를 위태롭게 했으니 그 반역의 종적이 오래전에 드러났다."고 했습니다. 이제 다시 윤중(允中)과 저 별장(別將)○화도 별장 김흥신, 그리고 곤도 신스케의 말에 따르면, 초아흐렛날의 변은 하응(昰應)이 임금의 곁을 확청(廓淸)한다는 명분에 가탁하여 국왕의 우익(羽翼)을 잘라내고 서서히 번위(藩位)를 노린 데서 비롯된 것임은 의심할 바 없습니다.

조선국왕 이경(李熙)은 본래 중국 대황제께서 책봉해서 국왕으로 삼은 자입니다. 그런데 하응(昰應)이 도리어 감히 사친(私親)의 귀함만을 믿고서 왕비를 시해하고 그를 유수(幽囚) 했으니, 그 방자해서 기탄하는 바 없는 마음을 대략 볼 수 있습니다. 감히 대번에 국왕을 폐 위하지 못하는 것은 인심이 아직 불안하고 병력이 결집하지 않은 것을 헤아려서 잠시 머뭇거 리는 것일 뿐입니다. 만약 중국이 조금 관망해서 급히 감정(戡定)하지 않는다면 그 해를 장차 이루 말할 수 없을 것입니다. 지금의 계책으로는 헌대(憲臺)[15]의○직예총독을 가리킴 권형독단(權衡 獨斷)[16]을 청해서 한편으로는 상주를 올리고, 다른 한편으로는 육군 육영(六營)을 격조(檄調) 해서 즉시 위원(威遠)·미운(湄雲)·태안(泰安), 그리고 톈진에 있는 초상국(招商局)의 윤선(輪 船)에 실어 동쪽으로 보내는 것이 제일입니다. 우레와 같은 기세로 곧장 왕경(王京)을 취해서 역적의 수괴를 잡아들인다면, 저 난당 등은 아직 포치(布置)가 정해지지 않고 방어가 주밀(周 密)하지 못하니 썩은 나무처럼 꺾이리라는 것을 미리 헤아릴 수 있습니다.○상략, 하략[13]

8월 12일, 정 통령은 기함 위원(威遠)을 타고 제물포에서 출항하여 톈진으로 향했 다.(마건충은 양위(揚威)로 옮겨 탔다.) 같은 날 하나부사 변리공사가 인천에 도착했으므로 마건충이 그를 방문하고, 이튿날인 13일에 공사가 마건충을 답방했으나, 이 왕복은 단 순히 의례적인 것으로 서로의 임무에 관해서는 깊이 다루지 않았던 것으로 보인다.[14]

---

15) 헌대(憲臺): 옛 중국에서 상관을 가리키는 존칭인데, 여기서는 본문에 부기된 바와 같이 직예총독 이홍장을 가 리킨다.
16) 권형독단(權衡獨斷): 권(權)은 저울추이고 형(衡)은 저울대이니, 권형은 어떤 사물을 저울질하여 비교하거나 상황을 판단함을 비유하는 말이다. 권형독단은 현재 상황을 판단하여 홀로 결단한다는 뜻이다.

마건충이 그 안부를 염려하면서 줄곧 도착하기만을 기다렸던 병조판서 조영하는 접견대관, 호군 김홍집은 접견부관의 자격으로 8월 12일에 양위(揚威)를 내방해서 책임 당국으로서 7월 23일 병변(兵變)의 전말을 보고했지만 그 내용은 조금도 전과 다를 것이 없었다. 조영하와 김홍집이 하나부사 공사를 방문하기를 원했으므로 마건충은 그들에게 소개장을 써주었다.[15]

하나부사 공사의 도착을 전후해서 일본 군함과 운송선이 연이어 도착하고 육군이 상륙하기 시작했다. 마건충은 비좁은 함실에서 찌는 듯한 무더위에 고생하면서 본국 정부의 행동이 완만한 데 노심초사하느라 견딜 수 없는 지경이었다. 그런데 8월 16일에 오래 전부터 알고 지내던 일본 외무대서기관 다케조에 신이치로가 갑자기 내방했다. 이것으로 마건충은 일본 외교관과 당면한 현안에 관해 비공식적으로 의견을 교환할 수 있는 기회를 얻었다.

다케조에와 마건충의 회담은 극히 중요한 의의를 가진다. 다케조에 서기관은 일본 정부가 이번 병변(兵變)을 기회로 조선의 영토 침략 또는 내정 간섭의 야심을 갖고 있지 않으며, 일본의 요구는 오직 난수징판(亂首懲辦), 선후책 협정, 그리고 손해배상과 군비 배상의 3건에 불과하다고 언명했다. 선후책이라는 것은, 다케조에 자신의 사견에 따르면, 공사·영사 및 그 수행원·가족의 조선 내지여행권을 획득하는 정도에 지나지 않고, 또 손해배상 및 군비 배상은 국제법상 당연히 허용되는 권리이며, 게다가 후자에 관해서는 출병에 소요된 실비를 요구하는 것이지 굳이 재물을 탐내는 것이 아니라고 설명했다. 일본의 요구는 대략 마건충이 예상했던 것이지만, 그 규모가 과연 어느 정도나 될지 우려되었으므로 마건충은 주로 군비 배상과 내지여행권에 관해 자기의 견해를 설명하면서 일본 정부의 요구를 경감하는 데 노력했다. 마건충이 말했다. '조선의 빈척(貧瘠)은 실로 극단적인 것으로, 국탕(國帑)[17]은 텅 비었고 인민은 생활에 고충을 겪고 있다. 군비 배상은 도저히 동의할 수 없으며, 조선의 적은 연조(年租)를 고려할 때 만약 일본국으로부터 군비의 실비를 요구받는다면 그것을 상각(償却)하는 데 과연 몇 년이나 걸릴지 예상할 수 없다. 내지여행권도 국제법상 당연한 요구지만, 병변 직후에 실시하는 것은 매우 타당성이 없다.' 다케조에 서기관은 일본의 여론이 크게 분격한 사실을 설명하고, '배상은 그것을 진정하기 위한 수단으로서 제기된 것이다. 일본국 정부는 처음부터

---

17) 국탕(國帑): 국고(國庫)

조선의 빈구(貧窶)함이 심하다는 사실을 잘 알고 있다. 결코 실행 불가능한 요구를 제출하는 것이 아니다. 만약 일본국이 이 기회를 이용할 야심을 갖고 있다면, 조선국이 일본인을 능욕한 죄를 문책해서 배상금이나 영토의 할양을 요구하는 것도 어려운 일이 아닐 것이다. 일본국 정부가 이러한 야심을 갖고 있지 않은 것만으로도 그 공정함을 충분히 입증할 수 있다.'고 했다. 마건충이 말했다. '그 말이 사실이라면, 유족부조료(遺族扶助料) 한 가지만으로 충분하다. 광서 원년에 영국 공사관 통역관 마가리(馬加理, A. B. Margary) 살해 사건과 관련해서, 영국은 지나함대(支那艦隊)를 즈푸(芝罘)에 집중해서 일대 시위운동을 펼쳤지만, 중국은 그 일로 인해 유족부조료만 지급했을 뿐 군비 배상은 하지 않았다. 또 외교사의 견지에서 봐도 최근에는 군비 배상의 사례가 거의 없었다.' 이에 대해 다케조에 서기관은 '본국의 정치적 상황으로 미뤄볼 때 유족부조료만으로는 결코 인심을 만족시킬 수 없다. 정부는 상금(償金)이라는 명목을 빌려서 간신히 민심의 진무(鎭撫)를 도모하려는 실정이다. 유족부조료가 됐든 군비 배상이 됐든 공정한 액수이며, 게다가 조선이 지변(支辨)[18]할 수 없는 상황에서 비상수단을 쓰면서까지 강요하려는 것은 아니다.'라고 반복 설명하면서 그의 양해를 얻기 위해 노력했다.

다케조에 외무대서기관의 설명을 들은 마건충은 이번 일본의 요구가 당초 예상했던 것처럼 중대하지 않고, 국제법적 견지에서 보더라도 비교적 공정하다는 것을 인정했다. 다만 군비 배상에 관해서는 다케조에 서기관의 "우리 정부는 이를 진압하고 상금(償金)이라는 명목을 빌려서 국인(國人)의 마음을 위로하려는 것이니 다른 뜻이 있는 것이 아니다."는 말로 미뤄볼 때, 상당히 큰 금액이 되리라는 것을 짐작했다. 그는 다케조에 공사에게 귀조(歸朝)할 때 주일 청국 공사 여서창에게 대신 글을 전달해 줄 것을 부탁했는데, 그것은 여 공사에게 이노우에 외무경과 직접 감액 교섭을 해 줄 것을 요청하는 내용이었다.[16]

이보다 앞서 조선 출동의 명을 받은 오장경 제독은 텐진으로 가서 직예총독 및 조선에서 돌아온 통령북양수사 정여창과 회견을 갖고 출동에 관해 상의했다. 그리고 정 통령과 함께 즈푸(芝罘)로 돌아와서 그 휘하의 경군(慶軍)[원래 회용(淮勇)에서 정예 선발된 연용(練勇)] 육영(六營)의 출동 준비에 착수했다.

메이지 15년 8월 18일, 경군(慶軍)의 출동 준비가 완료되었으므로 선발 부대로 약 2만

---

18) 지변(支辨): 채무를 변제하기 위해 돈이나 물건을 지불하는 일

병력을 초상국 기선 진동(鎭東)호와 일신(日新)호 2척에 나눠 태웠다. 그리고 오 제독은 정 통령과 함께 기함 위원(威遠)에 탑승해서 군함 태안(泰安)·공북(拱北)을 거느리고 즈푸(芝罘)에서 출항, 사전에 집합 지점으로 지정한 경기 남양부 마산포(馬山浦)에 8월 20일에 도착했다. 조선 영선사 김윤식은 운송선 일신(日新)호에 편승하고 있었다.[17]

마건충은 이미 양위(揚威)·초용(超勇) 두 함선과 함께 정박지를 마산포로 옮겨서 대기하고 있었다. 그는 정 통령과 육군의 도착이 지연되는 것에 노심초사하고 있다가 함대가 입항한 당일에 기함(旗艦)으로 오 제독과 정 통령을 방문했다. 이 자리에서 그는 최근의 정보를 얻고, 또 대한방침에 관한 서리직예총독 장수성의 중요 훈령을 수령했던 것으로 생각된다. 마건충은 당일로 상륙해서, 남양부아(南陽府衙)로 가서 먼저 도착해 있던 접견대관 조영하를 만나 최근의 정세를 듣고 직예총독 훈령의 실행 방법에 대해 협의했던 것 같다.[18]

8월 21일, 남양에 머물러 있던 마건충은 대원군의 급보로 일본 공사가 하루 전인 20일에 요구책자를 제출하고 3일 내로 그 회답을 요구한 사실을 알았다. 다음 날인 22일, 마건충은 접견대관 조영하와 함께 남양에서 출발, 수원에서 하룻밤을 묵은 후 8월 23일 저녁에 경성에 도착해서 남별궁(南別宮)[19]을 행관(行館)으로 삼았다. 국왕은 호군 조준영을 반접관에 임명해서 국왕과 왕세자의 어첩을 가져가서 그들을 위문하게 했으며, 대원군 하응(昰應)과 재면(載冕) 부자는 행관에 있으면서 알선에 노력했다. 오 제독과 정 통령 또한 경군(慶軍) 각영(各營) 및 수사습류군(水師習流軍)을 거느리고 8월 25일에 입성했다.

마건충은 경성에서의 일한교섭이 중단된 사정을 듣고, 특히 8월 23일에 경기 과천현에서 교섭이 끝내 결렬되어 하나부사 공사가 경성에서 철수했다는 소식을 접했다. 그는 하루라도 빨리 입성하고 싶어서 초조했지만, 호위병인 경군(慶軍) 각영(各營)에 무더위로 인한 환자가 많이 발생해서 움직임이 신속하지 못하여 결국 제 시간에 맞추지 못했다. 마건충은 입성 당일, 잔류해 있던 공사관 서기관 곤도 신스케를 부르려고 했지만 서기관은 질병을 이유로 사절했다. 마건충은 일단 접견대관 조영하에게 부탁해서 국왕을

---

19) 남별궁(南別宮): 현재 중구 소공동(小公洞)에 있던 조선시대의 궁궐이다. 원래는 태종의 둘째 딸 경정공주(慶貞公主)가 출가해서 거주하던 저택으로 '소공주댁(小公主宅)'이라고 했다. 1583년에 선조가 이 저택을 증축해서 셋째 아들 의안군(義安君)에게 주었는데, 임진왜란 당시 명나라 장수 이여송(李如松)이 머물기도 했으며, 1593년 10월에 선조가 서북 피난지에서 환도한 뒤에는 자주 이곳에서 명나라 장수와 관원들을 접견했다. 여기서 유래되어 남별궁(南別宮)이라는 이름이 붙여졌다. 그 후 남별궁은 왕이 명·청의 사신을 접견하는 장소로 사용됐고, 1897년 대한제국 수립 이후에는 이 자리에 환구단(圜丘壇)을 세웠다.

설득하고, 동시에 영의정 홍순목의 이름으로 다시 인천에 체재 중인 하나부사 공사에게 서계를 보내서 상의 재개를 청하고 그의 출발을 연기시켜야 한다고 주장했던 것 같다. 다음 날인 8월 24일에는 직접 인천으로 급히 내려가 인천부아(仁川府衙)에서 하나부사 공사와 회견을 가졌다.[19]

　마건충이 하나부사 변리공사와의 회견을 서두른 것은 일한 양국 사이를 알선해서 양국의 국교 단절을 방지하기 위해서였다. 그런데 이미 일본 외무성이 주일 공사 여서창의 제의를 정식으로 거절한 상황이었으므로, 마건충은 그 명(名)을 피하되 실(實)을 거두기 위해 부심했다. 그는 하나부사 공사에게서 교섭 결렬까지의 경과를 상세하게 전해들은 후 다음과 같이 설득했다. '조선국왕과 그 신료들은 일본국 공사와의 상의를 희망하고 있지만, 현재 정권을 장악한 것은 국군(國君)이 아닌 어떤 집정한 사람[或執政の人]이다. 이 때문에 그 희망을 실현할 수 없는 것이다. 이번 교섭과 관련해서 조선국의 대표자가 집정 인물이 아니라 정권의 주인[主政の人]이어야 함은 물론이다. 금일의 급무는 국왕으로 하여금 정권을 장악하게 하는 것이다. 오늘 나의 내방은 결코 거간조정(居間調停)을 위해서가 아니다. 공사가 혹시라도 조선의 정치적 사정을 충분히 양해하지 않고 잘못해서 국군이 아닌 인물과 상의하는 것을 방지하기 위해서다. 또 최근 청이 육병(陸兵) 약간을 파견했는데, 이는 오직 난당을 징판(懲辦)하기 위한 것이다. 이 점은 부디 양찰해주기 바란다.' 공사는 마건충의 말에서 대원군을 축출하고 국왕에게 정권을 돌려준다는 의미가 내포돼 있음을 간취했다. 그는 다음 날인 8월 25일에 화도별장영(花島別將營)으로 가서 마건충에게 답배하면서, '일본 정부는 조선국에 제출한 요구의 관철을 선결 문제로 간주하고 있으며, 어떤 형식으로도 제3국의 개입을 배척한다. 만약 조선국으로 하여금 금명일(今明日) 중에 전권대신을 인천에 파견하게 한다면 상의 재개도 굳이 사절하지 않겠다.'라고 언명했다. 공사는 대원군이 묘당을 떠나면 조선의 태도가 바로 완화될 것으로 예상하고, 암암리에 상의 재개를 희망하는 뜻을 마건충을 통해서 조선 정부에 시사한 것으로 이해된다.[20]

　마건충의 주도면밀한 외교는 하나부사 공사로 하여금 그의 조정을 배척하면서도 사실상 국면의 전개를 위해서 그 조정에 의뢰하지 않을 수 없는 상황에 처하게 했다. 이 결과에 만족한 마건충은 8월 25일에 인천을 출발해서 당일 경성으로 귀환했다. 이날 대원군이 내방했으므로 만찬을 베풀고 장시간 필담을 나눴다. 그 후 마건충은 정 통령과 함께 오 제독을 방문해서 하나부사 공사와의 회견 결과를 보고했다. 그리고 다음 날인 26

일에 비상수단을 동원해서 국면의 전개를 시도하기로 결정하고, 그 방책에 관해 신중히 협의했다.

8월 26일 이른 아침, 접견대관 조영하가 내방했으므로 그에게 창덕궁으로 가서 왕의 곁을 지키면서 만일의 사태에 대비하게 했다. 정오에 오 제독, 정 통령, 마건충은 의위(儀衛)[20]를 갖추고 운현궁으로 대원군을 왕배(往拜)했다. 운현궁에서 돌아온 후, 오 제독은 성 밖에 있는 기명제독총병(記名提督總兵) 황사림(黃仕林)의 영내에 머물고, 정 통령과 마건충은 남별궁에서 각각 필요한 군대의 배치를 명했다. 먼저 수사습류군(水師習流軍) 40명을 수원에 분파해서 추후 명령을 기다리게 하고, 또 경자정영부장(慶字正營副將) 하승오(何乘鰲)는 왕궁을 지키게 했다. 이 부대에는 비밀리에 따라온 어윤중을 합류시켰다. 또 1개 대대 병력을 분파해서 남대문을 지키면서 남별궁 및 성 밖과 연락하는 임무를 맡겼다. 이윽고 배치가 마무리되자 정 통령과 마건충은 함께 출발해서 황사림의 군영으로 갔다.

8월 26일은 약한 비가 내렸다. 오후 4시경에 비가 그치자 대원군은 의위(儀衛)를 갖추고 황사림의 군영으로 답배를 갔다. 마건충은 바로 군막으로 유도해서 해가 질 때까지 오랫동안 필담을 나눴다. 그 사이에 오 제독은 다른 일로 핑계를 대면서 군막 안에 있는 대원군을 수행하는 조선인들을 밖으로 유인한 후 구류시켰다. 이제 군막 안에는 오, 정 두 제독 이하 청군(淸軍)의 장령만 남아 있었다. 마건충이 글을 휘갈겨 써서 대원군에게 보였다. "그대는 조선국왕이 황제에게 책봉을 받은 것을 알고 있는가?" 대원군이 "안다."라고 답했다. 마건충이 다시 글을 썼다. "왕이 황제의 책봉을 받았으니 일체 정령이 마땅히 왕에게서 나와야 하거늘, 그대는 6월 9일(7월 23일)의 변에서 제멋대로 대병(大柄)[21]을 훔쳐서 이기(異己)[22]를 주살(誅殺)하고 사인(私人)을 등용해서, 황제가 책봉한 왕이 물러나 수부(守府)[23]하게 했으니, 왕을 기만한 것은 실로 황제를 경시한 것이다. 그 죄가 응당 용서치 말아야 할 것이로되, 오직 왕에게 부자지친(父子之親)이 있기에 우선 관용을 베푸는 것이다. 속히 수레에 올라 마산포에서 병선을 타고 톈진으로 가서 조정의 처분을 받으라." 모골이 송연해진 대원군이 사방을 둘러보았으나 심복은 한 사람도 보이지 않았다. 오, 정 두 제독도 군막 밖으로 사라졌다. 마건충이 대원군의 팔짱을 끼고

20) 의위(儀衛): 의장을 갖춘 호위병
21) 대병(大柄): 대권(大權)
22) 이기(異己): 자기와 견해를 달리해서 적대시하는 사람
23) 수부(守府): 선왕의 부장(府藏)을 지킴

군막 밖으로 나서자 군사들이 두 줄로 정렬해 있었다. 검극(劍戟)이 빽빽이 늘어섰고 장부들이 가마를 지고 명을 기다리고 있었다. 대원군은 자기 가마가 아니라고 하면서 오르지 않으려고 했지만, 마건충이 억지로 그를 집어넣고 출발을 명했다. 그러자 건장한 병졸 100명이 벌 떼처럼 몰려들어 가마를 짊어졌다. 정 통령이 말에 올라 인솔했다. 이들은 한밤중에 진창길을 달려서 27일 정오에 이미 남양부 마산포에 도착했다. 정 통령은 바로 대원군을 군함 등영주(登瀛洲)에 옮겨 태운 후 관가보용수비(管駕補用守備) 엽백윤(葉伯鋆)에게 명하여 톈진으로 호송하게 했다.

대원군을 구치해서 호송한 후 오 제독과 마건충은 바로 입성해서 부장(副將) 하승오, 참장(參將) 장광전(張光前)에게 경계 강화를 명했으나 성내는 의외로 평온했다. 이날 밤 마건충은 조영하와 어윤중에게 서한을 보내서 대원군 구치의 전말을 알리고, 조선에서 급히 시행해야 할 일 6건을 열거하면서 국왕에게 은밀히 상주하게 했다.[21]

8월 27일, 조영하는 국왕의 밀지를 갖고 남별궁으로 마건충을 방문했다. 그는 국왕의 감사의 뜻을 전하면서 대원군은 국왕의 생부이니 특별히 보호를 베풀어줄 것을 간청했다. 그리고 선후책에 관해서 협의했는데, 그 첫 번째는 난병의 초토(剿討)이고 두 번째는 일본과의 교섭이었다. 조영하가 물러간 후 영돈녕부사 김병국이 왕명에 따라 하나부사 공사가 제출한 요구책자를 지참하고 와서 각 조항에 관해 마건충의 의견을 물었다. 마건충은 조항별로 다음과 같이 주의를 주었다.

첫째, 난당 징판(懲辦)에 관한 요구는 당연히 수락해야 한다. 다만 기한이 없으면 더욱 좋다. 난당은 일본인들에게 위해를 가했을 뿐만 아니라, 조선국 왕비와 대신경재(大臣卿宰)를 살해한 자들이기 때문에 엄하게 사판(査辦)하지 않으면 국법이 없는 것에 가깝다.

둘째, 피해 일본인 예장(禮葬)은 당연히 수락해야 한다.

셋째, 피해자 무휼(撫卹)도 마찬가지다. 은 5만 엔(圓)을 13명에게 분급하는 것이므로 결코 과도하다고 할 수 없다.

넷째, 손해배상 및 군비 배상은 극력 반대해야 하지만, 부득이한 경우 제 3조의 무휼은(撫卹銀) 5만 엔에 약간의 증액을 인정하는 대신 본 조항은 삭제하게 한다.

다섯째, 한행리정(間行里程)의 확장은 이론상 수락해도 무방하다. 단, 조선의 인심이 불안하다면 그 실시를 약간 연기해야 할 것이다.

함흥·대구의 개시(開市)에 관해서는, 육지 통상은 백폐(百弊)의 근원이 되니 결코 수락해서는 안 된다. 다만 양화진은 한강의 부두지만 수도에 가깝다. 그 개시(開市)로 인한 유폐(流弊)의 유무는 어떻겠는가?

여섯째, 공사와 영사 등의 내지여행은 국제법상 당연히 부여해야 하는 권리다. 단, 내란이 발생한 지 얼마 되지 않았으므로 여행 시에는 반드시 지방관에게 알려야 한다.

일곱째, 경성에 일본군 1개 대대를 영구적으로 주둔시키는 것은 절대로 불가하며 결코 수락해서는 안 된다. 단, 공사 자신의 호위를 위해 약간의 병원(兵員)을 공사관에 상주시키는 것은 반드시 안 된다고 할 수는 없지만, 그것을 조약의 한 조항으로 하는 것은 온당치 않다.

여덟째, 국서를 통한 사죄 또한 불가하다고 할 것은 아니다. 다만 일본 조정에서도 회답 국서를 작성해서, 왕비의 흥서(薨逝)와 상신(相臣)의 조난(遭難)을 위휼(慰恤)하는 마음을 공사를 통해 언명할 필요가 있다. 대신의 파견 또한 조선국 사신이 일본국에 상주하지 않는 이상 부득이할 것이다.

김병국은 불명확한 부분에 대해 다시 설명을 구했다. 첫 번째는 제4조의 군비 배상 문제로, 마건충의 안처럼 그것을 무휼은(撫恤銀)의 명의로 배상금에 포함시킨다면 어느 정도의 증액이 필요할지 질문했다.

마건충은 '일본국 육해군에는 각각 경상비가 규정돼 있다. 이번의 군비라는 것도 해당 부대의 경상비에 수송비를 더한 것이기 때문에 무휼은(撫恤銀)을 합해도 10만 엔을 넘지 않을 것이다. 조선국의 재정이 감당할 수 있다면 전액을 일시에 전달해서 훗날 문제가 야기되는 것을 피하는 편이 좋다. 그럴 여력이 없다면 수년간 분할 지불해도 무방하다. 하나부사 공사도 전액을 즉시 지불할 것을 강제하지는 않을 것이다.'라고 답했다.

다음으로 김병국은 양화진 개시(開市)에 관해 질문했다. 마건충은 '오늘날 인천이 개항돼서 경성과의 중계지(中繼地)가 됐으니 특별히 1개 항구의 개항(開港)으로 볼 것은 아니다. 조선국에서 특별히 중대한 장애를 느끼지 못한다면 개항을 허가하라.'고 답했다. 마건충은 마지막으로 일본 공사와의 회담 석상에서 가져야 할 외교상의 마음가짐에 대해 간곡히 주의를 주었다.[22]

이날 국왕은 봉조하(奉朝賀) 이유원을 전권대신에, 그리고 공조참판 김홍집을 부관에 차하하고 마건충의 주의(注意)에 기초해서 교섭 범위를 훈령했다. 두 전권이 8월 28일에 인천으로 가서 하나부사 공사와 회동하여 조약을 체결한 것은 앞 장에서 약술한 대로이다.

마지막으로 남은 문제는 난당의 토벌과 체포였다. 원래 7월 23일의 병변(兵變)에 참가한 오영(五營)의 군졸들은 동부 이태원과 왕십리 두 촌락에 대대로 거주해 왔기 때문에 우두머리와 단순 가담자를 구별해서 체포할 방법도 없었고, 조선 군관 중에서 굳이 그 깊은 소굴로 들어갈 용기를 가진 자도 없었다. 이것이 국왕이 특별히 청국 군대에 대신 토벌해 줄 것을 간청한 이유였다.

8월 28일에 경군(慶軍) 회판영무처(會辦營務處) 원세개(袁世凱)가 오 제독의 명을 갖고 내방했다. 마건충은 난당 토벌과 관련해서 그와 협의를 거듭하고 다시 오 제독에게 보고한 결과, 이 건에 관해서는 원세개가 지휘권을 갖기로 결정했다. 이보다 앞서 대원군이 구치된 이후 경성은 의외로 평온했지만, 그의 아들 이재면이 아직 훈련대장으로서 병권을 잡고 있었기 때문에 마건충은 만일의 경우를 우려해서 그를 남별궁으로 불러들여 억류했다. 그때 어윤중은 국왕의 밀지를 받고 오 제독과 마건충을 방문해서 신속히 난당을 토벌할 것을 간청했다. 마건충과 원세개는 협의를 거쳐 장수들을 배치했다. 경자친병우영총병(慶字親兵右營總兵) 오조유(吳兆有), 후영참장(後營參將) 장광전, 정영부장(正營副將) 하승오는 왕십리를 공격하고, 이태원은 오 제독이 직접 가기로 결정했다. 그렇게 해서 8월 28일 밤부터 29일 새벽까지 여러 부대가 일제히 두 촌락을 습격해서 170여 명을 생포했다. 그런데 말이 통하지 않아서 누가 난군인지 판명할 수 없었으므로 오 제독은 조선 형조판서와 좌우 포도대장을 불러서 이들을 심문하게 했다. 그리고 다음 11명을 7월 23일 병변의 관련자들로 인정해서 당일로 참수했다.

훈련도감우부좌사우초삼기총(訓練都監右部左司右哨三騎摠) 정완린(鄭完鄰)

무위영순령수(武衛營巡令手) 고수봉(高守奉)

어영청순령수(御營廳巡令手) 임종범(林宗範)

훈련도감아병(訓練都監牙兵) 김은득(金銀得)

훈련도감중군뇌자(訓練都監中軍牢子) 이수길(李守吉)

훈련도감우부사전초이기이대장(訓練都監右部司前哨二旗二隊長) 이명건(李命健)

훈련도감우부사전초삼기삼대장(訓練都監右部司前哨三旗三隊長) 최흥화(崔興璍)

훈련도감중군뇌자(訓練都監中軍牢子) 박장돌(朴長乭)

훈련도감난후군도제조배(訓練都監欄後軍都提調陪) 현호엽(玄浩燁)

무위영아병(武衛營牙兵) 김삼용(金三用)

훈련도감우부우초일기이대(訓練都監右部右哨一旗二隊) 박흥석(朴興石)[23]

다만 이 11명의 죄인들은 모두 부화뇌동한 무리에 불과했다. 주모자인 김장손과 유춘만 등은 이미 청국 군대가 내습하기 전에 도망쳤는데, 후에 포도청에 체포됐다.

난당의 토벌로 청 흠차의 임무는 모두 종결됐다. 조선국왕은 미증유의 국난을 당해서 종주국이 대신 신속하게 평정해 준 은혜에 감사하기 위해 8월 29일에 판중추부사 조영하를 진주정사(陳奏正使), 예조판서 김홍집을 부사, 와서별제(瓦署別提) 이조연을[24] 종사관에 차하했다.[24] 9월 2일, 국왕과 왕세자 이하 백관들의 감사를 받으면서 마건충은 진주사 일행과 함께 경성에서 출발했다. 그리고 9월 3일에 남양에 도착해서 군함 진해(鎭海)로 옮겨 탄 후 4일에 출항해서 톈진으로 향했다. 제독 오장경은 자신에게 배속된 육영(六營)과 함께 당분간 조선에 주방(駐防)하면서 한편으로는 난당을 탄압하고 한편으로는 일본 공사를 감시하는 임무를 명받았다.[25]

이보다 앞서 국왕은 8월 26일에 대원군이 구류됐다는 소식을 접하자마자 급히 이조참판 조병호(趙秉鎬)와 승정원 우승지 조우희(趙宇熙)를 호행사(護行使), 부사과(副司果) 이건창(李建昌)을 호행관(護行官)에 차하했으나, 일행이 경성에서 출발하기도 전에 대원군은 9월 1일에 단신으로 군함 등영주(登瀛洲)에 수용되어 아산을 출발, 톈진에 도착했다.

호행사가 결국 때를 맞추지 못했으므로 국왕은 9월 3일 사은 겸 진주사 조병하 등이 출발할 때 그들에게 청 예부, 총리아문, 직예총독에게 자회(咨會)해서 대원군의 석방을 간청하게 했다.[26]

대원군이 톈진에 도착하자 서리북양대신 이홍장과 서리직예총독 장수성은 천진해관도(天津海關道) 주복, 후선도(候選道) 원보령(袁保齡), 마건충 등에게 명해서 변란의 원인과 친형 홍인군 이최응의 살해 교사 이유, 그리고 변란 수괴의 성명 등을 신문하게 했다. 대원군은 병변의 원인이 척신 민겸호 등의 탐학부정(貪虐不正)에 있다는 것, 홍인군의 살해는 난군의 소행으로 자기가 관여치 않았다는 것, 그리고 변란 당일 수천 명의 군졸들이 자기 집에 몰려와서 민겸호의 불법을 울부짖으면서 호소했으나 수괴는 판별할 수 없었다는 등의 말로 해명했다. 그러나 주복 등은, 마건충이 조선국 판서 조영하에게 들은 말과 제독 오장경의 보고에 따르더라도 민씨의 탐학이 변란의 원인이 된 것은 사실이지

---

24) 원문에는 와서제조(瓦署提調) 서상우(徐相雨)를 종사관에 차하했다고 되어 있는데, 실제로 당시 진주사(陳奏使) 종사관에 차하된 것은 와서별제(瓦署別提) 이조연(李祖淵)이므로 바로잡았다.

만, '대원군 하응이 국왕의 생부로서 정권을 회복하려고 난군을 선동한 형적(形跡) 또한 부인하기 어렵다. 하응은 위복(威福)을 제멋대로 하고 그 당여(黨與)도 많으니, 이를 방치한다면 국왕, 왕비, 그리고 조정에 있는 신하들과 혐흔(嫌釁)을 빚어서 다시 화란의 싹이 될 우려가 있다. 과거 원나라 인종(仁宗) 연우(延祐) 7년에 고려 충숙왕(忠肅王)을 토번(吐蕃)으로 유배하고, 곧이어 혜종(惠宗) 지정(至正) 3년에 충혜왕(忠惠王)을 광둥(廣東) 지에양 현(揭陽縣)으로 유배한 전례에 따라 하응을 즈리(直隷) 바오딩 부(保定府)에 안치하고 영원히 본국에 돌아가는 것을 불허함으로써 조선국의 화란(禍亂)의 단서를 그치게 해야 할 것'이라는 결론에 도달하고, 이홍장과 장수성 두 제독의 명의로 상주를 올려 재가를 청했다.[27] 곧이어 이들의 의견에 따라 광서 8년 8월 12일(메이지 15년 9월 23일)[25]의 상유(上諭)를 통해 대원군을 바오딩 부(保定府)에 구류하고, 제독 오장경의 부대를 조선 경성에 주둔시키라는 명령이 내려졌다.

이하응이 당국(當國)[26]할 적에 왕은 충년(冲年)[27]이었다. 권력을 전단(專斷)하고 백성을 학대해서 악한 행적이 환히 드러났으니, 치정(致政)[28]한 뒤에도 날로 원망이 심해졌다. 작년에는 바로 그의 자식 이재선의 모역 사건이 있었다. 이번에 난군이 처음 봉기했을 때 먼저 그의 집으로 가서 호소했는데 바른말로 금지하지도 못하고, 도리어 사후에 서무(庶務)를 제멋대로 쥐고 위복(威福)을 마음대로 해서 홀로 난당을 불문에 부쳤다. 이홍장 등이 성지(聖旨)에 따라 신문(訊問)할 때는 오히려 다시 다방면으로 은폐하고 분식하면서 사실을 토로하려고 하지 않았다.

그가 당악수화(黨惡首禍)[29]한 것은 실로 입이 100개가 있어도 피하기 어렵다. 그가 위세를 쌓아서 군주를 두렵게 하고 종사를 위태롭게 한 죄를 따지자면 본래 마땅히 법에 따라 엄하게 징계해야 할 것으로되, 다만 조선국왕이 이하응에 대해서 그 정의(情誼)가 존친(尊親)에 속하니, 끝내 중한 형벌에 처한다면 도리어 그 국왕이 스스로 처할 곳이 없게 될 것을 염려했다. 그러므로 특별히 은혜를 베풀어서 우선 관대하게 감형하는 것이다. 이하응은 그 치죄(治罪)를 면하고 즈리(直隷) 바오딩 부(保定府) 지방에 안치한 후 영원히 귀국을 허락하지 말라.

25) 원문에 9월 13일로 되어 있으나, 23일의 오기이므로 바로잡았다.
26) 당국(當國): 집정(執政)
27) 충년(冲年): 유년(幼年)
28) 치정(致政): 치사(致仕)와 같은 말로 관리가 사임하면서 자신이 가졌던 권력을 군주에게 다시 바친다는 의미이다.
29) 당악수화(黨惡首禍): 당악(黨惡)은 당을 만들어 악행을 저지르는 것이고, 수화(首禍)는 재앙의 단서를 먼저 연다는 뜻이다.

그리고 직예총독은 양식을 넉넉히 공급해주되 그 방한(防閑)[30]을 엄중히 해서 저 나라의 화란의 단서를 그치게 하라. 이는 곧 저 국왕의 윤기(倫紀)의 변(變)을 생각한 것이다. 오장경에게 소속된 관군은 그대로 잠시 조선에 주둔하면서 탄압을 도우라. 저 나라의 선후사의(善後事宜)는 모두 이홍장 등이 마음을 다해 상판(商辦)해서, 조정에서 법도를 참작하고 실정에 따라 번복(藩服)을 안정시키려는 지극한 뜻을 보이라. [28]

며칠 후인 광서 8년 8월 16일(메이지 15년 9월 27일)[31]에 다시 상유(上諭)를 내려서 조선 국왕의 대원군 석방 청원을 각하했으나, 다만 국왕이 세시사신(歲時使臣)을 보내 그의 안부를 살피는 것으로 사모의 정을 표시하는 것에 한해서는 허락했다.[29]

대원군의 구치는 청한(淸韓) 양국만의 문제가 아니었다. 임오병변의 주된 서슬이 일본을 향했던 이상 일본 정부도 이 문제에 무관심할 수 없었다. 총리아문도 그 사정을 인정하고, 메이지 15년 9월 30일에 주청 일본 임시대리공사 다나베 다이치에게 조회를 보내서 대원군의 바오딩(保定) 구치 사실을 통고했다. 그 서두에 "조선은 우리 대청(大淸)의 속국으로 대대로 번봉(藩封)을 지켜서 평소에 공근(恭謹)하다고 알려졌다. 조정에서는 이를 내복(內服)과 동등하게 간주해서 기쁨과 슬픔을 함께 나눈다."는 상투어가 있었지만, 다나베 대리공사는 다만 본국 외무대신에게 자행(咨行)하겠다고만 회답했다. 10월 6일에 주청 특명전권공사 에노모토 다케아키(榎本武揚)가 재차 대원군 구치의 조건을 상세히 보고했다. 그렇지만 일본 정부의 태도는 매우 소극적이어서 그에 대해 어떠한 의지도 보이지 않았다.[30]

---

30) 방한(防閑): 방(防)은 제방이고, 한(閑)은 울타리이니 외부와의 접촉을 금한다는 뜻이다.
31) 원문에 9월 16일로 되어 있으나, 27일의 오기이므로 바로잡았다.

1 『善隣始末』卷六;『岩倉公實記』卷下 892~894쪽.

2 『淸光緖朝中日交涉史料』卷三.

3 『天津談草』壬午年六月十八日·十九日·二十日·二十二日.

4 『淸光緖朝中日交涉史料』卷三;『適可齋記行』卷六 東行三綠.

5 『淸光緖朝中日交涉史料』卷三.

6 東行三綠; 張孝若,『南通張季直(騫)先生傳記』(民國一九年刊) 附錄 年譜 24쪽;『天津談草』.

7 『淸光緖朝中日交涉史料』卷三.

8 花房家文書.

9 『善隣始末』卷六;『岩倉公實記』卷下 895~896쪽.

10 『善隣始末』卷六.

11 『善隣始末』卷六.

12 『善隣始末』卷六;『岩倉公實記』卷下 896~897, 900~901쪽.

13 東行三綠.

14 東行三綠; 明治十五年京城變動之始末書; 辨理公使日乘.

15 東行三綠.

16 東行三綠.

17 『南通張季直先生傳記』附錄 年譜 24~25쪽;『天津談草』; 曾根海軍大尉(俊虎) 煙臺日記.

18 東行三綠.

19 東行三綠;『日省錄』李太王壬午年七月九日·十一日.

20 『適可齋記行』卷六 東行三綠; 明治十五年花房辨理公使復命書.

21 東行三綠;『淸光緖朝中日交涉史料』卷三. 또한 대원군 구류 당일 제독 오장경, 정여창, 도원(道員) 마건
충의 이름으로 유고(諭告)를 공포해서 조선 군민(軍民)에게 국태공의 구류 이유를 설명했다.(『岩倉公
實記』卷下 903~904쪽.)

효유(曉諭)함.

조선은 중국의 번복지방(藩服之邦)으로 본래 예의(禮儀)를 지켜왔는데, 근년 이래로 권신(權臣)
들이 권병(權柄)을 훔쳐서 정치가 사문(私門)에서 나와 독(毒)이 쌓이고 화(禍)가 깊어짐에 마침내
금년 6월의 변이 발생했음을 알게 됐다. 왕비를 시해하고 왕을 욕보였으며, 백성을 해치는 잔학한
관리가 일시에 모두 나왔으니, 이는 천고의 지극한 변이다. 대체로 난이 일어날 때는 반드시 주동하
는 자가 있어서 혹은 호종(豪宗: 호족 문벌)의 위세가 점차 누적되는 데서 나오기도 하고, 혹은 간사
한 무리들의 배반하려는 마음[異志]이 싹트는 데 근거하기도 해서 그 유래가 각각 다르니 경중이 바
로 여기서 나뉜다.

지난번 변고를 아뢸 때, 길가에 떠도는 소문이 모두 너희 국태공이 이 일을 주관한다고 했다. 황제
께서는 이 때문에 혁연(赫然)히 진노하시고, 너희 국태공이 이미 이 일을 주관했다면 필시 그 주명
(主名)을 얻을 수 있을 것이라고 생각하셨다. 이에 명하시어 특별히 군대를 파견하여 너희 나라 국경
에 임하게 하시고, 우선 국태공을 입조케 해서 친히 사정을 들으시고자 했다. 그리고 일단 죄인이 잡
힐 것을 기다렸다가 다시 천토(天討)의 위엄을 펼쳐서 우두머리는 죽이고 종범(從犯)은 석방해서 밝

게 전칙(典則)을 행하게 하셨다. 조정의 뜻이 매우 간절하니 어찌 감히 공경하며 두려워하지 않겠는가?

이제 통령북양수사(統領北洋水師) 정 군문(丁軍門)이 잠깐 국태공과 함께 항해해서 입궐할 것이다. 다른 사람의 골육지간(骨肉之間)에 대처함에 은혜를 온전히 하고 의리를 밝히는 것은[全恩明義: 전은(全恩)은 부자나 동기 사이에는 설령 죄가 있더라도 죽이지 않음으로써 은혜를 온전히 한다는 뜻이고, 명의(明義)는 의리를 밝힌다는 뜻으로 여기서는 대원군의 신하로서의 의리를 가리킨다.], 우리 대황제께 본디 권형(權衡)이 있으니 반드시 너희 국태공에게 심하게 질책하시지는 않을 것이다. 그러나 거동이 창졸해서 너희 상하 군민(軍民)이 미처 이러한 뜻을 깨닫지 못하고 망령되게 의구심을 품을까 우려했다. 이 때문에 원대(元代)에 고려 충선왕(忠宣王)과 충혜왕(忠惠王)을 잡아들인 것을 전례로 삼은 것이니, 이는 높고 깊은 성의(聖意)에 크게 의지한 것이다.

그 밖에 혹시라도 종전의 난당이 외박(畏迫: 두려움)으로 인해 다시 다른 계략을 꾸민다면, 목전의 대병(大兵)이 수륙으로 함께 나온 것이 이미 20개 영(營)이요, 그 후로도 계속 출발한 부대가 해상에서 이어지고 있으니 너희는 스스로 헤아리라. 왕사(王師: 천자의 군대)를 공개적으로 거절할 수 있고, 병력이 항쟁할 만하여 군진(軍陣)을 엄정히 하고 대적할 수 있다면 족히 한번 싸울 수도 있을 것이나, 그렇지 않다면 화복(禍福)이 처음부터 별도로 효발(効發)함을 깊이 살펴서, 부디 미혹됨과 악함을 고집해서 스스로 주이[誅夷: 주륙(誅戮)]를 초래하여 양선(良善)한 백성을 두렵게 하지 말라.

아아! 천조(天朝)와 너희 조선의 신주[臣主: 군신(君臣)]는 그 정의(情誼)가 일가(一家)와 같다. 본 군문(軍門)이 봉명해서 왔으니, 황제의 지인(至仁)을 체행하고 군력(軍力)의 율령을 만들어 우레와 해와 달처럼 이 말을 자세히 알리는 것이다. 크게 고유(告諭)하노니 이를 모두 믿길 바란다. 절절히 특유(特諭)하노라.

22 東行三綠.

23 東行三綠;『南通張季直先生傳記』年譜 24~25쪽; 明治十五年朝鮮激徒暴動顚末記附錄.

24 『日省錄』李太王壬午年七月十五日·十六日.

25 東行三綠.

26 『日省錄』李太王壬午年七月十五日;『淸光緖朝中日交涉史料』卷三(一三四) 光緖八年七月二十一日直督張樹聲奏援護朝鮮獲致亂黨首領摺.

27 『中日交涉史料』卷四(一四二)"光緖八年八月十日北洋大臣李鴻章等覆奏會詢朝鮮亂首情形摺"·(一四二) 附件一 李鴻章等奏傳見朝鮮陪臣趙寧夏等情形片.

28 同 卷四 光緖八年八月十二日 上諭.

29 同 卷四 光緖八年八月十六日 上諭.

30 『岩倉公實記』卷下 904~907쪽.

청한종속관계의 진전

제 17 장

청의 종주권 강화

메이지 15년 7월의 임오변란은 근대 조선사의 한 획을 그은 중대 사건으로서 안팎으로 심대한 영향을 미쳤다. 이 변란은 일본 세력이 조선에 진출하는 데 좋은 기회를 제공했고, 동시에 청의 종주권 강화에 유리하게 작용하였다. 이처럼 외부로부터의 압력이 증가함에 따라 이미 국내에서 생겨나고 있던 독립자주를 표방하는 혁신 세력과 현상 유지를 주장하는 국왕·척족 간의 암투가 확대되어 마침내 2년 후의 갑신변란을 유발했다. 지금부터 순서대로 청의 종주권 강화부터 서술한다.

대원군의 구금은 중국과 조선 간 종속의 역사에 있어서 공전의 대사건이었다. 이홍장은 고려의 충숙왕(忠肅王)과 충혜왕(忠惠王)의 전례를 인용했지만, 원과 고려 사이의 관계는 청한관계와 그 성격을 달리했다. 고려의 왕들은 역대로 원의 공주를 배필로 맞이하고, 몽골 의복을 입고, 몽골 이름을 쓰고, 몽골 관직을 받고, 일정한 시기에 원의 대도(大都)에 입조했으며, 또 국내에는 원에서 파견된 다루가치(達魯花赤)가 나뉘어 주둔했으니, 바꿔서 말하자면 고려는 원에 완전하게 내복(內服)하고 있었다. 충혜왕이 인군(人君)이 되어 무도하다는 이유로 원 혜종(惠宗)의 명에 따라 국도(國都) 개성(開成)에서 체포된 후, 단신으로 함거(檻車)[1]에 태워져서 광둥(廣東) 지에양 현(揭陽縣)으로 찬배됐다가 도중에 후난(湖南) 웨저우(岳州)에서 훙서(薨逝)한 것은 비참한 일이기는 하지만, 원과 고려의 관계에서 본다면 부당하다고 하기는 어렵다. 그런데 청 태종(太宗)은 조선을 정벌하고 인조를 굴복시키기는 했지만, 외번(外藩)으로서 존속하는 것을 인정하고 그 내정에 일체 간섭하지 않았다. 조선국왕은 일찍이 청의 국도(國都)에 입조한 전례가 없고, 비록 그 정삭(正朔)을 받기는 했지만 복제(服制)는 옛 것을 따랐으며, 청의 공주가 조선국왕에게 시집오는 것 등의 일은 문제도 되지 않았다. 국내에 청의 관료가 1명이라도 주재하면서 국정을 감시하는 일도 없었고, 청나라 사람이라고 해도 월경해서 반도에 들어올 수 없었

---

1) 함거(檻車): 죄인을 호송하는 데 사용하던 수레

다. 단, 인조가 병자년에 삼전도에서 면박고두(面縛叩頭)[2]하고, 소현세자 왕(炡)과 종실·대신의 자제들을 선양(瀋陽)에 인질로 보내고, 또 척화를 주장한 중신들을 포박하고 호송해서 그들을 형륙(刑戮)에 내맡긴 일은 있었다. 하지만 이것은 청 초기에 외번(外藩)을 복속시키는 과정에서 발생한 이례적인 사건으로 일반적인 선례로 간주할 수 없다는 것은, 이홍장의 주접(奏摺)에서도 고려의 전례만 열거하고 인조의 사례를 언급하지 않은 것을 봐도 명확하다. 그렇다면 청이 중국과 조선의 종속관계사상 공전의 대사건을 단행한 것은 어떤 이유에서였을까.

함풍(咸豊), 동치(同治) 연간에 걸쳐 공친왕 혁소를 수뇌로 하는 총리아문이 청한종속관계가 각국 사이에서 국제 문제로 대두될 때마다 조선의 '정교자주(政敎自主)'를 언급하면서 중국은 그 내정에 간여하지 않는다고 성명했다는 것은 이미 앞에서 상세히 설명했다. 이러한 방침은 청한관계의 연혁을 고찰해봐도 굳이 책임 회피를 목적으로 만들어진 것은 아니었지만, 결국에는 일한수호조규 제1관의 '독립자주(獨立自主)'로까지 발전해서 조선에 대한 청의 종주권을 크게 미약하게 만든 것은 부정할 수 없다.

직예총독 이홍장은 북양통상대신을 겸하면서 조선 관계 사무를 관장하게 되자, 일찍부터 이러한 과실을 인식하고 매사 조선의 일에 간섭하면서 잃어버린 위상을 회복하기 위해 노력했다. 임오변란은 그 절호의 기회였다. 불행히도 그가 모친상을 당해서 양광총독 장수성이 그 자리를 임시 대리했으나, 장수성은 이홍장의 방침을 충실히 답습했고, 청 조정 또한 특별히 복상(服喪) 중인 이홍장에게 의견을 구해서 적절한 조치를 취했다. 그 결과 강력한 군대로 조선에 간섭해서 대원군을 구치했다는 것은 제46절에서 서술한 대로다.

이리하여 청 조정은 종주권 강화의 기회를 확실하게 잡았다. 청말민국(淸末民國) 초기의 저명한 정치가이자 실업가였던 장쑤(江蘇) 퉁저우(通州)의 장건(張謇)은 당시에는 아직 등제(登第)하지 못하고 광동수사제독 오장경의 막빈(幕賓) 자격으로 도한(渡韓)해서 일체의 문안을 관장하여 그 공적을 인정받았다. 그는 훗날 장원을 차지하게 되는 학재(學才)로 반도의 군신(君臣)과 폭넓게 교분을 맺었다. 이를 통해 조선 내정의 병근(病根)을 알게 된 그는 일본 세력의 급격한 신장과 청한종속관계의 앞날을 우려해서 메이지 15년 9월에 오 제독을 대신하여 「조선선후육책(朝鮮善後六策)」을 기초하고, 서리직예총

---

2) 면박고두(面縛叩頭): 면박(面縛)은 두 손을 등 뒤로 돌려 묶고 얼굴이 보이도록 앞으로 쳐드는 것을 말하며, 고두(叩頭)는 엎드려서 절하며 머리를 땅에 닿게 하는 것으로 고대에는 가장 정중한 예절로 간주됐다.

독 장수성을 통해서 상주하고자 했다. 이 글은 당시 중외에 널리 알려졌지만, 장건의 만년에는 이미 전해지지 않게 됐다. 그의 기억에 따르면, "조선에 대해서는, 한나라의 원도(元菟), 낙랑군(樂浪郡)의 전례를 원용해서 국왕을 폐하고 군현(郡縣)으로 삼거나, 주나라에서 감국(監國)을 둔 전례를 원용해서 중병(重兵)을 배치해서 그 해구(海口)를 지키고 내정을 개혁하거나, 혹은 스스로 개혁해서 신군(新軍)을 조련하여 우리 동삼성(東三省)과 한편으로 연합하게 해야 한다. 일본에 대해서는, 세 길로 군대를 보내서 류큐(流虬)[琉球]의 회복을 도모해야 한다."는 내용이었다고 한다. 당시 장수성은 양광총독으로 복임(復任)했으므로 이 글은 직예총독으로 복귀한 이홍장에게 인계됐는데, 이홍장은 이를 거들떠보지도 않았다. 그 후 이 글은 전전하다가 조정의 대관들에게까지 전해졌는데, 상서(尙書) 반조음(潘祖陰), 옹동화(翁同龢) 등 청류(淸流)의 명사들은 이를 읽고는 좋은 글이라고 칭찬했으며, 시랑(侍郎) 종실(宗室) 보정(寶廷)은 이를 내정(內廷)에 상주했다. 효흠황태후(孝欽皇太后)는 이것을 정부에 내렸고, 정부에서는 이홍장에게 의견을 물었는데 그는 또 물리쳤다고 한다.[1]

장건의 「조선선후육책(朝鮮善後六策)」은 요약하자면, (1) 한사군(漢四郡) 설치의 전례에 따라 조선국왕을 폐위하고 그 땅을 청의 한 성(省)으로 만드는 것, (2) 조선국왕을 존치시키더라도 주(周)의 전례에 따라 감국(監國)을 두는 것, (3) 강력한 군대를 파견해서 그 해항(海港)을 청의 관리하에 두는 것, (4) 조선의 내정 혁신을 단행하는 것 등의 조건을 포함했는데, 모두 종주권을 강화하기 위한 수단으로서 가장 극단적인 것들이었다. (1), (2)와 같은 것은 시행 과정에서 일본과의 마찰을 피하기 어려웠다. 일개 서생의 시국론으로서는 장쾌하지만, 책임 있는 당국으로서는 경솔하게 찬성의 뜻을 표시하기 어려운 것들이었다.

당시 청 조정에서는 머지않아 일청의 충돌이 있을 것을 예상하고 조선 변란의 선후 조치와 동시에 일청 개전을 주장하는 사람들도 적지 않았다. 광서 8년 9월 16일[메이지 15년 10월 27일], 우서자(右庶子) 장패륜(張佩綸)은 상주해서 「조선선후사의육책(朝鮮善後事宜六策)」을 올렸다.

(1) 상정을 다스림[理商政]. 조선의 난은 외교에 종사하는 데서 시작됐습니다. 비평하는 자들은 외교로 조선을 보존해야 한다고 하지만, 외교에 정책이 없으니 패망만을 서두를까 두렵습니다. 어리석은 신(臣)은 생각건대, 중조(中朝)에서 대원(大員)을 간택, 파견해서 조선

의 통상대신으로 삼아 그 외교정책을 처리한다면 벽획(擘畫)[3]이 타당하게 될 것입니다. 중국 주둔군의 군량은 조선에서 취해서 댈 수 있으니 내탕(內帑)을 소비하지 않을 것이요, 국치(國治)의 득실과 국세(國勢)의 안경(安傾) 또한 수시로 주문(奏聞)해서 미리 조처를 계획할 수 있을 것입니다. 하지만 이러한 인재는 구하기 쉽지 않으니, 군기대신(軍機大臣)에게 칙유(勅諭)해서 북양대신과 회동하여 일찍이 전사(專使)를 맡았던 자로서 양정(洋情)을 잘 아는 인물을 천거하게 해서 그 인선을 해야 합니다.

(2) 병권에 간여함[預兵權]. 민겸호가 정치를 할 때 왜인(倭人)을 매우 가까이 했습니다. 교습에 관해서 묻느니 왜병(倭兵)에 관한 것이요, 양창(洋槍)[4]에 관해서 묻느니 왜창(倭廠)이었습니다. 난당(亂黨)이 대신과 왜인들을 살해한 것은, 그 유래한 바가 점진적으로 이뤄졌습니다. 상정(商政)을 안정시킨 다음에는 외모(外侮)를 막아야 하니, 마땅히 미리 융정(戎政)[5]을 거둬서 반역하려는 마음을 끊어버려야 합니다. 따라서 북양대신에게 칙유(勅諭)해서 저 국왕에게 차자(箚子)로 알리되, '왜인은 전혀 장기(長技)가 없고, 왜창(倭槍)도 이기(利器)가 아니다. 앞으로 중국에서 교관을 선발, 파견하고 대신 양창(洋槍)을 구매해줄 것이니, 이것을 갖고 여러 군대를 간련(簡練)[6]해서 서로 의각(犄角)[7]의 형세를 이뤄야 한다.'고 해야 합니다.

(3) 왜약을 구제함[救倭約]. 왜약(倭約)은 비용을 거둬들이는 것보다 탐욕스럽지 않고, 또 군대를 주둔하는 것보다 교활하지 않습니다. 신(臣)은 이 조약을 만약 반박할 수 없을진대 마땅히 원조해야 한다고 생각합니다. 조선은 지극히 빈곤하니 병비(兵費)가 어디서 나오겠습니까? 듣건대 선후(善後)라는 말을 구실로 북양(北洋)에 고대(告貸)[8]했다고 하니, 중탕(中帑)에서 빌려서 동병(東兵)에게 너그럽게 하는 것이 아님을 어찌 알겠습니까?[9] 이는 우리의 실(實)을 모손(耗損)할 뿐더러, 또한 우리의 명(名)을 손상시키는 일입니다. 따라서 마땅히 이홍장에게 칙유하여 주차(籌借)[10]를 못하게 해서 음모를 막아야 합니다. 왜병(倭兵)이 왕성(王城)에 입위(入衛)하고 진주한 데 이르러서는, 드러나지 않은 우환이 더욱 많으니 오장경 등이 은밀히 겸제(箝制)[11]할 수 있는 법을 도모해야 합니다. 앞으로 통상대신

---

3) 벽획(擘畫): 모략, 계획
4) 양창(洋槍): 서양식 총기
5) 융정(戎政): 군정(軍政). 군대에 관련된 사무
6) 간련(簡練): 연습과 훈련
7) 의각(犄角): 사슴을 잡을 때 한 사람은 그 뿔을 잡고 한 사람은 그 다리를 비튼다는 뜻으로, 상대방을 협공하거나 혹은 서로 지원한다는 의미이다.
8) 고대(告貸): 다른 사람에게 금전, 물건 등을 빌려주거나 빌리는 행위
9) 중탕(中帑)은 중국의 국고를 뜻하고, 동병(東兵)은 문맥상 일본 군대를 가리킨다.
10) 주차(籌借): 차관을 계획함
11) 겸제(箝制): 말에 재갈을 물려서 제어함

을 논의해서 신설하되, 또한 몇 영(營)에서 병사를 조발(調發)해서 왜군(倭軍)과 서로 균형을 맞춰 익위(翼衛)[12]를 돕게 해야 합니다.

(4) 병선을 구입함[購師船]. 육군이 오래 왕도(王都)에 주둔했으니, 아마도 조선은 왜병의 소요로 고생하고, 또한 필시 우리 군대로 인한 고생을 겸하여 겪고 있을 것입니다. 제갈량이 남정(南征)할 때 군대를 잔류시키는 데 세 가지 쉽지 않은 점이 있음을 논했으니, 참으로 지언(至言)입니다. 신(臣)은 생각건대, 육군이 왕도(王都)를 수호하는 것이 수군이 해구(海口)를 지키는 것만 못합니다. 부신(部臣)[13]들에게 조칙을 내리서서 신속히 거관(巨款)[14]을 조발해서 우선 쾌선(快船) 2, 3척을 건조하게 하십시오. 그리고 북양에서 장령(將領)을 선발, 파견하고, 중국의 빈해(濱海) 장정들을 모집해서, 병사로 만들어 인천에서 주둔하며 수비하게 하신다면 대략 활착(活著)[15]이 될 것입니다.

(5) 펑톈을 방어함[防奉天]. 본조(本朝)가 용흥(龍興)할 때 먼저 펑톈을 평정하고 그 다음에 조선을 평정했으니, 조선을 정벌함은 실로 압록강으로 제사(濟師)[16]한 데 연유한 것입니다. 이제 비록 바닷길이 편리하고 신속해졌다고는 하지만, 조선이 날로 더욱 다사(多事)하니 랴오둥(遼東)의 방어를 또한 미리 계획해야 합니다. 제독 송경(宋慶)이 박용(樸勇)[17]하고 충성스럽습니다. 그 군대가 이미 오랫동안 잉커우(營口)에 주둔했으니, 성경장군(盛京將軍)에게 조칙을 내리서서 기정(旗丁)[18]을 뽑아서 훈련시키고, 송경에게 귀속시켜서 통솔하게 하십시오. 그리고 그에게 배속된 상만(常滿) 1만 명과 함께 급무에 대비하게 하십시오.

(6) 영흥을 다툼[爭永興]. 조선을 노리는 것은 비단 일본뿐만이 아니요, 러시아인 또한 곁눈질하고 있습니다. 왜(倭)만 막고 러시아를 막지 않는 것은 완전한 계책이 아닙니다. 조선의 영흥만(永興灣)을 서양인들은 라자레프(Lazarev, 酒狡來甫)라고 부르는데, 바닷길이 포시에트(Posyet, 摩闊崴)로부터 영리(英里)로 백수십 리 정도입니다. 그런데 최근 블라디보스토크(Vladivostok, 海蔘崴)에 있는 러시아 군대가, 엄한(嚴寒)에 일찍 결빙되는 포시에트의 해구가 날씨가 온화하고 항구 입구가 넓은 영흥만 보다 못하기 때문에 일찍부터 그 땅을 잠식할 것을 생각해 왔습니다. 이 땅을 잃으면 함경도의 울타리를 모두 잃는 것이요, 러시아는 함선을 진주할 보루를 얻는 것이니 필시 곧 전함을 크게 집결해서 북해에 오래 주둔할 것입니다. 이는 비단 조선의 근심만이 아니요, 장차 랴오둥(遼東)과 선양(瀋陽)의 우

---

12) 익위(翼衛): 보필하고 호위함
13) 부신(部臣): 중앙 각 부의 장관
14) 거관(巨款): 거금(巨金)
15) 활착(活著): 바둑의 묘착(妙着, 妙著)과 같은 의미로 뛰어난 임기응변을 비유한다.
16) 제사(濟師): 군대가 강을 건너는 것
17) 박용(樸勇): 질박하고 날램
18) 기정(旗丁): 조운(漕運)에 쓰는 병정

환이 될 것입니다. 이홍장에게 칙유를 내려서 오대징과 회동하여 은밀히 타당한 계책을 세워서 힘껏 요해(要害)[19]를 다투게 하십시오.²

장패륜의 「조선선후사의육책(朝鮮善後事宜六策)」은 조선을 청의 속국으로 만들어서, 주차조선통상대신(駐箚朝鮮通商大臣)이라고 부른 고등판무관(High Commissioner)을 두어 외교를 관장하고 군대의 실권을 거둬들이는 한편, 제물포조약에 따라 조선이 부담해야 할 배상금 50만 엔을 대신 떠맡음으로써 일본의 간섭을 방지하자는 것이었다. 이 안은 단순히 청한종속관계뿐만 아니라 일본 및 기타 국가들과의 외교 관계까지도 고려한 것으로 장건의 서생론(書生論)과는 유(類)를 달리하는 데다가 실현 가능성 또한 매우 높은 것이었다.

청 조정에서는 장패륜의 주소(奏疏)를 직예총독 이홍장에게 내려서 심의하게 했다. 이홍장은 광서 8년 10월 7일(메이지 15년 11월 17일)에 장문의 주소(奏疏)를 올려서 자신의 견해를 개진했다.

(1) 조선에 판사대신(辦事大臣)을 상주시켜서 외교를 관장하게 하는 것은 일찍이 광서 6년 11월(메이지 13년 12월)에 주일 특명전권공사 하여장(何如璋)도 주장하였는데, 사실 일종의 감국(監國)과 유사해서 내정간섭의 혐의가 있고, 또 이후 조선과 각국 사이의 교섭이 일일이 총리아문을 경유해야 하니 아마도 그 번쇄함을 감당할 수 없을 것이다. 또 조선은 이미 일본과 자주적으로 조약을 체결한 상황이므로 이제 이러한 조치를 취한다면 외교상 중대한 분의(紛議)를 면치 못할 것이다.

"만약 장패륜이 아뢴 바와 같이 대원(大員)을 간택, 파견해서 조선통상대신으로 삼아 그 외교를 다스리고 내정에 간여한다면 그 직분이 감국(監國)과 유사할 것입니다. 종래의 칙사는 일정한 체제가 있었는데, 통상대신은 저 국왕과 평행하게 일을 처리해야 하므로 분제(分際)가 이미 타흡(妥洽)[20]하기 어렵습니다. 이후 각국과 조선의 교섭사무마다 필시 중국에 문의하려고 할 것이니, 아마도 조정과 총서가 그 번쇄함을 감당하지 못할 것입니다.

태서(泰西)의 통례에 모든 속국(屬國)은 정치를 자주(自主)할 수 없습니다. 그러므로 다른 사람과 결약(結約)하는 것이 대부분 그것을 통할(統轄)하는 나라의 주정(主政)에서 나오는 것입니다. 반주지국(半主之國)은 스스로 입약(立約)할 수 있지만, 또한 통상만 의논

---

19) 요해(要害): 요충지(要衝地)
20) 타흡(妥洽): 타당하고 적합함

해서 처리할 수 있고 수호(修好)에는 해당되지 않습니다. 이제 조선이 일본과 입약한 지이미 7년이 넘었는데, 당시 약관에 끝내 조선이 자주지국(自主之國)임을 인정했습니다. 조선의 경우 공례(公例)에 어두우니 어찌 심하게 질책할 수 있겠습니까? 예부에 자보(咨報)해서 전주(轉奏)할 때도 한 번도 꾸짖어 물리친 일이 없었습니다.

금년에 미국, 영국, 독일 등 3국과 정약(訂約)할 때 비로소 '중국속방(中國屬邦)'이라는 문자를 거듭 천명했습니다. 그런데 일본이 번잡한 말들로 떠들고 있어서 각국은 아직까지 의아스럽다는 논의를 면치 못하고 있습니다. 장래 조약을 교환할 때 아마 시끄러운 말들이 있을 것입니다. 그런데 만약 흠차대신을 저 나라에 주찰(駐紮)시켜서 그 외교정책을 처리하게 한다면, 필시 장래에 일본 및 미국, 영국 등 각국의 조약을 획일(劃一)해서 처리해야 할 텐데 그것은 매우 쉬운 일이 아닙니다. 만약 획일하지 않는다면 또한 정체(政體)가 아닙니다. 이것이 목전의 어려움입니다.

조선은 동삼성(東三省)의 울타리입니다. 조선이 위망(危亡)하면 중국의 형세가 더욱 급해집니다. 이 무사한 때를 틈타 대신을 파견하여 주재시키고, 통상을 관장한다는 명분을 내세워 그 나라 정부와의 회담을 통해 일체 사무를 정리한다면, 조선을 보호하는 것이 바로 우리의 울타리를 굳게 다지는 것입니다. 이는 또한 태서(泰西)의 속국의 예와도 부합합니다. 다만 그 국내 정치에 관해서는 중조(中朝)에서 예전부터 간섭하지 않았습니다. 하루아침에 은밀히 그 권(權)에 간섭하더라도 풍토의 마땅함이 다르고 인재가 유약하니, 시조(施措)의 장이(張弛)가 꼭 모두 우리 뜻과 같지만은 않을 것입니다. 만약 저들이 겉으로만 우리 명령을 받들고 속으로는 위반하거나, 혹은 타인의 교사를 받아서 혐극(嫌隙)이 생긴다면 조정에서 또 어떻게 대처하겠습니까? 이것이 일후의 어려움입니다."○상략, 하략

(2) 병권을 거둬들이는 문제는, 조선국왕이 육군 교관의 초빙 및 총포 구입을 청원해서 이미 오장경 제독에게 명령을 내렸다. 이 조항에 관해서는 장패륜과 동일한 의견이다.

(3) 임오변란 배상금 50만 냥을 중국의 차관으로 지불한다는 것은 장패륜의 오해에서 빚어진 말이다. 조선은 국탕(國帑)이 극히 궁핍해서 금년 5월에 일본에서 은 50만 냥을 차관한다는 설이 있었다. 그래서 도원(道員) 마건충이 조선 조정에 주의를 주어 그것을 중지시키고, 별도로 초상국(招商局)에 권유해서 조선 차관 50만 냥을 응모하게 했던 것이다. 그 연리는 8퍼센트로 조선의 관세와 광산을 저당으로 한다. 따라서 이 차관은 임오 배상과 직접 관계가 없고, 또 중국 국고에서 지출되는 것이 아니라 민간에서 투자하는 것이다. 각국 정부가 민간 금융업자에게서 차금(借金)하는 것은 통상적인 일이니 이제 특별히 이상하게 여길 것이 없다. 임오 배상금은 은 50만 엔을 10년간 분할 지급해서 연간 5만 엔에 불과하니, 아무리 조선이 빈곤하다고 해도 그 정도 변제는 어렵지 않을 것이다. 일본군의 경성 주

둔은 1년으로 약속되어 있고 그 수도 겨우 200여 명이며, 게다가 오장경은 일본군이 주둔 하는 동안에는 철군하지 않을 예정이므로 결코 폐해가 생길 우려가 없다.

(4) 해외에 순양함 3척의 건조를 주문해서 북양해군에 배속하고, 조선과의 연락을 확실히 해서 그것을 위압한다는 장패륜의 논의에는 이의가 없다. 다만 경비 사정상 푸젠선정국(福建船政局)에 의탁해서 순양함 2척을 건조할 예정이다.

(5) 조선이 다사(多事)한 까닭에 펑톈(奉天)의 방비를 엄중히 해야 한다는 장패륜의 논의에는 원칙적으로 이의가 없지만, 과거와 사정이 달라진 점이 있다. 즉, 펑톈에서 경성까지 육로로는 20여 일이 걸려서 신속히 대응할 수 없지만, 해로로 기선(汽船)을 이용하면 즈푸(芝罘)에서 인천까지 24시간 내에 도달할 수 있다. 조선을 보호하기 위해 우선 해군이 필요하다는 것은 이것으로도 명백하다.

(6) 러시아인들이 다년간 영흥만을 노려 왔다는 말이 있지만 최근 주청 러시아 임시대리공사 카를 베베르(Karl I. Veber)는 이러한 야심을 극력 부정했다. 영흥의 방비는 조선국왕이 스스로 군비를 정돈해서 담당하고, 중국 또한 해군력을 충실히 해서 조선을 원조하는 것 외에는 방법이 없을 것이다.[3]

장패륜의 「육책(六策)」 중에서 특히 중요한 것은 (1) 판사대신(辦事大臣)의 상주, (2) 병권의 수습, (3) 차관 및 청일 양국 군대의 경성 주둔 등 세 건이었는데, 이홍장은 (2)를 제외하고 (1)과 (3)에 모두 반대 의견을 표명했다. 그렇지만 장패륜의 주장에는 핵심을 찌르는 부분이 적지 않았으므로 이홍장은 장패륜을 배격하면서도 점차 그의 주장을 따르지 않을 수 없었다.

청 조정이 이처럼 종주권 강화의 필요성을 느끼고 있던 것과 동시에, 조선은 미증유의 내란 이후 그 선후 처리에 매우 고심하고 있었다. 이미 하나부사 변리공사와의 교섭에 앞서 조선의 군신(君臣)은 가장 먼저 도원(道員) 마건충에게 지도를 청했다. 그리고 다시 메이지 15년 10월에 병조판서 조영하와 홍문관부제학 겸 강화부유수 김윤식을 톈진으로 파견해서 직예총독에게 「선후육책(善後六策)」을 상신하고 그의 지휘를 청하게 했다. 그 내용은 전해지지 않고 있으나, 외교와 군제개혁의 두 가지 사안에 중점을 두었던 것은 분명하다.

외교는 메이지 9년 개국 이래로 조선이 가장 고심했던 문제로, 당초 어영대장 신헌을 시작으로 판서 조영하, 참판 김홍집, 김윤식 등이 차례로 이 일을 담당했다. 이들은 당시 조선 관계(官界)에서 철중쟁쟁(鐵中錚錚)[21]한 것으로 기대를 모았던 인사들이었음에

도 불구하고, 외교에는 전혀 경험이 없었기 때문에 외교에 숙달된 유력한 고문을 필요로 했다. 당시 조선의 외교는 대일관계가 대부분을 차지하고 있었으므로 일본에서 외교고문을 초빙하는 것을 피한 것은 당연했다. 이에 조영하가 톈진에 갔을 때, 직예총독에게 자회(咨會)하여 현명하고 숙달된 인사를 파견해서 외교의 지도를 맡게 해 줄 것을 청원했다. 이홍장은 조영하의 말을 듣고, 또 도원(道員) 주복·마건충과 협의하게 한 결과, 후선중서사인(候選中書舍人) 마건상(馬建常)과 독일인 파울 게오르게 폰 묄렌도르프[Paul George von Möllendorff, 목인덕(穆麟德)] 2명을 추천하기로 결정했다. 마건상은 마건충의 친형으로 일찍이 유럽에서 유학하면서 공법(公法)[22]과 서양 실정을 익혔다. 명련경직(明練耿直)[23]한 인물로서 그 직전까지 주일 특명전권공사 여서창을 따라 이사(理事)직에 있었다고 한다. 이 인선은 마건충의 추천에 의한 것이었다. 폰 묄렌도르프는 마르크 브란덴부르크(Mark Brandenburg) 명문 출신으로 1847년 2월에 출생했다. 장성해서는 할레(Halle) 대학에 입학해서 법률과 동양언어학을 전공했다. 한때 북독일관세동맹에서 근무한 적도 있었으나, 청국 해관의 초빙을 받고 청으로 건너와서 5년간 각지의 해관에서 근무했던 까닭에 한문과 지나어(支那語)에 정통했다. 그 후 주청 독일제국 영사관 통역관으로 임용되고 한때 톈진 주재 영사대리로 임명되기도 했지만, 불행히도 주청 독일 특명전권공사 막스 폰 브란트(Max von Brandt)와 뜻이 맞지 않아서 사직하고, 천진해관도(天津海關道) 주복에게 가서 이홍장의 막객(幕客)이 되었다. 그는 조영하 등이 톈진에 온다는 것을 알고는 자진해서 조선을 위해 힘을 바칠 것을 희망했다고 한다. 묄렌도르프는 외교 고문으로 임명됨과 동시에 청의 제도를 모방한 해관을 신설하는 임무를 맡았다.[4]

조영하와 김윤식은 메이지 15년 12월 14일에[24] 귀조해서 복명했으며, 마건상과 묄렌도르프도 동시에 도착했다. 이홍장은 또 도원(道員) 진수당(陳樹棠)과 당정추(唐廷樞)를 조선에 파견해서 각각 조선의 무역과 광산을 시찰하게 했다.

메이지 15년 12월 27일, 국왕은 마건상과 묄렌도르프를 인견했다. 조선국왕이 서양인을 본 것은 이번이 처음으로, 종주국의 강력한 천거에 의한 것이었다고는 하지만 국

---

21) 철중쟁쟁(鐵中錚錚): 여러 쇠붙이 가운데서 소리가 조금 더 날카롭다는 뜻으로, 재능이 비교적 출중한 인물을 비유하는 말이다.

22) 공법(公法): 국제법(國際法)

23) 명련경직(明練耿直): 명련(明練)은 사무에 밝고 익숙하다는 뜻이고, 경직(耿直)은 절개가 굳고 정직하다는 뜻이다.

24) 원문에는 12월 15일로 되어 있으나, 조영하 등이 복명한 것은 고종 19년 1월 5일의 일로 양력으로는 12월 14일에 해당하여 바로잡았다.

왕과 왕비 민씨, 그리고 척족의 혁신사상의 일단을 엿볼 수 있다.[5]

마건상의 도착과 함께 조선의 내정 혁신이 단행됐다. 조선의 관제개혁은 이미 메이지 14년 1월에 청의 제도를 모방해서 통리기무아문을 설치한 것을 시작으로, 이후 다소 수정을 거쳤다가 임오정변의 발발 직후 대원군에 의해 신설 관청은 모두 폐지되고 옛 제도로 돌아간 바 있었다. 따라서 이제 대원군 집정 시의 구 아문을 폐지하고 메이지 15년 7월 24일 이전의 제도를 복구할 필요가 있었다. 그 준비로 같은 해 9월 7일에 우선 기무처를 설치하고[25] 조영하, 김홍집, 김윤식, 홍영식, 어윤중 등을 불러들여서 개혁을 품의하게 했다. 곧이어 마건상과 묄렌도르프가 도착하자 이 계획은 급속도로 구체화돼서 12월 26일에 통리아문 및 통리내무아문을 설치하고, 이듬해인 메이지 16년 1월 12일(이태왕 임오년 12월 4일)에는 통리아문을 통리교섭통상사무아문(統理交涉通商事務衙門)[통리아문, 통서(統署), 또는 외아문(外衙門)으로 약칭했다.], 통리내무아문을 통리군국사무아문[일반적으로 내아문(內衙門)이라고 했다.]으로 개칭했다. 전자는 청의 총리각국교섭통상사무아문을 모방한 것으로 외교통상 관계 사무를 일체 관장하며 독판(督辦)·협판(協辦)·참의(參議)·주사(主事)를 두었다. 후자는 삼군부(三軍府)와 비변사(備邊司)의 후신이라고 할 만한 것으로 군국(軍國)[26]의 기무(機務)를 비롯한 내정 일체를 관장하며 총리(總理)·독판·협판·참의·주사의 관직을 두었다. 그 직원은 묘당의 인재를 총망라해서, 독판교섭통상사무 조영하, 권지협판교섭통상사무(權知協辦交涉通商事務) 민영익, 협판교섭통상사무 김홍집과 묄렌도르프, 참의교섭통상사무 김만식과 김옥균, 독판군국사무 민태호, 협판군국사무 김윤식, 참의군국사무 홍영식과 어윤중 등이 임명됐다. 또 별도로 의정부에 찬의(贊議)를 두어 마건상을 임명하고, 협판교섭통상사무직도 겸임하게 했다.[후에 마건상은 중국의 관원으로서 속국의 관직을 겸대(兼帶)할 수 없다고 해서 이홍장의 명에 따라 감하(減下)됐다.] 대원군 집정 이래로 관제의 존폐는 일정하지 않았지만, 메이지 16년 1월(임오년 12월) 개혁을 통해 확립된 이 제도는 이후 메이지 27년의 갑오개혁까지 지속됐다. 조선처럼 국토가 협소하고 정무가 복잡하지 않은 국가에서는, 한갓 강린(强隣)을 모방해서 대규모의 내각제를 시행하는 것보다는 내외 두 아문(衙門)과 같은 단순한 제도에 그치는 편이 실정에 적합했을 것이다.[6]

---

25) 원문에는 기무처를 설치한 날짜가 9월 10일로 되어 있으나, 기무처 설치는 고종 19년 7월 25일의 일로 양력으로는 9월 7일에 해당하므로 바로잡았다.

26) 군국(軍國): 통군치국(統軍治國)의 준말로 군대를 통솔하고 국가를 다스린다는 뜻이다.

군제개혁은 관제개혁보다 한걸음 앞서 이뤄졌다. 조선의 군제개혁은 최근 100년 동안의 현안이었지만 끝내 실행에 옮기지 못하고, 메이지 14년 5월이 되어서야 간신히 당시 선혜청당상으로서 군정(軍政)의 권병(權柄)을 쥐고 있던 민겸호가 일본 변리공사 하나부사 요시모토의 권유에 따라 육군 공병소위 호리모토 레조를 초빙해서 연군교사(鍊軍敎師)로 삼고 신식군을 창설해서 별기군(別技軍)이라고 부른 것이 효시가 됐다. 별기군은 척족의 사병으로 간주됐는데, 민겸호가 임오변란 당시 사망하고 요시모토 공병소위 또한 희생된 후에 다시 개편돼서 친군(親軍) 전(前)·후(後) 2개 영(營)의 근간이 됐다.[7]

임오변란 이후 경성의 치안은 제독 오장경에게 소속된 회용(淮勇) 육영(六營) 약 3,000명 병력으로 유지됐다. 그렇지만 반란까지 일으킨 조선 군대의 개편은 지극히 어려운 사업이었다. 묘당은 구식 군대가 단약(單弱)[27]하면서도 통제가 어려운 것을 싫어해서 일전에 조영하 등이 톈진에 갔을 때 연군교사(鍊軍敎師)의 초빙과 신식 병기의 공급을 의뢰했는데, 제독 오장경이 조선에 주둔하고 있었으므로 연군교사의 인선은 그에게 맡겨졌다. 오 제독은 이 일을 그의 영무처(營務處) 중서사인(中書舍人) 원세개에게 맡겼다. 원세개는 조선의 장정 1,000명을 선발해서 훈련시키고 이를 신건친군영(新建親軍營)이라고 불렀다. 그는 이것을 좌(左)·우(右) 2개 영(營)으로 나눠서 국왕이 친신(親信)하는 신하인 이조연을 좌영감독(左營監督), 윤태준을 우영감독(右營監督)으로 삼았다. 이것은 순수한 청나라 식의 연용(練勇)[28]이었다. 그 후 다시 별기군을 개편해서 전영(前營)과 후영(後營)을 증설함으로써 메이지 16년 11월에 사영(四營)이 모두 완성됐다. 그리고 감독을 개칭해서 영사(營使)라고 했는데, 한규직(韓圭稷)을 친군(親軍) 전영사(前營使), 이조연을 좌영사(左營使), 민영익을 우영사(右營使), 윤태준을 후영사(後營使)에 임명했다. 모두 척신이 아니면 국왕이 친신(親信)하는 신하들이었다. 병기(兵器)는 북양대신 이홍장에게 청원해서 톈진기기국(天津機器局)에 저장돼 있던 구식 12파운드 청동포(靑銅砲) 10문, 영국 엔필드 라이플 1,000정과 탄약을 공급받았다. 이리하여 임오변란 이후 1년 반이 지나자 조선 정부는 비교적 신식 병기로 무장된 2,000명의 신식 군대를 보유하게 되었지만, 그 교관들이 모두 청국 무관이었던 까닭에 사실상 주한 청국군 사령관의 통제하에 놓여 있

---

27) 단약(單弱): 고립되고 형세가 미약함

28) 연용(練勇): 청대 중엽 이후 관군을 보조하여 외적과 내란으로부터 향촌을 지키기 위해 임시로 징집한 비정규 지방군. 흔히 향용(鄕勇)이라고 하는데, 향(鄕)은 지방, 용(勇)은 의용병이라는 뜻이다. 특히 태평천국운동(1851~1864)을 전후해서는 팔기(八旗), 녹영(綠營) 등 부패하고 무능한 청의 정규군을 대신해서 국가의 주력 군대가 됐다. 중국번이 창설한 상용(湘勇)과 이홍장이 조직한 회용(淮勇)이 유명하다.

었다.[8]

제독 오장경에게 부여된 임무는 군사적인 것에만 국한되지 않았다. 이홍장은 오 제독에게 은밀히 명해서 마건상, 묄렌도르프와 긴밀한 연락을 취하면서 조선 정부의 시정(施政), 특히 외교와 재정을 감시하게 했다. 그리하여 오장경은 군사, 외교, 재정에 관한 권한을 한 몸에 가져서 사실상 감국(監國)의 지위에 가까워졌다. 그럼에도 불구하고 오장경은 가능한 한 군사상의 사항은 영무처(營務處) 원세개에게, 외교와 재정은 마건상과 묄렌도르프에게 위임하고 자신은 직접 책임을 맡는 것을 피했다. 이는 오장경의 성격에 기인한 것이겠지만, 만약 이홍장이 당초 계획했던 것처럼 도원(道員) 마건충으로 하여금 오장경을 대신하게 하거나, 혹은 주차조선판사대신(駐箚朝鮮辦事大臣)으로 전 주일 출사대신(駐日出使大臣) 하여장을 임명하는 일이 실현됐더라면 그들은 오장경과는 완전히 다른 태도를 보였을 것이다. 즉, 그들은 조선의 군사, 외교에 관한 감독을 보다 강화해서 내정까지 간섭했을 것이며, 결국에는 조선을 완전히 속국으로 만들 수 있었을 것이다. 이홍장이 조선에서의 종주권 강화를 계획했으면서도 마지막 단계에서 속국화를 주저한 것은 외교 관계를 고려했기 때문이라고 생각된다.

제독 오장경의 조선 주둔이 청국의 종주권을 대표하는 것이라고 해도, 변란이 진정된 후에도 계속해서 오랫동안 우세한 부대를 통솔하는 것은 내외의 지목을 피하기 어려웠다. 이홍장의 말에 따르면, 일본 정부가 공사관 경비대를 주류(駐留)하는 동안만 오장경 부대가 조선에 주둔하는 것이라고 했지만 경비대가 보병 2개 중대인 것에 비해 6개 영(營) 3,000명의 병력은 지나치게 많았다. 이홍장은 이미 메이지 16년 봄에 그 반을 철군시키고 나머지 반인 3개 영(營)만을 주둔시킨 후, 1년 뒤에 일본 공사관 경비대가 전원 철수하는 것을 기다렸다가 6개 영(營) 전부를 철군하는 것으로 내정하고 있었다. 이 사실을 전해들은 조선국왕은 참의교섭통상사무 변원규를 톈진에 급파해서 오장경의 공적과 인격을 추켜세우고, 그의 힘으로 반도의 치안이 유지되고 있음을 역설하면서 철군을 늦춰줄 것을 간청했다. 이보다 앞서 이홍장은 주한(駐韓) 대표자로 도원(道員) 마건충이 적임이라고 생각해서 그로 하여금 오 제독을 대신하게 하려고 했다. 이 사실은 오장경의 친구와 문하(門下)들을 분격케 했으며, 이들은 직책을 사임하고 경사(京師)로 귀환하려고 하는 오장경을 극력 만류했다. 이에 따라 원세개 등의 문하가 중심이 되어 조선의 군신(君臣)을 움직여서 오장경의 주류(駐留)를 청원하고, 이를 통해 그 지위를 보존하려고 했던 형적(形迹)이 엿보인다. 이러한 사정 때문에 오장경은 메이지 16년 3월에 톈진으로 초치(招致)돼서 서리직예총독 이홍장, 장수성과 협의를 가졌다. 그 결과, "조선은 약함이 누적된 것이 이미 오래고 군기가 썻은 듯 사라져서, 변란이 갑자기 일어남에 숙위(宿衛)[29]가 재앙을 일으켰습니다. 그러므로 저 국왕이 기정(耆定)[30]한 후에도 항상 위구심을 품고 있는 것입니다. 오장경은 그 간난(艱難)한 때를 당하여 저들에게 달려가 원호해서 위급을 평안으로 바꿨고, 최근에는 다시 병사를 선발해서 서양 조련술로 교련했습니다. 진실한 마음을 열고 공정함을 펼쳐서 저들로 하여금 다시 시작할 수 있도록 인도했으니, 저 국왕이 깊이 의지하고 있습니다. 하루아침에 군대를 나눠서 중국으로 다시 돌아오게 함에 조선국왕이 격절(激切)하게 남아줄 것을 애걸하고 있으니, 이 또한 본래 참된 정성에서 나온 것입니다. 또 일본이 넘겨보고 협제(挾制)[31]하면서 온갖 계책으로 조선인을 우롱하고 있습니다. 그런데 조선의 대난(大難)이 비록 평정됐다고는 하나 반측(反側)[32]하는 마음이 또한 대번에 진정될 수 없으니, 모두 위중(威重)한 대원(大員)이 그 사이에 앉아서 진무(鎭撫)하지 않을 수 없습니다. 이홍장이 떠나기 전에 신과 깊이 상의했는데, 3개 영(營)을 철수하기로 한 계획을 우선 늦추자는 논의에 따르기로 했습니다. 오장경으로 하여금 6영(營) 전부를 통솔하면서 잠시 주류(駐留)하여 번복(藩服)의 의뢰하는 정성에 굽어 부응한다면, 이로써 국가가 진무(鎭撫)하는 덕을 밝힐 수 있을 것입니다."라는 결론에 도달하고, 장수성이 상주해서 재가를 얻었다.[9]

일본 정부는 주한 변리공사 다케조에 신이치로의 상신에 기초해서, 메이지 16년 3월에 공사관 경비대를 반으로 줄여 1개 중대만 남겼다. 그런데 청이 조선국왕의 주청을 구실로 현상을 유지한 것은 타당성이 없는 것으로, 청 본국에서조차 이런저런 의론이 있었고 또 일본의 시의(猜疑)를 초래할 우려마저 있었다. 더욱이 오장경은 문아(文雅)한 유장(儒將)으로서 자신의 문하들과 함께 다케조에 공사, 시마무라 서기관 등과의 친교를 구해서 일청 양국의 출장 관헌들 사이에 마찰을 피하려는 뜻이 부족하지 않았지만, 그에게 소속된 연용(練勇)은 규율이 엄정하지 않아서 조선 관민들에게 약탈이나 폭행을 가하는 일이 비일비재했으므로 관민 모두 청 군대의 장기 주둔을 혐오하는 뜻을 드러내게 되었다.[10]

게다가 오장경 개인으로서도 곤란한 사정이 있었다. 임오변란 당시 그의 문하인 허난

---

29) 숙위(宿衛): 궁중에서 숙직하면서 경비를 담당하는 군인
30) 기정(耆定): 평정(平定)
31) 협제(挾制): 자기의 권세나 타인의 약점을 이용해서 억지로 복종하게 만드는 것
32) 반측(反側): 순종하지 않음

(河南) 샹청(項城) 출신 원세개는 백면서생으로 군사(軍事)에 참여해서 큰 공적을 세웠으므로 오 제독의 추천으로 분발동지(分發同知)직을 받았다. 이홍장은 원세개의 재간을 알고 그를 등용할 뜻이 있었다. 원세개는 이 때문에 걸핏하면 오 제독의 존재를 무시하는 행동을 했다. 이러한 이유들로 인해 오장경은 메이지 16년 10월에 이홍장에게 서한을 보내서, "원근(遠近)에 와전(訛傳)이 있어서 저잣거리의 말들이 범을 만들어냈습니다.[33] 부디 일찍 귀국해서 비방하는 의론을 피할 수 있게 해 주십시오."라고 품의했다. 이홍장은 그를 극력 위유(慰諭)하면서, 이듬해 봄에 백하(白河)[34]의 결빙이 녹아서 항행이 자유로워지면 오장경을 톈진에 불러서 사정을 상세하게 들은 후 조선 주둔 군대의 철수 여부를 결정하겠다고 하고, 상주를 올려서 재가를 받았다. 그런데 당시 청불사변(清佛事變)이 한창이어서 북청(北清)의 방어가 시급해졌으므로, 이홍장은 이듬해 메이지 17년 2월에 오 제독을 톈진으로 불러들여서 상의한 후 그 휘하의 회용(淮勇) 6영을 반으로 나눴다. 그리고 그 중 3영은 오장경 제독이 인솔해서 펑톈 성(奉天城) 진저우 청(金州廳)으로 주둔지를 옮겨서 랴오둥(遼東)의 방비를 맡고, 잔류한 3영은 통령기명제독(統領記名提督) 오조유의 통솔하에 경성에 주둔하게 했다. 또한 오조유에게는 영무처(營務處)(참모장에 해당하는 문관)로 분발동지(分發同知) 원세개를 배속했는데, 통솔의 실권이 저절로 오 통령에게서 원세개로 넘어간 것이 당연했다. 이러한 배치 변경은 메이지 17년 5월 중에 실시됐다.[11]

오장경 제독의 주둔지 이동은 이홍장의 종주권 강화책의 완화를 보여준다. 앞에서 서술한 것처럼 오장경은 군사, 외교에 관한 권한을 모두 쥐었는데, 그의 후임인 통령 오조유는 전혀 그 적임자가 아니었다. 게다가 메이지 15년 9월에 중국조선상민수륙무역장정(中國朝鮮商民水陸貿易章程)이 조인된 이후로 조선의 개항장과 미개항시(未開港市)를 불문하고 조선에 입국하는 청국 상민이 날로 늘어났기 때문에 이들을 관리할 필요도 있어서 북양대신 이홍장은 오장경이 철수한 지 반년 만인 메이지 16년 10월에 도원(道員) 진수당의 파견을 상주하고 그를 총판조선상무(總辦朝鮮商務)에 임명했다. 진수당의 임명은 중조상민수륙무역장정 제1조에 의거한 것으로, 그는 순수한 상무위원(常務委員)이었기 때문에 그 세력은 마건상의 그것에도 도저히 미치지 못했다.[12]

---

33) 시언성호(市言成虎):『韓非子』儲說에서 유래한 고사로 흔히 '삼인성호(三人成虎)'라고 한다. 헛소문도 여러 사람이 반복해서 말하면 사람들이 진실로 믿게 됨을 비유한다.

34) 백하(白河): 중국의 인산(陰山) 산맥 동부에서 시작해서 톈진을 지나 보하이만(渤海灣)으로 들어가는 강

【원주】

1 『張季九子錄』政聞錄 卷三 爲東三省事復韓子石函.

2 『澗于集奏議』卷二.

3 『李文忠公全集』奏稿 卷四五.

4 『啓下咨文册』卷一一 代聘人員前往事北洋衙門咨·卷一二 隨事指導克徵終始之惠事北洋大臣衙門咨;
　『淸光緖朝中日交涉史料』卷四 (一六一)附件一 李鴻章奏朝鮮咨請派員襄理商務擬令穆麟德馬建常等前
　往片·附件二 朝鮮國王咨請派員襄理商務來文·附件三 李鴻章與朝鮮大官趙寧夏筆談節略;『李文忠公
　全集』奏稿 卷四五 代朝鮮聘西士片.

5 『日省錄』李太王壬午年十一月十六日·十七日.

6 『朝鮮史』六編 四卷 549~550·554~557·597·625·644·665·667·669~670·673·679쪽.

7 『朝鮮史』六編 四卷 567쪽.

8 『朝鮮史』六編 四卷 658·659·661·664·700·726·728쪽.

9 『中日交涉史料』卷五 (一七六) 直隷總督兼署北洋通商大臣張樹聲奏朝鮮請留駐軍現已仍令吳長慶暫奏
　摺·附件一 朝鮮國王咨請官軍駐留來文;『張季九子錄』專錄 卷六 年譜 卷上.

10 明治十六年一月十二日 竹添辨理公使報告;『張季九子錄』卷六 年譜 卷上; 井上角五郞,「漢城之殘夢」,
　『風俗畫報』第七輯 第八四號.

11 『中日交涉史料』卷五 (一八七) 直隷總督李鴻章奏現駐朝鮮吳長慶防軍擬緩至明春再酌撤留摺;『李文忠
　公全集』奏稿 卷四九 議分慶軍駐明片;『張季九子錄』卷六 年譜 卷上.

12 『統理交涉通商衙門日記』卷一 李太王癸未年九月十九日·二十日;『啓下咨文册』卷一二 商務委員前往
　事北洋大臣衙門咨; 派員前赴朝鮮辦理商務章程一摺奉旨知照事盛京禮部回咨;『中日交涉史料』卷五
　(一八四) 北洋通商大臣李鴻章奏酌擬派員赴朝鮮辦理商務章程摺·(一八五) 總理各國事務衙門議奏北
　洋大臣派員辦理朝鮮商務一事摺.

제48절

조선 조정의 동요

청 광동수사제독(廣東水師提督) 오장경이 회용(淮勇)[1] 6영(營)을 이끌고 경성에 주둔한 동안에는 임오변란 이후 조선 국내의 치안을 유지하고 외국 세력의 침입을 충분히 억제할 수 있었다. 게다가 최근 10년간 모든 정치적 음모의 원천으로서 국왕과 척족을 두렵게 했던 대원군은 멀리 즈리(直隷) 바오딩(保定)에 구치돼 있었다. 그런데 오 제독의 철수를 전후해서 청불사변(淸佛事變)이 발발하여 반도의 정세에 중대한 영향을 미치게 되었다.

청불사변의 도화선이 된 월남은 조선과 마찬가지로 청의 외번(外藩)이었지만 멀리 남쪽 변방에 위치하고 있었기 때문에 종래 어떠한 교섭도 없었고, 반도의 묘당에서도 당초 이 사변의 발생에 무관심했다. 그런데 이 사변을 계기로 청 조정 내부에서 중대한 정치적 위기가 발생했고, 그 파동은 결국 반도의 묘당에까지 미쳐서 정치적 경험이 부족한 이씨 군신(君臣)을 당황하게 만들었다.

당시 청에서는 나이 어린 덕종(德宗)이 제위에 있어서 효흠황태후(孝欽皇太后)가 수렴청정의 중임을 맡고 있었다. 그리고 태후를 보좌한 인물은 종실의 원훈으로 총리각국사무아문(總理各國事務衙門)의 사무를 관리한 공친왕 혁소였고, 그 밖에 추기(樞機)에 참획(參劃)한 인물로는 협판(協辦) 대학사(大學士) 이부상서(吏部尚書) 이홍조(李鴻藻)와 공부상서(工部尚書) 옹동화 등이 있었다. 공친왕은 인종(仁宗) 황제의 아들로 문종(文宗)과 목종(穆宗)을 보좌하여 이른바 동치중흥(同治中興)을 이뤄서 그 위망이 가장 높았고, 게다가 권력을 오래 잡고 있었기 때문에 자연히 다른 이들의 질시를 피할 수 없었다. 덕종의 생부 순친왕(醇親王) 혁현(奕譞)은 공친왕의 형으로 종전에 어떠한 추기(樞機)에도 참여한

---

1) 회용(淮勇): 이홍장이 조직한 향용(鄕勇)인 회군(淮軍)을 가리킨다. 1853년에 태평천국운동이 발생하자 이홍장은 명령을 받아 고향인 안후이 성(安徽省) 허페이(合肥)에서 향용(鄕勇)을 조직했는데, 허페이가 화이허(淮河) 옆에 있었으므로 이를 '회용오영(淮勇五營)' 또는 '회군(淮軍)'이라고 불렀다. 태평천국운동과 염군(捻軍)의 반란 진압 과정에서 큰 공적을 세웠다. 1870년 증국번의 후임으로 이홍장이 직예총독에 임명되자, 회군 또한 거점을 톈진으로 옮겼으며 이후 직예총독 권위의 근간이 되었다. 청조 굴지의 지방군으로서 임오군란, 청불전쟁 등에 파견되었다. 1894년 청일전쟁 당시 이홍장은 개전에 소극적이었으나, 일단 개전하자 회군이 그 주력을 맡았다. 그러나 청일전쟁에서 회군은 괴멸적인 타격을 입었으며 이 전쟁을 끝으로 해산되었다.

일이 없었지만 태후는 순친왕이 황제의 생부라는 것, 그의 복진(福晉)[2]이 효흠의 친누이 동생이라는 것, 그리고 조종하기 쉽다는 것 때문에 그를 점차 중용해서 공친왕을 대체할 뜻이 있었다. 그리고 이 문제를 더욱 복잡하게 만든 것은 당론(黨論)의 발생이었다.[1]

광서(光緖) 초기, 베이징 관계(官界)에 청류당(淸流黨)이라고 하는 자들이 있었다. 장패륜, 진보침(陳寶琛), 오대징(吳大澂), 종실(宗室) 보정, 등승수(鄧承修) 등이 여기에 속했고, 협판 대학사 이홍조가 그 괴표(魁杓)[3]로 지목됐다. 그들은 자주 시사(時事)를 논했는데, 그 가운데서도 장패륜과 진보침의 주소(奏疏)가 가장 격월(激越)[4]한 것으로 유명했다. 청불사변이 일어나자 이들은 연달아 상소를 올려서 시사를 논하고, 특히 북양과 남양의 외교 실패와 강신(疆臣)이 실지(失地)한 죄를 탄핵했다. 효흠태후는 오히려 청류의 학재(學才)를 아껴서 이들을 변강(邊疆)의 회판(會辦)[5]에 임용하여 그 재주를 펼칠 수 있게 했는데, 장패륜의 회판복건해강사의(會辦福建海疆事宜)와 오대징의 회판북양사의(會辦北洋事宜)가 가장 유명하다. 하지만 이 때문에 청 조정에서 당론이 일어나서 반대파의 종실과 대신을 참주(參奏)[6]하는 풍조가 나타난 것 또한 부득이한 일이었다. 그 와중에 메이지 17년 4월에 국자감좨주(國子監祭酒) 종실 성욱(盛昱)이 상소해서, 공친왕과 군기대신의 실직(失職)[7]을 엄핵(嚴覈)하고 아울러 양광총독 장수성이 실지(失地)한 죄를 논했다. 효흠태후는 성욱의 상소를 기회로 4월 8일(광서 10년 3월 13일)에 엄지(嚴旨)를 내려서, 공친왕, 이홍조, 옹동화 등이 인순(因循)해서 나라를 망친 죄를 견책하여 파직, 또는 혁직유임(革職留任)을 명했다. 당시 이홍장은 모친상을 당해서 북양대신 직예총독직에서 물러나 있었으므로, 효흠태후는 그를 독판월남사의(督辦越南事宜)로 삼아서 광둥(廣東)·광시(廣西)·윈난(雲南) 3성(省)의 군사(軍事)를 절제(節制)하게 했다. 이홍장은 공친왕 등과 협력해서 평화주의를 견지하면서 상하이 주재 프랑스 공사와 예의(銳意)[8]를 절충했는데, 일이 대부분 여의치 않아서 프랑스 육해군의 통킹(東京) 정략이 순조롭게 진행되었다.

---

2) 복진(福晉): 원래 만주어로 처자(妻子) 또는 귀부인이라는 뜻이다. 청나라 제도에서는 친왕(親王), 군왕(郡王), 또는 친왕세자(親王世子)의 정실(正室)을 복진(福晉)이라고 했다.

3) 괴표(魁杓): 북두칠성의 머리와 꼬리에 있는 별을 합해서 부르는 말. 전하여 북두칠성 자체를 가리키기도 한다.

4) 격월(激越): 격양(激揚), 격렬(激烈)

5) 회판(會辦): 원래 회동해서 사무를 처리한다는 뜻인데, 청나라 말기에는 신설한 관서 혹은 정무기구에 총판(總辦)을 보좌하는 직책으로 회판(會辦), 양판(襄辦), 방판(幫辦) 등의 관직을 두었다.

6) 참주(參奏): 관리(官吏)의 비행을 지적하여 징계를 주청(奏請)함

7) 실직(失職): 직무에 태만해서 직책을 완수하지 못함

8) 예의(銳意): 확고하게 결정한 뜻

이 때문에 청류당은 이홍장을 추탕분식(推宕粉飾)[9]하며 주권을 잃는 자로 간주해서 그를 탄핵하는 주소(奏疏)가 수십 통에 이르렀다고 한다. 그러나 효흠은 이홍장의 외교적 수완을 신뢰해서 북양대신 직예총독의 원임(原任)에 복직시키고, 메이지 17년 4월에는 특별히 유지를 내려서 위류(慰留)[10]하였다.[2]

메이지 17년 4월의 정변은 극동 근대사에 중대한 영향을 미쳤다. 갑신년 이전에는 공친왕이 군주로서 정권을 잡고 이홍조 등이 그를 보좌해서 정무가 일정한 방침을 유지해 왔으나, 공친왕과 이홍조가 묘당에서 축출되자 효흠태후가 전권을 잡고 순친왕을 비롯한 많은 친귀(親貴)를 중용했다. 그로부터 무능한 친귀와 폐신(嬖臣)들이 요로(要路)를 차지해서 기강이 문란해지고 뇌물이 공공연히 행해지는 현상이 나타났다. 갑오년 일청전역(日淸戰役)의 패인이 이 10년간의 실정에 적지 않게 기인한 것은 널리 알려진 사실이다.[3]

종주국의 정치적 위기는 신속하게 반도에 전해졌다. 이씨 군신(君臣)은 종실의 원훈인 공친왕이 엄지(嚴旨)를 받아 파직되고, 조선 조정의 최고 지도자인 이홍장이 연달아 탄핵을 받아서 그 지위가 위태로워진 것을 큰 불안감을 갖고 주목하고 있었다. 그리고 이 정치적 위기를 이용하려고 시도한 인물이 바로 즈리(直隷) 바오딩(保定)에서 감시당하고 있던 대원군이었다.

메이지 15년 8월에 대원군이 바오딩에 안치된 것과 동시에 국왕은 청국에 그의 석방을 청원했지만 허락되지 않았고, 간신히 세시(歲時) 사신을 보내서 바오딩에서 안부를 묻는 것만 승인됐다는 것은 이미 제46절에서 상세히 서술하였다. 메이지 15년 12월 절행(節行)에 즈음해서 국왕은 진주(陳奏) 겸 세폐부사(歲幣副使) 예조판서 민종묵을 문후사(問候使)에 겸차(兼差)해서 대원군을 문후(問候)하게 했다. 또 이듬해인 메이지 16년 6월에는 대원군의 장자이자 국왕의 친형인 판종정경(判宗正卿) 이재면을 파견했다. 그 후 대원군의 문후를 명목으로 즈리에 왕복하는 조선인의 수가 갑자기 증가하자 직예총독 이홍장은 이들의 정치적 책동을 우려해서 대원군의 사인(私人)을 제외하고는 일체 바오딩에 오는 것을 허락하지 않았다.[4]

이홍장은 대원군을 바오딩에 구치하고 관방(關防)을 엄중히 하여 본국과의 교통을 금지함으로써 대원군과 본국의 정치적 음모의 관계를 차단했다. 이는 대원군은 물론, 조

---

9) 추탕(推宕): 고의로 연기하는 모양
10) 위류(慰留): 위로하여 사임을 만류함

선에 있는 군소 정객(政客)들에게도 커다란 실망을 안겨줬다. 이들은 모든 수단을 동원해서 대원군의 석방을 기도했다. 하지만 이홍장의 태도는 신중해서 쉽게 이용할 만한 틈을 찾기 어려웠다. 그런데 마침 청 조정의 동요가 점차 밖으로 누설되자, 이들은 공친왕의 실각과 순친왕의 집정이 멀지 않다는 것에 착안했다. 대원군과 그 당여(黨與)의 생각에 따르면, 순친왕은 황제의 생부로 대원군과 같은 지위에 있기 때문에 대원군의 애소(哀訴)가 그의 귀에 들어가기 쉽고, 순친왕이 움직인다면 북양의 반대 같은 것은 개의치 않아도 된다는 것이었다. 대원군은 바로 자신의 사인(私人)에게 명해서, 운현의 가재를 털어 진귀한 보물을 구해 순친왕을 비롯한 친귀(親貴)와 대관들에게 뿌리면서 석방운동을 게을리하지 않았다고 한다.

대원군이 집정하는 동안 온갖 가렴주구를 통해 축적한 재물도 베이징과 톈진의 관계(官界)로 가져와서 포저(苞苴)[11]로 뿌린다면 크게 부족할 것이었다. 게다가 그 재물도 운현의 사인(私人)과 역인(役人), 아문의 서리(書吏)와 문관(門館)[12]들이 탐내서 순친왕의 손에까지 들어갈지도 의심스러웠다. 그렇지만 그들은 순친왕의 동의를 얻었다고 단언하고, 대원군은 메이지 17년 2, 3월경에는 반드시 석방될 것이며, 또 청 조정은 척족의 압박을 막기 위해 군대 2, 3천 명을 붙여서 대원군을 경성까지 호송하고 경우에 따라서는 감국(監國)을 상주시켜서 국정을 감리(監理)하게 할 것이라고까지 장담했다. 이들은 조선에 있는 군소 정객들과도 연락을 취해서 대원군이 곧 석방되어 귀국한다는 유언비어를 퍼뜨렸다.[5]

임오변란은 전례가 없는 반란으로서 국왕과 척족 모두 대원군에 대한 원망이 깊은 것은 당연했지만, 국왕으로서는 자신의 생부가 멀리 해외에서 부수(俘囚) 생활을 하는 것을 묵과하기 어려웠다. 무엇보다 유교 사상으로 봐도 생부의 비행을 들춰내서 비록 종주국이라고는 해도 외국 관헌의 감시하에 두는 일은 용납될 수 없었다. 또 일국의 원수로서 그 생부가 외국 군대에 체포, 압송된 것은 체면을 크게 손상시키는 일이었다. 마지막으로 국왕 개인의 성격으로도 효심이 깊어서, 아무리 부도(不道)하더라도 노령에 든 생부를 해외에 유서(幽棲)시키는 것은 차마 하기 어려웠다. 국왕의 대원군 석방 청원은 반드시 정치적 제스처에서 나온 것만은 아니었다.

---

11) 포저(苞苴): 원래는 갈대나 짚풀로 짜서 어육 등 음식을 쌀 때 쓰는 용구를 뜻하는데, 옛 사람들이 뇌물을 보낼 때 타인의 눈에 띄지 않게 포저로 싸서 보냈다는 데서 유래하여 뇌물을 비유하는 말로 사용된다.
12) 문관(門館): 문객(門客)

그러나 척족 민씨와 조씨는 국왕과 거의 상반된 태도를 취했다. 민씨는 왕비뿐 아니라 왕세자빈과 대원군 부인의 생가였음에도 불구하고, 이제 양자 사이에는 원수에 가까운 감정이 흐르고 있었다. 민씨의 입장에서 보면 메이지 8년 1월에 왕비의 양오라비인 판서 민승호는 그 어미 한창부부인(韓昌府夫人) 이씨, 아들과 함께 대원군의 흉수에 걸려서 비참한 최후를 맞았다. 5년 후 임오변란에서는 민승호를 대신해서 정권을 잡은 민승호의 친동생 민겸호가 대원군의 사주로 국왕과 왕비의 면전에서 난병(亂兵)들에게 살해당했다. 왕비조차도 한때 위기에 빠져서 모두 그 훙서(薨逝)를 믿을 정도였다. 이제 세도의 지위에 있는 것은 민승호의 양자 민영익과 그의 친아비이자 왕세자빈의 생부인 민태호다. 민씨가 도저히 대원군과 양립할 수 없음은 이러한 사실을 보더라도 명백했다.

다음으로 척족 조씨에 관해 서술해 보자. 풍양 조씨(豊壤趙氏)는 효명세자 영(旲), 즉 추존 문조(文祖)의 왕비 신정왕후(神貞王后) 조씨의 생가다. 대원군이 철종의 훙서를 전후해서 안동 김씨(安東金氏)를 배척하고 그의 차남 이태왕(李太王)을 옹립할 수 있었던 것은 무엇보다 당시 대왕대비 신정왕후 덕분이었다. 따라서 대원군은 처음에는 신정대비의 두 조카 조성하와 조영하 등을 호의를 갖고 대했지만, 조씨 청년들은 대원군의 엄려(嚴厲)함을 좋아하지 않아서 오히려 민씨와 깊이 결탁했다. 그 중에서 조영하는 민승호, 민겸호 형제와 협력해서 대원군을 묘당에서 쫓아내고 그의 정책을 근본부터 파괴했다. 임오변란 당시 대원군의 탄압으로 민겸호는 살해당하고 민씨가 일시 숨을 죽이자, 조영하는 민씨를 대신해서 마건충 등과 협의하여 마침내 대원군으로 하여금 이역(異域)에 부수(俘囚)되는 고초를 맛보게 했다. 대체로 임오변란 이후 청과의 일체의 교섭은 조영하가 국왕을 대표해서 행했을 것이다. 이러한 사실을 감안하면 대원군이 석방되는 날 가장 먼저 원한을 갚을 사람은 조영하일 수밖에 없었다.

그리하여 척족 민씨와 조씨는 대원군의 귀국을 배격하는 데 의견이 일치했다. 그렇지만 그것을 실행할 수단을 알지 못했다. 국왕과 척족이 의지하는 것은 오직 청 북양대신 이홍장과 그의 막료들뿐이었는데, 이홍장이 최근 외교 문제로 여러 차례 핵주(劾奏)를 받아서 그 지위가 위태로워졌다는 소식이 전해지자 과연 대원군의 귀국을 저지할 수 있을지 의심스러웠다. 척족의 주의(注意)는 차츰 강린(强隣) 일본으로 향했다. 하지만 척족과 일본 공사는 전부터 거의 연락이 없었기 때문에 이제 갑자기 이처럼 중대한 기밀 사항에 관해 격의 없이 상의하기 어려웠다. 이에 국왕의 측근으로서 일본국 영사관과 친밀한 전영사(前營使) 한규직이 그 임무를 맡았다.

메이지 17년 2월 16일(갑신년 정월 15일), 한규직은 국왕의 밀지를 갖고 일본국 임시대리공사 시마무라 히사시(島村久)를 방문해서 대원군 귀국에 관한 소식을 전하고 그에 대한 의견을 구했다.

청 조정의 권세는 종래 공친왕의 손에 있었고, 이홍장이 그 뜻을 받들어 내외의 일을 처리했습니다. 그러므로 대원군을 바오딩 부(保定府)에 옮기는 일도 대체로 그의 손에서 이뤄졌고, 대원군 또한 시종 위복(威服)되어 묵묵히 있었던 것입니다. 그런데 근래 일변해서 정권이 순친왕의 손으로 넘어가 만사에 그가 간여한 이후로 대원군은 그와 통정(通情)해서 많은 뇌물을 먹이고, 사람을 시켜서 끊임없이 귀국(歸國)의 애소(哀訴)를 시켰습니다. 그런데 이 순친왕은 바로 광서제의 생부로 대원군과 지위가 같기 때문에 자연히 의향이 투합해서 애소 또한 받아들여졌습니다. 또 이 친왕(親王)은 대단히 소포(疎暴)한 논의를 주장하는 성질이요, 또 그에게 영합하는 완고당(頑固黨)도 많아서, '끝내 조선국은 머지않아 일본의 속국이 되거나 아니면 구라파의 손에 약탈을 당하거나 양단간에 걸려서 반드시 멸망할 것이다. 그러므로 나의 귀국을 허락한다면 국왕은 내 아들이라 내 뜻을 거스르지 않을 것이니, 바로 우리 조선국을 귀 조정에 바칠 것이다. 귀 조정에서 감국(監國)을 두고 우리나라의 내외의 일을 관장한다면 모든 지휘를 받들 것이다.'라고 해서, 대원군이 귀국할 때 호위병 2, 3천 명, 감국대사(監國大使)와 함께 파견해 주길 원한다는 내용으로 대원군과 순친왕 사이에서 바로 조약(條約)이 이뤄졌습니다.

이와 관련해서 대원군의 귀국은 대체로 2월 말^{조선력}, 3월 초^{앞과 같음}경이 될 것입니다. 또 귀국할 때의 호위병은, 톈진에 체재하는 지 모(池某)의^{그는 대원군의 가산(家産)에 간여하면서 모든 가계(家計)를 관장하는 자라고 함} '이제 대원군이 단신으로 저 나라에 있는 것은 우려스러우니 반드시 그 보호병이 있어야 한다'는^{이 뜻은 조선국에 두려움이 있는 것이 아니라, 재작년 변란으로 일본에 대해 두려움이 있기 때문임} 요구에 기초한 것입니다.

또 말하길,^{○한규직} "이와 같이 된다면 우리 소신(小臣) 등의 신명(身命)의 안위를 돌볼 겨를이 없을 뿐만 아니라, 실로 일국의 존망이 이때에 달려 있습니다. 몇 해 전 변란이 났을 때 국왕께서는 백관에게 '내 아비가 부도하다.'고 말씀하셨지만, 그 사이에 정세도 있었으니 신하의 몸으로 그 말씀에 뭐라고 답할 수 있었겠습니까? 비록 국군(國君)이라고 해도 이미 신하로서 왕께 벼슬하는 자가 되었는데, 하물며 이와 같은 폭거가 발생하자 바로 국모인 왕비를 해치려고 했으니 곧 적신(賊臣)이 아니겠습니까? 그러나 인륜의 내정(內情)에 들어가서 논하자면 말할 수도, 행할 수도 없는 어려운 사정이 있어서 일에 대처하기 어려우니, 말로 다할 수 없는 것이 있습니다."라고 했다.⁶

한규직의 말을 들은 시마무라 대리공사는 대원국의 귀국을 불허하는 것은 청 조정의 기정방침이며, 설령 청에 정변이 나서 이홍장이 실각해도 갑자기 기정방침을 변경하는 일은 없을 것이라고 했지만, 한규직은 앞의 말을 고집하고, 또 대원군이 바오딩에 있지만 항상 본국과 연락을 취하고 있으며 그 심복들에게 명하여 반란을 기도하게 한 사실이 있다고 말했다.

시마무라 임시대리공사는 이러한 종류의 유언비어에 쉽게 귀를 기울이지 않았으나, 한규직의 말이 국왕과 척족의 속마음을 담고 있는 것은 명백했으므로 근거 없는 풍설로 일소에 부치기는 어려웠다. 그래서 마침내 "무릇 조선인은 국체(國體) 여하를 돌아보는 염려 없이 오직 일신의 이익을 얻는 것만을 위주로 하는 풍속이 있으니, 대원군도 오로지 귀국하려는 절박한 마음에서 끝내 나라를 팔아먹기에 이르렀고, 그 당류(黨類)는 무모무책(無謀無策)의 무리인지라 당파 사이에 서로 마찰을 빚고 득환(得患)[13]의 열심(熱心) 때문에 비열함을 불고해서 그러한 하책(下策)을 쓰는 것인지도 모르겠습니다. 또 청국으로서도 베트남[安南] 사건 이후로 순(친왕)·공(친왕)·이(홍장)·좌(종당)의 권력이 지금까지 교체되어 왔으니, 소포무모(疎暴無謀)한 논의를 취해서 미약한 한국을 향해 서툰 솜씨를 시험하지 않으리라고 하기도 어렵습니다. 만에 하나 감국관(監國官)이 파견된다면 지금까지와는 달리 이 나라의 체면(體面)도 일변하고 우리나라에도 용이하지 않은 관계가 될 것"이라고 생각하게 됐다.

한규직이 내방한 이튿날인 2월 17일, 사전에 직예총독으로부터 상의를 위해 톈진으로 오라는 명을 받은 오장경 제독은 고별을 위해 일본 공사관을 내방했다. 시마무라 대리공사는 시국에 관한 의견을 교환하다가 대원군의 석방 문제를 언급했는데, 오 제독은 그러한 풍설을 단연코 부정했다. "그런 일은 결코 있을 수 없습니다. 원래 대원군을 영원히 유치하는 것은 이홍장과 장수성, 그리고 소관(小官)이 조선과 기타 형편을 고려해서 여러 차례 간담한 끝에 이와 같이 주문(奏聞)해서 일을 추진했습니다. 그런데 귀관께서 알고 계신 것처럼 이 나라에는 각종 당파가 있으니, 일단 대원군이 귀국한다면 완우(頑愚)한 외교혐기론(外交嫌忌論) 등이 발흥해서 관민의 곤란이 이루 말할 수 없게 될 것입니다. 다시 몇 해 전처럼 분란이 생기는 것은 안 될 일이니 이곳의 주재전권(駐在全權)을 가진 저에게 어떠한 분부도 없이 귀국시키는 일은 있을 수 없습니다. 근거 없는 헛소

---

13) 득환(得患): 환득환실(患得患失)의 줄임말로 이익이나 지위를 얻기 전에는 그것을 얻기 위해서 근심하고, 얻은 후에는 잃어버릴까 걱정한다는 뜻이다. 『論語』陽貨에서 유래한 말이다.

문은 믿지 마시길 바랍니다."[7]

오장경의 부정은 대원군 구수(拘囚)의 책임자로서 가장 명쾌하고 단정적인 발언이었지만, 이 말을 들은 조선 군신(君臣)의 불안을 일소하기에는 충분치 않았을 뿐만 아니라, 시마무라 대리공사의 의심조차 없애지 못했다. 오 제독이 떠난 뒤에 시마무라 대리공사가 협판군국사무 홍영식을 불러서 대원군 석방 및 청 감국(監國) 상주 등의 소식을 전하자 홍영식은 크게 경악한 기색을 보이면서, '만약 그러한 일이 실행된다면 청 조정의 압박이 갑자기 증가해서 도저히 견딜 수 없을 것이다. 조선은 미력해서 유감스럽게도 그것을 저지할 힘이 없다. 기댈 곳은 오직 일본 정부의 원조뿐이지만, 나는 정부의 수장이 아니기 때문에 개인의 의견으로 정식으로 의뢰할 수 없다.'고 말하는 데 그쳤다.[8]

2월 18일, 전영사(前營使) 한규직은 국왕의 내지(內旨)를 갖고 다시 시마무라 임시대리공사를 방문해서, '대원군이 귀국하면 경상도 지방에서 요란(擾亂)이 생겨서 부산의 일본 영사관과 거류민에게 누를 끼칠 위험이 있으나 조선국 정부는 이를 저지할 힘이 없다. 따라서 영사관 호위 명분으로 일본국 정부에서 출병하게 하고, 이어서 인천과 원산 두 항구에까지 파병한다면 음모자들도 경계하는 마음이 생겨서 반란을 미연에 방지할 수 있을 것'이라고 했다.

○^{상략} 전일에도 은밀히 말한 것처럼 대원군의 당여(黨與)가 경상도에 수천 명이 있고 경성에도 그 부류가 적지 않으니, 대원군이 귀국할 경우에 반드시 영남에서^{즉, 경상도} 사단이 일어날 것입니다. 다만 영남에서 경성까지는 먼 길이라서 쉽게 도달하기 어렵지만, 그 지방은 부산에서 무역하는 자들을 제외하면 사족사회(士族社會)가 많아서, 임진년 이래로^{도요토미 씨의 정한(征韓), 덴쇼(天正) 20년의 임진년을 말함} 수백 년이 지났음에도 불구하고 아직까지 일본은 원수의 나라와 같다고 외치는 자들이 많습니다. 만일 대원군 당의 폭거를 만난다면 저절로 그들도 한 패가 돼서 봉기하리라는 확증이 있으니, 그렇다면 그들이 재부산 일본 영사관 등을 습격하는 일이 없으리라고 하기 어렵습니다. 이 때문에 우리 정부에서도 이미 은밀하게 손을 써서 포박(捕縛) 등에 착수했지만, 어쨌든 아시는 것처럼 병대(兵隊)는 부족하고 관리의 뜻도 일치하지 않아서 국왕께서도 몹시 고심하고 계십니다. 그렇다면 귀 영사관 보호의 명분으로 당장 일본 육병(陸兵) 2, 3백 명을 그곳에 파견하는 것이 마땅하지 않겠습니까? 추후 인천·원산 두 항구 주변에도 부산처럼 약간의 군대를 갖춘다면, 대원군이 귀국하더라도 그 당파 등이 위축돼서 무사할 것입니다. 이러한 일을 깊이 고려해서 귀 정부에 제안하시길 바랍니다. 다만 국왕의 내명(內命)으로 전영대장(前營大將)이 상담을 신청하는 것은 각종 장애가 있을 수 있으니 부

디 귀관께서 고려하셔서 적절하게 조처해 주시길 바랍니다. 이렇게까지 귀 정부에 의뢰하는 심중을 충분히 헤아려 주시길 바랍니다.[9]

일본 정부가 평시에 특별한 사유 없이 인천·부산·원산에 출병하는 것은 중대 사건이기 때문에 시마무라 대리공사가 확답을 주지 않은 것은 당연했다.

대원군의 석방과 귀국, 그리고 청의 감국(監國) 상주에 관해서는 오장경의 부인도 있었고, 시마무라 대리공사 자신이 보고 들은 것을 종합해 봐도 애초부터 근거 없는 유언비어일 것이라고 생각했지만, 거듭 한규직의 설명을 듣고 또 조선 조정과 척족이 당황하는 모습을 보니 단순한 유언비어로 일소에 부치기는 어려웠다. 특히 오장경의 귀국과도 관련해서 "어쨌든 오장경이 갑자기 귀국한 것에 관해 생각해 보니, 이곳에서 구력(舊曆) 3월경에 대원군이 돌아온다는 설이 한두 군데서 나오는 것이 아닙니다. 만일 저 나라 묘당에 경알(傾軋)이 크게 일어나서 순친왕의 당이 세력을 얻어 대원군의 귀국을 허락한다면 조선국의 치란(治亂)과 관련해서 용이치 않은 일이 생길 것입니다. 따라서 급히 톈진으로 돌아간 데는 이유가 있지 않을까 생각됩니다."라고 의심하게 됐다. 그리고 조선국왕의 출병 요청에 대해서는, 앞에서 언급한 3개 항구에 군함을 정박시키면 충분할 것이라는 견해였다.[10]

메이지 17년 2월도 지나고 4월에 들어서자 예상대로 공친왕의 파면, 순친왕과 그 당여(黨與)의 임용이 상유(上諭)로 공포됐지만, 대원군은 여전히 바오딩 부(保定府)에 구치되어 있었다. 이 사실은 근거 없는 유언비어에 전율하고 있던 국왕과 척족을 크게 안심시킨 반면, 대원군과 그 당여(黨與)를 큰 실의에 빠뜨렸다. 그제야 대원군도 겸종(傔從)이나 역인(驛人) 무리는 믿을 수 없음을 깨닫기라도 한 듯, 공식적인 방법으로 석방을 애소(哀訴)하기로 결심하고 메이지 17년 6월에 겸종(傔從) 이익서(李益瑞)를 베이징에 보내서 도찰원(都察院)에 진정하게 했다.

정문(呈文)을 갖추어 올립니다. 조선의 난신(亂臣) 이하응이 사절 이익서를 보내오니 부디 전주(轉奏)해 주실 것을 간청합니다. 광서(光緒) 8년 6월부터 조선이 갑자기 병변(兵變)을 만났으나 천과(天戈)의 감정(戡定)[14] 덕택으로 온 나라가 그에 힘입어 생명을 보전했고, 다시 유

---

14) 천과(天戈)의 감정(戡定): 천과(天戈)는 제왕의 군대, 감정(戡定)은 평정(平定)을 뜻함

격(逾格)[15]의 홍자(鴻慈)[16]를 입어서 난신(難臣)을 죽지 않게 하시고, 바오딩 부(保定府)에 안치해서 늠희(廩餼)[17]를 넉넉히 대주셨습니다. 8년 8월에 조선국왕은 난신이 연로하고 병이 많다는 이유로 예부를 통해 대주(代奏)해서 석방, 회국(回國)을 간청했으나 아직 유윤(兪允)[18]을 받지 못했습니다. 그러나 세시(歲時)에 사람을 보내서 성문(省問)하는 것을 허락하여 국왕의 사모의 정을 위로하셨으니 성조(聖朝)의 인정(仁政)이 법외(法外)까지 미쳐 모든 미물에 이름을 우러러 봅니다.

난신은 이치상 대죄(待罪)해야 하니 어찌 감히 많은 것을 요구하겠습니까? 다만 난신이 억울하고 원한을 품어서 사실대로 호소하지 않을 수 없는 것이 있습니다. 전년의 조선 병변(兵變)은 국고를 맡은 관리들이 극구(剋扣)[19]해서 14개월 동안 군향(軍餉)을 주지 않은 데서 비롯됐습니다. 그런데도 민겸호와 김보현 등이 국고를 맡은 관리들을 비호해서 군총(軍總)[20]을 수금(囚禁)하자 군졸들이 불복했습니다. 이 격변(激變)으로 인해 군총 등이 난신의 집으로 몰려와서 큰 소리로 호소했지만, 난신은 국정에 참여하지 않은 지 이미 10년이나 됐고, 또 군대를 통수할 권한과 군량을 내줄 책임이 없으니 빈말로 금지한들 누가 들으려 하겠습니까? 승지관(承旨官) 어윤중, 김윤식 등이 무슨 말을 해서 난신을 모역(謀逆)의 죄로 왕사(王師)에 무고했는지 모르겠습니다만, 당시 깊이 변명할 겨를이 없어서 바로 바오딩에 안치된 지 이제 3년이 되었습니다.

생각건대, 자식이 국왕이 되어 이미 막급한 존영(尊榮)을 누렸고, 또 난신의 나이가 칠순에 가까워서 오래전에 치정(致政)[21]했으니 어찌 다시 자식의 권력을 뺏을 음모를 꾸미겠습니까? 난신이 원통함을 품고도 아뢰지 못한 것을 성명(聖明)께서는 일찍부터 통찰하고 계셨을 것이나, 다만 하정(下情)을 상달(上達)할 길이 없어 이 때문에 스스로 헤아리지 않고 죽음을 무릅쓰고 직소(直訴)하는 것이오니, 부디 실정에 따라 전주(轉奏)를 허락하소서. 혹 하늘같은 인자함을 입어서 석방되어 고국에 돌아간다면 세세생생(世世生生) 영원히 융은(隆恩)에 한량없이 감격할 것입니다. 만약 어윤중과 김윤식 등이 난신을 함정에 빠뜨린 죄가 무고가 아니라고 생각하신다면, 부디 즉시 난신을 잡아다가 형부(刑部)로 보내서 치죄(治罪)하시고 바로 부월(斧鉞)을 가하십시오. 난신은 죽더라도 달게 여길 것입니다.

이 때문에 스스로 헤아리지 않고 죽음을 무릅쓰면서 직소(直訴)합니다. 죽음을 무릅쓰고

---

15) 유격(逾格): 파격(破格)
16) 홍자(鴻慈): 큰 은혜
17) 늠희(廩餼): 나라에서 보내주는 식량과 생활 물자
18) 유윤(兪允): 유(兪)는 응낙의 뜻으로 제왕의 윤허를 뜻함
19) 극구(剋扣): 남에게 주어야 할 재물을 빼돌려서 자기 소유로 삼음
20) 군총(軍總): 군영에 소속된 하급 기사(騎士)나 병졸
21) 치정(致政): 치사(致仕). 즉 벼슬을 내놓고 물러남

명을 기다리는 지극한 마음을 가눌 수 없습니다. 삼가 올립니다.[11]

도찰사가 이러한 종류의 정문(呈文)을 수리하는 것은 아마 이례적인 일이었을 테지만, 아무튼 이익서를 신문해서 그의 진술이 정문의 내용과 차이가 없음을 확인한 후에 정문을 구비해서 상주했다. 효흠태후는 이를 군기처에 내려서 심의하게 했는데, 순친왕과 각 대신들의 견해는 조선의 치안이 아직 완전하게 회복됐다고 보기 어렵고, 청국 군대가 아직 주둔해 있으므로 지금은 이하응을 석방해서 귀국시킬 시기가 아니라는 것으로 모아졌다. 그리고 메이지 17년 6월 17일에 직예총독 이홍장에게 이첩(移牒)해서 정문(呈文)이 각하된 사실을 대원군에게 전달하게 했다.[12]

대원군의 석방 청원이 인가되지 않는 것으로 확정되어 반년 동안에 걸친 불안이 일소됐음에도 불구하고, 한성 관계(官界)의 분위기는 밝아지지 않았다. 청국과 프랑스 간에 개전이 공포되고, 특히 청국의 패배 소식이 속속 도착했기 때문이다. 즉, 메이지 17년 6월 말일, 월남의 랑장(諒江) 지방에서 청국과 프랑스 양국 군대의 충돌을 시작으로 프랑스 극동함대 사령관 해군중장 아나톨 쿠르베(Anatole Courbet)는 휘하 1개 전대(戰隊)를 분견해서 타이완을 공격하게 하고, 자신은 주력부대를 이끌고 같은 해 8월 23일에 푸젠(福建) 루오싱다(羅星塔) 묘지(錨地)에 정박 중이던 청국의 남양수사(南洋水師)를 공격해서 전멸시키고 마미 선정국(馬尾船政局)을 포격해서 파괴했다. 계속해서 쿠르베 사령관은 전 함대를 통솔해서 같은 해 10월부터 타이완 봉쇄에 착수했다.

원래 프랑스 함대와 청국 남양수사의 세력 간에는 큰 차이가 있었으므로 푸저우(福州) 해전에서 후자가 전멸한 것은 조금도 이상할 것이 없었지만, 그 정치적 영향은 매우 컸다. 특히 조선에는 이러한 사정이 일체 알려지지 않았고, 오직 일본을 경유해서 도달하는 정보로 청국의 패전 사실을 알았을 뿐이다. 당장 국왕과 척족의 지위가 종주국의 세력을 배경으로 유지되고 있었으므로 이 해 4월의 정변, 그리고 이어진 7, 8월의 패전 소식은 종주국의 위신을 크게 손상시켰을 뿐만 아니라 국왕과 척족의 지위를 불안하게 했다. 이 때문에 반도의 군신(君臣)들은 과거와 같이 종주국의 지지하에서 안주할 것인가, 아니면 강린(强隣) 일본의 신흥세력에 의뢰할 것인가의 거취를 두고 방황하게 됐다.

종주국의 세력이 절대적인 동안에는 강력한 압박도 불가피한 사태로서 감수할 수 있었다. 그러나 이제 그 위신에 손상이 생기는 것만으로 중압의 고통을 새삼 느끼는 것 또한 어쩔 수 없는 인정(人情)일 것이다. 메이지 17년 초 제독 오장경이 아직 주류하고 있을 때 청국 군대의 폭행 사건이 이미 문제가 됐다. 그러나 그보다 앞서 정치 문제가 된 것은 「한성순보(漢城旬報)」 사건이었다.

메이지 17년 1월 29일(갑신년 정월 2일)에 청국 병사 3명이 한성부 종로 대로 광교(廣橋) 변의 최택영(崔宅英)의 약국에 들어가서 인삼을 샀다. 그들은 많은 빚이 있었으므로 최택영의 아들이 변제를 독촉하자, 청국 병사들이 격노하여 권총을 난사해서 최택영은 중상을 입고 아들은 즉사했다. 통리아문은 바로 오장경 제독에게 조회해서 범죄자의 체포와 처벌을 요구했지만 오 제독은 동의하면서도 구태여 체포에 힘을 쓰려고 하지 않았다. 그러자 통리아문에 부속된 박문국(博文局)에서 발행하는 「한성순보(漢城旬報)」에서 이 사실을 게재하고, 또 청나라 군대의 규율 문란을 비난했다. 마침 이홍장이 이 기사에 주목해서 총판조선상무(總辦朝鮮商務) 진수당에게 훈령을 내려 사실을 조사한 후 보고하게 했다. 오 제독과 진수당은 당황해서 최택영의 살해범이 사실은 청나라 군대의 관복(冠服)으로 위장한 조선인이었다고 해명하는 한편, 「한성순보」가 관보로서 풍문을 게재한 과실을 비난하고 박문국원의 조사를 요구했다. 그러나 통리아문이 극력 해명하고, 또 사실상의 책임자인 박문국 주사 이노우에 가쿠고로(井上角五郎)가 청나라 군대의 박해에 생명의 위협을 느껴서 자발적으로 사직, 귀국했기 때문에 이 사건은 무사히 해결됐다.[13]

「한성순보」 사건보다 중대시된 것은 전 사간원 정언(正言) 이범진(李範晉)의 불법 체포 사건이었다. 이범진은 대원군의 신임을 받은 대장(大將) 이경하의 아들이었는데, 마침 그가 소유한 가옥의 매각과 관련해서 청나라 상민과 분쟁이 생겼다. 메이지 17년 6월 23일, 청(淸) 상무총회동사(商務總會董事) 능정한(能廷漢) 등 수십 명이 대거 이범진을 습격하고 그를 포박해서 청 상무공서(商務公署)로 끌고 갔다. 총판 진수당은 소속 관원 유가총(劉家驄)에게 명하여 마침 내방해 있던 형조정랑(刑曹正郎) 신학휴(申學休) 등과 함께 중조상민수륙무역장정 제2조에 따라 회동해서 심리하려고 했다. 그런데 이 조항은 '조선 인민'이라고만 규정돼 있었고, 조관(朝官)의 체포와 심리는 반드시 왕명(王命)이 있어야만 했다. 형조 관원에게는 자의적으로 다스릴 권한이 없었으므로 신학휴는 회동과 심리를 포기했다. 그런데도 유가총이 '천자법정(天子法庭)'이라는 네 글자를 써서 보였기 때문에 신학휴는 크게 놀라서 한 마디 말도 할 수 없었다. 이 일은 묘당에서 큰 문제가 되어 우선 신학휴 등을 면직하고 이범진에게는 나라의 체통을 욕보였다고 하여 간삭(刊削)[22]의 형전을 내리는 한편, 통리아문을 통해 진수당에게 항의했다. 이 사건은 조선국의 체면을 손상한 것으로 간주되어 군신(君臣)의 격노가 상당했고, 특히 협판교섭통상사무 김윤식은 이홍장의 막료인 천진해관도(天津海關道) 주복에게 반공신(半公信)을 보내서 진수당의 실착을 비난할 정도였다.[14]

청국의 종주권 강화에 압박을 느낀 것은 비단 묘당뿐만이 아니었다. 일반 상민들도 똑같이 중대한 영향을 받았다. 원래 청국은 종주국이기는 하지만 조선 내에서는 그 상민의 거주, 영업, 여행 등의 권리가 전혀 인정되지 않았다. 그런데 일한수호조규에 의해 부산·원산·인천 각 항구가 개항장으로 지정되면서 청국 상민들이 계속해서 조선 내로 들어왔고, 특히 중조상민수륙무역장정이 체결되자 이러한 경향이 더욱 현저해졌다. 그들은 종주국의 신민으로서 거주·영업·여행 등에서 거의 아무런 제한도 받지 않았고, 개시(開市)하지 않은 경성에서조차 다수의 청국 상민들이 조선인과 잡거(雜居)하면서 상업에 종사했다. 이 때문에 종전부터 영업을 공인받았던 육의전(六矣廛)이 적지 않은 타격을 받았다.

더욱 중대한 문제는 당오전(當五錢)의 유통이었다. 당오전이란 화폐를 개주(改鑄)해서 그 실제 가치가 5문(五)의 반(半) 전후가 되는 동화(銅貨)를 주조하고, 그것에 '당오(當五)'라는 문자를 새겨서 5문으로 강제 유통시킨 것이다. 이러한 방법으로 한 닢이 1문에 해당하는 상평전(常平錢)을 정부에서 회수했기 때문에 마치 에도막부의 금은화개주(金銀貨改鑄)와 유사한 일종의 인플레이션 현상이 발생했다. 이 방법은 조선 말기에 재정이 극도로 궁핍한 상황에서 여러 차례 실행되었는데, 한번 당오전 사용의 명령이 내리면 상평전은 시장에서 자취를 감추고, 오직 당오전만이 범람해서 화폐 순환이 원활하지 못했기 때문에 물가 등귀의 폐해를 면하기 어려웠다. 임오변란 이후 극도의 재정적 어려움에 고심하던 조선 정부가 묄렌도르프에게 그 타개책을 질의하자, 그는 오랜 관례를 따라 당오전과 당십전(當十錢)의 추가 발행을 권고했다. 오장경도 같은 의견이었으므로 우선 당오전의 추가 발행에 착수해서, 신설된 전환국(典圜局)[조폐국(造幣局)]에서 메이지 16년 여름부터 당오전을 대규모로 주조, 발행했다. 이 정책은 잘 알려진 것처럼 한갓 척족의 배만 살찌우고 하층민만 일방적으로 피해를 입는 결과를 낳았다. 따라서 이 주전(鑄錢)의 발안자였던 청국 관헌들이 척족과 마찬가지로 일반 인민들의 원부(怨府)가 된 것 또한 불가피했다.[15]

---

22) 간삭(刊削): 관직, 공신의 지위 등을 빼앗는 일

이상의 서술을 요약하면, 임오변란 이후 청의 종주권은 극도로 강화돼서 누구의 간섭도 허락하지 않았지만, 메이지 17년 초 청불 관계의 긴장과 같은 해 4월의 정변으로 인해 형세가 일변하면서 청의 강압은 점차 감소했으며, 특히 같은 해 7월 이후 남지나(南支那)에서의 패전 소식이 연달아 도착하자 종주국의 위신은 크게 손상됐다. 이 때문에 한편으로 청의 위력에 의지해 온 묘당이 동요하기 시작했고, 또 다른 한편으로 임오년 이래 가중된 압박을 견뎌온 것에 대한 반동으로 관민을 불문하고 반청(反淸) 열기의 발흥이 촉진되었던 것이다.

【원주】

1 『淸史稿』本紀二十五 德宗, 后妃傳 孝欽顯皇后, 列傳 諸王二 恭親王奕訴.

2 『東華續錄』光緖朝 卷五八 光緖 十年三月, 四月;『淸史稿』列傳 卷二二三 翁同龢, 卷二三一 宗室盛昱, 張佩綸, 鄧承修;『張季九子錄』專錄 卷六 年譜 卷上; 羅惇曧, 『中法兵事始末』(中國近百年史資料初編下 冊所收).

3 『張季九子錄』專錄 卷六 年譜 卷上 . "광서 10년 갑신, 32세 2월에 성욱(盛昱)이 추신(樞臣)들을 엄핵 (嚴覈)하고, 아울러 그것이 양광총독 장진헌(張振軒: 樹聲)까지 미쳐서 조정의 국면이 일변했음을 듣 다. 당시 공친왕이 국권을 잡고 고양(高陽) 이상국(李相國: 鴻藻)이 보좌했는데, 고양은 또 당시에 청류 (淸流)라고 불리던 자들의 괴표(魁杓: 북두칠성)였으니, 욱(昱)이 공저(恭邸)·고양을 탄핵해서 정권이 순친왕(醇親王)·손육문(孫毓汶) 무리에게 돌아갔다. 공친왕이 떠난 이후로 순친왕이 집정함에 손육문 이 정권을 천단(擅斷)해서 뇌물이 공공연히 행해져 풍기(風氣)가 날로 무너졌으니 조정의 정치는 더욱 물을 수 없게 됐다. 이로 말미암아 갑오년 조선 정국(朝局)의 변(變)이 생기고, 갑오(甲午)로 말미암아 무술년 정국(政局)의 변(變)이 생기고, 무술(戊戌)로 말미암아 경자년 권비(拳匪: 의화단)의 변(變)이 생기고, 경자(庚子)로 말미암아 신해혁명의 변(變)이 생겼으니, 인과(因果)가 서로 이어짐이 환하게 명 백하다. (하략)"

4 『朝鮮史』六編 卷四 663·684쪽.

5 明治十七年二月二十日島村駐韓臨時代理公使報告(一).

6 島村臨時代理公使報告(一).

7 島村臨時代理公使報告(一).

8 島村臨時代理公使報告(一).

9 明治十七年二月 島村駐韓臨時代理公使報告(二).

10 明治十七年二月二十日島村駐韓臨時代理公使報告(三).

11 『淸光緖朝中日交涉史料』卷五(一九九) 附件一 朝鮮李昰應懇准釋放回國呈文.

12 『中日交涉史料』卷五(一九九)都察院奏朝鮮李昰應懇准釋放回國摺·(二〇〇)軍機處奇直隷總督李鴻章 上諭.

13 『統理交涉通商衙門日記』卷二 李太王甲申年三月二十五日·四月二日;『華案』卷三 光緖十年三月十八 日 淸商務總辦陳樹棠照會·三月二十四日 督辦交涉通商事務金弘集照覆·三月二十六日 淸商務總辦陳 樹棠照會·四月九日 督辦交涉通商事務金弘集照覆;「漢城旬報」第一〇號 華兵犯罪·第一一號 華兵懲 辦;『漢城之殘夢』.

14 『日省錄』李太王甲申年閏五月一日;『統理衙門日記』卷二 李太王甲申年五月二十九日;『雲養集』卷一二 與津海關道周玉山馥書.

15 『漢城之殘夢』; 金玉均, 『甲申日錄』.

갑신변란(甲申變亂),
한성조약(漢城條約)의 체결

제 18 장

일본세력의 진출과 독립당(獨立黨)

임오변란은 근대 조선에서의 공전의 반란으로 국왕과 척족 모두 대처할 방법을 알지 못했다. 이 반란을 진압하고, 수괴를 구치하고, 국내 치안을 회복한 것은 종주국인 청이었다. 그렇지만 이 반란에 관계가 있고, 당장 큰 손해를 입은 것은 일본이었다. 이 변란에 대해 일본 정부가 평화방침을 기조로 한 것도 사실상 우세한 청의 육해군이 경성과 인천 사이에 먼저 상륙해서 병력으로 해결할 여지가 거의 없었기 때문이지만, 이미 육군 당국이 혼성 1여단의 동원을 완료해 놓고 있었던 만큼 만약 청국 군대의 출동이 지연됐더라면 이 부대가 해로로 인천에 상륙해서 경성을 점령하고, 대원군을 추방하고, 반란을 진압하고, 치안 유지를 맡았을 것이다.

임오변란은 조선에 대한 청의 종주권을 강화하는 것과 동시에 일본의 지위를 확고히 하는 계기가 되었다. 이 변란 동안에 일본 군부는 예정된 계획에 따라 부대를 출동시키지는 않았지만, 무언의 위력으로 조선 조정에 압력을 가하기에는 충분했다. 이미 국왕과 묘당이 자력으로 그 지위를 보존하고 질서를 유지할 자신이 없다면, 일청 양국 가운데 어느 쪽에든지 원조를 구하는 것은 당연했다.

순서로 봐서 국왕과 척족이 청에 원조를 구한 것은 이상하지 않다. 청은 종주국이자 사실상 일본보다 국토도 광대하고 민중도 많다. 종전의 사례로 볼 때, 조선 국내에 중대한 반란이 생기면 국왕의 요청이 없어도 국경 지방에 병력을 집중해서 증원 준비를 한 적도 있었다. 만약 임오변란 이후 청에 정변이나 외환이 없었더라면 조선에 대한 압력은 조금도 감소하지 않았을 것이며, 따라서 독립당이 활용할 수 있는 기회는 없었을 것이다.

메이지 17년 초부터 조선에서 청의 종주권은 급속히 약해졌다. 또 임오변란 이후 가해진 압력에 대한 반동으로 국왕과 묘당에서 반청(反淸) 열기가 발흥했다. 이는 일본 세력이 진출하는 데 좋은 기회를 제공했고, 동시에 종래 묘당에서 거의 주목받지 못했던 친일을 표방하는 독립당(獨立黨)의 대두를 촉진했다.

이른바 독립당의 수령은 홍영식, 박영효, 박영교(朴泳敎), 김옥균(金玉均), 서광범, 서재필(徐載弼)이다. 홍영식은 남양 홍씨(南陽洪氏)로 영중추부사(원임 영의정) 홍순목의 둘째 아들로 헌종의 계비인 명헌왕후(明憲王后)(왕대비)의 일족이라서 척족에 속했지만, 명헌대비의 불우한 생애 때문에 화를 입어서 홍순목과 마찬가지로 수상(首相)의 지위에 있으면서도 한갓 척족의 지사(指使)[1]에 만족하고 있었다. 박영효는 반남 박씨(潘南朴氏)로 판서 박원양(朴元陽)의 아들이자 박영교의 아우였고, 철종의 딸 영혜옹주(永惠翁主)와 혼인해서 정일품 금릉위(錦陵尉)에 봉해졌다. 김옥균은 안동 김씨(安東金氏)로 부사 김병기(金炳基)의 양자였다. 서광범과 서재필은 모두 달성[대구(大邱)] 서씨(達城徐氏)였는데, 특히 서광범은 순조 대에 영의정을 지낸 서용보(徐龍輔)의 증손이자 참판 서상익(徐相翊)의 아들이었다. 홍영식, 박영효, 김옥균, 서광범은 모두 조선의 대표적인 양반이었지만 척족 민씨와 조씨에게 압박을 당해서 아무런 권력과 지위를 갖지 못했다. 그들이 정계에서 지위를 얻은 것은 무엇보다 이태왕(李太王)의 발탁 덕분이었다. 이태왕은 해외의 신기한 사물을 애호하는 성향이 있어서, 국외를 유람해서 견문을 넓힌 소장유위(少壯有爲)의 선비들에게 별입시(別入侍)를 명해서 수시로 인견하여 그들의 말을 듣는 것을 낙으로 삼았다. 홍영식 등도 마찬가지로 별입시를 통해 국왕을 측근에서 모시면서 그 재능을 인정받아 차례로 추기(樞機)에 간여하게 되었다. 승정원에서 기록한 「갑신변란사실(甲申變亂事實)」에 "역당(逆黨) 김옥균, 박영효, 홍영식, 서광범, 서재필 등은 일찍이 일본을 유력(遊歷)해서 본국을 막시(藐視)하고 인륜을 경만(輕慢)하며, 경재희사(輕財喜事)해서 치람(侈濫)함이 분수를 넘었으나 우리 대군주께서 재변(才辯)이 조금 있고 외국의 실정을 대략 안다는 이유로 현관(顯官)을 내려서 총애하시고 친신(親信)으로써 대하셨다."고 한 것은 사실을 잘못 기록한 것이 아니다.[1]

홍영식, 박영효, 김옥균 등은 조선의 국세가 쇠퇴해서 떨쳐 일어나지 못함을 근심하여 안으로는 일본의 메이지유신을 본받아 내정을 쇄신하여 정부를 개조하고, 밖으로는 청한종속관계를 폐기해서 독립자주의 실제를 이루는 것을 표방하였다. 이러한 점 때문에 그들은 세상에서 혁신당(革新黨) 또는 독립당으로 불리고 있으며, 이 책에서도 편의상 이를 답습했다.

독립당은 당초 세력이 미미했으나, 친일을 표방하고 일본의 원조를 기대했기 때문에

---

1) 지사(指使): 사환(使喚)

일찍부터 묘당에서 경계를 받았다. 조선의 국가체제가 근대 국가들과 어깨를 나란히 하기에 부적당해서 조만간 혁신이 필요하다는 것은 모두 인정하고 있었다. 조선 관료의 대표적 인물로 학식과 재간이 모두 뛰어나 중외(中外)에서 중망(重望)을 얻은 김홍집, 김윤식, 김만식, 어윤중 등은 물론이고 척족의 대표자인 민영익 같은 인물도 혁신사상을 마음속에 품고 있었고, 그들이 시행한 개혁은 극히 넓은 범위에까지 미쳐서 조선의 구(舊) 사회를 일신할 단서를 형성하고 있었다. 그럼에도 그들이 이른바 독립당과 서로 용납할 수 없었던 이유는 무엇일까.

당시 묘당은 척족 민씨와 조씨를 중심으로 구성돼 있었다. 척족은 민영익뿐 아니라 그의 양부인 민승호와 민겸호 형제, 그리고 조영하 등이 일찍부터 혁신론을 창도했으며, 대원군의 배외정책을 타파해서 개국의 국시를 정한 것도 이들의 힘에 크게 기인하였다. 그렇지만 이들의 혁신은 점진적이어서 종주국인 청 조정, 특히 극동 최대의 정치가로 지목된 북양대신 이홍장과 그의 막료들에게 지도와 원조를 구하려는 것이었다. 척족이 수구(守舊) 또는 사대(事大)라고 불리는 것은 이 때문인데, 종전의 청한관계로 본다면 이는 당연했고, 당시에는 가장 건전한 정책으로 간주되었다. 김홍집, 김윤식, 어윤중 등이 척족에 합류한 것은 이러한 정치적 이유에 따른 것으로, 반드시 척족의 권력에 아부하기 위한 것은 아니었다.

독립당이 척족에 대항해서 일본세력에 의뢰하고 급진적 혁명을 기도한 것은, 혁신을 표방하면서 실제로는 척족정권을 타도하여 척족이 아닌 인물들로 신정권을 수립하는 것을 목적으로 하고 있었기 때문이다. 메이지유신이 황실을 중심으로 성공한 것을 보고 국왕을 중심으로 종실을 규합하려고 한 형적(形迹)이 보이는 것도 이 때문이다. 정치적으로 뜻을 얻지 못한 명문자제들이 종실의 불평분자를 품고서 척족 타도를 기도하는 것은 근대 조선사에서 드물지 않은 현상으로, 이재선 옥사 같은 것이 그 일례이다. 즉, 독립당과 척족의 항쟁 목적은 조선 특유의 정권 쟁탈에 있었으며, 일청(日淸) 양국의 관헌은 조선의 정치 사정에 익숙하지 않았기 때문에 그들에게 이용된 것에 불과했다.

이상에서 임오변란 이후 척족에 대항해서 독립당으로 불리는 정치단체가 발생한 경과와 그 성격을 서술했는데, 다음으로 우리는 임오변란 후 일본 정부의 대한정책의 변천을 살펴볼 필요가 있다. 당시 외교에 관한 최고 권위자였던 참의 겸 참사원의장 이토 히로부미는 헌법조사(憲法調査)의 대명(大命)을 받고 해외 출장 중이었기 때문에 외교에 관한 책임은 일차적으로 참의 겸 외무경 이노우에 가오루에게 있었다. 이노우에 외무경의 종전 대한방침은 가능한 한 정신적·물질적 원조를 제공해서 조선의 문명개화를 촉진하고 자주독립의 실제를 거두게 하는 데 있었으며, 실제로 그는 이것이 강화도조약을 조인한 자신의 책무라고 생각했다. 하나부사 변리공사 또한 외무경의 방침을 잘 이행해서, 은인자중하면서 서서히 묘당의 혁신파를 지도하여 이미 다소의 효과를 거뒀다. 그런데 이제 임오변란으로 인해 이노우에 외무경과 하나부사 공사가 고심했던 결과가 거의 일소된 감이 있었다. 게다가 청이 강력한 군대를 경성에 주둔시켜서 종주권을 강화하자 사태는 더욱 악화되었다. 그리하여 조선의 상황은 오히려 일한수호조규 체결 이전으로 역전된 감이 있었으므로 일본 정부는 완전한 백지상태로 돌아가서 일한, 일청 관계를 고려하지 않을 수 없었다.

이러한 사태를 맞이해서 일본 정부는 대한방침을 확립하기 위해 고심했다. 현실적인 문제로서 청이 이미 조선이 자국의 속방임을 공식적으로 천명하고 군대를 경성에 주둔시켰기 때문에 일한(日韓) 문제는 일전(一轉)해서 일청(日淸) 문제가 되었으며, 그 해결을 서두를 경우 일청 양국의 충돌을 야기할 우려가 있었다. 메이지 15년 8월 우대신 이와쿠라 도모미의 각서는 이 사태를 잘 설명해준다.

조선국의 변란에 대해 청국 정부에서 "우리 속방" 운운하는 조회를 보냈는데, 그에 대한 우견(愚見)이 다음과 같다.

청국 정부의 금일의 거동은 대체로 신속하게 이뤄져서, 사신을 보내고, 군함을 파견하고, 육병(陸兵)을 보낸 것이 실로 의표를 찔렀다. 그 의도를 추측해보건대 조선이 청국의 속방임을 공식적으로 해외 열국(列國)에 언명(言明)하는 데 있을 것이다.

이번 변란 이전에 어떤 사람이 청국 여 공사(黎公使)와 담화하는 자리에서, 공사는 "만약 조선에 일이 생기면 우리나라가 반드시 달려가서 도울 것이다. 성패는 미리 생각할 바가 아니다."라고 했다. 이는 조선이 청국 북부의 인후(咽喉)의 요지(要地)라고 인정했기 때문일 것이다.

청국의 의도가 만약 추측대로라면 우리나라와의 담판도 결국은 병력으로 그 곡직(曲直)을 재단(裁斷)하게 될 것이니, 금일부터 미리 이를 각오하고 충분히 전비(戰備)를 갖추는 것이 목하(目下)의 급무이다. 육군성과 해군성에 내명(內命)이 있기를 바란다.

청국은 조선이 자국의 속방(屬邦)임을 끝까지 주장할 것이다. 우리는 그것에 대응할 때 가능한 한 청국과 논쟁을 피하는 계책을 쓰면서 담판해야 한다. 예컨대, "몇 해 전 우리나라가 조선과 조약을 체결할 때 조선이 스스로 독립국이라고 칭했는데, 이제 귀국이 자기의 속방이라고 언명한다면 조선은 우리나라를 기망(欺罔)했다고 해야 할 것이다. 그렇다면 우리나라에서 먼저 조선을 향해 힐문해야 하니, 그 전에는 억지로 귀국과 속방 여부를 논할 수 없다."라고 하는 것이다. 이처럼 각종 구실을 대면서 일을 조선에 넘기고, 청국과 직접 논쟁하지 않는 것이 득책(得策)이다. 그 이유는 근일 조선과 새로 조약을 체결한 영국·미국·프랑스·독일의 4개국이 조선을 독립국으로 공인한다면, 우리나라는 청국과 병력으로 그 여부를 다투지 않아도 될 뿐 아니라 앉아서 큰 승리를 얻었다고 할 것이니, 조선 속방 운운하는 논의서부터 류큐 사안까지도 불언 중에 소멸될 것이다. 그러므로 미국·영국·프랑스·독일 등 각국의 의견을 탐방(探訪)하는 것이 급무이니, 외무성의 주의와 진력이 가장 긴요하다.[2]

이와쿠라 우대신의 말은 외무당국의 견해를 반영하고 있었고, 결국 일본 정부는 당분간 사태의 추이를 관망하지 않을 수 없었다.

메이지 15년 10월, 조선 특명전권대신 겸 수신사 박영효, 전권부관 겸 부사 김만식이 내조(來朝)했다. 전 홍문관교리 김옥균도 동행했다. 이노우에 외무경은 박영효, 김옥균과 의견을 교환하는 과정에서 과거 일본 당국이 했던 지도의 여운이 아직까지 남아서 묘당 일부에 일본에 의뢰해서 독립자주를 도모하는 소장유위(少壯有爲)의 선비들이 있음을 알았다. 그러나 혁신을 기도하는 이 일파가 국왕의 지원을 받고 있다고는 하지만, 매우 적은 수라서 그들에게 적극적인 원조를 제공하더라도 과연 소기의 목적을 달성할 수 있을지 의심스러웠다. 이노우에 외무경은 다음과 같이 3개 조로 구성된 대한정책을 태정대신 산조 사네토미에게 제출하고, 또 유럽에 있는 이토 참의에게도 타전해서 의견을 구했다.

첫째, 관계 열강과 협력해서 조선의 독립을 승인시키는 것.
둘째, 청한종속 문제에 관해 청국과 직접 교섭하는 것.
셋째, 조선국 혁신파에게 원조를 제공해서 자발적으로 독립의 실제를 거두게 하는 것.[3]

이와쿠라 우대신은, 제2안은 일청의 정면충돌을 초래할 우려가 있으므로 절대 피해야 한다. 따라서 제1안이나 제3안을 채택해야 하는데, 급격한 수단을 취할 경우에는 그 또한 일청 양국 간에 마찰을 빚을 위험이 있으니 문화적 방면에서 서서히 지도와 원조를 행해야 한다는 의견이었다.

조선이 우리에게 의뢰한 이상, 물론 얼마간 도움을 줘서 은혜를 느끼게 하는 방법을 쓰지 않을 수 없다. 다만 조선의 내정을 살펴볼 때 힘도, 재물도 없으니 청국에 의뢰하려는 생각은 결코 없어지지 않을 것이다. 이번에 일청 양국에 기채(起債)를 위해 사절을 각각 파견한 것이 ○진주사(陳奏使) 조영하 등을 청국에, 전권대신 박영효 등을 일본에 파견한 것을 말함 바로 분명한 증거이다. 그러므로 우리가 은밀히 보증하더라도 청국이 반드시 이를 탐지해서, 우리를 시의(猜疑)하는 마음이 더욱 커져서 조선에 대한 내정 간섭이 한층 더 심해질 것이다. 실제로 그렇게 된다면 일청의 교제는 도저히 친목에 이를 수 없을 뿐 아니라, 피아(彼我)가 분원(忿怨)을 품은 채 상대하여 조만간 간과(干戈)에 호소하는 사태를 면하기 어려울 것이다. 불행히 병단(兵端)이 한번 열리면, 서로 다투고 번갈아 분격해서, 수십 년 동안 화해할 수 없는 구적(仇敵)이 돼서 아시아의 대세가 다시 수습할 수 없는 지경에 이를 것이다. 그러므로 금일의 계책은 조선의 의뢰에 응할 분야를 획정(劃定)하는 것이다. 예컨대 총기, 농기류를 공급한다든지, 또는 교사(敎師)를 무급으로 대여한다든지 하는 등의 건들을 판연(判然)하게 조선 정부에 명언(明言)하고, 청국에 대해서도 반드시 비밀을 두지 않는 공명정대한 조치로 나아가기를 간절히 바란다. 대체로 조선 사변에 대한 처리는 만국에서 상찬(賞讚)을 받았다. 그런데 오늘날에 와서 은밀히 조선을 교사하고, 비밀리에 조선을 보호하는 등 애매한 정략을 사용한다면, 비단 청국의 시의(猜疑)를 깊게 할 뿐만 아니라 만국에 대해 우리의 광영(光榮)을 손상할 우려가 없지 않다.[4]

이토 참의는 이와쿠라 우대신의 소극론과 정반대의 주장을 제시했다. 그는 이노우에 외무경의 질문에 대해 다음과 같이 답하였다. 즉, 조선의 독립은 긴급히 필요하므로 그 희망에 따라 도움을 제공한다. 또 그 나라로 하여금 공식적으로 독립을 선언하고, 전 해에 조선국왕이 조선은 청의 번속(藩屬)이라고 성명한 조회를 철회하게 해야 한다는 것이었다.

이노우에 외무경은 이상의 적극, 소극의 두 가지 논의를 연구한 끝에 다음과 같은 결론에 도달했다. '박영효, 김옥균 등이 일본의 원조를 얻어서 독립을 온전히 하기를 희망하고 있다고 해도 그 내실을 살펴보면 2, 3명의 요인(要人)의 주장에 불과하다. 따라서 이것만으로 바로 묘당의 의향이라고 추측해서 행동하는 것은 경솔한 판단이며, 게다가 청한관계에는 예로부터 정삭(正朔)을 받고 조공을 행하는 등의 사실이 있으므로 지금 그 나라를 독려해서 독립자주를 성명하게 하는 것은 불가능하다. 이번에 전권대신 박영효 등이 개진한 희망이라고 하는 것은, 필경 임오변란 이후 청국 정부의 종주권 강화를 피해서 가능한 한 종전처럼 정교자주(政敎自主)의 상태로 돌아가려는 정도에 지나지 않을 것이다. 일본 정부로서도 억지로 독립자주를 완성시키려고 한다면, 현재와 같은 미력한 정부에 위임할 수는 없다. 반드시 그 내치와 외교에 간섭해서, 은연중에 그 나라의 지도적 지위에 서서 청한종속관계를 폐기시키는 등의 수단을 취할 필요가 생길 것이다. 그러나 그렇게 한다면 일청 양국 간의 정면충돌을 초래하지 않을 수 없는데, 일본이 막대한 희생을 치르면서까지 조선의 독립을 촉진할 가치가 있을지 심히 의심스럽다. 피차의 관계를 숙고하건대, 종전의 방침을 완화해서 조선의 독립에 적극적 원조를 제공하는 것을 피하고, 이번에 전권대신 박영효 등에 대해서도 일본 정부의 방침을 명시하지 않은 채 우선 사태를 관망해야 한다. 다행히 미국 정부도 일본 정부의 방침을 좇아 조선을 독립국으로 인정해서 한미수호통상조약을 비준할 전망이므로, 조선 정부를 적절하게 지도해서 각국과 직접 조약을 체결하게 함으로써 서서히 독립국으로서의 실제를 거두게 하는 것 외에 다른 수단은 없다.'는 것이었다.[5]

이노우에 외무경의 대한정책은 청국과 협력을 유지하면서 조선의 자주독립을 완성하려는 이중의 모순된 방향을 내포하고 있었다. 따라서 그 실행은 극히 어렵고 또 파탄나기 쉬웠다. 그 당국자에게는 외교적 수완과 함께 정치적 수완이 필요했다. 이노우에 외무경은 숙고한 끝에 주한 공사를 교체하기로 하고, 외무대서기관 다케조에 신이치로를 발탁해서 조선국 주차변리공사(朝鮮國駐箚辨理公使)에 임명했다.

다케조에 신이치로는 옛 구마모토(熊本) 번사로 호(號)는 정정(井井)이고 특히 한시문(漢詩文)으로 명성이 높았다. 일찍이 이노우에 외무경의 배려로 청국에 출사했고, 류큐 분할 문제와 관련해서 외무경의 내명(內命)에 따라 청 북양대신 이홍장과 교섭해서 공을 세우기도 했다. 메이지 13년 5월 대장소서기관(大藏少書記官)에서 영사(領事)직으로 옮겨 톈진에 주재했기 때문에 북양(北洋)의 요인들과도 광범위한 교제가 있었다. 임오변란 당시에는 외무대서기관으로서 특명을 받고 조선에 파견돼서 도원(道員) 마건충을 비롯한 청국 파원(派員)들과의 교섭을 맡았다. 이처럼 북양의 요인들 사이에 교분이 있고, 청국 관헌들과의 교섭 경험이 풍부한 다케조에 대서기관이 주한 공사에 임용된 것은 당연했다고 생각된다.[6]

메이지 15년 10월에 조선국에 대한 이노우에 외교의 원칙이 성립했다. 즉, 임오변란 이전의 적극정책을 일변해서 소극정책을 결정한 것인데, 처음에는 구체적으로 드러나지 않았다. 전권대신 겸 수신사 박영효 등의 도일(渡日) 당시 조선 정부는 재정이 궁핍하여 여비를 지급할 수도 없었고, 임오 배상금 50만 엔 가운데 제1차 지불 분할금 5만 엔을 조달할 전망도 없었다. 이노우에 외무경은 적당한 도움을 줘서 요코하마쇼킨은행(橫濱正金銀行)을 통해 금 17만 엔의 차관을 성사시켰다. 김옥균이 이러한 조처에 대해 만족했다는 것은, "당시 일본 정부가 바야흐로 조선에 주의를 기울여서 독립국으로 간주하고 공사를 대접하는 것이 자못 은근했다. 나는 그 실심(實心)과 실사(實事)를 살피고는 박군과 의논한 끝에 마침내 일본에 뜻을 기울여 의뢰하게 됐다."고 서술한 데서도 알 수 있다.[7]

메이지 16년 1월, 변리공사 다케조에 신이치로는 전권대신 겸 수신사 박영효 일행과 동행해서 경성에 부임했다. 그는 1월 10일에 국왕을 알현하고 신임장을 봉정했으며,[2] 일본황제가 보낸 무라타 총 425정, 탄약 5만 발을 바쳤다.[8]

임오변란을 계기로 일본의 여론은 조선에 점차 주의를 기울였으며, 정계와 군부는 물론 재계와 학계, 문단에서도 조선 문제에 관해 논의하는 자들이 갑자기 늘어났다. 그 중에서도 이 사건이 계기가 돼서 그 이후로 조선을 위해 큰 공헌을 한 인물로 다이이치국립은행(第一國立銀行)의 은행장 시부사와 에이지(澁澤榮一)와 게이오기주쿠샤(慶應義塾社)의 설립자이자 「지지신보(時事新報)」의 주간 후쿠자와 유키치(福澤諭吉)가 있었다. 이 중에서 후자의 언동은 일한 양국 정부에 적지 않은 영향을 주었다.

후쿠자와 유키치가 조선 문제에 주목한 참된 동기는, 그 국정(國情)이 막말유신(幕末維新) 당시와 유사해서 "참으로 20여 년 전 우리나라의 일을 생각하면 동정상련(同情相憐)의 마음이 없을 수 없다."는 데 있었을 것이다. 동시에 후쿠자와는 국권경장(國權更張)을 주장하고 있었기 때문에, 당초 일한수호조규를 통해 일본이 조선의 독립을 승인한 이상 그것을 지지하고 문명개화를 조장하는 것은 일본의 책임이며, 청이 종주국으로 자칭하면서 조선의 내치와 외교에 간섭하는 것은 정치적으로 용납할 수 없는 죄악이라고 생각하고 있었다.[9]

박영효, 김옥균, 홍영식, 서광범 등 독립당 일파가 내조(來朝)와 함께 후쿠자와 유키치에게 접근한 것은 후쿠자와가 당시 일본사회에서 첫째가는 지도적 세력을 가졌고, 정권과 아무런 관계가 없음에도 불구하고 정계 상층부와 어느 정도의 연락을 갖고 있다는 사실 때문이었을 것이다. 실제로 후쿠자와는 신시대의 대표자로 자임한 조선의 신인들이 쉽게 구하기 어려운 지도자로서의 자격을 갖추고 있었다.

---

2) 원문에 1883년 1월 7일로 되어 있으나, 다케조에 변리공사가 고종에게 알현하고 국서를 봉정한 것은 1월 10일 (음력 임오년 12월 2일)의 일이었다.

후쿠자와 유키치와 그의 문하가 근대 조선의 정치문화에 끼친 영향은 대단히 컸다. 박영효, 김옥균 등이 혁신사상을 운위하는 것도, 당초 이노우에 외무경이 추측했던 것처럼 임오년 이전의 정교자주(政敎自主)를 회복하자는 것이지 독립자주(獨立自主)를 이해한 정도까지는 아니었을 것이다. 그러나 후쿠자와는 그들에게 정치학의 첫걸음을 가르쳐서, 전 세계의 문명국들은 일본을 위시해서 완전한 주권을 향유하고 있는 데 반해 오직 조선만은 2,000년의 문화를 갖고 있으면서도 노대국(老大國) 청의 번속에 안주하고 있는 실정을 이해시켰다. 박영효, 김옥균은 후쿠자와의 가르침으로 인해 비로소 독립자주의 참된 의의를 깨달아 그 실현에까지 매진하게 됐다고 해도 과언은 아닐 것이다.

후쿠자와 유키치가 조선의 신인들에게 독립자주의 실현을 종용했다고 해도 그 자신이 재야의 일개 정객(政客)—단지 교육자만은 아니었다.—이었기 때문에, 정치적 방면에서 어떤 원조를 줄 수는 없었다. 후쿠자와가 독립파를 도울 수 있는 유일한 분야는 문화 사업이었다. 후쿠자와는 자신의 20여 년간의 경험으로 미뤄볼 때 인지(人智)를 개발하고 국민정신의 향상을 도모하는 데는 양학(洋學)의 진흥이 최선인데, 그 수단은 첫째로 양학을 위주로 하는 학교의 설립이며 둘째로 신문의 발행이라고 했다.[10]

박영효 등은 후쿠자와 유키치의 권고에 따라 양학 진흥과 신문 발행을 계획했다. 이를 위해 그들은 후쿠자와 문하에서 우시바 다쿠조(牛場卓造), 이노우에 가쿠고로, 다카하시 마사노부(高橋正信) 등을 초빙하고, 또 신문 발행에 필요한 인쇄 직공과 목수 등을 고용했다. 그리고 다시 박영효의 의견으로 전 육군대위 마츠오 미요지(松尾三代治), 하라다 하지메(原田一)를 고용했다. 마츠오는 '메이지 4년경에 육군대위에서 퇴역했다가 그 후 10년의 역[3)]에서 다시 대위에 임용돼서 같은 해 사임한 자라고 하는데, 그 사람됨이 영리하게 보이지 않았다. 승선한 후에 공사 일행에게 한 마디의 인사도 하지 않았을 뿐만 아니라 거동이 조포(粗暴)하고 제멋대로라는 인상을 받았으니, 이러한 자에게 일본류의 병식(兵式)을 교련시키는 것은 실로 적합하지 않다는 뜻으로 거듭 박영효에게 충고했다. 그러나 이 일은 박영효가 상당히 고심해서 계획한 것으로, 마츠오를 조선인으로 분장시켜서(지나인은 물론 조선인에게도 알려지지 않았다.) 원산 근방에 파견해서(예로부터 함경도의 군대는 강용(强勇)하다는 소문이 있다.) 새로 모집한 군대를 조련시키고, 그 안에 형편을 봐서 일본에서 정열(精熱)한 교사(敎師)를 고용한다는 계획이었다."고 한다. 박영효 등이

---

3) 10년의 역(十年ノ役): 세이난 전쟁(西南戰爭, 西南の役)을 가리킨다. 세이난 전쟁(세이난 대란)에 관해서는 본서 제14장 제38절의 역주 참조

주장한 혁신의 향후 추이를 이를 통해서도 엿볼 수 있다.[11]

다케조에 변리공사는 경성에 부임하자마자 박영효, 김옥균 등에게 들은 것과 조선의 정치 상황에 현격한 차이가 있음을 느꼈을 것이다. 경성에는 3,000명의 회용(淮勇)이 주둔하고 있었는데, 그 장관(長官)인 제독 오장경은 문아(文雅)한 유장(儒將)으로서 자진해서 다케조에 공사에게 교제를 구하고, 또 그 휘하를 엄하게 단속해서 일본군과 사단을 빚는 것을 피했다. 우세한 청국군이 미약한 일본군과 함께 같은 도시에 2년여 동안 주둔하면서 단 한 차례도 마찰을 빚지 않은 사실은 현대 군대의 군율로 봐도 가볍게 간과할 수 없다. 묄렌도르프는 다케조에 공사가 톈진 주재 영사 시절부터 우인(友人)이었으니, 옛 교분을 되살리자 상대방의 임무의 범위 또한 이해할 수 있었다. 요컨대 청국의 방침은 종주권의 강화였지만, 스스로 한계가 있었기 때문에 조선이 청국의 완전한 속국이되는 것을 우려한 일본 외무당국을 안도하게 했을 것이다. 다케조에 변리공사는 부임한지 1주일이 지난 메이지 16년 1월 12일에 이미 공사관 경비대 2개 중대를 절반으로 감축할 것을 상신했다. 이노우에 외무경은 그 의견에 따라 경비대를 반감해서 1개 중대만 잔류시켰다. 3,000명의 청국군에 중과부적이기는 400명이나 200명이나 마찬가지이기 때문에 군사적으로 특별히 문제될 것은 없었지만, 청의 주둔병이 일본의 주둔병을 목표로 해서 당초 1년을 예상하고 있었음에도 불구하고 청의 감군(減軍) 목표가 세워지기도전에 단독으로 군대를 반감한 것은, 군부의 희망도 있었겠지만, 외교적으로 결코 유리하다고는 할 수 없었다.[12]

홍영식, 박영효, 김옥균 등이 후쿠자와 유키치 등의 권고에 기초해서 혁신을 계획하게 되자, 우선 자금이 궁했다. 국왕과 왕비의 마음을 독립당으로 유도하고 척족과의 연결을 막기 위해서도 적지 않은 자금이 필요했다. 조선 정부는 극도로 재정이 궁핍했고, 특히 대원군의 수렴과 척족의 낭비 여파로 이제는 국내에 세입을 증가시킬 만한 재원도 거의 사라졌다. 독립당은 필요한 정치자금을 당연히 일본에서 제공받을 수 있다고 예상했던 것 같다. 이것은 그들의 혁신 계획의 첫 번째가 외채 모집이었다는 딱한 사실을 통해서도 알 수 있다. 메이지 15년 10월에 전권대신 박영효는 일본에 도착하자마자 가장 먼저 외채 문제를 제기했다. 그들은 위임장을 갖고 있지 않았고, 또 상환에 대한 보증으로 담보를 제공해야 한다는 것도 알지 못했다. 요코하마쇼킨은행은 사실상 일본 정부의 보증으로 17만 엔의 차관을 제공했다. 박영효 등은 이 금액으로 임오 배상금의 제1차분을 지불하고, 잔액 12만 엔은 정치 자금으로 유용했다. 자금이 없는 혁신은 상상할 수도 없었다. 김옥균은 박영효가 귀국한 후에도 계속 남아서 이노우에 외무경을 비롯한 정부 요인들에게 조선의 내정개혁의 필요성과 일본의 원조를 설득했는데, 모두가 수긍했다. 그들은 재정 궁핍을 한탄하는 김옥균에게 국채 위임장만 있으면 외채를 성립시킬 수도 있다고 했다. 김옥균은 크게 기뻐하면서 메이지 16년 6월에 귀국했다. 당시 협판교섭통상사무 묄렌도르프는 재정 궁핍을 해결하기 위해서 당오전과 당십전 발행의 필요성을 역설했고 척족은 대부분 그것에 동의했다. 하지만 김옥균은 그것이 백성들에게 큰 해독을 끼칠 것이라고 역설하고 그보다는 외채가 유리하다고 주장했다. 김옥균은 일부 일본인의 말을 듣고 울릉도의 자원이 풍부한 것, 조선 동해안이 포경 사업에 유리하다는 것에 착안했다. 그는 동남제도개척사(東南諸島開拓使) 겸 포경사(捕鯨使)에 임명되었고, 일본인의 투자를 통한 개발을 계획했다. 그는 이 두 가지의 이권을 담보로 하면 상당한 거액의 외채를 모집할 수 있고, 그 상환도 어렵지 않으리라고 생각했던 것 같다. 하지만 울릉도의 이권은 크게 과장돼서 신뢰할 수 없었고, 바닷속 고래는 외채의 담보가 될 수 없었다. 게다가 당시 일본의 금융계는 조선처럼 미개발되고 자원이 부족한 외국에 투자할 여력이 없었다. 요컨대 김옥균의 외채 모집은 완전히 문외한의 논의에 불과했지만, 당시 조선 관료들의 눈에는 놀라우리 만큼 혁신적인 재정 계획으로 비춰졌을 것으로 생각된다.[13]

당오전 발행과 외채 모집의 시비에 관한 논쟁은 척족과 독립당이 분쟁하는 계기가 되었다고 한다. 당오전의 발행은 묄렌도르프 및 그를 지지하는 척족에 막대한 이익을 주고, 외채의 성공은 김옥균 및 독립당에게 이익을 가져다 줄 것이기 때문이었다. 국왕은 양자의 의견을 들은 후, 한편으로는 묄렌도르프의 주장을 수용해서 척신 민태호를 주전소당상(鑄錢所堂上)에 임명하여 당오전을 연일 주조하게 하고, 다른 한편으로는 김옥균의 말을 받아들여서 외채를 모집하기로 결정하고 척족의 반대를 물리치면서 김옥균에게 국채 모집 위임장을 부여해서 일본에 파견했다. 그런데 김옥균은 일본 정부의 대표자인 다케조에 공사에게 소개나 원조를 부탁하지 않았다. 그것은 다케조에 공사가 묄렌도르프의 주장을 추종해서, 당오전과 당십전의 발행, 즉 통화증발(通貨增發)이 결국 대중의 삶을 희생으로 삼는다고 해도, 상환 가능성이 없는 외채 모집보다는 재정의 상도(常道)라고 생각하고 있었기 때문일 것이다.[14]

김옥균은 당초 300만 엔의 외채를 모집할 계획이었지만, 일본에 건너가자마자 바로 그것이 불가능하다는 사실을 깨닫게 됐다. 김옥균은 다케조에 공사가 이노우에 외무경에게 자신을 중상(中傷)하는 보고를 올리고, 외무경이 그것에 동요되어 외채 성립을 방해했기 때문이라고 기록했지만, 이는 보다 중대한 사실을 간과한 것이다. 300만 엔이라고 하면 당시 조선의 전체 세입(歲入)에 상당할 뿐만 아니라, 조선의 재정 상태가 극도로 불량하다는 것은 주지의 사실이었기 때문에 설령 다케조에 공사와 이노우에 외무경의 방해가 없었더라도 일본의 금융업자들 사이에서 국채 성립의 가능성은 거의 없었다. 김옥균은 어쩔 수 없이 주일 합중국 특명전권공사 존 빙엄의 소개로 요코하마에 거류하는 미국 상인 윌리엄 모스(William R. Morse)를 대리인으로 해서 런던 또는 뉴욕 금융시장에서 기채(起債)하려고 했지만 거의 아무런 반향도 일으키지 못한 채 끝나고 말았다. 이제 모든 수단을 다 쓴 김옥균은 다이이치국립은행 은행장 시부사와 에이지에게 간청했는데, 시부사와는 이노우에 외무경의 보증만 있으면 100만 엔 내지 200만 엔을 대부할 수도 있다고 했다. 시부사와 또한 외무당국의 반대를 구실로 완곡히 빠져나갔던 것이리라.[15]

그리하여 김옥균은 메이지 17년 4월에 빈손으로 귀국해야만 했다. 그가 외국에 있는 동안 관리전환국사무(管理典圜局事務) 민태호와 전환국총판(典圜局總辦) 묄렌도르프 등의 지휘하에 당오전이 크게 주조돼서 메이지 17년 7월에는 적어도 50만 냥에 이르렀다. 이 막대한 당오전이 한꺼번에 시장에 범람했기 때문에 화폐 순환이 원활치 않아서 예로부터의 법정화폐인 상평전은 완전히 자취를 감췄고, 그 결과 순식간에 물가 폭등이 초래되어 민중은 극심한 생활 곤란에 빠졌다. 묘당에서도 구제책을 강구했지만, 김옥균은 이를 좋은 기회로 보고 당오전 주조의 책임자인 묄렌도르프에게 맹렬한 공격을 가했다. 묄렌도르프는 연대 책임자인 민태호, 민영익 등에게 사정을 호소했다. 이에 척족과 김옥균 사이의 항쟁은 날로 격화돼서, 마침내 척족은 김옥균을 묘당에서 축출하고 독립당을 일소하려는 계획을 세웠다고 한다. 이상은 김옥균이 설명한 내용인데, 「갑신변란사실(甲申變亂事實)」에 "참판 민영익은 일찍이 면전에서 그 단점을 지적(指斥)해서 역당(逆黨)에게 심하게 미움을 샀다."라는 구절 또한 아마도 동일한 사건을 척족의 견지에서 서술한 것이리라.[16]

【원주】

1 甲申變亂事實.

2 『岩倉公實記』卷下 897~899쪽.

3 明治十五年十一月十七日 伊藤參議宛井上外務卿書翰.

4 『岩倉公實記』卷下 907~908쪽.

5 井上外務卿書翰.

6 『百官履歷』(日本史籍協會本) 卷下 436~438쪽;『世外井上公傳』卷三(昭和九年刊) 496쪽; 王芸生,『六
   十年來中國與日本』卷一(民國二十一年刊) 139~141쪽.

7 『甲申日錄』.

8 『善隣始末』卷六;『朝鮮史』六編 四卷 667쪽.

9 『福澤諭吉傳』卷三(昭和七年刊) 276~284·289쪽.

10 『福澤諭吉傳』卷三 293~297쪽.

11 明治十六年一月十二日 竹添辨理公使報告.

12 竹添辨理公使報告.

13 『甲申日錄』;『福澤諭吉傳』卷三 300~302쪽;『朝鮮史』六編 四卷 678쪽.

14 『甲申日錄』;『朝鮮史』六編 四卷 677·684·691·708쪽.

15 『甲申日錄』;『福澤諭吉傳』卷三 301~302쪽.

16 『日省錄』李太王甲申年 正月二十五日;『甲申日錄』; 甲申變亂事實.

다케조에 공사의 적극정책

　이노우에 외교의 요지가 청국과의 협조를 깨뜨리지 않으면서 서서히 조선 독립의 실제를 이루는 데 있었다는 것은 앞 절에서 설명한 바와 같다. 이러한 방침을 부여받은 다케조에 변리공사는 조선 정부 및 재한 청국 관헌과 협조를 유지하면서 동시에 독립당을 완전히 자신의 통제하에 두고 적당한 원조와 지도를 해줄 필요가 있었다. 전자에 관한 한, 다케조에 공사는 거의 완전한 성공을 거뒀다. 그는 청 제독 오장경과 그 막빈(幕賓)[1], 묄렌도르프 등과 친교를 유지했으며, 또 하나부사 변리공사 이래 현안이었던 해저전선 (부산~나가사키) 부설, 일한통상장정의 체결, 부산·원산·인천 세 개항장의 유보지역(遊步地域) 확장과 같은 여러 문제들의 교섭을 대체로 일본 정부가 희망하는 대로 원만하게 해결했다. 하지만 후자에 관해서는 다케조에 공사의 행동은 당초 기대에 반하는 것이 적지 않았다.[1]

　메이지 16년 1월 다케조에 공사의 부임 당시 경성 관계(官界)의 분위기는 자못 혼돈스러웠다. 독립당도 아직 완전하게 형태를 갖추지 못해서 누가 혁신인지, 누가 수구인지 판별하기 어려웠다. 오히려 소수의 예외를 제외하면 당시 조선 정부의 요인들은 어느 정도는 양쪽 색채를 모두 띠고 있었다. 다케조에 공사는 오장경과 묄렌도르프에게 접근할 기회가 많았던 만큼 그들의 시각에서 박영효, 김옥균 등을 보는 경향이 있었다. 원래 근대 조선에는 당론의 폐단이 남아 있어서 청년들이 이론 투쟁을 좋아하고 현실을 무시하며, 가공의 사실에 기초해서 비약적인 결론에 도달하는 경향이 적지 않았다. 다케조에 공사가 청국 관원의 말을 듣고 박영효, 김옥균 등을 경박재자(輕薄才子)[2]로 대해서 그들을 돌아보지 않은 것은 어쩌면 당연했는지도 모른다. 그러나 박영효, 김옥균 등은 스스로 일본당을 자임하고 있었으므로 그들에게 적당한 지도와 원조를 제공하는 것은 일본 정부의 대한정책상 절대적으로 필요한 일이었다. 다케조에 공사가 개인적 감정으로

---

1)　막빈(幕賓): 관부(官府)의 참모나 고문
2)　경박재자(輕薄才子): 재주는 있으나 경박한 젊은이

독립당을 배제하는 경향이 있었던 것은 온당치 않다.

더 나아가 다케조에 공사의 독립당 배척은 후쿠자와 유키치가 계획한 문화정책에도 중대한 장애가 됐다. 처음에 박영효는 후쿠자와 유키치의 권고에 따라 귀국한 후 문화공작(文化工作)을 시행할 계획이었지만, 조선의 사정은 메이지유신 당시의 일본과는 근본적으로 달라서 양학(洋學)을 진흥할 여지가 없었다. 더욱이 다케조에 공사는 이러한 문화공작에 아무 도움도 주지 않았다. 이 때문에 후쿠자와 유키치의 추천에 의해 큰 이상을 품고 도한(渡韓)한 우시바 다쿠조와 다카하시 마사노부 등은 조선의 실정에 실망해서 메이지 16년 4월에 귀국하였다. 오직 이노우에 가쿠고로만이 당시 협판교섭통상사무 김윤식에게 인정을 받아서, 그의 천거로 통리아문에 들어가 박문국 주사(主事)에 임용돼서 조선 최초의 신문인 「한성순보(漢城旬報)」의 편집, 발행을 담당했다. 당시 조선 정부에 초빙된 일본인은 일개 속관(屬官)[3]인 이노우에 가쿠고로 1명 뿐이었다.[2]

후쿠자와 유키치가 계획한 문화공작은 다소 시기상조여서 그 태반이 소멸해 버렸다. 다만 유학생의 파견은 훗날에 이르기까지 중대한 영향을 미치게 된다. 김옥균은 일찍부터 유학생의 필요성을 인식하고 있었는데, 후쿠자와의 권고도 있어서 메이지 16년 초에 40여 명의 일본 유학생을 파견했다. 독립당이 정치적으로 거의 세력을 갖지 못했던 까닭에 유학생의 태반은 향반(鄕班), 중인, 상민 등이었고, 정부 요인의 자제는 전혀 눈에 띄지 않는다. 그들의 반 정도는 육군 도야마(戶山) 학교에 입학해서 신식 군대의 간부가 되기 위한 교육을 받았고, 나머지 반은 후쿠자와의 주의(注意)에 따라 각종 실업학교에 들어가서 훗날 산업 개발의 임무를 담당할 예정이었다. 그 유학 비용은 쇼킨은행의 차관 12만 엔에서 지출했을 것이다. 그들의 태반은 메이지 17년에 귀국한 후 갑신변란에 참가해서 일부는 희생되고 일부는 망명했는데, 훗날 조선에서 일본 정권의 대변자로서, 또 일본문화의 선전자로서 그들의 공적은 특필할 가치가 있다.[3]

다케조에 공사는 메이지 16년 12월에 말미를 얻어서 귀조(歸朝)하고, 외무서기관 겸 영사 시마무라 히사시가 임시대리공사에 임명됐다. 그로부터 반년 동안 극동의 국제관계에 중대 변혁이 생겼으며, 그 결과는 직접적으로 조선에 영향을 미쳐서 대원군의 석방 귀국과 청 감국(監國)의 상주설 유포로 이어졌고, 또 오장경 제독이 귀국하고 청국 주둔군의 반이 철군하는 원인이 됐다는 것은 앞 절에서 서술한 바와 같다. 이 중요한 시기

---

3) 속관(屬官): 장관에게 소속된 관원

에 다케조에 공사가 거의 1년 동안 임지를 떠나 있었던 것은 이해하기 어렵다. 이노우에 외무경은 「경성사변사명사실시말서(京城事變査明事實始末書)」에서 공사가 한국의 사정에 밝지 못해서 서생 무리에게 잘못 인도된 것을 견책하고 있지만, 그 책임의 반은 그에게 장기간의 귀조(歸朝)를 명령한 외무경 자신에게도 있을 것이다.[4]

다케조에 공사가 임지를 떠나 있는 동안 일한외교의 지도는 당연히 시마무라 대리공사의 책임이 됐다. 시마무라 대리공사는 다케조에 공사와 달리 청국 관헌과의 밀접한 관계도, 김홍집, 김윤식, 어윤중 등과 같은 묘당의 유력자와의 연락도 없었고, 오직 일본 공사관에 출입하는 국왕의 측근이나 독립당의 말만 듣고 따르는 경향이 있었다. 다케조에 공사를 꺼렸던 독립파 또한 시마무라 대리공사를 어울리기 쉽다고 봤던 것 같다. 이 때문에 그들의 음모는 항상 시마무라 서기관을 통해서 입안됐다.[5]

시마무라 임시대리공사의 직무 대행과 거의 동시에 대원군의 석방 귀국설과 관련한 문제가 야기됐다. 국왕과 척족은 물론이고 묘당에서도 놀라고 두려워해서, 메이지 17년 2월에 측근 중신(重臣) 전영사(前營使) 한규직에게 명하여 시마무리 대리공사에게 일본 정부의 원조를 간청하게 한 것은 앞 절에서 서술하였다. 시마무라 대리공사가 청 제독 오장경에게 질의한 결과는 부정(否定)이었고, 시마무라 대리공사의 보고를 접한 이노우에 외무경이 주청 특명전권공사 에노모토 다케아키에게 전훈(電訓)해서 청 총리아문에 질의한 결과 또한 마찬가지였으므로 외무성은 대원군 석방 귀국설을 단순한 유언비어로 간주해서 다케조에 공사에게 귀임을 명하지 않았다. 그렇지만 이 유언비어에 확실한 근거가 있다고 믿은 국왕은 오 제독의 언명이나 총리아문의 부정에 만족할 수 없었다. 그래서 마침내 일본 공사관 부속 무관 육군보병대위 이소바야시 신조(磯林眞三)에게 내관을 보내서, 대원군이 귀국해서 왕비의 생명이 위태롭게 되는 일이 발생하면 무관 관사(官舍)에 피난시켜줄 것을 비밀리에 의뢰했다고 한다.[6]

대원군은 메이지 17년 3월에 귀국할 것으로 예상됐지만 다행히 그러한 일은 일어나지 않고 무사히 지나갔다. 하지만 국왕과 왕비는 아직 안심할 수 없었다. 같은 해 4월 28일에 국왕과 왕세자 척(坧)이 창덕궁 후원에서 시마무라 대리공사를 소견했을 때, 국왕은 메이지유신 이래 일본의 진보개혁을 크게 칭양(稱揚)하고, 양국의 국교가 날로 돈후해지는 것을 기쁘게 생각한다는 뜻을 전했다. 그리고 이어서 "장래 양국에서 어떤 어려운 일이 발생하더라도 상호 보조해서 용이하게 해결하리라는 것을 과인은 깊이 믿고 있으며, 또한 의뢰하는 일도 있을 것이다."라는 전교를 내리고, 시마무라 대리공사에게 이러한 뜻을 본국 정부에 보고해서 일본황제에게 전주(轉奏)해 줄 것을 의뢰했다. 국왕의 말이 청한 양국 간에 중대한 분규가 발생했을 때 일본의 원조를 간청하는 의미였음은 두말할 나위가 없다.[7]

외교상의 문제에 관해 조선국왕이 자국 주차(駐箚) 일본 공사를 통해 내지(內旨)를 일본황제에게 전달하려고 한 것은 극히 예외적인 사례였고, 시마무라 대리공사는 국왕에게 승낙 의사를 밝혔으면서도 조처할 방법이 마땅치 않아서 외무성에도 보고하지 않았다. 공사의 후속 보고가 없자 국왕은 한규직에게 명해서 독촉하게 했다. 시마무라 대리공사는 어쩔 수 없이 조선 정부에서 일본 주차 공사를 임명한 후 그에게 기밀친서를 보내서 일본황제에게 직접―외무대신을 경유하지 않고―봉정하는 것 외에는 다른 방법이 없다는 의견을 말했다. 한규직의 복명을 들은 국왕은 영중추부사 홍순목과 좌의정 김병국 등 시원임대신을 소견해서 공사 파견을 논의했다. 대신들은 지금 갑자기 일본 주차 공사를 임명하는 것은 종주국의 감정을 손상할 우려가 있을 뿐만 아니라 공사 파견 경비를 마련할 방법이 없다는 이유로 반대했지만, 국왕이 경비는 내탕(內帑)에서 지출할 수 있고, 또 "독립국에서 공사를 파견하는 것은 당연한 일로서 타국에 관계되는 바가 아니다. 또 조약을 교환한 이상 상호 공사를 파견하는 것은 바로 조약을 이행하는 일이다. 일본은 이미 수년 전부터 우리 땅에 주재하고 있는데, 우리가 앞으로 공사를 파출(派出)하지 않는다면 일본에 대해 무례한 일이 된다."라고 주장했기 때문에, 묘당에서도 왕명에 따라 공사를 파견하기로 결정했다. 공사의 임무가 중대했기 때문에 그 인선에 크게 주의를 기울여서 호군(護軍) 조준영을 내정하고 국왕도 동의했다. 또 기밀친서의 문안도 고심해서 신중히 합의한 끝에 다음과 같이 결정하고, 한규직에게 명해서 시마무라 대리공사에게 내열(內閱)[4]을 요구했다.

대조선국 군주[어휘(御諱)]는 대일본 천황폐하에게 경백(敬白)하노라. 구맹(舊盟)은 다시 펴지고 신교(新交)는 날로 돈독해져서 조야(朝野)의 양심(良心)이 날마다 더욱 돈목(敦睦)해지고 있다. 귀국이 우리를 애호함은 실로 깊이 다행으로 여기는 바다. 앞으로 만약 긴급한 일이 생길 경우, 귀국 공사에게 의탁해서 대신 보고하게 해서 상호 원조를 편하게 한다면, 일대수(一帶水)[5]의 간격에 반드시 서로 격조하는 서운함이 없을 것이다. 실로 이 마음이 기우는

---

4) 내열(內閱): 비공식적으로 책이나 문서 등을 훑어보거나 조사하는 일
5) 일대수(一帶水): 일의대수(一衣帶水)와 같은 말로 옷의 띠 정도밖에 되지 않는 좁은 하류나 바다를 비유하는 말이다. 흔히 간격이 멀지 않음을 비유한다.

것을 이해해 주길 청하노라. 아울러 폐하의 강복(康福)을 기원하노라.

시마무라 대리공사는 친서 문안에는 이의가 없었지만, 조준영이 주일 공사의 적임자라고 하기는 어려웠다. 그는 공사는 반드시 일류 인물 중에서 임명해야 하며, 그 발언이 묘당에서 권위 있는 자가 아니면 안 된다고 말했다. 한규직이 국왕에게 복명해서 다시 인선한 결과, 5월 상순에 척족의 유력자인 민응식이 내정됐다. 이 인선에는 시마무라 대리공사도 이의가 없었지만, 이번에는 묘당에서 반대가 있어서 쉽게 결정되지 않았다. 특히 5월 26일에 견미전권대신(遣美全權大臣) 민영익이 귀국한 후로 주일 공사의 임명에 강경하게 반대했기 때문에 마침내 무기한 연기되고 말았다.[8]

주일 조선 공사의 임명은 묘당에 이론(異論)이 있어서 실현되지 않았다. 국왕 친서는 나중에 다케조에 공사가 외무경에게 보고하자, "한규직이 시마무라에게 지시한 신한(宸翰)[6]의 초고에 기재된 것처럼 조선국왕 전하께서 우리 황제폐하께 의뢰하는 말씀을 신한(宸翰)으로 진달하는 것은 단연코 장애가 있다. 따라서 공사를 임명하는 자리에서 구두로 진달하게 해야 할 것이다."라는 회훈(回訓)이 있었다. 그러나 그것이 실현되기 전에 변란이 발생했다.[9]

메이지 17년 1월부터 그해 여름까지 반년간, 청불사변과 청국의 정변 때문에 국왕이 자국의 앞날에 불안을 느껴서 종전에 기대하지 않던 일본의 호의적 지지를 바라는 경향이 강해진 사실은 시마무라 대리공사와 이노우에 가쿠고로를 통해 외무성에 상세히 보고됐다. 이노우에 외교는 일, 청, 한 3국의 현상 유지를 전제로 하는 것이었으므로 이제 3국 가운데 청한(淸韓)의 상황에 중대한 변화가 발생한 상황에서 일한관계 또한 당연히 재고하지 않을 수 없었다. 이노우에 외무경은 종전과 마찬가지로 다케조에 공사를 신뢰하면서 청국과의 소극적 협조주의를 취하든지, 아니면 소극정책을 버리고 이번 기회를 이용해서 조선에 적극적 원조를 제공함으로써 청한종속관계를 폐기하고 완전한 독립국이 되게 하든지 어느 쪽으로든 결정을 해야만 했다. 이노우에 외무경은 참의 겸 궁내경 백작 이토 히로부미, 외무대보 자작 요시다 기요나리, 그리고 다케조에 변리공사와 상의를 거듭했을 테지만, 그 결과는 전혀 알려져 있지 않다. 다만 사후 경과로 따져보면, 이 4명 사이에 다소 의견의 차이가 있었다. 이노우에 외무경과 다케조에 공사는 비교적

---

6) 신한(宸翰): 임금의 글씨나 서한

적극론으로, 이번의 사변을 호기로 삼아 조선에 반거(蟠據)[7]하는 청국의 세력을 일소해서 독립자주의 실제를 이뤄야 하며, 이를 위해서는 청국과 어느 정도의 마찰을 빚는 것도 부득이하다는 주장이었던 반면, 이토 참의와 요시다 외무대보는 대한정책의 갱신에는 이론(異論)이 없지만 청국과의 충돌은 어떻게든 피하지 않으면 안 된다는 의견이었던 것 같다. 그리고 후자의 주장이 대체로 받아들여져서, 이노우에 외교에 다소 수정을 가해 조선에 상당한 원조를 제공해서 독립의 기운을 촉진하되, 청국과의 충돌은 회피하기로 결정했던 것으로 이해된다. 그리고 독립당에 대해서는, 그 실행력을 의심한 이노우에 외무경은 이들을 중요시하지 않고 그 조치를 다케조에 공사에게 일임했던 것 같다.

대한정책의 쇄신을 구체화하기 위한 수단으로 정부는 임오 배상금의 잔액 약 40만 엔을 조건 없이 증여하기로 결정했다. 원래 이 배상금액은 정치적 의미를 가진 것으로 일한 양국 모두 그것이 완납될 것이라고는 예상하지 않았다. 이미 조약 규정에 따라 메이지 15년도에 5만 엔, 16년도에 5만 엔의 분할 지불을 완료했기 때문에 지금 이 권리를 포기해도 실질적으로 일본에 손해가 될 것은 없었고, 조선 정부로부터는 심심한 사의를 기대할 수 있었다. 말하자면 일석이조의 명안(名案)이라고 생각했던 것이다.

다케조에 변리공사는 거의 1년 만에 귀임의 명을 받고, 메이지 17년 10월 20일에 도쿄에서 출발하여 30일에 경성에 도착했다. 같은 날 독판교섭통상사무 김홍집과 협판교섭통상사무 김윤식이 내방해서 경의를 표했다. 그런데 공사는 의기헌앙(意氣軒昻)해서 청불사변의 발생으로부터 극동의 현재 상황까지 설명하면서 조선 조정의 중신들이 시국을 알지 못하고 한갓 청을 종주국으로 우러러 보는 누태(陋態)를 통렬히 매도했는데, 그 거침없이 하는 말들이 듣는 이의 이목을 놀라게 했다. 다음 날인 31일에는 시마무라 외무서기관과 이노우에 가쿠고로를 불러서, "우리 정부는 이번에 지나를 공격하기로 결정했고, 조선에도 틈이 있으면 이용하려고 한다. 또 이들의 인망을 얻기 위해 40만 엔[8]의 상금(償金)을 돌려주기로 했다."고 말했다고 한다. 이상은 이노우에 가쿠고로가 기술한 내용인데, 일국의 주외 사신(駐外使臣)으로서 놀라울 만큼 무책임한 방언(放言)[9]이기는 하지만 아마도 사실이었을 것이다.[10]

11월 1일, 다케조에 공사는 창덕궁에서 국왕을 알현하여 일본황제의 성유(聖諭)에 따

---

7) 반거(蟠據): 뱀이 똬리를 틀듯이 단단하게 자리를 차지하고 서린다는 뜻으로, 넓은 땅을 차지하면서 세력을 떨침을 비유함
8) 원문에 '四十萬弗'로 되어 있는데 40만 엔의 의미이다.
9) 방언(放言): 생각나는 대로 거리낌 없이 하는 말

라 임오 배상금 중 40만 엔의 반환을 진주(陳奏)하고, 또 일본국 정부의 이름으로 기선 1척과 산포(山砲) 2문, 그리고 포차 부속구(砲車附屬具)를 증여했다.[11] 공식 알현이 끝난 후 국왕은 다케조에 공사를 다시 인견해서 근신(近臣)을 물리치고 시사(時事)를 논했는데, 관담(款談)[10]이 늦게까지 이어졌다. 당시 통역을 맡은 사람은 외무삼등속 아사야마 겐조였고, 국왕을 시좌(侍坐)한 사람은 좌영사 이조연 1명 뿐이었다. 국왕은 처음에 협판교섭통상사무 김옥균의 시좌를 명했으나, 김옥균이 타인의 의심을 피해서 고사하고 물러갔기 때문에 신임이 두터운 측근 이조연에게 대신하게 했다고 한다.

다케조에 공사는 먼저 같은 해 1월과 2월 사이에 대원군의 석방 및 귀국과 관련한 풍설이 나돌았을 때 왕비의 일본 공사관 피난을 희망한 사실을 언급하면서, 국왕과 왕비가 외국에 의뢰할 필요가 있으면 국왕이 가장 신뢰하는 나라의 공사를 소견해서 친유(親諭)하거나, 아니면 친서를 보내야 한다고 했다. "그러나 타국에 의뢰해야 하는 상황에 임해서, 내명(內命)이나 내분(內分)의 의뢰 같이 확실치 않은 것으로는, 타국은 부득이 방관하지 않을 수 없습니다. 왜냐하면 스스로 좋아서 개입하는 모양과 같으니, 간섭에 빠져서 결국 그 나라의 자주권을 훼손하기 때문입니다. 여기까지는 미리 상세히 알고 계셔야 합니다. 이러한 연유가 있으므로 만에 하나 사변이 발생했을 때 군주의 체재(體裁)를 온전히 해서 공식적인 의뢰를 하신다면, 본 사신은 물론 힘닿는 데까지 보호해 드릴 것입니다. 또 만약 우리 공사관이 위태롭게 됐을 경우에는 제가 보고하고 잠시 일본에 피해 계셔도 문제없을 것으로 생각합니다. 공사의 직분은, 그 주재국 군주의 곁을 떠나지 않으면서 진퇴를 함께 하는 것이 곧 만국의 공례이니, 이 또한 자세히 알고 계시길 바랍니다."라고 진주(陳奏)했다. 국왕은 깊은 만족의 뜻을 표시하여 "참으로 공평한 말이라고 생각한다. 귀 정부와 귀 공사가 우리나라에 대해 이렇게까지 깊이 친절을 베푸는 것에 실로 감사하는 마음을 금할 수 없다. 영원히 명심해서 잊지 않을 것이다."라고 대답했다. 국왕의 의뢰는 대원군이 귀국해서 내란이 발발하는 상황을 의미했지만 다케조에 공사는 독립당의 쿠데타를 예상하고 있었다. 이 대화는 후에 대단히 중요한 정치적 의의를 가진다.

다케조에 공사는 계속해서 화제를 돌려 최근 조선의 내정개혁을 언급하고, 다시 시국 문제로 화제를 바꿔서 청불사변의 대요를 설명했다. 그리고 일본 정부의 입장은 청

---

10) 관담(款談): 간담(懇談). 흉금을 터놓고 하는 이야기

불 양국 사이에서 엄정한 국외 중립을 유지하는 것이며, 조선도 이를 본받아 국외 중립을 엄수할 필요가 있다고 주장했다. 공사의 상주(上奏)는 여기서 끝났지만, 국왕은 그를 남게 해서 오래 대화를 나누면서 국정개혁론을 경청하고 크게 동의를 표시했다. 그리고 마지막으로 일본황제의 후의에 깊이 감사하는 것으로 알현을 마쳤다.[12]

다케조에 공사의 알현이 있은 후 11월 3일에 국왕과 왕비는 척신 및 측근의 중신들을 소견해서 일본 공사의 내주(內奏)[11]의 대요를 전하고 그들의 의견을 구했다. 척신 민영익은 '임오 배상금 40만 엔은 공법상 당연히 반환해야 할 것을 반환한 것으로 원래 일본의 호의로 해석될 수 있는 것이 아니며, 또 일본 정부의 대한정책은 반복무상(反覆無常)해서 신뢰할 수 없다. 전해들은 바에 따르면, 일본은 마침내 프랑스와 동맹해서 청과의 개전을 결정했다고 한다. 그렇다면 조선은 도저히 국외 중립을 유지할 실력이 없으니 일청 양국의 어느 쪽에라도 보호를 구하지 않으면 안 된다.'고 논하고 국왕은 양국 가운데 어느 쪽을 선택할 의향인지 여쭈었다. 왕비가 곁에서 국왕의 대답을 기다리지 않고 민영익의 의견을 물어보았으므로, 민영익은 "지나가 현재 쇠하기는 했지만 신의가 있는 나라이니 물론 지나에 의뢰해야 할 것입니다."라고 진주(陳奏)했다. 왕비가 다시 나서서 "그 방법은 절대 일본당의 귀에 들어가서는 안 되니 원세개에게 우리의 의뢰하는 뜻을 전달하시오."라고 주의를 주었으므로 민영익은 즉시 물러나서 청영(淸營)으로 영무처(營務處) 원세개를 방문했다. 국왕은 다시 이조연, 한규직, 윤태준의 세 영사(營使)를 소견했는데 모두 "소신 등은 민영익과 같은 의견이오나 지나와 일본 중에 하나를 선택하는 일은 전하의 현려(賢慮)에 달려 있습니다."라고 진주했다. 또한 이날 척신 민태호도 불렀는데, 그는 혐의를 피해서 사절하고 문서만 올려서 대략 민영익과 같은 의견을 내주(內奏)했다고 한다.

척신을 소견한 후 국왕은 독립당에 속한 협판군국사무 홍영식, 협판교섭통상사무 김옥균을 불러서 의견을 물었는데, 김옥균은 임오 배상금의 반환이 공법상 당연한 것이라고 한 민태호와 민영익의 말을 반박하고, 조선이 하루라도 빨리 독립해야만 하는 이유를 설명했다. 그러나 일청 양국 중 어느 쪽에 보호를 의뢰할 것인지의 문제에 관해서는 분명한 답변을 회피했기 때문에 왕비는 크게 불만스러운 뜻을 비쳤다고 한다.[13]

11월 3일은 메이지 천황의 천장절(天長節)이다. 이날 다케조에 공사는 북부(北部) 교동

___
11) 내주(內奏): 임금에게 은밀히 상주함

(校洞)으로 이전해서 낙성한 공사관에서 조선의 요인들, 청 상무총판 진수당, 미국 특명 전권공사 루서스 푸트, 그리고 경성 주재 각국 영사들을 초대해서 성대한 만찬회를 열었다. 이 석상에서 외무삼등속 아사야마 겐조가 일어나서 조선어로 축사를 하더니, 이어서 지나인의 무능과 비굴을 통렬하게 매도하고 진수당을 지목해서 뼈 없는 해삼 같다고 비평했다. 참석한 사람들의 태반은 아사야마의 조선어를 정확히 이해하지 못했지만, 진수당의 얼굴에 나타난 불쾌한 기색은 감출 수 없었다고 한다. 공사가 주최한 천장절 봉축만찬회에서 일개 속관(屬官)이 축사를 하면서 빈객인 외국 고관을 매도한 일은 아마도 외교계 공전의 대사건이었을 것이다. 이를 통해 당시 공사관 내부의 급박했던 분위기와 공사의 무력함을 엿볼 수 있다.[14]

다케조에 공사는 11월 1일의 알현을 마치고 잠시 후에 김옥균을 불러서 격의 없이 조선의 내정개혁의 필요성을 논하고, 독립당이 일본의 원조를 받아서 이를 실행할 결심이 섰는지 물었다고 한다. 다케조에 공사가 독립당과 협력해서 적극적인 정책을 실행할 의지를 처음으로 드러낸 날이었다.[15]

다케조에 공사가 김옥균에게 대한정책이 일변했음을 암시한 지 사흘이 지난 11월 4일, 홍영식, 박영효, 김옥균, 서광범은 시마무라 서기관을 박영효의 집으로 초청해서 앞으로 취할 방침에 관해 협의했다. 독립당의 설명에 따르면, '척족은 왕비의 지지를 얻어서 일거에 독립당을 타도하려고 해서 홍영식 이하가 머지않아 찬배(竄配)될 운명에 처해 있다. 선수를 취하는 자가 남을 제압하는 법이니, 독립당이 먼저 직접행동을 일으켜서 척족의 거두를 쓰러뜨려야 한다. 그 방법으로 (1) 일본 공사관의 낙성을 기회로 국왕의 임행(臨幸)[12]을 청한 후, 창덕궁에서 교동에 이르는 노상에서 배종(陪從)하는 중신 민영목, 한규직, 이조연을 살해하고, 그들과 상합(相合)하지 않는 척신 민태호, 민영익 등에게 그 죄를 돌려서 사형에 처하는 것, (2) 어두운 밤에 지나 복장을 착용한 행동대를 분견해서 앞의 3명을 살해하게 하고, 독립당 간부는 왕궁으로 달려가서 암살 성공 소식을 기다렸다가 척신을 처형하는 것, (3) 북부 전동(典洞)에 신축한 우정국(郵征局) 낙성 축하만찬회를 열어서 척족을 초대한 다음에 자객을 풀어 그들을 살해하는 것, (4) 암살 성공의 확보(確報)를 받은 후 일본 공사에게 공사관 경비대 1개 중대를 이끌고 입궐을 요청한다.'는 것이었다. 시마무라 서기관은 한규직과 이조연이 영사(營使)이기 때문에 그들을

---

12) 임행(臨幸): 임금이 어떤 곳에 거동함을 이르는 말

살해할 경우 그들을 따르는 군졸들이 분기할 것을 염려했으나, 김옥균은 조선의 군졸은 장관을 따라서 죽을 자들이 아니며, 즉시 홍영식, 서광범, 서재필 등을 후임으로 임명하면 통제하기 어렵지 않을 것이라고 설명했다. 또 '다만 일본군이 입궐하면 청국군도 입궐을 요구할 것이다. 그것은 조선군으로 저지할 계획이지만, 조선군은 평소에 청국군을 두려워하기 때문에 일본군의 지지가 없으면 곤란하다.'고 말했다. 시마무라 서기관은 "이곳에 주재한 지나병을 쫓아내는 것은 우리 1개 중대로 그리 어려운 일도 아니다."라고 말했지만, 조선군을 지원해서 청국군과 교전하는 것에 대해서는 확답을 피하고 다시 국왕이 이 계획을 충분히 알고 계신지 질문했다. 김옥균은 "충분히 아시게 하기는 어렵다. 왜냐하면 국왕께 계획 일체를 자세히 말씀드리면 왕비께서 반대당에 누설하실 우려가 있기 때문이다."라고 말했고, 서광범은 "앞의 3, 4명을 암살하는 일은 우리 손에서 나온 것이 분명하지만, 국왕께 이론(異論)이 있으실 리는 만무하니 그 점은 안심하시길 바란다."라고 보증했다. 곧이어 같은 달 9일에 김옥균은 다케조에 공사를 방문해서, 11월 1일 다케조에 공사의 알현 이후 척족의 동정을 상세하게 보고했다.[16]

다케조에 공사는 이러한 독립당의 보고를 바탕으로 조만간 독립당과 척족 사이의 충돌을 피하기 어렵다는 것을 깨닫고, 11월 4일 시마무라 서기관의 박영효 방문, 다케조에 공사와 김옥균 회견 전말 보고와 함께 그 대책 2개 안을 작성해서, 메이지 17년 11월 12일부로 참의 겸 궁내경 이토 히로부미와 참의 겸 외무경 이노우에 가오루에게 상신했다.

> 갑안(甲案) 만약 묘의(廟議)가 우리 일본은 지나 정부와 정치의 침로(針路)를 달리하므로 전혀 친목에 이르려는 목적이 없고, 따라서 차라리 지나와 일전(一戰)해서 그들이 허오(虛傲)의 마음을 갖지 않게 하는 것이 오히려 진실한 교제에 이를 수 있다는 데 있다면, 금일 일본당을 선동해서 조선의 내란을 일으키는 것이 득책(得策)입니다. 왜냐하면 우리의 명의(名義)는 우리가 나서서 지나와 개전한 것이 아니라, 단지 조선국왕의 의뢰에 따라 왕궁을 수위(守衛)하고 조선국왕에게 맞서는 지나병을 격퇴한다는 것이 되니, 그렇다면 조금도 안될 것이 없기 때문입니다.

> 을안(乙案) 만약 묘의(廟議)가 금일은 오직 동양의 화국(和局)을 보지(保持)함을 주지(主旨)로 해서, 지나와 일을 만들지 않고 조선은 그 자연스런 운수에 맡기는 편이 득책이라는 데 있다면, 저의 재량으로 가능한 한 일본당이 큰 화를 입지 않도록 보호하는 선에서 그치겠습니다.

그리고 다음과 같이 부언했다.

설령 을안(乙案)으로 결정되더라도, 조선인은 우내(宇內)의 대세를 꿈에도 알지 못하고, 단지 지나를 비할 바 없는 대국이라고 믿어서, "한줌밖에 되지 않는 일본이 어찌 중국에 저항할수 있겠는가? 만약 무례한 짓을 한다면 바로 박멸할 것이다."라고 하는 지나인의 허풍을 신봉하고 완전히 무기력하고 몰염치한 무리밖에 없으니, 이들에게 항상 우리를 두렵게 여기는 마음을 갖게 하지 않는다면 아무 일도 행할 수 없습니다. 따라서 지나가 두려워할 만하지 않음을 깨닫게 하기 위해서 때때로 지나당과 싸워서 그들의 머리를 억누르지 않을 수 없으니, 그점은 미리 염두에 두시길 바랍니다. 현재 청불전쟁의 영향도 있어서 지나당의 면면(面面)에 일본을 두려워하는 빛이 충분히 생겼습니다. 또 전보금(塡補金)의 증여로 일본에 대한 호의가 충분히 나타났으니, 종전에 일본은 신실(信實)치 않은 나라라고 입버릇처럼 말하던 것도 들리지 않게 됐습니다. 국왕전하는 일본에 기우는 마음이 한층 더 강해져서, 최근 2, 3일 동안지나당의 세력이 갑자기 위축됐습니다. 지금 같은 상황이라면 특별히 염려할 것도 없지만, 향후 다시 지나당이 발호하면 일본당은 반드시 죽을 처지에 몰릴 것이기 때문에 반드시 참간(斬奸)의 행동으로 나갈 것입니다. 그러한 상황이 되면 전보로 다시 지휘를 청하겠습니다.[17]

메이지 17년 11월 12일, 다케조에 공사가 이 역사적 청훈(請訓)을 발송한 당일 새벽에 경성 남산 기슭으로부터 훈련원 일대에 갑자기 총성이 나서 온 도성을 놀라게 했다. 국왕이 당황해서 급히 사람을 보내서 사정을 알아봤더니, 일본 공사관 경비대의 야간비상훈련이라는 사실이 판명됐다. 분격한 국왕은 이른 아침에 협판교섭통상사무 김옥균을 소견하여 '지금 경성에는 일청 양국 군대가 주둔해 있어서 항상 의외의 사변이 돌발할 것을 우려하고 있는데, 오늘 일본군이 조선 정부에 아무 통고도 없이 야간훈련을 실시한 것은 양국 군대가 충돌한다는 풍설을 낳아서 인심을 격동시킬 수 있으니 속히 다케조에 공사에게 설명을 요구하라'는 명을 내렸다. 이에 따라 독판교섭통상사무 김홍집이 공문을 보내서 다케조에 공사를 힐책하자, 공사는 일소에 부치면서 "군대가 주둔하는 곳에는 반드시 훈련이 있기 마련이다. 통상적인 훈련은 반드시 통리아문에 통고하지만 오늘 새벽의 경우는 야간비상훈련으로 경비대장의 권한 내에서 시행한 것이라서 공사가 알 바 아니다. 조선인과 지나인이 경악했다는 것이 오히려 의외다."라고 하면서 득의양양한 기색을 보였다. 영국 총영사 윌리엄 조지 애스턴(William George Aston)과 독일 총영사 젬브슈(Zembsch) 해군대령도 다케조에 공사를 방문해서 설명을 요구했다고

한다.[18]

11월 12일의 야간훈련이 조선의 군신(君臣)을 분격하게 한 것은 심상치 않은 일이었고, 독립당 내에서도 홍영식 같은 이는 공사의 경솔한 행동이 한갓 인심을 격앙시키고 말 것을 우려했다. 통령주방조선각영기명제독(統領駐防朝鮮各營記名提督) 오조유도 크게 경악해서, 언제 일본 군대의 기습이 있을지 모르기 때문에 전 병사를 무장시키고 밤낮으로 계엄해서 만일의 사태에 대비했다고 한다. 다케조에 공사는 이 소식을 듣고 "지나병(支那兵)의 계비(戒備)는 실로 대단히 가소롭지만, 여기서 지나당의 낭패 또한 미루어 알 수 있습니다. 어쨌든 일본병 1명이 지나병 10명과 싸우더라도 일본병이 이긴다는 것은 우리나 저들이나 똑같이 느끼는 바이기 때문에, 지나병의 계려(戒慮)도 무리는 아니라고 생각합니다."라고 호언했다.[19]

11월 14일, 서광범은 공사관을 내방해서 시마무라 서기관을 만나 독립당과 국왕의 관계를 상세히 설명하면서, '독립당의 주장과 입장을 국왕께서는 조금도 이해하고 계시지 않으며, 오히려 국왕께서는 척족과 독립당의 대립하는 두 가지 설을 각각 들으시고 그 판단에 고심하고 계신다.'는 사실을 분명히 밝혔다. 이에 대해 시마무라 서기관이 "국왕께서는 일본당(독립파), 지나당(척족)의 어느 쪽이 유익한 당인지 모르시는 것입니까?"라고 질문하자 다음과 같이 대답했다.

> 조금도 모르신다고 할 정도는 아닙니다. 지나당에서는 '조선은 독립하지 않으면 안 된다. 하지만 종래 지나와의 관계도 깊기 때문에 지나의 감정을 악화시키면, 지나는 강대국이므로 조선의 독립은 불가능하다. 그러므로 그것을 중시해야 한다.'고 주장하며, 우리 당의○독립당 논지는 '독립은 타국의 간섭이 없는 것이며, 지나를 두려워하면 절대 독립할 수 없기 때문에 지나와 관계없이 정치를 개량하고 외교를 확장해야 한다.'는 것이라는 정도는 알고 계십니다. 그런데 지나당의 민태호, 민영익, 민영목은 모두 외척이라서 마음대로 입궐해서 알현할 수 있고, 이조연, 한규직, 윤태준은 병영(兵營) 감독이기 때문에 날마다 궐내에서 근무하면서 밤낮으로 번갈아가며 알현해서 자기들의 주의(主意)를 아룁니다. 그러나 우리 당, 즉 박영효, 김옥균, 홍영식 등은 한 달에 두세 번 알현할 때 주론(主論)을 아뢰기 때문에, 논지의 시비는 차치하고, 한 번 귀에 들어오는 말보다 열 번 듣는 말을 신뢰하는 것은 당연한 인정(人情)입니다. 게다가 저들을 응원하는 자로는 지나인 원세개와 묄렌도르프 등이 있는데, 이들도 자주 알현해서 국왕께서 이들에게 하문(下問)하시는 일 또한 적지 않습니다. 그러나 우리 당은 응원도 전혀 없고, 가령 귀 공사나 미국 공사라도 일 년에 두세 차례 의례적인 알현에 그칩니다.

그러므로 국왕의 감촉(感觸) 등은, 그 난이경중(難易輕重)을 살펴 주시길 바랍니다. 하지만 국왕께서는 총명하시기 때문에 우리 당이 개진론(開進論)에 열심이어서 불요불굴(不撓不屈)의 결심을 갖고 있음은 잘 알고 계시니, 신용도 저들보다 낮다고 할 수 없습니다. 지난번에 말씀드린 암살 수단도 매우 급하다고 할 정도는 아니지만, 4, 5개월 안에는 반드시 실행할 작정입니다. 왜냐하면 하루를 늦추면 국가의 해독이 하루만큼 깊어지기 때문입니다. 게다가 지나 당은 점점 뜻을 굳히고 있습니다. 끝내 저들의 독수(毒手)에 걸리고 만다면 참으로 유감이 적지 않을 것입니다.[20]

이즈음 박영효와 김옥균 등은 여러 차례 공사관을 왕래하면서 다케조에 공사, 시마무라 서기관과 의견을 교환하고, 또 남부 진고개[泥峴]의 공사관 경비대 본부를 방문해서 경비대장 육군보병대위 무라카미 마사즈미(村上正積)를 만나 연락을 긴밀하게 했다. 하루는 홍영식이 공사를 내방해서 침통한 말투로 조선 국정의 문란을 탄식하고, 적폐(積弊)를 일소하기 위해서는 과격한 직접행동을 취하지 않으면 목적을 달성할 수 없다고 극언했다. 평소 온후함과 침착함으로 잘 알려진 홍영식의 언동은 공사에게 깊은 인상을 주었다.[21]

다케조에 공사가 이토 참의와 이노우에 외무경 앞으로 보낸 보고는 메이지 17년 11월 23일로 끝난다. 그 23일자 보고는 홍영식과의 회담에 관한 것으로, 11월 12일자 보고를 보완해서 이른바 "내정을 치유하려면 극약을 쓰지 않을 수 없다는 논지"를 설명한 것에 지나지 않는다. 11월 23일부터 12월 4일에 변란이 발생하기까지 열흘 동안, 다케조에 공사와 독립당 사이에 이뤄진 교섭에 관해서는 독립당의 기록을 통해 일부분을 엿보는 것 외에는 방법이 없다.[22] 이하에서는 김옥균의 『갑신일록(甲申日錄)』과 후쿠자와 유키치의 『변란시말(變亂始末)』 등에 의거해서 그 대요를 서술하고자 한다.

11월 24일, 김옥균은 미국 공사 푸트, 영국 총영사 애스턴을 차례로 방문해서 시국을 논하고, 또 청불사변을 틈타 일본과 협력해서 조선의 내정개혁을 단행할 결의가 있음을 밝히고 변란이 났을 때 선처해줄 것을 희망했다. 다음 날인 25일에는 다케조에 공사를 방문해서 직접행동을 개시할 날짜가 점차 다가오고 있다고 말하고 그 방법에 관해 하나씩 협의했다. 회담 내용은 분명하지 않지만, 『갑신일록(甲申日錄)』에 따르면 대략 다음과 같다.

첫째, 김옥균은 암살해야 할 '몇몇 민씨와 두세 명의 간신', 즉 민태호, 민영익, 민영목, 조영하, 그리고 한규직, 이조연, 윤태준의 이름을 미리 다케조에 공사에게 은밀히 보이고 그의 동의를 얻었다.

둘째, 김옥균은 국왕을 강화부로 이안(移安)[13]할 것을 주장했지만, 다케조에 공사는 국왕만 이안하는 것은 어렵지 않으나 비빈전궁(妃嬪殿宮)의 동행은 불가능하다고 하면서, 만약 그들이 청국 병사의 손에 떨어지는 날에는 선후 처리가 매우 곤란하다는 이유로 동의하지 않았다. 그는 오히려 창덕궁에 그대로 계시는 편이 득책이며 호위하기에도 편할 것이라고 했다. 김옥균은 이 말에 반대해서 창덕궁에 계시면 일본군의 보호를 청하는 명목이 서질 않으니, 아무리 가까운 곳이라도 반드시 이어(移御)하셔야 한다고 주장했다. 끝내 어느 쪽으로도 결정되지 않았다.

셋째, 김옥균은 정부 개조에 필요한 자금을 조달하기 위해 일본에서의 외채 도입을 제의했는데, 다케조에 공사는 금 300만 엔 정도의 기채(起債)는 가능하다고 보증하고, 급히 더 필요하다면 인천·부산·원산의 거류 상민들에게서 10여 만 엔을 차입할 수 있을 것이라고 했다.

넷째, 공사관 경비대의 출동 보호를 청할 경우에는 국왕이 친서를 쓰고 박영효가 왕사(王使)로서 공사관에 달려올 예정이었다. 다케조에 공사는 일본군 1개 중대만 있으면 1,000명의 청국군이 공격해도 백악(白岳)을 점거하면 2주, 남산을 점거하면 2개월간 버틸 수 있다고 보증했다고 한다.[23]

11월 27일 밤, 다케조에 공사는 급히 홍영식을 불렀다. 그리고는 독일 총영사 젬브슈 해군대령과 회견을 가졌는데, 그가 '최근 조선 내의 당파들이 알력을 빚어서 폭동 돌발이 임박했으니, 그때 외국 영사는 어떻게 대처해야 할지 협의해야 할 것이다'라고 말한 사실을 전하고, 기밀이 누설될 우려가 있으니 김옥균 등과 협의해서 적당한 방법을 강구할 필요가 있다고 주의를 줬다. 11월 29일, 김옥균은 왕명에 따라 입현(入見)했다가, 마침 측근에 사람이 없는 것을 기회로 소신을 아뢰고 국왕과 왕비의 성감(聖鑑)[14]을 청했다. 김옥균은 다음과 같이 기록했다.

"지금 천하대세가 날마다 갈등으로 치닫고, 내국(內國)의 정황(情況)이 날마다 위곤(危困)해짐은 참으로 전하께서 환히 알고 계시니 지금 쓸데없이 다시 아뢸 필요가 없을 것입니다.

---

13) 이안(移安): 신주나 영정 따위를 다른 곳으로 옮겨 모심
14) 성감(聖鑑): 임금이 살피는 것

그러나 신이 다시 한 번 세세히 진달하고자 하오니 들어주시겠나이까?"

주상께서 허락하셨다. 그래서 나는 청과 프랑스가 전쟁하는 것, 일본과 청이 불화(不和)하는 것, 러시아의 동쪽 정략이 날로 절박해지는 것, 그리고 지난 10여 년 동안 서양 국가들의 동양에 대한 정략이 갑자기 변해서 구규(舊規)만 고수하여 안온히 자수(自守)해서는 안 되는 형세로부터 시작해서, 당오(當五)의○당오전 폐해가 혹심(酷甚)해서 백성들이 목숨을 보전치 못하고, 묄렌도르프를 잘못 고용해서 일에 실착이 많고, 간신들이 주상의 총명을 가리고 청국에 기대어 권병(權柄)을 휘두르는 등천만 마디 말을 이루 다 기록할 수 없다. 국내 정치에 이르기까지 분명하게 모두 논했다.

갑자기 곤전(坤殿)께서 침실에서 나오셔서 말씀하셨다.

"내가 경의 말을 오랫동안 조용히 듣고 있었소. 사세의 절박함이 이 지경에 이르렀으니 장차 계책을 어떻게 해야 하겠소?"

임금님 또한 간절히 하순(下詢)하시고자 했다. 내가 아뢰었다.

"다케조에가 처음에 신과 논의가 맞지 않아서 그에게 방해를 많이 당한 것은 성상께서 통촉하시는 바입니다. 그런데 이제 다케조에가 다시 왔는데, 도리어 신과 어울리는데 간관(懇款)한 뜻을 보았습니다. 신은 그것이 필시 일본의 정략이 전일과 갑자기 달라진 데서 연유한 것임을 알고 있으니, 일청의 전쟁도 머지않을 듯합니다. 그때가 되면 조선은 일청의 전쟁터가 될 것이니 앞으로 무슨 책략으로 스스로 도모해야겠습니까?"

주상과 곤전께서 깊이 동의하셨다. 그리고 근심하면서 말씀하셨다.

"일본과 청국이 교전하면 승부가 어떻게 되겠는가?"

내가 아뢰었다.

"오직 일청 양국만 교전한다면 최후 승패의 결과는 미리 예측할 수 없지만, 만약 일본과 프랑스가 합세한다면 승산은 단연코 일본에 있을 것입니다."

주상께서 말씀하셨다.

"그렇다면 우리의 독립을 도모하는 책략 또한 여기에 달려 있지 않겠는가?"

내가 아뢰었다.

"참으로 성교(聖敎)가 옳습니다. 그러나 만약 전하의 폐부(肺腑) 노릇을 하는 신하들이 모두 청국에 굽실대면서 개와 양 노릇을 한다면, 설령 일본이 우리를 독립시키려고 해도 할 수 없을 것입니다. 신이 이 말씀을 아뢰는 것이 참으로 생사에 관계되오나, 나라가 지금 조석위망(朝夕危亡)에 처해 있기에 신이 일신을 잃는 것을 두려워하지 않고 이렇게 폭백(暴白)[15]하

---

15) 폭백(暴白): 폭로(暴露). 억울한 사정을 변명함

는 것입니다."

곤전께서 말씀하셨다.

"경이 그런 말을 하는 것은 나를 의심하기 때문인 듯하오. 그러나 일이 나라의 존망에 관계돼 있는데 내가 일개 아녀자로서 어찌 대계를 그르칠 수 있겠소? 경은 부디 숨기지 마오."^{정말}
^{인지 빈말인지 알 수 없었다.}

주상께서 말씀하셨다.

"경의 마음을 내가 알고 있다. 나라에 관계되는 모든 대계는, 위급할 때를 당하면 경의 계획에 일임할 것이니 경은 다시 의심하지 말라."^{이것은 참된 마음, 참된 말씀이었다.}

내가 대답했다.

"신이 비록 감히 감당할 수는 없사오나, 오늘 밤의 성교(聖敎)가 간곡하게 귓가에 남아 있으니 어찌 감히 저버릴 수 있겠나이까? 원컨대 전하께서 친히 쓰신 밀교(密敎)를 받아서 항상 몸에 지니고자 합니다."

주상께서 기꺼이 쓰신 다음에 보압(寶押)을 그리고 대새(大璽)를 찍어 주셨다. 나는 절하고 공경히 받았다. 곤전께서 술과 안주를 가져와서 하사하셨다. 날이 밝은 후에 물러났다.²⁴

이 김옥균의 기사에는 의문의 여지가 적지 않다. 첫 번째로 김옥균은 국왕의 신임을 강조해서, 그 혁신에 관해서도 국왕의 양해를 얻었음을 암시하고, 왕비도 같은 자리에서 밀지를 내리고 술과 안주를 하사한 것을 상세히 기록했지만, 이것은 전혀 믿을 수 없다. 이미 홍영식, 서광범 등이 시마무라 서기관에게 발설한 것처럼 국왕은 혁신의 의의를 전혀 이해하지 못했고, 독립당으로부터 일본과 청국 가운데 어느 쪽에 부수(附隨)할 것인지 거취를 결정하라는 재촉을 받아서 갈팡질팡하는 데 불과한 실정이었다. 국왕과 왕비가 위급한 상황에 처했을 때 외국 사신—일본 공사에만 한정되지 않는다.—에게 보호를 청해야 할 필요성은 일찍부터 인식하고 있었지만, 척신과 중신의 사형이나 정부의 개조에 절대 반대인 것은 분명했고, 독립당 또한 자신들의 계획에 관해서 국왕에게 비밀을 지키고 있었다는 것은 앞의 시마무라 서기관에게 한 김옥균의 설명에서도 간취할 수 있다. 이 점에서 본다면 통리아문에서 주장한 "역신이 왕명을 사칭했다[逆臣矯旨]."는 구절은 부정하기 어렵다.

다음으로 다케조에 공사가 어느 정도까지 독립당의 직접행동 계획에 동의했는지에 관해 의문의 여지가 있다. 아마도 독립당이 공사와의 회담, 또는 시마무라 서기관이나 아사야마를 통해 계획의 내용을 상세하게 전한 것은 사실일 것이다. 김옥균의 말에 따르면, 다케조에 공사는 암살 예정자들의 이름에 대해 "그 말에 모두 찬성하였고", 다른 세목(細目)에 관해서는 "어떤 것은 찬조하고, 어떤 것은 따르지 않았다."고 한다. 사후 경과로 보자면, 공사가 독립당으로부터 암살 예정 명단을 내밀히 받아보고 그것을 승인한 것, 그리고 공사관 경비대로 국왕 보호의 임무를 담당할 것을 승낙한 것은 부정할 수 없다. 이노우에 외무경은 「조선사변사명사실시말서(朝鮮事變査明事實始末書)」에서 다케조에 공사가 난당(亂黨)과 공모한 혐의를 극력 부정했지만, 오히려 통리아문에서 주장하는 '역당통모(逆黨通謀)'의 비난이 사실에 가깝다고 생각된다. 이 두 가지 점이 다케조에 공사의 책임론이 제기되는 근거가 된다.

마지막으로 가장 중대한 것은, 다케조에 공사가 본국 정부에 청훈(請訓)했으면서도 그 회훈(回訓)을 기다릴 겨를도 없이 직접행동에 착수한 사실이다. 독립당과 척족의 관계가 날로 악화된 것이 사실이라고 해도, 척족이 먼저 적극적으로 직접행동을 취할 염려는 전혀 없었다. 먼저 척족 자신들도 혁신 정책의 필요성을 인정하고 있었지만, 그 내부에 이견이 있어서 독립당처럼 일치된 행동을 취할 수 없는 사정이 있었다. 다음으로 독립당은 일본세력을 대표하고 있었기 때문에 독립당에 공세를 취하는 것은 곧 일본군과의 충돌을 촉진하는 것을 의미했다. 통령 오조유와 영무처 원세개 모두 본국이 내우외환으로 고심하는 때 강린(强隣)과 사단을 빚는 것은 북양(北洋)의 방침에 반한다는 사실을 충분히 알고 있었다. 청국의 후원 없이는 척족이 가공할 독립당에 대해 손가락 하나 건드릴 수 없다는 것은 특별히 설명할 필요가 없다.

메이지 17년 10월 30일 다케조에 공사가 귀임한 날까지 독립당과 척족이 충돌할 위험성은 당장은 인식되지 않았다. 그런데 다케조에 공사의 부임과 동시에 독립당은 갑자기 활동을 개시했고, 홍영식, 박영효, 김옥균 등은 날마다 공사관에 내왕하면서 시마무라 서기관, 아사야마 삼등속 등과 긴밀한 연락을 유지하고 척족의 반격을 선전했다. 다케조에 공사도 결국 그 말에 동요되어 그 대책으로 11월 12일에 갑(甲), 을(乙) 2개 안을 작성한 후 본국 정부에 훈령을 청했다. 그런데 이 청훈(請訓)은 우편으로 송부됐고, 또 그 말미에 독립당이 직접행동을 취할 필요가 있을 때는 "전보로 다시 지휘를 청할 생각"이라고 추가로 덧붙였다. 당시 경성과 도쿄 간의 우편은 적어도 2주가 걸렸다. 따라서 11월 12일의 청훈에 대한 회훈(回訓)은 아무리 빨라도 12월 10일경 이전에는 도착할 수 없었다. 이것이 바로 다케조에 공사가 11월 중순부터 한 달간은 독립당과 척족 사이에 충돌이 없을 것으로 믿었다는 증거이다. 또 이노우에 가쿠고로의 말에 따르면, 공사관 부속 무관 이소바야시 보병대위는 11월 하순에 불행한 충청도 여행을 떠나면서, 이노우에에게 "저는 앞으로 내지를 여행하려고 합니다. 근일의 상황을 살펴보면 그 사이에 혹시 사변이 일어나지 않으리라고 보장할 수 없습니다. 그대가 만약 미리 아는 것이 있으면 부디 제게 알려주십시오. 저도 스스로 각오하는 바가 없어서는 안 됩니다."라고 거듭 질문했는데, 이노우에가 "모릅니다."라고 대답하자 비로소 출발했다고 한다. 이소바야시 보병대위는 이노우에에게 특별히 호의를 표시하고 있었기 때문에 이노우에가 이소바야시 대위를 의도적으로 불행한 운명으로 인도하는 일은 있을 수 없었다. 묘당의 기밀에 통달한 이노우에조차도 11월 말부터 12월 상순까지는 평화로울 것이라고 믿었다는 증거이다.²⁵

김옥균의 말에 따르면 직접행동의 개시를 결정한 것은 11월 30일로, 이날 거사 예정일을 12월 3, 4일경으로 결정했다. 김옥균은 그 이유를 시마무라 서기관에게 다음과 같이 말했다.

○상략 주인 자리에 시마무라가 앉아 있고, 오직 아사야마만이 그를 위해 통역할 뿐 다케조에는 보이지 않았다. 차를 마신 후 시마무라가 말했다.

"다케조에 공사가 처음에는 공(公)들을 면회하려고 했습니다. 그러나 그의 심중(心中)은 이미 결정됐습니다. 심중이 결정됐다면 다시 면회를 해서 말을 허비한들 도리어 무익할 것입니다. 그래서 오늘밤은 권도(權道)로써 이처럼 실례를 범하고, 그 마음이 금석과 같이 견고함을 표시하고자 대신 저로 하여금 예(禮)로써 영접하게 한 것입니다."

나는 마침내 별궁에 방화하는 계책을 말해주었다. 시마무라 또한 매우 기뻐했다.

"기일은 언제로 정했습니까?"

내가 대답했다.

"우선 이번 달 20일로 구력 10월 20일, 신력 12월 7일에 해당한다. 정했습니다." 우리가 결정한 날은 이 날이 아니었지만 당분간 정한 날짜를 먼저 누설하고 싶지 않았기 때문에 이처럼 권도(權道)로써 대답한 것이다.

시마무라가 말했다.

"어째서 그렇게 늦습니까?"

내가 웃으며 말했다.

"20일○12월 7일 이전은 달이 밝은 것이 흠입니다. 팔인(八人)¹⁶⁾ 두 글자는 캄캄한 밤이 된 후

---

16) 팔인(八人): 불 '화(火)' 자를 파자(破字)한 것으로 별궁 방화 계획을 가리킨다.

에야 그 광채를 발하는 법입니다."

시마무라도 웃었다.

내가 또 말했다.

"기일은 오직 귀국의 우편선 지도세마루(千歲丸)가 인천 나루에 도착하기 전에 거사하는 것이 요체입니다."

시마무라가 말했다.

"어째서 그렇습니까?"

내가 말했다.

"귀국 정부의 묘의(廟議)의 변화를 제가 예측할 수 없습니다. 만일 사소한 변괘(變卦)라도 생기면 아마도 다케조에 공사가 오늘 결정한 뜻에 또 변동이 생길 것이니, 이 때문에 우편선이 _{지도세마루는 매월 20일(음력)에 인천에 도착한다.} 도착하기 전에 하수(下手)하려는 것입니다."

시마무라가 또 웃었다.○하략 **26**

이러한 기사를 종합해보면, 김옥균 등은 시마무라 서기관, 아사야마 삼등속과 함께 독립당의 위기가 목전에 닥쳐서 하루라도 늦출 수 없는 형편임을 설명하면서 다케조에 공사를 강요하고, 외무경의 회훈(回訓)이 도착하기 전에 독단적으로 직접행동을 취하기로 결정했던 것으로 보인다. 그리고 공사가 직접행동은 본국 정부에서 절대 승인하지 않을 것으로 예상해서 크게 주저하는 것을 보고는 결행 날짜를 앞당겼으며, 특히 12월 7일에 인천에 입항하는 쿄도키센주식회사(共同汽船株式會社)의 나가사키~인천 항로 정기선 지도세마루를 통해 외무경의 훈령이 도착할 것을 우려해서, 그 이전에 공사의 결심이 아직 완전히 흔들리지 않은 때에 결행하기로 결정했던 것이 분명하다.

다케조에 공사의 11월 12일자 청훈(請訓)이 외무성에 도착했을 때, 이노우에 외무경은 구(舊) 야마구치(山口) 번주 공작(公爵) 모리 모토노리(毛利元德)와 함께 야마구치에 체재하고 있었다. 외무경 임시대리 외무대보 자작 요시다 기요나리는 바로 이토 참의의 지휘를 청한 후, 다케조에 공사의 갑·을 2개 안 중에 갑안, 즉 직접행동을 승인하지 않고, 을안, 즉 평화를 유지하면서 독립파에게 적당한 보호를 제공하는 안을 택하기로 결정했다. 그리고 야마구치에 있는 이노우에 외무경의 동의를 얻은 후 11월 28일에 다음과 같이 다케조에 공사에게 전보로 훈령을 보냈다.

11월 12일부 양경(兩卿)○이토 참의 겸 궁내경, 이노우에 참의 겸 외무경 앞으로 보낸 기밀신(機密信)을 숙독해보니, 갑안(甲案)의 취지는 온당치 않아서 을안(乙案)을 재가하기로 했다. 그러나 우리 정부는 조선 정당 가운데 한 편을 원조하거나, 혹은 공공연히 그것에 간섭하지 않을 것이니, 현재 일본당(日本黨)이라고 부르는 자들이 되도록 온화한 수단으로 그 나라의 개명(開明)에 진력하게 해서 우리에게 이롭게 해야 한다. 이 점에 깊이 주의하라.[27]

이 전신은 김옥균 등이 예상한 대로 나가사키에서 지도세마루 편으로 12월 7일 인천에 도착했을 것이다. 하지만 그때는 이미 다케조에 공사의 독립당 정권 원조는 비참한 실패로 끝난 뒤였고, 다케조에 공사는 피난처인 인천 영사관에서 이 훈전(訓電)을 받아보았을 것이다.

【원주】

1 『善隣始末』卷七, 卷八; 『朝鮮史』 六編 四卷 672~673·674~675·689~690쪽; 『甲申日錄』.

2 『甲申日錄』; 『漢城之殘夢』; 『朝鮮史』 六編 四卷 698쪽; 『福澤諭吉傳』卷三 312~313쪽.

3 『福澤諭吉傳』卷三 288~289·297쪽.

4 明治十七年 京城事變查明事實始末書.

5 『甲申日錄』; 『福澤諭吉傳』卷三 313~316쪽.

6 明治十七年十一月十二日 竹添公使發伊藤·井上兩參議宛內信.

7 明治十七年五月五日 島村駐韓臨時代理公使發井上外務卿宛內信.

8 明治十七年五月五日 島村臨時代理公使內信; 明治十七年十一月十二日 竹添公使內信.

9 明治十七年十二月四日 井上外務卿發竹添公使宛訓電.

10 『善隣始末』卷八; 『福澤諭吉傳』卷三 316쪽; 『甲申日錄』.

11 『善隣始末』卷八; 『統理衙門日記』卷三 李太王甲午年九月十三日·十五日; 『日信』卷一 日使竹添進一郎
   奏, 卷二 明治十七年十月三十一日 竹添公使發督辦金弘集宛照會.

12 明治十七年十一月十二日 竹添公使內信; 『甲申日錄』.

13 明治十七年十一月九日 竹添公使金玉均對話筆記.

14 『甲申日錄』; 『漢城之殘夢』; 『福澤諭吉傳』卷三 318~319쪽.

15 『甲申日錄』.

　　신력(新曆) 10월 31일 아침, 나(김옥균)는 이노우에 가쿠고로를 불러서 다케조에가 다시 도착한 후에 알려줄 만한 일이 있는지 물었다. 이노우에가 말하길, "어제 찾아가 보았는데 특별히 대화는 없었으나, 그 기색이 크게 활발했으니 전일의 다케조에 신이치로가 아니었다."라고 했다. 나는 그에게 사정을 다시 탐지해서 보고 듣는 것이 있는 대로 내게 알려달라고 부탁했다.

　　오후 3시, 나는 혼자서 다케조에를 찾아갔다. 다케조에는 배에서 감기에 걸려 아직 이불을 덮고 누워있었기 때문에 나를 어떤 침실로 불러서 접대했다. 예를 마친 뒤에 나는 앞뒤를 생각하지 않고, 바로 우리나라의 내부 형세가 날로 위망(危亡)에 이르고 있음을 설명했다. 또 전년 이래로 까닭 없이 다케조에의 의심을 사서 나의 대계(大計)가 모두 좌절된 상황을 말하면서, 크게 소리를 내어 성내고 꾸짖었다. 그러나 다케조에는 오직 묵묵부답일 뿐이었다. 내가 그의 기색을 살펴보니 과연 전일과 크게 다른 것이 있었으며, 오히려 부끄러워하는 기색이 보였다. 그리고 내가 하는 모든 말에 구구절절 찬성하면서 결코 막으려는 뜻이 없었다. 작별에 임하여 말하길, "만약 타국이 귀국의 개혁을 찬조한다면 군(君) 등은 어떻게 하겠습니까?"라고 했다. 나는 웃으면서 말하길, "저는 3년 전부터 우리나라를 독립시키고 구습을 개혁하는 일은 일본에서 손을 빌리는 것 외에는 다른 방법이 없다고 생각해서 시종 그 동안 늑륵(勒勒)했는데, 귀 정부의 변환무상(變幻無狀)함으로 인해 우리 당에 낭패를 초래한 것이 비할 바 없었습니다. 지금 공의 말은 무슨 뜻인지 모르겠습니다."라고 했다. 다케조에가 웃으며 말했다. "무릇 나라의 정략은 때에 따라 변하고 형세에 조응해서 움직이는 것이니, 어찌 한 편의 견해만 고집할 수 있겠습니까?" 이에 사례하고 돌아왔다.

　　돌아오는 길에 금릉위를 만나서 이 일을 상세히 설명했다. 나와 박 군은 크게 기뻐하면서 "일본 정부의 정략이 크게 변했음을 이로써 알 수 있으니, 만약 이 기회를 이용해서 움직이지 않는다면 아마도 기회를 잃게 될 것이오."라고 하고 대략 의논한 바가 있었다. 그리고 박 군으로 하여금 다케조에를 자주

방문해서 다시 그의 속마음을 살피게 했다.

또 발걸음을 옮겨서 벗 홍영식을 방문하니 벗 서광범이 자리에 있었다. 이에 다케조에를 만난 일을 상세히 말하자, 홍 군이 손뼉을 치며 크게 웃으며 말하길, "우리가 금일의 절박한 형세에서 일신(一身)의 성명(性命)을 던져 기어코 한번 개혁을 도모하려는 뜻을 다행히 하늘이 어여삐 여겨서, 시운(時運)이 몰려들어 마치 세차게 물이 흐르듯 이뤄지게 됐소. 그렇다면 지난번에 일본인을 사려고 한 계책 또한 이젠 상관이 없게 됐소."라고 했다. 나도 크게 웃고 돌아왔다.

16 明治十七年十一月四日 島村書記官朴泳孝金玉均等對話筆記, 十一月九日 竹添公使金玉均對話筆記.

17 明治十七年十一月十二日 竹添公使發伊藤井上兩參議宛內信.

18 『甲申日錄』.

(신력) 11월 12일 오전 8시, 갑자기 긴급히 소견(召見)하신다는 어명이 있어서 즉시 대궐로 달려가니, 임금님께서는 밤을 새우시고 아직 침수(寢睡)에 들지 않고 계셨다. 입대(入對)하자 임금님께서 말씀하시길, "어젯밤 일을 경은 알고 있는가?" "무슨 일이 있었는지 모르겠사옵니다." 임금님께서 말씀하셨다. "어젯밤 오경(五更) 이후에 남산 아래 하도감 근처에서 갑자기 포성이 어지럽게 들려서 마치 전장과도 같았다. 경악해 마지않아서 사람을 보내 탐지하게 하니, 바로 일본 병사들이 야간에 불시 조련을 한 것이라고 했다. 설령 그러한 이외의 일이 없더라도 지금 양국 병정들이 주둔해 있어서 항상 의외의 사단이 생길까 우려스럽다. 더구나 다케조에가 이곳에 온 이후로 나를 대하여 면주(面奏)하는 것과 여러 사람들을 만나서 수작하고 거동하는 것에 은연중 청일 간에 교병(交兵: 교전)하려는 기세가 있다. 이로 인해 현재 상하 인심이 흉흉함을 느낀다. 일본인은 어째서 애초에 보고하지도 않고 갑자기 조련을 시행하는가? 이 일을 반드시 바로 다케조에에게 은밀히 물어보고 회보(回報)하라." 나는 원래 이 일을 처음 들었다. 명을 받들고 물러나왔다.

11월 13일, 외아문에 출사하니 그저께 밤의 조련 사건으로 심지어 아문에서 다케조에를 힐문했다고 하였다. 그러자 다케조에가 웃으며 말하길, "지금 천하 각국에서 군대라고 부르는 것들은 모두 운동(運動)으로 훈련하는 방법을 삼습니다. 만약 큰 사적(射的: 사격)이나 큰 훈련 같은 일이 있으면 이치상 응당 귀 아문에 지조(知照)해야겠으나, 야간훈련은 불시에 시행하는 것이니 이는 병정의 근만(勤慢)을 보기 위해서입니다. 이는 공사 또한 알지 못하고, 오직 군대를 통솔하는 자의 뜻에 따라 행하는 것입니다. 지나인과 조선인의 경악은 참으로 의외입니다."라고 하면서 자못 득의양양한 기색이 있었다고 한다. (하략)

19 明治十七年十一月十四日 島村書記官徐光範對話筆記.

20 島村書記官徐光範對話筆記.

21 竹添公使洪英植對話筆記;『甲申日錄』.

22 明治十七年十一月二十三日 竹添公使發伊藤井上兩參議宛內信.

23 『甲申日錄』.

(신력) 11월 25일 오후 2시경, 나는 홀로 다케조에를 방문해서 그동안의 상황과 영국 영사 및 미국 공사와 한 말을 대략 말해줬다.

다케조에가 손뼉을 치면서 감탄했다. "공은 과연 수대(酬對: 응대)에 민첩하십니다."

이어서 민씨들과 두세 간신을 제거할 계책을 분명히 말하자 다케조에가 전부 찬성했다. (상세히 기재할 수 없다.)

"우리들이 거행할 일은 바로 그 실마리를 여는 것이며, 그 뒤에 국면을 마무리짓는 일은 오직 귀 정부의 추향(趨向)만을 볼 뿐입니다. 나는 조금도 그대에게 숨기는 것이 없으니, 그대 또한 조금도 숨기는 일이 없도록 하십시오." (중략)

다케조에가 말했다. "내 뜻도 공(公)과 같이 결정했으니 서로 의심하지 말기로 다짐합시다."

이어서 세목을 말해주자 어떤 것은 찬조(贊助)하고 어떤 것은 따르려고 하지 않았다. 가장 먼저 강화로 왕을 모시는 일로 오랫동안 논란했으나 다케조에는 찬성하지 않았다.

"대군주 한 분이라면 강화로 모시는 일이 어렵지 않겠지만, 비빈제궁(妃嬪諸宮)은 형편상 동행할 수 없습니다. 만약 청나라 인들의 수중에 떨어지는 날이면 뒷일이 매우 어려워질 것입니다."

그래서 나도 변론했지만 결국 다케조에의 논의를 모두 좇아서 왕을 모시는 일은 차치하고 논하지 않기로 했다.

다케조에가 또 말했다. "지금 임어(臨御)하신 대궐이 수위(守衛)하기에 가장 적합합니다."

"그것은 크게 잘못된 말입니다. 만약 주상께서 움직이지 않으신다면 일본 군대가 와서 호위하는 것에 실로 명분이 없으니, 근처에라도 잠깐 옮기시는 거동을 하셔야 합니다."

이 문제는 당분간 결정하지 않고 다시 상의해서 정하기로 했다.

내가 또 말했다. "일이 발생한 후 더욱 관계가 중한 것은 금책(金策)입니다. 이것은 장차 어떻게 하면 좋겠습니까? 제가 전년에 이 일로 미국인에게 상의했으나 성공하지 못했습니다. 이제와 생각해보니 차금(借金)과 관계된 일은 영국인과 상의하는 것이 가장 좋겠습니다."

그러자 다케조에가 웃으면서 말했다. "설령 귀국에 큰돈이 없더라도 힘을 펼 수 있을 것입니다. 2, 3백만 엔의 금액은 우리나라에 충분히 방법이 있으니 크게 근심하지 마십시오."

내가 웃으면서 말했다. "그 일을 공이 보증할 수 있겠습니까?"

다케조에도 웃으면서 말했다. "그대는 아직도 내 말을 의심하십니까?"

내가 또 말했다. "수백만 원의 돈은 당장 쓸 것이 아니니, 수십만 원의 돈이라도 만약의 용처를 위해 미리 준비해두고자 합니다. 그것은 어떻습니까?"

다케조에가 아사야마(외무삼등속 아사야마 겐조)에게 물었다.

"조선의 인천, 부산, 원산 및 경성에 있는 일본 상인에게서 금액을 거둔다면 얼마나 마련할 수 있겠는가?" 아사야마가 대답했다.

"10여만 엔은 염려 없습니다."

다케조에가 내게 말했다. "이 일을 상인들에게 미리 말해서 기밀을 누설해서는 안 됩니다."

내가 웃으며 말했다. "지금은 돈이 있어도 쓸데가 없지만 쓸 일이 있을 때 공께서 힘써주시기 바랍니다."

다케조에가 말했다. "그러한 일은 염려하지 말고, 오직 거사의 방법에만 충분히 마음을 쓰시오."

그래서 나는 내정개혁과 간류(奸類)를 제거하는 방책은 오직 내가 맡을 터이니, 만약 일이 발생하면 군대를 보내서 보호하고, 청국의 발작(發作)을 막는 한 가지 일은 공사가 담당해 달라는 뜻으로 다짐하고 또 다짐했다.

다케조에가 말했다. "공의 말씀이 창쾌(暢快)하니 이에 내 마음도 안심이 됩니다. 그러나 변이 일어난 후 국왕께서 나를 부르셔서 가서 호위할 때, 그 계책은 어떻게 됩니까?"

내가 웃으며 말했다. "국왕께서 직접 쓰신 글이 있으면 되겠습니까?"

다케조에가 웃으며 말했다. "한 글자만 쓰셔도 됩니다."

"칙사는 일등대신 박영효면 되겠습니까?"

다케조에가 웃으며 말했다. "매우 좋습니다."

그리고 말했다. "가령 지나 군대가 1,000명이 되더라도 우리 1개 중대의 군대를 가지고 북악을 먼저 점거한다면 2주를 버틸 수 있고, 만약 남산을 점거한다면 2개월을 수비할 수 있으니 절대 근심하지 마십시오."

나는 바로 고별하며 말했다. "지금부터 나는 다시 귀 공사관을 방문하지 않을 것입니다. 거사 일시를 정하는 일과 모의 실행의 절차를 결단하는 일은 아마 박영효, 홍영식 가운데 한 사람이 공사에게 와서 말씀드릴 것입니다. 이제 작별하면 생사가 어떻게 될지 모르니 임시로나마 결별해야 하겠습니다."

다케조에가 손뼉을 치면서 웃고는 나를 중문 밖까지 배웅했다.

24 『甲申日錄』.
25 『漢城之殘夢』.
26 『甲申日錄』甲申年新曆十二月一日.
27 明治十七年十一月二十八日 伊藤參議吉田外務大輔發竹添公使宛電信.

제51절

갑신변란

메이지 17년 10월 다케조에 변리공사의 귀임(歸任)과 함께 일본 정부의 대한정책의 대전환을 기대했던 홍영식, 박영효, 김옥균, 서광범, 서재필은 조만간 다가올 혁신 준비에 착수했다. 원래 근대 조선에서 정치적 반란은 빈번하게 있었지만 유혈 참사를 본 경우는 비교적 드물었다. 정변을 통해 성립한 신정권은 구정권의 수뇌부를 합법적으로 체포해서 심문한 후 유배를 보내고 마지막에 사사(賜死)하는 순서에 따라 일소했으며 직접수단을 피했기 때문이다. 그런데 갑신변란의 주모자들은 모두 일본문화에 젖은 신인(新人)들이었다. 그들이 가장 먼저 일본에서 배운 것은 참간(斬奸)이라는 직접행동이었다. 막말(幕末)에서 메이지 중기까지의 일본 정치사는 암살로 점철돼 있다고 해도 좋다. 당시의 청년지사들은 암살을 찬미할지언정 그것을 정치적으로 비열한 수단이라거나 도덕적으로 중대한 죄악이라고는 생각하지 않았다. 따라서 그들이 박영효와 김옥균, 그리고 그들의 당여(黨與)였던 조선인 청년들에게 일본에서의 암살의 역사를 상세하게 설명해주고 그 방법을 전수해서, 암살이 정치적으로 가장 유효한 직접수단이라고 결론을 내렸다고 해도 전혀 이상할 것은 없다.

직접행동에 가장 필요한 것은 자금과 병기와 인원인데, 조선에서는 다소 사정이 달랐다. 즉, 민도(民度)가 극히 낮고, 민중이 금전보다 관직을 귀하게 여기는 경향이 강하기 때문에 매수 등에 필요한 자금이 상대적으로 적었던 것이다. 병기와 관련해서는, 염가로 대량 입수가 가능한 일본도를 비롯해서 권총, 폭약 등이 있었는데, 그 태반은 이노우에 가쿠고로가 후쿠자와 유키치와 연락해서 밀수입한 것이었다.[1]

가장 어려운 것은 직접행동을 담당할 인원을 구하는 일이었다. 독립당은 정치적·사회적으로 유력한 단체가 아니었으므로 소수의 가담자들 중에서 직접행동에 적당한 자를 고르는 데 상당한 어려움을 겪었다. 김옥균이 가장 신뢰한 것은 자신의 손으로 일본에 파견한 유학생 출신자들이었다. 그 가운데 14명은 육군 도야마(戶山) 학교 출신으로 보통 사관생도라고 불렀으며, 서재필을 장(長)[조련국 사관장(操鍊局士官長)]으로 받들어서 그 훈련과 사상이 모두 독립당의 중견이 되기에 충분할 것으로 생각됐다. 다음으로 신뢰할 수 있는 것은 박영효, 김옥균, 서광범 등 수령의 청지기와 가노(家奴)로 그들의 태반은 사실상 변란과 운명을 같이했다. 이들만으로는 인원이 부족했으므로 보부상과 상민(常民)에서도 모집했다. 김옥균의 심복 중에 이인종(李寅鍾)이라는 자가 있었는데 시중의 부랑자와 무뢰배들 사이에서 상당한 세력을 가지고 있었던 듯, 그의 손을 거쳐 독립당에 참가한 자들이 적지 않았다. 마지막으로 사영(四營) 가운데 전영(前營)과 후영(後營)은 원래 고(故) 호리모토 공병중위가 훈련한 별기군을 개편한 것이었으므로 친일 성향이 있었다. 특히 전영교장(前營敎長) 윤경완(尹景完), 신복모(申福模), 이응호(李應浩)는 독립당에 속해서 부하 군졸들을 이끌고 참가했지만 사실상 부화뇌동에 가까워서 신뢰하기에는 부족했다.

이와 같이 직접행동대원을 모집하는 과정에서 박영효, 김옥균 등은 독립자주의 의의를 설명하면서 그들의 분기를 촉구했으며, 혁신정권이 성립한 다음에 별군직(別軍職), 사영영병관(四營領兵官), 또는 첨사(僉使) 등의 군직에 임용하겠다고 약속하는 대신에 현금을 거의 나눠주지 않았다.

앞에서 열거한 인원 가운데 실제 직접행동에 참가한 수, 또는 그 성명이나 출신 등에 관해서는 거의 밝혀지지 않았다. 오직 김옥균의 『갑신일록(甲申日錄)』과 「의금부국안(義禁府鞫案)」 등을 종합해 볼 때, 직접행동에 참가해서 중요한 역할을 했다고 생각되는 자들은 다음의 10여 명이다.

- 사관생도: 이규완(李圭完), 서재창(徐載昌), 신중모, 정란교(鄭蘭敎)
- 부상(負商): 이창규(李昌奎)
- 전영군졸(前營軍卒): 신복모, 윤경완, 이응호, 이희정(李喜貞)
- 박영효 등의 청지기: 이윤상(李允相), 김봉균(金奉均), 최은동(崔恩洞), 최영식(崔永植)
- 기타: 이인종, 윤경순(尹景純), 유혁로(柳赫魯), 오창모(吳昌模), 황용택(黃龍澤), 변수(邊樹)[중관(中官)][2]

대담성과 기민함이 필요한 직접행동에 조선인은 적당하지 않다고 생각한 김옥균 등은 일본인 장사(壯士)를 가담시키고자 했지만, 경성 거류민의 대다수는 상인이어서 적임자를 구하기 어려웠다. 본국에서 모집한다면 의심할 여지없이 많은 적임자를 구할 수 있었겠지만, 아직 그럴 준비도 돼 있지 않았으므로 결국 얻은 인원은 4명에 불과했다. 후쿠자와 유키치의 「변란기사」의 주석에 "일본인 4명 가운데 1명은 육군에서 오고, 1명은 공사관에서 오고, 그 외 2명은 김, 박의 손에서 나왔다."는 구절이 보이는데, 그 성명이 판명된 사람은 김옥균을 따르다가 난 중에 살해된 나가사키 현 이즈하라(嚴原)의 평민 소시마 와사쿠(總島和作) 1명 뿐이다.[3]

이상의 계획은 박영효, 김옥균, 서광범, 서재필의 네 수령이 입안했고, 다케조에 공사와 시마무라 서기관 등에게 그 대요가 내밀히 통보되어 있었다. 마지막으로 12월 1일에 계획 일체를 결정하고, 이인종, 윤경완, 신복모 등을 불러서 명령을 내렸다.

정치적 반란은 그 시기의 선택이 가장 중요해서, 때를 놓치면 전반적인 계획이 어긋날 우려가 있다. 독립당 수뇌부는 숙고한 끝에 최근 북부 전동에 신설된 우정국(郵征局)[우편국(郵便局)] 개국 축하만찬회를 이용하기로 결정했다. 우정국 총판(總辦)은 홍영식이 겸임하고 있었는데, 그날 초대할 인원을 미리 면밀하게 조사하고, 특히 그날 밤에 희생될 네 영사(營使)의 출석 여부를 확인해 둘 필요가 있었다.[4]

그 조사 결과에 따라 결행 일시를 메이지 17년 12월 4일(갑신년 10월 17일)로 정하고 다음 계획대로 추진하기로 결정했다.

하나, 우정국 만찬회에는 외교단을 주빈(主賓)으로 하고, 전영사 한규직, 후영사 윤태준, 좌영사 이조연, 우영사 민영익을 배빈(陪賓)으로 초대한다.

둘, 안국동 별궁에 방화한다. 이 일은 이인종, 이규완 등이 맡되, 인접한 서광범의 집에서 별궁으로 침입한다.

셋, 별궁에 화재가 나면 네 영사는 직책상 현장으로 급히 달려갈 것이다. 그 기회를 노려서 우정국 밖 노상에 행동대를 매복시켰다가 암살을 실행한다. 그 배치는 다음과 같다.
- 민영익: 윤경순, 이윤상
- 한규직: 이규완, 임은명(林殷明)
- 이조연: 신중모, 최은동
- 윤태준: 황용택, 박삼룡(朴三龍)

병기로는 각자 권총 1정과 일본도 1자루를 나눠주었다. 그렇지만 그들이 실제로 하수(下手)할 수 있을지는 대단히 의심스러웠기 때문에 일본인 장사 1명씩을 붙여서 조선인이 주저할 경우에는 그 일을 대신 맡기로 정했다. 이 일본인들에게 조선 옷을 입힌 것은 물론이다.

넷,　창덕궁 금호문(金虎門)(돈화문의 서쪽, 대신과 별입시의 통용문) 밖에서는 전영교장(前營敎長) 신복모가 교장 이응호 이하 전영(前營) 군졸 14명을 거느리고 매복하고, 민태호, 민영목, 조영하가 별궁의 실화(失火)로 국왕의 문안을 위해 입궐하는 것을 기다렸다가 살해한다.

다섯,　창덕궁을 숙위(宿衛)하는 전영(前營)의 군병(軍兵)은 당일 밤 윤경완이 지휘할 예정이므로 이들이 내응한다.

여섯,　창덕궁 인정전(仁政殿) 행랑과 그 밖에 다른 곳에 폭약을 매설했다가 폭음을 내서 위협한다.

일곱,　안국동 별궁의 실화(失火)와 동시에 일본 공사관에서 병력 30명을 파견해서 금호문과 경우궁 사이의 노상에서 경계한다.[5]

메이지 17년 12월 4일(갑신년 10월 17일)이 밝았다. 박영효와 김옥균 등은 동지와 연락을 긴밀히 하면서 일본 공사관을 왕복하거나 우정국에 가기도 하며 준비를 소홀히 하지 않았다. 공사관에서도 경계에 착수했는데, 특히 공사관 경비대가 전원 무장한 채 남부 진고개[泥峴]의 본부를 출발해서 교동(校洞) 공사관까지 이동하는 모습은 크게 사람들의 이목을 끌었다.

우정국 만찬회는 예정대로 12월 4일 오후 7시경에 신청사에서 열렸다. 외교단에서는 미국 특명전권공사 루셔스 푸트, 공사 비서관 찰스 스쿠더(Charles L. Scudder), 영국 총영사 윌리엄 조지 애스턴, 청 총판조선상무 진수당, 방판상무(幇辦商務) 담갱요(譚賡堯), 일본 공사관 서기관 시마무라 히사시, 외무삼등속 가와카미 류이치로(川上立一郎) 등이 참석했고, 조선 측에서는 주인으로 총판 홍영식, 배빈(陪賓)으로 금릉위 박영효, 독판교섭통상사무 김홍집, 전영사 한규직, 우영사 민영익, 좌영사 이조연, 김옥균, 민병석(閔丙奭), 서광범, 묄렌도르프, 주사 윤치호, 사사(司事) 신낙균(申樂均)이 열석했다. 예정된 빈객 중에서 불참한 사람은 다케조에 변리 공사, 독일 총영사 젬브슈, 후영사 윤태준이었다. 윤태준은 이날 밤에 숙위(宿衛)를 맡았기 때문이고, 다케조에 공사는 "제가 전날 각 진신(縉紳)을 방문하다가 조금 한기가 들어서 연회 초대에 응할 수 없습니다."라고는 했지만, 일반적으로 그의 결석은 계획적이었던 것으로 간주되고 있다.

만찬회는 서양식이었고 요리사는 고용 일본인이었다. 김옥균은 여기에 은밀히 뜻을 둬서 일부러 급사(給仕)의 행동을 느릿느릿하게 했지만, 예정 시각인 오후 8시 30분이

지나도록 화재가 발생했다는 보고는 오지 않았다. 그것은 안국동 별궁이 굉장히 견고한 건물이라서 적은 양의 연소물이나 화약으로는 쉽게 불에 타지 않고, 그동안 평상시에 별궁 근처에 사람 그림자가보이지 않다가 갑자기 사람들의 왕래가 심해진 모습을 보고 포도청 교졸(校卒)들이 출동해서 일찍 경계에 들어가 일이 거의 실패로 돌아갔기 때문이었다. 급보를 접한 김옥균은 초조함을 견디지 못하고 아무 민가에라도 빨리 불을 지르라고 명령했다. 때는 이미 오후 10시에 가까워지고 있었고, 만찬회 탁상에는 커피가 놓여 있었다. 마침내 이규완 등이 우정국 북쪽 인근의 민가에 방화하는 데 성공했다. 불길을 본 세 영사는 당황하면서 소방 임무 때문에 자리를 떴는데, 그 중에서도 그 전부터 김옥균의 거동을 의심하고 있던 민영익이 솔선해서 귀가했다.

직접행동대는 우정국 밖 노상에 매복하고 있다가 가장 먼저 민영익이 나오는 것을 보았지만, 그를 맡은 윤경순과 이윤상은 감히 나서지 못했다. 그때 소지마 와사쿠가 뛰쳐나가서 일본도를 휘둘러 일격을 가하자 윤경순이 뒤따라 공격했다. 왼쪽 귀 뒤와 왼쪽 허벅지에 중상을 입은 민영익이 비명을 지르면서 우정국 안으로 다시 들어와 그 자리에 쓰러졌다. 이 모습에 놀란 내빈들과 우정국 직원, 요리사 등이 일제히 노상으로 뛰쳐나가자 직접행동대는 사태가 뜻밖으로 전개되는데 놀라서 현장에서 달아났고, 한편에서는 교졸과 하례(下隷) 등의 출동으로 화재도 진압돼서 사태는 진정되고 있었다. 사정을 알지 못하는 이들은 단순히 척신에 대한 일시적인 흉행(兇行)으로 보고 우정국에서 귀가했고, 민영익은 묄렌도르프의 도움으로 그의 공관으로 옮겨졌다.[6]

직접행동의 첫 단계에서 중대한 차질이 빚어진 것을 우려한 김옥균, 박영효, 서광범은 일본 공사관으로 급히 달려갔다. 그러나 시마무라 서기관이 공사의 결심에는 흔들림이 없다고 단언했고, 또 실제로 경비대가 앞마당에 정렬해 있는 것을 보고 안심한 김옥균과 박영효 등은 창덕궁으로 달려갔다. 그리고 금호문으로 들어가서 내관 유재현(柳在賢)을 통해 국왕을 알현하여, 도하(都下)에 중대한 사변이 발생해서 민영익은 이미 희생됐으며, 국왕께서는 잠시 창덕궁을 떠나 경우궁으로 피난하시고, 아울러 일본 공사의 보호를 요청해야 한다고 역설했다. 그 상세한 대화 내용은 『갑신일록(甲申日錄)』에 보이는 대로였을 것이다.

즉시 신속하게 궁궐로 가서 이동(泥洞) 동네어귀를 바라보니 김봉균(金奉均)과 이석이(李錫伊) 등이 벌써 오래전부터 기다리고 있었다. 또 신복모와 용사 40여 명이 사방에 매복해 있는 것을 보았다. 금호문에 도착했는데 문이 이미 닫혀 있었다. 바로 수문군사(守門軍士)를 불러서 문을 열게 했다. 군사가 말하길, "열쇠가 정원(政院)에 있어서 제 마음대로 열 수 없습니다."라고 했다. 나는 즉시 큰소리로 "지금 화사(禍事)[1]가 생겼으니 빨리 문을 열라!"고 하면서 그를 꾸짖었다. 수문장이 내 목소리를 듣고 ^{그는 곧 내 심복으로서 약속이 되어 있는 자였다.} 곧장 달려와서 자물쇠를 열었다. 세 사람은 곧장 봉균, 석이 등을 거느리고 들어갔다. 궐내는 군졸들이 왕왕 순라(巡邏)하는 모습만 보일 뿐, 인적도 없이 적막했다. 그때 달빛이 밝아서 마치 대낮처럼 보였다. 숙장문(肅章門) 안에 이르러 봉균과 석이를 인정전(仁政殿)의 탄약을 매설한 곳으로 보내고, 30분 동안 기다렸다가 폭발시키게 했다.

그리고 곧장 협양문(協陽門) 앞에 이르렀는데 어떤 파수무감(把守武監)[2]이 호통을 치면서 저지했다. ^{입궐하는 사람은 대례복(大禮服)이 아니면 들어갈 수 없다. 그런데 당시 우리는 모두 평복(平服)을 입고 있었기 때문이다.} 이에 나는 큰 소리로 꾸짖기를, "너희가 문밖에서 무슨 큰일이 일어났는지 몰라서 감히 나의 걸음을 막는단 말이냐?"라고 했다. 그리고 곧장 난입(攔入)[3]했다. 사람들이 놀라고 두려워하면서 그 이유를 물었지만 나는 대답하지 않은 채 급히 합문(閤門) 앞으로 나아갔다. 윤경완이 병정 50명을 거느리고 대기하고 있었다. 은밀히 그에게 병사들을 단속하면서 호령을 기다리라고 했다.

곧장 전내(殿內)로 올라가니 성상께서는 이미 주무시고 계셨다. ^{변수가 이미 마중 나와서 귀엣말로 궁중에는 아직 조금도 의심스러운 일이 없다고 했다.} 오직 환관배(宦官輩)만이 청외(廳外)로 나왔다가 우리들이 평복 차림으로 황망히 들어오는 것을 보고 놀라면서 내게 온 이유를 물었다. 나는 즉시 유재현(柳在賢)에게 ^{환관 중에 가장 총애가 있고 권력을 가진 자다. 이 자는 궁전 내에서 척살(刺殺)하기로 이미 결정돼 있었다.} 성상께 급히 기침하실 것을 청하게 했다. 유재현이 누차 그 사유를 물었지만 나는 큰 소리로, "지금 국가의 위난을 당했는데 너희 환관배가 어찌 감히 말이 많은가?"라고 했다. 유재현은 비로소 놀라고 두려워하면서 들어갔다. 성상께서는 이미 내 목소리를 들으시고, 침실에서 나를 부르시면서 말씀하셨다. "무슨 사고가 있느냐?" 나는 바로 박영효, 서광범 두 사람과 함께 침실로 들어갔다. 그리고 우정국의 변란을 자세히 말씀드리고는, "일이 급하게 되었으니 부디 잠시 정전(正殿)을 피해 계시옵소서."라고 했다. 그러자 곤전(坤殿)께서 ○^{왕비 민씨} 조용히 내게 물으셨다. "이 변란이 청에서 나왔는가, 일본에서 나왔는가?" 내가 미처 대답하기도 전에 동북쪽에서 갑자기 하늘을 울리는 포성이 들려왔다. ^{이것은 누군가가 통명전(通明殿)에서 일을 행한 것이다.} 이로 인해 대

---

1) 화사(禍事): 흉사(凶事). 목숨이 위태로운 큰일
2) 무감(武監): 조선시대에 왕의 호위를 맡은 관청인 무예별감(武藝別監)의 준말
3) 난입(攔入): 출입을 통제하는 구역에 마구 뛰어듦

가(大家)[4]께서 크게 놀라서 편전(便殿)[5] 후문으로 급히 나가셨다. 나는 이규완 등을 급히 불러서 호위하게 했다. 기록할 것이 많지만 번쇄해서 모두 적을 필요가 없다.

성상께 아뢰었다. "지금 당장 일본 군대에 보호를 요청하신다면 만전을 기할 수 있을 것입니다." 상께서는 "아뢴 대로 하라."고 하셨다. 상께서 마음으로 살피신 바가 있었던 것이다.

곤전께서 말씀하셨다. "만약 일본군에 호위를 청한다면 청국군은 장차 어떻게 할 것이오?" 내가 급히 대답했다. "청국군에도 호위하러 와줄 것을 요청해야 합니다." 그리고 즉시 유재현을 일본 공사관으로 보내면서, "반드시 너와 함께 호위하러 와줄 것을 요청하라. 그것은 장차 네 공이 될 것이다."라고 했다. 또 모 군(某君)을 청군 진영으로 보내서 그들을 호위하러 오게 했다. 이것은 원래 거짓이었다. 모 군과는 이미 약속이 돼 있었다. 이어서 변수를 즉시 일본 공사관으로 보내서 대사(大事)가 뜻대로 이뤄졌음을 알리게 했다.

성상께 아뢰었다. "이미 다케조에를 불렀는데, 만약 친히 쓰신 칙서(勅書)가 없으면 아마도 명에 따르지 않을 것입니다." 성상께서 말씀하셨다. "어떻게 하면 되겠는가?" 이에 요금문(曜金門) 안의 노상에서 내가 연필을 올리고 박 군이 백지를 꺼냈다. 상께서 직접 '일본 공사는 와서 짐을 호위하라[日本公使來護朕].'는 7자를 적어 주셨다. 급히 박 군을 다케조에에게 보내서 그것을 보이게 했다. ○상략, 하략 7

『갑신일록(甲申日錄)』에는 박영효와 김옥균이 국왕에게 아뢴 내용이 기록되어 있지 않다. 김옥균은 처음부터 진실을 말하고 있지 않았으므로 기록하기에 적당치 않다고 생각했던 것 같다. 승정원에서 기록한 「갑신변란사실」에, "김옥균, 박영효, 서광범은 궐내로 곧장 달려가서 바로 침전(寢殿)으로 들어갔다. 그리고 헐떡거리면서 아뢰길, '청국군이 난리를 일으켜서 불길이 도성에 가득합니다. 도성 안의 사람들이 도륙 당하고 창검이 난무하니 부디 급히 이어(移御)하여 피하소서.'라고 했다. 아울러 일본 공사를 불러서 호위를 청하시라고 했지만, 우리 대군주께서는 윤허하지 않으셨다. 그러자 옥균 등은 혹은 통곡하고 혹은 흐느끼면서 주상의 마음을 두렵게 하여 궁을 옮기시도록 핍박했다. 각 전궁(殿宮)들도 모두 걸어서 뒤따랐으니 창황(蒼皇)해서 의례를 따질 겨를이 없었다. 영숙문(永肅門)에 이르러 갑자기 국출신청(局出身廳)[6]에서 포성이 들렸다. 역당이 급

---

4) 대가(大家): 궁중의 가까운 신하나 왕비 등이 왕에 대해서 쓰는 호칭
5) 편전(便殿): 임금이 평상시에 거처하는 궁전
6) 국출신청(局出身廳): 조선 후기 훈련도감에 소속된 하급 부대로서 국별장청(局別將廳)이라고도 했다. 국출신(局出身)은 훈련도감의 병사들 중에서 선발해서 편성한 부대로서 영숙문(永肅門)을 중심으로 궁궐의 숙위를 담당했다.

히 외치길, '외병(外兵)이 크게 몰려왔으니 서두르지 않을 수 없습니다'라고 했다. 이는 역당이 미리 국출신청에 사관생도들을 매복시켰다가 주상께서 오시는 것을 보고서 포를 쏜 것이니, 그들의 암호였다."는 기록이 보이는데, 이것이 아마도 진상일 것이다.[8]

국왕과 왕비, 세자와 세자빈은 박영효, 김옥균 등에게 강요당해서 그 전에 입시하고 있던 경기관찰사 심상훈(沈相薰)을 거느리고 창덕궁을 떠나 경우궁으로 향했다. 숙위하고 있던 후영사 윤태준이 군졸을 인솔해서 배종(陪從)했다. 경우궁은 현재 경성부(京城府) 계동정(桂洞町) 면적의 반을 차지할 만큼 큰 궁전으로, 당시에는 비어 있어서 문을 굳게 잠가놓아 들어갈 수가 없었다. 사관생도 윤경완이 문장(門墻)을 넘어 들어가 빗장을 부수고 문을 연 후 일행을 인도해서 정당(正堂)에 이어(移御)하게 했다. 그때 창덕궁 인정전 문랑(門廊)에 묻어 둔 화약에 불이 붙어서 커다란 폭발음이 계속 울렸으므로 국왕의 간담은 더욱 서늘해졌다. 신정(神貞), 명헌(明憲) 두 대비도 뒤늦게 도착했으며, 우정국에서 바로 창덕궁으로 달려갔던 홍영식과 한규직도 국왕의 뒤를 쫓아 경우궁으로 왔다.[9]

일본 공사관에서는 우정국의 변(變) 직후에 시마무라 서기관이 돌아와서 복명하고 이어서 애스턴 영국 총영사도 호위병을 청하려고 내방했으므로, 다케조에 공사는 박영효, 김옥균의 무리가 직접행동에 착수했음을 알고 곧바로 공사관 경비대장 육군보병대위 무라카미 마사츠미에게 출동 준비를 명했다. 곧이어 내관 변수가 와서 공사에게 왕명(王命)으로 궁궐에 들어와 호위해줄 것을 요청했다. 다케조에 공사는 시마무라 서기관을 거느리고, 경비대장 무라카미 보병대위에게 출발을 명했다. 문을 막 나서려고 할 때, 내관 유재현이 국왕의 친서를 갖고 와서 입궐을 요청했다. 그것을 받아보니 양지(洋紙) 한 조각에 초서(草書)로 '日使來衛'라고 적혀 있었다. 연필로 쓴 것이었으며, 어명(御名)도 없고 어보(御寶)도 찍혀 있지 않았다. 『갑신일록(甲申日錄)』에서 말하는 것처럼 '日本公使來護朕'의 7자가 아니었고, 또 왕사(王使)는 세 차례 모두 내관이었고 박영효는 오지 않았다.[10]

그때 또 내관이 와서 국왕이 이미 경우궁으로 이어했다는 소식을 전했다. 공사관이 있는 교동에서 경우궁까지는 걸어서 겨우 20분 정도밖에 안 되는 가까운 거리였다. 경우궁에 도착한 공사는 시마무라 서기관과 외무삼등속 아사야마 겐조를 거느리고 정당(正堂)의 계하(階下)로 나갔다. 그리고 아사야마 삼등속의 통역으로 "일본 공사 다케조에 신이치로가 내현(來見)하여 문안을 올립니다."라고 몇 차례 외치게 했다. 국왕은 어두운 정당(正堂) 속에서 내려와서 공사를 맞이하고 호위하러 와준 것에 대해 사례했다. 당시 경우궁 내의 혼잡은 다케조에 공사의 수기를 통해서도 살펴볼 수 있다.

> 그 내관을 앞세우고 경우궁에 도착하니 대왕, 왕비, 세자궁은 이미 임행(臨幸)했고, 마침 대
> 왕비의 가마도 도착했다. 대왕은 궁전 밖의 정원까지 나와서 나를 맞이했고, 신속하게 호위
> 하러 와준 것에 대해 사례했다. 이날 밤 숙직하는 대장은 윤태준으로, 병사들을 이끌고 배종
> (陪從)했다. 그 밖의 진신(縉紳), 내관, 잡역, 여관(女官) 등이 분집잡답(紛集雜沓)해서 궁전의
> 안팎은 거의 입추의 여지가 없었다. 나는 시마무라 서기관과 아사야마 겐조를 거느리고 궁전
> 밖에 서서 잡역과 천인들이 궁전 안으로 난입하는 것을 제지했다. 한때 궁전 안의 등불이 모
> 두 꺼져서 암흑이 됐다. 우려하지 않을 수 없었으므로 내가 제등(提燈)[7]을 내관에게 내줘서
> 간신히 한 점의 등불을 밝혔다. ○상략, 하략11

다케조에 공사는 김옥균 등과 협의한 후, 무라카미 보병대위에게 경우궁의 병력 배
치를 명했다. 곧바로 외부에는 청국 군대의 공격에 대비하기 위해서 일본 군대를 배치하
고, 사문(四門)에는 장교들을 분견했다. 내부에서도 대문은 보병중위 고타니 다네미츠
(小谷種美)에게 수비하게 했다. 김옥균은 무감(武監) 중에서 친신(親信)할 만한 자 10여 명
을 골라 사문(四門)에 분견했다. 문안 입시(問安入侍)를 청하는 대신, 재상, 장신(將臣)이
있으면, 우선 명함을 받아서 김옥균에게 보인 다음에 그의 명령에 따라 허락 여부를 결
정했다. 경우궁의 안쪽에는 윤경완이 인솔하는 전영(前營) 군졸 50명을 배치하고, 국왕
과 왕실의 거처인 정당(正堂)에는 서재필이 이끄는 사관생도 13명으로 경비를 세웠다.
이인종 등도 그 부근에 집합해 있었다. 따라서 윤태준이 인솔하는 후영(後營) 군졸과 변
보(變報)를 듣고 경우궁에 집합한 전영(前營)·좌영(左營)·우영(右營)의 군졸들은 정당(正
堂) 뒤쪽에서부터 후문 안팎에 잡다하게 모여 있었을 것으로 생각된다.[12]

독립당이 사변의 첫 번째 단계에서 중대한 차질을 빚어서 그 전도를 크게 염려했던
박영효와 김옥균은 두 번째 단계에서 국왕의 이어(移御)와 다케조에 공사의 내원(來援)이
예정대로 실행됐으므로 크게 용기를 회복했다. 그들은 우정국과 금호문 밖에서 착수하
지 못했던 삼영(三營)의 영사(營使)와 척신의 참살을 경우궁 안에서 실행하기로 했다. 먼
저 후영사 윤태준, 전영사 한규직, 좌영사 이조연을 위급한 때 장신(將臣)으로서 그 임무
를 다하지 못한 죄를 꾸짖은 후, 이인종과 이규완 등에게 명해서 문밖으로 끌고나가 참

---

7) 제등(提燈): 자루가 있어서 들고 다닐 수 있게 만든 등

살하게 했다. 이어서 판서 민영목, 좌찬성 민태호, 판서 조영하가 문안을 위해 입위(入衛)하자, 김옥균은 전명(傳命)해서 대문 안에서 그들을 차례대로 살해하고 시체를 문 옆의 작은 방에 쌓아 놓았다. 그 상황은 『갑신일록(甲申日錄)』과 「을유모반대역부도죄인 윤경순 등 국안(乙酉謀反大逆不道罪人尹景純等鞫案)」에 보인다.

박 군이 ^{○박영효} 윤 ^{○윤태준}, 이 ^{○이조연}, 한 ^{○한규직} 세 사람에게 말하길, "이제 변란을 당해서 일본 공사에게 군대를 이끌고 호위하러 와줄 것을 요청했는데, 삼영(三營)의 영사(營使)들은 군대를 통수하는 임무를 맡고서도 어째서 일찍 무기를 들고 오지 않았는가?"라고 하자, 서로 얼굴만 쳐다보며 오직 무슨 연고인지 이야기할 뿐이었다. 윤태준에게 먼저 나가자고 했다. 영사를 데리고 밖으로 나가서 소중문(小中門) 밖에 도착하자마자 이규완과 윤경순이 결과(結果)[8]하니, 사람들이 모두 알지 못했다.

이조연과 한규직은 내게 무슨 말을 하려고 했지만 나 또한 박 군이 한 말로 대꾸했다. 이조연이 큰 소리로 외쳤다. "내가 주상을 입대(入對)하고자 하니, 문 안에 들어갈 수 있도록 허락하라!" 서재필 군이 검으로 그 앞을 비껴 막으면서 꾸짖었다. "나는 문을 지키라는 명을 받았으니 명이 아니면 들여보낼 수 없소!" 또 장사(壯士)들이 모두 분연히 폭발할 듯한 기세였으므로 한규직과 이조연은 어쩔 수 없이 그대로 경우궁 후문으로 나갔다. ^{○이 문밖에는 각영(各營)의 병졸들이 모두 와서 수위하고 있었다.} 문밖에서 황용택, 윤경순, 이규완, 고영석이 하수(下手)했다.

민영목이 경우궁 정전(正殿) 밖에 도착했다. 명찰을 보고서 일본인 통역 가에데 겐테츠(楓玄哲)를 먼저 들여보내라고 했다. 그리고 나서 이규완, 고영석 등으로 하여금 그를 안고 들어오게 한 후, 대문 안에 들어서자마자 일본 병사들이 위립(衛立)한 가운데 행사(行事)했다. 조영하가 다음이었고, 민태호가 그 다음이었다. 같은 방식으로 결과(結果)했다. ^{○상략, 하략, 「갑신일기」 갑신년 10월 17일조}

공(供) ^{○중략, 갑신년 10월 17일 우정국 변과 관계됨.}: 잠시 후 영효가 귀가해서 말하길, "큰일이 났다."고 했습니다. 바로 후문에 어떤 자가 와서 머리를 숙이고 무릎을 꿇자, 영효가 즉시 그를 따라 나섰습니다. 제가 함께 나가서 보니, 영효가 병정 10여 명과 함께 금위신영(禁衛新營) 앞으로 가고 있었습니다. 그래서 제가 영효의 집으로 가보니, 황용택, 최은동, 김봉균, 이은종, 신중모, 이인종, 이규완이 모두 돌아와 있었습니다. 그 후 변수가 와서 묻기를, "모인 사람이 어째서 이것밖에 안 되는가?"라고 했습니다. "이것밖에 안

---

8) 결과(結果): 살해

된다."라고 답하자, 변수가 즉시 함께 가자고 했습니다. 저희는 그를 따라서 경우궁
으로 갔습니다.

서재필이 문밖에서 맞이하며 말하길, "너희는 오로지 내 지휘만 따라야 한다."고 했
습니다. 저희가 그를 따라서 경우궁에 들어가자, 감투만 쓴 어떤 양반이 궁원(宮園)에
있었습니다. 그가 누구인지 물었는데, 재필이 "생도다."라고 답했습니다. 또 무엇을
소지했는지 묻자 재필이 "소총과 소도(小刀)를 갖고 있다."라고 했습니다. 그 사람이
대청 앞을 에워싸게 했습니다. 그래서 저도 함께 에워쌌습니다. 재필이 즉시 키가 큰
일본인과 이규완, 최은동 그리고 저를 지목하면서 일본인의 지휘에 따르라고 명했습
니다. 또 말하길, "이규완이 일본어를 잘 하니 반드시 일본인의 지휘에 따라 행하라."
고 했습니다. 일본인이 즉시 저희를 인솔해서 밖으로 나갔습니다.

잠시 후 한 노재상(老宰相)이 들어왔습니다. 규완이 즉시 일본인과 귀엣말을 하더
니 그 노재상을 바로 베어 버렸습니다. 저는 이규완, 최은동 두 놈과 함께 범수(犯手)
했습니다. 나중에 들으니 민 독판(督辦)○민영목이라고 했습니다. 그 다음에 또 재상 1
명을 불러왔습니다. 규완이 다시 일본인과 귀엣말을 하고는 소리를 지르면서 베었습
니다. 저희들도 함께 범수(犯手)했습니다. 그 사람은 조 판서○조영하라고 했습니다. 그
리고 대청 뒤로 가보니, 이 감독(監督)○이조연이 황용택, 이인종에 의해 이미 해를 당한
뒤였습니다. 제가 대청 뒤로 가자 윤 씨 양반○윤태준이 대청에서 나왔습니다. 일본인이
그를 문밖으로 호송하자마자 이규완이 저희 세 사람과 함께 그를 베었습니다. 일본인
이 또 한(韓) 대장○한규직을 데리고 오자 규완이 저희들과 함께 하수(下手)했습니다. 다
시 문 안으로 들어가 보니, 유 내시(內侍)는 이미 해를 당한 뒤였습니다.○중략

문(問): 아까 초사(招辭)[9]에서는 어떤 양반이 지휘해서 에워쌌다고 했는데, 포초(捕招)에서는
　　　 인종과 재필이 지휘했다고 한 것은 어째서인가?

공(供): 모든 일은 재필과 인종이 지휘했습니다.

문(問): 민 보국(輔國)○민태호이 해를 당한 것을 포초(捕招)에서는 분명히 너희들이 범수(犯手)
　　　 했다고 했는데, 지금은 그것을 남에게 미루고 모른다고 하는 것은 어째서인가?

공(供): 규완이 먼저 범수했고, 저희들도 범수했습니다.

문(問): 이 감독은 어떤 놈이 범수했는가?

공(供): 인종이 범수했다고 하는데, 용택도 그 옆에 있었습니다.

문(問): 재상들이 해를 당한 순서를 상세히 고하라.

---

9)　초사(招辭): 공초(供招), 즉 죄인이 범죄 사실을 진술함을 뜻한다.

공(供): 민 독판이 먼저고, 조 보국이 다음입니다. 또 그 다음이 민씨 양반들이고, 그 다음에 한 감독, 그 다음에 윤 감독이었습니다.[13]

재상들과 세 영사(營使)가 살해당한 것은 12월 5일(갑신년 10월 18일) 새벽에 가까운 시간이었는데, 내관 유재현이 마지막에 가장 처참한 최후를 맞았다. 유재현은 국왕과 왕비의 총애가 깊어서 환관 가운데 가장 세력이 컸을 뿐만 아니라, 척족의 주구(走狗)로서 혁신파의 질시를 받아 일찍부터 암살명부에 올라 있었다. 이번에 사변이 났을 때도 국왕을 모시면서 경우궁까지 수종(隨從)했는데, 국왕의 측근에서 시립(侍立)하고 있었기 때문에 혁신파도 손댈 기회를 찾기 어려웠다. 그런데 마침 이인종이 김옥균과 박영효의 명에 따라 정당(正堂)에 오르자, 유재현이 국왕의 지척에 다가오는 것을 꾸짖었기 때문에 이인종은 유재현을 발로 차서 당하(堂下)로 떨어뜨리고는 김봉균과 함께 그를 참살했다. 그 참상을 목격한 국왕은 공포에 떨면서 "죽이지 말라, 죽이지 말라."고 했지만 효과가 없었다. 「갑신변란사실」에는 "선혈이 벽에까지 흩뿌려지고 비명소리가 어좌(御座)에까지 들렸다."고 기록되어 있다.[14]

이보다 앞서 변보(變報)를 접한 대신, 재상, 장신(將臣)들은 경악해서 어찌할 바를 몰랐다. 국왕의 문안을 위해 연이어 경우궁에 참집(參集)했지만 대문은 일본 병사들이 지키고 선 채 통행을 허락하지 않았고, 명함을 검사해서 김옥균이 지령한 자, 다시 말해서 암살명부에 기재된 자들에 한해서 입궐을 허락했다. 당시 왕의 측근에서 모시던 자들은 독립파를 제외하면 병조판서 이재원(李載元), 경기관찰사 심상훈 등 두세 명에 불과했고, 독판교섭통상사무 김홍집 같은 이는 경우궁 이어(移御)의 소식을 듣자마자 급히 달려갔지만 그 또한 입시가 허락되지 않았다.[15]

독립당이 일본 군대에 경우궁의 수비를 맡겨서 외부와의 교통을 차단하고, 자파(自派)에 가담한 자들을 제외한 모든 신료의 입시 문안을 거절한 것은 정치적으로 중대한 결과를 초래했다. 먼저 경우궁 안에서 어떤 중대한 사건이 발생해서 진행되고 있는지 외부에서는 전혀 짐작할 방법이 없었기 때문에 조선 관민(官民)과 제3국의 관헌들에게 일본 공사가 일부 불령(不逞)한 무리와 결탁해서 국왕을 감금하고, 그 병력으로 측근 중신들을 참살했다는 인상을 준 것은 부정하기 어려운 사실이다. 나중에 일본 공사의 지지를 통해 독립당 정권이 성립됐을 때도 경우궁 밖에서는 그것을 정당한 정권으로 인정하지 않았다. 이를테면 『통리아문일기(統理衙門日記)』 갑신년 10월 18일조(메이지 17년 12

월 5일)를 보면 통리아문에서 독판 김홍집 이하 당상 전원이 허체(許遞)되고 서광범이 서리독판으로 임명된 사실이 기록되어 있지만, 김홍집은 여전히 독판교섭통상사무의 직명으로 공문을 발급하고 다케조에 공사조차 그것을 수리하는 기현상이 나타났던 것이다.[16]

12월 5일 새벽, 독립당은 내관 변수에게 명해서, 각국 공사와 영사를 방문하여 신정권의 성립을 통고하고, 또 국왕과 왕비가 경우궁으로 이어(移御)했으니 입위(入衛)할 것을 요청하게 했다. 미국 공사 푸트와 영국 총영사 애스턴이 당일 오전 8시에 경우궁에 참입(參入)했는데, 국왕은 이들을 맞이해서 입시(入侍)해 준 것에 깊이 감사하고 간담을 나눴다고 한다.[17]

처음에 독립당이 국왕과 왕실을 경우궁으로 옮긴 것은 청국 군대가 공격해 올 경우 창덕궁은 쓸데없이 넓어서 방어가 어려울 것을 염려했기 때문이다. 그런데 무라카미 보병대위의 의견으로는 경우궁도 구내가 넓고 나무가 무성해서 조망하기에 불리할 뿐만 아니라, 문들 사이의 거리가 멀어서 적은 수의 병력으로는 방어하기가 매우 어렵다는 것이었다. 게다가 경우궁 이어(移御)가 순식간에 결행됐기 때문에 방한구(防寒具)도 준비되지 않고 음식도 불편했으므로 국왕은 이재원의 말에 따라 경우궁의 남쪽에 인접한 그의 사제(私第)(계동궁)로 이어할 것을 바랐다. 독립당도 별 이견이 없었으므로 다케조에 공사의 동의를 얻어 12월 5일 오전 10시경에 경우궁에서 나와서 이재원의 사제로 이어했다. 다케조에 공사는 공사관 경비대를 인솔해서 호위하고, 푸트 공사와 애스턴 총영사도 배종(陪從)했다. 하지만 저택 내부의 준비 상태는 경우궁에 있을 때와 별반 차이가 없었다. 오후 2시경 독일 총영사 젬브슈 해군대령이 참입(參入)해서 문안을 올리고, 곧바로 미국 공사, 영국 총영사와 함께 물러났다.[18]

12월 4일 밤 이후로 독립당은 크게 혼란스러워서 정적의 암살 외에는 어떤 일에도 손을 대려고 하지 않는 상태였던 것 같다. 그러나 다음 날인 5일 이재원의 사제로 이어(移御)한 뒤로는 조금 진정돼서, 국왕에게 아뢰어 정부의 개조와 신정권의 수립에 착수했다. 먼저 승정원 승지, 통리아문 당상, 사영(四營) 영사 전원을 허체(許遞)하고, 이어서 대신경재(大臣卿宰)를 교체했다. 신임 관료 중에서 중요한 자들을 열거하자면, 병조판서 이재원을 의정부 좌의정, 협판군국사무(協辦軍國事務) 홍영식을 의정부 우의정에 임명하고, 서광범을 좌우영사(左右營使) 겸 우포도대장(右捕盜大將), 김옥균을 호조참판, 박영교(박영효의 친형)를 승정원 도승지, 서재필을 병조참판(兵曹參判) 겸 정령관(正領官), 윤치호와 변수를 참의교섭통상사무에 차하했다. 그리고 독판교섭통상사무와 호조판서는 모두 공석으로 둔 채 서광범이 서리독판(署理督辦)을 겸찰(兼察)하고, 김옥균이 호조판서를 서리(署理)하게 했다. 또 사관생도들은 모두 별군직에, 이인종과 신복모 등은 영병관(領兵官)에 제수했다. 독립당 이외에 임용된 자들 중에서 눈에 띄는 사람으로는 좌의정 이재원을 비롯해서 좌찬성 이재면, 병조판서 이재완(李載完), 평안도관찰사 이재순(李載純) 등이 있다. 이재원은 대원군의 조카, 이재면은 대원군의 장자이자 국왕의 친형, 이재완은 이재원의 동생, 이재순은 전계대원군(全溪大院君) 광(壙)의 손자이자 영평군(永平君) 경응(景應)의 아들로 대원군에게는 종제(從弟)의 아들에 해당한다. 이것을 보더라도 독립당 정권이 예전부터 척족에게 배제되어 온 종실을 중용하는 데 주의했음을 알 수 있다. 이것이 결국 대원군을 이용하려는 준비 공작이었음은 의심할 여지가 없다.[19]

이재원의 사제는 경우궁에 비해 협소해서 만에 하나 청국 군대의 공격을 받더라도 방어하기에 유리했다. 이 때문에 독립당 정권은 2, 3일간 이 저택에 머무르면서 기초가 공고해진 뒤에 창덕궁으로 귀환하는 것이 낫다고 보았다. 그런데 신정대비(神貞大妃)와 왕비 등은 계동궁(桂洞宮)이 좁고 불편하며, 방한구도 준비돼 있지 않은 것을 계속 불평했다. 박영효와 김옥균 등은 사정을 자세히 아뢰면서 잠깐 기다려 주실 것을 청했다. 하지만 국왕은 다시 다케조에 공사를 불러서 신정대비의 뜻이라고 하면서 환궁을 간청했다. 다케조에 공사는 어쩔 수 없이 박영효와 김옥균 등을 불러서 협의했다. 김옥균 등은 창덕궁이 방어하기 어렵다고 우려했지만, 공사는 그 말을 일소에 부치고 수비 같은 것은 일본 군대가 맡을 테니 지나치게 염려하지 말라고 하면서 따르지 않았다. 결국 박영효에게 무라카미 보병대위와 함께 먼저 창덕궁으로 가서 각 전궁(殿宮) 가운데 방수(防守)에 유리한 곳을 선정하게 했다. 그 결과 창덕궁 내 거의 중앙에 위치한 명헌대비(明憲大妃)의 거처 관물헌(觀物軒)이 가장 적합한 것으로 판명됐으므로, 오후 5시에 국왕과 왕비 이하 모든 인원이 창덕궁으로 환궁해서 관물헌으로 어가(御駕)를 옮겼다. 창덕궁은 구내가 특히 넓어서 적은 수의 병력으로는 제대로 수비할 수 없었다. 따라서 배치를 약간 변경해서 관물헌 내외의 경비는 독립당 소속 군졸에게 위임하고, 일본군은 그 바깥쪽, 즉 돈화문과 금호문부터 진선문(進善門)과 숙장문을 지나 연양문(延陽門)·예현문(禮賢門)·봉래문(蓬萊門)까지의 일대를 경계했다. 조선 각영(各營)의 군졸들은 가장 외곽, 즉 청국 병영과 직접 접하는 창경궁 홍화문(弘化門)과 선인문(宣仁門) 일대에 배치됐던 것으로 생각된다. 그리고 전투는 실제로 이 방면에서 시작됐다.[20]

12월 5일에 환궁한 후, 진선문 내방(內房)에 승정원을 설치하고, 좌의정 이재원, 우의정 홍영식, 병조판서 이재완, 좌우영사 박영효, 호조참판 김옥균, 서리독판교섭통상사무 서광범, 도승지 박영교, 우승지 신기선 등 여러 승지들이 모여서 밤을 세워가면서 제정혁신(諸政革新)을 논의했다. 날이 밝자 신료들이 차대(次對)를 청해서 전날 밤 논의한 바를 아뢰고, 국왕의 교지를 받아서 두세 번 수정한 후 재가를 얻었다. 이 회의에서는 김옥균이 홀로 활동했으며, 혁신 조항 같은 것도 전교를 칭탁해서 독단전행(獨斷專行)했다. 박영효의 형 도승지 박영교는 문장이 뛰어나고 사무에 통달했다는 평판이 있었으므로 김옥균의 의도에 따라 연달아 전교(傳敎)를 기안했다고 한다.[21]

이렇게 해서 메이지 17년 12월 6일(갑신년 10월 19일)에 기안된 혁신 정령은 『갑신일록(甲申日錄)』에 따르면 대략 다음과 같다.

하나, 대원군을 불일내 다시 모셔올 것. 조공과 허례는 시행 여부를 의논해서 폐지함 (1조)

하나, 문벌을 폐지해서 인민평등지권(人民平等之權)을 제정함. 사람의 재능에 따라 적당한 관직을 선택해서 주며, 관직에 맞춰서 사람을 선택하지 말 것. (2조)

하나, 전국의 지조지법(地租之法)을 혁개(革改)해서 서리의 농간을 막고 백성의 곤궁함을 펴 주며 아울러 국용(國用)을 여유롭게 할 것. (3조)

하나, 내시부를 혁파하되 그 중에 만약 뛰어난 재주가 있는 자가 있으면 전부 등용할 것. (4조)

하나, 전후(前後)에 간악과 탐욕이 나라를 병들게 한 죄상이 크게 두드러진 자는 정죄(定罪)할 것. (5조)

하나, 각 도의 환상(還上)[10]을 영구히 와환(臥還)[11]할 것. (6조)

하나, 규장각을 혁파할 것. (7조)

하나, 순사를 급히 설치해서 절도를 막을 것. (8조)

하나, 혜상공국(惠商公局)을 혁파할 것. (9조)

하나, 전후(前後) 유배, 금고(禁錮)된 자들을 사정을 참작해서 석방할 것. (10조)

하나, 사영(四營)을 일영(一營)으로 통합하고 일영 중에서 장정을 뽑아 근위(近衛)를 급히 설치할 것. 육군대장은 세자궁(世子宮)을 수의(首擬)[12]함 (11조)

---

10) 환상(還上): 각 고을의 사창에서 백성들에게 꾸어준 곡식을 가을에 받아들이는 일
11) 와환(臥還): 백성들에게 꾸어준 환자곡(還子穀)의 상환 기일을 연장해 주고 해마다 모곡(耗穀)만을 거둬들이는 일
12) 수의(首擬): 보통 관원을 임명할 때 임금에게 세 사람의 후보자를 천거하는데, 그 중에서 가장 적임이라고 여

하나, 국내 재정에 관한 사무는 모두 호조에서 관할하며, 그 외 일체의 재부아문(財簿衙門)을 혁파할 것. (12조)

하나, 대신과 참찬은^{새로 차하된 6명으로 지금 그 이름을 다 적을 필요는 없다.} 정해진 일자에 각문(閣門) 내 의 정소(議政所)에서 회의를 열어서 품정(稟定)하고 정령을 널리 시행할 것. (13조)

하나, 의정부와 육조(六曹) 외에 용관(冗官)[13]은 모두 혁파하고, 대신과 참찬으로 하여금 작 의(酌議)해서 계언(啓言)하게 할 것. (14조)[22]

혁신전교(革新傳敎)는 갑신년 10월 21일(메이지 17년 12월 8일) 전교를 통해 환수됐기 때문에 그 전문은 볼 수 없지만, 이상 14개 조를 통해 그 대요를 알 수 있다. 이 중에서 중요한 것을 조목별로 설명하고자 한다.

가장 먼저 대원군의 귀국이 거론되고 있다. 독립당은 단독으로 척족에 대항할 실력이 없었기 때문에 대원군과 협력할 준비가 되어 있었고, 이에 따라 종실을 중용했다는 것은 전술한 바와 같다. 그렇지만 대원군의 궁극적인 목적은 국가의 영원한 대계를 도모하는 것이 아니라 운현 일가를 위한 계획을 세우는 데 있었으니, 그런 점에서 보자면 척족과 아무 차이가 없었다. 따라서 설령 독립당과의 제휴가 잠정적으로 성립했더라도 그것은 일시적인 것에 지나지 않았을 것이다. 독립당 또한 일시적으로 대원군의 세망(勢望)을 이용해서 국왕과 척족을 압박하려는 것에 불과했으며, 영구적으로 행동을 함께 하려는 의향은 아니었을 것이다.

제1조에 청한종속관계에 기초한 사대전례(事大典禮)의 폐지 조항이 포함돼 있다. 이것은 독립당의 주장으로서 당연한 것이지만, 원래 청한종속관계는 패전의 결과로 발생한 것이기 때문에 일방적인 통고로 폐기하는 것은 불가능하다. 따라서 독립당 정권이 이를 강행한다면 청국과 전쟁을 하지 않을 수 없었다.

제2조의 문벌 폐지는 이미 대원군 집정 당시부터 실시된 것인데 원래 문벌 관념이 강한 조선인들에게 이를 철저하게 실시하기는 어려웠고, 또 '사람의 재능에 따라 적합한 관직을 주고 관직에 맞춰서 사람을 선택하지 말라'와 같은 조항은 말하기는 쉬워도 실행하기는 어렵다. 따라서 이 조항은 독립당 정권이 성립했더라도 아마 공염불로 끝나고 말았을 것이다.

겨서 첫머리에 적은 것을 수망(首望), 그 다음을 차망(次望), 그 다음을 말망(末望)이라고 한다. 수의는 수망(首望)으로 올린다는 뜻으로, 여기서는 육군대장직에 세자궁을 일순위로 천거한다는 뜻이다.

13) 용관(冗官): 쓸데없이 남아도는 관직

제3조, 제6조, 제12조의 3개 조항은 예전부터의 현안으로 조선 재정의 병폐를 일소하려는 것이었다. 전국의 재정을 전부 호조 소관으로 귀속시킨다는 것은 12월 5일 전교에서도 보이는데, 김옥균은 그 권한이 현저하게 확대된 새 호조를 주재할 예정이었다. 그렇지만 신제도는 각 아문은 물론이고 국왕과 종실, 척족의 수입원 중에서 가장 이익이 되는 재원을 박탈해서 국고에 귀속시키는 것을 의미했기 때문에 국왕과 척족은 끝까지 독립당에 항쟁했을 것이며 대원군도 절대 반대했을 것이다.

제4조는 환관 폐지를 의미한다. 환관은 동양 국가들의 특유한 제도로서, 선진국에는 존재하지 않고 특히 일본 궁정에도 이러한 제도가 없는 이상, 이것이 문제시된 것은 당연했다.

제5조는 기존의 탐악하고 간람(奸濫)한 대신·재경(宰卿)·방백(方伯)·수령을 일소하려는 것으로 이 조항이 척족을 목표로 하고 있었음은 물론이다.

제13조와 제14조는 일본의 관제를 모방해서 관제를 개혁하는 것이다. 당시 일본 내각 관제는 태정관(太政官)에 태정대신(太政大臣)·좌대신(左大臣)·우대신(右大臣) 및 참의를 두고, 참의가 각 성경(省卿)을 겸하는 제도였다. 조선의 새 관제에 따르면, 의정부와 육조(六曹)를 두고, 의정부에 영의정·좌의정·우의정 및 여섯 참찬을 두며, 참찬이 육조의 판서를 겸하는 것이었다고 이해된다.

독립당 정권은 12월 5일에 성립했으며, 그 정강(政綱)은 다음 날인 6일에 전교 형식으로 공포됐다. 비상경계 태세를 갖추고 대비했던 청국 군대의 공격도 아직은 징후가 보이지 않았다. 다케조에 공사와 공사관 경비대는 12월 4일 오후부터 배치에 들어가서 꼬박 사흘 동안 거의 휴식할 시간을 갖지 못했기 때문에, 공사는 국왕과 박영효, 김옥균에게 공사관에 복귀할 것을 제의했다. 김옥균은 크게 당황해서 '신정권의 성립이 아직 어제오늘 일이라 일본 공사의 원조를 얻지 못하면 자립할 가망이 없다. 특히 각영(各營)의 군졸들은 훈련이 충분하지 않고, 병기는 녹슬어서 쓸 수 없으니 만약 청국 군대의 공격을 받는다면 싸우지도 못하고 패주하는 것 외에는 방법이 없다'고 하면서 3일간 늦춰줄 것을 간청했다. 국왕도 우의정 홍영식에게 명하여 다케조에 공사에게 '왕비와 왕세자 등이 각 전(殿)에 환거(還居)할 수 있을 때까지 머물러 있기 바란다.'는 뜻을 전유(傳諭)하게 했다. 공사는 당장 특별한 일이 발생할 가능성은 없다고 믿고 있었지만 국왕의 간청도 있고, 또 독립파에 대한 책임도 있었으므로 즉시 물러나기 어려워서 오후가 될 때까지 주저했다. 이 시간을 이용해서 김옥균은 다케조에 공사와 개혁의 전도에 관한 이야기를 나누고, 특히 혁신 자금으로 외채를 기채(起債)하는 문제를 언급했다. 김옥균은 당장 필요한 금액은 500만 엔인데, 일본 금융계에서는 가능성이 희박하니 영국과 미국 등 여러 나라에서 기채하겠다는 의견이었다. 다케조에 공사는 자국의 금융계에서는 김옥균이 말한 대로 300만 엔 내지 500만 엔을 기채하기 어렵지만, 일본 대장성의 대부는 손쉬울 것이라고 주장했다고 한다.[23] 500만 엔이라면 조선의 전체 세입(歲入)을 훨씬 초과할 뿐만 아니라 일본 정부 세입의 약 15퍼센트에 달하는,[14] 당시로서는 대단한 거액이었다. 김옥균은 무엇을 목표로 하고 있었기에 이러한 거액의 기채를 필요로 했고, 또 다케조에 공사는 무슨 전망이 있어서 일본 대장성에서 거액의 정치자금을 제공할 것이라고 예상했던 것일까. 두 사람의 정치경제적 지식의 유치함이 상상을 초월할 뿐이다.

---

14) 원문에는 1.5퍼센트라고 되어 있는데, 이는 15퍼센트의 오기이다. 1884년 당시 일본 정부의 연간 총 세입은 76,669,653엔이었으며, 따라서 김옥균이 요청한 500만 엔의 차관은 당시 메이지 정부의 연간 총 세입 대비 약 15%에 해당한다. 메이지 전기 일본 정부의 예산 및 결산 현황에 관해서는 大內兵衛·土屋喬雄 編, 『明治前期財政經濟史料集成』(改造社, 1932) 제4~6권을 참조할 것

1 葛生東介, 『金玉均』(大正五年) 61~71쪽 井上角五郎談話.

2 『甲申日錄』; 甲申大逆不道罪人喜貞等鞫案; 乙酉謀叛大逆不道罪人景純等鞫案; 『福澤諭吉傳』卷三 325 ~328쪽.

3 朝鮮京城事變始末書(『明治文化全集』第六卷 外交編 所收); 『金玉均』61~71쪽 井上角五郎談話; 『福澤諭吉傳』卷三 326쪽.

4 『甲申日錄』.

5 직접행동 계획에 대해 『갑신일록(甲申日錄)』에 다음과 같이 기재되어 있다. 여기서는 『福澤諭吉傳』卷三 325~326쪽, 이노우에 가쿠고로 담화 및 의금부 국안을 참조해서 대요를 실었다. 인명 같은 것은 음에 따라 기록했는데, 원래 이름이 무엇인지 판명되지 않는 자도 있다.

　하나, 별궁에 방화하는 일은 이인종에게 전적으로 맡겨서 그에게 지휘하게 한다. 이규완, 임은명〔도야마 학교 사관 졸업생〕, 윤경순, 최은동 4명이 가서 포대 수십 자루에〔포대는 이미 변수에게 부탁해서 만들어 오게 했다.〕곱게 자른 장작개비를 넣는다. 우선 서 군의 집 남쪽 정원, 별궁의 북문에서 야음을 틈타 담을 넘어 들어간 후 별궁의 정전(正殿)에 쌓아둔다. 그리고 작은 병 30개에 열화석유(烈火石油)를 담아서 담장머리로 계속 가지고 들어온 다음에 물이 담긴 자루에 붓고 자기황(自起磺: 문지르거나 부딪쳐서 불이 일어나도록 장치한 물건)으로 발화한다. 동쪽과 서쪽의 행랑에는 여기저기 열약(烈藥)을 숨겨 놓아서〔조심해서 화약이 먼저 폭발하지 않게 한다.〕, 불이 크게 번지면 열기에 함께 폭발하게 하여 그 위세를 돕는다. 8시 반에서 9시경 사이에 화재가 크게 일어나는 것을 신호로 한다.

　하나, 화재가 발생한 이후에 각영(各營)의 영사들은 분명히 불을 끄기 위해 급히 올 것이지만, 혹시 병이 있어서 못 오거나 대궐에 들어가서 오지 않는 자가 있을까 우려된다. 게다가 더욱 우려되는 것은, 다케조에 공사가 돌아간 다음에 한편 의심하고 꺼리는 마음이 크게 생겨서, 혹시라도 의구심을 품고 오지 않는다면 성사할 수 없을 것이다. 그러므로 우정국에서 연회를 베푸는 것으로 정하되, 홍 군이 먼저 네 영사의 유고(有故) 여부를 탐색해서 연회 날짜를 정해야 한다. 이것은 내일부터 사흘을 넘기면 안 된다. 화재가 발생하면 우정국에 모인 자들은 모두 불을 끄기 위해 달려가지 않을 수 없을 것이니, 그 화재 장소에서 행사(行事)한다. 한 사람 당 2명씩 배치해서 하수(下手)하되, 각자 단검 1자루와 단총 1정씩을 휴대한다. 혹시 겁을 먹어서 실수가 있을까 우려되므로, 일본인 4명을 별도로 정해서 한 사람 당 한 사람 씩 배치하고 우리나라 옷차림을 하게 한다.

　하나, 민영익〔윤경순, 이은종〕, 윤태준〔박삼룡, 황용택〕, 이조연〔최은동, 신중모〕, 한규직〔이규완, 임은명〕

　하나, 이인종과 이희정은 연장자이므로 호령의 임무를 맡는다. 화재가 발생해서 사람들이 도착하면, 장사들의 준비가 여의(如意)한 후 두 사람의 발포를 신호로 동시에 하수(下手)하게 함으로써 혹시라도 시간차가 생기지 않게 한다.

　하나, 왕래하면서 정탐하고 통신하는 일은 유혁로와 고영석이 맡는다.

　하나, 금호문〔창덕궁의 서문이 금호문이니, 대신들과 별입시가 출입할 때 모두 이 문을 통과한다.〕밖에 신복모가 동지 장사들을 모아서〔전영(前營)의 병대(兵隊) 중에 13명은 임시로 부의(赴義)한 자들이니 합해서 43명이 된다.〕이동(泥洞) 근처에 매복시켰다가〔박 군의 별채, 박 군의 집에서 미리 주찬(酒饌)을 준비해서 대접한다.], 별궁에서 불이 나는 것이 보이면 즉시 금호문 밖의 파수(把守)에게 달려간다. 그리고 민태호, 민영목, 조영하 등 3명이 궁궐에 나오는 것을 기다렸다가 그 자리에서 하수(下手)한다. [화재나 소동이 발생하면 모든 근시(近侍) 및 승후관(承候官)은 의례히 입궐해서 문안해야 한다.]

하나, 전영(前營) 소대장 윤경완은 경순(景純)의 동생이다. 윤경순은 오랫동안 우리 당중(黨中)과 친근했지만 경완은 나이가 어렸기 때문에 처음에는 교제가 없었는데, 최근에 비로소 제 형을 따라 부의(赴義)하기 시작했다. 그날 밤 궁내 합문〔국왕 침실의 앞문〕의 파수를 맡아서, [각영(各營)의 소대장 1명은 관례상 병사 50명을 거느리고 매일 밤 돌아가면서 합문의 내외를 지킨다. 윤경완에게 며칠 동안 병을 이유로 나가지 않다가 비로소 이날 밤에 자원해서 출직(出直)하게 했다.] 전영의 병졸 50명을 거느리고 밖에서 화재가 나는 것을 기다렸다가, 병졸들을 단속해서 만약 포위망을 뚫고 궐 내로 들어오는 자가 있으면 형편에 따라 처치하기로 약속했다.

하나, 궁녀 모씨〔나이 금년 42세, 신체가 남자처럼 건장하고 여력(膂力)이 있어서 남자 5, 6명을 당할 수 있다. 평소에 고대수(顧大嫂: 수호전에 나오는 여장부)라는 별명으로 불렸으니, 이 때문에 곤전(坤殿)의 총애를 받아서 때때로 근시(近侍)할 수 있었다. 10년 전부터 우리 당을 따라서 때때로 밀사(密事)를 통보해 주는 자였다.]는 폭열약(爆烈藥)〔2년 전 내가 일본에 갔을 때 탁정식으로 하여금 서양인에게 부탁해서 구매해 오게 한 것이다.]을 대통에 조금 넣어서, 밖에서 불이 일어나는 것을 신호로 통명전(通明殿)〔나라에서 상례를 지낼 때 사용하는 장소로 당시에는 항상 간수가 많지 않았다.]에서 불을 붙여서 발사하기로 약속했다.

하나, 김봉균, 이석이도 사전에 화약을 궁궐 내 인정전(仁政殿)의 행랑 몇 곳에 몰래 쌓아두고, 우리 당이 변을 틈타 입궐할 때 다른 사람을 따라 즉시 행사(行事)하게 했다.

하나, 일본인 4명은 전후(殿後: 행군 시에 가장 후미를 맡는 부대를 뜻한다.)가 되어 만약 화재 장소에서 실수하는 자가 있으면 일본인이 배후에 있다가 틈을 타서 하수(下手)한다.

하나, 별궁에서 화재가 일어난 후에는 일본 공사관에서 병사 30명을 보내서 금호문과 경우궁 사이를 왕래하면서 의외의 사단을 막기로 약속했다.

하나, 일이 발생해서 혼잡한 와중에 서로 천답(踐踏)할 우려가 있고, 또 일본인들과 서로 손발이 맞지 않는 사단이 있을까 우려해서 장사들에게 암호를 각각 주었으니, '천(天)' 한 글자에 응호(應號)하여 일본어로 '요로시(ョロシ)'라고 하기로 약속했다.

날이 밝은 후에 각각 흩어져 돌아갔다.

6 『갑신일록(甲申日錄)』의 기사는 다음과 같다.

(신력) 12월 4일〔구력 10월 17일〕, 우정국 연회가 이날 밤에 있었다. 우리 당의 무사들은 각각 밀약을 받고 모두 극히 경계하며 신중히 있었다. 박 군이 또 다케조에를 찾아가서 결코 서로 저버리지 말자고 다짐하자 다케조에는 웃으며 "명을 받들겠습니다."라고 했다. 오후 4시, 나는 전동(典洞) 우정국으로 가서 연회 준비 상태를 보았다. 홍 군이 일찍부터 와 있었다. 들으니, 각국 공사 중에 다케조에는 병으로 오지 못하고 독일 영사도 병으로 오지 못한다고 했다. 그 밖의 사람들은 모두 약속대로 올 것이지만, 윤태준은 마침 궁중의 숙직이 있어서 오지 못했다. 그러나 그는 본래 우려할 것이 없는 자니, 그가 있고 없고는 염려할 것이 없었다. 나는 곧 귀가했다. 변수 군이 와서 모 군의 말을 전하길, "대군주께서는 금일 새벽부터 밀린 공사를 결재하시느라 취침을 하지 못하셨습니다. 그래서 승후관(承候官)들을 모두 오후 3시에 입대(入對)하게 하시고 조퇴시키셨습니다."라고 했다. (중략)

날이 저물어 어두워질 무렵 서둘러 우정국으로 달려가니 약속한 인원들이 모두 모여 있었다. (중략) 주찬(酒饌)을 내었다. 시마무라와 나는 같이 앉아서 때때로 일본어로 대화했다. 내가 "그대는 천(天)을 아는가?"라고 묻자 시마무라가 "요로시"라고 답했다. 술이 몇 순배 돌았을 때, 어떤 사람이 갑자기 홍현(紅峴)〔즉, 나의 집이다.〕에서 사람이 찾아왔다고 했다. 바로 문밖에 나가보니 박제형(朴齊炯)이 숨을 헐떡이면서 진정하지 못하고 말하길, "별궁의 방화는 모든 기량을 다했으나 실패했습니다. 일이 급하게 되었으니 어떻게 하면 좋겠습니까?"라고 했다. 나는 "별궁에 실패했다면 다른 곳이라도 불에 타기 쉬운 초가를 택해서 바로 도모해야 한다."고 했다. 그리고 넋을 놓고 자리에 앉았다. 시마무라가 무슨 일이냐고 물었다. 사실대로 말해주자 시마무라도 낯빛이 변하면서 "앞으로 어떻게 해야겠습니까?"라고 했다. 나는 "다른 방편이 있으니 걱정하지 마시오."라고 했다. 30분 정도 지나자 음식을 내오는 것도 거의 끝났다. 나는 초조함을 견딜 수 없었지만 차마 나가서 사방을 둘러 볼 수는 없었다. 그때 갑자기 유혁로가 급히 들어와서 말하길, "몇 군데서 방화를 시도했으나 모두 여의치 않았습니다. 처음에 별궁의 일이 발각돼서 순포(巡捕)가 사방에 깔렸으니 위험을 이루 말할 수 없습니다. 장사들은 모두 이 자리에 돌입하고 싶어 하는데 어떨지 모르겠습니다."라고 했다. 나는 그를 만류하면서 "일이 전연 도리가 없는 지경에 이르렀으니 그 또한 한 방책이지만, 사람들이 붐비는 와중에 실수로 외국 공사를 상하게 할 우려가 있다. 그러니 반드시 순포가 없는 곳으로 가서 다시 하수(下手)를 시도해야 한다."고 했다.

그리고 다시 자리에 앉으니, 민영익 무리가 자못 의심하는 기색이 있었다. 시마무라는 크게 불안한 생각을 가졌다. 막 다과를 내올 때, 갑자기 바깥에서 사람들의 소리가 혼잡하더니 "불이야! 불이야!"라는 소리가 들렸다. 놀라서 자리에서 일어나 북쪽 창을 열어보니 지척의 거리에서 화염이 하늘까지 뻗쳐 있었다. 좌중 또한 어지럽게 자리에서 일어나서 그 광경을 바라보았다. 한규직이 먼저 "우리는 장수의 임무가 있으니 급히 불을 끄기 위해 달려가야 한다."고 했다. 말이 채 끝나기도 전에 갑자기 민영익이 밖에서 들어왔는데 유혈이 온몸에 낭자했다.〔나중에 들으니, 우정국의 북쪽 인근에서 화재가 발생한 후에 순포(巡捕)들이 모두 급히 불을 끄러 와서 경계를 했다고 한다. 장사(壯士)들이 각자 병기를 들고 있어서 형세상 용접(容接)할 수 없었다. 이에 우정국의 문밖에 매복해 있다가 민영익이 먼저 나오는 것을 보고는 일본인(소지마 와사쿠)이 급히 먼저 공격하려고 해서 갑자기 하수(下手)했다고 한다.〕바깥에서 요란하게 싸우는 소리가 들끓었다. (하략)

7 『甲申日錄』.

8 甲申變亂事實.

9 甲申變亂事實; 『甲申日錄』.

10 다케조에 공사에게 입위(入衛)를 청할 당시의 상황은 구구하게 조금씩 다르게 기록되어 그 상세한 정황이 판명되지 않는다. 여기서는 다케조에 공사의 「조선경성사변시말서(朝鮮京城事變始末書)」와 『갑신일록(甲申日錄)』을 참작해서 기술했다. 『善隣始末』 9권에 "그때 중사(中使: 궁중에서 왕명을 전하는 내관) 변수가 왕궁에서 창황하게 달려와서 공사를 만나게 해달라고 청했다. 그 형세가 단순히 급한 정도가 아니었기 때문에 다케조에 신이치로가 곧장 일어나서 옷을 들고 나와 그 사정을 물어보니, 다만 '물정(物情)이 온당치 않으니 급히 입위(入衛)하실 것을 부탁드립니다.'라고만 하면서 종이 조각 하나를 꺼내 보였다. 그것은 바로 왕이 연필로 친필한 '일사래위(日使來衛)'라는 네 글자였다. 잠시 후 내관 유재현 등 2명이 유서(諭書: 원래 관찰사, 절도사 등 임금이 군사권을 가진 관원에게 내리는 명령서를 가리킴)를 들고 숨을 헐떡거리면서 들어와 그것을 공사에게 전달했다. 그 글자가 단정하고 국새를

검인했으며 또한 '일사래위(日使來衛)' 네 글자가 적혀 있었다."라고 기록된 것은 신뢰하기 어렵다. 또 「갑신변란사실(甲申變亂事實)」에 "역당들이 다시 일본 공사를 불렀으나 대군주께서 불허하시자, 옥균과 광범 등은 품속에서 양지(洋紙)와 연필 등을 꺼내서 '일사래위(日使來衛)' 네 글자를 썼지만, 증빙할 만한 인신(印信)은 전혀 없었다. 그리고 상명(上命)을 칭탁해서 일본 공관으로 급히 보냈다."라고 서술한 것은, 오히려 「조선경성사변시말서(朝鮮京城事變始末書)」와 『갑신일록(甲申日錄)』의 기사가 정확함을 반증하는 결과를 초래하고 있다.

11 竹添公使朝鮮京城事變始末書.

12 竹添公使朝鮮京城事變始末書; 明治十七年十一月十日 公使館警備隊長村上陸軍步兵大尉發西鄕陸軍卿·井上外務卿宛報告; 『甲申日錄』.

13 『甲申日錄』; 乙酉謀反大逆不道罪人景純等鞫案.

14 甲申大逆不道罪人喜貞等鞫案; 甲申變亂事實.

15 『甲申日錄』; 『美案』卷一.

16 『統理衙門日記』卷四 甲申年十月十八日; 『日案』卷三.

17 竹添公使朝鮮京城事變始末書; 『甲申日錄』; 『淸光緖朝中日交涉史料』卷五(二三六) 附件一 總辦朝鮮商務道員陳樹棠稟.

18 竹添公使朝鮮京城事變始末書; 公使館警備隊長村上步兵大尉報告; 『甲申日錄』; 甲申變亂事實.

19 『甲申日錄』; 『龍湖閒錄』卷二三 甲申.

20 竹添公使朝鮮京城事變始末書; 公使館警備隊長村上步兵大尉報告; 『甲申日錄』.

21 丁亥罪人申箕善鞫案; 『甲申日錄』.

22 『甲申日錄』.

23 竹添公使朝鮮京城事變始末書; 『甲申日錄』.

일청 양국군의 충돌, 다케조에 공사의 경성 철수

메이지 17년 12월 4일 밤에 우정국 사변이 발생하고, 이어서 국왕이 경우궁으로 이어(移御)한 후 다케조에 공사와 독립당은 시시각각 청군의 공격을 기다리고 있었지만, 청군은 순찰 소식만 들릴 뿐 계동 부근에는 모습을 나타내지 않았다. 다케조에 공사 등은 청군의 동정이 상세하게 파악되지 않아서 초조함을 견디기 어려웠다. 처음에 우정국 만찬회에 출석했던 총판조선상무도원(總辦朝鮮商務道員) 진수당은 사변이 발생하자마자 공서(公署)로 귀환해서 총리주방조선각영영무처보용동지(總理駐防朝鮮各營營務處補用同知) 원세개에게 사변 발생을 통고하고, 파병해서 탄압할 것을 요구했다. 원세개의 보고를 받은 통령주방조선각영기명제독(統領駐防朝鮮各營記名提督) 오조유는 즉시 원세개에게 우정국으로 급히 갈 것을 명하고, 또 총병(總兵) 장광전에게 창덕궁 일대의 순찰을 지시했지만 우정국에는 이미 사람 그림자도 보이지 않았고 창덕궁의 문들도 폐쇄되어 이상한 점을 느끼지 못했다. 원세개는 묄렌도르프의 공관으로 가서 민영익을 문병했는데, 민영익은 중상에도 불구하고 의식이 명료해서 그에게 독립당의 소행임을 말했다고 한다.[1]

청군의 출동과 순찰은 12월 4일 오후 10시를 전후해서 있었던 것 같다. 이때는 국왕이 아직 창덕궁에 있고 일본군도 출동하기 전이었으므로 이상한 점을 알아차리지 못했다고 해도 놀라울 것이 없다. 오 제독과 원 영무처(營務處) 등이 국왕의 경우궁 이어(移御)와 일본군 출동 소식을 접한 것은 다음 날인 12월 5일 새벽이었던 것으로 생각된다.

일본군이 국왕의 요청에 따라 왕궁 수비의 임무를 맡았기 때문에 오 통령과 진수당 등은 그 대처에 고심했다. 특히 이때는 여섯 대신의 피해 소식이 전해진 후였으므로 종주국의 대표자로서 당연히 군대를 이끌고 입궐해서 국왕을 보호할 책임이 있다고 생각했지만, 국왕의 요청도 없고 또 일본군과의 충돌도 피해야 했기 때문에 주저하면서 결정을 내리지 못했다. 당시 판서 김윤식과 참판 남정철(南廷哲) 등이 청국 병영에 와서 국왕을 난당에게서 구출해줄 것을 간청했지만, 한편으로는 국왕의 일신에 위해가 있을 것을 우려해서 무력간섭은 바라지 않았다. 진수당은 이날 오후에 미국 공사 및 영국·독일 두 나라의 총영사들을 차례로 방문하면서 협의했으나, 이들은 모두 일청 양국의 군대가 교전할 경우 경성에 큰 동란이 생겨서 외국인들에게 위해가 닥칠 것을 우려하여 신중한 태도를 취할 것을 희망했다. 원세개가 홀로 강경론을 주장했지만, 오 통령과 진수당은 여전히 자중하면서 움직이지 않았다.[2]

당시 국왕은 이미 창덕궁으로 환궁했는데, 외부와의 교통이 허락되지 않아서 내부 사정을 전혀 알 수 없었으므로 그 운명에 관해 불온한 유언비어가 퍼지고 있었다. 신정대비가 이미 홍서했고, 국왕의 생사가 불명확하다는 등의 소문들이었다. 특히 홍영식이 주모자가 돼서 일본 공사의 지지하에 국왕을 폐위하고 서왕자(庶王子) 의화군(義和君) 강(堈)을 옹립한다는 소문이 일반적으로 믿어졌다. 이러한 유언비어로 인해 수도의 모든 군민(軍民)들이 크게 분격해서 언제 폭발할지 알 수 없는 형세가 됐다.

이러한 정황을 파악한 오조유, 원세개, 진수당 등은 마침내 방치할 수 없음을 깨닫고, 군대를 이끌고 입궐하기로 결정했다. 조선국왕의 요청도 없이 출병하는 것은 온당치 않지만 국왕이 현재 난당과 일본 공사의 수중에 있어서 연락을 취할 방법이 없었으므로, 원세개는 의정부 우의정 심순택[이미 12월 5일에 허체(許遞)되었지만 전교가 심순택에게 도달했는지 의심스럽다.]을 설득해서 조선 정부의 대표자 자격으로 청군의 출동을 요청하도록 권고했다.

금일의 변에 어찌 비통과 한탄을 금할 수 있겠습니까. 듣건대 왕비는 이미 홍서했고 주륙(誅戮)된 대신들도 매우 많다고 하니, 이러한 정세(情勢)에서 동류(同類)처럼 구하는 것은[1] 필시 장차 국왕의 교지를 꾸며서 남김없이 주륙하려는 것입니다. 그런데 지금 국왕께서 뜻하지 않게 화를 당하셔서 어디에서도 성기(聲氣)가 통하지 않아 존망을 알 수 없으니, 유각(酉刻)에 군대를 이끌고 입궁해서 보호해 드리려고 하나 일본군이 병단(兵端)을 열지나 않을지 예측하기 어렵습니다. 이 일을 매듭짓는 것이 하루 늦어지면 귀국의 불안도 하루 길어지는 것입니다. 평소부터 각하께서 공충체국(公忠體國)하셔서 반드시 사직을 중히 여기시리라는 것을 알고 있었기 때문에 이처럼 큰 계획을 세운 것입니다. 부디 즉시 이쪽에 문서를 보내서 상작(商酌)을 편하게 하시길 바랍니다.[3]

---

1) 동류(同類)처럼 구하는 것: 동류(同類)는 같은 부류라는 뜻이다. '동류상구(同類相求)'라는 말이 있는데, 이는 물이 습한 데로 흐르고 불이 건조한 데로 번지는 것처럼 같은 부류끼리 서로 어울림을 비유하는 말이다. 여기서는 갑신정변의 주동자들과 일본세력이 결탁한 것을 의미한다.

원세개의 서한을 받은 심순택은 다시 김윤식과 남정철 등에게서도 권고를 받았을 것이다. 이에 따라 그는 12월 6일 새벽에 통령 오조유, 영무처 원세개, 총병 장광전 앞으로 청군의 출동을 요청하는 조회를 보냈다.

조선 의정부 우의정 심(沈)이 화(禍)가 궁금(宮禁)²⁾에 박두해서 급히 보호를 요청함.

이번 달 17일 밤에 간신 김옥균 등이 궁중에 난리가 났다는 말을 가탁해서, 몰래 일본 공사 다케조에 신이치로를 불러들여 군대를 이끌고 입위(入衛)하게 했습니다. 그리고 왕을 핍박해서 궁을 옮기시게 하고는 출입을 금지해서 내외가 단절됐습니다. 지금까지 3일 동안 소식이 통하지 않았는데, 이제 들으니 재신(宰臣) 6명과 내관 1명이 무고하게 도륙 당하고, 우리 왕께서는 만단(萬端)으로 수인(囚人)의 곤욕을 당하신다고 하니, 그 화가 장차 어디에 이를지 알 수 없습니다. 밖에 있는 신민들이 통한(痛恨)하고 울부짖으며 몸 둘 바를 찾지 못하고 있으니, 부디 삼영(三營)의 대인들께서는 원 사마(袁司馬), 오 통령(吳統領), 장 총병(張總兵) 급히 파병해서 보호해 주십시오. 그리하여 다행히 하늘의 태양이 다시 밝아짐을 보게 된다면 반드시 결초보은(結草報恩)할 것입니다. 사정이 급박해서 어떻게 글을 지어야 할지 모르겠습니다. 이것으로 중국 주방 조선(駐防朝鮮) 삼영(三營) 대인원(袁), 오(吳), 장(張) 휘하에 간청합니다. 심순택이 머리를 조아리며 백배를 올립니다. 19일 묘시(卯時) 4

조선 정부의 대표자의 공식 출병 요청을 받은 오 통령은 마침내 무력간섭을 결의하고, 12월 6일 오후에 먼저 차판(差辦) 주득무(周得武)를 창덕궁으로 보내서 오조유의 이름으로 문안하고 아울러 국왕의 알현을 요구했다.

통령주방각영기명제독(統領駐防各營記名提督) 꿔융빠투루(果勇巴圖魯) 오조유가 대왕 전하께 아룁니다. 어제 늦게 헛된 경보를 들었는데, 이제 다행히 대왕의 홍복(洪福)으로 경성 내외가 평소처럼 평정되었으니, 부디 대왕은 마음을 놓으소서. 폐군(敝軍) 삼영(三營) 또한 비호해주신 덕택에 무사함을 아울러 성명(聲明)하옵니다. 삼가 머리를 조아리며 균안(鈞安)하심을 빕니다. 제독 오조유가 삼가 올립니다. 대왕안후(大王安后). 5

김옥균은 오 통령의 문안서를 열어보고, 통령 자신이 입궐한다면 물론 알현을 허락하겠지만 일개 차판(差辦)의 알현은 허락할 수 없다고 답했다. 그리고 좌의정 이재원, 우의

2) 궁금(宮禁): 궁궐

정 홍영식과 협의한 후 도승지 박영교에게 명해서 답서를 주게 했다.[6]

오 통령은 또 원 영무처, 장 총병과 연함(聯銜)[3]으로 다케조에 공사에게 공함(公函)을 보내서, 국왕을 보호하기 위해 군대를 이끌고 왕궁 내에 진입하더라도 일본 공사에 대해서 다른 의도가 있는 것은 아님을 천명했다.

다케조에 대인 각하

폐군(敝軍)은 귀부(貴部)와 조선에 주차(駐箚)하고 있으니 똑같이 국왕을 보호해야 합니다. 며칠 전 난민(亂民)이 내변(內變)을 일으켜서 대신 8, 9명을 살해했습니다. 이제 들건대 왕성(王城) 내외의 군민(軍民)이 불복해서 궁궐에 들어가 귀부(貴部)를 환공(環攻)[4]한다고 하니, 저희들은 국왕이 다시 놀랄까 우려되고, 또 귀부(貴部)가 곤란을 겪을까 염려해서 감히 군대를 이끌고 궁궐에 진입하려고 합니다. 이는 한편으로 국왕을 보호하기 위해서요, 다른 한편으로 귀부(貴部)를 원호(援護)하기 위해서입니다. 특별히 다른 의도가 없으니 부디 마음을 놓으시길 바랍니다. 이것으로 본심을 전하니 부디 훈안(勛安)하십시오. 이만 줄입니다.

우제(愚弟) 오조유, 원세개, 장광전 [10월 19일 진각(辰刻) 발(發)][7]

이 공함(公函)이 조선 내관에게서 시마무라 서기관을 거쳐 다케조에 공사에게 전달된 것은 12월 6일 오후 2시가 넘어서였다. 이때는 이미 전투가 시작된 뒤였고, 공사는 그것을 열어볼 겨를이 없었다고 한다.[8]

국왕과 다케조에 공사에게서 만족할 만한 회답을 얻지 못한 오 통령 등은 마침내 전투를 각오하고 입궐하기로 결정했다. 한 부대는 오 통령의 지휘하에 선인문(宣仁門)을 통해 창경궁으로 진입하고, 한 부대는 원 영무처가 통솔해서 돈화문(敦化門)으로 향했다. 장 총병은 예비대를 통솔하고 있었던 것으로 생각된다.

당시 창덕궁과 창경궁 내부의 배치는 제51절에서 서술한 것처럼 일본군이 관물헌(觀物軒)을 중심으로 내부의 문들을 지키고, 조선군 사영(四營)이 그 외부, 즉 청영(淸營)을 마주한 창경궁 일대에 배치돼 있었다. 그런데 사영 중에서 좌영과 우영은 옛 제독 오장경의 명에 따라 청국 무변(武弁)[5]에 의해 편성, 훈련되었기 때문에 항상 청영(淸營)과 밀접한 연락을 유지하고 있었고, 특히 이번 변란이 발생하자마자 사전에 통령 오조유로부

---

3) 연함(聯銜): 공동 서명. 함(銜)은 관함(官銜)의 뜻이다.
4) 환공(環攻): 포위해서 공격함
5) 무변(武弁): 무관

터 은 600냥을 포상으로 지급받기도 했다. 따라서 이들이 12월 6일의 전투 개시와 함께 청국 군대에 합류해서 일본군을 공격한 것은 당연했다. 또한 창경궁 선인문은 이미 전날에 원 영무처의 명에 따라 점령했기 때문에 청국군은 이 문으로 침입해서 창덕궁의 배후를 공격할 수 있었다.[9]

창덕궁 전투는 12월 6일 오후 3시경에 시작됐다. 최초의 충돌 상황은 불분명하다. 경비대장 무라카미 보병대위의 보고는 극히 간단해서, "그런데 오후 3시경 갑자기 지나병(支那兵)이 궁궐을 향해 발포해서 왕실과 우리 공사의 거실에까지 총탄이 날아왔다. 그래서 우리 병사를 요충지에 배치하고 상황을 살피고 있었는데, 그 사이에 지나병이 갑자기 우리 제1소대를 습격했다. 우리 군대가 공격해서 그들을 퇴각시켰다. 그러자 계속해서 제4소대에 접근했으므로 그 자리에서 저들 10여 명을 죽였다."라고만 기록되어 있다. 「갑신변란사실(甲申變亂事實)」은 조금 상세해서, "당일 신각(申刻), 중국군이 궁궐 문으로 나뉘어 진입하고 조선의 좌·우영의 병사들도 그 뒤를 따랐다. 일본군이 보통문(普通門) 누상(樓上)에서 문틈으로 먼저 총포를 발사하니, 중국 병사 가운데 사망한 자가 9명이요, 조선 병사 가운데 사망한 자가 5명이었다. 중국군과 조선군은 대군주께서 안에 계신지 감히 확인하지 못했는데, 일본군이 누상에서 문틈으로 아래를 향해 전력으로 공격했으니 이 때문에 중국과 조선의 병사가 많이 죽은 것이다."라는 구절이 보인다. 이것들을 종합해보면, 먼저 선인문으로 침입한 청국 군대는 좌, 우영의 병사들과 합세해서 발포하고, 이어서 돈화문에서도 일본 군대와 청 군대가 충돌했다. 이 방면에서의 전투가 가장 격렬해서 비교적 많은 사상자가 발생했던 것 같다. 병사 수로 보면 청한 연합군이 절대 우세였지만, 창덕궁과 창경궁 후원 일대는 전각과 문랑이 즐비하고 구릉과 삼림이 계속 이어져서 시냇물이 그 사이를 흐르는 지형이었다. 이 때문에 방어에 유리했던 반면 공격에 큰 어려움을 느낀 것이 사실이리라.[10]

전투 시작과 함께 총탄이 관물헌까지 날아와서 국왕 이하는 황망하게 후원의 수풀 속으로 피난했다. 조선군 중에서도 청군을 따르지 않은 전영과 후영의 병사들은 물론이고, 윤경완이 지휘하는 군졸들까지도 총을 내팽개치고 뿔뿔이 흩어져서 관물헌 부근에는 지키는 병사가 한 명도 없었다. 다케조에 공사는 국왕이 피난한 사실을 알지 못했고, 무라카미 보병대위는 여러 문들로 퇴각해 들어오는 소대들을 지휘하면서 관물헌을 거점으로 전투를 계속했다. 그 사이에 국왕은 비로소 박영효, 김옥균 등이 모두 후원의 연경당(演慶堂)으로 피난한 것을 알고, 병졸들을 거느리고 그쪽으로 급히 움직였다. 그런데 그곳은 지대가 낮아서 감사(瞰射)[6]가 가능했기 때문에 위험하기 짝이 없었다. 이 때문에 국왕은 무감(武監)에게 업혀서 후원의 옥류천(玉流川) 태극정(太極亭)(?)으로 피신하고, 이어서 그 뒤편의 북장문(北墻門)으로 이동했다. 어느덧 초저녁이 되어 일청 양국 군대의 접촉이 사라지자 전투는 자연스럽게 중단됐다.

독립의 대업은 이제 완전히 틀어져 버렸음이 분명해졌다. 홍영식과 김옥균은 국왕을 인천으로 이어(移御)하고 일본 정부의 원조를 기다려야 한다고 극력 주장했지만, 국왕은 인천으로의 몽진(蒙塵)을 거부했고, 다케조에 공사 역시 깊은 생각에 빠져 있을 뿐이었다. 그때 북장문 일대에는 별초군영병관(別抄軍領兵官) 태안부사(泰安府使) 홍재희가 통솔하는 한 부대가 둔치고 있었는데, 국왕을 식별할 방법이 없어서 오직 일본인만 확인하고 저격하는 바람에 국왕의 신변이 매우 위험해졌다. 김옥균은 무감을 시켜서 "국왕께서 여기 계시다!"라고 크게 외치게 하여 간신히 잠시나마 사격을 중지시킬 수 있었다. 이렇게 해서 국왕의 소재가 판명되자 이미 북장문에서 멀지 않은 북관왕묘(北關王廟)로 피난 간 신정대비와 왕비는 전령을 보내서 국왕을 모셔오게 했다. 대비가 무사하다는 사실을 안 국왕은 즉시 그곳으로 가려고 했다. 북묘에는 강력한 청국 군대가 주둔하고 있을 것이며—실제로 청군은 아직 그곳에 도착하지 않았다.—국왕이 청군의 손에 떨어지는 것은 곧 독립당 정권의 파멸을 의미했기 때문에 박영효, 김옥균, 서재필은 극력 반대하고, "설령 위험해서 모시는 한이 있어도 인천으로 향해야 한다."고 주장하면서 다케조에 공사의 결심을 촉구했다. 다케조에 공사는 그 말에 따르지 않고, '지금 만약 일본군이 계속해서 국왕을 호위한다면 조선군의 발포로 인해 국왕의 일신에 위험이 미칠 우려가 있다. 만일의 사태가 발생한다면 대사(大事)가 와해될 것이다. 일단 물러나서 훗날을 도모하는 것 외에는 방법이 없다.'고 하고, 아사야마 삼등속을 통해서 국왕에게 배별(拜別)했다. 이 말을 들은 국왕은 홍재희 등의 부축을 받으면서 급히 북관왕묘로 떠났다. 홍영식과 박영교, 그리고 사관생도 몇 명이 계속 국왕을 배종(陪從)했다.[11]

국왕에게 배별(拜別)한 다케조에 공사는 무라카미 경비대장에게 명을 전하고, 북장문으로 나와서 조선군과 난민들의 습격을 격퇴하면서 우회해서 공사관으로 귀환했다. 이 전투에서 보병조장(步兵曹長) 이이지마 세키타로(飯島碩太郎)와 병사 1명이 전사하고, 보병중위 오모타카 슌이치(面高俊一)와 병사 7명이 부상을 입었다. 그리고 박영효, 김옥균,

---

6) 감사(瞰射): 높은 곳에서 낮은 곳을 향해 활이나 총 따위를 쏘는 것

서광범, 서재필, 변수, 유혁로 등은 다케조에 공사를 수행해서 일본 공사관으로 피난했다.

이보다 앞서 12월 4일 밤 출동 직전에 다케조에 공사는 외무사등속 오바 나가나리를 공사관에 잔류시키고 뒷일을 맡겼다. 공사관에 잔류한 병력은 7명에 불과했지만 공사관 신축 작업에 종사한 청부 직공(請負職工)과 인부 70여 명이 아직 관내에 남아 있었으므로 만일의 경우에는 그들의 힘을 빌릴 수 있었다. 그에 반해 경비대 본부는 아무런 방비 없이 총공(銃工), 봉공(縫工), 잡역부, 어용상인 등 6명만이 남아서 지키고 있었다. 진고개[泥峴]를 비롯한 남부에 산재한 거류민들을 보호할 방법은 전혀 마련되지 않았고, 만일의 경우 공사관에 집합한다는 지령도 전달돼 있지 않았다. 다케조에 공사, 시마무라 서기관, 무라카미 보병대위 등은 진작부터 청군과의 교전을 예상하고 있었다. 그 경우 경성 전역이 극심한 혼란에 빠져서 제3국인들에게까지 위난(危難)이 미치리라는 것은 미국 공사와 영국·독일의 총영사도 잘 알고 있었다. 그럼에도 불구하고 다케조에 공사 등이 일본거류민의 위험을 예상치 않았다는 것은 대단히 믿기 어려운 사실이다.[12]

12월 4일부터 5일까지는 유언비어만이 난무할 뿐, 시중에 특별히 위험의 조짐은 보이지 않았다. 그런데 6일에 국왕의 폐위, 신정대비의 홍서와 같은 유언비어가 확산되자 온 도성의 군민(軍民)이 분격해서 일본인에 대한 감정이 시시각각 악화됐다. 같은 날 오후 창덕궁에서 일청 양국군이 충돌해서 총성이 울려 퍼지자 저녁때부터 경성은 완전히 동란(動亂) 상태에 빠져들었다. 청군과 조선군은 뒤섞여서 일본 공사관을 공격했지만 오바 사등속의 지휘를 받은 잔류 병력, 관원(館員), 직공들에 의해 격퇴됐다. 경비대 본부는 방어 전투가 불가능했기 때문에 잔류해 있던 비전투원들은 모두 학살되고 저장해 둔 식량은 약탈당했다. 가장 비참한 것은 거류민들이었다. 그들 대다수는 나가사키 현의 쓰시마인이었는데, 자위 수단이 없어서 오직 난병(亂兵)과 난민(亂民)들의 약탈, 폭행, 참살에 몸을 내맡길 수밖에 없었다. 그렇게 해서 거류민 29명(부인 1명 포함)이 비참한 최후를 맞았다. 사람들은 청과 조선 난병들의 잔학한 행위에 비분의 눈물을 흘리기에 앞서, 당연히 거류민 보호의 책임이 있는 외무성 경찰관과 경비대를 정치적 목적에 사용하고, 동란이 발생한 이후에는 거류민 수용을 태만히 해서 그들의 운명을 방치한 다케조에 공사와 공사관 경비대장의 책임을 물어야 한다는 사실을 간과하고 있다.[13]

다케조에 공사와 경비대는 6일 오후 7시 30분에 귀환했다. 덕분에 공사관은 안전해졌다. 거류민들 가운데 가능한 자들은 공사관으로 피난하고, 일부는 청영(淸營) 또는 외국 공사관에 수용됐다. 난병들은 공사관에 총을 쏘거나 돌을 던졌고, 또 불을 지르는 사람도 있었지만 그들을 쫓아내는 데는 별 어려움이 없었다. 당시 공사관 내 있던 사람들은 공사관원의 가족과 하인 30여 명, 청부인·직공·인부 등 70여 명, 병력 140여 명, 피난 온 거류민 10여 명으로 총 260여 명에 달했다.

일본 공사관에는 경비대도 배치됐으므로 우세한 청국군의 공격을 받지 않는 한 장시간 버틸 수 있었다. 그런데 경비대 본부가 약탈당해서 당장 먹을 양식이 부족했다. 죽을 먹더라도 12월 7일 저녁까지도 버틸 수 없었다. 다케조에 공사와 시마무라 서기관은 북악을 점거하면 2주간, 남산을 점거하면 2개월을[7] 방어할 수 있다고 호언장담한 사실은 이미 잊고, 하루 안에 인천으로 퇴거해서 정부의 후속 명령을 기다리는 것 외에는 어찌할 바를 몰랐다. 이들은 무라카미 보병대위와 협의해서 공사관 전원 퇴거 명령을 내렸다. 당시 박문국에서 피난 온 이노우에 가쿠고로는 용산 만리창(萬里倉)에 관미(官米)가 저장돼 있으니 그것을 강제 징발하면 되고, 적어도 공사관 옥상에서 국기가 휘날리고 있는 한 스스로 경성에서 철수하는 것은 불리하다고 주장했지만, 무라카미 보병대위는 이 계책을 위험하다고 판단해서 따르지 않았다. 공사는 기밀문서의 소각과 어진영(御眞影)[8]의 봉지(奉持)를 명하고, 또 독판교섭통상사무 김홍집에게 조회를 보내서 공사관과 부속 청사의 보호 관리를 부탁했다.[14]

대일본 흠차대신 다케조에가 조회함.

며칠 전부터 귀국의 난민(亂民)이 차츰 우리 공사관에 접근해서, 총을 쏘고 불을 지르며 돌덩이를 던져서 매우 위태롭게 되었는데도 귀 정부는 좌시하며 통제하지 않았습니다. 그러므로 본 대신은 잠시 인천으로 이동해서 본국 정부에 품상(稟商)하여 진퇴를 정할 것입니다. 이 때문에 귀 정부에 조회하니, 부디 본 대신이 잠깐 떠나있는 동안 우리 공사관을 보호해주시기를 바랍니다. 아울러 즉각 조복(照覆)할 것을 바랍니다.

대조선국 독판교섭통상사무 김(金)에게 이상과 같이 조회함.

메이지 17년 12월 7일[15]

이 조회를 접수한 통리아문이 신축 공사관 보호와 관련해서 적당한 조처를 취하기도 전에 공사관은 불이 나서 전소되었다. 그것이 자연발생적인 화재인지 혹은 방화인지는

---

7) 원문에는 1개월로 잘못 기록되어 있다. 『갑신일록(甲申日錄)』 11월 25일조(양력)에 따르면 1개월이 맞다.
8) 어진영(御眞影): 여기서는 일본 메이지 천황과 황후의 사진을 가리킨다.

밝혀지지 않았지만, 공사관 소사(小使) 송상길(宋尙吉)은 실화(失火) 상황에 대해 "10월 19일(양력 12월 6일) 신각(申刻)에 관내의 문서책자를 대청에 쌓아놓고 석유 1통을 부었습니다. 불이 난 후에 다케조에 신이치로에게 고하자 마침내 일본인들을 분분히 달아나게 했습니다."라고 진술했다.[16]

12월 6일 일청 양국군의 충돌 이후로 경성의 각 성문은 굳게 폐쇄되어 아무도 통행할 수 없었다. 이는 선례에 따라 성내 치안을 유지하고 반도(叛徒)의 도망을 방지하기 위한 방편이었지만, 다케조에 공사 등은 그것이 일본 공사와 군대의 경성 퇴거를 저지하고 오살(鏖殺)[9]하려는 계획일 가능성을 두려워했다. 이에 일동 결사돌파하기로 결정하고, 무라카미 보병대위의 지휘하에 보병소위 안도 이즈미(安藤嚴水)를 전위(前衛)로, 보병중위 고타니 다네미츠와 오모다카 슌이치를 후위(後衛)로 삼았다. 공사 이하 비전투원은 중앙에 배치하고, 부상자와 탄약은 직공과 인부들이 운반하기로 했다. 오후 2시 30분, 전원이 공사관 깃대에 나부끼는 국기를 받들고 돌격했다. 남대문의 방어가 가장 엄중하다는 정보가 전해졌으므로 교동에서 종로로 나와서, 도중에 조선군의 습격을 격퇴하면서 서대문을 돌파하고 양화진에서 한강을 건넜다. 때는 오후 5시 30분이었다.

양화진에서 강을 건넌 뒤로는 조선군이 더 이상 추격하지 않았다. 그들은 흩날리는 눈발을 맞으면서 다음 날인 12월 8일 오전 8시에 인천 영사관에 안착했다.[17]

다케조에 공사와 공사관 경비대의 경성 철수가 지나치게 일렀던 까닭에 당시 경성 안팎에서 아직 숨어있거나 난민과 난병에게 저항하고 있던 비전투원을 유기하는 결과를 초래했다. 이 불행한 희생 중에서도 가장 애석한 것은 공사관 부속 무관 육군보병대위 이소바야시 신조의 사망이었다. 이소바야시 대위가 국왕과 왕비에게 신뢰를 받았다는 것은 제50절에서 서술하였다. 그러한 특권을 이용했기 때문이겠지만, 그는 일본인으로서는 예외적으로 여러 번 조선 내지를 여행했고 지방관들도 호감을 갖고 맞이했다. 이번에 충청도 여행을 떠날 때 그는 사변의 발생을 전혀 예상하지 못했고, 12월 7일 복귀하는 길에 수원부에서 변란 발생의 급보를 받고—통리아문에서 만일의 경우를 우려하여 급사(急使)를 보낸 것이라고 한다.—경성에 귀환하려고 했으나, 도중에 과천현에서 난민들의 습격을 당해서 그를 수행하던 참모본부 어학생 아카바네 헤타로(赤羽平太郎), 시종 이쿠도 다이헤(幾度太平)와 함께 참살됐다. 수행원 1명의 시신은 한강 남쪽 기슭의

---

9) 오살(鏖殺): 무절러 죽임

동작진(銅雀津) 부근에서 발견됐다고 한다.[18]

이보다 앞서 인천 주재 이등영사 고바야시 하시이치(小林端一)는 12월 5일 오후 4시에 경성변란의 소식을 접하고 어용괘(御用掛) 다케다 진타로(武田甚太郎)를 급히 경성에 보냈다. 곧이어 그는 다케다 어용괘의 보고와 각 방면의 정보를 통해 사태의 심각성을 인식했다. 8일 오전 1시에 공사관 어용괘 다케다 구니타로(武田邦太郎)가 경성에서 급히 달려와서 공사의 철수 사실을 보고했으므로, 곧바로 정박 중이던 군함 닛신(日進) 함장 해군소좌 오가타 고레요시(尾形惟善)에게 육전대 상륙을 요청해서 영사관과 거류지의 경비를 맡기고, 공사관원과 피난민의 수용 준비를 갖춘 후 일행을 맞이했다. 공사관 경비대는 도착과 동시에 해병을 대신해서 배치에 들어갔다. 또한 고바야시 영사는 8일 오후 급달(急達)로 거류민 가운데 부인과 어린아이들을 소집해서, 경성에서 온 공사관원의 가족 및 비전투원들과 함께 인천에 정박 중이던 쿄도키센주식회사(共同汽船株式會社) 선박 지도세마루(千歲丸)[선장 쓰지 가쿠사부로(辻覺三郎)]에 수용했다. 인천에서는 공사가 도착할 무렵 유언비어가 난무해서 인심이 흉흉했지만, 고바야시 영사와 감리인천구통상사무(監理仁川口通商事務) 홍순학(洪淳學)의 적절한 조치로 다행히 무사할 수 있었다.[19]

며칠 후 12월 10일에는 그 전에 청영(淸營)과 미국 공사관에 수용된 거류민 16명과 미국 공사관 및 영국 총영사관에 파견된 병력이 인천으로 호송되어 고바야시 영사에게 인도됐다.[20]

12월 11일, 기선 지도세마루는 피난민을 싣고 인천에서 출항해서 나가사키로 향했다. 다케조에 공사는 외무일등속 기노시타 마사히로(木下眞弘)를 그 배에 편승시켜서 외무성에 사건 경과를 상세히 보고하게 했다. 박영효, 김옥균, 서광범, 서재필, 이규완, 정난교, 유혁로, 변수 등은 다케조에 공사와 동행해서 인천에 도착했지만, 공사는 이들이 일본으로 망명하는 것을 달가워하지 않아서 영사관에도 수용하지 않았다. 김옥균 등은 오랫동안 알고 지내온 다이이치(第一)국립은행 인천출장소 지배인 기노시타 세베(木下淸兵衛)에게로 갔다. 이노우에 가쿠고로도 공사와 동행했는데, 그가 지도세마루 선장 쓰지 가쿠사부로에게 간청해서 박영효, 김옥균 등을 승선시켜서 나가사키로 보냈다. 다케조에 공사와 고바야시 영사 모두 이 일에는 관여하지 않았다.[21]

그 사이 경성에서는 많은 일이 있었다. 12월 6일 저녁에 다케조에 공사 및 박영효, 김옥균 등과 이별한 국왕은 북관왕묘에서 신정·명헌 두 대비와 왕비 등을 만났다. 지난번 창덕궁 후원의 전투 이후로 일본군과 접촉하지 않은 청국군은 북묘에 국왕 일행이 있다는 소식을 들었다. 영무처 원세개는 그곳으로 달려가 국왕 일행을 수용한 후, 일단 숭인문 외곽의 각심사(覺心寺) 인근의 전 대장 이경하의 집에서 묵게 했다. 그리고 다시 오 통령의 병영으로 이어(移御)하게 했다. 국왕을 배종(陪從)하던 홍영식과 박영교, 그리고 사관생도 몇 명은 조선군에게 참살당하거나 청군의 손에 죽었다.[22]

독립파의 손에서 국왕을 탈환한 조선 조정은 이날 밤부터 서둘러 활동을 개시했다. 먼저 독판교섭통상사무 김홍집의 명의로 다케조에 공사의 불법행위를 비난하는 한편, 미국 공사와 영국·독일 총영사에게 조회해서 일본 공사가 반도(叛徒)와 통모하여 국왕을 구금하고 대신을 살해한 사실을 호소하며 공정하게 판단해 줄 것을 요청했다.

조회함.

본월 17일 술시(戌時)에 내협판(內協辦) 민영익이 도적에게 칼을 맞았으나 아직 죽지 않았습니다. 그런데 일본 공사 다케조에 신이치로는 우리나라의 간신 김옥균 등이 날조한 교지(敎旨)의 말을 믿고, 우리 정부 외서(外署)의 공문을 받기도 전에 돌연 군대를 이끌고 궁궐에 깊이 들어와서는 출입을 금지해서 소식이 통하지 않았습니다.

본서(本署)는 처음에는 그래도 일본의 보호에는 필시 다른 뜻이 없으리라고 여겼는데, 뜻밖에 간신 등이 그 군대의 위세를 빙자해서 우리 대군주를 핍박하여 경우궁으로 이어하시게 하고, 곧바로 또 판서 이재원의 집으로 옮기시게 했습니다. 그 와중에 대신 6명이 모두 무고하게 살육을 당했으니 그 위세가 하늘을 찔러 장차 헤아릴 수 없는 재앙이 있을 듯했습니다. 그래서 본 독판이 동인(同寅)[10]들을 이끌고 우리 대군주 전하께 알현하려고 했으나 일본군이 이를 막았습니다.

거민(居民)들의 분노가 절박해서 장차 일본군을 공격하려고 했기 때문에 본 독판 등은 행여 일본군에 해를 끼칠까 우려해서, 중국 주방영(駐防營)에 전탁(轉託)[11]해서 밖에서 보호하게 했습니다. 그런데 뜻밖에 일본군이 먼저 발포해서 접장(接仗)[12]하고, 중국 병사 수십 명이 부상당하고 나서야 비로소 군대를 거둬들였습니다. 궁금(宮禁)의 땅이 얼마나 엄숙한 곳인데 일본군이 끝내 흔단을 열어서 그곳을 유린했으니 크게 이해할 수 없는 바입니다. 그러나 다행히 중국군의 부호(扶護)에 힘입어 지금은 전하께서 회가(回駕)[13]하셨습니다.

---

10) 동인(同寅): 『書經』 皐陶謨에 나오는 '동인협공(同寅協恭)'에서 유래한 말로 동료와 같은 뜻이다.
11) 전탁(轉託): 다른 사람을 중개해서 간접적으로 하는 부탁
12) 접장(接仗): 무기를 맞부딪힌다는 뜻으로 교전(交戰)과 의미가 같다.
13) 회가(回駕): 높은 사람이 수레나 가마 따위를 타고 외출했다가 돌아온다는 뜻으로 여기서는 고종의 환궁을 가리킨다.

일본군이 우리 간인(奸人)들에게 부화(附和)해서, 제멋대로 우리 궁궐에 들어와서는 우리 대군주를 위협하고, 우리 대신을 살육하고, 우리 보호병을 살해했으니 그 곡직(曲直)이 판연(判然)합니다. 바라건대 귀 대신께서 각국 공사와 공동으로 준명작리(準明酌理)해서 핵판사복(核辦賜覆)[14]하신다면 실로 공편(公便)[15]할 것입니다. 이 때문에 조회하니 부디 귀 대신께서는○귀 총영사 살펴보신 후 시행하시길 바랍니다.[23]

이와 동시에 청의 총판조선상무 진수당에게도 조회해서 청군의 출동에 사의를 표하고, 또 "이번에 일본 공사의 보호 행위가 무슨 주의(主意)에서 일어나고, 무슨 공법에 근거한 것인지 알 수 없습니다. 이미 각국 공사에게 조회했으니 바꿀 수 없는 공론(公論)이 따로 있을 것입니다."라는 뜻을 통고했다.[24]

12월 7일에는 국왕이 하도감 영무처(營務處) 원세개의 군영으로 이어(移御)했다. 이날 대신과 재상들을 소견해서 12월 5일에 감하(減下)된 관리들을 원 관직에 다시 임명하고, 크게 경질을 행했다. 심순택을 의정부 좌의정, 김홍집을 우의정, 이교헌을 친군전영사(親軍前營使), 이봉구(李鳳九)를 후영사, 이규석(李奎奭)을 좌영사, 조병호를 독판교섭통상사무, 서상우를 참의교섭통상사무, 민종묵(閔種默)을 한성부판윤, 이재완을 예조판서, 김윤식을 병조판서 겸 강화부유수에 제수하고, 또 전(前) 우영사 민영익을 예전 관직에 재임명했다. 다음 날인 8일에는 전교를 내려서, 갑신년 10월 17일(메이지 17년 12월 4일) 밤부터 10월 19일(12월 6일) 오후까지 내린 일체의 전교를 환수했다. 이날 심순택을 의정부 영의정, 김홍집을 좌의정, 김병시를 우의정으로 옮기고, 전 병조판서 이재원의 전직(前職)을 환수했다. 12월 10일에는 국왕이, 11일에는 신정·명헌 두 대비와 왕비, 왕세자빈이 창덕궁으로 환궁해서 변란 이전의 모습을 회복했다. 12월 6일부터 10일까지 5일 동안 경성의 질서는 전적으로 청국군에 의해 유지되고 있었다.[25]

---

14) 핵판사복(核辦賜覆): 핵판(核辦)은 사판(査辦)과 같은 뜻으로 사안을 조사해서 사실관계를 규명하는 것을 의미한다. 사복(賜覆)의 복(覆) 또한 심리(審理), 조사의 뜻을 가진다.
15) 공편(公便): 공정하고 편리함

1 『淸光緖朝中日交涉史料』卷六 (二三六)附件一 總辦朝鮮商務道員陳樹棠稟, (二四〇)駐防朝鮮提督吳兆
有等來稟.

2 『淸光緖朝中日交涉史料』卷五 (二四〇)駐防朝鮮提督吳兆有等來稟, (二七六)附件一 駐防朝鮮提督吳兆
有等來稟.

3 甲申年十月十八日 袁營務處抵沈舜澤書.

4 『華案』卷七.

5 『甲申日錄』.

6 『甲申日錄』.

7 『善隣始末』卷九;『淸光緖朝中日交涉史料』卷六 (二八〇)附件三 駐防朝鮮提督吳兆有等來往信件.

8 竹添公使朝鮮京城事變始末書.

9 『甲申日錄』;『淸光緖朝中日交涉史料』卷六 (二七六)附件一 駐防朝鮮提督吳兆有等來稟.

10 公使館警備隊長村上步兵大尉報告; 甲申變亂事實;『淸光緖朝中日交涉史料』卷六 (二七六)附件一 駐防
朝鮮提督吳兆有等來稟. 덧붙여 말하자면, 이 전투에 관한 원세개의 보고는 상세하기는 하지만 종종 지
나친 과장이 있어서 믿기 어려운 것이 있다.

19일〔12월 6일〕인심이 더욱 흉흉해져 군민(軍民) 수십만이 모여 궁궐에 들어가 왜노(倭奴)를 모
두 죽이려고 했습니다. 조선 조정에서 내관이 와서 말하길, "비(妃)는 돌아가시고 왕의 존망은 알 수
가 없습니다."라고 했습니다. 또 들으니 영식 등이 국왕의 서자를 불러들였다고 했습니다. 나이가 9
세였으니, 장차 폐립(廢立: 현 임금을 폐위시키고 새 임금을 세움)을 하려고 했습니다. 새 왕이 어리
므로 영식이 국정을 장악한 후에 중국을 배신하고 동양(東洋: 일본)에 붙으려는 것이었으니, 비직(卑
職)〔원세개〕등이 보기에 사정이 급했습니다. 만약 일본군이 왕을 겁박해서 동쪽으로 보내고 따로
새 왕을 세운다면, 여기서 보호하고 탄압함에 있어 이미 일국(一國)을 잃고 또 일군(一君)을 잃는 것
이니 어떤 허물이 이보다 크겠습니까?

이에 사각(巳刻)에 일본 공사 다케조에에게 글을 보내서 외부의 상황을 알리고, 장차 군대를 이끌
고 입위(入衛)하며 아울러 일본군을 보호하겠다는 뜻을 전했습니다. 그런데 신각(申刻)이 되도록 소
식이 없어서 군대를 이끌고 돌입했습니다. 아울러 연군(練軍)의 좌·우영과 약속해서 정하되, 충의
(忠義)로 격동해서 우리 뒤를 따라 입궁(入宮)한 후 틈을 봐서 뒷담으로 넘어 들어가 국왕을 보호하
여 난신들에게 해를 당하지 않게 해줄 것을 의뢰했습니다. 오 통령이 좌문(左門)으로 들어가고 비직
(卑職)이 전문(前門)으로 들어가고 장 총병이 단후(斷後: 군대가 후퇴할 때 뒤에서 엄호하는 부대)로
책응(策應)했습니다.

궁중은 층루첩실(層樓疊室)이요, 영항(永巷: 궁중의 긴 복도)이 좁고 구불구불해서 방어하기에 극
히 어려웠습니다. 일본인들은 우리 군대가 들어온 것을 보고 높은 누각을 점거하고 빗발치듯 총탄
을 퍼부었습니다. 이곳의 수원(隨員)과 훈도(訓導)가 오장경이 평소에 공사(公事) 때문에 일본 공사
와 교접(交接)했다고 진술했습니다. 그래서 비직(卑職)이 그에게 병사 두 초(哨)를 거느리고 먼저 들
어가서 일본 공사를 만나 이곳에 온 경위를 고하게 했는데, 일본 공사는 그를 받아들이지 않고, 사격
또한 그치지 않았습니다. 하지만 그 훈도는 선 채로 움직이지 않았습니다. 박영효 등은 조선의 전영
(前營)과 후영(後營) 군사를 통솔해서 일본인을 도와 우리 군대가 진입하는 것을 막았습니다. 우리

군영은 예전에 마산에 있던 1초(哨)가 이동해서 겨우 4초(哨)에 불과했지만 오직 분력(奮力)해서 전진하면서 총을 쏘며 교전했습니다. 비직(卑職)이 훈련한 좌영과 우영의 부대도 우리의 성세(聲勢)를 도왔습니다. 일본군은 박영효의 군대와 합세해서 전투를 벌였지만 우리 군의 사졸(士卒)이 모두 용감하게 격전을 치르자 박영효의 전영(前營)은 죽거나 달아나 겨우 50명만 남고, 후영(後營)은 110명이 남았지만 모두 우리 군에 붙었습니다. 그리고 박영효는 달아나 숨었습니다. 일본군 또한 형세가 고립된 것을 보고는 무기를 버리고 달아났습니다.

우리 군이 후원까지 추격하자, 일본군이 다시 총부리를 돌려 전투를 벌였습니다. 오장경과 장광전의 두 군대가 그 좌우를 공격하고 비직(卑職)이 직접 친병(親兵)을 거느리고 그 앞을 막았습니다. 한창 교전하던 중에 불시에 일본군이 미리 설치해 둔 지뢰와 격림포(格林砲)를 일시에 발사했습니다. 저의 군영이 가장 가까운 거리에 있었던 까닭에 6명이 전사하고 14명이 부상당했는데, 그 중에서도 친병(親兵)의 차변(差弁)이 더욱 심했습니다. 일본군은 우리 군대가 후퇴하지 않는 것을 보고 사방에서 포위했다가, 이윽고 어떤 산에 반거(盤踞)했습니다. 이에 우리 군은 산 아래를 포위했습니다. 때마침 날이 어두워졌는데, 국왕이 산 위에 있어서 총포를 많이 쏘는데 불편할 것이 우려되어 군대를 수습해서 군영으로 돌아왔습니다. 일본군도 이날 밤에 공사관으로 은밀히 돌아갔습니다.(『淸光緒朝中日交涉史料』卷六 (二七六) 附件一 駐防朝鮮提督吳兆有等來稟照錄委辦親慶等營會辦朝鮮防務袁丞世凱來稟.)

11 竹添公使朝鮮京城事變始末書; 警備隊長村上步兵大尉報告; 甲申變亂事實; 『淸光緒朝中日交涉史料』卷六 (二七六) 附件一 駐防朝鮮提督吳兆有等來稟. 또한 12월 6일자 『갑신일록(甲申日錄)』의 기사는 다음과 같다.

(신력) 12월 6일, (상략) 다케조에가 갑자기 이, 홍 두 대신〔좌의정 이재원, 우의정 홍영식〕에게 말했다.

"일본 병세(兵勢)가 오래 주둔할 수 없게 됐으니 오늘 군병(軍兵)을 복귀시키겠습니다." 나는 경악해서 말했다. "아! 그것이 무슨 말입니까? 우리가 자립할 방도에 조금이나마 실마리를 찾는다면 공사의 말을 기다릴 것도 없이 회군시키겠지만, 이제 막 각영(各營)의 병정들이 소지한 총검을 검사하니, 모두 종이처럼 녹이 두껍게 슬어서 탄환을 넣을 수도 없습니다. 이제 막 분해해서 소제하고 있는데, 만약 지금 공사가 철병한다면 반드시 일이 실패할 것입니다. 우선 3일 동안만 귀 군대의 철수를 기다려 준다면 우리 당의 일이 조금씩 준비돼서 걱정이 없을 것입니다." 또 군대를 후퇴하더라도 반드시 사관 10명을 교사(敎師)로 정해서 그들을 근위대에 상주시켜서 군사를 조련해야 한다는 뜻을 여러 차례 반복해서 개진했다. 그러자 다케조에가 비로소 승낙했다. (중략) 이어서 청국 군대를 방어할 대책과 개혁을 대대적으로 행하는 일에 관해 계획하고 있었는데, 갑자기 청국 진영에서 어떤 사관이 들어와서 주상의 알현을 청하는 소리가 들렸다. 나는 말했다. "안 된다. 오(조유), 원(세개), 장(광전) 세 사람이 들어온다면 접견을 허락할 수 있지만, 일개 무명(無名) 사관이 어찌 쉽게 접견할 수 있겠는가?" 그리고 대신 이(재원), 홍(영식)에게 성정각(誠正閣)에 나가서 상황을 상세히 논하게 했다. 그가 대군주께 올리는 서신 하나를 바쳤다. (중략) 도승지 박영교에게 칙명에 따라 답서를 내리자,〔이 때문에 변란 이후에 박 군은 원세개의 손에 독(毒)을 당했다.〕받아서 물러났다. 잠시 후에 또 청국 진영에서 통사(通詞)가 와서 말했다. "원세개가 지금 폐알(陛謁)을 청하고자 병사 600명을 거느리고 입궐하고 있습니다. 병사를 300명씩 2개 부대로 나눠서 동문과 서문으로 들어오고 있습니다." 나는 통사와 차비관을 불러서 타이르기를, "원사마(袁司馬)의 알현은 이치상 본래 무방하지만, 군대를 인솔하는 일 만큼은 결단코 허락할 수 없으니, 만약 고집해서 강행한다면 좋지 않은 일이 생길 것이다." 라고 했다. 〔청국 군대가 장차 불측한 일을 행하려고 한다는 말을 듣고, 다케조에에게 말해서 다시 각영(各營)의 병사들에게 신칙하여, 계심(戒心)하면서 총검을 더욱 급히 소제하게 했다.〕 그리고 참찬(參贊)들이 관물헌 후당(後堂)에서 묘의(廟議)를 가졌다. 오후 2시 반, 다케조에에게 두 통의 봉서(封書)가 왔다. 그런데 서한을 미처 개봉하기도 전에 갑자기 포성이 어지럽게 들리더니 동문과 남문에서 청 군대가 협공해 들어왔다. 궁중이 소란스러워졌다. 갑자기 왕비와 세자, 세자빈이 궁에서 나가 북산으로 향했다. 또 왕대비, 대왕대비, 순화빈(順和嬪)이 모두 궁문을 나갔다고 했다. 급히 침실로 들어가니 아무도 없이 적막했다. 그래서 서군과 급히 후문으로 나가자, 멀리 대군주께서 무감과 병정 4, 5명을 거느리시고 뒷산 기슭으로 오르고 계신 것이 보였다. 나는 큰 소리로 외쳐서 걸음을 멈추시게 하고, 급히 달려가서 만류했다. 그리고 산 아래의 연경당(演慶堂)으로 다시 내려가게 하신 다음에 급히 변군을 보내서 다케조에를 오게 했다. 그때 총탄이 빗발치듯 쏟아져서 사람이 움직일 수 없었지만, 변군이 이를 무릅쓰고 가서 다케조에와 함께 왔다. 다케조에가 손에 청진(淸陣)에서 온 서한을 펼쳐서 읽었다. 그리고 다케조에와 우리 당 약간 명이 시위(侍衛)하고 일본군은 관물헌의 전후에서 항전했지만, 전영과 후영의 병사들은 막 총기를 분해해서 모두 빈손으로 달아나 버렸으니, 계책이 나올 곳이 없었다. 나는 다케조에에게 의논하기를, "일이 이 지경에 이르렀으니 형세가 어쩔 수 없이 되었소. 대군주를 모시고 급히 인천으로 가서 훗날을 도모해야 하오." 라고 했다. 주상께서 이 말을 들으시고, "나는 결코 인천으로 가지 않겠다. 대왕대비께서 가신 곳으로 가서 죽더라도 같은 곳에서 죽겠다." 고 하셨다. 다케조에가 내게 말했다. "대군주께서 이처럼 가려고 하지 않으시니 앞으로 어떻게 하겠습니까?"

그때 탄환이 점차 많이 날아와서 오래 머무를 수가 없었다. 그래서 다시 뒷산 기슭으로 올라갔지만, 얼마 지나자 탄환이 또 가까이 날아오기 시작했다. 모두 다섯 차례나 이동해서 마침내 동북쪽 궁문 안에 이르렀다. 주상께서는 기어코 북묘로 가려고 하셨다. 〔왕비와 제전(諸殿)이 북묘에서 사람을 보내서 주상의 임어(臨御)를 청했다.〕 나는 박군, 서군〔재필〕, 홍군과 함께 극력 만류했다. 그리고 위협해서 모시는 한이 있어도 인천으로 가야 한다는 뜻을 다케조에에게 누차 말했다. 그러나 다케조에는 답하지 않고, 무언가 따로 생각하는 바가 있었다. 그때 별초군이라고 명명한 자들 100여 명이 〔이는 각영(各營)의 정원 외에 별도로 뽑은 자들인데, 들으니 청국 진영에서 이들 무리를 모아다가 뭔가 약속을 했다고 한다.〕 대궐 뒤편 북산 위에서 맹렬하게 발포했다. 〔일본 복색(服色)을 보고 발포한 것이다.〕 나는 무감 등에게 큰 소리로 "대군주께서 이곳에 임어(臨御)하셨는데 어찌 감히 발포하는가!"라고 외치게 했다. 그러자 멈칫하며 물러나는 기색이 보였다.

그때 이미 날이 저물어서 일본군도 조금씩 대치를 풀고 산 아래로 돌아왔다. 그리고 청국 군대는 대궐의 각처 전각(殿閣)을 점거하고 단지 사방에 불만 지를 뿐, 와서 도전하지 않는다고 전했다. 이에 다케조에가 말했다. "일본 공사가 주상을 보호하는 것이 도리어 성궁(聖躬)에 누를 끼치고 있으니, 형세상 잠시 퇴병해서 선후책을 도모하느니만 못합니다." 나는 크게 놀라서 일본어로 빠르게 말했다. "대군주께서 기어코 북문을 나가시려고 한 것이 일고여덟 번인데, 그때마다 우리가 무리한 행동을 해서 멈추시게 했던 것은 오직 공사가 시종 보호해 주기만을 바랐던 것입니다. 지금 만약 군대를 후퇴시키면 앞으로 어떻게 하란 말입니까?" 다케조에가 말했다. "그렇지 않습니다. 비단 청국 군대뿐만이 아니라 조선인들도 향응(響應)해서 심지어 군상(君上)을 향해 발포하는 것은 일본군이 호위하고 있기 때문입니다. 만에 하나라도 불행한 일이 생긴다면 대사(大事)가 와해될 것입니다. 나는 기필코 돌아갔다가 이후의 계책을 도모할 것입니다." 아사야마가 이를 통역해서 아뢰자, 주상께서는 이 말을 들으시고 급히 북문으로 나가겠다고 하셨다. 내 생각에, 북묘 근처에는 반드시 청국 군대가 매복하고 있을 것이니 우리가 만약 호종(扈從)한다면 필시 청적(淸賊)의 독수에 걸려들 것 같았다. 그래서 박 군과 두 서 군과 함께 다케조에에게 말했다. "우리는 앞으로 어떻게 해야 하겠습니까? 이치로 말하자면 응당 우리 대군주를 따라가야겠지만, 공사가 돌아간 다음에 무슨 계책으로 훗날을 도모하겠습니까?" 다케조에가 말했다. "저들이 먼저 무리한 행동을 해서 두 나라를 오욕(汚辱)했으니, 우리나라 또한 전쟁으로 대응할 것입니다. 공들은 내 뒤를 따르십시오." 나는 즉시 그렇게 하기로 결정했다. (하략)

12 竹添公使朝鮮京城事變始末書; 『漢城之殘夢』.

13 警備隊長村上步兵大尉報告; 明治十七年 事件仁川領事館書類; 『漢城之殘夢』.

14 竹添公使朝鮮京城事變始末書; 『漢城之殘夢』.

15 『日案』卷三; 『善隣始末』卷九.

16 王芸生, 『六十年來中國與日本』卷一 227쪽.

17 竹添公使朝鮮京城事變始末書; 警備隊長村上步兵大尉報告; 『漢城之殘夢』.

18 明治十七年事件仁川領事官類; 『統理衙門日記』卷四 李太王甲申年十月二十六日·二十九日; 『議政府謄錄』李太王甲申年十二月十二日.

19 小林仁川駐在領事京城變動紀聞·京城變動紀聞餘錄.

20 小林領事京城變動紀聞餘錄; 『統理衙門日記』卷四 李太王甲申年十一月二十四日; 『淸光緒朝中日交涉史料』卷六 (二八〇) 附件二 駐防朝鮮提督吳兆有等來稟.

21 『善隣始末』卷九; 明治十七年事件仁川領事館書類.

22 甲申變亂事實; 『淸光緒朝中日交涉史料』卷六 (二七六) 附件一 駐防朝鮮提督吳兆有等來稟.

23 『美案』卷三 督辦金弘集到美國全權大臣照會; 『英信』卷三 督辦趙秉鎬到英國總領事阿照會, 阿總領事到督辦趙秉鎬照覆.

24 『華案』卷七 督辦金弘集到淸總辦陳樹棠照會.

25 『日省錄』李太王甲申年十月二十日·二十一日·二十三日; 『淸光緒朝中日交涉史料』卷六 (二八〇)附件二 駐防朝鮮提督吳兆有等來稟, (三〇六)會辦北洋事宜吳大澂訪查朝鮮亂黨滋事緣由節略.

제 53 절

일한교섭의 정돈(停頓)

메이지 17년 12월 7일(갑신년 10월 20일) 이른 아침, 일본 공사관이 조선 난병과 난민들에게 포위돼 있었을 때 어떤 조선인이 서장(書狀) 1통을 공사관 문 앞에 놓고 달아났다. 그것은 바로 독판교섭통상사무 김홍집이 다케조에 공사에게 보낸 조회였다.

대조선 독판교섭통상사무 김(金)이 조회함.

조사해보니 이번 달 17일 술각(戌刻)에 내협판 민영익이 우연히 도적에게 상해를 입었지만 죽지 않은 것은 심상한 사건이었습니다. 그런데 뜻밖에 귀 대신은 군대를 이끌고 궁금(宮禁)에 깊이 들어와서는 출입을 차단하고 소식을 끊었습니다. 그리고 처음에는 대군주를 경우궁으로 옮겼다가 이어서 판서 이재원의 가택으로 옮기고, 대신(大臣) 6명을 연달아 살육했으니 그 이유를 모두 이해할 수 없습니다. 무지한 소민(小民)이 귀 대신에게 유감이 없을 수 없어서 장차 떼를 지어 공격하려고 하기에 본국은 중국의 주방(駐防) 보호병에게 전탁(轉託)해서 안으로 들어와 보호하게 했으니, 이는 주민들이 귀 군대에 해를 가할 것을 깊이 우려했기 때문입니다. 그런데 서로 접촉했을 때 귀 병사들이 앞을 막고 먼저 총포를 발사해서, 끝내 서로 부상자가 발생하고 궁궐 안이 전쟁터가 되었습니다. 하지만 비록 귀 대신이 일시 착오를 일으켰더라도 그 의도는 보호에 있고 필시 다른 뜻은 없었을 것입니다. 각국에 모두 보호지약(保護之約)이 있습니다. 이미 각국 공사에게 조회를 보내서 회상작리(會商酌理)했으니, 부디 귀 대신도 작핵(酌覈)[1]한 후 조복(照覆)하시길 바랍니다. 이 때문에 문서를 갖춰서 조회하니 살펴보시길 바랍니다.

대일본 흠차변리대신 다케조에에게 이상과 같이 조회함.

대조선국 개국 493년 10월 19일○메이지 17년 12월 6일 1

이 조회문은 창졸 중에 기안되어 진상을 오인한 부분이 있지만, 변란의 책임을 다케

---

1) 작핵(酌覈): 사정을 짐작하고 조사함

조에 변리공사에게 전가하고 있다는 점에서 주목할 필요가 있다.

다케조에 공사는 통리아문의 조회를 읽어보고는 즉시 조복(照覆)을 보내서 통리아문의 주장을 반박했다. 특히 '귀 대신이 군대를 이끌고 궁금(宮禁)에 깊이 들어와서 출입을 차단하고 소식을 끊었다'고 한 대목에 대해서는 국왕의 유지(諭旨)에 따른 것이라고 해명했다.

　　대일본 흠차대신 다케조에가 조복(照覆)함.

　　본 대신이 우리 호위대를 이끌고 귀국 왕궐(王闕)에 들어간 것은, 귀국 대군주께서 사람을 보내서 '일본 공사는 와서 호위하라[日使來衛]'고 칙유하셨기에 삼가 상유(上諭)를 받들어 즉시 왕궐로 달려간 것이거늘, 어찌 생각이나 했겠습니까? 어제 청국 군대가 뜻밖에 궐문에 틈입(闖入)한 후 귀국 병사들과 합세해서 먼저 발포하고, 마침내 사방에서 공격을 당하게 되었습니다. 본 대신은 '내위(來衛)'의 유지를 받았습니다. 그러므로 부득이 소총으로 응사하고, 시종(始終) 대군주를 뒤에서 모셔서 마땅한 호위를 다하고자 했던 것입니다. 그 후 대군주께서 대군모(大君母)를 간절히 생각하셔서 죽는 한이 있어도 기어코 가서 모시겠다는 말씀이 있었습니다. 그래서 마침내 후문으로 나가서 귀국의 병진(兵陣)으로 임행(臨幸)하셨던 것입니다. 본 대신은 군대를 통솔해서 배종(陪從)하려고 했지만 그 자리에서 귀국 군대에게 총격을 당했습니다. 그래서 만에 하나 대군주를 놀라시게 할까 우려해서 마땅한 호위를 다하지 못했습니다. 그리고 후문에서 배별(拜別)한 후 마침내 우리 호위대를 인솔해서 공사관으로 귀환했습니다.

　　이제 귀 독판의 조회를 받으니, '처음에는 대군주를 경우궁으로 옮겼다'는 말을 특히 이해할 수 없습니다. 본 대신은 대군주의 이행(移幸)에서 하나도 관여한 바가 없고, 유지(諭旨)를 받들어 입궁하여 오직 난가(鑾駕)[2]가 행차하는 대로 호위했을 뿐입니다. '대신 6명을 연달아 살육했다'는 말에 대해서는 더욱 경악을 금할 수 없습니다. 본 대신은 궁에 있을 때 잠시라도 대군주의 곁을 떠난 적이 없었으니, 또한 대신을 살육하는 것을 본 적도 없습니다. 우리 병사는 대군주께서 계시는 곳의 사방을 전담해서 지켰으며, 다른 문들에는 겨우 수위만 두고, 출입하려는 자가 있으면 일일이 그 성명을 물어본 뒤에 전주(傳奏)해서 허가가 있어야만 비로소 통행을 허락했습니다. 그 나머지는 아는 바가 아니거늘, 귀 독판이 운운하는 말들이 무슨 근거에서 나온 것인지 알 수가 없습니다. 이 사건은 관계되는 바가 극히 중대하니 부디 그 증거를 들어서 본 대신에게 보여주시길 바랍니다. '귀국 인민들이 무리를 지어 공격하려고 했

---

2)　난가(鑾駕): 임금의 수레

다'는 말은 무슨 연고인지 모르겠습니다. 또 조회문에서는 '귀국 군대가 앞을 막고 먼저 발포했다'고 했는데, 한번 생각해 보십시오. 왕궁의 문을 누가 지켰습니까? 바로 귀국 병사들이 아닙니까? 우리 병사들은 단지 대군주가 계시는 곳을 수위했을 뿐입니다. 갑자기 총포 소리가 들리자 대군주께서 크게 놀라서 "이것이 무슨 일인가?"라고 하셨습니다. 그 말씀이 끝나기도 전에 탄환이 왕의 근처까지 날아왔습니다. 그러므로 우리도 응사하지 않을 수 없었던 것입니다. 이는 많은 사람들이 함께 본 것입니다. 다시 바라건대, 귀 독판께서는 당시의 정유(情由)를 상세히 조사해서 사실을 착오하거나 곡직(曲直)을 전도(顚倒)하는 일이 없길 바랍니다. 이러한 사유로 조복(照覆)합니다.

대조선 독판교섭통상사무 김(金)에게 이상과 같이 조복(照覆)함.

메이지 17년 12월 7일[2]

이 글과 함께 다케조에는 전날 창덕궁 관물헌에서 받았지만 미처 열어볼 겨를이 없었던 청 통령 오조유의 공함(公函)에 대한 회함(回函)을 작성해서 그의 오해에 대해 해명했다. 당시 일청 양국 관헌 사이의 연락은 완전히 단절되어 있었으므로, 통리아문에 보내는 조회와 동봉해서 공사관에 있던 전동(典洞) 주민 김성일(金成一)에게 맡겨서 보냈다.[3]

다케조에 공사의 인천 철수는 조선 조정과 청 관헌을 경악케 했다. 왜냐하면 조선 조정은 다케조에 공사가 본국 정부와 밀접하게 연락을 취하면서 우세한 육·해군을 이끌고 인천에서 다시 입경해서 조선 정부의 책임을 물을 것으로 예상했기 때문이다. 바로 독판교섭통상사무 김홍집은 12월 7일에 인천에 있는 다케조에 공사에게 공함(公函)을 보내서, "이제 귀 대신이 곧장 도성 밖으로 나가서 인천으로 향하셨다는 말씀을 들으니 매우 놀라워 어찌할 바를 모르겠습니다. 참으로 의도를 알 수 없습니다. 부디 귀 대신은 잠깐 고헌(高軒)[3]을 돌려서 공정하게 상의하시길 바랍니다. 실로 저의 구구한 마음이 기망(企望)하는 바입니다."라고 간청했다. 이어서 12월 8일에는 독판교섭통상사무 조병호를 대관, 감리인천구통상사무(監理仁川口通商事務) 홍순학을 부관에 차하해서 인천에 파견했다.[4]

대관 조병호는 12월 9일에 인천으로 가서 부관 홍순학과 함께 일본 영사관에서 다케조에 공사, 고바야시 영사와 회견했다. 그는 아사야마 외무삼등속의 통역으로 국왕의

---

3) 고헌(高軒): 지위가 높은 사람이 타는 수레의 경칭(敬稱)

위문 말씀을 전하고, 또 "이번의 소요 사건과 관련하여 이미 경성도 정밀(靜謐)⁴⁾해졌으니 상경하길 바란다는 뜻으로 칙어가 있으셨습니다."라고 전언했다. 다케조에 공사가 사건의 발생과 경과를 대략 설명하고 조선 정부의 조치를 비난하자, 조병호는 어제서야 겨우 독판교섭통상사무를 배명(拜命)했기 때문에 자세한 사정은 알지 못하고, 오직 왕명에 따라 공사에게 입경을 권고할 뿐이라고 답했다. 다케조에 공사는 "이와 같은 일대 변란이 생긴 것도 귀 정부의 시정(施政)에서 나온 것이니, 정밀(靜謐)하다고 말씀하셔도 믿기 어렵습니다. 그러므로 진경(進京)은 어렵습니다."라고 단언했다. 그는 조선 정부에서 상당한 보상 조건을 제시하지 않는 한 재입경을 거절하겠다는 결심을 비쳤다.⁵

조선 조정에서는 독판 조병호의 복명을 통해, 다케조에 공사가 본국에서 특파된 육·해군을 이끌고 당장 경성에 다시 들어올 계획은 아니라는 것을 간취했던 것 같다. 또 박영효, 김옥균, 서광범, 서재필 등 독립당의 수괴가 다케조에 공사를 따라 인천으로 탈주해서 일본인의 보호하에 거류지에 숨어 있다는 사실을 알게 됐다. 이 때문에 조선 조정의 태도는 극도로 강경해졌다. 또한 국왕이 독립당에 의해 추대됐던 3일 동안에 허여한 일체의 공약과 언질을 무효화해서 취소할 필요가 있었는데, 이를 위해서는 변란 및 혁신에 관계된 일체의 사항은 박영효, 김옥균 등이 다케조에 공사와 공모해서 시행한 것으로, 국왕은 협박을 당해서 어쩔 수 없이 승인했다고 주장하는 편이 외교적으로 유리했다. 이에 12월 10일 조회를 통해 다케조에 공사의 주장에 조목조목 반박을 가했다.

대조선 독판교섭통상사무 조(趙)가 조복(照覆)함.

지난번 귀력(貴曆) 12월 7일에 보내신 초록조회(抄錄照會) 1건과 8일에 보내신 신함(信函) 2건을 모두 살펴보았습니다. 전에 폐서(敝署)에서 보낸 문건에 대해 오랫동안 조복(照覆)이 없어서 마침내 양측의 실정(實情)이 단절되어 몹시 서운하게 생각했는데, 이제 보내신 글을 받으니 비로소 마음이 환히 트임을 느낍니다. 그러나 아직도 사리를 다하지 못한 것이 있기에 알리고자 합니다.

우리나라가 교섭아문(交涉衙門)을 설치한 것은 각국 사무를 관리(辦理)하기 위해서니, 설령 작은 연고라도 외서(外署)에서 알지 못하는 이치는 없습니다. 하물며 군대를 움직여서 입궁한 것은, 대체 무슨 일이기에 외서(外署)에 한 글자의 근거도 없거늘 한밤중에 군대를 일으켜서 곧장 침전(寢殿)으로 들어온 것입니까? 설령 보호하는 데 마음이 조급해서 간인(奸人)들

---

4) 정밀(靜謐): 고요하고 편안함

의 마음을 미처 살피지 못했더라도, 공법(公法)을 계고(稽考)해 본다면 아마도 그러한 전례가 없을 것입니다. 이번 달 17일 밤 우정국 연회는 간인(奸人)들이 모변(謀變)한 자리였습니다. 그들은 미워하는 자들을 칼로 찔러서 제거한 후, 다시 이를 빙자해서 주상의 마음을 공동(恐動)[5]하고, 심지어 외병(外兵)을 부를 것을 청하고 주상을 핍박해서 궁궐을 옮기기까지 했으니, 간인들의 허다한 궤계(詭計)를 귀 대신이 다 알 수는 없었겠지만, 어째서 한 번이라도 외서(外署)에 글을 보내 탐문해서 명백하게 회신을 받지 않았습니까? 난이 어디서 일어났는지 확인하고 의리상 달려가 원조할 만한 다음에 군대를 움직였다면 어찌 광명정대하지 않으며, 준우(蠢愚)한 우리 백성들이 또한 어찌 머리를 조아리며 감송(感頌)하지 않았겠습니까?

그런데 도리어 간인(奸人)들의 교지(矯旨)[6]를 믿고 그것을 확실한 증거로 여겨서, 대번에 군대를 일으켜 한갓 궁금(宮禁)을 경동(驚動)케 했으니 생각하지 않음이 심합니다. 이른바 "일본 공사는 와서 호위하라[日使來衛]"라고 하는 네 글자는, 그 교지(矯旨)의 문장이 다만 '일본 공사[日使]'만을 언급했을 뿐 군대를 이끌고 오라는 글자는 없었습니다. 또한 어보(御寶)로 검인한 빙신(憑信)도 없는데 귀 대신은 무엇에 근거해서 군대를 일으킨 것입니까?

왕상(王上)을 협제(脅制)하고 대신을 장살(戕殺)한 데 이르러서는, 단연코 부판(剖判)[7] 이래로 신자(臣子) 된 자들이 할 수 있는 바가 아닙니다. 귀 대신은 스스로 국외(局外)에 처해서 간여하길 원치 않지만, 만약 국외에 처한다면 보호를 해서는 안 되는 것이요, 이미 보호를 자임했다면 그 내부의 정형(情形)에 대해 눈과 귀를 닫을 수 없는 것입니다. 문밖에서는 수만 명의 신민(紳民)[8]들이 울부짖으며 하늘에 비는데도 귀 병사는 칼을 휘두르며 앞을 가로막았고, 문 안에서는 10여 명의 간도(奸徒)들이 제멋대로 독학(毒虐)을 자행하게 했습니다. 심지어 우리 왕상(王上)께서는 몇 겹으로 포위되서서 어의(御衣)는 혜혈(嵇血)[9]로 물들고, 분노와 오욕을 인내하시며 자유롭게 행동도 못하셨습니다. 귀 대신이 잠시도 그 곁을 떠난 적이 없다고 하니, 그렇다면 당시 원통하고 참담한 상황을 어찌 한두 번이라도 본 일이 없겠습니까? 옛적에 군대로써 간언을 한 일은 있어도, 그 군주를 유수(幽囚)하고 그 신하를 도살하면서 충성을 한 경우는 듣지 못했습니다. 귀 대신은 흉당(凶黨)의 말을 잘못 듣고서 그 악역(惡逆)한 모략을 이뤄줬으면서도 도리어 "내 아는 바가 아니다."라고 하니, 보호의 뜻이 과연 어디에

---

5) 공동(恐動): 위태로운 말로 위협해서 두렵게 함
6) 교지(矯旨): 왕명을 사칭해서 거짓으로 내린 명령
7) 부판(剖判): 개벽(開闢)
8) 신민(紳民): 신사(紳士)와 백성. 신사는 지방의 지주 혹은 유력자를 뜻하는 말이다.
9) 혜혈(嵇血): 원래 '혜 시중의 피[嵇侍中血]'로, 진 무제(晉武帝)의 신하였던 혜소(嵇紹)가 하간왕(河間王) 옹(顒) 등이 반란을 일으켰을 때 다른 신하들은 모두 도망갔는데도 홀로 진 무제를 지키다가 적의 화살에 맞아 죽었다. 그 피가 임금의 옷에까지 묻어서 난이 평정된 후에 좌우에서 이를 세탁하려고 하자, 진 무제가 "이는 혜 시중의 피니 빨지 말라."고 말했다는 고사가 전한다.

있습니까?

군주가 욕을 당하면 신하가 죽는 것은 당연한 의리입니다. 우리 백성이 무리를 지어 공격한 것과 우리 군대가 총포를 쏘면서 도적을 쫓아낸 것은 곧 병이지성(秉彝之性)[10]에서 나온 것이거늘, 심지어 "무슨 연고인지 모르겠다."고 하시니, 부디 처지를 바꿔서 생각해 보시길 바랍니다. 귀국에 만약 이런 변이 생겼는데도 온 군대와 백성이 수수방관한다면 친상사장(親上死長)[11]의 의리에 어긋나지 않겠습니까? 왕상(王上)을 다시 모시고 온 다음에 폐서(敝署)에서는 그래도 교의(交誼)를 중시해서 병단(兵端)을 금지했습니다. 그러나 무지한 소민(小民)들이 쌓인 분노를 풀지 못해서 왕왕 주먹을 휘둘러 서로 사상자가 발생했으니, 이것을 가지고 죄를 돌린다면 시공지찰(緦功之察)[12]에 가깝지 않겠습니까?

귀 대신이 출성(出城)했을 때 폐서(敝署)는 알지 못했고, 다만 공사관에서 화재가 나는 것만 보았습니다. 놀라서 탐문해보니, 귀 공사관 사람들이 스스로 불을 낸 것이요, 실로 사민(士民)의 소행이 아니라고 했습니다. 스스로 불을 놓고서도 보호를 요청한다면 또한 어렵지 않겠습니까?

성문 폐쇄는 흉당(凶黨)의 도주를 막기 위한 것이니 어찌 귀 대신을 곤란하게 하려는 뜻이 있었겠습니까? 겨우 문만 폐쇄하고, 파병(派兵)해서 방수(防守)하지 않았으니 다른 의도가 없었음을 환히 알 수 있습니다. 더구나 귀 군대가 모두 떠난 것은, 애당초 우리 정부에서 군민(軍民)에게 칙유해서 망동(妄動)하지 못하게 한 후의가 없었더라면 불가능했을 것입니다. 그렇지 않다면 어찌 화살 한 대도 날아가지 않을 수 있었겠습니까?

생각건대 이 흉당(凶黨)이 그 혀를 놀려서 존청(尊聽)을 형혹(熒惑)해서 귀 대신이 아직 그릇된 것을 살피지 못하는 듯합니다. 그러므로 제 속마음을 다 진술해서 펼쳐 보이는 것이니, 귀 대신께서 만약 정형(情形)을 살피신다면 필시 얼음이 녹듯 오해가 풀리고 두려워하면서 후회해서, 소인(小人)들을 미워할 만함을 깨닫게 될 것입니다. 흉당 홍영식은 이미 병사와 백성들의 공분을 사서 주살됐지만, 김옥균, 박영효, 서광범, 서재필 등은 법망(法網)에서 달아나 아직 나획(拿獲)하지 못했습니다. 근자에 들으니, 그 범인들은 체발(剃髮)하고 변복(變服)한 후 인천으로 달아났다고 합니다. 귀국 사람이 혹시라도 곤궁한 새가 날아온 것을 가련히 여겨서 거둬들이고 안식처를 준다면 왕장(王章)은 시행될 날이 없을 것입니다.

---

10) 병이지성(秉彝之性): 사람이 본래 가진 떳떳한 본성
11) 친상사장(親上死長): 『孟子』梁惠王(下)에 "임금께서 인정을 행하시면 이 백성들이 윗사람을 친애해서 어른[官長]을 위해 기꺼이 목숨을 바칠 것입니다[君行仁政 斯民親其上 死其長矣]."라고 한 구절을 인용했다.
12) 시공지찰(緦功之察): 시공(緦功)은 오복(五服) 중에 가장 낮은 시마복(緦麻服)과 소공(小功) 5개월 복을 가리킨다. 『孟子』盡心(上)에 "부모의 삼년상은 제대로 행하지 못하면서 시마복과 소공복만 살핀다[不能三年之喪 而緦小功之察]."고 한 구절을 인용한 것으로, 근본은 제쳐두고 지엽만을 논하는 것을 비유한 말이다.

천하의 악(惡)은 하나입니다. 부디 귀 대신께서는 이 사흉(四凶)을 나포해서 지방관에게 인도하시길 바랍니다. 그리한다면 우의가 더욱 돈독해지고, 장차 사해만국(四海萬國)에 대해서 할 말이 있을 것입니다. 진실로 귀 대신은 분명하게 깨달아서 신속하게 나포, 인도하여 귀신과 인간의 분노를 그치고 조약의 뜻에 성실하게 하십시오. 이 때문에 문서를 갖춰서 조회하니, 귀 대신은 살펴본 후 신속히 처리하시기 바랍니다.

대일본 흠차대신 다케조에에게 이상과 같이 조복(照覆)함.

갑신 10월 23일○메이지 18년 12월 10일 6

12월 10일의 통리아문 조회는 12월 7일 조회의 허술한 점, 즉 대신을 연달아 살육한 것 등의 구절을 빼고 부족한 부분을 보완한 것이었다. 그 내용은 7개 항목으로 나눠지는데, 조선 정부의 사건 처리 방침을 표명한 문건으로서 특별히 중요하다. (1) 다케조에 공사가 군대를 이끌고 궁궐에 들어와 호위한 것은 당연히 외국 사무를 다루는 관청인 통리교섭통상사무아문에 조회해야 하는 데도 불구하고 그 절차를 태만히 한 것, (2) 국왕이 일본 공사의 보호를 요청한 것은 간신들의 교지(矯旨)였고, 이른바 '일본 공사는 와서 호위하라[日使來衛]'는 네 글자는 그 교지(矯旨)의 문장이었으며 빙신(憑信)할 수 있는 국보로 검인하지 않았다는 것, (3) 일본 공사는 병력을 동원해서 국왕을 감시했으며, 궁문을 폐쇄하고 외부와의 연락을 차단해서 간신들의 흉행(兇行)을 방조(幇助)했다는 것, (4) 일본 공사가 흉당(凶黨)의 말을 잘못 듣고서 그 악역(惡逆)을 도운 까닭에 군민(軍民)이 분격해서 일본 공사관을 공격하고 거류민에게 박해를 가한 것이며, 그 결과 피아(彼我) 군민에 사상자가 발생한 것은 부득이한 일로서 조선 정부에 책임을 돌릴 수 없다는 것, (5) 공사관의 소실(燒失)은 관원이 스스로 불을 지른 것이며 난민들의 방화가 아니라는 것, (6) 경성의 각 성문을 폐쇄한 것은 흉당의 도망을 방지하기 위한 목적이었고, 일본 공사의 퇴거에 방해가 되리라고는 예상치 않았다는 것, (7) 흉도 김옥균, 서광범 등은 체발(剃髮)하고 서양 의복을 입고 인천으로 도망쳤으며, 일본인의 보호하에 있으니 속히 체포해서 인도해달라는 것.

이러한 통리아문의 항의에 대해 다케조에 공사는 12월 7일 조회의 일부와 합쳐서 12월 12일에 다시 조회를 보내서 상세하게 반박했다.

대일본 흠차대신 다케조에가 조복(照覆)함.

귀력(貴曆) 갑신 10월 24일자 조회를 받아서 일체를 살펴보았습니다.

조회문에서 "교섭아문(交涉衙門)을 설치한 것은 각국 사무를 관리(辦理)하기 위해서니, 설령 작은 연고라도 외서(外署)에서 알지 못하는 이치는 없다."라고 했습니다. 그러나 본 대신이 주차한 이래로 근알(覲謁), 경하(慶賀), 뇌사(賚賜) 등을 혹은 군국사무아문(軍國事務衙門)에서 전하기도 하고, 혹은 내관이나 내사(內使)[13]를 통해 구두로 전하기도 했습니다. 금년 가을에 우리 호위병을 초청해서 금내(禁內)에서 연무(演武)했을 때 처음에는 군국사무아문에서 전했는데 우천으로 인해 시행하지 못했습니다. 그 후 다시 연무(演武)의 명이 올 때는 내사(內使)를 통해 구두로 전했습니다. 모든 이러한 부류의 일에서 사체(事體)의 대소를 막론하고 귀서(貴署)에 한 글자도 근거가 없으니, 귀 대신이 다만 미처 생각지 못한 것일 뿐입니다.

조회문에서 또 말하길, "이번 달 17일 밤 우정국 연회는 간인(奸人)들이 모변(謀變)한 자리였다. 그들은 미워하는 자들을 칼로 찔러서 제거한 후 다시 그것을 빙자해서 주상의 마음을 공동(恐動)하고, 심지어 외병(外兵)을 부를 것을 청하고, 주상을 핍박해서 궁궐을 옮기기까지 했다. 10여 명의 간도(奸徒)들이 독학(毒虐)을 자행하는 데도 귀 대신은 흉당(凶黨)의 말을 잘못 듣고서 그들이 악학(惡虐)한 모략을 행하는 대로 맡기고는, 도리어 '내가 아는 바가 아니다'라고 하니 보호의 의의가 과연 어디에 있는가?"라고 했습니다. 그런데 10월 19일 밤의 조회를 보니, "귀 공사가 먼저 대군주를 경우궁으로 옮겼다가, 이어서 판서 이재원의 가택으로 옮기고, 대신 6명을 연달아 살육했다."는 말이 있습니다. 그리고는 이제 궁궐을 옮긴 것과 대신을 연달아 살육한 것이 간도(奸徒)들의 폭거에서 나온 것이라고 하니, 그렇다면 이전의 조회는 본 대신을 무함해서 대죄(大罪)를 씌운 것입니다. 아아! 또한 지나칩니다.

또 조회문에서 여러 차례 동병(動兵)이니, 흥융(興戎)이니, 흥사(興師)니, 기병(起兵)이니 하는 말들을 썼습니다. 우리 군대가 귀국에 주둔한 것은 양국이 체결한 조약에 근거해서 본 대신을 호위하기 위한 것입니다. 그러므로 본 대신이 출입할 때마다 반드시 뒤따르면서 호위하는 것입니다. 입궐하거나 귀서(貴署)에 갈 때도 똑같이 뒤따르지 않은 적이 없으니, 그렇다면 "일본 공사는 와서 호위하라[日使來衛]"는 유지(諭旨)를 받고서 입궐할 때도 우리 군대가 호위한 것은 본래 정상적인 일입니다. 그런데도 이를 가리켜 동병(動兵)이니, 흥사(興師)니, 흥융(興戎)이니, 기병(起兵)이니 하는 것은 타당성을 잃은 것이 아니겠습니까?

조회문에서 또 말하길, "어째서 한번 외서(外署)에 글을 보내서 탐문하지 않았는가?"라고 했습니다. 변이 창졸간에 일어남에, 내환(內宦)이 연달아 와서 내위(來衛)하라는 명이 성화(星火)보다 급했는데 어느 겨를에 외서(外署)에 탐문을 하겠습니까? 더구나 내환(內宦)이 전

---

13) 내사(內使): 내관으로서 임금의 명에 따라 사신의 구실을 하는 자

유(傳諭)하는데 그보다 먼저 외서(外署)에 탐문한 전례는 없습니다. 또 귀 대신 등이 과연 군주가 난을 당했을 때 달려가는 것이 의리임을 안다면, 어째서 그날 밤에 궁궐로 달려와서 대군주를 보호하지 않은 것입니까? 다음 날이 지나고 또 그 다음 날이 지나도록 군주의 곁에서 입시(入侍)하는 것을 보지 못했는데, 도리어 본 대신이 유지를 받들어 입궐한 것을 책망하는 것입니까? 본 대신의 이른바 보호라는 것은 바로 대군주를 보호하는 것입니다. 본 대신이 처음 경우궁에 도착했을 때 마침 난여(鸞輿)가 이미 임행(臨幸)해 있었고, 대군모(大君母)의 수레가 막 도착했습니다. 그리고 귀국의 영사(營使)와 병사, 환관과 잡역 등이 분집잡답(紛集雜沓)해서 더욱 기찰(譏察)하기 어려웠는데, 궁전 안이 넓어서 궁문이 멀리 떨어져 있었으니 우리 병사들의 이목이 미칠 수 없었습니다. 그러므로 우리 병사는 봉명(奉命)해서 침전(寢殿)을 호위하고, 잡역 등을 침전의 문밖으로 내보냈으며, 귀국 병사는 침전의 뒤편을 호위하고, 또 귀국 병사와 우리 병사가 나뉘어 궁문들을 지켰던 것입니다. 당시 본 대신은 단지 대군주의 보호만 알 뿐이었으니 어느 겨를에 다른 곳을 돌볼 수 있었겠습니까? 그러므로 "그 나머지는 아는 바가 아니다."라고 한 것입니다.

조회문에서 또 말하길, "대군주를 다시 모시고 온 후 폐서(敝署)에서는 그래도 교의(交誼)를 중시해서 병단(兵端)을 금지했다."고 했습니다. 그러나 과연 병단을 금지했다면 어째서 귀국 병사들이 여러 차례 우리 공관에 와서 총격한 것입니까? 귀 정부는 귀국 인민들이 무리를 지어 공격한다는 것을 이미 다 알고 있으면서도 진압하지 않고, 또 본 대신에게 통지하지도 않은 채, 귀국의 백성이 공격하고 귀국의 병사가 발포하는 것을 당연한 의리로 간주하니, 귀 정부에서 외국 사신을 대하는 도리가 과연 이와 같단 말입니까? 더구나 피난해서 퇴거할 때, 귀국 병사와 백성이 노상에서 본 대신을 노려서 총과 화살을 쏘고 기와와 돌을 던진 것이 몇 차례나 되는지 알 수도 없습니다. 좌영(左營) 옆을 지날 때는 대포와 소총을 계속 발사해서 공격이 더욱 격렬했고, 문을 부수고 나갈 때는 귀국 병사들의 추격이 끊이질 않았고, 한강을 건널 때는 귀국 병사들이 배에서 빈번하게 저격했습니다. 그런데도 오히려 귀 정부에서 군민(軍民)에게 칙유해서 망동(妄動)을 하지 못하게 했다고 하는 것입니까? 또 오히려 화살한 대도 날아가지 않았다고 하는 것입니까? 또 오히려 어찌 본 대신을 곤란하게 하려는 뜻이 있었겠느냐고 하는 것입니까?

조회문에서 또 말하길, "공사관에서 화재가 나서 놀라서 탐문해 보니, 귀 공사관 사람이 스스로 불을 낸 것"이라고 했습니다. 그러나 한번 생각해 보십시오. 무슨 이득이 있어서 스스로 공사관에 불을 지르겠습니까? 이득이 없는데 무엇 때문에 스스로 불을 질렀겠습니까? 본 대신이 오후 2시 반에 공사관에서 탈출해서 5시에 한강을 건넜습니다. 돌아보니 검은 연기가 하늘로 솟구치고 있었습니다. 그 방향을 보고 우리 공사관이라고 생각했습니다. 그 사이에 이미 2시간 반이나 되는 긴 시간이 경과했고, 또 한성에서 도망쳐 온 우리나라 사람들이 하는 말을 들어보면, 귀국인과 청국인이 우리 공사관에 앞 다투어 들어가서 화물을 반출한 후 불을 질렀다고 했으니, 이것이 모두 우리가 스스로 불을 지르지 않았음을 충분히 입증할 수 있습니다.

흉당(凶黨)의 나포에 관해서는, 일찍이 우리 영사 고바야시가 우리 인민들에게 칙유한 것을 문서로 보냈습니다. 그러므로 그들을 거둬들여서 안식처를 제공할 우려는 없습니다. 어제 다시 신칙(申飭)했으니 체발, 변복하거나 괴이하게 여길 만한 인물은 단연코 없습니다. 이와 같이 조복(照覆)하니 귀 대신은 살펴보시길 바랍니다.

대조선 독판교섭통상사무 조(趙)에게 이상과 같이 조복(照覆)함.

메이지 17년 12월 12일[7]

다케조에 공사의 반박을 보면 총리아문의 항의 7개 항목에 대해서 답변한 것은 (1), (2), (3), (4), (5), (7)의 6개인데, 대단히 만족스럽지 못하다. (1)에 대해서는, 통리아문을 경유하지 않고서 국왕의 내지(內旨)가 전달된 많은 실례를 거론하면서 해명에 노력하고 있지만, 그 논지는 반드시 정곡을 찔렀다고 하기는 어렵다. 생각건대, 메이지 17년 12월 4일의 다케조에 공사의 입궐 같은 경우는 정치적으로 완전히 예외적인 사례에 속하는 것으로서, 이미 국왕의 요구가 통리아문을 경유하지 않았을 뿐만 아니라, 군주독재제(君主獨裁制)인 조선에서는 국왕의 의지는 최종적이고 또 절대적이기 때문에 국왕의 요청만 있으면 외교적 절차를 고려하지 않고 즉시 응낙하더라도 위법이라고 할 수 없다. 김홍집과 조병호가 외교상의 형식론으로 다케조에 공사를 비난한 것은 진수당, 원세개 등의 지시에 따른 것으로 보인다.

(2)의 문제는 가장 미묘하면서도 본질적인 것이다. 통리아문에서는 '일본 공사는 와서 호위하라(日使來衛)'는 것이 간신의 교지(矯旨)이며 다케조에 공사가 그것을 잘못 믿었다고 논했다. 하지만 다케조에 공사는 그에 관해서는 한 마디도 해명하지 않고, 오직 통리아문이 '와서 호위하라'는 말 속에 군대를 거느린다는 의미가 없다고 강변한 것에 대해서만 일일이 변명하는 말을 늘어놓고 있다. 다케조에 공사의 주장에 따르면, '경성 주둔 일본군은 공사 호위의 임무를 맡고 있으므로 사실상 공사가 공무로 입궐하거나, 또는 통리아문을 방문할 때 반드시 군대를 인솔하는 것이 관례다. 이번에 군대를 인솔한 것도 이러한 관례에 따른 것에 불과하며, 특별히 흥사(興師)나 기병(起兵) 같은 말에는 해

당되지 않는다'는 것이지만, 이러한 해석은 완전히 궤변에 불과하다. 대체로 공사가 공무로 인해 공사관 밖으로 나갈 때 군대를 인솔하는 것은 호위보다는 차라리 의장(儀狀)의 의미를 가지며 원래 많은 병력을 필요로 하지 않는다. 이번 변란에서 경비대 1개 중대가 전원 전시 무장을 하고 공사관에 집합한 것은 대낮에 있었던 사건이었으며 어떤 이의 눈도 속일 수 없었다. 공사가 이 병력을 인솔해서 입궐한 것은 부정할 수 없는 사실이다. 아마도 조선국왕의 친서에는 "입궐해서 호위하라[入衛]"고 명기되어 있었을 것이다. 그렇다면 일본 공사의 보호를 요구한 것이기 때문에 "군대를 거느리고[帶兵]"라는 자구의 유무에 관계없이 필요한 군대를 인솔하는 것은 당연했다.

다음으로 (3)의 문제는 통리아문의 오해가 자명하므로, 저절로 해결될 것이라고 믿었던 듯 특별히 해명을 하고 있지 않다. 그렇지만 통리아문이 풍설을 믿고 국왕의 경우궁 이어(移御)와 재상 6명 살해의 책임을 일본 공사에게 돌린 것은 중대한 과실이기 때문에 다시 강경하게 반격해서 그 해명을 요구해야 했다.

(5) 일본 공사관 소실(燒失)의 원인은 당시 밝혀지지 않았다. 청국 병사들과 조선의 난병(亂兵), 난민(亂民)들이 약탈을 저지른 뒤에 불을 질렀다는 공사의 주장은 조난당한 일본인의 증언에 기초한 것으로 신뢰할 수 없다. 아무튼, 다케조에 공사가 통리아문에 공문을 보내서 신축 공사관의 보호를 의뢰한 것으로 봐서는 그가 스스로 공사관에 방화를 명한 것이 아님은 확실하다. (7) 김옥균, 박영효 등 독립당 요인들은 일본에 망명하기 위해 이미 지도세마루(千歲丸)에 편승해서 인천을 떠났지만, 다케조에 공사와 고바야시 영사 모두 전혀 이 사실을 모르고 있었다. 따라서 이 해명은 부주의하기는 해도 진실을 말하고 있는 것이다.

요컨대 다케조에 공사의 조복(照覆)은 자신의 행동을 해명하는 데 급급해서 그 논지가 지리멸렬하다. 그래서 유감스럽게도 마치 통리아문의 비난을 스스로 인정하는 것 같은 결과를 초래하고 있는 것이다.

통리아문에서는 다케조에 공사의 조복(照覆)을 살펴본 후, (6)의 유언비어를 믿고 재상 참살의 책임을 일본 공사에게 돌리는 것은 외교적으로 중대한 문제를 야기할 우려가 있다는 데 유의했다. 좌의정 김홍집은 12월 13일에 전 독판교섭통상사무의 자격으로 다케조에에게 공함(公函)을 보내서 원 조회(照會)의 작환(繳還)[14]을 요구했다. 다케조에

---

14) 작환(繳還): 문서나 물건 등을 돌려보내거나 다시 찾아오는 일

공사는 구태여 이 요구에 응하지 않고, 다음 날인 14일에 국왕의 경우궁 이어(移御) 문제에 관해 힐책했다. "(상략) 보내신 조복(照覆)을 살펴보고 비로소 대신을 살육한 것은, 귀 정부에서 사명(査明)한 결과 실은 간당(奸黨)이 꾸민 계책이요, 본 대신이 아는 바가 아니라는 사실이 밝혀졌음을 알게 되었습니다. 그런데 궁궐을 옮긴 일과 관련해서는 누구에게서 나온 말인지 모르겠습니다. 부디 귀 대신께서 사명(査明)하신 후 조복(照覆)하시면 다행이겠습니다."[8]

당시 조선 조정 내부에서는 대일방침과 관련해서 적극론과 소극론의 두 가지 주장이 있었다. 소극론은 비록 간신의 속임수라고 해도 국왕의 친필 어서(御書)를 갖고 일본 공사의 보호를 요청한 사실을 인정하고, 이른바 간신이라는 자들이 조선국왕의 측근의 중신인 이상 국왕 또한 책임을 면할 수 없으므로 일본 공사와의 원만한 해결을 도모하자는 것이었다. 국왕 자신이 소극론이었던 것으로 보이는데, 그가 여러 차례 다케조에 공사의 경성 귀환을 희망한 것 또한 바로 이러한 이유 때문이었다. 적극론은 사변의 책임을 전부 다케조에 공사에게 돌려서 국왕의 책임을 전부 없애려는 것으로, 좌의정 김홍집과 독판교섭통상사무 조병호를 비롯한 조정의 유력자들이 여기에 속했다. 특히 적극론은 청국 관헌들의 지지를 받았기 때문에 소극론을 압도하고 있었다.

적극론자들의 주장에 따르면, 변란의 책임은 전적으로 다케조에 공사에게 있기 때문에 그와 책임 소재를 토론하고 선후책을 강구하는 것은 무의미하다. 따라서 다케조에 공사의 소환을 요구하고 일본 정부와 직접 교섭해야 한다는 것이었다. 그런데 조선 정부는 주일 공사를 두지 않았으므로 12월 12일(갑신년 10월 26일)에 예조참판 서상우를 특차전권대신(特差全權大臣)에, 협판교섭통상사무 묄렌도르프를 특차전권부대신에 차하해서 일본 파견을 명했다. 두 전권에 부여된 국왕의 밀령과 의정부 훈령은 다음과 같다.[9]

밀령(密令)

　하나, 인천에 도착하면 먼저 각국 공사와 영사들을 방문해서 사실을 상세히 진술하고 잘 조처(調處)해 줄 것을 청하라.

　하나, 일본에 도착하면 또한 먼저 중국 공사 및 각국 공사들과 교제해서 공론(公論)을 넓히고, 우리를 도와서 협판(協辦)해 줄 것을 청하라.

　하나, 일본 공사 다케조에는 철회(撤廻)하고, 다시 새로운 공사를 청하라.

　하나, 공사 호위병은 50명을 넘어서는 안 된다.

하나, 유학생도 중에 가르칠 만한 자들은 돌봐주고, 충의(忠義)로 면려해서 계속 남아 성취(成就)하게 하라. 자량(資糧)[15]이 부족한 자들은 그 월비(月費)를 계속 대주되, 순량(馴良)하지 않은 자들을 골라서 즉시 데리고 돌아오라.

하나, 구매한 기기 가운데 긴요하지 않은 것들은 취소하라.

대조선국 개국 493년 갑신 11월 초닷샛날에 의정부에서 상유(上諭)를 받들어 일본국에 파견하는 전권대신 서상우에게 칙시(勅示)한다.

하나, 일본 도쿄에 도착하면 먼저 외무성과 정부를 배견(拜見)해서 본국에서 난이 일어난 원위(源委)를 상세히 진술하라. 이후의 정형(情形)은 묻는 대로 타판(妥辦)하되, 이치에 부합하도록 힘쓰라.

하나, 죄인의 나처(拿處)[16]는, 일본 정부와 공사의 체면에 좋도록 처리해도 된다는 뜻은 일전에 설명했다.[10]

12월 21일에 국서와 일본 외무경에게 보낼 조회문이 내려졌다.

대조선국 대군주가 대일본국 대황제에게 경백(敬白)하노라.

이제 양국의 교제사의(交際事宜)를 위해 흠차전권대신 서상우와 부대신 묄렌도르프를 귀국에 보내서 빙문(聘問)의 예를 행하려고 한다. 이 대신들은 공충주상(公忠周詳)[17]해서, 반드시 충곡(衷曲)[18]을 대신 전달해서 판리(辦理), 타협(妥協)할 수 있을 것이다. 부디 성심(誠心)으로 신뢰해서 더욱 우의를 돈독히 하고, 승평(昇平)을 함께 누리는 것은 참으로 귀 대황제 또한 윤준(允準)하는 바일 것이다.

개국 493년 11월   일

대조선국 대군주 이(李)^{어압(御押)} 안보(安寶)

봉칙(奉勅) 독판교섭통상사무 신 조병호 개인(蓋印)

대조선 독판교섭통상사무 조(趙)가 조회함.

올해 10월 17일 밤 본국에서 역당의 난이 있었는데, 귀국 공사가 그들의 말을 잘못 듣고서

---

15) 자량(資糧): 원래 여행에 필요한 경비와 식량을 가리키는 말이다.
16) 나처(拿處): 죄인을 잡아들여 법에 따라 처벌함
17) 주상(周詳): 주도면밀함
18) 충곡(衷曲): 내밀한 속마음

군대를 거느리고 입위(入衛)했습니다. 그리하여 마침내 역당들이 이를 구실로 간악한 짓을 이뤄서, 승여(乘輿)를 경동(驚動)하고 재상을 장해(戕害)하게 했습니다. 이 때문에 본국 군민 (軍民)의 경황(驚惶)과 분박(憤迫)을 초래하여 그 상수(常守)[19]를 잃고 귀국인들과 서로 살상 했으며, 귀국 공사는 경성에서 불안하여 인천으로 퇴주(退駐)했습니다. 이번의 입위(入衛) 사건을 조사해 보니, 그것은 난신들의 교지(矯旨)에서 비롯된 것이요, 대군주의 본의가 전혀 아니었습니다. 그런데도 역신 김옥균, 서광범, 박영효, 서재필 등이 아직도 복고(伏辜)[20]하지 않아서 여러 사람들의 마음이 풀리지 않습니다. 양국의 교호(交好)에 있어 이러한 의외의 사단이 발생하는 것은 귀국 또한 참으로 똑같이 우려할 것입니다. 이에 우리 대군주의 명을 받들어 전권대신 서상우와 부대신 묄렌도르프를 귀국에 특파해서 국서를 진정(進呈)하고 아울러 일체의 사무를 관리(辦理)하게 했으니, 부디 귀 대신께서는 이들을 성신(誠信)으로 대하고, 공윤(公允)하게 조사해서 양국 교제를 더욱 돈목(敦睦)하게 하시길 바랍니다. 이 때문에 문서를 갖춰서 조회하니 귀 대신께서는 살펴보신 후 시행하십시오.

　　대일본 외무경 이노우에게 이상과 같이 조회함.

갑신 11월 초이렛날[11]

　　특사 파견은 조선 주재 외교단의 조정(調停)과 불가분의 관계에 있었다. 12월 8일에 국왕이 하도감 청영(淸營)에 있을 때, 국왕은 미국 공사 푸트, 영국 총영사 애스턴, 독일 총영사 젬브슈를 소견해서 일본과 조선 양국 사이에서 조정해 줄 것을 희망했다. 이에 따라 푸트 공사와 애스턴 총영사는 12월 10일에 인천으로 가서, 이미 그곳에 체재하고 있던 젬브슈 총영사와 함께 다케조에 공사를 방문해서 국왕의 희망을 전했다. 하지만 다케조에 공사는 통리아문의 조회를 보여주면서 조정의 여지가 거의 없음을 설명했다.[12]

　　다케조에 공사와의 회견 결과, 영국·독일 두 나라 총영사는 조정 가능성이 없음을 깨닫고 단념했지만, 푸트 공사만은 12월 14일에 국왕을 알현해서 다케조에 공사의 회답을 보고하고, 협의한 끝에 조선국왕의 간청에 따라 정식으로 일본에 파견하는 특사와 동행해서 중재를 하기로 결정했다. 이에 따라 12월 17일에는 푸트 공사에 대한 국왕의 친서가, 22일에는 푸트 공사의 조정과 관련해서 미국 대통령에게 보낼 친서가 부여됐다.

---

19)　상수(常守): 평소에 지키는 도리, 또는 고정된 직장
20)　복고(伏辜): 복죄(服罪). 죄를 자복하고 사형을 당함

대조선국 대군주가 주경 대미국 흠차 편의행사대신(駐京大美國欽差便宜行事大臣) 푸트[福特]에게 칙명을 내리노라.

나는 생각건대, 대조선국은 대미국(大美國)과 가장 먼저 체약(締約)해서 우의가 더욱 돈독하고, 더구나 경은 덕량(德量)이 굉위(宏偉)해서 일찍부터 중히 의지하였다. 이제 대일본국과의 관계사의(關係事宜)로 인해 가운데서 잘 조처(調處)함이 없어서는 안 되겠기에 경을 대일본국에 보내는 것이니, 마음을 다해 양판(襄辦)[21]해서 타협에 이르게 하라. 이 때문에 친필로 쓰고 화압(畫押)하노니, 이는 국보로 빙신(憑信)을 삼게 하기 위해서다.

대조선국 개국 493년 11월 일

대군주 어압(御押) 국보(國寶)

봉칙(奉勅) 독판교섭사통상사무 조병호

대조선국 대군주가 대미국 대(大)프레지던트[伯理爾天德]에게 글을 보내노라.

나는 생각건대, 대조선국은 대미국과 가정 먼저 체교(締交)해서 우의가 관절(關切)하고, 또 귀국 흠차 편의행사대신 푸트가 덕량(德量)이 굉위(宏偉)해서 항상 우리나라를 보호하는 것을 자기의 임무로 생각하니, 내가 중히 의지한 것이 오래되었다. 우리나라가 최근 겪은 변란이 대일본국과 관계되기에 내가 특별히 귀국 흠차공사를 소견해서 직접 간절하게 타일렀는데, 그 사신이 일본에 가서 가운데서 잘 조처(調處)하겠다고 개연(慨然)하게 청해서 깊이 감탄했다. 이 때문에 귀국 흠사(欽使)를 보내서 일체를 양판(襄辦)하는 것이다. 조만간 도정(道程)에 오를 것이니 노고가 매우 많을 것이다. 그러나 나는 귀국 공사가 반드시 진실한 마음으로 주선해서 양국의 교제를 능히 타협에 이르게 할 줄로 알고 있으니, 이는 모두 귀 프레지던트가 하사한 바다. 앞으로 본국 사정에 관계되는 모든 일을 귀국에서 성심으로 보호해줄 것을 거듭 깊이 바란다. 마땅히 문서를 갖춰서 감사하는 마음을 전달해야 할 것이다. 프레지던트의 천덕(天德)으로 정화(政化)가 날로 융성하고 영원히 승평(升平)을 누리시기를 공경히 축원하노라.

대조선국 개국 493년 11월 초엿새날

대조선국 대군조 이(李) 어압(御押) 안보(安寶)

봉칙(奉勅) 독판교섭통상사무 신(臣) 조병호[13]

조선 정부는 미국만으로 만족하지 않고 영국의 힘도 빌리고자 했다. 독판교섭통상사

---

21) 양판(襄辦): 관리(辦理)를 도움

무 조병호는 12월 24일에 애스턴 총영사를 방문해서, 한영수호통상조약 제1관의 명문 (明文)에 의거해서 한일 양국 관계에 분규가 생겼으니 "즉시 설법(說法)해서 가운데서 잘 조처(調處)"해 줄 것을 요청했다. 애스턴 총영사는 푸트 공사처럼 단순하지 않았을 뿐 아니라, 주한 영국 공사는 주청 영국 특명전권공사 해리 파크스(Harry Parkes) 경이 겸임하고 있었기 때문에 독단적으로 일을 결정하기 어려웠다. 애스턴 총영사는 조병호에게 조정(調停)에 관한 국제법의 대요를 설명하면서, '조약의 이른바 조정이란, 국가가 당사자가 되는 것으로 해당 국가의 대표자가 개인 자격으로 행하는 것이 아니다. 즉, 파크스 공사가 영국을 대표해서 행하는 것이다. 다만 귀국은 이미 일본과 직접 교섭을 하고 있기 때문에 제3국의 조정은 아마도 필요치 않을 것이다.'라고 답하고, 다음 날 이러한 설명의 대요를 적어서 공함(公函)으로 보냈다. 조선 조정에서는 다시 이듬해인 메이지 18년 1월 1일에 파크스 공사에게 조회를 보냈지만, 그것은 단순히 형식적인 것에 불과했다.[14]

이보다 앞서 견일특사(遣日特使) 파견에 관한 통리아문의 조회가 12월 14일에 인천에 있는 다케조에 공사에게 도착했다. 특사 파견은 외국 주재 사신이 없는 조선으로서는 부득이한 비상수단이었지만, 다케조에 공사는 그것을 자기에 대한 불신임을 표시하는 것으로 생각해서 크게 분격했다. 그는 당일로 조복(照覆)해서 힐책했다. "변란 동안의 사의(事宜)를 조사해서 본 대신이 지난 며칠간 여러 차례 조회를 보냈으니 기록이 남아 있을 것입니다. 이제 귀 대신이 받은 대군주의 명(命)에 '변란 동안의 사의(事宜)를 상판(商辦)하라'는 등의 말이 있었습니다. 귀 대신이 문서를 갖춰서 조회한 뜻을 아직 살피지도 못했는데, 본 대신이 누차 조회한 것은 버려두고 돌아보지도 않은 채, 도리어 본 대신에게 절교의 뜻을 보여서 갑자기 우리나라에 전권대신을 파견했으니, 그로 하여금 직접 우리 정부와 변란 동안의 사의(事宜)를 상판(商辦)하게 하려는 것입니까? 분명히 답변해 주시길 바랍니다." 당시 독판 조병호는 국왕의 경우궁 이어(移御)의 책임 소재에 관해 다케조에 공사와 입씨름을 반복하느라 경황이 없었기 때문에 특사 문제에 관한 회답은 많이 늦어져서, 12월 20일이 돼서야 조회를 보내서 다케조에 공사의 주장을 반박하고, 다시 김옥균 등이 일본에 망명한 사실을 거론하면서 특사 파견이 필요한 이유를 설명했다. "(상략) 귀 대신이 공사관을 떠나 도성 밖으로 나가신 이후로 본 대신이 계속 마음에 걸려서 글로, 그리고 직접 대면해서 구구한 마음을 보여드리려고 했지만 아직 채찰(採察)[22]을 받지 못했습니다. 근래 들으니 역신 김옥균 등이 이미 돌아가는 배에 탑승해서 떠났다고 합니다.[22] 이 무리가 필시 사람들을 기만하고 현혹해서 우리 양국 간에 사단을 빚을 것입니다. 그러므로 우리나라의 상하가 불안해서 별도로 전권대신을 일본에 파견해서 판리(辦理)하게 한 것이니, 그 의도는 참언을 막고 간악함을 분변해서 호교(好交)를 보전하는 데 있을 뿐입니다. 본 대신은 귀 대신이 종전의 유감을 모두 풀고 이러한 생각을 굽어 살피시길 바랍니다."[15]

김옥균과 박영효가 일본인의 보호하에 일본 상선에 편승해서 일본으로 망명한 사실은 조선 정부에서 특별히 중대시돼서 다케조에 공사가 반도(叛徒)와 통모(通謀)한 증거로 간주됐다. 그러나 다케조에 공사는 사실 그 상세한 전말을 모르고 있었기 때문에 12월 21일에 특사 파견에 관한 통리아문의 조회를 반박할 때도 김옥균의 망명은 언급할 수 없었다. 또한 이날 독판 조병호는 다케조에 공사에게 공함(公函)을 보내서, 그동안 왕복한 조회와 공함을 총괄하여 변란의 경과를 설명하고 일본 공사에게 책임이 있음을 성명했다. 그 내용의 비협조성은 거의 최후통첩에 가까웠다.

이번 달 초이튿날에 온 공함(公函)을 접수하고 모두 살펴보았습니다. 이번 변란 동안의 사유를 조사해서 이미 본서(本署)의 23일 조회에 적어 보냈는데, 바로 귀 대신의 조복(照覆)을 받아보니 그 중대한 부분은 명백히 하지 않고 복잡하게 얽힌 부분만을 적시해서 크게 만족스럽지 못했습니다. 그래서 26일에 다시 본서(本署)에서 공함을 보내서 이전 조회의 작환(繳還)을 청하여 사실에 부합하지 않는 어구를 고치려고 했는데 아직도 돌려받지 못했으니, 본 대신은 실로 이해할 수 없습니다.

"안에서 세력을 끼고서[從中挾勢]" 등의 말은 본래 깊은 뜻이 없습니다. 안에서 세력을 긴 자는 흉당(凶黨)이요, 세력이란 곧 귀국의 병세(兵勢)이니 무슨 이해하기 어려운 의미가 있습니까? 또 조회문에서 말하기를, "그들이 세력을 업은 사실이 있다면 그 증거를 명백히 제시하기 바란다."라고 했습니다. 그러나 그것이 어찌 비밀스럽고 암매(暗昧)한 일이기에 반드시 명증(明證)이 있은 후에야 알 수 있겠습니까? 17일 밤의 입위(入衛)가 무슨 근거에 따른 것인지 본 대신은 아직도 알 수 없습니다. 근거는 흉당이 쓴 한 조각 교지(矯旨)에 불과할 뿐입니다. 당시 귀 대신이 군대를 거느리고 올 때, 그때 광경에서 과연 어디서 난이 일어나고 누가 일을 벌이는지 보셨습니까? 또 그 교지(矯旨)는 당일 밤 사경(四更)에 이궁(移宮)할 때 나왔는데, 잠시 후 승여(乘輿)가 경우궁에 도착했을 때 이미 귀국 병사들이 궁중에 배치된 것을 보았

---

22) 채찰(採察): 남의 말을 받아들이고 살펴서 앎

습니다. 궁궐을 지키는 자들에게 들으니, 이미 이경(二更)에 귀국 군대가 궁문을 밀치고 돌입해서 문을 지키는 군졸들이 그 까닭을 알 수 없었다고 했습니다. 이것을 보면 귀국 병사들이 교지(矯旨)보다 앞서서 행동한 것이니, 어떻게 경우궁으로 이어(移御)할 것을 미리 알고 먼저 와서 기다린 것입니까? 또 그날 오후에 진고개[泥峴]에 있던 귀국 병대(兵隊)가 전부 교동(校洞) 공사관에 집합했고, 대포와 탄약 상자를 끊임없이 수레에 실어 날라서 거동이 이상했으니, 길가와 공사관의 사람 중에 그 광경을 못 본 자가 없습니다. 그때 무슨 사변이 있었기에 계엄한 것입니까?

무릇 보호하는 방법은 난형(亂形)을 통찰해서, 그것이 안에서 발생했으면 안을 방어하고, 밖에서 발생했으면 밖을 방어해야 하는 것입니다. 한번 묻겠습니다. 이번의 난형이 안에 있었습니까, 밖에 있었습니까? 궁문 안에서는 살육이 낭자하고, 궁문 밖에서는 조의(朝儀)가 정연했는데, 안을 방어하지 않고 도리어 그 밖을 방어해서 흉당이 제멋대로 흉악한 짓을 할 때 금제(禁制)되는 바 없게 했으니, 누가 귀 대신의 마음이 과연 우리 군주를 보호하는 데 있었는지, 아니면 흉당을 보호하는 데 있었는지 알겠습니까? 궁문을 에워싸고 서 있던 것도 귀 병사요, 검을 휘두르면서 문을 막았던 것도 귀 병사였습니다. 안에서는 살성(殺聲)이 들리고 밖에서는 와언(訛言)이 유포되고 있었으니, 밖에서 보는 자가 무슨 수로 그것이 귀 병사들이 수인(手刃)[23]한 것이 아님을 분변할 수 있겠습니까? 관물헌으로 환어(還御)하신 후에도 여전히 철병하지 않고, 각 문을 엄중히 지키면서 우리나라 사람은 한 사람도 입근(入覲)하지 못하게 했습니다. 이는 귀 대신이 독단적으로 보호의 책임을 자임하면서 우리나라 신민들에게는 다시 군주를 뵐 희망조차 갖지 못하게 한 것이니, 어찌 이치에 맞다고 하겠습니까?

26일에 귀서(貴署)에서 보내온 공함에서 말하길, "귀 대신이 과연 군주가 난을 당했을 때 달려가는 것이 의리임을 안다면, 어째서 그날 밤에 궁궐로 달려오지 않았는가?"라 하고, 또 "총포를 쏘면서 공격했으니, 외국 사신을 대하는 도리가 과연 이와 같은가?"라고 했습니다. 이 두 문장의 뜻을 살펴보건대, 이것은 우리나라 신민의 손발을 꼼짝 못하게 하려는 말입니다. 궁궐로 달려가려고 하면 귀 병사들이 막아서 이틀 동안 온 나라의 군민(軍民)이 군상(君上)이 계신 곳을 알지 못하고, 또 변란이 일어난 곳을 알지 못해서 경황분박(驚遑憤迫)하여 단지 죽고 싶은 마음뿐이었는데 어느 겨를에 다른 일에 신경을 쓸 수 있었겠습니까? 알지 못하겠습니다. 외국 사신이 본국을 대하는 도리가 과연 이와 같습니까?

이번의 변거(變擧)는 따로 명증(明證)이 있습니다. 창천(蒼天)이 위에 있고, 귀신이 옆에 있고, 만민이 아래에 있으니, 어찌 언어나 문자처럼 말단적인 것에 무게를 두겠습니까? 인민들

---

23) 수인(手刃): 손수 칼로 찌름

이 서로 다친 일은 응당 조사해야 하지만 정(情)에는 경중이 있고 일에는 선후가 있는 법입니다. 흉역(凶逆)이 아직도 체포, 인도되지 않아서 의리가 억눌린 채 펴지지 않았으니, 먼저 흉역을 인도해서 통쾌하게 전형(典刑)을 바르게 한 이후에 논의해도 늦지 않을 것입니다. 이 때문에 속마음을 아룁니다. 삼가 줄입니다.

갑신 11월 초닷새날　조병호

다케조에 공사 각하[16]

메이지 17년 12월 8일에 다케조에 공사가 인천 영사관으로 피난한 이후로 2주 동안, 다케조에 공사와 통리아문은 변란의 책임 문제를 두고 조회문 또는 공함(公函)을 왕복하는 데 시간을 소비하다가 결국에는 최초 문서를 놓고 다투지 않을 수 없는 지경에 이르렀다. 그 동안 경성에서는 불행한 희생자들의 사체가 부질없이 방치됐고, 검시를 위해 달려간 공사관은 한 명도 없었다. 유족 구휼 같은 것은 과연 언제나 착수될지 예측할 수조차 없었다. 공사는 통리아문과 책임 문제를 두고 고집을 꺾지 않고 있었기 때문에 변란의 선후책에 관해서는 일체 논급할 여유가 없었다. 이 때문에 피난민 인도 및 조난자 사체 인수 교섭부터 공사관 경비대의 인천 주둔 문제 등에 이르기까지 일체의 교섭은 인천 주재 영사 고바야시 하시이치가 감리인천구통상사무(監理仁川口通商事務) 홍순학을 통해 처리했던 것이다.

1 『日案』卷三;『善隣始末』卷九.

2 『日案』卷三;『善隣始末』卷九.

3 『善隣始末』卷九;『淸光緖朝中日交涉史料』(二八〇) 附件二 駐防朝鮮提督吳兆有等來往信件.

4 『日案』卷三; 甲申十月二十日 督辦金弘集到竹添公使公函.

5 『日省錄』李太王甲申年十月二十一日; 甲申關係文書問答; 明治十七年十二月九日 竹添公使小林領事大官趙秉鎬副官洪淳學對話筆記.

6 『日案』卷三;『善隣始末』卷九.

7 『日案』卷七;『善隣始末』卷九.

8 『日案』卷三; 明治十七年十二月十四日 竹添公使到金弘集公函;『善隣始末』卷九.

9 『日省錄』李太王甲申年十月二十六日·二十七日;『統理衙門日記』卷四 甲申年十月二十八日;『日案』卷三 督辦趙秉鎬到竹添公使照會.

10 甲申關係文書.

11 『日案』卷三;『善隣始末』卷九.

12 『善隣始末』卷九.

13 『美案』卷二.

14 『英案』卷三 英國總領事阿到督辦趙秉鎬公函·督辦趙秉鎬到阿總領事·督辦趙秉鎬到英國駐津公使巴照會·巴公使到督辦趙秉鎬照會.

15 『日案』卷三 明治十七年十二月十七日 竹添公使到督辦趙秉鎬照會·甲申年十二月四日督辦趙秉鎬到竹添公使照會;『善隣始末』卷九.

16 『日案』卷三;『善隣始末』卷九.

이노우에 외무경의 조선 파견

메이지 17년 12월 4일의 조선사변은 다케조에 주한 변리공사가 외무성에 보고할 겨를이 없었던 까닭에, 그 소식은 12월 11일이 돼서야 청 총리아문으로부터 주일 청국 특명전권공사 여서창을 통해 처음 외무성에 전해졌다. 당시 외무성과 경성 공사관 간에는 전신 연락이 불가능했으므로 외무경 임시대리 외무대보 요시다 기요나리는 텐진 주재 영사 하라 다카시(原敬)에게 타전해서 청 북양(北洋)에 도착한 정보에 접근해서 상세히 보고할 것을 명하는 한편, 야마구치에 체재 중인 참의 겸 외무경 이노우에 가오루에게 사건 발생을 보고했다. 12월 13일이 되자 다케조에 공사로부터 사건의 개요 보고가 점차 외무성에 도착했다. 이는 12월 11일에 인천에서 출항한 지도세마루(千歳丸)가 13일에 나가사키에 도착해서, 다케조에 공사가 파견한 외무일등속 기노시타 마사히로가 나가사키에서 타전한 것이었다. 사변 발생 후 그 보고가 본국 정부에 도달하기까지 정확히 열흘이 걸렸다.[1]

12월 13일, 다케조에 공사의 전보가 도착하자 요시다 외무대보는 외무경 부재중에 외교를 관장하던 참의 겸 궁내경 이토 히로부미에게 이를 보고했다. 이토 참의는 곧장 등성(登省)해서 요시다 대보 등 외무성 수뇌부에다가 태정관 대서기관 이토 미요지(伊東巳代治), 참사원 의관 이노우에 고와시를 추가로 참석시켜서 선후책을 협의했다. 당시 정부 부처 내에서는 다케조에 공사의 독단과 월권을 비난하는 목소리가 높았고, 다케조에 공사로는 도저히 선후책을 강구할 수 없기 때문에 보다 유력한 정치가를 파견해서 현 국면을 맡겨야 한다는 의견이 제기됐다. 이토(伊藤) 참의의 비서관이자 법률고문이었던 이토(伊東) 태정관 대서기관이 12월 14일에 이노우에 외무경에게 제출한 의견서는 그 대표적인 문건으로서, 일본 정부의 대책은 이것에 의해 결정됐다고 해도 좋다.

이번에 한지(韓地)에서 소요가 났을 때 우리 공사의 조치에 관해서 이미 외무경께 전보가 있었는데, 자못 비난할 만한 것이 적지 않습니다. 첫째, 당해관(當該官)을 경유한 것이 아니라 바로 국왕의 사촉(私囑)에 응해서 병력을 보낸 일은 공법상의 관례에 위배되고, 또 공사의 직무상 권한을 넘은 것이라고 할 수 있습니다. 둘째, 조선에 주둔하는 우리 병대(兵隊)는 본래 성약(成約)에 근거해서 그 목적을 분명하게 지시하고 있습니다. 그런데 공사가 본국 정부의 명을 기다리지 않고 그것을 인술해서 왕성(王城)에 진입한 것은 조약에 위배되고 정부의 명을 어긴 것입니다. 그 밖에 비난할 만한 부분을 하나하나 지적한다면 짧은 서한에 다 하기 어렵습니다. 언어도단(言語道斷)의 시말(始末)이기는 하지만 한발 물러서서 정부의 견지에서 생각해보면, 이미 오늘날의 정세에 처해서 지난 일을 시끄럽게 떠들더라도 부질없는 일입니다. 전권공사의 중임을 줘서 파견한 이상, 설령 그 조치가 타당하지 않더라도 우리 정부의 입장에서는 변명할 말이 없음은 물론이요, 이러한 때 공사의 행위를 처벌해서 정부의 책임을 모면하려는 것은 결코 할 수 없는 일이니, 차라리 공사의 조치를 시인하고 영욕을 모두 정부가 떠맡는 것이 오늘날의 득책임은 다시 의심할 여지가 없어 보입니다.

깊이 생각해보건대, 조선의 국세(國勢)로 볼 때 도저히 한번은 이번의 변을 면하기 어려웠으니, 공사의 죄를 성명해서 온화한 결국(結局)을 도모하는 등의 졸렬한 수단을 취하기보다는, 차라리 오늘날의 형세에서는, 처음부터 본 정부는 공사에게 내시(內示)하기를, "조선의 각하(刻下)의 위급에 따라 부득이한 경우에는 청국에 흔단(釁端)을 여는 한이 있어도 융위(戎威)[1]에 기대서 조선의 내정에 간섭하는 정략"이었다는 점을 분명히 지적해야 합니다. 그래서 우리 정부의 정략과 우리 공사의 거조(擧措)를 부합시켜서 서로 어긋나지 않게 하고, 우리 외교정략은 항상 종시일철(終始一轍)해서 중도에 표변(豹變)하는 애매한 것이 아니라는 신용을 굳건히 하여, 여국(與國)에 대해 본방(本邦)의 면목을 온전히 해야 합니다.○중략

우리 공사가 처음부터 독단으로 군대를 이끌고 입궐한 목적이, 그것을 사양할 수 없는 상황에서 이미 병력을 과시할 각오였음에도 불구하고 그 목적을 이루지 못하고 후퇴한 것은 우리나라의 성예(聲譽)에 크게 관계됩니다. 그러므로 단지 온편(穩便)만을 일삼는다면, 결국 우리가 저들에게 사죄해야 하는 추태를 보이게 될 것이라는 점 또한 생각하지 않을 수 없습니다. 따라서 차라리 공사의 행위를 시인하고 병력을 보내는 한편, 우리 변리대신이 도한(渡韓)할 때 이러한 주의(主意)로 임하게 하는 편이 오히려 국면을 매듭짓고 온화(溫和)의 취의(趣意)를 달성할 수 있을 것입니다. 따라서,

첫째, 속히 전권변리대신을 파견해서 완급을 적절히 조처하게 하는 것.

둘째, 육해군을 파견해서 다케조에 공사의 당초 목적을 달성하게 하는 것.

이상이 매우 긴요할 것으로 생각됩니다.○하략2

---

1) 융위(戎威): 군대의 위엄

이보다 앞서 이노우에 참의 겸 외무경은 요시다 외무대보의 급전(急電)을 받고 귀임 길에 올랐던 것 같다. 그는 12월 14일에 고베에 도착해서 외무성에서 전달한 다케조에 공사의 보고를 접하고는 사태가 간단치 않음을 깨달았다. 그리고 일단 교토에서 요시다 외무대보에게 전보를 보내서 외무서기관 구리노 신이치로를 경성에 급파하여 사정을 조사하게 하고, 또 인천의 병력을 증원하기 위해 해군성에 군함 히에(比叡)(함장 해군중좌 야마자키 가게노리)의 급파를 청구했다.[3]

이노우에 외무경은 12월 16일에 해로(海路)로 요코하마에 도착했다. 이토 참의와 참의 겸 육군경 야마가타 아리토모는 요코하마까지 마중 나와서 사변의 선후책을 협의했다. 이때는 이미 기노시타 외무일등속도 상경해서 다케조에 공사가 작성한 「경성사변시 말서(京城事變始末書)」와 12월 6일부터 11일까지의 다케조에 공사·통리아문·청국 관헌 간 왕복 문서의 등본도 제출했기 때문에 이들은 사변의 경과를 상세하게 파악하고 있었다. 삼상회의(三相會議)에서는 대체로 이토 대서기관의 의견서에서 제안한 전권변리대신의 파견이 결정됐다. 그런데 다케조에 공사가 분명한 이유 없이 경성에서 철수해서 인천에 체재하는 것은 일본의 위신을 손상하고 일한교섭의 전도를 어렵게 만드는 것이므로 급히 경성으로 귀임하고, 아울러 다케조에 공사와 통리아문의 교섭은 전권위원이 도착하기 전 예비 교섭의 성격을 갖기 때문에 기본적 조건들에 관해 미리 상의를 시작하라는 명령을 내리기로 했다. 다만 전후 사정으로 판단해 볼 때, 다케조에 공사가 이처럼 어려운 임무에 적임인지는 대단히 의심스러웠으므로 참사원 의관 이노우에 고와시를 특파해서 그를 보좌하게 했다. ― 이는 이토 참의의 발의에서 나온 것으로 생각된다. ―

이노우에 참사원 의관은 이노우에 외무경의 명에 따라 삼상회의가 열린 당일인 12월 16일에 기선 호라이마루(蓬萊丸)를 타고 요코하마에서 출발했다. 이때 외무경이 이노우에 의관을 통해 다케조에 공사에게 보낸 내훈(內訓)은 다음과 같다.

하나, 이번 달 7일 김홍집이 다케조에 공사에게 보낸 책문서(責問書)는 이번에 일어난 분뇨(紛鬧)의 원인에 관한 대요(大要)를 게재했다. 그것을 분명히 논파(論破)해 두지 않으면 그 시비곡직(是非曲直)이 판연(判然)하지 않게 된다. 다케조에 공사가 답변한 서면의 내용으로는 충분히 그것을 논파했다고 인정하기 어렵다.
단, 그 논점은 이노우에 의관의 구두(口頭)에 맡긴다.
하나, 앞의 문제와 관련해서 다시 그것을 변명하고 논파하는 과정에서 멀리 떨어진 지역에서 시일을 허비하기보다는 차라리 한양부로 돌아가서 직접 조선국 정부와 담판, 왕복하는 편이 옳다.

하나, 조선국왕이 지나(支那) 병영(兵營)에서 미국 공사와 영국·독일 총영사를 인견해서, 일본에 대해 악의가 없고 친목하려는 뜻을 가지고 있음을 일본 공사에게 전해달라고 부탁했다는 말이, 김홍집이 다케조에 공사에게 보낸 책문서(責問書)의 내용과 전혀 반대인 것은 어째서인가? 왕의 말이 과연 사실이라면 외무경의 지위에 있는 김홍집이 이처럼 포만불경(暴慢不敬)한 글을 보낼 리가 없으니, 왕과 정부의 뜻이 이처럼 어긋나는 이유를 조사하라.

하나, 한양 귀환과 관련해서는, 호위병 대장과 상의해서 평화를 위주로 하고, 작은 분노를 일으키는 일이 있더라도 되도록 인내해서 큰일을 그르치지 않도록 주의하라.

하나, 다케조에 공사가 다시 한양에 돌아가서 담판하는 것은 억지로 일을 마무리 지으려는 것이 아니라, 훗날 우리 정부에서 조선 정부에 대해서 담판을 여는 기초를 확보하기 위함이니, 이러한 의도를 잘 살펴서 모든 주안점에 유의하라.

이 밖에 상세한 것은 이노우에 의관의 구두(口頭)로 전한다.[4]

이노우에 외무경은 12월 16일에 귀임해서 바로 경성사변의 구체적 선후책을 연구했는데, 정부 부처 내에서조차 다케조에 공사에 대한 비난이 비등했을 뿐만 아니라, 더 나아가서는 외무경의 책임 문제를 야기할 우려가 있었고, 또 문제가 일한교섭에서 일청교섭으로 전화(轉化)할 가능성이 있었으므로 대내적·대외적으로 그 처리에 신중을 기할 필요가 있었다. 이 사건의 처리에서 가장 중요한 문제는 책임 소재를 명확하게 하는 것이었다. 그런데 다케조에 공사가 올린 청한 양국 당국자들과의 왕복 서류에 따르면, 양국 관헌들은 사변의 모든 책임을 다케조에 공사에게 돌리고 있는 데 반해 그에 대한 다케조에 공사의 반박은 명확성이 떨어지는 느낌이 있었다. 이노우에 외무경은 구리노 외무서기관을 특파해서 진상을 조사하게 하고, 이어서 이노우에 참사원 의관도 파견했지만 그들의 복명을 기다릴 여유가 없었다. 따라서 다케조에 공사의 보고를 조사하는 과정에서, (1) 공사가 박영효, 김옥균 등 독립당과 밀접한 관계를 갖고 그들의 반란 계획에 참여한 것, (2) 공사가 공사관 경비대로 경우궁의 문들을 점령하고 반도(叛徒)의 불법 암살에 도움을 준 것, (3) 공사가 3일간 왕궁에 체재하면서 반도를 지지한 것, (4) 박영효, 김옥균 등의 일본 망명을 원조한 것 등에 의문스러운 점이 적지 않았지만, 정부는 이들 책임의 귀속 문제는 부차적인 것으로 놓고 사변의 결과 일본의 대표자가 불법적인 공격을 받아서 공사관이 소실되고 거류민이 참살된 책임을 물어 조선 정부의 사죄와 손해배상, 그리고 피해자 구휼금(救恤金)을 요구하기로 방침을 정했다. 또 다케조에 공사의 보고에 따르면, 경성에서의 일청 양국군 충돌의 책임은 청군 지휘관에게 있었으므로 그 진상을 조사해서 선후 조치를 강구할 필요도 있었다.[5]

이노우에 외무경의 사변 대책은 메이지 17년 12월 19일 각의에서 확정됐다. 곧이어 이노우에 외무경 자신이 본관(本官)을 유지하면서 특파전권대사에 임명되어 조선 파견 명령을 받고, 외무권대서기관(外務權大書記官) 곤도 신스케와 농상무권대서기관(農商務權大書記官) 사이토 슈이치로 등에게 수행의 명이 내려졌다. 또 육군중장 자작 다카시마 도모노스케, 해군소장 겸 해군대보 자작 가바야마 스케노리, 일등경시(一等警視) 아다치 도시쓰나(安立利綱) 등도 동시에 조선 파견을 명받았다. 12월 21일 외무경의 신청에 따라, 조선국왕에게 보낼 국서와 전권위임장 2통, 그리고 태정대신의 내훈이 부여됐다. 전권위임장의 (1)은 일한교섭, (2)는 일청교섭에 관한 것이다.

(1) 천우(天佑)를 보유하여 만세일계(萬世一系)의 제조(帝祚)에 오른 대일본국 황제가 이 글을 보는 자에게 선시(宣示)하노라. 짐의 명을 받들어 조선국 경성에 주류하는 변리공사를 올해 12월 초순에 경성에서 습격하고, 방화해서 사서(使署)와 그 병영을 소실(燒失)시키고, 또 그 땅에 있는 짐의 국민 수십 명을 살해했다. 이 사건은 우리나라에 대해서 화호(和好)를 무너뜨린 것이니, 짐은 조선국에 묻고자 하는 바가 있다. 이에 짐이 가장 신임하는 참의 겸 외무경 백작 이노우에 가오루를 특파전권대사에 임명하고 조선국에 파견해서, 조선국 대왕전하에게 알현하거나 또는 그가 위임한 전권대신을 만나서, 이 사건에 기록할 일체의 사의(事宜)를 변리(辨理)하게 하는 것이다. 또 조약을 약정하거나 또는 약서(約書)를 체성(締成)한 후에 그 결의한 서면에 조인하는 등 편의행사(便宜行事)의 전권을 위임한다. 그러므로 이번의 일은 짐이 친히 그곳에 임하여 처리하는 것과 다를 바 없음을 보증한다.

진무(神武)천황 기원 2544년, 메이지 17년 12월 21일에 도쿄 궁성에서 친히 어명을 기록하고 국새를 검인함.

어명(御名)　　국새(國璽)

봉칙(奉勅)　태정대신 공작 산조 사네토미 (印)

(2) 천우(天佑)를 보유하여 만세일계의 제조(帝祚)에 오른 대일본국 황제가 이 글을 보는 자에게 선시(宣示)하노라. 올해 12월 조선국에서 일청 양국의 병사들이 전투를 벌인 한 가

지 일은 우발적인 것이나, 그 관계되는 바가 중대하다. 그러므로 짐은 이 일이 양국의 화국(和局)을 무너뜨릴 것을 우려해서, 그 화평을 보전하기 위해 특별히 짐이 가장 신임해서 중용하는 참의 겸 외무경 백작 이노우에 가오루를 특파전권대사에 임명해서 편의행사(便宜行事)의 전권을 위임하고 조선국에 파견해서 이 일을 변리(辨理)하게 하는 것이다. 또 장래 조선국에서 양국의 우의를 파괴하는 사단을 방지하기 위해, 청국 정부에서 파견할 편의행사(便宜行事)의 전권을 가진 대신과 그 변법(辨法)을 의결해서 조약을 약정하거나 또는 약서(約書)를 체성(締成)한 후 그 결의한 서면에 조인하는 전권을 위임한다. 따라서 이번의 일은 짐이 그곳에 임하여 친히 처리하는 것과 다를 바 없음을 보증한다.

진무(神武)천황 기원 2544년, 메이지 17년 12월 21일에 도쿄 궁성에서 친히 어명을 기록하고 국새를 검인함.

어명(御名)　국새(國璽)

봉칙(奉勅)　태정대신 공작 산조 사네토미 (印)

특파전권대사 참의 겸 외무경 백작 이노우에 가오루

이번에 특파전권대사로서 조선국에 파견되는 것과 관련하여 다음과 같은 권한으로 편의(便宜)하게 회담해서 결정하라.

하나, 이번에 조선국에서 우리 사신에게 폭행을 가하고, 공사관과 병영을 불태우고, 우리 병사와 국민을 살육한 사건과 관련하여, 조선 정부의 전권대신과 담판해서 그 책임 소재를 정하고, 귀관이 적당하다고 생각하는 처벌을 실행하게 하고 배상의 휼금(恤金)을 요구할 것. 단, 그 배상의 종류와 휼금의 액수는 사정을 참작해서 편의전결(便宜專決)할 것.

하나, 일청 양국 병용(兵勇)이 전투를 벌인 사건은, 실제 사정을 사명(査明)해서 저들이 먼저 사단을 일으킨 확증을 얻을 경우에는 물론 청국의 전권대신과 담판해서 그 처분을 요구해야 하지만, 만약 그 확증을 얻지 못했을 경우에는 제의하지 말 것.

하나, 장래 일청 양국 사이에 화호(和好)를 무너뜨리는 사단이 생기는 것을 방지하기 위해 필요한 판법(辦法)을 설정하고, 양국이 똑같이 조선 주둔 병원(兵員)을 철수하기로 약속할 것.

하나, 병력 철수에 동의하지 않을 경우, 장래 우리가 편리함을 차지할 수 있는 지위를 편의계획(便宜計劃)할 것.

하나, 사변 당시 조선국왕이 우리 공사에게 호위를 의뢰한 확증이 있을 때는 그것을 더욱 확실히 하고, 중외(中外)의 의단(疑團)을 영원히 풀기 위해서 국왕이 우리 황제폐하께 사전(謝電)을 드리게 할 것.

이상의 조건을 칙지(勅旨)를 받들어 내훈(內訓)함.

메이지 17년 12월 21일

태정대신 공작 산조 사네토미 (印)[6]

이노우에 특파대사는 수행원들과 함께 12월 22일에 도쿄에서 출발했다. 그리고 요코하마에서 기선 사쓰마마루(薩摩丸)를 타고 당일 출범해서 24일에 시모노세키에 기항했다.

이노우에 대사는 시모노세키에서 조선으로부터 귀환할 구리노 외무서기관을 기다릴 예정이었는데, 그때 마침 요시다 외무대보에게서 온 전보가 일청교섭의 전도에 일대 좌절을 초래할 만한 일을 암시하고 있었기 때문에 시모노세키에 조금 더 머물러야만 했다.

이보다 앞서 청 조정은 조선 내란의 보고를 받자마자 12월 15일에 북양대신 직예총독 이홍장과 회판북양사의 도찰원좌부도어사(會辦北洋事宜都察院左副都御史) 오대징에게 명해서 통령북양수사기명제독직예천진진총병(統領北洋水師記名提督直隸天津鎭總兵) 정여창을 소속 함선과 함께 인천에 급파하고, 또 오대징에게 조선으로 가서 내란을 조사한 후 선후책을 강구하게 했다. 오대징의 파견은 12월 16일에 이홍장이 톈진 주재 영사 하라 다카시를 소환해서 통고하고, 또 주일 특명전권공사 여서창에게 전보를 보내서 요시다 외무경 임시대리에게도 통고하게 했다. 오대징의 사명(使命)은 그가 하라 영사에게 언급한 데서도 분명히 보이듯이, "칙명을 받들어 조선에 가서 이번 사건을 조사한 후 폭도를 처분하고 조선의 내정을 개혁하며, 만약 청국군에 불량(不良)한 일이 있었다면 엄중하게 처분할 예정"에 불과했지만, 일본 외무당국은 청국이 흠차대신으로 오대징을 파견한 것을 두고 일본 정부 측에서도 대원(大員)을 파견해서 현지에서 청국의 대원(大員)과 회담할 것을 요청 받은 것으로 해석했다. 그런데 오대징으로는 이노우에 외무경과 급이 맞지 않는 감이 있었으므로, 12월 21일 이노우에 외무경 파견 발령과 함께 여 공사에게 조복(照覆)해서 "우리나라에서 전권을 위임한 대원(大員)을 파견했으니, 청국에서도 동등한 권한을 가진 사절을 파출(派出)할 것"을 요구하고, 또 주청(駐淸) 해군중장 겸 특명전권공사 자작 에노모토 다케아키에게 전보를 보내서 총리아문에도 요청하게 했다. 청국 조정의 입장에서는 이러한 일본 정부의 요청은 의외였고, 특히 이번에는 종주국으로서 속국의 내란을 사판(査辦)하는 것이기 때문에 그 사신에게 편의행사(便宜

行事)의 권한을 부여해서 제3국의 전권위원과 상의하게 하는 일은 있을 수 없었다. 총리 아문은 에노모토 공사의 요청을 중국의 체제에 관여하는 것으로 간주해서 응하지 않았다. 또 오대징의 현재 관직이 도찰원좌부도어사(都察院左副都御史)이기 때문에 이노우에 외무경과 비교해서 크게 권형(權衡)[2]을 잃은 것은 아니라고 하면서, 그보다 고위 관원을 파견하는 데도 동의하지 않았다. 결국 오대징과 속창(續昌)에게 편의행사(便宜行事)의 전권을 부여한 것은 아니지만, 흠차사신의 중직(重職)이 있으니 이노우에 대사가 필요하다면 오(吳), 속(續) 두 흠차와 화충상판(和衷商辦)[3]하길 바란다고 하는 데 그쳤다.[7]

청 조정의 방침이 이러했던 까닭에 이노우에 대사가 경성에서 청국 전권과 회담할 가망은 사라졌고, 따라서 그 사명(使命)의 3분의 2는 자연 소멸됐다고 할 수 있다. 이와 더불어 이노우에 대사의 예정에 차질을 빚은 것은 출병 문제였다.

처음에 12월 16일 오대징이 하라 영사에게 한 말에 따르면, "한갓 분요(紛擾)를 더할 것이 우려되므로, 1명의 병사도 대동하지 않을 것이며 향후에도 증병(增兵)은 하지 않을 생각입니다. 또 내 신분에 부속되는 군대도 있고 수행을 희망하는 자도 있지만, 나는 그들을 모두 물리치고 완전히 단신으로 길에 오를 예정입니다."라고 했다. 하라 영사가 이 말을 외무성에 보고했으므로 이노우에 대사는 전혀 호위병을 인솔하지 않기로 결정했다. 이미 경성에 주둔하고 있는 일청 양국군조차 전부 철수시키려는 계획이었기 때문에 호위병의 인솔을 가능한 한 피하는 편이 현명하다고 판단한 것은 당연했다. 그런데 12월 20일, 하라 영사는 즈푸(芝罘) 주재 영사 안도 다로(安藤太郎)로부터 청 조정이 500명의 군대를 조선에 파견했다는 소식을 듣고는 이홍장에게 회견을 요청해서 사실 여부를 질의했다. 이홍장은 그 소식을 부정하면서도, 동시에 오대징이 호위병으로 육군 500명, 군함 2척을 인솔한 사실을 확인했다. 하라 영사는 며칠 전의 공약에 위배된다고 힐책했지만, 이홍장은 "그것은 지나(支那)의 특징으로서, 병사 1명도 대동하지 않는다고 말했더라도 그 사람에게 속하는 호위만큼은 따라가는 것이다. 지금 내가 바오딩 부(保定府)에 갈 때, 설령 병사 1명도 대동하지 않는다고 말하더라도 역시 200명이나 300명의 친병(親兵)은 소집해서 데려가는 것이다. 아무튼 지나(支那)는 다른 나라처럼 경편(輕便)하지 않아서 어리석은 의식들이 있다."라고 강변하면서 받아들이지 않았다. 다만 1영(營), 즉 500명 이상의 육군을 파견하지 않겠다는 것은 보증했다.[8]

---

2) 권형(權衡): 저울추와 저울대. 여기서는 균형을 비유하는 말로 쓰였다.
3) 화충(和衷): 같은 마음으로 화목하게 함

이홍장과 오대징이 처음에는 병사 1명도 인솔하지 않겠다고 언명했으면서도 며칠 만에 그 말을 완전히 뒤집은 데는 아마도 다음과 같은 사정이 있었을 것으로 추측된다. 당시 한겨울이 되면 백하(白河)가 결빙돼서 북양에서 출병하기가 매우 곤란했다. 그러므로 북양으로서는 하루라도 일본의 출병을 지연시키고, 그 사이에 출병 준비를 진행하는 편이 유리했다. 실제로 12월 19일이 되자, 우선 성경(盛京) 진저우청(金州廳) 주둔 부대에서 관대경군정영참장(管帶慶軍正營參將) 방정상(方正祥)의 보병 부대 1개 영(營)을 파견해서 북양수사(北洋水師)의 전진 근거지인 충청도 아산현 마산포 일대를 점거하고, 또 흠차사신의 호위를 위해 오대징 휘하 부대에서 병사 400명을 선발해서 산하이관(山海關)에서 승선, 파견하기로 결정했다.[9]

북양(北洋)의 출병 소식은 즈푸(芝罘) 주재 영사 안도와 톈진 주재 영사 하라로부터 일찍 본성(本省)에 보고됐지만 그 진위가 뒤섞여 있었다. 하라 영사로부터 확보(確報)가 올라온 것은 12월 22일 이노우에 대사가 도쿄를 출발한 이후의 일이었을 것으로 생각된다.

이노우에 대사는 시모노세키에 도착하자마자 요시다 외무대보가 전달한 에노모토 공사와 하라 영사 등의 보고를 접하고, 부여된 임무의 범위에 관해 재고하지 않을 수 없었다. 게다가 구리노 서기관은 "청국의 위력이 충분히 조선 정부를 좌우하는 정황이며", 청국의 지지를 기대한 조선 정부의 대일(對日) 태도 또한 크게 강경해져서 지난 12월 16일자 외무경 내훈에 따라 다케조에 공사에게 훈령한 조항도 실행할 방법이 없으며, 또 경성의 인심도 완전히 진정되지 않았기 때문에 병력이 필요하다는 취지로 복명했다. 이러한 사정들을 종합한 후 이노우에 대사는 대청교섭의 전도를 비관했으며, 청한종속관계의 해결을 선결 문제로 간주하고 그 해결을 위해서는 상황에 따라 일청 개전(開戰)의 가능성이 생기더라도 어쩔 수 없다고 판단했다. 이 때문에 이노우에 대사는 이토 참의에게 타전해서 자신에게 호위병을 붙여줄 것, 그리고 청한종속관계에 관해 확정 방침을 수립해서 그것에 따라 행동할 것을 요청했다. 이노우에 대사의 요청은 12월 21일자 태정대신 내훈의 근본적인 수정을 의미했다. 내각에서는 두세 차례 대사와 전보를 주고받은 끝에 12월 26일 각의에서 대사에게 호위병 2개 대대를 붙이고, 또 청한종속관계에 관해서는 종전의 방침을 유지해서 해결을 서두르지 않고 일청 개전은 극력 회피하기로 결정했다. 26일 오후에 산조 태정대신과 이토 참의의 명의로 다음과 같이 회훈(回訓)이 내려졌다.[10]

시모노세키 이노우에

도쿄 이토

12월 26일 오후

족하(足下)의 회답을 받고 내각 회의를 열어서 반복 토론한 끝에 다음과 같이 결정했다. 우리 묘의(廟議)는, 이번 사변의 수습 과정에서 파급되어 지나(支那)와 병흔(兵釁)을 여는 극단적인 상황에 빠지는 것을 극력 피하기로 했다. 지금 족하가 사명(使命)을 받들어 조선에 가는 도중이니, 이제 기존 논의를 관철하는 것 외에는 달리 방도가 없다. 또 조선 난후(亂後)의 형세가 호위를 갖추지 않으면 혹 위험할 우려가 있다. 그러므로 2개 대대를 따르게 할 것이다.

조선의 독립을 인정할 것인가, 아니면 인정하지 않을 것인가의 두 가지 길 중 하나를 결정해서, 그 결과에 따라 마침내 지나와 전쟁할지 여부에 관한 결론은 지금의 평의(評議)에서 미리 정할 수 없다.

족하가 이토에게 보낸 전신(電信)을 접수하고, 조선의 독립 인정 여부에 관해 내각 회의를 열어서 재차 세부적 논의를 마친 결과, 종래의 관계에 따라 우리로서는 독립을 인정하지 않을 수 없다. 그러므로 족하가 길을 떠날 때 부여한 훈령에 기초해서, 지나(支那) 사절과의 담판은 선후(善後)의 수단을 다하여 쌍방이 군대를 철수할 것을 주장하라. 저들이 속국이라는 이유를 내세우면서 이를 받아들이지 않을 경우에는, 우리는 그 논지를 수용하지 않을 것이며 쌍방이 군대를 주둔하는 결국(結局)에 이르는 것 외에는 다른 방도가 없다. 그곳의 문제는 예측할 수 없는 사정이 있으니 실지(實地)에 가서 임기(臨機)의 처분을 내리는 것은 족하에게 위임한다.

태정대신[11]

정부 방침이 확정돼서 회훈(回訓)이 내려왔으므로 이노우에 대사는 구마모토 진대(熊本鎭臺) 보병 제14연대[오쿠라(小倉)]에서 분파된 호위병 2개 대대의 도착을 기다렸다가 12월 28일에 시모노세키에서 출항해서 30일에 인천에 도착했다.[12]

이보다 앞서 12월 23일에 이노우에 참사원 의관은 인천에 도착해서 다케조에 공사와 회견하고 외무경의 훈령을 전달했다. 다케조에 공사 자신이 일한교섭의 교착(膠着)을 통감하고 있었으므로 곧장 경성으로 달려가서 통리아문과 직접 교섭을 개시하기로 결정했다. 그는 곧바로 당시 인천에 체재 중이던 독판교섭통상사무 조병호에게 공문을 보내서, 12월 26일에 경성에 귀임할 예정이니 그때 회담에 응할 것을 요구했다. 독판이 회담을 이틀 연기할 것을 희망했으므로, 다케조에 공사와 이노우에 의관은 12월 28일에 호위병 1개 소대를 이끌고 경성에 도착한 후 통리아문에서 지정한 서소문 밖 고(故) 보국(輔國) 김보현의 옛 저택에 들어갔다. 이튿날인 29일에 조병호가 내방했다. 공사는 좌의정 김홍집과의 회견을 요구했으나 조병호는 외무장관의 자격으로 이를 거부하고 국왕의 알현도 허락하지 않았다. 이 자리에는 고문으로 협판교섭통상사무 묄렌도르프가 참석했다.[13]

다케조에 공사는 우선 「경성사변시말서」의 한역문을 제시하고 그것에 의거해서 사변의 진상을 설명하려고 했으나, 조병호는 다케조에 공사가 반도(叛徒)와 통모한 것을 논하면서 「사변시말서」는 거들떠 보지도 않았다. 양자의 질문과 응답은 극도로 험악한 분위기 속에서 행해졌다.

공사 문(問): 그것은 차치하고 졸자(拙者)를 흉당의 한 사람으로 보는 증거를 제시하라.

독판 답(答): 결코 각하가 역적들과 함께 일을 벌였을 리는 없지만, 역적의 기밀은 전부 알고 있었을 것으로 믿는다.

공사 문: 졸자는 대군주의 의뢰를 받아서 대군주를 보호했을 뿐, 처음부터 누가 간악한지 몰랐다. 다만 졸자는 확실히 의거할 만한 유지(諭旨)가 있었으므로 바로 그것을 받들어 오직 보호만 했을 뿐이다.

독판 답: 결코 각하가 역적에 가담했다고 하는 것이 아니다. 숙고하라. 그날 밤 각하가 국왕의 명에 따라 입궐했다면 여러 대신을 살육하는 것을 필시 목격했을 것이다. 그런데 어째서 그때 흉당을 체포해서 관헌에게 인도하지 않았는가? 만약 각하가 참으로 그들을 억눌렀다면, 각하가 실로 결백한 호위자(護衛者)임을 믿겠다.

공사 문: 달리 구구한 변론이 필요치 않다. 졸자가 대군주의 명을 받은 것이 사실인가, 거짓인가? 또 흉당을 도운 증거를 명시하라.

독판 답: 흉당의 체포를 각하에게 의뢰했지만, 각하는 이미 흉도를 일본국에 숨겼을 것으로 짐작한다. 이것은 국민 일반의 설(說)로, 국민 또한 실제 각하가 그들을 일본에 보낸 사람 중 1명이라고 믿고 있다.

공사 문: 귀답(貴答)이 충분치 않다. 졸자의 요구는 국왕의 명을 받은 것이 사실인지, 그리고 역적의 의뢰를 받은 증거가 있는지 두 가지 사항을 명백히 구별해서, 그에 따라 한마디로 귀답(貴答)을 달라는 것이다. 유언풍설(流言風說)로 중대한 사건을 재단해서는 안 되며, 오직 확증에 근거해야 할 뿐이다.

독판 답: 각하가 말하는 국왕의 명으로 말하자면, 각하가 가진 증거는 흉적(凶賊)의 위지(僞旨)로 각하는 그들에게 기만당한 것이다. 각하가 흉적들을 숨겼다는 서민들의 유언(流言)에 따라 각하가 흉당의 한 사람이라고 믿는 것이다.

양측의 토론은 마침내 본론으로 들어가서 국왕이 보호를 청한 친서의 진위가 문제가 됐다. 다케조에 공사는 "하관(下官)은 대군주로부터 '일본 공사는 와서 호위하라[日使來衛]'라는 교서를 받고 입궁한 것입니다. 이것이 확실한 증거가 될 수 있으니 괜찮다면 한 번 보시길 바랍니다."라고 주장했다. 독판이 한번 보여줄 것을 요구했다. 공사가 먼저 연필로 쓴 초본을 보여줬는데, 독판은 "이것은 연필로 쓴 것으로 국왕의 친필이 아닙니다. 흉당이 위조한 것입니다."라고 반박했다. 공사가 다시 정서본(淨書本) 친서를 보여주자 독판은 경악한 기색을 보이면서 "이 옥새는 국왕의 옥새입니다. 그렇지만 흉당의 협박에 의해 만들어진 것으로 보입니다."라고 주장했다. 그는 재차 공사에게 추궁을 당하자 "대군주의 옥새는 인정하지만 협박에 의해 만들어진 것일 뿐입니다."라는 말을 반복하다가, 화제를 돌려서 김옥균 등의 일본 망명을 언급해서 공사가 사정을 알면서도 그들의 승선에 편의를 제공한 사실을 계속 추궁했다. 공사는 상선의 승객과 출범 날짜 등을 지휘 감독하는 것은 영사의 직무로서 공사가 관여하지 않는다고 해명했지만, 독판은 여기에 만족하지 못하고 "알지 못했다고 하지만 필시 알고 있었을 것으로 믿습니다. 그들을 체포해서 보내길 바랍니다."라고 논구(論究)했다. 공사는 "만약 촉탁(囑託)한다면 실제로 그들이 우리나라에 있는지 여부를 관청에 문의하는 것도 어렵지 않으니, 풍설과 유언(流言)을 갖고 공사를 힐책할 것이 아닙니다. 단, 그 사이에 이유가 있어서 그 일을 우리 정부에 질문하는 것은 마음대로지만, 부언(浮言)을 갖고 공사를 힐책해서는 안 됩니다. 오늘 여러 가지 질문들이 있었지만 모두 근거가 없으니 졸자가 대답할 필요가 없습니다."라고 단언했다. 마지막으로 독판은 재차 정서본 친서를 보여줄 것을 요구하고, 국왕에게 아뢴 후 다음 날 그 진위에 관해 회답하겠다고 약속했다.[14] 다케조에 공사는 당일로 독판 조병호에게 조회를 전달해서, 외무경의 내훈에 기초하여 통리아문의 주요한 논점인 (1) 대군주를 옮기고 대신(大臣) 살육에 연루된 것, (2) 근거 없이 군대를 일으켜서 흉당을 보호하고 제멋대로 악역(惡逆)을 행하게 한 것, (3) 교지(矯旨)에 의거해서 사전에 와서 기다린 것의 3개 조목에 대해 상세히 반박했다.[15]

메이지 17년 12월 4일 밤에 내관을 통해 다케조에 공사에게 전달된 친서 2통이야말로 갑신변란을 해결할 수 있는 중요한 단서가 되는 문건이다. 이 친서는 실물 크기의 사진을 보면 (1) 연필 초본(草本)은 세로 27센티미터, 가로 33센티미터의 양지(洋紙)로 보이는 종이 한 장을 반으로 접어서, 우측 부분에 연필로 '日使來衛' 네 글자를 크게 썼다. 김옥균의 기사에서 보이는 것처럼 밤중에 등불 밑에서 갈겨 쓴 듯, 그 서풍(書風)을 감별하기가 매우 어려워서 흥도가 위조했다고 해도 반증하기는 쉽지 않다. (2) 정서본(淨書本)은 세로 27.5센티미터의 종이를 몇 폭으로 접어서, 한 폭에 '日使來衛', 그 다음 한 폭에 '조선국 대군주 이경(朝鮮國大君主李㷩)'[4]이라고 썼다. 해서체의 작은 글자가 단정하고, 왕명(王名) 아래에 '조선국 대군주 보(朝鮮國大君主寶)'를 검인했다. 이 국보의 사실 여부는 의심할 여지가 없고, 왕명도 국왕의 어필(御筆)로 추정된다. 조병호가 경악한 기색을 보인 것은 국보가 찍혀 있을 뿐만 아니라 어필로 작성된 문서였기 때문이었을 것이다. 아무튼 국왕의 친서가 초본과 정서본의 두 가지 본이 있는 것은, 조병호가 아니더라도 의심스러운 생각이 들게 한다. 김옥균은 연필 초본에 관해서는 기록했지만 정서본은 언급하지 않았다. 다케조에 공사의 「조선경성사변시말서」에는 "잠시 후 내관이 달려와서 입궐하라는 유지(諭旨)를 전하고 큰 소리로 부르짖으면서 구원을 요청했다. 나는 궁궐 내에 변란이 난 것을 의심해서 속관(屬官)에게 공관의 경비를 엄중히 할 것을 명했다. 막 문을 나섰을 때 내관이 또 숨을 헐떡거리면서 달려와 국왕전하의 친서를 전달하고 신속히 입궐할 것을 재촉했다."는 구절이 보이는데, 이때 전달된 친서가 초본인지의 여부는 명기하지 않았다. 후쿠자와 유키치의 「변란기사(變亂記事)」의 주석에 "그 후 이노우에 대사 등의 말을 들어보니, 국왕의 친필에는 '조선국 대군주 이경(朝鮮國大君主李㷩)'이 검인돼서 완전한 것이었다고 하나, 이는 이노우에가 사실을 알지 못한 것이다. 그 서면(書面)에는 구전(口傳)이 있다."라는 구절이 보인다. 『갑신일록』과 「변란기사」에 친서의 문장을 "日本公使來護朕(我)"라고 한 것이 착오임은―이 착오는 이해할 수 없다.―원본 사진을 보더라도 명백하지만, 당초 내관이 이노우에 공사에게 전달한 것이 연필 초본이었음은 사실이었던 것 같다.[16] 그렇다면 정서본은 어떻게 해서 존재하게 된 것일까.

김옥균의 심복 중에 백춘배(白春培)라는 자가 있었다. 김옥균이 동남제도개척사(東南諸島開拓使)에 임명되자 그 하속 관리가 되어 울릉도의 목재를 벌목해서 일본에 수출하는 임무를 맡았다. 김옥균이 망명한 이후 고베에서 만난 뒤로 그의 명에 따라 행동했는

---

4) 원문에는 고종의 어휘(御諱)가 李熙로 잘못 표기되어 있어 바로잡았다.

데, 메이지 18년 12월에 본국 정세를 탐지하기 위해 잠입했다가 체포됐다. 그의 진술에 따르면, 김옥균이 몇 해 전 300만 엔 국채 모집의 명을 받고 도일했을 무렵 그에게는 국왕에게서 하사받은 백지 위임장 몇 통이 있었다. 그런데 그는 외채 모집의 사명(使命)을 성공하지 못하고 귀국했지만, 그것을 반납하지 않고 망명할 때도 소지하고 있다가 필요할 때마다 여백에 적은 다음에 국왕의 밀지라고 하면서 일본인에게 보여줬다는 것이다.[17]

덧붙여 말하자면, 메이지 27년 4월에 김옥균과 박영효 암살의 임무를 띠고 도일한 조선인 이일식(李逸植)이 일본 관헌에게 체포됐을 당시 압수 물품 중에서 국왕의 칙유를 사칭한 위조문서와 옥새가 발견됐다. 도쿄 지방재판소의 예심판사가 그 진위 여부를 박영효에게 묻자, 그는 "김옥균은 인장도 잘 새기고, 성격도 그런 일을 하는 것을 좋아하기 때문에 나는 김옥균과 이일식 등이 오미와 조베(大三輪長兵衛)를 속이기 위해 마련한 것은 아닐까 하는 의심이 든다."라고 진술해서 김옥균이 국왕의 친서를 상습적으로 위조했음을 입증했다.[18]

이러한 사실들을 종합하면 김옥균은 12월 4일 밤에 국왕에게 청해서 연필 초본의 친서를 일본 공사에게 보냈는데, 나중에 그 형식이 불완전하다는 것에 생각이 미쳐서—혹은 다케조에 공사의 요구에 따라—국보를 검인한 친서를 보낼 필요성을 느끼고, 전술한 백지위임장 1통에 스스로 '日使來衛'의 네 글자를 쓴 다음에 국왕의 친서라고 하면서 다케조에 공사에게 전달했던 것 같다. 즉, 정서본 친서의 왕명(王名)과 국보는 진짜지만, '日使來衛'의 네 글자는 김옥균이 위조해서 쓴 것으로 추정된다. 후쿠자와 유키치가 말한 '구전(口傳)'이란 이 비밀을 가리키는 것으로 보인다. 단, 조선국왕 친서 원본에 관해 연구할 기회를 갖지 못했기 때문에—저자가 본 사진은 크게 퇴색해서 미세한 차이점을 검사하기에 적당치 않았다.—경솔하게 단정할 수는 없다.

12월 30일, 독판 조병호는 다케조에 공사에게 조회를 보내서 전날 회견에서 제시된 국왕 친서 2통 모두 신빙할 수 없다고 성명했다. '그 중 하나인 연필 초본은 마구 갈겨쓴 초서로서 흉당이 당시에 쓴 교지(矯旨)로 봐야 하니 문빙(文憑)으로서 가치가 없다. 정서본의 존재는 더욱 이해할 수 없다. 이미 초본이 있으니 정사본(淨寫本)이 필요 없기 때문이다. 또 형식이 전혀 칙유의 형태를 갖추고 있지 않다. 그럼에도 불구하고 국보의 인적(印跡)은 분명해서 추호도 의심할 여지가 없다. 이로써 판단해보면 간당(奸黨)이 국보를 훔쳐서 찍은 것이 명백하다.'는 것이었다.

대조선 독판교섭통상사무 조(趙)가 조회함.

이번 달 13일,○메이지 17년 12월 29일 본 대신이 귀 대신과 일체를 담판하다가 10월 17일 밤에○메이지 17년 12월 4일 귀 대신이 군대를 이끌고 입위(入衛)한 대목에 이르러, 대군주의 칙지(勅旨)가 있었다고 하면서 2장의 칙지를 보여주셨습니다. 그 하나는 연필로 쓴 것으로 단지 '日使來衛'의 네 글자만 있었으니 바로 휘갈겨 쓴 초서였습니다. 다른 하나는 몇 폭으로 접은 것으로 그 또한 '日使來衛'의 네 글자를 적었으나 마지막 폭에 '대조선국 대군주 어성어명(大朝鮮國 大君主御姓御名)'을 쓰고 그 아래에는 국보를 찍었습니다. 글자는 단정한 해서체요, 인적(印跡)이 분명해서 급거초솔(急遽草率)한 뜻이 없었습니다.

그것을 상세히 살펴보고 나니 더욱 의혹이 커집니다. 이미 네 글자를 초서로 쓴 종이가 있는데 또 어째서 해서본을 만든단 말입니까? 한 가지 일에 두 가지 증거가 있으니, 전혀 이치에 맞지 않는 첫 번째 이유입니다. 창황한 가운데 어느 겨를에 문서를 갖춰서 해서를 쓰겠습니까? 전혀 이치에 맞지 않는 두 번째 이유입니다. 전부터 대군주께서 각국 공사에게 칙유하실 때 친히 어명(御名)을 쓰신 일이 없었으니, 전혀 이치에 맞지 않는 세 번째 이유입니다. 실제로 문서를 구비할 때는 반드시 '봉칙(奉勅)'이라는 글자가 있는데, 어째서 서명하고 국보를 찍으면서 그것을 봉칙하는 사람이 적혀 있지 않은 것입니까? 전혀 이치에 맞지 않는 네 번째 이유입니다.

국보를 찍은 것의 진위 여부는 아직 상세히 판별할 겨를이 없었으나, 이치로 미뤄보면 전혀 근사(近似)하지도 않으니, 이 네 글자가 의심스러운 것에 비견할 정도가 아닙니다. 당일 흉당(凶黨)의 세력이 와내(臥內)[5]에 돌입해서 대군주를 공동협박(恐動脅迫)하고, 심지어는 난이 없는 데도 있는 것처럼 거짓으로 아뢰어 한밤중에 궁궐을 옮겼으니, 전도(顚倒)되어 일의 차서(次序)를 잃었습니다. 흉당이 이때를 틈타 국보를 훔쳐서 이러한 간계를 행한 것은 형세상 또한 있을 법한 일이로되, 앞에서는 초서로 쓰고 뒤에서는 해서로 썼으며, 서명한 것과 국보를 찍은 것이 사사건건 이치에 맞지 않으니, 자기들 스스로도 이렇게까지 파탄이 날 줄은 생각하지 못했을 것입니다. 네 글자의 초서는 필시 흉당의 임시 교지(敎旨)일 것입니다. 그런데 이 초서본이 지나치게 초솔(草率)한 까닭에 근거로 삼기에 부족할 것을 우려해서, 나중에 해서본을 따로 만들고 국보를 훔쳐서 찍은 것이 명백해서 의심할 여지가 없습니다. 이를 미뤄보면 해서본이 위본(僞本)이라는 것과 초서본이 교지(矯旨)라는 것은 더욱 숨길 수 없습니다. 만약 우리 대군주께서 과연 서명, 검인하신 일이 있었다면 지난 달 23일○메이지 17년 12월 10일 본서(本署)에서 조복(照覆)할 때 어째서 국보를 검인해서 빙신(憑信)한 일이 전혀 없다고 했

---

5) 와내(臥內): 침실

겠습니까?

귀 대신이 비록 한때 기만을 당했으나 사리를 참작해 보면 반드시 환히 깨달으실 것입니다. 이 때문에 문서를 갖춰서 조회하니, 부디 귀 대신은 살펴보신 후 조사해서 따져보시길 바랍니다.

이상과 같이 대일본 흠차대신 다케조에에게 조회함.

갑신 11월 14일○메이지 17년 12월 30일 6) 19

12월 29일 회견의 결과, 일한교섭의 교착 상태는 조금도 타개의 기미가 보이지 않았고 외무경의 내훈 같은 것은 거의 실행될 여지가 없음이 판명됐다. 이 회견을 통해서 얻은 유일한 수확은 국왕 친서에 찍힌 옥새가 진짜임을 승인받았다는 것뿐이었다. 다케조에 공사는 12월 31일자 외무경에게 올리는 보고에서 다음과 같이 서술하면서, 앞으로 일한교섭의 전도는 오직 이 한 가지에 달려 있다는 것을 강조했다.

앞의 조회에서 흉당이 인장을 훔쳐서 찍은 것은 명백해서 의심할 여지가 없다고 했습니다. 우리 입장에서는 이미 국왕의 인장을 빙거(憑據)로 삼아서 유지(諭旨)를 받들어 보호한 것이니, 비록 저들이 거짓 인장이라고 말하더라도 우리는 단연코 진짜 인장으로 인정하고 있었습니다. 그런데 저들도 이 인장이 진짜라고 인정한 이상에는 어떠한 논의도 할 필요가 없습니다. 외국 사신의 입장에서는 그것이 협박에 의한 것인지, 훔쳐서 찍은 것인지의 문제는 전혀 관계가 없는 일이니 그대로 조회를 접수해 두겠습니다. 그리고 추후 훈령에 따라 평화의 담판으로 다시 저들을 힐책하든지, 또는 개전의 방향으로 전환하든지 간에 이 조회를 기초로 해서 단서를 여는 데 무방할 만큼의 여지를 남겨놓겠습니다.20

이때 이노우에 특파대사는 이미 인천에 도착해 있었다. 그는 다케조에 공사에게 통리아문과의 직접 교섭을 중단하라는 명령을 전했다.21

---

6) 원문에는 메이지 17년 2월 30일로 되어 있는데, 12월 30일의 오기이다.

[원주]

1 井上全權大使復命書; 『善隣始末』卷九; 『世外井上公傳』卷三 505쪽.

2 『伯爵伊東巳代治』(昭和十三年) 卷上 87~89쪽.

3 『善隣始末』卷九; 『世外井上公傳』卷三 505쪽.

4 『善隣始末』卷九.

5 井上外務卿朝鮮事變査辦始末書; 『世外井上公傳』卷三 506~507쪽.

6 『善隣始末』卷九; 『世外井上公傳』卷三 507~508쪽.

7 井上全權大使復命書; 明治十七年十二月二十六日原天津駐在領事發吉田外務卿臨時代理宛報告; 『善隣
  始末』卷十·卷一一; 『淸光緖朝中日交涉史料』卷六 (二八〇)附件四 慶親王等與日使榎本武揚問答節略,
  (二九一)附件一 閣敬銘等與榎本公使問答節略, (三〇四) 附件一 慶親王與榎本公使問答節略.

8 原領事報告.

9 『淸光緖朝中日交涉史料』卷六 二五七 北洋通商大臣李鴻章等奏遵旨會商査辦朝鮮事宜摺.

10 井上全權大使復命書; 『善隣始末』卷一〇.

11 明治十七年十二月二十六日伊藤參議三條太政大臣電報.

12 明治十八年一月二日井上大使發吉田外務卿臨時代理宛報告.

13 明治十七年十二月三十一日竹添公使發井上大使宛報告.

14 明治十七年十二月二十九日竹添公使督辦趙秉鎬協辦穆麟德對話筆記.

15 『日案』卷三 明治十七年十二月三十日到趙督辦照會.

16 竹添公使朝鮮國京城事變始末書; 『福澤諭吉傳』卷三 328쪽.

17 『日案』卷五 李太王乙酉年十一月十九日督辦金允植 照會附白春培供招.

18 明治二十七年四月七日朴泳孝豫審調書.

19 『日案』卷三; 『善隣始末』卷九.

20 明治十七年十二月三十一日 竹添公使發井上大使宛報告.

21 『善隣始末』卷一〇.

한성조약의 체결, 김옥균 등의 인도 요구

이노우에 특파전권대사는 메이지 17년 12월 30일에 인천에 도착했다. 그리고 곧장 상륙해서 영사관에 들어간 후, 경성에 있는 다케조에 공사에게 명하여 자신의 도착을 통리아문에 통고하게 했다. 이튿날인 메이지 18년 1월 1일에는 수행원 고토 외무권대 서기관을 먼저 출발시켜서 경성에서의 여관 준비, 호위병의 배치 등에 관해 통리아문과 협의하게 했다. 1월 3일, 대사는 수행원 및 다카지마 육군중장, 가바야마 해군대보 등을 거느리고 호위병 1개 대대를 인솔해서 인천을 출발했다. 그리고 당일 경성에 도착해서 여관으로 지정된 경기감영에 들어갔다. 조선 정부는 12월 30일에 한성부좌윤 엄세영을 반접관에 차하해서 협판교섭통상사무 묄렌도르프와 함께 인천으로 내려가 대사를 위문 하게 하고, 또 내관을 보내서 내지(內旨)를 전하게 했다. 1월 3일에 대사 일행이 입경할 때는 경기관찰사 심상훈에게 명해서 양화진으로 나가 영접하게 했다.[1]

이노우에 대사가 도쿄에서 출발할 때 가장 고심한 것은 다케조에 공사가 일본을 대표 하는 사신임에도 불구하고 해당 국가의 반란에 가담했다는 비난이었다. 따라서 대사는 이번 변란의 진상을 확인하기 위해 부심했다. 그는 시모노세키에서 미리 구리노 외무서 기관의 복명을 청취하고, 인천 도착과 동시에 영사관에 잔류하고 있던 시마무라 외무서 기관을 불러서 다케조에 공사가 직접 기록한 「조선경성사변시말서(朝鮮京城事變始末書)」 에 기초하여 하나하나 설명을 구했다. 그리고 이튿날인 31일에는 이노우에 참사원 의관 을 경성에서 소환해서 그의 의견을 듣고, 마지막으로 1월 3일에 입경하자마자 그날 밤 에 다케조에 공사를 불러서 동이 틀 때까지 당시 사정을 소상히 진술하게 했다. 이와 같 이 변란의 관계자들로부터 일체의 사정을 청취한 후, 공사는 다음 네 가지 이유에 근거 해서 다케조에 공사가 반도(叛徒)의 수괴와 공모한 사실이 없고, 그가 조선국왕의 요청 에 따라 입궐한 것은 국제법의 원칙에 반하는 행동이 아니라는 확신을 얻었다고 한다.

첫째, 김옥균 등은 도쿄의 학사서생(學士書生)과 친밀한 교제가 있어서 서로 밀우(密友)라고 부르는 모양이지만, 오히려 다케조에와는 메이지 15년 이래 서로 경모(輕侮)[1]해서 그 교정(交情)은 매우 냉담했다. 이번 사변의 한 달 전 무렵, 김옥균 등이 다케조에에게 와서 조선 정사(政事)에 관한 의견을 말하기에 다케조에가 정색하며 질책한 일이 있었다. 그 후로는 김옥균 등이 다케조에에게 친밀한 정화(情話)를 하기를 꺼렸고, 오히려 다케조에로 하여금 조선 내부의 사정에 우원(迂遠)하게 만들었다.

둘째, 다케조에는 사실상 조선 사정에 우원했으며, 그가 군대를 이끌고 입위(入衛)해서 왕명에 따라 궁궐 문을 지켰던 탓에, 김옥균 등이 실제로 그 세력을 업었다는 것은 아마도 이를 가리키는 말일 것이다. 그러나 다케조에에게 이것은 우연한 사정으로서, 실로 예기치 못한 바였다. 그러므로 다케조에는 난당(亂黨)을 도운 책임을 질 필요가 없다. 당시 각국 공사들도 마찬가지로 국왕에게서 입궐의 명을 받았지만, 다케조에는 호위병을 거느리고 있었으므로 특별히 입위할 수 있었다. 그 호위병의 원조로 다케조에가 가장 신속하게 부름에 응해서 입위할 수 있었던 것은 다행이지만, 한편으로 다케조에의 입위로 인해 난당에 가세했다는 혐의가 생긴 것은 불행한 일이다.

미국 공사관 관리 버나드 씨는 4일 밤에 입근(入覲)하고, 미국 공사와 영국 영사는 다음 날 오전에 소명(召命)에 응해서 입근했다. 미국 공사가 경우궁에서 국왕을 알현했을 때, 국왕은 유수(幽囚)된 상태가 아니었고, 공사를 접대하는 간의(懇意)는 평소의 배였다고 한다. 이것은 미국 공사가 직접 내게 한 말이다.

셋째, 다케조에가 3일간 왕궁을 떠나지 않은 것도 왕명에 순종했기 때문이다. 다케조에는 입위한 다음 날, 즉 5일에 왕에게 아뢰고 물러가려고 했지만, 국왕이 거듭 부탁해서 떠나려는 다케조에를 다시 머물게 했다. 그 후 국왕이 다케조에를 인견해서 직접 왕대비의 질병을 말하고, 왕궁에 환행(還幸)할 때의 호위를 간곡히 부탁했으므로 다케조에는 다시 호위해서 환궁했다. 마침내^{6일 아침} 다케조에가 배사(拜辭)를 청할 때, 국왕은 세 궁(宮)이 각각 환궁하는 것을 기다렸다가 군비(軍備)를 해제하라는 명을 전했다. 당시 다케조에는 계속해서 왕명을 공손히 사절하면서도 차마 떠나지 못했다. 그 후 다케조에가 물러나서 인천에 있을 때, 국왕은 계속 미국·영국·독일의 교제관(交際官)에게 부탁해서 그에게 간절한 호의가 있음을 전하게 했다.

넷째, 김옥균 등이 변장하고 인천에 와서, 마침내 지도세마루(千歲丸)에 편승해서 우리나라로 도망쳐 숨은 것은 사실상 그들과 평소에 친교가 있던 일본인들이 비호한 것이며, 많은 사람들이 혼잡하게 몰려드는 가운데 섞여 있었기 때문에 다케조에는 동란 와중에

---

1) 경모(輕侮): 남을 업신여겨 모욕함

미처 조사할 겨를이 없었다. 그들은 다케조에의 힘을 빌리지 않고도, 다른 사우(私友)의 힘에 기대어 충분히 몸을 숨길 방법을 찾을 수 있었다. 다케조에가 지도세마루에 태워서 귀국시킨 소속 관원 기노시타 마사히로가 외무성에서 김옥균 등의 일에 관해 심문 받을 때도, 그는 망연(茫然)히 그들의 존부(存否)와 행방을 알지 못했다. 그때 동석해 있던 그와 함께 귀국한 서생들이 소리 내어 다케조에와 기노시타가 사정에 우원함을 냉소했다.[2]

이노우에 외무경의 주장을 요약하면, 다케조에 공사는 조선의 정치 사정에 어두웠기 때문에 독립당 및 그들과 공모한 일부 일본인들, 공사 자신의 하속 관료들에게 이용당했고, 게다가 일국의 대표자로서 행동이 신중하지 못해서 난당과 통모했다는 혐의를 입고 말았지만, 실제 공사로서 월권행위가 있었다고 볼 수는 없다는 것이었다. 이 이론은 주로 내정(內政)상의 이유에서 고안된 것으로, 이것이 진실과 멀다는 것은 특별한 설명이 필요치 않다. 실제로 외무경 자신이 "그 사정을 모르는 상태에서 겉으로 드러난 모습만 논한다면, 다케조에가 난당의 기망(欺罔)을 당했다고 하거나 다케조에가 난당과 공모했다고 하더라도 일부러 악의(惡意)로 날조하는 것은 아닐 것"이라고 자백하지 않을 수 없는 자가당착에 빠져 있었다.[3]

다케조에 공사의 책임론에는 이처럼 미묘한 곡절이 있었기 때문에, 이노우에 대사가 청과 조선 양국 대표자와 이 문제를 토의할 경우 한갓 지엽적인 문제만을 파생시켜서 수습이 불가능한 궁지에 빠질 위험이 있었다. 대사로서는 어디까지나 책임론을 피해야만 했다. 대사는 인천에 도착한 후 이노우에 참사원 의관 등에게 의견을 구한 결과, 책임론에 논리를 제공할 수 있는 다케조에 공사와 통리아문 간 왕복 문서에 기초해서 토론하는 것은 일체 거절하고, 오직 향후의 선후 처리에 한해 상의한다는 방침으로 대한회담(對韓會談)에 임하기로 결정했다.

이노우에 대사의 방침이 결정된 이상, 그것을 견지해서 조선의 전권위원이 변란 책임론을 제시할 때는 그것을 즉시 억눌러야 했다. 1월 4일에 독판교섭통상사무 조병호와 협판교섭통상사무 묄렌도르프가 이노우에 대사를 공식 방문한 자리에서 그들은 회담이 시작되자마자 대사에게 통리아문과 다케조에 공사 간의 왕복 문서를 열람했는지 질문했다. 그것은 책임론으로 들어가는 전초전을 의미했기 때문에 대사는 즉시 그 말을 억눌러서, "물론 상세히 읽었습니다. 그런데 본 대사의 견지에서는 지금까지 왕복한 공문의 뜻을 계속해서 담판할 일이 아닙니다. 대체로 지금까지의 공문들을 보면 전부 귀 정부는 자기 의혹에 따라 자기 마음대로 생각한 것을 통고한 것으로, 결코 정부 간에 왕복할 수 있는 공문이 아닙니다. 만약 귀 정부가 그 공문들에 의거해서 담판하려는 생각이라면 저의 사사(使事)는 그것으로 끝날 것이니, 따로 한마디 할 것도 없습니다."라고 하여 변란 책임론에 대한 자신의 태도를 암시했다. 그리고 "귀국에서는 별일 아니라고 해도, 우리나라에서 그것이 별일 아님을 인정하지 않는다면 양국 사이에는 중요한 일이 있는 것입니다. 그러므로 귀 정부에서 저의 청구에 응하지 않을 경우 앞으로 어떤 결국(結局)을 보게 될지는 미리 기약하기 어렵습니다. 그렇다면 화호(和好)의 성립 여부는 귀 정부가 저의 요구에 응하는가 응하지 않는가에 달려 있는 것입니다."라고 부언해서 일본 정부의 결심을 전하고, 대사의 정치적 권력이 일본 정부의 대한정책을 결정하는 가장 큰 요인임을 암시했다.[4]

조병호와 묄렌도르프가 떠난 뒤 미국 특명전권공사 루셔스 푸트가 여관을 방문했다. 대사는 그와 격의 없이 의견을 교환했다. 푸트 공사는 대체로 이노우에 대사와 같은 의견이었지만, 다케조에 공사의 행동이 외국 주재 사신으로서 조금 신중하지 못했다는 사실을 지적했다. 영국 총영사 윌리엄 조지 애스턴, 독일 총영사대리 부들러(Budler)도 같은 견해를 갖고 있었다고 한다. 이러한 사정으로 판단해서 이노우에 대사는 다케조에 공사의 소환이 부득이하다는 사실을 깨달았다.[5]

이노우에 대사는 본국의 직무가 분주한 것을 이유로 국왕 알현과 교섭 개시 날짜를 하루라도 빨리 잡기를 희망했다. 통리아문에서도 이를 받아들여서 메이지 18년 1월 6일에 국왕을 알현하고, 다음 날인 7일에 회담을 시작하기로 했다. 그런데 회담 전날인 1월 6일에 반접관 엄세영, 독판 조병호, 협판 묄렌도르프가 사이토 권대서기관을 방문해서 대사와의 회견을 요청하고, 대사가 알현할 때 다케조에 공사를 동반하지 않을 것, 그리고 반도(叛徒)의 공모자라는 이유로 외무삼등속 아사야마 겐조를 통역으로 쓰지 않을 것을 간청했으나 대사는 모두 거절했다.[6]

메이지 18년 1월 6일 오후 1시, 이노우에 대사는 다케조에 공사 및 수행원, 그리고 다카지마 육군중장, 가바야마 해군대보 등을 거느리고 호위병을 인솔해서 창덕궁 돈화문(敦化門)으로 참입(參入)했다. 인정문(仁政門)에서 가마에서 내려서 숙장문(肅章門)에서 의장병을 기다리게 한 후, 독판교섭통상사무 조병호의 인도로 낙선재(樂善齋)로 들어가서 국왕을 대면하여 삼국궁례(三鞠躬禮)를 행하고 국서를 봉정했다. 국서는 다음과 같다.

천우(天佑)를 보유해서 만세일계(萬世一系)의 제조(帝祚)에 오른 대일본국 대황제가 짐의 양우(良友)인 대조선국 대왕에게 공경히 고하노라. 이번에 귀국 경성에서 불행한 사건이 있었다. 짐이 깊이 양국의 목의(睦誼)를 보전하고자 이에 짐이 가장 신임하고 귀중하게 여기는 참의 겸 외무경 백작 이노우에 가오루를 특파전권대사에 임명하고 편의행사(便宜行事)의 전권을 위임해서 귀국에 파견하게 했다. 이노우에는 충실명민(忠實明敏)하니 능히 이 임무를 감당하리라는 것은 짐이 확신하는 바다. 그러므로 이 사신이 대왕에게 품백(稟白)하는 것은 짐의 말과 다를 바 없으니, 부디 대왕은 그의 말을 잘 신인(信認)하고, 그를 총영(寵榮)으로 대우하길 바란다. 대왕의 다복을 기원하노라.

진무(神武)천황 즉위 기원 2544년, 메이지 17년 12월 21일 도쿄 궁성에서 친히 어명을 기록하고 국새를 검인함.

어휘(御諱)

봉칙(奉勅) 태정대신 공작 산조 사네토미

국왕은 친히 국서를 받은 후 승지에게 명해서 한역문을 낭독하게 했다. 다음으로 대사는 전권위임장 한역문 초본을 봉정했다.

천우(天佑)를 보유하여 만세일계(萬世一系)의 제조(帝祚)에 오른 대일본국 황제가 이 글을 보는 자에게 선시(宣示)하노라. 짐의 명을 받들어 조선국 경성에 주류하는 변리공사를 올해 12월 초순에 경성에서 습격하고, 방화해서 사서(使署)와 그 병영을 소실(燒失)시키고, 또 그 땅에 있는 짐의 국민 수십 명을 살해했다. 이 사건은 우리나라에 대해서 화호(和好)를 무너뜨린 것이니, 짐은 조선국에 묻고자 하는 바가 있다. 이에 짐이 가장 신임하는 참의 겸 외무경 백작 이노우에 가오루를 특파전권대사에 임명하고 조선국에 파견해서, 조선국 대왕전하를 알현하거나 또는 그가 위임한 전권대신을 만나서 이 사건에 기록할 일체의 사의(事宜)를 변리하게 하는 것이다. 또 조약을 약정하거나 또는 약서(約書)를 체성(締成)한 후, 그 결의한 서면에 조인하는 등의 편의행사(便宜行事)의 전권을 위임한다. 그러므로 이번의 일은 짐이 친히 그곳에 임하여 처리하는 것과 다를 바 없음을 보증한다.

진무(神武)천황 기원 2544년, 메이지 17년 12월 21일에 도쿄 궁성에서 친히 어명을 기록하고 국새를 검인함.

어휘(御諱)

봉칙(奉勅) 태정대신 공작 산조 사네토미

대사는 다음과 같이 그의 사명(使命)을 개진하고 아사야마 외무삼등속에게 통역을 명했다. "우리 대황제께서 대조선국 경성에서 발생한 사변을 심히 애석하게 여기셔서 간절히 진념(軫念)[2]하셨습니다. 이에 즉시 우호로 돌아가고 아울러 장래의 사단을 방지하고자 신을 간택해서 특파전권대사로 삼으시고, 편의행사(便宜行事)의 전권을 위임하신 것입니다. 삼가 대황제의 친서와 사신이 봉대(奉帶)한 전권위임장 초본을 봉정합니다. 대황제께서는 사신이 대황제를 대신해서 대군주께 고하는 것은 사리가 타당하여 대군주께서 인정하실 것을 깊이 믿고 계십니다. 아울러 사신으로 하여금 대군주께서 수강만복(壽康萬福)하셔서 장구하게 보조(寶祚)를 누리시고, 대군주의 신민이 영원히 그 경복(慶福)에 힘입기를 축원하는 지극한 뜻을 표명하게 하셨습니다. 삼가 아룁니다."[7]

이어서 다카지마 육군중장 이하 수행원들의 소개가 끝나자 국왕은 각자 자리로 나아갈 것을 명했다. 대사는 특별히 중요한 기무(機務)를 은밀히 아뢰고자 하니 좌우를 물리쳐달라고 주청(奏請)했다. 국왕은 영의정 심순택, 좌의정 김홍집, 우의정 김병시, 독판교섭통상사무 조병호와 역관만 남기고 시신(侍臣)[3]들을 물러가게 했다. 대사는 다카지마 육군중장, 가바야마 해군대보, 다케조에 변리공사, 아사야마 삼등속을 남기고 수행원들을 내보낸 후 변란의 처리에 관해 격의 없이 의견을 개진했다. 대사는 먼저 자신이 국무대신으로서 추기(樞機)에 참여하고 있음에도 불구하고 특별히 일본황제의 칙명을 받들어 내한한 이유를 설명한 후, "이번 담판을 개시하면서 대군주께서 직접 본 사신에게 응답하실 것인지, 아니면 대신에게 전권을 위임해서 대군주의 목전에서 회담을 맡기실 것인지 이상 양자 간의 결정을 성의(聖意)에 맡기고자 합니다."라고 아뢰었다. 국왕은 대신에게 전권을 위임했으니 그와 상의하길 바란다고 답했다. 대사는 강화도조약과 제물포조약 체결 당시의 경험에 따라 시일을 허비하는 일이 없게 해줄 것을 청하고, 만약을 위해 다케조에 공사와 통리아문 사이의 왕복 문서에 관해 다시 확인해 두었다. "이제 한마디 아뢰어 두고 싶은 것은, 이번 사건에 관해 귀 정부와 우리 공사 사이에 왕복한 공문들을 상세히 읽어보았는데, 만약 이 공문의 주의(主意)에 기초해서 담판하라는 뜻으로 위임하셨다면 본 사신은 그에 응하기 어렵습니다. 이 때문에 그러한 위임을 하시기 전에 먼저 그 대지(大旨)를 아뢰는 것입니다." 하지만 국왕이 과연 대사가 아뢴 말의 참된 의미를 이해했는지는 자못 의심스러웠다.[8]

---

2) 진념(軫念): 일반적으로 존귀한 사람이 아랫사람을 걱정해서 근심한다는 뜻으로 쓰임
3) 시신(侍臣): 임금의 곁에서 모시는 신하

국왕은 이노우에 대사의 요청에 따라 메이지 18년 1월 6일에 좌의정 김홍집을 전권대신에 차하하고, 이튿날인 7일부터 회담하기로 결정했다.[9]

1월 7일, 이노우에 대사는 수행원 이노우에 참사원 의관, 사이토 외무권대서기관, 그리고 외무일등속 마츠노부 겐(松延珸), 외무어용괘(통역) 다케다 구니타로를 거느리고 의정부로 가서 전권대신 김홍집, 독판교섭통상사무 조병호, 협판교섭통상사무 묄렌도르프와 회견했다. 이 회담에서 다케조에 변리공사와 아사야마 외무삼등속의 참석이 허락되지 않은 것은 주목할 만하다. 회담에 들어가기에 앞서 관례에 따라 서로 전권위임장을 제시했다. 이노우에 대사의 위임장 초본은 전날 국왕에게 봉정했기 때문에 문제가 되지 않았지만, 김홍집의 전권위임장은 적지 않은 의론을 야기했다.

> 대조선국 대군주가 칙유함.
>
> 본국은 이번 달 17일에 경성에서 불행히 역당(逆黨)의 난이 일어나서, 일본 공사가 그 모략을 잘못 듣고 그 진퇴에 근거를 잃게 했다. 공사관이 불타고 사람들이 죽임을 당했으나 일이 창졸간에 일어났으니 모두 미리 헤아릴 수 있는 바가 아니었다. 이제 대일본국 대황제가 방교(邦交)를 돌아봐서 전권대사 백작 이노우에 가오루를 간택해서 이곳에 파견하여 상판(商辦)하게 했다. 이에 짐이 중히 신뢰하고 의비(倚毘)하는 의정부 좌의정 김홍집을 특파전권대신에 임명해서 일본국 전권대사와 회동하여 일체의 사의(事宜)를 판리(辦理)하게 했으니, 이는 곧 편의행사(便宜行事)의 전권을 위임한 것이다. 그러므로 이 일에 관해서는 짐이 친림(親臨)하여 면상(面商)하는 것과 다를 바 없는 것이다. 이것으로 빙거(憑據)를 삼노라.
>
> 개국 493년 짐이 즉위한 21년 11월 22일에 한성 창덕궁에서 친히 국보를 압검(押鈐)함.
>
> 대군주[어압(御押) 국보(國寶)]
봉칙(奉勅) 의정부 영의정 심순택[10]

이노우에 대사는 김홍집의 전권위임장을 살펴보고, "경성에서 불행히 역당(逆黨)의 난이 일어나서 일본 공사가 그 모략을 잘못 듣고 그 진퇴에 근거를 잃게 했다. 공사관이 불타고 사람들이 죽임을 당했으나 일이 창졸간에 일어났으니 모두 미리 헤아릴 수 있는 바가 아니었다[京城不幸有逆黨之亂 以致日本公使誤聽其謀 進退失據 館焚民戕 事起倉卒 均非逆料]."라는 35자를 부당하다고 보고 삭제 또는 수정을 요구했다. 김홍집은 "이 문자는 귀 정부에 대해 크게 마음을 쓴 것입니다. 왜냐하면 이 '모략을 잘못 듣고[誤聽其謀]'라는 네 글자는 다케조에 공사가 역당에게 미혹됐다는 뜻이며, '그 진퇴에 거점을 잃었다[進

退失據'는 것은 다케조에 공사가 경성을 떠나서 인천에 간 것을 말하는 것이기 때문입니다."라고 설명했다. 대사는 "'잘못 들었다(誤聽)' 운운하는 글자를 남겨둔다면 과연 그 사실 여하를 취조하지 않을 수 없습니다. 이것은 곧 귀 정부의 상상에 근거한 것이니, 그 상상설(想像說)을 갖고 주장한다면 우리 또한 상상설을 내야 할 것입니다. 이처럼 서로 논한다면 일은 처리되지 않고 결국엔 완력에 맡기는 한 가지 방법만이 있을 뿐입니다. 우리 정부는 일이 그러한 지경에 이르는 것을 바라지 않기 때문에 졸자(拙者)를 파출(派出)한 것입니다."라고 반박했지만, 김홍집은 우선 사변의 경과에 관해 충분히 검토한 다음에 선후책을 상의하는 것이 순서라고 주장했다. 이노우에 대사는 '사변의 경과를 검토한다면, 일한 양국의 전권들이 각각 논점을 달리하기 때문에 논의는 끝나지 않고 결국에는 청국에까지 파급되고 말 것이다. 따라서 우선 이를 단념하고 선후책의 근본 방침을 협정해야 한다.'는 뜻으로 거듭 설명했지만, 김홍집은 여전히 앞의 말을 반복할 뿐이었다. 대사가 마지막으로 김홍집에게 재고를 요구하는 것으로 이날의 회담은 중단됐고, 다음 날인 1월 8일에 회담을 재개하기로 약속했다.[11]

제1차 회담에서 일한 양국 전권은 조선 측 전권위원위임장의 수정 문제를 두고 정면 충돌했다. 당일 토론의 경과로 판단해보면, 이노우에 대사가 두세 차례 주의를 주었음에도 불구하고 김홍집 전권이 변란책임론을 먼저 제기한 것은 의심의 여지가 없다. 이렇게 돼서는 책임론을 피한다는 이노우에 대사의 방침 또한 좌절될 것을 우려하지 않을 수 없었다. 그런 사태를 크게 염려한 대사는 동행한 전 박문국주사 이노우에 가쿠고로를 불러서, "조선과 강화조약을 맺는 데 굳이 많은 배상금을 바라지도 않고, 또 문사(文辭)를 낮출 것을 원하지도 않는다. 오직 이번 변란의 곡절이 일본에 있다고 하지만 않으면 된다."고 하고, 김홍집과 김윤식 등에게 그러한 의향을 전하게 했다. 이때 대사는 아마도 다케조에 공사, 시마무라 서기관, 아사야마 외무삼등속 등을 소환할 뜻이 있음을 비쳤을 것이다.

이노우에 가쿠고로는 대사의 내명(內命)을 갖고 그날 밤 김홍집과 김윤식에게 회견을 요청해서 대사의 의향을 전했다.[12]

김홍집을 비롯한 조선 정부 수뇌부의 입장에서도, 일본의 원로 정치가 중 1명인 이노우에 외무경이 직접 내한한 이상, 그의 제의는 일본 정부의 최종 결심을 나타내는 것이며 만약 그것에 동의하지 않을 경우 중대한 결과가 초래되리라는 것을 이해하고 있었다. 더욱이 오대징과 속창 두 사신의 말을 통해, 청 조정은 이번 변란을 계기로 일한 양국이 정면충돌해서 청국에 누를 끼치는 사태를 가장 꺼리고 있다는 것을 잘 알고 있었을 것이다. 다만 문제는 김홍집, 김윤식, 조병호를 비롯한 조선 조정의 정치적 입장에 있었다. 만약 김홍집이 이노우에 대사의 뜻을 수용해서 그 요구에 무조건적으로 동의한다면, 강린(强隣)의 탄압에 굴복해서 국권을 상실한 죄인이 되어 묘당에서는 대간(臺諫), 지방에서는 산림의 준열(峻烈)한 탄핵 상주를 받을 것이고, 결국에는 정치적 생명이 끝나는 것은 물론, 국왕과 척족에게까지 누를 끼칠 위험이 있었다. 따라서 국내 정책으로 볼 때 쉽게 양보할 수는 없었다. 하지만 만약 다케조에 공사와 시마무라 서기관 등이 소환된다면 국왕 이하의 체면을 세울 수 있었고, 그 이후로는 일본의 요구에 동의를 표하더라도 조금도 정치적 위기를 빚을 우려가 없었다. 1월 7일 밤에 조선 조정의 방침이 일변한 이유는 아마도 여기에 있었을 것이다.

제2차 회담은 메이지 18년 1월 8일 오전 9시에 의정부에서 열렸다. 김홍집 전권은 먼저 수정된 전권위임장을 제시했는데, 전날 문제가 됐던 35자를 수정해서 "불행히 역당의 난이 발생해서 일본 공사관이 불타고 사람들이 죽임을 당하는 결과를 초래했으나, 일이 창졸간에 일어났으니 모두 미리 헤아릴 수 있는 바가 아니었다[不幸有逆黨之亂 以致日本公使館焚民戕 事起倉卒 均非逆料]."라는 25자로 고쳤다. 이노우에 대사는 안 될 것이 없다고 인정하고, 변란책임론을 언급하지 않은 채 바로 선후조약안(善後條約案)을 제시하고 조목별 심의를 요구했다. 그 내용은 다음 5개 조항으로 구성돼 있었다.

제1조 조선국은 일본에 국서를 보내서 사의(謝意)를 표시할 것.
제2조 이번에 피해를 입은 일본 병사 및 국민의 유족과 부상자들을 진급(賑給)[4]하고, 아울러 그 화물이 훼손되거나 약탈당한 상민들에게 전보(塡補)하되 조선국에서 11만 엔(圓)을 지급할 것.
제3조 이소바야시 대위를 살해하고 공관에 방화 등을 한 흉도를 사문(査問)하고 체포해서 형법에 따라 중하게 처리할 것.
제4조 일본 공관의 재건축 비용이 4만 엔(圓)이니, 조선국에서 그 금액에 따라 보상할 것.
제5조 일본 공관 호위병의 영사(營舍)는 1,000명을 수용할 수 있게 하되, 조선국에서 그 건설과 수리를 담당할 것.

---

4) 진급(賑給): 구제를 베풂

또한 부대조건으로 다음 3개 항목을 제출했다.

하나, 약관(約款)의 제2조, 제4조의 금원(金圓)은 일본 은화로 계산해서 3개월 내로 인천에
　　서 지불을 완료함.
하나, 제3조의 흉도 처판(處辦)은 조약이 성립된 날부터 10일을 기한으로 함.
하나, 제5조의 병영 둔사(屯舍)는 공관 근처에 있어야 하지만, 공관이 재건축되기 전에는 경
　　성 내외를 막론하고 일본 관리가 편의한 땅을 선택해서 주둔함. 그 관사는 조선 관리
　　가 조료(照料)[5]함.

김홍집은 제2조의 배상금 문제를 논하여, 조선 정부의 재정난은 이노우에 대사가 잘
알고 있을 것이며, 작년에 임오 배상금 4만 엔을 돌려받았을 정도이니 이번에는 배상금
을 일체 제기하지 않기를 기대한다고 했다. 이에 대해 대사는 이번 배상금은 임오 배상
금과는 성질이 다른 것으로 11만 엔 가운데 6만 엔은 피해자 29명에 대한 구휼금이고,
5만 엔은 거류민의 재산 피해에 대한 배상금이라고 설명했다. 결국 김홍집도 금액에는
이의를 제기하지 않고, 다만 '배상(賠償)'을 '전보(塡補)'로, '병민(兵民)'을 '인민(人民)'이
라는 글자로 수정할 것만 희망했다. 대사도 이에 동의해서 제2조가 확정됐다.

다음으로 제3조에 들어가서, 김홍집은 이소바야시 보병대위의 조난에 심심한 유감의
뜻을 표하고 일본 정부의 요구가 없더라도 자발적으로 범인을 체포해서 처형할 의무가
있다고 말했지만, 공사관의 방화에 대해서는 조선인의 소행이라는 확증이 없다는 이유
로 응하지 않았다. 이노우에 대사도 조선인이 방화한 확증이 있을 리 없었으므로 조문
에서 '및 공관에 방화하는 등[及放火公館等]'의 6자를 삭제하는 데 동의했다.

제4조에 관해 김홍집은 방화 운운한 것은 논하지 않고, 다만 공사관의 소실(燒失)은
유감이며 건축비의 지급에는 이의가 없지만, 재정이 곤란하기 때문에 요구액의 반인 2
만 엔만 지불하겠다고 했다. 대사는 소실된 교동(校洞) 공사관의 신축에 5만 엔이 필요
한 것을 감안하면 지금 4만 엔을 요구하는 것은 부당하지 않지만, 조선의 현재 재정 상
태를 고려해서 2만 엔으로 감축하되 그 대가로 적당한 토지와 가옥을 제공받기를 원한
다고 했다. 김홍집도 이 제안에 동의했다.

제5조에 관해 김홍집은 원칙적으로 이견이 없지만, 제물포조약 제5관의 전례에 따라

---

5)　조료(照料): 관리. 보살핌

병력 수는 명시하지 않는 편이 좋겠다고 주장했고, 대사도 동의했다. 김홍집은 더 나아가 주둔병의 수를 1개 대대로 제한하려고 했지만 대사는 그것에는 동의하지 않았다.

또 이노우에 대사는 제1조에 따른 국서안(國書案)을 김홍집 전권에게 전달했는데, 김홍집은 그것을 참고만 할 뿐, 국서는 조선 정부에서 별도로 기안하겠다고 주장했다. 이노우에 대사가 사전에 그 초안을 보여줄 것을 요구했는데 김홍집이 불응했다. 그래서 대사가 사이토 외무권대서기관에게 명해서 묄렌도르프를 통해 국서 초안의 열람이 국제법적으로 부당한 일이 아님을 설명하게 하자, 김홍집도 승낙했다.

선후조약안(善後條約案)의 조목별 심의를 마친 후, 김홍집은 일본에 망명 중인 박영효, 김옥균 이하 범죄자들의 인도를 요구했다. 대사는 사이토 외무권대서기관에게 명해서 묄렌도르프를 통해 박영효와 김옥균 등은 정치범이기 때문에 국제법적으로 인도할 수 없는 이유를 설명했지만, 김홍집은 그 설명에 만족하지 않고 "졸자(拙者)는 만국공법에 익숙하지 않지만, 우리나라가 귀국과의 사이에 돈호(敦好)한 정이 있는 까닭에 공법에 구애되지 않고 희망하는 바가 있는지도 모르겠습니다. 이 6명은 흉도(凶徒)의 거괴(巨魁)로서 포박하지 않으신다면 인민에 대해 크게 곤란하니, 앞으로 따로 조회를 보낼지도 모르겠습니다. 모쪼록 특별히 고려해주시길 바랍니다."라고 했다.[13]

갑신변란의 선후협약(善後協約)은 1월 8일 회담에서 거의 결정됐다. 이노우에와 김홍집 두 전권 모두 매우 협조적인 자세로 심의를 진행했는데, 뜻밖에 청국 관헌의 간섭으로 인해 일대 파란이 일어났다.

이보다 앞서 청의 회판북양사의(會辦北洋事宜) 오대징, 관리봉천해방사의(管理奉天海防事宜) 속창은 메이지 17년 12월 29일에 해로(海路)로 아산만에 도착했다. 그리고 이듬해인 메이지 18년 1월 1일에 수행원 40여 명과 호위병 250명을 이끌고 입경해서, 남별궁(南別宮)에 주둔하면서 변란의 사판(査辦)보다는 오히려 일한교섭을 계속 감시하고 있었다. 이노우에 대사가 입경하자 오대징과 속창 두 사신은 1월 4일에 명함을 보내고 회견을 희망했지만, 대사는 아직 국왕을 알현하기 전이라는 이유로 사절했다.[14]

오대징은 이른바 청류당(淸流黨)의 영수로서 베이징과 톈진의 관계(官界)에서는 소장유위(少壯有爲)로 알려진 인물 가운데 제1인자로 꼽히고 있었다. 그러한 그가 종주국의 흠차 자격으로 속방(屬邦)에 와서 변란의 사판(査辦)을 담당하기도 전에, 이노우에 대사가 조선의 재상과 회동해서 선후조약을 협정하는 것을 방관하기란 참을 수 없는 일이었을 것이다. 오대징은 1월 8일에 의정부에서 이노우에 대사와 김홍집 전권의 회담 도

중에 관계(官界)의 상견례(相見禮)와 국제적인 의례를 무시하고 의정부를 방문해서 대사에게 회견을 요구하고, 또 필담으로 자신은 변란 사판(査辦)의 명을 받고 내조(來朝)했으니 회담 내용을 듣겠다고 주장했다. 대사는 오대징이 전권을 갖고 있지 않을 뿐만 아니라, 오늘은 조선국 전권과 회담하는 자리이니만큼 갑자기 제3국의 사절과 회담할 수 있는 상황이 아니라고 하면서 그 요청을 거절했다. 오대징은 거듭 "귀 대사는 오래전부터 공정하다는 명성이 자자했습니다. 이번에 조선과 중요한 안건을 의판(議辦)하는 데 참으로 반드시 공정하게 의논하실 것이니, 본 대신은 대단히 기쁘고 다행스럽게 생각합니다. 그러나 본 대신이 조사하는 각각의 사안들은 조선에서 난당이 사변을 일으킨 이유에 관한 것이니, 본래 귀국에 관계되는 것이 없습니다. 대체로 양국이 교섭하고 의약(議約)할 때는 각각 전권대신을 파견하고 화압(畫押)[6]과 개인(蓋印)[7]을 하지만, 중국과 귀국은 화호(和好)한 지 오래됐으니 지금 그것을 따질 필요가 없습니다. 그러므로 전권(全權)의 문자가 없는 것입니다. 만약 귀 대사가 별도로 중국과 상판(商辦)할 일이 있으시다면, 부디 그 단예(端倪)[8]를 대략 보여주시기 바랍니다. 본 대신은 바로 입주(入奏)해서 교지(敎旨)를 청할 것입니다. 별도로 전권의 문자를 더하는 문제는 그때서야 비로소 상의할 수 있을 것입니다. 여기서 칙지(勅旨)를 기다림은 10월 8일의 일이 아닙니다. 이 때문에 본 대신이 귀 대사와 한번 회견하지 않을 수 없는 것입니다."라고 써서, 대사와 회견을 갖고 사변의 선후책을 강구할 것을 희망했다. 하지만 이노우에 대사는 이미 전권의 유무에 관계없이 오대징 등과의 회담을 거부하기로 결심하고 있었으므로, 조선의 일에 관해서는 조선 전권과 회담해야 하며 청국 사신이 그것에 간여하는 것을 원치 않는다고 언명했다. 오대징은 부득이 이노우에 대사와의 회견을 단념하고, 김홍집에게 각서 하나를 남겨둔 채 물러갔다.

　　본 대신이 이곳에 온 지 며칠이 되었는데, 난당(亂黨)을 사판(査辦)하는 한 가지 일이 가장 긴요하다고 생각합니다. 각하가 정부에 있으면서 난당의 조사·체포는 전혀 의논하지 않고, 중한 책임은 피하고 가벼운 부담만 지려고 해서, 만약 이노우에 대사와 경솔하게 입약하여 끝내 난당을 불문에 부친다면, 비단 본 대신이 각하를 힐책할 뿐만이 아니요, 아마도 조선 만민의 마음이 분만(憤懣)하고 불평해서 각하에게 크게 불리할 것입니다. 이는 끝난 일이 아닙니

---

6) 화압(畫押): 수결(手決)을 씀
7) 개인(蓋印): 관인(官印)을 찍음
8) 단예(端倪): 두서(頭緖). 본말

다. 끝났다고 생각한 일이 마침 또 다른 일을 만들까 우려되니 집사(執事)는 잘 생각하십시오.

이노우에 대사는 김홍집 전권에게 요청해서 오대징의 각서를 열람했다. 그는 청국 사신이 종주국을 대표해서 조선의 외교에 간섭하는 것으로 보고 김홍집을 두세 차례 힐문했지만, 김홍집은 극력 변명하면서 이번 회담은 자신이 조선국왕의 전권을 받들어 행하는 것으로 종주국의 대표자라고 할지라도 간섭을 허락하지 않겠다고 장담해서 겨우 일을 끝낼 수 있었다.[15]

메이지 18년 1월 9일, 이노우에 대사와 김홍집 전권은 세 번째로 의정부에서 회동해서 전날 심의, 협정한 조약안을 살펴보고, 차이가 없음을 확인한 후 기명조인(記名調印)했다.

이번 경성의 변은 관계되는 바가 작지 않아서 대일본국 대황제께서 그 신념(宸念)[9]에 심히 애통하게 여기셔서, 이에 특파전권대사 백작 이노우에 가오루를 간택하사 대조선국에 가서 편의판리(便宜辦理)하게 하시니, 대조선국 대군주의 신념(宸念)도 똑같이 돈호(敦好)를 원하셔서 김홍집에게 전권의처(全權議處)의 임무를 맡기고 징전비후(懲前毖後)[10]의 뜻으로 명을 내리셨다. 양국 대신이 화충(和衷)하게 상판(商辦)해서 다음과 같은 약관을 만들어 호의(好誼)를 완전하게 밝히고, 또 장래 사단이 싹트는 것을 방지했다. 이에 전권의 문빙(文憑)에 의거해서 다음과 같이 각자 서명하고 검인한다.

약관(約款)

제 1 관   조선국은 국서를 작성한 후 일본국에 보내서 사의(謝意)를 표명한다.

제 2 관   이번에 피해를 당한 일본국 인민의 유족과 부상자에게 휼급(恤給)하고, 그 화물이 훼손되거나 약탈당한 상민의 손해를 전보(塡補)하되 조선국에서 11만 엔(圓)을 모두 지급한다.

제 3 관   이소바야시 대위를 살해한 흉도를 사문(査問), 포라(捕拏)한 후 중히 처벌해서 형전(刑典)을 바르게 한다.

제 4 관   일본 공관은 새 터로 옮겨서 건축해야 하니, 응당 조선국에서 공관과 영사관을 수용

---

9) 신념(宸念): 황제 또는 왕의 생각
10) 징전비후(懲前毖後): 지난 일을 징계해서 후환을 삼간다는 뜻으로 『詩經』 周頌의 "내 지난 일을 징계하여 후환을 삼가리라[予其懲而毖後患]."는 구절에서 유래한 말이다.

할 만한 터전과 건물을 제공해야 하며, 그 수축(修築)과 증건(增建)이 완료되기까지 조선국에서 다시 2만 엔(圓)을 지불해서 공사비를 충당한다.

제5관   일본 호위병의 병영과 영사(營舍)는 공관 부근의 땅을 선택해서 임오속약(壬午續約) 제5관에 의거해서 시행한다.

대조선국 개국 493년 11월 24일

특파전권대신 좌의정   김홍집

대일본국 메이지 18년 1월 9일

특파전권대사 종삼위훈일등(從三位勳一等) 백작 이노우에 가오루

별단(別單)

하나, 약관 제2조와 제4조의 금원(金圓)은 일본 은화로 계산해서 3개월 내로 인천에서 지불을 완료한다.

하나, 제3조의 흉도의 처판(處辦)은 입약 후 20일을 기한으로 한다. ○연월일 및 전권의 기명(記名)은 생략함16

이 날 김홍집은 국서 초안도 제시했는데, 이노우에 대사도 이의 없이 승인했다. 또 메이지 17년 12월 6일부터 같은 해 12월 31일까지 다케조에 변리공사와 통리아문 간에 왕복한 조회 공문 25통은 상호 철회하기로 협정했다.[17]

이보다 앞서 메이지 18년 1월 8일에 이노우에 대사는 교섭 과정을 보고하기 위해 외무서기관 시마무라 히사시에게 귀조를 명하고, 수행원 외무권대서기관 고토 신스케에게 임시외무서기관 겸직 및 주한 공사관 근무를 명했다. 그리고 9일에는 다카지마 육군중장과 협의해서 호위보병 제14연대 가운데 1개 대대를 잔류시켜서 공사관 경비를 맡겼으며, 다케조에 변리공사는 일시 귀국시키고 곤도 외무서기관을 임시대리공사로 삼았다. 또한 사변 당시 다케조에 공사와 시마무라 서기관의 명에 따라 활약한 외무삼등속 아사야마 겐조와 사등속 오바 나가나리 등도 모두 대사의 수행원에 포함돼서 경성을 떠났으므로 공사관의 분위기가 일신됐다.[18]

메이지 18년 1월 10일 오후 1시, 이노우에 대사는 수행원들과 다카지마 육군중장, 가바야마 해군대보, 다케조에 공사를 동반해서 창덕궁 낙선재(樂善齋)에 참입(參入)하여 국왕에게 배별(拜別)했다.[19] 이날 밤 좌의정 김홍집은 전날의 성명에 따라 이노우에 대사에

게 조회를 보내서 김옥균, 박영효, 서광범, 서재필 등 난신(亂臣)의 인도를 요구했다.

대조선국 특파전권대신 좌의정 김(金)이 조회함.

이번 본국 변란의 원인은 난신 김옥균, 박영효, 홍영식, 서재필 등이 궁궐에서 난을 일으켜 대신을 살해한 죄에 있습니다. 온 나라 민인(民人)이 공분하고 있으니 의리상 그 죄를 성명해서 많은 사람들과 함께 주륙(誅戮)해야 합니다. 홍영식은 이미 죽었지만, 김옥균 등 역적과 그 도당(徒黨)을 아직 현륙(顯戮)하지 못했으니 후환이 작지 않습니다. 만약 그 범죄자 등이 도망쳐서 귀국 땅에 발을 붙이고 있다면, 부디 귀 대사는 각 지방에 두루 명령을 내려서 그 궁박하게 날아든 정황을 가련히 여기지 못하게 하십시오. 그리고 사문(查問)과 나포를 번갈아 행하여 공윤(公允)을 밝히고 우의를 돈독히 함으로써 우리 양국 사이의 요분(妖氛)을 크게 정결히 하고 화맹(禍萌)을 영원히 잘라 버리시기를 간절히 바랍니다. 이에 문서를 갖춰서 귀 대사에게 조회하니 부디 살펴보신 후 시행하시길 바랍니다.

대일본 특파전권대사 백작 이노우에에게 이상과 같이 조회함.

대조선국 개국 493년 11월 25일○메이지 18년 1월 10일

이에 대해 이노우에 대사는 1월 11일에 고토 임시대리공사를 경유해서 조복(照覆)했는데, 정치범이라는 이유로 김옥균 등의 체포 인도를 거절했다.

대일본 특파전권대사 백작 이노우에가 조복(照覆)함.

귀력(貴曆) 11월 25일에 보내온 조회에 "김옥균, 박영효, 홍영식, 서재필 등이 궁궐에서 난을 일으켰다."고 하고, "만약 그 범죄자 등이 도망쳐서 귀국 땅에 발을 붙이고 있다면, 부디 귀 대사는 각 지방에 두루 명령을 내려서 사문(查問)과 나포를 번갈아 행하라."는 말이 있었습니다. 귀 대신이 말씀하시는 일을 조사해보니 관계되는 바가 사소하지는 않으나, 우리에게 그 요구하는 이유를 상세하게 보이시질 않으니 본 대사는 어떻게 답해야 할지 모르겠습니다. 귀국과 우리나라 양국 사이에 현재 호교죄범(互交罪犯)[11]의 조약이 아직 없는 것은 귀 대신도 잘 아실 것입니다. 비록 그렇지만 각국에서 시행하는 호교죄범(互交罪犯)의 조약에 따라 나포해서 교부(交付)해야 하는 자, 또는 만국공법에서 교부해야 한다고 인정한 자의 경우에는 우리나라 또한 그 포수(捕藪)[12]가 될 뜻이 없습니다.

---

11) 호교죄범(互交罪犯): 범죄자 상호 인도
12) 포수(捕藪): 포도수(捕逃藪)의 준말로 죄를 짓고 도피한 자들을 은닉하는 소굴을 뜻한다.

본 대사가 또 한마디 하고 싶은 말이 있습니다. 귀 대신이 말씀하신 몇 명의 범죄자가 만약 국사범(國事犯)이라면, 우리 정부는 아마도 귀 대신의 소망에 쉽게 부응할 수 없을 것입니다. 이와 같이 조복하니 귀 대신은 살펴보시길 바랍니다.

대조선국 특파전권대사 좌의정 김(金)에게 이상과 같이 조복(照覆)함.

메이지 18년 1월 11일[20]

이노우에 대사는 사명을 마치고 메이지 18년 1월 11일에 경성에서 출발했다. 그리고 12일에 인천에서 오미마루(近江丸)에 탑승한 후 당일 출항해서 1월 19일에 귀경, 복명했다.[21]

한성조약 제3조와 별단(別單)에 따르면, 이소바야시 보병대위의 살해범은 20일 이내, 즉 1월 29일까지 체포, 처형하기로 규정돼 있었다. 조선 조정은 좌·우 포도청에 명해서 범인을 잡아들이게 했다. 그 결과 1월 20일에 남대문 밖에서 주범(主犯) 원한갑(元漢甲)과 종범(從犯) 김태흥(金太興)을 체포했다. 통리아문에서는 곤도 대리공사에게 조회를 보내고, 1월 29일에 일본 공사관원의 입회하에 이들을 참수형에 처했다.[22]

다음으로 한성조약 제1조에 따라 일본에 국서를 보내서 사의를 표명해야 했다. 이에 메이지 18년 2월 4일에 예조참판 서상우와 병조참판 묄렌도르프를 흠차 정·부대신에 임명하고 일본 파견을 명했다. 서상우와 묄렌도르프는 이미 예전에 변란의 책임 문제에 관해 일본 외무성과의 직접 교섭 임무를 부여받고 전권대신에 임명된 일이 있었다. 그들은 다케조에 공사의 반대를 무릅쓰고 일본에 건너가려고 인천에 체재하고 있었는데, 마침 이노우에 대사가 도한(渡韓)해서 그 임무가 자연히 소멸되었던 것이다.

서상우와 묄렌도르프는 메이지 18년 2월 16일에 도쿄에 도착해서 20일에 메이지 천황을 알현하고 조선국왕의 친서를 봉정했다.

대조선국 대군주가 짐의 양우(良友) 대일본국 대황제에게 경백(敬白)하노라.

짐은 조정에 역신(逆臣)이 있어서 10월 17일의 일을 초래한 것을 심히 애석하게 여긴다. 한순간에 변란이 인국(隣國)의 관리와 상인들에게 미쳐서 양국이 거의 실화(失和)하는 지경에 이르렀는데, 이에 대황제가 방교(邦交)를 돌보고 평소의 우호를 잊지 않아서, 전권대사 백작 이노우에 가오루를 간택해서 이곳으로 파견하여 회상(會商)하게 함에 이제 일체 타협이 이뤄졌다. 짐은 막궁양덕(藐躬凉德)[13]한 사람으로 화도(化導)[14]가 방법을 잃어 거듭 우방에 슬픔

---

13) 막궁양덕(藐躬凉德): 막궁(藐躬)은 신체가 잔약(孱弱)하다는 뜻이고, 양덕(凉德)은 박덕(薄德)과 같은 말이다.

을 끼쳤으니 어찌 통탄과 애석함을 이기겠는가! 이에 특별히 예조참판 서상우와 병조차판 묄
렌도르프를 출사(出使) 정·부대신에 임명해서, 도쿄에 보내 대황제를 근현(覲見)하고 국서를
봉정해서 짐의 징비(懲毖)의 뜻을 알리게 했다. 공손히 생각건대 대황제의 정치가 기융(基隆)
하고 순하(純嘏)[14]가 무강(無疆)하리니, 앞으로 양국 관리와 상민들이 서로 편안무사(便安無
事)하도록 깊이 돌본다면 만민에게 불평하는 마음이 없을 것이다. 앞으로 양국의 상하가 화
흡(和洽)해서 다시 분쟁을 열지 않는다면, 우리 양국 조정의 복이자 사민(士民)의 다행일 것
이다.[15]

　　대조선국 개국 493년 짐 즉위 21년 10월 20일 한성 창덕궁에서 친히 서명하고 국보를 검인
함.

대군주 성(姓) 휘(諱) 국보(國寶)

봉칙(奉勅)　의정부 영의정 심순택[23]

　　조선 문제에 관한 한, 갑신정변의 사후 처리는 이것으로 일단락됐다.

---

14) 순하(純嘏): 큰 복
15) 화도(化導): 교화(敎化)와 계도(啓導)

【원주】

1 明治十八年一月二日井上大使發吉田外務卿臨時代理報告·一月五日井上大使發吉田外務卿臨時代理報告;『統理衙門日記』卷四 李太王甲申年十一月十六日·十七日·十八日.

2 井上外務卿京城事變查明事實書.

3 井上外務卿京城事變查明事實書.

4 井上大使復命書附屬書類 明治十八年一月四日井上大使督辦趙秉鎬對話筆記.

5 井上大使發吉田外務卿臨時代理宛報告.

6 井上大使復命書.

7 井上大使復命書·附屬書類井上大使朝鮮國王對話筆記;『善隣始末』卷九;『日省錄』李太王甲申年十一月二十日·二十一日;『統理衙門日記』卷四 李太王甲申年十一月二十日;『日案』卷三 明治十八年一月四日竹添公使到督辦趙秉鎬照會·甲申年十一月十九日督辦趙秉鎬到竹添公使照會·井上大使奏辭·日本大使引見儀注.

8 井上大使復命書附屬書類 井上大使朝鮮國王對話筆記.

9 『日省錄』李太王甲申年十一月二十一日;『統理衙門日記』卷四 李太王甲申年十一月二十二日政府談判.

10 『善隣始末』卷一〇.

11 井上大使復命書附屬書類明治十八年一月七日井上大使全權金弘集對話筆記;『日案』卷三 甲申年十一月二十二日政府談辦.

12 『漢城之殘夢』.

13 井上大使復命書附屬書類明治十八年一月八日井上大使全權金弘集對話筆記;『日案』卷三 甲申年十一月二十三日政府談草.

14 明治十八年一月五日井上大使發吉田外務卿臨時代理宛報告;『朝鮮史』六編 四卷 745, 747쪽.

15 井上大使復命書附屬書類明治十八年一月八日井上大使全權金弘集對話筆記;『善隣始末』卷九;『清光緒朝中日交涉史料』卷六 (三一六) 會辦北洋事宜吳大澂奏朝日議約已竣商辦善後事宜摺. 또한 이노우에 대사와의 회담에 관한 오대징의 보고는 다음과 같다.

> 신이 생각건대, 조선은 나라가 작고 약하며, 신하들이 임기응변하는 재주가 없고, 병력(兵力)과 재력(財力)이 모두 일본에 대항하기에 부족하니, 사세로 논한다면 위곡(委曲)하게 주선해서 또 다른 문제를 만드는 것을 피해야 할 것입니다. 그러나 사신 등이 좌시하면서 따지지 않는다면, 일본인들이 여러 가지로 요협(要挾)하면서 추호도 기탄하는 바가 없게 될까 우려했습니다. 그래서 23일〔광서 10년 11월 23일, 메이지 18년 1월 8일〕 진각(辰刻)에 서신으로 약조한 후 김홍집 등과 함께 의정부로 가서 그 사신 이노우에 가오루와 대략 변론하기로 했습니다. 그 자리에서 조선을 돕는다는 뜻을 현시(顯示)하고, 아울러 김홍집에게 '난당을 사문(査問)하고 체포하는 일이 가장 긴요하므로 경솔하게 입약해서는 안 된다.'고 힐책했습니다. 신 또한 이노우에 가오루가 중국 사신이 조선의 일에 간여하는 것을 원치 않음을 분명히 알고 있었으니, 오직 간여하지 않는 가운데 은미하게 간여하는 단서를 드러낸다면 일이 혹 빨리 종결될 수 있었습니다. 신 등도 지난 일을 견지(堅持)해서 흔단(釁端)을 빚는 것이 편치 않았습니다. 그런데 필담 중에 이노우에 가오루가 신 등에게 전권(全權)의 자양(字樣)이 없다는 이유로 완고하게 함께 상의하려고 하지 않았습니다. 신 또한 역쟁(力爭)하는 것이 편치 않기 때문에 다만 '중국과 일본은 화호가 장구해서 본래 조약을 의립(議立)한 일이 없었다.

이번에는 사건을 사판(査辦)하는 것이기 때문에 전권(全權)의 자양(字樣)이 없는 것이다.'라고만 말했습니다.

그런데 그 문답하는 말 가운데 '귀국 병영의 일로 아직까지 갈등이 있다'는 등의 말이 있었습니다. 그 사신 등도 명언(明言)하지는 않았지만, 그 속마음을 헤아려보건대, 아마 조선에 주방(駐防)하는 중국의 각영(各營)이 모두 철수하기를 바라는 듯 했습니다. 만약 실제로 이노우에 가오루가 그것을 청한다면, '중국은 조선을 보호할 책임이 있다. 군대에 3년간 주찰(駐札)할 것을 명해서 병민(兵民)이 평안하게 되었으니 갑자기 철수하기 어렵다'고 말할 것입니다. 만약 그 사신이 며칠 내로 급히 돌아간다면 당장은 잠시 놓아두고 다스리지 않더라도 큰 파란이 생겨 병흔(兵釁)을 초래할 것 같지는 않습니다. (상략, 하략)(『六十年來中國與日本』一卷 228쪽.)

이노우에 대사는 1월 11일에 경성에서 출발하면서, 이노우에 참사원 의관에게 명하여 오대징을 방문해서 대사가 그와 회담할 수 없는 이유를 설명하게 했다. (井上大使復命書附屬書類明治十八年一月十一日 井上議官吳大澂對話筆記.)

16 井上大使復命書附屬書類; 『日案』卷三.

17 井上大使復命書.

18 井上大使復命書; 明治十七年事件仁川領事館書類; 『日案』卷三.

19 井上大使復命書; 『統理衙門日記』卷四 李太王甲申年十一月二十四日; 『日案』卷三.

20 井上大使復命書附屬書類; 『日案』卷三.

21 井上大使復命書.

22 『議政府謄錄』李太王甲申年十二月十二日·十三日; 『統理衙門日記』卷四 李太王甲申年十二月十二日·十三日; 『日案』卷二. 督辦金允植到近藤代理公使照會·近藤代理公使到金督辦照會.

23 『善隣始末』卷一〇; 『統理衙門日記』卷五 李太王乙酉年正月五日.

톈진협약(天津協約)의 성립

제 19 장

이토 대사의 청국 파견

갑신변란은 한성협약의 체결로 일단락됐지만 그것이 사변의 종결을 의미하는 것은 아니었다. 이노우에 외무경도 예상했던 것처럼 이번 사변의 선후책 중에서 조선에 직접 관계되는 부분은 오히려 적었고, 또한 그 해결은 처음에는 곤란하더라도 결국에는 성공할 것이라는 자신이 있었다. 그런데 청국과 관계되는 부분은 보다 어려워서 만약 그 조처가 잘못된다면 중대한 결과를 초래할 우려가 있었고, 정부도 그 교섭의 전도에 확신을 갖지 못해서 잠시 사태를 관망하고 있었다. 이러한 사정으로 인해 한성조약은 공포됐지만 격앙된 인심을 달래는 데는 효과가 없었다. 논리적으로 생각하면, 다케조에 변리공사와 공사관 경비대장의 책임을 먼저 추궁해야 했지만, 이와 같은 사변의 상례(常例)로 여론은 극도로 감정적이 돼서 오히려 청국 군대가 일본 공사에게 발포한 것, 그리고 청국 군사들이 조선 난민(亂民)과 뒤섞여서 일본인 비전투원을 참살, 능욕한 것을 중대시했다. 이 때문에 종전부터 잠재되어 있던 배청(排淸) 감정이 일시에 격화됐다. "오늘날 이러한 사건을 계기로 바로 청국에 대해 엄중한 담판을 열어서, 저들이 만약 우리 요구를 받아들이지 않을 때에는 오직 간과(干戈)에 호소하는 한 가지 방법만이 있을 뿐이니, 어찌 낭패를 당하고 가만히 있을 것인가?"라면서 절규하는 자가 있는가 하면, 시위운동을 하면서 돼지 머리를 장대에 꽂아 청국인에 비유하는 자조차 있었다. 그 중에서도 도쿄 시의 각급 공사립 학교의 학생들은 메이지 18년 1월 18일에 운동회를 빙자해서 일대 가두시위를 벌였다. 사태를 우려한 참의 겸 문부경 백작 오키 다카토는 22일과 24일 양일에 거쳐 "학생들의 강포(强暴), 위험, 또는 기이한 행위"를 금지하는 한편, 해당 학교장과 교원에게 엄중하게 감독할 것을 명하고, 만약 이를 위반하는 자가 있으면 관리징계령(官吏懲戒令)에 따라 처분할 것이라고 포고했다.[1]

갑신변란의 선후 처리를 위해서는 일한 양국의 직접 교섭보다도 오히려 일청 양국의 교섭이 필요하다는 사실은 청국 정부에서도 충분히 이해하고 있었다. 청 조정에서 변란 소식을 접한 것은 메이지 17년 12월 10일로, 이는 인천에 정박해 있던 군함 태안(泰安)이 뤼순(旅順) 항구로 회항해서 타전한 것이었다. 총리아문은 다음 날인 12월 11일에 신속히 회판북양사의(會辦北洋事宜) 오대징과 판리봉천해방사의(辦理奉天海防事宜) 속창에게 명해서, 직접 북해육해군(北海陸海軍)을 이끌고 조선으로 가서 변란을 사판(査辦)하게 했다. 그리고 통령주방조선각영기명제독(統領駐防朝鮮各營記名提督) 오조유에게는 흠차대원의 경성 도착을 기다리게 하고, "신중하게 왜사(倭使)와 종용상판(從容商辦)[1]해서 그들에게 기만당하지 말고, 또한 갑자기 왜(倭)와의 흔단(釁端)을 열지 말라."고 명령했다. 조만간 이노우에 외무경이 다케조에 공사에게 훈령할 내용과 같은 취지였다.[2]

청 조정은 청불사변이 아직 마무리되지 않아서 안팎이 매우 다사했을 것이다. 조선에 다시 변란이 발생해서 일청 양국 주둔군이 충돌했다는 소식을 접한 총리아문과 북양은 사건을 확대하지 않기로 방침을 정했다. 12월 12일에 총리아문 대신 서용의(徐用儀)와 등승수는 주청(駐清) 해군중장 겸 특명전권공사 자작 에노모토 다케아키를 방문해서, 조선에서 일청 양국군이 충돌했더라도 그것은 청국이 일본에 대해 적의를 품고 있음을 나타내는 것이 아니며, 양국은 반드시 일치 협력해서 서양 국가들의 침모(侵侮)를 막아야 한다고 말했다. 북양대신 직예총독 이홍장도 같은 뜻을 텐진 주재 영사 하라 다카시에게 전하고, 주일 특명전권공사 여서창에게 훈전(訓電)해서 일본 외무당국에도 전달하게 했다.

얼마 후 통령 오조유와 총판조선상무 도원(道員) 진수당의 상보(詳報)가 도착하고, 다시 에노모토 공사가 외무경의 훈전(訓電)에 따른 보고문을 제시해서 총리아문은 일본 공사관의 소실(燒失)과 일본인 비전투원의 조난 사실을 알게 됐다. 그런데 총리아문은 전자에 관해서는 조선인의 범행으로 중국과 관계가 없고, 후자에 관해서는 청국 병사들이 난병(亂兵)에 섞여 있다는 설은 일본인의 오해에서 비롯된 것으로 간주했다. 그리고 오대징을 조선에 급파해서 난민(亂民)을 사판(査辦)하고 조선국왕을 보호하여 일본인들의 마음을 진정시키는 한편, 일청 양국의 교전이 오해에서 비롯된 것임을 천명해서 양국의 분쟁 단서를 해소하는 것을 최우선의 급무로 보았다.[3]

오대징의 파견은 이미 12월 16일에 하라 텐진 주재 영사로부터 보고되었는데, 18일에 다시 여서창 공사가 공함(公函)으로 이노우에 외무경에게 통고했다.[4]

---

1) 종용상판(從容商辦): 종용(從容)은 서두르지 않는 모양이다. 상판(商辦)은 상의해서 처리한다는 뜻이다.

어젯밤에 우리 총리아문에서 온 전보에 따르면, "조선 사건은 화장(華將)이 품의한 바에 따르면 일병(日兵)이 먼저 발포했다고 하고, 에노모토 공사의 말에 따르면 화병(華兵)이 먼저 발포했다고 한다. 그 일은 창졸간에 전투가 벌어져서 사실 양국 조정이 헤아릴 수 있는 바가 아니다. 이제 오대징을 파견해서 조사하게 했으니, 지금은 피차가 우선 조선에 주둔한 장령들에게 명령해서 망동(妄動)하지 못하게 하고, 조용히 사판(査辦) 결과를 기다려서 목의(睦誼)을 보전해야 한다."고 했습니다. 이중당(李中堂)이 에노모토 공사에게 보낸 공함 외에, 본 대신을○^{여서창 공사} 통해 다시 귀 외무경에게 드리는 말씀을 특별히 기록해서 보내 왔기에 열어 보았습니다. 그 내용에 "조사해본다면 이번에 병용(兵勇)의 흔단을 누가 먼저 시작했는지는 많은 사람들의 눈이 밝게 빛나서 결코 한두 사람이 엄식(掩飾)할 수 있는 바가 아니니, 어렵지 않게 그 실정을 알 수 있을 것입니다. 부디 귀 조정에서 조속히 대원(大員)을 파견해서 사판하길 바랍니다."라고 했습니다. 이것으로 대신 말씀을 올립니다. [5]

이 공함의 한 구절이 나중에 양국 사이에 중대한 오해를 불러일으키는 원인이 됐다. 현재로서는 여 공사 공함의 근거가 되는 12월 17일자 총리아문 전훈(電訓)의 내용은 확인할 수 없지만, 그 마지막 문장에서 "부디 귀 조정에서 조속히 대원(大員)을 파견해서 사판하길 바랍니다."라고 한 것은 그 앞 문장을 받아서 일본과 청국의 병사 중 어느 쪽이 먼저 발포했는지는 현지에서 조사하면 일목요연할 것이니 일본 정부에서도 급히 대원(大員)을 파견해서 조사 임무를 맡기길 바란다는 의미였지, 양국 위원이 공동 조사를 한다거나 양국의 전권위원이 현지에서 회동해서 선후 조치에 관해 상의한다는 의미를 내포한 것은 아니었다.

이노우에 외무경은 여 공사의 공함을 읽고 조선에 파견될 오대징의 주된 임무가 일청 양국의 교섭에 있다고 오해해서, 12월 19일 특파전권대사의 명을 받는 자리에서 청국 전권위원과 교섭할 수 있는 전권위임장을 주청(奏請)해서 부여받았다. 그런데 그는 오대징과 속창이 전권을 보유하고 있지 않을 뿐만 아니라, 외무경과 교섭할 만한 동등한 지위와 권력을 갖지 못한 자라고 해석했다. 이에 외무경은 여 공사의 12월 18일자 공함(公函)에 대한 회답으로 12월 20일에 조회를 보내서, 일본 정부는 편의행사(便宜行事)의 권한을 보유한 전권대사를 특파할 예정이니, 청국 정부도 대사에 상당하는 지위를 가진 대원(大員)에게 동일한 권한을 부여한 후 조선에 파견해서 일청교섭을 담당하게 할 것을 요구했다. 그리고 이를 여 공사에게 청국 정부에 전보로 전달할 것을 의뢰하고, 에노모

토 주청 공사에게도 전보를 보내서 총리아문에 요구하게 했다.[6]

에노모토 공사는 메이지 17년 12월 21일에 다음 조회를 총리아문에 보냈다.

　　대일본국 흠차 전권대신 해군중장 에노모토가 조회함.

　　메이지 17년 12월 21일에 외무경 이노우에께서 이번 달 20일에 발신하신 전보를 받았는데, 그 내용이 다음과 같았습니다. "오늘 청국 사신에게 조복(照覆)하기를, '이번에 일본과 청의 병사가 한지(韓地)에서 전투한 것은 비록 불의의 사건이었으나 실로 관계되는 바가 중대하니, 이 때문에 우리 정부는 변리전권대사를 특별히 간택해서 한지(韓地)로 보내 이번 사건을 사판(査辦)하고, 아울러 일청 간의 선후조관(善後條款)을 의정하기로 결정했으니, 부디 귀국 정부도 병권(秉權)[2]이 대등한 대원(大員)을 파견해서 회동, 상판(商辦)하기를 바랍니다. 이러한 뜻을 귀국 정부에 전하고 즉각 조복(照覆)을 받도록 하십시오.'라고 했다." 아울러 본 대신에게 명하길, 귀국에서 파견한 관리는 병권(秉權)이 대등한 대원(大員)이 아니므로 회동해서 상판(商辦)할 수 없다는 것을 귀 왕대신(王大臣)에게 알리고, 즉시 조복(照覆)을 청하라고 했습니다. 본 대신은 이미 성명하기를, 조선 조정에 대해 폭도에 관해 문책하는 것을 제외하고 귀국과 관계되는 것은 응당 귀국과 화충상판(和衷商辦)해야 한다고 했습니다. 귀 왕대신 또한 그렇게 생각하실 것입니다. 이제 우리나라에서 결정을 내려 변리전권대사를 특별히 간택했으니, 귀국 또한 우리나라의 희망에 부응해서 병권(秉權)이 대등한 대원(大員)을 파견한다면 아마 쉽게 수습할 수 있을 것입니다. 귀 왕대신께서는 공충체국(公忠體國)해서 대국(大局)을 돌아보아 반드시 세 번 신중하게 생각하시길 바랍니다. 이와 같이 귀 왕대신에게 조회하니 살펴보신 후에 신속하게 조복하시길 바랍니다.

　　대청 흠명 총리각국사무 왕대신에게 이상과 같이 조회함.[7]

총리아문은 이튿날인 12월 22일에 조복(照覆)해서 일본 정부의 요구를 거절했다.

　　대청 흠명 총리각국사무 왕대신(王大臣)이 조복함.

　　귀 대신의 조회를 받아보니, "우리나라 정부에서 변리전권대신을 특별히 간택하여 한지(韓地)로 보내서 이번의 일을 사판(査辦)할 것이니, 중국도 병권(秉權)이 대등한 대원(大員)을 파견해서 회동, 상판(商辦)하기를 바란다."고 했습니다. 조사해보니 조선의 일은 본래 뜻밖에 발생한 것이었습니다. 이제 양국에서 대원(大員)을 흠파(欽派)해서 참된 정형(情形)을 사명

---

2) 병권(秉權): 정치권력을 장악함. 또는 그 권력

(查明)할 것이지만, 타상판리(妥商辦理)에 있어서는 피차간에 조금도 성견(成見)이 없습니다. 중국은 예로부터 각국과 교섭하는 일에서, 어떤 흠차(欽差)를 막론하고 다만 상의지권(商議之權)만 가졌을 뿐, 칙지(勅旨)를 청하고 준행(遵行)해서 전천(專擅)[3]할 수 없었습니다. 이는 곧 중국의 정령이 그러한 것이니, 외양각국(外洋各國)과는 법제가 같지 않습니다. 가령 증후(曾侯)[4]가 러시아에 관리(辦理)하러 갔을 때도 수만 리나 멀리 떨어진 곳에서 사건이 있었지만 또한 반드시 칙지를 청한 후에 결정했으니, 그것은 천하가 모두 아는 사실입니다. 조선과의 거리가 멀지 않으니, 판법(辦法)의 상정(商定)을 마친 다음에 오로지 조명(朝命)을 기다리더라도 탐각(耽擱)[5]에 이르지 않을 것입니다. 현재 흠차대원(欽差大員)^{오대징, 속창} 두 대인이 이미 길을 떠났으니, 부디 귀 대신은 이와 같은 사정을 귀국에 전달하고, 이노우에 대인에게도 알려서 중국 흠차와 화충상판(和衷商辦)하게 하시길 바랍니다.

이상과 같이 대일본 흠차 전권대신 해군중장 에노모토에게 조회함.[8]

12월 23일에 총리아문대신 경군왕(慶郡王) 혁광(奕劻), 염경명(閻敬銘) 그리고 종실 복곤(福錕)은 이 일을 상의하기 위해 일본 공사관으로 에노모토 공사를 방문했다. 양측의 주장을 종합하면, 에노모토 공사는 전권위임보다는 오히려 오대징이라는 인물 자체가 이노우에 외무경과 격이 맞지 않는다는 점을 지적했다. 즉, 그처럼 비교적 하급자를 내세운다면 이노우에 외무경은 대등하게 교섭할 수 없고, 특히 전권을 부여하지 않아서 일일이 본국 정부에 청훈(請訓)해야 한다면 도저히 신속하게 해결할 수 없다는 것이었다. 이에 대해 총리아문 대신은 중국 흠차사신에게 전권을 부여하는 것은 체제상 허락할 수 없다는 말로 시종일관했다. 그리고 전년에 출사아국대신(出使俄國大臣) 세습일등후(世襲一等侯) 증기택(曾紀澤)에게 이리사건(伊犁事件)의 교섭에 관한 전권을 부여한 것은 유일한 예외여서 이번의 선례로 삼을 수 없고, 오대징의 본래 관직은 도찰원(都察院) 좌부도어사(左副都御使)이므로 격이 맞지 않는다는 비난은 온당치 않다고 응수했다. 마지막으로 에노모토 공사는 중국이 총리아문 대신을 특파할 것인지, 아니면 오 흠차(吳欽差)에게 판리의 유지(諭旨)를 내릴 의향이 없는지 질의했지만 경군왕 등은 끝내 확답을 주지 않았다.[9]

총리아문의 방침은 에노모토 공사를 통해 본국 정부에 보고되었고, 또 여 공사도 같

---

3) 전천(專擅): 독단으로 일을 결정함
4) 증후(曾侯): 증기택(曾紀澤)을 가리킨다.
5) 탐각(耽擱): 정체, 지연. 원문은 耽擱으로 되어 있는데 耽擱의 오기이다.

은 내용을 통고했으므로 이노우에 외무경은 결국 현지에서의 청국 파견 대원(大員)과의 직접 교섭을 단념한 채 조선으로 향했다. 메이지 18년 1월 8일,[6] 이노우에 대사와 김홍집 전권의 회담 석상에서 청 흠차대원(欽差大員) 오대징이 자신을 참여시켜줄 것을 요구했을 때 이노우에 대사는 그에게 전권이 없다는 이유로 거절했다. 그러자 오대징은 "만약 귀 대사가 별도로 중국과 상판할 일이 있으시다면, 부디 그 단예(端倪)를 대략 보여주시기 바랍니다. 본 대신은 바로 입주(入奏)해서 교지(敎旨)를 청할 것이니, 별도로 전권의 문자를 더하는 문제는 그때서야 비로소 상의할 수 있을 것입니다."라고 거듭 요청했지만 이노우에 대사는 끝까지 불응했다. 그것은 전권 문제뿐만이 아니라 오대징이라는 인물 자체를 기피했기 때문이다.[10]

이노우에 대사는 오대징과의 회견을 거절했지만, 일본 정부 차원에서 청국과의 협의를 거부한 것은 아니었다.[11] 이보다 앞서 주일 청국 특명전권공사 여서창이 부친상을 당해서 관직에서 물러나고, 서승조(徐承祖)가 그 후임에 임명되어 급히 부임했다. 메이지 18년 1월 3일 서승조와 외무경 임시대리 외무대보 자작 요시다 기요나리가 회견한 자리에서, 요시다 외무대보는 일본 정부의 대한방침(對韓方針)을 일일이 설명하면서 일본이 조선에 야심을 품은 것이 아님을 설명하고, 또 일청 양국군의 조선 주둔이 장래 화난(禍難)의 원인이 될 수 있음을 암시했다. 다시 1월 18일에 요시다 외무대보는 에노모토 공사에게 전보로 훈령을 보내서 한성조약의 내용을 통고하게 했다. 그리고 이노우에 외무경이 귀임한 직후인 1월 21일에는 에노모토 공사에게 전보를 보내서 이노우에 대사가 오대징과 회견하지 않은 사정을 설명하고 총리아문의 양해를 구하게 했다.[12]

에노모토 공사는 외무경의 전보에 따라 1월 18일에 총리아문을 방문해서 경군왕 등 각 대신과 회견하고 외무경 훈전의 한역문을 제시했다.

귀 대신의 ○에노모토 공사 전문(電文)에 따르면, 총서 조회에서 ○오대징, 속창이 화충타상(和衷妥商)의 특명을 받았다고 했다. 또 여 공사의 조회에서 말하길, 총서의 전문(電文) 내용이 또한 이와 같고, 아울러 본 대신에게 전달해주길 바란다고 했다. 그러므로 본 대신은 한양에 들어갈 때 그 나라와의 의논이 끝나면 청국 사신과 예(禮)로써 만날 것으로 생각했는데, 본 대신이 조선국 전권대신과 회담할 때 뜻밖에 갑자기 들어오는 자가 있었다. 그는 자기 이름을 오대징이라고 했다. 본 대신이 그 망상(亡狀)[7]을 괴이하게 여겨서 말하길, "이 자리는 본 대사와 조선국 대신의 회담하는 곳이니 다른 사람이 밀치고 들어오는 것을 어찌 용납하겠습니까? 그렇지만 귀 대인이 만약 전권자양(全權字樣)을 갖고 있다면 훗날 일청에 관계된 일을 의논할 수 있을 것입니다."라고 했습니다. 그러자 오대징이 말하길, "일본과 청국이 화호(和好)한 지 오래됐으니 현재 의논해야 할 일이 없습니다. 그러므로 전권자양을 휴대하지 않은 것입니다. 사자(使者)는 단지 한사(韓事)를 사판(査辦)하기 위해 왔을 뿐입니다."라고 했다. 본 대신이 이에 엄정한 말로 "일한(日韓)에 관계되는 일은, 본 대사는 조선국 대신과 회담하는 것만을 알 뿐입니다."라고 하자, 오대징이 떠나갔다.

본 대신은 처음에 생각하기를, 가령 오대징이 전권자양을 휴대하지 않았다고 해도 사석에서 화충타상(和衷妥商)할 수 있을 것이라고 여겼다. 그런데 어찌 사자(使者)의 행동거지가 그처럼 경술하단 말인가? 하물며 전권자양조차도 지니지 않은 경우에 있어서겠는가! 본 대신이 간명(簡命)[8]을 완수하지 못하고 돌아온 데는 참으로 이유가 있다. 귀 대신은 이상의 정절(情節)을 즉시 총서(總署)에 전달하길 바란다.[13]

경군왕을 비롯한 총리아문 대신들은 이노우에 대사가 비단 형식적인 절차상의 문제를 이유로 오대징과의 회견을 거절해서 현지에서 일청 간 직접 교섭을 할 수 있는 기회를 놓쳤을 뿐만 아니라, 중국 흠차사신의 체면이 훼손당한 것에 대해 불만의 뜻을 내비쳤으며, 에노모토 공사의 설명에도 불구하고 여전히 석연치 않은 태도를 보였다. 무엇보다 총리아문과 북양의 입장에서는 내우외환이 잇달아 일어나던 시기에 일청 양국 간에 중대한 분의(紛議)[9]가 야기되는 것을 원치 않았다. 따라서 경성에서의 양국 군대의 충돌은 국지적 문제로 제한하고 사건을 확대하지 않는다는 방침을 유지해 왔지만, 일본 정부가 동일한 희망을 표명하면서도 현지 교섭을 거절한 진의는 이해하지 못했던 것 같다. 총리아문 대신들은 한편으로 에노모토 공사와 회견을 거듭하면서도 동시에 주일 특명전권공사 서승조에게 전훈(電訓)해서 일본 정부의 방침을 탐문하게 했다.[14]

일본 정부는 청 조정보다 더 곤란한 처지에 있었다. 사변이 발생한 지 한 달여가 지났는데도 여전히 일본 공사에 대한 청국 군대의 발포, 일본인 비전투원 살해와 관련된 책임 문제에 관해 어떠한 해결의 전망도 보이지 않는 것은, 일청·일한관계의 장래에 악

---

7) 망상(亡狀): 무례
8) 간명(簡命): 선발해서 임명함
9) 분의(紛議): 분분한 의론, 얽히고설킨 어지러운 논의

영향을 끼칠 뿐만 아니라 국내적으로 정부의 위신과도 관계되는 문제였다. 아마도 이노우에 외무경은 이 사건에 관한 청 조정의 태도를 확인하는 것을 급선무로 생각했을 테지만, 에노모토 주청 공사와 총리아문 간의 교섭은 오대징의 전권 문제로 인해 중단돼서 더 이상의 진전을 기대할 수 없는 상태였다. 총리아문의 사변 처리 방침에 관해 정확한 정보를 얻을 수 없는 상황에서는 일본 정부도 확정된 방침을 세우기 어려웠다. 당시 정부에서는 이토, 이노우에 두 참의가 중심이 돼서 대청방침을 연구했지만, 정부 각 부처 내에 적극론과 소극론이 대립해서 쉽게 결정을 내리지 못했다. 정부의 근본 방침은 일청 양국의 공동철병을 제의하는 것으로 이미 확정돼 있었지만, 청국군 지휘관의 책임 소재에 관해서는 여전히 조사할 여지가 있다고 보았다. 그런데 그 후 현지조사 결과 책임 소재가 판명됐고, 또 대내 정책적 측면에서 봐도 이 문제는 불문에 부치기 어려웠다. 당시 정부의 근본 방침은 이토 참의의 자필 각서를 통해서도 알 수 있다.

조선사변과 관련해서 청국에 담판을 개시해야 하는 사안은 철병(撤兵) 한 가지에 지나지 않는다. 청국이 이를 응낙한다면 일청 양국의 화단(禍端)을 방지할 수 있지만, 만약 저들이 거절한다면 우리로서는 목적을 달성하지 못한 것이기 때문에 어느 정도 우리나라의 영예를 손상시킨 것이라고 할 수 있다. 그렇지만 공법에 비춰볼 때 청국에 대해 선전포고를 할 수 있는 자격을 얻을 수 없다면, 오늘날 격앙된 인심을 진압하는 과정에서 다소간 정부의 어려움을 가중시킬 우려가 없지 않다. 이로써 보건대 주차공사(駐箚公使)에게 명해서 담판을 하는 것이 득책이다.

청국에 대해 담판을 개시해야 하는 사안은 철병(撤兵) 한 가지에 그치니, 우리의 요구는 매우 박약하다. 요구가 박약함에도 불구하고, 우리의 입장에서는 불문에 부칠 수 없는 것이 현실정이다. 불문에 부칠 수 없는 현 실정은 비단 우리에게만 관계되는 것이 아님에도 청국은 여기에 관여하지 않는다. 청국이 우리에 대해 경중을 두는 것은 우리 요구의 시비경중(是非輕重)에 있을 뿐이요, 철병은 장래의 예방으로서 우리 요구가 크게 중요한 것은 아니라고 하면서 경시하고, 말을 좌우로 돌리면서 천연(遷延)하여 결정을 내리지 않을 우려가 있다. 그러므로 특사를 파견해서, 먼저 우리에게는 이 일이 매우 중요함을 보임으로써 저들의 관용(慣用) 수단인 천연의 술책에 빠지는 것을 막는 것이 득책이리라.

양국의 병대(兵隊)가 그 대장의 지휘하에서 전투를 벌여서 상호 사상자가 발생했다면, 그 사정을 변리(辨理)해서 책임 소재를 판단하고 처분하는 것은 정부의 책무다.

이 사변의 책임이 갑국(甲國)에 있는지 을국(乙國)에 있는지, 아니면 갑과 을 양국이 모두 그 책임을 져야 하는지 어느 쪽이든 결말을 지어야만 한다.

혹은 특별한 사정이 있어서, 정부가 지난날의 원수를 버리고 장래 선후사의(善後事宜)를 상의해서 평화롭게 국면을 마무리할 수도 있다. 이것이 곧 화해의 결말이다. 그런데 이 또한 그 화해의 결말을 분명하게 인민에게 공시하는 데 부끄러움이 없어야 한다. 책임이 갑국에도 돌아가지 않고, 을국에도 돌아가지 않고, 또 갑과 을 양국의 당시 당국자들도 책임을 지지 않고, 아울러 화해(和解) 선후(善後)의 처분도 판연(判然)하지 않은 채 이 한 건의 사변을 매듭짓는 것은 어떤 나라도 절대 불가능하다. 만약 억지로 이처럼 애매한 처분을 행한다면, 그 정부는 반드시 그 병대(兵隊)와 인민의 마음을 잃어서, 비록 내란까지는 가지 않더라도 그 위망(威望)이 실추되어 결국 존엄을 유지하지 못할 것이다.

만약 갑국은 그 일에 관해 별도로 의논할 것이 없다고 하고, 을국은 다시 상의를 해야 한다고 주장할 경우, 을국이 갑국을 대해 담판을 개시하기 위해서는 반드시 그 나라의 병대와 인민이 일시에 눈을 떠서 그 결국(結局)을 기도(企圖)해야만 하는 것이니, 여기에는 주마하판(走馬下坂)[10]하는 사정이 있다. 그리하여 담판이 그 요령을 얻지 못해서 책임 소재를 판단·처분할 수 없고, 또 화해의 결말이 불가능해졌을 때는 나라의 강약과 시세의 난이(難易)에 구애받지 말고 부득이 결렬에 이르는 것은 불가피한 형세다.

그러므로 최후의 결렬을 피하고자 한다면, 처음부터 담판을 여는 침로(針路)를 피해서 따로 하나의 방향을 취하지 않으면 안 되는 것이다. 그것은 을국에서 스스로 그 사변의 발생 원인을 제공한 당시 당국자를 처벌해서 병대와 인민에게 그 책임 소재를 알게 하는 것이다.[15]

이토, 이노우에 안에 의거한 평화적 해결론에는 반대 의견이 적지 않았을 뿐만 아니라, 청 조정이 일본 정부의 제의에 동의할지도 불확실했다. 오히려 청 조정에서 무조건 공동철병에 동의할 가능성이 없다고 보고, 적극적으로 조선 주둔군을 증원해서 요충지를 점령한 다음에 사태의 추이를 지켜보는 편이 외교적으로 유리하다는 주장도 있었다. 에노모토 주청 공사의 의견이 그것이다.

이번 조선사건에 대한 본방(本邦)의 정략은 오직 화(和)를 위주로 해서, 청국과의 관계에서는 청병(淸兵)을 조선에서 철수시키고, 우리 군대도 그곳의 보안이 확인되는 대로 철수한다

---

10) 주마하판(走馬下坂): 그 의미를 분명히 상고하기는 어렵지만, 어떤 일의 기세가 맹렬해서 더 이상 손쓰지 못하고 그 추이를 방관한다는 뜻으로 생각된다. 기호지세(騎虎之勢)와 같은 뜻으로 보인다.

는 조약을 청국의 출장 관리와 교환하는 한 가지 점에 그치는 것으로 보입니다. 청국 관리 오대징 등은 애초에 독단으로 이 조약에 기명조인(記名調印)할 권한이 없으니, 결국 베이징 정부는 이 건에 대해 다소간 의결을 거친 후 그 조약의 성질에 따라 찬부(贊否)를 결정할 것입니다. 만약 주한청병(駐韓淸兵)을 모두 철병해서 앞으로 한지(韓地)에 1명의 병사도 파견할 수 없는 것이라면 청 조정에서 필시 이의가 있을 것입니다. 만약 철병은 일시적인 것으로, 앞으로 긴요하다고 판단될 때 다시 출병할 수 있는 권한을 보존하는 것이라면 굳이 반대하지 않을 것입니다. 그러나 이것으로는 불완전해서, 결국에는 우리 쪽에서 부득이 다시 주한(駐韓) 병력을 증원하게 될 것으로 예상됩니다. 그러한 경우에는 예전에 전신으로 말씀드린 바와 같이, 한성의 남쪽 언덕[南岡]에 성채를 세우고, 요충지의 섬을 한두 개 점거해서 불우의 사태에 대비하는 각오가 있어야 합니다. 그런데 별지(別紙)의 귀 전보의 뜻을 음미하니, 우리 정부에서는 그런 전망이 없다고 생각됩니다. 또 한성에서 우리나라 사람 30명이 대부분 청병(淸兵)에게 살해당한 사건은 실로 용이치 않으니, 그것은 어떻게 조치하실 생각이십니까?[16]

에노모토 공사의 적극론은 결국에는 일청 충돌이 불가피하다는 것을 전제로 했기 때문에 당연히 외무당국의 동의는 얻지 못했지만, 외무당국은 일청 양국의 무조건 철군 제안이 청국 정부의 동의를 얻을 가망이 없다는 사실에 틀림없이 매우 고심했을 것이다. 다만 정부는 에노모토 공사의 의견을 절대적으로 신뢰하지 않고 다른 경로로 청국 조정의 의향을 타진하고자 했다. 다행히도 주청 영국 특명전권공사 해리 파크스는 다년간 일본에 주차한 경험도 있을 뿐 아니라, 이토, 이노우에 두 참의 등에게 고언을 아끼지 않는 양우(良友)였기 때문에 정부에서는 그를 통해서 청국 정부가 무조건 공동철병을 기본 조건으로 일청교섭에 응할 준비가 돼 있는지, 또 일본에서 이토 참의를 파견한다면 청 조정에서는 경군왕 또는 이홍장을 전권위원에 임명할 의향이 있는지의 여부를 타진하게 했다. 당시 파크스 공사는 죽음이 임박한 상황이었음에도 불구하고 옛 벗의 의뢰에 응해서 총리아문의 의중을 질의하고 동의를 얻은 후 그것을 비밀리에 알려주는 수고를 아끼지 않았다. 일본 정부의 대청교섭 방침은 이것으로 마침내 확정됐다.[17]

메이지 18년 2월 24일에 참의 겸 궁내경 백작 이토 히로부미는 특파전권대사로서 청국 파견의 명을 받았다. 육군중장 겸 참의 농상무경 백작 사이고 쓰구미치(西鄕從道)에게도 청국 출장의 명령이 내려졌다. 수행원은 육군소장 자작 노즈 미치츠라(野津道貫), 해군소장 자작 니레 가게노리, 참의원 의관 이노우에 고와시, 태정관대서기관 이토 미요지, 외무권대서기관 데에네(鄭永寧), 해군중좌 구로오카 다테와키(黑岡帶刀), 육군 일등군의정(一等軍醫正) 이시자카 이칸(石坂惟寬), 육군보병소좌 쓰지야 미츠하루(土屋光春), 일등경시 사와 다다시(佐和正) 등이었다. 이 날 이토 대사에게 국서, 전권 위임장, 태정대신 내훈 그리고 외무경 훈령이 부여됐다. 태정대신 훈령은 다음과 같다.

참의 겸 궁내경   백작 이토 히로부미
참의 겸 농상무경 백작 사이고 쓰구미치
이번 일청교섭은 사안이 극히 중대해서 양국 화호(和好)의 대국(大局)에 관계되니, 이를 깊이 신려(宸慮)하셔서 궁내경을 특파전권대사로 삼고 아울러 어용(御用)으로 농상무경을 파견하는 것이다. 두 관리는 성의(聖意)를 봉체(奉體)해서, 사무(使務)를 협의하여 변리(辨理)하라. 이러한 사항을 칙지를 받들어 내훈(內訓)한다.

메이지 18년 2월 24일
태정대신 공작 산조 사네토미(印)

외무경 훈령은 이토 참의와 신중하게 협의해서 기안된 것으로 생각된다. 그것은 정부의 방침을 명시하고 청국에 파견할 대사의 임무를 상세하게 규정하고 있다.

작년 12월 6일 조선국 한성의 변과 관련한 일청교섭 건에 관해 우리 천황폐하께서는 특별히 귀관을 선택하셔서, 청국 정부와 평화를 보전하고자 그 일을 변리(辨理)하고 아울러 선후사의(善後事宜)를 상의할 수 있는 전권의 위임을 명하셨다. 나는 성지(聖旨)를 받들어 다시 다음과 같은 훈령을 귀관에게 전달한다.
한성사변 당시 우리 공사는 조선국왕의 의뢰에 따라 우국(友國)의 우의를 중시해서 궁궐에 들어가 왕의 몸을 호위한 것이니, 고신(考信)[11]의 옥새가 지금 당안(檔案) 기록에 남아 있다. 그리하여 공사는 불의에 외병(外兵)의 침입을 당해서 부득이 방수(防守)의 입장에 처하게 된 것이다. 이는 실로 평화의 교제를 범한 소행이다.
조선사변의 사실은 별책 『한성사변시말서(漢城事變始末書)』와 『사명사실서(査明事實書)』에 기재되어 있으며, 기타 일체의 안건 문서(案件文書)를 귀관에게 전달한다.
생각건대 전일 병대(兵隊)의 불의의 변은 청국 청부가 예상치 못했더라도, 청국에서 파출(派出)한 무관이 일시 창졸(倉卒)한 사정에 몰려서 이러한 뜻밖의 침포(侵暴)를 행했을 것이다. 따라서 청국 정부가 그 파견한 무관의 행위에 대해 책임을 지지 않을 수 없는 것은 당연한

---

11) 고신(考信): 사실 여부를 고증함

통의(通義)이다.

그 밖에 우리 상민이 한성에서 난살(亂殺)당한 것은, 피난해서 생환한 자들의 진술에 따르면 몇 명은 청국 병사에게 살해됐다고 한다. 또 공사가 왕궁에서 청국 병사들의 침격(侵擊)을 받을 때, 우리 공사관에 잔류해서 수비하던 요원(僚員)들은 청국 병사들이 조선 난민(亂民)에 섞여서 공사관 담장을 향해 발포하는 것을 목격했다.

이러한 의외의 침범에 대해 우리나라의 휴손(虧損)을 회복하기 위해 충분한 요구를 할 권리가 있다. 그러나 우리 정부는 양국의 화호(和好)를 중시하고, 특히 이 사변이 저 정부의 조의(造意)[12]에서 나온 것이 아님을 잘 알기에 한갓 의론을 늘려서 사단을 키우는 것을 좋아하지 않고 오히려 추양(推讓)[13]하는 데서 만족을 얻는 것에 그치며, 또한 장래를 위해 선후사의(善後事宜)를 상판(商辦)하는 방법을 취하여 양국 인민을 위해 평화의 행복을 얻고자 한다. 그러므로 우리나라가 청국에 요구하는 바는 다음 두 가지에 그칠 것이다.

하나, 12월 6일의 변에서 병대(兵隊)를 지휘한 장관(將官)을 책벌(責罰)하는 것.

하나, 한성 주재 병대(兵隊)를 철수하는 것.

제1항의 이유는 전문(前文)에 자세히 기술했다. 그 처분의 경중 같은 것은 저쪽 국법에 맡기지 않을 수 없다고 해도, 우리는 적어도 그를 현직에서 파면하고, 또 그 처분 내용을 조회 문서에 언명할 것을 요구해야 한다.

제2항은 전적으로 조선에서 양국 교섭의 선후사의를 도모하는 것이다. 두 나라의 병영이 서로 마주하여 그 형세가 숨은 불씨와도 같으니, 앞으로 양국 정부가 아무리 주의해도 아마 무사하기를 보장할 수 없을 것이다. 국병(國柄)을 쥐고 있는 자가 조금 원려(遠慮)한다면, 조선의 선후사의와 관련해서 많은 말을 하지 않아도 반드시 묵묵히 깨닫는 바가 있을 것이다.

청국 정부가 만약 우리가 제출하는 것을 받아들이는 데 인색하지 않다면, 우리 정부는 똑같이 호의를 표시하기 위해 청국이 군대를 철수하는 것과 동시에 우리 공사관의 호위병을 모두 철거할 것이다. 만약 이와 반대로 청국 정부가 원대한 양계(良計)를 돌아보지 않아서 우리 제안을 받아들이지 않는다면, 우리나라도 부득이 국가가 각자 자위(自衛)하는 의(義)에 근거해서, 한지(韓地)에 재류(在留)하는 군대로 충분히 힘을 갖추지 않을 수 없다. 그러한 경우, 설령 일시적으로 목전의 평화를 보존한다고 해도, 세월이 흘러 한성의 변이 두세 차례 더 발생한다면 양국 정부는 그 예상치 못한 상황으로 인해 결국 순식간에 대국(大局)을 무너뜨리는 불행에 빠짐을 면치 못할 것이다. 그리고 사단을 빚고 흔단(釁端)을 연 책임은 바로 청국이

12) 조의(造意): 고의
13) 추양(推讓): 다른 사람을 추천해서 지위, 명예 등을 사양함

스스로 져야 할 것이다. 단, 청국 정부에서 우리 제안에 동의하더라도 혹은 신속하게 철수할 수 없는 사정이 있을 수도 있고, 또 말을 돌리면서 시간을 오래 끌지도 모른다. 그러한 상황을 피하기 위해 늦어도 조약이 체결된 후 3개월 내에 전부 출군하기로 약속해야 한다.

앞에서 진술한 판법(辦法)은, 귀관이 총리아문의 각 대신과 거듭 상의해서 2개 항 모두 만족스러운 답변을 얻어 타결과 성약(成約)에 이를 것을 우리 정부는 믿어 의심치 않는다.

메이지 18년 2월 25일

외무경 백작 이노우에 가오루[18]

이와 동시에 이노우에 외무경은 에노모토 주청 특명전권공사에게 훈령해서, 이토 대사를 보좌하고 일청회담에 참여할 수 있는 권한을 부여했다. 에노모토 공사는 예전부터 청 총리아문 및 북양대신과 교섭한 경험이 있었을 뿐만 아니라, 외교계의 원로로서 정계에서의 위세와 명망 또한 경시할 수 없었기 때문에 실질적으로 전권위원의 권한을 부여했던 것으로 보인다.

작년 12월 조선 한성의 변에 관한 일청교섭의 중요 안건에 대해서, 우리 천황폐하께서는 특별히 참의 겸 궁내경 훈일등(勳一等) 백작 이토 히로부미를 선택하셔서 특파전권대사에 임명하시고 대청국 대신과 변리하는 권한을 위임하셨다. 귀관은 주재(駐在) 공사의 지위로 이번 건과 관련해서 특파대사의 변리사무를 돕고, 편의하게 회의 석상에 참여할 수 있는 권한을 가진다. 특히 양국 대신을 위해 면상회동(面商會同)의 편의를 도모해서 막힘이 없도록 하는 일을 맡아야 한다. 귀관은 특파대사에게 가서 변리의 목표와 방법에 관해 그가 받은 훈령 및 안건 문서를 열람하고 파악할 수 있다.

메이지 18년 2월 25일

외무경 백작 이노우에 가오루(印)[19]

내외 정세로 볼 때 이토 참의가 견청대사(遣淸大使)로 기용된 것은 당연했다. 대내적으로 보자면, 견한대사(遣韓大使)로 이노우에 외무경이 조선 정부와의 교섭 임무를 맡아서 상당한 성공을 거둔 이상, 같은 인물을 다시 외국에 파견할 대사로 임명하는 것은 온당치 않다고 생각했을 것이다. 대외적으로 보자면, 오대징의 전권 문제로 인해 청 조정에 불쾌한 인상을 준 이노우에 외무경의 견청대사 임명은 반드시 피해야 했다. 이노우에 외무경을 제외하고 이 어려운 사명(使命)을 달성할 자신을 가진 인물은 이토 참의 말고는 찾을 수 없었을 것이다.

이토 참의의 견청대사 임명은 누구라도 수긍할 만한 일이지만, 사이고 농상무경의 임무에 관해서는 쉽게 이해하기 어렵다. 청 조정에서는 이토 참의는 평화론자인 반면, 사이고 농상무경은 주전론자를 대표해서 이토 대사를 견제하는 임무를 받은 것으로 해석하고 있었는데, 그것은 사이고 참의의 본래 관직이 육군중장으로서 청나라 사람들의 눈에는 타이완 번족(藩族) 토벌 이래로 일본의 대표적인 무인으로 비춰졌기 때문일 것이다. 한편에서는 이번의 일한, 일청교섭 과정에서 구 죠슈 번 출신의 이토, 이노우에 두 참의가 중책을 맡고 구 사쓰마 번 출신자가 간여하지 않았기 때문에 균형을 잃지 않으려고 사쓰마 원로를 대표해서 사이고 참의가 파견됐다고 보는 시각도 있었다. 사이고 참의는 그의 위대한 형과 마찬가지로 외교에는 특히 어울리지 않는 인물이었을 뿐만 아니라, 이번 출장 명령에서도 단순히 이토 대사의 사무(使務)를 협의해서 변리(辨理)하라고만 돼 있을 뿐 그 내용을 분명히 하지 않았으며, 사실상 이토 대사의 교섭 방침을 견제한 형적도 없는 점으로 보면 후자의 설이 온당한 것으로 보인다. 굳이 억측하자면, 만약 이번 교섭이 결렬됐을 경우 사이고 참의는 이토 대사와 헤어져서 경성으로 급히 이동하여 재조선 육해군총사령관에 임명되고, 노즈 육군소장과 니레 해군소장은 총사령관의 명을 받아 각각 육해군 부대의 지휘 임무를 맡을 예정이었다고 볼 수 없는 것은 아니지만, 이토 참의와 이노우에 외무경은 아마도 평화적 해결에 확신을 갖고 있었을 것이다.[20]

이토 참의는 견청대사에 임명되자마자 주일 청국 특명전권공사 서승조를 방문했다. 서 공사는 2월 27일에 답방했는데, 이 자리에서 이토 대사는 서 공사와 시국에 관해 간담했다. 먼저 이토 대사가 평소 일청 친선을 지론으로 하는 뜻을 역설한 후 이번 사명에 관해 언급했다. 그는 '작년 경성에서의 일청 양국군의 충돌은 중대한 사건은 아니다. 그러나 만약 양국이 계속 군대를 주둔한다면 조선의 내정 분란에서 발단해서 마침내 일청 양국이 교전하는 불행을 보게 될지도 모른다. 극동에서 두 강대국이 싸우는 것은 서양 국가들, 특히 러시아가 어부지리를 얻게 할 뿐이니, 나의 이번 사명(使命)은 첫 번째로 그것을 방지하는 데 있다.'라고 하여 그의 포부의 편린을 드러냈다고 한다. 이것은 이토 대사가 본국을 출발하기 전에 이미 대청교섭의 기본 조건을 내밀하게 보인 것으로 주목할 만하다.[21]

이토 특파대사와 사이고 농상무경은 수행원들을 거느리고 메이지 18년 2월 28일에 도쿄를 출발했다. 그리고 요코하마에서 사쓰마마루(薩摩丸)에 승선한 후, 고베와 나가사키를 경유해서 3월 9일에 즈푸(芝罘)에 도착했다. 그곳에서 스루가마루(駿河丸)로 환승해서 14일에 타이구(太沽)에 도착하고, 다시 기선으로 옮겨 탄 후 톈진에 도착했다.[22]

이보다 앞서 이노우에 외무경은 에노모토 주청 공사와 하라 톈진 주재 영사에게 타전해서 이토 참의의 견청대사 임명을 총리아문과 북양대신에게 통고하게 했다.

청국 정부는 주일 공사 서승조의 전보와 북양대신 앞으로 온 반공신(半公信)을 통해 이토 참의의 견청대사 임명과 그가 서 공사와의 회견 석상에서 평화를 기조로 하면서 일청교섭의 중임을 맡을 것이라고 언명한 것, 그리고 일본 정부의 대청교섭 기본 조건이 일청 양국 군대의 공동철수 및 재조선 청국 장령(將領)의 징계에 있다는 것을 잘 알고 있었고, 따라서 그 대책을 강구하지 않을 수 없었다. 전권위원으로는 직예총독 이홍장이 선택됐다. 이토 참의와 균형을 맞출 필요도 있었고, 또 북양대신으로서 조선 관계 사무를 관장하는 책임을 맡고 있었기 때문에 이 인선은 당연했다. 그리고 최근 조선에서 귀환한 회판북양사의(會辦北洋事宜) 오대징과 판리봉천해방사의(辦理奉天海防事宜) 속창에게 일본 사절단과 회동하고 상의하는 임무를 맡겼다. 곧바로 군기처와 총리아문은 북양대신과 계속 왕복하면서 일본 정부가 제시하는 2개 조건에 관해 협의를 거듭했다.[23] 그 첫 번째인 일청 공동철병에 관해서는 이미 파크스 영국 공사를 통해 동의를 표한 바 있었는데, 여기에는 외교적인 고려뿐만 아니라 대내적으로도 통령 오조유 휘하의 회용(淮勇)을 조선에 장기간 주둔시키기 어려운 사정이 있었다. 메이지 18년 3월 11일에 이홍장이 군기처에 보낸 밀함의 내용은 다음과 같다.

> 은밀히 아룁니다. 일본에서 중국에 사신을 파견한다는 것은 이미 서승조의 전보에 의거해서 전달(轉達)했습니다. 13일에○^{광서 11년 정월 13일, 메이지 18년 2월 27일} 일본 영사 하라 다카시가 내알(來謁)해서 말하길, "전보를 받았는데 우리나라에서 참의 이토 히로부미를 파견할 것이니, 전권편의행사대신(全權便宜行事大臣)이 된다. 13일에 출발해서 대략 20일 이후에 톈진을 들렀다가 곧장 베이징으로 가서 일을 상의할 것이다."라고 했습니다. 상의할 일이 무엇인지 묻자 알 수 없다고 했습니다. 또 사이고도 함께 오는지 물었는데 그 상세한 내용은 모른다고 답했습니다. 이토가 왜(倭)에서 국사(國事)를 주지(主持)한 지 오래 됐으니, 이번 행차에는 필시 요구가 있을 것입니다. 그런데 마침 서승조가 작년 섣달 15일에○^{광서 10년 12월 15일, 메이지 18년 1월 30}^일 보낸 신함(信函)을 받았는데, "반년만 기다리면 조선의 연병(練兵)이 충분히 자위(自衛)할

수 있을 것이니, 피차가 다시 철병하는 것이 잠시 전환(轉圜)하는 계책이 됩니다."라 하고, 또 균서(鈞署)[14]와 은밀히 상의해서 작탈(酌奪)해 줄 것을 청했습니다. 원함(原函)을 초록해서 보내드리니 살펴보시길 바랍니다.

이토가 이미 길을 떠났으니 응당 그가 수도에 도착할 때를 기다렸다가 존처(尊處)에서 기회를 살펴서 주상(籌商)[15]해야 할 것입니다. 경군(慶軍)이 한(韓)에 주둔한 지 3년이 됐습니다. 장수와 병사들이 고초가 누적돼서 탄식하고 원망하고 있으니, 사태가 조금 풀리면 본래 응당 철환(撤換)[16]해야 할 것이었습니다. 바다 저편 멀리서 군역을 하는 것은 크게 불편하고, 조선 도성의 각국 관리와 상인이 모두 모여들어 구설(口舌)이 번다(繁多)한데, 왜인들이 또 그 안에서 파롱(播弄)[17]한다면 통장(統將)이 강유(剛柔)[18]로 적절하게 다스리기 어려울 것이니 적임자를 구하기가 실로 어렵습니다. 만약 윤허하자마자 왜병이 모두 철수한다면, 우리 군대도 미상불 잠깐 철수할 수 있을 것입니다. 그리고 폐처(敝處)에서 대신 독일 무변(武弁)을 고용해서 조선으로 보내 교련(教練)을 시키고 조선군이 점차 강한 군대가 돼서 스스로 보위(保衛)하기를 기약하면서, 서서히 국세(局勢)를 관찰하면서 수시로 작판(酌辦)하고, 항상 병선을 파견해서 조선 주변을 순탐(巡探)한다면 그 또한 하나의 대책이 될 것입니다. 부디 비밀리에 살펴보신 후 판단하시길 바랍니다.[24]

청 조정은 북양대신의 의견을 고려하고 또 최근 복명한 오대징의 보고에 기초해서 통령 오조유 등 조선에 있는 장령에게는 아무 과실이 없다고 보고 그들의 징계에는 절대로 동의하지 않기로 하고, 공동철병 등에 대해서는 이홍장의 안에 따르기로 결정했다. 그리고 광서 11년 2월 25일(메이지 18년 3월 11일) 상유(上諭)를 통해 대학사 직예총독 이홍장을 전권대신에 임명하고 일본 사신과 상의하라는 칙지를 내렸다.

북양대신 이홍장의 전권대신 임명과 동시에 일본 대사의 진경(晉京)[19] 문제가 제기됐다. 청 조정은 원래 이토 대사의 입경을 반기지 않았기 때문에 북양대신의 주재지(駐在地)인 톈진에서 회담을 열 예정이었다. 그런데 에노모토 공사는 대사를 영접하기 위해 이미 3월 9일에 베이징을 떠나 12일에 톈진에서 이홍장과 만나서, 이토 참의는 전권대

---

14) 균서(鈞署): 균(鈞)은 존장자나 상급 기관을 높이는 말이니, 여기서는 이 밀함을 받는 군기처를 가리킨다.
15) 주상(籌商): 계획하고 상의함
16) 철환(撤換): 교체
17) 파롱(播弄): 선동
18) 강유(剛柔): 엄격함과 관대함
19) 진경(晉京): 진(晉)은 진(進)과 통한다. 여기서는 청 수도인 베이징에 들어간다는 의미이다.

사이므로 반드시 수도에서 청의 전권과 회담해야 한다고 주장했다. 직예총독의 보고를 받은 군기처는, 직예총독은 지방의 방어 업무를 처리하는 데 분주해서 임지를 벗어나 수도에 들어올 수 없다는 것을 이유로 반드시 톈진에서 회담하라고 회훈(回訓)했다.[25]

메이지 18년 3월 14일에 이토 대사가 톈진에 도착했다. 에노모토 공사는 이튿날인 15일에 일본 영사관에서 만찬회를 열고 이홍장 등을 초청해서 이토 대사 등을 소개했다. 석상에서 이홍장은 에노모토 공사의 주장을 언급하면서 톈진 회담에 관해 상의했다. 대사는 자신이 국서를 소지하고 왔으므로 먼저 베이징에 가서 황제를 알현하고 국서를 봉정하지 않으면 회담에 들어갈 수 없고, 이는 국제적 관례라고 주의를 주었다. 이홍장은 군기처 훈령 때문에 직예총독으로서 임지를 떠나 베이징에 있을 수는 없다고 주장했다. 하지만 대사는 앞의 말을 반복하면서 국서를 직접 전달하기 전에는 회담할 수 없다고 하며 불응하고, 국서를 직접 전달한 다음에 다시 톈진에 와서 회담에 들어가도 무방하다는 뜻을 암시했다. 이홍장도 굳이 다툴 이유가 없었으므로 대사 일행의 진경(晉京)에 동의했다.[26]

이토 대사는 에노모토 공사와 함께 3월 17일에 톈진을 출발해서 퉁저우(通洲)를 거쳐 21일에 베이징에 들어가 공사관을 여관으로 삼았다. 23일에 대사는 에노모토 공사에게 명해서 황제 알현과 국서 봉정을 총리아문에 청하게 했다. 그런데 당시 덕종(德宗)이 아직 어려서 효흠황태후(孝欽皇太后)가 수렴청정을 하고 있었으므로 총리아문은 그 알현 요청을 거절하고, 국서는 정·부본 모두 총리아문에 대신 제출하는 것이 관례라고 설명했다. 에노모토 공사는 베이징 회담 문제의 절충을 위해 매우 노력했지만 총리아문은 응하지 않았다. 공사는 다시 청국 위원이 이토 대사와 동일한 전권을 부여받았는지의 여부를 질의했는데, 총리아문은 "이중당(李中堂)이 이미 전권의 명을 받아서 실제로 화압(畵押)과 개인(蓋印)의 권한을 갖고 있으니 반드시 화충(和衷)하게 정의(定議)할 수 있을 것"이라고 보증하고, 또 공문을 통해서 이를 조회하기로 약속했다.[27]

메이지 18년 3월 27일, 이토 대사는 에노모토 공사, 이노우에 참사원 의관, 이토 태정관대서기관, 데(鄭) 외무권대서기관 등을 거느리고 총리아문으로 가서 국서 및 한역문 정·부본을 관리총리각국사무아문사무(管理總理各國事務衙門事務) 경군왕 혁광에게 전달했다.

대일본국 대황제가 대청국 대황제에게 글을 보내노라. 작년 12월 조선국 한성의 변으로 인해 불행하게도 일청 양국 간에 교섭 안건이 생겼다. 짐은 이에 평소 신임하는 현능(賢能)한 대신 참의 겸 궁내경 훈일등 백작 이토 히로부미를 간택해서 특파전권대사에 임명하고, 전권을 내려서 대황제 궁궐에 나아가게 했다. 짐이 최선을 다해 바라는 것은 대황제가 특별히 간택한 대신과 화충(和衷)하게 상판(商辦)해서 타협에 이르는 것이다. 짐은 양국의 화(和)를 돈독히 해서 조체(阻滯)되는 바가 없기를 바라며, 또 대황제도 똑같이 인의(隣誼)를 마음에 두어서 더욱 우호를 빛나게 할 것을 잘 안다. 사신이 짐을 대신해서 호의를 아뢸 것이다. 수강(壽康)을 송하(頌賀)하는 날, 성심으로 서로 의존하면서 양국이 길이 그 경사에 힘입을 것을 깊이 흔열(欣悅)하노라.

진무 천황 즉위 기원 2545년, 메이지 18년 2월 25일에 도쿄 궁성에서 친히 기명(記名)하고 국새를 검인함.

어명(御名) 국새(國璽)

봉칙(奉勅) 외무경 백작 이노우에 가오루 [28]

국서 전달이 끝난 후 총리아문은 칙지를 받들어 성대한 연회를 열어서 대사를 대접했다. 이와 관련된 사실은 대사의 복명서에는 보이지 않지만, 선례에 따라 거행되었을 것으로 생각된다.

이윽고 음식을 물리고 나자, 이토 대사는 각서를 제시하면서 경군왕과 협판대학사 호부상서 염경명 등 각 대신에게 자신의 임무를 설명했다.

본 대신이 특파대사의 임무를 맡아서 일청교섭사의(日淸交涉事宜)를 변리(辨理)하게 된 것은, 우리 황제께서 밤낮으로 동양의 대국(大局)을 염려하사 교의(交誼)를 더욱 다질 것을 생각하셨기 때문입니다. 본 대신은 직책상 기무(機務)에 참여하고 궁정에서 밀물(密勿)[20]하고 있으니, 칙지를 받들어 주선해서 화호(和好)를 돈독히 할 것을 기약하고, 장계(長計)를 상의해서 원유(遠猷)를 더욱 넓혀서 혹시라도 감히 그르치지 않을 것이니, 비단 조선 안건만 변리(辨理)하는 데 그치는 것이 아닙니다. 조선의 일을 어떻게 변리할지는 심상한 교제통법(交際通法)과 이미 상의를 마친 안(案)들에 근거하면 됩니다. 우리 황제께서 특별히 단규(端揆)[21]를 간택하셔서 먼 길을 거쳐 이곳까지 보내신 것은, 성신(誠信)으로 서로 신뢰해서 앞으로 연(燕)나라와 월(越)나라가 서로 보듯 하던 폐단에 이르지 않기를 바라셨기 때문입니다. 우내

---

20) 밀물(密勿): 임금의 곁에서 부지런히 일하며 기밀에 참여함
21) 단규(端揆): 재상을 가리킨다. 조선에서는 특히 우의정을 뜻했다.

(宇內)의 대세가 고금에 일변해서 각국(各國) 교제(交際)가 서로 소장(消長)[22]합니다. 우리나라와 귀국은 동양에 우뚝 솟아서 보거(輔車)[23]의 관계일 뿐만이 아니니, 성신(誠信)으로 상대해서 점차 문명(文明)을 연마하고, 번갈아 복지(福祉)에 접근해야만 겨우 동양의 대국(大局)을 이룰 수 있을 것입니다. 귀 왕대신은 식견과 시각이 고원하시니 반드시 이미 이러한 뜻에 부합하는 바가 있을 것입니다. 조선 같은 경우는 우리나라가 우방으로 대해서, 인의(隣誼)를 후하게 하여 그 아름다움을 이루는 것을 도왔으니, 그것에 다른 뜻이 없음은 귀 정부 또한 양찰했을 것입니다. 그러나 작년 조선의 변으로 불행히 일청교섭 안건이 생겼습니다. 양국의 교의(交誼)에 관계되니 사정이 사소하지 않습니다. 귀 정부는 대국(大局)에 유의(留意)해서 공적으로 처판(處辦)하는 데 인색하지 않고, 아울러 선후사의(善後事宜)를 상의해서 영원한 교의(交誼)를 온전히 할 것으로 본 대신은 믿어 의심치 않습니다. 본 대신이 수도에 와서 귀 왕대신과 흉금을 터놓고 이야기할 수 있게 되었으니, 사령(使令)의 소재를 대략 밝히셔서 상부(相孚)[24]를 기약하십시오.[29]

이미 청 조정이 대학사 직예총독 이홍장에게 일청교섭에 관한 전권을 부여한 이상 이토 대사와 총리아문 대신들과의 회견은 의례적인 것에 그칠 것으로 생각됐지만, 에노모토 공사는 이것을 기회로 총리아문에서 어떤 언질을 얻어서 이홍장과의 회담을 보다 용이하게 만들려고 했던 것 같다. 그는 사전에 총리아문과 의견 교환을 제의했다. 총리아문은 대사의 주장을 듣는 것은 인정했지만, 자기 의견을 발표하는 것은 거절했다. 이렇게 해서 예비 회담이라고 하기도 어려운 극히 애매한 형식으로 일청회담이 베이징에서 시작됐다.[30]

3월 30일, 총리아문 대신 경군왕, 종실 복곤, 등승수는 고별을 위해 일본 공사관을 내방해서 이토 대사, 에노모토 공사와 회견을 가졌다. 대사는 27일자 각서의 취지를 부연해서 메이지 17년 12월 4일 변란의 기원을 설명하고, 일본 정부의 요구로 일청 양국의 공동철병, 주한 청국 장령(將領)의 징계, 그리고 일본인 피해자에 대한 배상 등 3개 조를 제시했다. 하지만 경군왕은 오직 대사의 말을 듣기만 할 뿐 이렇다 할 비평을 하지 않은 채, 대학사 이홍장과 일체를 상의해야 하며 그의 노성(老成)한 탁견이라면 큰 어려움 없이 타당한 결론을 맺을 것이라고 말하는 데 불과했다. 그런데 혈기왕성한 총리아문의

---

22) 소장(消長): 성쇠(盛衰), 변화(變化)
23) 보거(輔車): 수레의 덧방나무와 수레바퀴라는 뜻으로 사물 간의 관계가 밀접해서 떨어질 수 없음을 비유한다.
24) 상부(相孚): 서로 부합한다는 뜻의 상부(相符)와 의미가 같다.

소장대신 등승수가 이를 참지 못하고, 대사에게 지난 일은 더 이상 묻지 말고 앞으로의 사건에 관해서만 논해야 한다고 주장했기 때문에 이토 대사, 에노모토 공사들과 한바탕 논전이 벌어졌다. 경군왕과 등승수가 마지막으로 "양국이 서로 시의(猜疑)하는 생각을 품어서 신의로 교제하지 않고, 연나라와 월나라가 서로 보듯이 한 나머지 마침내 분쟁이 일어나서 한 집의 담장 안에서 싸우는 것 같은 일이 생긴다면, 타국이 그 기회를 틈타 어부지리를 얻을 것입니다. 현재 우리 대륙의 북방에 사나운 독수리가 있어서 눈을 부라리고 발톱을 갈면서 조선을 넘보고 있습니다. 조선은 우리나라의 번병(藩屏)임을 귀 대신은 부디 양찰하기 바랍니다."라고 하여 토론을 중지시켰다.[31]

이토 대사는 베이징에 체재한 열흘 동안 결국 당초의 목적을 달성하지 못하고, 메이지 18년 3월 31일에 에노모토 공사를 거느리고 베이징을 떠나 퉁저우를 경유하여 4월 2일에 톈진에 도착했다.[32]

1 指原安三,『明治政史』第十七篇 明治十七年. 이윽고 메이지 18년 2월 27일 이토 대사의 출발에 즈음해서 정부는 태정대신의 유고(諭告)를 각 지방장관에게 보내서 국민이 격앙한 나머지 과격한 수단을 사용하는 것을 계엄했다.(『善隣始末』卷一一.)

　　　작년 12월 조선 한성의 변에 있어서, 청국과의 교섭 건과 관련하여 이번에 이토 참의를 특파전권대사로 삼아 청국에 파견하고, 변리의 전권을 위임했다. 대체로 외국교섭이란 사체(事體)가 중대하므로 각국의 현재의 형세와 장래의 결과를 관찰해서 국가의 영원한 대계(大計)를 그르치지 않으며, 이웃나라와의 우호를 온전히 해서 선후(善後)의 방향을 취할 수 있는 예려(叡慮)가 있어야 하니, 각 관리는 조정의 뜻을 체인(體認)하라. 이러한 취지로 내유(內諭)함.

메이지 18년 2월 27일
태정대신 공작 산조 사네토미

2 『清光緒朝中日交涉史料』卷五(二一三) 北洋大臣來電,(二一四) 北洋大臣來電,(二一七) 軍機處奏片.

3 『清光緒朝中日交涉史料』卷五(二二一) 徐用儀鄧承修與榎本公使問答節略.

4 『清光緒朝中日交涉史料』卷五(二二八) 北洋大臣來電, (二三六) 附件一 總辦朝鮮商務道員陳樹棠稟, (二三八) 軍機處密寄直隷總督李鴻章等上諭,(二三九) 附件一 福錕徐用儀與榎本公使問答節略.

5 明治十七年十二月二十五日原天津駐在領事報告.

6 『善隣始末』卷一一.

7 『善隣始末』卷一一;『清光緒朝中日交涉史料』卷六(三六二) 出使日本大臣黎庶昌來電.

8 『善隣始末』卷一一.

9 『善隣始末』卷一一;『清光緒朝中日交涉史料』卷六(二六五) 發出使日本大臣黎庶昌電.

10 『清光緒朝中日交涉史料』卷六(二七四) 附件一 慶郡王等與榎本公使問答節略.

11 井上大使復命書.

12 『善隣始末』卷一一;『清光緒朝中日交涉史料』卷六(二七五) 軍機處寄黎庶昌諭旨;『清史稿』列傳 卷二三三 黎庶昌.

13 『善隣始末』卷一一.

14 『清光緒朝中日交涉史料』卷六(二七四) 附件一 慶郡王等與日使榎本問答節略.

15 伊藤參議意見書草案.

16 明治十八年一月七日榎本公使發吉田外務卿臨時代理宛報告.

17 『世外井上公傳』卷三 531~532쪽.

18 『善隣始末』卷一一.

19 『善隣始末』卷一一.

20 『清光緒朝中日交涉史料』卷七(三三一) 光緒十一年正月十一日北洋大臣來電.

　　　밀(密), 주일 서(徐) 공사가 초열흘날에 전보를 보내 왔는데 그 내용이 다음과 같습니다. "현지 고용 밀정이 다음과 같이 밀보했습니다. '일본 조정에서 이미 문원(文員) 이토와 무원(武員) 사이고를 중국으로 파견해서 사무를 의논하게 했습니다. 들으니 몇 가지 요구가 있지만, 우리가 조선에 있는 무변(武弁)을 징벌하기를 바라는 것과 중일 철병의 두 가지 사안이 극히 중요합니다. 이토는 주화론자고, 사이고는 겉은 주전론자이지만 속은 사실 주화론자입니다. 일본 조정은 다케조에의 잘못을 알고 있기 때문

에 본래 의논하기를 원치 않았습니다. 그런데 해군과 육군의 횡의(橫議)가 장애가 되어 크게 주저하다가 깊이 연구해서 두 사람을 간택한 것입니다. 그러므로 사이고를 파견해서 의논케 한 것은 대체로 무인들의 입을 막기 위해서입니다. 13일에 움직인다고 들었으나 확실한지 여부는 살피지 못했습니다.' 부디 총서에 전전(轉電)하시길 바랍니다." 홍(鴻), 진오(眞午)

21 『淸光緖朝中日交涉史料』 卷七(三五六)附件七 光緖十一年正月十五日徐承祖信一.

아룁니다. 작년 섣달 11일에 '이노우에 가오루 문답 초접(鈔摺)'이 첨부된 제3호 함(函)을 올리고, 같은 날 다시 '목질(木質) 관방(關防: 청대에 임시로 파견된 관리가 쓰던 장방형의 인장) 한 과(顆)를 첨부해서 제4호 서(書)와 자문(咨文) 2봉을 부쳤으니 이미 차례대로 받아보셨을 줄 압니다.

일본은 이노우에 가오루가 조선에서 돌아온 뒤로, 관리들이 중일 병투(兵鬪)의 사안으로 분분하게 쟁론하고 있는데, 문관들은 대부분 주화론이고 무관들은 대부분 주전론입니다. 하지만 이 나라의 집정자들은 다케조에가 불안하다는 것과, 이 나라의 현재 정형이 실로 흔단(釁端)을 열기 어렵다는 사실을 잘 알고 있습니다. 하지만 물의(物議)가 비등해서 모두 중국에 틈탈 기회가 있다면 놓쳐서는 안 된다고 생각하고 있습니다. 그래서 서력 2월 1일에 명령을 내려서 문무 관리들이 시골에 가서 유완(遊玩)한다는 구실로 회의를 열었는데, 10일에야 비로소 의정해서 주화(主和)하기로 결정했습니다. 어떤 의논이 있었는지는 기밀에 부치고 있기 때문에 탐문하기 어렵습니다만, 다만 조사한 바에 따르면 누군가가 주전론자를 반박하면서 말하길 "설령 중국에 이용할 만한 기회가 있더라도 혹시 우리가 군대를 일으켰을 때 중국이 프랑스와 화친해서 우리와 전쟁을 벌인다면 그때는 또 어떻게 대처할 것인가?"라고 하자 주전론자가 답변할 말이 궁했다고 합니다. 그래서 주화론자가 말하길, "중국과 일본이 영구히 화호(和好)하기를 바란다면, 반드시 미진한 각 사안을 타당하게 의논해야 비로소 온고(穩固)할 수 있을 것이다."라고 했다고 합니다.

그래서 이토 히로부미를 파견하는 것이니, 그는 전부터 중일의 대국(大局)이 동방의 강약에 관계됨을 잘 알고 있습니다. 일본 조정에서는 그 심지(心地)를 알기 때문에 이 임무를 내린 것입니다. 또 무변(武弁)의 마음을 복종시키기 어려울 것을 염려해서 사이고 쓰구미치를 함께 오게 했습니다. 이 사람은 일본의 육군중장으로 입으로는 "기회가 있으면 놓쳐서는 안 된다."고 하지만 심중으로는 여전히 화(和)를 주장하고 있습니다. 이것이 일본 조정에서 사절 파견에 있어 신중을 기한 실제 정형입니다.

13일에 이토에게 답배(答拜)했는데, 이토가 제게 간청하기를, 그가 평소에 중일 간에 화(和)가 필요하다고 극력 주장한 뜻과 이번의 봉명(奉命)에 그 초심을 잃지 않았음을 북양대신께 서함으로 알려서 우선 의심을 풀게 하고 그 추요(芻蕘: 미천한 자라는 뜻으로 자기의 말을 낮추는 겸사)의 헌의를 전해 달라고 했습니다. 그래서 중국과 일본이 한 집안처럼 돼서 서양인들이 감히 똑바로 쳐다보지 못하게 해야 비로소 평소의 소원이 이뤄질 것이라고 했습니다. 또 말하길, "작년 조선 경성에서 피차가 병쟁(兵爭)한 일로 말하자면, 비록 작은 일이지만 만약 피차가 군대를 계속 남겨서 조선에 함께 있게 한다면 장래 반드시 다사(多事)하게 될 것이니, 혹시라도 양국이 이로 인해 전쟁을 하는 것은 아무 가치도 없습니다. 또 러시아인이 어부지리를 얻을까 우려됩니다. 이번에 급히 의논을 하고자 하는 것은 대체로 이러한 계책을 막으려는 것일 뿐입니다."라고 했습니다. 그리고 또 "제가 몇 년 전에 영국과 러시아 양국에서 모두 증갈옹(曾劼翁: 曾紀澤을 가리킨다. 그의 字가 劼剛이다.)과 수차례 깊은 담화를 나눴습니다. 피차 자기 견해를 버리고 동서 각국의 정형을 통론(痛論)했습니다. 이를테면 류큐 사안도 다시 제기했는데 피차의 의견이 매우 잘 맞았습니다."라고 했습니다. 그는 중일 관계에 대해 성견(成見)이 전혀 없고 오직 중국과 일본이 일기(一氣: 한 편)로 연합해서 동방이 강승(强勝)하기만을 바란다고 했습니다. 제가 근래 두 달 동안 평시에 여러 사람들에게 평론을 구하니, 모두 이 사람이 전부터 우리와 화호(和好)하기를 원했다고 했습니다.

어제 일본 관보[우리의 경보(京報)와 같습니다.]를 보니, 일본 천황이 4월 중으로 후쿠오카(福岡) 현으로 가서 히로시마(廣島)와 구마모토(熊本)의 두 진(鎭)의 병조(兵操: 군사 조련)를 순열(巡閱)한다는 칙유가 실려 있었습니다. 제가 그 숨겨진 뜻을 추측해보건대, 사절을 파견해서 우리와 의논을 하더라도 그 성패 여부를 알 수 없고, 또 만약 현재 까닭 없이 군대를 조련하면 우리가 알 것이 두려웠을 것입니다. 그러므로 이 칙유를 의탁해서 두 진(鎭)의 군대의 조집(調集)을 편하게 한 것입니다. 그래서 만약 화호가 이뤄지면 조련을 살필 뿐이요, 실패한다면 즉시 군대를 발동하려는 것입니다. 아울러 탐문해보니, 해군과 육군 그리고 각처의 제조군화창(製造軍火廠)이 대단히 분주하고 어지럽다고 합니다. 일본인들은 성정이 궤휼(詭譎)하고 거동이 경조(輕躁)하니 우리나라도 사전에 예방해야 합니다.

이상 각 정형을 모두 대신 아뢰어 주시길 바랍니다. 대신께서 평안하시길 빕니다. 부디 굽어 살피십시오. 이만 줄입니다.

서승조 아룀

정월 15일

22 『伯爵伊東巳代治』卷上 78~80쪽.

23 『善隣始末』卷一一;『淸光緖朝中日交涉史料』卷七(三三八) 附件一 李鴻章來函·(三三九) 上諭·(三四○) 軍機處寄直隸總督李鴻章等上諭.

24 『淸光緖朝中日交涉史料』卷七(三三八) 附件一 李鴻章內函.

25 『善隣始末』卷一一;『淸光緖朝中日交涉史料』卷七(三四二) 北洋大臣來電, (三四五) 軍機處電寄李鴻章.

26 『善隣始末』卷一一;『淸光緖朝中日交涉史料』卷七(三五二) 北洋大臣來電

27 伊藤特派全權大使復命書.

28 『善隣始末』卷一一.

29 伊藤大使復命書.

30 伊藤大使復命書附屬書類北京晤談筆記第二四.

31 伊藤大使復命書附屬書類北京晤談筆記第二十四.

32 伊藤大使復命書.

톈진협약의 체결, 일청 양국군의 철수

　이토(伊藤) 특파대사와 에노모토 주청 공사는 메이지 18년 4월 2일에 톈진에 도착했다. 다음 날인 3일, 대사는 에노모토 공사, 이토(伊東) 태정관대서기관, 데(鄭) 외무권대서기관을 거느리고 직예총독아문에서 청국 전권위원 이홍장과 회견했다. 청국 방판전권위원(幇辦全權委員) 오대징과 속창, 그리고 통역관 오정방(吳廷芳)과 나풍록(羅豐祿)이 참석했고 회담은 모두 영어로 진행됐다. 즉, 이토 대사가 영어로 말하고, 이홍장이 지나어(支那語)로 말하면 오정방과 나풍록이 그것을 통역했다.[1]

　일청 양국 전권위원들은 회담에 들어가기에 앞서 각각 전권위임장을 제시했다. 이토 대사의 전권위임장은 다음과 같다.

　천우(天佑)를 보유하여 만세일계의 제조(帝祚)에 오른 대일본국 황제가 이 글을 보는 자에게 선시(宣示)하노라. 작년 12월 조선 한성의 변은 일이 일청 양국에 관계된다. 짐은 이에 신임하는 현능(賢能)한 대신 참의 겸 궁내경 훈일등 백작 이토 히로부미를 간택해서 특파전권대사에 임명하고 변리의 전권을 위임하여, 대청국의 전권대신과 전일(前日)의 안건을 의변(議辨)하고 선후(善後)의 방책을 타상(妥商)해서 편의하게 일에 따라 정약(訂約), 개인(蓋印)하게 했다. 그가 정정(訂定)하는 바는 짐이 친림(親臨)하여 처분하는 것과 다를 바 없으니 다시 비준을 요하지 않는다.

　진무천황 즉위 기원 2545년, 메이지 18년 2월 25일에 도쿄 궁성에서 친히 기명(記名)하고 국새를 검인함.

어명(御名)　국새(國璽)

봉칙(奉勅)　외무경 백작 이노우에 가오루[2]

이홍장이 제시한 전권위임장은 상유(上諭)의 형식을 취했다.

광서 11년 정월 25일○메이지 18년 3월 11일 상유를 받드노라. 대학사 직예총독 이홍장을 전권대신에 저작(著作)하니 일본 사신과 사무를 상의하라. 흠차(欽此).[1][3]

이토 대사는 청국의 전권위임장이 형식상 불완전하다는 것을 확인하고, 지난 메이지 18년 3월 27일에 총리아문이 공문으로 보증한 바 있는 '화압(畵押)과 개인(蓋印)의 권한을 갖고 있어서 화충(和衷)하게 정의(定議)할 수 있는' 권한을 가지고 있는지 질문했다. 이홍장은 상유문에는 그 말이 기재돼 있지 않지만 그 권한을 갖고 있다고 언명했다. 다만 그는 조약에 조인하는 권한은 있지만, 별도의 비준을 요한다는 점에서 이토 대사의 권한과 다른 부분이 있다고 설명했다. 이토 대사는 청국 정부가 비준을 구실로 시일을 천연(遷延)하면서 일단 체결된 조약을 사실상 폐기해 버릴 가능성을 우려했지만, 이홍장은 그런 염려는 할 필요가 없다고 주장했다.

서로 전권위임장을 제시하고 그 권한이 충분함을 확인한 후, 양국 전권은 드디어 본론으로 들어갔다. 먼저 이토 대사가 이번 교섭 안건을 두 가지로 나눠서 각각 장래와 과거의 문제로 구분한 후 3개 조의 요구를 제시했다.

우선 장래의 문제에 관해서 이토 대사는 다음과 같이 설명했다. "지금부터 4년 전에 조선 난민(亂民)이 우리 공사에게 폭행을 가하고 우리 사관(使館)을 불태운 일로 인해 그 정부와 조약을 맺고, 그에 따라 군대를 주둔했습니다. 그런데 그 조약은 영원히 존속될 성질의 것이 아니었습니다. 그러므로 작년에 그 군대의 반수를 철수시켜서, 이제 잔류한 군대가 겨우 1개 중대에 불과합니다. 그런데 각하께서 알고 계신 것처럼 작년 경성의 변에서 불행히도 귀국과 우리나라 양국 군대 사이에 전투가 발생해서 서로 점점 더 원험(怨嫌)을 품게 되었습니다. 이러한 진행이라면 앞으로 계속 양국 군대가 조선에 주둔할 경우, 형세상 저절로 귀국과 우리나라 양국 간의 화호(和好)가 손상되어 교제상 중대한 위험이 닥칠 것은 불을 보듯 빤합니다. 우리가 귀국과 영원히 화호를 유지하기를 바라는 정신을 갖고 있는 이상, 우리나라가 귀국에 대해 조선에 주찰(駐紮)한 귀국 군대를 철수하기를 바라는 것은 참으로 부득이한 일입니다." 다음으로 과거의 문제에 관해서는, "지난번 조선 변란 당시 우리 공사가 그 국왕의 요구에 응해서 군대를 이끌고 왕궁에 들어갔을 때, 귀국 장관(將官)이 우리 공사가 왕궁에 있는 것을 알면서도 대병(大兵)을

---

1) 흠차(欽此): 황제의 조서 말미에 관용적으로 붙는 상투어

이끌고 왕궁에 돌입했습니다. 그때 불행히도 귀국과 우리나라 양국 군대 사이에 쟁투 (爭鬪)가 야기됐습니다. 당시 귀국 장관이 상당한 시간 내 쌍방 협의를 다하기 위해서 무언가 조치를 했다면 필시 그와 같은 쟁투를 피할 수 있었을 것입니다. 그럼에도 불구하고 귀국 장관이 그 마땅히 다해야 할 바를 다하지 않았기 때문에 끝내 귀국 병사들이 우리 공사와 그 호위병을 향해서 공격하는 결과를 초래했던 것입니다. 그때 우리 공사와 호위병은 왕궁 안에 주둔해 있었고 귀국 병사는 왕궁 밖에서 틈입(闖入)했으니, 이 한 가지 일만 보더라도 귀국 병사는 공진(攻進)의 위치에 있고, 우리 병사는 방수(防守)의 위치에 있었음을 충분히 입증할 수 있습니다. 우리 정부는 이 공격이 우리 국위(國威)에 직접적으로 큰 손해를 입혔다고 인식하고 있습니다. 이 때문에 우리 정부는 이러한 공격을 하라고 부당한 지휘를 한 귀국 장관의 책벌(責罰)을 부득이 귀국 정부에 요구하지 않을 수 없습니다. 그리고 그밖에 귀국의 주둔병이 조선에 재류한 우리 신민을 참각(慘刻)하게 살해하거나 재물을 약탈하는 등 폭행을 가한 일과 관련해서는, 다시 그에 상당하는 만족스러운 조치를 해주길 바랍니다."

이와 같은 이토 대사의 설명에 대해 이홍장이 질문하자, 대사가 보충 설명을 해서 일본 정부의 요구의 전모를 분명히 했다. 즉, 장래에 관해서는 (1) 청국 군대뿐만 아니라, 일본 정부는 조약상 권리가 있음에도 불구하고 공사관 경비대를 동시에 공동철병할 준비가 돼 있다는 것, 그리고 과거에 관해서는 (2) 일본 공사에게 발포하고, 휘하 병원(兵員)의 폭행을 금지하지 않은 주한 청국 장령(將領)의 징계, (3) 일본 조난민(遭難民)에 대한 손해배상 등 3개 조항이었다.

이토 대사의 설명이 끝나자, 이홍장은 일본 정부에서 요구하는 세 가지 조건은 일청 양국 군대의 충돌이 전제가 되기 때문에 신중하고 공평하게 조선사변의 성질을 따져서 책임 소재를 규명할 필요가 있다고 전제한 후, 조선에 파견한 청국 대원(大員)의 보고, 조선국왕의 조회, 조선 사신의 상신서(上申書)에 기초해서 조목조목 사변 발생과 관련한 다케조에 공사의 행동, 조선 재상의 살해 및 일청 양국 군대의 충돌에 관해 논했다. 이홍장의 비난은 다케조에 공사의 대병입위(帶兵入衛)[2]에 집중됐는데, 이토 대사는 국왕이 친서로 요청한 것이라고 응수했다. 요컨대 첫째 날의 회담은 일본 전권의 요구 사항 제시와 그 설명을 중심으로 진행돼서 미처 본론에 들어가지 못한 채 마무리됐다.[4]

---

2) 대병입위(帶兵入衛): 군대를 거느리고 궁궐에 들어와서 고종을 호위한 일을 가리킨다.

제2차 회담은 4월 5일에 톈진 일본영사관에서 열렸다. 참석한 인원은 전날과 같았다. 제2차 회담에서는 점점 더 구체적인 논의로 들어갔고, 오대징과 속창 두 방판(幇判)이 현지 조사한 대원(大員)으로서 이홍장을 보좌했으므로 논전은 바로 가열 양상을 보였다. 가장 먼저 논의된 것은 앞선 회담에 이어서 다케조에 공사의 입위(入衛) 문제였다. 이토 대사는 그것이 조선국왕의 친서를 통한 요청에 따른 것이라고 주장했지만, 이홍장은 그것은 난당(亂黨)의 가짜 교지라고 반박하고 그 증거로 메이지 18년 1월 6일에 조선국왕이 오대징, 속창 두 흠차에게 보낸 자회(咨會)를 제시했다.

조선국왕이 자복(咨覆)함.

이번 달 20일에○메이지 18년 1월 5일 귀 대신이 일체 사건의 사명(査明)을 요청한 자문을 받았습니다. 17일의 변을 조사하니, 난당(亂黨) 김옥균, 박영효 등이 일본 군대를 부를 것을 청했는데 그 공동(恐動)하는 것이 지극했습니다. 본 국왕이 고집하면서 불허하자 옥균 등이 끝내 스스로 네 글자를 쓴 것이니, 본 국왕이 아는 바가 아닙니다. 또 들으니 서명, 검인한 본(本)이 있다고 하는데 그 말은 더욱 근리(近理)하지 않습니다. 어찌 하나의 일에 두 가지 근거가 있어서 도리어 수십 일 뒤에 나올 수 있습니까? 18일에 환궁한 후 본 국왕은 일본 공사에게 전유(傳諭)해서 즉시 군대를 거두어 물러가게 했습니다. 궁중의 상하가 모두 철병을 원했는데, 공사는 보호를 구실로 끝내 군대를 물리지 않았습니다. 19일 아침에 다시 전날의 칙유를 반복했지만, 난당이 극력 불가하다고 하면서 파지(把持)[3]하는 것이 더욱 엄밀해졌습니다. 청국 병사들이 변란을 일으켰다는 설은 더욱 이치에서 벗어납니다. 10월 17일과 18일 이틀 사이에 일본 병사들은 전부 궁궐 안에 있어서 문밖에 나갈 겨를이 없었고, 중국 병사들은 군영을 지키면서 변을 관망하여 일찍이 천동(擅動)[4]한 적이 없었으니 피차 서로 만날 연유가 없습니다. 19일 이후로 여항(閭巷)의 소민(小民)들이 맨주먹을 휘두르면서 분풀이를 해서 도처에서 소란이 일었지만, 중국 군대는 일찌감치 부대를 수습해서 군영 밖으로 나오지 않았으니 무슨 난이 있을 수 있겠습니까? 19일에 오 제독 등이 군대를 인솔해서 입위(入衛)했을 때, 당시 본 국왕은 바깥 동정을 알지 못하고 오직 일본 병사들이 궁궐 안에서 어지럽게 총을 쏘는 것만 보았습니다. 나중에 소문을 들으니, 중국 병사들이 대현문(待賢門)에 도달했을 때 몇 사람이 총에 맞아서 쓰러졌는데, 그런 후에야 비로소 발포해서 반격했다고 하니, 그것은 보호하는 데 마음을 둬서 역공(力攻)을 불편하게 여겼기 때문입니다.

---

3) 파지(把持): 손에 꼭 움켜쥔다는 뜻으로, 여기서는 고종의 신병을 잡아둔 채 놓아주지 않았다는 의미이다.
4) 천동(擅動): 멋대로 움직임

이러한 연유로 문서를 갖추어 자복(咨覆)하니, 귀 대신은 살펴보신 후 판단하시길 바랍니다.

이상과 같이 흠차에게 조회함. 회관북양사의대신(會辦北洋事宜大臣) 도찰원(都察院) 좌부도어사(左副都御史) 오대징, ·관리봉천해방대신(辦理奉天海防大臣) 양회염운사(兩淮鹽運使) 속창

광서 10년 11월 21일○메이지 18년 1월 6일5

이홍장은 이 공문이야말로 조선국왕이 그 권한에 기초해서 자발적으로 어보(御寶)를 검인하여 청국 흠차에게 보낸 것이기 때문에 이론상 절대적인 증거능력을 갖는다고 주장했다. 이토 대사는 다케조에 공사 또한 조선 주차(駐箚)의 명을 받은 변리공사이므로 조선국왕이 그에게 보낸 친서가 이론상 절대적인 증거능력을 갖는다고 주장하고, 또 조선국왕이 오대징, 속창 두 흠차에게 보낸 공문은 사변 이후에 사정이 완전히 일변한 상태에서 발송한 것이기 때문에 이 공문을 근거로 다케조에 공사의 책임을 논해서는 안 된다고 반박했다. 원래 이 자회(咨會)는 사변 이후에 국왕이 청 조정에서 책임을 추궁당할 것을 두려워해서 오직 청 조정의 뜻에 영합하는 데 급급했던 속사정을 반영하는 것으로, 그것이 사실과 다르다는 것은 이홍장도 충분히 알고 있었다. 따라서 이홍장은 절대적 증거능력을 갖는 서류로 이 공문을 제출하면서도 오히려 다케조에 공사의 책임에 관한 토론을 중단하고, "본 대신은 각하께 충고하고 싶은 것이 있습니다. 다름이 아니라, 귀국과 우리나라 쌍방이 힘껏 문의(問議)의 착종(錯綜)을 피해서 함께 협의를 다해야 한다는 것입니다. 본 대신의 소견에 따르면, 귀국 공사도 우리 장관(將官)과 더불어 어느 정도의 허물을 책망 받지 않을 수 없습니다. 처음 변란이 일어났을 때, 우리 정부는 실로 그런 사건이 생기리라고는 생각지도 못했고 전혀 상상 밖이었습니다. 그러므로 그 보고를 받고서야 비로소 전말을 알게 된 것이니, 아마 귀 정부 또한 마찬가지였을 것입니다. 귀국과 우리나라가 같은 처지에 있으니, 가능한 한 협의를 이뤄서 갈등을 피하고, 그리하여 쌍방 의견이 다른 부분은 묶어두고 타협을 이루는 것에 주의하지 않으면 안 됩니다."라고 말했다. 다케조에 공사의 입위(入衛) 책임론은 일본 측 주장의 가장 취약한 부분이었으므로, 그 정당성을 입증하려고 하면 무리가 생길 수밖에 없었다. 따라서 이홍장에게서 이와 같은 충고를 받자 이토 대사도 기꺼이 동의하였다.

다음으로 메이지 17년 12월 6일 창덕궁에서의 일청 양국 군대의 충돌 문제로 들어갔다. 이토 대사는 창덕궁의 배치도를 가리키면서 열세인 일본군이 먼저 우세한 청국군의 공격을 받은 정황을 상세하게 설명했다. 이홍장은 당일 새벽에 오조유 통령이 다케조에 공사에게 신함(信函)을 보내서 창덕궁 진입 의사를 통고했지만, 오후 3시가 될 때까지

회답이 없었기 때문에 마침내 충돌이 빚어진 것이라고 하면서 다케조에 공사와 시마무라 서기관의 태만에 그 책임을 돌렸다. 이토 대사는 오 통령의 신함이 오후 3시 양국 군대가 충돌하기 직전에 다케조에 공사에게 도착해서 열어볼 겨를도 없이 교전 상태에 들어간 사실을 설명하면서 문제의 신함(信函) 원본을 제시했다. 이홍장이 그것을 살펴보니 자신의 주장과는 반대로 발송 연월일시가 기입돼 있지 않았다. 적어도 이 점에서 이홍장은 이토 대사의 주장을 인정하지 않을 수 없었다. 하지만 그럼에도 불구하고 이홍장은 계속해서 다케조에 공사가 군대를 이끌고 입위(入衛)할 적에 조선 통리아문에 조회하거나 청의 장령(將領)에게 통고하지 않은 절차상의 문제점을 비난하고, 또 청국군의 출동은 조선 관민의 애원에 따른 것으로 부득이한 사정이 있었으며, 일본군과의 충돌을 회피할 수 있는 모든 수단을 강구했음에도 불구하고 먼저 사격을 받은 사실을 상세히 논했다. 이토 대사는 다케조에 공사가 조선 통리아문과 청의 장령에게 통고하지 않은 사실이 청군이 일본 공사에게 발포하고 일본 국기의 존엄을 훼손한 이유는 될 수 없다고 단언하고, 다시 창덕궁의 외부는 조선 병사들이 수비를 맡았기 때문에 내부에 있던 일본군이 먼저 청군에 직접 사격을 가하는 것은 불가능하다고 주장했다. 이 문제는 피차가 모두 교전 현장에 있었던 것이 아니라, 전적으로 상반된 군대 지휘관의 보고에 기초해서 토의하는 것이었기 때문에 양측의 의견은 도저히 일치할 가망이 없었다.

일청 양국 군대의 충돌 문제와 관련해서, 이토 대사는 일본인 비전투원의 참살 문제를 제기하여 그 증거로 피해자 혼다 슈노스케(本多收之助)의 처, 오쿠가와 요시타로(奧川嘉太郞)의 처, 슈야마 도쿠쿠라(須山德藏), 아라키 센노스케(荒木仙之助)의 진술서 영역문을 제시했다.[6]

오대징과 속창은 현장조사 책임자로서 경성에 체재하는 동안 다케조에 공사에게서도 그러한 사실은 들은 적이 없고, 또 조선국왕이나 경성 주재 각국 영사도 청국 병사들의 폭행을 부인하고 있다고 주장했지만, 이토 대사는 피해자들의 구공(口供)은 충분한 증거능력을 갖기 때문에 이것을 반증하려면 마찬가지로 확실한 증거를 제시해야 한다고 요구하고 회담을 끝냈다.[7]

제3차 회담은 4월 7일에 톈진 수사영무처(水師營務處)에서 열렸다. 양국 전권의 주장의 요지는 2차 회담에서 이미 분명해졌다. 제3차 회담은 피차가 서로 양보해서 타협점에 도달할 순서였다. 이토 대사는 제1차, 제2차 회담에서 토의된 내용의 요점을 열거하고, 거듭 자신의 의견을 진술한 후 이홍장의 명확한 답변을 요구했다. 이홍장은 청의 장령(將領)이 일본 공사에게 발포를 명령한 사실, 그리고 청국 병사들이 일본 거류민을 약탈, 살해한 사실은 듣지 못했다고 주장하고, 다시 "본 대신은 제1차 회합에서 한병(韓兵)의 정복(正服)이 우리 병사의 정복과 매우 유사하다는 것을 말했습니다. 실제로 귀국 신민에게 흉포한 행위를 저지른 자가 한병(韓兵)이 아니라면 혹시 우리 상민(商民)일지도 모르겠습니다. 그래서 그 피해를 당한 귀국 신민이 우리 상민을 우리나라 병변(兵弁)이라고 오인한 것이 아닙니까? 그렇지만 각하께서 상세하게 말씀하신 것처럼 우리나라의 주둔병이 실제로 흉포한 행동을 범한 사실이 있다면 우리 장관(將官)이 그 책임을 지지 않을 수 없으나, 조난자들의 구공(口供)을 보면 대부분 청한 양국 병사를 판별하지 못하는 부녀자들의 공술(供述)입니다. 청한 양국 병사는 복장이 유사할 뿐만 아니라 휴대하는 총 등도 차이가 없습니다."라고 말했다. 이토 대사는 부녀자의 증언도 법률상 남자의 증언과 동일한 효력을 갖는다는 사실을 지적하고, 한갓 말로만 논쟁하지 말고 반증을 제시하라고 요구했다. 이홍장은 이 문제에 관해서는 대단히 곤혹스런 기색을 보이며 논쟁을 회피하려고 애썼다. 그는 '청국 병사들의 흉행(兇行) 같은 것은 오대징, 속창을 비롯한 관계 관헌들로부터 보고받은 적이 없다. 지금 각하의 요구에 따라 확증이 없는 상태에서 청의 장령에게 징계를 가하고 일본인 피해자에게 배상한다면, 바로 어사(御史)의 탄핵을 당해서 지위를 보전할 수 없을 것이다.'라고 말했다. 그리하여 토론은 점차 지엽적인 문제로 들어가서 세세한 부분을 따지는 데 이르렀다. 이토 대사는 '오늘 회담에서 피차 논란은 이미 다했으니 다음 회담에서 명백한 결답(決答)을 주길 바란다.'고 요구했다. 이홍장은 대사에게 "며칠간 서로 토론한 이상 어떻게든 협의를 마치지 않을 수 없습니다. 그런데 전날 각하는 사명(使命)의 목적이 크게 나눠서 두 가지가 있는데, 하나는 과거에 속하고 다른 하나는 장래에 속한다고 했습니다. 그런데 각하는 두 가지 중에서 어느 것을 중시하고 어느 것을 경시하는 것입니까?"라고 하면서 주의를 환기했다. 이홍장의 의도는 장래의 공동철병을 취하되, 과거에 속하는 주한 청국 장령의 징계와 피해자에 대한 손해배상을 단념하라는 것이었고, 그렇지 않을 경우에는 교섭 결렬 외에 다른 방법이 없음을 경고하는 것이었다. 그러나 이토 대사는 즉시 이 제안을 거절했다. 그는 "본 대신이 말한 두 가지 목적은 모두 양국의 화호(和好)를 존속하는 데 불가결한 것들이니, 양자 사이에 경중은 없으며 양쪽 모두 중대합니다. 만약 그 하나를 완수하더라도 다른 하나를 빠뜨린다면 그것은 두말할 것도 없이 본 대신이 기뻐하는 바가 아니니, 오직 바라는 것은 두 가지가 모두 시행돼서 화호(和好)를 중시하는 우리나라의 평소의 뜻에 부응하는 데 있습니다."라고 했다. 이홍장은 두 가지를 동시에 실행하기는 어렵다고 하면서 대사의 재고를 요구했지만, 대사는 동의하지 않았다. 이리하여 제3차 회담은 양자의 의견이 여전히 대립된 채 끝났다.

텐진에서의 일청 회담은 세 차례를 거치면서 완전히 암초에 걸렸다. 이토 대사는 4월 9일 밤 에노모토 공사에게 명해서, 이홍장을 방문하여 국면의 전환을 도모하게 했다. 이홍장은 공동철병에 관해서는 동의를 표했지만, 재한 장령(將領)의 징계와 피해자 배상의 두 가지 건에 대해서는 여전히 청국 병사들의 폭행을 인정할 수 없고, 일본인 피해자의 공술을 유일한 증거로 삼기 어렵다고 주장하면서 동의하지 않았다. 에노모토 공사는 마지막으로 "본사(本使)가 생각건대, 이번 담판에서 철병 한 가지 일만을 승낙하는 데 그친다면 본사의 사명(使命)은 순조롭지 않을 것이니, 대사는 부득이 귀국해서 복명해야만 합니다. 일이 그 지경에 이르면 양국의 평화를 보존하기는 매우 어려울 것입니다. 그것이 본사가 우려하는 바입니다."라고 했지만, 이홍장은 "철병을 승낙한 것은 중국이 귀국과의 보화(保和)를 중시하는 후의에서 나온 것입니다. 그런데도 대사가 만족스럽지 못한 것으로 간주해서 귀국한다면 우리도 어쩔 수 없이 전쟁 준비에 착수하는 것 말고는 다른 수단이 없습니다."라고 응수했다.[8]

에노모토 공사의 절충은 도리어 교섭의 전도에 난관이 많다는 것을 확인한 정도에 그치고 말았다. 원래 외무경 내훈에 따르면 이토 대사에게 부여된 임무는 공동철병과 조선 주재 청국 장령의 징계 두 가지였을 뿐, 피해자 배상은 포함돼 있지 않았다. 아마도 피해자 배상 건은 일본 외무당국에서 실현이 어려울 것으로 예상해서 훈령에 기재하지 않고, 외무경이 구두로 전달하면서 그 제출 여부를 대사의 재량에 일임했던 것 같다. 이런 관계도 있어서, 대사는 3월 30일 베이징에서의 경군왕 이하 총리아문 대신들과의 회견 석상에서 "그 밖에 우리 병사는 아니지만, 조선의 경성 거주 상민들 및 기타 자기 상업을 운영하거나 사적 용무로 조선에 기류(羈留)[5]하던 자들, 즉 자기 힘으로 방어할 수 없는 자들이 조선인들에게 많이 살해당했고, 또 몇 명은 귀국 병사들에게 살해당했습니다. 이 잔살(殘殺)당한 우리 신민들을 위해 우리나라에서 승낙할 만한 지당한 만족을 귀정부에 요구하는 것은, 우리 정부의 입장에서는 당연한 요구라고 생각되므로 이를 귀정부에 제출해서 담판을 매듭짓고자 합니다."라고 말했다. 그런데 총리아문에서는 이

---

5) 기류(羈留): 잠시 들러서 머무름

말이 피해자에 대한 손해배상을 의미하는 것으로는 생각하지 않아서 일본 대사의 요구 조건으로 앞의 두 가지만 북양에 통지했다. 그래서 이홍장은 이토 대사에게서 배상 요구를 듣고는 이 신규 요구에 대해 한때 난색을 표시하기까지 했다.[9]

이토 대사가 제출한 3개 조건 가운데 공동철병은 이미 양국 정부 간 양해가 이뤄져 있었기 때문에 그것을 협의하기 위해 일부러 베이징과 톈진까지 갈 필요가 없었다. 따라서 다른 두 조건이 승인되지 않는다면 대사로서의 사명을 완수했다고 할 수 없었다. 대사는 에노모토 공사의 보고를 듣고 교섭 결렬 외에는 다른 방도가 없음을 깨달았다. 그는 이튿날인 4월 9일에 이노우에 외무경에게 다음과 같이 타전해서 그 결심을 알렸다.

졸자(拙者)가 지금까지 세 차례의 담판에서 우리 문제를 충분히 토론해서 쌍방의 사정이 명백해졌습니다. 또 이 씨가 자기 의론을 유지하려고 제출한 반대설 및 여러 증거들도 매우 빈약해서 승인하기 어려웠습니다. 그래서 어젯밤에 에노모토 공사로 하여금 은밀히 이 씨의 뜻을 탐문하게 하니, 그는 자기 논봉(論鋒)의 취약성에도 불구하고, 조금도 우리 요구에 따르려는 뜻이 없이 오직 철병 한 가지 조항에만 동의하려는 것 같습니다.

내일 다음 담판을 열 예정이지만 만일 전술한 바와 같다면, 그때 졸자는 이 씨에게 장관(將官)의 처벌과 우리 인민에게 상당한 배상을 하는 것의 2개 조항에 관해서 양여(讓與) 처분을 할 의향이 있는지 최종 결정을 촉구하지 않을 수 없습니다. 그 후 만일 이 씨가 완전히 이러한 요구를 거절할 때는 졸사(拙使)의 사명(使命)은 모두 무용지물이 될 것임을 생각하라고 하고, 가능한 한 신속하게 이곳에서 출발할 것입니다. 전술한 것처럼 이 씨의 거동은 프랑스와의 강화조약의 성립에 기인한 것이 명백합니다.[10]

이홍장의 강경한 태도 변화에 대한 이토 대사의 관측은 반드시 타당하지만은 않았다. 왜냐하면 이홍장이야말로 이번 일청회담의 신속한 타결을 가장 바라고 있었기 때문이다. 첫 번째로 이홍장이 조선에 주둔한 회용(淮勇) 3개 영(營)의 철수를 하루라도 빨리 서둘러야 할 필요성을 느끼고 있었다는 것은 이미 서술한 바와 같다. 만약 회담이 성사되지 않은 채로 끝난다면 철군은 무기한 연장될 수밖에 없었다. 당시 청국의 군제(軍制)로 볼 때 다른 병용(兵勇)으로 직예총독 휘하의 회용(淮勇)과 교대하기는 매우 어려웠다. 이 것이 전국의 군대가 모두 육군성의 통제에 복속되어, 전명(電命)을 한 번 내리는 것만으로 필요한 부대를 수시로 파견하고 또 교대할 수 있었던 일본군과 근본적으로 다른 점이었다. 따라서 철병 문제에 관해 말하자면, 교섭이 결렬될 경우 청에 극도로 불리하고 일본에 유리하리라는 것을 예상할 수 있다. 두 번째로 이홍장의 정치적 입장을 고려하지 않을 수 없다. 당시 이홍장은 청불사건 이래로 여러 차례 외교적 실착을 빚어서 그 위망이 손상됐지만, 효흠태후의 비호 덕분에 그 지위를 보존할 수 있었다. 따라서 만일 이번 회담이 결렬된다면, 그는 다시 외교적 실패에 따른 책임 추궁을 면하기 어려웠다. 그에 반해 이토 대사는 회담 결렬의 책임을 이홍장에게 돌려서 대외 강경책을 주장하는 여론에 교묘하게 편승한다면 자신의 정치적 지위를 조금도 잃을 우려가 없었다.

이홍장은 명민한 정치가였다. 그는 4월 8일의 제3차 회담을 통해서, 이토 대사는 공동철병 1개 조의 협정만으로는 도저히 만족하지 않을 것이므로 나머지 2개 조건 중에서 청국 측에서 적어도 하나를 수락하지 않으면 교섭은 끝내 결렬되리라는 것을 직감했다. 그렇지만 전술한 것처럼 재한 장령(將領)의 징계는 총리아문의 훈령에 따라 금지됐으므로, 이홍장은 이토 대사가 제출한 피해자 공술서에 있는 7명의 피해자에 한해 우휼(優卹)의 은냥을 지급함으로써 이토 대사의 체면을 살리고, 교섭 결렬을 막아보고자 했다. 그는 바로 4월 8일 에노모토 공사와의 회견 전에 이미 총리아문에 교섭 경과를 보고하고, 타협 조건에 관해 청훈(請訓)했다.

> 은밀히 아룁니다. 이번 달 18, 20일에○광서 11년 2월 18일, 20일, 메이지 18년 4월 3일, 5일 일사(日使) 이토와 변론한 절략(節略)을 이미 초록해서 올렸습니다. 22일○4월 7일 신각(申刻), 이토와 에노모토가 다시 와서 회담을 가졌는데, 그 기색은 비록 온화했지만 그 말은 더욱 따지고 들었습니다. 그날 가졌던 문답의 촬요(撮要)를 초록해서 올리니 살펴보시길 바랍니다. 그 회담이 조선에 있는 일본 상민들이 우리 병사들에게 상해를 당했다는 대목에 이르렀을 때, 홍(鴻)은○이홍장 "일본인들의 구공(口供)은 빙신(憑信)할 수 없다. 오대징과 속창 두 사신이 조선에 주재한 한 달여 동안 그 흔적조차 볼 수 없었으니 갑자기 배휼(賠卹)을 논의하기 어렵다."라고 말했습니다. 그러자 이토의 말과 기색이 발끈하면서 반상(半晌)[6] 동안 아무 말도 없었으니 마치 크게 실망한 듯 했습니다. 그리고 25일에○4월 10일 다시 와서 회의하기로 약속하고, 아울러 "이번 회의를 마친 다음에 행동을 결정하겠다."라고 했습니다.
>
> 정형(情形)을 헤아려보건대, 영관(營官)의 의처(議處)[7]와 난민(難民)의 배휼(賠卹) 두 가지를 원하는 대로 다 해줄 순 없으나, 반드시 윤허를 구한다면 그 하나를 들어줘서 상황을 바꾸

---

6) 반상(半晌): 한나절. 오랜 시간
7) 의처(議處): 죄인에 대한 벌이나 처분 등을 의논해서 정함

어 화국(和局)을 다질 수 있을 것입니다.[8] 다만 우리 군대의 입궁(入宮)과 보호는 명분이 바르고 말이 이치에 순하며, 교전(交戰) 또한 부득이했습니다. 조선 왕과 그 관민의 감대(感戴)[9]가 모두 지성(至誠)에서 나온 것이니, 단연코 다시 징계 처분을 내릴 이유가 없습니다. 저들이 제시한 난민들의 구공(口供)은 영문(英文)으로 쓰고, 번각(繙刻)해서 문서를 만든 것이니 오랫동안 배상을 얻는 데 뜻을 두어왔음을 대략 알 수 있습니다. 그러나 구공에서 조난을 당했다는 7명이 모두 부상당하거나 사망한 자들이 아니며, 오히려 억측한 말들이 많습니다. 그러므로 그것이 영병(營兵)의 소행인지, 아니면 떠도는 병사나 부랑자 혹은 조선인의 소행인지 모두 억측하기 어렵고, 또한 거슬러 조사할 방법도 없습니다. 설령 은혜를 베풀어서 우휼(優卹)하더라도 수만 원(元)을 넘지 않을 것이니, 시기를 살펴서 응낙 여부를 의판(議判)하시고, 또한 저들이 회담을 결렬시키고 스스로 떠나가는 대로 놔둘 것인지의 여부를 부디 신속하게 전주(轉奏)해서 칙지를 청하여 준행(遵行)하시길 바랍니다. 아울러 당일로 비밀리에 전복(電覆)을 내려주시길 바랍니다. 화압(畫押)을 다시 법의(法議)한 일은 요사이 각국의 관리와 상민들이 모두 알고 있으니, 이토 등이 비록 물어오지는 않았지만 반드시 들었을 것입니다. 은밀히 속마음을 아룁니다. 2월 23일○4월 8일[11]

이홍장은 당일로 회훈(回訓)을 요청했다. 하지만 총리아문은 군기처에 자문(諮問)한 다음에 다시 황태후의 칙지를 받아야만 했다. 청 조정에서도 회담 결렬을 이롭지 않게 생각했고, 그러한 결말을 피하기 위해서는 어느 정도의 양보가 필요하며 아울러 이홍장의 제의가 비교적 무난하다는 것을 인정했다. 그러나 피해자에 대한 배상은 동시에 청국 병사들의 폭행을 인정하는 것이었고, 더 나아가서는 재한 장령(將領)의 책임 문제를 야기할 수 있음을 염려했던 것 같다. 청 조정에서는 오히려 조선국왕에게 조유(詔諭)해서 피해자의 손해배상금을 더 지불하게 한 다음에 그 차액을 청국에서 지불한다는 중간안을 채택하고, 4월 10일에 이홍장에게 회훈(回訓)했다.

밀(密). 조선의 방영(防營)에는 전혀 착오가 없었으니 일사(日使)가 청한 징계 처분은 단연코 시행할 수 없다. 중일 병사 모두 사망자가 있으니 거듭 논의할 필요가 없다. 피해를 당한

---

8) 원문에는 이 구절이 "兩層縱不能悉 如所請須求酌允 其一俾轉場而固和局"으로 되어 있는데 이 인용문의 출전인 『清光緒朝中日交涉史料』 7권 363번 부건 1. "李鴻章信"에 따르면 '得'자가 누락되어 있다. 이 경우 구두는 "其一俾得 轉場而固和局"이 된다. 또 앞의 구절 역시 구두가 잘못 되었는데, "兩層縱不能悉如所請 須求酌允"라고 해야 옳다.
9) 감대(感戴): 감격해서 떠받듦

상민은 조선에 조유(詔諭)해서 무휼(撫卹)을 더해주되 임의로 많이 찾아내지 말라고 했다. 그 나라는 몇 년간 다사(多事)했으니 이 항목의 은냥은 중국에서 발급해서 조선으로 보낼 것이다. 철병에 관한 사안은 타당하게 의논한 후 전달(電達)하라. 유(有).[12]

일본 정부에서 요구한 피해자 손해배상은 처음부터 이론상 그 정당성을 주장한 것이었으므로 명의(名義)야 어떻든지 간에 은냥(銀兩)만 받으면 된다고 말할 수 있는 성질의 것이 아니었다. 이 점에서 총리아문의 회훈(回訓)은 이홍장이 훈령을 청한 진의를 오해한 것이었다. 이홍장이 이 훈전(訓電)에 곤혹스러워하면서 따르지 않은 것도 당연했다.

제4차 회담은 4월 10일 오후에 직예총독아문에서 열렸다. 이토 대사는 최후의 결의를 하고 회담에 임했다.

회담 초두에 이홍장은 전체적인 논의에 들어가는 것을 피해서 먼저 철병 건을 토론하기를 희망했으며, 이토 대사도 동의했다. 이홍장은 전날 에노모토 공사와의 협의에 따라, 도쿄에서 이노우에 외무경과 서승조 공사 사이에 비공식 회담이 있었다는 것을 이유로 일청 양국군의 공동철병을 제의했다. 이토 대사는 이에 동의하고, 또 양국 모두 조선에 주둔해 있는 군대 전원을 철수할 것을 재차 제의했다. 그런데 이홍장은 조선국왕의 간청을 이유로 내세워서 주방조선회용(駐防朝鮮淮勇)에서 파총(把總), 외위(外委) 등 하급 무관 20명을 선발해서 조선에 머물면서 조선 연군(練軍) 사영(四營)의 훈련을 담당하게 하고, 그것이 끝나기를 기다렸다가 일제히 귀국시키는 방식을 제의했다. 이토 대사는 이 제안을 단호하게 거부했다. 만약 조선 군대의 교관이라는 명목으로 청국 무관을 잔류시킨다면 그 교관은 유사시에 바로 조선 각영(各營)의 간부로 변신할 우려가 있었다. 따라서 이홍장이 이 제의를 철회하지 않는다면 일본 정부도 동일한 특권을 요구하지 않을 수 없었다. "우리나라에는 육군 사관 중에 나이가 젊어서 강용(剛勇), 표한(慓悍)[10]하며, 우리나라에 있으면서 거의 일이 없는 것에 고민하여 언제나 비육지탄(髀肉之嘆)[11]을 품고 있는 자들을 이루 다 헤아릴 수가 없습니다. 이러한 무리로 말하자면 조선국왕의 초대가 없어도 자비를 들여서라도 조선으로 달려가 벼슬길을 구하려고 할 것입니다. 만약 이러한 무리를 조선에 보내서 조선의 사졸을 교도(敎導)하게 한다면, 조선 당

---

10) 표한(慓悍): 사납고 날램
11) 비육지탄(髀肉之嘆): 하는 일이 없이 헛되이 시간만 보내서 허벅다리에 살이 찌는 것을 탄식한다는 뜻으로, 중국 삼국시대 유비(劉備)가 한 말이다.

파의 알력은 요원(燎原)의 불길보다 한층 더 격렬해질 것입니다." 따라서 일청 양국 모두 조선에 육군 교관을 보내는 것을 단념하고, 조선 병사를 훈련시킬 필요가 있으면 조선 병변(兵弁)을 청에 유학 보내거나 또는 구미 국가의 군인을 초빙하도록 권고해야 하며, 그 경비도 반드시 많은 금액이 들지는 않을 것이라고 논했다. 이어서 철병 시기의 문제로 들어갔다. 이토 대사가 조약의 조인일로부터 4개월 내에 철병할 것을 주장하자, 이홍장도 이의를 제기하지 않고 일본군은 인천, 청국군은 아산에서 철수하는 방법이 편리할 것이라고 말했다.[12)13]

제4차 회담에서 이홍장이 피차간에 충돌의 우려가 있는 사항은 논의를 피하고 철병 한 가지 사안에만 논의를 국한한 것은 회담 결렬을 막고 양국 간 협조에 도달하는 효과가 있었다. 회의장을 뒤덮었던 무거운 공기는 이제 사라졌다. 이튿날인 4월 11일에 이홍장은 에노모토 공사의 방문에 대한 답례의 의미도 겸해서, 방판(幇辦) 오대징에게 이토 대사를 방문하고 오대징 자신이 기안한 철병 조약 초안을 제시하게 했다.

1. 양국은 각각 조선에 주둔한 군대를 철병하기로 의정하되, 화압(畵押)·개인(蓋印)한 날로부터 4개월을 기한으로 한다. 4개월 후 중국은 조선에 주찰(駐紮)한 각영(各營)을 모두 철수하고, 일본 또한 조선에 주찰하면서 사관(使館)을 보호하는 병사들을 모두 철회(撤回)한다. 양국은 동시에 판리(辦理)하며 기한을 넘겨서는 안 된다.

2. 조선의 연병(練兵) 각영(各營)에 중국의 교습무변(敎習武弁)을 두되, 사정을 참작해서 10여 명에서 20명 한도로 잔류시키며, 연한을 정해서 만기가 되면 다시 철수한다.

3. 이후 조선 상민(商民)이 혹 일본 상민과 우발적으로 쟁단(爭端)이 생겨서, 일본에서 관원을 파견해서 사판(査辦)할 경우 군대를 대동할 수 없다. 혹시 중국에서 관원을 파견해서 사판할 일이 생기더라도 군대를 대동하지 않아서 의기(疑忌)가 생기는 것을 피한다.

4. 조선 본국에서 난당(亂黨)이 일을 일으켰을 때 그 국왕이 파병과 탄압을 요청하는 것은 본래 일본과 관계가 없다. 일이 평정된 후에는 즉시 철병, 회국(回國)해서 다시 유방(留防)하지 않는다.[14]

---

12) 원문에서는 이 대목의 이토 히로부미와 이홍장의 회담 기록을 주로 이토 히로부미의 복명서 부속 서류인 「伊藤大使復命書附屬書類天津談判筆記」에서 인용하였다. 그런데 원주(原註)에서 이 기록을 談判, 會談, 談話 등으로 다양하게 표기해서 다소 오해의 소지가 있다. 본 번역문에서는 일본국립국회도서관 헌정자료실 소장본과 이토 히로부미의 문서집인 『伊藤博文文書』(ゆまに書房, 2007; 舊『秘書類纂』)의 표기에 따라 「伊藤大使復命書附屬書類天津談判筆記」로 통일해서 옮겼음을 밝혀둔다.

이 조약안은 대단히 일방적인 데다가 공동철병의 진의를 거의 무시했기 때문에 이토 대사는 오대징에게 도저히 동의할 수 없다는 뜻을 전했다. 일본 전권부(全權部)는 별도로 대안(對案)을 작성하기로 했다.

제5차 회담은 4월 12일에 일본 영사관에서 열렸다. 회의가 시작되자마자 이토 대사는 오대징이 기안한 조약안의 대안(對案)을 제출하고, 그것에 기초해서 심의에 들어갈 것을 요청했다.

1. 이후로 어떤 명의(名義)나 약관(約款)을 막론하고 조선국 내에서 양국은 모두 병사(兵師)[13]나 병변(兵弁)을 파견해서 병영을 건설하거나, 영지(營地)·둔처(屯處)·항구(港口)를 점유할 수 없다. 이로써 양국 사이에 사단을 빚을 우려를 피한다.
2. 전조(前條)의 약관은 양국의 교전지권(交戰之權)과 무관하다.
3. 장래 조선국에서 만약 일청 양국과 관계된 사단 또는 양국 중 일국(一國)에 조선국과 관계된 사단이 생기면 양국은 공히 위원을 파견해서 평화로운 방식으로 바로 타상(妥商), 관리(辦理)하는 데 노력한다.
4. 양국은 균윤(均允)[14]하게 조선국왕에게 권해서 정량(精良)한 순병(巡兵)을 단련(團練)하게 함으로써 스스로 그 나라를 지키고, 아울러 주류(駐留)하는 외국인을 보호할 수 있게 한다. 또 양국이 협동해서 맺은 인가(認可)에 따라 조선국에서 타국의 무판(武辦) 1명, 또는 몇 명을 택해서 교련, 연습의 일을 맡긴다.
5. 양국은 균윤하게 제1조에 기재된 바에 따라 피차 현재 조선국에 파견해서 주둔 중인 병원(兵員)을 화압(畵押)·개인(蓋印)한 날로부터 4개월 이내에 똑같이 모두 철수하되, 대일본국 군대는 인천항에서 철거(撤去)하고, 대청국 군대는 마산포에서 철거한다.

앞의 두 조항에 기재된 사의절목(事宜節目)에 관해서는, 피차 성약비준(成約批准)이 완료된 후 공히 위원을 간택해서 조선국 한성에 파견하여 타주(妥籌)[15] 작정(酌訂)함으로써 시행을 편하게 한다.

이홍장은 이토의 안을 살펴보고 제1조와 제2조 등에 관해서 일일이 의심스러운 점을 질문한 후, 다시 오대징의 안을 제출하면서 그것이 간명하면서도 요점을 취하고 있음을

---

13) 병사(兵師): 군대
14) 균윤(均允): 공평하고 윤당함
15) 타주(妥籌): 타당하게 계획함

강조하고, 이를 원안으로 해서 심의를 진행할 것을 요청했다. 그리하여 사실상 오대징 안을 원안으로 하되 이토 안을 병행해서 심의와 토론이 이뤄졌는데, 그 내용이 비교적 간단하고 각 조항이 서로 연관되어 있었기 때문에 사실상 전부에 걸쳐서 심의가 진행됐다. 양국 전권 사이에서 논의된 중요 사항을 적기(摘記)하면 다음과 같다.

(1) 공동철병의 원칙 및 기한은 이미 제4차 회담에서 의견 일치를 봤기 때문에 원안 제1조에 관해서는 피차 모두 이의가 없었다.

(2) 원안 제2조의 청국 무변(武弁)이 조선 군대의 교관으로 잔류하는 것은 이토 대사가 절대 반대했다. 그는 만약 이 조항을 반드시 삽입해야 한다면, 일본도 육군 교관을 파견할 권리를 보유한다는 것을 조약에 명기할 것을 요구했다.

(3) 원안 제3조에 관해서는, 조선 상민과 일본 거류민 간 분란이 생겼을 경우, 그것을 조사하고 처리하기 위해 파견하는 위원은 물론 일청 양국 모두 군대를 인솔할 필요가 없지만, 다만 조선의 난병(亂兵)과 난민(亂民)이 일본 공사관을 습격하는 상황이 발생하면 일본도 당연히 출병해야만 한다. 오대징이 이 조항을 기안한 취지는, 제4조와 관련해서 조선의 내란 탄압은 청국의 책임이기 때문에 일본의 출병은 필요 없음을 암시하는 데 있었던 것으로 이해된다. 이토 대사는 당연히 이 조항에 반대했다.

(4) 조약 초안의 심의 과정에서 가장 많이 논의되고, 또 해결하기 어려웠던 것은 청이 종주국으로서 출병 우선권을 보유한다는 것을 조약에 명기하는 데 있었다. 왜냐하면 이 문제는 청한종속관계의 근본에 맞닿아 있었기 때문이다. 이홍장은 "훗날 조선에 일이 생긴다면 우리나라가 다시 파병하지 않을 수 없으므로, 지금 우리나라 군대를 철수하는 것은 우리나라에는 이해통양(利害痛癢)이 없다고 할 수 있다. 만약 훗날 조선에 전일과 같은 사건이 발생했을 때, 우리나라는 바로 우리나라의 의무로 파병을 원치 않더라도 파병할 수밖에 없으니 이를 분명하게 조약에 기재해야 한다."라고 했다. 그는 이러한 의미에서 오대징 안의 제4조의 유지를 주장했다. 그러나 이토 대사는 오대징 안의 제4조에 동의할 경우 청국은 파병 권한을 보유하지만 일본은 그것을 갖지 못하며, 또 청국은 내란을 구실로 수시로 파병하면서도 그 철병 시기 등에 관한 규정이 없어서 결국 조선이 완전하게 속국이 될 것을 우려해서 절대 반대했다. 이홍장은 오대징 안의 제4조를 철회하는 대신, 이토 안의 제2조에 "만약 타국이 조선과 전쟁을 하거나, 혹은 조선에 반란 사실 등이 있을 경우 전조(前條)의 예(例)에 따르지

않는다."는 한 구절을 추가할 것을 요구했다. 이토 대사는 수정 제2조의 규정은 종전에 일본이 조약에 의거해서 보유하고 있던 조선 출병의 권한을 박탈하는 것과 다를 바 없다고 주장했지만, 이홍장은 일본의 출병 목적은 공사관 경비에 불과하지만 청국의 파병은 조선의 보호를 위한 것이니 그 경중에 저절로 차이가 있고, 또 청국은 종주국으로서 당연히 속국을 보호할 권리를 갖는다는 사실을 지적했다. 여기서 이홍장이 종주국으로서 출병 보호의 권리를 보유한다는 사실을 강조한 것은, 메이지 9년의 일한수호조규에서 조선 자주독립의 조항을 둔 결과 그 종주권이 현저하게 침해된 것을 유감스럽게 여겨서 이번 회담을 기회로 이를 조문에 명기하여 사실상 일본의 승인을 받으려는 것이었다. 이토 대사는 이러한 복선을 간파해서 청한종속관계에 관해서는 일체 문제를 제기하지 말라고 주의를 주었지만, 이홍장은 표면적으로는 그 말에 동의하면서도 기회가 있을 때마다 이 문제를 건드렸으며 오대징의 도움을 받아서 일거에 해결하려고 했다. 그러나 이토 대사는 이홍장의 주장에 절대 반대해서 한 걸음도 양보하지 않았으므로 만약 이대로 진행된다면 회담은 결렬될 수밖에 없는 상황이었다. 이홍장은 이토 대사의 반대를 누그러뜨리려고 노력했다. 그는 대사가 청국의 수시 출병과 철병 기한의 무제한 연장을 우려하는 것을 보고, 조약문에 "중국은 한편으로 파병하고, 한편으로 일본에 지조(知照)하며, 일이 평정된 후에는 또한 즉시 철병·회국(回國)해서 다시 유방(留防)하지 않는다."는 조항을 추가할 것을 제의했다. 하지만 이토 대사는 "지금 각하가 발의하신 것과 같은 조항의 추가를 굳게 주장하신다면, 본 대신은 차라리 어떤 조약도 약정하지 않느니만 못할 것입니다."라고 하면서 승낙하지 않았다. 이홍장은 이 수정안을 철회하고, 다시 오대징 안의 제4조를 제출하면서 다음과 같이 수정을 가했다.

조선 본국에서 만약 반란으로 인해 사단을 빚어서 그 국왕이 중국에 파병과 탄압을 요청할 경우, 중국은 한편으로 파병하고 한편으로 일본에 지조(知照)하며, 일이 평정된 후에는 또한 즉시 철병, 회국(回國)하여 다시 유방(留防)하지 않는다.

이 수정안은 청국 전권의 주장을 가장 구체적으로 설명한 것이다. 이홍장은 이 수정안과 이토 안의 제2조를 수정한 안 가운데 하나를 채택할 것을 요구했지만, 이토 대사는 두 가지 안을 모두 거절했다. 이에 대해 이홍장은 만약 그렇다면 이토 안에서 제4조와

제5조만 남기고 다른 3개 조를 전부 삭제한 형태로 철병 조약을 체결할 의향이 있는지 질문했는데, 이토 대사는 바로 부정했다. 마지막으로 이토 대사는 오대징 안의 제4조를 수정해서 다음과 같은 중간안을 제출했다.

조선국에 변란이 발생해서 조선국왕이 만약 양국 가운데 어느 한쪽에 파병·탄압을 요청할 경우, 양국은 다른 한쪽의 승낙을 얻은 후에 그 지역에 파병할 수 있는 권리를 보유한다.

오대징 안의 제4조에 대한 이 재수정안은 표면상 이토 대사의 균등주의를 표방하고 있지만, 사실은 청국의 출병을 견제하려는 목적에서 나온 것이었다. 왜냐하면 조선국왕이 일본에 파병과 탄압을 요청하는 것은 상상할 수 없기 때문에, 결국 이는 청국이 조선국왕의 요청에 따라 출병하기 위해서는 반드시 일본의 승낙을 필요로 한다는 것을 의미하기 때문이다. 이홍장은 당연히 이 재수정안에 동의하지 않았다.

제5차 회담은 다시 청한종속관계라는 암초에 부딪쳐서 아무런 의견 일치도 보지 못한 채 끝났다.[15]

공동철병에 관해서는 양국 모두 원칙적으로 이의가 없었으므로 원만하게 타협점에 도달할 것으로 예상됐다. 그런데 이홍장이 청한종속관계를 조약문에 명시하려고 했기 때문에 의외의 암초에 걸려서 회담이 거의 결렬 상태가 되었다. 이홍장도 사태를 크게 우려해서 4월 13일에 제5차 회담의 경과를 총리아문에 보고함과 동시에 향후 방침에 관해 청훈(請訓)했다. 그 말미에 다음과 같은 구절이 있다. "하지만 저들이 자기 뜻을 견지하고 있으니 우리도 뜻을 견지하지 않을 수 없습니다. 그러나 다음 회담이 성사되지 않아서 이대로 결렬되어 바로 떠나버린다면 다시 되돌릴 방법이 없을까 참으로 우려됩니다. 일이 관계된 바가 중대하니 어떻게 작판(酌辦)해야 할지 부디 즉시 전품(轉稟)해서 칙지를 청하신 후 전보로 내려주시면 감사하겠습니다."[16]

청 조정에서도 이홍장의 보고를 검토한 결과, 교섭상의 난점을 충분히 이해했다. 청국으로서도 당연히 정치적인 이유로 조선에 출병하는 권리를 보존해야 했지만, 그것을 고집해서 회담이 결렬되는 상황은 바람직하지 않았으며, 따라서 일본의 체면을 세워줘서 양국 모두 파병할 권리가 있음을 조문에 명기하는 것도 부득이하다고 보았다. 4월 15일에 군기처는 칙지를 받아서 다음과 같이 이홍장에게 회훈(回訓)했다.

봉지(奉旨). 이홍장의 전신(電信)과 총서에 보낸 신건(信件)[16]을 모두 살펴보았다. 철병은 윤허할 수 있지만 영구히 파병하지 않는 것은 윤허할 수 없으니, 총독은 저들과 힘껏 변론하라. 만약 부득이할 경우에는 제2조의 구절 아래에 "양국이 조선의 중대 사변을 만나면 각각 파병하고 서로 지조(知照)하되, 또한 전조(前條)의 예(例)에 따르지 않는다."는 몇 글자를 첨가해도 괜찮다. 제4조의 '교련병사(敎鍊兵士)'의 한 구절에 이르러서는, 또한 양국이 균등하게 인원을 파견할지의 여부를 분명히 언급할 필요가 있다. 흠차(欽此).[17]

이 훈전(訓電)을 받은 이홍장은 일청회담이 성사되리라는 확신을 갖고 제6차 회담에 들어갈 수 있었다.

이토 대사 또한 제5차 회담이 교착 상태에 빠진 것을 매우 우려했다. 그는 마지막으로 타협점을 찾고자 4월 13일에 하라 톈진 주재 영사를 보내서 그날 밤 비공식 회견을 신청했으나 이홍장은 이를 사절했다. 그렇지만 제5차 회담이 결렬된 책임은 앞에서 서술한 것처럼 이홍장에게 있었으므로, 이토 대사에게는 청국 전권의 양보를 기다리는 것 말고는 달리 무언가 할 수 있는 여지가 거의 없었다. 오직 문제가 된 출병 조항에 약간의 수정을 가하는 정도에 불과했다.

제6차 회담은 4월 15일에 톈진 수사영무처(水師營務處)에서 열렸다. 이토 대사가 먼저 발언했다. "이미 반복 토의한 이후로 본 대신 또한 주의를 기울여서 재고했지만, 도저히 쌍방의 의견 일치를 보지 못하는 것은 오직 각하의 주장 때문에 쌍방이 균일한 주의(主意)를 완비(完備)하지 못하기 때문입니다. 요컨대 저 두 조항을 증보(增補)하지 않는다면, 오히려 본안(本案)의 각 조관이 간명해질 수 있습니다. 각하의 말씀에 따르면, 본 대신이 제출한 초안 중에서 마지막 두 조항(제4조, 제5조를 의미함)을 제외하고 모두 삭제하자고 했습니다. 그러나 마지막 두 조항만으로는 전안(全案)의 취지를 다할 수 없습니다. 그러므로 그것에 다소 증보를 가해야만 합니다. 지난 며칠 동안의 담판필기(談判筆記)를 숙람(熟覽)하니, 귀 정부도 이 조약문에 '상호균일(相互均一)'이라는 명문 조항을 두는 것에 이론(異論)이 없음이 분명하니 본 대신이 다시 의심할 것이 없습니다. 그러므로 만약 훗날 사변이 생겨서 양국이 조선에 군대를 파견해야 할 때는 사전에 그것을 보지(報知)하도록 정해야만 합니다. 우리나라의 입장에서 파병은 비상 상황에 한정해서, 양국의 상민 혹은 개인들 사이에서 쟁단을 빚는 등의 연고로 구실을 삼아서는 안 됩니다. 그리고

---

16) 신건(信件): 서신(書信)

일단 부득이 필요해서 파병하더라도 그 일이 진정된 후에는 바로 군대를 철수해야 합니다." 그리고 이상의 취지에 기초한 타협안을 제시했다.

1. 양국은 각각 조선에 주찰(駐紮)하는 군대를 철수하기로 의정하되, 화압(畫押)·개인(蓋印)한 날로부터 4개월을 기한으로 한다. 기한 내 각각 전군을 철수해서 양국 사이에 사단을 빚을 우려를 피한다. 대청국 군대는 마산포로○충청도 아산현 철수하고, 대일본 군대는 인천항으로 철수한다.
2. 양국은 균윤(均允)하게 조선국왕에게 권고해서, 병사를 교련하여 스스로 치안을 지킬 수 있게 한다. 또 조선국왕으로 하여금 타국 무변(武弁) 1명, 혹은 몇 명을 선택해서 교연(敎演)을 위임하게 한다.
3. 장래 조선국에서 분란이 생겨서 양국 혹은 일국이 파병할 필요가 있으면, 사전에 상호 공문을 보내서 지조(知照)하며, 그 일이 진정되면 즉시 철수해서 다시 유방(留防)하지 않는다.

이 조약 초안에서 제1조는 오대징 안의 제1조, 제2조는 이토 안의 제3조에 의거한 것이며, 제3조는 오대징의 수정 제4조를 원안으로 하되 '중국'이라는 글자를 '양국'으로 바꾸고 그에 따라 전반적으로 수정한 것으로, 군기처에서 이홍장에게 회훈한 것과 거의 동일한 내용이었다. 이홍장은 이 안에 대해 반대할 이유를 찾기 어려웠다. 다만 이 안에 동의를 표시하면서 종주국 전권으로서의 입장을 분명히 해둘 필요를 느꼈다.

대체적으로는 이론(異論)이 없지만 조금 자구를 수정하고자 한다. 우리로서는 조선에 중대한 변란이 생겼을 때는 다시 파병하지 않을 수 없다. 그러므로 제3항을 고쳐서 "조선국에 만약 변란이나 중대 사건이 생겨서 중일 양국 혹은 일국이 파병할 필요가 있으면"이라는 명문(明文)을 두기를 바란다.

이토 대사는 출병 권한을 다루는 것을 피하고, 단지 제3조의 수정에만 동의를 표했다.

제3항의 수정은 본 대신으로서도 따로 이론(異論)이 없지만, 이 초안의 취지는 양국 모두 조선에 파병을 요하는 일은 가장 중대한 경우로만 한정하며, 쇄세(瑣細)한 사건으로 출병할 수 없다는 것을 양국이 상호 약락(約諾)하는 데 있다. 이것은 각하도 분명히 요해(了解)해야 한다.

출병권(出兵權)의 유보에 관해서는 이것으로 응답을 마쳤다. 이토 대사와 이홍장은 함께 조약안의 자구를 수정한 후 다시 비준 절차에 관해 협의했다. 이토 대사의 전권위임장에는 비준을 요하지 않는다는 것이 명기돼 있었지만, 이홍장은 조약의 조인을 마친 다음에 다시 비준을 받아야 했다. 따라서 이토 대사도 같은 절차를 밟기로 하고 2개월 내에 모두 끝마치기로 협정했다.

철병 조약안이 협정됐다. 이홍장은 이제 더 이상 협의해야 할 것이 없었다. 그러나 이토 대사에게는 재한 청국 장령(將領)의 징계와 피해자 손해배상 요구의 두 가지 안건이 남아 있었다. 이토 대사는 다시금 이홍장, 오대징과 격론을 벌였지만, 그 요점은 이미 나왔던 말을 반복하는 데 불과했다. 대사가 청국 장령의 징계를 요구하면 이홍장은 변란에 대한 다케조에 공사의 책임론으로 응수했고, 대사가 청국 병사들의 폭행을 논하면서 피해자의 공술서를 인용하면 이홍장은 오대징과 속창이 조사한 결과에는 그러한 사실이 절대 없었다고 부인할 뿐이었다. 이홍장은 오히려 이 요구를 단념할 것을 충고했지만, 이토 대사는 이 문제는 일본에게는 중대 사건이기 때문에 어떤 형태로라도 반드시 해결을 봐야 한다고 하면서 제3국, 특히 미국 대통령의 중재에 맡길 것을 제의했다. 그러나 이홍장은 '미국 대통령이라고 해도 사실을 사명(査明)하기는 어렵고, 또 외교사를 볼 때 중재가 성공한 사례는 많지 않다. 그리고 이 건은 외국 원수의 중재를 청해야 하는 중대 사건이 아니기 때문에 양국이 협의해서 결정하길 바란다'고 했다.

이홍장은 일본 신문 등을 통해서 일본의 여론이 매우 분격한 사실을 알고 있었다. 또 이토 대사가 이 건에 관해서 어떤 형식으로든 일정한 보장을 받지 못하면 복명할 수 없고, 따라서 자신이 끝까지 이토 대사의 주장을 받아들이지 않는다면 모처럼 성립된 철병 조약이라고 해도 그가 부득이 무너뜨릴 결심을 하고 있음을 잘 알고 있었다. 이토 대사의 체면을 세우기 위해서는 어느 정도는 양보를 해야 했다. 이토 대사가 요구하는 2개 조항 중에서 피해자 배상 문제는 증거 서류도 제출되었으므로 무조건 부인하기 어려웠고, 지난 4월 10일자 군기처의 훈전(訓電)에서도 원칙적으로 무휼은냥(撫卹銀兩)의 지급을 승인하고 있었다. 하지만 이토 대사는 무휼은(撫卹銀) 그 자체가 목적이 아니라 체면을 중시하고 있었기 때문에, 군기처 훈령을 다소 변경해서 재한병용(在韓兵勇)을 조사해서 만약 이토 대사의 말처럼 흉행(兇行)을 범한 자가 있으면 엄히 다스리겠다는 것을 이홍장이 공문을 통해 조회하기로 약속했다. 이토 대사는 만족을 표했다. 다음으로 청국 장령의 징계 문제로 들어갔다. 그런데 이미 4월 10일자 군기처 훈령에서 '영관(營官)의

의처(議處)'를 금지했기 때문에 이홍장은 이 문제에는 동의할 수 없었다. 두세 차례 토론을 가진 후 이홍장은 장령의 징계는 불가능하나, 원래 그들은 자신의 속원(屬員)이니 별도로 칙지를 청하지 않고 자신의 권한 내에서 신칙(申飭)을 내리겠다고 하고, 이러한 뜻을 공문을 통해서 조회하는 방식으로 처리하자고 제안했다. 이토 대사는 이 제안에 동의하면서, '신칙'을 '계칙(戒飭)'으로 고치고 군대 철수 이전에 재한장령의 소환을 요청해서 이홍장의 동의를 얻었다.[18]

이것으로 톈진 회담의 중대 안건이 모두 끝났다. 일청 양국의 전권 수행원들은 조약안을 대교(對校)하고, 협의를 거쳐 이홍장이 이토 대사에게 보낼 조회안을 작성했다.

4월 18일, 이토 대사와 이홍장은 직예총독아문에서 회동해서 톈진조약 3개 조에 기명조인(記名調印)했다. 그리고 이홍장이 재한장령의 계칙(戒飭)에 관한 조회를 제출하는 것으로 회담은 마무리됐다.

대청국 특파전권대신 태자태부(太子太傅) 문화전 대학사(文華殿大學士) 북양통상대신(北洋通商大臣) 병부상서(兵部尙書) 직예총독(直隷總督) 일등숙의백작(一等肅毅伯爵) 이(李)와, 대일본국 특파전권대사 참의 겸 궁내경 훈일등백작(勳一等伯爵) 이토는 각각 받은 유지(諭旨)에 따라 공동으로 회의해서 전조(專條)[17]를 정립(訂立)하여 화의(和誼)를 돈독히 했다. 전약관을 다음과 같이 나열한다.

하나, 중국은 조선에 주찰(駐紮)한 군대를 철수하고 일본국은 조선에서 사관(使館)을 호위하는 병변(兵弁)을 철수하되, 화압(畵押)·개인(蓋印)한 날로부터 4개월을 기한으로 한다. 기한 내 각각 군대를 전부 철수하여 양국 사이에 사단이 발생할 우려를 피한다. 중국 군대는 마산포로 철수하고 일본국 군대는 인천항으로 철수한다.

하나, 양국은 균윤(均允)하게 조선국왕에게 권고해서, 병사를 교련하여 스스로 치안을 지킬 수 있게 한다. 또 조선국왕으로 하여금 외국 무변(武弁) 1명, 혹은 몇 명을 선발해서 교연(敎演)의 일을 위임하게 한다. 앞으로 중일 양국은 공히 인원을 파견해서 조선에서 교련할 수 없다.

하나, 장래 조선국에 변란 등 중대 사건이 생겨서 중일 양국 혹은 일국이 파병할 필요가 생기면, 사전에 상호 공문을 보내서 지조(知照)하며, 그 일이 진정되면 즉시 철수해서 다시

---

17) 전조(專條): 조약의 일종으로 특별조례(特別條例)와 같은 말이다. 그 범위가 보통 조약에 비해 협소하며 일반적으로 특정한 문제를 처리하는 데 국한된다.

유방(留防)하지 않는다.

대청국 광서 11년 3월 초나흗날

특파전권대신 문화전 대학사 직예총독 일등숙의백작 이홍장

대일본국 메이지 18년 4월 18일

특파전권대사 참의 겸 궁내경 훈일등백작 이토 히로부미

대청 흠차 전권대신 태자태부 문화전 대학사 북양통상대신 병부상서 직예총독 일등숙의백이(李)가 조회함.

작년 10월 조선 한성의 변에서 중국 관병(官兵)이 일본 관병과 조선 왕궁에서 쟁투(爭鬪)를 벌인 일은 실로 양국이 예상치 못한 데서 나온 것이니, 본 대신은 크게 완석(惋惜)하게 여깁니다. 중일 양국이 화호(和好)한 세월이 오래 됐습니다. 중국 관병 등이 비록 한때 사정이 급해서 부득이 쟁투를 벌였더라도, 끝내 소심(小心)[18]하면서 장사(將事)[19]하지 못했으니 본 대신이 공문을 보내서 계칙(戒飭)할 것입니다. 귀 대사가 보내서 열람한 일본 민인(民人) 혼다 슈노스케(本多收之助)의 처 등의 공장(供狀)에 관해서는, 한성 내에서 화병(華兵)이 가옥에 침입해서 약탈하고 인명을 장폐(戕斃)한 사실을 진술하고 있으나 중국에는 전혀 적확한 증거가 없으니, 별도로 본 대신이 인원을 파견해서 조사하고 명확하게 공증(供證)을 모아서, 만약 실제로 당일 모영(某營)의 모병(某兵)이 거리에서 사단을 빚어서 일본 국민을 살육하고 약탈했다는 확실한 증거가 나오면 반드시 중국 군법에 따라 엄중하게 나포해서 처판(處辦)할 것입니다. 이 때문에 문서를 구비해서 귀 대신에게 조회하니 부디 살펴보시길 바랍니다.

대일본 특파전권대사 참의 겸 궁내경 훈일등백작 이토에게 이상과 같이 조회함.

광서 11년 3월 초나흗날[19]

이토 대사는 수행원 쓰지야 보병소좌, 마키노 태정관 권소서기관(權少書記官), 마츠노부 외무일등속을 경성에 급파해서 일청협상의 대요를 주한 대리공사 곤도 신스케와 주둔군 지휘관에게 전하고, 또 청국 병사들과의 분쟁이나 쟁투가 발생하지 않도록 세심한 주의를 기울이면서 이후의 명을 기다리라고 훈령했다. 대사는 사이고 참의 및 수행원들과 함께 4월 19일에 텐진에서 출발해서 28일에 도쿄에 도착했으며, 당일 참내(參內)해서 복명했다.[20]

---

18) 소심(小心): 삼가고 신중함
19) 장사(將事): 어떤 임무나 작업 등에 종사함

텐진협약은 메이지 18년 5월 21일자로 양국 황제에 의해 비준돼서 당일로 효력이 발생됐다. 일본 정부는 철병 준비를 위해 경성 공사관 경비대 1개 대대에서 1개 중대를 잔류시키고, 그 대부분을 철수하기로 결정했다. 그리고 6월 14일에 곤도 대리공사에게 명해서 서리독판교섭통상사무 서상우에게 이 사실을 통고하게 했다.

> 대일본 대리공사 곤도가 조회함.
>
> 이제 우리나라 정부의 훈시(訓示)를 받으니, 그 내용에 "15년에 약정한 양국 약관[20]에 따라 설치한 호위병을, 이제 허다한 경비가 필요 없다고 간주하여 1개 중대만 잔류시키고 1개 대대를 감철(減撤)할 것이니, 이 사실을 조선 정부에 전보(轉報)하라."고 했습니다. 이를 접수하고 훈시에 따라 즉시 관리(辦理)하는 것 외에 귀 서리독판에게 조회하니, 부디 살펴보시길 바랍니다.
>
> 대조선 서리독판교섭통상사무 서(徐)에게 이상과 같이 조회함.
>
> 메이지 18년 6월 14일[21]

이 조회에서 일본군의 철수는 제물포조약 제5관에 따라 자발적으로 행하는 것으로서, 텐진협약 제1조가 조선 정부와 직접 관계가 없다고 성명한 것은 특히 주의할 필요가 있다. 원래 일본 정부가 경성에서 군대를 주둔할 수 있는 권리를 획득한 것은 제물포조약에 의한 것이었고, 게다가 그 목적 또한 공사관 경비에 제한되어 있었으므로 이러한 성명은 당연한 것이었다. 곧이어 7월 18일에 잔류해 있던 경비대 1개 중대를 철수하면서 정부는 대리공사 다카히라 고고로(高平小五郞)에게 훈령해서 자발적 철군의 의미를 재차 성명하게 했다.

> 대일본 대리공사 다카히라가 조회함.
>
> 이제 본국 정부의 신함(信函)을 받으니, "이제 곧 우리 호위병을 7월 21일에 모두 철수할 것이다. 이는 우리 메이지 15년에 제물포에서 약정한 양국 조약에 따른 것으로서, 지금은 경비가 필요치 않은 시기로 간주해서 잠시 철수하는 것이다. 장래 만약 일이 생겨서 다시 호위가 필요해지면 응당 수시로 파병해서 호위할 것이니, 이번에 경비를 철수하는 것으로 인해 예전 조약이 폐멸(廢滅)된 것으로 오인하지 말라. 이러한 뜻을 모두 조선 정부에 성명해서 지조(知

---

20) 15년에 약정한 양국 약관: 메이지 15년, 즉 1882년 8월 30일에 체결한 제물포조약의 제5관을 가리킨다. 본서 16장의 제44절, 제45절 참조

照)하고, 현재 있는 각 병영은 모두 잠시 작환(繳還) 등을 행하라."고 했습니다. 이를 받들어 훈령에 따라 즉시 철수를 처리하는 것 외에 문서를 갖춰서 조회하니, 귀 정부에서는 부디 살펴보시길 바랍니다.

　대조선 독판교섭통상사무 김(金)에게 이상과 같이 조회함.

메이지 18년 7월 18일[22]

　이튿날인 7월 19일, 독판교섭통상사무 김윤식은 조복(照覆)해서 일본 정부의 성명을 승인했다. 7월 21일에는 공사관 경비대가 인천에서 승선해서 귀국했다.

　청국 군대의 조선 주둔은 종주국으로서의 고유한 권리에 기초한 것으로, 조약 규정에 의거한 것이 아니기 때문에 일본 정부와 달리 외교적 절차는 필요 없었다. 메이지 18년 5월 2일에 북양대신 직예총독 이홍장이 조선국왕에게 반공신(半公信)을 보내서 조선에 주둔한 연용(練勇)을 철수시키기까지의 사정을 상세히 서술하고, 이번 일청협약의 대의를 전하면서 청국 군대 철수 이후의 치안 유지와 군대 훈련을 당부하는 것에 불과했다.[23] 이와 동시에 통대주방조선각영기명제독(統帶駐防朝鮮各營記名提督) 오조유에게 철수 및 귀국을 명령했다. 오 통령은 주한 일본 대표자에게 연락을 취하고, 철군이 이뤄진 당일인 메이지 18년 7월 21일에 충청도 아산현 마산포에서 승선해서 귀국길에 올랐다.[24]

1 伊藤特派全權大使復命書.

2 『善隣始末』卷一一; 『淸光緖朝中日交涉史料』卷七(三六一) 附件三 日本全權憑據.

3 伊藤大使復命書附屬書類天津談判筆記第一; 『淸光緖朝中日交涉史料』卷七(三三九)光緖十一年正月二十五日上諭.

4 天津談判筆記 第一; 『淸光緖朝中日交涉史料』卷七(三六一) 軍機處奏進呈李鴻章信件片 · 附件一 李鴻章信 · 附件二 李鴻章與日使伊藤等問答紀略.

5 伊藤大使復命書附屬書類天津談判筆記第二.

6 피해자 공술서의 원문과 역문(譯文)은 모두 대사 복명서에서 찾아볼 수 없지만, 그 한역문은 『中日交涉史料』卷七(三六二)附件三 伊藤面交之本多收之輔妻等供狀에 보인다. 또한 혼다 슈노스케의 처 시게(シゲ) 및 스기오카(杉岡)의 진술로서 고바야시 인천 주재 영사가 보고한 바는 다음과 같다.

　　가나가와(神奈川)현 요코하마 쓰미요시 정(住吉町) 3정목(丁目) 63번지

　　혼다 슈노스케(本多收之助)의 처 시게(シゲ), 장녀 도키(トキ), 차남 간지로(勘次郎)

　　올해〔메이지 17년〕12월 7일 오전 1시경 슈노스케의 행방을 알 수 없었다가 이미 죽은 것으로 밝혀져서 함께 죽기로 하고 자식들과 함께 그 문 앞에 나와서 울고 있었습니다. 그런데 오후 1시경 지나(支那) 병사 수십 명이 와서 포박한 뒤에 지나영(支那營) 〔영(營)은 산 아래에 있었다고 함. 실제로 남산 기슭에 있는 청영(淸營)일 것임.〕〔하도감(下都監)을 가리킴.〕에서 이루 말할 수 없는 비상한 능욕을 받으면서 고생하고 있었습니다. 그런데 8일 정오에 미국 공사관에서 맞이하러 와서 그 공사관에서 후한 보호를 받아서 무사히 인천에 돌아올 수 있었습니다.

　　사이쿄 부(西京府) 시모교(下京) 제3구 무카데 정(百足町) 390번지 호주(戶主)

　　스기오카 다이스케(杉岡大助)

　　스기오카는 메이지 16년 이래로 조선 정부의 고용인이었습니다. 경성에서 사진사를 하면서 혼다 슈노스케와 동거하고 있었는데, 올해 12월 5일에 혼다가 오전부터 출타 중이었습니다. 그런데 같은 날 오후에 어쩐지 시가(市街)가 소란스러워져서 혼다의 가족을 보호하고 있었습니다. 6일이 되자 지나인 1명이 창을 들고 뒷문으로 난입해서 스기오카를 살해하려고 했습니다. 그래서 당연히 방어하면서 접전하고 있었는데, 다시 앞문에서 지나 병사 7,8명이 들어왔습니다. 저들의 세력이 점점 더해져서 어떻게도 방어할 수 없음을 알고 창문을 통해 뒷골목으로 나가 제물포로 피하고자 했습니다. 도중에 일찍이 알고 지내던 조선인 김용원(金鏞元)이라는 자를 만났는데, 그가 말하길 사대문이 모두 봉쇄되어 통행할 수 없다고 했습니다. 그래서 부득이 그의 숙부 아무개의 집으로 가서 그 집에서 7일과 8일 양일 간 숨어 있었습니다. 그런데 9일이 되자 공사가 7일에 철수했고, 그 뒤로 사대문의 봉쇄도 풀렸다는 말을 들었습니다. 그래서 즉시 조선인으로 변장해서 남대문을 지나 마포로 가던 도중에 조선인에게 발각되어 곧장 길을 양화진으로 바꿔서 고생 끝에 도망쳐서 귀항(歸港)했다고 합니다.

7 天津談判筆記第二; 『淸光緖朝中日交涉史料』卷七(三六二) 軍機處奏進呈李鴻章等信片 · 附件一 李鴻章來函 · 附件二 李鴻章與日使伊藤等問答節略.

8 伊藤大使復命書附屬書類天津談判筆記第三 · 榎本公使李鴻章談話筆記; 『淸光緖朝中日交涉史料』卷

七(三六三) 軍機處奏進呈李鴻章信件片・附件一 李鴻章信・附件二 李鴻章與日使伊藤問答節略.

9 伊藤大使復命書附屬書類北京晤談筆記第二.

10 『世外井上公傳』卷三 536~537쪽.

11 『淸光緖朝中日交涉史料』卷七(三六三) 附件一 李鴻章信.

12 『淸光緖朝中日交涉史料』卷七(三六四) 發北洋大臣電.

13 伊藤大使復命書附屬書類天津談判筆記第四;『淸光緖朝中日交涉史料』卷七(三六八) 軍機處奏進呈李鴻章電信等件片・附件一 李鴻章信・附件二 李鴻章與日使伊藤問答紀略.

14 伊藤大使復命書附屬書類天津談判筆記第五;『淸光緖朝中日交涉史料』卷八(三六九) 附件二 吳副憲擬交條款.

15 伊藤大使復命書附屬書類天津談判筆記第五;『淸光緖朝中日交涉史料』卷七(三六九)附件三 日使伊藤面交條款酌改大略・附件四 李鴻章與日使伊藤問答節略.

16 이날 회담에 관한 광서 11년 2월 28일(메이지 18년 4월 13일) 총리아문에 보낸 전보의 전문은 다음과 같은데, 형세의 긴장과 이홍장이 교섭의 결렬을 우려했던 정상이 잘 드러나고 있다. 『淸光緖朝中日交涉史料』卷八(三六九)附件一 李鴻章信.

은밀히 아룁니다. 2월 25일에 일본 사신 이토와 나눈 문답 절략(節略)을 이미 초록해서 올렸습니다. 청경(淸卿)°오대징이 철병 사안을 회의하기 위해서 사전에 4개 조항을 생각한 후에 26일에 이토에게 보내서 살피게 했습니다. 그리고 27일 하오(下午)에 함께 일관(日館)으로 가서 회의를 했는데, 이토는 오대징이 논한 4개 조항이 적합하지 않다고 하면서 자신이 생각한 5개 조항을 꺼내어 올렸는데, 그 주의는 "장래 피차가 영원히 조선에 파병해서 주둔하지 않는다."는 한 가지 절목에 있었습니다.

일본은 따로 서법(西法)을 개용(改用)했으므로 훗날 점차 강대해질 것입니다. 그리고 오래 전부터 중국을 경시하고 고려를 병탄하려는 뜻을 품어 왔으니, 예전에 조선과 입약할 적에 자주지국(自主之國)이라고 분명하게 승인한 것은 바로 그것이 중국에 속하지 않음을 은밀히 교사하려는 의도였습니다. 그 뒤로 미국, 영국, 독일 등 각방(各邦)이 조선과 의약(議約)할 때 조선이 별도로 조회를 갖춰서 우리의 속방임을 성명했지만, 각국은 모두 놓아두고 답하지 않았습니다. 이는 또한 일본과 일기(一氣)가 구통(勾通: 좋지 않은 행동을 위해 비밀리에 결탁함)한 것이로되, 다만 바로 드러나게 우리와 다투지 않으려는 것일 뿐입니다.

이토 대사의 이번 행차는 미상불 우리를 시험하려고 한 것입니다. 그래서 어제 회담할 때 '속국(屬國)'이라는 두 글자를 언급하자, 저들은 동의하지 않았습니다. 제가 생각하기에, 조선은 우리의 수백 년 속국으로서 증거가 극히 많으니, 저들이 지나는 곳마다 물을 수 있는 바가 아닙니다. 저들은 다만 이번에 동시 철병해서 이후로 영원히 파병하지 않는 방식으로 양국이 동일하게 처리하는 것이 공평하고 윤당하다고 생각할 뿐입니다.

오직 일로써 일을 논한다면, 제1조에 "병사를 파견해서 영(營)을 설치하거나 영지(營地)와 항구를 점거할 수 없다."는 말이 이미 맹서(盟書)에 기재되어 있으니, 나중에라도 스스로 번복하기 어려울 것입니다. 따라서 일본이 고려를 병탄한다는 의심을 없앨 수 있으니, 이는 우리에게 유리한 것이 아니겠습니까? 만약 저들이 교사하고 농간을 부려서 조선이 중국을 배반하거나, 혹은 조선인들에게 내란 등 중대한 정절(情節)이 생기거나, 혹은 이웃 러시아가 토지를 침탈하는 일이 생기면 중국은 좌시하면서 다스리지 않을 수 없을 것입니다. 만약 피차 똑같이 파병하지 않는다는 것을 명백히 약정한다면, 일이 없을 때는 서로 편안할 수 있지만, 일이 있을 때는 견제가 많을 것이니 이는 우리에게 해로운 것입니다.

　제가 제2조에 "만약 타국이 조선과 전쟁을 하거나, 혹은 조선에 반란 사실 등이 생길 경우 전 조항의 예에 따르지 않는다."는 구절을 새로 첨가한 것이 비교적 원활하고 장애가 없을 듯 했습니다. 그런데 이토는 "타국이 전쟁을 하거나"라는 말에 대해서는 강요를 당한 후에 동의했지만, "조선에 반란 사실 등이 생길 경우"라는 말에 대해서는 여러 차례 강요했지만 여전히 동의하지 않았습니다. 그리고는 말하길, "그렇게 하면 중국이 항상 파병 권한을 가져서 제1조가 무용지물이 될 것이다."라고 했습니다. 이 말을 듣고 제가 "너의 뜻이 꼭 윤락(允諾)하지 않겠다면, 다만 앞의 4개 조관은 모두 삭제하고 제5관만으로 전조(專條)를 삼아 이번의 철병 사안만 약정하는 것으로 제중본의(題中本意)를 완수하겠다."고 했습니다. 그러자 이토가 다시 "목전의 철병의 일은 사소하고, 일후의 환난을 막는 일은 중대하니, 만약 이 조관만 약정하겠다고 한다면 차라리 약정하지 않느니만 못하다. 나는 당일로 돌아가겠다."고 했으니, 그 말은 매우 결절(決絶)하고 뜻은 거침이 없었습니다. 떠날 때가 되자 에노모토가 이토에게 말하길, "다시 만날 기한을 약정하지 않습니까?"라고 했는데, 이토는 "작정한 다음에 통지할 것이다."라고 했습니다.

　28일 정오에 이토가 영사 하라 다카시를 보내서 "오늘 저녁에 찾아와서 회견할 것이다."라는 말을 전해왔습니다. 제가 일이 바쁘다는 구실로 3월 초하루 오후에 다시 회담을 하자는 말을 전할 것을 부탁했습니다. 하지만 저들이 뜻을 견지하고 있으니 우리도 견지하지 않을 수 없습니다. 그러나 다음 회담이 성사되지 않아서 이대로 결렬되어 바로 떠나버린다면 다시 되돌릴 방법이 없을까 참으로 우려됩니다. 일이 관계된 바가 중대하니 어떻게 작판(酌辦)해야 할지 부디 즉시 전품(轉稟)해서 칙지를 청하신 후 전보로 내려주시면 감사하겠습니다. 오 부헌(副憲)이 고안한 4개 조관과 이토가 조관을 수정해서 직접 전한 5개 조관, 그리고 이날의 문담 초요(抄要)를 필사해서 올리니 살펴보시길 바랍니다. 그저께 조선에 주찰한 중서(中書) 반지준(潘志俊)이 독일 서사(署使)가 고안한 조의(條議)를 보내왔는데, 일본인들과 통모한 듯 하니 또한 조선을 고혹(蠱惑)하기에 충분합니다. 중당(中堂), 왕야(王爺), 대인(大人) 모든 분들께 안부 인사를 올립니다. 이홍장이 삼가 아룁니다.

2월 28일(메이지 18년 4월 13일). 직자(直字) 431호 계(計) 초본(抄本) 3건.

17　『淸光緖朝中日交涉史料』卷八(三七〇) 軍機處電寄李鴻章諭旨.

18　伊藤大使復命書附屬書類天津談判筆記第六;『淸光緖朝中日交涉史料』卷八(三七三) 北洋通商大臣李鴻章奏與日使換約事竣摺, (三七四) 軍機處奏進呈李鴻章信件片·附件一 李鴻章信·附件二 李鴻章與日使伊藤問答紀略.

19　伊藤大使復命書;『淸光緖朝中日交涉史料』卷八(三七四)附件三 李鴻章與日使伊藤議定之約款三條·附件四. 李鴻章照會日使伊藤文稿.

20　伊藤大使復命書.

21　『善隣始末』卷一一;『統理衙門日記』卷六 李太王乙酉年五月二日·三日;『日案』卷四.

22　『善隣始末』卷一一;『舊條約彙纂』第三卷 (朝鮮琉球) 178~179쪽.

23　이홍장이 조선국왕에게 보낸 반공신(半公信)의 전문은 다음과 같다.(『淸光緖朝中日交涉史料』卷八(三七七)附件二 李鴻章致朝鮮國王書.)

　조선 대왕전하,

　작년 겨울에 두 차례 보내주신 서함을 받았는데, 귀국의 외환이 극심하니 중병(重兵)을 속히 동쪽으로 파견해줄 것을 요청하는 내용이었습니다. 그런데 당시 오대징과 속창 두 성사(星使)가 이미 군대를 이끌고 원조하러 달려갔기 때문에 답신을 올리지 못했습니다. 근자에 들으니 정궁(政躬)이 가울(嘉蔚)하고 국보(國步)가 수평(綏平)하다고 하니 우러러 송축하는 마음 비길 데 없습니다.

작년 10월 왕궁의 변에 적신(賊臣)들이 외원(外援)과 구결(勾結)해서 궁궐 담 안에서 화(禍)가 발생했고, 전하께서는 심지어 난당(亂黨)에게 협박을 당해서 궁궐 밖으로 나가기까지 하셨습니다. 그러나 다행스럽게도 잠깐 동안에 위험을 평온함으로 바꾸었으니, 이는 참으로 조선의 종사(宗社)의 영험함 덕분입니다. 하지만 경군(慶軍)의 장사들이 죽을 힘을 다해 몇 겹의 포위를 뚫고 반란을 진압하고 반정(反正)했으니, 귀국에 은덕을 베푼 것이 적지 않습니다. 전하께서 비통한 심정이 편안해지신 후에 다시 비통했던 때를 생각해서[痛定思痛] 사신을 베이징으로 파견해서 표문(表文)으로 거듭 감사를 올리셨으니, 또한 그 뜻이 지성에서 나온 것임을 밝히기에 충분합니다.

일본 군대가 우리 군대에 의해 격퇴되어 인천까지 후퇴하면서 사망자와 부상자가 많이 발생했습니다. 저 나라에서는 번뇌와 수치가 극에 이른 나머지 마침내 분노를 터뜨리고, 또 중국과 프랑스 사이에 내홍이 있음을 보고는 위험을 무릅쓰면서 어부지리를 구하고자 했습니다. 그래서 사신을 중화(中華)에 파견한 것입니다. 이토와 사이고 등이 처음 이곳에 왔을 때는 세성(勢聲)이 매우 장대하고 바라는 것 또한 지나치더니, 제가 반복해서 개도(開導)하고 이치에 근거해서 반박하자 저들도 점차 마음이 꺾였습니다. 그리고 역언(力言)하기를, 자기 나라에서는 귀국을 넘볼 마음이 전혀 없지만, 다만 양국 군대가 가까이 위치하면 쟁단(爭端)이 쉽게 일어날 수 있기 때문에 반드시 피차가 방군(防軍)을 철수한 뒤에야 중국과 왜(倭)의 화호(和好)를 다질 수 있고, 동방의 대국(大局)을 보전할 수 있을 것이라고 했으니, 그 진술하는 바가 그래도 실정에 가까웠습니다.

중조(中朝)에서 군량을 소비하고 군대를 수고롭게 하면서 오랫동안 귀국에 주둔한 것은 외환(外患) 때문이요, 비단 내란(內亂) 때문만은 아니었습니다. 경군(慶軍)이 임오년 6월에 동쪽으로 건너갔으니, 난이 평정된 이후에 본래는 철수해야 했으나, 일본 군대가 계속 왕성(王城)에 주둔한 까닭에 부득불 잠시 남아 진주하게 하면서 견제했던 것입니다. 그런데 작년에 실제로 일본 공사가 군대를 이끌고 궁궐에 진입하자 귀국은 이노우에와 신약(新約)을 다시 체결하고, 또 일본이 군대를 두어 공사관을 호위하는 것은 임오년 속약(續約)에 따라 시행하는 것이라고 성명했습니다. 와탑(臥榻)의 곁에 다른 사람이 편히 누워 코를 골며 자고 있으니, 중국이 매우 마음을 놓을 수 없었습니다. 이제 일본 사신이 와서 방군(防軍)의 철수를 요청했으니, 바로 이 기회를 이용해서 저들로 하여금 철병하게 하여 그 침릉(侵凌)의 계책을 막는다면, 이는 또한 전하께서도 간절히 기원하며 바라는 바일 것입니다.

어제 이토와 전약(專約)을 정립(訂立)해서 피차 4개월 안으로 철병하기로 정했습니다. 왜군(倭軍)은 기한을 기다리지 않고 바로 제 나라로 돌아갈 것이며, 경군(慶軍)은 일본 군대가 먼저 철수하기를 기다렸다가 즉시 마찬가지로 건너올 것입니다. 이토가 떠나려고 할 때, 제가 성심으로 공정한 뜻을 펼쳐서 귀국은 중조(中朝)의 병폐(屛蔽)이자 동방의 추뉴(樞紐)이니 절대 제멋대로 번리(藩籬: 대나무 등으로 만든 울타리. 한 나라의 경계, 또는 장애물을 비유함)를 훼손시켜서는 안 된다고 일렀습니다. 그러자 그 사신도 크게 깨달은 바가 있었으니, 이후로는 조선과 일본 사이에 크게 어려운 점은 없을 것입니다. 오직 강린(强隣)들이 주위에서 틈을 엿보면서 도처에서 근심을 더하고 있으니, 바라옵건대 전하께서는 군대를 거둬들여서 그 무사한 복을 희구하지 마시고, 마땅히 군대를 정비하고 무비(武備)를 닦음으로써 속히 스스로 견고해지는 계책을 삼아야 합니다.

조선의 연군(練軍) 오영(五營)은 종전에 중국과 왜(倭)에서 교련 무관을 나누어 파견했는데, 이제 양국 군대가 모두 철수하게 되었으니, 교습인(敎習人) 등도 응당 그 뒤를 따라 귀국해서 쟁단(爭端)을 피할 것입니다. 하지만 우리 정부의 왕대신(王大臣)이 대황제께서 동번(東藩)을 권념(睠念)하시는 지극한 뜻을 받들어 전하를 위해 선후책(先後策) 두 가지를 내렸습니다. 하나, 창대(槍隊) 수천 명을 훈련시켜서 숙위(宿衛)로 삼고, 대신 서국(西國)을 불러들여서 교습해야 합니다. 하나, 혹은 귀국에서 변병(弁兵)을 톈진 군영에 파견해서 학습하게 하는 것입니다. 이 두 가지는 응당 행해야 할 급무입니다. 그런데 귀국에서 이미 다른 사람에게 부탁해서 미국에 교습을 청했다고 들었습니다. 미국인들은 예로부터 타국의 토지나 병권(兵權)을 점거할 뜻이 없으며, 성품이 화평하고 고용 금액 또한 저렴하니 가장 적합한 선택입니다. 그것이 확정되었는지의 여부는 아직 살피지 못했으나, 만약 그러한 일이 없다면 별도로 물색해야 할 것입니다. 북양에서 고용하고 있는 독일 병관(兵官) 중에 대단히 저명한 능수(能手)들이 있으니, 또한 몇 사람을 조선에 파견할 수 있을 것입니다. 그 천비(川費: 여비)와 신자(薪資: 보수)는 별도로 지급해야 합니다.

서국(西國)에서 군대를 조련하는 법은, 대번에 많은 영(營)을 훈련하지 않고, 오직 변목(弁目: 하급 무관) 중에서 영민한 자 1, 2백 명을 선발해서 먼저 교습을 한 뒤에, 그들이 익숙해지기를 기다렸다가 다시 각영(各營)에 나누어 배치해서, 번갈아가며 가르쳐서 자연스럽게 점차 그 교습을 넓히는 것입니다. 다만 호령 일체는 반드시 서국(西國)의 언어 문자를 대략 익혀야만 비로소 심법(心法)을 전수해서 그 묘리(妙理)를 상세히 익힐 수 있으니, 따라서 통사(通事: 역관)와 번역을 할 줄 아는 사람이 없어서는 안 됩니다. 톈진을 방어하는 각영(各營)이 오랫동안 독일의 육군 조련 방법을 써왔고, 최근 다시 독일 무관을 고용했습니다. 게다가 행진(行陣), 보벌(步伐: 행군의 보조), 타파(打靶: 행군 중에 과녁을 사격하는 훈련), 취준(取準)하는 방법에 뜻을 두어 그 열에 여덟, 아홉을 깨우쳤습니다. 만약 귀국에서 톈진으로 무관을 파견한다면 응당 신칙해서 함께 훈련을 받게 할 것입니다. 이상 두 가지 사항을 즉시 결정해서 답신을 보내주시길 바랍니다.

귀국은 3년 동안에 두 차례나 큰 변고를 만났습니다. 만약 전하께서 징전비후(懲前毖後)해서 치란(治亂)의 이유와 정난(靖難)의 공을 생각하신다면, 성은(聖恩)에 감격하고, 당사(黨私)를 통렬히 경계하고, 여국(與國: 동맹국)과의 교제를 신중히 하는 것은 필시 스스로 그만둘 수 없는 일일 것입니다. 전(傳)에 이르길, "혹은 많은 어려움을 통해서 그 나라를 굳건히 한다."고 했으니, 부디 전하께서는 발분해서 생각하십시오. 동쪽으로 해천(海天)을 바라봄에 글로는 제 뜻을 다 적지 못합니다.

문화전 대학사 태자태부 북양통상대신 직예총독 일등숙의백 이홍장이 머리를 조아리며 바칩니다.

을유년 3월 11일

24 『善隣始末』 卷一一; 『朝鮮史』 六編 四卷 775~776쪽.

부록

다보하시 기요시(田保橋潔) 약전(略傳)

근대 조선외교사 연표(1864~1885)

주요 인명 색인

『근대 일선관계의 연구(하)』 차례

다보하시 기요시(田保橋潔) 약전(略傳)[1]

경성제국대학 교수 고(故) 다보하시 기요시는 메이지 30년[1897년] 10월 14일 홋카이도(北海道) 하코다테 시(函館市)에서 태어났다. 부친은 시로헤(四郎平), 모친은 후데(ふで)이다. 하코다테는 부친의 임지였다. 후에 도쿄로 이사해서 메이지 43년[1910년] 3월 도요타마 군(豊多摩郡) 온바라(穩原)소학교를 졸업하고 사립 아자부(麻布)중학교에 입학했다가, 같은 해 9월에 에히메(愛媛) 현립 오즈(大洲)중학교로 옮겼다. 다이쇼 4년[1915년] 3월에 졸업하고, 9월에 가나자와(金澤)의 제4고등학교(第四高等學校) 제1부(第一部) 을류(乙類)에 입학했다.

제4고등학교를 택한 것은 부친의 본적[2]과 관련이 있는 것 같다. 그는 이때 이미 국사를 전공할 뜻을 굳혔던 것으로 보인다. 당시 4고(四高)에는 국사에 우에하라 기쿠노스케(上原菊之助) 교수, 서양사에 우라이 고이치로(浦井鍠一郎) 교수가 있었다. 특히 우라이 노 교수는 4고(四高)의 명교수 중 한 사람으로 꼽힐 정도로 학생들에 대한 영향과 감화가 컸다고 하지만, 그는 이러한 교수들의 강의를 상당히 비판적으로 들었다고 한다. 동급생 중에서 처음부터 대학의 문과를 지망한 것은, 그를 포함해서 에가미 히데오(江上秀雄) 씨, 하나야마 신쇼(花山信勝) 씨, 아소 미즈미(麻生瑞海) 씨 등 4명이었다. 그 중에서도 그는 다른 반 학생들이 "문과에 다보하시가 있다."라고 할 정도의 노력가로서, 도서관에서도 기숙사에서도 에도시대에 관한 서적을 찾아 읽기를 좋아했던 것 같다.

다이쇼 7년[1918년] 7월, 그는 4고(四高)를 졸업하고 도쿄제국대학(東京帝國大學) 문학부 국사과에 입학했다. 그가 재학할 당시 국사학과의 교수진은 매우 화려해서 미카미 산지(三上參次) 교수, 하기노 요시유키(萩野由之) 교수, 다나카 요시나리(田中義成) 교수, 구로이타 가츠미(黑板勝美) 교수, 쓰지 젠노스케(辻善之助) 조교수, 무라카미 나오지로(村上直次郎) 강사, 미야지 나오카즈(宮地直一) 강사 등이 있었다. 동기생에는 나카지마 슌지(中

---

1) 출처: 田保橋潔, 『日淸戰役外交史の研究』(東京: 刀江書院, 1951), pp.557~564.
2) 원주: 石川縣 珠洲郡 三崎村 字栗津 八部 八十八番地.

島俊司), 니시오카 도라노스케(西岡虎之助), 나가야 가츠토시(長谷勝利), 미야케 겐지(三宅憲治) 등이 있었다. 다이쇼 10년 3월, 그는 「주로 일미관계에서 본 일본의 개국에 관하여(主として日米關係より觀たる日本の開國に就いて)」를 졸업논문으로 제출하고 대학을 졸업했다. 그로부터 24년 동안의 그의 연구가 온전히 이 졸업논문의 발전의 형태로 이뤄진 것은 그의 학문적 생애에서 가장 축복받은 일이었다는 생각이 든다.

다보하시는 대학 졸업과 동시에 유신사료편찬관보(維新史料編纂官補)로 임용되었다. 그는 제1편부(編部)[고카(弘化) 3년 2월 13일부터 가에이(嘉永) 6년 12월 그믐날까지]에 소속되어 오츠카 다케마츠(大塚武松) 편찬관과 함께 편찬에 종사하다가 재직 1년여 만인 다이쇼 11년¹⁹²²ᵉ 5월에 도쿄제국대학의 사료편찬관보로 전임됐다. 이즈음 그가 남양협회(南洋協會) 주최 네덜란드어 강습회에 출석해서 네덜란드어를 익힌 것은 근대 일본 외국관계사 연구를 위한 본격적인 준비였을 뿐만 아니라 또한 노력가로서의 그의 면모를 가장 잘 보여주는 일화일 것이다.

그는 사료편찬관보로서 대일본사료 제12편부(大日本史料第十二編部)에 소속되어 주임 쓰지 젠지로 밑에서 업무를 담당하는 한편, 사학회(史學會)의 서무편찬주임(庶務編纂主任)이 되어 다이쇼 13년¹⁹²⁴ᵉ 4월까지 『사학잡지(史學雜誌)』의 편집을 주재했는데, 얼마 후 신설된 경성제국대학(京城帝國大學)의 초빙을 받고 같은 해 8월 15일부로 의원면관(依願免官)되었다.

경성제국대학 관제(官制)는 다이쇼 13년 5월 2일에 칙령으로 공포·시행되었다. 그와 동시에 조선총독부령으로 대학예과규정(大學豫科規程)이 발포(發布)·시행됨에 따라 예과 수업이 바로 시작됐다. 다이쇼 15년¹⁹²⁶ᵉ 4월부터는 법문학부(法文學部)와 의학부(醫學部)의 수업이 시작될 예정이었다. 당시 도쿄대학 문학부장 하토리 우노키치(服部宇之吉) 교수가 경성대학 초대 총장을 겸임했는데, 특히 법문학부 교수를 인선하는 데 분주했다. 다보하시는 구로이타, 쓰지 두 교수의 추천으로 법문학부에서 국사학 강좌를 담임하기 위해 9월 1일부로 경성제국대학 예과 강사에 위촉되었으며, 10월 2일에는 사학 연구를 위해 만 1년 10개월간 구미 체류의 명을 받았다. 그는 같은 해 12월에 인도양을 경유해서 런던에 도착했고, 그곳에서 약 1년간 체류한 후 다이쇼 14년 가을에 파리로 이동했다. 이듬해인 다이쇼 15년 여름에는 그와 마찬가지로 파리에 있던 와다 세(和田清) 씨, 아키바 다카시(秋葉隆) 씨와 동행해서 스위스, 이탈리아, 오스트리아, 체코슬로바키아, 독일 각지를 여행한 뒤 베를린을 마지막으로 이들과 작별했다. 그리고 홀로 네덜란드, 벨기에를 둘러본 다음, 다시 파리로 돌아와서 얼마 후 귀국길에 올랐다. 원래는 미국에서도 체류할 예정이었지만, 계획을 변경해서 갈 때와 같은 경로로 쇼와 2년 1월에 귀조(歸朝)했다.

유학 중에 주요 업무는 물론 그의 전공인 근대 일본의 외국 관계 사료 수집이었다. 그 수집 사료의 일단(一端)은, 귀조하자마자 등사판으로 인쇄돼서 같은 관심사를 가진 사람들에게 배포된 그의 「소장양서목록(所藏洋書目錄)」을 통해서도 알 수 있다. 그 장서들은 이른바 서방동점사(西方東漸史)에 관계된 것으로, 특히 일본에 관한 서양 서적의 기본 문헌을 거의 망라하고 있었을 뿐 아니라 다수의 희귀 서적을 포함하고 있었다. 또한 다보하시는 여력이 있을 때마다 각국의 성곽, 무기, 감옥에 관한 문헌을 수집하고, 관련 유적과 유물의 실지 견학에 노력했다고 한다.

경성제국대학 법문학부는 예정대로 다이쇼 15년[1926년] 봄부터 수업을 시작했다. 두 번째 해의 신학기 시작과 함께 다보하시는 경성에 부임해서 조교수로 강단에 섰다. 그리고 아울러 초창기 학부의 시설 규정과 그 밖의 업무에 관여했다. 쇼와 3년[1928년] 4월 18일, 교수로 승진한 다보하시는 국사학 제1강좌를 맡게 되었다. 덧붙이자면, 국사학 제2강좌를 맡은 사람은 다보하시보다 몇 년 뒤인 쇼와 5년[1930년]에 취임한 마츠모토 시게히코(松本重彦) 교수로, 그는 마지막까지 다보하시의 이른바 파트너였다.

그 후 17년 동안 다보하시의 관직 경력은 극히 단조로워서 관등(官等)과 위계(位階)의 정기적인 승진만 있었다. 교단에서의 강의도 '국사학 개설'(격년), '근대 일본 외국 관계의 특수 강의'(매년), '『메이지 정사(明治政史)』, 『개국기원(開國起原)』 등의 사적(史籍) 강독'(매년)의 세 가지만 반복했다. 그러나 다른 한편으로 그의 학자로서의 활동은 단순한 강의자(講義者)의 범주를 벗어나서 해를 거듭할수록 다양해졌다. 또한 쇼와 3년 10월에 부인[마키야마 마사노리(牧山正德) 씨의 장녀 다마에(玉枝)]을 맞아서 일가를 이루었는데, 가정생활은 여유로우면서도 다단(多端)했다.

다보하시는 대학을 졸업한 이듬해에 『사학잡지(史學雜誌)』에 등재한 「모리슨 호의 내항과 격퇴에 관하여(モリソン號來航及擊攘に就いて)」라는 논문을 시작으로 외국 유학 때까지 모두 8편의 역작을 발표했다. 그의 견실한 학풍과 정력적인 정진은 이 초기 8편의 논문에서 유감없이 발휘되었다. 경성에 부임한 이후에는 다시 여러 잡지에 논문을 발표하는 데 노력하는 한편, 이들 논문을 보다 크게 정리하는 작업 또한 잊지 않았다. 그 최초의 성과가 쇼와 5년[1930년] 4월에 경성제국대학 법문학부 연구조사책자(硏究調査冊子) 제3

집으로 간행된『근대 일지선관계의 연구―톈진조약에서 일지개전까지(近代日支鮮關係の研究―天津條約より日支開戰に至る)』와 이어서 같은 해 9월에 간행된『근대 일본 외국관계사(近代日本外國關係史)』이다. 전자의 전반부는 이미 사료편찬관보 시절에 쓴 것으로, 거기에 후반부를 추가로 집필해서 완성한 것이다. 후자는 물론 그의 대학 졸업논문 이후의 업적을 일단 집대성하고 체계화한 것이다. 당시 그가 근대 일본의 외국관계 연구에 관해 품고 있었던 구상은 대체로 다음과 같았다. 즉, 그것은 3부로 구성되었다. 제1부는 18세기 중기부터 19세기 중기까지의 100년 동안 개국에 이르는 역사로 앞에서 언급한『근대 일본 외국관계사』가 여기에 해당한다. 제2부는 개국부터 왕정복고(王政復古)까지의 14년 동안의 역사로『막말 외국관계사(幕末外國關係史)』라는 가제가 붙었다. 제3부는 메이지 원년 신정부의 창설부터 메이지 43년 조선 병합으로 끝나는『메이지 외국관계사(明治外國關係史)』가 예정되어 있었다. 덧붙이자면, 이 제3부의 개요로 볼 수 있는 것이 쇼와 9년[1934년] 5월에『이와나미 강좌 일본역사(岩波講座日本歷史)』제1편으로 발표된『메이지 외교사(明治外交史)』이다.

이처럼 3부로 구성된 다보하시의 연구 계획은 이후 그대로 실현되지 않았다. 그것은 그가 연구 재료로 손을 대기 시작한 근대 조선의 신선하면서도 풍부한 외교 사료의 매력에 빠져든 것과 그로 인해 점차 조선사에 천착하게 된 것에 연유한다고 할 수 있지만, 다른 한편으로 보자면 외부 사정으로 인해 부득이 이러한 방향으로 나아가게 된 측면도 있었다.

가장 큰 외부 사정은 조선총독부 조선사편수회(朝鮮史編修會)와의 관계였다. 다이쇼 14년[1925년] 6월에 그 관제가 공포된 편수회는 그때까지 중추원의 부대 사업으로 진행되어 온 '반도사 편찬위원회(半島史編纂委員會)'를 발전시킨 것이라고 할 수 있다. 원래 예정 기한은 10년이었으며, 이나바 이와키치(稻葉岩吉) 씨가 처음부터 수석 수사관(修史官)으로서 사업을 주재했다. 쇼와 6년[1931년]에는 일부 강문(綱文)[3]의 인쇄도 시작되었다. 그런데 당시 편수 작업에서 가장 지체되고 있던 것은 제6편, 즉 이씨조선 시대의 마지막 부분(순조·헌종·철종·이태왕조)이었다. 지체의 주요 원인은 편수주임의 적임자를 찾기 어려웠기 때문이었을 것이다. 결국 쇼와 8년[1933년] 3월에 다보하시는 제6편의 주임을 맡아 달라는 촉탁을 받고 이 지난한 사업을 담당하였다. 그 결실은 쇼와 9년[1934년] 11월부터 13

---

3) 강문(綱文): 강목체(綱目體) 역사 서술, 즉 표제가 되는 문장[綱]은 큰 글자로 기록하고 그것을 서술하는 문장[目]은 작은 글자로 기록하는 편년체 서술 방식에서 강(綱)에 해당하는 문장을 의미한다.

년^{1938년}까지 출판된『조선사(朝鮮史)』제6편 전 4권으로 맺었으며, 이로써『조선사』전 35권의 인쇄가 완료됐다. 강문(綱文) 인쇄 완료는 편수회 그 자체의 일단락 혹은 전회(轉回)를 의미했다. 즉, 창립 이래의 주재자 이나바 이와키치 씨는 만주의 건국대학(建國大學)⁴⁾으로 자리를 옮기고, 나카무라 히데타카(中村榮孝) 수사관(修史官)은 총독부 학무국 편수관이 됐다. 이후 쇼와 13년^{1938년} 6월에 다보하시가 새로 조선사편수회 편찬주임이 돼서 편수회의 차기 사업을 계획하고 주재하였다. 그는 차기 사업으로 이미 인쇄된『조선사』가 이태왕 31년의 갑오개혁으로 끝나기 때문에 그 뒤를 이어서 이태왕 갑오년 이후의 사료를 수집하는 것을 첫 번째 과제로 삼았다. 이 사업은 다보하시가 세상을 떠난 쇼와 20년^{1945년} 2월까지 계속됐지만, 마침 시국이 해가 갈수록 급박해지고 있었기 때문에 기대했던 것처럼 진척되기는 어려웠다. 그럼에도 불구하고 이 사이에 그의 최대의 저작이라고 할 수 있는『근대 일선관계의 연구(近代日鮮關係の硏究)』상·하 두 책이 중추원에서 출간되고, 이어서『조선통치사논고(朝鮮統治史論稿)』와『근대 조선에서의 정치적 개혁(近代朝鮮に於ける政治的改革)』두 책이 편수회에서 출판되었다.

이러한 편수회 사업과 병행한 작업 중에 한 가지 특기할 만한 것이 있다. 그것은『동문휘고(同文彙考)』129권의 교정, 출판이다.『동문휘고』는 이씨조선의 후반, 즉 인조 21년(1643)부터 이태왕 18년(1881)까지의 대청(對淸)·대일(對日) 외교문서를 유형별로 취합한 것으로, 그 완본은 경성대학에 단 1부만 있었다. 다보하시는 쇼와 9년^{1934년}부터 일본학술진흥회(日本學術振興會)의 보조를 받아서 교정 및 출판 작업에 착수하였고, 쇼와 12년^{1937년} 8월까지 전 12책의 간행을 마무리할 계획이었다. 교정은 이미 완료되었지만, 당시 시국과 그 밖에 다른 이유들로 인해 제2·3권의 두 책만 간행된 채 중단된 것은 다보하시를 위해서나 또 학계를 위해서나 애석하기 짝이 없다.

지금까지 본 것처럼 다보하시의 연구 생활의 후반 10여 년의 경향은 그 중심이 근대 일본의 외국관계사에서 점차 근대 조선사로 옮겨졌다. 그것은 학문적 과제로서 양자 사이에 밀접한 내적 관련성이 있다는 점에서 본다면 자연스러운 발전이라고 할 수 있다. 아울러 앞에서 언급한 것처럼 보다 많은 전인미답의 근대 조선 사료, 특히 외교 사료의 존재로부터 자극을 받아서 연구 의욕이 왕성하게 고취되었음에 틀림없다. 그의 연구는 전도(前途)의 다망다기(多望多岐)함에 거의 평안한 날이 없을 정도였지만, 건실한 노선을

---

4) 건국대학(建國大學): 만주국의 수도 신징(新京)[중국 지린성(吉林省) 창춘(長春)에 있었던 국무원(國務院) 직할의 국립대학

추구한 다보하시는 단순히 새로운 사료를 발굴하는 것만으로는 만족하지 않고 그것을 바탕으로 기존의 성과와 업적을 계속 확충해 나갔다. 쇼와 18년[1943년] 12월에 출판된 『증정 근대 일본 외국관계사(增訂近代日本外國關係史)』가 그 일례다. 그것은 13년 전에 발표한 옛 저서에 대해 '증정(增訂)'이라는 이름에 걸맞을 정도의 증보와 개정을 한 저술이었다. 두 번째는 이제 유작으로 출판하는 동양문고논총(東洋文庫論叢) 제32편 『일청전역 외교사의 연구(日淸戰役外交史の硏究)』이다. 이 책의 초고는 쇼와 15년[1940년] 3월에 완성되었고, 19년[1944년] 10월에 증보(增補)와 주석 보완 작업을 마무리했다. 따라서 이 책은 시간적으로 볼 때 그의 마지막 저술이면서, 또한 그의 처녀작 『근대 일지선 관계의 연구』나 『근대 일선관계의 연구』의 속편으로서 이 저술들을 고쳐 쓰면서 새로 일청전역(日淸戰役) 자체가 주체가 된 외교사를 구성한 것이라고 할 수 있다. 왜냐하면 앞의 저술들은 모두 일지개전(日支開戰)으로 서술이 끝나기 때문이다. 이 책 『일청전역 외교사의 연구』의 원고 표지에 「동아 국제정치사 연구 제2(東亞國際政治史硏究第二)」라고 새겨져 있는 것을 보면, 그 첫 권은 이미 발표된 「근대 조선의 정치적 개혁」으로 하고, 다시 일로전역(日露戰役) 외교사와 한국병합사 등을 제3·4권으로 저술하려는 기획을 세웠던 것은 아니었을까 하는 생각이 든다.

지금까지 다보하시의 학자로서의 생애를 관통해 살펴본 것은, 그를 가장 깊이 아는 동료 한 사람이 그를 평하여, "다보하시는 앉으나 서나 항상 학문과 일을 머릿속에서 잊지 않는 사람이었다."라고 한 말 때문이다. 여기서 학문과 일을 특별히 구분해서 언급한 것은 매우 흥미롭다. 왜냐하면 그의 연구는 단순히 연구를 위한 연구가 아니라, 좋은 의미에서 일로서의 연구였다고 할 수 있기 때문이다. 이것이 타의 추종을 불허하는 그의 업적을 차례대로 거론한 이유이며, 실로 연구와 일이 일체가 된 그의 생활 태도는 그를 세상에서 쉽게 보기 어려운 실행가(實行家)로 만들었다고 생각한다. 이를 감안한다면 그가 조선사편수회와의 관계를 점차 넓고 깊게 가져갔던 이유도 수긍이 될 것이다.

자기의 연구와 일에 대단히 열심이었던 다보하시는 자연히 남을 받아들이는 여유가 부족했다. 그는 타인의 전문 영역에 대해 경의를 잊는 인물은 아니었지만, 남의 일에 관해서는 별로 관심을 갖지 않는다는 인상을 주었다. 이것은 그의 타고난 강한 자신감과 함께 생각을 거침없이 말해버리는 솔직한 성격과 어우러져 타인에게 접근하기 어렵다는 인상을 갖게 했을 것이다.

그러나 가정에서의 다보하시는 실로 자식 복이 많다고 할 만큼 장남 아키라(彬), 차남

아츠시(淳), 장녀 유리코(ユリ子), 차녀 마리코(マリ子), 삼남 스스무(晋)의 다섯이나 되는 남매의 자상하고 온화한 아버지였다. 온화하다기보다는 차라리 자식을 끔찍이 생각하는 아버지였다. 쇼와 20년^{1945년} 2월 26일, 그는 그 어린 다섯 자녀를 연약한 부인의 손에 맡기고 홀연히 타계했다. 향년 49세였다.

다보하시는 만년에 인간의 일생 동안의 능력에는 한도가 있다는 의미의 말을 술회한 적이 있다. 그런데 어쩌면 그것은 그가 이미 거둔 연구 업적에 거의 모든 생명을 기울였다는 자각에서 나온 말은 아니었을까 하는 생각이 든다. 그럼에도 불구하고 그가 품고 있었던 연구 계획은 더욱 넓고 거대한 것이었음에 틀림없다. 또한 어린 다섯 자녀의 아버지로서 그가 떨치지 못한 미련은 한이 없을 것이다. 그를 위해, 또 유족을 위해 비감과 동정을 금할 수 없는 이유다.

쇼와 26년 1월 31일
스에마츠 야스카즈(末松保和)⁵⁾

---

5) 스에마츠 야스카즈(末松保和, 1904~1992): 조선사 전공 사학자이자 다보하시의 경성제국대학 법문학부 후배 교수다. 1927년에 도쿄제국대학 문학부 국사학과를 졸업한 후 조선사편수회에서 수사관(修史官)으로서 『조선사』 등의 편수 작업에 종사했다. 1933년에 경성제국대학 법문학부 조교수에 임용되고 1939년에 교수가 됐다. 일제 패망 이후 귀국해서 가쿠슈인(學習院) 교수, 도서관장 등을 역임했다. 『朝鮮歷代實錄一覽』, 『任那興亡史』, 『新羅史の諸問題』, 『朝鮮硏究文獻目錄』 등의 저서가 있다. 『末松保和朝鮮史著作集』 6책이 1997년에 완간됐다.

근대 조선외교사 연표(1864~1885)

* 이 연표는 『근대 일선관계의 연구(상)』에서 서술한 근대 조선외교사의 주요 사건들을 연도 순으로 정리한 것으로, 1864년 고종 원년부터 1885년 5월 21일 톈진조약(天津條約)의 비준까지 다루었다. 각 사건들의 날짜는 기본적으로 본서의 기록에 의거했다.
* 본서에서 누락된 사건들은 『年表로 보는 現代史』(신석호 외, 新丘文化社, 1972)와 『日本外交年表竝主要文書(上)』(日本外務省 編, 外務省, 1975) 등을 참고해서 보완했다.
* 양력은 아라비아 숫자로, 음력은 한자로 표기했다.
* 조선외교사와 관련해서 일본과 청에서 발생한 사건들은 편의상 한 칸에 표기했으며, 일본과 청의 당시 연호를 표기하는 방식으로 양국의 사건을 구분했다(일본: 慶應, 明治 / 청: 同治, 光緖). 날짜는 조선과 청은 음력으로 표기하였다. 일본은 1872년 12월 19일부터 태양력을 사용하였으므로 이 날짜 이후는 모두 양력이다.
* 어떤 사건의 발생 시점에 대해, 해당 월(月)만 알 수 있고 그 날짜가 불명확한 경우 해당 월의 말미에 배치했다.

양력	조선 연호, 날짜	조선 주요 사건	일본·청 연호, 날짜	일본·청 주요 사건
1864	哲宗十四年 十二月十三日	• 고종(高宗), 창덕궁에서 즉위. 신정대왕대비(神貞大王大妃)가 고종의 친부인 흥선대원군 이하응(李昰應)에게 서정(庶政)을 총괄하게 함.		
1. 21				
4. 7	高宗元年 三月二日	• 동학교조 최제우(崔濟愚), 죽세무민의 죄로 대구감영에서 처형		
5. 27	高宗元年 四月二十二日	• 각 읍의 서원, 향현사(鄕賢祠), 생사당(生祠堂)과 소속된 결총(結總)과 보인(保人)의 정례을 조사할 것을 지시함.(서원 철폐 정책 시작)		
1865 4. 26	高宗二年 四月二日	• 경복궁 중건을 명함.		
4. 29	高宗二年 四月五日	• 경복궁 공사비를 충당하기 위해 원납전(願納錢) 징수 결정		
6. 2	高宗二年 五月九日	• 대원군을 국태공(國太公)에 봉함.		
1866 1. 17			同治四年 十二月十二日	• 광둥(廣東)에서 발행되는 「중외신문(中外新聞)」에 일본인 야도 마사요시(八戶順叔)의 정한론 기사 게재
2. 10	高宗三年 十二月二十五日	• 남종삼(南鍾三), 천주교 선교사와의 면담 여부를 타진하기 위해 대원군 방문		
2. 11	高宗三年 十二月二十六日	• 독일인 오페르트(E. Oppert), 영국 상선 로나호(Rona)를 타고 충청도 조금진(調琴律)에 내항하여 통상 요청(오페르트의 제1차 내항)		
2. 23	高宗三年 一月九日	• 프랑스 선교사 베르뇌(S. Berneux)·천주교도 홍봉주(洪鳳周) 등, 서울에서 체포됨.(대원군의 천주교 탄압 시작)		
6. 4			同治五年 五月三日	• 주청 프랑스 임시대리공사 벨로네(H. Bellonet), 프랑스함대의 조선 원정에 앞서 공친왕(恭親王) 혁소(奕訴) 문제에 조청속방(朝淸屬邦) 문제에 관해 집의

서기	월.일	연대(高宗/慶應)	사건
	8. 6	高宗三年 六月二十六日	오페르트, 엠페러호(Emperor)를 타고 제차 입국. 충청도 해미현(海美縣) 조금진(調琴律) 앞바다에 정박, 통상 요구(오페르트의 제2차 내한)
	8.16	高宗三年 七月七日	• 미국 상선 제너럴셔먼호(General Sherman), 평안도 용강현(龍岡縣) 다미면(多美面) 영주포구(英珠浦口)에 도착 • 선교사 실해에 항의하는 벨로네의 서한과 청구 자문이 조선 조정에 도착
	9. 2	高宗三年 七月二十四日	• 평양 군민(軍民)의 화공(火攻)으로 제너럴셔먼호가 대동강에서 침몰. 영국인 선교사 토머스(R. Thomas) 등 실해 당함. (제너럴셔먼호 사건)
	9.20	高宗三年 八月十二日	프랑스 극동함대사령관 로즈(P. Roze), 군함 3척을 가느리고 경기도 남양부(南陽府) 앞바다에 도착. 1척은 부평부(富平府) 물치도(勿淄島) 앞까지 진입(병인양요 시각)
	10.20	高宗三年 九月十二日	이항로(李恒老), 상소를 올리서 대원군의 실정(失政) 통격
	11.18	高宗三年 十月十二日	로즈, 한강 봉쇄를 해제하고 조선에서 퇴각
1867	2.27	高宗四年 一月二十三日	미국 해군중령 슈펠트(R. W. Shufeldt), 와추세트호(Wachusett)를 타고 황해도 장연현(長淵縣) 오차포(吾叉浦)에 도착해서 제너럴셔먼호 사건의 진상을 조사
	3.23	慶應三年 二月七日	• 쇼군 요시노부(慶喜), 로슈(L. Roches) 프랑스 공사에게 조선·프랑스 화의(和議) 알선 제안
	11. 9	慶應三年 十月十四日	• 쇼군 요시노부, 메이지 천황에게 정권반상(政權返上) 상주(대정봉환(大政奉還))
	11.17	慶應三年 十月二十二日	• 쇼군에게 외교사무 및 기타 긴급 사무는 당분간 종전대로 처리할 것을 분부
1868	1. 3	慶應三年 十二月九日	• 왕정복고(王政復古) 선언

양력		조선		일본/청	
		연호, 날짜	주요 사건	연호, 날짜	주요 사건
1868	4. 10	高宗五年 三月十八日	• 미국 해군 중령 페비거(J. C. Febiger), 셰닌도어호(Shenandoah)를 타고 황해도 삼화부(三和府)에서 제너럴셔먼호 생존자 수색		
	4. 15	高宗五年 三月二十三日	• 삼군부(三軍府) 복설(復設)을 명함.	慶應四年 三月二十三日	• 쓰시마 번주 소 요시아키라(宗義達)에게 외국사무보(外國事務輔)의 권한 부여(조일외교에 관한 타이슈 번의 세습 권한 인정)
	5. 10	高宗五年 四月十八日	• 오페르트, 프랑스 신부 페롱(S. Férron)·미국인 젠킨스(F. Jenkins) 등과 차이나호(China)로 충청도 홍주군(洪州郡) 행담도(行擔島)에 도착. 덕산군(德山郡) 소재 남연대원군(南延大院君) 구(球)의 묘를 도굴하다가 발각됨.(오페르트 사건)		
	5. 27			慶應四年 閏四月六日	• 소 요시아키라, 조선과의 통교쇄신(通交刷新) 건의
	10. 23			慶應四年 九月八日	• 연호를 메이지(明治)로 고침.
	11. 23	高宗五年 十月十日	• 최익현(崔益鉉), 상소를 올려서 대원군의 실정 통격		
	12. 19	高宗五年 十一月六日	• 왕정복고를 통고하기 위한 대수대차사(大修大差使) 히구치 데쓰시로(樋口鐵四郎), 조양 왜관 도착		
1869	8. 15			明治二年 七月八日	• 외국관(外國官)을 철폐하고 외무성 설치
	10. 27			明治二年 九月二十三日	• 소가(宗家)의 조선 사절 파견 중지
				明治二年 十二月	• 조일관계의 연혁 및 타이슈 번이 조일외교를 관장하게 된 유래 등을 조사하기 위해 사다 하쿠보(佐田白茅) 외무성 출사에 임명하고 모리야마 시게루(森山茂)·사이토 사카에(齋藤榮)와 함께 조선 파견을 명함.

연도	날짜	연호·일자	내용	연호·일자	내용
1870	3. 23	高宗七年 二月二十二日	•사다 하쿠보·모리야마 시게루·사이토 사카에·히로츠 히로노부(廣津弘信) 등 조선 왜관 도착		
	6. 1	高宗七年 五月三日	•주일 독일 대리공사 브란트(M. Brandt), 군함 헤르타(Hertha)를 타고 부산 입항. 동래부사 정현덕(鄭顯德), 일본인의 동승에 대해 항의	明治三年 六月二十三日	•기도 다카요시(木戶孝允), 오쿠보 도시미치(大久保利通)를 방문해서 '대한적극정책'을 설명함.
	7. 21			明治三年 七月二十八日	•외무대승 야나기하라 사키미츠(柳原前光), 우대신 이와쿠라 도모미(岩倉具視)에게「조선론(朝鮮論)」전달
	8. 24			明治三年 九月十八日	•외무권소승 요시오카 고키(吉岡弘毅) 등에게 외무경과 외무대승의 서계를 지참하고 조선 파견을 명함.
	10. 12	高宗七年 十一月三日	•요시오카 고키 등, 부산 도착. 조선 정부, 외무경승 서계 접수를 거부함.		
	12. 24				
1871	3. 7	高宗八年 二月二十一日		同治十年 一月十七日	•주청(駐淸) 특명전권공사 로우(F. Low), 총리아문을 방문해서 조선국왕 앞으로 보내는 서한을 대신 전달해줄 것을 요청
	4. 10		•조선 조정, 청 예부를 통해 온 로우 공사의 교섭 요청 서한에 대해 거부하는 회신 발송	明治四年 三月二十二日	•외무권대승 마루야마 사쿠라(丸山作樂), 정한론 관련되어 음모 혐의로 체포
	5. 11	高宗八年 三月二十二日	•춘도 안동준(安東晙), 요시오카 외무권소승과 회견		
	5. 17			明治四年 三月	•외무성, 조선에 있는 요시오카 고키 권소승에게 미국 함대의 조선 원정과 관련해서 간섭하지 말 것을 훈령
	5. 21	高宗八年 四月三日	•로우 공사·아시아함대 사령관 로저스(J. Rogers), 군함 5척을 이끌고 남양부 풍도 앞바다에 도착. (신미양요)	明治四年 四月三日	•조선에 있는 요시오카 고키·모리야마 시게루·히로츠 히로노부, 소씨(宗氏)의 가역과 면(家役免)과 대조선 외교의 외무성 이관 건의

	조선		일본/청	
양력	연호, 날짜	주요 사건	연호, 날짜	주요 사건
1871 6.11	高宗八年 四月二十四日	• 미국 함대 육전대, 광성보(廣城堡)를 공격해서 점령		
6.12	高宗八年 四月二十五日	• 대원군, 전국 각지에 척화비(斥和碑) 건립 명령		
6.14			明治四年 四月二十七日	• 태정관 다테 무네나리(伊達宗城), 흠차 전권대신에 임명. 청국과의 수호조약 체결의 임무 부여
8.29			明治四年 七月十四日	• 폐번치현(廢藩置縣) 실시
9.11			明治四年 七月二十七日	• 소 시게마사(宗重正, 宗義達), 자원해서 가역파면(家役罷免) 신청
9.13			明治四年 七月二十九日	• 소 시게마사, 외무대승에 임명
			同治十年 七月二十九日	• 청일수호조규 및 통상장정·해관세칙 조인
9.19			明治四年 八月五日	• 소 시게마사에게 조선 파견 명령
11.20			明治四年 十月八日	• 우대신 이와쿠라 도모미를 특명전권대사, 참의 기도 다카요시·대장경 오쿠보 도시미치(大久保利通)·공부대보 이토 히로부미(伊藤博文)·외무소보 야마구치 나오요시(山口尚芳)를 부사로 임명해서 구미에 파견(이와쿠라 사절단)
12.15			明治四年 十一月四日	• 소에지마 다네오미(副島種臣), 외무경 임명
1872 2.6			明治四年 十二月二十八日	• 소 시게마사와 오시마 마사토모의 조선 파견 중지

연도	월.일	조선·청 연호	내용(조선·청측)	일본 연호	내용(일본측)
	2. 22	高宗九年 一月十四日	모리야마 시게루·히로쓰 히로노부·시가라 마사키(相良正樹)·우라세 히로시(浦瀬裕)·히로세 나오유키(廣瀬直行) 등, 부산 도착		
	2. 24			明治四年 一月十六日	히구치 데쓰시로, 타이슈 귀환
	4. 27	高宗九年 三月二十日	가훈도 교제진(高在健), 동래부사 정현덕의 명에 따라 소 시게마사의 서계 등본 수령		
	6. 24			明治五年 五月十九日	소 시게마사, 옛 번주(藩主) 자격으로 왜관 정리 및 공무 역 정산 건의
	7. 1	高宗九年 五月二十六日	하사 시가라 마사키·권수 후카미 마사카게(深見正景) 등, 왜관난출(倭館欄出)		
	7. 3			明治五年 五月二十八日	조량 왜관의 사무를 소씨(宗氏)로부터 외무성으로 이관하고 옛 타이슈 번사(藩士)에게 귀국을 명령함.
	7. 11	高宗九年 六月六日	시가라 마사키·후카미 마사카게 등, 왜관 복귀		
	9. 20			明治五年 八月十八日	조량 왜관의 접수를 위해 외무대승 하나부사 요시모토(花房義質) 등에게 조선 파견을 명령함.
	10. 16	高宗九年 九月十五日	하나부사 요시모토, 부산 도착		
	12. 19			明治五年 十一月十九日	태음력 폐지 및 태양력 사용을 각국 공사에게 통고(메이지 5년 12월 3일을 메이지 6년 1월 1일로 함.)
1873	2. 12			明治六年 二月十二日	외무성 출사 히로쓰 히로노부에게 부산 주재를 명령함.
	4. 1	高宗十年 三月五日	히로쓰 히로노부, 부산 공관에 부임(왜관을 일본 외무성에서 외교 공관으로 접수)		
	4. 30	同治十二年 四月四日	직예총독 이홍장(李鴻章), 소에지마 대사와 청일수호 규 비준 교환		
	5. 23	同治十二年 四月二十七日	소에지마 대사, 외무소승 히라이 기소(平井希昌)를 청국 총리아문에 보내서 청한종속문제에 관해 질의		

	조선		일본/정	
양력	연호, 날짜	주요 사건	연호, 날짜	주요 사건
1873 6. 20			同治十二年 五月二十六日	• 소에지마 대사, 야나기하라 사키미츠·데에네를 총리아문에 보내서 둥순과 회견하게 함. 鄭永寧를 총리아문에 보내서 사창회·동순과 회견하게 함.
8. 3			明治六年 八月三日	• 사이고 다카모리(西鄉隆盛), 각의에서 정한론(征韓論) 제출
8. 17			明治六年 八月十七日	• 각의에서 이와쿠라 도모미가 귀국한 후, 사이고 다카모리를 조선 파견 사절로 임명할 것을 결정
10. 4	高宗十年 八月十三日	• 진하사(進賀使) 이근필(李根弼), 어전 복명 시 일본인들이 이양선(異樣船)을 타고 양복 차림으로 베이징에 왕래하는 것을 보고함.		
10. 23			明治六年 十月二十三日	• 사이고 다카모리, 사표 제출. 메이지 정부에서 하야(下野)
10. 24			明治六年 十月二十四日	• 천황, 이와쿠라의 상주를 받아들여서 조선 사절 파견의 무기한 연기를 재가 • 이타가키 다이스케(板垣退助)·고토 쇼지로(後藤象次郎)·에토 신페이(江藤新平)·소에지마 다네오미 등, 사표 제출
10. 28			明治六年 十月二十八日	• 데라지마 무네노리(寺島宗則), 외무경에 임명
12. 14	高宗十年 十月二十五日	• 최익현, 상소를 올려 대원군의 실정을 통척. 고종, 이를 가상히 여겨서 호조참판을 특배(特拜)		
12. 22	高宗十年 十一月三日	• 최익현이 다시 상소를 올려 대원군을 탄핵함. 고종은 상소의 말이 과격하다는 이유로 친배를 명함. • 고종, 서정친재(庶政親裁)의 교지를 내림.(대원군 하야)		

연도	월일	高宗	사항	明治/同治	사항
1874	2. 19	高宗十一年一月三日	• 박제관(朴齊寬), 동래부사에 임명		
	5. 15			明治七年五月十五日	• 외무성 출사 모리야마 시게루에게 조선 파견 명령
	6. 14	高宗十一年五月一日	• 모리야마 시게루, 부산 도착		
	8. 11	高宗十一年六月二十九日	• 영의정 이유원(李裕元) 등, 안동준의 처벌 및 일본의 실정을 탐지하기 위해 역관 파견 주장		
	8. 14	高宗十一年七月三日	• 경상도 관찰사 김세호(金世鎬) 파직, 동래부사 정현덕 함경도 문천군에 유배		
	9. 3	高宗十一年七月二十三日	• 신임 훈도 현석운, 최조로 일본 외무성 관리 모리야마 시게루와 정식 회견. 시계 접수와 관련해서 모리야마가 3개 조건 제시. 일본국기·군함기·상선기의 모본 전달		
	9. 19	高宗十一年八月九日	• 현석운과 모리야마가 협정한 3개 조건에 관한 어전회의 열림.		
	9. 24	高宗十一年八月十四日	• 대범국(大凡谷), 초량 공관을 제차 방문해서 금위대장 조영하(趙寧夏)의 친서 전달		
	10. 2	高宗十一年八月二十二日	• 별차 현제순(玄濟舜), 공관에 와서 동래부사의 서한 전달		
	10. 24			明治七年十月二十四日	• 모리야마 시게루, 귀조 복명
	10. 31			同治十三年九月二十二日	• 타이완 문제에 관해 청일 양국 간 전약(專約) 수립
	12. 28			明治七年十二月二十八日	• 외무소승 모리야마 시게루을 이사관에 임명하고 조선 파견을 명령
1875	1. 5	高宗十一年十一月二十八日	• 병조판서 민승호(閔升鎬) 일가 폭사(爆死)		
	1. 12			同治十三年十二月五日	• 동치제(同治帝) 훙서

양력	조선		일본/청	
	연호, 날짜	주요 사건	연호, 날짜	주요 사건
1875				
2.12	高宗十二年 一月七日	원자(元子) 척(坧)을 왕세자로 정하고 청의 책봉을 주청(奏請)하기 위해 영중추부사 이유원을 진주주청(陳奏) 정사, 예조판서 김시연(金始淵)을 부사, 사헌부 장령(司憲府掌令) 박주양(朴周陽)을 서장관에 차하		
2.24		모리야마 시게루·히로쓰 히로노부, 외무성의 새 서계를 갖고 동래부에 도착		
2.25			光緒元年 一月二十日	광서제(光緖帝) 즉위[광서제는 서태후(西太后)의 매서(妹壻) 순친왕(醇親王)의 아들로, 서태후가 다시 실권을 장악]
3.12	高宗十二年 二月五日	고종, 이유원·이최응·김병국을 소견해서 서계 접수 여부 논의		
3.30	高宗十二年 二月二十三日	모리야마 등에게 연향(宴享)을 설행(設行)하기로 예정되어 있으나, 동래부사의 정부 출입·복장 문제 등으로 연기. 훈도 명의의 구진서(口陳書) 발송		
4.9	高宗十二年 三月四日	의정부, 연향설행은 구식(舊式)에 따라 시행할 것을 지시함. 전 왜학훈도 안동준을 공물(公物)을 축내고 변정(邊情)을 소란스럽게 했다는 죄목으로 효수		
5.25	高宗十二年 四月二十一日	군함 운요호, 조선을 위협하기 위해 부산에 입항		
6.13	高宗十二年 五月十日	고종, 시원임대신을 소견해서 일본 외무경의 서계 접수 및 연향설행과 관련해서 논의. 최의 결과 강경론이 승리해서 해서 외무경과 외무대승 서계의 접퇴가 결정됨		
8.31	高宗十二年 八月一日	진주 겸 진상사 이유원 일행, 서계 주 서울 출발		

	高宗/연대	조선 관련 사항	明治/光緒 연대	일본 관련 사항
9. 20	高宗十二年 八月二十一日	군함 운요호, 강화도 초지진 공격. 교전 이후 다시 영종진(永宗鎭)을 포격하고 육격하고 육전대를 상륙시켜서 약탈과 살육을 자행(운요호 사건)		
9. 21	高宗十二年 八月二十二日	모리야마 시게루, 연향설행과 관련하여 조선 측에서 옛 격식을 준수할 것을 요구하자 이에 반발, 시계를 정남하지 않았고 부산을 출발해서 귀국		
10. 3	高宗十二年 九月五日	모리야마 시게루 · 이바타 사다(石幡貞), 군함 가스가(春日)를 타고 부산에 복귀		
10. 29	高宗十二年 十月一日	모리야마 시게루, 야마노조 스케나가(山之城祐長)를 공관장대리로 전임시키고 군함 가스가를 타고 부산을 받음.		
11. 3			明治八年 十一月三日	모리야마 시게루, 복명(11월 중에 히로즈 히로노부와 함께 운요호 사건의 사후 수습에 관한 의견서 상신)
11. 10			明治八年 十一月十日	사메지마 나오노부(鮫島尚信)를 외무대보에, 모리 아리노리(森有禮)를 주청 공사에 임명
11. 25			明治八年 十一月二十五日	히로즈 히로노부, 전권변리대신 선보사(先報使)에 임명
12. 9			明治八年 十二月九日	육군중장 겸 참의 구로다 기요타카(黑田淸隆)를 특명전권변리대신에 임명하여 조일수호조약 체결을 위해 강화도 파견을 명령[12월 27일에 부대신 이노우에 이노우에(井上馨) 임명]
12. 13	高宗十二年 十一月十六日	일본 해병대 58명, 왜관난출(倭館欄出). 무단으로 부산진으로 향하는 과정에서 조선군과 충돌 발생		
12. 19	高宗十二年 十一月二十二日	히로즈 히로노부, 전권변리대신의 강화도 파견 사유를 통고하는 구진서(口陳書)를 훈도 현석운에게 전달		
1876 1. 5			光緒元年 十二月九日	특명전권공사 모리 아리노리, 베이징 도착

	조선		일본/청	
양력	연호, 날짜	주요 사건	연호, 날짜	주요 사건
1876 1. 6			明治九年 一月六日	• 구로다 기요타카 일행, 시나가와(品川)에서 조선을 향해 출발
1. 10	高宗十二年 十二月十四日	• 이홍장, 이유원의 소개 서한에 회신	光緒元年 十二月十四日	• 모리 아리노리, 총리아문 내신들과 조청속방 문제에 관해 교섭 시작
1. 12	高宗十二年 十二月十六日	• 이유원, 귀조 복명		
1. 15	高宗十二年 十二月十九日	• 구로다 기요타카 일행을 태운 사절선단, 부산 입항		
1. 19	高宗十二年 十二月二十三日		明治九年 一月十九日	• 육군경 야마가타 아리토모(山縣有朋), 구로다 기요타카의 응원 증파 요청에 따라 시모노세키로 급파되어 파병 준비 착수
1. 23	高宗十二年 十二月二十七日	• 구로다 기요타카 일행, 부산에서 출항		
1. 24	高宗十二年 十二月二十八日		光緒二年 一月二十日	• 모리 아리노리, 이홍장과 베진 바오딩 부(保定府)에서 조선 문제 회담
1. 25	高宗十二年 十二月二十九日	• 일본 사절선단, 남양부(南陽府) 도리도(桃李島) 앞바다에 정박		
1. 30	高宗十三年 一月五日	• 신헌(申櫶)을 접견대관, 윤자승(尹滋承)을 접견부관에 임명		
2. 10	高宗十三年 一月十六日	• 구로다 기요타카 일행, 강화도 갑곶진에 상륙. 오후에 강화부 입성		
2. 11	高宗十三年 一月十七日	• 조일수호조규 제1차 회담 (2월 12일에 제2차 회담, 2월 13일에 제3차 회담, 2월 20일에 제4차 회담)		
2. 14	高宗十三年 一月二十日	• 고종, 시원임대신을 소견해서 일본의 조약 요구에 대해 어전회의를 가짐.	光緒二年 一月二十日	• 모리 아리노리, 총리아문과 청한종속 문제에 관한 토론 중단

	高宗十三年		明治	
2.17	高宗十三年 一月二十三日	•최익현, 문생 홍재귀(洪在龜)·유기일(柳基一)·유인석(柳麟錫) 등과 함께 광화문 앞에서 복합상소(伏閣上疏)		
2.19	高宗十三年 一月二十五日	•신헌, 구로다 기요타카와의 회담에서 전결(專決)하라는 명을 받음. •의정부, 일본 조야인에 대한 수정대안(修正對案) 하달		
2.27	高宗十三年 二月三日	•신헌, 구로다 기요타카와 조일수호조규에 기명 조인		
3.2	高宗十三年 二月七日	•신헌·윤자승, 귀조 복명. 일본의 국정(國情)을 탐지하기 위해 수신사 파견 건의		
3.5			明治九年 三月五日	•구로다 기요타카·이노우에 가오루, 귀조 복명
4.27	高宗十三年 四月四日	•제1차 수신사 김기수, 경복궁 강녕전에서 사폐(辭陛)하고 서울을 출발		
5.25	高宗十三年 五月三日	•쓰시마도주의 옛 도서(圖書)를 통래부에 반환		
5.29			明治九年 五月二十九日	•김기수 일행, 도쿄 도착
6.1			明治九年 六月一日	•김기수, 메이지 천황 알현
6.7			明治九年 六月七日	•조일수호조규부록 협정을 위해 외무소승 미야모토 오카즈(宮本小一)를 이사관에 임명해서 조선 파견을 명령
7.15	高宗十三年 閏五月二十四日	•미야모토 오카즈, 부산 도착		
7.21	高宗十三年 六月一日	•김기수, 귀조 복명		
7.22	高宗十三年 六月二日	•황조참판 조인희(趙寅熙)를 강수관, 황종현(黃鍾顯)을 반접관, 이최응을 연접관(延接官), 이용숙을 차비역관(差備譯官)에 임명		

양력		조선			일본·청	
	연호, 날짜	주요 사건		연호, 날짜	주요 사건	
1876	7.30	高宗十三年 六月十日	• 미야모토 오카즈, 입경			
	8.1	高宗十三年 六月十二日	• 미야모토 오카즈, 고종 알현			
	8.5	高宗十三年 六月十六日	• 수호조규부록 및 통상장정 제1차 회담(이후 8월 23일까지 총 11차례 회담을 가짐)			
	8.24	高宗十三年 七月六日	• 조인희, 미야모토 오카즈와 조일수호조규부록 및 조일무역규칙(조일통상장정협약) 기명 조인			
	9.21				明治九年 九月二十一日	• 미야모토 오카즈, 귀조 복명
	10.14				明治九年 十月十四日	• 태정대신의 포고로 일본 국민의 부산 도항 허가
	11.13				明治九年 十一月十三日	• 외무성 칠등출사 곤도 신스케(近藤眞鋤)를 부산 관리관에 임명
	11.25	高宗十三年 十月十日	• 곤도 신스케, 부산 도착			
	12.7	高宗十三年 十月二十二日	• 왜학훈도를 판찰관(辦察官), 별차(別差)를 역학(譯學)으로 개칭. 두모진(豆毛鎭)을 폐지하고 그 사무를 개운포(開雲浦)에게 전관(專管)시킴			
1877	1.30	高宗十三年 十二月十七日	• 동래부사 홍우창(洪祐昌), 곤도 신스케와 부산항 일본인 거류지 조계조약(租界條約) 조인			
	2.15				明治十年 二月十五日	• 사이고 다카모리(西鄕隆盛), 가고시마(鹿兒島)에서 거병 [제이난 전쟁(西南戰爭) 시작]
	4.8	高宗十四年 二月二十五日	• 왜관 설문(設門) 폐지. 해관(海關) 및 정계처(定界處)에 규검감관(糾檢監官) 설치			

연도	월·일	高宗 연월일	내용	明治 연월일	내용
	6. 8			明治十年六月八日	• 데라지마 무네노리, 서당보(徐堂輔)의 서계에 대한 회답 서계 발송
	7. 3	高宗十四年五月二十三日	홍우창, 쿤도 신스케와 조일 표류선 취급약정(朝日漂流船取扱約定) 조인		
	9. 10			明治十年九月十日	• 개항장 2개소 협정 및 사신주경, 상정도로 설정 등을 위해 외무대기관 하나부사 요시모토를 겸임대리공사에 임명하고 조선 파견을 명함.
	10. 4	高宗十四年八月十八日	하나부사 요시모토, 부산 도착		
	11. 3	高宗十四年九月二十八日	하나부사 요시모토, 다카오마루(高雄丸)를 타고 부산에서 출항해서 남·서해안 측량		
	11. 25	高宗十四年十月二十一日	하나부사 요시모토, 입경. 예조에 외무경 서계 제출		
	12. 1	高宗十四年十月二十七日	반접관 홍우창, 하나부사 요시모토와 제1차 회담 (이후 12월 7일까지 총 3차례 회담을 가짐).		
	12. 20	高宗十四年十一月十六日	전라도 거문도·진도군 벽파진·함경도 문천군 송전리에 임시 저탄장 설치와 관련한 7개 조 협정 조인		
	12. 21	高宗十四年十一月十七日	하나부사 요시모토, 개항 목적을 달성하지 못하고 정성예서 출발		
	12. 27	高宗十四年十一月二十三日	예조서 조영하, 일본 외무경 데라지마 무네노리에게 서계를 보내서 미야모토 야스권의 각서를 수호조규부록에 추가할 것과 별지서 11월 12일자 조인화 서계에 대한 회답 요청		
	12. 28			明治十年十二月二十八日	• 청국 흠차대신 정사(正使) 하여장(何如璋)·부사(副使) 장사계(張斯桂), 메이지 천황을 알현하고 국서 봉정
1878	1. 20			明治十一年一月二十日	• 하나부사 요시모토, 귀조 복명
	4. 28			明治十一年四月二十八日	• 함경도 북청부·덕원부, 전라·충청 2개 도의 연안 측량을 위해 군함 아마기(天城)가 시나가와에서 출항

양력	조선		일본·청	
	연호, 날짜	주요 사건	연호, 날짜	주요 사건
1878 5. 9	高宗十五年 四月八日	•일본 군함 아마기, 원산에 도착해서 무단 측량 실시		
6. 27			明治十一年 六月二十七日	•모리 아리노리, 외무대보에 임명
6. 29	高宗十五年 五月二十九日	•예조판서 윤자승, 일본 외무경 데라지마 무네노리에게 서계를 보내서 군함 아마기의 무단 측량에 항의하고 딕 원부가 소중한 땅인 이유 설명		
7. 4			明治十一年 七月四日	•군함 아마기, 나가사키 회항
9. 6	高宗十五年 八月十日	•의정부, 부산 개항장의 과세를 위해 세목(稅目)·통행구 지음 정한 후 좌겸를 만들어 동래부에 하달		
	高宗十五年 八月	•군함 아마기, 전라·중청 해안 측량		
9. 28	高宗十五年 九月三日	•부산 두모진에 세관 설치. 부산항 수출입품에 대하여 과세 시작		
9. 30	高宗十五年 九月五日	•군함 아마기, 동·서해안 측량을 마치고 동래부에 임명		
10. 9	高宗十五年 九月十四日	•일본 관리관 아마노조 스케나가, 부산 세관 설치가 조일수호조규에 위배된다는 이유로 동래부에 철세(撤稅) 요청. 일본 상인 135명, 동래부에서 세관 설치 반대 시위 감행. 정부는 계속 수세(收稅)를 명함.		
10. 24			明治十一年 十月二十四日	•데라지마 무네노리, 원산진 개항과 관련한 조선 정부의 서계에 대해 항의 서계 발송
11. 20			明治十一年 十一月二十日	•하나부사 요시모토, 동래부 관세 징수에 관해 동래부사와 교섭하라는 명을 받음.

	날짜	음력	내용	明治	비고
	11. 29	高宗十五年 十月二十五日	• 하나부사 요시모토, 부산에 도착해서 관세 징수를 관행하는 무력시위 감행		
	12. 2	高宗十五年 十月二十八日	• 하나부사 요시모토, 야마노조 스케나가에게 명해서 해관(海關) 설치에 항의하는 공문을 동래부사 윤치화(尹致和)에게 발송		
	12. 19	高宗十五年 十一月十五日	• 이정부, 관세 징수 중단 결정		
1879	3. 14			明治十二年 三月十四日	• 원산·인천 개항을 위해 하나부사 요시모토에게 조선과 견 명령
	4. 4			明治十二年 四月四日	• 류큐(琉球)를 오키나와 현(沖繩縣)으로 삼음.
	4. 23	高宗十六年 閏三月三日	• 하나부사 요시모토, 부산 도착. 이후 금강 이귀·아산 정박지·인천 등 3개 항구 측량		
	6. 13	高宗十六年 四月二十四日	• 하나부사 요시모토, 입경. 경기 중영(京畿中營)의 청수관(清水館)을 숙소로 사용		
	6. 18	高宗十六年 四月二十九日	• 강수 겸 반접관 홍우창, 하나부사 대리공사와 원산 개항에 관해 교섭 시작		
	7. 6	高宗十六年 五月十七日	• 하나부사 요시모토, 예조판서 심순택에게 부산항 정세에 대한 손해배상 7개 조 요구, 원산 개항에 관한 '예약의안(豫約擬案) 제출		
	7. 7	高宗十六年 五月十八日	• 하나부사가 요구한 관세율 제정 등 거부, 홍우창 설치 등 하락		
	7. 8	高宗十六年 五月十九日	• 홍우창, 원산 개항을 허락하는 대신 인천 개항 거절		
	7. 17	高宗十六年 五月二十八日	• 하나부사 요시모토, 인천 개항을 20개월 연기하는 대신, 그 사이에 양항(良港)을 발견하지 못할 경우 인천을 개항한다는 최종안 제출		

	조선		일본/청	
양력	연호, 날짜	주요 사건	연호, 날짜	주요 사건
1879 8. 17	高宗十六年 六月三十日	• 안동부사 김기수를 덕원부사에 임명하고 일본 위원과의 교섭을 명령		
8. 26	高宗十六年 七月九日	• 이흥장, 이유원에게 서한을 보내서 영국·독일·미국·프랑스와의 통상조약 체결을 통해 일본 및 러시아 세력 견제 권유		
8. 28	高宗十六年 七月十一日	• 하나부사 요시모토, 인천 개항 교섭 중단 통보		
8. 30	高宗十六年 七月十三日	• 종우창, 하나부사 요시모토와 원산 개항 의정서 조인 (1880년 5월 1일부터 통상 개시)		
9. 3	高宗十六年 七月十七日	• 하나부사 요시모토, 귀국. 청수관에는 일본인 25명이 잔류하고 있었으며, 이후 일본 공사관으로 전용		
9. 10			明治十二年 九月十日	• 이노우에 가오루, 외무경에 임명
10. 13	高宗十六年 八月二十八日	• 하나부사 요시모토, 원산 도착 덕원부사 김기수, 하나부사 요시모토와 6개 조로 구성된 세칙(細則)에 조인하고, 거류지 설치 및 부두 공사에 관한 규정 협정		
1880 2. 21			明治十三年 二月二十一日	• 관리관을 영사로 개칭하고, 마에다 겐기치(前田獻吉)와 곤도 신스케를 각각 원산 총영사·부산 영사에 임명
4. 17			明治十三年 四月十七日	• 하나부사 요시모토, 대리공사에서 변리공사로 승임(陞任)하고 조선 파견의 명을 받음.
4. 23	高宗十七年 三月十五日	• 곤도 신스케, 부산 주재 일본 영사 부임(부산 초량관을 부산 영사관으로 개정)		
5. 14	高宗十七年 四月六日	• 슈펠트, 군함 타이콘데로가(Ticonderoga)로 부산 입항. 곤도 영사의 소개로 국서를 전달하려고 했지만 동래부사가 거절		

	高宗十七年		明治十三年	
5. 20	高宗十七年 四月十二日	마에다 켄기치, 인신 주재 일본 부영사(인신 일본 영사관 개관)		
5. 29			明治十三年 五月二十九日	• 이노우에 가오루, 자신과 변리공사 명의로 조선 예조판서에게 공문을 보내 미국 요구를 수락하도록 권고함.
7. 2	高宗十七年 五月二十五日	군기 제조 학습을 위해 청국에 파견할 유학생 선발 지시		
7. 5	高宗十七年 五月二十八日	제2차 수신사 김홍집, 사폐(辭陛) 후 서울 출발		
8. 11			明治十三年 八月十一日	• 김홍집, 도쿄 도착
8. 14	高宗十七年 七月九日	청 예부와 이홍장에게 병기공(兵器工)의 학습을 의뢰하는 서한을 변원규(卞元圭) 편으로 보냄. (10월 19일에 변원규, 톈진에 도착해서 이홍장을 만남.)		
10. 2	高宗十七年 八月二十八日	김홍집, 귀조 복명. 황준헌(黃遵憲)의 『사의조선책략(私擬朝鮮策略)』진상		
10. 11	高宗十七年 九月八日	고종, 시원임대신을 소견해서 『조선책략』에 관해 자순(諮詢)		
11. 24			明治十三年 十一月二十四日	• 하나부사 요시모토, 공사주경·인천 개항에 관한 외무경 훈령을 받은 후 도쿄 출발
12. 13	高宗十七年 十一月二日	김홍집, 예조참판에 임명. 하나부사 요시모토, 인천 도착		
12. 15	高宗十七年 十一月十四日	조영하, 김병시(金炳始)를 대신해서 예조판서에 임명. 김홍집을 강수관(講修官) 겸 반접관(伴接官), 감찰(監察) 이조연(李祖淵)을 낭청(郞廳)에 임명해서 하나부사 요시모토와의 교섭 명령		
12. 21	高宗十七年 十一月二十日	고종, 어전회의를 열어서 일본 국서의 수리 여부 논의		

양력	조선		일본/청	
	연호, 날짜	주요 사건	연호, 날짜	주요 사건
1880 12. 27	高宗十七年 十一月二十六日	• 고종, 하나부사 요시모토를 중희당에서 접견. 하나부사 요시모토, 일본 국서 봉정		
1881 1. 20	高宗十七年 十二月二十一日	• 삼군부(三軍府) 폐지. 통리기무아문(統理機務衙門) 설치		
1. 28	高宗十七年 十二月二十九日	• 이최응(李最應), 통리기무아문총리대신에 임명		
		• 김홍집, 하나부사를 방문하여 인천 개항 방침이 정해졌음을 통고		
2. 9	高宗十八年 一月十一日	• 일본의 문명개화 실상을 파악하기 위해 조사시찰단(朝士視察團) 구성		
3. 25	高宗十八年 二月二十六日	• 이만손(李晚孫)을 소수로 경상도 유생들이 척사(斥邪)를 주장하고 『조선책략』을 공박하는 내용의 상소를 올림.[영남만인소(嶺南萬人疏)]		
3. 26	高宗十八年 二月二十七日	• 김홍집·윤태준(尹泰駿)을 각각 일본에 파견할 수신사·종사관에 임명		
4. 21	高宗十八年 三月二十三日	• 황재현(黃載顯), 홍시중(洪時中) 등이 서양 국가와의 외교를 반대하는 상소를 올림.		
5. 20	高宗十八年 四月二十三日	• 별기군(別技軍) 창설. 무위영(武衛營)에 배속하고, 일본 공병소위 호리모토 레조(堀本禮造)를 교관으로 초빙		
5. 24			明治十四年 五月二十四日	• 조사시찰단, 도쿄 도착
6. 3			明治十四年 六月三日	• 하나부사 요시모토, 귀조 복명
6. 11	高宗十八年 五月十五日	• 척사상소를 종식시키기 위해 전국에 척사윤음(斥邪綸音)을 내리고		
7. 3	高宗十八年 六月八日	• 곽기락(郭基洛), 시무상소(時務上疏)를 올림		

	高宗	내용	明治	비고
8. 4	高宗十八年 七月十日	•덕원부사 김기수, 마에다 겐키치와 원산진 거류지 지조 약정(地租約定) 조인		
8. 8	高宗十八年		明治十四年 八月八日	•조사시찰단 도쿄 출발. 귀국 길에 오름.
8. 30	高宗十八年 閏七月六日	•경기도 신섬(申櫶), 강원도 홍재학(洪在鶴), 충청도 조계하(趙啓夏), 전라도 고정주(高定柱) 등 4개 도 유생들이 정부의 개화정책에 반대하는 상소를 올림. •김홍집, 영남만인소에 자극받아 수신사를 사임(8월 31일에 조병호(趙秉浩)로 교체)		
9. 8	高宗十八年 閏七月十五日	•김윤식, 청국 파견 영신사(領選使)에 임명		
9. 13	高宗十八年 閏七月二十日	•홍재학을 서소문 밖에서 능지형에 처하고, 김평묵(金平默)에게 원악도(遠惡島) 유배의 형을 내림.		
9. 20	高宗十八年 閏七月二十七日	•외교문서에 사용될 국새를 대조선국보(大朝鮮國寶)로 신주(新鑄)		
10. 22	高宗十八年 八月三十日	•조사시찰단 귀국. 일본 국정 시찰 별단(別單)을 진상		
11. 1	高宗十八年 九月十日	•조사시찰단의 일원 어윤중(魚允中), 일본에서 바로 상하이로 이동(12월 1일에 톈진에서 이홍장과 회견, 음력 11월에 귀국)		
11. 9			明治十四年 十一月九日	•조병호, 메이지 천황을 알현하고 국서 전달
11. 17	高宗十八年 九月二十六日	•영신사 김윤식, 신식 기계 학습을 위한 청국 유학생 28명을 인솔하고 서울 출발(1882년 11월 11일에 영신사 일행 귀국)	明治十四年 十一月十七日	•조병호, 이노우에 가오루와 회담을 갖고 통상조약안을 제시
11. 19			明治十四年 十一月十九日	•조병호, 이노우에 가오루와 회담 개시. 이후 통상장정안과 해관세칙에 관해 총 5차례 회의를 가짐.

양력	조선		일본/청	
	연호, 날짜	주요 사건	연호, 날짜	주요 사건
1881 12. 29	高宗十八年 十一月九日	통리기무아문 개편[12사(司)를 7사로 축소, 판서급 이상의 인물을 경리통리기무아문사(經理統理機務衙門事)에 임명]		
1882 1. 6	高宗十八年 十一月十七日	영선사 김윤식 일행, 베이징 도착		
1. 8	高宗十八年 十一月十九日	교린사(交隣司)를 동문사(同文司)로 개칭한 것을 일본 외무성에 통고		
1. 17	高宗十八年 十一月二十八日	김윤식, 이홍장과 조미수호조약 체결 등에 관한 제1차 회견(2월 7일에 제2차 회견, 4월 4일에 제3차 회견)		
1. 18	高宗十八年 十一月二十九日	조병호, 귀조 복명		
2. 13	高宗十八年 十二月二十五日	오군영(五軍營) 폐지. 무위(武衛)·장어(壯禦)의 2영(營) 신설		
4. 4	高宗十九年 二月十七日	이응준·이조연(李祖淵), 톈진 유학생 감독관 명목으로 조미조약 교섭 위해 톈진으로 출발		
4. 25			明治十五年 四月二十五日	• 하나부사 요시모토, 조선 주차(駐箚)의 내명을 받고 조일통상장정 체결에 관한 전권을 부여받음.
5. 8	高宗十九年 三月二十一日	정여창(丁汝昌)·마건충(馬建忠), 조미수호조약 예비 교섭을 위해 인천에 도착		
5. 11	高宗十九年 三月二十四日	하나부사 요시모토, 서울 부임		
5. 22	高宗十九年 四月六日	신헌·김홍집, 슈펠트와 인천에서 조미수호통상조약 조인		
6. 6	高宗十九年 四月二十一日	조영하, 제물포에서 윌리스(G. O. Willes)와 조영수호통상조약 상조약 조인(제1차 조영수호통상조약. 비준 부본으로 발효되지 못함.)		

월일	高宗	조선 관련	明治/光緖	일본·중국 관련
6. 30	高宗十九年 五月十五日	• 조영하, 제물포에서 브란트와 조독수호통상조약 조인(비준 보류로 발효되지 못함.)		
7. 23	高宗十九年 六月九日	• 무위영, 장어영의 군인들이 병량(兵糧) 제물 등에 격분하여 소요를 일으킴.(임오군란) • 난군이 일본 공사관을 습격. 하나부사 요시모토 일행, 공사관에서 퇴각하여 인천으로 피신		
7. 24	高宗十九年 六月十日	• 난군이 궁중에 돌입. 민겸호(閔謙鎬)·김보현(金輔鉉)·이최응 등을 살해. 왕비 민씨는 변장하고 장호원으로 피신 • 민심 수습책으로 대원군에게 국정을 맡김(대원군 재집권). 통리기무아문 폐지, 삼군부 복설, 신정부 인사 발표		
7. 29	高宗十九年 六月十五日	• 하나부사 요시모토 일행, 플라잉피쉬호(Flying Fish)에 편승해서 인천 탈출. 나가사키에 도착		
7. 30			明治十五年 七月三十日	• 하나부사 요시모토가 나가사키에서 타전한 임오군란 발발 보고가 외무성에 도착
7. 31			明治十五年 七月三十一日	• 긴급 각의 개최
8. 1			光緖八年 六月十八日	• 주일 공사 여서창, 장수성(張樹聲)에게 임오군란 발발 보고
8. 2		• 김윤식·어윤중, 군란 진압을 위해 청국에 파병 요청	明治十五年 八月二日	• 하나부사 요시모토, 임오군란의 사후 처리에 관한 외무경 훈령 및 기밀 훈령 부여받음.
			光緖八年 六月十九日	• 정여창에게 출동 준비를 명하고 마건충을 상하이에서 소환함.
8. 10	高宗十九年 六月二十七日	• 정여창·마건충 등을 태운 군함 위원(威遠)·초용(超勇)·양위(揚威), 제물포에 입항. 이응중도 비밀리에 조용(超勇)에 편승해서 입국		

양력	조선		일본/청	
	연호, 날짜	주요 사건	연호, 날짜	주요 사건
1882 8.12	高宗十九年 六月二十九日	·하나부사 요시모토, 군함 4척·호위병 1개 대대를 인솔해서 제물포에 입항 ·절전대관 조영하·부관 김홍집, 군함 양위(揚威)로 마건충 방문 ·조영하·김홍집, 군함 마건충의 소개서를 갖고 심야에 하나부사 공사를 방문		
8.16	高宗十九年 七月三日	·하나부사 요시모토, 입경		
8.20	高宗十九年 七月七日	·고종, 하나부사 요시모토를 창덕궁에서 접견. 이 자리에서 하나부사는 자신의 요구제안에 대한 회답을 8월 23일 정오까지 줄 것을 요구함. ·오장경(吳長慶)·정여창이 이끄는 경군(慶軍) 약 2천 명이 제물포에 도착. 김윤식도 넛신호(日新號)를 타고 귀국		
8.21	高宗十九年 七月八日	·영의정 홍순목(洪淳穆), 왕비의 국장 준비를 이유로 회담 연기 요청		
8.22	高宗十九年 七月九日	·하나부사 요시모토, 교섭 결렬 선언		
8.25	高宗十九年 七月十二日	·홍순목, 하나부사 요시모토에게 서한을 보내서 회담 재개 요청 ·오장경·정여창, 군대를 이끌고 입경		
8.26	高宗十九年 七月十三日	·마건충, 대원군을 납치해서 톈진으로 호송(9월 2일에 톈진에 도착)		
8.27	高宗十九年 七月十四日	·이유원·김홍집·서상우, 각각 대일교섭 전권대신·부관·종사관에 임명 ·영도납부사 김병국, 마건충을 방문해서 하나부사 공사의 요구 조건에 관해 자문을 구함.		

月·日	高宗	내용	淸·日 연호	비고
8. 28	高宗十九年七月十五日	• 오후 10시부터 제물포에 정박 중인 일본 군함에게 군함 히에(比叡)에서 일본 측 요구 8개 조에 관해 회답 제기 • 청 장수 오조유(吳兆有)·장광전(張光前)·하승오(何乘鰲), 임오군란 가담자 체포를 위해 양심리 공격, 오장경, 이태원 공격, 170여 명 제포		
8. 29	高宗十九年七月十六日	• 김홍집, 군함 히에(比叡)를 방문해서 2차 회답을 가짐. 그러나 김홍집에게는 충분한 권한이 없었으므로 하나부사 공사는 김홍집과 함께 오후에 화도 별장영응으로 이유 없음 방문해서 3차 회답을 가짐. • 청국의 국난을 평정해 준 것에 감사하기 위해 조영하를 진주정사, 김홍집을 부사, 이조연을 종사관에 임명		
8. 30	高宗十九年七月十七日	• 이유원, 하나부사 요시모토와 조일수호조규속약 및 제물포조약에 기명 조인		
9. 7	高宗十九年七月二十五日	• 하나부사 요시모토, 입경 • 제물포조약에 따라 박영효·김만식·서광범(徐光範)을 각각 수신대사, 부사, 종사관에 임명해서 일본 과견을 명령함. • 기무처(機務處) 설치(조영하·김홍집·김윤식·홍영식·어윤중 등에게 개혁-방안을 품의하게 함.)		
9. 16	高宗十九年八月五日	• 고종, 하나부사 요시모토 접견. 하나부사는 바로 귀국함.	光緖八年八月五日	• 장패륜(張佩綸),「조선선후사의육책(朝鮮善後事宜六策)」상주
9. 28	高宗十九年八月十七日	• 대원군, 톈진 바오딩부(保定府)에 유폐됨.	明治十五年九月二十八日	• 하나부사 요시모토, 귀조 복명
10. 4	高宗十九年八月二十三日	• 조영하, 톈진에서 주복(周馥)과 조청상민수륙무역장정에 기명 조인		
10. 18	高宗十九年九月七日	• 조영하·김홍집, 귀조 복명		
10. 28	高宗十九年九月十七日	• 병조판서 조영하와 영선사 김윤식에게 외교사무 협의를 위해 톈진 과견을 명령함.		

양력	조선		일본/청	
	연호, 날짜	주요 사건	연호, 날짜	주요 사건
1882 10. 13			明治十五年 十月十三日	• 수신사 박영효 일행, 도쿄 도착
10. 19			明治十五年 十月十九日	• 박영효, 메이지 천황 알현. 국서 전달
10. 27			明治十五年 十月二十七日	• 박영효·김만식, 이노우에 가오루와 최전을 갖고 제물포 조약 제4조에 기재된 배상금 지불 방식에 관해 협의. 매년 5만 엔씩 10년부 상환 결정
10. 31			明治十五年 十月三十一日	• 조일수호조규속약 비준
11. 4	高宗十九年 九月二十四日	• 친군(親軍) 좌·우영(左右營) 설치		
11. 12	高宗十九年 十月二日	• 훈련도감(訓鍊都監) 폐지. 금위영·어영청이 왕궁 숙위(宿衛)를 맡음.		
11. 17			光緖八年 十月七日	• 이홍장, 독일인 묄렌도르프(P. G. Möllendorff)를 외교 고문으로 추천
11. 22	高宗十九年 十月十二日	• 어윤중, 서북경략사(西北經略使)에 임명		
12. 14	高宗十九年 十一月五日	• 조영하, 김윤식 귀조 복명. 마건상(馬建常)·묄렌도르프도 함께 입국		
12. 18			明治十五年 十二月十八日	• 박영효, 일본 요코하마쇼킨은행과 17만 엔 차관협정 조인
12. 26	高宗十九年 十一月十七日	• 통리아문(統理衙門) 신설. 외교사무를 관장		
12. 27	高宗十九年 十一月十八日	• 통리내무아문(統理內務衙門) 신설. 국리민복(國利民福)에 관한 사무 담당 • 고종, 마건상·묄렌도르프를 접견	明治十五年 十二月二十七日	• 배정배신과 외무경 명의로 1883년 1월 이후 인천 개항 포고

1883	高宗十九年十一月二十九日	1. 7	• 변리공사 다케조에 신이치로(竹添進一郞), 경성 부임		• 변리공사 다케조에가 신이치로, 경성 부임
	高宗十九年十二月二日	1. 10	• 고종, 다케조에 신이치로 접견. 다케조에가 일본 국서 봉정		
	高宗十九年十二月四日	1. 12	• 통리아문을 통리교섭통상사무아문(統理交渉通商事務衙門), 통리내무아문을 통리군국사무아문(統理軍國事務衙門)으로 개칭	明治十六年一月十二日	• 다케조에 신이치로, 경성에 주둔 중인 경비대 2개 중대를 철병으로 감축할 것을 상신
	高宗十九年十二月二十二日	1. 30	• 삼군부의 기무처를 통리군국사무아문에 통합		
	高宗十九年十二月二十九日	2. 6	• 감생청(減省廳), 11개 조의 관제 개혁과 폐정쇄신(弊政刷新)에 관한 별단(別單) 상주		
	高宗二十年二月十日	3. 18	• 오장경, 3영(營)을 이끌고 청으로 귀국		
	高宗二十年二月十八日	3. 26	• 묄렌도르프의 건의에 따라 당오전(當五錢)의 주조·유통 결정		
	高宗二十年二月二十日	3. 28		明治十六年三月二十八日	• 이노우에 가오루, 다케조에 신이치로에게 조일통상장정에 관한 정부 방침을 설명하고 통상장정안 송치
	高宗二十年二月二十六日	4. 3	• 어윤중, 청 진본식(陳本植)과 중강통상장정(中江通商章程)에 기명 조인		
	高宗二十年四月四日	5. 10	• 청국 관원이 속방(屬邦)의 관직을 겸할 수 없다는 청 예부 자문에 따라 통상사무직 마건상 해임		
	高宗二十年四月七日	5. 13	• 초대 주한 미국공사 푸트(L. H. Foote) 제물포 도착		
	高宗二十年四月十三日	5. 19	• 민영목(閔泳穆), 푸트와 조미수호통상조약 비준 교환		
	高宗二十年四月二十七日	6. 2	• 대원군 계열의 정현덕(鄭顯德)·조병창(趙秉昌)·조제하(趙濟夏)·이재만(李載晩)·이원진(李源進)·조우희(趙宇熙)·이회정(李會正)·임응준(任應準) 등 8명 처형		

양력	조선		일본/청	
	연호, 날짜	주요 사건	연호, 날짜	주요 사건
1883				
6. 27	高宗二十年 五月二十三日	·기기국(機器局) 설치, 박정양(朴定陽)·김윤식 등을 총관(總辦)에 임명		
7. 8	高宗二十年 六月五日	·민영익(閔泳翊)·홍영식 등 각각 미국 파견 전권대신과 부대신에 임명[7월 15일에 민영익 일행, 인천 출발, 9월 2일에 샌프란시스코 도착. 9월 12일에 뉴욕에서 아서(Arthur) 미국 대통령에게 국서 전달]		
7. 14	高宗二十年 六月十一日	·묄렌도르프, 다케조에 신이치로와 조일통상장정 예비 교섭 개시		
7. 18	高宗二十年 六月十五日	·민영목·김홍집·묄렌도르프·이조연, 다케조에 신이치로와 조일통상장정 회담 개시		
7. 25	高宗二十年 六月二十二日	·민영목, 다케조에 신이치로와 조일통상장정·해관세칙·일본인어채범죄조규(日本人漁採犯罪條規)·리정약조(日本人間行里程約條) 등 기명 조인		
9. 19	高宗二十年 八月十九日	·해상공국(惠商公局) 설치		
9. 30	高宗二十年 八月三十日	·민영목, 다케조에 신이치로와 인천구조계약조(仁川口租界約條)에 기명 조인		
10. 16	高宗二十年 九月十六日	·고종, 푸트 접견, 외교·군사 고문 파견 요청		
10. 20	高宗二十年 九月二十日	·진수당(陳樹棠), 청국총판조선상무(淸國總辦朝鮮商務)로 부임(총영사 자격)		
10. 27	高宗二十年 九月二十七日	·영국 전권공사 파크스(H. S. Parkes), 독일 전권공사 자페(E. Zappe), 통상조약 개정을 위해 입국		
11. 26	高宗二十年 十月二十七日	·민영목, 파크스·자페와 각각 조영수호통상조약, 조독수호통상조약에 기명 조인		

1884	11.			· 청 군사 교관을 두고 약 2,000명의 조선군 편성		
		1. 29	高宗二十一年 一月二日	· 「한성순보(漢城旬報)」시건		
		3. 14	高宗二十一年 二月十七日	· 묄렌도르프, 전환국총판(典園局總辦)에 임명		
		4. 2	高宗二十一年 三月七日	· 민영목, 전수당과 인천구좌상지계장정(仁川口華商地界章程)에 기명 조인		
		4. 12	高宗二十一年 三月十七日	· 천진주차독리통상사무(天津駐箚督理通商事務) 남정철(南廷哲)·종사관 박제순(朴齊純)·서기관 성기운(成岐運), 톈진으로 출발		
		4. 13	高宗二十一年 三月十八日	· 조청상민수륙무역장정(朝淸商民水陸貿易章程) 제4조 개정(청국 상인의 내지 통상 허락)		
		4. 28	高宗二十一年 四月四日	· 독판교섭통상사무(督辦交涉通商事務) 김병시(金炳始), 파크스와 조영수호통상조약 비준 교환 · 영국 총영사 에스턴(W. G. Aston)·부영사 칼스(W. R. Carles) 부임		
		5. 11			光緒十年 四月十七日	· 청과 프랑스 간 톈진조약(天津條約) 조인
		5. 23	高宗二十一年 四月二十九日	· 오장경, 친병(親兵) 3영(營)을 이끌고 귀국(오조유가 인솔하는 친병 3영은 계속 조선에 주둔)		
		5. 26		· 진미권대신 민영익(閔泳翊), 귀국		
		6. 23			光緒十年 閏五月一日	· 프랑스 군대, 하노이 북쪽 관음교(觀音橋)에서 청 군대 수비대와 충돌(사실상 청불전쟁 시작)
		7. 8	高宗二十一年 閏五月十六日	· 협판교섭통상사무(協辦交涉通商事務) 묄렌도르프 해임		
		7. 20	高宗二十一年 六月三日	· 전환국(典園局), 당오전 유통 고시		
		8. 26			光緒十年 七月六日	· 청국, 프랑스에 선전포고

	조선		일본/청	
양력	연호, 날짜	주요 사건	연호, 날짜	주요 사건
1884 10. 1			光緖十年 八月十三日	프랑스 함대, 타이완 지룽(基隆)을 공격해서 점령
10. 14	高宗二十一年 八月二十六日	전·후·좌·우(前後左右)의 친군영제(親軍營制) 제정. 친군영 감독을 친군영사(親軍營使)로 개정		
10. 17	高宗二十一年 八月二十九日	독일 총영사 젬브슈(O. G. Zembsch) 부임		
10. 23	高宗二十一年 九月五日	김홍집, 독판교섭통상사무에 임명	光緖十年 九月五日	프랑스 함대, 타이완 봉쇄
10. 30	高宗二十一年 九月十二日	다케조에 신이치로, 약 1년 만에 서울에 귀임		
11. 1	高宗二十一年 九月十四日	고종, 다케조에로 접견. 다케조에게 임오군란의 손해배상금 중 40만 엔을 증여함.		
11. 7	高宗二十一年 九月二十日	김홍집, 각국 공사와 인천제물포각국조계장정(仁川濟物浦各國租界章程)에 기명 조인		
11. 12			明治十七年 十一月十二日	다케조에 신이치로, 조선 정계에서의 좌초과 '독립당'의 감등에 관해 보고하고 그 대책으로 대체으로 2개 안을 상신
11. 24	高宗二十一年 十月七日	김옥균(金玉均), 푸트 미국 공사와 에스턴 영국 총영사를 방문해서 시국을 논하고, 변란이 났을 때 신처해줄 것을 부탁	明治十七年 十一月二十四日	다케조에 신이치로, 홍영식과의 대화 내용 보고(감신정변 이전 다케조에의 마지막 보고임.)
11. 28			明治十七年 十一月二十八日	외무성, 다케조에 신이치로에게 전보를 보내서 직접행동을 승인하지 않는다고 훈령
11. 29	高宗二十一年 十月十二日	김옥균, 다케조에 신이치로와 일본인한행리정약조부록(日本人間行里程約條附錄) 의정		
12. 4	高宗二十一年 十月十七日	김옥균을 중심으로 한 개화당(開化黨), 우정국정국(郵政局)의 개국 축하연에서 정변을 일으킴(갑신정변).		

12. 5	高宗二十一年 十月十八日	• 고종을 포함한 왕실이 경우궁(景祐宮)으로 이어(移御). 다케조에 신이치로가 고종의 호위를 명분으로 공사관 경비대를 이끌고가 경우궁을 차단 • 새벽에 고종의 문안을 위해 경우궁에 온 윤태준·한규직(韓圭稷)·이조연·민영목·조영하·민태호(閔台鎬) 등 여섯 대신이 개화당에게 피살 • 8시, 푸트 미국 공사와 애스턴 영국 총영사가 경우궁에 참입(參入) • 10시, 고종, 경우궁에서 이재원의 사저인 계동궁으로 이어함. 푸트 공사와 애스턴 총영사가 배종(陪從) • 14시, 셈보-득일 총영사가 참입 • 17시, 고종, 창덕궁으로 환궁 • 개화당, 정부 개조 및 신정권 수립에 착수
12. 6	高宗二十一年 十月十九日	• 개화당, 혁신정령 반포 • 우의정 심순택, 새벽에 오조유·원세개·장광전에게 조회를 보내서 청국군의 출동 요청 • 15시, 창덕궁에서 청일 근대 교전 시작 • 19시 30분, 다케조에 신이치도, 경비대를 이끌고 일본 공사관으로 후퇴
12. 7	高宗二十一年 十月二十日	• 김옥균, 새벽에 다케조에 신이치로에게 조회 발송 • 14시 30분, 다케조에가 김옥균에게 보내는 조회를 남기고 인천으로 퇴각. 이소바야시 대위 등 3명 피살 • 김옥균, 영국·미국·독일 공사에게 조회해서, 다케조에가 반도(叛徒)와의 통모하여 무엇을 구금하고 내신을 실해 했음을 통고 • 12월 5일에 감하(減下)된 판리들을 보내 관직에 재임명 하고 신정권 인사들을 대거 경질
12. 8	高宗二十一年 十月二十一日	• 개화당이 반포한 혁신정교 환수 • 8시, 다케조에 일행이 인천 영사관에 도착 • 조병호와 홍순학(洪淳學)을 각각 대관·부관에 임명해서 인천 파견

양력	조선		일본·청	
	연호·날짜	주요 사건	연호·날짜	주요 사건
1884 12. 11	高宗二十一年 十月二十四日	• 김옥균·박영효·서광범·서재필(徐載弼)·이규완(李圭完)·정난교(鄭蘭敎)·유혁로(柳赫魯)·변수(邊燧) 등, 기선 지도세마루(千歲丸)에 편승해서 도일(渡日) • 통리아문, 다케조에 공사에게 조회를 보내서 반도와 등 모욕 좌를 비난	明治十七年 十二月十一日	• 갑신정변 발발에 관한 제1보가 주일 공사 여서창을 통해 외무성에 도착
12. 12	高宗二十一年 十月二十五日	• 다케조에 신이치로, 11일자 통리아문 조회에 대해 반박 • 서상우와 묄렌도르프를 각각 특차전권대신(特差全權大臣)·부대신에 임명해서 일본에 파견을 명령		
12. 15			光緒十年 十月二十八日	• 오대징(吳大澂)·정여창이 조선 파견 결정
12. 18			明治十七年 十二月十八日	• 여서창, 오대징 파견을 이노우에 가오루에게 통보
12. 19			明治十七年 十二月十九日	• 갸의, 이노우에 가오루에 조선 특파전권대사 임명 결의
12. 21			明治十七年 十二月二十一日	• 이노우에 가오루, 조선국왕에게 보낼 국서·전권위임장·태정대신의 내훈을 부여받음. • 에노모토 다케아키(榎本武揚) 주청 공사, 총리아문에 조회를 보내서 전권대신의 조선 파견 요청
12. 22			明治十七年 十二月二十二日	• 이노우에 가오루, 도쿄 출발
12. 29	高宗二十一年 十一月十三日	• 다케조에 신이치로·이노우에 고와시(井上毅), 육군 1개 소대를 이끌고 입경 • 조병호, 다케조에 신이치로와 예비회담 가짐. • 청 회판북양사의(會辦北洋事宜) 오대징·속창(續昌) 등, 병력 500명을 이끌고 마산포에 도착	光緒十年 十一月六日	• 충사, 전권대신 파견 요청 거절

연도	날짜	高宗 연대	내용	明治 연대	비고
	12. 30	高宗二十一年 十一月十四日	• 이노우에 가오루, 군함 3척과 호위병 2개 대대를 이끌고 인천 도착 • 조병호, 다케조에 신이치로에게 조회를 보내서 증거로 제시한 고종의 친서 2통 모두 신빙할 수 없음을 성명 • 엄세영(嚴世永)에 임명, 반접관(伴接官)에 임명		
1885	1. 1	高宗二十一年 十一月十六日	• 오대징·속창 등, 수행원 40여 명과 호위병 250명을 이끌고 입경, 남별궁에 주둔		
	1. 3	高宗二十一年 十一月十八日	• 이노우에 가오루 일행, 입경	明治十八年 一月三日	• 서승조(徐承祖), 부진상을 당해서 사직한 여서창을 대신해서 일본 공사로 부임
	1. 6	高宗二十一年 十一月二十一日	• 고종, 이노우에 가오루 접견. 일본 국서 봉정 • 좌의정 김홍집, 전권대신에 임명		
	1. 7	高宗二十一年 十一月二十二日	• 김홍집·조병호·묄렌도르프, 이노우에 가오루 등과 제1차 회담 가짐		
	1. 8	高宗二十一年 十一月二十三日	• 제2차 회담. 오대징의 난입으로 회담 중단		
	1. 9	高宗二十一年 十一月二十四日	• 김홍집, 이노우에 가오루와 한성조약 및 선후약정안에 가명 조인		
	1. 10	高宗二十一年 十一月二十五日	• 13시, 이노우에 대사가 다카지마 육군중장, 가바야마 해군대보, 다케조에 공사 등을 거느리고 창덕궁 낙선재에서 고종에게 고별 • 김홍집이 이노우에 대사에게 김옥균, 박영효 등의 인도를 요구했으나 거절당함		
	1. 19			明治十八年 一月十九日	• 이노우에 가오루, 기조 복명
	1. 22	高宗二十一年 十二月七日	• 김윤식·박정양, 각각 독판교섭통상사무(督辦交涉通商事務)·협판교섭통상사무(協辦交涉通商事務)에 임명		
	2. 4	高宗二十一年 十二月二十日	• 서상우(徐相雨)·묄렌도르프, 한성조약 제1조에 따라 일본 정부에 사의를 표명하기 위해 흠차 정·부대신에 임명		
	2. 16			明治十八年 二月十六日	• 서상우·묄렌도르프, 도쿄 도착

	조선			일본/청	
양력	연호·날짜	주요사건		연호·날짜	주요사건
1885					
2. 20				明治十八年 二月二十日	• 서상우·묄렌도르프, 메이지 천황 알현. 국서 전달
2. 24				明治十八年 二月二十四日	• 묄렌도르프, 도쿄에서 러시아 공사 등과 군사교관 파견 등에 관해 밀담 • 참의 겸 궁내경 이토 히로부미를 특파전권대사에 임명하고 청국 파견 명령
3. 11				光緒十一年 一月二十五日	• 이홍장, 전권대신에 임명
3. 14				光緒十一年 一月二十八日	• 이토 히로부미, 톈진 도착
3. 16				明治十八年 三月十六日	• 후쿠자와 유키치(福澤諭吉), 「탈아론(脫亞論)」 발표
3. 19				明治十八年 三月十九日	• 서상우, 이노우에 가오루에게 김옥균 등의 인도 요구
4. 15	高宗二十二年 三月一日	• 영국 함대, 거문도 점령			
4. 18				光緒十一年 三月四日	• 이홍장·이토 히로부미, 톈진조약 3개 조에 기명 조인
5. 21				光緒十一年 四月八日	• 톈진조약 비준

주요 인명 색인

【한국】

강로(姜浧) 63, 72
강문형(姜文馨) 681
강위(姜瑋) 437
강윤(姜潤) 425
강진규(姜晋奎) 687
경의왕후(敬懿王后) 43
　혜빈 홍씨(惠嬪洪氏) 43
경평군(慶平君) 호(晧) 57
고대수(顧大嫂) 856
고영희(高永喜) 534
고재건(高在健) 281, 349
고정주(高定柱) 687
고종(高宗) 59
　명복(命福) 58
　이태왕(李太王) 59, 666, 787
　익성군(翼成君) 59
권돈인(權敦仁) 51
권정호(權鼎鎬) 690
권종록(權鍾祿) 70
김계운(金繼運) 382
김관주(金觀柱) 43
김기수(金綺秀) 530
김대건(金大建) 92
김도희(金道喜) 51
김만식(金晚植) 740
김문근(金汶根) 52
김병국(金炳國) 52
김병기(金炳冀) 52
김병기(金炳基) 801
김병덕(金炳德) 685
김병시(金炳始) 587, 709
김병필(金炳弼) 52

김병학(金炳學) 52
김보현(金輔鉉) 379
김상현(金尙鉉) 535
김성근(金聲根) 99
김세호(金世鎬) 204
김순성(金順性) 57
김시연(金始淵) 518
김옥균(金玉均) 801
김원성(金元性) 588
김유근(金逌根) 49
김윤식(金允植) 684
김응도(金應道) 57
김자평(金子平) 116
김장손(金長孫) 701
김재헌(金在獻) 99
김조근(金祖根) 49
김조순(金祖淳) 47
김좌근(金左根) 49
김창집(金昌集) 47
김철균(金徹均) 293
김평묵(金平黙) 687
김필신(金弼信) 110
김홍근(金弘根) 49
김홍신(金弘臣) 476
김홍집(金弘集) 587
김흥근(金興根) 49
남연군(南延君) 구(球) 55
남정순(南廷順) 555
남정철(南廷哲) 859
남종삼(南鍾三) 92
남효원(南孝源) 348
대범곡(大凡谷) 350

덕흥대원군(德興大院君) 초(岹) 57
명성왕후(明成王后) 42
  왕비 민씨 64
명헌대비(明憲大妃) 844
  명헌왕후(明憲王后) 801
목래선(睦來善) 76
민겸호(閔謙鎬) 62, 685
민규호(閔奎鎬) 62, 351
민긍식(閔肯植) 704
민병석(閔丙奭) 840
민승호(閔升鎬) 62, 351
민영목(閔泳穆) 620
민영익(閔泳翊) 64, 685
민응식(閔應植) 704
민종묵(閔種默) 681, 785, 870
민치구(閔致久) 58
민치록(閔致祿) 61
민치상(閔致庠) 379, 517
민태호(閔台鎬) 64, 394
밀풍군(密豐君) 탄(坦) 57
박규수(朴珪壽) 80
박덕녀(朴德女) 93
박영교(朴泳敎) 801
박영선(朴永善) 544
박영효(朴泳孝) 740
박원양(朴元陽) 801
박장휘(朴長輝) 116
박정양(朴定陽) 339
박정화(朴鼎和) 116
박제관(朴齊寬) 339
박제근(朴齊近) 396
박종경(朴宗慶) 47
박종보(朴宗輔) 47
박주양(朴周陽) 518
박준원(朴準源) 46
방우서(方禹敍) 110
백낙연(白樂淵) 113
백춘배(白春培) 907
변수(邊樹) 838
변원규(卞元圭) 685
상계군(常溪君) 담(湛) 46

서광범(徐光範) 740
서당보(徐堂輔) 578
서상우(徐相雨) 732
서상익(徐相翊) 801
서승보(徐承輔) 555
서재필(徐載弼) 801
소현세자(昭顯世子) 왕(汪) 56
송래희(宋來熙) 74
송시열(宋時烈) 69
수빈 박씨(綏嬪朴氏) 46
순명비(純明妃) 65
순원왕후(純元王后) 47
순조(純祖) 42
  강(玜) 46
순종(純宗) 65
  척(坧) 65, 518, 682
신낙균(申樂均) 840
신섭(申㰔) 687
신응조(申應朝) 71, 709
신정왕후(神貞王后) 49, 844
신정희(申正熙) 685
신철구(申轍求) 120
신철균(申哲均) 64, 111
신헌(申櫶) 99, 429
  신관호(申觀浩) 99
신효철(申孝哲) 111
심동신(沈東臣) 677
심상학(沈相學) 681
심상훈(沈相薰) 844
심순택(沈舜澤) 614
심의면(沈宜冕) 58
안기영(安驥永) 99, 690
안돈이(安敦伊) 92
안동준(安東晙) 135
양헌수(梁憲洙) 71
어윤중(魚允中) 681
어재순(魚在淳) 123
어재연(魚在淵) 121
엄세영(嚴世永) 681
여흥부대부인 민씨(驪興府大夫人閔氏) 59
영조(英祖) 42

영혜옹주(永惠翁主) 56
오경석(吳慶錫) 426
오치묵(吳致黙) 589
완풍군(完豊君) 46
원빈 홍씨(元嬪洪氏) 45
유기일(柳基一) 483
유인석(柳麟錫) 483
유춘만(柳春萬) 701
유혁로(柳赫魯) 838
유후조(柳厚祚) 60
윤석오(尹錫五) 193
윤성진(尹成鎭) 721
윤웅렬(尹雄烈) 682
윤자덕(尹滋悳) 379
윤자승(尹滋承) 429
윤치화(尹致和) 578
윤태준(尹泰駿) 684
윤협(尹映)　428
은신군(恩信君) 진(禛) 44, 55
은언군(恩彦君) 인(䄄) 44
은전군(恩全君) 찬(禶) 44, 55
의빈 성씨(宜嬪成氏) 46
의화군(義和君) 강(堈) 860
이건창(李建昌) 762
이건필(李建弼) 517
이경하(李景夏) 99
이교복(李敎復) 641
이교칠(李敎七) 640
이규원(李奎遠) 431
이근필(李根弼) 517
이기조(李基祖) 105. 116
이만손(李晚孫) 687
이명섭(李命燮) 56
이민덕(李敏德) 394
이범진(李範晉) 794
이복명(李福明) 93
이선이(李先伊) 93
이연응(李沈應) 150
이영섭(李永燮) 56
이용숙(李容肅) 112
이용회(李龍會) 102

이용희(李容熙) 98
이유원(李裕元) 62
이응준(李應俊) 428
이익서(李盆瑞) 791
이인기(李寅夔) 97
이인명(李寅命) 536
이인응(李寅應) 110
이인종(李寅鍾) 838
이인좌(李麟佐) 57
이일식(李逸植) 908
이일제(李逸濟) 97
이재면(李載冕) 58, 685
이재선(李載先) 690
이재순(李載純) 850
이재완(李載完) 850
이재원(李載元) 848
이재황(載晃) 58
이정필(李正弼) 640
이조연(李祖淵) 588
이주현(李周鉉) 180
이준수(李濬秀) 398, 531
이창회(李昌會) 121
이최응(李最應) 341
이풍래(李豊來) 692
이필기(李泌基) 265
이하전(李夏銓) 57
이항로(李恒老) 68
이헌영(李鑣永) 681
이현익(李玄益) 113
이현일(李玄逸) 76
이회정(李會正) 379
이희문(李熙聞) 428
익종(翼宗) 49
　문조(文祖) 49
　효명세자(孝明世子) 영(旲) 48, 49
인평대군(麟平大君) 요(㴭) 55
임면호(任冕鎬) 131
임상준(任商準) 379
임영호(任榮鎬) 721
임헌회(任憲晦) 74
장치선(張致善) 93

전계군(全溪君) 광(㼅) 51
전홍문(田興文) 45
정기원(鄭岐源) 121
정성왕후 서씨(貞聖王后西氏) 43
정순왕후 김씨(貞純王后金氏) 43
정원용(鄭元容) 51
정조(正祖) 42
　산(祠) 43
정지용(鄭志鏞) 706
정치달(鄭致達) 44
정현덕(鄭顯德) 145
정후겸(鄭厚謙) 44
조강하(趙康夏) 59
조계하(趙啓夏) 687
조귀하(趙龜夏) 50
조두순(趙斗淳) 60
조득영(趙得永) 47
조만영(趙萬永) 49
조병귀(趙秉龜) 49
조병식(趙秉式) 396
조병직(趙秉稷) 641
조병현(趙秉鉉) 49
조병호(趙秉鎬) 762
조성하(趙成夏) 59
조영하(趙寧夏) 59
조인영(趙寅永) 49
조인희(趙寅熙) 553
조준영(趙準永) 681, 816
조진길(趙進吉) 91
지홍관(池弘寬) 100
진종(眞宗) 43
　효장세자(孝章世子) 행(緈) 43
채희재(蔡喜載) 57
철인왕후(哲仁王后) 52
철종(哲宗) 51, 52
　덕완군(德完君) 변(昇) 52
　원범(元範) 51, 52
최난헌(崔蘭軒) 112
최선일(崔善一) 110
최익현(崔益鉉) 63, 69

최진한(崔震翰) 240
한경원(韓敬源) 517
한계원(韓啓源) 63, 72
한인진(韓寅鎭) 282
한창부부인 이씨(韓昌府夫人李氏) 64
한치용(韓致容) 116
한치원(韓致源) 379
한효순(韓孝純) 76
헌종(憲宗) 49
　환(炆) 49
현석운(玄昔運) 348
현성운(玄星運) 141
현제순(玄濟舜) 348
현풍서(玄豐瑞) 237
홍국영(洪國榮) 45
홍낙춘(洪樂春) 45
홍대중(洪大重) 430
홍봉주(洪鳳周) 92
홍봉한(洪鳳漢) 43
홍순목(洪淳穆) 588
홍순학(洪淳學) 868
홍영식(洪英植) 681
홍우창(洪祐昌) 386
홍인한(洪麟漢) 43
홍재귀(洪在龜) 483
홍재룡(洪在龍) 50
홍재학(洪在鶴) 687
홍재희(洪在義) 704
화완옹주(和緩翁主) 44
황세연(黃世淵) 360
회평군(懷平君) 명(明) 51
　원경(元慶) 51
효의왕후 김씨(孝懿王后金氏) 45
효정왕후 홍씨(孝定王后洪氏) 50
효현왕후 김씨(孝顯王后金氏) 50
흥선대원군(興宣大院君) 42
　국태공(國太公) 724
　대원군 700
　운현(雲峴) 695
　하응(昰應) 58, 763

【일본】

가바야마 스케노리(樺山資紀) 413

가와모토 구사에몬(川本九左衛門) 174, 193

가와무라 스미요시(川村純義) 392

가와무라 히로오키(河村洋興) 236

가와카미 류이치로(川上立一郎) 840

가와카미 후사노부(河上房申) 551

가이즈 미츠오(海津三雄) 631

가이즈 시게타로(海津茂太郎) 236

고가 긴이치로(古賀謹一郎)[마사루(增)] 137

고마 이타루(高麗造) 180

고마츠 다테와키(小松帶刀)[기요카도(淸廉)] 168

고마키 마사나리(小牧昌業) 413

고모다 간스케(菰田貫介)[고모다 다키(菰田多記)] 175, 192

고바야시 하시이치(小林端一) 868

고테라 히데노부(小寺秀信) 423

고토 쇼지로(後藤象次郎)[모토하루(元曄)] 328

곤도 신스케(近藤眞鋤) 705, 899

구로다 기요타카(黑田淸隆) 412

구리노 신이치로(栗野愼一郎) 714

기타무라 시게요리(北村重賴) 235

나카노 교타로(中野許太郎) 253

나카무타 구라노스케(中牟田倉之助) 398

나카이 고조(中井弘藏)[히로시(弘)] 169

나카타 다카노리(中田敬義) 714

노무라 야스시(野村靖)[오시스케(忍助)] 424

노즈 시즈오(野津鎭雄) 425

니레 가케노리(仁禮景範) 422, 718

니이 마고이치로(仁位孫一郎) 139

다나베 다이치(田邊太一) 751

다네다 마사아키(種田政明) 413

다카시마 도모노스케(高島鞆之助) 718

다카히라 고고로(高平小五郎) 977

다케다 구니타로(武田邦太郎) 868

다케다 진타로(武田甚太郎) 868

다케조에 신이치로(竹添進一郎) 496, 754

다테 무네나리(伊達宗城) 168

데라다 이치로베(寺田市郎兵衛)[다치바나 히사시(橘尙志)] 139

데라지마 무네노리(寺島宗則) 224

데에네(鄭永寧) 325, 941

도쿠다이지 사네츠네(德大寺實則) 538

도타케 히데유키(遠武修行) 235

란바 아사카(難波安積) 255

마루야마 사쿠라(丸山作樂)[다로 마사미치(太郎正路)] 260

마쓰다이라 누이도노카미(縫殿頭)[노리카타(乘謨)] 136

마와타리 도시유키(馬渡俊邁)[하치로(八郎)] 253

마츠무라 야스타네(松村安種) 640

마츠오 미요지(松尾三代治) 808

모리 아리노리(森有禮)[긴노조(金之承)] 316

모리야마 시게루(森山茂)[히데아키(秀晃)] 223

무라카미 마사츠미(村上正積) 825

미야모토 오카즈(宮本小一) 413

미즈노 가츠키(水野勝毅) 705

미츠오카 하치로(三岡八郎)[유리 기미마사(由利公正)] 170

벳푸 가게나가(別府景長)[신스케(晉介)] 236

사가라 마사키(相良正樹)[단조(丹藏)] 237

사다 하쿠보(佐田白茅)[모토이치로(素一郎), 나오히로(直寬)] 221

사메지마 나오노부(鮫島尚信) 490

사와 노부요시(澤宜嘉) 224

사이고 다카모리(西鄕隆盛) 308

사이고 쓰구미치(西鄕從道) 941

사이토 가헤(齋藤佳兵衛) 213

사이토 사카에(齋藤榮)[히데아키(秀晃)] 235

사이토 슈이치로(齋藤修一郎) 714, 899

산조 사네토미(三條實美) 314

소에지마 다네오미(副島種臣) 235

소 요시아키라(宗義達) 543

　다이라노 요시아키라(平義達) 140

　소 시게마사(宗重正) 151, 543

스기무라 후카시(杉村濬) 707

스미나가 슈조(住永琇三) 533

스미나가 유스케(住永友輔)[다츠야스(辰安), 도모스케(友輔)] 236

스미토모 기치자에몬(住友吉左衛門) 236

스즈키 다이스케(鈴木大亮) 413

시마무라 히사시(島村久) 788

시마즈 히사미츠(島津久光) 406

시부사와 에이지(澁澤榮一) 807

아라카와 도쿠지(荒川德滋) 413, 533

아사야마 겐조(淺山顯藏) 533

아오야마 한지로(靑山繁次郎) 236

아카바네 시로(赤羽四郎) 714

안도 다로(安藤太郎) 268, 902

야나기하라 사키미츠(柳原前光) 312, 325

야도 마사요시(八戶順叔) 131, 146

야마가타 아리토모(山縣有朋) 424

야마구치 나오요시(山口尙芳) 275, 330

야마노조 스케나가(山之城祐長) 378

야마다 야스고로(山田安五郎)[호코쿠(方谷), 다마(球)] 308

야스다 사다노리(安田政則) 413

에노모토 다케아키(榎本武揚) 764

에토 신페이(江藤新平)[다네오(胤雄)] 328

오가사와라 이키노카미(小笠原壹岐守)[나가미치(長行)] 136

오다 주자부로(小田忠三郎) 218

오마 게지 346

오무라 나가토시(大村永敏)[마스지로(益次郎)] 311

오미와 조베(大三輪長兵衛) 908

오바 나가나리(大庭永成) 666

오시마 도모노조(大島友之允)[마사토모(正朝)] 144

오쿠마 시게노부(大隈重信) 328

오쿠보 도시미치(大久保利通) 315

오쿠 요시타다(奧義制) 236

오키 다카토(大木喬任) 328

요시노부(慶喜) 134

요시다 기요나리(吉田淸成) 619

요시오카 고키(吉岡弘毅) 221

요코야마 쇼타로(橫山正太郎) 316

우라세 히로시(浦瀨裕)[사이스케(最助), 요시히로(好裕)] 182, 188, 230

우시바 다쿠조(牛場卓造) 808

우에노 가게노리(上野景範) 326

이나바(稻葉) 미노노카미(美濃守)[마사쿠니(正邦)] 136

이노우에 가오루(井上馨) 412

이노우에 가쿠고로(井上角五郎) 794

이노우에 고와시(井上毅) 717

이노우에 요시카(井上良馨) 392

이소바야시 신조(磯林眞三) 815

이소베 가네요시(磯邊包義) 397

이시바타 사다(石幡貞) 397

이에모치(家茂) 135

이와쿠라 도모미(岩倉具視) 163

이타가키 다이스케(板垣退助)[마사카타(正形)] 327

이타쿠라 이가노카미(板倉伊賀守)[가츠키요(勝靜)] 134, 308

이토 미요지(伊東巳代治) 895

이토 스케유키(伊東祐亨) 393, 421

이토 히로부미(伊藤博文) 330

타치바나 히사시(橘尙志) 139

하나부사 요시모토(花房義質) 235

하라 다카시(原敬) 895

하라다 하지메(原田一) 808

하라 이치노신(原市之進)[다다노리(忠誠)] 151

하루타 조주로(春田長十郎) 238

호리모토 레조(堀本禮造) 666

후카미 마사카게(深見正景)[로쿠로(六郎), 다이라노 마사카게(平正景)] 229

후쿠자와 유키치(福澤諭吉) 807

히가시쿠제 미치토미(東久世通禧) 161

히구치 데츠시로(樋口鐵四郎) 175

히라야마(平山) 즈쇼노카미(圖書頭)[요시타다(敬忠)] 137

히라이 기쇼(平井希昌) 325

히로세 나오유키(廣瀨直行)[도요키치(農吉)] 230

히로츠 히로노부(廣津弘信)[슌조(俊藏)] 223

히사미즈 사부로(久水三郎) 707

【청(清)】

경군왕(慶郡王) 혁광(奕劻) 936
공친왕(恭親王) 혁소(奕訴) 94
곽숭도(郭嵩燾) 496
나풍록(羅豐祿) 955
담갱요(譚賡堯) 840
당정추(唐廷樞) 776
덕종(德宗) 783
동순(董恂) 325, 496
등승수(鄧承修) 784
마건상(馬建常) 776
마건충(馬建忠) 617
모창희(毛昶熙) 325, 496
목종(穆宗) 516
문상(文祥) 515
반조음(潘祖陰) 770
방정상(方正祥) 903
보감(寶鑒) 508
보정(寶廷) 770
복곤(福錕) 936
서승조(徐承祖) 937
서용의(徐用儀) 933
성림(成林) 516
성욱(盛昱) 784
속창(續昌) 902
순친왕(醇親王) 혁현(奕譞) 783
숭후(崇厚) 508
심계분(沈桂芬) 496
여서창(黎庶昌) 745
염경명(閻敬銘) 936
오대징(吳大澂) 784
오장경(吳長慶) 747

오정방(吳廷芳) 955
오조유(吳兆有) 761
옹동화(翁同龢) 770, 783
우문태(于文泰) 116
원보령(袁保齡) 762
원세개(袁世凱) 761
유지개(游智開) 519
이홍장(李鴻章) 505
이홍조(李鴻藻) 783
장건(張謇) 769
장광전(張光前) 759
장사계(張斯桂) 679
장수성(張樹聲) 745
장패륜(張佩綸) 770
정여창(丁汝昌) 742
주가미(周家楣) 499
주득무(周得武) 861
주문모(周文謨) 91
주복(周馥) 746
증국번(曾國藩) 515
증기택(曾紀澤) 936
진보침(陳寶琛) 784
하승오(何乘鰲) 758
하여장(何如璋) 679
황사림(黃仕林) 758
황준헌(黃遵憲) 587
황팽년(黃彭年) 508
황혜렴(黃惠廉) 508
효흠황태후(孝欽皇太后) 783
　효흠태후(孝欽太后) 784, 793

【서양】

Aston, William George 823, 915

Bell, Henry Haywood 115

Bellonet, Henri de[伯洛內] 94

Berneux, Siméon François[張敬一] 92

Bingham, John A. 677

Blake, Homer C. 121

Brandt, Max August Scipio von 252, 776

Budler, Hermann 915

Byutsov, Evgeniy 495

Burlingame, Anson 114

Calais, Adolphe Nicolas 93

Chastan, Jacques Honoré 91

Courbet, Anatole 793

D'Osery 99

Dallet, Claude Charles 52

Daveluy, Marie Nicolas Antoine[安敦伊] 92

Drew, Edward B.[德綏] 121

Febiger, John C. 116

Féron, Stanislas 93

Ferréol, Jean Joseph Jean Baptiste 92

Foote, Lucius H. 619

Goldsborough, John R. 116

Hoskyn, Richard J. 707

Imbert, Laurant Marius Joseph[范世亨] 91

Kimberley, L. A. 123

Low, Frederick F. 117

Maubant, Pierre Philibert 91

Mckee, Hugh W. 123

Möllendorff, Paul George von[穆麟德] 619, 776

Morse, William R. 811

Olivier 104

Oppert, Ernst 109

Page 114

Parkes, Harry 890

Perry, Matthew C. 116, 421

Preston, W. B. 112

Ridel, Félix Clair[李福明] 93

Roches, Léon 136

Rodgers, John 116

Rowan, Stephen C. 116

Roze, Pierre Gustave 94

Scudder, Charles L. 840

Seward, William H. 136

Shufeldt, Robert W. 115, 617

Smith, E. Peshine 490

Thomas, Robert[崔蘭軒] 112

Valkenburgh, Robert B. van 136

Veber, Karl I. 775

Wade, Thomas Francis 495

Williams, Samuel Wells 114

Zembsch, Otto G. 823

『근대 일선관계의 연구(하)』차례

제4편 조선에서의 일·청의 항쟁

제20장 갑신변란 후의 정세
제58절 묄렌도르프[穆麟德]와 제1차 한러비밀협정
제59절 대원군의 석방 귀국 / 제2차 한러비밀협정

제21장 조선국 방곡배상사건(防穀賠償事件)
제60절 방곡사건(防穀事件)의 연혁
제61절 방곡배상안(防穀賠償案)의 중지
제62절 오이시(大石) 공사의 최후 통첩 / 손해배상의 확정

제22장 김옥균(金玉均) 암살 사건
제63절 독립파 간부의 일본 망명
제64절 김옥균과 이일식(李逸植)
제65절 김옥균의 암살(續) / 박영효(朴泳孝)의 암살 미수

제23장 동학변란(東學變亂)
제66절 동학의 연혁 / 계사동학변란(癸巳東學變亂)
제67절 갑오동학변란(甲午東學變亂)

제24장 일청 양국의 출병
제68절 청국의 출병
제69절 일본국의 출병
제70절 조선 출병 후의 정세
제71절 오토리(大鳥) 공사와 원세개(袁世凱)

제25장 일청 출병과 톈진협약
제72절 일청 출병과 톈진협약

제26장 조선국 내정개혁 문제
제73절 공동 개혁과 단독 개혁
제74절 내정개혁과 일청개전론(日淸開戰論)
제75절 내정개혁의 중단

제27장 조선국 내정개혁과 청국
제76절 조선국 내정개혁과 청국

제28장 갑오정변(甲午政變)
제77절 오토리 공사의 최후 통첩
제78절 대원군의 제3차 집정 / 청한종속관계(淸韓宗屬關係)의 폐기

제29장 열강의 조정
제79절 러시아의 조정
제80절 러시아의 조정(續)
제81절 영국의 제1차 조정
제82절 영국의 제2차 조정
제83절 미국, 이탈리아 양국의 조정

제30장 일·청의 위기와 청의 정세
    제84절 북양대신(北洋大臣) 이홍장(李鴻章)과 그의 외교
    제85절 청 조정과 북양(北洋)의 대립
    제86절 북양의 전쟁 준비

제31장 일청개전(日淸開戰)
    제87절 풍도(豊島)와 성환(成歡)의 전투
    제88절 국교 단절과 선전(宣戰)

별편(別編) 타이슈 번(對州藩)을 중심으로 한 일한관계(日韓關係)

별편 1. 조선국 통신사 역지행빙고(易地行聘考)
    제1장 서언(緒言)
    제2장 통신사 내빙(來聘) 연기 / 역지행빙의 기원
    제3장 타이슈 빙례(聘禮) 거행(擧行)의 교섭
    제4장 무오역지행빙조약(戊午易地行聘條約)의 성립
    제5장 을축통신절목강정(乙丑通信節目講定) / 왜학역관옥(倭學譯官獄)
    제6장 역지행빙협정의 폐기
    제7장 기사통신사행절목(己巳通信使行節目)의 강정
    제8장 타이슈 빙례의 거행
    제9장 역지행빙의 재협정
    제10장 결언(結言)

별편 2. 메이지유신기의 타이슈 번 재정 및 번채(藩債)에 관하여
    제1장 타이슈 번 재정의 실체
    제2장 타이슈 번채(藩債)와 그 정리(整理)
    제3장 타이슈 번 외채와 상환
    제4장 결언

부록 인용 사료 서목(書目)

부록 1. 다보하시 기요시 논문 목록초(目錄抄)

부록 2. 주요 인용 사료 서목
    제1부 국가 공문서 기록 및 그에 준하는 사료
        (1) 일본국 정부기록(에도막부 기록 포함)
        (2) 구(舊) 타이슈 번청(藩廳)기록
        (3) 구한국 정부기록
        (4) 청국 정부기록
        (5) 외국 정부기록
    제2부 일반 사료
        (6) 일본 사료
        (7) 조선 사료
        (8) 지나(支那) 사료
        (9) 구문(歐文) 사료

지은이

다보하시 기요시(田保橋潔, 1897~1945)

일제강점기 경성제국대학 법문학부 교수와 조선총독부 산하 조선사편수회(朝鮮史編修會)의 근대사 편찬주임을 역임한 사학자로서, 동아시아 3국의 정부문서 및 외교문서 발굴과 엄밀한 실증주의에 입각한 역사 서술을 통해 조선 근대사와 근대 동아시아 외교사 연구의 초석(礎石)을 놓았다. 홋카이도(北海道) 하코다테 시(函館市) 출신으로 1921년 도쿄제국대학 문학부를 졸업하고, 같은 대학 문학부 사료편찬소에서 근무했다. 1927년에 경성제국대학 법문학부 교수로 부임해서 1945년에 세상을 떠날 때까지 국사학(일본사) 강좌를 담당했다. 1933년에는 조선사편수회의 촉탁으로 조선 근대사 편수주임이 되어『조선사(朝鮮史)』제6편(순조~고종 31년, 전 4권)의 편찬을 주도했다. 그의 주저『근대 일선관계의 연구(近代日鮮關係の研究)』는 방대한 분량의 조선·청·일본의 정부문서 및 외교문서를 인용하면서 근대 이행기 조선을 중심으로 한 동북아시아 국제관계의 내적 동학을 규명한 노작으로서 오늘날까지도 조선 근대사 및 근대 동아시아 외교사 분야에서 반드시 참조해야 할 일급 연구서로 평가받고 있다. 그 밖에 주요 저서로는『近代日支鮮關係の研究』,『明治外交史』,『日清戰役外交史の研究』등이 있다.

옮긴이

김종학(金鍾學)

서울대학교 외교학과를 졸업하고 같은 대학원 박사과정을 수료했다. 민족문화추진회(현 한국고전번역원) 국역연수원과 해동경사연구소에서 한학을 수학했다. 현 서울대학교 국제문제연구소 객원연구원으로서 한국방송통신대학교에서 근대 한일관계사에 관한 강의를 하고 있으며,『근대한국외교문서』편찬 사업에 전임연구원으로 참여하고 있다. 저서로『근대한국외교문서 1~5』(공편, 동북아역사재단, 2010 · 2012),『동아시아 개념연구: 기초문헌해제 2』(공편, 한림과학원, 2013 근간)가 있으며, 역서로『심행일기: 조선이 기록한 강화도조약』(푸른역사, 2010)과『근대한국 국제정치관 자료집 1』(공편, 서울대학교 출판문화원, 2012),『국역 을병일기(乙丙日記)』(국립중앙도서관 한국고전국역총서, 2013 근간)가 있다.

근대 일선관계의 연구 上

1판 1쇄 펴낸날 2013년 4월 30일

지은이 ┃ 다보하시 기요시(田保橋潔)
옮긴이 ┃ 김종학
펴낸이 ┃ 김시연

펴낸곳 ┃ (주)일조각
등록 ┃ 1953년 9월 3일 제300-1953-1호(구 : 제1-298호)
주소 ┃ 110-062 서울시 종로구 신문로 2가 1-335
전화 ┃ 734-3545 / 733-8811(편집부)
        733-5430 / 733-5431(영업부)
팩스 ┃ 735-9994(편집부) / 738-5857(영업부)
이메일 ┃ ilchokak@hanmail.net
홈페이지 ┃ www.ilchokak.co.kr

ISBN 978-89-337-0649-7 93910
값 80,000원

* 옮긴이와 협의하여 인지를 생략합니다.

* 이 도서의 국립중앙도서관 출판시도서목록(CIP)은
서지정보유통지원시스템 홈페이지(http://seoji.nl.go.kr)와
국가자료공동목록시스템(http://www.nl.go.kr/kolisnet)에서
이용하실 수 있습니다.
(CIP제어번호 : CIP2013003426)